Enciclopedia Bíblica Boyer

¡Oh, Cuánto Amo Yo Tu Ley! ¡Todo El Día Es Ella Mi Meditación!

Enciclopedia Bíblica Boyer

Diccionario - Concordancia
Clave bíblica - Atlas bíblico

Orlando Boyer

EDITORIAL PATMOS

ENCICLOPEDIA BÍBLICA BOYER
Orlando S. Boyer

Miami, FL. 33169
www.editorialpatmos.com

Publicado con permiso de CPAD, Rio de Janeiro, Brasil.

Categoría: Referencias

ISBN: 978-1-58802-797-9

Impreso en Brasil | *Printed in Brazil*

"La palabra de Cristo more en abundancia en vosotros"

COLOSENSES 3.16

Enciclopedia Bíblica Boyer

CINCO OBRAS COMBINADAS EN UNA SOLA

Orlando S. Boyer

Diccionario — que define aproximadamente todos los vocablos de la Biblia.

Concordancia — que localiza instantáneamente casi cualquier cita de las Sagradas Escrituras.

Clave bíblica — que abre para nosotros los tesoros de cada uno de los 66 libros de la Palabra de Dios. Leer la Biblia cuidadosa y dedicadamente, de tapa a tapa, consultando la *Enciclopedia Bíblica Boyer* abierta a su lado, es cursar un instituto bíblico.

Atlas bíblico — conozca la geografía de los cristianos primitivos.

Enciclopedia bíblica — que nos informa, hasta cierto punto, de todas las ramas del saber bíblico.

Para su información acerca de temas bíblicos no tiene que leer cinco mil páginas de una gran enciclopedia. Ni tiene que pagar un precio astronómico, sino sólo el precio módico de la *Enciclopedia Bíblica Boyer*. Es de formato para guardar al lado de su Biblia. Todo actualizado. Nuevos mapas. Ilustrada.

Nuevo Diccionario Bíblico

Para expresar en español, con exactitud y precisión, lo que Dios ha dicho a nuestro corazón, conviene escoger las palabras que los traductores de la Biblia emplearon para expresar los mismos pensamientos en español.

Para la ejemplificación que justifica o autoriza el empleo de cada verbo, con la aplicación dada en su obra, Diccionario de Verbos, Francisco Fernández cita más de doscientas obras de literatura.

Podemos ver de inmediato el gran valor de la **Enciclopedia Bíblica Boyer**, no tanto en las definiciones necesariamente resumidas para muchos laicos que ni tienen un simple diccionario, sino en los aportes abundantes, es decir, ejemplos del uso de los vocablos de las Escrituras.

Ciento Diez Diccionarios Bíblicos

Tenemos en la mano una lista de ciento diez diccionarios bíblicos, incluso la obra magnífica de Migne, de ciento nueve tomos. De siete de estos diccionarios, más recientes, diccionarios esos que se aprovechaban de la gran y rica cantidad de materiales compilada antes de ellos, es que seleccionamos los hechos bíblicos para la *Enciclopedia Bíblica Boyer.*

Cabe añadir que uno de los siete diccionarios bíblicos que utilizamos es el *The New Bible Dictionary* [El Nuevo Diccionario Bíblico] de Douglas, una valiosa obra de 1 375 páginas, publicada en 1962.

Quiera el Señor soplar sobre estos hechos secos y fríos de la *Enciclopedia Bíblica Boyer*, como sopló sobre sus discípulos (Juan 20:22). Que entre el Espíritu en esos hechos, como la vida entró en los huesos secos de la visión de Ezequiel, para que los estudiantes se conviertan en obreros ardientes y sobrenaturalmente fructíferos en toda buena obra.

O. S. Boyer.

Julio de 1966

Abreviaturas

1 Cor.	= 1 Corintios	**Gr.**	= Griego
1 Jn.	= 1 Juan	**Hab.**	= Habacuc
1 P.	= 1 Pedro	**Hag.**	= Hageo
1 R.	= 1 Reyes	**Hb.**	= Hebreo
1 S.	= 1 Samuel	**Hch.**	= Hechos
1 Ti.	= 1 Timoteo	**He.**	= Hebreos
1 Ts.	= 1 Tesalonicenses	**Is.**	= Isaías
1Cr.	= 1 Crónicas	**Jer.**	= Jeremías
2 Cor.	= 2 Corintios	**Jl.**	= Joel
2 Cr.	= 2 Crónicas	**Jn.**	= Juan
2 Jn.	= 2 Juan	**Job**	= Job
2 P.	= 2 Pedro	**Jon.**	= Jonás
2 R.	= 2 Reyes	**Jos.**	= Josué
2 S.	= 2 Samuel	**Jud.**	= Judas
2 Ti.	= 2 Timoteo	**Jue.**	= Jueces
2 Ts.	= 2 Tesalonicenses	**Lat.**	= Latín
3 Jn.	= 3 Juan	**Lc.**	= Lucas
A.C.	= Antes de Cristo	**Lm.**	= Lamentaciones
A.D.	= Anõ del Señor	**Lv.**	= Levítico
Abd.	= Abdías	**Mal.**	= Malaquías
Am.	= Amós	**Mi.**	= Miqueas
Ap.	= Apocalipsis	**Mr.**	= Marcos
Aram.	= Arameo	**Mt.**	= Mateo
Cnt.	= Cantares	**Nah.**	= Nahum
Col.	= Colosenses	**Neh.**	= Nehemías
Dn.	= Daniel	**Nm.**	= Números
Dt.	= Deuteronomio	**Os.**	= Oseas
Ec.	= Eclesiastés	**Pr.**	= Proverbios
Ef.	= Efesios	**Ro.**	= Romanos
Esd.	= Esdras	**Rt.**	= Rut
Est.	= Ester	**Sal.**	= Salmos
Ex.	= Éxodo	**Sof.**	= Sofonías
Ez.	= Ezequiel	**Stg.**	= Santiago
Fil.	= Filipenses	**Tit.**	= Tito
Flm.	= Filemón	**Zac.**	= Zacarías
Gá.	= Gálatas	**Pers.**	= Persa
Gn.	= Génesis		

Ejemplos de Citas de la Biblia:

Job 1.21 = Job, capítulo 1, versículo 21.
Jn. 4.6,9,11 = Jonás, capítulo. 4, versículos 6, 9 y 11.
Jn. 10.1-18 = Juan, capítulo 10, versículos 1 a 18.
Esd. 4.1-4, 24 = Esdras, capítulo. 4, versículos 1 a 4 y versículo 24.
Ez. 3.18; 33.14 = Ezequiel, capítulo 3, versículo 18 y capítulo 33, versículo 14.

Ejemplos de Citas de los Mapas:

Vemos en la entrada **JERUSALÉN** la siguiente indicación: **Véase mapa 2, C-5.** El mapa 2 se encuentra entre los que están en la parte final de esta enciclopedia. La letra C y el número 5 se encuentran en los bordes de este mapa y muestran la ubicación de Jerusalén en el mapa.

AVESTRUZ
"Las fieras del campo me honrarán, los chacales y los pollos del avestruz" (Is. 43.20).

A

AARÓN, heb. **Serrano**, o **Brillante**: El primer sumo sacerdote de los hebreos. De la tribu de Leví, Ex. 6.16-20. Hijo de Amram y Jocabed y hermano mayor de Moisés y María, Nm. 26.59. Nació en Egipto, tres años antes de Moisés, Ex. 7.7. Debido a su don de la palabra, servía de **boca** por Moisés, Ex. 4.14-16. Se casó con Elisabet, hija de Aminadab de Judá, Ex. 6.23; 1 Cr. 2.10. Tenía cuatro hijos, Nadab, Abiú, Eleazar e Itamar, Ex. 6.23; Hizo milagros, 7.10, 20; 8.6, 17; 9.10; 11.10. Sostuvo, junto con Hur, las manos de Moisés, en la cumbre del collado, en la batalla de Israel contra Amalec, en Refidim, Ex. 17.8-13. Subió al monte Sinaí, Ex. 19.24; 24.9-11. Hizo un becerro de oro, Ex. 32.4. Fue reprobado, Ex. 32.19-34. Fue perdonado, Dt. 9.20. Fue consagrado, con sus hijos, al sacerdocio, Lv. 8.1-9. Habló, con María, contra Moisés, Nm. 12.1-16. La conspiración de Coré, Datán y Abiram contra él y Moisés, Nm. 16. Su vara floreció, confirmando su derecho al sacerdocio, Nm. 17.1-10; He. 9.4. Pecó, junto con Moisés, en Meriba, los dos sufriendo el mismo castigo, Nm. 20.7-13. Sus vestiduras sacerdotales fueron dadas a Eleazar, su hijo, Nm. 20.23-28. Murió, con ciento veintitrés años, en el monte Hor. Nm. 33.39; Dt. 32.50; Nm. 20.28. La casa de Israel lloró su muerte durante treinta días, Nm. 20.29.

ABADÓN, heb. **Destrucción, perdición, ruina, muerte**. // 1. Traducido **perdición**, o **abismo**. Job 26.6; 28.22; 31.12; Sal. 88.11; Pr. 15.11 // 2. El ángel del abismo, en gr. **Apoliom**, Ap 9.11.

ABAGTA: Uno de los siete camareros del rey Asuero, Est. 1.10.

ABAJO: Lugar o parte inferior. // Vosotros sois de **a**, Jn. 8.23.

ABANA, pers. **Rocoso** (?): El principal río de Damasco, 2 R. 5.12. Se llama actualmente **Barada**. Nace en las altas planicies entre el Líbano y el Antilíbano, dando vida y prosperidad a Damasco, "la más antigua ciudad del mundo." Véase mapa 2, E-1; mapa 3, C-1.

ABANDONAR: Dejar, desamparar, despreciar. // Abandonó a Dios, que lo hizo, Dt. 32.15. Dejaron a Jehová, Is. 1.4. Muchos de sus discípulos lo abandonaron, Jn. 6.66. Demas... me abandonó, 2 Ti. 4.10. Todos me abandonaron, 2 Ti. 4.16. No dejemos nuestra congregación, He. 10.25. No perdáis, pues, vuestra confianza, He. 10.35. Por la fe dejó a Egipto, He. 11.27. No te dejaré, He. 13.5. Abandonando el camino recto, 2 P. 2.15. Véase **Dejar, Desamparar.**

ABARIM, hb. **Regiones del otro lado:** Cordillera al oriente del Jordán, en la tierra de Moab, donde los israelitas acamparon, Nm. 33.47. Monte Nebo, la cumbre del Pisga, desde donde Moisés vio la tierra de la promesa, y donde murió, es su más alta elevación, Dt. 3.27; 32.49. Se mencionan también estos montes en Jer. 22.20. Véase mapa 2, D-5, mapa 5, C-1.

ABASTECER: Proveer lo necesario a; suministrar; aprovisionar. // Le abastecerás liberalmente de tus ovejas, Dt. 15.14. Estaba obligado a abastecerlo, 1 R. 4.7. Pasando el mar, te abastecían, Is. 23.2. Véase **Proveer.**

ABASTECIDO: Lleno de víveres, de lo necesario. // Yo soy rico, y me he enriquecido, Ap. 3.17. Véase **Rico.**

ABATIDO: Postrado, debilitado, deprimido. // ¿Por qué te abates, oh alma mía? Sal. 42.5; 43.5. El espíritu **a** hace secar los huesos, Pr. 17.22. Habito también con el contrito y **a**, Is. 57.15. **A**, pero no destruidos, 2 Co. 4.9. Dios que consuela a los **a**, 2 Co. 7.6.

ABATIMIENTO: Depresión, disminución. // Clamo... en el **a** de mi corazón, Sal. 61.2. Su **a** en riqueza, Ro. 11.12.

ABATIR: Postrar, humillar. // Habría yo derribado a sus enemigos, Sal. 81.14. La ansiedad en el corazón del hombre lo abate, Pr. 12.25. La soberbia del hombre lo abatirá, Pr. 29.23. La altivez de los hombres será abatidos, Is. 2.11. Véase **Abatido, Desanimar.**

ABBA: Vocablo hebreo-caldeo, que significa **padre**, o **mi padre**, y se emplea junto con la palabra **Padre**, para expresar invocación filial a Dios, Mr. 14.36; Ro. 8.15; Gá. 4.6. Esta palabra tiene color divino en el Nuevo Testamento. Se les prohibió a los siervos que la usaran al dirigirse al padre de familia, ya que tal palabra era exclusivamente para los hijos.

ABDA, aram. **Siervo de Jehová:** 1. El padre de Adoniram, 1 R. 4.6. // 2. Hijo de Samúa, Neh. 11.17.

ABDEEL, hb. **Siervo de Dios:** El padre de Selemías, Jer. 36.26.

ABDI, hb. **Mi siervo:** 1. Abuelo de Etán, cantor, 1 Cr. 6.44. // 2. Padre de Cis, 2 Cr. 29.12. // 3. Judío casado con mujer extranjera, Esd. 10.26.

ABDÍAS, EL LIBRO DE: El cuarto de los profetas menores. Es el libro más reducido del Antiguo Testamento. No es dividido en capítulos; consiste de apenas 21 versículos. // **El autor:** Abdías, Abdías 1. Contemporáneo de Jeremías. La profecía de Abdías es la misma de Jeremías 49. // **La Clave: Edom**, el mayor enemigo del pueblo de Dios. La lucha entre Israel y Edom (Esaú) databa del inicio, antes de su nacimiento: "Los hijos luchaban dentro de ella", Gn. 25.22. Esaú, después de vender a Jacob, su derecho a la primogenitura, despreció no sólo ese derecho, mas hubo gran enemistad entre los dos hermanos, hasta que Jacob huyera por su vida. Los edomitas continuaban soberbios, confiando en la seguridad falsa de las fendas de las rocas de su alta morada, Abd. 3. Dios había mandado que Israel no aborreciese a su hermano, el edomita, Dt. 23.7. Pero cuando Nabucodonosor conquistó Jerusalén, los edomitas participaron, cruelmente, en el despojo y masacre, Sal. 137.7; Abdías 11. Así su copa de iniquidad desbordaba y Dios, por intermedio de Abdías, sentenció la nación a ser exterminada. Después de la restauración de Israel, Ciro masacró millares de ellos. Fueron aplastados por los judíos en los tiempos de los Macabeos. Herodes, en la época de Cristo, era edomita. Después de la destrucción de Jerusalén, 70 a.C., los edomitas desaparecieron de la historia del mundo. // **Las divisiones:** I. La predicción de la destrucción de Edom, Abdías 1 a 9. II. El pecado culminante de Edom, Abdías 10 a 14. III. La restauración de Israel, Abdías 15 a 21.

ABDÍAS, hb. **Que adora a Jehová:** 1. Un profeta. Véase **Abdías, El Libro de**. // 2. Mayordomo del rey Acab, 1 R. 18.3. Esconde 100 profetas y los sustenta con pan y agua, 1 R. 18.4. Elías lo envía a Acab, 1 R. 18.8. // 3. Otros con este nombre: 1 Cr. 3.21; 27.19; 2 Cr. 17.7; 34.12.

ABDIEL, hb. **Siervo de Dios:** Un descendiente de Gad, 1 Cr. 5.15.

ABDÓN, heb. **Servil:** 1. El decimosegundo de los jueces, Jue. 12.13-15. // 2. Hijo de Sasac, 1 Cr. 8.23. // 3. Primogénito de Jeiel, 1 Cr. 8.30; 9.35, 36 // 4. Hijo de Mica, contemporáneo del rey Josías, 2 Cr. 34.20. Se llama Acbor en 2 R. 22.12. 5. Ciudad de la tribu de Aser, Jos. 21.30; 1 Cr. 6.74. Se le llama Ebrom en Jos. 19.28. Véase mapa 2, C-2; mapa 3, A-1.

Abeja

ABE: El quinto mes del año. No se menciona en la Biblia, pero el historiador Josefo lo da como el mes en que Aarón murió. Véase **Año.**

ABED-NEGO, - **Siervo de Nego** o **Nebo**, un dios de sabiduría, de Babilonia: Nombre dado a Azarías, uno de los tres compañeros de Daniel, Dn. 1.7. Junto con sus tres compañeros es constituido sobre los asuntos de Babilonia, Dn. 2.49. Es salvo milagrosamente del horno de fuego, Dn. 3.12, 30. Véase He. 11.33, 34.

ABEJA: No se sabe a ciencia cierta si la especie de abejas que conocemos en nuestro país, la **apis mellifica,** se encontraba en Palestina. La frase, sin embargo, muchas veces repetida, "mana leche y miel", indica que la miel tanto como la leche, fue uno de los productos domésticos. Sansón encontró un enjambre de abejas con miel en el cuerpo del león, Jue. 14. 8. No se piense que fue en un cadáver putrefacto y pútrido. Es hecho muy conocido que, en estos países, el calor es tal que deja el cuerpo de un animal muerto seco como una momia y sin ningún mal olor. Se alude en los otros tres pasajes donde se encuentra la palabra "abeja", Dt. 1.44; Sal.

118.12 e Is. 7.18, la conocida naturaleza belicosa de las abejas.

ABEL, heb. **Transitorio** (¿?): Hijo de Adán y Eva, menor que Caín, Gn. 4.2. "Abel fue pastor de ovejas, y Caín fue labrador", así representan las dos primeras profesiones de los hombres civilizados, Gn. 4.2. Al terminar algún tiempo, los dos hermanos, para manifestar su gratitud a Dios, como arrendatarios de su tierra, ofrecieron sacrificios al Señor; Abel ofreció al Señor la principal res de su rebaño. Caín, de los frutos de la tierra, Gn. 4.4, 5. Dios no miró tanto la calidad de sus sacrificios como el motivo de ofrecerlos. En el análisis final, Abel fue aceptado por Dios basándose en la sangre de Cristo; era justo; Mt. 23.35; 1 Jn. 3.12. "Por la fe Abel ofreció a Dios más excelente sacrificio que Caín", He. 11.4. Fue asesinado por su hermano Caín (Gn. 4.8), volviéndose el primer mártir, Mt. 23.35; He. 12.24. Dios dijo a Caín: "La voz de la sangre de tu hermano clama a mí..." Gn. 4.10. (Comp. Ap. 6.9, 10). Pero acentuando el contraste glorioso entre el antiguo y el nuevo pacto, Él nos dice: "No os habéis acercado al monte... sino que os habéis acercado al monte Sion... y a Jesús, el Mediador del nuevo pacto; y a la sangre rociada que habla mejor que la de Abel", He. 12.18-25.

ABEL-BET-MAACA, heb. **Prado de la casa de Maaca:** Ciudad amurallada en el extremo norte de Palestina (2 S. 20.15; 1 R. 15.20), ocupando tal vez el mismo lugar de la aldea actual de Abil, en la fértil planicie regada por el río Dardara. Fue rodeada por Joab para matar a Seba, en la sedición de este, contra David, 2 S. 20. Fue una "mujer sabia" de la ciudad que trató con Joab, indujo al pueblo a cortar la cabeza de Seba y a lanzar a Joab, salvando la ciudad, 2 S. 20.16-22. Fue después conquistada por Ben-adad de Siria, y otra vez por Tiglat-pileser, rey de Asiria, 1 R. 15.20; 2 R. 15.29. Véase mapa 2, D-2; mapa 3, B-1.

ABEL-MAIM, heb. **Prado de las aguas:** Una de las ciudades asoladas por los ejércitos de Ben-adad, 2 Cr. 16.4. Es otro nombre de Abel-bet-maaca.

ABEL-MEOLÁ, heb. **Prado de la danza:** Aldea cerca de Bet-sita, Jue. 7.22; 1 R. 4.12. Tierra natal de Eliseo y donde Elías lo encontró arando con doce yuntas de bueyes. 1 R. 19.16, 19. Véase mapa 2, D-4; mapa 4, B-1.

ABEL-MIZRAIM, heb. **Lamento de Egipto:** La era de Atad, donde José, sus hermanos y los egipcios lloraron la muerte de Jacob, Gn. 50.9-13.

ABEL-QUERAMIM, heb. **Prado de viñas:** Jefté hirió a los amonitas con gran mortandad hasta llegar a esta ciudad cerca de Minit en Moab, Jue. 11.33.

ABEL-SITIM, heb. **Prado de Sitim,** es decir, **de acacias:** Lugar del último campamento de los israelitas antes de atravesar el río Jordán, Nm. 33.49. Se llama sencillamente **Sitim**, Nm. 25.1; Jos. 2.1; 3.1; Mi 6.5. Véase mapa 4. B-2.

ABERTURA: grieta, brecha. // El Señor había hecho **a** en las tribus, Jer. 21.15. Véase **Brecha**.

ABEZ, hb. **Blancura:** Una de las ciudades de Isacar, Jos. 19.20.

ABI, ABIA: Véase **Abías**.

ABI-ALBÓN: Un valiente de David, 2 S. 23.31.

ABÍAS, heb. **Jehová es mi padre:** 1. Hijo de Jeroboam, 1 R. 14.1. // 2. Hijo de Roboam, 1 Cr. 3.10 // 3. Hijo de Samuel, 1 Cr. 6.28. // 4. Hijo de Bequer, 1 Cr. 7.8. // 5. Descendiente de Aarón, 1 Cr. 24.10. // 6. Uno de los sacerdotes que sellaron el pacto, Neh. 10.7.

ABIASAF: Hijo de Coré, Ex. 6.24.

ABIATAR, heb. **Padre de la abundancia:** El decimoprimer sumo sacerdote. Hijo de Ahimelec, 1 S. 22.20. Nació en Anatot, 1 R. 2.26. Escapó de la muerte de la mano de Doeg, cuando fueron asesinados su padre y ochenta y cinco sacerdotes, y se unió a David en Adulam, 1 S. 22.20-23. Era sumo sacerdote con Sadoc, 1 Cr. 15.11; 1 R. 4.4. Siguió siendo fiel a David en la rebelión de Absalón (2 S. 15.24), pero conspiró para que Adonías fuera el sucesor de David, 1 R. 1.7. Desterrado para su tierra natal, Anatot, y apartado de su cargo por Salomón, 1 R. 2.26-35. Mencionado por Cristo, Mr. 2.26.

ABIB, Mes de espigas nuevas: El primer mes del año, de los israelitas, Ex. 13.4; 23.15; 34.18; Dt. 16.1. Llamado, después del destierro, **Nisán**, Neh. 2.1; Est. 3.7. Corresponde más o menos a nuestro mes de marzo. Véase **Año.**

ABIDA, Padre de ciencia: Un nieto de Abraham, Gn. 25.4.

ABIDÁN, hb. **Mi padre es juez:** Capitán de la tribu de Benjamín en el desierto, Nm. 1.11.

ABIEL, hb. **Dios es mi padre:** 1. Padre de Cis y de Ner, y abuelo de Saúl y Abner, 1 S. 9.1; 14.51 // 2. Valiente de David, 1 Cr. 11. 32.

ABIERTAMENTE: Claramente. // Si tú eres el Cristo, dínoslo **a**, Jn. 10.24. He aquí ahora hablas **claramente**, Jn. 16.29.

ABIERTO: No cerrado. // Oídos **a**, nada oyes, Is. 42.20. Cielo **a**, Hch. 10.11; Ap. 19.11. Una puerta **a** en el cielo, Ap. 4.1.

ABIEZER, heb. **Mi padre es ayuda:** 1. Bisnieto de Manasés, Jos. 17.2. // 2. Un valiente de David, 2 S 23.27.

ABIEZRITA: Uno de la familia de Abiezer, Jue. 6.11, 24, 34; 8.2.

ABIGAIL, heb. **Mi padre es alegría:** 1. Hermana de David y madre de Amasa, capitán del ejército de David, 1 Cr. 2.16, 17; 2 S 17.25. // 2. Mujer "sensata y hermosa", esposa de Nabal, después de David, 1 S 25.3. 40-42. Llevada cautiva en Siclag, 1 S. 30.5. La madre del segundo hijo de David, Quileab, 2. S 3.3.

ABIHAIL, hb. **Padre de fuerza:** 1. Nm. 3.35. // 2. 1 Cr. 2.29. // 3. 1 Cr. 5.14. // 4. 2 Cr. 11.18. // 5. Est. 2.15.

ABIJAH: Véase **Abías.**

ABILINIA, gr. **Planicie:** A tetrarquía de Lisanias en el tiempo de Juan el Bautista, Lc. 3.1. El nombre de este distrito se derivó de su ciudad principal, Abila, que distaba de Damasco quince kilómetros.

ABIMAEL, hb. **Padre de Mael:** Gn. 10.28.

ABIMELEC, heb. **Padre de un rey:** 1. Rey de Gerar en la época de Abraham, Gn. 20.1-18. Hizo alianza de paz con Abraham en Beerseba. Gn. 21.22-34. // 2. Rey de Gerar en el tiempo de Isaac, Gn. 26.1-31. // 3. Abimelec, Sal. 34, título. El mismo tal vez que Aquis, rey de Gat, 1 S. 21.10. Parece que el nombre **Abimelec** era un título de los reyes de los filisteos, como Faraón lo era de los monarcas de Egipto. El Abimelec en el tiempo de Isaac era tal vez hijo del otro en la época de Abraham. Fue casi un siglo después de que Abimelec quisiera tomar a Sara por mujer (Gn. 20) que el otro Abimelec procedió de la misma manera hacia Rebeca, Gn. 26. // 4. Hijo de Gedeón y el sexto juez de Israel Jue. 8.31, 31. Asesinó a sus sesenta hermanos, menos a Jotam, Jue. 9.5. Herido por un pedazo de molino, arrojado a la cabeza por una mujer, lo terminó de matar su escudero, Jue. 9.35, 54. // 5. Sacerdote en el tiempo de David; descendiente de Itamar y de Elí e hijo de Abiatar, 1 Cr. 18.16. Se llama **Ahimelec** en 1 Cr. 24.6, 31, pero no se le debe confundir con su abuelo, Ahimelec, padre de Abiatar.

ABINADAB, heb. **Mi padre es noble:** 1. Israelita de Quiriat-jearim que guardó en casa el arca, durante veinte años, después de restituida por los filisteos, 1 S. 7.1. // 2. Segundo hijo de Isaí y hermano de David, 1 S 16.8; 17.13 // 3. Hijo de Saúl, muerto con su padre, en Gilboa, 1 S. 31.2.

ABINOAM, Padre de dulzura: Padre de Barac vencedor de Jabín, Jue. 4.6; 5.1.

ABIRÁN, ABIRAM, heb. **Mi padre es elevación:** 1. Conspiró, con Coré y Datán, contra Moisés y Aarón, Nm. 16.1; 26.5-11; Dt. 11.6; Sal. 106.17. // 2. Hijo de Heil que reedificó a Jericó, 1 R. 16.34. Comp. Jos. 6.26.

ABISAG, heb. **Mi padre fue hombre errante:** La joven sunamita, "hermosa", que servía al anciano David, 1 R. 1.1-4. A causa de la muerte de Adonías, 1 R. 2.13-25.

ABISAI, heb. **Mi padre es Isaí:** Hijo de Sarvia, hermana de David, y hermano de Joab, comandante y jefe del ejército de David, 2 S. 2.18. David no le dejó que atravesara al rey Saúl con su lanza, 1 S. 26.5-9. Mató al gigante filisteo, 2 S. 21.17. Asistió al encuentro de los hombres de Is-boset con los de David, en el cual Abner mató a Asael, 2 S. 2.18-24. Ayudó a Joab en el cruel e injusto asesinato de Abner, para vengarse de la muerte de su hermano, Asael, 2 S. 3.30. Como comandante del ejército, venció en la batalla contra los amonitas, 2 S. 10.10-14. Era jefe del segundo grupo de tres hombres valerosos, del ejército de David, que mataron a trescientos hombres con su lanza, 2 S. 23.18. Era apresurado y valiente, nunca se apartó de su fidelidad a su pariente, el rey David.

ABISINIA: Véase **Etiopía**.

ABISMO: Lugar profundísimo, sin fondo. // Gran abismo... los que quisieren pasar... no pueden, Lc. 16.26. En Gn. 1.2 la palabra representa las aguas primitivas; en Gn. 7.11, las fuentes subterráneas de las aguas (comp. Ex. 20.4). En Is. 51.10 quiere decir el mar. En Ro. 10.7 se refiere al lugar de los muertos. En Lc. 8.31, Ap. 9.1, 2, 11; 11.7, 8; 20.1, 3 significa la prisión de los malos espíritus. Se debe distinguir esta del lugar donde se lanzarán, finalmente, la bestia, el falso profeta y el diablo, "el ardiente lago de fuego y azufre", Ap. 19.20; 20.10.

ABISÚA, hb. **Padre de felicidad:** 1. Cr. 6.4. // 2. 1 Cr. 8.4.

ABISUR, hb. **Mi padre es una pared:** 1 Cr. 2.28.

ABITAL, hb. **Mi padre es rocío:** Una de las mujeres de David, 2 S. 3.4.

ABITOB, hb. **Padre de benignidad:** Un benjamita, 1 Cr. 8.11.

ABIÚ, heb. **Mi Padre es Dios:** El segundo hijo del sumo sacerdote, Aarón, Ex. 6.23. Subió y vio, con los setenta ancianos, al Dios de Israel, Ex. 24.1-11. Murió, con su hermano Nadab, cuando ofrecieron un fuego extraño delante de Dios, Lv. 10.1,2. Da a entender que los dos, cuando ofrecieron el fuego extraño, cumplían sus funciones sacerdotales delante de Dios en estado de embriaguez, Lv. 10.8-11.

ABIUD, hb. **Padre de majestad.** 1. Primogénito de Benjamín, 1 Cr. 8.3. // 2. En la genealogía de Jesús, Mt. 1.13.

ABLANDAR: Poner blando, suave. // La ablandas con lluvias, Sal. 65.10. Extraña que ablanda sus palabras, Pr. 7.5.

ABLUCIÓN: Purificación religiosa, que consiste en lavar el cuerpo total o parcialmente. Rito practicado de varias formas en todas las tierras y en todos los tiempos. Nadie podía entrar en la presencia de Dios, en oración o con sacrificio, sin primero ejecutar este rito, Ex. 19.10; comp. 1 S 16.5. Los sacerdotes se lavaban las manos y los pies antes de entrar en el santuario, Ex. 30.19, 20. Se lavaban las manos antes de comer, Mt. 15.20; Mr. 7.5; Lc. 11.38. Compare Sal. 266; 73.13. En ciertos casos fue necesario lavar todo el cuerpo, Lv. 15.5, 16, 18, 21; 22.6. // Lávate siete veces en el Jordán, 2 R. 5.10. Aunque me lave con aguas de nieve, Job 9.30. Lávame más y más de mi maldad, Sal. 51.2. Lávame, y seré más blanco que, Sal. 51.7. Limpiado de su inmundicia, Pr. 30.12. Lavaos y limpiaos, Is. 1.16. Aunque te laves con lejía, Jer. 2.22. Lava tu corazón de maldad, Jer. 4.14. Pilato se lava las manos, Mt. 27.24. Lavamiento de vasos, jarros y utensilios, Mr. 7.4. Recibe el bautismo y lava tus pecados, Hch. 22.16. Ya habéis sido lavados, 1 Co. 6.11. Purificado por medio del lavado de agua por la palabra, Ef. 5.26. El lavado regenerador, Tit. 3.5. Se enseñaban "diversas abluciones", He. 9.10. Lavado el cuerpo con agua pura, He. 10.22. La puerca lavada volvió, 2 P. 2.22. Lavaban sus vestiduras, Ap. 7.14. Véase **Baño.**

ABNER, heb. **Mi padre es una lámpara.** Hijo de Ner, primo de Saúl y comandante en jefe del ejército, 1 S. 14.51; 2 S 2.8. Abner era para Saúl lo que Joab era para David. Comía a la mesa al lado de Saúl, 1 S. 20.25. Presentó a David, llevando la cabeza de Goliat en la mano, al rey Saúl, 1 S. 17.57. Acampaba a Saúl al perseguir a David, 1 S. 26.5. Hizo rey a Is-boset, hijo de Saúl, 2 S. 2.8,9. Pasó al lado de David, 2 S. 3.12. Lo mató Joab, 2 S. 3.27. Fue llorado por David, como "un príncipe y un grande", 2 S. 3.33-38. Con su muerte cesó la lucha contra David, quien fue pronto proclamado rey sobre toda la nación.

ABOFETEAR: Dar bofetadas en el rostro con la mano abierta; insultar. // Y otros le abofeteaban, Mt. 26.67. Somos abofeteados, 1 Co. 4.11. Un mensajero de Satanás que me abofetee, 2 Co. 12.7. ¿Sois abofeteados, y soportáis? 1 P. 2.20.

ABOGADO: El que aboga en juicio, Protector. // 1 Jn. 2.1: Cristo, en el cielo, pelea nuestra causa delante de Dios e intercede por nosotros. La misma palabra griega, *parakletos*, se traduce Consolador en Jn. 14.16, 26; 15.26 y 16.7, y se refiere al Espíritu Santo. Tenemos, por tanto, o en Jesucristo, o en el Espíritu Santo, quien defienda nuestra causa y nos dé consuelo.

ABOLIR: Anular. // Abolió en su carne la ley, Ef. 2.15.

ABOMINACIÓN: Hay tres palabras en el hebreo traducidas **abominación** en español, cada una expresando un grado diferente de la aversión de Dios a ciertos actos y objetos. // 1. **Toebhah,** lo que se refiere a la creencia religiosa de un pueblo. En las Escrituras hebreas esta palabra se refiere a la aversión de Dios, a no ser en el caso de la aversión de los egipcios. Los egipcios no comían con los israelitas, "lo cual es abominación para los egipcios", Gn. 43.32. Véase también Gn. 46.34 y Ex. 8.26. Esa palabra, indicando el mayor grado de abominación, se emplea para expresar la gran repugnancia de Dios a la altivez: Pr. 6.16,17; 16.5; al engaño: Pr. 11.1; 3.32; 17.15; 20.10,23; a los espíritus adivinadores, magos, hechiceros, Dt. 18.12; a la idolatría, Dt. 7.25,26; 27.15; Is. 44.19; Mal. 2.11; a los pecados sexuales: Lv. 18.22; 20.13; Dt. 24.4; al ofrecer animales defectuosos: Dt. 17.1; el sacrificio de los impíos: Pr. 15.8; Pr. 28.9; Is. 1.13; 41.24; a los dioses: Astoret, la abominación de los sidonios, 2 R. 23.13; Milcom, la abominación de los amonitas, 1 R. 11.5; Quemos (Camos R), la abominación de los moabitas, 1 R. 11.7. // 2. **Shekez** expresa también horror y gran aversión, pero por lo general en menor grado que **toebhah.** Se emplea especialmente en lo concerniente a los animales inmundos: Lv. 11.10-42; Is. 66.17; Ez. 8.10. // 3. **Piggui,** también expresa aversión, pero se emplea en la Biblia hebrea para indicar aversión a la carne para el sacrificio, que no se podía comer después del segundo día: Lv. 7.18; 19.7; Ez. 4.14.

ABOMINAR: Rechazar con horror. // Por tanto me aborrezco, y me arrepiento, Job 42.6. Jehová abomina al sanguinario, Sal. 5.6. Véase **Aborrecer, Detestar, Odiar.**

Abominación desoladora, Abominación desoladora: "Abominable" quiere decir "inmundo", "repugnante", "detestable". La idolatría, con su efecto mortal para la humanidad y su degradación de los ideales divinos, es "abominación al Señor", Dt. 7.25, 26; Is. 44.19. Se refiere a Astoret, a Camos, a Milcom y a Moloc, los dioses de las naciones, como "abominación", 1 R. 11.7; 2 R. 23.13. Jesús, en su sermón profético en el monte de los Olivos, dijo a sus discípulos: "Cuando veáis la abominación desoladora de que habló el profeta Daniel..." Mt. 24.15; Mr. 13.14. Daniel habló tres veces de esta abominación: Dn. 9.27; 11.31 y 12.11. Muchos comentaristas consideran que esa profecía de Daniel se cumplió en Antíoco Epífanes, en 168 a.C. cuando hizo cesar el sacrificio diario y puso un ídolo encima del altar en el templo, y sobre ese altar ofrecieron sacrificios a Júpiter Olímpico, 1 Mac. 6.7; 2 Mac. 6.1,2. Pero no se cumplió plenamente la profecía de Daniel en esta atrocidad de Antíoco Epífanes. Un estudio de los capítulos 9, 11 y 12 de Daniel revelará que en el tiempo del fin, se levantará un poderoso rey con dominio casi universal; ese rey desafiará a Dios, se exaltará como Dios, oprimirá al pueblo de Dios y al fin caerá sin que intervenga mano de hombre. Los ejércitos de ese rey erguirán la abominación desoladora. Habrá tribulación como nunca hubo ni habrá jamás, Mt. 24.21. Miguel se levantará a favor de Israel. Los verdaderos santos serán liberados.

ABONAR: Fertilizar. // Hasta que yo cave... y la abone, Lc. 13.8.

ABORRECER: Sentir horror por, fastidiarse. // Aún hay... mas yo le aborrezco, 1 R. 22.8. El que detiene el castigo, a su hijo aborrece, Pr. 13.24. Si el que te aborrece tuviere hambre, Pr. 25.21. Aborrecí, abominé vuestras solemnidades, Am. 5.21. Ha de aborrecer a uno y amar al otro, Mt. 6.24. Viene a mí, y no aborrece a su padre, Lc. 14.26. Aquel que practica el mal, aborrece la luz, Jn. 3.20. Amé a Jacob, pero aborrecí a Esaú, Ro. 9.13. Véase **Detestar, Odiar.**

ABORRECIDO: Fastidiado, // Siendo... **a** de Dios, Ro. 1.30.

ABORTAR: Dar a luz antes del término de la gestación. // Sus novillas no abortan, Job 21.10.

ABORTIVO: Que no llega al término normal de su evolución. // ¿Por qué no fui escondido como **a**? Job 3.16. Yo digo que un **p** es mejor que él, Ec. 6.3. Al último de todos, como a un **p**, me apareció a mí, 1 Co. 15.8.

ABORTO: Animal que nació antes de haber adquirido las condiciones necesarias para la vida exterior. // Como **a** oculto, yo no existiría, Job 3.16. Como el que nace muerto, no vean el sol, Sal. 58.8. Un **a** es más feliz que él, Ec. 6.3.

ABRAHAM, EL LIBRO DE: Obra apocalíptica. Véase **Apocalíptico.**

ABRAHAM, EL SENO DE: Lc. 16.22, 23. Expresión figurada. Compare a Juan reclinado en el seno de Cristo, Jn. 13.25. Abraham, como en una fiesta, recibe a Lázaro en la mayor intimidad. Compare Lc. 23.43.

ABRAHAM, Padre de una multitud: Patriarca, descendiente de Sem. Es uno de los principales personajes de la Biblia y un nombre célebre en todo el Oriente. De él descienden el pueblo judío y, por Ismael, los árabes. Padre de los hebreos, Jos. 24.2; Is. 51.2; Mt. 1.1; 3.9; Gá. 3.7-9; etc. Nació en Ur de los caldeos; hijo de Terá; se casó con Sarai, Gn. 11.27-31. Llamado por Dios (Hch. 7.2-4), se mudó a Harán, Gn. 11.31. Después de la muerte de su padre, salió de Harán con Lot, Gn. 12.4,5; He. 11.8. Edificó un altar en Siquem, donde el Señor le prometió que esa tierra sería de sus descendientes, Gn. 12.6, 7. Armó su tienda y edificó un altar entre Bet-el y Ai, en las faldas de los dos famosos montes Ebal y Gerazim, Gn. 12.8. Habiendo hambre en Canaán, descendió a Egipto, Gn. 12.10. Era muy rico en ganado, en plata, en oro, en siervos y en siervas, Gn. 12.16; 13.2, 6; 24.35. Llevó 318 hombres, nacidos en su casa, para liberar a Lot, Gn. 14.14. En Bet-el se separó de Lot, Gn. 13.11-13. Venció a Quedorlaomer y liberó a Lot, Gn. 14.1-17., Melquisedec recibió su diezmo y lo bendijo, Gn. 14.18-20; He. 7.1-7. Dios le prometió un hijo, cuando "a Sara le había cesado ya la costumbre de las mujeres", Gn. 15; 18.11. El pacto de Dios de darle toda la tierra "desde el río de Egipto hasta el gran río Eufrates", Gn. 15.7-21; Neh. 9.7, 8. Era padre de Ismael, Gn. 16. La tentativa de los hombres no modifica el plan de Dios; no el hijo de la esclava, mas el de la libre; no el hijo de la carne, mas el de la promesa, Gá. 4.21-31. Dios cambió su nombre a Abraham, Gn. 17.5. Recibió el pacto de la circuncisión, Gn. 17.9-14. Hospedó a tres ángeles, Gn. 18.1-16. Intercedió por Sodoma, Gn. 18.23-32; 19.29. Cuando tenía 100 años de edad, nació su hijo prometido, Isaac, Gn. 21.5. Ofreció a Isaac en holocausto, Gn. 22. (Los sacrificios humanos eran comunes entre las naciones paganas vecinas.) En la muerte de Sara, con 127 años de edad, compró Macpela para sepultarla, Gn. 23. Mandó a un siervo a su tierra y a su parentela para que buscara una esposa para Isaac, Gn. 24. Se casó con Cetura y le nacieron seis hijos que se convirtieron en los padres de las tribus nómadas que habitan el territorio al sur de Palestina, Gn. 25.1, 2. A la edad de ciento setenta y cinco años "fue reunido a su pueblo" y sepultado al lado de Sara, en la cueva de Macpela, Gn. 25.7-9. Sus padres servían a otros dioses (Jos. 24.2), pero él fue llamado: **el amigo de Dios**, 2 Cr. 20.7; Is. 41.8; Stg. 2.23; **el fiel Abraham**, Gá. 3.9; **el padre de todos nosotros**, Ro. 4.16. Se menciona su fe: Gn. 15.6; Jn. 8.39; Ro. 4.3; Gá. 3.6; He. 11.8-10; Stg. 2.23.

ABRAM, Padre exaltado: Gn. 11.26. Su nombre cambiado a Abraham, Gn. 17.5.

ABRASADOR: Que abrasa. // Serpientes, Nm. 21.6-9. Véase **Arder, Intenso.**

ABRASAR: Convertir en brasas, quemar. // Por causa de la ira del Señor... la tierra está abrasada, Is. 9.19. Abrasáis en la concupiscencia, Is. 57.5. Vivir abrasado, 1 Co. 7.9. Los elementos se desharán abrasados, 2 P. 3.10.

ABRAZAR: Rodear con los brazos; adoptar. // Si la abrazares, ella te honrará, Pr. 4.8. Corriendo, lo abrazó, Lc. 15.20. Abrazando afectuosamente a Pablo, Hch. 20.37.

ABRIGAR: Dar abrigo a; proteger; poner a salvo. // Venid, abrigaos bajo de mi sombra, Jue. 9.15. Para que esté delante del rey y lo abrigue, 1 R. 1.2. Véase **Proteger, Refugiar.**

ABRIR: Descubrir lo que estaba cerrado u oculto. // Que comáis de él, serán abiertos vuestros ojos, Gn. 3.5. Señor, abre mis labios, Sal. 51.15. Pero no abrió la boca, Is. 53.7. Si no os abriré las ventanas, Mal. 3.10. Jesús, después que fue bautizado... he aquí los cielos le fueron abiertos, Mt. 3.16. Llamad, y se os abrirá, Mt. 7.7. Necias, clamando:... ¡Ábrenos la puerta! Mt. 25.11. Se abrieron los sepulcros, Mt. 27.52. Efata, es decir: Sé abierto, Mr. 7.34. Entonces les abrió el entendimiento, Lc. 24.45. Vio el cielo abierto, Hch. 10.11. Había abierto la puerta de la fe a los gentiles, Hch. 14.27. El Señor abrió el corazón de ella, Hch. 16.14. Para que abras sus ojos, Hch. 26.18. En un abrir y cerrar de ojos, 1 Co 15.52. Puerta grande... se me abrió, 1 Co. 16.9. Dios nos abra puerta a la palabra, Col. 4.3. Que abre y ninguno cierra, Ap. 3.7. Nadie fue hallado digno de abrir el libro, Ap. 5.4. El Cordero abrió uno de los sellos, Ap. 6.1.

ABROGAR: Volver nulo, sin efecto. // Para que no pueda ser revocado, conforme a la ley de Media y de Persia, la cual no puede ser abrogada, Dn. 6.8. No penséis que he venido para **a** la ley o los profetas; no he venido para **a**, sino para cumplir, Mt. 5.17. Abrogado el mandamiento anterior, He. 7.18. Véase **Anular, Invalidar.**

ABROJO: Nombre común de varias plantas rastreras y espinosas. // Producirá también cardos e **a**, Gn. 3.18. Se recogen... higos de los **a**, Mt. 7.16. Si produce espinos e **a**, es rechazada, He. 6.8. Véase **Cardo, Espino.**

ABSALÓN, heb. **Mi padre es paz:** Tercer hijo de David; nació en Hebrón; su madre fue Maaca, hija de Talmai, rey de Gesur, 2 S 3.2, 3. Asesinó a su hermano mayor, Amnón, que violó su hermana, Tamar, 2 S. 13.23-36. Huyó a la corte de Talmai, su abuelo materno, en Gesur, 2 S. 13.37, 38. Celebrado por su belleza; al final de cada año, se cortaba el cabello, que pesaba 200 siclos, 2 S 14.26. Le nacieron cuatro hijos (2 S. 14.27), pero parece que murieron temprano, 2 S. 18.18. Fue el más bello y agradable de Israel, 2 S. 14.25, 26. El predilecto tanto del pueblo como de su padre; vivía en el mayor lujo; usaba un carro pomposo delante del cual corrían cincuenta hombres; deliberadamente hurtaba el corazón de los hombres de Israel, 2 S. 15.1-6. Con el plan de apoderarse del trono, se rebeló contra su padre, David, 2 S. 15.7. Su ejército fue vencido en la batalla en el bosque de Efraín, 2 S. 8.6-8. Enredado por la cabeza, en las ramas de un árbol, murió a manos de Joab, 2 S. 18.9-15. Su cuerpo, como hacían para deshonrar a rebeldes y a grandes delincuentes (Jos. 7.26; 8.29), fue echado en una cueva y cubierto de "un montón muy grande de piedras", 2 S. 18.17. Construyó una columna que llamó por su propio nombre, **Columna de Absalón** (2 S. 18.18), pero no se conoce actualmente el lugar. El Salmo 3 fue escrito por David durante la revuelta de Absalón. El llanto de David en Mahanaim (2 S. 17.27; 18.33) a través de los siglos, expresa en lenguaje conmovedor las nostalgias profundas de los padres, verdaderamente creyentes, por los hijos apartados de Dios. Véase p. 762.

ABSOLUCIÓN: Término eclesiástico para designar el acto oficial de perdonar los pecados a aquel que los confesó con contrición. Véase Mt. 18.18; Jn. 20.23. Esta promesa es dada a la asamblea de creyentes, para ejecutarla por medio del ministerio de la iglesia. Véase **Perdón, Remisión.**

ABSOLVER: Eximir de pena correspondiente a una culpa. // Será absuelto aquel que lo hirió, Ex. 21.19. Líbrame de los que me son ocultos, Sal. 19.12. Véase **Perdonar.**

ABSORVER: Embeberse de. // Para que lo mortal sea absorbido, 2 Co. 5.4.

ABSTENERSE: Privarse de, contenerse. // Que se abstengan de las cosas santas, Lv. 22.2. Que se abstengan de las contaminaciones de los ídolos, Hch. 15.20; 21.25. Si quisiera gloriarme... pero lo dejo, 2 Co. 12.6. Que os apartéis de fornicación, 1 Ts. 4.3. Absteneos de toda especie de mal, 1 Ts. 5.22. Os ruego... que os abstengáis de los deseos carnales, 1 P. 2.11.

ABSTINENCIA: Privación voluntaria; ayuno. // Obligarse a alguna **a**, Nm. 30.2. Exigen **a** de alimentos, 1 Ti. 4.3.

ABSURDO: Contrario a la razón, al buen sentido. // Desecha las cuestiones necias e insensatas, 2 Ti 2.23.

ABUBILLA: Pájaro cuya cabeza está adornada con un penacho, Lv. 11.19.

ABUELA: La madre del padre o de la madre. // La fe... que... habitó primero en tu **a**, 2 Ti. 1.5.

ABUNDANCIA: Gran cantidad de algo. // Dios... te dé... **a** de trigo y de mosto, Gn. 27.28. Siete años de gran **a**, Gn. 41.24. Nos sacaste a **a,** Sal. 66.12. Pero al rico no le deja dormir La **a**, Ec. 5.12. En casa de mi padre tienen **a**, Lc. 15.17. Con **a** de palabras, Hch. 15.32. **A** de su gozo, 2 Co. 8.2. Sé vivir humildemente, y sé tener **a**, Fil. 4.12. Véase **Abastecer, Riqueza.**

ABUNDANTEMENTE: Con abundancia. // Da a todos **a**, Stg. 1.5.

ABUNDAR: La palabra **abundar**, o **abundancia**, se traduce de varias palabras del hebreo y del griego, que significan **aumentar, transbordar, multiplicar, saciar,** etc. // Abundar en acción de gracias, 2 Co. 4.15; Col. 2.7; amor, 2 Co. 8.7; 1 Ts. 3.12; bendiciones, Pr. 28.20; cereal, Gn. 41.49; ciencia, 2 Co. 8.7; dones, 1 Co. 14.12; entrada en el reino eterno, 2 P. 1.11; esperanza, Ro. 15.13; Espíritu Santo, Tit. 3.6; fe, 2 Co. 8.7; gloria, 2 Cr. 17.5; 32.27; Is. 66.11; gozo, 2 Co. 8.2; gracia, Hch. 4.33; Ro. 5.17,20; 6.1; 2 Co. 9.8; Ef. 1.8; 1 Ti. 1.14; las gracias, 2 P. 1.8; misericordia, Nm. 14.18; en la obra del Señor, 1 Co. 15.58; oro, 2 Cr. 9.1; palabra, 2 Co. 8.7; pan, Ex. 16.12; Pr. 28.19; Lc. 15.17; Paz, Sal. 37.11, 72.7; piedras preciosas, 1 R. 10.10; 2 Cr. 32.27; riquezas, 2 Cr. 32.37; Sal. 52.7; Zac. 14.14; 2 Co. 8.2; sacrificios, 1 Cr. 29.21; salvación, Is. 33.6; trabajadores, 1 Cr. 22.15; vida, Jn. 10.10. Al que tiene se le dará, y tendrá abundancia, Mt. 13.12; 25.29. Abundar cada vez más, 1 Ts. 4.1, 10.

ABUSAR: Usar mal de; ultrajar al pudor. // Y entraron a ella, y abusaron de ella, Jue. 19.25.

ACÁ: En este lugar, aquí. // Ve, llama a tu marido y ven **a**, Jn. 4.16.

ACAB, AHAB, heb. **Hermano del padre**; es decir, tal vez uno muy parecido a su padre: 1. Hijo de Omri y el séptimo rey de Israel, 1 R. 16.29. Se casó con Jezabel y sirvió a Baal, 1 R. 16.31, 33. Reprobado por Elías, 1 R. 17.1; 18.17. Fue plenamente victorioso en las dos primeras campañas contra Ben-adad, rey de Siria, 1 R 20. Construyó una casa de marfil, 1 R. 22.39. Mandó matar a Nabot y tomó posesión de su viña, 1 R. 21. La sentencia de Dios contra Acab fue prorrogada, en vista de su arrepentimiento, 1 R. 21.29. Sin la bendición de Dios en la tercera campaña contra Ben-adad, murió en Ramot de Galaad, 1 R. 22. Como se había predicho, los perros le lamieron la sangre en el mismo lugar donde lamieron la sangre de Nabot, 1 R. 21.19; 22.38; La sentencia contra la casa de Acab foi ejecutada por Jehú, 1 R. 19.16; 2 R. 10.11. // 2. Acab, hijo de Colaías. Asado en el fuego, junto con Sedequías, por Nabucodonozor, Jer. 29.21-23.

ACABAR: Concluir; poner término a. // Acabado: los cielos y la tierra, Gn. 2.1; el agua del odre, Gn. 21.15: el muro, Neh. 6.15; nuestros años, Sal. 90.9; el vino, Jn. 2.3. La harina de la tinaja no escaseará, 1 R. 17.14. El amor nunca deja de ser, 1 Co. 13.8. Véase **Cesar, Terminar.**

ACACIA: Árbol que produce la goma arábiga vendida en el comercio. El tabernáculo y sus muebles fueron hechos de esta madera, que es resistente a los insectos y de un olor agradable, Ex. 25.10, 23; 26.15; 27.1.

ACAD: Gn. 10.10. Una de las principales ciudades de Babilonia.

ACAMPAR: Establecer en campo. // Los hijos de Israel acamparán junto a su bandera, Nm. 2.2. Aunque un ejército acampe contra mí, Sal. 27.3. El ángel de Jehová acampa alrededor, Sal. 34.7. Porque acamparé contra ti alrededor, Is. 29.3.

ACÁN, heb. **Perturbador:** 1. Descendiente de Esaú, Gn. 36.27. // 2. En la conquista de Jericó, tomó del anatema, en desobediencia flagrante de la expresa orden de Dios, Jos. 7.1; 6.18. Su pecado resultó en la muerte de 36 israelitas, Jos. 7.5. El nombre "Acán" significa la más grave perturbación, 1 Cr. 2.7; Jos. 6.18; 7.24 - como en el caso de Jacob, Gn. 34.30; de Saúl, 1 S. 14.29; de Elías y de Acab, 1 R. 18.17, 18; de Jonás, Jon. 1.12. Se enseña que toda la familia de Acán murió, pero eso no está muy claro en las Escrituras. Véase también Dt. 24.16. El pecado de Acán ilustra la unidad del pueblo de Dios: cuando Acán pecó, Israel pecó, Jos. 7.11. Si un miembro del cuerpo de Cristo peca, toda la causa de Cristo sufrirá, 1 Co. 5.6, 7; 12.26.

ACAPARAR: Disfrutar o apropiarse de todo o de la mayor parte de una cosa; abarcar, almacenar. // Al que acapara el grano, el pueblo lo maldecirá, Pr. 11.26. **Véase Almacenar.**

ACARICIAR: Tocar suavemente. // Isaac acariciaba Rebeca, Gn. 26.8.

ACASO: Casualidad. // Sabremos... que esto nos sucedió por **a**, 1 S. 6.9.

ACATADO: Respetado, venerado. // Gamaliel... **a** por todo el pueblo, Hch. 5.34.

ACAYA: Provincia romana que incluía a toda la antigua Grecia, menos Macedonia. Es la Grecia moderna. Hch. 18.27; Ro. 15.26; 1 Co. 16.15; 2 Co. 1.1; 9.2; 11.10; 1 Ts. 1.7, 8. Véase mapa 6, C-2.

ACAZ, AHAZ, hb. **Poseedor:** 1. El undécimo rey de Judá... Hijo del rey Jotam, 2 R. 16.1. Durante su reinado fue advertido por Isaías, Is. 1.1; 7.1-16; por Oseas, Os. 1.1; por Malaquías, Mal. 1.1. No obstante, pidió ayuda de Tiglat-pileser, rey de Asiria, 2 R 16.7; despojó el templo del oro, de la plata y de los tesoros, 2 R. 16.8; abrazó la idolatría de los asirios, 2 Cr. 28.23-25; quemó a sus propios hijos en el fuego, conforme a las abominaciones de las naciones, 2 Cr. 28.3. Construyó un reloj de sol que consistía, al parecer, de una serie de grados alrededor de una columna, que indicaba la hora por la sombra sobre los grados, 2. R 20.9-11. Reinó dieciséis años, fue sepultado en Jerusalén, pero no en los sepulcros de los reyes, 2 Cr. 28.27. Uno de los antepasados en la genealogía de Jesús, Mt. 1.9. // Bisnieto de Jonatán, 1 Cr. 8.35.

ACBOR, hb. **Ratón:** 1. Padre de Baal-hanán, Gn. 36.39. // 2. Mensajero en la época del rey Josías, 2 R. 22.12.

ACCESO: Entrada. // Derechos de todos los hijos de Dios: Dt. 4.7; Sal. 23.6; 24.3, 4; Ef. 2.18; 3.12. Es por Cristo: Jn. 10.7, 9; Ro. 5.2; He. 7.19, 25; 1 P. 3.18. La felicidad de los que entran: Sal. 16.11; Mt. 6.6. Ejemplos Enoc, Gn. 5.22. Abraham, Gn. 17.1; Jacob, Gn. 32.30; Moisés, Ex. 24.2; 34.4-7.

ACCIÓN DE GRACIAS: Sacrificio de acción de gracias, Lv. 22.29. Alabanzas y **a** al tiempo de la oración, Neh. 11.17.

ACCIÓN: Acto, hecho, obra. // Aborrezco la **a** de los que se desvían, Sal. 101.3. **Acción de gracias:** Al cantar, Sal. 30.12; 92.1; 147.7; al comer, Hch. 27.35; Ro. 14.6; 1 Co. 11.24; 1 Ti. 4.3-5; al orar, Neh. 11.17; Fil. 4.6; Col. 4.2; siempre, Col. 3.17; 1 Ts. 2.13; 5.18; He. 13.15, en los sacrificios, Lv. 7.12, 13, 15; 22.29; Sal. 107.22; 116.17; Am. 4.5; Jon. 2.9; abundando en, Col. 2.7. // Es pecado no dar gracias, Ro. 1.21. // Ejemplos de dar gracias: Ana, Lc. 2.38; Simeón, Lc. 2.28. Los veinticuatro ancianos, Ap. 4.10; 11.17. Las cuatro criaturas, Ap. 4.9, Daniel, Dn. 2.23; 6.10. David, 1 Cr. 29.13. Eliezer, Gn. 24.26. Hijos de Jedutún, 1 Cr. 25.3. Jesús, Mt. 11.25; 15.36; 26.27; Jn. 11.41 El leproso sanado, Lc. 17.16. Los levitas, 1 Cr. 16.4, 7; 23.30. La multitud, Ap. 7.12. Pablo, Hch. 28.15; Ef. 1.16; 5.20; Col. 1.3; 1 Ts. 1.2; 2 Ts. 2.13. Véase **Alabanza, Acción de gracias.**

ACECHAR: Observar ocultamente (los actos de alguien, los movimientos de un animal etc.) // Acechando al desvalido, Sal. 10.8. Acecha el impío al justo, Sal. 37.32. Como quienes acechan a mi alma, Sal. 56.6. Están acechando mi vida, Sal. 59.3. Acechemos sin motivo al inocente, Pr. 1.11. Acechando por todas las esquinas, Pr. 7.12. También ella, como robador, acecha, Pr. 23.28. Todos acechan por sangre, Mi. 7.2. Acechaban para ver si... le sanaría, Mr. 3.2.

ACEITE: Aceite extraído de la aceituna, de otras frutas o de la gordura de ciertos animales. // Jacob... tomó la piedra... y derramó **a** encima de ella, Gn 28.18. Hizo que chupase miel de la peña, y **a** del duro pedernal, Dt 32.13. Moje en **a** su pie, Dt 33.24. Redoma de **a**, la derramó sobre su cabeza, 1 Samuel 10.1. Tomó el cuerno de **a**, 1 Samuel 16.13. Ni el **a** de la vasija disminuirá, 1 Reyes 17.14. Sino una vasija de **a**, 2 Reyes 4.2. Ríos de **a**, Job 29.6; Miqueas 6.7. Suaviza sus palabras más que el **a**, Sal 55.21. El **a** que hace brillar el rostro, Sal 104.15. Las insensatas... no tomaron consigo **a**, Mt 25.3. No dañes el **a**, Ap 6.6.

ACEITUNA: Fruto del olivo, Dt. 28.40; Is. 17.6; Stg. 3.12. Véase **Olivar**.

ACÉLDAMA, cal. **Campo de sangre:** Hch. 1.19. El campo del alfarero, en Jerusalén, comprado con las treinta monedas de plata que Judas recibiera por haber entregado a Jesús, Mt. 27.6-8.

ACEPCIÓN DE PERSONAS. Preferencia de persona o personas, en atención a la clase, cualidad, títulos o privilegios. // Que Dios no hace acepción de personas, Hch. 10.34. Si hacéis acepción de personas, cometéis pecado, Stg. 2.9. Véase **Parcialidad.**

ACEPTABLE: Que se puede aceptar. // Proclamar el año **a** del Señor, Lc. 4.19. Aquel que le teme y hace justicia le es **a**, Hch. 10.35. He aquí el tiempo **a**, 2 Cr. 6.2.

ACEPTAR: Acoger, recibir. // ¿Aceptaré yo eso de vuestra mano? Mal. 1.13. Que oyeron la palabra y la aceptaron, Hch. 4.4. Que la ofrenda de mi servicio... sea acepta, Ro. 15.31. El hombre natural no acepta las cosas del Espíritu, 1 Co. 2.14. O si recibís otro espíritu, 2 Co. 11.4. Dios no acepta la apariencia del hombre, Gá. 2.6. Véase **Recibir**.

ACERCARSE: Aproximarse. // Acércate a mi alma, Sal. 69.18. Y quieren **a** a Dios, Is. 58.2. Varón judío... **a** a un extranjero, Hch. 10.28. Acerquémonos con corazón sincero, He. 10.22. Tanto más, cuanto veis que aquel día se acerca, He. 10.25. Es necesario que aquel que se acerca, He. 11.6.

ACLAMACIÓN: Ovación, aplauso general. // En medio de él se oye **a** a su Rey, Nm. 23.21. Ciudad que estaba llena de **a**... ciudad alegre, Is. 22.2.

ACLAMAR: Aplaudir o aprobar mediante gritos. // Aclamad a Dios, toda la tierra, Sal. 66.1.

ACLARAR: Clarificar. // El cual aclarará también lo oculto de las tinieblas, 1 Co. 4.5. Véase **Clarear.**

ACMETA: Capital de Media, donde hallaron el rollo con el decreto de construir el templo,

Esd. 6.2. Actualmente llamada Hamadán, una importante ciudad de Irán.

ACO: Ciudad que pertenecía a la herencia de Aser, pero de la que no lograron expulsar a los habitantes, Jue. 1.31. Llamado después **Ptolemaida**, Hch. 21.7. Véase mapa 2, C-3; mapa 3, A-2; mapa 6, F-3.

ACOGER: Recibir, hospedar. // A quién os acogeréis para que os ayude, Is. 10.3. A ella se acogerán los afligidos de su pueblo, Is. 14.32. Debemos **a** a tales personas, 3 Jn. 1.8. Véase **Hospedar.**

ACONGOJAR: Muy débil. // Escarnio ha quebrantado mi corazón, y estoy acongojado, Sal. 69.20.

ACONSEJAR: Dar parecer, opinión acerca de lo que conviene hacer. // ¿Cómo aconsejáis vosotros que responda a este pueblo? 1 R. 12.6. Hay... alegría en el [corazón] de los que piensan el bien, Pr. 12.20. Con los avisados está la sabiduría, Pr. 13.10. Enseñándoos y exhortándoos unos a otros, Col. 3.16. Te aconsejo que de mí compres oro, Ap. 3.18. Véase **Consejo.**

ACONTECER: Realizar, suceder, sobrevenir. // Acontecerá en los postreros días, Hch. 2.17. Sin saber lo que allá me ha de acontecer, Hch. 20.22. Como si alguna cosa extraña os aconteciese, 1 P. 4.12. Las cosas que deben suceder pronto, Ap. 1.1, 22.6; Véase **Realizar, Sobrevenir, Suceder.**

ACOR, hb. **Perturbación:** La palabra significa perturbación grave y en exceso. Lugar donde Acán fue apedreado, Jos. 7.24, 26; Is. 65.10; Os. 2.15.

ACORDAR: Recordar. Decidir de común acuerdo. // Acordándonos sin cesar delante del Dios y Padre nuestro de la obra de vuestra fe, 1 Ts. 1.3. Y se acordó Dios de Noé, y de todos los animales, Gn. 8.1 Estará el arco en las nubes, y lo veré, y me acordaré del pacto perpetuo entre Dios y todo ser viviente, Gn. 9.16. Dios se acordó de Abraham, Gn. 19.29. Se acordó Dios de Raquel, y la oyó Dios, y le concedió hijos, Gn. 30.22. El jefe de los coperos no se acordó de José, sino que le olvidó, Gn. 40.23. Entonces se acordó José de los sueños que había tenido acerca de ellos, Gn. 42.9 Nos acordamos del pescado que comíamos en Egipto de balde, Nm. 11.5. Te acordarás de que fuiste siervo en la tierra de Egipto, Dt. 15.15. Acordaos de la palabra que Moisés, Jos. 1.13. Y no se acordaron los hijos de Israel de Jehová su Dios, Jue. 8.34; Jue. 9.2. Si te acordares de mí, y no te olvidares de tu sierva, 1 S. 1.11 Elcana se llegó a Ana su mujer, y Jehová se acordó de ella, 1 S. 1.19. Así el rey Joás no se acordó de la misericordia, 2 Cr. 24.22. Acordaos del Señor, grande y temible, Neh. 4.14. Ni se acordaron de tus maravillas que habías hecho con ellos, Neh. 9.17. Acordaron dar muerte, Jn. 12.10.

ACORNEAR: Herir con los cuernos. // Acornearás a los siros, 1 R. 22.11.

ACORTAR: Encoger, disminuir. // ¿Acaso se ha acortado mi mano? Is. 50.2. No se ha acortado la mano de Jehová, Is. 59.1.

ACOSTADO: Tendido para dormir. // La tierra en que estás **a,** Gn 28.13. Hallaréis al niño envuelto en pañales, **a,** Lc 2.12.

ACOSTAR: Poner o disponer más o menos horizontalmente. // Rico se acuesta, pero por última vez, Job 27.19. Te acostarás, y no habrá quien te espante, Jo 11.19. El leopardo con el cabrito se acostará, Is. 11.6. Lo envolvió en pañales, y lo acostó en un pesebre, Lc. 2.7.

ACRABIM: Desfiladero entre la extremidad sur del Mar Muerto y el desierto de Zim, Jos. 15.3. Véase mapa 5, B-2.

ACRISOLADA: Depurada, purificada por medio del fuego en el crisol. // Y **a** la palabra de Jehová, 2 S. 22.31; Salmo 18.30. Véase **Crisol.**

ACSA, hb. **Amuleto:** Hija de Caleb, Jos. 15.16.

ACSAF, hb. **Fascinación:** Una de las ciudades en las fronteras de Aser, Jos. 11.1.

ACTUAR: Obrar, actuar, proceder. // Tú oirás desde el cielo y actuarás, 1 R. 8.32. Tiempo es de **a**, oh Jehová, Sal. 119.126. Y se le dio autoridad para **a**, Ap. 13.5. Véase **Hacer**.

ACUB: 1. Descendiente de Zorobabel, 1 Cr. 3.24. // 2. Portero en el templo, 1 Cr. 9.17.

ACUDIR: Ir en auxilio. // Llamarán a Egipto, acudirán a Asiria, Os. 7.11. Como ave acudirán velozmente de Egipto, Os. 11.11. Véase **Ayudar, Amparar, Socorrer.**

ACUEDUCTO: Canal, galería o alcantarillado de agua. // Junto al **a** del estanque de arriba, 2 R. 18.17.

ACUERDO: Conformidad de ideas o de sentimientos. // ¿Andarán dos juntos si no hay entre ellos **a?** Am 3.3. Entre en **a** sin demora, Mt. 5.25. En **a** para tentar al Espíritu, Hch. 5.9. Llegado a pleno **a**, Hch. 15.25. Sintamos una misma cosa, Fil. 3.16. Véase **Alianza.**

ACUMULAR: Amontonar. // Hasta cuándo había de **a**, Hab. 2.6. Acumulas contra ti mismo ira para el día de la ira, Ro. 2.5. Habéis acumulado tesoros para los días postreros, Stg. 5.3. Véase **Juntar, Aumentar.**

ACUSACIÓN: Imputación de falta o delito. // Una **a** contra los habitantes de Jerusalén, Esd. 4.6. Por encima de su cabeza, pusieron escrita su **a**, Mt. 27.37. Muchas y graves **a**, Hch. 25.7. ¿Quién acusará a los escogidos de Dios? Ro. 8.33.

ACUSADOR: El que acusa. // A los **a** que traten delante de ti, Hch. 23.30. El **a** de nuestros hermanos, Ap. 12.10.

ACUSAR: Imputar falta o delito a. // Falso testimonio... para acusarlo, Dt. 19.16. Hombres caldeos, y acusaron a los judíos, Dn. 3.8. Acusado por los principales sacerdotes, Mt. 27.12. Día de reposo, a fin de acusarlo, Mr. 3.2. Yo voy a acusaros delante del Padre, Jn. 5.45. Acusados por su propia conciencia, Jn. 8.9. Comenzó Tértulo a acusarlo, Hch. 24.2. Sus pensamientos acusándose mutuamente, Ro. 2.15. No son acusados de disolución, Tit. 1.6. Si nuestro corazón nos acusa, 1 Jn. 3.20. Que los acusa de día y de noche, Ap. 12.10. Véase **Condenar, Culpar, Juzgar.**

ACZIB, hb. **Engañoso:** 1. Ciudad de Judá, Jos. 15.44. // 2. Ciudad de Aser, Jos. 19.29. Véase mapa 2, C-2; mapa 3, A-1.

ADA, hb. **Belleza:** 1. Una de las mujeres de Lamec, Gn. 4.19 // 2. Una de las mujeres de Esaú, Gn. 36.2.

ADADA: Una ciudad en la extremidad meridional de Judá, Jos. 15.22. Véase mapa 2, C-6.

ADAGIO: Dictado moral. // Cierto **a** verdadero: El perro vuelve a su vómito, 2 P. 2.22. Véase **Dictado, Proverbio.**

ADAÍAS, hb. **El Señor adornó:** 1. Hijo de Simei, 1 Cr. 8.21. // 2. Un cantor, levita, 1 Cr. 6.41. // 3. Padre de un capitán, 2 Cr. 23.1. // 4. Abuelo del rey Josías, 2 R. 22.1. // 5. Hijo de Perez, Neh. 11.5. // 6. Uno de los que prometieron despedir a su mujer extranjera, Esd. 10.29. // 7. Otro hijo de Bani, Esd. 10.39. // 8. Un sacerdote, Neh. 11.12.

ADALÍA: Uno de los diez hijos de Amán, que fueron ahorcados con su padre, Est 9.8.

ADAM: Cuando los israelitas pasaron el río Jordán en seco, las aguas de arriba "se detuvieron como en un montón bien lejos de la ciudad de Adam", Jos. 3.16. Véase mapa 4, B-2.

ADAMA: Ciudad de Neftalí, Jos. 19.36.

ADÁN, hb. **Rojo:** Hijo de Dios, Lc. 3.38. Creado a imagen y semejanza de Dios, Gn. 1.26, Ef. 4.24; Col. 3.9, 10. Dado dominio sobre todos los animales, Gn. 1.26. Formado del polvo de la tierra, Gn. 2.7. Puesto en el huerto del Edén, Gn. 2.15. Dio los nombres a todos los animales, Gn. 2.20. Recibió Eva como esposa, Gn. 2.23. Tentado, pecó, Gn. 3.6. La promesa de un Libertador, Gn. 3.15. Lo sacó Jehová del huerto, Gn. 3.23. Padre de Caín, de Abel, de Set, de hijos e hijas, Gn. 4.1,2, 25; 5.4. Murió de 930 años de edad, Gn. 5.5. Dios hizo, de uno solo toda la generación de los hombres, Hch. 17.26. El primer Adán y el último Adán, 1 Co. 15.45; 15.21, 22; Ro. 5.12-21. Primero fue formado Adán, después Eva, 1 Ti. 2.13. Adán no fue engañado, 1 Ti. 2.14.

ADÁN, LIBROS DE: Varios libros apócrifos que aparentan ser historias de Adán y de otros de los patriarcas.

ADAR: 1. Nombre babilónico dado al decimosegundo mes (febrero-marzo) del año judío, Esd. 6.15; Est. 3.7. Véase **Año.** // 2. Ciudad de Judá, Jos. 15.4. // 3. Nieto de Benjamín, 1 Cr. 8.3.

ADBEEL, hb. **Siervo de Dios:** El tercero de los doce hijos de Ismael, Gn. 25.13.

ADELANTAR: Avanzar, marchar al frente. // Y David iba adelantando y creciendo, 1 Cr. 11.9. Habiéndose adelantado, nos esperaron, Hch. 20.5.

ADELANTE: Hacia adelante. // Mientras yo pasaré **a,** Sal. 141.10. No irán más adelante; porque su insensatez, 2 Ti. 3.9.

ADI: Hijo de Cosam, en la genealogía de Cristo, Lc. 3.28.

ADIEL, hb. **Ornamento de Dios:** 1. Un "príncipe" de la tribu de Simeón, 1 Cr. 4.36. // 2. Un sacerdote, 1 Cr. 9.12. // 3. Padre de Azmavet, que estaba a cargo los tesoros del rey, 1 Cr. 27.25.

ADIESTRAR: Hacer diestro, perito, ágil, sagaz. // Que me adiestra las manos para la batalla, Sal. 144.1. Véase **Habilitar, Enseñar**.

ADÍN, hb. **Delicado:** Antepasado de 454 hombres que volvieron de Babilonia, Esd. 2.15.

ADINA, hb. **Delicado:** Un capitán rubenita, 1 Cr. 11.42.

ADINO: El principal de tres valientes de David, 2 S. 23.8.

ADITAIM, hb. **Doble paso:** Ciudad de la herencia de Judá, Jos. 15.36.

ADIVINACIÓN: Arte de conocer por medios sobrenaturales: La adivinación es común entre todos los pueblos en todos los tiempos. La idea es casi universal que ciertos dioses, o ciertos espíritus, tienen conocimiento, escondido a los hombres, pero que, bajo ciertas condiciones, esos espíritus están dispuestos a revelar. Se refiere la Biblia a varias maneras de adivinar, por medio de: 1. **Astromancia,** o astrología**:** Arte de adivinar por medio de los astros, Is. 47.13; 2 R. 17.16; 21.3; 23.5; Dn. 2.27. Los libros de los que seguían artes mágicas (Hch. 19.19) naturalmente incluían los almanaques y las tablas de astrología. Entre las naciones solamente los judíos fueron enseñados a no seguir artes mágicas ni temer a aquellos que las ejercían, Is. 44.25; Jer. 10.2.2. **Belomancia:** Arte de adivinar por medio de flechas. Después de marcar las flechas, escogían una, o sacudían todas hasta que una se cayera fuera, de modo que satisfacía la información anhelada. O incluso juzgaban por la manera de caer la flecha cuando se lanzaba hacia arriba. "Porque el rey de Babilonia se ha detenido en una encrucijada... para usar de adivinación; ha sacudido las saetas..." Ez. 21.21.3. **Hepatoscopia:** Arte de adivinar mediante la inspección del hígado de las víctimas, Ez. 21.21. Cada parte del hígado tenía su propio significado. La idea se basaba en que el dios a quien ofrecían el animal en sacrificio revelara su voluntad por la forma que apareciera el hígado, órgano que consideraban como el centro de la vida de la víctima.4. **Hidromancia:** Arte de adivinar por medio del agua. Se dejaba un objeto de oro, de plata, o una piedra preciosa, caer en una vasija de agua. El movimiento del agua o las figuras resultantes del movimiento, que resultaban, eran interpretados por reglas fijas. Véase Gn. 44.5.5. **Nigromancia:** Arte de adivinar mediante invocación de los muertos, Dt. 18.11. Por medio de espíritus familiares, es decir, espíritus que se pueden hacer aparecer mediante conjuros, invocaciones o exorcismos, Is. 8.19; Dt. 18.11; 2 R. 21.6; 1 Cr. 10.13; 1 S. 28.3,7,8,9; Is. 19.3; 29.4. En vez de nigromante, se traduce también **pitón**, o en la forma femenina, **pitonisa**.6. **Rabdomancia:** Adivinación por medio de varita mágica, Os. 4.12.7. **Sueños:** Se refiere en Is. 65.4 a la costumbre de adivinar, durmiendo junto a las sepulturas de los antepasados, los cuales eran tenidos por deificados. Consideraban lo que soñaban como revelaciones de esos muertos. Véase Dt. 13.1-4.8. **Sortilegio:** Adivinación por medio de echar suertes, Ez. 21.21; Mt. 27.35. Véase 2. **Belomancia.** 9. **Terafín:** Imagen de escultura, Gn. 31.19; Jue. 17.5; 1 S. 15.23; 19.13, 16. Se usaba el terafín para adivinar, 2 R. 23.24; Ez. 21.21; Zac. 10.2. Jacob mandó que su pueblo los echara, Gn. 35.2-4. Josías los eliminó, 2 R. 23.24.10. **Hijos ofrecidos en holocausto:** 2 R. 3.27. Es probable que Dt. 18.10 se refiera a la adivinación mediante el sacrificio de los hijos en holocausto, como era costumbre entre los fenicios y los cartagineses. Prohibido por Dios, Lv. 18.21; 20.3; Dt. 18.10. Dios revela por medios sobrenaturales: Sueños. Gn. 20.3; 37.5-9; Mt. 1.20; 2.19; Hch. 2.17; etc. Señales, Jue. 6.36-40; Mr. 16.17, 20; Hch. 2.19; etc. Profecía, Hch. 11.28; etc. Visiones, Gn. 15.1; 1 S. 3.15; Dn. 2.19; Hch. 2.17; 9.10; etc. Echar suertes, Lv. 16.10; Nm. 26.55; Jos. 7.16-18; 1 Cr. 24.5; Hch. 1.26; etc. La suerte decidida por Dios, Pr. 16.33. Los desviados, fuera de la comunión con Dios, recurren a Satanás para conocer por medios sobrenaturales; Saúl, 1 S. 28.6,7; 1 Cr. 10.13; etc. Dios previene repetida, implícita y explícitamente contra el peligro de tratar de conocer, de fuentes dudosas y satánicas, por medios sobrenaturales: CONTRA LOS ADIVINADORES, los que revelan el pasado, informan sobre el presente y predicen el futuro: Lv. 19.26,31; 1 S. 28.3-9 con 1 Cr. 10.13; etc. // CONTRA LOS AGOREROS. Los que profetizan por la observación de cosas o por medio de ceremonias supersticiosas: Dt. 18.10; 2 Cr. 33.6; etc. // CONTRA Los astrólogos. Los que predicen el futuro por la observación de los astros, Is. 47.13; Jer. 10.2; Hch. 7.42,43. // CONTRA LOS ENCANTADORES. Los que seducen por artes mágicas; Lv. 19.26; 20.6,27; Dt. 18.11; etc. // CONTRA LOS HECHICEROS: Éx 22.18; Ap. 22.15; etc. // CONTRA LOS MAGOS: Los que evocan o conjuran espíritus mediante hechizos o sortilegios: 2 Cr. 33.6; Hch. 19.19; etc. // CONTRA LOS NECROMANTES. Los que evocan a los muertos para consultarlos: Dt. 18.11; Lv. 19.31; 20.6; 20.27; etc. // CONTRA LOS QUE INVOCAN ESPÍRITUS FAMILIARES: Dt. 18.11; 1 S. 28.3-9 con 1 Cr. 10.13; 2 R. 21.6; Is. 8.19; etc. // CONTRA LOS PRONOSTICADORES: Los que consultan los astros, las entrañas de animales sacrificados, etc., para predecir el futuro: Dt. 18.10; Is. 44.25; 47.13 // CONTRA LOS QUE "PROFETIZAN" POR PITÓN (pitonisas, forma femenina): La palabra **Pitón** aparece sólo una vez en el original, Hch. 16.16. "Una joven que tenía un espíritu de adivinación"- **que tenía un Pitón**, la monstruosa serpiente de la mitología, que tenía cien cabezas que vomitaban llamas. Las manifestaciones del espíritu que poseía esta joven eran las mismas de las profetisas, o pitonisas, en Delfos, inspiradas por Pitón. Lv. 20.27; Dt. 18.11; 1 R. 28.3-9 con 1 Par (1 Cr.) 10.13; Is. 8.19; 19.3; 29.4; Hch. 16.16.

ADIVINAR: Prever y predecir el futuro mediante sortilegios. // Les dijo José: ¿...un hombre como yo sabe adivinar? Gn. 44.15. No seréis agoreros, ni adivinos, Lv. 19.26. Te ruego que me adivines por el espíritu de adivinación, 1 S. 28.8. La cual daba gran ganancia a sus amos, adivinando, Hch. 16.16. Véase **Agorar.**

ADIVINO: Lv. 19.31; Is. 8.19; Jer. 27.9. El que pretende revelar el pasado, informar sobre el presente y predecir el futuro. Dt. 18.10; Mi 5.12; Hch. 16.16.

ADLAI, hb. **Justo:** Uno de los pastores de los ganados de David, 1 Cr. 27.29.

ADMA, hb. **Tierra:** Una ciudad destruida junta con Sodoma y Gomorra, Dt. 29.23. Véase Gn. 10.19; 14.2.

ADMATA: Uno de los siete príncipes de los persas y de los medos, Est. 1.14.

ADMINISTRADOR: El que dirige o es superintendente de una empresa pública o privada.// Todos estos eran **a** de la hacienda del rey David, 1 Cr. 27.31. Buenos **a** de la multiforme gracia de Dios, 1 P. 4.10. Véase **Mayordomo.**

ADMIRABLE. Que merece admiración. // ¿Por qué preguntas por mi nombre, que es **a**? Jue. 13.18. Y se llamará su nombre **A**, Is. 9.6. Os llamó de las tinieblas a su luz **a**, 1 P. 2.9. Véase **Maravilloso.**

ADMIRACIÓN: Sentimiento provocado por lo que es bello, grandioso, sublime. // He aquí que nuevamente excitaré yo la **a**, Is. 29.14. Véase **Asombro.**

ADMIRAR: Considerar con admiración. // Terminó Jesús... la gente se admiraba, Mt. 7.28. Se admiraban de su doctrina, Mr. 1.22. Pueblo estaba admirado, Mr. 11.18. Se admiraban de la grandeza de Dios, Lc. 9.43. Y ser admirado en... los que creyeron, 2 Ts. 1.10. Véase **Maravillar.**

ADMITIR: Recibir, dejar aceptar, estar de acuerdo con. // No admitirás falso rumor, Ex. 23.1. Admitid amonestación, Sal. 2.10. Viejo y necio que no admite consejo, Ec. 4.13.

ADNA, hb. **Placer:** 1. Un guerrero de David, 1 Cr. 12.20. // 2. Un capitán, en el ejército de Josafat, 2 Cr. 17.14. // 3. Uno de los que se divorciaron de sus esposas extranjeras, Esd. 10.30. // 4. Un sacerdote, Neh. 12.15.

ADOBAR: Condimentar. ¿Con qué la sazonaréis? Mr. 9.50.

ADOLESCENCIA: Edad que sucede a la infancia y precede a la virilidad. // La **a** y la juventud son vanidad, Ec. 11.10.

ADONÍAS, heb. **Jehová es mi Señor**: 1. El cuarto hijo de David, 2 S. 3.4. Proclamado rey, se refugió en el altar, 1 R. 1.5, 50. Salomón lo perdonó (1 R. 1.52), después lo mató, 1 R. 2.25. // 2. Levita, 2 Cr. 17.8 // 3. Selló el pacto con Nehemías, cap. 10.16.

ADONI-BEZEC, heb. **Señor de Bezec**: Filisteo derrotado y preso, le cortaron los pulgares de las manos y de los pies; como él había hecho, le fue hecho, Jue. 1.5-7.

ADONICAM, hb. **Mi Señor se levantó**: Jefe de una familia, de 666 personas que volvieron de Babilonia, Esd. 2.13.

ADONIRAM, heb. **Mi Señor es engrandecido**: Receptor de los tributos en el reinado de David (llamado Adoram), 2 S. 20.24, en el reinado de Salomón, 1 R. 4.6, en el reinado de Roboam, 1 R. 12.18. Parece que la misma persona desempeñaba el mismo oficio durante los tres reinados. Apedreado, 1 R. 12.18.

ADONISEDEC, heb. **Señor de la justicia**: Rey de Jerusalén en el tiempo de la conquista de Canaán. Derrotado, con sus cuatro aliados, se escondió con ellos en una cueva de donde Josué ordenó que los sacaran y los mataran, Jos. 10.3-27.

ADOPCIÓN: Aceptación legal como hijo. // Tres ejemplos: Moisés, Ex. 2.10; Genubat, 1 R. 11.20; Est. 2.7. // Adopción espiritual, 1 Cr. 28.6; Jn. 1.12, 13; Ro. 8.15-21; 9.4; 2 Co. 6.18; Gá. 4.6; Ef. 1.5, 11; 2 P. 1.4. // Las bendiciones de la adopción espiritual, Nm. 6.27; Is. 62.2; Mt. 13.43; Hch. 15.17; Gá. 3.29; Ef. 3.8. // El fruto de la adopción, Mt. 5.44-48; 6.25-34; 7.7-11; Lc. 6.35; 6. // La adopción de Israel, Ex. 4.22; Os 11.1; Ro. 9.4. // La adopción de los gentiles, Is. 66.18-20; Gá. 4.5.

ADORADOR: El que adora. // Los verdaderos adorarán al Padre, Jn. 4.23.

ADORAIM, hb. **De los montes**: Una de las ciudades de Judá, fortificada por Roboam, 2 Cr. 11.9. Véase mapa 5, B-1.

ADORAM: 1. Un hijo de Joctán, el sexto en la genealogía de Noé, Gn. 10.27. // 2. Hijo de Toi, rey de Hamat, 1 Cr. 18.10. // 3. Superintendente del trabajo forzado, apedreado por el pueblo de las diez tribus, en el tiempo de la revuelta, 2 Cr. 10.18.

ADORAR: Rendir (culto) a la divinidad. // La manera, Ex. 4.31; 34.8; Lv. 10.3; 1 Cr. 16.29; 2 Cr. 7.3; Neh. 8.6; Ec. 5.1; Mt. 15.9; Jn. 4.24; 1 Co. 11; 14.25; // Ordenada, 1 Cr. 16.29; Sal. 95.6; 99.5. // Solamente a Dios, Ex. 20.1; Dt. 6.13; Mt. 4.10; Lc. 4.8; Col. 2.18; 2 Ts. 2.4; Ap. 19.10. // Dios busca adoradores, Jn. 4.23. // Ejemplos de adoración: Eliezer, Gn. 24.26; Jacob, He. 11.21; Josué, Jos. 5.14; Elcana, 1 S 1.3; el niño Samuel, 1 S. 1.28; Saúl, 1 S 15.31; David, 2 S. 12.20; Josafá, 2 Cr. 20.18; Job, Job 1.20; los magos, Mt. 2.11; el jefe de la sinagoga, Mt. 9.18; la mujer cananea, Mt. 15.25; los discípulos, Mt. 28.9,17; el endemoniado gadareno, Mr. 5.6; Ana, Lc. 2.37; el eunuco, Hch. 8.27; los ángeles de Dios, He. 1.6; Ap. 5.11-14; 7.11. // Adoraron a Baal, 2 R. 10.22,23; al becerro de oro, Ex. 32.8; a los dioses de los moabitas, Nm. 25.2; a Astoret, 1 R. 12.33; a los dos becerros de oro, 1 R. 12.26-30; a todo el ejército del cielo, 2 R. 17.16; 21.3; 2 Cr. 33.3; Sof. 1.5; Hch. 7.42,43; a las obras de sus manos, Is. 2.8; Jer. 1.16; al sol, Ez. 8.16; a la imagen de oro, Dn. 3; a Daniel, Dn. 2.46; a Diana, Hch. 19.27; a la criatura, Ro. 1.25; al dragón, Ap. 13.4; a Pedro, Hch. 10.25; al ángel, Ap. 22.8,9.

ADORNAR: Poner adornos para embellecer. // Y de salvación adorna a los humildes, Sal.

149.4. Desocupada, barrida y adornada, Mt. 12.44. Adornáis los monumentos de los justos, Mt. 23.29. Así se adornaban... las santas mujeres, 1 P. 3.5.

ADORNO: Algo que pone más bella una cosa. // El templo, en la época de Cristo, estaba adornado de bellas piedras. Se calcula que el templo, construido por Salomón, fue adornado de cien mil talentos de oro y un millón de talentos de plata, además de las piedras preciosas en abundancia. La historia de ese templo demuestra cabalmente que no se alcanzan los objetivos espirituales por medio de ostentación de grandeza terrenal. // Que estaba vestida de lino fino, de púrpura y de escarlata, adornada de oro y piedras preciosas, Ap. 18.16. // La nueva Jerusalén está ataviada como esposa, Ap. 21.2. // Despojarse de los adornos es señal de humillación, Éx 33.4-6; Is. 3.18. // El adorno de la propia persona fue un tema esencial en la Iglesia en el tiempo de los apóstoles, 1 Ti. 2.9; 1 P. 3.3-5. // Figuradamente, se debe adornar la doctrina (Tit. 2.10), "el hombre escondido en el corazón" (1 P. 3.4; véase Is. 61.10), adornarse de majestad y de alteza (Job 40.10), recamado de amor (Cnt. 3.10). El hombre, después de salir el espíritu inmundo, es casa barrida y adornada, Mt. 12.44. La enseñanza del padre y la instrucción de la madre son adorno de gracia para la cabeza y collares para el cuello, Pr. 1.9. El entendimiento dará diadema de gracia y corona de gloria, Pr. 4.9. Jehová adorna a los humildes con la salvación, Sal. 149.4. La Iglesia es adornada con oro, Sal. 45.13. Véase **Atavío.**

ADQUIRIR: Alcanzar posesión de; llegar a tener. // Por voluntad de Jehová he adquirido varón, Gn. 4.1. El pueblo que adquiriste, Éx 15.16. Adquiere sabiduría, adquiere inteligencia, Pr. 4.5. Sobre todas tus posesiones adquiere inteligencia, Pr. 4.7. Con el salario de su iniquidad adquirió un campo, Hch. 1.18. Véase **Comprar**, **Poseer**.

ADRAMELEC: heb. **El dios Adar es rey**: 1. Dios, o dioses, que los de Sefarvaim introdujeron en Samaria, cuando colonizaban ese país abandonado por las diez tribus, sacadas de su tierra por la mano de Dios, 2 R. 17.31. Sacrificaban en el fuego a sus hijos a Adramelec, así como lo hacían a Moloc. // 2. Uno de los dos hijos de Senaquerib, rey de Asiria, que mataron a su padre, cuando adoraba postrado delante de su dios, Nisroc, 2 R. 19.37; Is. 37.38.

ADRAMITENO: Pablo se embarcó en una nave adramitena, en un barco de Adramito, ciudad de Misia, Hch. 27.2. Véase mapa 6, D-2.

ADRIÁTICO: En la época de Pablo, el término mar Adriático (Hch. 27.27), incluía la parte del mar Mediterráneo entre Sicilia y Grecia.

ADRIEL, heb. **Rebaño de Dios**: Hijo de Barzilai, meolatita, 2 S. 21.8. Saúl dio a su hija, Merab, a Adriel, aunque la había prometido a David, 1 S. 18.19.

ADULAM: Lugar de la antigüedad, 1 S. 22.1. Conquistada por Josué, Jos. 12.15. Ciudad de Judá, Jos. 15.35. La cueva de Adulam, cerca de la ciudad, servía de refugio para David y sus parientes, 1 S. 22.1. En el mismo lugar, los tres valientes arriesgaron su vida, buscando agua en Belén para David, 2 S. 23.13-17. Fortificada por Roboam, 2 Cr. 11.7. Reocupada después del cautiverio por los hijos de Judá, Neh. 11.30. Aún existía en el tiempo del profeta Miqueas, Mi 1.15. Véase mapa 2, B-5; mapa 5, B-1.

ADULAMITA: Gn. 38.1. Habitante de Adulam.

ADULAR: Elogiar por interés propio. // Adulando a las personas para sacar provecho, Jud. 16. Véase **Lisonjear**.

ADULTERAR: Cometer adulterio. // No adulterarás, Ex. 20.14; Dt. 5.18; Mt. 5.27; 19.18; Ro. 13.19; Stg. 2.11. Si un hombre adultera... morirá, Lv. 20.10. El que adultera... está fuera de sí, Pr. 6.32. Véase **Corromper**.

ADULTERIO: Relación sexual de persona casada con otra que no sea su cónyuge. // Está explícitamente prohibido: Ex. 20.14; Dt. 5.18; Mt. 5.27; 19.18; Mr. 10.19; Ro. 13.9; Stg. 2.11. // El castigo es la muerte: Lv. 20.10; Jn. 8.5; 1 Co. 6.9; He. 13.4. // En el corazón: Mt. 5.28; 15.19; Mr. 7.21. // El adulterio espiritual, herejía: Jer. 3.8; 13.27; Ez. 16.32; Os. 2:2; Ap. 2.22. // Ejemplos de adulterio: Tamar, Gn. 38.24. David, 2 S. 11.4. Herodes, Mr. 6.18. La mujer sorprendida en adulterio: Jn. 8.3. Los adúlteros no heredarán el reino de Dios, 1 Co. 6.9, 10. Véase **Divorcio**, **Fornicación**, **Prostitución**.

ADÚLTERO: Que practica adulterio. // Será muerto el **a**, Lv. 20.10. El ojo del **a** está aguardando la noche, Job 24.15. Para librarte de la mujer **a**, Pr. 2.16. Aparta tu camino de la mujer **a**, Pr. 5.8. Generación mala y **a**, Mt. 12.39; Como los demás hombres... **a**, Lc. 18.11. Será llamada **a,** Ro. 7.3. Ni los **a**... heredarán el reino, 1 Co. 6.9, 10. A los a los juzgará Dios, He. 13.4.

ADUMÍN, heb. **La subida de sangre**: Jos. 15.7. La subida de Adumim, en la frontera de Judá, es el lugar de la historia del buen samaritano. Véase mapa 4, B-2.

ADVENEDIZO: Extranjero o forastero, que no es natural u originario del lugar. // Porque nosotros, extranjeros y **a** somos delante de ti,

1 Cr. 29.15. Porque forastero soy para ti, y **a**, como todos mis padres, Sal. 39.12. Así que ya no sois extranjeros ni **a**, sino conciudadanos de los santos, Ef. 2.19. Véase **Forastero.**

ADVENIMIENTO: Llegada, venida. Véase Venida de Cristo.

ADVERSARIO: Aquel que es de un partido opuesto, de una opinión contraria, que quiere impedir o frustrar. // Jehová se puso en el camino por **a** suyo, Nm. 22.22. No sea que se envanezcan sus **a**, Dt. 32.27. Suscitó... un **a** a Salomón, 1 R. 11.14. El enemigo y **a** es este malvado Amán, Est. 7.6. Fueron destruidos nuestros **a**, Job 22.20. Y como el inicuo mi **a**, Job 27.7. Aunque mi **a** me forme proceso, Job 31.35. A todos sus **a** desprecia, Sal. 10.5. En tu nombre hollaremos a nuestros **a**, Sal. 44.5. Delante de ti están todos mis **a**, Sal. 69.19. No den al **a** ninguna ocasión de maledicencia, 1 Ti. 5.14. De modo que el **a** se avergüence, Tit. 2.8. Fuego que ha de devorar a los **a**, He. 10.27. Véase **Enemigo**, **Satanás**.

ADVERSIDAD: Infelicidad. // El día del mal, Sal. 27.5; 49.5; 94.13; Pr. 24.10; Ec. 7.14. // Pero ellos se alegraron en mi **a**, Sal. 35.15. // Ejemplos: los israelitas, Jue. 2.14,15; Noemí, Rt. 1.1-5; Jeroboam, 1 R 14.10-12; Josafá, 2 R. 3.9,10; Pablo y Silas, Hch. 16.25. Véase **Enemistad**.

ADVERTIR: Avisar, amonestar. // Antes que sucediera te lo advertí, Is. 48.5. Como se les advirtió, He. 8.5. Noé, cuando fue advertido por Dios, He. 11.7. Véase **Amonestar**, **Exhortar**.

AFABLE: Delicado en el trato, // Un espíritu **a** y apacible, 1 P. 3.4.

AFANARSE: Entregarse a alguna actividad con solicitud y empeño. // No os afanéis por vuestra vida, Lc. 12.22.

AFANOSO: Afligido, inquieto. // Por nada andéis **a**, Fil. 4.6; Mt. 6.25; Lc. 12.22.

AFEC, heb. **Fortaleza**: 1. Ciudad real de Canaán, cuyo rey murió a manos de Josué, Jos. 12.18. Véase mapa 4, A-2. Fue tal vez el mismo lugar en que los filisteos acamparon, en la lucha contra Israel, 1 S. 4.1. // 2. Una ciudad de Aser, Jos. 13.4. // 3. Otro lugar donde los filisteos se acamparon, 1 S. 29.1. // 4. Ciudad al este del Jordán, donde Ben-adad y su ejército fueron derrotados, 1 R. 20.26, 30. Tal vez sea el mismo lugar mencionado en 2 R. 13.17. Véase mapa 2, D-3; mapa 3, B-2.

AFECTAR: Fingir. Dañar. // Nadie os prive de vuestro premio, afectando humildad y culto a los ángeles, Col. 2.18. Entonces le hará que se rasure, pero no rasurará el lugar afectado, Lv. 13.33.

AFECTO: Sentimiento de inclinación hacia alguien. Sentimiento de afecto. // Tengo mi **a** en la casa de mi Dios, 1 Cr. 29.3. Sin afecto natural, Ro. 1.31. // Qué indignación, qué temor, qué ardiente **a**, 2 Co. 7.11. Según el puro **a** de su voluntad, Ef. 1.5. Si hay algún **a** entrañable, Fil. 2.1. Tan grande es nuestro **a** por vosotros, 1 Ts. 2.8. Véase **Amor**.

AFEITARSE: Rapar el pelo del rostro. // Se afeitó, y mudó sus vestidos, Gn. 41.14. Véase **Cabello, Rapar**.

AFERRARSE: Insistir con tenacidad en algún dictamen u opinión; acogerse a algo como única salida o esperanza. // Porque los fariseos y todos los judíos, aferrándose a la tradición de los ancianos, Mr. 7.3. Porque dejando el mandamiento de Dios, os aferráis a la tradición de los hombres, Mr. 7.8. No estimó el ser igual a Dios como cosa a que aferrarse, Fil. 2.6.

AFILADO: Con filo muy cortante. // Entonces Séfora tomó un pedernal **a**, Ex. 4.25. La espada está **a** y pulida; **a** para la matanza, Ez. 21.9, 10.

AFILAR: Hacer cortante. // Si afilare mi reluciente espada, Dt. 32.41. Para **a** cada uno la reja de su arado, 1 S. 13.20. La tercera parte de un siclo por **a** las hachas y por componer las aguijadas, 1 S. 13.21. Si no se arrepiente, él afilará su espada, Sal. 7.12. Véase **Aguzar**.

AFINAR: Purificar (metales). // Nos ensayaste como se afina la plata, Sal. 66.10. Y se para afinar, Mal. 3.3. Los afinará como a oro, Mal. 3.3.

AFIRMAR: En el sentido de declarar. Volver firme // Otro afirmaba, diciendo: Verdaderamente también éste estaba con él, Lc. 22.59. // La afirmó sobre los ríos, Sal. 24.2. Afirmó también el mundo, Sal. 93.1; 96.10. Afirmad las rodillas endebles, Is. 35.3. Me afirmó sobre mis pies, Ez. 2.2. Sean afirmados vuestros corazones, 1 Ts. 3.13. Fiel es el Señor, que os afirmará, 2 Ts. 3.3.

AFLICCIÓN: Gran sufrimiento, tristeza profunda. // Jehová ha oído tu **a**, Gn. 16.11. Bien he visto la **a** de mi pueblo, Ex. 3.7. Quizá mirará Jehová mi aflicción, 2 S. 16.12. Soporta las aflicciones, 2 Ti. 4.5. // Agua de aflicción: 1 R 22.27. // Objetivo y resultado de la: 1 Co. 11.32; 1 P. 5.10; 2 Co. 4.17; // Arrepentimiento en la: Sal. 78.34; Os.6.1; Lc. 15.17. // Confesión de pecado en la: Job 7.20; Sal. 32.5; Is. 64.5,6; Mi 7.9; Consuelo en la: Sal. 27.5; 119.50; Is. 61.2; Lc. 7.13; Jn. 16.33; Hch. 16.25; 1 P. 4.13. // Exhortación en la: Neh. 1.8; Job 5.17; Sal. 22.24; Pr. 3.11; Jn. 5.14; He. 12.5-13; 1 P. 4.12 // Horno de: Is. 48.10. // Gloria de Dios en la: 2 Co. 12.7-10; 1 P. 4.14. // Liberación de la: Sal. 40.2; Pr. 12.13; Is. 63.9; 2 Ti. 3.11; 4.17, 18. // Manifiesta el amor de Dios: Dt. 8.5; Pr.

3.12; He. 12.6, 7; Ap. 3.19. // Oración en la: 2 R. 19.16; Sal. 10.1; 51.11; Mr. 9.24; Stg. 5.13. // Pan de aflicción: Dt. 16.3; 1 R 22.27. // Perseverancia en la: 2 S 12.16; Job 1.21; 2.10; Sal. 18.6; 50.15; Lc. 21.19; 2 Co. 1.9; He. 12.1; 1 P. 2.20. // Pertenece a todos: Job 5.6, 7. // Predicha: Gn. 15.13; Is. 10.12; Jer. 29.17. // Promesa en la: Sal. 9.9; 46.1; 94.12; Is. 25.4; 48.10; 49.13; Jer. 16.19; Mt. 11.28; Hch. 14.22; 2 Co. 4.16; Ap. 3.10. // Provecho de la: Job 23.10; Is. 1.25; Jn. 15.2; Ro. 5.3; He. 12.10. Véase **Agonía**, **Angustia**, **Ansiedad**, **Sufrimiento**, **Tribulaciones**.

AFLIGIDO: Que revela gran aprehensión o persecución. // Este pobre clamó, Sal. 34.6. Lo verán los oprimidos, Sal. 69.32. Estoy **a** y menesteroso, Sal. 86.1; 109.22. Ni quebrantes en la puerta al **a**, Pr. 22.22. Con ansiedad será **o**, Pr. 11.15. Los **a** y menesterosos buscan las aguas, Is. 41.17. Pero él, **a** por esta palabra, se fue triste, Mr. 10.22. Si ha socorrido a los **a**, 1 Ti. 5.10. Véase **Angustiado**.

AFRENTAR, AFRENTA: Despreciar, insultar, ofender. // Porque no me afrentó un enemigo, Sal. 55.12. Soportado afrentas por amor de ti, Sal. 69.7; Jer. 15.15. Sean asolados en pago de su **a**, Sal. 40.15. El que corrige al escarnecedor, se acarrea **a**, Pr. 9.7. El que oprime al pobre **a** a su Hacedor, Pr. 14.31. Mas el pecado es **a** de las naciones, Pr. 14.34. Sobre los collados me afrentaron, Is. 65.7. Considerados dignos de sufrir afrentas, Hch. 5.41. Véase **Injuriar**, **Ofender**, **Ultrajar**.

ÁFRICA: Uno de los cinco continentes del mundo. La palabra no está en la Biblia pero se mencionan Libia (Ludim, Gn. 10.13), Etiopía, Egipto y otras partes de África. Véase mapa 1, B-4; mapa 6, A-4.

AFSES: Un sacerdote a quien salió la décima octava suerte de servicio en el templo, 1 Cr. 24.15.

AGABO: Profeta de Jerusalén. Predijo la gran hambre en los días de Claudio, Hch. 11.27,28. Profetizó la prisión de Pablo, Hch. 21.10,11. Compare la manera en que él profetizaba por gestos simbólicos con la de los profetas del Antiguo Testamento, Jer. 13.1-9; Ez. 4.

AGAG, heb. **Llama**: Nm. 24.7; 1 S. 15.8-33. Título de los reyes de Amalec, como Abimelec en Filistea y Faraón en Egipto.

AGAGUEO: Título de oprobio dado a Amán, Est. 3.1, 10; 8.3, 5; 9.24. Que era descendiente de Agag, según la tradición de los judíos, Nm. 24.7; 1 S 15, no es cierto. Es más probable que la palabra tenga su origen en el hecho de que fuera poderoso o violento. Véase **Agag**.

ÁGAPE, FIESTA DE FRATERNIDAD: Jud. 12. Comida en común, celebrada entre los primeros cristianos. Comp. Hch. 2.46; 1 Co. 11.20-22, 33, 34.

AGAR, heb. **Emigración o Fuga**: Una sierva egipcia de Sara, Gn. 16.3. Faraón, al parecer, le regaló a Abraham esta esclava, Gn. 12.16. Sara, sin esperanza de tener hijo la dio por mujer a Abraham, Gn. 16.3. Si le nacía hijo a Agar, al ser ella propiedad personal de Sara, y no sólo una esclava de la familia, el hijo sería contado como hijo de Sara (cf. Gn. 30.3-9). En la contienda que resultó, entre Sara y Agar, ésta huyó al desierto donde el ángel del Señor mandó que volviera a su señora y le dio la promesa de multiplicar sobremanera su descendencia, Gn. 16.10. La fuente de agua, donde el ángel le habló, fue llamada El pozo del Viviente-que-me-ve, Gn. 16.13, 14. Cuando celebraban, con gran banquete, el acto de destetar a Isaac, Agar otra vez insultó a su señora y Abraham despidió a Agar definitivamente, Gn. 21.14. En el desierto el niño fue salvo, milagrosamente, Gn. 21.15-21. Los árabes, descendientes del hijo de Agar, Ismael, llaman a Agar La madre Agar y sostienen que ella era esposa legítima de Abraham. Agar es símbolo del antiguo pacto y sus descendientes, según la ley, esclavos como era ella. Pero Sara era libre. Así se nos advierte para que no quedemos presos a la ley de Moisés, corriendo el peligro de que seamos también desterrados con Agar e Ismael, Gá. 4.21-31.

AGARENOS, AGARITAS: Ismaelitas, descendientes de Agar. // Derrotados por los rubenitas en el tiempo de Saúl, 1 Cr. 5.10, 20. Eran nómadas, morando en tiendas, Sal. 83.6. Jaziz, agareno, era administrador de la hacienda del rey David, 1 Cr. 27.31.

ÁGATA: Variedad de cuarzo muy duro, de colores vivos y variados. Una de las doce piedras preciosas en el pectoral del sumo sacerdote, Ex. 28.19.

AGE heb: **Fugitivo**: Padre de Samá, uno de los tres valientes de David, 2 S. 23.11.

AGITADO: Perturbado, conmovido. // Sucedió que por la mañana estaba **a** su espíritu, Gn. 41.8. Véase **Perturbado**.

AGITAR: Mover con violencia y con frecuencia. Conmover. // Sucedió que por la mañana estaba **a** su espíritu, Gn. 41.8. Al modo que la caña se agita, 1 R. 14.15. El agita el mar con su poder, Job 26.12. Mis entrañas se agitan, Job 30.27. Mi corazón se agita dentro de mí, Jer. 4.19. Un ángel descendía... y agitaba el agua, Jn. 5.4. Véase **Excitar**, **Inquietar**, **Perturbar**.

AGONÍA: Período de transición que precede a la muerte. El vocablo, en el original, aparece solamente una vez en las Escrituras: Estando en agonía, oraba más intensamente,

Lc. 22.44. Su agonía produjo: 1. Sufrimiento en el cuerpo, hasta que el sudor se volvió gotas de sangre que caían sobre la tierra, Lc. 22.44. 2. Sufrimiento mental. Aquel que era la personificación de la inocencia, fue apresado, procesado, condenado y crucificado como un malhechor. Aquel que no conoció pecado, Él lo hizo pecado por nosotros, 2 Co. 5.21. La agonía mental y moral que sufrió por eso lo llevó a exclamar: "Mi alma está profundamente triste hasta la muerte", Mt. 26.38. 3. Sufrimiento espiritual. La agonía que el Hijo sufrió, cuando tomó el pecado que separa el alma humana del Padre, fue tal que lo llevó a suplicar que apartara de Él la copa. Sin duda, la agonía del Getsemaní era más que el sufrimiento del Calvario. Padeció hasta el punto de ser necesario que un ángel lo fortaleciera, Lc. 22.43.

AGORERO: Persona que pretende predecir el futuro, valiéndose de augurio, presagio o vaticinio, observando el vuelo o el canto de las aves. // Y fue **a**, e instituyó encantadores y adivinos, 2 R. 21.6. Son **a** como los filisteos, Is. 2.6. Deshago las señales de los adivinos, y enloquezco a los **a**, Is. 44.25. No prestéis oído... ni a vuestros **a**, Jer. 27.9. Véase **Adivinación**, **Adivino**

AGOTAR: Quitar hasta la última gota de; vaciar completamente. // Del mar faltarán y el río se agotará, Is. 19.5.

AGRADABLE: Que agrada. Que satisface. // Viendo la mujer... **a** a los ojos, y árbol codiciable, Gn. 3.6. ¿Podré distinguir entre lo que es **a** y lo que no lo es? 2 S. 19.35. Para que ofrezcan sacrificios **a**, Esd. 6.10. Hacer justicia y juicio es a Jehová más **a** que sacrificio, Pr. 21.3. Se llenarán las cámaras De todo bien preciado y **a**, Pr. 24.4. Procuró el Predicador hallar palabras **a**, Ec. 12.10. He hecho lo que ha sido **a**, Is. 38.3. Y de todas las cosas **a**, Lm. 1.7. Delante de tus ojos Cuando los caminos del hombre son **a** a Jehová, Pr. 16.7. Sacrificio vivo, santo, **a** a Dios, Ro. 12.1. Cuál sea la buena, **a** y perfecta voluntad de Dios, Ro. 12.2. Le sean ofrenda **a**, Ro. 15.16. O ausentes o presentes, serle **a**, 2 Co. 5.9.

AGRADAR: Satisfacer. Sentir placer. Tomar afecto a alguien. Causar placer. // Miró Jehová con agrado a Abel, Gn. 4.4. El hacer tu voluntad, Dios mío, me ha agradado, Sal. 40.8. No te agradas de holocaustos, Sal. 51.16. No me agrado de la sangre de novillos, Is. 1.11. ¿Acaso se agradará de ti, o le serás acepto? Mal. 1.8. ¿Cómo podéis agradarle, si hacéis estas cosas? Mal. 1.9. ¿Se agradará Jehová de millares de carneros? Mi 6.7. Los que viven según la carne no pueden **a** a Dios, Ro. 8.8. No agradarnos a nosotros mismos, Ro. 15.1. De cómo agradar al Señor, 1 Co. 7.32. De cómo **a** a su marido, 1 Co. 7.34. No sirviendo al ojo, como para agradar a los hombres, Ef. 6.6. No como para **a** a los hombres, sino a Dios, 1 Ts. 2.4. Sin fe es imposible agradar a Dios, He. 11.6. Véase **Amar**.

AGRADECER: Mostrarse agradecido por (beneficio recibido). Recompensar, retribuir favores. // Ni se mostraron agradecidos, Jue. 8.35. Sed agradecidos, Col. 3.15.

AGRADECIDO: Que demuestra gratitud. // Y sed agradecidos, Col. 3.15.

AGRADO: Satisfacción. // Y miró Jehová con **a** a Abel, Gn. 4.4. Y recibe con **a** la obra de sus manos, Dt. 33.11.

AGRARIA: Véase Leyes agrarias.

AGRAVIAR: Ofender. Injuriar. // Si he agraviado a alguno, 1 S. 12.3.

AGRAVIO: Ofensa, injuria, afrenta. // El Dios que venga mis **a**, 2 S. 22.48. No les he hecho ningún **a**, Hch. 25.10.

AGREGAR: Adjuntar, anexar. // Te ruego que me agregues, 1 S. 2.36. Gran multitud fue agregada al Señor, Hch. 11.24. Véase **Congregar**, **Reunir**.

AGRICULTURA: Cultivo de la tierra. // El bueno y próspero rey Uzías "era amigo de la agricultura", 2 Cr. 26.10. Había tres ramas importantes del arte de hacer que el suelo produjera alimentos: la producción, el cultivo de viñas (Nm. 18.30) y la cría de ganado, Gn. 4.20; 13.2. Los hombres labraron la tierra desde el inicio, Gn. 2.5, 15; 3.23; 4.2. Después del diluvio, Noé era labrador y plantó una viña, Gn. 9.20. Casi todas las familias tenían campos cultivados y viñas. También se cultivaban aceitunas, higos, granada, pepinos, melones, porros, cebollas, ajos, endro, comino, "hierbabuena, ruda, y toda la hortaliza". Las familias más ricas, además de cultivar la tierra, criaban manadas de ganado. Es evidente que Job y Ezequías se ocupaban en las tres ramas de la **a**, Job 1; 2 Cr. 32.27-29. Isaac sembró y Dios dio abundante cosecha, Gn. 26.12. Se usaban arados (Ex. 34.21; 1 R. 19.19), azadones y hachas 1 S. 13.20, Jl. 3.13; Mr. 4.29; Ap. 14.15. Entre los cereales se mencionan el trigo, la cebada, el centeno, el maíz, la avena, Ez. 4.9. Las lentejas eran comunes, 2 S. 23.11, Ez. 4.9. Había grandes cosechas de lino, Ex. 9.31. Egipto producía grandes cosechas de cereales, Gn. 41.48, 49; 42.1. Fenicia importaba trigo de Judá, Ez. 27.17. Compare Hch. 12.20; Tiro y Sidón eran importantes ciudades de Fenicia. Espiritualmente, el que proclama la Palabra es labrador, 2 Ti. 2.6. La Iglesia es labranza de Dios, 1 Co. 3.9.

AGRIO: Que produce sensación de acidez; conjunto de frutas de sabor agridulce, como el limón o la naranja y otras semejantes. // Los padres comieron las uvas **a**, Jeremías 31.29; Ez. 18.2. Véase **Verde**.

AGRIPA: Hch. 25.13 a 26.32. Véase **Herodes**.

AGRUPAR: Reunir en grupo. // Y fueron agrupados por familias, Nm. 1.18.

AGUA: Líquido incoloro, inodoro, insípido, encontrado en los mares, ríos, lagos; en estado sólido, constituyendo el hielo y la nieve; en estado de vapor visible formando la neblina y las nubes; y en estado de vapor invisible en el aire. // El Espíritu... se movía sobre la faz de las **a**, Gn. 1.2. Todas las **a**... se convirtieron en sangre, Ex. 7.20. Sin hallar **a**, Ex. 15.22. Peña, y saldrán de ellas **a**, Ex. 17.6. Así ha dicho Jehová: Yo sané estas **a**, 2 R. 2.21. Las piedras se desgastan con el **a**, Job 14.19. Pasamos por el fuego y por el **a**, Sal. 66.12. Las **a** han entrado hasta el alma, Sal. 69.1. Cambió en fuente de **a** la roca, Sal. 114.8. Como **a** profundas son los propósitos del corazón, Pr. 20.5. Como **a** fría para el alma sedienta, Pr. 25.25. Como en el **a** el rostro corresponde al rostro, Pr. 27.19. Echa tu pan sobre las **a**, Ec. 11.1. Sembráis junto a todas las **a**, Is. 32.20. Porque **a** serán cavadas en el desierto, Is. 35.6. Cuando pases por las **a**, Is. 43.2. A todos los sedientos: Venid a las **a**, Is. 55.1. Dejaron la fuente de **a** vivas, Jer. 2.13. Salían **a** debajo del umbral, Ez. 47.1. Y me hizo pasar por las **a**, hasta los tobillos, Ez. 47.3. Con las **a** cubren el mar, Hab 2.14. Un vaso de **a** fría, Mt. 10.42. No naciere del **a** y del Espíritu, Jn. 3.5. Porque había allí muchas **a**, Jn. 3.23. De su interior correrán ríos de **a**, Jn. 7.38. Salió sangre y **a**, Jn. 19.34. Salvadas por **a**, 1 P. 3.20. Son fuentes sin **a**, 2 P. 2.17. La cual surgió del **a** y a través del **a**, 2 P. 3.5. El Espíritu, el **a** y la sangre, 1 Jn. 5.8. Daré gratuitamente de la fuente del **a**, Ap. 21.6. // El agua viva, Jer. 2.13; Zac. 14.8; Jn. 4.10; 7.38. // El agua de la vida, Ap. 21.6; 22.1, 17. // El agua santa, Nm. 5.17. // El agua amarga, Nm. 5.18. // El agua purificadora, Nm. 19. // Agua en el bautismo, Mt. 3.11; Hch. 8.36; 10.47. // Cristo anda sobre las aguas, Mt. 14.25. // Milagros en las aguas, Gn. 21.19; Éx 15.23; 17.6; Nm. 20.7; Jos. 3.16; 2 R. 2.21; 3.20; Jn. 2.9. // La palabra empleada figuradamente, Sal. 65.9; Is. 41.17; Jer. 2.13; Zac. 13.1; Jn. 3.5; 7.38; He. 10.22; Ap. 7.17; 21.6.

Águila

AGUACERO: Lluvia impetuosa, repentina y de corta duración. // Dice... a la a la llovizna y a los **a**, Job 37.6. Derraman **a** sobre la tierra, Ec. 11.3. Al Señor, que... dá a los hombres **a**, Zac. 10.1. Véase **Lluvia, Llovizna.**

AGUARDAR: Esperar. // Aguarda hasta que decline el día, Jue. 19.8. Aguarda a Jehová, Sal. 27.14. Véase **Esperar.**

AGUDO: Puntiagudo, aguzado, afilado. // Tus saetas **a**, penetran en el corazón, Sal. 45.5. Mas su fin es... **a** como espada de dos filos, Pr. 5.4.

AGUIJADA: Vara larga con aguijón en la punta para picar los bueyes en la labranza. // Samgar hirió a 600 filisteos con una aguijada, Jue. 3.31. No se hallaba en todo Israel ningún herrero que afilara una aguijada, 1 S 13.21. Véase **Aguijón**.

AGUIJÓN: Órgano puntiagudo y perforante con que pican la abeja y otros insectos. Aguijada corta usada para hacer andar a los bueyes. // Serán por **a** a vuestros ojos, Nm. 33.55. Las palabras de los sabios son como **a**, Ec. 12.11. Dar coces contra el **a**, Hch. 26.14. ¿Dónde está, oh muerte, tu **a**? 1 Co. 15.55. El **a** de la muerte es el pecado, 1 Co. 15.56. Como de escorpiones, y también **a**, Ap. 9.10. Véase **Aguijada**.

ÁGUILA MARINA: Lv. 11.13. Águila pescadora cuando es nueva.

ÁGUILA: Grande y vigorosa ave de rapiña. Las águilas viven en parejas y hacen el nido en las rocas escarpadas. La gran corpulencia (llegan a alcanzar 3 metros de envergadura), la vista penetrante, el vuelo rápido, las garras potentes y afiladas, hacen estas aves peligrosas para los carneros, las cabras monteses, etc., e incluso para los niños. Hay casi 8 especies de águilas en Palestina. // Ave inmunda, Lv. 11.13. Nutre los hijos, Dt. 32.11, 12. Vuela de lejos, Dt. 28.49; Pr. 23.5. Ligera, 2 S 1.23; Lm. 4.19; Jer. 4.13. Longevidad y aparente rejuvenecimiento, Sal. 103.5; Is. 40.31. Los cuatro seres vivientes, de la visión de Ezequiel, tenían cara de águila, Ez. 1.10; 10.14. Hábito de posar en las más altas elevaciones de los peñascos, Jer. 49.16; Job 39.27, 30. La palabra heb., *nesher*, es decir, que despedaza con el pico, casi siempre se traduce águila. Parece, sin embargo, que se refiere a veces al buitre: Mi 1.16; Mt. 24.28; Lc. 17.37. El cuarto ser viviente semejante al águila, Ap. 4.7. El águila que anuncia los tres "ayes", Ap. 8.13. A la mujer se le dio alas de la gran águila, Ap. 12.14.

AGUJA: Se encuentra la palabra aguja sólo en Mt. 19.24; Mr. 10.25 y Lc. 18.25. No hay prueba de que haya una puerta pequeña, llamada aguja (*rhaphis*) en el muro de la ciudad de Jerusalén. Ni hay razón para pensar que Cristo se refería a tal. El ojo de una aguja representaba la menor abertura que se podía hacer. Cristo se refería al instrumento común, usado para bordar o coser, Ex. 26.36; Ec. 3.7; Ez. 13.18; Mr. 2.21. No es más difícil que un camello pase por el ojo de uno de esos pequeños instrumentos que un hombre, que confía en sus riquezas, entre en el reino de Dios. Compare con otra parábola de Cristo, empleada para ilustrar otro absurdo: "¡Guías ciegos, que coláis el mosquito, y tragáis el camello!", Mt. 23.24.

AGUJERO: Orificio; pequeña abertura; cueva. // Tomó un arca e hizo en la tapa un **a**, 2 R. 12.9. Paloma mía, que estás en los **a**, Cnt. 2.14. Y miré, y he aquí en la pared un **a**, Ez. 8.7. Véase **Hoyo**.

AGUR, heb. **Cobrador o recaudador**: Sabio hebreo, hijo de Jaqué, que escribió o coleccionó, las máximas de Pr. 30.

AGUZAR: Hacer más agudo, perspicaz, punzante. // Contra mí aguzó sus ojos mi enemigo, Job 16.9. Aguzaron su lengua como la serpiente, Sal. 140.3. Véase **Afilar**.

AH: Interjección que expresa admiración, dolor, alegría, etc. // Y yo dije: ¡Ah! ¡Ah, Señor Jehová! He aquí, no sé hablar, Jer. 1.6.

AHAB: Véase **Acab**, 1 R. 16.29 a 22.40.

AHARA: Hijo de Benjamín, 1 Cr. 8.1.

AHARHEL: Hijo de Harum, de la tribu de Judá, 1 Cr. 4.8.

AHASBAI: Un maacatita, padre de Elifelet, 2 S. 23. 34.

AHAVA, hb. **Agua:** Río de Babilonia, donde Esdras reunió la segunda expedición, que volvió con él a Jerusalén, Esd. 8.15, 31.

AHAZ: Véase Acaz, 2 R. 16.1-20.

AHBÁN: Hijo de Abisur de la tribu de Judá, 1 Cr. 2.29.

AHER, heb. **Otro**: Padre de Husim, de la tribu de Benjamín, 1 Cr. 7.12.

AHÍAM: Uno de los treinta valientes de David, 1 Cr. 11.35.

AHIÁN: Hombre de la tribu de Manasés, 1 Cr. 7.19.

AHÍAS, heb. **Hermano de Jehová**: 1. Sacerdote del Señor en Silo, 1 S. 14.3, 18. // 2. Un tataranieto de Judá. 1 Cr. 2.25. // 3. Un descendiente de Benjamín, 1 Cr. 8.7. // 4. Uno de los valientes de David, 1 Cr. 11.36. // 5. Uno de los secretarios de Salomón, 1 R. 4.3. // 6. Profeta silonita, 1 R. 11.29. Profetizó contra Salomón, 1 R. 11.30,31. Profetizó contra Jeroboam, 1 R.14:1-18. // 7. Padre de Baasa, rey de Israel, 1 R. 15.27. // 8. Uno de los que sellaron el pacto con Nehemías, Neh. 10.26.

AHICAM, heb. **Mi hermano se levantó**: Enviado por el rey Josías, con otros delegados, a consultar a la profetisa Hulda, 2 R .22.12, 14. Salvó la vida a Jeremías, Jer. 26.24.

AHIEZER: 1. Un jefe de familia de la tribu de Dan, Nm. 1.12. // 2. Un jefe en el ejército de David, 1 Cr. 12.3.

AHILUD: Padre de Josafat, cronista de David, 2 S. 8.16.

AHIMAAS, heb. **Mi hermano está airado**: 1. Suegro de Saúl, 1 S. 14.50. // 2. Hijo del sumo sacerdote, Sadoc, 1 Cr. 6.8, 9, 53. Siguió siendo fiel a David en la rebelión de Absalón, 2 S. 15.27, 36; 17.17,20. Fué a llevar las noticias de la muerte de Absalón, 2 S. 18.19-29. // 3. Un yerno de Salomón, 1 R. 4.15.

AHIMÁN: 1. Uno de los tres hijos de Anac, Nm. 13.22; Jos. 15.14. // 2. Levita, uno de los porteros después del cautiverio, 1 Cr. 9.17.

AHIMELEC, heb. **Mi hermano es rey**: 1. Sumo sacerdote, padre de Abiatar, 1 S. 22.20. Dio panes de la proposición a David, 1 S. 21.1-9. Asesinado cruelmente por Doeg, 1 S. 2.9-23. // 2. Hijo de Abiatar, 2 S. 8.17. // 3. Un heteo, amigo de David, 1 S. 26.6.

AHIMOT, heb. **Hermano de la muerte**: Un levita, 1 Cr. 6.25.

AHINADAB, heb. **Es noble mi hermano**: Uno de los doce intendentes que ofrecían mantenimiento a Salomón y a su casa, 1 R. 4.14.

AHINOAM, heb. **Mi hermano es misericordioso**: 1. Hija de Ahimaas y mujer de Saúl, 1 S. 14.50. // 2. De la ciudad de Jezreel, mujer de David, madre de Amnón, su primogénito, 1 S. 25.43.

AHÍO, heb. **Su hermano**: 1. Hijo de Abinadab que iba delante del arca, cuando Dios hirió a Uza y este murió, 2 S. 6.3. // 2. Benjamita de la familia de Bería, 1 Cr. 8.14. // 3. Benjamita de la familia de Gabaón, 1 Cr. 8.31.

AHIRA, heb. **Hermano del mal**: Ayudó a Moisés a tomar el censo, Nm. 1.15.

AHIRAM, heb. **Hermano engrandecido**: Un hijo de Benjamín, Nm. 26.38.

AHISAHAR, heb. **Hermano de la aurora**: Un nieto de Benjamín, 1 Cr. 7.10.

AHISAMAC, heb. **Hermano de apoyo**: Un hombre de la tribu de Dan, artífice en la obra del tabernáculo de reunión, Éx 31.6.

AHISAR, heb. **Hermano de canto**: Un funcionario de Salomón, 1 R. 4.6.

AHITOB, heb. **Mi hermano es bondad**:

1. Nieto de Elí, 1 S. 14.3; 22.9, 11, 12, 20. // 2. Padre (o abuelo, Neh. 11.11; 1 Cr. 9.11) de Sadoc, sumo sacerdote, 2 S. 8.17. // 3. Otro sacerdote, padre de otro Sadoc, 1 Cr. 6.11.

AHITOFEL, heb. **Hermano de locura**: Consejero de David, que se alió a Absalón, 2 S. 15.12. Frustrado por Husai, se ahorcó, 2 S. 15.31-37, 17.1-23. Era tipo de Judas Iscariote, Sal. 41.9; Mt. 27.5.

AHIUD, heb. **Hermano de majestad**: 1. Escogido de la tribu de Aser, para repartir la tierra, Nm. 34.27. // 2. Hombre de la tribu de Benjamín, 1 Cr. 8.7.

AHLABE, heb. **Gordo**: Ciudad de Aser, Jue. 1.31. Véase mapa 3, A-1.

AHLAI, 1. Descendiente de Judá, 1 Cr. 2.31. // 2. Soldado en el ejército de David, 1 Cr. 11.41.

AHOA, hb. **Calor**: Descendiente de Benjamín, 1 Cr. 8.4.

AHOGAR: Dificultar la respiración de; reprimir. // Espinos crecieron, y la ahogaron, Mt. 13.7. El engaño de las riquezas ahogan la palabra, Mt. 13.22. Asiendo de él, le ahogaba, Mt. 18.28. Se aparten... de ahogado y de sangre, Hechos 15.20.

AHOHÍTA: 1 Cr. 11.12: Descendiente de Ahoa.

AHOLA, hb. **Su tienda:** Nombre de una mujer de mala vida, usado alegóricamente de Samaria y el reino de Israel, para tipificar su infidelidad al Señor, seducidos por los dioses de Asiria y Babilonia, Ez. 23.4.

AHOLIAB, hb. **Tienda de mi padre**: Uno de los artífices que trabajó en la producción de los adornos del tabernáculo, Ex. 31.6.

AHOLIBA, hb. **Mi tienda está en ella:** Nombre de una mujer de mala vida, usado alegóricamente de Jerusalén y el reino de Judá, para tipificar su infidelidad al Señor, seducidos por los dioses de Asiria y Babilonia, Ez. 23.4.

AHOLIBAMA: 1. Una de las mujeres de Esaú, Gn. 36.2. // 2. Un príncipe de Edom, Gn. 36.41.

AHORCAR: Colgar por el cuello para estrangular. // Se ahorcó: Ahitofel, 2 S. 17.23; Judas, Mt. 27.5. Ahorcado: El jefe de los panaderos, Gn. 40.22; el rey de Hai, Jos. 8.29; los siete hijos de Saúl, 2 S. 21.9; Amán, Est. 7.10. Es probable que la palabra traducida **horca,** quiere decir palo agudo en que el condenado era espetado. La víctima era empalada en el suelo y levantada después delante del pueblo que asistía.

AHUYENTAR: Poner en fuga. // Sanbalat... por tanto, lo ahuyenté de mí, Neh. 13.28. Los pueblos... serán ahuyentados como el tamo, Is. 17.13.

AHUZAM, hb. **Posesión**: Hombre de Judá, 1 Cr. 4.6.

AHUZAT, hb. Posesión: Comandante del ejército de Abimelec, Gn. 26.26.

AIJA: 1 S 14.3, 18. Lo mismo que Ahías.

AÍN: 1. Ciudad en la frontera noroeste y Canaán, Nm. 34.11. // 2. Ciudad de Judá, Jos. 15.32. Después pasó a ser herencia de Simeón, Jos. 19.7. Finalmente fue dada a los levitas, Jos. 21.16.

AIRADO: Movido o tomado de ira. // Estuvieres **a** contra ellos, 1 R. 8.46.

AIRAR: Encolerizarse: // ¿Por qué airarte contra toda la congregación? Nm. 16.22. Y mañana se airará él, Jos. 22.18. Airaos, pero no pequéis, Ef. 4.26. Tardo para hablar, tardo para airarse, Stg. 1.19. Véase **Irritar.**

AIRE: Fluido transparente e invisible que constituye la atmósfera terrestre. Espacio más allá de la tierra. // Como quien golpea el **a,** (1 Co. 9.26), se refiere a golpes que no dan en el blanco. Porque hablaréis al **a** (1 Co. 14.9), quiere decir las enunciaciones incomprensibles de los que hablaban lenguas. "El príncipe de la potestad del **a**" (Ef. 2.2) indica que los espíritus habitan el aire. Compare Ef. 6.12; Col. 1.13; Lc. 22.53. Para el encuentro del Señor en los aires (1 Ts. 4.17), en el espacio más allá de la tierra.

AJA: 1. Descendiente de Seir y hermano de Aná, Gn. 36.24; 1 Cr. 1.40. // 2. Padre de Rispa, concubina de Saúl, 2 S. 3.7; 21.8.

AJALÓN, heb. **Lugar de las gacelas**: 1. Aldea de la tribu de Dan, Jos. 19.42. Designada a los levitas, Jos. 21.24. Se la dieron a los hijos de Coat, 1 Cr. 6.69. Lugar de la batalla de Josué, cuando la luna se detuvo, Jos. 10.12. Los danitas no lograron quitarla a los amorreos, Jue. 1.35. Donde Saúl y Jonatán hirieron a los filisteos, 1 S. 14.31. Por algún tiempo pertenecía a la tribu de Benjamín, 1 Cr. 8.13. Roboam la fortificó, 2 Cr. 11.10. Conquistada por los filisteos, 2 Cr. 28.18. Actualmente se llama Yalo, una aldea a dieciocho kilómetros al noroeste de Jerusalén. Véase mapa 2, C-5; mapa 4, A-2. // 2. Ciudad de Zabulón, donde fue sepultado Elón, uno de los jueces, Jue. 12.12.

AJENJO, ALOSNA: Familia de plantas compuestas, amargas y aromáticas. "Hiel" y "abismo" son figuras de una vida amargada por la aflicción, por el remordimiento, por el sufrimiento punitivo, Pr. 5.4; Jer. 9.15; 23.15; Lm. 3.15, 19; Am 5.7; 6.12. Los hombres de la tierra, al sonar la tercera trompeta, segarán el amarguísimo fruto del pecado, Ap. 8.10, 11. Véase **Hiel, Vinagre, Amargo.**

AJENO: Que es de otros. Extranjero. Extraño. // Edificar sobre fundamento **a**, Ro. 15.20.

Entendimiento entenebrecido, **a** de la vida de Dios, Ef. 4.18. Entremetiéndose en lo **a**, 2 Ts. 3.11. Habitó como extranjero... como en tierra **a**, He. 11.9.

AJO: El género ajo comprende la cebolla, el ajo silvestre, la cebolleta etc. Los israelitas en el desierto suspiraban por los pepinos, melones, ajos, puerros y cebollas de Egipto, Nm. 11.5.

AJUSTAR: Hacer exacto, corregir, justo. // Por arriba se ajustaban, Ex. 36.29. Ajustó las tiaras, Lv. 8.13. Cuya tapa no esté bien ajustada, Nm. 19.15. Ajustadas con sierras, 1 R. 7.9.

ALA: Órganos que utilizan algunos animales para volar. Expansiones membranosas del tórax de. // El águila... extiende sus **a**, Dt. 32.11. Dios de Israel, bajo cuyas **a** viniste a buscar refugio, Rt. 2.12. Voló sobre las **a** del viento, 2 S. 22.11. Bajo la sombra de tus **a**, Sal. 17.8; 57.1. Bajo la cubierta de tus **a**, Sal. 61.4. Si tomare las **a** del alba, Sal. 139.9. Las riquezas... se harán **a**, Pr. 23.5. Cada uno tenía seis **a**, Is. 6.2. Los que esperan a Jehová... levantarán **a** como las águilas, Is. 40.31. Y en sus **a** traerá salvación, Mal. 4.2. Como la gallina... sus polluelos debajo de las **a**, Mt. 23.37. A la mujer las dos **a** de la gran águila, Ap. 12.14.

ALABANZA: Elogio. // El que empezaba las **a**, Neh. 11.17. La dedicación y la fiesta con **a**, Neh. 12.27. Su **a** estará de continuo en mi boca, Sal. 34.1. A tus muros llamarás Salud, y a tus puertas **A**, Is. 60.18. A Dios siempre sacrificio de **a**, He. 13.15; véase Lv. 22.29; Am. 4.5. // **Dios digno de alabanza:** Dt. 10.21; Jue. 5.2; 2 S. 22.4; 1 Cr. 29.10-13; Sal. 18.3; 96.4; Is. 12.406; Dn. 2.20-23; Lc. 1.46,68; Ef. 1.6; Ap. 4.11; 5.12,13;19.5. // **La alabanza de los hombres es vanidad:** Pr. 27.2; Mt. 6.1; Hch. 12.23. // **Ejemplos de alabanza:** Los israelitas, 1 Cr. 16.36; David, 1 Cr. 29.10-13; Sal. 119.164; Esdras, Neh. 8.6; Josafat, 2 Cr. 20.26; Ezequías, Is. 38.19; María, Lc. 1.46; los pastores, Lc. 2.20; Simeón, Lc. 2.28; Ana, Lc. 2.38; los discípulos, Lc. 19.37,38; los apóstoles, Lc. 24.53; los primeros convertidos, Hch. 2.47; el cojo, Hch. 3.8; Pablo y Silas, Hch. 16.25; numerosa multitud, Ap. 19.1.

Vasos de Alabastro

ALABAR: Elogiar, ensalzar. // Este es mi Dios, y lo alabaré, Ex. 15.2. Te alabaré, oh Jehová, con todo mi corazón, Sal. 9.1. En medio de la congregación te alabaré, Sal. 22.22. Te alabaré para siempre, Sal. 30.12. Siete veces al día te alabo, Sal. 119.164. Alaba, oh alma mía, Sal. 146.1. Alabaré a Jehová en mi vida, Sal. 146.2. Alabadle, vosotros todos sus ángeles, Sal. 148.2. Todo lo que respira alabe, Sal. 150.6. Alábete el extraño, Pr. 27.2. Siempre en el templo, alabando, Lc. 24.53. Alabad al Señor todos los Gentiles, Ro. 15.11. Algunos que se alaban a sí mismos, 2 Co. 10.12. Mas aquel a quien Dios alaba, 2 Co. 10.18. Cantando y alabando al Señor, Ef. 5.19. Véase **Bendecir**, **Hablar, Glorificar.**

ALABASTRO: Especie de mármol blanco, traslúcido y susceptible de un bello pulido. Al ser poco duro, fue torneado en la fabricación de copas, tiestos, columnas, estatuillas, etc. Una variedad inferior es molida para hacer yeso. Los antiguos preferían vasos de fino alabastro para guardar perfumes. Se menciona alabastro en Mt. 26.7; Mr. 14.3; Lc. 7.37 – acerca de ungir a Jesús. Véase también Est. 1.6.

ALAMELEC: heb. **Roble de rey**: Ciudad de Aser, Jos. 19.26.

ÁLAMO: Árbol grande, apreciado por la rapidez de su crecimiento, da una madera que se utiliza en la ebanistería. Sua gajos entran en la formación del ungüento populeón. Mencionada dos veces: Jacob puso varas de álamo peladas delante del rebaño, Gn. 30.37. Su sombra es buena, Os. 4.13. El original se refiere, tal vez, a una especie de chopo.

ALARIDO: Gritería, clamor, // Alarido de guerra, Ex. 32.17; Jer. 4.19.

ALARMA: Rebato, aviso para preparación a la defensa o al combate. // Y cuando tocareis **a**, entonces moverán los campamentos, Nm. 10.5. Y dad **a** en mi santo monte, Jl. 2.1; Sonad **a** en Bet-avén, Os. 5.8.

ALARMAR: Poner en alarma. // No os alarméis, Lc. 21.9. Hch. 20.10.

ALBA: Primer albor de la mañana. // Y al rayar el **a**, Gn. 19.15. Y dijo: Déjame, porque raya el **a**, Gn. 32.26. Lleno de inquietudes hasta el **a**, Job 7.4. Si tomara las alas del **a**, Sal. 139.9. Nacerá tu luz como el **a**, Is. 58.8.

ALBAÑIL: Operario que trabaja en todo género de construcciones de piedra, de ladrillos, etc. Los **a** empleados por David y

Salomón, algunos entre ellos eran fenicios, 2 S. 5.11; 1 R. 5.18; 1 Cr. 22.2. A los **a** y canteros... para reparar las grietas de la casa de Jehová, 2 R. 12.12. Dieron dinero a los **a** y carpinteros, Esd. 3.7. A los carpinteros, maestros y **a**... para reparar la casa, 2 R. 22.6. Hiram rey de Tiro envió... **a** y carpinteros, para que le edificasen una casa, 1 Cr. 14.1. Véase **Asfalto**, **Blanquear**.

ALBARDA: Arreos acolchados de montaje que es el asiento en el que el caballero se monta; aparejo de las caballerías de carga, que se compone de dos almohadas rellenas de paja. // Pero tomó Raquel los ídolos y los puso en una **a** de un camello, Gn. 31.34.

ALBOROTADOR: Que causa susto o alegría repentina por efecto de acontecimiento inesperado. // La sidra **a**, Pr. 20.1.

ALBOROTAR: Agitar, asustar. // Alborota su casa el codicioso, Pr. 15.27. Alborota al pueblo, Lc. 23.5. Alborotaron la ciudad, Hch. 17.5. Alborotaron a toda la multitud, Hch. 21.27.

ALBOROTO: Desorden o tumulto; vocerío, estrépito. // No durante la fiesta para que no se haga **a** en el pueblo, Mt. 26.5. Viendo Pilato... que se hacía más **a**, Mt. 27.24. Después que cesó el **a**, llamó Pablo, Hechos 20.1. Como no podía entender nada de cierto a causa del **a**, ordenó que Pablo, Hechos 21.34. No con multitud ni con **a**, Hechos 24.18. Véase **Sonido.**

ALCANCE: Posibilidad de alcanzar. // No sea que me **a** el mal, Gn. 19.19. Sin que **a** el hombre a entender, Ec. 3.11. Su entendimiento no hay quien lo **a**, Is. 40.28.

ALCANZAR: Lograr algo. Conseguir. // No pudieron **a** purificación, Os. 8.5. Digno de **a** aquel siglo, Lc. 20.35. Para **a** misericordia, Hab. 4.16. Para **a** la salvación, 1 P. 1.5.

ALCÁZAR: Palacio real. // Ciudad fortificada en ruina, y el **a** de los extraños, Is. 25.2. Las contiendas de los hermanos son como cerrojos de **a**, Pr. 18.19. En sus **a** crecerán espinos, y ortigas y cardos en sus fortalezas, Is. 34.13. Véase **Palacio.**

ALDEA: Pequeña población, que no tiene categoría de pueblo o de ciudad. // Casas de las **a** que no tienen muro, Lv. 25.31. Estas ciudades con sus **a**, Jos. 13.23. Por las **a**, compren de comer, Mt. 14.15. Y recorría las **a** de alrededor, Mr. 6.6. Habían venido de todas las **a**, Lc. 5.17. Una **a**, llamada Emaús, Lc. 24.13. De Betania, la **a** de María, Jn. 11.1. Véase **Ciudad**, **Población**.

ALEGORÍA: Obra artística o literaria, que representa una cosa, para dar idea de otra. // Sara y Agar, alegoría de los dos pactos, Gl 4.21-31. Véase **Parábola**.

ALEGRAR: Más allá de la alegría, causada por acontecimientos que agradan, vea por ejemplo, Est 8.17, las Escrituras se refieren repetidamente a la alegría como un sentimiento religioso. La religión alcanza las fuentes más profundas de las emociones del corazón humano, llevando al pueblo a saltar, a clamar y a cantar. Oró Ana... por cuanto me alegré en tu salvación, 1 S. 2.1. Cantaba la gente con flautas, y hacían grandes alegrías, 1 R. 1.40. Alégrese el corazón de los que buscan al Señor, 1 Cr. 16.10. El rey David se alegró con gran júbilo, 1 Cr. 29.9. Me alegraré y me regocijaré en ti, Sal. 9.2. Los mandamientos de Jehová... alegran el corazón, Sal. 19.8. Me gozaré y alegraré em tu misericordia, Sal. 31.7. Alegraos en Jehová, Sal. 32.11.; 97.12. Sus corrientes alegran la ciudad de Dios, Sal. 46.4. El vino que alegra, Sal. 104.15; Ec. 10.19. Regocijémonos y alegrémonos en él, Sal. 118.24. Yo me alegré con los que me decían, Sal. 122.1. Alégrate con la mujer de tu juventud, Pr. 5.18. El hijo sabio alegra al padre, Pr. 10.1. Se alegrarán el desierto y la soledad, Is. 35.1. No se goza de la injusticia, 1 Co. 13.6. Y los moradores de la tierra... se alegrarán, Ap. 11.10. Gocémonos y alegrémonos, Ap. 19.7. Véase **Jubilar**, **Gozo**, **Regocijar**.

ALEGRE: Que siente alegría, contento, jubiloso, placentero. // Grandes cosas... estaremos **a**, Sal. 126.3. El corazón **a** hermosea el rostro, Pr. 15.13. El corazón **a** constituye buen remedio, Pr. 17.22. De gozo no abrió la puerta, Hch. 12.14. ¿Está alguno alegre? Cante alabanzas, Stg. 5.13. Véase **Contento**, **Satisfecho**.

ALEGREMENTE: Con alegría. // Agag vino a él **a**, 1 S. 15.32.

ALEGRÍA: Contentamiento, júbilo, placer moral. // No serviste a Jehová tu Dios con **a**, Dt. 28.47. Daban grandes gritos de **a**, Esd. 3.12. Y hubo **a** muy grande, Neh. 8.17. Y a gozar de grande **a**, Neh. 8.12. El mes que de tristeza se les cambió en **a**, Est. 9.22. La **a** de los malos es breve, Job 20.5. Tú diste **a** a mi corazón, Sal. 4.7. A la mañana viene la **a**, Sal. 30.5. Me ceñiste de **a**, Sal. 30.11. Al Dios de mi **a**, Sal. 43.4. Te ungió Dios... con óleo de **a**, Sal. 45.7. Hazme oír gozo y **a**, Sal. 51.8. Servid a Jehová con **a**, Sal. 100.2. Jerusalén... como preferente asunto de mi **a**, Sal. 137.6. La necedad es **a** al falto de entendimiento, Pr. 15.21. **A** es para el justo el hacer juicio, Pr. 21.15. El corazón de los insensatos en la casa en que hay **a**, Ec. 7.4. Vendrán a Sión con **a,** Is. 35.10; 51.11. Se hallará en ella **a** y gozo, Is. 51.3. Tu palabra me fue por gozo y por **a**, Jer. 15.16. Comían juntos con **a**, Hch. 2.46. Llenando de sustento y de **a**, Hch.

14.17. El que hace misericordia, con **a**, Ro. 12.8. Para que lo hagan con **a**, He. 13.17. Os gocéis con gran **a**, 1 P. 4.13. Delante de su gloria con gran **a**, Jud. 1.24. **Delicia**, **Gozo**, **Júbilo**, **Placer**.

ALEJANDRÍA: Ciudad fundada por Alejandro Magno en 331 a.C., para ser la metrópoli de su imperio occidental. Situada en el litoral norte de Egipto, 23 kilómetros al oeste de la desembocadura del Nilo. Su farol, el primero, es una de las siete maravillas del mundo, era una torre de mármol de 135 metros. Se desmoronó en 1302. En el tiempo del Imperio Romano, Alejandría ocupaba el segundo lugar de las ciudades del mundo, con una población mixta de 800 mil habitantes. Filo calculó, en su tiempo, que había un millón de judíos viviendo en la ciudad y añadió que dos de las cinco zonas de la ciudad se llamaban sectores judíos. La ciudad se convirtió en el mayor centro intelectual. Su biblioteca era la más grande del mundo, con 700 mil rollos o tomos. Fue en esta ciudad que se hizo la traducción del Antiguo Testamento, del hebreo al griego, llamada la Septuaginta, o Versión de los Setenta, 280 a 50 a.C. Alejandría fue uno de los más grandes centros comerciales, sobre todo en la exportación de trigo. Fue un navío cargado de trigo de Alejandría, con el apóstol Pablo a bordo, que naufragó en Malta, Hch. 27.6. Otro navío alejandrino, con el emblema de "Cástor y Pólux", llevó el resto del viaje a Roma, Hch. 28.11. Había en Jerusalén una sinagoga de los judíos de Alejandría, Hch. 6.9. Alejandría, actualmente, es un puerto dinámico mas casi sin vestigio de su esplendor antiguo. Véase mapa 6. E-4.

ALEJANDRO, gr. **Ayudante de los hombres**: 1. Alejandro Magno. Su nombre no se menciona en las Escrituras, pero se refiere a él en Dn. 2.9; 7.6; 8.5-7; 11.3, 4; etc. Nació en Pela, capital de Macedonia, en 356 a.C. Educado por Aristóteles, célebre filósofo griego. Sucedió a su padre, Felipe de Olimpia, rey de Macedonia, en 336 a.C. Después de someter a Grecia a su dominio, venció los ejércitos de los persas, conquistó al Egipto y fundó la ciudad de Alejandría. Ganó contra los persas la batalla de Arbelas (331) y el dominio mundial de Persia pasó a Grecia, de Asia a Europa. Tomó Babilonia, Susa, incendió Persépolis y venció a Porus. Aún joven, volvió a Babilonia. Sin más reino para vencer, se dice que se sentó y lloró. Pero no logrando vencer al mundo en su propio corazón, cayó en el mayor vicio desenfrenado y murió con sólo treinta y tres años. Después de su muerte, su imperio, dividido entre cuatro de sus generales, se desintegró hasta pasar al dominio de Roma, en 146 a.C. Aun en el siglo XX, sin embargo, se dijo de él: "Nunca hubo personaje como el Hijo del carpintero de Nazaret, que hizo tanto, como Alejandro Magno por el mundo en que vivimos". // 2. Alejandro, el hijo de Simón Cireneo que fue obligado a cargar la cruz de Jesús, Mr. 15.21. // 3. Alejandro, pariente del sumo sacerdote, Anás, Hch. 4.6. // 4. Alejandro, judío a quienes sus compatriotas pidieron que hablara al pueblo amotinado por Demetrio, Hch. 19.33. // 5. Alejandro, creyente en Efeso, que abandonara su fe y que fue entregado a Satanás por Pablo, 1 Ti. 1.19,20. Es probable que Alejandro el calderero, que causó a Pablo muchos males, sea el mismo, 2 Ti. 4.14.

ALEJAR: Poner distante, apartar. // No te alejes de mí, Sal. 22.11. Véase **Apartar.**

ALELUYA: Alabado sea Dios. Como se ve en Ap. 19.1, 3, 4, 6, es exclamación de júbilo y de victoria. Se encuentra también, en Sal. 104.35; 105.45; 106.48; 111.1; 112.1; 113.1, 9; 115.18; 116.19; 117.2; 135.1, 21; 146.1,10; 147.1,20; 148.1,14; 149.1,9; 150.1,6. Se entonaban, en algunas de las iglesias primitivas, los "Salmos de Aleluya". Se cantaban los salmos 113 al 118 en los cultos domésticos durante la pascua, el Pentecostés, la fiesta de los tabernáculos y la fiesta de la dedicación del templo. Fue, probablemente, el Salmo 113 que Jesús cantó con sus discípulos en la Cena del Señor, Mt. 26.30. Aleluya es la más sublime aclamación de culto y adoración. Anselmo la consideraba como palabra angelical; Agustín decía: "La palabra 'aleluya' expresa el sentimiento que abarca toda la bienaventuranza, o el estado bendito, del cielo."

ALEMET, heb. **Cobertura**: Nieto de Benjamín, 1 Cr. 7.8. // 2. Ciudad cerca de Anatot, 1 Cr. 6.60. // 3. Descendiente de Saúl, 1 Cr. 8.36.

ALENTAR: Animar, infundir aliento, dar vigor. // Alentéis a los de poco ánimo, 1 Ts. 5.14. Véase **Animar**.

ALETA: Miembro exterior del pez que le sirve para nadar. // Comeréis... todos los que tienen **a**, Lv. 11.9.

ALEVOSÍA: Concepto que designa una de las circunstancias agravantes de la responsabilidad criminal, cuando el que comete un delito contra las personas pone los medios para asegurar su ejecución, sin peligro para él; traición, perfidia. // Si alguno se ensoberbeciere contra su prójimo y lo matare con **a**, Ex. 21.14.

ALFA Y OMEGA: La primera la última letra del alfabeto griego. La frase "Yo soy el Alfa y la Omega" quiere decir "Yo soy el principio y el fin", o "Yo soy Aquel que es eterno". Esta frase en Ap. 1.8 e 21.6 se refiere a Dios: en Ap. 22.13, a Jesucristo. Comp. Is. 41.4; 44.6; He. 2.10.

ALFABETO, gr. **Alfa y beta**, primeras letras del alfabeto griego: Un alfabeto es un conjunto de letras que representan los sonidos elementales de una lengua. La escritura de los egipcios consistía en figuras grabadas y esculpidas, llamadas jeroglífico. Esos caracteres o letras representaban parcialmente ideas en vez de representar exclusivamente sonidos. Los fenicios, los sirios y hebreos fueron obligados, por las necesidades comerciales, a dar origen a un sistema más sencillo, la escritura alfabética. Todos los alfabetos derivaron del alfabeto fenicio. Del alfabeto griego salió el alfabeto latino, empleado no sólo por las lenguas derivadas del latín, sino también por las lenguas escandinavas, alemanas, eslavas, etc.

ALFARERO: Aquel que trabaja en loza de barro. // Estos eran, **a**, 1 Cr. 4.23. Como vasija de **a**, Sal. 2.9. Será reputada como el barro del **a**, Is. 29.16. Se quebrará como se quiebra el vaso de **a**, Is. 30.14. Como el **a** pisa el barro, Is. 41.25. Nosotros somos el barro, y tu nuestro **a**, Is. 64.8. Vete a casa del **a**, Jer. 18.2. Como el barro en la mano del **a**, así sois vosotros en mis manos, Jer. 18.6. Una vasija de barro del **a**, Jer. 19.1. Pies y

"¿O no tiene potestad el alfarero sobre el barro?" (Ro. 9.21).

Algarroba

dedos, en parte de barro del **a**, Daniel 2.41. El campo del **a**, Mt. 27.7.

ALFEO: Pasajero, transitorio: 1. Padre de Leví, es decir, de Mateo, Mr. 2.14; cf. Mt. 9.9. // 2. Padre de Jacobo, el Menor, Mt. 10.3; Mr. 15.40.

ALFORJA: Bolsa, hecha por lo general de cuero, para llevar dinero y mantenimiento durante el viaje, 1 S. 17.40; Mt. 10.10. Véase **Bolsa**.

ALGA: Jon. 2.5. Planta que vive en el fondo, o en la superficie de las aguas dulces o saladas.

ALGARROBA: Se refiere a la cáscara de este fruto en la parábola del hijo pródigo, Lc. 15.16. La algarroba es guisante de pulpa azucarada y agradable al paladar. Se utiliza para la alimentación del ganado. El algarrobo crece en todo el litoral del Mediterráneo. Alcanza doce metros de altura y su tronco llega a tener dos metros de circunferencia.

ALGAZARA: Vocería, ruido de muchas voces juntas, gritería. // Día de trompeta y de **a** sobre las ciudades, Sof. 1.16.

ALGO: Una cosa que no se puede o no se quiere nombrar. // Si **a** se apegó a mis manos, Job 31.7.

ALGODÓN: Tejido que se fabrica con la pelusa del algodón. Se cultiva algodón actualmente en Palestina. Pero no hay prueba segura de que fuera conocido entre los hebreos en los tiempos bíblicos, como tejido distinto del de lino. La palabra traducida "lino" en Est. 1.6, se traduce, en algunas versiones, "algodón".

ALGUACIL: Oficial inferior de justicia que ejecuta las órdenes de un tribunal; empleado inferior judicial o administrativo que hace citas, intimaciones, etc. // No sea que el adversario te entregue al juez, y el juez al **a**, y seas echado en la cárcel, Mt. 5.25; Lc. 12.58. Entrando, se sentó con los **a**, para ver el fin, Mt. 26.58. Y los **a** le daban de bofetadas, Mr. 14.65. Los principales sacerdotes y los fariseos enviaron **a** para que le prendiesen,

Jn. 7.32. Los **a** respondieron: ¡Jamás hombre alguno ha hablado como este hombre! Jn. 7.46. Una compañía de soldados, y **a** de los principales sacerdotes y de los fariseos, Jn. 18.3. Los **a** de los judíos, prendieron a Jesús y le ataron, Jn. 18.12. Y estaban en pie los siervos y los **a** que habían encendido un fuego, Jn. 18.18. Uno de los **a**, que estaba allí, le dio una bofetada, Jn. 18.22. Pero cuando llegaron los **a**, no los hallaron en la cárcel, Hch. 5.22. Entonces fue el jefe de la guardia con los **a**, Hch. 5.26. Cuando fue de día, los magistrados enviaron **a**, Hch. 16.35. Y los **a** hicieron saber estas palabras a los magistrados, Hch. 16.38.

ALGUIEN: Alguna persona. // Mas si **a** os dijere, 1 Co. 10.28.

ALGUNO: Uno entre dos o más. Plural. // Si alguno puede contar el polvo de la tierra, Gn. 13.16.

ALHAJAS: Joya; adorno o mueble precioso; cosa de mucho valor y estima. // Y sacó el criado **a** de plata y **a** de oro, y vestidos, y dio a Rebeca, Gn. 24.53. Pedirá cada mujer a su vecina y a su huésped **a** de plata, alhajas de oro, Ex. 3.22; 11.2. De los egipcios **a** de plata, y de oro, y vestidos, Ex. 12.35. Cuando alguno diere a su prójimo plata o **a** a guardar, Ex. 22:7. Cada uno de lo que ha hallado, **a** de oro, brazaletes, Nm. 31.50. Moisés y el sacerdote Eleazar recibieron el oro de ellos, **a**, todas elaboradas, Nm. 31.51. Cada año sus presentes: **a** de oro y de plata, vestidos, 1 R. 10:25. Lo que él dedicó: oro, plata y **a**, 1 R. 15:15. Cada uno de éstos traía su presente, **a** de plata, **a** de oro, vestidos, armas, 2 Cr. 9:24. Hallaron entre los cadáveres muchas riquezas, así vestidos como **a** preciosas, 2 Cr. 20.25. Ni se cambiará por **a** de oro fino, Job 28:17. Y saldrá **a** al fundidor, Pr. 25.4. Tomaste asimismo tus hermosas **a** de oro y de plata que yo te había dado, Ez. 16.17. Te despojarán de tus ropas, se llevarán tus hermosas **a**, Ez. 16.39. Él saqueará el tesoro de todas sus preciosas **a**, Os. 13.15. **Véase Joya, Adorno.**

ALHEÑA: Planta originaria de Arabia, cuyas hojas secas y pulverizadas, resultan en un polvo. Utilizado para teñir de rojo o de amarillo el pelo y los labios, los párpados y los dedos. De flores odoríferas, Cnt. 1.14; 4.13.

ALIADO: Pueblo unido a otro por tratado. // Los cuales eran **a** de Abram, Gn. 14.13. Destruir... todo **a** que les queda, Jer. 47.4.

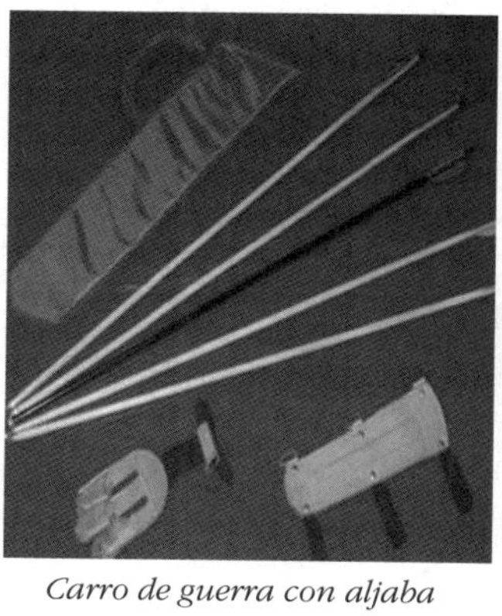

Carro de guerra con aljaba

ALIENTO: Respiración; aire expulsado al respirar. Proceso por el cual los seres vivos absorben y expulsan el aire. // Sopló en su nariz **a** de vida, Gn. 2.7. Todo lo que tenía **a** de vida, Gn. 6.17; 7.22. **A** fugaz de aquellos que buscan, Pr. 21.6. Que da **a** al pueblo que mora sobre ella, Is. 42.5. Infundir **a** a la imagen de la bestia, Ap. 13.15. Véase Dn. 5.23; Hch. 9.1; 17.25. Véase **Hálito.**

ALIMENTO: Toda la sustancia que sirve para nutrición. // Parece que los hombres en el inicio se alimentaban exclusivamente de productos vegetales, Gn. 1.29; 2.16; 3.2. Después del diluvio Dios les dio permiso para que comieran de los productos alimenticios de origen animal, Gn. 9.3, 4. Los hebreos, durante su estado nómada, además de comer pan, se alimentaban de los productos de los rebaños, de la caza y de miel silvestre, Gn. 18.5-8; 27.3; 43.11. El pueblo, establecido en la tierra de la promesa, comía también de los huertos, de las viñas, de los olivares. Se supone que tenían los mismos alimentos que eran usados entre los egipcios: peces, pepinos, melones, ajos, cebollas, Nm. 11.5. Las comidas sencillas eran de pan y potaje de lentejas, de pan mojado en vino o de granos tostados, Gn. 25.34; Rt. 2.14. Matar un cordero, un novillo o un buey cebado en honor de un huésped era acto elevado de hospitalidad, 1 S. 25.18; 1 R. 1.19; Lc. 15.23; Pr. 15.17. Se mencionan también trigo (Lv. 23.14); cebada (Rt. 2.17); haba (2 S. 17.28); espelta (Is. 28.25); legumbres (Dn. 1.12); langosta, langostín y argol (Lv. 11.22); aves (Dt. 14.11; 1 R 4.23); pajarillos (Mt. 10.29); codornices (Ex. 16.13); perdices (1 S. 26.20); huevo (Lc. 11.12); ciervos, gacelas, corzos (1 R. 4.23); manteca y queso (2 S. 17.29); mantequilla (Pr. 30.33); leche de cabra (Pr. 27.27); mantequilla de vacas y leche de ovejas (Dt. 32.14); árboles frutales (Lv. 19.23), higos (Jue. 9.11), granada (Dt. 8.8); almendras (Gn. 43.11), manzana (Cnt.2.3). El mar de Galilea era gran centro pesquero. Se guardaba leche en odres, Jue. 4.19. Se podía comer la carne solamente de ciertos animales declarados "limpios", Lv. 11.2,3; Dt. 14.4-20; Hch. 10.10-15. En el nuevo pacto se declara que "todo... es bueno... nada es de desecharse... porque por la palabra de Dios y por la oración es santificado, 1 Ti. 4.1-5.

La producción de algodón en Israel, gracias a los métodos modernos, es de 30 mil toneladas anualmente.

ALIVIAR: Hacer leve o más leve. Mitigar, suavizar, aminorar. // Este nos aliviará de nuestras obras y del trabajo de nuestras manos, Gn. 5.29. Así aliviarás la carga de sobre ti, Ex. 18.22. Quizá aliviará su mano de sobre vosotros, 1 S. 6.5. Alivia algo del yugo que tu padre puso sobre nosotros, 2 Cr. 10.9. Véase **Consolar**, **Descansar**.

ALIVIO: Disminución de fatiga, de trabajo, de sufrimiento. // David tomaba el arpa... y Saúl tenía **a**, 1 S 16.23. Él toque con su mano, y tengas **a**, 1 S. 16.16. Mis ojos destilan y no cesan, porque no hay **a**, Lm. 3.49. Véase **Descanso**, **Refrigerio**.

ALJABA: Caja o bolsa en forma de tubo que se empleaba para llevar flechas. // Toma, pues, ahora tus armas, tu **a** y tu arco, Gn. 27.3. Contra él suenan la **a**, Job 39.23. Bienaventurado el hombre que llenó su **a** de ellos, Sal. 127.5.

ALLANAR: Hacer llano, nivelar. //Lo áspero se allane, Is. 40.4; Lc. 3.5.

ALMA: El vocablo *nephesh* (heb.) se traduce "alma" más de 500 veces en el Antiguo Testamento y psyche (gr) más de 30 veces en el Nuevo Testamento. Muchas otras veces las dos palabras se traducen "vida". Pero la palabra quiere decir por lo general la "sustancia incorpórea, inmaterial, invisible, creada por Dios a su semejanza, fuente y motor de todos los actos humanos". Es la parte inmortal del hombre en contraste con el cuerpo, Is. 10.18; Ap. 6.9; 20.4; etc. Puede existir dentro de un cuerpo o fuera de él, Ap. 6.9. Algunos teólogos sustentan la opinión de que el hombre se compone de dos partes; Dios lo formó del polvo de la tierra (la parte material); sopló... y fue el hombre un ser viviente (la parte espiritual del hombre), Gn. 2.7. Otros teólogos defienden la opinión de que el hombre está compuesto de tres: cuerpo, alma y espíritu, 1 Ts. 5.23; He. 4.12. Insisten en afirmar que Pablo hacía distinción entre los tres elementos: 1) El cuerpo, la parte material del hombre. 2) El alma, la parte que el hombre tiene en común con los brutos, que incluye el entendimiento y la emoción y que terminan con la muerte. 3) El espíritu, la parte del hombre, que incluye la razón, la voluntad y la conciencia, y que es inmortal. Ambas doctrinas son ciertas si se reconoce que alma y espíritu representan un aspecto y el cuerpo el otro. Espíritu y alma están tan vinculados y son tan inseparables que muchas veces se confunden. Por ejemplo: en Ec. 12.7 es el espíritu el que vuelve a Dios, en Ap. 6.9 es el alma. En Mt. 10.28 la parte que no muere es el alma; en Stg. 2.26 es el espíritu. // El alma siente sed (Sal. 42.2), hambre (Sal. 107.9), cansancio, Jer. 31.25. El alma puede buscar al Señor (1 Cr. 22.19); humillarse mediante el ayuno, Sal. 35.13. Puede ser como huerto de riego (Jer. 31.12); prosperar, Pr. 11.25; 3 Jn. 2. Puede abominar (Lv. 26.11); entristecerse (Job 30.25; Mt. 26.38); amar (Dt. 6.5; 1 S 18.1); gloriarse (Sal. 34.2); engrandecer al Señor (Lc. 1.46); reposar (Lc. 12.19); clamar (Sal. 42.1); quedar abatida (Sal. 42.5); estar confortada (Sal. 19.7; 23.3); se puede derramar el alma (1 S. 1.15; Is. 53.12); librar el alma (Ez. 3.19; Lc. 21.19; He. 10.39; 1 P. 1.9); perderla (Mt. 16.26; Mr. 8.36); purificarla (1 P. 1.22); se gana almas (Pr. 11.30); Stg. 5.20. El valor del alma (Mt. 16.26; Mr. 8.37). El que guarda el mandamiento guarda su alma (Pr. 19.16). No se puede matar el alma (Mt. 10.28). Hay un ancla del alma (He. 6.19). Nuestros guías velan por nuestra alma (He. 13.17); fortaleciéndolas (Hch. 14.22). Cristo es el pastor y obispo de nuestra alma (1 P. 2.25). Véase **Corazón, Persona**.

ALMACÉN: Local donde se guardan mercancías o se venden al por mayor. // De los **a** del aceite, Joás, 1 Cr. 27.28. El diezmo del grano, del vino y del aceite, a los **a**, Neh. 13.12. Ponedlos en vuestros **a**, Jeremías 40.10. Abrid sus **a**, convertidla en montón de ruinas, Jeremías 50.26.

ALMACENAR: Poner o guardar las cosas en un almacén; reunir o guardar cosas en cantidad. // Todo alimento que se come, y almacénalo, Gn. 6.21. Y almacenarás los frutos, para que el hijo de tu señor tenga pan para comer, 2 S. 9.10. **Véase Acaparar.**

ALMACENAJE: Almacenamiento; derecho a guardar algo, mediante pago, en un almacén o depósito. // Edificaron para Faraón las ciudades de **a**, Pitón y Ramesés, Ex. 1.11.

ALMENDRO: El almendro tiene un promedio de 8 metros de altura; es de la familia del melocotón, al que se parece. Hay dos cualidades: las dulces que dan flores rosadas y las amargas que dan flores blancas. Las amargas son apreciadas por su belleza y sabor de aceite. // Jacob mandó a sus hijos a Egipto en busca de "lo mejor de la tierra", incluso almendras (Gn. 43.11), indicando que no habían sido introducidas en Egipto. El candelero de oro tenía siete copas en forma de almendras, Ex. 25.33, 34. La vara que floreció, de Aarón, produjo almendras, Nm. 17.8. "Y florecerá el almendro" (Ec. 12.5), se refiere, tal vez, a la nívea blancura de una almendra cubierta de flores, como símbolo de avanzada edad. Hay juego de palabras en Jer. 1.11, 12. La palabra hebrea traducida "almendra" viene de una raíz que significa "velar". Cuando Jeremías dijo "veo una vara de almendro", el Señor respondió: "Bien has visto; porque yo apresuro mi palabra para ponerla por obra."

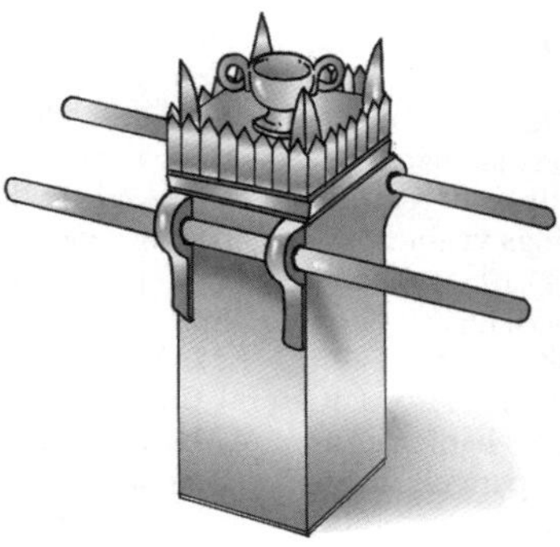
Altar

ALMODÁ, heb. **Inmenso**: Descendiente de Sem y fundador de una tribu árabe, Gn. 10.26; 1 Cr. 1.20.

ALMOHADA: Colchoncillo para reclinar la cabeza de quien duerme o para sentarse sobre él. // Le acomodó por cabecera una **a** de pelo de cabra, 1 S. 19.13. Una piedra sirvió a Jacob, como almohada, cuando dormía en campo abierto, Gn. 28.11,18. Más apropiadamente, para los codos y pulsos, cuando descansaban, en sus ritos, para simbolizar la tranquilidad perfecta.

ALMÓN, heb. **Retiro**: Ciudad de Benjamín, dada a los levitas, Jos. 21.18.

ALMÓN-DIBLATAIM: Uno de los campamentos de Israel en el desierto, no mucho antes de llegar al Jordán, Nm. 33.46, 47.

ALMUD: Medida de cerca de 9 litros. En Mt. 5.15; Mr. 4.21 y Lc. 11.33, se refiere, no a su capacidad, sino sólo a una cosa para esconder la luz. Véase Medidas de capacidad.

ÁLOE: El áloe mencionado en las Escrituras no tiene relación con la planta, cultivada hoy en huertos, de cuyas hojas se extrae una resina amarga y purgativa. Se refiere a una madera preciosa y odorífera, del árbol *aquilaria agallocha*, del que se extrae una resina usada para perfumar ropa y camas, Sal. 45.8; Pr. 7.17. Se menciona como una de las especias más preciosas, Cnt. 4.14. Él uso más memorable de esa especia fue en la sepultura de Jesús, Jn. 19.39. Si el compuesto de 50 kilos que Nicodemo usó tenía considerable proporción de áloe, fue valiosísimo.

ALÓN-BACUT: heb. **Caballero de lágrimas**: Lugar de la sepultura de Débora, el ama de Rebeca, Gn. 35.8.

ALOT, Que produce leche: Ciudad del norte de Palestina. 1 R. 4.16.

ALQUILAR: Dar o tomar algo por precio cierto y tiempo determinado. // Te he alquilado, Gn. 30.16. Si era alquilada, reciba el dueño el alquiler, Ex. 22.15. Alquilaron contra ti a Balaam, Dt. 23.4. Con navaja alquilada, Is. 7.20. En una casa alquilada, Hch. 28.30.

ALTAR, lat. **Altus**: Lugar elevado para ofrecer sacrificios. Había dos tipos de altares. Uno consistía en tierra (Ex. 20.24), o de una roca (Jue. 13.19), o de una sola piedra grande (1 S. 14.33-35), o de varias piedras no labradas, Ex. 20.25; 1 R. 18.31, 32. El otro tipo tenía puntas (1 R. 1.50), fue de medidas ciertas, de modelo designado y de bronce. // El altar levantado por Noé, Gn. 8.20; por Abraham, Gn. 12.7,8; por Isaac, Gn. 26.25; por Jacob, Gn. 33.20; por Moisés, Ex. 17.15; por Balaam, Nm. 23.1; por Josué, Jos. 8.30; por los Rubenitas, Jos. 22.10; por Gedeón, Jue. 6.26,27; por el pueblo de Israel, Jue. 21.4; por Samuel, 1 S. 7.17; por Saúl, 1 S 14.35; por David, 2 S 24.21,25; por Jeroboam, 1 R 12.33; por Elías, 1 R. 18.30,32; por Acaz, 2 R 16.10-12; por Salomón, 2 Cr. 4.1; "al dios no conocido", Hch. 17.23. // El altar del holocausto, Ex. 27.1-8; del incienso, Ex. 30.1-6. // "Tenemos un altar", He. 13.10. Nuestros sacrificios son nuestros cuerpos, nuestra alabanza, sacrificios espirituales, etc. Ro. 12.1; He. 13.15; 1 P. 2.5; etc. "Si traes tu ofrenda al altar...", Mt. 5.23.

ALTÍSIMO: Muy alto. Dios. // Dijo... el que

sabe la ciencia del **A**, Nm. 24.16. El **A** dio su voz, Sal. 18.13. Para que conozcan... que el **A** gobierna, Dn. 4.17. Será llamado Hijo del **A**, Lc. 1.32. El poder del **A** te cubrirá, Lc. 1.35. Profeta del **A** serás llamado, Lc. 1.76. Seréis hijos del **A**, Lc. 6.35. El **A** no habita en templos hechos de manos, Hch. 7.48. Melquisedec... sacerdote del Dios **A**, He. 7.1. Véase **Dios**, **Excelso**, **Soberano**, **Supremo**.

ALTIVEZ: Arrogancia. // Y antes de la caída la **a** espíritu, Pr. 16.18. La **a** será abatida, Is. 2.11. Y toda **a** que se levanta contra el conocimiento, 2 Co. 10.5. Véase **Arrogancia, Orgullo.**

ALTIVO: Orgulloso, arrogante. // Tus ojos están sobre los **a** para abatirlos, 2 S. 22.28. Los ojos **a,** la lengua mentirosa, Pr. 6.17. La **a**... será abatida, Is. 2.11.

ALTO: Monte**.** Punto más elevado. Desde tiempos antiguos y entre todas las naciones fue costumbre levantar altares y realizar cultos en los altos y lugares más visibles, Lv. 26.30; Dt. 12.2; 1 R. 3.2; 2 Cr. 33.19. Abraham, Gedeón, Manoa, Samuel, David, Elías y otros levantaron altares en los altos o montes, Gn. 22.2-4; Jue. 6.25, 26; 13.19; 1 Cr. 21.26; 1 R. 18.30. No obstante, los cananeos habían establecido lugares altos o montes para el culto a sus dioses y fue terminantemente prohibido por Dios, Dt. 12.11-14. Se le ordenó que los destruyera por completo, Dt. 12.2, 3. Pero reaparecían y eran destruidos repetidamente, hasta el cautiverio.

ALTURA: Dimensión vertical de un cuerpo, a partir de la base hacia arriba; eminencia; posición de cuerpo arriba de una superficie; firmamento, estatura. // Y de treinta codos su **a**, Gn. 6.15. ¿No está Dios en la **a**...? Job 22.12. La **a** de los cielos sobre la tierra, Sal. 103.11. Para la **a** de los cielos, y para la profundidad de la tierra, Pr. 25.3. ¡Hosanna en las **a**, Mt. 21.9. ¡Gloria a Dios en las **a**...!, Lc. 2.14. Ni lo alto... separar del amor de Dios, Ro. 8.39. Capaces de comprender... la **a**, Ef. 3.18. Subiendo a lo alto, Ef. 4.8.

ALUMBRAR: Dar luz a: aclarar, iluminar. // Alumbra mis ojos, Sal. 13.3. El precepto de Jehová... alumbra los ojos, Sal. 19.8. La verdadera luz alumbra, 1 Jn. 2.8.

ALÚS, heb. **Tumultos de hombres**. // El lugar del campamento de Israel en el desierto, Nm. 33.13.

ALVA, heb. **Alto**: Uno de los príncipes de Edom, Gn. 36.40; 1 Cr. 1.51.

ALVÁN, heb. **Grande, Alto**: Hijo de Sobal, Gn. 36.23.

ALVÁN, heb. **Sublime**: Descendiente de Seir, 1 Cr. 1.40.

ALZAR: Levantar, poner hacia arriba. // Quiso Jehová **a** a Elías en un torbellino, 2 R. 2:1.

AMA: Mujer que amamanta a niño ajeno. Nodriza. // Entonces murió Débora, **a** de Rebeca, Gn. 35.8. Cayó enfermo el hijo del **a**, 1 R. 17.17. Lo ocultó de Atalía, a él y a su **a**, 2 R. 11.2. Guardó a él y a su **a**, 2 Cr. 22.11.

AMABLE: Digno de ser amado. // ¡Cuán **a** son tus moradas...! Sal. 84.1. Todo lo **a**, Fil. 4.8. Véase **Agradable**.

AMAD: Ciudad en la herencia de Aser, Jos. 19.26.

AMADO: Querido, dilecto. // El **a** de Jehová habitará confiado, Dt. 33.12. Para que se libren tus **a**, Sal. 60.5; 108.6. Mi **a**, Cnt. 1.14; 2.3; 4.16. Yo soy de mi **a**, y mi **a** es mío, Cnt. 6.3. El cantar de mi **a**, Is. 5.1. Este es mi Hijo **a**, Mt. 3.17. Nuestros **a** Bernabé y Pablo, Hch. 15.25. Pero en cuanto a la elección, **a** por causa de los patriarcas, Ro. 11.28. Con la cual nos hizo aceptos en el **A**, Ef. 1.6. Lucas, el médico **a**, Col. 4.14. Hermanos **a** por el Señor, 1 Ts. 2.13. Al **a** hijo, Timoteo, 2 Ti. 1.2; Amados, 1 P. 2.11; 1 Jn. 3.2; 4.1; 3 Jn. 11; Jud. 20.

AMAL, hb. **Tristeza**: Descendiente de Aser, 1 Cr. 7.35.

AMALEC, AMALECITAS: Tribu nómada, descendientes de Amalec, nieto de Esaú, y uno de los príncipes (duques) de Edom, Gn. 36.12-16. La tierra de los amalecitas, Gn. 14.7. La primera de las naciones, Nm. 24.20. Derrotados por Josué en la batalla en Refidim, Ex. 17.8-13. Para borrar la memoria de Amalec de debajo del cielo, Ex. 17.14; Dt. 25.19. Derrotaron a Israel en la primera tentativa de entrar en la tierra de la promesa, Nm. 14.43-45. Invadieron el territorio de Israel, Jue. 3.13; 6.3, 33. Saúl, habiéndosele ordenado que eliminara por completo a los amalecitas, perdonó al rey Agag, 1 S 15.1-33. David los hirió, 1 S 27.9. Llevaron las mujeres de David, 1 S. 30.1, 2. David los hirió la segunda vez, 1 S. 30.17. Uno de los amalecitas, acusándose de haber asesinado a Saúl, fue condenado a muerte por David, 2 S. 1.1-16. El oro y la plata de los amalecitas consagrados a Dios, 2 S. 8.11,12. Derrotados por quinientos hombres en el reinado de Ezequías, quedando los 500 en su tierra, 1 Cr. 4.39-43. Véase mapa 1, H-4.

AMAM, heb. **Conjunción**: Ciudad del sur de Judá, Jos. 15.26. Véase mapa 4, C-2.

AMAMANTAR: Criar a pecho; dar de mamar. // Aun los chacales dan la teta, y amamantan a sus cachorros, Lm. 4.3.

AMÁN: Un agagita, enemigo de Mardoqueo, exaltado por Jerjes, o Asuero, arriba de todos los príncipes, Est. 3.1. Mardoqueo, siendo judío, no podía postrarse ni inclinarse ante Amán, incitando así la enemistad de éste. Amán era agagita, esto es, de Agag, un territorio junto al de Media. La suposición de que era descendiente de Agag, rey de los amalecitas, no tiene razón. Da a entender en 1 S. 15.33, que Agag fue el último de este linaje. Si hubiera descendientes de Agag, serían amalecitas y no agagitas.

AMANA: Cnt. 4.8. Sitio en el anti-Líbano, donde nace el rio Amana, o Abana.

AMANECER: Romper el alba. // Y levantándoos al **a**, marchad, 1 S. 29.10. Cuando comenzó a **a**, Hch. 27.33.

AMANTE: El que tiene relaciones ilícitas. // Te menospreciarán tus **a**, Jer. 4.30.

AMAR: Sentir ternura por; querer; sentir placer en. // Amarás tu prójimo, Lv. 19.18; Mt. 19.19; 22.39; Mr. 12.31; Ef. 5.2; Col. 3.14; 1 Jn. 3.17, 18. Amarás al Señor tu Dios, Dt. 6.5; 10.12; 11.1; 19.9; Mt. 22.37. Jonatán lo amó como a su propia alma, 1 S. 18.1; 20.17. Salomón amaba al Señor, 1 R. 3.3. Amar aquellos que aborrecen el Señor, 2 Cr. 19.2. Te amo, oh Jehová, Sal. 18.1. La habitación de tu casa he amado, Sal. 26.8. Amad a Jehová, todos vosotros sus santos, Sal. 31.23. El Señor ama la justicia, Sal. 37.28. Los que amáis a Jehová, Sal. 97.10. Amó la maldición, Sal. 109.17. ¡Oh, cuánto amo yo tu ley! Sal. 119.97. Paz tienen los que aman tu ley, Sal. 119.165. Sean prosperados los que te aman, Sal. 122.6. En todo tiempo ama el amigo, Pr. 17.17. Tiempo de amar, Ec. 3.8. Con amor eterno te he amado, Jer. 31.3. Aborreced el mal, y amad el bien, Am. 5.15. Amad a vuestros enemigos, Mt. 5.44. Si amáis a los que os aman, Mt. 5.46. ¿Cuál de ellos le amará más? Lc. 7.42. Dios amó al mundo, Jn. 3.16. Está enfermo aquel a quien amas, Jn. 11.3. Los amó hasta el fin, Jn. 13.1. Si me amáis, guardad mis mandamientos, Jn. 14.15. Amo al Padre, Jn. 14.31. Que os améis unos a otros, Jn. 15.12, 17. ¿Me amas? Jn. 21.15-17. A Jacob amé, mas a Esaú aborrecí, Ro 9.13. Amaos... con amor fraternal, Ro. 12.10. La gracia sea con todos los que aman sinceramente a nuestro Señor, Ef. 6.24. A quien amáis sin haberle visto, 1 P. 1.8. Amamos porque él nos amó primero, 1 Jn. 4.19. Porque el Señor al que ama, disciplina, He. 12.6. Yo reprendo y castigo a todos los que amo, Ap. 3.19.

AMARGADO: Lleno de amargura; triste; angustioso. // Y vida a los **a** de ánimo, Job 3.20.

AMARGAMENTE: Tristemente, dolorosamente. // Pedro... lloró **a**, Mt. 26.75.

AMARGAR: Hacer penoso. // Hicieron amargar la vida con dura servidumbre, Ex. 1.14.

AMARGO: Que tiene sabor acre, desagradable como la hiel, la quinina. Doloroso, triste, // Panes sin levadura; con hierbas **a**, Ex. 12.8. Aguas **a**, Nm. 5.18, 19. Cual saeta suya, palabra **a**, Sal. 64.3. Al hambriento todo lo **a** es dulce, Pr. 27.7. Que ponen lo **a** por dulce, y lo dulce por **a**, Is. 5.20. La sidra les será **a**, Is. 24.9. Esas aguas... se hicieron **a**, Ap. 8.11. Véase **Penoso**, **Triste**.

AMARGURA: Angustia, disgusto. // Las mujeres heteas de Esaú se volvieron **a** de espíritu para Isaac y Rebeca, Gn. 26.35. Gran **a** me ha dado el Todopoderoso, Rt. 1.20. Con **a** de alma oró, 1 S. 1.10. El corazón conoce la **a** de su alma, Pr. 14.10. El hijo insensato es... **a** para quien lo dio a la luz, Pr. 17.25. En hiel de **a** y en prisión de maldad veo que estás, Hch. 8.23. Boca llena de maldición y de **a**, Ro. 3.14. Quítense de vosotros toda **a**, Ef. 4.31. Alguna raíz de **a**, que brotando, He. 12.15.

AMARÍAS: hb. **Jehová prometió**: 1. Levita, abuelo de Sadoc, 1 Cr. 6.7, 52. // 2. Levita, hijo de Azarías, 1 Cr. 6.11. // 3. Levita, hijo de Hebrón, 1 Cr. 23.19. // 4. Sumo sacerdote, 2 Cr. 19.11. // 5. Levita ayudante de Coré, 2 Cr. 31.15. // 6. Uno de los que se casaron con extranjeros, Esd. 10.42. // 7. Sacerdote que firmó el pacto, Neh. 10.3. // 8. Hijo de Sefatías, Neh. 11.4. // 9. Antepasado del profeta Sofonías, Sof. 1.1.

AMARILLEZ: Que tiene el color de oro o de azufre. // Sus plumas con **a** de oro, Sal. 68.13.

AMASA: hb. **Fardo**: Sobrino de David y primo de Absalón y de Joab, 1 Cr. 2.16, 17; 2 S. 17.25. Absalón lo nombró como comandante de su ejército, en lugar de Joab, por quien fue derrotado en la batalla del bosque de Efraín, 2 S. 18.6-17. David lo perdonó y lo nombró para que ocupara el lugar de Joab, que había desagradado al rey por haber matado a Absalón, 2 S. 19.13. Joab mató traicioneramente a Amasa cuando fingía saludarlo, 2 S. 20.8-12; 1 R. 2.5.

AMASAI, hb. **Penoso**: 1. Levita en el linaje de Coat, 1 Cr. 6.25. // 2. Jefe de treinta en el ejército de David, 1 Cr. 12.18. // 3. Sacerdote que tocaba trompeta delante del arca, 1 Cr. 15.24.

AMASAR: Convertir en masa. // Toma pronto tres medidas de flor de harina, y amasa, Gn. 18.6.

AMASÍAS, hb. **Jehová fortalece**: 1. El décimo rey de Judá. Hijo de Joás. Comenzó a reinar en un tiempo de crisis económica y de gran desánimo entre el pueblo, resultados de la derrota que su padre sufriera en la guerra contra Siria. No dejó impunes a los que asesinaron a su padre. Sin embargo, perdonó a los hijos de los criminales, como ordena la ley de Moisés, Dt. 24.16. Queriendo restaurar la grandeza de su reino, formó gran ejército y pagó a más 100 mil israelitas para ir contra los edomitas. Siguiendo el consejo de "cierto hombre de Dios", entró en la batalla sin los soldados de Israel, e hirió a los edomitas. Éstos, resentidos, invadieron a Judá. La ira de Dios se encendió contra Amasías por causa de los dioses que trajo de Edom, los adoró y les quemó incienso. Así Dios lo entregó en manos de Joás, rey de Israel, en la batalla de Bet-semes. El rey de Israel rompió el muro de Jerusalén, y tomó todo el oro, plata y utensilios que se hallaban en la casa de Dios. "Después que Amasías dejó de seguir el Señor, conspiraron contra él en Jerusalén, y huyó a Laquis", donde fue asesinado. Reinó veintinueve años en Jerusalén. 2 R.14.1-20. // 2. Uno de los capitanes de Josafat, 2 Cr. 17.16.

AMATISTA, gr. **Que no está ebrio**: Los antiguos atribuían a esta piedra preciosa la propiedad de preservar de la borrachera, de ahí su nombre. Es una variedad de cuarzo, color violeta, muy brillante e inferior al diamante sólo en dureza. Se menciona tres veces en las Escrituras. Puesta al fin del tercer orden de las gemas en el pectoral del juicio del sumo sacerdote, Ex. 28.19; 39.12. Forma el duodécimo fundamento de la nueva Jerusalén, Ap. 21.20. Véase **piedras preciosas.**

AMBOS: Uno y otro. // Se abrieron entonces los ojos de **a**, Gn. 3.7. Reconciliar con Dios a **a** en un solo cuerpo. Ef. 2.16.

AMBULANTE: Que no tiene lugar fijo. // Algunos judíos, exorcistas **a**, Hch. 19.13.

AMÉN: Es decir, "así sea". Interjección empleada para confirmar el mensaje, la oración o acción de gracias. // Toda la congregación decía amén: Dt. 27.16-26; 1 Cr. 16.36; Neh. 5.13; 8.6; Sal. 106.48; Ap. 5.14. Decir "amén" a la acción de gracias, 1 Co. 14.16. Al terminar la oración Dominical, Mt. 6.13. Para tornar enfática una declaración. Ro. 1.25; 9.15; 11.36; Gá. 6.18; Ap. 1.6, 7. Se repetía para dar énfasis, Nm. 5.22. Amén también quiere decir verdad. Jesús empleaba el término "de cierto, de cierto", literalmente, "amén, amén." (Jn. 1.51; etc.) para llamar la atención a temas de especial solemnidad. El propio Salvador se llama "el Amén" en Ap. 3.14.

AMENAZA: Anuncio de un mal o peligro. // Mil hombres huirán por la **a** de sólo uno, Is. 30.17. Mira sus **a**, Hch. 4.29. Respirando aún **a** y muerte, Hch. 9.1. Dejando las **a**, Ef. 6.9. Cuando padecía, no amenazaba, 1 P. 2.23. Sin temer ninguna **a**, 1 P. 3.6.

AMENAZAR: Anunciar castigo o dar a entender que se quiere hacer algún mal. // Amenacémosles para que no hablen, Hch. 4.17.

AMIEL, hb. **Pueblo de Dios**: 1. Uno de los doce enviados para espiar la tierra de Canaán, de la tribu de Dan e hijo de Gemali, Nm. 13.12. // 2. Benjamita, padre de Maquir, 2 S. 9.4. // 3. Abuelo de Salomón, 1 Cr. 3.5. // 4. Portero levita, 1 Cr. 26.5.

AMIGO: Persona que quiere mucho a otra. // Tres **a** de Job, Job 2.11. Cuando él hubo orado por sus **a**, Job 42.10. El pobre es odioso aun a su **a**, Pr. 14.20. En todo tiempo ama el **a**, Pr. 17.17. **A** hay más unido que un hermano, Pr. 18.24. **A** de publicanos, Mt. 11.19. La propia vida en favor de los **a**, Jn. 15.13. Abraham fue llamado **a** de Dios, Stg. 2.23; 2 Cr. 20.7; Is. 41.8. Ser **a** del mundo, se constituye enemigo de Dios, Stg. 4.4. Cristo llama a sus discípulos **a**, Lc. 12.4. Jn. 15.14; 3 Jn. 14. Véase **Compañero**.

AMINADAB, hb. **Mi pueblo es noble**: 1. Antepasado de David, Rt. 4.19; 1 Cr. 2.10. // 2. Hijo de Coat de la tribu de Leví, 1 Cr. 6.22. // 3. Levita designado para llevar el arca, 1 Cr. 15.10.

AMISABAD, hb. **Mi pueblo dio**: Uno de los capitanes de David, 1 Cr. 27.6.

AMISADAI, hb. **El Todopoderoso es mi padre**: Padre de Ahiezer, cabeza de familia danita, Nm. 1.12.

AMISTAD: Sentimiento que une a dos personas. // 1 S. 18.1; 19.4-7; 20.1-42; 2 S. 1.26; 9.1-11; 15.37. Amistad con el mundo: 2 Co. 6.17; Stg. 4.4; 1 Jn. 2.15; Ro. 12.2.

AMITAI, hb. **Fiel**: Padre del profeta Jonás, 2 R. 14.25; Jon. 1.1.

AMIUD, hb. **Pueblo glorioso**: Padre de Elisama, cabeza de la tribu de Efraín, Nm. 1.10.

AMMA, heb. **Codo**: Collado junto al camino del desierto de Gabaón, 2 S. 2.24.

AMMI, hb. **Mi pueblo**: Nombre simbólico dado a Israel, Os. 2.1. Véase **Lo-Ammi** Os. 1.9 y Ro. 9.25, 26.

AMNÓN, hb. **Fiel**: Hijo primogénito de David y Ahinoam, la jezreelita, 2 S. 3.2. Absalón, su hermano, lo odiaba porque era el príncipe heredero, y lo mató, después de haber deshonrado a su hermana, Tamar, 2 S. 13.

AMOLAR: Tornar cortante. // Y su filo no fuere amolado, Ec. 10.10. Véase **Afilar**.

AMÓN, AMONITAS: Pueblo descendiente de Ben-Ami, hijo de Lot por su hija menor, Gn. 19.38. Habitaban una región al norte de los moabitas, en el lado oriental del Jordán, Nm. 21.21-31. Véase mapa 2, D-5; mapa 4, C-2. Moab (Gn. 19.37) fue la parte más pacífica y civilizada de la nación de Lot; Amón la parte más predadora. Los amonitas fueron violentos y crueles en sus guerras, sacándoles los ojos a sus enemigos y abriéndoles el vientre a las embarazadas, 1 S. 11.2; Am. 1.13. Su religión fue una superstición impiadosa y degradante. Ofrecían sacrificios humanos a su dios Moloc, contra el cual amonestó que no lo hicieran, Lv. 20.1-5; 1 R. 11.7. "Ben-Ami" (Gn. 19.38) quiere decir "hijo de mi pueblo", es decir, pariente. Los amonitas siendo descendientes de Lot, sobrino de Abraham, los israelitas siempre los consideraban como parientes. Véase Dt. 2.19. Sin embargo, los amonitas siempre se volvían enemigos de ellos desde el día en que se negaron a dar a Israel paso para que entraran en Canaán, Dt. 23.4; Neh. 13.1,2. Esta hostilidad continuaba en el tiempo de Jefté, Jue. 11; en el tiempo de Saúl, 1 S 11; y de David, 2 S. 10. Rabá fue su ciudad principal, 2 S 11.1; Jer. 49.2; Am 1.14; su gobernante, un rey, y príncipes, Jue. 11.12; 1 S. 12.12; 2 S. 10.3; sus dioses, Milcom, Moloc y Quemos, 1 R. 11.7, 33; Jue. 11.24. Parece que los amonitas fueron totalmente sojuzgados por David, 2 S. 12.26-31. Después el amonita, Sobi, junto con otros mostraron gran generosidad a David, cuando andaba fugitivo, 2 S. 17.27-29. Los amonitas lograron corromper la pureza de la fe de Israel, no sólo en el tiempo de Balaam, sino también en el tiempo de Salomón, 1 R. 11.5,7. Se unieron con los moabitas para atacar Josafat, rey de Judá, pero fueron rechazados, 2 Cr. 20. Pagaron tributo a Jotam, rey de Judá, 2 Cr. 27.5. Tobías el amonita, se unió con Sanbalat oponiéndose a la construcción del muro de Jerusalén, Neh. 4.3-7. Junto con los siros guerrearon contra los Macabeos, pero fueron derrotados, 1 Mac. 5.6. Jeremías, Ezequiel y Amós profetizaron la destrucción de los amonitas, Jer. 49.1-6, Ez. 25.5; Am. 1.13-15.

Dios Amón

AMÓN, Ciudad de (dios) Amón: Jer. 46.25; Ez. 30.14-16. Nombre de la antigua Tebas, capital de nueve dinastías de Egipto, algunas de las cuales fueron de las más gloriosas de este país. Fue saqueada y destruida por Asurbanipal en 664 a.C.

AMÓN, hb. **Artesano**: Rey de Judá, hijo y sucesor de Manasés. Su reinado de sólo dos años fue una continuación del reinado idólatra de su padre. Su nombre, "Amón", es uno de los dos o tres nombres de reyes de Judá, no combinados con el nombre de Jehová. Es idéntico al nombre del dios, Amón de No. Es decir, Amón de la ciudad de Tebas, de Egipto. Véase Jer. 46.25. Parece que su asesinato dio origen a una revolución. Si fue así "el pueblo de la tierra" mató a los asesinos, proclamaron al buen Josías, su hijo, rey en su lugar, evitando así la revolución, 2 R. 21.19-26. Para conocimiento de la deplorable condición de Jerusalén durante el reinado de Amón, véase el **libro de Sofonías**.

AMONESTACIÓN: Advertir benévola o amigablemente de algo. // Admitid **a**, jueces de la tierra, Sal. 2.10. Criadlos en disciplina y **a** del Señor, Ef. 6.4. Véase **Advertencia, Exhortación.**

AMONESTAR: Reprender suavemente. // Les amonestaréis que no pequen contra Jehová, 2 Cr. 19.10. Y les envió profetas para que los volviesen a Jehová, los cuales les amonestaron, 2 Cr. 24.19. Tu siervo es además amonestado con ellos, Sal. 19.11. Oye, pueblo mío, y te amonestaré, Sal. 81.8. No he cesado de amonestar con lágrimas, Hch. 20.31. Ya pasado el tiempo de ayuno, Pablo les amonestaba, Hch. 27.9. Podéis amonestaros los unos a los otros, Ro. 15.14. Para amonestaros como a hijos, 1 Co. 4.14. Amonestéis a los ociosos, 1 Ts. 5.14. Después de amonestarlo por primera y por segunda vez, Tit. 3.10. Véase **Advertir, Exhortar.**

AMONTONAR: Poner en montón; juntar en gran cantidad y sin orden. // Al soplo de tu aliento se amontonaron las aguas, Ex.15.8. Amontonaré males sobre ellos, Dt. 32.23. Amontona riquezas, y no sabe quién las recogerá, Sal. 39.6. Me amontoné también plata y oro, Ec. 2.8. Ascuas de fuego amontonarás, Ro. 12.20. Véase **Acumular**.

AMOR: Afecto profundo. // Excepcional, mayor que el **a** de las mujeres, 2 S. 1.26. El **a** cubre todas las transgresiones, Pr. 10.12. Mejor es la comida de legumbres donde hay **a**, Pr. 15.17. Su bandera sobre mí fue **a**, Cnt. 2.4. Fuerte es como la muerte el **a**, Cnt. 8.6. Como **a** eterno te he amado, Jer. 31.3. Con cuerdas de **a**, Os 11.4. El **a** de muchos se enfriará, Mt. 24.12. No tenéis **a** de Dios en vosotros, Jn. 5.42. Si tuviereis **a** los unos a los otros, Jn. 13.35. Nadie tiene mayor **a** que este, Jn. 15.13. El **a** no practica lo malo, Ro. 13.10. Porque el **a** de Cristo nos constriñe, 2 Co. 5.14. El Dios de paz y de **a** estará con vosotros, 2 Co. 13.11. El fruto del Espíritu es **a**, Gá. 5.22. El **a** de Cristo que excede todo entendimiento, Ef. 3.19. Del trabajo de vuestro **a**, 1 Ts. 1.3. Raíz de todos los males es el **a** al dinero, 1 Ti. 6.10. Permanezca el **a**

fraternal, He. 13.1. El **a** es de Dios, 1 Jn. 4.7. Dios es **a**, 1 Jn. 4.7. En esto consiste el **a**, no en que nosotros hayamos amado a Dios, 1 Jn. 4.10. En el **a** no hay miedo, 1 Jn. 4.18. Has dejado tu primer **a**, Ap. 2.4. // El amor de Dios, Pai: 1 Jn. 4.8, 9,10. El amor de Dios, Hijo: Jn. 15.19; Gá. 2.20; Ef. 5.2. El amor de Dios, el Espíritu Santo, Ro. 15.30. // El amor de Dios: Dt. 6.5; 10.12; 11.1; 19.9; Jos. 22.5; Sal. 31.23; 69.36; Dn. 9.4; Mal. 3.16; Mt. 22.37, 39. // Las bendiciones que provienen del amor: Neh. 1.5; Sal. 145.20; 1 Co. 2.9; 8.3; 13. 1 Jn. 3.14. // El amor fraternal: Jn. 13.34, 35; Ro. 12.9, 10; 1 Co. 13.4-8; Fil. 2.2; 1 P. 1.22; 2 P. 1.7; 1 Jn. 3.14; 4.10, 11. // El amor al prójimo: Lv. 19.18; Mt. 19.19; 22.39; Mr. 12.31; Ef. 5.2; Col. 3.14; 1 Ts. 3.12; 1 Jn. 3.17, 18. // El amor de los esposos: Gn. 29.20; 2 S. 1.26; Ef. 5.25; Col. 3.19; Tit. 2.4. // El amor al mundo: Jn. 15.19; 1 Jn. 2.15. // El amor de Cristo: Jn. 13.34; 15.12; 2 Co. 5.14; Gá. 2.20; Ef. 3.19; 5.2, 25; 1 Jn. 3.16; 4.19; Ap. 1.5. El amor a Cristo: Mt. 10.37; Ap. 2.4. // Ejemplos de amor: Rut, Rt. 1.16; Jonatán, 1 S 18.1; Itai, 2 S 15.21; Jesús, J 11.5; 13.23; Creyentes, Hch. 4.32; Gálatas, Gá. 4.15; Pablo, 1 Ts. 2.17. Véase **Afecto**, **Compasión**.

AMORREOS: Una de las principales naciones que habitaban Canaán, antes de la conquista por los israelitas, Gn. 15.18-21; Ex. 3.8. En la época de Abraham, "aún no ha llegado a su colmo la maldad del amorreo", Gn. 15.16. Jacob tomó un declive montañoso de mano de los amorreos, Gn. 48.22. En el tiempo del éxodo ocupaban todavía la tierra montañosa, Nm. 13.29. Pero ya poseyeron la tierra "desde el río de Arnón hasta el monte de Hermón", Dt. 3.8. Moisés derrotó a Sehón, rey de los amorreos, e Israel tomó sus ciudades y se quedó habitando en ellas, Nm. 21.21-32. Josué hirió a los cinco reyes de los amorreos con gran matanza, cuando mandó que el sol se detuviera, y "más fueron los que murieron por la lluvia de piedra que los muertos a espada", Jos. 10.5-14. Por causa de su iniquidad, fueron destinados a ser exterminados, pero un gran número permanecía en la tierra luego de la conquista, Dt. 20.17; Jue. 1.35; 3.5; 6.10. Hubo paz entre ellos e Israel, en el tiempo de Samuel, 1 S. 7.14. Salomón hizo que los amorreos, y otros, "sirviesen con tributo",1 R. 9.21. Véase mapa 1. H-3.

AMÓS, LIBRO DE: El tercer libro de la colección de los "Profetas Menores", es decir, de los doce profetas, de Oseas a Malaquías. Se encuentran en el NT dos citas de este libro: por Esteban, Hch. 7.42, 43; por Jacobo, Hch. 15.16-18. // El autor: Amós, heb. Cargador de fardos. Natural, probablemente, de Tecoa, villa a 10 km al sur de Belén, la ciudad natal de David. A pesar de no haber sido educado para ser profeta, o como él dijo, de no ser "profeta, ni hijo de profeta, sino que soy boyero, y recojo higos silvestres", fue llamado por Dios para profetizar al pueblo de Israel, Am 3.8; 7.14, 15. Natural del reino del sur, profetizaba en el reino del norte. Aun entre los pastores, en el desolado desierto, que se extendía desde Tecoa hasta el Mar Muerto, vivía con Dios, como se ve por el hecho de que respondía de inmediato al llamado de ir a proclamar el mensaje de Dios en la idólatra y corrupta capital del reino del norte. Hablaba con claridad y convicción: Su Dios tiene dominio ilimitado, Am. 9.2-6. Su poder es infinito, Am. 8.9, 10. Él gobierna la naturaleza, Am. 4.7-13; 5.8. Determina el destino de las naciones, 6.1, 2; 9.7. Este ardiente predicador apareció en Bet-el, el santuario del rey Jeroboam (Am. 7.13), donde había uno de los becerros de oro (Am. 8.14; 1 R. 12.28, 29) y habló tan fiel y valerosamente que el sacerdote mandó decir al rey que Amós conspiraba contra él, Am. 7.10-13. Las creencias de Amós eran tan diferentes de las de sus contemporáneos como las de Lutero eran de los monjes de su tiempo. Véase Am .7.10-13. Amós, de niño, conocía, tal vez, Jonás y Eliseo, ya viejos. Era contemporáneo al profeta Oseas, Os 1.1 y Am. 1.1. Antes de contemplar su carrera, Isaías y Miqueas habían comenzado sus ministerios. Amós ejerció su ministerio en los reinados de Uzías, rey de Judá, y de Jeroboam II, rey de Israel, Am. 1.1. // La fecha: Amós escribió alrededor del año 752 a.C. Vinieron al profeta, en visión, las palabras de esta profecía, "dos años antes del terremoto", Am. 1.1. El historiador, Josefo, nos informa que este terremoto ocurrió en el tiempo de Uzías quedar leproso. Y esto fue poco antes del fin del reinado de Jeroboam. Este terremoto fue tan grande que se menciona 200 años después, Zac. 14.5. // Las diez tribus en el reinado de Jeroboam II, se hallaban en el apogeo de su prosperidad. Pero vivían en flagrante idolatría y en la mayor corrupción. Amós, llamado por Dios, cumplió fielmente su misión, indo a Bet-el, la capital de las diez tribus, y clamando contra la apostasía del pueblo. Fue predicador elocuente, predicando en todas partes. Escribió sus mensajes para, sin duda, ponerlos en las manos de muchas personas. Y Dios guardó estos mensajes para nosotros hoy. // El libro se divide en cuatro partes: I. Juicio de las ciudades alrededor de Palestina, 1.1 a 2.3. II. Juicio de Judá y de Israel, 2.4-16. III. Advertencia a "toda la familia de

Jacob", 3.1 a 9.10. IV. La gloria que había de venir en el reino de David, 9.11-15. // Nada podía ser más improbable que la sentencia de Dios profetizada por Amós, en aquel tiempo de grandes bendiciones. No obstante, en cincuenta años, el reino fue totalmente destruido. La visión de Amós abarcaba no sólo las diez tribus, sino toda "la familia de Jacob", Am. 3.1.

AMPARO: Protección, refugio. // Su **a** se ha apartado de ellos, Nm. 14.9. Tú eres el **a** del huérfano, Sal. 10.14. Y el **a** en la sombra de Egipto en confusión, Is. 30.3. Véase **Auxilio, Socorro**.

AMPLIO: Muy abundante; muy rico. // **A** sobremanera es tu mandamiento, Sal. 119.96.

AMRAFEL, hb. **Guarda de dioses**: Rey de Sinear, es decir, de Babilonia. Uno de los cuatro reyes que lucharon contra los cinco, Gn. 14.1-9. Considerado por lo general lo mismo que Hamurabi, rey de Babilonia, siglo 23 a.C. Promulgó un célebre código de leyes, grabadas en una gran piedra, descubierta en 1902.

AMRAM, hb. **Pueblo engrandecido**, Levita, hijo de Coat, marido de Jocabed y padre de María, Aarón y Moisés, Ex. 6.16-18,20.

AMRAMITAS: Descendientes de Amram (Véase Ex. 6.18) y subdivisión de los levitas, Nm. 3.27; 1 Cr. 26.23.

ANA, hb. **Gracia**: 1. Esposa predilecta de Elcana, 1 S 1.1-8. Después de años de súplicas al Señor, dio a luz, conforme a la promesa de Dios, aquel que iba a socorrer a Israel, es decir, el profeta Samuel, 1 S. 1.9-20. Ana llevó al niño y lo presentó en la casa del Señor, por todos los días que viviera, 1 S. 1.21-28. Su bello cántico de alabanza a Dios se refleja en el cántico de la virgen María al saber que iba a dar a luz al Mesías, 1 S. 2.1-10; Lc. 1.46-55. Comp. Sal. 113. Después que Ana dio al niño, Samuel, al Señor, Él le dio tres hijos y dos hijas, 1 S. 2.20, 21. // 2. Profetisa en Jerusalén, en el tiempo del nacimiento de Jesús, Lc. 2.36-38. "De edad muy avanzada", tenía más de cien años de edad. Había sido viuda ochenta y cuatro años, después de vivir con su marido siete años. "No se apartaba del templo" no quiere decir que vivía allí. Siendo profetisa reconoció, como Simeón lleno del Espíritu Santo, el niño Jesús como el Salvador prometido, vv. 25-28.

ANÁ, hb. **Que oye, que concede**: 1. Una de las mujeres de Esaú, Gn. 36.2. // 2. Un hijo de Seir, el horeo, Gn. 36.20. // 3. Un hijo de Zibeón, Gn. 36.24.

ANAB, hb. **Uvas**: Ciudad quitada de los anaceos y de la herencia de Judá, Jos. 11.21; 15.50. Véase mapa 5, B-2.

ANAC, hb. **El cuello estirado:** El padre de los anaceos, Nm. 13.33.

ANACEOS: Nm. 13.33; Dt. 1.28. Véase **Gigantes.**

ANAHARAT, hb. **Pasaje**: Local en la herencia de Isacar, Jos. 19.19.

ANAMELEC: hb. **El dios Anu es príncipe**: Un dios de Sefarvaim, a quien el pueblo quemaba a sus hijos, 2 R. 17.31.

ANAMIM: Un descendiente de Mizraim, Gn. 10.13.

ANÁN, hb. **Nube**: Uno de los que, con Nehemías, sellaron el pacto, Neh. 10.26.

ANANÍAS: Forma griega de Hananías, Jehová ha sido clemente: 1. Discípulo en Jerusalén. Combinó con su esposa, Safira retener parte del dinero de la venta de una propiedad, contribuyendo el resto como si fuera toda la cantidad. En esto mintió al Espíritu Santo y murió, Hch. 5.1-10. // 2. Discípulo en Damasco. Piadoso y tenía buen testimonio de todos, Hch. 22.12. Enviado por Dios a Saulo de Tarso, para que recuperara la visión y quedara lleno del Espíritu Santo, Hch. 9.10-19. Conforme la tradición, era uno de los setenta discípulos de Jesús, obispo de Damasco y murió como mártir. // 3. Sumo sacerdote, 47 a 59 a.D., cuando Pablo apareció delante del sanedrín, Hch. 23 e 24. Era saduceo, rico, orgulloso, y sin escrúpulos. Fue asesinado en la rebelión de 66 a.C., cumpliéndose la profecía de Pablo: "Dios te golpeará a ti, pared blanqueada". // 4. Abuelo de Azarías, Neh. 3.23. // 5. Una ciudad de Benjamín, Neh. 11.32. // 6. Levita que ayudó a Esdras, teniendo la ley para el pueblo, Neh. 8.4.

ANÁS, gr. **Jehová ha sido misericordioso**: Sumo sacerdote en el tiempo del ministerio de Juan el Bautista, Lc. 3.2. Aunque depuesto de su cargo, era astuto, ambicioso y muy rico, conservando su título de sumo sacerdote y continuando a ejercer gran influencia. Jesús, luego de su arresto, fue conducido en primer lugar a él, y después a Caifás, su yerno, que era el sumo sacerdote, Jn. 18.13. Formó parte del consejo, delante del cual Pedro y Juan tenían que comparecer, Hch. 4.6.

ANAT, hb. **Anat** (una diosa): Padre de Samgar, que hirió a 600 filisteos con una aguijada, Jue. 3.31.

ANATEMA: El vocablo traducido anatema en el AT, en las versiones A y B, y traducido en la Revisión, maldito, condenado, destrucción, maldición, Dt. 7.26; 13.17; Jos. 6.18; etc. En el NT se encuentra esta palabra en Hch. 23.12, 21; Ro. 9.3; 1 Co. 12,3; 16.22 y Gá. 1.8, 9. Es expresión acentuada de maldición.

ANATOT, hb. **Oraciones respondidas**: Ciudad en el territorio de Benjamín, dada a los levitas, Jos. 21.18. Donde vivía el sacerdote Abiatar, 1 R. 2.26. Tierra natal de Abiezer, un valiente de David, 2 S 23.27. Donde nació Jehú, otro de los valientes de David, 1 Cr. 12.3. Tierra del profeta Jeremías, Jer. 1.1. Repoblada luego del exilio, Esd. 2.23; Neh. 11.32. Actualmente la aldea de Anata ocupa el mismo lugar. Sus campos están bien cultivados de trigo, olivos e higueras. Existen aún las ruinas de sus murallas hechas de grandes piedras emparejadas. Sus pedreras todavía suministran piedras a Jerusalén. Queda a pocos minutos al nordeste de la ciudad de Jerusalén. Véase mapa 2, C-5; mapa 4, B-2.

ANCHURA: Amplitud, espaciosidad. // Comprender con todos los santos cuál sea la **a**, Ef. 3.18.

ANCIANO DE DÍAS: Término que se refiere a Dios, Dn. 7.9, 13, 22.

ANCIANO: 1. Magistrado escogido entre los más viejos de la tribu o de la nación. Ancianos, en general, eran solamente hombres de edad madura, y por eso se les llamaba ancianos. No solamente los israelitas sino también los egipcios, los moabitas y otras naciones tenían sus ancianos, Gn. 50.7; Nm. 22.7. Los israelitas en Egipto tenían ancianos, Ex. 3.16. Todos los ancianos de Israel comieron pan con el suegro de Moisés delante de Dios, en el desierto, Ex. 18.12. Setenta ancianos fueron escogidos por Moisés, Nm. 11.16, 24; de entre, tal vez, los cabezas del pueblo, Ex. 18.25. Setenta de los ancianos subieron al monte Sinaí con Moisés, Ex. 24.1, 9. Se mencionan 77 ancianos en el tiempo de los jueces, Jue. 8.14. Puede ser que este número incluía 7 príncipes; o puede ser que el número variaba. Se menciona ancianos también en los tiempos de los reyes, 1 S. 15.30; 2 S. 17.15; etc; de después del exilio, Esd. 5.5, 9; etc. En el NT se encuentra el vocablo anciano muchas veces, Mt. 26.57; 27.1; Hch. 4.23. En la Iglesia del NT los ancianos, o presbíteros, eran los mismos que los obispos. Juan, arrebatado en espíritu, vio alrededor del trono de Dios, veinticuatro ancianos, o presbíteros, Ap. 4.4. Véase **Presbítero**.

ANCLA: Instrumento, que lanzado al fondo del agua, asegura las embarcaciones por un cable. // Durante el viaje de Pablo a Roma, para que el barco no fuera lanzado contra la roca, echaron cuatro anclas, Hch. 27.29. A la semejanza de un ancla, la esperanza, en las tempestades de tribulación, nos asegura el corazón en el que está "dentro del velo", He. 6.19.

ANDAR: 1. Pasar de un lugar a otro, dando pasos. Proceder. // Jehová... anda en medio, Dt. 23.14. El hombre que no anda en el consejo, Sal. 1.1. Ande en valle, Sal. 23.4. ¿Andarán dos juntos...? Am. 3.3. Los cojos andan, Mt. 11.5; 15.31; Lc. 7.22. Habitaré y andaré entre ellos, 2 Co. 6.16. Andad en el Espíritu, Gá. 5.16. Andemos también por el Espíritu, Gá. 5.25. Para que anduviésemos en ellas, Ef. 2.10. Andéis de modo digno de la vocación, Ef. 4.1. No andéis como los otros gentiles, Ef. 4.17. Andad en amor, Ef. 5.2. Andad como hijos de luz, Ef. 5.8. Cómo andéis, no como necios, Ef. 5.15. Anduvieron peregrinos, He. 11.37. Andar como él anduvo, 1 Jn. 2.6. Andemos según sus mandamientos, 2 Jn. 6. Las naciones andarán según su luz, Ap. 21.24. Véase **Caminar**, **Vivir**. // 2. (Sust.) Modo de caminar. // Tres cosas hay de hermoso **a**, Pr. 30.29.

ANDRAJOSO: Persona cubierta de andrajos; prenda de vestir vieja, rota y sucia. // Entra un pobre **a**, Stg. 2.2.

ANDRÉS, gr. **Varonil, o Vencedor**: El primer apóstol llamado por Jesús, Jn. 1. Natural de Betsaida, Jn. 1.44. Pescador y hermano de Simón Pedro, Mt. 4.18. Se llamaba su padre Juan, Jn. 1.42. Conducido al Salvador por Juan el Bautista, Jn. 1.40. Llevó Simón Pedro a Jesús, Jn. 1.41,42. Llamado a pescar hombres, Mr. 1.16, 17. Uno de los doce apóstoles Mt. 10.2; Mr. 3.18; Lc. 6.14. Después de Hch. 1.13, el nombre de este apóstol no aparece en la Biblia. ¡Cuántas obras hicieron los apóstoles que no se mencionaron en las Escrituras! Conforme la tradición Andrés fue crucificado en Atáia, según la orden del procónsul Eges, cuya esposa se convirtió al oír su predicación. Conforme la información tradicional fue crucificado en una *crux decussata* (X), conocida después como la cruz de San Andrés. Se dice que fue atado, y no clavado, a la cruz, para así prolongar sus sufrimientos. Las iglesias griegas y romanas lo festejan el 30 de noviembre. En la Iglesia de Inglaterra este día fue designado para que se predicara acerca del tema de las misiones (tema inspirado por el ejemplo del apóstol Andrés).

ANDRÓNICO, gr. **Conquistador de hombres**: Pariente de Pablo, su compañero de prisión, se convirtió antes de Pablo y "estimado entre los apóstoles", Ro. 16.7. Se puede interpretar "estimado entre los apóstoles", porque era uno de los apóstoles, como Bernabé y otros, Hch. 14.14. Todo indica que era uno de los misioneros más destacados y felices de la Iglesia primitiva.

ANEGAR: Inundar de agua. // Si por los ríos, no te anegarán, Is. 43.2. He venido a abismos de aguas, y la corriente me ha anegado, Sal. 69.2. No me anegue la corriente de las aguas, Sal. 69.15. Echaba las olas en la barca, de tal manera que ya se anegaba, Mr. 4.37. Se desencadenó una tempestad de viento en el lago; y se anegaban y peligraban, Lc. 8.23. Por lo cual el mundo de entonces pereció anegado en agua, 2 P. 3.6.

ANEM, hb. **Dos fuentes**: Ciudad de Isacar, 1 Cr. 6.73.

ANER, hb. **Niño**: Uno de los "aliados" de Abraham, Gn. 14.13.

ANFÍPOLIS, gr. **La ceñida ciudad**: Importante ciudad de Macedonia, por la que pasaron Pablo y Silas, Hch. 17.1. Recibió su nombre del hecho de que el río Stryman corre casi alrededor de toda la ciudad. Estaba situada, no sólo cerca de la boca del río, sino también en la gran carretera romana, la Vía Ignacia y en un centro fértil, que producía vino, aceite, higos y madera en abundancia. Véase mapa 6, C-1.

ÁNGEL, gr. **Mensajero:** Personaje sobrenatural y celestial enviado por Dios como mensajero a los hombres, para ejecutar su voluntad. "Son todos espíritus ministradores enviados para servicio, a favor de los que han de heredar la salvación, He. 1.14; Dn. 7.10; Sal. 91.11. // La palabra en el original, tanto en el griego como en el hebreo, se refiere a veces a mensajeros humanos, como en 1 R. 19.2; Lc. 7.24; Hag. 1.13. // Los ángeles por lo general aparecen en la figura de hombres, Gn. 18; Hch. 1.10. A veces revestidos de gloria, Dn. 10.5,6; Lc. 24.4. Los serafines y los querubines tienen alas, Is. 6.2; Ez. 1.6. Gabriel de igual modo las tiene, Dn. 9.21. Y el ángel de Ap. 14:6 tiene alas. // Cada persona tiene su ángel de la guardia, Mt. 18.10. Cada iglesia lo tiene, Ap. 2.1, 8, 12, 18; 3.1, 7,14. Y cada nación lo tiene, Éx 23.20; Dn. 10.13, 20. Miguel es el ángel de la guardia de Israel, Dn. 12.1. // Los ángeles son más elevados en dignidad que los hombres, He. 2.7. No se casan ni se dan en casamiento, Mt. 22.30. Los santos han de juzgar a los ángeles, 1 Co. 6.3. // Hay varias órdenes de ángeles: Querubines y serafines, Gn. 3.24; Ez. 10.3; Is. 6.2. Las Escrituras dan el nombre de sólo un arcángel, Miguel, Jud. 9. Los libros apócrifos añaden los nombres de Rafael y Uriel. Se considera Gabriel un arcángel. // Los ángeles son, en general, considerados buenos, 1 S. 29.9. Sin embargo, hay ángeles caídos, Jud. 6; 2 P. 2.4. Satanás tiene sus ángeles, Ap. 12.9. // Hay grandes multitudes de ángeles, Gn. 28.12; 32.1; Lc. 2.13; He. 12.22; Ap. 5.11. // Apariciones y comunicaciones de ángeles: A Agar, Gn. 16.7. A Abraham, Gn. 18.2; 22.11-18. A Lot, Gn. 19.1-17. A Jacob, Gn. 28.12; 32.1. A Moisés, Ex. 3.2. A los israelitas, Éx 14.19; Jue. 2.1. A Balaam, Nm. 22.31. A Josué, Jos. 5.15. A Gedeón, Jue. 6.11-22. A Manoa, 13.6, 15-20. A David, 2 S. 24.16,17. A Elías, 1 R. 19.5. A Ezequiel, Ez. 1. A Daniel, Dn. 6.22. A Sadrac, Mesac y Abed-nego, Dn. 3.25. A Zacarías, Zac. 2.3. A José, Mt. 1.20. A Zacarías, Lc. 1.11. A los pastores, Lc. 2.9,13. A Cristo, Mt. 4.11. A los enfermos del estanque de Betesda, Jn. 5.4. A las mujeres en el sepulcro, Mt. 28.2-5. A los discípulos en la ascensión, Hch. 1.10. A Pedro y Juan, Hch. 5.19. A Felipe, Hch. 8.26. A Pedro, Hch. 12.7. A Cornelio, Hch. 10.3. A Pablo, Hch. 27.23. A Juan, Ap. 1.1.

ANGOSTO: Estrecho, que tiene poco ancho. // Estrecha es la puerta y **a** el camino, Mt. 7.14.

ÁNGULO: Figura formada por el encuentro de dos líneas, de dos planos. Esquina. // Los **á** posteriores, Ex. 26.23. Junto a la puerta del **á**, 2 Cr. 26.9. Piedra... cabeza del **á**, Mt. 21.42. La principal piedra del **á,** Ef. 2.20. La cabeza del **á,** 1 P. 2.7. Los cuatro **á** de la tierra, Ap. 7.1; 20.8.

ANGUSTIA: Mucha aflicción del cuerpo, de la mente o del espíritu. Tristeza, remordimiento o aflicción excesivos. La agonía del cuerpo en el parto: Jer. 4.31; 6.24; 50.43; Jn. 16.21. La aflicción del alma por causa del pecado. Job 15.24; Pr. 1.27; Ro. 2.9. La angustia de espíritu bajo la opresión o la esclavitud, Is. 8.22. El sufrimiento del amor fraterno por causa de los pecados de un hermano, 2 Co. 2.4. // Vimos la **a** de su alma, Gn. 42.21. Ha redimido mi alma de toda **a**, 2 S. 4.9. En mi **a** invoqué a Jehová, 2 S. 22.7. Este día es día de **a**, 2 R. 19.3. Estoy en gran **a**, 1 Cr. 21.13. Estamos en gran **a**, Neh. 9.37. Invócame en el día de la **a**, Sal. 50.15; En el día de mi **a** te llamaré, Sal. 86.7; Jon. 2.2. Cuando sobre vosotros viniere tribulación y **a**, Pr. 1.27. Habrá tiempo de **a**, Dn. 12.1. A entristecerse y a angustiarse, Mt. 26.37. Sobre la tierra, **a** entre las naciones, Lc. 21.25. Tribulación y **a** vendrán sobre el alma... que hace lo malo, Ro. 2.9. Quién nos separará... **a**? Ro. 8.35. Porque por la mucha tribulación y **a**, 2 Co 2.4. En necesidades, en **a**, 2 Co. 6.4. Me gozo... en **a**, 2 Co. 12.10. Véase **Aflicción**, **Agonía**, **Ansiedad**.

ANGUSTIADO: En **a,** oró a Jehová, 2 Cr. 33.12. Él miraba cuando... en **a**, Sal. 106.44. Somos atribulados, pero no **a**, 2 Co. 4.8. En este tabernáculo gemimos con **a**, 2 Co. 5.4. Pobres, **a**, maltratados, He. 11.37. Véase **Afligido**, **Angustiar**, **Oprimido**.

ANGUSTIADOR: El que angustia o aflige. // ¿Hasta cuándo, oh Dios, nos afrentará el **a**? Sal. 74.10.

ANGUSTIAR: Afligir, atormentar. // Temblarán y se angustiarán, Dt. 2.25. Y al extranjero no engañarás ni angustiarás, Ex. 22.21. Comenzó a entristecerse y a angustiarse, Mt.

26.37. Véase **afligirse** y **Angustiado**.

ANGUSTIOSO: Afligido. // Reedificación, pero en tiempos **a**, Dn. 9.25.

ANHELAR: Desear ardientemente. // Y que me otorgase Dios lo que anhelo, Job 6.8. Anhelan mirar los ángeles, 1 P. 1.12.

ANIDAR: Hacer nido; agasajarse. // Allí anidan las aves, Sal. 104.17. En cuyas ramas anidaban, Dn. 4.21. Allí anidará el búho, pondrá sus huevos, Is. 34.15. Y las aves del cielo anidaron en sus ramas, Lc. 13.19.

ANILLO: Círculo de metal o de otra sustancia que se usa en el dedo. Se adornaban los dedos con anillos, Stg. 2.2; Lc. 15.22. Se adornaban también los artejos con argollas de vidrio o de metal, Is. 3.18. Se usaban anillos de cuño, es decir, anillos grabados para imprimir en lacre, en cera, etc., el nombre o el sello del poseedor. La marca de una persona, imprimida en un documento, servía como la firma de su nombre. Faraón entregó a José su anillo de cuño, autorizándole así a actuar en su lugar, Gn. 41.41-43. El rey Asuero dio su anillo de cuño a Amán, y después a Mardoqueo, Est. 3.10; 8.2.

ANIM, hb. **Fuentes**: Una ciudad de Judá, Jos. 15.50.

ANIMAL: Propio de los irracionales. // Sabiduría... terrenal, **a** y demoniaca, Stg. 3.15.

ANIMAL: Ser organizado, dotado de sensibilidad y movimiento propio. // Dios hizo "**a** de la tierra según su género, y ganado según su género, y todo **a** que se arrastra sobre la tierra según su especie, Gn. 1.25. Véase Reptiles. Véase Aves. La lista siguiente comprende casi todos los animales, mencionados en las Escrituras: Antílope, Dt. 14.5. De la familia de los venados. // Liebre, conejo, Dt. 14.7. Ratón silvestre. // Asno, Dt. 22.10. Burro, jumento. // Behemot, Job 40.15. Hipopótamo. // Macho cabrío, Dn. 8:5. El macho de la cabra. // Buey, Is. 1.3. De la familia de los bóvidos. // Monos, 1 R. 10.22. // Cabra, Nm. 15.27. La hembra del macho cabrío. // Cabra montés, Dt. 14.5. De la familia de los venados. // Cabrito, Gn. 27.9. El hijo de la cabra. // Camello, Lv. 11.4. Mamífero rumiante. // Perro, Ex. 11.7. Mamífero carnívoro. // Carnero, Gn. 22.13. Macho de la oveja. // Caballo, Job 39.19. De la familia de los équidos. // Ciervo, Sal. 42.1. De la familia de los venados. // Chacal, Job 30.29. Del género perro. // Conejos, Pr. 30.26. Del género liebre. // Cierva, 2 S. 22.34. De la familia de los venados. // Cordero, Ex. 29.38. Hijo de oveja, todavía nuevo. // Dragón, Sal. 91.13. Chacal. // Dromedario, Jer. 2.23. Camello de dos jorobas. // Ganado, Gn. 2.20. Animales domésticos. // La cabra montés, Dt. 14:5. De la familia de los venados. // Corceles, Jer. 8.16. Véase Caballo. // Gacela, 2 S 2.18. Cabra montés. // Caballos veloces, Est. 8.10. Caballo de buena raza. // Hiena, Is. 13.22. Valle de Zeboim, de hienas. // Puerco montés, Sal. 80.13. // León, Dn. 6.16. Mamífero carnívoro. // Liebre, Dt. 14.7. Mamífero roedor. // Leopardo, Jer. 13.23. Mamífero carnívoro. // Lobo, Is. 11.6. Del género perro. // Murciélago, Lv. 11.19. Mamífero de alas membranosas. // Mulo, 1 Cr. 12.40. Hijo de caballo y asno. // Becerro tierno, Gn. 18.7. Toro o buey nuevo. // Erizo, Is. 14.23, Mamífero de espinas. // Oveja, Gn. 4.2. Hembra del carnero. // Cerdo, Lv. 11.7. Mamífero paquidermo. // // Rana, Ex. 8.2-7. Animal anfibio. // Zorra, Mt. 8.20. Del género perro. // Ratón, Is. 66.17. Mamífero roedor. // Tejón, Ex. 25.5. Mamífero omnívoro. // Topo, Is. 2.20. Mamífero insectívoro. // Novillo, Gn. 32.15. El macho de la vaca. // Búfalo, Dt. 33.17. Buey salvaje. // Oso, 1 S. 17.34. Mamífero principalmente carnívoro. // Vaca, Dt. 7.13. La hembra del toro. // Venado, Dt. 14.5. Mamífero rumiante.

ANIMAR: Dar ánimo, acción, vida a. // Josué... anímale, porque él la hará heredar, Dt. 1.38; 3.28. Los hermanos le animaron, Hch. 18.27. Para que yo también esté de buen ánimo, Fil. 2.19. Véase **Avivar, Despertar, Estimular**.

ÁNIMO: Espíritu, valor, intención. // El pueblo tuvo **á** para trabajar, Neh. 4.6. Dijo al paralítico: Ten **á**, hijo, Mt. 9.2. Ten **á,** hija, Mt. 9.22. ¡Tened **á**; yo soy...! Mt. 14.27. Véase **Aliento, Coraje**.

ANIQUILAR: Reducir a nada; anular, exterminar. // Con tu furor... no me aniquiles, Jer. 10.24. No tendrá piedad de **a** naciones, Hab. 1.17. Véase **Destruir**, **Eliminar**.

ANSIAR: Desear ardientemente, con ansia. // Y ansiarán morir, pero la muerte huirá de ellos, Ap. 9.6.

ANSIEDAD: Angustia, incertidumbre aflictiva. Deseo ardiente. // Se deshace mi alma de **a**, Sal. 119.28. Con **a** será afligido, Pr. 11.15. Tu agua con estremecimiento y con **a**, Ez. 12.18. Echando toda vuestra **a** sobre él, 1 P. 5.7. Véase **Aflicción**, **Agonía**, **Angustia**.

ANSIOSAMENTE: Con ansia. // Anhelaron **a** el bien, Mi 1.12.

ANTEDILUVIANO: Que es anterior al diluvio. // Los diez patriarcas antediluvianos: Adán, Set, Enós, Cainán, Mahalaleel, Jared, Enoc, Matusalén, Lamec y Noé, Gn. 5.

ANTEMURO: Obra exterior de fortificación, baluarte. // Considerad atentamente su **a**, Sal. 48.13. Salvación puso Dios por muros y **a**, Is. 26.1. Véase **Baluarte**.

ANTEPASADO: Antecesor. // No recuerdes

contra nosotros las iniquidades de nuestros **a**, Sal. 79.8.

ANTERIOR: Que viene o queda antes. // Queda, pues, abrogado el mandamiento **a,** He. 7.18.

ANTES: En tiempo anterior; de preferencia. // Ya existía **a** de mí, Jn. 1.15. Que viene después de mí, que fue **a** de mí, Jn. 1.27. **A** importa obedecer a Dios, Hch. 5.29. Porque prefiero morir, **a** que nadie desvanezca esta mi gloria, 1 Co. 9.15. Escogiendo **a** ser maltratado, He. 11.25.

ANTÍOCO: Hacer, decir, disfrutar antes. // Se anticiparon mis ojos a las vigilias, Sal. 119.148.

ANTICRISTO: Un rival, uno que es contra, usurpando el nombre y las prerrogativas que pertenecen únicamente a Cristo. A pesar de la palabra aparecer sólo en 1 Jn. 2.18, 22; 4.3; 2 Jn. 7, las Escrituras enseñan mucho acerca del anticristo. El pueblo de Dios, en el tiempo de los apóstoles esperaba la venida del anticristo, 1 Jn. 2.18. El no confesará que Jesucristo vino en carne, 2 Jn. 7. // Se identifican con el anticristo: El cuerno pequeño, Dn. 7.8; un rey altivo de rostro, Dn. 8.23-25; el príncipe que ha de venir, Dn. 9.26, el rey que hará según su propia voluntad, Dn. 11.36; el hombre de pecado, hijo de perdición, y el inicuo, 2 Ts. 2.3-12; la bestia, Ap. 13 e 17.

ANTIGUAMENTE: En tiempos pasados, otrora. // Vuestros padres habitaron **a**, Jos. 24.2.

ANTIGÜEDAD: El tiempo remoto. // Todos los días de la antigüedad, Is. 63.9.

ANTIGUO: De tiempo remoto. // Más excelente de los montes **a**, Dt. 33.15. No traspases los linderos **a**, Pr. 22.28. Edificarán las ruinas **a**, Is. 58.12. Preguntad por las sendas **a**, Jer. 6.16. Oísteis que fue dicho a los **a**, Mt. 5.21. Cuando leen el **a** pacto, 2 Co. 3.14. Alcanzaron buen testimonio los **a**, He. 11.2. No salvó al mundo **a**, 2 P. 2.5. Mandamiento a, 1 Jn. 2.7. El gran dragón, la serpiente **a**, Ap. 12.9; 20.2. **Antiguo Testamento:** Conjunto de los libros bíblicos anteriores a los Evangelios. Tertuliano y Orígenes, en el siglo II, dieron ese título (basándose en 2 Co. 3.14) a la primera y mayor de las dos grandes divisiones de la Biblia. Es la antigua alianza, o antiguo pacto, entre Dios y los hombres, antes de la venida de Cristo.

ANTI-LÍBANO: Cordillera de Siria, paralela al Líbano y de él separada por la "llanura del Líbano". Véase **Líbano.**

ANTÍLOPE: De la misma familia de las cabras monteses, de las corzas, de los gamos, de las gacelas y de los venados. En la lista de los animales limpios, Dt. 14.5. Véase **Animales**.

ANTÍOCO: Este nombre no se encuentra en las Escrituras, pero hay referencias en Daniel, capítulo 11, a los monarcas de esta designación. Esos reyes reinaron en Siria, en los tiempos entre el Antiguo y el Nuevo Testamentos. Se refiere a ellos en la Apócrifa, especialmente en los libros de los Macabeos.

ANTIOQUÍA DE PISIDIA: Una de las dieciséis ciudades fundadas por Seleuco Nicanor y denominadas Antioquía (perteneciente a Antíoco) en honor de su padre. Estaba situada en Frigia, casi el los límites de Pisidia. Había una colonia de judíos en esta ciudad, Hch. 13.14. La predicación de Pablo produjo la conversión de un gran número de gentiles en Antioquía, y Pablo fue obligado, por la persecución que resultó de parte de los judíos, a salir de allí rumbo a Iconio, Hch. 13.50, 51. Esos judíos, juntos con los de Iconio, apedrearon a Pablo y lo arrastraron fuera de la ciudad, pensando que estaba muerto, Hch. 14.19, 20. Después de hacer muchos discípulos en Derbe, Pablo y Bernabé volvieron a Antioquía, fortaleciendo a las almas de los convertidos que dejaron allí, Hch. 14.21, 22. Timoteo estaba bien informado acerca de todos esos acontecimientos. Es probable que la Epístola de Pablo a los Gálatas fue dirigida a todas las cuatro ciudades de la provincia de Galacia: a Antioquía, a Iconio, a Listra y a Derbe. Véase mapa 6, E-2.

ANTIOQUÍA DE SIRIA: Situada en la margen del Orontes, a 50 kilómetros del mar, y a 500 kilómetros de Jerusalén. Fundada por Seleuco Nicanor, 300 a.C. y llamada Antioquía en honor de su padre, Antíoco. Fue la capital, durante casi mil años, de los gobernadores griegos y romanos de Siria. El famoso santuario de Apolo estaba situado en los arrabales llamado Dafne. Su bosque sagrado, de arroyos y sombra fresca, se extendía a unos 15 kms fuera de la ciudad, era un paraíso de sensualidad bajo el nombre de religión. Fue en Antioquía que Pablo reprendió a Pedro, Gá. 2.11, 12. El evangelio, después de la persecución en Jerusalén, fue llevado a Antioquía, y allí fue fundada la primera iglesia gentil, Hch. 11.19-26. Fue allí donde, por primera vez, a los discípulos se les llamó cristianos, Hch. 11.26. Nicolás, prosélito de Antioquía, fue uno de sus primeros diáconos, Hch. 6.5. Pablo salió de Antioquía en todos sus tres viajes misioneros, Hch. 13.1-3; 15.35, 36; 18.22, 23. La historia de la Iglesia en Antioquía, la iglesia madre entre los gentiles, tenía una distinción de la que ella disfrutaba durante muchos años. Uno de sus hijos más notables fue Juan Crisóstomo, que murió en el exilio en 407. Véase mapa 6, G-2.

ANTIPAS: Contracción de Antípatro. 1. Hijo de Herodes el Grande, mencionado en Mt. 14.1; Lc. 3.1; Hch. 13.1. // 2. Un mártir de Pérgamo, Ap. 2.13. Conforme la tradición, era obispo de este lugar.

ANTIPÁTRIDE, ANTIPATRIS, gr. **Que pertenece a Antípatro**: Ciudad situada en la carretera militar entre Jerusalén y Cesarea, en la distancia de 65 km de Jerusalén y de 40 km de Cesarea. Herodes, al reconstruir la ciudad, le dio el nombre de Antipátride, en honor a su padre. Fue hacia Antipátride que Pablo fue conducido por los soldados, Hch. 23.31. Véase mapa 4, A-2.

ANTOJO: Deseo vivo de alguna cosa. // Logran con creces los **a** del corazón, Sal. 73.7.

ANTONIA, TORRE DE: Parte de la Fortaleza Antonia, unida al templo de Jerusalén. Tenía pasillos subterráneos para la huida de los gobernantes, y torrecillas para las guardias. Uno de los acontecimientos más importantes en la larga historia de esa torre fue la defensa de Pablo, hecha por él de pie en la escalera de este edificio, Hch. 21.40.

ANTORCHA: Tea para iluminar. // Una **a** de fuego, Gn 15.17.Sus ojos como **a** de fuego, Dn. 10.6. El carro como fuego de **a**, Nah. 2.3. Como **a** ardiendo entre gavillas, Zac. 12.6. Él era **a** que ardía y alumbraba, Jn. 5:35. Juan... fue allí con linternas y **a**, Jn. 18.3. La palabra profética como a una **a**, 2 P. 1.19. Ardiendo como una **a**, Ap. 8.10. Véase **Candelero**.

ANUB, hb. **Reunidos**: Un descendiente de Judá, 1 Cr. 4.8.

ANULAR: Invalidar, destruir, eliminar. // Será anulado vuestro pacto, Is. 28.18. Anulando el acta de los decretos, Col. 2.14.

ANUNCIAR: Noticiar, publicar. // El firmamento anuncia las obras de sus manos, Sal. 19.1. Anunciaré tu nombre a mis hermanos, Sal. 22.22. Felipe... le anunció el evangelio, Hch. 8.35. ¡Cuán hermosos son los pies de los que anuncian, Ro. 10.15. La muerte del Señor anunciáis, 1 Co. 11.26. A nosotros se nos ha anunciado la buena nueva, He. 4.2. Lo que hemos visto y oído, eso os anunciamos, 1 Jn. 1.3. Véase **Declarar**, **Manifestar**, **Predicar**, **Proclamar**.

ANZUELO: Pequeño gancho, terminado en harpa, para pescar. // Sacarás tú al leviatán con **a**, Job 41.1. Os llevarán... con **a**, Am. 4.2. Echa el **a**, y el primer pez, Mt. 17.27. Véase **Gancho**.

AÑADIDURA: Ampliación, adición. // Había unas **a** de bajo relieve, 1 R. 7.29.

AÑADIR: Hacer mayor. Aumentar. // No añadiréis a la palabra que yo os mando, Dt. 4.2. Años de vida y paz te aumentarán, Pr. 3.2. Hay quienes reparten, y les es añadido más, Pr. 11.24. Podrá... añadir a su estatura un codo, Mt. 6.27. Y todas estas cosas os serán añadidas, Mt. 6.33. El Señor añadía cada día a la iglesia los que habían de ser salvos, Hch. 2.47. Si alguno añadiere... Dios traerá sobre él las plagas, Ap. 22.18. Véase **Acumular, Juntar.**

AÑO NUEVO: La luna nueva se celebraba al principio de cada mes. Pero al principio del séptimo mes, el mes de tisri, que corresponde a nuestro mes de octubre, había una celebración especial como el año nuevo del calendario civil. Véase **Trompetas, Fiesta de las**.

AÑO: El tiempo que la tierra invierte en una traslación completa alrededor del sol. Tiene 365 días, 6 horas, 48 minutos y 45,51 segundos. Entre los hebreos el año era solar y también lunar. El año solar consistía de 360 días y el lunar de solamente 354 días, 8 horas, 48 minutos y 32,4 segundos. Para que el año usado concordara con el año exacto, los hebreos hacían, tal vez, como los babilonios; intercalaban un mes, el decimotercero, en los años en que el decimosegundo quedaba tan lejos del equinoccio, que no se podía hacer la ofrenda de las primicias de la cosecha (Lv. 2.14; 23.10, 11) en el tiempo fijado.

AÑUBLO: Enfermedad parasitaria: Dt. 28.22; 1 R. 8.37; 2 Cr. 6.28; Am. 4.9; Hag. 2.17. // Te herirá con **a,** Dt. 28.22. Si en la tierra hubiere **a,** 1 R. 8.37. Si hubiere **a,** 2 Cr. 6.28.

AOD, hb. **Unión, Fuerte:** 1. El segundo juez o libertador de los israelitas, Jue. 3.15. Era zurdo, y fue con la mano izquierda que golpeó fatalmente a Eglón, rey de los moabitas. // 2. Un descendiente de Benjamín, 1 Cr. 7.10.

APACENTAR: Llevar al pasto. Sustentarse, nutrirse. // Abrevad las ovejas, e id a apacentarlas, Gn. 29.7. Apacentando Moisés el rebaño de Jetro, Ex. 3.1. Tú apacentarás a mi pueblo Israel, 2 S. 5.2. y Te apacentarás de la verdad, Sal. 37.3. Para **a** en los huertos, Cnt. 6.2. Un guiador, que apacentará a mi pueblo, Mt. 2.6. Apacienta mis corderos, Jn. 21.15. Se apacientan a sí mismos, Jud. 12. Véase **Pastorear**.

APACIBLE: Agradable. // Después da fruto **a** de justicia a los que en ella han sido ejercitados, He. 12.11. Y tras el fuego un silbo **a** y delicado, 1 R. 19.12. El corazón **a** es vida de la carne, Pr. 14.30. La lengua **a** es árbol de vida, Pr. 15.4. Sino amable, **a**, no avaro, 1 Ti. 3.3. En el incorruptible ornato de un espíritu afable y **a**, 1 P. 3.4. **Véase Pacífico.**

APACIGUAR: Poner en paz; sosegar; aplacar. // Porque dijo: Apaciguaré, Gn. 32.20. Que me encubrieses hasta apaciguarse tu ira,

Job 14.13. Y la consolación de mis labios apaciguaría vuestro dolor, Job 16.5. Véase **Reconciliar**.

APAGAR: Extinguir, destruir, borrar. // El fuego... no se apagará, Lv. 6.13. Así apagarán el ascua, 2 S. 14.7. No sea que apagues la lámpara de Israel, 2 S. 21.17. Ni apagará el pábilo que humeare, Is. 42.3; Mt. 12.20. Consumirá los palacios de Jerusalén, y no se **a**, Jer. 17.27. No se **a** la llama del fuego, Ez. 20.47. **A** todos los dardos, Ef. 6.16. No apaguéis al Espíritu, 1 Ts. 5.19. No borraré su nombre del libro de la vida, Ap. 3.5.

APAIM, hb. **Las narices**: Hijo de Nadab, 1 Cr. 2.30.

APARECER: Comenzar a ser visto. // Jehová se aparecerá hoy a vosotros, Lv. 9.4. Porque yo apareceré en la nube sobre el propiciatorio, Lv. 16.2. Jehová, le apareceré en visión, Nm. 12.6. Tres veces cada año aparecerá todo varón, Dt. 16.16. Aparecerá en el cielo la señal del Hijo del Hombre, Mt. 24.30. Cristo... aparecerá segunda vez, sin pecado, He. 9.28. // El Señor apareció: a Adán, Gn. 3.8, 9; a Abraham, Gn. 12.7; 17.1; 18.1; Hch. 7.1; a Isaac, Gn. 26.2, 24; a Jacob, Gn. 35.1, 7,9; 48.3; en la columna de nube, Dt. 31.15; a Samuel, 1 S. 3.21; a Salomón, 1 R. 3.5; 9.2; 11.9; a David, 2 Cr. 3.1; a Simón, Lc. 24.34; a Pablo, Hch. 9.17; 23.11; 26.16. // El ángel del Señor apareció: a Moisés, Ex. 3.2; a Gedeón, Jue. 6.12; a la madre de Sansón, Jue. 3.13. // Un ángel apareció: a José, Mt. 1.20; 2.13, 19; a Zacarías, Lc. 1.11; a Cristo, Lc. 22.43; a Moisés, Hch. 7.30. // La gloria del Señor apareció: en la nube, Ex. 16.10; Nm. 16.42; a todo el pueblo, Lv. 9.23; Nm. 16.19; en la tienda, Nm. 14.10; a Moisés y a Aarón, Nm. 20.6. Véase **Comparecer**.

APARICIÓN: Acto de hacer visible. // Por la **a** de nuestro Salvador Jesucristo, 2 Ti. 1.10. Véase Manifestación, Revelación.

APARIENCIA: Aspecto, parecer. // Vacas de gruesas carnes y hermosa **a**, Gn. 41.18. Sobre el tabernáculo como una **a** de fuego, Nm. 9.15. Era aquella mujer... de hermosa **a**, 1 S. 25.3. La **a** de sus rostros testifica contra ellos, Is. 3.9. Y esta era su **a**, Ez. 1.5. Con **a** de hombre, Dn. 8.15. Porque no miras la **a** de los hombres, Mt. 22.16. No juzguéis según la **a**, Jn. 7.24. A los que se glorían en la **a**, 2 Co. 5.12. Véase **Semejanza**.

APARTARSE: Cambiar la dirección. Desviarse. // Pronto se ha apartado del camino, Ex. 32.7,8. No te apartarás ni a diestra, Dt. 17.11. Apartarse del Seol abajo, Pr. 15.24. Cuando fuere viejo no se apartará, Pr. 22.6. Apártate de los tales, 1 Ti 6.5. Apártese de iniquidad todo aquel, 2 Ti 2.19. Apartarse del Dios vivo, He 3.12. Apártese del mal, 1 P. 3.11. Véase **Descaminar, Desgarrar.**

APARTE: En otro lugar; a distancia, desde lejos; por separado. // Los discípulos se le acercaron **a**, Mt. 24.3. Entonces puso Abraham siete corderas del rebaño **a**, Gn. 21.28. Y pusieron para él **a**, y separadamente para ellos, y **a** para los egipcios que con él comían, Gn. 43.32. Echa en todas las vasijas, y cuando una esté llena, ponla **a**, 2 R. 4.4. Despedida la multitud, subió al monte a orar **a**, Mt. 14.23. Viniendo entonces los discípulos a Jesús, **a**, dijeron, Mt. 17.19. Entonces Pedro le tomó **a** y comenzó a reconvenirle, Mr. 8.32. Tomándolos, se retiró **a**, Lc. 9.10.

APEDREAR: Lanzar piedras a una persona o cosa. // El buey será apedreado, Ex. 21.29; Ofreciere alguno de sus hijos a Moloc... el pueblo de la tierra lo apedreará, Lv. 20.2; blasfemador, Lv. 24.16; nigromante o hechicero, Lv. 20.27; que incitar a servir a otros dioses, Dt. 13.10; hijo contumaz, Dt. 21.21; adúltero, Dt. 22.22; Jn. 8.5. // El pueblo quiso apedrear a Moisés, Nm. 14.10; a David, 1 S. 30.6; a Cristo, Jn. 10.32; al capitán y los guardias, Hch. 5.26. // Fue apedreado, el hombre que recogió leña en el sábado, Nm. 15.36; Acán, Jos. 7.25; Adoram, 1 R 12.18; Nabot, 1 R. 21.13; Esteban, Hch. 7.59; Pablo, Hch. 14.19; 2 Co. 11.25; que tocara el monte, He. 12.20.

APEGADO: Unido, agarrado. // Mi hijo... se ha **a** a vuestra hija, Gn. 34.8. Me he **a** a tus testimonios, Sal. 119.31.

APEGARSE: Tomar apego a una persona o cosa. // Su alma se apegó a Dina, Gn. 34.3. Está mi alma apegada a ti, Sal. 63.8. Me he apegado a tus testimonios, Sal. 119.31.

APELACIÓN: Recurso interpuesto de la sentencia de un juez o tribunal inferior al de superior instancia. En el tiempo de Moisés los jueces "juzgaban al pueblo" en todo tiempo; la causa grave trajeron a Moisés, y toda causa simple juzgaron ellos, Éx 18.26. No había, sin embargo, el recurso de recurrir por apelación a juez superior. Cuando una causa era demasiado difícil en juicio, se podía recurrir a un juez superior para recibir instrucciones, pero la decisión final era dada por el juez inferior, Dt. 17.8-13. En el tiempo del Nuevo Testamento había entre los romanos, el recurso de apelación de un tribunal inferior a un tribunal superior. Véase el caso en que Pablo apela al César, Hch. 25.10, 11. Véase **Apelar**.

APELAR: Recurrir por apelación. Invocar ayuda de. // A César apelo, Hch. 25.11. Me sentí compelido a apelar para César, Hch. 28.19. Véase **Apelación**.

APELES: Un discípulo en Roma, a quien Pablo mandó saludos, Ro. 16.10. Según la tradición, era obispo de Esmirna.

APENAS: Únicamente, solo // **A** hay un paso entre mí y la muerte, 1 S. 20.3.

APERCIBIDO: Prevenido, acautelado. // **A** de su mal camino, Ez. 3.18.

APETITO: Ganas de comer. Impulso instintivo que nos lleva a satisfacer deseos o necesidades. // Para saciar su **a**, Pr. 6.30. Los **a** de la carne, Col. 2.23.

APIA: 1. Una creyente de Colosas, tal vez la esposa de Filemón, Flm. 2. La historia dice que murió apedreada, con Filemón, Onésimo y Arquipo, en el imperio de Nerón, // 2. Un antepasado del rey Saúl, 1 S. 9.1.

APIADAR: Mover a la piedad, a la compasión. // Se apiadará de ti, Is. 30.19.

APIO: Los hermanos de Roma fueron a esta ciudad, por la hermosa Vía Apia, al encuentro de Pablo, cuando era llevado preso a Roma. Hch. 28.15. Véase mapa 6, A-1.

APLACAR: Tranquilizar, calmar. // Quizá le aplacaré acerca de vuestro pecado, Ex. 32.30.

APLAUDIR: Dar aplauso a; loar. // Y aplaudid, y cantad salmos, Sal. 98.4.

APLAZAR: Dejar para otro día. // Entonces Félix... les aplazó, Hch. 24.22. Véase **Demorar.**

APLICAR: Adaptar. Poner en práctica. Sobreponer. Emplear. // Aplica tu corazón a mi sabiduría, Pr. 22.17. Aplicará a ti el refrán, Ez. 16.44.

APOCADO: Cansado, desanimado. // Decid a los de corazón **a**: Esforzaos, Is. 35.4.

APOCALIPSIS DE JUAN: El último libro del Nuevo Testamento; el libro que encierra el canon de las Sagradas Escrituras, Ap. 22.18. // Mientras que el Génesis es el libro de orígenes, Apocalipsis es el libro de consumaciones. El primer libro trata del origen de los cielos y de la tierra, del mar, de la noche, del sol y de la luna, de la muerte, del dolor, de la maldición. El último libro de la Biblia revela que habrá nuevos cielos y nueva tierra, que no habrá más mar, ni noche, que no habrá necesidad de sol ni de luna, que no habrá más muerte ni dolor ni maldición. Comienza el Génesis con las palabras: "En el principio Dios"; termina con: "en un ataúd en Egipto". Pero Apocalipsis es la gran consumación de las profecías del Antiguo Testamento, el gran final de la historia divina, el maravilloso canto del pleno triunfo de Cristo. Hay bendiciones extraordinarias para los que leen y aquellos que oyen las palabras de este libro, Ap. 1.3. // Observe que "apocalipsis", vocablo griego, quiere decir "revelación", o acto de hacer conocido. Todos los libros de la Biblia son una revelación, pero sobre todo ese, el primero de todos. Por lo tanto, Apocalipsis no es "una obra muy oscura" como muchos creyentes declaran. Esa idea es tan general que la palabra 'apocalíptico" adquirió este sentido: "De difícil comprensión, confuso". Ved la palabra en los diccionarios. Sin duda, Apocalipsis no es un enigma sin solución, para que la Iglesia lo desprecie, sino la revelación de Jesucristo, en que Él nos revela muchas cosas prácticas e indispensables. // El escritor: El apóstol Juan (1.1, 4, 9; 22.8), desterrado para la rocosa y solitaria isla de Patmos, 1.9. Fue en el tiempo en que el apóstol Pedro fue crucificado y el apóstol Pablo decapitado. Apocalipsis es el mensaje de Dios a sus hijos en las tinieblas más densas de todos los siglos, cuando parecía seguro el fracaso completo e irremediable de la Iglesia de Cristo. // La clave: Hay cuatro interpretaciones de Apocalipsis. 1. La preterista. Todas sus profecías ya se cumplieron, una gran parte en los tiempos de las persecuciones del Imperio Romano. Desde este punto de vista las profecías del libro no son más profecías. // 2. La histórica. Las profecías del libro serán todas cumplidas en el paso del tiempo, desde los días de Juan hasta el fin del mundo. Pero los expositores no pueden estar de acuerdo con sus interpretaciones históricas. // 3. La simbólica o espiritual. Las visiones son consideradas como figuras de ciertas verdades. // 4. La futurista. Casi toda la serie de profecías pertenece a los últimos días. Se ve, en el cap. 1.19 que el propio Espíritu Santo divide Apocalipsis en tres: 1. Las cosas que viste; las que Juan presenció antes de escribir el primer capítulo. 2. Las que son; las cosas en las siete iglesias en el tiempo en que Juan escribía el libro, Caps. 2 e 3. 3. Las que han de ocurrir después de éstas; los acontecimientos aun futuros, para el tiempo en que Juan las contó, Caps. 4 al 22. // El versículo clave: "He aquí que viene con las nubes, y todo ojo le verá, y los que le traspasaron; y todos los linajes de la tierra harán lamentación por él. Ciertamente. Amén", 1:7. // El libro de Apocalipsis trata de dos grandes acontecimientos en el tiempo de la revelación de Cristo, es decir, al manifestarse en las nubes, al volver a la tierra, en la segunda venida. El libro, si nos acordamos de la clave, ya no es misterio inexplicable sino una obra clara y cierta. Es enfáticamente un libro fecundo, de lecciones comprensibles y prácticas, de bendiciones incalculables y eternas, para los que aguardan la venida de Cristo a la tierra. // Las divisiones: Se divide también la materia en siete partes: I. Las siete epístolas, a las siete iglesias, 1 a 3. II. Los siete sellos, 4.1 a 8.1. III. Las siete trompetas, 8.2 a 11. IV. Las siete figuras místicas: la mujer

Año Sagrado	Civil	Calendario	Año Estaciones
Mes 1	Mes 7	ABIB, Ex. 23.15; Dt. 16.1 O NISÁN, Neh. 2.1; Est. 3.7 (Marzo-Abril) Día 1. Luna Nueva 14. Preparación para la Pascua Por la noche se come el cordero pascual 15. Sábado, Santa Convocación. 15-21. Fiesta de los Panes sin Levadura. 16. Presentación de los manojos de las Primicias. 21. Santa Convocación	Las lluvias primaveras. Cosecha del lino, Jos. 2.6. Desbordamiento del Jordán, Jos. 3.15 Inicio de la siega de las cebadas, Rt. 1.22.
Mes 2	Mes 8	ZIF, 1 R. 6.1,37. (Abril-Mayo) Día 1. Luna Nueva 14. Segunda Pascua, Nm. 9.10,11.	Siega de las cebadas, Rt 1.22.
Mes 3	Mes 9	SIVÁN, Est. 8.9. Día 1. Luna Nueva. 6, 7. Pentecostés o Fiesta de las Semanas, Lv. 23.15-21.	Siega del trigo.
Mes 4	Mes 10	TAMUZ, Ez. 8.14. (Junio-Julio) Día 1. Luna Nueva. 15. Ayuno conmemorativo de la abertura de la brecha en el muro de Jerusalén, Jer. 52.5-7	
Mes 5	Mes 11	AV. (Julio-Agosto) higos, aceitunas y dátiles. Día 1. Luna Nueva. 9. Ayuno conmemorativo de la destrucción del Templo por Nabuzaradán, 2 R. 25.8,9.	Maduración de las uvas,
Mes 6	Mes 12	ELUL, Neh. 6.15 (Agosto-Septiembre) Día 1. Luna Nueva 7. Fiesta conmemorativa de la dedicación de los muros por Nehemías.	Vendimia. Las granadas maduran.
Mes 7	Mes 1	ETANIM o TISHREI, 1 R. 8.2. (Septiembre-Octubre) Día 1. Luna Nueva. Año Nuevo. Fiesta de las Trompetas, Nm. 29.1. 10. Día de la Expiación, Lv 16.29. 15 a 22. Fiesta de los Tabernáculos, Dt. 16.13.	

Año

Mes 8	Mes 2	BUL o JESHVÁN, 1 R. 6.38 (Octubre-Noviembre) Día 1. Luna Nueva.	Comienzo del invierno. Roturación y sembradura.
Mes 9	Mes 3	QUISLEU, Neh. 1.1; Zac. 7.1. (Noviembre-Diciembre) Día 1. Luna Nueva. 25. Fiesta de Dedicación, Jn. 10.22.	
Mes 10	Mes 4	TEBET, Est. 2.16. (Diciembre-Enero) Día 1. Luna Nueva.	
Mes 11	Mes 5	SEBAT, Zac. 1.7. (Enero-Febrero) Día 1. Luna Nueva.	
Mes 12	Mes 6	ADAR, Esd. 6.15; Est. 3.7. (Febrero-Marzo) Día 1. Luna Nueva. 14, 15. Fiesta de Purim, Est. 9.21-28.	Los almendros florecen.
Mes 13		VEADAR (Mes intercalar).	

vestida de sol; el dragón escarlata; el Hijo de la mujer; la primera bestia, que emerge del mar; la segunda bestia, que se levanta de la tierra; el Cordero en el monte Sión; el Hijo del Hombre sobre la nube, 12 a 14. V. El derramamiento de las siete copas, 15 e 16. VI. La aniquilación de los enemigos de la Iglesia, 17 a 20. VII. Las glorias de la nueva Jerusalén, 21 y 22.

APOCALÍPTICOS, Los escritos: Una serie de obras apócrifas que apareció entre 210 a.C. y 200 a.D. Todos se asemejan al libro de Daniel. Eran populares durante los primeros siglos, desaparecieron a comienzos de la Edad Media y reaparecieron en el siglo XIX. No se consideran de confianza. Entre ellos son: El Libro de Enoc. Apocalipsis de Baruc. La Asunción de Moisés. La ascensión de Isaías. El Libro de Jubileo. Los salmos de Salomón, escritos por cierto fariseo, en la época de los Macabeos. Los Testamentos de los Doce Patriarcas.

APÓCRIFO: La palabra apócrifo, originalmente significaba oculto, pero llegó a significar espurio. Los libros apócrifos del Antiguo Testamento son: I Esdras, (En la Vulgata III Esdras): Una versión griega escrita alrededor de 100 a.C. de partes de II Cr., Esdras, Nehemías. // II Esdras, (En la Vulgata IV Esdras): Escrito en el segundo siglo a.C. Las visiones de una nueva época. // Tobías: Una novela en el tiempo del cautiverio de Israel por Asiria. // Judit: Una novela en el tiempo de Nabucodonosor. Escrito alrededor de 100 a.D. // La parte restante de Ester: Añadidura al libro de Ester, escrito en el segundo siglo a.C. // La sabiduría de Salomón: Obra sapiencial, escrita por un judío de Alejandría, alrededor de 100 a.C. // Eclesiástico: Parecido al libro de Proverbios. Se llama también La sabiduría de Jesús, Hijo de Sirach. Escrito alrededor de 180 a.C. //Baruc: obra escrita alrededor de 300 a.C. y que da a entender que es paternidad literaria de Baruc, el escriba de Jeremías. // El Cántico de los Tres Muchachos: Una añadidura al libro de Daniel. // La historia de Susana: Otra añadidura a Daniel. // Bel y el dragón. // Aun otra añadidura a Daniel. // La oración de Manasés: Da a entender que es la oración de Manasés, cuando preso en Babilonia. // I y II Macabeo: Obras históricas de gran valor sobre la época de los Macabeos. Escritas alrededor de 100 a.C. // Estos 16 libros son genuinos, pero no de inspiración divina y de autoridad igual a la de la Biblia. Nunca formaron parte del canon sagrado, jamás fueron citados por Cristo ni por los apóstoles. // Nos sirven "para seguir el ejemplo de vida e instrucción de costumbres, aunque sin autoridad en materia de fe". Los libros apócrifos del Antiguo Testamento fueron añadidos a las Sagradas Escrituras, por primera vez y contra la voluntad de los judíos, en la traducción del Antiguo Testamento por los Setenta, en Alejandría en Egipto, 282 a.C. Y se debe recordar que el apóstol Pablo afirmó después: "A los judíos fueron confiados los oráculos de Dios", Ro. 3.2. Hay también algunos libros apócrifos del Nuevo Testamento: El Evangelio según los Hebreos. El Evangelio según Santiago, Los hechos de Pilato, etc. Es tan raro que se encuentre un libro, no canónico, anexo a manuscritos del Nuevo Testamento que nunca se trató seriamente de incluir ninguno de ellos en el canon.

APODERARSE: Meterse en la posesión de. Adueñarse. // Se apoderará dolor de la tierra, Ex. 15.14. Con la orden... de **a** de sus bienes, Est. 3.13. Apoderémonos de su heredad, Mt. 21.38.

APOLIÓN: Ap. 9.11. Véase **Abadón**.

APOLONIA: gr. **Ciudad de Apolos**: Ciudad de Macedonia, donde pasaron Pablo y Silas en viaje, de Filipos a Tesalónica, Hch. 17.1. Véase mapa 6, C-1.

APOLOS: Este nombre es una forma abreviada de la palabra Apolonio o Apolodoro. Judío criado en la famosa cultura de Alejandría, Hch. 18.24. Se hizo discípulo de Juan el Bautista, conociendo solamente el bautismo de Juan, Hch. 18.25. Fervoroso de espíritu, hablaba y enseñaba con precisión respecto a Jesucristo, Hch. 18.25. En viaje misionero,

El Antiguo Testamento está compuesto de 39 libros. Estos se dividen en tres clases, tanto en nuestras Biblias, como en la Septuaginta:

17 Históricos	5 Poéticos	17 Proféticos
Génesis	Job	Isaías
Éxodo	Salmos	Jeremías
Levítico	Proverbios	Lamentaciones
Números	Eclesiastés	Ezequiel
Deuteronomio	Cantar de los Cantares	Daniel
Josué		Oseas
Jueces		Joel
Rut		Amós
I Samuel		Abdías
II Samuel		Jonás
I Reyes		Miqueias
II Reyes		Nahum
I Crónicas		Habacuc
II Crónicas		Sofonías
Esdras		Hageo
Nehemías		Zacarías
Ester		Malaquías

Los judíos dividieron el Antiguo Testamento en tres clases, también, pero como sigue:

La Ley	Los Profetas	Los Escritos
Génesis	Josué	Salmos
Éxodo	Jueces	Proverbios
Levítico	I Samuel	Job
Números	II Samuel	Cantar de los Cantares
Deuteronomio	I Reyes	Rut
	II Reyes	Lamentaciones
	Isaías	Eclesiastés
	Jeremías	Ester
	Ezequiel	Daniel
	Los 12 Profetas Menores	Esdras
		Nehemías

El Antiguo Testamento fue escrito en hebreo, salvo Esd. 4.8 a 6.18; 7.12-26; Jer. 10.11; Dn 2.4 a 7.8, que fueron escritos en arameo. La primera gran división de nuestra Biblia es la Biblia de los judíos. Éstos, sin embargo, no lo llaman Antiguo Testamento, porque eso significaría que aceptan el Nuevo Testamento, que proclama a Jesús como el Mesías.

se encontró con Aquila y Priscila, los cuales, con más exactitud, le expusieron el camino de Dios, Hch. 18.26. Se tornó predicador del evangelio, primero en Acaya y después en Corinto, Hch. 18.27; 19.1. Pablo lo recomendó a los corintios, y a Tito, 1 Co. 16.12; Tit. 3.13. Algunos opinan, incluso Martín Lutero, que Apolos fue el escritor de **la Epístola a los Hebreos**. Según la tradición era obispo de Cesarea.

APOSENTO: Cuarto o pieza de una casa. // Habéis hablado al oído en los **a**, Lc. 12.3.

LOS DOCE APÓSTOLES

Nombre	Sobrenombre	Tierra Natal	Oficio	Escribió	Murió
1. Simón	Pedro Cefas	Betsaida; Capernaum	Pescador	1 y 2 Pedro	Crucificado, cabeza para abajo (tradición)
2. Andrés			Pescador		Crucificado en cruz de San Andrés (X) (tradición)
3. Jacobo, El mayor	Boanerges, hijos del trueno	Betsaida; Jerusalén	Pescador		Decapitado, Hch 12.2
4. Juan, El amado			Pescador	Evangelio 3 Epístolas Apocalipsis	Muerte natural (tradición)
5. Jacobo, El mayor		Galilea		Epístola de Santiago	Crucifixión en Egipto (tradición)
6. Judas	Tadeo	Galilea	Epístola de Judas		Martirizado en Persia (tradición)
7. Felipe		Betsaida			Murió en Frigia (tradición)
8. Bartolomeo	Natanael	Caná de Galilea			Desollado (tradición)
9. Mateo	Levi	Capernaum	Cobrador en de impuestos	Evangelio	Martirizado en Etiopía (tradición)
10. Tomás	Dídimo	Galilea			Traspasado por flechas mientras oraba (tradición)
11. Simón	Cananeo Zelote	Galilea			Crucificado (tradición)
12. Judas	Iscariote	Queriot			Se suicidó, Mt 27:5.

APOSTASÍA, APOSTATAR: Aparece repetidamente en las Escrituras, refiriéndose al pecado de desviarse de la fe: Diciendo: Sirvamos otros dioses Dt. 13.33. Los que dejan de seguir al Señor, Sof. 1.4-6. Muchos falsos profetas engañarán a muchos, Mt 24.11. Que enseñas a todos los judíos a que apostaten de Moisés, Hch. 21.21. De la gracia decaístes, Gá. 5.4. Que no os dejéis mover fácilmente de vuestro modo de pensar... ni por espíritu, 2 Ts. 2.2. Sin que antes venga la apostasía, 2 Ts. 2.3. En los últimos tiempos algunos apostatarán de la fe, 1 Ti. 4.1-3. Se volverán a las fábulas, 2 Ti. 4.4. Y recayeron, sean otra vez renovados, He. 6.4-6. Caigáis de vuestra firmeza, 2 P. 3.17. Salieron para que se manifestase que no todos son de nosotros, 1 Jn. 2.19. La apostasía de los ángeles, Jud. 6. // Ejemplos de apostasía: Israel, Jue. 2.11-15; 10.6; 1 S 12.10; Saúl, 1 S 15.11; Jeroboam, 1 R. 12.28-32; Acab, 1 R 16.30-33; Ocozías, 1 R 22.52,53; Joram, 2 Cr. 21.6.10; Amasías, 2 Cr. 25.14,27; Acaz, 2 Cr. 28.1-4; Manasés, 2 Cr. 33.1-9; Amón, 2 Cr. 33.22; Muchos discípulos, Jn. 6.66; Himeneo y Alejandro, 1 Ti. 1.19,20; Demas, 2 Ti. 4.10.

APÓSTOL, gr. **Apóstoles**, "embajador", "mensajero", "enviado extraordinario", "Persona que representa a la persona que manda": Apóstoles Pablo y Bernabé, Hch. 14.14. Los que son notables entre los apóstoles, Ro. 16.7. Edificados sobre el fundamento de los apóstoles, Ef. 2.20. Ahora fue revelado a los... santos apóstoles, Ef. 3.5. Constituyó a unos, apóstoles, Ef. 4.11. Apóstol y Sumo Sacerdote... Jesús, He. 3.1. Se dicen ser apóstoles, y no lo son, Ap. 2.2. Doce cimientos, y sobre ellos los doce nombres de los doce apóstoles, Ap. 21.14. // Autoridad de los apóstoles: Mt. 10.16,19; 18.18; Mr. 16.15; Lc. 6.13; 24.47; Jn. 20.23; Hch. 9.15,17; 1 Co. 5.3; 2 Ti. 1.11. // Milagros de los apóstoles: Mt. 10.1, 8; Mr. 16.20; Lc. 9.1; Hch. 2.43. // Obras de los apóstoles: Hch. 6.4; 20.27. // Calificaciones: Hch. 1.21, 22; 1 Co. 9.1. // Sufrimientos de los apóstoles: Mt. 10.16; Lc. 21.16; Jn. 15.20; 1 Co. 4.9; 2 Co. 1.4; 11.23; Ap. 1.9. // Testigos: Lc. 1.2; 24.33, 48; Hch. 1.2, 22; 10.41; 1 Co. 9.1; 2 P. 1.16; 1 Jn. 1.1; 1 Co. 15.5.

APOSTOLADO: Grupo de los apóstoles. // Tome la parte de este... **a**, Hch. 1.25. Recibimos la gracia y el **a**, Ro. 1.5. El sello de mi **a** sois vosotros, 1 Co. 9.2. Actuó en Pedro para el **a**, Gá. 2.8.

APOYAR: Dar apoyo a. Afirmar. // Saúl que se apoyaba sobre su lanza, 2 S. 1.6. Y se apoyare sobre mi brazo, 2 R. 5.18. Se apoyará él en su casa, Job 8.15. Jacob... apoyado sobre la extremidad de su bordón, adoró, He. 11.21.

APOYO: Ayuda. Aprobación. // Jehová fue mi **a**, 2 S. 22.19.

APRECIAR: Determinar de manera aproximada el valor de algo. // Y ha de apreciarse el precio de su venta, Lv. 25.50.

APREMIANTE: Que apremia o urge; que es necesario hacerse con rapidez. // Por cuanto la orden del rey era **a**, 1 S. 21.8. La orden del rey era **a**, Dn. 3.22. Véase **Prisa, Presteza**.

APRENDER: Adquirir conocimiento. Retener en la memoria. // Aprenderán, para temerme, Dt. 4.10. Para que aprenda tus estatutos, Sal. 119.71. Aprended a hacer el bien, Is. 1.17. Y no aprenderá justicia, Is. 26.10. Aprended lo que significa: Misericordia quiero, Mt. 9.13. Aprended de mí, Mt. 11.29. Oyó al Padre, y aprendió de él, Jn. 6.45. Para que en nosotros aprendáis, 1 Co. 4.6. Para que todos aprendan y sean consolados, 1 Co. 14.31. Aprendisteis... y visteis en mí, Fil. 4.9. Y aprendan también los nuestros, Tit. 3.14. Aunque era Hijo aprendió obediencia, He. 5.8.

APRESTAR: Preparar. // Los que se aprestan para despertar a Leviatán, Job 3.8. **Véase Preparar.**

ARENGAR: Pronunciar una arenga, discurso solemne y de tono elevado pronunciado ante una multitud con el fin de enardecer los ánimos. // Herodes... se sentó en el tribunal y les arengó, Hch. 12.21.

APRESTO: Disposición o preparación de lo necesario para alguna cosa. // Calzados los pies con el **a** del evangelio de la paz, Ef. 6.15. Véase **Aprestar**, **Preparar**.

APRESURADAMENTE: Precipitadamente, rápidamente. // Y lo sacaron **a** de la cárcel, Gn. 41.14. Fueron **a** y hallaron... al niño, Lc. 2.16.

APRESURAR: Dar prisa, acelerar. // Jehová... fortaleza mía, apresúrate a socorrerme, Sal. 22.19. Él y su pueblo se apresuraron, Jos. 8.14. El que se apresura a enriquecerse, Pr. 28.20. No te apresures... a enojarte, Ec. 7.9. Esperando y apresurándoos para la venida del día de Dios, 2 P. 3.12.

APRETAR: Comprimir, estrechar, oprimir, apremiar. // Apretó contra la pared, Nm. 22.25. Para que no se aprieten, Is. 28.22. Yo os apretaré, Am. 2.13. Medida buena, apretada, remecida, Lc. 6.38. La multitud te aprieta y oprime, Lc. 8.45.

APRIETO: Situación difícil o peligrosa. // El pueblo estaba en **a**, 1 S. 13.6. Día de angustia y de **a**, Sof. 1.15. Véase Apuro, Necesidad.

APRISA: Sin demora, rápido. // Porque **a** saliste de tierra de Egipto, Dt 16.3. Seguidlos **a**, y los alcanzaréis, Jos 2.5. Entonces el descendió **a,** Lc 19.6. El otro discípulo corrió más **a**, Jn. 20.4.

APRISCO: Redil, corral donde se recogen las

ovejas. // Les daré **a,** dice Jehová, Ez. 34.15. Lo reuniré como ovejas... en medio de su **a,** Mi 2.12. Véase **Corral**, **Redil**.

APROBAR: Dar por bueno o suficiente. Consentir.// Jesús nazareno, varón aprobado por Dios entre vosotros, Hch. 2.22. Apruebas lo mejor, Ro. 2.18. Agradable a Dios y aprobado por los hombres, Ro. 14.18. Para que aprobéis lo mejor, Fil. 1.10. Presentarte a Dios aprobado, 2 Ti. 2.15.

APROVECHAMIENTO: Mejoramiento. // Para que tu **a** sea manifiesto, 1 Ti. 4.15.

APROVECHAR: Sacar provecho de, tornar provechoso. // Que aprovechará el hombre si ganare, Mt. 16.26. Gastado todo... y nada había aprovechado, Mr. 5.26. La carne para nada aprovecha, Jn. 6.63. De nada os aprovechará Cristo, Gá. 5.2. No contiendan sobre palabras, lo cual para nada aprovecha, 2 Ti. 2.14. La buena nueva... no les aprovechó, He. 4.2.

APTO: Idóneo, hábil, capaz. // Ninguno... mira hacia atrás, es **a** para el reino, Lc. 9.62. **A** para enseñar, 1 Ti. 3.2; 2 Ti. 2.24.

APURO: Situación angustiosa. // El **a** con que te angustiará, Dt. 28.53. Los hombres de Israel fueron puestos en **a,** 1 S 14.24. Véase **Aprieto**.

AQUÉL: El (ser u objeto) que está lejos de la persona que habla y de la persona con quien se habla. // No sabía... que **a** fuese ángel de Jehová, Jue. 13.16.

AQUÍ: En este lugar. // Heme aquí, Gn. 22.1; 1 S 3.4; Is. 6.8. Hasta **a** nos ayudó Jehová, 1 S. 7.12. Bueno es para nosotros que estemos **a**, Mt. 17.4. No está **a**, pues ha resucitado, Mt. 28.6. Señor, si hubieses estado **a**, Jn. 11.21, 32. No tenemos **a** ciudad permanente, He. 13.14.

AQUILA, lat. **Águila**: Judío, que, por causa de un edicto de Claudio, fue obligado a salir de Roma, com su mujer Priscila, Hch. 18.2. En Corinto, Pablo comenzó a vivir y a trabajar con ellos en el oficio de hacer tiendas, Hch. 18.3. El apóstol se los llevó y los dejó en Efeso, Hch. 18.19. No sabemos a ciencia cierta si eran convertidos antes de encontrarse con Pablo, pero ellos mismos después se tornaron aptos para enseñar el camino de Dios, Hch. 18.26. Se mostraron amigos íntimos y fieles al apóstol Pablo, Ro. 16.3, 4. Celebraban los cultos en la casa de Aquila y Priscila en Corinto, 1 Co. 16.19. Cuando Pablo escribía la segunda epístola a Timoteo, ellos estaban otra vez en Efeso, 2 Ti. 4.19.

AQUIS, hb. **Airado** (?): Rey filisteo de Gat, con quien David se refugió, 1 S. 21.10-15. David otra vez con Aquis, 1 S. 27.1-12; 29.1-11. Llamado **Abimelec**, en el título del Salmo 34.

AR, hb. **Ciudad**: La principal ciudad de los moabitas, sobre una pequeña cima, en la distancia de algunos kilómetros hacia el oriente del Mar Muerto. Num 21.15, 28. Véase mapa 2, D-6.

ARA, hb. **Viajero**: // 1. Hijo de Ula, 1 Cr. 7.39. // 2. Cabeza de familia que volvió del exilio, Esd. 2.5; Neh. 7.10.

ARA: 1 Hijo de Jeter, de la tribu de Aser, 1 Cr. 7.38. // 2. Padre de una de las familias que volvieron del exilio, Esd. 2.5.

ARABÁ, hb. **Planicie desierta**: Comprende toda la extensión de la bajada que se extendía desde el mar de Galilea, hacia el sur, más allá del Mar Muerto hasta el golfo de Akaba. Pero se refería estrictamente al desierto seco que se extiende del Mar Muerto al Mar Rojo. Se refiere a esta planicie repetidamente. Véase Dt. 1.1; Jos. 18.18; 2 R. 14.25. Véase también, mapa 2, C-7.

ÁRABE, **ARÁBIGO**: Habitante u originario de Arabia. // Contra Joram el ánimo de los... árabes, 2 Cr. 21.16. Gesem, el árabe, Neh. 6.1. El árabe no armará su tienda, Is. 13.20. Como el árabe en el desierto, Jer. 3.2. Cretenses y árabes, Hch. 2.11. Véase **Agar**.

ARABIA, gr. **Región desierta**: Limitado por el Mar Rojo, por el golfo Pérsico y por el océano Índico, este país es la mayor península del mundo. La parte árida es igual, en tamaño, a la tercera parte del territorio de Brasil. Los más antiguos habitantes los horeos, los amalecitas, los edomitas, los ismaelitas, los madianitas, los moabitas y los amonitas. Las frases, "la tierra oriental" y "el pueblo del oriente" (Gn. 29.1; Jue. 6.3; 7.12; 1 R. 4.30; Is. 11.14; Jer. 49.28; Ez. 25.4) se refieren a las tribus de Arabia. Algunas de esas eran descendientes de Ismael y de Cetura. El árabe es la más desarrollada y la más rica de todas las lenguas semíticas y, por tanto, de gran importancia en el estudio del hebreo. Los reyes de Arabia llevaban oro a Salomón, 1 R. 10.15. Los árabes trajeron a Josafat siete mil setecientos carneros y siete mil setecientos machos cabríos, 2 Cr. 17.11. Subieron a Judá, en el reinado de Joram, y llevaron a sus mujeres y a sus hijos, pero Uzías los derrotó, 2 Cr. 26.7; 21.16, 17. La sentencia contra Arabia, Is. 21.13. Los árabes estuvieron en el derramamiento del Espíritu en el Pentecostés, Hch. 2.11. Pablo, después de convertido, se retiró a la soledad de Arabia, como hiciera Moisés, Gá. 1.17; Ex. 3 e 4. Agar, en la alegoría de los dos pactos, es el monte Sinaí en Arabia, Gá. 4.25. Véase mapa 1, E-4; mapa 6, G-3.

ARACEO: 1. Habitantes de Arca. Descendientes de Canaán, Gn. 10.17. // 2. Una tribu en la frontera sur de la herencia de José, Jos. 16.2.

ARAD, hb. **Asno montés**: Ciudad de los cananeos, derrotada por Israel, Nm. 21.1. Véase mapa 2, C-6; mapa 5, B-2.

ARADO: Instrumento agrícola usado para labrar la tierra. // Sus espadas en rejas de **a**, Is. 2.4. Habéis **a** impiedad, Os. 10.13. Puesto la mano en el **a**, mira atrás, Lc. 9.62.

ARALOT: Lugar entre Jericó y el río Jordán, donde Josué circuncidó a los hijos de Israel, Jos. 5.3.

ARAM, hb. **Región montañosa**: // 1. Hijo de Sem, Gn. 10.22. Véase **Siria**. Véase también, mapa 1, D-3. // 2. Hijo de Disán, Gn. 36.28. // 3. Nieto de Naor, Gn. 22.21. // 4. Hombre de la tribu de Aser, 1 Cr. 7.34. // 5. Aram, "de los montes del Oriente", Nm. 23.7. En Mesopotamia u oriente de Moab.

ARAMEO: Idioma semítico, pero diferente del hebreo, como se ve en 2 R. 18.26. El arameo lo hablaban los judíos después del cautiverio. Era la lengua hablada por Cristo y sus discípulos. Fueron escritos en ese idioma importantes pasajes del Antiguo Testamento - Esd. 4.8 a 6.18; 7.12-26; Dn. 2.4 a 7.28; Jer. 10.11 y los Targumenes. El arameo occidental era el idioma de los sirios. El idioma **arameo** en 2 R 18.26 es la lengua **siríaca** en Is. 36.11. Se encuentran en el Nuevo Testamento varias palabras y frases en arameo.

ARAMEO: La forma hebrea de la palabra griega, **sirio**. Betuel, el arameo, Gn. 25.20; 28.5; Labán, el arameo Gn. 31.20-24.

ARAÑA: Animal articulado, de ocho patas y sin alas. El original, en Pr. 30.28, indica una lagartija - traducido **geco** en la revisión - que "está en los palacios de los reyes." La confianza de los que se olvidan de Dios comparada a la debilidad de las telas de araña, Job 8.14. Practicar la injusticia es como tejer tela de araña; sus telas no servirán para vestir, Is. 59.5, 6.

ARAR: Labrar; surcar; hacer surcos con el arado, en la tierra. // Véase 1 R. 19.19; Job 1.14; Pr. 20.4; Am. 9.13; 1 Co. 9.10. Habéis arado impiedad, y segasteis iniquidad, Os. 10.13. Véase **Cultivar**, **Labrar**.

ARARAT, hb. **Tierra sagrada**: El arca reposó sobre los montes de Ararat, Gn. 8.4. El altiplano llamado antiguamente Ararat es una parte del país llamado actualmente Armenia, en Asia occidental. Es el lugar donde nacen los ríos Eufrates, Tigris y Aras. Hay un pico llamado **Ararat**, cubierto perpetuamente de nieve, que se eleva a 5.180 metros con relación al nivel del mar. Pero los armenios siguen llamándolo Masi. Sin embargo, creen que Noé fue enterrado en Nachitchevan, al pie de esta montaña. La aldea **Arguri**, situada en la falda, conforme la tradición, es el lugar donde Noé plantó su viña. Es más probable que el arca reposó sobre un monte más bajo. Fue a la tierra de Ararat a la que los hijos de Senaquerib huyeron después de matar a su padre, 2 R. 19.37. Jeremías llama al reino de Ararat para pelear contra Babilonia, Jer. 51.27. Véase mapa 1, E-3.

ARARITA, hb. Serrano: Habitante de la región montañosa de Judá. // 1. Sama, hijo de Age, el ararita, uno de los valientes de David, 2 S. 23.11. // 2. Ahíam, hijo de Sarar, ararita, 2 S. 23.33.

ARBA, hb. **Cuatro**: El mayor hombre de entre los anaceos, el padre de Anac, y tal vez el fundador de la ciudad donde Hebrón fue edificado, Gn. 35.27; Jos. 14.15; 15.13. Véase **Gigantes**.

ARBATITA: Natural, tal vez, de Arabá, 2S 23.31.

ARBITRIO: Opinión, resolución dependiente sólo de la voluntad. // Hacer cosa buena ni mala de mi **a**, Nm. 24.13.

ÁRBITRO: Aquel que resuelve problemas, por decisión de un tribunal, o por consenso de las partes litigantes. // No hay entre nosotros **a,** Job 9.33. Véase **Arbitrio**, **Juez**.

ÁRBOL: **Á** de fruto, Gn. 1.12. Y vio la mujer que el **á** era bueno para comer, Gn. 3.6. Los **á** a elegir rey sobre sí, Jue. 9.8. Porque si el **á** fuere cortado, aún queda de él esperanza, Job 14.7. Como **á** plantado, Sal. 1.3. Se llenan de savia los **á** de Jehová, Sal. 104.16. Y si el **á** cayere... allí quedará, Ec. 11.3. Los **á** del campo darán palmadas de aplausos, Is. 55.12. Yo soy **á** seco, Is. 56.3. Sabrán todos los **á** del campo, Ez. 17.24. Ningún **á** en el huerto de Dios, Ez. 31.8. Un **á** cuya, cuya altura era grande, Dn. 4.10. Todo **á** que no da buen fruto, Mt. 3.10. El **á** malo da frutos malos, Mt. 7.17. Por su fruto se conoce el **á**, Mt. 12.33. // En el principio creó Dios la hierba, y los **á**, Gn. 1.10, 11. Se mencionan los siguientes árboles: Algarroba, Lc. 15.16. Almendro, Ec. 12.5. Sicómoro, Lc. 17.6. Encina, Is. 44.14; Gn. 35.8. Balsameras, 2 S. 5.23. Boje, Is. 60.13. Castaño, Gn. 30.37. Cedro, 1 R 5.8. Álamo, Os 4.13. Ciprés, 1 R. 5.10. Ébano, Ez. 27.15. Zarza, Jue. 9.14. Haya, 2 S 6.5. Higuera, Mr. 11.13. Manzano, Cnt. 2.3. Nogal, Cnt. 6.11. Olivos, Dt. 28.40. Olmos, Os. 4.13, Is. 60.13. Palmera, Sal. 92.12. Pino, Is. 60.13. Almendra, Gn. 43.11. Haya, Ez. 31.8. Granado, Dt. 8.8. Sauce, Sal. 137.2. Sicómoro, Lc. 19.4. Retama, Jer. 17.6. Olmo, Os. 4.13. Olivo silvestre, Ro. 11.17. // **El árbol de la vida**: Gn. 2.9; 3.22; Pr. 3.18; 11.30; 15.4; Ap. 2.7; 22.2, 14. // **El**

árbol de la ciencia del bien y del mal: Gn. 2.17; 3.1-19. // **Leyes acerca de los árboles**: Lv. 19.23; 27.30; Dt. 16.21; 20.19. // **Los justos como árboles**: Nm. 24.6; Job 8.16; Sal. 1.3; 92.12; Is. 61.3; Jer. 17.8; Mt. 7.17. Véase **Leña**.

ARBUSTO: Vegetal leñoso, de mediana altura, que se ramifica desde la base. // Echó al muchacho debajo de un **a**, Gn. 21.15. Recogían malvas entre los **a,** Job 30.4. Véase **Zarza**.

ARCA DE LAS OFRENDAS: Lugar en el cual, en el templo, se guardaban los vasos sagrados y se recogían las ofrendas. // Echaban sus ofrendas en el arca de las ofrendas, Lc. 21.1.

ARCA DE MOISÉS: Cesto hecho de junco (papiro) y calafateado con brea, en el cual la madre del niño Moisés lo puso, y lo puso en un carrizal, a la orilla del río Nilo, Ex. 2.3.

ARCA DE NOÉ: Una embarcación, construida por orden divina, en la que Noé, su familia y todos los animales, reptiles y aves, según sus especies, se mantuvieron seguros durante los ciento cincuenta días que las aguas predominaron sobre la tierra, Gn. 6.14-20. Fue construida de tablas de ciprés y calafateada con brea, Gn. 6.14. Compare Gn. 11.3; Ex. 2.3. La longitud fue de 300 codos, el ancho, de 50 codos, y la altura, de 30 codos, Gn. 6.15. Es decir, en la base de un codo correspondiente a la unidad de 57.15 cm (según Petrie), la longitud fue de 171 metros; el ancho, de 28,5 metros; y altura de 17 metros. Fue por la fe, y divinamente instruido, que Noé la preparó, He. 11.7. V. p. 805.

ARCA DEL TESTIMONIO: Ex. 25.22; 30.6; Nm. 7.89. Se llamaba también: **El arca del pacto**, Nm. 10.33; Jos. 3.6; **El arca de Dios**, 1 S 3.3 Moisés ordenó hacer un arca, Ex. 25.10. Tamaño: 2,5 codos (casi un metro) de longitud, 1,5 codos de ancho, y 1,5 codos de altura. Ex. 25.10. Guarnecida de láminas de oro puro, Ex. 25.11. Para trasladarla, pasaban dos tendedores dorados en argollas de oro fijadas en las extremidades, Ex. 25.12-15. La tapa del arca, llamada propiciatorio, formaba una especie de corona de oro, sirviendo de pedestal a dos querubines también de oro, teniendo las alas abiertas, Ex. 25.17-21. El arca del testimonio construida en el monte Sinaí, Dt. 10.3. Guardados en el arca: las tablas del pacto; la vara de Aarón, que floreció; una urna de oro, conteniendo el maná; y al lado, un ejemplar del libro de la ley; Ex. 16.33,34; 25.16,21; Nm. 17.10; Dt. 31.26; He. 9.4. El arca introducida en el Lugar Santísimo, del tabernáculo, Ex. 26.33; 40.21; He. 9.3, 4. Iba delante del pueblo en el desierto, Nm. 10.33. Partiendo el arca, Moisés decía: Levántate, oh Jehová... Y cuando ella se detenía, decía: Vuelve, oh Jehová... Nm. 10.35, 36. Su guarda confiada a los levitas, Dt. 31.9. Llevada delante del pueblo pasando el Jordán, cuando desbordaba sobre todos sus barrancos, Jos. 3.15. Llevada en pos de los siete sacerdotes que, tocando trompetas, rodeaban la ciudad de Jericó, Jos. 6.8. Josué oró, postrado en tierra ante el arca del Señor, Jos. 7.6. En la renovación del pacto, la mitad del pueblo quedaba frente al monte Ebal y la otra mitad frente al monte Gerizim, y el arca entre los dos grupos, Jos. 8.33. En el tiempo de Elí, el arca estaba en Silo, 1 S. 3.3. Llevada a la batalla los dos hijos de Elí murieron y el arca cayó en manos de los filisteos, 1 S. 4.11. Guardada en la casa de Dagón, los filisteos encontraron la cabeza y las dos manos de este dios, cortadas, 1 S. 5.4. Los filisteos la restituyeron a Israel, 1 S. 6. El Señor hirió a los de Bet-semes que miraron dentro del arca, 1 S.. 6.19. Permaneció veinte años en Quiriat-jearim, 1 S. 7.2. Uza extendió la mano al arca y murió junto a ella, 2 S. 6.7. La pusieron en su lugar en la tienda que le hizo David en el monte Sión, en Jerusalén, 2 S. 6.17. Llevada a la batalla, en el tiempo de David, 2 S. 11.11. Llevaban consigo el arca cuando David huía de Absalón, el rey, pero mandó que fuera llevada de vuelta a Jerusalén, 2 S. 15.24, 25. Pasó al templo de Salomón, debajo de las alas de los querubines, en el Lugar Santísimo, 1 R. 8.6. Nada había en el arca sino sólo las dos tablas, 1 R. 8.9. El arca símbolo de la presencia omnipotente de Dios, Sal. 132.8. Jamás se dirá: El arca del pacto, Jer. 3.16. Se menciona en el Nuevo Testamento, sólo una vez, He. 9.4.

ARCA: Caja con una tapa plana, usada para guardar o transportar cosas. // Joiada tomó un **a** e hizo en la tapa un agujero, 2 R. 12.9.

ARCÁNGEL: Jud. 9. El primero entre los ángeles. Véase **Ángel.**

ARCO IRIS: Meteoro luminoso, en forma de arco, presentando los siete colores del espectro solar, y determinado por la refracción y reflexión de los rayos solares sobre las nubes. // Mi arco he puesto en las nubes, Gn. 9.13. El **a** que aparece en la nube, Ez. 1.28. Alrededor del trono hay un **a**, Ap. 4.3. Envuelto en una nube, con el **a** iris sobre su cabeza, Ap. 10.1.

ARCO: Vara flexible, con que se lanzan flechas. // Gn. 48.22; 1 S. 18.4; 2 S 1.22; Sal. 44.6; Ap. 6.2. El himno del Arco, 2 S. 1.18. Véase **Flechero**.

ARD, hb. **Fugitivo**: Un hijo de Bela, Nm. 26.40.

ARDER: Estar en llama. Consumirse por el

fuego. Sentir gran calor. // La zarza ardía, Ex. 3.2. Arderá hasta las profundidades del Seol, Dt. 32.22. ¿Arderá tu ira como el fuego? Sal. 89.46. Mi furor, que para siempre arderá, Jer. 17.4. Viene el día ardiente como un horno, Mal. 4.1. No ardía nuestro corazón, Lc. 24.32. Lago de fuego que arde con azufre, Ap. 19.20. Véase **quemar**.

ARDID: Artimaña, estratagema. // Os afligieron a vosotros con sus ardides, Nm. 25.18. Véase **Astucia**.

ARDIENTE, **ARDIENTEMENTE**, **ARDER**: La zarza ardía en fuego, Ex. 3.2. Y el monte ardía en fuego, Dt. 4.11. Arderá hasta las profundidades del Seol, Dt. 32.22. Anhela mi alma y aun **a**, Sal. 84.2. Un fuego ardiente, metido en mis huesos, Jer. 20.9. Un horno de fuego ardiendo, Dn. 3.6. Viene el día ardiente como un horno, Mal. 4.1. No ardía nuestro corazón, Lc. 24.32. Él era antorcha que ardía y alumbraba, Jn. 5.35. El anhelo ardiente de la creación, Ro. 8.19. Acercado al monte... que ardía, He 12.18. Delante del trono ardían siete lámparas, Ap. 4.5. Gran montaña ardiendo en fuego, Ap. 8.8. Lago de fuego que arde con azufre, Ap. 19.20; 21.8. Véase **Abrasador**, **Intenso**.

ARDÓN, hb. **Fugitivo**: Uno de los hijos de Caleb, 1 Cr. 2.18.

ARDOR: Vivacidad, calor fuerte. // Jehová se aparte del **a** de su ira, Dt. 13.17. Véase **Celo**.

ARDUO: Difícil, costoso. // Un **a** servicio contra Tiro, Ez. 29.18. Tu **a** trabajo y paciencia, Ap. 2.2.

ARELI: Un hijo de Gad, Gn. 46.16.

ARENA: Sustancia mineral, granulosa o en polvo, proveniente de erosiones rocosas. // El término empleado para designar la multitud innumerable de los hijos de Israel, Gn. 22.17; 32.12; 2 S. 17.11; Ro. 9.27; He 11.12; de los enemigos de Israel, Jos. 11.4; Jue. 7.12; 1 S. 13.5; Ap. 20.8. Recogió trigo como **a** del mar, Gn. 41.49. Y anchura de corazón como la **a**, 1 R. 4.29. Como **a** multiplicaré mis días, Job 29.18. Como **a** del mar, aves que vuelan, Sal. 78.27. Se multiplican más que la **a**, Sal. 139.18. La **a** pesa, Pr. 27.3. Sus viudas se multiplicaron más que las **a**, Jer. 15.8. Edificó su casa sobre la **a**, Mt. 7.26.

AREOPAGITA: Hch. 17.34. Un juez perteneciente a la corte del Areópago.

AREÓPAGO: Se llamaba también **La colina de Marte**. Según los griegos, fue allí que Neptuno llamó a este dios a juicio. Estaba situado en un alto rocoso de Atenas, en frente de la Acrópolis. El nombre Areópago fue dado también al tribunal supremo de Atenas. Sus 31 miembros, como jueces, se sentaban al aire libre, en bancos de piedra, excavados en la roca. Fue a este lugar que el apóstol Pablo fue llevado y donde predicó de los atenienses, Hch. 17.22. A la derecha del apóstol, mientras predicaba, estaba la Acrópolis con el Partenón, templo dedicado a Minerva. En todos los rincones, alrededor del predicador, había altares, templos, imágenes y estatuas. En la colina del Areópago se conservan aun hoy algunas ruinas interesantes.

ARETAS, gr. **Virtud**: Nombre de varios príncipes de Arabia mencionados en la literatura bíblica y por el historiador Josefo. Pero la única mención de la Biblia es de Aretas, el gobernador prepuesto de Damasco, que se esforzaba por prender a Pablo, 2 Co. 11.32. Este Aretas fue el suegro de Herodes Antipas, que se divorció de su esposa para casarse con Herodías, mujer de Felipe, su hermano, Mt. 14.3.

ARFAD, hb. **Lugar de descanso**: Ciudad de Siria, mencionada junto con Hamat, por Rabsaces, cuando se enfrentaba a Ezequías, 2 R. 18.34.

ARFAXAD, hb. **Brotando**: Nieto de Noé, Gn. 10.22. Padre, según la tradición, de los caldeos. Véase mapa 1, D-4.

ARGOB, hb. **Pedregoso**: Una región en el reino de Og, en Basán, con sesenta grandes ciudades, Dt. 3.4; 1 R. 4.13. Ver pág, 151, E-3.

ARGÜIR: Reprender, condenar con razones, argumentar. // Ni argüirá por lo que oigan sus oídos, Is. 11.3. Argüirá con equidad, Is. 11.4.

ARGUMENTO: Raciocinio por el cual se llega a una conclusión. // Estad atentos a los **a** de mis labios, Job 13.6. Llenaría mi boca de **a**, Job 23.4.

ARIDAI: El noveno hijo de Amán, Est. 9.9.

ARIDATA: El sexto hijo de Amán, Est. 9.8.

ÁRIDO: Seco, fastidioso. // Sed de ti... en tierra seca y **á**, Sal. 63.1. Véase **Seco**.

ARIEL, hb. **León de Dios**: 1. Uno de los hombres enviados para buscar a los levitas, Esd. 8.16. // 2. Nombre dado a Jerusalén, Chimenea, Is. 29.1, 2, 7.

ARIETE, lat. **Aries**, **Arietes**, carnero: Ez. 4.2; 21.22; 26.9. Antigua máquina de guerra para derribar muros de las ciudades sitiadas. Se componía de de una viga fuerte que terminaba en una de las extremidades por una cabeza de carnero de hierro. Véase **Máquina**.

ARIMATEA: Forma griega de **Ramá - altura**, cuyo lugar es ignorado. Ciudad de José, que sepultó el cuerpo de Jesús, Mt. 27.57. Véase mapa 4, A-2.

ARIOC, hb. **Siervo del dios luna**: 1. Uno de

los cuatro reyes que hicieron guerra contra cinco, Gn. 14.1. // 2. Jefe de la guardia del rey Nabucodonosor, Dn. 2.14.

ARISAI: El octavo hijo de Amán, Est. 9.9.

ARISTARCO, lat. **Que gobierna muy bien**: Un macedonio de Tesalónica, Hch. 19.29; 27.2. Compañero de Pablo, Hch. 19.29; 20.4. Con él en las prisiones, Hch. 27.2; Flm. 24; Col. 4.10.

ARISTÓBULO, lat. **Que aconseja bien**: Ciudadano de Roma, Ro. 16.10. Saludad a los de la casa de Aristóbulo, es decir, tal vez: Saludad a los esclavos de Aristóbulo.

ARMA: Instrumento de ataque o defensa. // Vistámonos las **a** de la luz, Ro. 13.12. Con **a** de justicia, 2 Co. 6.7. Las **a** de nuestra milicia, 2 Co. 10.4.

ARMADURA: Las armas ofensivas; ver **Arco**, **Dardo, Espada**, **Honda, Lanza**, **Puñal**, **Vara**. Las armas defensivas; véase **Canillera, Casco, Cinturón, Coraza**, **Escudo**, **Pavés**. // Por las armas de la justicia, quer ofensivas, 2 Co. 6.7. Las armas de nuestra milicia no son carnales, 2 Co. 10.4. Vestíos de toda la armadura de Dios, Ef. 6.11. Pelearé con la espada de mi boca, Ap. 2.16. Compare la buena milicia, 1 Ti. 1.18; 6.12; 2 Ti. 4.7.

ARMAGEDÓN, hb. **Monte de Meguido**: Los ejércitos de Israel vencieron al ejército de Sísara en Meguido, Jue. 5.19. El rey Josías, murió en la batalla contra Faraón Necao, en Meguido, 2 R. 23.29. La última y decisiva rebelión contra Dios culminará en una guerra mundial, que terminará en la batalla de Armagedón, Ap. 16.16. Véase **Jezreel**.

ARMAR: Proveer de armas. // Cuando el valiente, bien armado, Lc. 11.21. Armaos del mismo pensamiento, 1 P. 4.1.

ARMENIA: 2 R. 19.37. Véase **Ararat**.

ARMONI, hb. **Nacido en el palacio**: Uno de los hijos de Saúl y Rispa, a los cuales David entregó a los gabaonitas, 2 S. 21.8.

ARNÁN, hb. **Ágil**: Descendiente de Salomón, 1 Cr. 3.21.

ARNÓN, hb. **Rápido**, **fragoroso**: Rio que desagua en el Mar Muerto. Formaba el límite entre Moab y los amorreos, Nm. 21.13; después, entre la tribu de Rubén y Moab, Dt. 3.8, 16; Jos. 13.16. Se atravesaba por varios vados, Is. 16.2. Véase mapa 2, D-6; mapa 5, C-2.

AROD, hb. **Asno montés**: El sexto hijo de Gad, Nm. 26.17.

AROER, hb. **Ruinas**: 1. Ciudad de los amorreos, situada en la orilla del valle de Arnón; Dt. 2.36. Véase mapa 5, C-2. // 2. Ciudad de Galaad, en el límite entre Gad y los amorreos, Jos. 13.25. // 3. Ciudad de Judá, 1 S 30.28. Véase mapa 2, B-6; mapa 5, B-2.

AROMA: Perfume agradable, esencia aromática. Aromas: Arbusto ornamental cuyas flores sirven para perfumería. // Sus camellos traían **a,** Gn. 37.25. Las especias aromáticas, Cnt. 1.3; 4.10. Despréndanse sus **a**, Cnt. 4.16. Especias aromáticas para ir a ungirle, Mr. 16.1. Al sepulcro trayendo las especias aromáticas, Lc. 24.1. En lienzos con especias aromáticas, Jn. 19.40. Véase **Olor**, **Fragancia, Perfume**.

ARPA: Gn. 4.21. Véase **Música.**

ARPISTA: Persona que toca o enseña a tocar el arpa. // Como de arpistas que tocaban sus arpas, Ap. 14.2. Y voz de **a**, Ap. 18.22.

ARQUELAO, lat. **Gobernante del pueblo**: Hijo de Herodes el Grande y rey de Judea, Mt. 2.22.

ARQUEOLOGÍA BÍBLICA: Estudio científico, mediante excavaciones e investigaciones, de los restos materiales de la vida y las costumbres de los hombres de la época bíblica. Los esfuerzos de arqueólogos, cientos de ingenieros, agrimensores, químicos, filósofos, ceramistas, epigrafistas, paleontólogo, etc. desde el año 1824, han aclarado mucho la vida humana de los tiempos de Abraham, Moisés, David, de Jeremías, etc. Los arqueólogos han encontrado ruinas de viviendas, objetos hechos por hombres, inscripciones en la roca, pergaminos y documentos de los tiempos bíblicos, que aclaran muchos pasajes de las Escrituras. Entre todos los descubrimientos, no hay uno de mayor importancia que el de los rollos encontrados en 1947 en una cueva de las márgenes del Mar Muerto. Antes de esto los manuscritos más antiguos que poseímos databan del siglo X a.D. Ahora tenemos manuscritos de las Sagradas Escrituras mil años más viejos. Véase **Manuscritos**.

ARQUERO: Lo mismo que flechero. // Le aborrecieron los **a**, Gn. 49.23.

ARQUIPO: lat. **Domador del caballo**: Un cristiano de Colosas, Col. 4.17. Es probable que Filemón, Ápia y Arquipo fueran respectivamente, marido, mujer e hijo. Véase Flm. 2.

ARQUITA: hb. **Tolerancia**: La designación usual de Husai, amigo de David, 2 S 15.32; 16.16; 17.5, 14. Pertenecía, probablemente, a la tribu de los araceos, o era natural de la aldea de Arca, o Erec, en los límites entre Efraín y Benjamín.

ARQUITECTO: El que proyecta o idea planos. // Yo como perito **a,** 1 Co. 3.10. Cuyo **a** y constructor es Dios, He. 11.10. Véase **Constructor**.

ARQUITECTURA: El arte de construir edificios. Caín, hijo de Adán, edificó una ciudad, Gn. 4.17. Pero Jabal, descendiente de Caín, fue el padre de los que habitan en tiendas,

Gn. 4.20. Hay una descripción detallada de la arquitectura del arca, Gn. 6.14-16. Nimrod, del linaje de Cam, uno de los hijos de Noé, edificó Nínive y otras ciudades, Gn. 10.11. La torre de Babel fue edificada de ladrillos y de mezcla, Gn. 11.3. Al principio los israelitas eran pastores y habitaban en tiendas, porque aguardaban la ciudad que tiene fundamentos, He. 11.8-10. Pero después de la entrada en Canaán, habitaban en casas, Lv. 14.34, 35, 45. Parece que eran construidas sin plan, pero el tabernáculo fue construido según el **modelo**, Ex. 25.9. David dio a Salomón el plan para el templo, 1 Cr. 28.11-19. La descripción más detallada de construcción arquitectónica es la del templo y del palacio de Salomón, 1 R. cap. 6 e 7. En el reinado de Salomón hubo gran progreso en la arquitectura. Sabemos actualmente muy poco de la gloria y del esplendor de la arquitectura de los romanos y de los griegos. Los reinados de los Herodes se destacaron por sus grandes obras arquitectónicas. Véase Mr. 13.1. Los hijos de Dios son como piedras vivas, son edificados casa espiritual, 1 P. 2.5. Dios es el Arquitecto y Edificador de la ciudad que tiene fundamentos, He. 11.10.

ARRAIGAR: Enraizar, permanecer. // Arraigados y cimentados en amor, Ef. 3.17. Arraigados y sobreedificados en él, Col. 2.7.

ARRANCAR: Quitar por fuerza y con violencia. // **A** espigas con tu mano... No aplicarás hoz, Dt. 23.25. Arrancará a Israel de esta buena tierra, 1 R. 14.15. Los impíos arrancan de la espada, Sal. 37.14. Y arranqué pelo, Esd. 9.3. Al **a** la cizaña, Mt. 13.29. Véase **Arrebatar**, **Desarraigar**.

ARRAS: Cosa que se da como prenda o señal en algún contrato o concierto. // Nos ha dado las **a** del Espíritu en nuestros corazones, 2 Co. 1.22. Dios, quien nos ha dado las **a** del Espíritu, 2 Co. 5.5. Es las **a** de nuestra herencia hasta la redención de la posesión adquirida, Ef. 1.14. Véase **Prenda.**

ARRASAR: Demoler, tornar raso. // Decían: arrasadla, arrasadla hasta los cimientos, Sal. 137.7. Véase **Arruinar**, **Destruir**.

ARRASTRAR: Llevar a una persona o cosa por el suelo, tirando de ella. // Sogas a aquella ciudad, y la arrastraremos hasta el arroyo, 2 S. 17.13. No sea que te arrastre al juez, Lc. 12.58. Saulo... arrastraba a hombres y a mujeres, Hch. 8.3. Habiendo apedreado a Pablo, le arrastraron, Hch. 14.19. Cosas perversas para arrastrar tras sí los discípulos, Hch. 20.30. ¿No son ellos... que os arrastran a los tribunales, Stg. 2.6. Guardaos... no sea que arrastrados por el error, 2 P. 3.17. Arrastra la tercera parte de las estrellas, Ap. 12.4.

ARREBATAR: Quitar con violencia. // Arrebatad entre ellas, cada uno su mujer, Jue. 21.21. Los arrebatará él con tempestad, Sal. 58.9. Arrebate lo que les fue sembrado, Mt. 13.19. Nadie las arrebatará de mi mano, Jn. 10.28. Los escribas... le arrebataron, Hch. 6.12. El Espíritu del Señor arrebató a Felipe, Hch. 8.39. Arrebatado hasta el tercer cielo, 2 Co. 12.2. Seremos arrebatados junto con ellos, 1 Ts. 4.17. Salvad, arrebatándolos del fuego, Jud. 23. Su hijo fue arrebatado para Dios, Ap. 12.5. Véase **Arrancar**.

ARREBOL: Color rojo en las nubes iluminadas por el sol. // Buen tiempo; porque el cielo tiene **a**, Mt. 16.2. Y por la mañana: Hoy habrá tempestad; porque tiene **a** el cielo nublado, Mt. 16.3.

ARREBOZAR: Ocultar, esconder, encubrir, enmascarar, disfrazar. // Entonces se quitó ella los vestidos de su viudez, y se cubrió con un velo, y se arrebozó, y se puso a la entrada de Enaim, Gn. 38.14**. Véase Disfrazar.**

ARREMETER: Arrojarse contra. Dirigirse con violencia contra algo o alguien. // Arremete contra los sacerdotes, 1 S. 22.18. Ve, y arremete contra él, 1 R. 2.29. Caballo que arremete con ímpetu, Jer. 8.6. Arremetieron a una contra él, Hch. 7.57.

ARRENDAR: Ceder o adquirir por precio el goce o aprovechamiento temporal de cosas, obras o servicios. // Y la arrendó a unos labradores, Mt. 21.33.

ARREPENTIMIENTO: Pesar sincero de alguna acción u omisión; contrición. Desistimiento de causa hecha o emprendida. // Frutos dignos de a, Mt. 3.8. Os bautizo en agua para **a**, Mt. 3.11. Que no necesitan de **a**, Lc. 15.7. Predicase... el **a** y el perdón de pecados, Lc. 24.47. Ha dado Dios **a** para vida, Hch. 11.18. Testificando... del **a** para con Dios, Hch. 20.21. Practicando obras dignas de **a**, Hch. 26.20. Su benignidad te guía al **a**, Ro. 2.4. La tristeza que es según Dios produce **a**, 2 Co. 7.10. No echando otra vez el fundamento del **a**, He. 6.1. Renovados para **a**, He. 6.6. No hubo oportunidad para el **a**, He. 12.17. Queriendo que... todos procedan al **a**, 2 P. 3.9. // **Arrepentimiento** es el sentimiento de pesar por faltas cometidas, o por un acto practicado. En este último sentido se dice que Dios se arrepintió, Gn. 6.6; 1 S 15.11. Que es el arrepentimiento, Is. 45.22; Mt. 6.19-21; Hch. 14.15; 2 Co. 5.17; Col. 3.2; 1 Ts. 1.9; He. 12.1, 2. // **El llamado al arrepentimiento**, Job 11.13; Jer. 4.14; Ez. 14.6; 18.30; Jl. 2.12; Lc. 3.3, 8; Hch. 2.38; 8.22; Ro. 13.11-14; Stg. 5.1-6; Ap. 2.5; 3.3, 19. // **Predicado por Jesucristo**, Mt. 4.17; Mr. 6.12; Lc. 13.3; 24.47; Hch. 2.38; 3.19; 17.30. // **Ejemplos de arre-**

pentimiento, los hijos de Jacob, Gn. 42.21, 22; Saúl, 1 S. 24.16-22; 26.21-25; David, 2 S. 12.13; 24.10; Nínive, Jon. 3.5-8; Pedro, Mt. 26.75; Zaqueo, Lc. 19.8; el malhechor en la cruz, Lc. 23.40, 41; los corintios, 2 Co. 7.9, 10. Véase **Remordimiento**.

ARREPENTIRSE: Sentir pesar de (faltas o delitos cometidos). // Y me arrepiento en polvo y ceniza, Job 42.6. Arrepentíos, Mt. 3.2; 4.17; Hch. 3.19. No se habían arrepentido, Mt. 11.20. Arrepiéntete, pues, de esta tu maldad, Hch. 8.22. En todas partes se arrepientan, Hch. 17.30. Ni aun así se arrepintieron, Ap. 9.20; 16.9.

ARRIAR: Bajar las velas. // Arriaron las velas y quedaron a la deriva, Hch. 27.17. Véase **Bajar**.

ARRIERO: Persona que se ocupa de los animales de carga. // No oyes las voces del **a,** Job 39.7.

ARRIESGAR: Poner en riesgo, osar. // Arriesgué mi vida, Jue. 12.3. Y he arriesgado mi vida, 1 S 28.21.

ARRIMAR: Amparar, proteger. // Y fue y se arrimó a uno, Lc. 15.15.

ARRODILLAR: Poner la rodilla o las rodillas en el suelo. Hacer doblar las rodillas. // Hizo **a** los camellos, Gn. 24.11. Se arrodilló delante de toda, 2 Cr. 6.13. Todos los siervos se arrodillaban, Est. 3.2. Arrodillémonos delante del Señor, Sal. 95.6. Se han arrodillado ante la obra, Is. 2.8. Se arrodilló delante de él, diciendo, Mt. 17.14. Véase **Rodilla, Postrar.**

ARROGANCIA: Orgullo insolente. Modos altivos e insultantes. // Tu **a** ha subido a mi oído, 2 R. 19.28. Con **a** el malo persigue, Sal. 10.2. Aborrecer... la **a,** Pr. 8.13. Haré que cese la **a,** Is. 13.11. Su **a** y su altivez, Is. 16.6. Tu **a** te engañó, Jer. 49.16. Véase **Orgullo**.

ARROGANTE: Altivo, soberbio, insolente. // Cesen las palabras **a,** 1 S. 2.3. Con su boca hablan arrogantemente, Sal. 17.10.Tuve envidia de los **a,** Sal. 73.3. Es muy soberbio, **a,** Jer. 48.29. Véase **Orgulloso**.

ARROGANTEMENTE: Con altivez, orgullo, insolencia. // Con su boca hablan **a**, Sal. 17.10.

ARROJADO: Lanzado, tirado, echado. // Echado flores, y **a** renuevos, Nm. 17.8.

ARROJAR: Lanzar con fuerza e ímpetu. // Arrojó las tablas de sus manos, Ex. 32.19. Arrojaré a las naciones de tu presencia, Ex. 34.24. No pudieron arrojarlos, Jos. 15.63. Y los muertos... serán arrojados, Is. 34.3. Arrojaré... los moradores, Jer. 10.18. El primero en **a** la piedra, Jn. 8.7.Como una gran piedra de molino, y la arrojó en el mar, Ap. 18.21. Ver **Tirar**, **Lanzar**.

ARROYO: Río pequeño, regolfo. // Los tomó, pues, e hizo pasar el **a** a ellos y a todo lo que tenía, Gn. 32.23. Tierra de **a**, de aguas, de fuentes y de manantiales, Dt. 8.7. Y escogió cinco piedras lisas del **a**, 1 S. 17.40. Elías se escondió en el arroyo de Querit, 1 R. 17.3. Como a Jabín en el **a** de Cisón, Salmo 83.9. Corra el juicio como las aguas, y la justicia como impetuoso **a**, Am. 5.24.

ARRUGA: Pliegue, dobla. // Iglesia gloriosa, que no tuviese mancha ni **a** ni cosa semejante, Ef. 5.27.

ARRUINAR: Causar ruina; destruir; estropear; demoler. // Me arruinó por todos los lados, Job 19.10. Lo arruinara sin causa? Job 2.3. Te he puesto... para **a,** Jer. 1.10. Jerusalén está arruinada, Is. 3.8. Arruinarán tus muros, Ez. 26.12.

ARSA, hb. **Tierra**: Mayordomo del rey Ela, 1 R. 16.9.

ARTAJERJES, gr. y lat. **El gran rey**: Un rey, o más, de Persia mencionados en el Antiguo Testamento. Mandó suspender las obras del templo, Esd. 4. Permitió la reedificación de los muros de Jerusalén, Esd.14.

ARTE MÁGICA: Arte de producir mediante ciertos actos o palabras efectos contrarios a las leyes naturales. Hch. 19.19.

ARTEMAS, gr. **Regalo de Artemia**: Uno de los compañeros de Pablo, Tit. 3.12.

ARTEMISA: Diosa griega; llamada Diana por los romanos. Véase Hch. 19.24.

ARTESA: Pequeña gamella de madera en que se amasaba harina para hacer pan. Ex. 8.3. Benditas serán tu canasta y tu artesa de amasar, Dt. 28.5.

ARTESONADO: Con pared y techos cubiertos de yeso, con revoque. // Habitar en vuestras casas **a**, Hag. 1.4.

ARTÍFICE: Aquel que ejerce un arte mecánico. Dijo el rabí Jeuda: "Aquel que no enseñe a su hijo una profesión tiene mucho en común con aquel que lo enseñe a ser ladrón". // Tubal-caín era **a** de todo instrumento cortante, Gn. 4.22. Aholiab... **a,** Ex. 38.23. Imagen, obra de **a**, Dt. 27.15. El valle de los **a**, 1 Cr. 4.14. Para toda la obra de las manos de los **a**, 1 Cr. 29.5. El **a** excelente, Is. 3.3. Obra de manos de **a,** Jer. 10.3. Los **a** mismos son hombres, Is. 44.11. Plata batida... obra de **a,** Jer. 10.9. Daba no poca ganancia a los **a**, Hch. 19.24. Ningún **a** de oficio alguno, Ap. 18.22. Véase **Carpintero**, **Curtidor**, **Escultor**, **Fabricante de tiendas**, **Herrero**, **Hojalatero**, **Alfarero**, **Platero**, **Albañil**, **Tejedor**, **Tintorero**.

ARTIFICIOSO: Hecho con gran habilidad. // Fábulas artificiosas, 2 P. 1.16.

ARTIMAÑA: Ardid, astucia. // Las **a** del

error, Ef. 4.14.

ARUBOT: Una de las diez regiones que suministraban a Salomón, 1 R. 4.10.

ARUMA, hb. **Alto**: Ciudad donde residía Abimelec, cuando fue expulsado de Siquem, Jue. 9.41.

ARVAD: Isla cerca de la costa de Fenicia. Se mencionan los arvadeos Gn. 10.18. Suministraba marineros y valientes defensores para Tiro, Ez. 27.8, 11.

ASA, hb. **Médico**: 1. El tercer rey de Judá, 1 R. 15.8. Padre del rey Josafat, 1 R. 15.24. Servía a Dios fielmente durante 41 anos, 1 R. 15.10, 11. Los primeros diez años la tierra estuvo en paz, 2 Cr. 14.1. Venció los etíopes, 2 Cr. 14.9-15. Avivado por Azarías, hubo gran avivamiento entre el pueblo, 2 Cr. 15.1-7. Reprendido por Hanani, 2 Cr. 16.7-10. Gravemente enfermo, no recurrió al Señor, sino que confió en los médicos, 2 Cr. 16.12. Murió muy honrado, 2 Cr. 16.14. // 2. Nombre de un levita, 1 Cr. 9.16.

ASAEL, hb**. Dios lo hizo**: 1. Sobrino de David, hermano de Joab y Abisai. Los tres hermanos fueron hijos de Sarvia, hermana de David, 2 S. 2.18. Ligero de pies, como gacela, 2 S. 2.18. Muerto por Abner, 2 S. 2.23. // 2. Uno de los levitas enviados con el libro de la ley para recorrer todas las ciudades de Judá, enseñando al pueblo, 2 Cr. 17.9. // 3. Levita que tenía a su cargo las ofrendas y los diezmos, 2 Cr. 31.13. // 4. Padre de cierto Jonatán, Esd. 10.15.

ASAETEAR: Herir o matar con saeta. // Le causaron amargura, le asaetearon, Gn. 49.23.

ASAF, hb. **Cobrador**: 1. Uno de los principales músicos de David, 1 Cr. 6.31, 39; vidente, 2 Cr. 29.30, escritor de los salmos 50, 73 a 83; sus hijos tomaron parte en la purificación del templo, 2 Cr. 29.13. // 2. Cronistas de Ezequías, 2 R. 18.18. // 3. Guardián de las matas reales de Artajerjes, Neh. 2.8.

ASAÍAS, hb. **Jehová hizo**: 1. Uno de los siervos de Josías, enviado a consultar a Jehová acerca de las palabras del libro hallado en el templo, 2 R. 22.12. // 2. Descendiente de Simeón, 1 Cr. 4.36. // 3. Levita, 1 Cr. 6.30. // 4. Silonita, 1 Cr. 9.5.

ASALARIADO: Que percibe un salario por su trabajo. // Mas el **a**, y que no es el pastor, Jn. 10.12.

ASALARIAR: Contratar por salario los servicios de. // Tiempo de un criado asalariado, Lv. 25.50. Véase **Galardonar**.

ASAMBLEA: Reunión de muchas personas, para fin determinado. Sociedad, corporación. // El día de la **a,** Dt. 9.10. Y dijo David a toda la **a,** 1 Cr. 13.2. Fue a consultar Salomón con aquella **a,** 2 Cr. 1.5. Y respondió toda la **a,** Esd. 10.12. Convocad a **a**, Jl. 1.14. Será decidida en **a** regular, Hch. 19.39. Y habiendo dicho esto, despidió la **a**, Hch. 19.41. Véase **Congregación**, **Iglesia**, **Reunión**.

ASÁN, hb. **Humo**: Ciudad de Judá, cupo a la tribu de Simeón y cedida a los sacerdotes, Jos. 15.42; 19.7; 1 Cr. 6.59. Véase mapa 5, A-2.

ASAR: Cocerse bajo la acción directa del fuego. // El indolente ni aun asará lo que ha cazado, Pr. 12.27.

ASAREEL, hb. **Dios limitó**: Descendiente de Judá, 1 Cr. 4.16.

ASARELA, hb. **Recto con Dios**: Uno de los hijos de Asaf separados para profetizar con arpas, salterios y címbalos, 1 Cr. 25.1, 2.

ASBEL, hb. **Hombre de Baal**: El segundo hijo de Benjamín, Nm. 26.38.

ASCALÓN: Una de las cinco ciudades principales de los filisteos, Jue. 1.18; 1 S 6.17.

ASCALONEO: Jos. 13.3. Habitante de Ascalón**.**

ASCENSIÓN: La ascensión de Jesucristo fue el auge de su última manifestación después de su resurrección. Predicha: Sal. 68.18 con Ef. 4.8; Jn. 6.62; 7.33; 14.28; 20.17. Del monte de los Olivos, Lc. 24.50, 51; Hch. 1.9, 12. En el cielo se sentó a la diestra de Dios, colaborando con los discípulos en la tierra, Mr. 16.19, 20. Fue a prepararnos lugar, Jn. 14.2; a enviarnos el Consolador, Jn. 16.7; Hch. 2.33; interceder por nosotros, Ro. 8.34; He. 6.20; 9.24; conceder dones a los hombres, Ef. 4.8. Después de ir al cielo, le quedan sujetos los ángeles, autoridades y potestades, 1 P. 3.22. La ascensión tipificada por Enoc e por Elías, Gn. 5.24; 2 R 2.11.

ASCO: Repugnancia producida por algo que incita vómito; nausea, repulsión, aburrimiento. // Y los egipcios tendrán **a** de beber el agua del río, Éxodo 7:18**.** Véase **Aversión**.

ASDOD, hb. **Fortaleza**: Una de las cinco ciudades de los filisteos. Lugar de enaceos, Jos. 11.22. Pertenecía a Judá, pero no fue poseída, Jos. 13.3; 15.46. El arca llevada a la casa de Dagón en Asdod, 1 S. 5.1, 2. Conquistada por Uzías, 2 Cr. 26.6. Los judíos se habían casado con mujeres asdoditas, Neh. 13.23. Tomada por Sargón, rey de Asiria, Is. 20.1. En el Nuevo Testamento se llama Azoto, Hch. 8.40. Véase mapa 5, A-1.

ASEDIAR: Molestar con preguntas o pretensiones insistentes. // Del pecado que nos asedia, He. 12.1.

ASEGURAR: Garantizar. Afirmar con certeza. // Me aseguraré y no temeré, Is. 12.2.

ASEMEJAR: Imitar. Comparar. // ¿A quién

me asemejáis, y me igualáis? Is. 46.5. **ENSEÑOREARSE**: Hacerse señor. Dominar. // No os enseñorearéis cada uno sobre su hermano, Lv. 25.46. Se enseñorearán de vosotros, y huiréis, Lv. 26.17. Los enemigos de los judíos esperaban **e** de ellos, Est. 9.1. Véase **Dominar**.

ASENA, hb. **Espino**: Uno de los sirvientes que volvieron del cautiverio, Esd. 2.50.

ASENA, hb. **Fuerte**: 1. Ciudad de Judá, Jos. 15.33. // 2. Lugar más al sur, Jos. 15.43.

ASENAT: Hija de Potifera, mujer de José y madre de Manasés y de Efraín, Gn. 41.45, 50.

ASER, hb. **Felicidad**: Cuando nació, Dijo Lea: "Para dicha mía; porque las mujeres me dirán dichosa; y llamó su nombre Aser", Gn. 30.13. El octavo hijo de Jacob, Gn. 35.26. La bendición profética de Jacob en cuanto a Aser, Gn. 49.20; la de Moisés, Dt. 33.24. El territorio de la herencia de la tribu de Aser, Jos. 19.24; Jue. 1.31. Véase mapa 2, B-5. La profetisa Ana era de la tribu de Aser, Lc. 2.36. La tribu de Aser mencionada en Ap. 7.6.

ASER: Ciudad en la frontera de Manasés, Jos. 17.7.

ASERA: Una diosa de Siria y de Canaán, que representaba la fertilidad. Se mencionan sus imágenes en 1 R. 15.13; sus profetas en 1 R 18.19; los utensilios usados en sus cultos, en 2 R. 23.4. Véase **Bosque**, **Ídolo.**

ASERRADO: Cortado con sierra. // Fueron apedreados, aserrados, puestos a prueba, muertos a filo de espada, He. 11.37.

ASESINAR: Matar (gente) traicioneramente. // Y sobre... el asesinado, Nm. 19.18. Véase **Herir**, **Matar**.

ASESINO: Aquel que mata traicioneramente. // Mi alma desmaya a causa de los **a,** Jer. 4.31. Véase **Homicida**.

ASFALTO: Mezcla sólida y compacta de hidrocarburos y minerales que se emplea en el pavimento de calzadas; **revoque, mezcla de cal, arena y agua con que se hace el enlucido para las paredes de un edificio. // L**es sirvió el ladrillo en lugar de piedra, y el **a** en lugar de mezcla, Gn. 11.3**.** El valle de Sidim estaba lleno de pozos de **a**, Gn. 14.10**.** Tomó una arquilla de juncos y la calafateó con **a** y brea, Ex. 2.3

ASIA: Una de las cinco partes del mundo y la cuna de nuestra civilización. Mas en el Nuevo Testamento la palabra se refiere a la provincia romana que abarcaba la parte occidental de la península de Asia Menor, de la cual Efeso era la capital. Véase Hch. 2.9; 6.9; 16.6; 19.10; 20.4, 16, 18; 21.27; 24.18; 1 Co. 16.19; 2 Co. 1.8; 2 Ti. 1.15; Ap. 1.4. Véase también mapa 5. E-2

ASIEL, hb. **Dios hizo**: Simeonita, abuelo de Jehú, 1 Cr. 4.35.

ASIENTO: Objeto en que la gente se sienta. // Hacía preparar mi asiento, Job 29.7. Los primeros **a** en las cenas, Mr. 12.39.

ASÍNCRITO, gr. **Incomparable**: Cristiano residente en Roma, Ro. 16.14.

ASIR, hb. **Cautivo**: Hijo de Coré, Ex. 6.24.

ASIRIA: Imperio grande y poderoso. En el territorio del alto Tigris, Gn. 2.14. Su capital era Nínive, Gn. 10.11. Adquirió al parecer el nombre de **Asiria**, de la ciudad de Asur, cuyas ruinas se encuentran en las márgenes del Tigris, ciento once kilómetros al sur de Nínive. Y la ciudad de Asur recibió su nombre, tal vez, de Asur, hijo de Sem y nieto de Noé (Gn. 10.22), a quien la idolatría había elevado a posición de un dios. Asiria era "la tierra del dios Asur". Las excavaciones recientes, en las ruinas de los palacios asirios, revelan que este pueblo participaba en alto grado de la civilización de Babilonia, de donde había emigrado. Véase Gn. 10.11. Los babilonios eran agricultores, pero los asirios eran un pueblo militar y comercial, sencillo en sus costumbres, pero crueles y feroces, empalando y quemando vivos a los habitantes de las ciudades conquistadas. Los asirios fueron siempre un pueblo de temor y de horror para el pueblo de Israel. Pul invadió a Israel en el reinado de Manahem, 2 R 15.19. En los días de Peka, Tiglat-pileser llevó a Asiria a los habitantes de Ijón, Abel-bet-maaca, Janoa, Cedes, Hazor, Galaad, Galilea y Neftalí, 2 R. 15.29. Salmanasar sojuzgó a Oseas rey de Iarael, y llevó al pueblo para Asiria, 2 R. 17.6, 23. Senaquerib invadió a Judá en el reinado de Ezequías, 2 R. 18.13; El ángel de Jehová mató en el campamento de los asirios a ciento ochenta y cinco mil durante la noche, 2 R. 19.35. Faraón Necao, rey de Egipto, subió contra el rey de Asiria, 2 R. 23.29. El Señor cambió el corazón del rey de Asiria a favor de Israel, Esd. 6.22. La aflicción que sobrevino a todo el pueblo, de los reyes de Asiria, Neh. 9.32. Profecía contra Asiria, Is. 10.5; Sof. 2.13. Asiria llevará los presos de Egipto y los exiliados de Etiopía, Is. 20.4. Dios envió a Jonás a Nínive, ciudad de Asiria, Jon. 1.2. Véase Asur, mapa 1, D-3.

ASISTIR: Acompañar. Estar presente. Ayudar. // Cuando asistáis a las hebreas, Ex. 1.16. Para **a** cada mañana, 1 Cr. 23.30. Como un solo hombre asistían, Esd. 3.9. Y millones de... asistían delante de él, Dn. 7.10. Me acerqué a uno de los que asistían, Dn. 7.16. Devoto soldado de los que le asistían, Hch. 10.7. Véase **Ayudar.**

ASKENAZ: 1. Hijo de Gomer, Gn. 10.3. //

2. Lugar cerca de Armenia, Jer. 51.27. Véase mapa 1, E-3.

ASMÓN, hb. **Fuerte**: En la frontera suroeste de Israel, Nm. 34.4.

ASNAPAR: Esd. 4.10. Tal vez el mismo que Asurbanipal, nieto de Senaquerib y rey de Asiria.

ASNILLO: Asno pequeño. // Y halló Jesús un **a**, Jn. 12.14.

ASNO: Mamífero solípedo doméstico, menor que el caballo, y de orejas largas. Es el padre del mulo. Era animal de carga; 1 S. 25.18. Cabalgaban asnas, Jue. 5.10. Mujeres también montaban asnos, Jue. 1.14; 1 S. 25.20; 2 R. 4.24. Personas eminentes que montaban asnas blancas, Jue. 5.10. Se usaban asnos para cultivar los campos, Is. 32.20. Job poseía mil asnas, Job 42.12. Los treinta hijos de Jair, hombres de influencia, cabalgaban treinta asnos, Jue. 10.4. La ley prohibía que se labrara con yunta de buey y asno, Dt. 22.10. Se comía carne de asno en tiempo de hambre, 2 R. 6.25. La asna de Balaam habló con voz humana, Nm. 22.28; 2 P. 2.16. "En sepultura de asno", es decir, arrastrarlo hacia fuera de la ciudad, Jer. 22.19. Se mencionan los asnos salvajes o monteses en Job 39.5; Sal. 104.11; Dn. 5.21. Son veloces corredores y andan sobre grandes extensiones en busca de pastos. El asno era el animal de la paz, así como el caballo era el de la guerra. Por eso Cristo entró en Jerusalén montado en un asno, Zac. 9.9; Mt. 21.5, 7. Véase **Mulo**. **Asno salvaje.** El *Asinus hemippus* era un bello animal del desierto, tan veloz como la gacela. Sus orejas eran más cortas que las de su primo, el asno doméstico.

ASOCIARSE: Juntarse, unirse. // Sino asociándoos con los humildes, Ro. 12.16.

ASOLADOR: Que arrasa, que destruye. // En la prosperidad el **a** vendrá, Job 15.21. Y la prevaricación **a**, Dn. 8.13.

ASOLAMIENTO: Devastación. // El día del Señor... como **a**, Is. 13.6. Ha puesto **a** en la tierra, Sal. 46.8. Asolada como **a** de extraños, Is. 1.7. Yo te pondré en **a** perpetuo, Ez. 35.9. Véase **Destrucción**.

ASOLAR: Devastar, arruinar, destruir. // Asolaré vuestros santuarios, Lv. 26.31. Asoló la ciudad, y la sembró de sal, Jue. 9.45. Te asolará y te arrancará de tu morada, Sal. 52.5. Saulo asolaba a la iglesia, Hch. 8.3.

ASOMBRAR: Asustar. Aterrar. Causar admiración. // Cualquiera que pase por ella se asombrará, 1 R. 9.8. Se asombrará cada cual al mirar, Is. 13.8. Los que me persiguen... asómbrense ellos, y yo no me asombre, Jer. 17.18. Véase **Espantar**.

ASOMBRO: Admiración excesiva. // Quebranto y **a** en todo cuanto pusieres mano, Dt. 28.20. Cuando me acuerdo, me **a,** Job 21.6. Y se llenaron de **a** y espanto, Hch. 3.10. Véase **Espanto**, **Terror**.

ASÓN: Hch. 20.13. Ciudad de Misia, no muy distante de Troas. Véase mapa 6, D-2.

ASPATA, pers. **Caballo**: Uno de los diez hijos de Amán, Est. 9.7.

ASPECTO: Apariencia, semblante. // Siete vacas... de muy feo **a**, Gn. 41.19. Ella muda luego de **a,** Job 38.14. Su **a** como el Líbano, Cnt. 5.15. El **a** del cuarto es semejante a un, Dn. 3.25. Discernir el **a** del cielo, Mt. 16.3. Su **a** como un relámpago, Mt. 28.3. Véase **Apariencia**.

ASPENAZ: Jefe de los eunucos de Nabucodonosor, Dn. 1.3.

ÁSPERO: Severo. // No seáis **á** con ellas, Col. 3.19. Véase **Duro**.

ASPERSIÓN: Esparcimiento de líquido en forma de lluvia. // Celebró la pascua y la **a** de la sangre, He. 11.28.

ÁSPID: Serpiente muy venenosa, Sal. 91.13; Sal. 140.3; Is. 11.8; 14.29; 59.5. Véase **Serpiente**.

ASPIRAR: Traer aire a los pulmones. // Desear ardientemente. // Aspiraban el viento como chacales, Jer. 14.6. Véase **Anhelar**, **Desear**.

ASRIEL, hb. **Promesa de Dios**: Un hombre de Manasés, Nm. 26.31; Jos. 17.2.

ASTA: Palo o hierro derecho, delgado y largo, en el cual se enclava cualquier cosa. Parte del vegetal que sirve de soporte a las ramas. // Hazte una serpiente ardiente, y ponla sobre una **a,** Nm. 21.8.

ASTAROT KARNAIM: Lugar muy antiguo, donde Quedorlaomer derrotó a los refaítas, Gn. 14.5.

ASTAROT: 1. Jue. 10.6; 1 S 7.4; 12.10. La principal divinidad femenina, como Baal era el principal dios. Era la diosa del poder productivo, del amor y de la guerra. Su culto estaba acompañado de ritual licencioso. Véase **Abominación**. // 2. Dt. 1.4; Jos. 9.10. Ciudad del lado oriental del Jordán, en Basán, en el reino de Og; llamada así, tal vez, porque era sede de los cultos a la diosa del mismo nombre. Véase mapa 3, C-2.

ASTAROTITA: 1 Cr. 11.44. Habitante de Astarot, del otro lado del Jordán.

ASTORET: Diosa de los sidonios. // Véase **Astarot**.

ASTRO: Designación común a todos los cuerpos celestes. Cuerpo celeste. // Haré entenebrecer todos los **a** brillantes del cielo, Ez. 32.8. Véase **Astronomía**, **Estrella**, **Luceros**.

ASTRÓLOGO: Dn. 2.27. Véase **Adivina-**

ción.

ASTROMANCIA: Véase **Adivinación**.

ASTRONOMÍA: El estudio de los astros, es decir, de las estrellas, de los planetas, de los cometas, comenzó muy temprano en la historia del mundo. Los pasajes del Antiguo Testamento hacen ver que en esos tiempos los cuerpos celestes causaban espanto y temor. Vinieron de Dios, están bajo su imperio, y solamente Él las puede contar, Gn. 1.16; Job 9.7; Sal. 8.3; 136.9; Jer. 31.35; Is. 40.26. El oscurecer y la confusión de los cuerpos celestes son fenómenos asociados con calamidades, Is. 13.10; Ez. 32.7; Jl. 2.10; 3.15; Mt. 24.29; Hch. 2.19, 20; Ap. 6.12, 13. La adoración de los astros era una de las formas de idolatría que apartó a los hebreos del camino de la ley, Dt. 4.19; 2 R. 17.16; Jer. 19.13; Hch. 7.43; Jesucristo es la estrella de la mañana, Ap. 2.28; 22.16. Hay una referencia a los cometas en la expresión "estrellas errantes", Jud. 13. Véase **Estrella**.

ASTUCIA: Sagacidad para engañar. // Esto hacía Jehú con **a,** 2 R 10.19. Porque su **a** es falsedad, Sal. 119.118. Comprendiendo la **a** de ellos, Lc. 20.23. El prende a los sabios en la **a** de ellos, 1 Co. 3.19. No... con **a,** ni adulterando la palabra, 2 Co. 4.2. Engañó a Eva con su **a**, 2 Co. 11.3. Llevados por... **a**, Ef. 4.14. Véase **Ardid**.

ASTUTAMENTE: Con ardid, sutilmente. // Han consultado astuta e secretamente, Sal. 83.3.

ASTUTO: Astucioso, sagaz. // Pero la serpiente era **a**, Gn. 3.1. Frustra los pensamientos de los **a**, Job 5.12. Con atavío de ramera y **a** de corazón, Pr. 7.10. Como soy **a,** os prendí por engaño, 2 Co. 12.16. Véase **Sagaz**.

ASUERO: 1. En el libro de Ester: Rey de los persas y esposo de Ester, Est. 1.2, 19; 2.16, 17. Es el mismo Jerjes de los griegos. // 2. En el libro de Esdras (cap. 4.6), es, tal vez, Artajerjes. // 3. En el libro de Daniel: otro Asuero, padre de Darío y rey de los medos, Dn. 9.1.

ASUNTO: Materia de la que se trata. // El **a** pareció bien a Faraón, Gn. 41.37.

ASUR: hb. **Oscuridad**: Padre de Tecoa, 1 Cr. 2.24.

ASUR: Uno de los hijos de Sem, Gn. 10.22. Véase **Asiria**. Véase también mapa 1, D-3.

ASURIM: Un bisnieto de Abraham y Cetura, Gn. 25.3.

ASUSTARSE: Llenarse de susto, de miedo. // Entonces me asustas con sueños, Job 7.14. ¿Y de quién te asustaste y temiste? Is. 57.11. No os asustéis, Mr. 16.6. Véase **Asombrar**.

ASVAT: Hombre de Aser, de la familia de Jaflet, 1 Cr. 7.33.

ATAC, hb. **Alojamiento**: Una ciudad de Judá, 1 S. 30.30.

ATACAR: Asaltar, embestir, agredir. // Se volvieron y atacaron a los de Hai, Jos. 8.21. Y volverán los caldeos y atacarán esta ciudad, Jer. 37.8.

ATAD, hb. **Zarzal**: Grande e intensa lamentación, llorando Jacob, en la era de Atad, Gn. 50.10, 11. Véase **Abel-mizraim**.

ATADO: Paquete, lío, envoltorio. // En el saco de cada uno estaba el **a** de su dinero, Gn. 42.35.

ATAI, hb. **Oportuno**: 1. Hijo de Jarha, 1 Cr. 2.35. // 2. Soldado del ejército de David, 1 Cr. 12.11. // 3. Hijo de Roboam, 2 Cr. 11.20.

ATAÍAS: Hijo de Uzías, Neh. 11.4.

ATALAYA: Centinela, vigilante. // Y el **a** que estaba en la torre de Jezreel, 2 R. 9.17. Desde las torres de las **a,** 2 R. 17.9. Sus **a** son ciegos, Is. 56.10. Te he puesto por **a** a la casa de Israel, Ez. 3.17; 33.7. Véase **Guardia, Centinela, Vigía, Vigilante**.

ATALÍA, hb. **Jehová aflige**: Hija de Jezabel, mujer de Joram, 2 R. 8.18, 26. Madre del rey Ocozías, 2 R. 8.26. Reinó sobre Judá seis años, 2 R. 11.3. Muerta en una insurrección de los sacerdotes, en favor de Joás, 2 R. 11.4-16.

ATALIA, Que pertenece a Atalo: Una ciudad importante en la costa de Panfilia, donde Pablo predicó en su primer viaje misionero, Hch. 14.25. Véase mapa 6, E-2.

ATALÍAS: 1. Un benjamita que vivía en Jerusalén 1 Cr. 8.26. // 2. Jefe de familia que volvió de Babilonia con Esdras, Esd. 8.7.

ATAR: Amarrar, ligar fuertemente. // Le ataron con dos cuerdas nuevas, Jue. 15.13. Si me ataren con siete mimbres verdes, Jue. 16.7. ¿Si primero no le ata? Mt. 12.29. Atado, y le entregaron a Poncio Pilato, Mt. 27.2. Le ataron con correas, Pablo dijo, Hch. 22.25. Véase **Apresar**.

ATARA: hb. **Coronas**: Esposa de Jerameel, 1 Cr. 2.26.

ATAROT, hb. **Coronas**: 1. Ciudad de Transjordania, Nm. 32.3. Véase mapa 2. D-5; mapa 5, C-1. // 2. Ciudad, en el límite entre Efraín y Benjamín, Jos. 16.5. Atarot-Adar, Jos. 16.5. Véase mapa 4, B-2. // 3. Otra ciudad en la frontera de Efraín, Jos. 16.7.

ATAÚD: Caja para encerrar y conducir difuntos. // Murió José... fue puesto en un **a** en Egipto, Gn. 50.26.

ATAVIAR: Adornar, hermosear. // Se atavíen... con modestia, 1 Ti. 2.9. Y cuando Jezabel lo oyó, se pinto... y atavió su cabeza, 2 R. 9.30. Véase **Adornar**.

ATAVÍO: Aderezo, adorno. // Y ninguno se puso sus **a**, Ex. 33.4. Quítate, pues, ahora tus **a**, Ex. 33.5. Se despojaron de sus **a** desde el monte Horeb, Ex. 33.6. Véase **Adorno**, **Aderezo**.

ATEÍSMO: Doctrina de los que no creen en la existencia de Dios; lo contrario al teísmo. // Hay varias formas de ateísmo, o mejor, maneras de emplear el término. Los paganos llamaban a los cristianos **ateos** porque no creían a sus dioses. Los filósofos son ateos, no en el sentido que dejan de creer en la causa primordial, la fuerza que produjo la vida; sino en el sentido de que no afirman que Dios es una persona, un Ser consciente, el originador de la fuerza. Hubo en todas las épocas algunos que afirmaban dogmáticamente que no hay Dios, por lo general por causa de un espíritu de jactancia. Pero el ateísmo más común es el de vivir como si no existiera un Dios. Tales "ateos" no dicen **abiertamente** que no hay Dios, sino que siguen sus propios caminos (Is. 53.6), **diciendo en sus corazones**: No hay Dios, Sal. 14.1. Confían en... carros, porque son muchos, y en jinetes, porque son valientes; y no miran al Santo de Israel, ni buscan a Jehová, Is. 31.1.

ATEMORIZAR: Causar temor o susto a, intimidar. // Lo atemorizaré, y todo el pueblo que está con él, 2 S. 17.2. Y torrentes de perversidad me atemorizaron, 2 S. 22.5. Para espantarles y atemorizarles, 2 Cr. 32.18. Y enviaba Tobías cartas para atemorizarme, Neh. 6.19. ¿De quién he de atemorizarme? Sal. 27.1. Noticias del oriente y del norte lo atemorizarán, Dn. 11.44.Véase **Amedrentar**, **Aterrorizar**.

ATENAS: La famosa metrópoli de la antigua Ática, actualmente una de las más bellas ciudades del Oriente, la capital de Grecia. Siguió siendo durante siglos uno de los centros de la cultura literaria. Se emplea su nombre para designar cualquier ciudad donde florecen las letras y las artes. Era una ciudad muy religiosa (Hch. 17.22); en todas las direcciones había gran número de templos, altares y otras construcciones sagradas. El apóstol Pablo predicaba en la sinagoga y en la plaza de esa ciudad, Hch. 17.17. El famoso sermón de Pablo en el Areópago, Hch. 17.22-31. En las Escrituras, no hay ninguna referencia a una iglesia fundada por Pablo en Atenas. Pero, según la tradición, fue fundada la iglesia allí, de la cual Dionisio, un juez perteneciente a la corte del Areópago (Hch. 17.34), fue el primer obispo. Véase mapa 6, C-2.

ATENCIÓN: Acción de aplicar el espíritu a algo. (Interjección): Guardaos. // Faraón... no dio **a** tampoco a esto, Ex. 7.23. Ha venido a la ciudad en **a** a que, 1 S. 9.12.

ATENDER: Prestar atención, tomar en consideración. // No necesitaba **a** al jefe, Gn. 39.23. Antes él me atendería, Job 23.6. Porque de cierto a él atenderé, Job 42.8. Atenderé a mis caminos, Sal. 39.1. No hubo quien atendiese, Pr. 1.24. Si un gobernante atiende la palabra mentirosa, Pr. 29.12. Hijo mío, está atento a mi sabiduría, Pr. 5.1. ¿Quién atenderá y escuchará? Is. 42.23. Para **a** a las palabras de mis siervos, Jer. 26.5.

ATENIENSE: De Atenas. // ¡Varones atenienses! Hch. 17.22.

ATENTAMENTE: Con atención. // Oíd **a** mi palabra, Job 37.2.

ATENTO: Que atiende. // **A** tus oídos a la oración, 2 Cr. 6.40. Y haces **a** tu oído, Sal. 10.17. Haciendo estar **a** tu oído a la sabiduría, Pr. 2.2.

ATER, hb. **Cerrado**: 1. Jefe de una familia que volvió del exilio, Esd. 2.16. // 2. Jefe de familia de porteros que volvió, Esd. 2.42.

ATERRAR: Causar terror. Infundir miedo a. Asustar, espantar. Cubrir con tierra. // Me aterras con visiones, Job 7.14. Y atérralos con tu torbellino, Sal. 83.15. Véase **Atemorizar**, **Aterrorizar**.

ATERRORIZAR: Causar terror a. // Vamos contra Judá y aterroricémosla, Is. 7.6. Quedaron sobremanera aterrorizados, Ap. 11.13. Véase **Atemorizado, Atemorizar**.

ATESORAR: Guardar, juntar en tesoro, acumular. // Atesorando rapiña y despojo en sus palacios, Am. 3.10. Atesoras para ti mismo ira, Ro. 2.5. No deben **a** los hijos, 2 Co. 12.14. Atesorando para sí buen fundamento, 1 Ti. 6.19.

ATESTIGUAR: Declarar como testigo; testimoniar, testificar, // Aquí estoy, atestiguad contra mí delante de Jehová, 1 S. 12.3. Pues tu misma boca atestiguó contra ti, 2 S. 1.16. Que atestigüen contra él, 1 R. 21.10. Aquellos hombres perversos atestiguaron contra Nabot, 1 R. 21.13. Nuestros pecados han atestiguado contra nosotros, Is. 59.12. Porque Jehová ha atestiguado entre ti y la mujer de tu juventud, Mal. 2.14. Éste atestigua que Dios es veraz, Juan 3.33.Y nos atestigua lo mismo el Espíritu Santo, He. 10.15. Véase **Testificar.**

ATLAI, hb. **Jehová afligió**: Uno de los hijos de Bebai que se apartó de su mujer por orden de Esdras, Esd. 10.28.

ATLETA: Aquel que se ejercitaba en la lucha para combatir en los juegos solemnes. El que lucha como **a,** no es coronado, 2 Ti. 2.5.

ATÓNITO: Espantado, estupefacto. //. Estaban aquellos hombres **a,** Gn. 43.33. Los sacerdotes estarán **a,** Jer. 4.9. Permanecí siete días **a** entre ellos, Ez. 3.15. Quedó **a** casi una hora, Dn. 4.19. Sus padres estaban

a, Lc. 8.56. Estaban **a** y decían: ¿No es este el que asolaba?, Hch. 9.21. Pedro persistía... le vieron, se quedaron **a**, Hch. 12.16.

ATORMENTADOR: Lo que atormenta o tortura. // Porque el **a** fenecerá, Is. 16.4. Véase **Verdugo**.

ATORMENTAR: Torturar, afligir, agitar. // Un espíritu maligno lo atormentaba, 1 S. 16.14. ¿Has venido acá para atormentarnos antes del tiempo? Mt. 8.29. Que los atormentasen cinco meses, Ap. 9.5. Será atormentado con fuego y azufre, Ap. 14.10. Serán atormentados día y noche, Ap. 20.10. Véase **Torturar**.

ATRAER: Traer hacia si. // Atraído sobre mí... tan grande pecado, Gn. 20.9. Con cuerdas humanas los atraje, con cuerdas de amor, Os. 11.4. A todos atraeré a mí mismo, Jn. 12.32. Su propia concupiscencia es atraído, Stg. 1.14.

ATRÁS: En la parte posterior, detrás. // Sean vueltos **a** y avergonzados, Sal. 70.2. No vuelve **a** por nada, Pr. 30.30. Dejaron a Jehová... se volvieron **a,** Is. 1.4.

ATRAVESAR: Pasar de un lado a otro. Penetrar un cuerpo de parte a parte (con espada) // Le horadó, y atravesó sus sienes, Jue. 5.26. Arco de bronce le atravesará, Job 20.24. Atravesando el valle de lágrimas, Sal. 84.6. Las atravesarán con sus espadas, Ez. 23.47. Habiendo atravesado toda la isla, Hch. 13.6.

ATREVERSE: Osar. // Ninguno... se atrevía a preguntarle, Jn. 21.12. Véase **Osar**.

ATREVIDAMENTE: Osadamente, insolentemente. // Dicen **a** a los que me irritan, Jer. 23.17. Véase **Osadamente**.

ATREVIDO: Insolente, descarado. // **A** y contumaces, no temen decir mal, 2 P. 2.10.

ATRIBUIR: Imputar. // Ni atribuyó a Dios despropósito alguno, Job 1.22. A quien Dios atribuye justicia, Ro. 4.6; Sal. 32.2. Véase **Imputar**.

ATRIBULADO: Afligido, Consternado. // El **a** es consolado, Job 6.14. Pero si somos **a**, 2 Co. 1.6. Véase **Afligido**.

ATRIBULAR: Angustiar, atormentar. // Soy una mujer atribulada de espíritu, 1 S. 1.15. Atribularé a los hombres, Sof. 1.17. Somos atribulados, es para vuestra consolación, 2 Co. 1.6. Atribulados en todo, mas no angustiados, 2 Co. 4.8. Atribulados; de fuera, conflictos; de dentro, temores, 2 Co. 7.5. Tribulación a los que os atribulan, 2 Ts. 1.6.

ATRINCHERAR: Fortificar con trincheras. // Vinieron sus ejércitos a una, y se atrincheraron en mí, Job 19.12.

ATRIO: Espacio que, en los palacios, va desde la entrada principal a la escalera. Patio. El espacio alrededor del propio Tabernáculo, se llamaba el atrio, Ex. 38.9-19. El atrio interior del templo, 1 R. 6.36. El gran atrio, 1 R. 7.12. Los atrios de Jehová, Sal. 84.2; 100.4; 116.19; 135.2; Is. 62.9. Véase **Pórtico**.

ATROPELLAR: Pasar por encima. // Tanto que unos a otros se atropellaban, Lc. 12.1.

ATROT-BET-JOAB, hb. Coronas de la casa de Joab: Una familia, tal vez de Judá, 1 Cr. 2.54.

ATURDIR: Perturbar emocional y momentáneamente. // Se aturdieron con la sidra, Is. 28.7. Se aturdieron, por tanto, las naciones, Jer. 51.7.

AUGUSTO: Lc. 2.1. Véase **Augusto César**.

AULLAR: Dar aullidos (el perro, el lobo) grito prolongado y lamentoso. // Aullad, porque cerca está el día de Jehová, Is. 13.6. Aullad, pastores, y clamad, Jeremías 25.34. **AVERGONZAR:** Causar o sentir vergüenza. // Y has avergonzado a los que nos aborrecían, Salmo 44.7. No te avergüences, porque no serás afrentada, Is. 54.4. Sean avergonzados y confundidos a una los que buscan mi vida para destruirla. Vuelvan atrás y avergüéncense los que mi mal desean, Sal. 40.14. Y estaban ambos desnudos, Adán y su mujer, y no se avergonzaban, Gn. 2.25. La cual el Señor nos dio para edificación y no para vuestra destrucción, no me avergonzaré, 2 Co. 10.8. En nada seré avergonzado; antes bien con toda confianza, Fil. 1.20. No os juntéis con él, para que se avergüence, 2 Ts. 3.14. Por tanto, no te avergüences de dar testimonio de nuestro Señor, 2 Ti. 1.8. **Véase Vergüenza, Vergonzoso.**

AUMENTAR: Hacer más grande, amplificar, mejorar. // Tomaron posesión de ella, y se aumentaron, Gn. 47.27. Ni el rico aumentará, ni el pobre disminuirá, Ex. 30.15. Auméntanos la fe, Lc. 17.5. Iglesias eran confirmadas... y aumentaban en número, Hch. 16.5. Aumentará los frutos de vuestra justicia, 2 Co. 9.10. Véase **Añadir**, **Crecer**.

AUMENTO: Acción de aumentar. // Va en aumento hasta que el día es perfecto, Pr. 4.18.

AURORA: Claridad que precede a la salida del sol. // Desde el seno de la **a**... el rocío de tu juventud, Sal. 110.3. Como la luz de la **a** que va en aumento, Pr. 4.18. Véase **Alba**.

AUSENCIA: Alejamiento de un lugar. // Mucho más ahora en mi **a**, Fil. 2.12.

AUSENTE: No presente. // **A** en cuerpo, pero presente en espíritu, 1 Co. 5.3. En cuanto al cuerpo, estamos **a** del Señor, 2 Co. 5.6. Mas **a** soy osado para con vosotros, 2 Co. 10.1. **A** en cuerpo, no obstante en espíritu estoy con vosotros, Col. 2.5.

AUTOR: Inventor, creador. // **A** de la muerte será reo de homicidio, Ex. 22.3. Matasteis al **A** de la vida, Hch. 3.15. Perfeccionase... al

a de la salvación, He. 2.10. Vino a ser **a** de eterna salvación, He. 5.9. En Jesús, el **a** y consumador de la fe, He. 12.2.

AUTORIDAD: Derecho o poder de mandar. Agente o delegado del poder público. // Enseñaba como quien tiene **a**, Mt. 7.29. También yo soy hombre bajo **a,** Mt. 8.9. Les dio **a** sobre los espíritus, Mt. 10.1. ¿Con qué **a** haces estas cosas Mt. 21.23. Con **a** manda aun a los espíritus, Mr. 1.27. Su palabra era con **a,** Lc. 4.32. Tiene **a** de los principales, Hch. 9.14. Sométase... a las **a**, Ro. 13.1. No hay **a** sino de parte de Dios, Ro. 13.1.Que se sujeten a **a**, Tit. 3.1. Rechazan la **a**, Jud. 8. Le daré **a** sobre las naciones, Ap. 2.26. Véase **Poder**.

AVA: Provincia de Asiria, cuyos habitantes fueron trasladados a Samaria, 2 R. 17.24.

AVANZAR: Ir hacia adelante. // Y avanzaron e hirieron a filo de espada, Jue. 20.37.

AVARICIA: Codicia, deseo de riquezas. // Escoge... varones de verdad, que aborrezcan la **a**, Ex. 18.21. Del corazón... salen... los adulterios... las **a**, Mr. 7.21, 22. Guardaos de toda **a**, Lc. 12.15. Atestados de toda **a,** maldad, Ro. 1.29. Toda inmundicia, o **a,** Ef. 5.3. Y **a,** que es idolatría, Col. 3.5. Sean vuestras costumbres sin **a**, He. 13.5. Por **a** harán mercadería de vosotros, 2 P. 2.3.

AVARO: Que no da, mezquino. // No comas pan con el **a,** Pr. 23.6. Los fariseos, que eran **a,** y se burlaban de él, Lc. 16.14. No absolutamente... con los **a**, 1 Co. 5.10. No os juntéis con... **a**, 1 Co. 5.11. Ni los **a**... heredarán el reino, 1 Co. 6.10. Ningún... **a**... tiene herencia en el reino, Ef. 5.5. No pendenciero, no **a**, 1 Ti. 3.3. En los últimos días... **a**, 2 Ti. 3.1, 2.

AVE: Animal vertebrado con el cuerpo recubierto de plumas y pico córneo. // Dios creó las aves, Gn. 1.20, 21. Entraron en el arca, según sus especies, Gn. 6.20. // Clasificadas en dos listas por la ley de Moisés, las limpias y las inmundas. De la carne de las inmundas quedó prohibido comer; sólo de la carne de las limpias podían alimentarse, Lv. 11.13-19; Dt. 14.11-20. // Se cazaban aves silvestres, Sal. 91.3; 124.7; Am 3.5. // Jesús las mencionó, Mt. 6.26; 13.4; 23.37; Lc. 9.58; 13.19. // Las aves llamadas para comer carne de reyes, de comandantes, etc., Ap. 19.17, 18, 21. // Se encuentran unas 350 especies de aves en Palestina. En las Escrituras se mencionan: El águila, Mt. 24.28. El quebrantahuesos, Lv. 11.13. El avestruz, Job 39.13. La cigüeña, Jer. 8.7. El pelícano, Lv. 11.18. La codorniz, Ex. 16.13. La lechuza, Is. 34.11; Lv. 11.16. El cuervo, Gn. 8.7. El somormujo, Lv. 11.17. El gavilán, Job 39.26; Lv. 11.16. La gaviota, Lv. 11.16. El gallo, Mt. 26.34. La gallina, Mt. 23.37. La garza, Lv. 11.19. La grulla, Is. 38.14. El ibis, Lv. 11.17. El milano, Dt. 14.13. La golondrina, Sal. 84.3. El pavo, 1 R. 10.22. El gallinazo, Dt. 14.13. La perdiz, 1 S. 26.20. La paloma, Mt. 3.16. La abubilla, Lv. 11.19. La tórtola, Lc. 2.24. El azor, Lv. 11.13.

AVELLANO: Gn. 30.37. Género de betuláceas, arbusto que produce avellanas.

AVÉN, hb. **Vanidad**: Ez. 30.17; Os 10.8. Ciudad de Egipto. Lo mismo que On. Véase Gn. 41.45. Llamada Avén por los profetas para expresar su desprecio de la ciudad metida en la idolatría.

AVENTAJAR: Exceder. // Aventajaba a muchos de mis contemporáneos, siendo mucho más celoso, Gá. 1.14.

AVENTAR: Pasar (el trigo) por el cedazo. Escoger, separando lo bueno de lo malo. // El rey sabio avienta a los impíos, Pr. 20.26.

AVEOS: Pueblo que ocupó la tierra después ocupada por los filisteos, Dt. 2.23. Véase mapa 1, H-3.

AVERGONZAR: Causar vergüenza a, confundir. // Desnudos... y no se avergonzaban, Gn. 2.25. ¿No se avergonzaría por siete días? Nm. 12.14. Y no la avergoncéis, Rt. 2.15. Confuso y avergonzado estoy, Esd. 9.6. No sea yo avergonzado, Sal. 71.1. Mis siervos se alegrarán, y vosotros seréis avergonzados, Is. 65.13. Jamás será mi pueblo avergonzado, Jl. 2.27. El que se avergonzare de mí, Mr. 8.38. Todos sus adversarios se avergonzaban, Lc. 13.17. No me avergüenzo del evangelio, Ro. 1.16. La esperanza no avergüenza, Ro. 5.5. Para avergonzar a los sabios, 1 Co. 1.27. No escribo esto para avergonzaros, 1 Co. 4.14. Nos avergoncemos nosotros, 2 Co. 9.4. Que en nada seré avergonzado, Fil. 1.20. No te avergüences de dar testimonio, 2 Ti. 1.8. No me avergüenzo... porque yo sé a quién he creído, 2 Ti. 1.12. Obrero que no tiene de qué avergonzarse, 2 Ti. 2.15. No se avergüenza de llamarlos hermanos, He. 2.11. No se avergüenza de llamarse Dios, He. 11.16. En lo que murmuran sean avergonzados, 1 P. 3.16. Sufrir como cristiano, no se avergüence, 1 P. 4.16. No nos apartemos avergonzados en su venida, 1 Jn. 2.28. Véase **Confundir.**

AVERIGUAR: Investigar, informarse de. // Y averiguad... acerca del niño, Mt. 2.8.

AVERSIÓN: Odio, repulsión. // Les tomé **a**; por la perversidad, Os. 9.15. Véase **Asco**.

AVESTRUZ: La mayor de las aves y tal vez la más veloz de todos los corredores. Las alas son cortas e impropias al vuelo. Llega a medir 2,5 m de altura. Los huevos, que se igualan, cada uno, al peso de 24 huevos de gallina, son empollados por el macho. Se caza el avestruz persiguiéndolo a caballo.

Ave inmunda, Lv. 11.16. Habita en la desolación del desierto, Job 30.29; Is. 13.21; 34.13; 43.20; Jer. 50.39. Se lamenta, Mi 1.8. Cruel, Lm. 4.3. El evidente descuido en dejar sus huevos para que los pisoteen, Job 39.14, 15. Perseguido, se burla del caballo y de su jinete, Job 39.18.

AVIDEZ: Deseo vehemente. // Cometer con **a** toda clase de impureza, Ef. 4.19. Véase **Codicia**, **Concupiscencia**, **Avaricia**.

AVISAR: Prevenir, amonestar. // Cualquiera cosa que me mostrare, te avisaré, Nm. 23.3. ¿No te lo avisaría yo? 1 S. 20.9. Y si tú avisares al impío de su camino, Ez. 33.9.

AVISO: Noticia, comunicación, anuncio. // Cuando el centurión oyó esto, fue y dio **a** al tribuno, Hch. 22.26.

Avispero

AVISPA: Género de insectos himenópteros cuyas hembras son dotadas de un aguijón. Son primas de las abejas y de las hormigas. Se llaman, también, todas las centenas de especies, **tábanos.** Los avispones, grandes avispas, alcanzan tres centímetros de longitud. Las avispas son muy inteligentes, algunas especies sabiendo hacer papel. Se dice que los chinos, hace dieciocho siglos, inventaron papel, observando el método de las avispas al hacerlo, en la construcción de sus nidos. Estos insectos se vuelven temibles a causa de las picaduras, pero sólo atacan cuando se les amenazan los nidos (avisperos). El Señor se aprovechó de avispones (o tábanos) para expulsar a los cananeos, Ex. 23.28; Dt. 7.20; Josué 24.12.

AVISTAR: Ver a lo lejos. // Al **a** Chipre, dejándola a mano izquierda, Hch. 21.3.

AVIT: Ciudad real de Hadad, rey de Edom, Gn. 36.35.

AVIVAR: Cobrar vida; excitar, despertar; animar, estimular. // Avívame en tu camino, Sal. 119.37. Aviva tu obra en medios de los tiempos, Hab. 3:2. Véase **Despertar**, **Animar**, **Estimular**, **Reavivar**.

AY: Exclamación de censura o de regaño. Contra la perversidad, etc., Is. 10.1; 31.1; 45.9; Jer. 22.13; Am 6.1; Mr. 2.1; Hab. 2.6; Zac. 11.17; Mt. 23.13; 26.24; Jud. 11; Ap. 8.13; 9.12; 18.10. Véase **Anatema**.

AYER: El día anterior al de hoy; en el tiempo pasado. // Nosotros somos de **a**, Job 8.9. Mil años... como el día de **a**, Sal. 90.4. Jesucristo es el mismo **a**, y hoy, y por los siglos, He. 13.8.

AYO: "La ley ha sido nuestro ayo, para llevarnos a Cristo", Gá. 3.24, 25. La misma palabra griega se traduce preceptores, o instructores, en 1 Co. 4.15. Un ayo entre los griegos y los romanos fue un criado de confianza, encargado de acompañar y educar a un niño ilustre hasta que éste llegara a la mayoría de edad. Así es la ley que como ayo nos reveló la justicia de Dios, nos convenció de nuestra injusticia, nos amenazó con el castigo divino, nos reveló la futilidad de nuestros esfuerzos por ganar la salvación mediante buenas obras – todo hasta conducirnos al Salvador. La lección en Gá. 3.24,25 no es acerca de la responsabilidad del ayo en cuanto a la seguridad del niño. El contraste está entre la tutela de la ley y la libertad que se alcanza en Cristo.

AYUDA: Socorro, subvención, amparo. // Haré **a** idónea para él, Gn. 2.18. Mi **a** has sido, Sal. 27.9. Porque vana es la **a** de los hombres, Sal. 60.11; 108.12. Bien concertado... por todas las coyunturas que se **a**, Ef. 4.16. Véase **Ayuda, Amparo, Socorro**.

AYUDANTE: Que ayuda; dar ayuda a, socorrer. // Respondió Josué hijo de... **a** de Moisés, Nm. 11.28. ¿No es Zebul **a** suyo? Jue. 9.28. Juan de **a**, Hch. 13.5. Véase **Acudir**, **Ayudar**, **Amparar**, **Socorrer**.

AYUDAR: Auxiliar. // Hasta aquí nos ayudó el Señor, 1 S. 7.12. Jehová los ayudará y los librará, Sal. 37.40. Ten misericordia de nosotros, y ayúdanos, Mr. 9.22. Pasa a Macedonia, y ayúdanos, Hch. 16.9. Ayudándonos con vuestras oraciones, 2 Co. 1.11. Véase **Amparar**, **Auxiliar**, **Socorrer**.

AYUNAR, AYUNO: Abstinencia parcial o

total de alimentos. // En Mizpa, ayunaron aquel día, 1 S. 7.6. Ayunó David, y entró, y pasó la noche acostado en tierra, 2 S. 12.16. Proclamad ayuno, 1 R. 21.9. Josafat humilló su rostro para consultar a Jehová, e hizo pregonar ayuno a todo Judá, 2 Cr. 20.3. Y publiqué ayuno allí junto al río Ahava, Esd. 8.21. Se reunieron los hijos de Israel en ayuno, Neh. 9.1. Ve y reúne a todos los judíos que se hallan en Susa, y ayunad por mí, Est. 4.16. Afligí con ayuno mi alma, Sal. 35.13. Mis rodillas están debilitadas a causa del ayuno, y mi carne desfallece, Sal. 109.24. He aquí que para contiendas y debates ayunáis, Is. 58.4. Cuando ayunen, yo no oiré su clamor, Jer. 14.12. En la casa de Jehová, el día del ayuno, Jer. 36.6. Buscándole en oración y ruego, en ayuno, Dn. 9.3. Proclamad ayuno, convocad a asamblea, Jl. 1.14; 2.15. Convertíos a mí con todo vuestro corazón, con ayuno, Jl. 2.12. Y los hombres de Nínive creyeron a Dios, y proclamaron ayuno, Jon. 3.5. Cuando ayunasteis y llorasteis en el quinto y en el séptimo mes estos setenta años, ¿habéis ayunado para mí? Zac. 7.5. Y el ayuno del décimo, se convertirán para la casa de Judá en gozo y alegría, Zac. 8.19. Después de ayunar cuarenta días, tuvo hambre, Mt. 4.2. Cuando ayunéis, no seáis austeros, como los hipócritas, Mt. 6.16. Pero vendrán días cuando el esposo les será quitado, y entonces ayunarán, Mt. 9.15. Pero este género no sale sino con oración y ayuno, Mt. 17.21. Y los discípulos de Juan y los de los fariseos ayunaban, Mr. 2.18. Sirviendo de noche y de día con ayunos y oraciones, Lc. 2.37. Ayuno dos veces a la semana, Lc. 18.12. Ministrando éstos al Señor, y ayunando, Hch. 13.2. Habiendo ayunado y orado, les impusieron las manos, Hch. 13.3. Habiendo orado con ayunos, los encomendaron al Señor, Hch. 14.23. Por haber pasado ya el ayuno, Hch. 27.9. En trabajos, en desvelos, en ayunos, 2 Co. 6.5. En hambre y sed, en muchos ayunos, 2 Co. 11.27.

AZADÓN: Instrumento semejante a la azada. Utilizado para cavar en tierras duras. // Martillarán sus espadas para **a**, Mi. 4.3. Forjad espadas de vuestros **a**, Jl. 3.10.

AZAI: Sacerdote que residía en Jerusalén, Neh. 11.13.

AZALÍA, hb. **Jehová se puso de parte**: Padre del escribano Safán, en el reinado de Josías, cuando hallaron el libro de la ley, 2 R. 22.3.

AZÁN, hb. **Fuerte**: Padre de uno de los hombres designados para que repartiera la tierra entre las tribus, Nm. 34.26.

AZANÍAS, hb. **Dios oyó**: Uno de los que firmaron el pacto, Neh. 10.9.

AZAREEL: 1. Un coraíta del ejército de David, 1 Cr. 12.6. // 2. Un músico del templo, 1 Cr. 25.18. // 3. Jefe de la tribu de Dan, 1 Cr. 27.22. // 4. Uno de los que tenían mujer extranjera, Esd. 10.41. // 5. Uno que vivía en Jerusalén después del exilio, Neh. 11.13. // 6. Uno que tocó trompeta en la dedicación de los muros, Neh. 12.36.

AZARÍAS, hb. **A quien Jehová ayudó**: 1. Llamado también Uzías, el decimoprimer rey de Judá, 2 R. 15.1. // 2. Uno de los tres hebreos echados al horno de fuego, Dn. 1.6. Había otras 25 personas mencionadas en el Antiguo Testamento, llamadas Azarías.

AZAZ, hb. **Fuerte**: Rubenita del linaje Joel, 1 Cr. 5.8.

AZAZEL: Echará suertes Aarón sobre los dos machos cabríos; una suerte "por Jehová", y otra suerte "por Azazel", para el macho cabrío emisario, Lv. 16.8. Es decir, que sirve para emitir. El día de la expiación los hijos de Israel tomaban dos machos cabríos, Lv. 16.5. Se echaban suertes para determinar cuál sería para el Señor y cuál el macho cabrío emisario. El macho cabrío para el Señor fue ofrecido como ofrenda por el pecado; el otro enviado vivo al desierto, llevando simbólicamente el pecado del pueblo.

AZAZÍAS, hb. **A quien Jehová fortalece**. Uno de los músicos del templo, 1 Cr. 15.21.

AZBUC, hb. **Perdón**: Padre de Nehemías, no el gobernador del mismo nombre, Neh. 3.16.

AZECA, hb. **Campo cavado**: Una ciudad de Judá, Jos. 15.35.

AZEL, hb. **Noble**: 1. Un descendiente del rey Saúl, 1 Cr. 8.37. // 2. Lugar cerca de Jerusalén, Zac. 14.5.

AZGAD, hb. **Fuerte**: Jefe de una familia de 1.222, que volvió del exilio, Esd. 2.12.

AZIEL, hb. **Dios es poder**: Uno de los músicos del templo, 1 Cr. 15.20.

AZIZA, hb. **Robusto**: Uno de los que tenían mujer extranjera, Esd. 10.27.

AZMAVET, hb. **La muerte es fuerte**: 1. Uno de los treinta valientes de David, 2 S. 23.31. // 2. Un descendiente de Saúl, 1 Cr. 8.36. // 3. El padre de dos soldados del ejército de David, 1 Cr. 12.3. // 4. Hombre sobre los tesoros de David, 1 Cr. 27.25.

AZMAVET: Esd. 2.24. Una aldea al norte de Anatot.

AZNOT-TABOR, hb. Picos de Tabor: Dos montes en la frontera de Neftalí, Jos. 19.34.

AZOR, gr. **Auxiliador**: Un antepasado de José, marido de María, de la cual nació Jesús, Mt. 1.13.

AZOR: Ave falconiforme diurna que mide

entre 50 y 60 cm de longitud, con el dorso gris y el vientre blanco con manchas oscuras, Dt. 14.12.

AZOTAR: Dar con azotes en. // Azotaban a los capataces, Ex. 5.14. Tomarán al hombre y lo castigarán, Dt. 22.18. En sus sinagogas os azotarán, Mt. 10.17. Azotado por las olas, Mt. 14.24. Después de haber azotado a Jesús, Mt. 27.26. Azotarnos... sin sentencia judicial, Hch. 16.37. Azotados... por la tormenta, Hch. 27.18. Azota a todo hijo a quien recibe, He. 12.6.

AZOTE: La ley mosaica ordenaba, por ciertos delitos, una pena de **cuarenta azotes**, **con exactitud**, Dt. 25.2, 3. Se administraba con varas, y por ser exacta, nunca excedía de treinta y nueve azotes. Véase 2 Co. 11.24. La ley romana prescribía que se castigara con azotes. Se hacían con tiras de cuero, guarnecidas de pedazos de hueso o de plomo. La víctima con el cuerpo en posición curvada y seguramente atada, recibía los azotes en las espaldas desnudas y rígidas. El número de chicoteadas era sin límite. El sufrimiento era atroz hasta, en muchos casos, producir la muerte. Cristo azotado: Mt. 27.26; comp. Sal. 129.3. Los apóstoles azotados, Hch. 5.40. Pablo azotado, Hch. 16.23, 37; 2 Co. 11.24, y tres veces castigado con varas, 2 Co. 11.25.

AZOTO: La forma griega de Asdod. Felipe se encontró en Azoto, Hch. 8.40. Véase Asdod. Véase también, mapa 5, A-1.

AZRICAM, hb. **Auxilio**: 1. Un descendiente de Salomón, 1 Cr. 3.23. // 2. Un benjamita, 1 Cr. 8.38. // 3. Un levita en Jerusalén, 1 Cr. 9.14. // 4. Alto oficial de Acaz, 2 Cr. 28.7.

AZRIEL, hb. **Ayudante de Dios**: 1. El jefe de una de las familias llevadas cautivas por el rey de Asiria, 1 Cr. 5.24. // 2. El padre de Jerimot, 1 Cr. 27.19. // 3. El padre de Seraías, uno de los funcionarios enviados para apresar a Jeremías, Jer. 36.26.

AZUBA, hb. **Desolado**: 1. Una mujer de Caleb, 1 Cr. 2.18. // 2. La madre de Josafat, 1 R. 22.42.

AZUCENA: Véase **Lirio.**

AZUFRE: Cuerpo simple, sólido, amarillo, insípido e inodoro, que arde, produciendo un gas de olor especial e irritante. // Jehová hizo llover sobre Sodoma... **a**, Gn. 19.24, Lc. 17.29. Toda su tierra abrasada con **a**... como fue la destrucción de Sodoma, Dt. 29.23. Sobre los malos hará llover... fuego, **a,** Sal. 11.6. Será atormentado con fuego y **a**, Ap. 14.10. Fueron lanzados vivos dentro del lago que arde con **a**, Ap. 19.20.

AZUL: Del color del cielo sin nubes. // Harás un velo de **a**, púrpura, carmesí, Ex. 26.31. Para la puerta... una cortina de **a**, Ex. 26.36. Harán el efod de oro, **a**, Ex. 28.6. Vestiduras reales de **a**, Est 8.15; Jer. 10.9; Ez. 23.6.

AZUR, hb. **Auxiliador**: 1. Uno de los que firmaron el pacto, Neh. 10.17. // 2. El padre del falso profeta, Hananías, Jer. 28.1. // 3. Padre de Jaazanías, uno de los hombres que aconsejaban perversamente, Ez. 11.1.

BÚHO: Ave de rapiña nocturna, generalmente con el plumaje de color pardo y grandes ojos redondos (Lv. 11.17).

B

BAAL, heb. **Señor**: El dios supremo de los cananeos, correspondiendo a Bel, Señor, de los babilonios. El título por extensión, del Baal cananeo, era **Baal-Semaim**, es decir, **Señor del cielo. Baales** (Jue. 2.11) es la forma plural; cada lugar tenía su propio Baal, **Señor divino**. Así había Baal-hazor, Baal-hermón, Baal-peor, etc. Baal era el dios del sol, responsable de la germinación y crecimiento de la labranza, el aumento de los rebaños y la fecundidad de las familias. En tiempos de sequía y de peste, le sacrificaban víctimas humanas para apaciguar su ira, 2 R. 16.3; 21.6; Jer. 19.5. En esos holocaustos, la familia por lo general ofrecía el primogénito, siendo quemada viva la víctima. Baal era la divinidad masculina y Astoret la femenina entre los fenicios y los cananeos. La adoración a Baal, en el tiempo de Moisés, pasó para los amonitas y los moabitas, Nm. 22.41. Los cultos no exigían la santidad, y el pueblo de Dios se dejó seducir, especialmente, por sus ritos licenciosos, entre los moabitas. Nm. 25.3-18; Dt. 4.3. En el tiempo de Acab y Jezabel, Baal era cultuado en casi toda la nación, 1 R 18.22; Ro. 11.4. Los altares de Baal fueron derribados, Jue. 6.28; 2 R. 10.28; 23.4. Se mencionan templos de Baal en Israel, 1 R. 16.32; 2 R. 11.18. Los 450 profetas de Baal muertos por Elías, 1 R. 18.19,40. Jehú eliminó de Israel el culto a Baal, matando a sus adoradores reunidos en su templo, 2 R. 10.18-28. Jonatán, siguiendo la costumbre de los Hebreos, dio el nombre **Merib-baal** (Dios de Israel) a un hijo, y David llamó a un hijo **Beeliada** (conocido por Baal, es decir, por Dios), 1 Cr. 8.34; 14.7. Pero después que Acab y Jezabel introdujeron el culto al dios Baal, esa costumbre se volvió deshonrosa entre los israelitas, Os. 2.16. Levantaron altares a Baal en las terrazas de las casas, en las calles de Jerusalén y en todas las ciudades de Judá, Jer. 7.9; 11.13; 32.29. La respuesta divina a Elías, cuando parecía que todo Israel servía a Baal, fue: Me he reservado siete mil hombres, que no han doblado la rodilla delante de Baal, Ro. 11.4.

BAAL: 1. Un descendiente de Rubén, 1 Cr. 5.5. // 2. Un hijo de Jeiel, fundador de Gabaón, 1 Cr. 8.30. // 3. Aldea de la tribu de Simeón, 1 Cr. 4.33.

BAALA, heb. **Señora**: 1. Quiriat-jearim, Jos. 15.9. // 2. Una ciudad de Judá, Jos. 15.29. // 3. Monte Baala, entre Ecrón y Jabneel, Jos. 15.11.

BAALAT, heb. **Señora**: 1. Una ciudad de Dan, Jos. 19.44. // 2. Una ciudad-almacén, de Salomón, 1 R. 9.18.

BAALAT-BEER, heb. **Poseedor de un pozo**: Una ciudad de la herencia de Simeón, Jos. 19.8.

BAAL-BERIT, heb. **Señor de pacto**: Baal era adorado con ese nombre, En su templo en Siquem, Jue. 8.33.

BAALES: 1 S 7.4. El plural de Baal.

BAAL-GAD, **Fortuna**, heb, **Señor de fortuna**: Una ciudad en el valle del Líbano, donde adoraban a Baal de la fortuna, Jos. 11.17; Is. 65.11.

BAAL-HAMÓN, heb. **Señor de multitud**:

RUINAS DE BABILONIA. Las paredes adornadas con figuras de toros, de leones y de criaturas compuestas, símbolos de los dioses de la ciudad.

Un lugar donde Salomón tuvo una viña, Cnt. 8.11.

BAAL-HANÁN, heb. **Señor de gentileza**: 1. Un rey de Edom, Gn. 36.38. // Un horticultor a servicio del rey David, 1 Cr. 27.28.

BAAL-HAZOR, heb. **Señor de Hazor**: Lugar en donde Absalón esquilaba, 2 S. 13.23.

BAAL-HERMÓN, heb. **Señor del Hermón**: Un monte situado al suroeste del monte Hermón, 1 Cr. 5.23.

BAALIS: Un rey de los amonitas, Jer. 40.14.

BAAL-MEÓN, heb. **Señor de Meón**: Una de las ciudades edificadas por los rubenitas, Nm. 32.38. Véase mapa 5. C-1.

BAAL-PEOR, heb. **Señor de Peor**: Divinidad moabita adorada en el monte Peor, el último de los tres altos al cual Balac llevó Balaam, a fin de maldecir a Israel, Nm. 23.28; 25.3. Véase **Peor**.

BAAL-PERAZIM, heb. **Señor de Perazim**: Un lugar en el valle de Refaim donde David ganó victoria insigne sobre los filisteos, 2 S. 5.20.

BAAL-SALISA, heb. **Señor de Salisa**: Una aldea de donde trajeron a Eliseo panes y cebadas, 2 R. 4.42.

BAAL-TAMAR, heb. **Señor de palmas**: Un centro de ritos paganos, Jue. 20.33.

BAAL-ZEBUB, heb. **Señor de la mosca**: Baal adorado en Ecrón, 2 R. 1.2.

BAAL-ZEFÓN, heb. **Señor de Zefón**: Un lugar donde los hijos de Israel acamparon, Ex. 14.2.

BAANA, heb. **Hijo de aflicción**: 1. Capitán de ejército de Is-boset, 2 S. 4.2. // 2. Padre de Heleb, uno de los valientes de David, 2 S. 23.29. // 3 e 4. Dos funcionarios de Salomón, 1 R. 4.12,16. // 5. Uno de los que volvieron con Zorobabel, Esd. 2.2. // 6. Hijo de Sadoc, uno que trabajó en la reedificación de los muros, Neh. 3.4.

BAARA, heb. **Estupidez**: Una de las mujeres de Saharaim, 1 Cr. 8.8.

BAASA: Hijo de Ahías, conspiró contra Nadab, Rey de Israel, y lo mató, 1 R. 15.27,28. Ocupó el trono de Israel, fijó su capital en Tirsa, 1 R. 15.33. La profecía de Jehú contra él, 1 R. 16.1-7.

BAASÍAS, heb. **Obra de Jehová**: Un cantor levita, 1 Cr. 6.40.

BABEL, heb. **Puerta de Dios**: La primera ciudad mencionada después del diluvio, edificada en la planicie de Sinear, Gn. 11.2-9. Fue la sede del gobierno de Nimrod, Gn. 10.8-10. Tal vez acordándose del diluvio, trataban de construir una torre altísima y establecer en ella el centro del imperio del mundo, Gn. 10.4. El castigo divino fue la confusión de lenguas y el fracaso de la obra, Gn. 11.7,8. **Babel** se vuelve sinónimo de **algazara, alboroto, confusión**; porque allí confundió el Señor el lenguaje de toda la tierra, Gn. 11.9. A pesar de haber sido dispersado el pueblo por toda la superficie de la tierra, existió allí después una gran comunidad. Véase **Babilonia**. Véase también mapa 1, D-3.

BABILONIA, gr. **Puerta de Dios**: Sinear era el nombre antiguo, del imperio de Babilonia. Se llamaba, después, **Caldea**, Jer. 50.10. Babilonia, la capital, ocupaba el mismo lugar de la torre de Babel, Gn. 10.10. Esa torre fue edificada veintiocho siglos antes de Nabucodonosor nacer, mas fue destruida por los asirios en 689 a.C. Entonces, sob Nabucodonosor, revivió sus días más gloriosos. En Babilonia había muchas maravillas. No se sabe cómo fueron trasladadas las enormes piedras de muchas leguas de distancia a las construcciones, ni cómo fueron cortadas tan justas que no se puede meter la hoja delgada de un cuchillo entre ellas. Los Jardines Suspensos eran una de las siete maravillas del mundo. El templo de Bel (la palabra quiere decir **Señor**) tenía doscientos metros de altura. Hasta hoy en todo el mundo no hay catedral tan alta. Era en ese templo que Nabucodonosor guardaba los vasos sagrados que llevara del templo de Jerusalén, Esd. 1.7; Dn. 1.2. Se dice que cuarenta y dos reyes habían tenido recelo de reedificar ese templo después de su destrucción, que ocurrió en la primera edificación, pero que Nabucodonosor sentía mucho orgullo al decir que lo había hecho sin demora. La propia ciudad, situada en medio de llanuras fértiles, 80 kilómetros al sur de la ciudad moderna de Bagdad, cerca del Golfo Pérsico, fue el centro del comercio del mundo antiguo. Sus murallas tenían más de cien metros de altura y el ancho era tal que dos carros de guerra, cada uno halado por dos caballos, podían andar uno junto al otro encima. Cada lado de la ciudad tenía veinticinco puertas de metal. De cada puerta partía una calle, cuya distancia era de seis kilómetros del otro extremo. Se ve la importancia de Babilonia en la historia de Israel por el hecho de que las Escrituras mencionan a ese pueblo más de 200 veces. Babilonia famosa por los productos manufacturados, Jos. 7.21. Merodac-baladán, rey de Babilonia, envía hombres para espiar a Jerusalén, 2 R. 20.12. Nabucodonosor, llevó a los judíos para el cautiverio en Babilonia, 2 R. 25; 2 Cr. 36; Jer. 39. El regreso del cautiverio, Esd. 1; Neh. 2. Los judíos se sentaban y lloraban junto a los ríos de Babilonia, Sal. 137.1. Babilonia el centro de la sabiduría, Dn. 2.12; 4.6. Darío el medo se apodera del reino, Dn. 5.31. Belsasar, rey de Babilonia, Dn. 7.1. Grande centro comercial, Ez. 17.4. Babilonia era para los profetas del Antiguo Testamento lo que Roma era para Juan en Apocalipsis — la cuna de la vanidad, de la ostentación y de la impiedad del mundo. Profecías contra Babilonia: Is. 13; 14; 21.1-10; 47.1-3; Jer. 50. Aquella que se encuentra en Babilonia, 1 P. 5.13. Un ángel anuncia la caída de Babilonia, Ap. 14.8. En la plaga de la séptima copa, Dios se acuerda de la gran Babilonia para darle el cáliz del vino del ardor de su ira, Ap. 16.19. La visión de Babilonia Mística, Ap. 17. La caída final de Babilonia, Ap. 18. Véase **Babel**, mapa 1, D-3.

BACBUC, heb. **Frasco**: El jefe de una familia que volvió del cautiverio, Neh. 7.53.

BACBUQUÍAS, heb. **Jehová vuelve vacíos**: Un levita que habitó en Jerusalén después del cautiverio, Neh. 11.17.

BACTRIANA: País de Asia antigua donde residieron los iraníes, hoy comprendido en el Turquestán y en Persia. Véase mapa 1, F-3.

BÁCULO: Cayado grueso. // Extendiendo el ángel de Jehová el **b**, Jue. 6.21. Mi **b** sobre el rostro, 2 R. 4.29. Confías en ese **b** de caña cascada, 2 R. 18.21. Cómo se quebró la vara... **b** hermoso, Jer. 48.17. Fueron un **b** de caña a la casa de Israel, Ez. 29.6. Véase **Cayado**.

BAGAJE: Objetos de uso individual que por lo general van con su dueño, 1 S. 10.22.

BAHURIM, hb. **Villa de jóvenes**: Lugar en el territorio de Benjamín, en el camino de Jerusalén a Jericó, 2 S. 16.5. Véase mapa 5, B-1.

BAJAR: Descender de lugar alto a otro inferior. Poner abajo. // **B** tu cántaro, te ruego, Gn. 24.14. Se dio prisa a **b** su cántaro, Gn. 24.18. Bajaron el lecho en que yacía, Mr. 2.4.

BAJEZA: Inferioridad, indignidad, vileza. // Ha Mirado la **b** de su sierva, Lc. 1.48.

BALA: Un lugar en la herencia de Simeón, Jos. 19.3.

BALAAM, hb. **Devorador**: Un adivino, o profeta, hijo de Beor, de Petor, en el río Eufrates, en Mesopotamia, Dt. 23.4; Nm. 22.5. Balac, rey de Moab, lo llamó para maldecir los israelitas, Nm. 22.5. Fiel a Dios, bendijo tres veces los israelitas, en vez de maldecirles, Nm. 24.10. Pero amaba el premio de la maldad, 2 P. 2.15. Su asna habló, refrenando la insensatez del profeta, Nm. 22.30; 2 P. 2.16. Enseñó a Balac a poner trampas delante de los hijos de Israel, para comer cosas sacrificadas a los ídolos y se prostituyeron con las hijas de los moabitas, en Baal-peor, Ap. 2.14; Nm. 25.1,2. Así, llevando los israelitas al pecado, Balac logró, al fin y al cabo, la victoria sobre ellos, Nm. 31.16. La muerte de Balaam, Nm. 31.8; Jos. 13.22.

BALAC, hb. **Devastador**: El rey de Moab que llamó Balaam para maldecir a Israel, Nm. 22 a 24.

BALADÁN, hb. **Él dio un hijo**: El padre de Berodac, o Merodac-baladán; Rey de Babilonia, 2 R. 20.12.

BALANZA: Instrumento que determina el peso de los cuerpos. Constaba antiguamente de una sencilla reja levantada, que tenía en lo alto una traviesa de cuyas extremidades pendían, a veces en bolsas, las pesas y las mercaderías. Las pesas eran, por lo general, de piedra y a veces en forma de un pato, de un cerdo, o de otro animal. Había muchos abusos, tal como ahora, de pesas falsas y de balanzas falsas, es decir, de brazos desiguales. Dios ordenó que su pueblo usase pesas justas y balanzas justas, Lv. 19.36; Pr. 11.1; 16.11; 20.23; Am. 8,5; Mi. 6.11. A veces, se usa la palabra figuradamente como en el caso de Job, cap. 6.2; de Belsasar, Dn. 5.27. "Las naciones le son como... menudo polvo en las balanzas", Is. 40.15, es decir, son cosas completamente insignificantes. La balanza en Ap. 6.5,6 habla de un tiempo de hambre.

BALIDO: Voz del cordero u oveja. // ¿Pues qué **b** de ovejas... es este?, 1 S. 15.14. Véase **Mugido**.

BALSAMERA: 2 S. 5.23. Árbol de la familia de las terebintáceas.

BÁLSAMO DE GALAAD (Amyris Gileadensis). "¿No hay bálsamo en Galaad?" (Jer. 8.22).

BÁLSAMO: Resina aromática, que rezuma de ciertos vegetales. Exportado de Galaad, Gn. 37.25. Regalo enviado por Jacob a José, Gn. 43.11. Usado en la medicina, Jer. 8.22; 46.11; 51.8. Judá lo exportaba, Ez. 27.17. Jesús ungido con bálsamo, Mt. 26.7; Jn. 12.3. Usado para embalsamarlo, Lc. 23.56. Mercancía importante de Babilonia, Ap. 18.13.

BALUARTE: Construcción alta, sostenida por muralla. Lo que sirve de defensa. // **B** contra la ciudad que te hace la guerra, Dt. 20.20. Pusieron **b** contra la ciudad, 2 S. 20.15. Vuestros **b**... son de lodo, Job 13.12. Levanta contra ella grandes **b**, Ec. 9.14. Levantaré contra ti **b**, Is. 29.3. Iglesia... columna y **b** de la verdad, 1 Ti. 3.15. Véase **Fortaleza**.

BAMOT: Bamot-Baal, hb. Lugares altos de Baal: Uno de los lugares del campamento de los israelitas, Nm. 21.19. Una ciudad de la herencia de Rubén, Jos. 13.17.

BANCO: Establecimiento de crédito para transacciones de letras y otros valores. // Jesús derribó las mesas de los cambistas, Mt. 21.12. El cambio consistía en cambiar monedas de un país a otro. La ley de Moisés prohibía cobrar intereses de los judíos, Ex. 22.25; Lv. 25.35,37; Neh. 5.10,12. Debías haber dado mi dinero a los banqueros, Mt. 25.27. ¿Por qué no pusiste mi dinero en el banco? Lc. 19.23.

BANDERA: Paño, que preso en el alto de una asta, sirve de distintivo de una nación o corporación. // Y cada uno junto a su **b**, Nm. 1.52. Has dado a los que te temen b, Sal. 60.4. Cuando se levante **b**, Is. 18.3; 49.22; 62.10; Jer. 4.6.

BANI, hb. **Edificado**: 1. Uno de los treinta valientes de David, 2 S. 23.36. // 2. Un cantor levita, 1 Cr. 6.46. // 3. Un habitante de Jerusalén, que volvió del cautiverio, 1 Cr. 9.4. // 4. Un jefe de familia que volvió del cautiverio, Esd. 2.10. // 5. Uno de los que tenían mujer extranjera, Esd. 10.29. // 6. El padre de Rehum, que trabajó en los muros, Neh. 3.17. // 7. Uno que enseñaba al pueblo en la ley, Neh. 8.7. // 8. Un levita que clamaba al Señor, Neh. 9.4. // 9. Levita que firmó el pacto, Neh. 10.13. // 10. Otro que firmó el pacto, Neh. 10.14. // 11. Padre del superintendente de los levitas, Neh. 11.22.

BANQUERO: El que ejecuta operaciones bancarias. // Debías de haber dado mi dinero a los **b**, Mt. 25.27.

BANQUETE: Comida que se organiza para celebrar algo. // Había banquete tanto de naturaleza religiosa como social. En las tres grandes fiestas, las familias tenían también, sus banquetes particulares, Dt. 16.11. Se banqueteaban en las ocasiones de sacrificios, Ex. 34.15; Jue. 16.23; de cumpleaños, Gn. 40.20; Mt. 14.6; de matrimonios, Jn. 2.2; Ap. 19.9. Véase 2 P. 2.13; Jud. 12; 1 Co. 11.20-22. Dieron banquetes: Lot, Gn. 19.3. Sansón, Jue. 14.10. Asuero, Est. 1.3. Ester, Est. 5.8. Belsasar, Dn. 5.1. Leví, Lc. 5.29. Hicieron día de **b** y de alegría, Est. 9.17. La alegría del corazón es **b** continuo, Pr. 15.15. Me llevó a la sala del **b**, Cnt. 2.4. Mejor es ir a la casa del luto que a la casa del **b**, Ec. 7.2. Hizo Abraham gran **b**, Gn. 21.8. Leví le hizo gran **b** en su casa, Lc. 5.29. Cuando hagas **b**, llama a los pobres, Lc. 14.13. Hacía cada día **b** con esplendidez, Lc. 16.19.

BAÑO: Acción de bañar. En las Escrituras hay pocas referencias al baño, a no ser las abluciones religiosas. Una mujer que se estaba bañando, 2 S. 11.2. Se desnudaba solamente para bañarse, Neh. 4.23. Con el rocío del cielo serás bañado, Dn. 4.25. Se bañaban, se ungían y se vestían con la mejor ropa para ocasiones especiales y después de pasar aflicción o tristeza, Ex. 40.12,13; Rt. 3.3; 2 S. 12.20; Mt. 6.17. Véase **Ablución, Lavapies**.

BAR, eram. **Hijo**: Prefijo de nombres de personas: Barjesús, Hijo de Jesús; Barjonás, Hijo de Jonás; Bernabé, Hijo de consolación; Barsabás, Hijo de Sabá. En hebreo, Ben: Benadad, Hijo de Hadad. Benjamín, Hijo de la mano derecha.

BARAC, hb. **Relámpago**: Derrotó a Sísara, comandante del ejército de Jabín, rey de Canaán, que oprimía a los hijos de Israel, Jue. 4.1-24; He. 11.32.

BARAQUEL, hb. **Bendecido de Dios**: Padre de Eliú, amigo de Job, Job 32.2.

BARBA: Pelo del rostro del hombre. // Entre los egipcios se rapaba, por lo general, la barba. Al contrario los judíos dejaban crecer la barba como señal de virilidad. La ley prohibía que se cortase la punta de la barba, Lv. 19.27; 21.5. Descuidar de la barba era señal de aflicción, 2 S. 19.24. Hanum insultó a los siervos de David, rapándoles la mitad de la barba, 2 S. 10.4. Joab, para saludar Amasa, lo tomó por la barba para besarlo, 2 S. 20.9. Rapar o arrancar los cabellos de la cabeza y de la barba era manifestación de luto, Esd. 9.3; Is. 15.2; Jer. 48.37. El óleo de unción descendió de la cabeza de Aarón a la barba, Sal. 133.2. Véase **Cabello**.

BÁRBARO: Persona fuera de la cultura grecorromana: Donde no puede haber **b**, cita, Col. 3.11.

BARBERO: El que tiene por oficio afeitar o arreglar la barba y cortar el pelo. // La Biblia habla de navaja de **b**, Ez. 5.1. José y Mefi-boset se afeitaban, Gn. 41.14; 2 S 19.24. Véase **Cabello**.

BARCO: Embarcación pequeña sin cubierta. // Y le acompañaron al **b**, Hch. 20.38. Hallando un **b** que pasaba a Fenicia, Hch. 21.2. Porque el **b** tenía que descargar allí, Hch. 21.3. Subimos al **b**, Hch. 21.6. Véase **Esquife**.

BARCOS, hb. **Pintor**: Jefe de una familia que volvió de Babilonia, Esd. 2.53.

BARHUMITA: Habitante de Barhum, 1 Cr. 11.33.

BARÍAS, hb. **Fugitivo**: Descendiente de Salomón, 1 Cr. 3.22.

BARJESÚS, gr. **Hijo de Jesús**: Un judío, mago, falso profeta, que se opuso a Pablo y Bernabé en Pafos, Hch. 13.6.

BARRABÁS, gr. **Hijo del Rabí**: Mencionado por los cuatro evangelistas: como "un preso muy conocido", Mt. 27.16; "preso con sus compañeros de motín que habían cometido homicidio en una revuelta", Mr. 15.7; "en la cárcel por causa de sedición en la ciudad, y por un homicidio", Lc. 23.19; "ladrón", Jn. 18.40.

BARRER: Limpiar con escoba; acabar con, exterminar. // Granizo barrerá el refugio de la mentira, Is. 28.17. Cuando llega, la halla desocupada, barrida y adornada, Mt. 12.44. Barre la casa, y busca con diligencia, Lc. 15.8. Las fuerzas enemigas serán barridas delante de él, Dn. 11.22. Los barrió el torrente Cisón, Jue. 5.21. Barrió también de la tierra los restos de los sodomitas, 1 R. 22.46. Josías barrió asimismo a los encantadores, 2 R. 23.24.

BARRIL: Antiguo vaso de barro para guardar bebidas. // El dijo: cien **b** de aceite, Lc. 16.6.

BARRO: Arcilla. Tierra propia para el trabajo de alfarería. // Yo soy formado de **b**, Job 33.6; Y amargaron su vida... en hacer **b** y ladrillo, Ex. 1.14. Como el alfarero pisa el **b**, Is. 41.25. No es más que una vasija de **b**, Is. 45.9. Nosotros somos el **b** y tú nuestro alfarero, Is. 64.8. Los pies en parte de hierro, en parte de **b**, Dn. 2.33. Tiene potestad el alfarero sobre el **b**, Ro. 9.21. Tenemos este tesoro en vasos de **b**, 2 Co. 4.7. Utensilios... de madera y de **b**, Ap. 2.27.

BARSABÁS, aram. **Hijo de Sabá**: 1. Uno de los dos, propuestos para suceder a Judas en el apostolado, Hch. 1.23. // 2. Un miembro de la iglesia en Jerusalén, Hch. 15.22.

BARTIMEO, aram. **Hijos de Timeo**: Un ciego a quien Jesús restauró la vista, Mr. 10.46.

BARTOLOMÉ, aram. **Hijo de Tolmai**: Uno de los doce apóstoles, Mt. 10.3.

BARUC, hb. **Bendecido**: 1. Fiel amigo de Jeremías, Jer. 32.12. Su escribano, Jer. 36.4,32. Su compañero, Jer. 36.10. Llevado a Egipto, Jer. 43.6. El mensaje de Jeremías a Baruc, Jer. 45.1. // 2. Hijo de Zabai, trabajó en la reedificación de los muros, Neh. 3.20. // 3. Uno de los que firmaron el pacto, Neh. 10. 6. // 4. Hijo de Colhoze, Neh. 11.5.

BARUC: Un libro apócrifo.

BARZILAI, hb. **Hecho de hierro**: 1.Un galaadita rico que suministró las cosas que David necesitaba, y al pueblo que estaba con él, cuando este huía de Absalón, 2 S. 17.27. David lo invita a quedarse con él en Jerusalén, 2 S. 19.31. David, cuando viejo, no se olvidó de su benevolencia, 1 R. 2.7. // 2. El padre de una familia de sacerdotes,

Esd. 2.61. // 3. Meholatita, padre de Adriel, un yerno de Saúl, 2 S. 21.8.

BASÁN, hb. **Suelo fértil**: 1. País fértil y lleno de interese, Dt. 3.4-11. Se extendía de Galaad en el sur hasta Hermón en el norte; desde el valle del Jordán en el oeste hasta la tierra de Gesur y de Maaca al este, Jos. 12.3-5. Habitada por gigantes, Jos. 13.12. Eran proverbiales "fuertes toros de Basán", Sal. 22.12. Famosa por su ganado, Ez. 39.18; Am 4.1; por sus ovejas, Dt. 32.14; por sus caballos, Is. 2.13; Ez. 27.6; Zc. 11.2. Og, rey de Basán, derrotado por Israel, Nm. 21.33,35. Tenía sesenta ciudades amuralladas, Dt. 3.4; 1 R. 4.13. Su fértil tierra cupo a la media tribu de Manasés, Jos. 13.29,30. Véase mapa 2, E-2. // El monte de Basán, Sal. 68.15.

BASEMAT, hb. **Fragancia**: 1. Mujer de Esaú e hija de Elón, heteo, Gn. 26.34. // 2. Otra mujer de Esaú e hija de Ismael, Gn. 36.3. // 3. Hija de Salomón y esposa de Ahimaas, 1 R. 4.15.

BASTAR: Ser suficiente; satisfacer. // ¡Basta ya de vosotros! Porque toda la congregación, todos ellos son santos, Nm. 16.3. Aun la cuarta nunca dice: ¡Basta! Pr. 30.15. Basta al día su propio mal, Mt. 6.34. Bástale al discípulo ser como su maestro, Mt. 10.25. He aquí dos espadas. Les respondió: Basta. Lc. 22.38. Doscientos denarios de pan no bastarían, Jn. 6.7. Muéstranos el Padre, y nos basta, Jn. 14.8. Bástate mi gracia, 2 Co. 12.9. Baste ya el tiempo pasado para haber hecho, 1 P. 4.3.

BASTARDO: Que nació fuera de matrimonio, o los hijos de los que eran casados dentro de los grados de parentesco prohibidos. // No entrará **b** en la congregación de Jehová, Dt. 23.2. Si se os deja sin disciplina... entonces sois **b**, y no hijos, He. 12.8.

BATALLA: Pelea entre dos ejércitos o armadas; cualquier combate. // La batalla de cuatro reyes contra cinco, Gn. 14.8; de Og contra Israel, Nm. 21.33; de Sehón contra Israel, Dt. 2.32; de Amalec contra Israel, Ex. 17.8; del rey de Arad contra Israel, Nm. 21.1; de los madianitas contra Israel, Nm. 31.7. La batalla de Israel contra Jericó, Jos. 6.20; contra Hai, Jos. 7.4; contra cinco reyes de los amorreos, Jos. 10.5,7. La batalla de Barac contra Sísara, Jue. 4.14,15; de Gedeón contra los madianitas, Jue. 7.19-25; de Israel contra los filisteos, 1 S. 4.1; 14.23; 17.52. La batalla de Gilboa, 1 S. 31. Victorias de David, 2 S. 8; contra Absalón, 2 S. 18. Jehová el poderoso en **b**, Sal. 24.8. Volvieron las espaldas en el día de la b, Sal. 78.9. Se alista para el día de la **b**, Pr. 21.31. He peleado la buena **b**, 2 Ti. 4.7. Se hicieron fuertes en **b**, He. 11.34. Carros de caballos corriendo a la **b**, Ap. 9.9. La batalla de Armagedón, Ap. 16.16; 19.11-21. La batalla de Gog y Magog, Ap. 20.7-10. Véase **Combate, Pelea**.

BATALLAR: Combatir, pelear. // Como hombre batallé en Efeso, 1 Co. 15.32. Deseos que batallan contra el alma, 1 P. 2.11. Véase **Guerrear**.

BATO: Is. 5.10, Ez. 45.10-14. Medida de capacidad; 36 litros. Véase **Medidas de capacidad**.

BAUTISMO: En cuanto a la unidad del cuerpo de Cristo, la Iglesia, hay un solo bautismo; todos los miembros en Cristo fueron bautizados en un cuerpo, sean judíos o griegos, sean esclavos o libres, Ef. 4.5; 1 Co. 12.13. No obstante, en las Escrituras se mencionan: **Bautismo de sufrimiento**: Una prueba muy severa, como cuando zambullido en sufrimiento; "con el bautismo con que yo soy bautizado, seréis bautizados, Mr. 10.38,39. // **Bautismo en el Antiguo Testamento**: Que los judíos practicaban el bautismo en agua, antes de Cristo, es claro en tales pasajes como Jn. 1.25; no preguntaron: "¿Qué nuevo rito es éste?" pero: "¿Por qué lo administras tú?" El bautismo de Israel; "todos en Moisés fueron bautizados en la nube y en el mar", 1 Co. 10.2; Ex. 14. // **Bautismo de Juan**: Mt. 21.25; Lc. 7.29; Hch. 18.25; 19.3. Juan bautizaba en el Jordán, Mt. 3.5,6. Bautizaba en Enón porque había allí muchas aguas, Jn. 3.23. El bautismo de arrepentimiento: Mr. 1.4; Lc. 3.3; Hch. 13.24. // **Bautismo cristiano**: Mt. 28.19,20; Mr. 16.15,16; Jn. 3.5,26; 4.1,2; Hch. 2.38,41. Jesús mismo no bautizaba, sino sus discípulos, Jn. 4.2. Bautizados en su muerte, Ro. 6.3. Sepultados con Él por el bautismo, Ro. 6.4; Col. 2.12. ¿O fuisteis bautizados...Pablo? 1 Co. 1.13. No me envió Cristo a bautizar, 1 Co. 1.17. Todos bautizados en Cristo, revestidos de Cristo, Gá. 3.27; Ro. 6.4. La doctrina de bautismos, He. 6.2. El bautismo que corresponde a esto ahora nos salva, 1 P. 3.21. // Ejemplos: Jesús, Mt. 3.13-17; Los tres mil en el Pentecostés, Hch. 2.41. Samaritanos, Hch. 8.12. Eunuco, Hch. 8.38. Saulo, Hch. 9.17,18; 22.16. Casa de Cornelio, Hch. 10.47. Lidia, Hch. 16.15. Carcelero, Hch. 16.33. Doce hombres en Efeso, Hch. 19.5. // **Bautismo por los muertos**: 1 Co. 15.29. Alusión, tal vez, a la práctica (ni general ni permanente) de bautizar personas en lugar de aquellos convertidos, que morían antes del bautismo. No hay en las Escrituras otra mención de esa costumbre. Muchas costumbres, no de Dios, entraron inadvertidas en la Iglesia primitiva. Y en este versículo, Pablo no da apoyo a esa doctrina, mas, al contrario, se aparta de la práctica, diciendo: "Que harán los (no: haremos nosotros) que se bautizan por los muertos." // **Bautismo en el Espíritu Santo**: Prometido: Jl. 2.28-32; Mt. 3.11; Jn. 7.38,39; 14.15-17; 16.7; Hch. 1.5,8; 2.38,39; 11.16. Ordenado: Lc. 24.49; Hch. 1.4; Ef. 4.5. ¿Recibisteis el Espíritu Santo cuando creísteis? Hch. 19.2. Ejemplos: En el Pentecostés, Hch. 2.4,16. Samaritanos, Hch. 8.17. En la casa de Cornelio, Hch. 10.44-46. En Efeso, Hch. 19.6. Véase **Ablución**.

BAUTIZAR: Administrar el bautismo. // Y eran bautizados por él en el río Jordán, Mt. 3.6. Discípulos de todas las naciones, bautizándolos, Mt. 28.19. Bautizados con... que yo soy bautizado? Mr. 10.38. Creyere y fuere bautizado, será salvo, Mr. 16.16. Os bautizo en agua; pero, Lc. 3.16. Cuando todo el pueblo se bautizaba, Lc. 3.21. Bautizando en Enón... allí muchas aguas, Jn. 3.23. Jesús hacía y bautizaba más discípulos, Jn. 4.1. Juan... bautizó... pero vosotros seréis bautizados con el Espíritu, Hch. 1.5. Bautícese cada uno de vosotros, Hch. 2.38. Se bautizaban hombres y mujeres, Hch. 8.12. ¿Qué impide que yo sea bautizado? Hch. 8.36. Felipe bautizó al eunuco, Hch. 8.38. Se levantó y fue bautizado, Hch. 9.18. ¿Que no sean bautizados? Hch. 10.47. Y mandó bautizarles, Hch. 10.48. Y cuando fue bautizada, y su familia, Hch. 16.15. Se bautizó él con todos los suyos, Hch. 16.33. Corintios... eran bautizados, Hch. 18.8. ¿En qué, pues, fuisteis bautizados? Hch. 19.3. Hemos sido bautizados en Cristo, Ro. 6.3. ¿Bautizados en el nombre de Pablo? 1 Co. 1.13. No me envió Cristo a bautizar, 1 Co. 1.17. Fueron bautizados en la nube y en el mar, 1 Co. 10.2. Fuimos bautizados en un cuerpo, 1 Co. 12.13. Que se bautizan por los muertos, 1 Co. 15.29. Bautizados... de Cristo estáis revestidos, Gá. 3.27.

Fue aproximadamente en este punto del Jordán que Jesús fue bautizado.

BEALÍAS, hb. **Jehová es Señor**: Un hombre de guerra que se juntó a David en Siclag, 1 Cr. 12.5.

BEALOT, hb. **Señora**: Una ciudad de Judá, Jos. 15.24.

BEBAI, hb. **Padre**: 1. Volvió a Jerusalén, con Esdras, Esd. 8.11. // 2. Un jefe del pueblo, firmó el pacto. Neh. 10.15.

BEBEDOR: Que es aficionado a las bebidas alcohólicas. // No estés con los **b** de vino, Pr. 23.20. He aquí un hombre... **b** de vino, Mt. 11.19. Véase **Borracho**.

BEBER: Ingerir líquidos, especialmente vino. // Y bebió del vino, y se embriagó, Gn. 9.21. Bebe el agua de tu misma cisterna, Pr. 5.15; Is. 36.16. Bebieron el vino, y dieron alabanzas a los dioses, Dn. 5.4. ¡Ay del que da a beber a su prójimo! Hab. 2.15. ¿Qué comeremos, o qué beberemos? Mt. 6.31. Juan, que no comía ni bebía, Mt. 11.18. Días anteriores al diluvio, comían y bebían, Mt. 24.38. El que bebiere del agua que yo le daré, Jn. 4.14. Venga a mí y beba, Jn. 7.37. Si tuviere sed, dale de beber, Ro. 12.20. Bebieron de la misma fuente espiritual, 1 Co. 10.4. Si, pues, coméis o bebéis, 1 Co. 10.31. Haced esto todas las veces que la bebiereis, en memoria de mí, 1 Co. 11.25. Dado a beber de un solo espíritu, 1 Co. 12.13. Comamos y bebamos, porque mañana moriremos, 1 Co. 15.32. Véase **Embriagar**.

BEBIDA: Cualquier líquido que se bebe. // Toda **b** que hubiere en estas vasijas, Lv. 11.34. Y dieron... **b** y aceite a los sidonios, Esd. 3.7. Y la **b** era según esta ley, Est. 1.8. Mi b mezclo con lágrimas, Sal. 102.9. Tu ombligo como una... que no le falta **b**, Cnt. 7.2. Son... hombres fuertes para mezclar b, Is. 5.22. Y quitando la **b** al sediento, Is. 32.6. Que señaló vuestra comida y vuestra **b**, Dn. 1.10. Que me dan... mi lino, mi aceite y mi **b**, Os. 2.5. Su b se corrompió, Os. 4.18. Mi sangre es verdadera **b**, Jn. 6.55. El reino de Dios no es comida ni **b**, Ro. 14.17. Todos bebieron la misma **b** espiritual, 1 Co. 10.4. Nadie os juzgue en comida o en **b**, Col. 2.16. Ya que consiste solo de comida y **b**, He. 9.10. En el cáliz en que ella preparó **b**, Ap. 18.6. Véase **Vino**.

BECERRA: Ternera, vaquilla. // Tráeme una **b** de tres años, Gn. 15.9. Tomarán de las vacas una **b** que no haya trabajado, Dt. 21.3. Las cenizas de la **b**, He. 9.13. Véase Novilla.

BECERRO: Toro o buey de poca edad. // Servía en algunos sacrificios un **b**, Ex. 29.1; Lv. 1.5; en otros, una becerra, Dt. 21.3; He. 9.13. Abraham... tomó un b tierno y bueno, Gn. 18:7. Traed el **b** gordo y matadlo, Lc. 15.23. El segundo era semejante a un **b**, Ap. 4.7. Véase **Novillo**.

Behemot

BECORAT, hb. **Primogenitura**: Tatarabuelo de Saúl, 1 S. 9.1.

BEDAD, hb. **Solo**: Padre de Hadad, rey de Edom, Gn. 36.35.

BEDÁN, hb. **Hijo de Dan**: Descendiente de Manasés, 1 Cr. 7.17.

BEDELIO: No es cierto si esta palabra se refiere a una piedra preciosa o a goma resina y aromática de Arabia y de la India. Se encontraban bedelio y la piedra de ónice en la tierra de Havila, Gn. 2.12. La apariencia del Maná era semejante al bedelio, Nm. 11.7.

BEDÍAS, hb. **Siervo de Jehová**: Uno de los que tenían mujer extranjera, Esd. 10.35.

BEELIADA, hb. **Conocido por Baal**: Un hijo de David, 1 Cr. 14.7.

BEELZEBÚ: Satanás, el diablo, príncipe de los demonios, Mt. 12.24. Si llamaron **B** al dueño de la casa, Mt. 10.25. Y si yo echo fuera los demonios por **B**, Mt. 12.27. Decían que tenía a **B**, Mr. 3.22.

BEER, hb. **Pozo**: 1. Lugar donde acamparon los hijos de Israel, Nm. 21.16. // 2. Lugar hacia donde Jotam huyó, Jue. 9.21.

BEERA, hb. **Pozo**: un descendiente de Aser, 1 Cr. 7.37.

BEER-ELIM, hb. **Pozo de Elim**: Is. 15.8.

BEERI, hb. Mi pozo: 1. Suegro de Esaú, Gn. 26.34. // 2. Padre del profeta Oseas, Os. 1.1.

BEEROT, hb. **Pozos**: Una ciudad de los gabaonitas, Jos. 9.17.

BEEROT-BENE-JAACÁN, hb. **Pozos de los hijos de Jacob**: Uno de los lugares donde acamparon los hijos de Israel en el desierto, Dt. 10.6.

BEERSEBA, hb. **Pozo de Juramento**: Antiguamente, un lugar de cierta importancia, hoy es solamente lugar de ruinas, con dos inmensos pozos, cercados de bebederos de piedra para uso de los animales. Considerado el límite meridional, se originaron las frecuentes frases: "Desde Dan hasta Beerseba", y, "Desde Geba hasta Beerseba", 2 S. 17.11; 2 R. 23.8. Agar anduvo errante por el desierto de Beerseba, Gn. 21.14. Abraham hizo alianza con Abimelec, en Beerseba, Gn. 21.23-32. Dios apareció a Isaac en Beerseba, Gn. 26.23,24. Partió Jacob de Beerseba, Gn. 28.10. Jacob ofreció sacrificio al Dios de su padre, en Beerseba, Gn. 46.1. Una ciudad de Judá, Jos. 15.28. En el inicio, Beerseba cayó en la heredad de Simeón, Jos. 19.2. Desde Dan hasta Beerseba, es decir, desde el norte hasta el sur de Palestina, Jue. 20.1. Los dos hijos de Samuel eran Jueces en Beerseba, 1 S. 8.2. Elías, para salvar su vida, fue a Beerseba, 1 R. 19.3. Véase mapa 2, B-6 y p.136.

BEHEMOT: Job 40.15.

BEL Y EL DRAGÓN: Suplemento apócrifo al libro de Daniel.

BEL, hb. **Señor**: Divinidad patrona de Babilonia, Is. 46.1; Jer. 51.44.

BELA, hb. **Destrucción**: 1. El primer rey de Edom, Gn. 36.32. // 2. Primogénito de Benjamín, Gn. 46.21. // 3. Hijo de Azaz, 1 Cr. 5.8.

BELÉN, hb. **Casa de pan**: 1. Ciudad en la parte montañosa de Judá, 9 kms, al sur de Jerusalén. Salma fue el padre de los de Belén, 1 Cr. 2.51. Se llamaba Efrata para distinguirla de otra con igual nombre de la tribu de Zabulón, Gn. 35.19; 48.7; Rt. 4.11; Mi. 5.2. Ya existía en los tiempos de Jacob. En sus vecindarios se dio sepultura a Raquel, Gn. 35.19; 48.7; Llamada **Belén de Judá**, Jue. 17.7; 19.1. El libro de Rut es una historia de la vida cotidiana de Belén. Servía de residencia a Elimelec y a Noemí, a Booz, a Rut, a Obed y a Isaí, Rt. 1.1,2,19; 4.9-11,21,22, 1 S. 16.1,4. La ciudad de David, Lc. 2.4,11; 1 S. 16.1,18; 17.12,15; 20.6,28. Cayó por algún tiempo en poder de los filisteos, 2 S. 23.14. David dijo con vehemencia: ¡Quién me diera a beber del agua del pozo de Belén, 2 S. 23.15.

BELÉN, donde nació Jesús. El sitio es señalado, conforme a la tradición, por la torre alta.

Roboam fortificó Belén, 2 Cr. 11.6. Algunos de sus habitantes volvieron del cautiverio en Babilonia, Esd. 2.21; Neh. 7.26. El lugar donde iba a nacer el Mesías, Mi. 5.2; Mt. 2.6. Jesús, como David, nació allí, Mt. 2.1; Lc. 2.4-7. Herodes mandó matar los niños de Belén, Mt. 2.16. Cristo vino de la descendencia de David y de la aldea de Belén, de donde era David, Jn. 7.42. Belén se llama actualmente **Beit Lahm**, esto es en árabe, **Casa de pan**. Es ciudad de casi diez mil habitantes, cercada de una profusión de higueras, olivos y viñas. Véase mapa 2, C-5; mapa 5, B-1. // 2. Belén de la tribu de Zabulón, Jos. 19.15. Ibzán, que juzgó a Israel siete años, era, tal vez, de esta ciudad, Jue. 12.8-10.

BELIAL, hb. **Indignidad, Perversidad**: ¿Y qué concordia Cristo con **B**? 2 Co. 6.15.

BELLO: Que tiene forma agradable y proporciones armónicas. Agradable al oído. // De hermoso semblante y bella presencia, Gn. 39.6. He aquí eres bella, Cnt. 1.15. Destruiré a la bella y delicada hija de Sion, Jer. 6.2. Subirá... contra la bella y robusta, Jer. 49.19. Bellas coronas sobre sus cabezas, Ez. 23.42. Véase **Hermoso**.

BELOMANCIA: Véase **adivinación**.

BELSASAR, Bel, protege al rey: El último rey de Babilonia, Dn. 5.1,30; 7.1; 8.1.

Beltsasar, nombre babilónico, Bel, **protege su vida**: Nombre dado a Daniel, Dn. 1.7; 2.26; 5.12.

BEN, hb. **Hijo de**: Véase **Bar**.

BEN-ADAD, hb. **Hijo de Adad**: Adad era el dios de la tempestad, en Siria; Ben-adad, el título religioso de los reyes de Damasco. Ben-adad I, 1 R. 15.18; 2 R. 8.7-15. Ben-adad II, 1 R. 20.1-43. Ben Hadad III, 2 R. 13.3-25.

BENAÍA, hb. **Hijo**: Un músico del templo, 1 Cr. 15.18.

BEN-AMMI, hb. **Hijo de mi pueblo**: Nieto de Lot y padre de los amonitas, Gn. 19.38.

BENDECIR: Esta palabra tiene varios sentidos en las Escrituras. 1. Dar beneficios divinos, Gn. 1.22. // 2. Separar y consagrar, Gn. 2.3. // 3. Adorar a Dios, Gn. 24.48. // 4. Desear favores al prójimo, Gn. 24.60. // 5. Profetizar, Gn. 27.4. // 6. Agradecer, Mt. 14.19.

BENDICIÓN: Favor divino. Medio de felicidad. // Y serás **b**, Gn. 12.2. Lluvias de **b** serán, Ez. 34.26. Derramaré sobre vosotros **b** hasta que sobreabunde, Mal. 3.10. Llegaré con abundancia de la **b** del evangelio de Cristo, Ro. 15.29. Para que la **b** de Abraham llegara a los gentiles, Gá. 3.14. Toda **b** espiritual en los lugares celestiales, Ef. 1.3. Deseando heredar la **b**, fue desechado, He. 12.17. De una misma boca proceden **b** y maldición, Stg. 3.10.

BENDITO: Bendecido. // Y serán **b** en ti todas las familias, Gn. 12.3. **B** sea el Dios de ellos, Dn. 3.28. **B** el que viene en nombre del Señor! Mt. 21.9; 23.39. Venid, **b** de mi padre, Mt. 25.34. Tú eres el Cristo, el Hijo del Dios **B**, Mr. 14.61. **B** tú entre las mujeres, Lc. 1.42. **B** sea el Dios y Padre, 2 Co. 1.3. Glorioso evangelio del Dios **b**, 1 Ti. 1.11. Véase **Bienaventuranzas, Bendecir, Feliz**.

BENE-BERAC, hb. **Hijo de Berac**: Una ciudad de la herencia de Dan, Jos. 19.45. Véase mapa 2, B-4; mapa 4, A-2.

BENEFICIAR: Mejorar. // Al rey nada le beneficia, Est. 3.8. Son... amados los que se benefician, 1 Ti. 6.2.

BENEFICIO: Favor; servicio que se presta gratuitamente. // Todos los **b** que Jehová había hecho, 1 R. 8.66. Cada día nos colma de **b**, Sal. 68.19. Y no olvides ninguno de sus **b**, Sal. 103.2. ¿Qué pagaré a Jehová por todos sus **b**? Sal. 116.12. **B** hecho a un hombre enfermo, Hch. 4.9. Véase **Favor, Gracia, Recompensa**.

BENE-JAACÁN, hb. **Hijos de la inteligencia**: Uno de los campamentos de los hijos de Israel, Nm. 33.31.

BENEPLÁCITO: Aprobación, consentimiento. // Conforme al **b** de su voluntad, Ef. 1.5,9.

BENEVOLENCIA: Bondad, disposición favorable para con alguien. // No ha rehusado a los vivos la **b**, Rt. 2.20. Y le habló con **b**, 2 R. 25.28. Halló ella gracia y **b**, Est. 2.17. Haz bien con tu **b** a Sion, Sal. 51.18. Acuérdate de mí... con tu **b**, Sal. 106.4. La **b** del rey es para con el servidor, Pr. 14.35. Y su **b** es como nube de lluvia, Pr. 16.15. El que halla esposa... alcanza la **b**, Pr. 18:22. Véase **Bondad, Misericordia**.

BEN-HAIL, hb. **Hijo de fuerza**: Uno de los príncipes enviados por Josafat para enseñar en las ciudades de Judá, 2 Cr. 17.7.

BEN-HANÁN, hb. **Hijo de gracia**: Descendiente de Judá, 1 Cr. 4.20.

BENIGNIDAD: Cualidad de benigno. // Tu **b** me ha engrandecido, 2 S. 22.36. Te desposaré conmigo... en **b**, Os. 2.19. ¿O menosprecias... su **b**? Ro. 2.4. ¿Su **b** te guía al arrepentimiento? Ro. 2.4. Amor, gozo, paz, paciencia, **b**, Gá. 5.22. De **b**, de humildad, de mansedumbre, Col. 3.12. Habéis gustado la **b** del Señor, 1 P. 2.3.Véase **Bondad**, **Misericordia**.

BENIGNO: Indulgente, bueno, condescendiente. // **B** es tu misericordia, Sal. 69.16. Salmos a su nombre, porque él es **b**, Sal. 135.3. Él es **b** para con los ingratos y malos, Lc. 6.35. El amor es sufrido, es **b**, 1 Co. 13.4. Sed **b** unos con otros, Ef. 4.32. Véase **Longánimo**, **Misericordioso**, **Propicio**.

BENINU, hb. **Nuestro hijo**: Uno de los

que firmaron el pacto con Nehemías, Neh. 10.13.

BENJAMÍN, hb. **Hijo de la mano derecha**: 1. Hijo de Jacob, hijo menor de Raquel, Gn. 35.24. Nació en el camino de Bet-el a Efrata, Gn. 35.16-19. Su madre le dio el nombre de Benoni, es decir, Hijo de mi aflicción, Gn. 35.18. Su padre le llamó Benjamín, Gn. 35.18. Estaba en casa con su padre, Gn. 42.13. Llevado a Egipto, Gn. 43.15. José lo reconoció, Gn. 43.16; 45.14. Su bendición profética pronunciada por su padre, Gn. 49.27. La puerta de Benjamín, una de las puertas de Jerusalén, Jer. 20.2; Zac. 14.10. En el tiempo del Éxodo de Egipto el número de los hombres, capaces de salir a la guerra, fue 35.400; en el segundo censo, fue 45.600, Nm. 1.37; 26.41. La herencia de Benjamín, Jos. 18.11-28. Véase mapa 2, C-5. El ejército de Benjamín fue casi exterminado en el tiempo de los Jueces, restando apenas 600 soldados, Jue. 20.47. Pero durante el reinado de Asa, llegó su número a 280.000, todos armados y adiestrados, 2 Cr. 14.8. Famosos como flecheros, usaban tanto la mano derecha como la izquierda, 1 Cr. 8.40; 12.2; 2 Cr. 17.17; Jue. 20.16. Después de la muerte de Salomón, las dos tribus, Judá y Benjamín, permanecieron fieles, y formaron un reino aparte (1 R. 12.21) que sencillamente tenía el nombre de Judá. El rey Saúl y el apóstol Pablo eran de la tribu de Benjamín, 1 S. 9.1,2; Ro. 11.1. // 2. Un bisnieto de Benjamín, 1 Cr. 7.10. // 3. Uno de los que tenían mujer extranjera, Esd. 10.32.

BENO, hb. **Su hijo**: Levita, hijo de Jaazías, 1 Cr. 24.26.

BENONI, hb. **Hijo de tribulación**: Nombre que Raquel, cuando moría, dio a su recién nacido hijo. Su padre, Jacob, lo llamó Benjamín, Gn. 35.18.

BENZOHET, hb. **Hijo de Zohet**: Hijo de Isi, de la tribu de Judá, 1 Cr. 4.20.

BEOR, hb. Antorcha: 1. Padre de Bela, el primer rey de Edom, Gn. 36.32. // 2. Padre de Balaam, Nm. 22.5; 2 P. 2.15.

BEQUER, hb. **Primogénito**: 1. Un hijo de Benjamín, Gn. 46.21. // 2. Un hijo de Efraín, Nm. 26.35.

BERA, hb. **Don**: Rey de Sodoma, Gn. 14.2.

BERACA, hb. **Bendición**: Uno de los que se unieron a David en Siclag, 1 Cr. 12.3.

BERACA, VALLE DE: Entre Hebrón y Jerusalén, donde Josafat y el pueblo se unieron para alabar a Dios, después de la victoria completa sobre los moabitas y amonitas, cuando invadieron a Judá, 2 Cr. 20.26.

BERAÍAS, hb. Jehová creó: Benjamita hijo de Simei, 1 Cr. 8.21.

BEREA: Ciudad de Macedonia, 80 Km distante de Tesalónica y el centro más populoso de la provincia. Cuando los enemigos alborotaron la ciudad de Tesalónica, Pablo y Silas, en el segundo viaje misionero de Pablo, huyeron a Berea. Los judíos de Berea eran más nobles que los de Tesalónica, examinando las Escrituras todos los días, Hch. 17.11. Véase mapa 6, C-1.

BERED, hb. Granizo: 1. Un hijo de Sutela, de la tribu de Efraín, 1 Cr. 7.20. // 2. Un lugar en Gn. 16.14. Véase mapa 2, B-6.

BERENICE, gr. **Victoriosa**: Mujer de gran influencia política, hija mayor de Herodes Agripa I, que mató a Jacobo (Hch. 12) y hermana de Herodes Agripa II. Aun en aquellos tiempos de costumbres depravadas, era considerada mujer sin principios morales. Se casó con su tío, gobernador de Calcis. Después se juntó con su hermano Agripa II, provocando gran escándalo público. Aun estaba en compañía suya cuando Pablo hizo su defensa, Hch. 25.13,23; 26.30. Era, sucesivamente, amante de los emperadores romanos, Vespasiano y Tito.

BEREQUÍAS, hb. **Jehová bendice**: 1. Padre del cantor Asaf, 1 Cr. 6.39. // 2. Portero del arca, 1 Cr. 15.23. // 3. Hijo de Zorobabel, 1 Cr. 3.20. // 4. Hijo de Asa, 1 Cr. 9.16. // 5. Efrainita en el reinado de Peka, 2 Cr. 28.12. // 6. Padre del profeta Zacarías, Zac. 1.1.

BERI. hb. **Hombre de un pozo**: Un descendiente de Aser, 1 Cr. 7.36.

BERÍA, hb. **Don**: Un descendiente de Efraín, 1 Cr. 7.23.

BERILO: Piedra preciosa emparentada con la esmeralda, de color azul, amarilla, rosáceo o incoloro. // Engastada en el pectoral del sumo sacerdote, Ex. 28.20. Visión de ruedas fulgentes como el berilo, Ez. 1.16; 10.9. Una de las piedras preciosas del rey de Tiro, Ez. 28.13. Visión del hombre cuyo cuerpo era como berilo, Dn. 10.6. El octavo fundamento de la nueva Jerusalén, Ap. 21.20. Turquesa.

BERMEJO: Rubio, rojizo, referido especialmente al pelo. // Y salió otro caballo, b, Ap. 6:4.

BERMELLÓN: Cinabrio en polvo que se emplea para obtener pintura de color rojo vivo; Este mismo color. // Le abre ventanas, la cubre de cedro y la pinta de b, Jeremías 22.14. **Véase Rojo**.

BERNABÉ, aram. **Hijo de consolación**: Tenía, en primer lugar, el nombre de José, Hch. 4.36. Su nombre Bernabé significa también exhortación, Hch. 4.36. Era levita, de la isla de Chipre y tío de Marcos, Hch. 4.36; Col. 4.10. Hombre rico, vendió un campo, Hch. 4.37. Llevó a Saulo a los apóstoles, Hch.

9.26,27. Era hombre bueno, lleno del Espíritu Santo y de fe, Hch. 11.24. Fue a Tarso a buscar a Saulo, Hch. 11.25. Llevó, con Saulo, contribuciones para los flagelados del hambre, Hch. 11.30. Separado, con Saulo, para la obra entre los gentiles, Hch. 13.2. Acompañó a Pablo en el primer viaje misionero, Hch. 13.4 a 14.28. Llamado Júpiter, Hch. 14.12. Llamado apóstol, Hch. 14.14. Asistió a la reunión en Jerusalén, con Pablo, y habló, Hch. 15.2,12. Separación entre él y Pablo, Hch. 15.39. Censurado por Pablo, Gá. 2.13. Esta discrepancia no alteró la mutua amistad, Gá. 2.1,9. Como Pablo, no aceptaba sustento de aquellos entre los cuales servía, 1 Co. 9.6. Es probable que el hermano, mencionado en 2 Co. 8.18,19, sea Bernabé.

BERODAC-BALADÁN: Véase **Merodac-baladán**.

BEROTAI, hb. **Pozos**: Ciudad de Hadad-ezer, rei de Soba, 2 S. 8.8. Véase mapa 1, H-2.

BESAI: Jefe de una familia que volvió del exilio, Esd. 2.49.

BETANIA: Jesús posó en Betania (Mt. 21.17; Mr. 11.11). La casa de Simón, el leproso en Betania (Mt. 26.6).

BESAR: Dar beso en. // La justicia y la paz se besaron, Sal. 85.10. Y echándose al cuello de Pablo, le besaban, Hch. 20.37.

BESER, hb. **Fortaleza**: 1. De una ciudad de refugio, Jos. 20.8. Véase mapa 2, D-5. // 2. Hijo de Zofa, de la tribu de Aser, 1 Cr. 7.37.

BESO: El acto de acercar los labios cerrados a alguien o algo y abrirlos con pequeño ruido. // El beso de cariño, Gn. 27.26,27; Lc. 7.38; de reconciliación, Gn. 33.4; 2 S. 14.33; de despedida, Gn. 31.28; Rt. 1.14; de homenaje, Sal. 2.12; 1 S. 10.1; de amor fraterno, Ro. 16.16; 1 Co 16.20; 2 Co. 13.12; 1 Ts. 5.26; 1 P. 5.14; de traición, 2 S. 15.5; Mt. 26.48; Pr. 27.6; de idolatría, 1 R. 19.18; Job 31.27; Os. 13.2.

BESODÍAS, hb. **Conocido de Jehová**: Padre de un hombre que trabajó en la reedificación de los muros, Neh. 3.6.

BESOR, TORRENTE DE: Riachuelo que desagua en el mar Mediterráneo, al sur de Gaza. David llegó en ese torrente, cuando perseguía los amalecitas, 1 S. 30.9.

BESTIA: Animal irracional. Se aplica por lo general a los grandes cuadrúpedos. // La **b** que sube del abismo, Ap. 11.7. Subir del mar una **b**, Ap. 13.1. Otra **b** que subía, Ap. 13.11. La marca, el nombre de la **b**, Ap. 13.17; 19.20. El número de la **b**, Ap. 13.18. La **b**... el falso profeta... lanzados vivos dentro de un lago de fuego, Ap. 19.20; 20.10.

BETÁBARA: Jn. 1.28. Véase **Betania**.

BET-ANAT: hb. **Templo de Anat**: Ciudad de la herencia de Neftalí, Jos. 19.38. Anat era una diosa de los cananeos.

BETANIA: gr. **Casa de támaras**: 1. Villa cerca de 15 estadios de Jerusalén, Jn. 11.18. Jesús pernoctó en Betania, Mt. 21.17; Mr. 11.11. La casa de Simón, el leproso en Betania, Mt. 26.6. En el camino hacia Jericó, en el monte de los Olivos, Mr. 11.1; Lc. 19.29. El lugar de la resurrección de Lázaro, Jn. 11.1; de la ascensión, Lc. 24.50,51. // 2. Betania, o Betábara, pasaje de Jn. 1.28, del otro lado del Jordán, donde Juan bautizaba, Jn. 1.28.

BET-ANOT, hb. **Templo de Anat**: Ciudad de Judá, Jos. 15.59.

BET-ARABÁ, hb. **Casa del desierto**: 1. Ciudad de Judá, Jos. 15.6. // 2. Ciudad de Benjamín, Jos. 18.22. Véase mapa 5. C-1.

BET-ARAM, hb. **Lugar alto**: Ciudad de los amorreos conquistada por los gaditas, Jos. 13.27. Véase mapa 5, C-1.

BET-ASBEA, hb. **Casa de juramentos**: De las familias de los que trabajan lino, 1 Cr. 4.21.

BET-AVÉN, hb. **Casa de vanidad**: Un lugar al este de Bet-el y cerca de Hai, Jos. 7.2.

BET-AZMAVET: Neh. 7.28. Véase **Azmavet**.

BET-BAAL-MEÓN: Jos. 13.17. Véase **Baal-Meón**.

BET-BARA, hb. Casa del vado: Un lugar a la orilla del Jordán, Jue. 7.24.

BET-DAGÓN: hb. **Casa de Dagón**: 1. Una ciudad de Judá, Jos. 15.41. // 2. Una ciudad de Aser, Jos. 19.27. Véase mapa 2, C-3.

BET-DIBLATAIM, hb. **Casa de la pasta de higos**: Jer. 48.22. Una ciudad de Moab.

BET-EDÉN, hb. **Casa de placer**: Que tiene el cetro de Bet-Edén, Am. 1.5.

BET-EL, hb. **Casa de Dios**: Una ciudad que, después de Jerusalén, es más mencionada en las Escrituras que cualquier otra. Situada en el centro de la tierra de Canaán, en el camino hacia Siquem, 30 km al sur de Silo y 20 Km al norte de Jerusalén. Abraham armó su tienda y edificó su primer altar, después de llegar en la tierra de Canaán, en Bet-el, Gn. 12.8; 13.3. Lugar de la visión de Jacob, de la escalera que llegaba al cielo, Gn. 28.10-17. Jacob le dio el nombre de Bet-el, Gn. 28.18,19. Yo soy el Dios de Bet-el, Gn. 31.31. Dijo Dios a Jacob: Levántate, sube a Bet-el, Gn. 35.1. Levantémonos, y subamos a Bet-el, Gn. 35.3. Débora sepultada en Bet-el, Gn. 35.8. Josué vence al rey de Bet-el, Jos. 12.16. Ciudad de Benjamín, Jos. 18.22. Se llamaba Luz, Jue. 1.23; Gn. 28.19. Se consultaba a Dios en Bet-el, Jue. 20.18,26. El arca del pacto estaba allí, Jue. 20.27. Samuel juzgaba a Israel en Bet-el, Gilgal y Mizpa, 1 S. 7.16. Tres hombres subiendo a Dios a Bet-el, 1 S. 10.3. Jeroboam hizo dos becerros de oro: puso el uno en Bet-el, y el otro en Dan, 1 R. 12.29. Por orden del Señor vino de Judá a Bet-el un hombre de Dios, 1 R. 13. Vivía en Bet-el un viejo profeta, 1 R. 13.11. Hiel, que reedificó Jericó, era betelita, 1 R. 16.34. Elías en Bet-el, 2 R. 2.2. Los profetas que estaban en Bet-el, 2 R. 2.3. Unos muchachos se burlan de Eliseo, 2 R. 2.23. Ni con las reformas de Jehú, fueron removidos los becerros de oro, en Bet-el y en Dan, 2 R. 10.29. Habitó en Bet-el y les enseñaba cómo debían temer al Señor, 2 R. 17.28. Las cenizas de los ídolos quemados fuera de Jerusalén, llevadas para Bet-el, 2 R. 23.4. Josías destruyó el altar en Bet-el, hecho por Jeroboam, 2 R. 23.15. Bet-el pasó a la tribu de Judá, 2 Cr. 13.19. Un grupo de exiliados regresa a Bet-el, Esd. 2.28. Cómo la casa de Israel se avergonzó de Bet-el, Jer. 48.13. Véase mapa 2, C-5; mapa 5, B-1.

BET-EMEC, hb. **Casa del valle**: Ciudad de Zabulón, Jos. 19.27. Véase mapa 3, A-2.

BETÉN, hb. **Valle**: Ciudad de Aser, Jos. 19.25.

BETESDA, hb. **Casa de misericordia**: Un estanque en Jerusalén, junto a la puerta de las ovejas, Jn. 5.2.

BET-ESEL, hb. **Casa al lado**: Ciudad al norte de Judá, Mi. 1.11.

BETFAGÉ, gr. **Casa de higos verdes**: Una aldea en el camino de Jerusalén a Jericó, cerca del monte de los Olivos, Mt. 21.1.

BET-GADER, hb. **Casa del muro**: Un descendiente de Judá, 1 Cr. 2.51.

BET-GAMUL, hb. **Casa de perfección**: Ciudad de Moab, Jer. 48.23. Véase mapa 2, D-5.

BET-HAQUEREM, hb. **Casa de la viña**: Distrito entre Tecoa y Jerusalén, Neh. 3.14; Jer. 6.1.

BET-HOGLA, hb. **Casa de la perdiz**: Aldea de la tribu de Benjamín, Jos. 15.6. Véase mapa 5, C-1.

BET-HORÓN, hb. **Casa de la cueva**: Bet-horón la de abajo, Jos. 16.3. Bet-horón la de arriba, Jos. 16.5. Dos ciudades, que distaban tres kilómetros una de la otra, en el camino de Gabaón y Aseca. En la bajada de Bet-horón Jehová arrojó desde el cielo grandes piedras sobre los amorreos que huían de Josué, Jos. 10.11. Salomón las fortificó, 2 Cr. 8.5. Véase mapa 2, C-5; mapa 5, B-1.

BET-JESIMOT, hb. **Casa de las devastaciones**: Ciudad moabita cerca del Mar Muerto, Nm. 33.49. Véase mapa 2, D-5; mapa 5, C-1.

BET-LEBAOT, hb. **Casa de leona**: Una ciudad en la herencia de Simeón, Jos. 19.6.

BET-MARCABOT, hb. **Casa de carros**: Una ciudad dada como herencia a la tribu de Simeón, Jos. 19.5.

BET-NIMRA, hb. **Casa del leopardo**: Ciudad concedida la tribu de Gad, Jos. 13.27. Véase mapa 2, D-5; mapa 5, C-1.

BETONIM, hb. **Nuez de pistacia**: Una aldea al lado este del Jordán, en el territorio de Gad, Jos. 13.26.

BET-PASES, hb. **Casa de dispersión**: Ciudad de la herencia de Isacar, Jos. 19.21.

BET-PELET, hb. **Casa de la fuga**: Ciudad concedida a la tribu de Judá, Jos. 15.27.

BET-PEOR, hb. **Casa de (Baal) Peor**: Ciudad que cayó en suerte a la tribu de Rubén, Jos. 13.20. Fue en el valle delante de Bet-peor que Moisés pronunció los discursos registrados en Deuteronomio, Dt. 3.29. Moisés sepultado delante de Bet-peor, Dt. 34.6. Véase mapa 2, D-5.

BET-REHOB, hb. **Casa de una calle**: Pequeño reino de Siria, cerca de Lais, Jue. 18.28. Sus habitantes asalariados por los amonitas para combatir contra Israel, 2 S. 10.6-8.

BETSABÉ, hb. **La séptima hija**, o **Hija de juramento**: Llamada también **Batsua**, **Hija de opulencia**, Hija de Eliam y mujer de Urías, el heteo, 2 S. 11.3. David comete adulterio con ella, 2 S. 11.1-4. Su marido, Urías, traicioneramente muerto por orden de David, 2 S. 11.6-25. David se casó con la viuda, 2 S. 11.27. La reprensión de Natán, 2 S. 12.1-23. Se ve la profunda contrición de David en el Salmo 51. Los cuatro hijos de Betsabé, excepto el primero que murió, 1 Cr. 3.5. Con la ayuda de Natán, ella frustró el plan de Adonías de usurpar el trono, y Salomón fue declarado rey, 1 R. 1.

BETSAIDA, gr. del hebr. **Casa de pesca**: Una ciudad construida por Felipe, el tetrarca, a la orilla del mar de Galilea, en el valle del alto Jordán, en el territorio de la tribu de Zabulón. El pueblo de Betsaida quedó impenitente, a pesar de los muchos milagros que Jesús hizo allí, Mt. 11.21. Jesús, al saber del martirio de Juan el Bautista, se retiró aparte, llevando los apóstoles consigo, para Betsaida, Lc. 9.10. En Betsaida nacieron Pedro, Andrés y Felipe, Jn. 1.44. Véase mapa 3, B-2.

BET-SEÁN, hb. **Casa de sosiego**: Ciudad de Isacar, que cayó en suerte a Manasés, de la cual los cananeos no fueron expulsados, Jos. 17.11,16. Los cuerpos del rey Saúl y de sus hijos colgados en el muro de Bet-seán, 1 S. 31.10; 2 S. 21.12. La casa de Salomón abastecida por Bet-seán, 1 R. 4.12. Véase mapa 2, C-4.

BET-SEMES, hb. **Casa del sol**: 1. Ciudad de Judá, dada a los levitas, Jos. 21.16. El arca devuelta por los filisteos quedó en Bet-semes, 1 S. 6.9-19. La casa de Salomón abastecida por Bet-semes, 1 R. 4.9. La batalla entre Joás, rey de Israel, y Amasías, rey de Judá, en Bet-semes, 2 R. 14.11. Tomada por los filisteos, 2 Cr. 28.18. Véase mapa 2, B-5; mapa 5, B-1 // 2. Ciudad de los límites de Isacar, Jos. 19.22. // 3. Bet-semes de Neftalí, Jos. 19.38. // 4. Ciudad de Egipto, llamada **On** y **Heliópolis**, Jer. 43.13; Gn. 41.45.

Biblia

BET-SITA, hb. **Casa da acacia**: Lugar en la línea de fuga de los madianitas, cuando Gedeón los desbarató, Jue. 7.22.

BET-SÚA, hb. **Hija de opulencia**: 1. En Gn. 38.2. Traducida **hija de Súa**, mujer de Judá. // 2. Mujer de Salomón e hija de Amiel, 1 Cr. 3.5. Véase **Betsabé**.

BET-SUR, hb. **Casa de piedra**: Una ciudad de Judá fortificada por Roboam, Jos. 15.58. Véase mapa 5, B-1.

BET-TAPÚA, hb. **Casa de manzanas**: Aldea en la parte montañosa de Judá, Jos. 15.53. Véase mapa 5, B-1.

BETUEL, hb. **Hombre de Dios**: 1. Hijo de Nacor y Milca, padre de Labán y Rebeca, Gn. 22.23; 24.15; 25.20; 28.2,5; // 2. Una ciudad de Simeón, 1 Cr. 4.30.

BEULA, hb. **Casado**: Is. 62.4. A tu tierra: Desposada.

BEZAI, hb. **Espada**: 1. Jefe de una familia que volvió del exilio, Esd. 2.17. // 2. Uno de los que firmaron el pacto con Nehemías, Neh. 10.18.

BEZALEEL, hb. **En la sombra de Dios**: 1. Hijo de Uri, hijo de Hur, de la tribu de Judá, lleno del Espíritu de Dios, de habilidad, de inteligencia, y de conocimiento, en todo artificio. Dios le dio por compañero a Aholiab. Los dos, bajo Moisés, eran los artífices de la obra del tabernáculo, Ex. 31.1-11. // 2. Uno de los que tenían mujer extranjera, Esd. 10.30.

BEZEC, hb. **Relámpago**: 1. Ciudad de Judá, Jue. 1.4. Véase mapa 4, B-1. // 2. Lugar donde Saúl contó a sus soldados antes de ayudar a Jabes de Galaad, 1 S. 11.8.

BIBLIA, gr. **Biblion**, libro, es decir, LIBRO Por excelencia: Se llama: **Las Escrituras**, Jn. 5.39; Hch. 17.11; 2 Ti 3.16; **Los oráculos de Dios**, Ro. 3.2; He. 5.12; 1 P. 4.11; **La Palabra de Dios**, Ef. 6.17; 1 P. 1.25; He. 4.12. **Los Testamentos** o **Los pactos**, Ro. 9.4; Gá. 4.24; **La ley**, 1 Co. 14.21; Gá. 3.10. Pero se cree que la palabra **biblia** se aplicó a las Escrituras alrededor del año 400, por Crisóstomo. // Las Sagradas Escrituras se componen de dos partes: el Antiguo Testamento, escrito antes de Cristo y el Nuevo Testamento, después de su muerte. El Antiguo Testamento consiste en treinta y nueve libros, el Nuevo Testamento en 27. // Cierto hombre trabajó tres años para completar la estadística siguiente, en 1718, acerca de la Biblia, otro, un inglés de Amsterdam, terminó la misma evaluación numérica, después de tres años, en 1772: La división de la Biblia en capítulos se atribuye al cardenal Hugo, fallecido en 1263, o a Stephen Langton, fallecido en 1228. La división en versículos es obra de Robert Stevens, en 1551. // La Biblia fue el primer libro impreso, en 1535. Es el libro más traducido; aparece, entera o en parte, en más de mil doscientos idiomas. La primera traducción portuguesa es la del Nuevo Testamento por João Ferreira de Almeida, en 1681. Es la obra de mayor circulación; la primera tirada de **The New English Bible [La Nueva Biblia Inglesa]**, en 1961, fue de 1 275 000 ejemplares. Todos los 66 libros de la Biblia juntos contienen la revelación de Dios a los hombres. Fueron escritos por, aproximadamente, 36 hombres, durante un período de mil quinientos años. Entre esos hombres había reyes, agricultores, pastores, abogados, pescadores, un médico, un recaudador de impuestos. Sin embargo, esos libros constituyen un solo libro, porque son la obra de un solo Autor, sobre una sola meta y propósito divino, la redención de los hombres. El propio libro es un milagro tan grande como cualquier relato en sus páginas. Cierto estadista dijo: "El mundo declara que la Biblia no es más que la obra de hombres, que fue escrita bajo las limitaciones del raciocinio humano. Sigue, por tanto, según ese modo de pensar, que los hombres, si no se han degenerado sus habilidades y si no se ha decaído su sabiduría, pueden actualmente producir un libro igual a la Biblia. ¿Por qué no lo hacen? ¿Por qué no escogen un grupo entre los mejores diplomados de sus universidades, para viajar en todo el mundo; para consultar las mejores bibliotecas; para respigar los campos de la teología, de la botánica, de la astronomía, de la biología e da zoología; para hacer investigaciones en todas las ramas de la ciencia; para emplear los medios al disponer de la civilización moderna? Y tras agotar toda la fuente, ¿por qué no engloban la mejor parte en un libro y se lo ofrecen al mundo, como un sustituto por nuestra Biblia?" No lo hacen porque no pueden. La Biblia es lo que ella misma afirma centenares de veces, La Palabra de Dios. Al tomar la Biblia en la mano nos conviene recordar que es el libro que tiene a Dios, que tiene vida.

BIBLIOTECA: Colección de libros, manuscritos, etc., guardados para estudiar o leer. En la realidad una biblioteca puede consistir de un solo libro. La Biblia en sí misma es una biblioteca. En la Edad Media se le llamaba: **La biblioteca divina**. Comenzó después a llamarse sencillamente **La biblioteca**, y actualmente se le conoce como **El Libro**. En el tiempo en que Abraham salió de Ur de los caldeos, casi todas las ciudades tenían colecciones de libros. Las excavaciones de los arqueólogos han descubierto varias bibliotecas, con grandes colecciones, no de libros, sino de obras grabadas en tablas de arcilla. Moisés fue educado en toda ciencia de los egipcios, Hch. 7.22. Se opina que él guardaba en el arca del testimonio, junto con las tablas del pacto y un ejemplar del libro de la ley, todos los oráculos pronunciados, y el registro de los viajes, día tras día. Después de la separación de las tribus del norte de las del sur, esos libros fueron o copiados o separados y, finalmente, en estos tiempos angustiosos, quedaron, tal vez, muy deteriorados, hasta que el libro de Deuteronomio apareció en la biblioteca del templo, 2 R. 22.8. Había bibliotecas en toda Siria y Palestina en el tiempo de Josué conquistar Canaán. Todas las naciones fronterizas, los moabitas, los edumeos, los amorreos, etc. eran naciones cultas, con archivos públicos. Que había bibliotecas en Israel en el tiempo de Samuel, Saúl, David y Daniel se ve en 1 S. 10.25; 1 Cr. 27.24; 29.29; etc. Sabemos que la biblioteca en Jerusalén forneció copias de sus libros para la biblioteca en Alejandría, en los tiempos de hacer la traducción de los Setenta. Los creyentes primitivos celebraban sus cultos en las sinagogas, y esas tenían sus bibliotecas. No se sabe si los primeros templos de los cristianos tenían bibliotecas, mas es cierto que tenían casi desde el inicio. No se sabe tampoco si la rica biblioteca a la cual el historiador Josefo tenía acceso, era particular o pública. Mas los romanos, de esa época, fundaban bibliotecas públicas en todas sus provincias. En el templo, donde Cristo enseñó al pueblo, había cuartos reservados para libros. Tanto el apóstol Pablo, como muchos de los primeros cristianos, eran hombres cultos que tenían sus colecciones de libros. Véase 2 Ti. 4.13.

BICRI, hb. **Joven**: Un hombre de Benjamín que se rebeló contra David, 2 S. 20.1.

BIDCAR: Capitán en el servicio de Jehú, 2 R. 9.25.

BIEN: Todo lo que es bueno o conforme es moral; virtud, felicidad. // Árbol de la ciencia del **b**, Gn. 2.9,17. Que desea muchos días para ver el **b**? Sal. 34.12. Quien busca el **b** alcanza favor, Pr. 11.27. O a lo menos haced **b**, Is. 41.23. Pero hacer el **b** no supieron, Jer. 4.22. Me olvidé del **b**, Lm. 3.17. Y os haré mayor **b**, Ez. 36.11. Israel desechó el **b**, Os. 8.3. Aborreced el mal, y amad el **b**, Am. 5.15. En mi carne, no mora el **b**, Ro. 7.18. Porque no hago el **b** que quiero, Ro. 7.19. Todas las cosas les ayudan a **b**, Ro. 8.28. Queriendo yo hacer el **b**, Ro. 7.21. Ni habían hecho aún ni **b** ni mal, Ro. 9.11. Vence con el **b** el mal, Ro. 12.21. Temo al que hace el **b**, Ro. 13.3. No sea, pues, vituperado vuestro **b**, Ro. 14.16. El que la da en casamiento hace **b**, 1 Co. 7.38. No nos cansemos, pues, de hacer **b**, Gá. 6.9; 2 Ts. 3.3. Que hagan **b**, 1 Ti. 6.18. Que maneja **b** la palabra, 2 Ti. 2.15. Las ancianas... maestras del **b**, Tit. 2.3. Conocimiento de todo el **b**, Flm. 1.6.

BIENAVENTURADO: Dichoso, feliz, afortunado. // B tú, oh Israel, ¿quién como tú? Dt. 33.29. B es la nación cuyo Dios es Jehová, Sal. 33.12. B el hombre que halla sabiduría, Pr. 3.13. Véase Bienaventuranza.

BIENAVENTURANZAS: "Bienaventurados" quiere decir "felices" o "alegres", indicando el trascendente objetivo del reino de los cielos; el de llamar a los hombres a una vida verdaderamente feliz. No es una vida de alegría superficial mas de gozo profundo y que perdura. Las bienaventuranzas o felicidades, registradas en Mt. 5.3-10, son ocho en número, con la última repetida. Pero hay otras: Sal. 32.1,2; 41.1; Mt. 11.6; 13.16; 24.46; Jn. 20.29; Ro. 4.7,8; Stg. 1.12; Ap. 1.3; 14.13; 16.15; 19.9; 20.6; 22.7,14... Cristo enseñaba, en las bienaventuranzas, que la felicidad no depende de lo que tengamos, ni de lo que hagamos, sino de lo que somos. Tal felicidad no es importada desde afuera mas nace en el alma de todos los verdaderos hijos de Dios. Todas las bienaventuranzas de Cristo son paradojas; todas contradicen la opinión común. El concepto de los hombres es que son felices los ricos, los honrados en el mundo; los que tienen una vida alegre aquí; los que comen golosinas y se trajan bien. Pero el Señor vino a corregir ese error fundamental; vino a llamar los hombres a la felicidad que es permanente y verdadera.

BIENES: Riqueza, propiedades. // Llevó a Abraham... todos los **b** que habían adquirido, Gn. 12.5. Tomaron también a Lot... y sus **b**, Gn. 14.12. Si ha metido su mano en los **b** de su prójimo, Ex. 22.8. Confían en sus **b**, Sal. 49.6. Tú coronas el año con tus **b**, Sal. 65.11. **B** y riquezas hay en su casa, Sal. 112.3. Honra a Jehová con tus **b**, Pr. 3.9. Los b que se adquieren de prisa, Pr. 20.21. El que frecuenta rameras perderá los **b**, Pr 29.3. Saquear sus **b**, si primero, Mt. 12.29. Sobre todos sus **b** le pondrá, Mt. 24.47. Les entregó sus **b**, Mt. 25.14. Muchos b tienes guardados, Lc. 12.19. Dame la parte que me corresponde de los **b**, Lc. 15.12. Acusado... como disipador de sus **b**, Lc. 16.1. Recibiste tus **b** en tu vida, Lc. 16.25. La mitad de mis **b** doy a los pobres, Lc. 19.8. Vendían sus propiedades y **b**, Hch. 2.45. Si repartiese todos mis **b**, 1 Co. 13.3. El despojo de vuestros **b**, He. 10.34. Véase **Posesión**.

BIENESTAR: Estado en que se siente bien del cuerpo o del espíritu. // Procuró el **b** de su pueblo, Est. 10.3. Su **b** no será duradero, Job 20.21. Acabarán sus días en **b**, Job 36.11. Gozará el de **b**, Sal. 25.13.Véase **Prosperidad**.

BIENHECHOR: El que hace bien. // Los que... tienen autoridad son llamados **b**, Lc. 22.25.

BIGTA, hb. **Jardinero**: Uno de los siete camareros de Asuero, Est. 1.10.

BIGTÁN: Uno de los dos camareros que tramaron atentado contra Asuero, Est. 2.21.

BIGVAI, hb. **Jardinero**: 1. Jefe de una familia que volvió del exilio, Esd. 2.2. // 2. Uno de los que firmaron el pacto, Neh. 10.16.

Bildad, hb. **Bel amó**: Uno de los amigos de Job, Job 2.11. Sus discursos, Job 8; 18; 25.

BILEAM: Una ciudad de Manasés que pasó a los levitas, 1 Cr. 6.70.

BILGA, hb. **Regocijo**: Un sacerdote que volvió del exilio, 1 Cr. 24.14.

BILHA, hb. **Modestia**: 1. Esclava que Labán dio a Raquel, Gn. 29.29. Raquel la dio a Jacob para tener hijos por medio de ella, Gn. 30.3,4. Madre de Dan y de Neftalí, Gn. 30.6,8. Cometió adulterio con Rubén, Gn. 35.22. // 2. Ciudad de Simeón, 1 Cr. 4.29.

BILHÁN, hb. **Modestia**: 1. Hijo de Ezer, príncipe de los Hebreos, Gn. 36.27. // 2. Un descendiente de Benjamín, 1 Cr. 7.10.

BILSÁN: Jefe de una familia que volvió de Babilonia, Esd. 2.2.

BIMHAL: Descendiente de Aser, 1 Cr. 7.33.

BINA: Descendiente de Benjamín, 1 Cr. 8.37.

BINÚI, hb. **Edificio**: Un levita, Esd. 8.33.

BIRSA, hb. **Hijo de perversidad**: Un rey de Gomorra, Gn. 14.2.

BIRZAVIT: Nieto de Bería, hijo de Aser, 1 Cr. 7.31.

BITINIA: Provincia romana de Asia Menor. Pablo deseó ir allá en su segundo viaje misionero, Hch. 16.7. Se halla en las provincias, a las cuales Pedro envió su primera epístola, 1 P 1.1. Véase mapa 6, E-1.

BIZOTIA, hb. **Desprecio de Jehová**: Ciudad de Judá, cerca de Beerseba, Jos. 15.28.

BIZTA: Uno de los siete eunucos que servían a Asuero, Est. 1.10.

BLANCA: La moneda menor, de cobre, entre los judíos. Lc. 12.59. Véase **Dinero**.

BLANCO: Que tiene el color de la nieve, de la cal, etc. // Que tenía en sí algo de **b**, Gn. 30.35. Si apareciere tumor **b** en la piel, Lv. 13.10. Y era **b**, y su sabor, Ex. 16.31. Cabalgáis en asnas **b**, Jue. 5.10. Salió leproso, **b** como la nieve, 2 R. 5.27. Lávame, y seré más blanco que la nieve, Sal. 51.7. Vuestros pecados... vendrán a ser como blanca lana, Is. 1.18. Cuyo vestido era **b** como la nieve, Dn. 7.9. Alazanes **b**, Zac. 1.8; 6.3. No puedes hacer **b** o negro un cabello, Mt. 5.36. Sus vestidos se hicieron **b** como la luz, Mt. 17.2. Su vestido **b** como la nieve, Mt. 28.3. Mirad los campos... **b** para la siega, Jn. 4.35. Dos varones con vestiduras **b**, Hch. 1.10. Sus cabellos eran **b** como la **b** lana, Ap. 1.14. Le daré una piedrecita **b**, Ap. 2.17. Andarán conmigo en vestiduras **b**, Ap. 3.4. El vencedor será vestido de vestiduras **b**, Ap. 3.5. Un caballo **b**, Ap. 6.2; 19.11. Vestiduras **b** con palmas, Ap. 7.9. Un gran trono **b**, Ap. 20.11.

BLANDIR: Agitar con la mano, antes de tirar o descargar. // Y del **b** de la jabalina, Job 41.29; lanza, 1 Cr. 11.11.

BLANDO: Tierno, suave, manso. // Los dichos de su boca son más **b** que mantequilla, Sal. 55.21. Su paladar es más **b** que el aceite, Pr. 5.3. La **b** respuesta quita la ira, Pr. 15.1. La lengua **b** quebranta los huesos, Pr 25.15. Véase **Suave**.

BLANQUEADO: Vuelto blanco, encalado. // ¡Dios te herirá a ti, pared **b**! Hch. 23.3. Véase **Blanquear**.

BLANQUEAR: Poner blanca una cosa; dar de cal a las paredes, techos etc. // Semejantes a los sepulcros blanqueados, Mt. 23.27.

BLASFEMAR: Pronunciar palabras insultando a la divinidad, Ex. 22.28; Sal. 74.18; Is. 52.5; Ro. 2.24; Ap 13.1,6; 16.9,11,21. Ultrajar, insultar, Hch. 13.45; 1 R. 21.10. Acusado falsamente de haber blasfemado, Nabot, 1 R. 21.13; Esteban, Hch. 6.11,13; Jesús, Mt. 9.3; 26.65; Jn. 10.33. Ejemplos: el rey de Asiria, 2 R. 18.34; 19.6; los judíos, Lc. 22.65; Hch. 18.6; Pablo, 1 Ti. 1.13. Véase **Ultrajar**.

BLASFEMIA: Palabras que ofenden la divinidad. // Blasfemia contra el Espíritu Santo, Mt. 12.31,32; Lc. 12.10; 1 Jn. 5.16. La ley punía la blasfemia con la muerte, Lv. 24.14,23. Véase **Ultraje**.

BLASFEMO: El que blasfema. // Habiendo yo sido antes **b**, perseguidor, 1 Ti. 1.13. Habrá hombres... **b**, 2 Ti. 3.2.

BLASTO, gr. Renuevo: Camarero del rey, Herodes Agripa I, Hch. 12.20.

BOANERGES, **Hijos del trueno**: Nombre que Jesús dio a Jacobo y a Juan, por causa de su impetuosidad, cuando los designó para que fueran apóstoles, Mr. 3.17.

BOCA: La tierra, que abrió su **b**, Gn. 4.11. Que mi b os habla, Gn. 45.12. ¿Quién dio la **b** al hombre? Ex. 4.11. Poniendo su **b** sobre la **b**, 2 R. 4.34. Mi mano pongo sobre mi **b**, Job 40.4. Los dichos de su **b** son más blandos que mantequilla, Sal. 55.21. Tienen **b**, mas no hablan, Sal. 115.5. Pon guarda a mi **b**, oh Jehová, Sal. 141.3. El que guarda su **b**, Pr. 13.3; 21.23. La **b** del necio, Pr. 18.7. Se acerca a mí con su **b**, Is. 29.13. De la abundancia del corazón habla la **b**, Lc. 6.45. Su **b** está llena de maldición, Ro. 3.14. Para que toda **b** se cierre, Ro. 3.19. Cerca de ti está la palabra, en tu b y en tu corazón, Ro. 10.8. Ninguna palabra corrompida salga de vuestra **b**, Ef. 4.29. Cerraron **b** de leones, He. 11.33. De una sola b procede bendición y, Stg. 3.10. // Boca de Dios, Dt. 8.3; Mt. 4.4. // Boca del justo, Sal. 37.30; Pr. 10.31; Ec 10.12. // Boca de niños, Sal. 8.2; Mt. 21.16. // Boca del impío, Sal. 107.42; 109.2; 144.8; Pr. 4.24; 6.12; 19.28; Ro. 3.14; Ap. 13.5. Véase **Labio**, **Lengua**.

BOCADO: Cantidad de comida que cabe de una vez en la boca. // Traeré un **b** de pan, Gn. 18.5. Mejor es un **b** seco, y en paz, Pr. 17.1. Después del **b**, de inmediato entró en él Satanás, Jn. 13.27.

BOCINA: Instrumento de forma cónica con que se refuerza el sonido para proyectarlo a distancia. // Sonido de b muy fuerte, Ex. 19.16. Siete sacerdotes llevarán siete b de cuernos de carnero delante del arca, Jos. 6.4. Los sacerdotes tocaron las b, Jos. 6.20. Al oír el son de la b, Dn. 3.5. Véase **Trompeta**.

BOCRU, hb. **Primogénito**: Un descendiente de Saúl, 1 Cr. 8.38.

BODA: Celebración de matrimonio. // ¿Pueden los que están de **b** tener luto, Mt. 9.15. Un rey que celebró las **b** de su hijo, Mt. 22.2. Vino el esposo... entraron con él a las **b**, Mt. 25.10. Convidado por alguno a **b**, Lc. 14.8. Han llegado las **b** del Cordero, Ap. 19.7.

BOFETADA: Golpe que se da en la mejilla con la mano abierta. // Los alguaciles le daban de **b**, Mr. 14.65. Le dio una bofetada, diciendo, Jn. 18.22. ¡Salve, Rey de los judíos! y le daban de **b**, Jn. 19.3. Si alguno os da de **b**, 2 Co. 11.20.

BOHÁN, hb. **Pulgar**: Hijo de Rubén, Jos. 15.6.

BOJ: Árbol semejante a la murta. De madera muy dura, de color amarillo, empleada en obras de tornero, Is. 60.13; 41.19.

BOLSA: Saquito de llevar dinero. // En tu b no tendrás pesos diversos, Dt. 25.13. No llevéis **b**, Lc. 10.4. Haceos **b** que no se envejezcan, Lc. 12.33. El que tiene **b**, tómela, Lc. 22.36. Puesto que Judas tenía la **b**, Jn. 13.29. Véase **Alforje**, **Saco**.

BONANZA: Buen tiempo en el mar. // Reprendió... y se hizo grande **b**, Mt. 8.26.

BONDAD: Cualidad de lo que es bueno. // Conforme a la **b** que yo hice contigo, Gn. 21.23. Has hecho mejor tu postrera **b**, Rt. 3.10. Y tus santos se regocijen en tu **b**, 2 Cr. 6.41. Acuérdate de mí, por tu **b**, Sal. 25.7. Si no creyese que veré la **b** de Jehová, Sal. 27.13. Cuán grande es tu **b**, Sal. 31.19. Tu **b**, oh Dios, has provisto al pobre, Sal. 68.10. Proclaman su propia **b**, Pr. 20.6. Cuánta es su **b**, Zac. 9.17. Mira... la **b** y la severidad de Dios, Ro. 11.22. Estáis llenos de **b**, Ro. 15.14. En **b**, en el Espíritu Santo, 2 Co. 6.6. El fruto del Espíritu es... **b**, Gá. 5.22. La suprema riqueza de su gracia, en **b**, Ef. 2.7. El fruto del Espíritu es en toda **b**, Ef. 5.9. Cumpla todo propósito de **b**, 2 Ts. 1.11. Véase **Benignidad**, **Misericordia**.

BOOZ, hb. **Fuerza**: 1. Hombre rico de Belén, pariente de Noemí y esposo de Rut, Rt. 2.1; 4.13. Su nombre en la genealogía de Jesucristo, Mt. 1.5; Lc. 3.32.

BOQUIM, hb. **Los que lloran**: Un lugar cerca de Gilgal, donde el pueblo de Israel, al ser reprendido por el ángel, se arrepintió, lloró y sacrificó al Señor, Jue. 2.1-5.

BORRACHERA: Embriaguez. // Andemos... no en glotonerías y **b**, Ro. 13.13. Véase **Embriaguez**.

BORRACHO: Hombre dado al vicio de la embriaguez. // Es glotón y **b**, Dt. 21.20. Los hace errar como **b**, Job 12.25. Despertad, **b**, y llorad, Jl. 1.5. Ni los **b**... heredarán el reino de Dios, 1 Co. 6.10. Véase **Bebedor**.

BORRAR: Hacer desaparecer lo trazado por cualquier medio. // Convertíos, para que sean borrados vuestros pecados, Hch. 3.19. Las borrará con las aguas, Nm. 5.23. No borraré su nombre del libro, Ap. 3.5.

BOSCAT, hb. **Pedregoso**: Tierra natal de Jedida, madre del rey Josías, 2 R. 22.1.

BOSES, hb. **Brillante**: Peñasco escarpado al lado norte del desfiladero de Micmas, 1 S. 14.4,5.

BOSQUE: Lugar de muchos árboles. Floresta. // Un **b**, donde había miel en la superficie del campo, 1 S. 14.25. David se fue... al **b** de Haret, 1 S. 22.5. La batalla en el **b** de Efraín, 2 S. 18.6. Salomón... edificó la casa del **b** del Líbano, 1 R. 7.2. Los puso en la casa del **b**, 1 R. 10.17. Son míos todos los animales del **b**, Sal. 50.10. Llama que abrasa el **b**, Sal. 83.14. **B**, y todo árbol que en él está, Is. 44.23. Como la madera de la vid entre los árboles del **b**, Ez. 15.6. Cuán grande **b** enciende un pequeño fuego, Stg. 3.5.

BOSRA, hb. **Aprisco**: 1. Ciudad muy antigua, la capital de Edom, Gn. 36.33. Notable por sus abundantes rebaños, Mi. 2.12. Profecías contra, Jer. 49.13; Am. 1.12. Véase mapa 2, D-7. // 2. Ciudad de Moab, Jer. 48.24. Tal vez el mismo como Bezer.

BOYERO: Guardador o guía de bueyes. // Soy **b**, y recojo higos silvestres, Am. 7.14. Véase **Pastor**.

BRAMAR: Soltar bramidos, berrar, gritar, (se dice del buey, de la cabra, etc.). // Las vacas se encaminaron por el camino de Betsemes... bramando, 1 S. 6.12. Bramaron las naciones, Sal. 46.6. Como el ciervo brama, Sal. 42.1. Y bramará sobre él en aquel día, Is. 5.30. Bramarán sus ondas, Jer. 5.22. Las bestias del campo bramarán, Jl. 1.20. Véase **Rugir**.

BRAMIDO: Gran estruendo, rugido, grito de cólera. // Los **b** del rugiente, Job 4.10. Balido de ovejas y **b** de vacas, 1 S. 15.14. Como **b** del mar, Is. 5.30; Lc. 21.25. Como **b** de muchas aguas, Is. 17.12. Véase **Rugido**.

BRASA: Carbón incandescente. // Incensario lleno de **b**, Lv. 16.12. Saetas de valientes, con **b**, Sal. 120.4. Caerán sobre ellos **b**, Sal. 140.10. Andará el hombre sobre **b**, Pr. 6.28. El carbón para **b**, Pr 26.21. Sus **b**, **b** de fuego, Cnt. 8.6. Sobre sus **b** cocí pan, Is. 44.19. No quedará **b** para calentarse, Is. 47.14. Asentando... la olla vacía sobre sus b, Ez. 24.11. Vinieron **b** puestas, Jn. 21.9.

BRASERO: Vaso para brasas, hornillo. // Y había un **b** ardiendo delante de él, Jer. 36.22.

BRAZA: Cerca de 2 metros, Hch. 27.28. Véase **Medidas de longitud**.

BRAZALETE: Pulsera, argolla de adorno, que ambos sexos usaban en el brazo, Is. 3.19; Ez. 16.11; 23.42.

BRAZO: Cada uno de los miembros superiores vinculados al hombro en el cuerpo humano. // Y traerán en **b** a sus hijos, Is. 49.22. Tomándolos en los **b**... los bendecía, Mr. 10.16. Significando poder, influencia: Cortaré tu **b**, 1 S. 2.31. Los **b** de los huérfanos fueron quebrados, Job 22.9. Quebranta tú el **b** del inicuo, Sal. 10.15. Ni su **b** los libró, Sal. 44.3. El poder de Dios: **B** extendido, Ex. 6.6; Dt. 4.34. A la grandeza de tu **b** enmudezcan como una piedra, Ex. 15.16. Y acá abajo los **b** eternos, Dt. 33.27. ¿Tienes tú un **b** como el de Dios? Job 40.9. Con tu **b** redimiste a tu pueblo, Sal. 77.15. Tuyo es el **b** potente, Sal. 89.13. Tú, **b** de ellos en la mañana, Is. 33.2. Su **b** señoreará, Is. 40.10. Mis b juzgarán a los pueblos, Is. 51.5. Jehová desnudó su santo **b**, Is. 52.10. ¿Sobre quién se ha manifestado el **b** de Jehová? Is. 53.1; Jn. 12.38.

BREA: Sustancia inflamable, líquida y amarillenta o sólida y negra. Se encuentra en grandes cantidades en el seno de la tierra. Hay grandes yacimientos en las dos Américas y en el Mar Muerto, también llamado, **Lago Asfaltites**, en Judea. El arca calafateada con brea por dentro y por fuera, Gn. 6.14. Usado como mezcla en la construcción de la torre de Babel, Gn. 11.3. La arquilla en que metieron al niño Moisés, calafateada con brea, Ex. 2.3.

BRECHA: Abertura en una pared. // ¡Qué **b** te has abierto! Gn. 38.29. **B** en las tribus de Israel, Jue. 21.15. **B** en el muro de la ciudad, 2 R. 25.4. Cuando se hizo la **b** en la ciudad, Jer. 39.2. Un hombre que... se pusiese en la **b**, Ez. 22.30. Saldréis por las **b**, Am. 4.3.

BREVE: De poca duración. // Los salvaré en **b**, 2 Cr. 12.7. El júbilo de los perversos es **b**, Job 20.5. ¡Cuán **b** es mi existencia! Sal. 89.47. Es necesario que dure **b** tiempo, Ap. 17.10.

BRILLANTE: Que brilla. // De elevada estatura y tez **b**, Is. 18.2. Haré entenebrecer todos los astros **b**, Ez. 32.8. Rayos **b** salían de su mano, Hab. 3.4. Véase **Resplandeciente**.

BRILLAR: Tener luz viva, lucir. // Brilló el sol sobre las aguas, 2 R. 3.22. Le manda no **b**, Job 36.32. El aceite que hace **b** el rostro, Sal. 104.15. De sol ni de luna que brillen en ella, Ap. 21.23. Véase **Resplandecer**.

BRINCAR: **Dar brincos o saltos**. // ¡La voz de mi amado! ¡Ya viene, saltando sobre los montes, brincando por los collados! Cnt. 2.8. Véase **Saltar**.

BRITANIA: Antiguo nombre de Inglaterra. Véase mapa 1, A-2.

BROMA: Diversión, cachondeo. // Y dice: Ciertamente lo hice por b, Pr. 26.19.

BRONCE REFULGENTE: Ámbar. "Como bronce refulgente", Ez. 1.4,27; 8.2.; "electro" (B e F); "metal brillante". El ámbar amarillo (gr. elektron) es una resina fósil, casi transparente, de un color que varía de amarillo pálido al rojo jacinto. Véase **Piedras preciosas**.

BRONCE: Mezcla de cobre y estaño. A veces traducido **bronce bruñido**, es decir, **metal amarillo**. Los hombres lo conocían casi desde el inicio; Tubal-caín artífice de instrumentos cortantes de bronce y de hierro, Gn. 4.22. Usado en la construcción del tabernáculo, Ex. 25.3; 26.11. Los utensilios del tabernáculo hechos de bronce, Ex. 38.3,8. Los utensilios del templo, 1 R. 7.45. La serpiente de bronce, Nm. 21.9. A los que no oyen la voz de Dios, los cielos serán de bronce y la tierra de hierro, Dt. 28.23. Sansón atado con cadenas de bronce, Jue. 16.21. Armadura de Goliat de bronce, 1 S. 17.5. Hiram hizo toda obra de bronce, 1 R. 7.14. El sueño de la gran estatua que tenía el vientre y las caderas de bronce, Dn. 2.32,39. Montes de bronce, Zac. 6.1. Sus pies semejantes al bronce bruñido, Ap. 1.15. Una de las mercancías de la gran Babilonia, Ap. 18.12. Véase **Cobre**.

BROTAR: Producir, aflorar, nacer, aparecer. // Como que brotaba, y arrojaba su flor, Gn. 40.10. Si brotare la lepra, Lv. 13.12. De la tierra brota la verdad, Sal. 85.11. Brotan los impíos como la hierba, Sal. 92.7. Háganse **b** juntamente, Is. 45.8. Hizo **b** agua de la piedra, Is. 48.21. Haré brotar a David un renuevo, Jer. 33.15. **B** las hojas, sabéis que el verano, Mt. 24.32. Raíz de amargura que, brotando, He. 12.15. Véase Germinar.

BRUÑIDO: Brillante, pulido. // A manera de bronce muy b, Ez. 1.7.

BUENA NUEVA: Para que llevaran las buenas nuevas al templo de sus ídolos, 1 S. 31.9. Imaginándose que traía buenas nuevas, 2 S. 4.10. Si viene solo, buenas nuevas trae, 2 S. 18.25. Ese es hombre de bien, y viene con buenas nuevas, 2 S. 18.27. Hoy es día de buena nueva, y nosotros callamos, 2 R.

El buey Apis

7.9. Predicar buenas nuevas a los abatidos, Is. 61.1. Enviado a hablarte, y darte estas buenas nuevas, Lc. 1.19. A nosotros se nos ha anunciado la buena nueva, He. 4.2. Traducido **evangelio**, Lc. 8.1; Hch. 13.32 etc. Véase **Evangelio**.

BUENA OBRA: Para que vean vuestras **b o**, y glorifiquen, Mt. 5.16. Buena obra me ha hecho, Mr. 14.6. Abundéis para toda **b o**, 2 Co. 9.8. Creados en Jesucristo para **b o**, Ef. 2.10. Llevando fruto en toda **b o**, Col. 1.10. Asimismo se hacen manifiestas las **b o**, 1 Ti. 5.25. Que sean ricos en **b o**, 1 Ti. 6.18. Dispuesto para toda **b o**, 2 Ti. 2.21; Tit. 3.1. Glorifiquen a Dios... al considerar vuestras **b o**, 1 P. 2.12.

BUENO: De calidad, adecuada, satisfactoria. Misericordioso, caritativo. // Vio Dios todo... y he aquí que era **b**, Gn. 1.31. No faltó palabra de todas las b promesas, Jos. 21.45; 23.14. Gustad, y ved que es **b** Jehová, Sal. 34.8. B es alabarte, Sal. 92.1. Cuán **b**... los hermanos juntos, Sal. 133.1. Preguntad... cuál sea el **b** camino, Jer. 6.16. Dará **b** cosas a los que le pidan? Mt. 7.11. Todo buen árbol da **b** frutos, Mt. 7.17. Hombre b saca del tesoro **b** cosas, Mt. 12.35. Habrá **b** tiempo, Mt. 16.2. ¿Por qué me llamas **b**? Ninguno hay **b**, Mt. 19.17. **B** siervo y fiel, Mt. 25.21. Yo soy el **b** pastor, Jn. 10.11. Varones de **b** testimonio, Hch. 6.3. Era varón **b**, y lleno del Espíritu Santo, Hch. 11.24. Cuál sea la **b**, agradable y perfecta voluntad, Ro. 12.2. Corrompen las **b** costumbres, 1 Co. 15.33. Pelea la **b** batalla, 1 Ti. 6.12. He peleado la **b** batalla, 2 Ti. 4.7. Toda **b** dádiva, Stg. 1.17. Véase **Buena obra**.

BUENOS PUERTOS: Un puerto de Creta, Hch. 27.8. Véase mapa 6, D-3.

BUEY: Macho, de la familia de los bóvidos. La palabra, sin embargo, puede significar cualquiera de los sexos, Ex. 20.17. En el plural significa a veces **ganado**, Gn. 12.16; 21.27. Los antiguos egipcios consideraban al buey Apis como la expresión más completa de la divinidad. Decían que fue engendrado por un rayo del sol que cayó sobre una vaca, este becerro tenía una malla en la forma de un triángulo, en la frente, y otra malla en forma de creciente, en la espalda. Tenía sus sacerdotes desde el año 2700 a.C. La momia de este buey quedó como objeto de culto. Los israelitas fueron corrompidos por el mismo culto, como se ve en el episodio del becerro de oro, Ex. 32.1-8. El pueblo de Dios se alimentaba de la carne de buey, Dt. 14.4; 1 R. 1.25; Mt. 22.4. El buey ofrecido en sacrificio, Gn. 15.9; 2 Cr. 29.33; 1 R 8.63. Se empleaban bueyes para labrar la tierra, Dt. 22.10. Eliseo labró con 12 yuntas de bueyes, 1 R. 19.19. Se usaba para desgranar el trigo, Dt. 25.4; Os 10.11. Animal de carga, 1 Cr. 12.40. Para tirar el carro, Nm. 7.3; 1 S. 6.7; 2 S 6.6. Prohibido labrar con yunta de buey y asno, Dt. 22.10. Prohibido poner bozal mientras trillaba, 1 Co. 9.9; 1 Ti. 5.18. Véase **Becerro**.

BÚFALO: Nombre común a varios mamíferos artiodáctilos corpulentos, de cuello corto y grueso y cuernos curvados hacia atrás. Buey salvaje; bisonte. // Nm. 23.22; 24.8; Dt. 33.17; Job 39.9; Is. 34.7; Job 39.10; Sal. 29.6. Líbrame de los cuernos de los b, Sal. 22.21. Aumentarás mis fuerzas como las del b, Sal. 92.10.

BUITRE: Ave de rapiña que se alimenta de animales insepultos. Se encuentran grandes colonias de buitres, donde se anidan en los peñascos, en todas partes. Esta ave fue puesta, por la ley, entre las aves inmundas, Lv. 11.13-19. Véase también Is. 34.15; Mt. 24.28; Lc. 17.37.

BUL: El octavo mes del año, 1 R. 6.38. Véase **año**.

BUNA, hb. **Prudencia**: Un hijo de Jerameel, 1 Cr. 2.25.

BUNI, hb. **Edificado**: Un levita, Neh. 11.15.

BUQUI, hb. **Jehová justifica**. 1. Un príncipe de la tribu de Dan, Nm. 34.22. // 2. Hijo de Abisúa de la tribu de Leví, 1 Cr. 6.5.

BUQUÍAS, hb. **Probado por Jehová**: Un hijo de Hemán, 1 Cr. 25.4.

BURIL: Instrumento de bronce para grabar, para labrar piedras. // Le dio forma con **b**, e hizo con ello un becerro de fundición, Ex. 32.4.

BURLA: Acción o palabras con que se ridiculiza a personas o cosas; engaño, abuso de confianza. Que despierta riso o escarnio. // Por escarnio y por b de los que nos rodean, Sal. 44.13. Y ahora yo soy objeto de su b, y les sirvo de refrán, Job 30.9. No hagas b de tu sierva. 2 R. 4.16. Para poner su tierra en desolación, objeto de b perpetua, Jeremías 18.16.

BURLADOR: Aquél que burla, que hace burlas, que escarnece. // Quizá me palpará mi padre, y me tendrá por b, Gn. 27.12. El hijo sabio recibe el consejo del padre; mas el b no escucha las reprensiones, Pr. 13.1. Varones b que gobernáis a este pueblo, Is. 28.14. Sabiendo primero esto, que en los postreros días vendrán b, andando según sus propias concupiscencias, 2 P. 3.3. En el postrer tiempo habrá b, que andarán según sus malvados deseos, Jud. 18. Véase **Escarnecedor**.

BURLAR: Engañar, lograr. // Cuando se vio burlado por los magos, Mt. 2.16. Cualquiera que pase por ella se asombrará, y se burlará, 1 R. 9.8. Véase **Engañar**, **Seducir**.

BURLARSE: Mofarse de otro para humillarlo, ridiculizarlo; engañar, mentir, escarnecer. // Del consejo del pobre se han burlado, Salmo 14.6. La niña no está muerta... y se burlaban de él, Mt. 9.24. No os engañéis; Dios no puede ser burlado: pues todo lo que el hombre sembrare, eso también segará, Gá. 6.7. Pero cuando oyeron lo de la resurrección de los muertos, unos se burlaban, Hechos 17.32. Véase **Escarnecer**.

BURRO: Lo mismo que mular. Véase **Mulo**.

BUSCAR: Tratar de descubrir, de adquirir. // Cualquiera que buscaba a Jehová, salía al tabernáculo, Ex. 33.7. De allá buscarás al Señor tu Dios, y lo hallarás, Dt. 4.29. ¿No he de **b** hogar para ti? Rt. 3.1. Buscad al Señor y su poder, 1 Cr. 16.11. Y oraren, y buscaren mi rostro... yo oiré, 2 Cr. 7.14. Comenzó a **b** al Dios de David, 2 Cr. 34.3. Busqué a Jehová, y él me oyó, Sal. 34.4. Los que buscan a Jehová no tendrán falta de ningún bien, Sal. 34.10. Buscad a Jehová mientras... ser hallado, Is. 55.6. Buscad primeramente el reino de Dios, Mt. 6.33. Buscad, y hallaréis, Mt. 7.7. El Hijo del Hombre vino a buscar y a salvar, Lc. 19.10. ¿Por qué buscáis entre los muertos? Lc. 24.5. Para que el resto... busque al Señor, Hch. 15.17. Para que busquen a Dios... palpando, Hch. 17.27. Porque todos buscan lo suyo propio, no lo que es de Cristo Jesús, Fil. 2.21. Ni buscamos gloria de los hombres, 1 Ts. 2.6. Una ciudad... buscamos la por venir, He. 13.14. Busque la paz, 1 P. 3.11. Buscarán la muerte, pero no la hallarán, Ap. 9.6. Véase **Procurar**.

BUZ, hb. **Desprecio**: 1. Un hijo de Nacor, Gn. 22.21. // 2. Un descendiente de Gad, 1 Cr. 5.14.

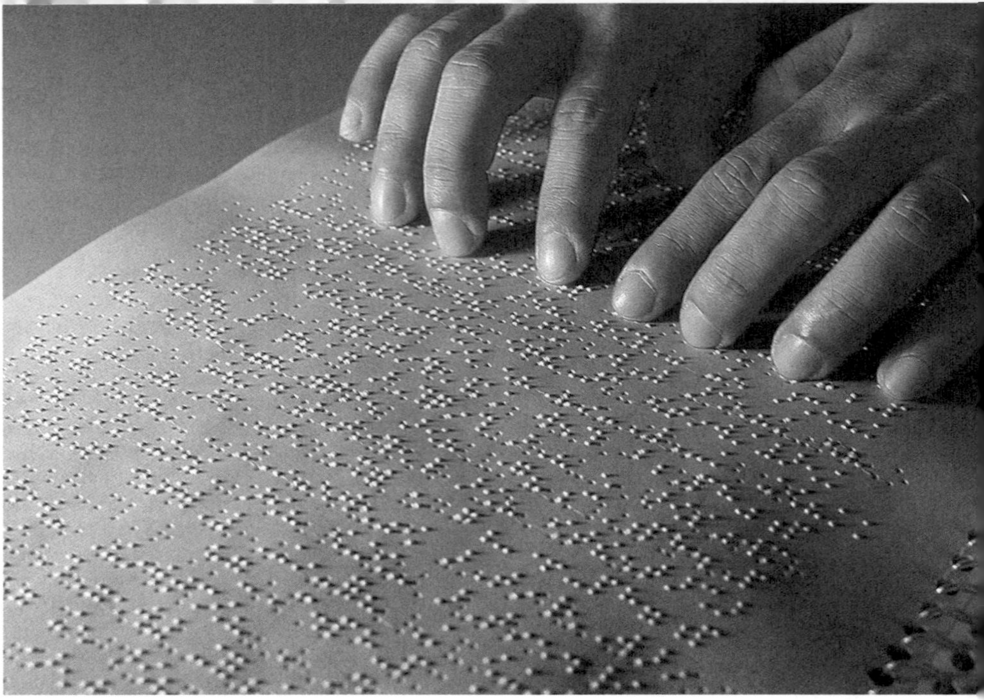

CIEGO LEYENDO LA BIBLIA. "Habiendo yo sido ciego, ahora veo" *(Jn. 9.25)*.

C

CAB: 2 R. 6.25. Una medida de 2 litros. Véase **Medida de capacidad**.

CABAL: Completo, perfecto, riguroso. // Efa **c** y justo tendrás, Dt. 25.15. Dámelo por su **c** precio, 1 Cr. 21.22. Mas la pesa **c** le agrada, Pr. 11.1. Sentado, vestido y en su juicio **c**, Mr. 5.15.

CABALGADURA: Animal cuadrúpedo usado para cabalgar o como bestia de carga. // Poniéndole en su c, lo llevó al mesón, Lc. 10.34.

CABALGAR: Montar sobre; pasar, saltar; montar a caballo. // Entró cabalgando con sus carros, Ex. 15.19. Toda montadura sobre que cabalgare, Lv. 15.9. Cabalga sobre los cielos para tu ayuda, Dt. 33.26. Los que cabalgáis en asnas blancas, Jue. 5.10. En esa majestad cabalga prósperamente, Sal. 45.4. Cabalgar hombres sobre nuestra cabeza, Sal. 66.12. El que cabalga sobre los cielos, Sal. 68.4.

CABALLERÍA: Cuerpo del ejército formado por soldados a caballo. // Los egipcios, con toda la **c**, Ex. 14.9.

CABALLERIZA: Lugar cubierto destinado a las caballerías. // Salomón cuatro mil caballerizas para sus caballos, 2 Cr. 9.25. Salomón tenía 40.000 caballos... en **c**, 1 R. 4.26.

CABALLO: Cuadrúpedo doméstico, solípedo. Por extraño que parezca, se menciona el caballo en las Escrituras sólo para la guerra, a no ser, tal vez, en Is. 28.28. La descripción vívida de Job 39.19-25 es tan sólo de caballo de guerra. Los cananeos tenían caballos, Jos. 17.16; Jue. 4.15; 5.22. Egipto era tierra de muchos caballos, Ex. 14.9; 2 Cr. 1.16. Mas los israelitas, siendo pueblo de ganado, no necesitaban caballos. Viajaban de mulos o de camellos. Se prohibió multiplicar caballos, Dt. 17.16. Véase Is. 31.1. Con todo David tomó Hadad-ezer, y reservó para sí gran número de caballos, 2 S. 8.4. Salomón importaba y exportaba a gran escala, 2 Cr. 1.16,17; 9.28. Tuvo tanto éxito en la cría de caballos que llegó a tener 40.000 caballos y 12.000 jinetes, 1 R. 4.26. Caballos fueron vistos, a menudo, en visión, 2 R. 6.17; Zac. 1.7,8; etc. Elías fue llevado al cielo por un carro de fuego, con caballos, 2 R. 2.11. Estos confían en carros, y aquéllos en caballos, Sal. 20.7. Véase Sal. 33.17. El caballo blanco, habla de conquista, Ap. 6.2; 19.11,14, comp. Zac. 1.8; 6.36,6. El caballo rojo representa la guerra, Ap. 6.4; comp. Zac. 6.2. El caballo negro, símbolo del hambre, Ap. 6.5,6; comp. Zac. 6.2,6. El caballo amarillo significa la muerte, Ap. 6.8.

CABAÑA: Pequeña casa rústica, choza. // Jacob fue... e hizo **c** para su ganado, Gn. 33.17.

CABECERA: Parte de la cama donde se descansa la cabeza. // Puso a su **c**, y se acostó, Gn. 28.11.

CABECILLA: Persona que está a la cabeza de un movimiento o grupo cultural, político, etc. // Y **c** de la secta de los nazarenos, Hch. 24.5.

CABELLERA: Conjunto del cabello de la cabeza. // Cabezas de larga **c** del enemigo, Dt. 32.42.

CABELLO: Pelos que crecen en la cabeza humana. // Cuando se le cayere el **c**, Lv. 13.40. Dejará crecer el **c**, Nm. 6.5. El **c**... comenzó a crecer, Jue. 16.22. Tiraban una piedra con la honda a un **c**, Jue. 20.16. No caerá ni un **c**, 2 S. 14.11; 1 R. 1.52; Hch. 27.34. Cuando se cortaba el **c**..., 2 S. 14.26. Les arranqué los **c**, Neh. 13.25. Más que los **c**, Sal. 40.12; 69.4. Tus cabellos como manada de cabras, Cnt. 4.1. En lugar de **c**, Is. 3.24. Ni aun el **c** de sus cabezas, Dn. 4.33. Hacer un **c** blanco, Mt. 5.36. Los **c** todos de la cabeza están contados, Mt. 10.30. Los enjugaba con sus **c**, Lc. 7.38; Jn. 11.2; 12.3. Ni un **c** de vuestra cabeza perecerá, Lc. 21.18. El hombre usar **c** largos, 1 Co. 11.14. En lugar de velo le es dado el **c**, 1 Co. 11.15. Sus **c** eran blancos, Ap. 1.14. Como **c** de mujer, Ap. 9.8. // Sabemos que era la costumbre de los egipcios rapar la cabeza, y que los asirios, al contrario, dejaban que crecieran los cabellos hasta los hombros. Los israelitas se cortaban los cabellos para impedir demasiado crecimiento, Nm. 6.5; 2 S. 14.26. Había barberos para ese servicio, Ez. 5.1. Los hombres entre los cristianos no usaban cabello largo, 1 Co. 11.14. Mas las mujeres israelíes lo usaban, Cnt. 7.5; 1 Co. 11.15; Ap. 9.8. El cabello negro era considerado el más bello, Cnt. 5.11. Una de las señales de lepra era un cambio en el color del cabello; por eso se mandaba que fuera cortado como siendo sede de la enfermedad, Lv. 13.5,10. Rapar o arrancar los cabellos de la cabeza y de la barba era manifestación de luto, de gran aflicción, Esd. 9.3; Job 1.20; Is. 15.2; Jer. 7.29; 41.5; 48.37. Como se ve en Rt. 3.3; Sal. 23.5; Ec. 9.8; Mt. 6.17, se usaban aceite y ungüentos perfumados. Los apóstoles, sin embargo, censuraban la excesiva atención que se le daba al adorno del cabello por parte de las mujeres, 1 Ti. 2.9; 1 P. 3.3. Véase **Barba**, **Rapar**.

CABER: Poder estar dentro. // Cabían en él dos mil batos, 1 R. 7.26. Ni aun en el mundo cabrían los libros, Jn. 21.25. Cabían dos o tres cántaros, Jn. 2.6.

"Más ligeros son sus caballos que las águilas" *(Jer. 4.13)*.

CABESTRO: Ronzal o cuerda que se ata a la cabeza o al cuello de la caballería. // Sujetados con c y con frenos, Sal. 32.9.

CABEZA: Parte superior del cuerpo de los animales bípedes, y anterior de los otros animales, que contiene los órganos de los sentidos y la boca. Guía // Este le herirá la **c**, Gn. 3.15. Cortaron las cabezas de Oreb y de Zeeb, Jue. 7.25; a Goliat, 1 S. 17.51; a Saúl, 1 S. 31.9; a Is-boset, 2 S. 4.7; a Seba, 2 S. 20.22; a los setenta hijos de Acab, 2 R. 10.7; a Juan el Bautista, Mt. 14.8. Navaja no pasará sobre su **c**, Jue. 13.5. ¡Ay, mi **c**, mi **c**! 2 R. 4.19. Me unges la **c** con aceite, Sal. 23.5. Alzad, oh puertas, vuestras **c**, Sal. 24.7. Desde la planta del pie hasta la **c**, Is. 1.6. Tú eres aquella **c**, Dn. 2.38. Ni por tu **c** jurarás, Mt. 5.36. No tiene donde recostar su **c**, Mt. 8.20. No sólo mis pies, sino... la **c**, Jn. 13.9. Ascuas de fuego amontonarás sobre su **c**, Ro. 12.20; Pr. 25.22. Con la **c** cubierta, 1 Co. 11.4. Es la **c** del cuerpo que es la iglesia, Col. 1.18. Un gran dragón... que tenía siete **c**, Ap. 12.3. Las siete **c** son siete montes, Ap. 17.9. Cristo es la **c** de todo varón, 1 Co. 11.3; El marido es **c** de la mujer, Ef. 5.23; de la Iglesia, Mt. 21.42; 28.19; Ef. 1.22; 4.15; 5.23; Col. 1.18; 2.10.

CABO: Extremidad por donde se agarra un objeto; cuerda gruesa de barco; término; fin. // Al **c** de 150 días, Gn. 8.3. Saltare el hierro del **c**, Dt. 19.5. Al c... los intestinos se le salieron, 2 Cr. 21.19. Estos dos **c** de tizón, Is. 7.4. Pero al **c** del tiempo, Dn. 11.40. Al **c** de dos años, Hch. 24.27. Véase **Cuerda**, **Fin**.

CABÓN, hb. **Atadura**: Una villa de Judá, Jos. 15.40.

CABRA MONTÉS: Mamífero de proporciones medianas, de la familia de los ciervos. // Animal limpio, Dt. 14.5. Fue esta caza, tal vez, que Isaac mandó que su hijo le trajera por medio de aljaba y arco, Gn. 27.3. Habita en los peñascos, 1 S. 24.2; Sal. 104.18. Job la mencionó, Job 39.1. Tiene pie firme, habitando los peñascos donde otros animales no se atreven a ir

CABRA: Mamífero rumiante, hembra del macho cabrío. // Servía para los sacrificios, Nm. 15.27. La carne y la leche servían de alimento, Dt. 14.4; Pr. 27.27. Tejidos hechos de pelos de cabra, Ex. 25.4; 26.7. La piel servía de vestidura, He. 11.37.

Cabras monteses, 1 S. 24.2. Jacob era rico en ovejas y cabras, Gn. 30.33,43; 31.1; 32.14. Nabal poseía mil cabras, 1 S. 25.2. Los árabes pagaron a Josafat siete mil setecientos machos cabríos, 2 Cr. 17.11.

Cabra Montés

CABRITO: Pequeño macho cabrío. Servía para los sacrificios, Ex. 12.5. A la gente le gustaba bastante su carne, Jue. 6.19; 13.19; Lc. 15.29. El pastor separa de los cabritos las ovejas, Mt. 25.32.

CABSEEL, hb. **Dios trae junto**: Una ciudad de la herencia de Judá, Jos. 15.21.

CABUL, hb. **Sucio**: 1. Una ciudad de Aser, Jos. 19.27. Véase mapa 2, C-3. // 2. Región de veinte ciudades, dada por Salomón a Hiram, rey de Tiro, 1 R. 9.13. Véase mapa 3, A-2.

CACHORRO: Perro nuevo y pequeño; cría de león, tigre etc. // Entre los leoncillos crió sus **c**, Ez. 19.2.

CADÁVER: El cuerpo muerto de hombre o animal. // **C** de bestia inmunda, Lv. 5.2. El que tocare **c**... inmundo siete días, Nm. 19.11. Tus **c** servirán de comida, Dt. 28.26. Hallaron entre los **c**... riquezas, 2 Cr. 20.25. Sus **c** fueron arrojados, Is. 5.25. Y verán los **c** de los hombres que se rebelaron contra mí, Is. 66.24. Contaminaron mi tierra con los **c**, Jer. 16.18. Llenaré los valles de tus **c**, Ez. 32.5. Multitud de **c**, **c** sin fin, Nah. 3.3. Sus **c** estarán en las plazas, Ap. 11.8.

CADEMOT hb. **Principios**: Ciudad de la herencia de Rubén, Jos. 13.18. Dada a los levitas de la familia de Merari, 1 Cr. 6.79. Moisés envió mensajeros del desierto de Cademot al rey Sehón, Dt. 2.26.

CADENA: Cadena de anillos de metal; prisiones; cárcel. // Trajeron **c** y zarcillos, Ex. 35.22. De oro, 1 R. 6.21; Dn. 5.7. De plata, Is. 40.19. De bronce, Jue. 16.21. A sus nobles con **c** de hierro, Sal. 149.8. Nadie podía atarle, ni aun con **c**, Mr. 5.3. Sujeto con dos **c**, Hch. 12.6; 21.33. Y las **c** se le cayeron de las manos, Hch. 12.7. Cual yo soy, excepto estas **c**, Hch. 26.29. Sujeto con esta **c**, Hch. 28.20. Soy embajador en **c**, Ef. 6.20. Véase **Prisión**, **Grillo**.

CADERA: Región lateral del cuerpo humano, entre la cintura y la articulación superior del muslo, Gn. 32.31.

CADES-BARNEA, hb. **Consagrado**: Una región en el desierto al sur de Palestina, donde Quedorlaomer derrotó a los jefes de los amorreos, Gn. 14.7. Donde el ángel se encontró con Agar, Gn. 16.14. Desde donde Moisés envió a los doce espías, Nm. 13.3. Donde murió María y donde fue sepultada, Nm. 20.1. Donde el pueblo murmuró, Nm. 20.3. Donde Moisés Hirió la roca, Nm. 20.11. En el límite meridional de Canaán, Jos. 15.3; Ez. 47.19. Donde los israelitas acamparon muchos días, Dt. 1.46.

CADMIEL, hb. **Dios es desde todo el principio**: Jefe de una familia que volvió de Babilonia, Esd. 2.40.

CADMONEO, hb. **Orientales**: Gn. 15.19. "Los hijos del Oriente", conocidos por su sabiduría, 1 R. 4.30. Véase mapa 1, H-2.

CADUCO: Que va a caer, que perdió las fuerzas. // ¡Ay de la corona de soberbia... de la flor **c**, Is. 28.1.

CAER: Ir al suelo; ser echado hacia abajo; sucumbir; decaer, ser engañado. Ir a una situación inferior. // Dios hizo caer pesado sueño sobre el hombre, Gn. 2.21. El temor de vosotros ha caído, Jos. 2.9. Caerán a tu lado mil, Sal. 91.7. Siete veces caerá el justo, Pr. 24.16. Cayere tu enemigo, Pr. 24.17. ¡Como caíste del cielo, oh Lucero! Is. 14.12. No cayó, porque estaba fundada sobre la roca, Mt. 7.25. Caerán ambos en el barranco, Mt. 15.14. El que cayere sobre esta piedra será quebrantado, Mt. 21.44. Cayó el Espíritu Santo, Hch. 10.44. Cayó del tercer piso, Hch. 20.9. Para su propio señor está en pie, o cae, Ro. 14.4. Piensa estar firme, mire que no caiga, 1 Co. 10.12. De la gracia habéis caído, Gá. 5.4. Quieren enriquecerse caen en tentación, 1 Ti. 6.9. Ninguno caiga en semejante ejemplo, He. 4.11. La lluvia... que cae sobre ella, He. 6.7. La hierba se seca, su flor se cae, Stg. 1.11. Caed sobre nosotros, Ap. 6.16. Ha caído, ha caído la gran Babilonia, Ap. 14.8; 18.2. Cayeron las ciudades de las naciones, Ap. 16.19.

CAFIRA, hb. **Villa**: Una de las ciudades de los gabaonitas, Jos. 9.17. Pertenecía a la tribu de Benjamín, Jos. 18.26. Habitada tras el regreso del cautiverio, Esd. 2.25.

CAFTOR: Una isla de la costa del Mediterráneo, donde aparecieron los filisteos, Jer. 47.4; Am 9.7. Véase mapa 1, C-3.

CAFTORIM: Tribu descendiente de los egipcios, Gn. 10.14. Antiguos habitantes de Caftor, Dt. 2.23. Véase mapa 1, C-3.

CAÍDA DEL HOMBRE, La: La narrativa, Gn.

3.1-24. El resultado de la caída y la previsión de Dios, Ro. 5.12-21; 1 Co. 15.45-49.

CAÍDA: Acción o efecto de caer. Ruina, pecado. // Has librado... mis pies de **c**, Salmo 56.13; 116.8. Antes de la **c** la altivez de espíritu, Pr. 16.18. Cuya **c** viene súbita y repentinamente, Is. 30.13. Del estruendo de la **c**, Jeremías 49.21; Ez. 26.15; 31.16.

CAÍDO: Abatido. // Levantad las manos **c**, He. 12.12.

CAIFÁS: Sumo sacerdote en el tiempo de Juan el Bautista, Lc. 3.2. Presidió la sesión del sanedrín en la que quedó resuelta la muerte de Cristo, Mt. 26.3,4. Interrogó a Jesús y lo acusó de blasfemar, Mt. 26.57-65. Profetizó que Jesús debía morir, Jn. 11.49-53; 18.14.

CAÍN: 1. Primogénito de Adán y Eva, Gn. 4.1. Era labrador, Gn. 4.2. Por la fe Abel ofreció a Dios más excelente sacrificio que Caín, Gn. 4.2-5; He. 11.4. El primer homicidio, Gn. 4.8. El camino de Caín, Jud. 11. Caín era del maligno y asesinó a su hermano, 1 Jn. 3.12. Se retiró de la presencia del Señor, y habitó en la tierra de Nod, donde edificó una ciudad, la cual llamó Enoc, Gn. 4.16,17. Descendientes de Caín, Gn. 4.17-24. // 2. Una ciudad de Judá, Jos. 15.57.

CAINÁN, hb. **Poseedor**: 1. Hijo de Enós. Murió teniendo 910 años, Gn. 5.9-14. // 2. Hijo de Arfaxad, Lc. 3.36.

CAL: Óxido de calcio obtenido por la calcinación de piedras calcáreas. // Los pueblos serán como c quemada, Is. 33.12. Quemó los huesos del rey de Edom hasta calcinarlos, Am. 2.1.

CALA, hb. **Firmeza**: Una de las ciudades más antiguas de Asiria. Edificada por Nimrod, Gn. 10.11,12. Los objetos asirios, que se hallan en el Museo Británico, provienen en su mayor parte de la antigua ciudad de Cala.

CALABACERA: Es imposible saber, con seguridad, cuál es la planta indicada por el hebreo o por el griego, que Dios hizo crecer y hacer sombra para Jonás: "Preparó Jehová Dios una calabacera", Jon. 4.6.

CALABAZA: Especie de pepino amargo y purgativo. // Tenía entalladuras de **c** silvestres, 1 R. 6.18. Llenó su falda de **c** silvestres, 2 R. 4.39.

CALABOZO: Cárcel subterránea. // Poniéndolo en el **c** y en el cepo, Jer. 29.26.

CALAFATEADOR: Ez. 27.9,27. Persona cuyo oficio consiste en calafatear naves.

CALAFATEAR: Impermeabilizar las junturas de las maderas de las naves con estopa y brea. // Y la calafatearás con brea, Gn. 6.14. Tomó una arquilla de juncos y la calafateó, Ex. 2.3.

CALAMIDAD: Gran desgracia. // Jehová te herirá... con **c** repentina, Dt. 28.22. Así he recibido meses de **c**, Job 7.3. Sobre los malos hará llover **c**, Sal. 11.6. Me reiré en vuestra **c**, Pr. 1.26. Habrá gran **c** em la tierra, Lc. 21.23.

CÁLAMO AROMÁTICO: Especia usada en la composición del aceite sagrado para la unción, Ex. 30.23. La planta exhala dulce olor, Cnt. 4.14. Venía de tierras confusas, Jer. 6.20; de Arabia o India, Ez. 27.19.

CALAVERA: El lugar de la crucifixión de Cristo, Lc. 23.33. La palabra se deriva del latín, **calvaria**, que quiere decir calavera, correspondiente al griego **Gólgota**, Mt. 27.33. Calavera era, evidentemente, simplemente una pequeña elevación y no un monte. No se sabe si adquirió el nombre **Calavera** por las calaveras insepultas, o por tener la roca la apariencia de una calavera. No se sabe con seguridad el sitio, pero era un local de mucho movimiento, Mr. 15.40; Lc. 23.49, a la orilla de una carretera, Mt. 27.39, "fuera de la puerta", He. 13.12, y donde "había un jardín", Jn. 19.41.

CALCAÑAR: La parte posterior del pie. // Y tú le herirás en el **c**, Gn. 3.15. Aseguraba con la mano el c de Esaú, Gn. 25.26; Os. 12.3. Levantó contra mí su c, Jn. 13.18; Sal. 41.9.

CALCOL, hb. **Sustento**: Uno de los cuatro sabios, a quien Salomón excedía en sabiduría, 1 R. 4.31. Probablemente el mismo que Calcol, hijo de Zera, 1 Cr. 2.6.

CALCULAR: Determinar por medio de cálculos, prever. // El sacerdote calculará con él la suma, Lv. 27.23. Se sienta primero y calcula, Lc. 14.28.

CALDEA: Al principio se designaba con este nombre solamente el pequeño grupo de las ciudades caldeas establecidas a lo largo del curso inferior del Tigris y del Eufrates; después, la serie de reinos caldeos establecidos en las dos márgenes del río, siendo el principal el de Babilonia; finalmente todo el vasto territorio comprendido entre el Tigris y el Eufrates. Herodoto, el **Padre de la historia**, declaró que los cereales producían, en Caldea, a doscientos y a trescientos por uno. Mas ese territorio, otrora fertilísimo, es actualmente un desierto. Nadie vive hoy en esa región famosa por sus numerosas y populosas ciudades. La tierra del nacimiento de Abraham, Gn. 11.28. Los caldeos sitiaron a Jerusalén, 2 R. 24.2; 25.4; Jer. 37.9. Afligieron a Job, Job 1.17. Doctos en ciencias, Dn. 4.7; 5.7,11. Profecías acerca de los caldeos; Is. 23.13; 43.14; 47.1; 48.14; Hab. 1.6.

CALDEO: Un habitante de Caldea.

CALDERO: 1 S. 2.14; Mi. 3.3. Grande vaso metálico para calentar agua y cocer alimentos.

CALDO: Agua nutriente en que se coció carne u otra sustancia alimenticia. // Y el c en una olla, Jue. 6.19. **C** de cosas inmundas, Is. 65.4.

CALEB DE EFRATA: Lugar donde Hezrón murió, 1 Cr. 2.24.

CALEB: 1. Hijo de Jefone. Uno de los doce enviados para espiar Canaán, Nm. 13.6. Su fe, Nm. 13.30; 14.6. Permitiéndole entrar en Canaán, Nm. 26.65; 32.12; Dt. 1.36. Josué da Hebrón a Caleb, Jos. 14.6-15. Conquista Hebrón, Jos. 15.13-19. // 2. Hijo de Hezrón, 1 Cr. 2.18.

CALEDONIA: Antiguo nombre de Escocia. Véase mapa 1, A-2.

CALENDARIO: Véase **Año**.

CALENTAR: Tornar caliente. // David era viejo... no se calentaba, 1 R. 1.1. Se calentarán mutuamente; mas ¿cómo se calentará uno solo? Ec. 4.11. Os vestís, y no os calentáis, Hag. 1.6. Id en paz, calentaos, Stg. 2.16.

CALIENTE: De elevada temperatura. // Ni eres frío, ni **c**, Ap. 3.15.

CÁLIZ: Vaso pequeño con pie. // Como el borde de un **c**, 1 R. 7.26. En la mano del Señor hay un **c**, Sal. 75.8. La porción del **c** de ellos, Sal. 11.6. El **c** de aturdimiento bebiste, Is. 51.17. De su ira, Is. 51.17; Jer. 25.15. He quitado de tu mano el **c**, Is. 51.22. De aturdimiento, Is. 51.22. Los sedimentos del **c**, Is. 51.22. Condenados a beber el **c**, Jer 49.12. De soledad, Ez. 23.33. Pondré su **c** en tu mano, Ez. 23.31. El hondo y ancho **c**, Ez. 23.32. El **c** de... Jehová vendrá, Hab. 2.16. Vaciado puro en el **c**, Ap. 14.10. Darle el **c** del vino, Ap. 16.19.

CALLAR: No hablar; guardar silencio. // Caleb hizo callar al pueblo, Nm. 13.30. Es día de buena nueva, y nosotros callamos, 2 R. 7.9. El hombre prudente calla, Pr. 11.12. Aun el necio, cuando calla, Pr. 17.28. Por amor de Sion no callaré, Is. 62.1. Había hecho c a los saduceos, Mt. 22.34. Si éstos callaran, las piedras clamarían, Lc. 19.40. No temas, sino habla, y no calles, Hch. 18.9. La multitud calló, y oyeron a Bernabé, Hch. 15.12. Calle en la iglesia, 1 Co. 14.28. Mujeres callen en las congregaciones, 1 Co. 14.34. C la ignorancia de los hombres, 1 P. 2.15. Véase **Enmudecer**.

CALLE: Camino orillado de casas, muros o árboles, en una población. // Vé pronto por las plazas y las c de la ciudad, Lc. 14.21. A la c que se llama Derecha, Hechos 9.11. Véase **Camino**, **Carretera**.

CALMAR: Serenar, pacificar. // No se calmará el ardor de la ira de Jehová, Jer. 30.24.

CALNE: Una de las cuatro ciudades del reino de Nimrod, Gn. 10.10.

CALNO: Is. 10.9. Tal vez el mismo que Calne.

CALOR: Elevación de temperatura, producida por el sol. // La sementera y la siega, el frío y el **c**, Gn. 8.22. Sentado a la puerta... en el **c** del día. Gn. 18.1. De día me consumía el **c**, Gn. 31.40. Nada hay que se esconda de su **c**, Sal. 19.6. La fatiga y el **c** del día, Mt. 20.12. Sopla el viento del sur, decís: Hará **c**, Lc. 12.55. Cuando sale el sol con su **c** abrasador, Stg. 1.11. Los hombres se quemaron con el gran **c**, Ap. 16.9.

CALUMNIA: Difamación mediante acusaciones conscientemente falsas. // O el daño de la **c**, Lv. 6.4. Oigo las **c** de muchos, Sal. 31.13. El que propaga **c** es necio, Pr. 10.18. El hablar **c** y rebelión, Is. 59.13. Véase **Difamación**.

CALUMNIADOR: Aquel que calumnia. // **C** hubo en ti, Ez. 22.9. Implacables **c**, 2 Ti. 3.3. Sean serias en su conducta, no **c**, Tit. 2.3. Véase **Maldiciente**.

CALUMNIAR: Imputar el mal. // Robare o calumniare a su prójimo, Lv. 6.2. Sean avergonzados los que calumnian, 1 P. 3.16.

CALVA: Que no tiene cabellos en la cabeza o en parte de ella. // Llaga blanca rojiza en su c, Lv. 13.43.

CALVO: Parte de la cabeza donde cayó el cabello. // Cayere el cabello, es **c**, Lv. 13.40. Es **c** por delante, pero limpio, Lv. 13.41. Diciendo: ¡**C**, sube! ¡**C**, sube! 2 R. 2.23. Cabeza ha quedado **c**, Ez. 29.18. Trasquílate... hazte **c** como águila, Mi. 1.16.

CALZADA: Camino público, vía, calle, carretera. // Habrá calzada de Egipto a Asiria, Is. 19.23. Las c de Sion tienen luto, Lm. 1.4. Véase **Camino**.

CALZADO: Vestuario que sirve para cubrir exteriormente los pies. // Quita tu c de los pies, Ex. 3.5. Véase **Sandalia**.

CALZAR: Introducir (los pies) en botas, zapatos, zapatillas o medias. // Que calzasen sandalias, Mr. 6.9. Calzados los pies con el apresto, Ef. 6.15.

CALZONCILLO: Prenda masculina curta que va hasta las rodillas. // El sacerdote vestirá... c, Lv. 6.10.

CAM, hb. **Caliente**: Uno de los hijos de Noé, tal vez el segundo, Gn. 5.32; 6.10; 7.13; 9.18,22. Nombre poético de Egipto: "la tierra de Cam"; Sal. 105.23. Los pueblos de Arabia, de Canaán, de Egipto y de Etiopía son en gran parte, descendientes de Cam. Véase Gn. 10.6-14. La lengua de los egipcios es una de las llamadas **camíticas**. Véase mapa 1, C-4.

CAMA: Mueble donde la persona se acuesta para dormir o descansar. // Los pobres y los viajeros dormían en el suelo sobre sus mantos, Gn. 28.11; Dt. 24.13. Dormían además sobre una alfombra, Esta o colchón, enrollados para guardar durante el día, Mt. 9.6. Había también una cama de hierro, Dt. 3.11; de marfil, Am 6.4; de oro, Est. 1.6. El cuarto de dormir preparado para Eliseo, tenía una cama, una mesa, una silla y un candelero, 2 R. 4.10. Israel se inclinó sobre la cabecera de la **c**, Gn. 47.31. Encogió sus pies en la **c**, y expiró, Gn. 49.33. Se sentó sobre la **c**, Gn. 48.2. Riego mi **c** con mis lágrimas, Sal. 6.6. Mullirás toda su **c** en su enfermedad, Sal. 41.3. Cayó en **c** no volverá, Sal. 41.8. La **c** será corta, Is. 28.20. Ensanchaste tu **c**, Is. 57.8. Levántate, toma tu **c**, Mt. 9.6. Para ponerla... debajo de la **c**, Mr. 4.21. Dos en una **c**, Lc. 17.34. Hacía ocho años que estaba en **c**, Hch. 9.33. La arrojo en **c**, Ap. 2.22. Véase **Lecho**.

CAMALEÓN: Género de reptiles saurios. // Animal **inmundo**, Lv. 11.30.

CÁMARA: Compartimento de una casa. // José... entró en la **c** y lloró, Gn. 43.30. Hizo **c** laterales alrededor, 1 R. 6.5. Con ciencia se llenarán las **c**, Pr. 24.4.

CAMARERO: Hidalgo al servicio de personas reales. // Blasto, **c** del rey, Hch. 12.20.

CAMBIAR: Dar o recibir una cosa por otra que la sustituya; convertir en otra cosa, modificar; sustituir, reemplazar. // Se cambiarán aquellas aguas, Ex. 4.9. Su mano para c o destruir esa casa de Dios, Esd. 6.12. Pero si él determina una cosa, ¿quién lo hará c? Job 23.13. Así cambiaron su gloria por la imagen de un buey que come hierba, Sal. 106.20. Delante de ellos cambiaré las tinieblas en luz, Is. 42.16. Cambiará su desierto en paraíso, Is. 51.3. También yo cambiaré su honra en afrenta, Os. 4.7. Cambiaré vuestras fiestas en lloro, Am. 8.10. Cambiará las costumbres que nos dio Moisés, Hechos 6.14. Cambiaron de parecer y dijeron que era un dios, Hechos 28.6. Cambiaron la gloria del Dios incorruptible en semejanza de imagen de hombre corruptible, Ro. 1.23. Que cambiaron la verdad de Dios por la mentira, Ro. 1.25. Quisiera estar con vosotros ahora mismo y c de tono, Gá. 4.20. Véase **Trocar**.

CAMBIO: Dar o recibir una cosa por otra que la sustituya; por el contrario, en contraste (en cambio); convertir en otra cosa, modificar (cambiar). // Él y el dado en c de él serán sagrados, Lv. 27.10. Él como el que se dio en c serán cosas sagradas; no podrán ser rescatados, Lv. 27.33. Para los tesoros del rey a c de la destrucción de los judíos, Est. 4.7. Porque yo Jehová no c, Mal. 3.6 En c el espiritual juzga todas las cosas, 1 Co. 2.15. Necesario es que haya también c de ley, He. 7.12. Véase **Troca**, **Trocar**.

CAMBISES: Rey de Persia, 529 a 522 a.D. Hijo y sucesor de Ciro el Grande. No se menciona en la Biblia.

CAMBISTA: Persona que cambia. // Cuando se hacía el censo del pueblo, todo israelita rico o pobre que había cumplido veinte años debía contribuir con medio siclo para el tesoro del Señor, como rescate de sí mismo, Ex. 30.12-16. Tanto la ofrenda del medio siclo como todas las contribuciones debían hacerse en moneda del país. El cambio era necesario, pero no dentro del templo, y dos veces Jesús expulsó a los cambistas, Jn. 2.15 e Mt. 21.12.

CAMELLO: Mamífero rumiante. Comprende dos especies: la de dos jorobas y la del dromedario, de una sola joroba, conocido en la Tierra Santa. Los árabes comían su carne, pero para los israelitas era animal **inmundo**, Lv. 11.4. Era animal de carga, 2 R. 8.9; Is. 21.7. El gran valor del camello está en que puede andar algunos días sin beber ni comer. El primero estómago es guarnecido de una serie de bolsas que le sirven como cisternas de agua. Su joroba es compuesta de tejido adiposo que le sirven como reserva de alimento. De ser bien tratado, el volumen de la joroba aumenta; se arruga cuando es sometido a trabajo pesado y mala alimentación. Cargado con 200 kg puede recorrer unos cincuenta kilómetros al día. Hay, como del caballo, varias razas. Servían también para viajes rápidos, 1 S. 30.17. Su leche se emplea mucho, Gn. 32.15. Juan el Bautista y los profetas se vestían con ropas hechas de pelo de camello, Mt. 3.4; 2 R. 1.8; Zac. 13.4. Utilizaban la piel del camello para hacer tiendas, escudos y baúles. Entre los que usaban camello se mencionan Abraham y Jacob, Gn. 12.16; 30.43; los egipcios, Ex. 9.3; los madianitas, Jue. 6.5; 8.21,26; los árabes, Jer. 49.29; David, 1 Cr. 27.30; la reina de Sabá, 1 R. 10.2. Rebeca dio agua a los camellos del siervo de Abraham, Gn. 24.19. Los madianitas y los amalecitas poseían camellos en gran cantidad, Jue. 7.12. Las tribus transjordánicas tomaron en la guerra 50.000

El camello de dos jorobas es más resistente que el de una sola, pero es mucho más lento.

camellos, cargados de todo lo que era bueno, 2 R. 8.9. Cristo habló por medio de parábola, dos veces acerca del camello: "Es más fácil pasar un camello por el ojo de una aguja", Mt. 19.24. "Que coláis el mosquito, y tragáis el camello", Mt. 23.24.

CAMINANTE: Se dice de la persona que viaja, especialmente a pie. // Los c de Sabá esperan en ellas, Job 6.19. Yo abría mis puertas al **c**, Job 31.32. ¿Por qué te has hecho como... **c** que se retira para pasar la noche? Jeremías 14.8. Alzando el viejo los ojos vio a aquel **c** en la plaza de la ciudad, Jue. 19.17. Véase **Viajero**.

CAMINAR: Recorrer andando a pie. // Abram partió... caminando y yendo, Gn. 12.9. Caminó cuarenta días y cuarenta noches, 1 R. 19.8. Caminarán, y no se fatigarán, Is. 40.31. Jesús...caminaba con ellos, Lc. 13.22. Véase **Andar**.

CAMINO DE UN DÍA: Gn. 30.36; Nm. 10.33; 11.31; Lc. 2.44. Aproximadamente 40 km, la distancia que un animal de carga anda en un día.

CAMINO: Vereda. // Muéstrales el **c** por donde deben andar, Ex. 18.20. Tu **c** es perverso delante de mí, Nm. 22.32. Os instruiré en el **c** bueno y recto, 1 S. 12.23. En cuanto a Dios, perfecto es su **c**, 2 S. 22.31; Sal. 18.30. Enderezad el **c** del Señor, Jn. 1.23. Enséñame, oh Jehová, tu **c**, Sal. 27.11; 86.11. Encomienda a Jehová tu **c**, Sal. 37.5. Luz para mis **c**, Sal. 119.105. Son **c** deliciosos, Pr. 3.17. Aleja de ella tu **c**, Pr. 5.8. Mira sus **c** y sé sabio, Pr. 6.6. **C** de Jehová, Pr. 10.29. Mas el **c** de los, Pr. 13.15. Hay **c** que al hombre le parece derecho, Pr. 14.12; 16.25. **C** del perezoso, Pr. 15.19. **C** de muerte, Pr. 16.25. Y será llamado **C** de Santidad, Is. 35.8. Cada cual se apartó por su **c**, Is. 53.6. Deje el impío su **c**, Is. 55.7. No son vuestros **c** mis **c**, Is. 55.8. Más altos que vuestros **c**, Is. 55.9. No conocieron **c** de paz, Is. 59.8. Pregunta... cuál sea el buen **c**, Jer. 6.16. Los c de Dios son eternos, Hab. 3.6. Preparad el **c** del Señor, Mt. 3.3. Espacioso el **c**, Mt. 7.13. Enseñas el **c** de Dios, Mt. 22.16. Vé por los **c** y los vallados, Lc. 14.23. Sabéis a dónde voy, y sabéis el **c**, Jn. 14.4. Yo soy el **c**, Jn. 14.6. Hombres... de este **c**, Hch. 9.2. Expusieron el **c** de Dios, Hch. 18.26. Hablando mal del **c**, Hch. 19.9. Disturbio no pequeño acerca del **c**, c. Perseguía yo este **c**, Hch. 22.4. No conocieron camino de paz, Ro. 3.17. Inescrutables sus **c**, Ro. 11.33. No han conocido mis **c**, He. 3.10. Por el **c** nuevo y vivo, He. 10.20. Es inconstante en todos sus **c**, Stg. 1.8. El **c** de Caín, Jud. 11. Verdaderos son tus **c**, Ap. 15.3. Para que se preparara el **c** de los reyes, Ap. 16.12. Véase **Vereda**.

CAMÓN, hb. **Lugar permanente**: Ciudad de Galaad, donde el juez Jair fue enterrado, Jue. 10.5. Véase mapa 4, B-1.

CAMPAMENTO: 1 Los lugares llanos, donde los israelitas se detuvieron, en la peregrinación de Egipto a Canaán. En esos campamentos no había regulaciones militares. Había, sin embargo, para fines higiénicos, órdenes limitadas. Dt. 23.9-14; Lv. 10.4; 13.4; 13.46. Según la numeración de los israelitas, en el desierto de Sinaí, todos los hombres de guerra contados fueron 603 550, Nm. 1.46. Se calcula que el número total de personas fue al menos 2 100 000. Todo este cuerpo de personas fue dividido en cuatro divisiones, cada división formada de tres tribus. Así pues, en el campamento, el tabernáculo quedaba encerrado en un cuadrado. En el centro, alrededor del tabernáculo, donde no había bandera, sino la columna de fuego que se detenía sobre el tabernáculo, fueron armadas las tiendas de los sacerdotes y de los levitas, Nm. 1.53. Cada una de las divisiones tenía una bandera, de la misma forma que la tribu, Nm. 1.52; 2.2. Todas las tribus tenían su orden en el campamento y lo conservaban en sus viajes, Nm. caps. 2 y 3. Los cuarenta y un campamentos de los israelitas en su viaje por el desierto, de Egipto a la tierra de la promesa, se hallan registrados en Nm. 33.2-37. El campamento, el centro de operaciones del ejército, 1 S. 13.16; 2 Cr. 32.1. // 2. Campamento de militares. Y mató a ciento ochenta y cinco mil en el c de los asirios, Is. 37.36. // 3. Campamento del Señor, Gn. 32.2, Sal. 34.7.

CAMPANILLAS: Pequeños timbres usados en la sobrepelliz del sumo sacerdote, Ex. 28.33,34.

CAMPO DEL ALFARERO: Mt. 27.7. Los principales sacerdotes usaron las treinta monedas de plata, rechazadas por Judas, para comprar este terreno y convertirlo en un cementerio para judíos que no pertenecían a la ciudad de Jerusalén. Véase Acéldama.

CAMPO: Terreno sin mata. // Ninguna hierba del **c**, Gn. 2.5. Sion será arada como **c**, Mi. 3.12. El **c** es el mundo, Mt. 13.38. Un tesoro oculto en el **c**, Mt. 13.44. Y compra aquel **c**, Mt. 13.44. El que esté en el **c**, no vuelva, Mt. 24.18. Estarán dos en el **c**, Mt. 24.40. Aquel **c** se llama... **C** de sangre, Mt. 27.8. Aviso en la ciudad y por los **c**, Lc. 14.18. Mirad los **c**, porque ya están blancos, Jn. 4.35. Adquirió un **c**, Hch. 1.18. No teniendo más **c** en estas regiones, Ro. 15.23.

CANÁ, hb. **Lugar de juncos**: 1. Población cerca de Capernaum. Llamada **Caná da Galilea** para distinguirla de otra Caná, es decir, la parte de Siria entre el Líbano y el Anti-Líbano. Donde se realizó el primer milagro de Cristo, Jn. 2.1-11. Sanó allí también al hijo de un funcionario del rey, Jn. 4.46-54. La tierra natal de Natanael, Jn. 21.2. Véase mapa 3, A-2. // 2. Un arroyo en la frontera entre Efraín y Manasés, Jos. 16.8. Véase mapa 3, A-1. // 3. Una ciudad de la herencia de Aser, Jos. 19.28. Véase mapa 3, A-1.

Caná de Galilea, donde Jesús transformó agua en vino.

CANAÁN, hb. **Bajo**, **plano**: 1. La tierra de, Ex. 23.31; Jos. 1.4; Sof. 2.5; Mt. 15.22. Recibió su nombre en honor del hijo de Noé, Ex. 15.15. Prometida a Abraham, Gn. 12.5-7; 13.14,15; 17.8. La impiedad de los habitantes, Gn. 13.12,13; 19. Israel amonestado a no hacer según sus obras, Lv. 18.3,24. Las hijas de Canaán, Gn. 28.1,6,8. La lengua de Canaán, Is. 19.18. Los reinos de Canaán, Sal. 135.11. Las guerras de Canaán, Jue. 3.1. Habitaban en Canaán: Abraham, Gn. 13.12; Isaac, Gn. 28; Jacob, Gn. 37.1; Esaú, Gn. 36; José, Gn. 37. Hombres enviados para espiar Canaán, Nm. 13.2. Canaán, la herencia de los israelitas, Jos. 14. Moisés, de la cumbre de Pisga, contempla esta tierra, Nm. 27.12; Dt. 3.27; 34.1. Véase mapa 1, D-3. // El cuarto hijo de Cam y nieto de Noé, Gn. 10.6. Noé pronuncia maldición sobre Canaán, Gn. 9.18,25.

CANANEOS: Gn. 13.7; Jos. 17.12; Jue. 1.1,9,27. Los habitantes de la tierra de Canaán. Véase mapa 1, H-2.

CANANISTA: Un miembro de un partido patriótico de Judea. En griego, **Zelote**. El apóstol Simón llamado Simón Cananista para distinguirlo de Simón Pedro, Mt. 10.4.

CANAS: Cabellos blancos. // Haréis descender mis c con dolor al Seol, Gn. 42.38. Delante de las canas te levantarás, Lv. 19.32. Soy ya viejo y lleno de c, 1 S. 12.2. La vejez y las c, Sal. 71.18. Aun c le han cubierto, Os. 7.9.

CANCIÓN: Composición poética, destinada por lo general a ser cantada. // Junto al corazón afligido, Pr. 25.20; del necio, Ec. 7.5; de lagareros, Jer. 25.30. Objeto de su canción, Lm. 3.14,63. Véase **Cántico**, **Canto**, **Himno**, **Salmo**.

CANDACE: Hch. 8.27. El título real que usaban las reinas de Etiopía. **Faraón**, **César**, **Candace**, etc., no son nombres de individuos, sino títulos.

CANDELABRO: Grande candelero, con ramificaciones, cada una de las cuales corresponde a una luz. // He aquí un **c** todo de oro, Zac. 4.2. A la derecha del **c**, Zac. 4.11. La primera parte... estaba el **c**, He. 9.2. Véase Candelero.

CANDELERO: Vaso destinado a dar luz, alimentada por aceite. Un **c** de oro puro, Ex. 25.31. Los **c** del templo llevados a Babilonia, Jer. 52.19. Siete **c** de oro, Ap 1.12,13,20; 2.1. Quitaré tu **c**, Ap. 2.5. Los dos **c** que están en pie delante del Dios, Ap. 11.4. Véase **Candelabro**, **Lámpara**.

CANE: Ez. 27.23. Lo mismo, tal vez, que Calne.

CANELA: Género de lauráceas aromáticas, que comprende plantas como el alcanforero etc. Sustancia aromática, que algunos suponen haber sido la canela, otras la mirra. Uno de los ingredientes del aceite sagrado para la unción, Ex. 30.23. Perfume para el lecho, Pr. 7.17. Un árbol del huerto, Cnt. 4.14. Una de las mercaderías de la gran Babilonia, Ap. 18.13.

CANON: Catálogo de los libros reconocidos como inspirados. La palabra significa una regla, o medida, o varita derecha. Así, este catálogo de libros es nuestra regla de la fe, regla de la Iglesia, regla de la verdad. (Véase Gá. 6.16.) Los libros de la Biblia no se volvieron canónicos por decretos de un concilio; éste simplemente aprobó los libros como siendo realmente de autoridad divina. La palabra "Escritura" en 2 Ti. 3.16 se refiere a los libros canónicos: "Y que desde la infancia sabes las sagradas letras que pueden hacerte sabio para la salvación por la fe en Jesucristo. Toda la Escritura es inspirada por Dios y útil para la enseñanza, para reprensión, para corrección, para educación en la justicia; a fin de que el hombre de Dios sea perfecto y perfectamente habilitado para toda buena obra".

El candelero de oro (Del arca de Tito)

CANSAR: Sentir fatiga o cansancio. // Hasta que su mano se cansó, y quedó pegada... a la espada, 2 S. 23.10. Da esfuerzo al cansado, Is. 40.29.

Los que esperan a Jehová... correrán, y no se cansarán, Is. 40.31. Sino que de mí te cansaste, oh Israel, Is. 43.22. Estoy cansado de contenerme, Jer. 6.11. No nos cansemos, pues, de hacer el bien, Gá. 6.9. No os canséis de hacer bien, 2 Ts. 3.13. Véase **Fatigarse**.

CANTAR DEL GALLO: Mt. 26.34. Véase **Vigilia**.

CANTAR: Formar con la voz sonidos rimados y musicales. // Cantadle salmos, 1 Cr. 16.9; Sal. 105.2. Cantad a Jehová, 1 Cr. 16.23. Cantaban alternadamente, Esd. 3.11. Cantad con gozo a Dios, Sal. 81.1; 90.14. Cantará la lengua del mudo, Is. 35.6. Cantad alabanza, alegraos juntamente, Is. 52.9. Canta y alégrate, Zac. 2.10. Hubieron cantado el himno, salieron, Mt. 26.30. Antes que el gallo cante, Mt. 26.34. Pablo y Silas oraban y cantaban, Hch. 16.25. Cantaré con el espíritu, 1 Co. 14.15. Cantando y alabando al Señor, Ef. 5.19. ¿Está alguno alegre? Cante alabanzas, Stg. 5.13. Compare Ef. 5.19.

CÁNTARO: Grande vaso de barro, orondo y de gollete. // Rebeca... un **c** al hombro, Gn. 24.15. **C** con teas ardiendo, Jue. 7.16. Llenad cuatro **c** de agua, 1 R. 18.34. Y el **c** se quiebre junto a la fuente, Ec. 12.6. Un hombre que lleva un, Mr. 14.13. Cabían dos o tres **c**, Jn. 2.6. La mujer dejó su **c**, y fue a la ciudad, Jn. 4.28.

CANTERO: Persona que extrae piedra o la labra; que trabaja en canteras. // A los albañiles y canteros, 2 R. 12.12.

CÁNTICO: Canto religioso. Himno de acción de gracias. // **C** al pozo, Nm. 21.17; al arco, 2 S. 1.18. Cantó Moisés y los... de Israel este **c**, Ex. 15.1. Y con mi **c** le alabaré, Sal. 28.7. De lo postrero de la tierra oímos **c**, Is. 24.16.Tendréis **c** como de noche, Is. 30.29. Con himnos y **c** espirituales, Ef. 5.19; Col. 3.16. De Moisés, Ex. 15; Dt. 32; por el agua, Nm. 21.17; de Débora, Jue. 5; de Ana, 1 S. 2; de David, 2 S. 22; de María, Lc. 1.46; de Zacarías, Lc. 1.68; de los ángeles, Lc. 2.13; de Simeón, Lc. 2.29; de los redimidos, Ap. 5.9; 19; de Moisés y el Cordero, Ap. 15.3. Véase **Canción**, **Canto**, **Himno**, **Salmo**.

CÁNTICOS DE LOS TRES JÓVENES: Añadidura apócrifa al capítulo 3 de Daniel.

CÁNTICOS DE SALOMÓN: Último de los cinco libros poéticos. Considerado, por los versados en la poesía hebrea, una obra magnífica. Se dice en 1 R. 4.32 que Salomón compuso 1.005 cánticos; y a éste, en hebreo, se le llama **El Cantar de los Cánticos**, es decir, el mejor de todos ellos. **La paternidad literaria**: Salomón, cap. 1.1. **La clave: Amado**, cap. 6.3. La glorificación del amor conyugal. El libro es una alegoría del amor del Esposo. Cristo, para con la esposa, la Iglesia. Véase Sal. 45; Is. 54.5,6; 62.5; Jer. 2.2; Mt. 9.15; 25.1-13; Jn. 3.29; 2 Co. 11.2; Ef. 5.23-27; Ap. 19.7-9; 21.2,9; 22.17. Que el amor del Esposo divino se armonice con todas las analogías de las relaciones conyugales parece mal sólo a los ascetas que consideran el matrimonio perverso. Los más piadosos, hombres y mujeres, a través de los siglos, hallaban en este libro una fuente de delicia rara y pura. Los judíos leían este libro en el octavo día de la pascua como alegoría, refiriéndose al Éxodo y ilustrando el amor de un gran rey para con una doncella humilde. **Las divisiones**: La transición repentina de la persona que habla, a otra, y de un lugar a otro, hace el libro muy difícil de comprender para los lectores que no tienen una edición de la Biblia en que se indiquen esos cambios.

CANTO: Serie de sonidos musicales, formados por la voz. // El canto en la casa del Señor, 1 Cr. 6.31; 25.6. Instruidos en el canto para Jehová, 1 Cr. 25.7. Neh. 12.27; de alabanza, Neh. 12.8; al rey, Sal. 45.1; nupcial, Sal. 78.63; Voces de canto, Is. 51.3. Al canto del gallo, Mr. 13.35. Véase **Canción**, **Cántico**.

CANTOR: Aquel que canta. // David tenía su compañía "de cantores y cantoras" en Jerusalén (2 S. 19.35) y Salomón en número aun mayor, en 2 Cr. 5.12-14. Asaf, Hemán y Etán eran tres de los cantores principales de David, mencionados en ocasión de subir el arca de Dios a Jerusalén, 1 Cr. 15.16-19. Asaf, Hemán, Jedutún y los hijos y hermanos de ellos tocaron y cantaron en la dedicación del templo, 2 Cr. 5.12,13. Se mencionan los hijos de Asaf en Esd. 2.41; Neh. 7.44. Había dos cámaras de los cantores, en la visión del templo, Ez. 40.44. El salmo magnífico de alabanza y oración, de Habacuc, quedó al cargo del jefe de los cantores, Hab. 3.19.

CANTORA: Aquella que canta. // Me hice de **c**, Ec. 2.8.

CAÑA: Tallo de las plantas gramíneas; nombre de varias plantas gramíneas, generalmente de tallo hueco y nudoso; tallo, palo, bastón, fuste, timón. // Su pie, su c, sus copas, sus manzanas y sus flores eran de lo mismo, Ex. 37.17. Jehová sacudirá a Israel al modo que la c se agita en las aguas, 1 R. 14.15. He aquí que confías en este báculo de c cascada, en Egipto, 2 R. 18.21. En lo oculto de las c y de los lugares húmedos, Job 40.21. Los cuervos de la cañada lo saquen, Pr. 30.17. Nardo y azafrán, c aromática y canela, Cnt. 4.14. Jehová cortará de Israel cabeza y cola, rama y c en un mismo día, Is. 9.14. ¿Una c sacudida por el viento? Mt. 11.7. La c cascada no quebrará, Mt. 12.20. Una c en su mano derecha, Mt. 27.29. Esponja en vinagre, en una c, le dieron a beber a Jesús en la cruz, Mr. 15.36; Mr. 15.19; Mt. 27.48. En derredor tendrá dieciocho mil c, Ez. 48.35. C de medir, Ez. 40.3; Ap. 11.1; 21.15. Véase **Vara**.

CAPA: Vestuario largo y sin mangas, que se usa sobre los hombros, sobre otra ropa. // Extiende el borde de tu capa, Rt. 3.9. Tomando Ahías la **c** nueva que tenía, 1 R. 11.30. Al que quiera quitare la túnica, déjale también la **c**, Mt. 5.40. No vuelva atrás a tomar su **c**, Mr. 13.16. Arrojando su **c**, se levantó y vino, Mr. 10.50. Que te quite la **c**, Lc. 6.29. Véase **Manto**.

CAPACIDAD: Aptitud, idoneidad. // A cada uno según su propia **c**, Mt. 25.15.

CAPADOCIA: Hch. 2.9; 1 P. 1.1. La mayor de las provincias de Asia Menor. Su metrópoli romana era Cesarea. Véase mapa 6, F-2.

CAPATAZ: Jefe de un grupo de obreros. // Los c de los hijos de Israel, Ex. 5.15.

CAPAZ: Que tiene capacidad. // Haber entre ellos hombres **c**, Gn. 47.6. ¿Quién será c de edificarle casa? 2 Cr. 2.6. No todos son c de recibir esto, Mt. 19.11. Aún no erais capaces, 1 Co. 3.2. Véase **Apto**, **Hábil**.

CAPERNAUM, **Aldea de Naum** o de **Consolación**: Ciudad en la playa noroeste del mar de Galilea. Centro del ministerio de Cristo, Mt. 4.13; Jn. 2.12. Llamada "su ciudad", Mt. 9.1. Donde predicó, Mt. 4.17; Mr. 1.21. Donde obraba milagros, Mt. 8.5; 17.24; Jn. 4.46; 6.17. Pedro y Andrés eran de Capernaum, Mr. 1.29. Las parábolas pronunciadas allí, Mt. 13. Reprendida severamente, Mt. 11.23. Véase mapa 3, B-2.

CAPITÁN: Jefe. Jefe militar. // Designemos un **c**, Nm. 14.4. Se enojó Moisés contra los **c**, Nm. 31.14. Los **c** de los carros, 2 R. 8.21. Un **c** que se llamaba Irías, Jer. 37.13. Los **c** de Judá, Zac. 12.5.

CAPITEL: Parte superior de la columna o la pilastra. // Dos **c** de fundición, 1 R. 7.16. Derriba el **c**, Am. 9.5.

CARA: Rostro, semblante. // Le denunciará en su c, Job 21.31. Le desmentirá en su c, Os. 5.5. Véase **Rostro**, **Semblante**.

CARACOL: Molusco con concha en espiral. Escalera en espiral. // Y por una escalera de c al de en medio, y del aposento de en medio al tercero, 1 R. 6.8.

CARACTERES: Letra o signo de escritura. // Escribe en ella con **c** legibles, Is. 8.1.

CARAHIGOS O SICÓMORO: Género de árboles de la familia de las Artocarpeas, especie de higuera, de ocho a quince metros de altura. Abundante en Palestina, 1 R. 10.27. David lo cultivaba, 1 Cr. 27.28. La destrucción de los sicómoros de Egipto fue uno de los mayores perjuicios del granizo, Salmo 78.47. Madera inferior al cedro, Is. 9.10. Amós colector de sus frutos, Am. 7.14. Zaqueo subió a un sicómoro, Lc. 19.4.

CARAVANA: Multitud de personas que se juntan para atravesar los desiertos con seguridad. // Las naves de Tarsis eran como tus **c**, Ez. 27.25.

CARBÓN: Lo que resulta de la combustión de vegetales, minerales y animales. // El c para brasas, Pr. 26.21.

CARBUNCLO: Rubí grande, de color rojo y brillo intenso. En el pectoral del sumo sacerdote, Ex. 28.17; Sion va a tener puertas de carbunclos, Is. 54.12. Una de las piedras preciosas del rey de Tiro, Ez. 28.13.

CARCA, hb. **Andar**: Un lugar en el límite sur de Judá, Jos. 15.3.

CARCAS, pers. **Águila**: Uno de los 7 camareros que servían en la presencia del rey Asuero, Est. 1.10.

CÁRCEL: Lugar en que alguien está preso o que es destinado a la prisión. // Lo puso en **c**, Gn. 39.20. Para que moliese en la **c**, Jue. 16.21. Se enojó Asa... y los echó en la **c**, 2 Cr. 16.10. Poned a éste en la **c**, 2 Cr. 18.26. Había encadenado y metido en la **c**, Mt. 14.3. Os entregarán a las sinagogas y a las **c**, Lc. 21.12. Los entregaba en la **c**, Hch. 8.3. Pedro estaba custodiado en la **c**, Hch. 12.5. Los cimientos de la **c** se sacudían, Hch. 16.26. Véase **Calabozo**, **Prisión**.

CARCELERO: Guarda de la cárcel. // Mandando al c que lo guardase, Hch. 16.23. Despertando el **c**, Hch. 16.27. El **c** hizo saber esas palabras a Pablo, Hch. 16.36.

CARCOMA: Nombre de diversas es-

Las ruinas de Capernaum.

pecies de insectos coleópteros, muy pequeños y de color oscuro, cuyas larvas roen y taladran la madera produciendo a veces un ruido perceptible; preocupación continua que mortifica y consume. // La mujer mala es como c en los huesos del marido, Pr. 12.4. Y mi cuerpo se va gastando como de c, Job 13.28. La envidia es c de los huesos, Pr. 14.30. Seré como polilla a Efraín, y como c a la casa de Judá, Os. 5.12.

CARCOMER: Consumir poco a poco; gastar. // Su palabra carcomerá como gangrena, 2 Ti. 2.17. Véase **Gastar**.

CARCOR, hb. **Fundamento**: Lugar donde Gedeón sorprendió y derrotó a los jefes de los madianitas, Zeba y Salmuna, Jue. 8.10.

CARDO: Planta espinosa de la familia de las compuestas. // Producirá también c, Gn. 3.18. El **c** que está en el Líbano, 2 R. 14.9. Crecerán espinas, y ortigas y **c**, Is. 34.13. Véase **Abrojo**, **Espino**.

CAREA, hb. **Calvo**: El padre del capitán Johanán fue a Gedalías, 2 R. 25.23.

CARECER: Necesitar, precisar. // Huérfano que carecía de ayudador, Job 29.12. Carece de entendimiento, Pr. 11.12. Carece de luz, Is. 50.10. Véase **Necesitar**, **Precisar**.

CARENCIA: Privación. // Los comerá ocultamente, por la c, Dt. 28.57. Véase **Falta**.

CARGA: Aquello que es o que puede ser transportado. // Aliviarás la **c** de sobre ti, Ex. 18.22. Has puesto la **c** de todo este pueblo so mí, Nm. 11.11. Sobre Jehová tu **c**, Sal. 55.22. Sobre animales de **c**, Is. 46.1. Guardaos... de llevar **c**, Jer. 17.21. Sobrellevad... unos las **c** de los otros, Gá. 6.2. No os impondré otra **c**, Ap. 2.24. Véase **Peso**.

CARGADO: Acumulado. De la sangre de alguno, Pr. 28.17; de maldad, Is. 1.4.

CARGAR: Poner carga en; llevar o conducir (carga). // Y cargó cada uno su asno, Gn. 44.13. Pueblo cargado de maldad, Is. 1.4. Todos los que se la cargaren, Zac. 12.3. Que era cargado por cuatro, Mr. 2.3. Cargáis a los hombres, Lc. 11.46. Él mismo cargando su cruz, Jn. 19.17. Nos cargaron de las cosas necesarias, Hch. 28.10.

CARGO: Responsabilidad. // Aumentará a **c** mío, Gn. 34.12. A **c** de los hijos de Gersón, Nm. 3.25. Haces hoy c del pecado? 2 S. 3.8. Véase **Encargo**.

CARMEL, **CARMELO**: heb. **Huerto**: 1. Ciudad en la parte montañosa de Judá, Jos. 15.55. Donde Saúl levantó para sí un monumento, para conmemorar la victoria sobre los amalecitas, 1 S. 15.12. La residencia de Nabal, 1 S. 25.2. Tierra natal de la esposa predilecta de David, Abigail, 1 S. 27.3; Véase mapa 2, C-6; mapa 5, B-2; // 2. Cordillera que se extiende veintiún kilómetros desde Samaria hasta el promontorio en el Mediterráneo, con altura de 108 metros, junto al puerto moderno de Haifa, en la bahía de Acre. Véase Jeremías 46.18. El punto más elevado es de 518 metros con relación al nivel del mar. El Carmelo aun se revestía de verdor; su fertilidad entonces era proverbial, Cnt. 7.5; Is. 33.9; 35.2; Jer. 50.19; Am. 1.2. Había en el Carmelo un altar antiguo del Señor, 1 R. 18.30. El lugar de la contienda entre Elías y los profetas de Baal, cuando Elías hizo descender fuego del cielo, 1 R. 18.17-40. En el mismo punto Elías oró y Dios envió lluvia después de una sequía que duró tres años y medio, 1 R. 18.41-46. Hay allí actualmente un convento de frailes denominados **carmelitas**. Fue tal vez en el monte Carmelo donde Elías hizo descender fuego del cielo, que consumió por dos veces a los cincuenta soldados con su capitán, 2 R. 1.9-16. Después que Elías subió al cielo, Eliseo fue al Carmelo, 2 R. 4.25. Véase mapa 2, C-3; mapa 3, A-2.

CARMELITA: Un morador o natural de la ciudad de Carmelo, en Judea. Nabal, Abigail y Hezrai, un valiente de David, eran carmelitas, 1 S. 30.5; 1 Cr. 3.1; 2 S. 23.35.

CARMESÍ: Color rojo muy vivo. // Cortinas de lino torcido, azul, púrpura y carmesí, Ex. 26.1. Extenderán sobre ella un paño c, Nm. 4.8. Si fueren rojos como el **c**, Is. 1.18. Véase **Escarlata**.

CARMI, hb. **Vinicultor**: 1. Un hijo de Rubén, Gn. 46.9. // 2. Padre de Acán, Jos. 7.1. // 3. Un hijo de Judá, 1 Cr. 4.1.

CARNAL: De la carne, opuesto a lo **espiritual**. // Mas yo soy c, Ro. 7.14. No pude hablaros como a espirituales, sino como a carnales, 1 Co. 3.1. Aún sois carnales, 1 Co. 3.3. Las armas de nuestra milicia no son carnales, 2 Co. 10.4. Vanamente hinchado por su... mente c, Col. 2.18. Os abstengáis de los deseos carnales, 1 P. 2.11.

CARNE: Tejido muscular de los animales. Naturaleza humana. // **C** de mi **c**, Gn. 2.23; Mt. 19.5; Ef. 5.31; 1 Co. 6.16. Una sola **c**, Gn. 2.24. Toda **c** había corrompido su camino, Gn. 6.12. ¿Quién nos diera a comer **c**? Nm. 11.4. Con él está el brazo de **c**, mas con nosotros está Jehová, 2 Cr. 32.8. En mi **c** he de ver a Dios, Job 19.26. Se acordó de que eran **c**, Sal. 78.39. Mi corazón y mi **c** cantan al Dios vivo, Sal. 84.2. Mis huesos se han pegado a mi **c**, Sal. 102.5. Maldito el que hace de la **c** mortal su brazo, Jer. 17.5. Les daré un corazón de **c**, Ez. 11.19; 36.26. No fue **c** ni sangre, Mt. 16.17. El espíritu está dispuesto, pero la **c** es débil, Mt. 26.41. Un espíritu no tiene **c** ni huesos, Lc. 24.39. Aquel verbo fue hecho **c**, Jn. 1.14.

¿Lo que es nascido de la carne **c** es, Jn. 3.6. Mi **c** es verdadera comida, Jn. 6.51-56. La **c** para nada aprovecha, Jn. 6.63. En mi **c** no mora el bien, Ro. 7.18. Piensan en la **c**, Ro. 8.5. El ocuparse de la **c**, Ro. 8.6,7. No vivís según la **c**, sino según el Espíritu, Ro. 8.9. Deudores somos, no a la **c**, Ro. 8.12. Una **c** es la de los hombres, 1 Co. 15.39. La **c** y la sangre no pueden heredar, 1 Co. 15.50. No consulte... con **c** y sangre, Gá. 1.16. Ahora vais a acabar por la **c**, Gá. 3.3. Libertad como ocasión para la **c**, Gá. 5.13. La **c** milita contra el espíritu, Gá. 5.17. Crucificaron la **c** con sus pasiones, Gá. 5.24. El que siembra para su **c**, Gá. 6.8. Lucha contra sangre y **c**, Ef. 6.12. Toda **c** es como hierba, 1 P. 1.24; Is. 40.6. Siguiendo la **c**, andan en concupiscencia, 2 P. 2.10. Mancillan la **c**, rechazan la autoridad, Jud. 8. Ropa contaminada por su **c**, Jud. 23. Comáis **c** de reyes y de capitanes, y carnes de fuertes, Ap. 19.18. // Se puede comer carne: Gn. 9.3. // La carne contra el espíritu, Ro. 2.28,19; 7.5,6; 8.1; Gá. 3.3; 5.17-25; 1 P. 3.18. // Los deseos de la carne: 2 Co. 7.1; Gá. 5.16; Col. 2.11; 1 P. 4.2; 1 Jn. 2.16. // Cristo vino en carne: Jn. 1.14; Ef. 2.15; Col. 1.22; 1 Ti. 3.16; 1 P. 4.1; 1 Jn. 4.2,3; 2 Jn. 7.

CARNERO: Macho de la oveja. // Abraham ofreció un carnero en holocausto, Gn. 22.13. Servía de alimento, Gn. 31.38. La cubierta del tabernáculo hecha de pieles de carnero teñidas de rojo, Ex. 36.19. Trompeta de carnero, Jos. 6.5. La visión sobre un carnero, y un macho cabrío, Dn. 8.

CARNICERÍA: Tienda en que se venden carnes frescas. // De todo lo que se vende en la c, 1 Co. 10.25.

CARPINTERO: Artífice que trabaja en construcciones de madera o que labra y prepara la madera para cualquier obra. Se usaba madera para construir el arca, Gn. 6.14; fabricar muebles, Ex. 25.10,23; Ap. 18.12; hacer vasos, Ex. 7.19; Lv. 11.32; esculpir imágenes, Dt. 29.17; Is. 37.19; fabricar carros, 1 S. 6.14; Cnt. 3.9; utensilios, 2 Ti. 2.20; instrumentos de trillar, 2 S. 24.22; construir barcos, Ez. 27.5; edificar el templo, la casa de David y la casa de Salomón, 2 S. 5.11; 1 R. 5.18; 1 R. 6.9,10,15,16. José, esposo de María era carpintero, e incluso Jesús mismo, Mt. 13.55; Mr. 6.3.

CARPO, gr. **Fruto o pulso**: Un residente de Troas, en cuya casa Pablo dejara su capa, sus libros y sus pergaminos, 2 Ti. 4.13.

CARQUEMIS: Antigua capital de los heteos, situada en el río Eufrates, en el norte de Siria. Tomada por Sargón II, 717 a.C. Véase Is. 10.9. Nabucodonosor derrotó a Neco, rey de Egipto, en Carquemis, en 605 a.C., 2 Cr 35.20; Jer. 46.2.

CARRERA: El decurso de la vida. // Cada cual se volvió a su propia c, Jer. 8.6. Cuando Juan terminaba su c, Hch. 13.25. Con tal que acabe mi c, Hch. 20.24. He. acabado la c, 2 Ti. 4.7. Corramos con paciencia la c, He. 12.1.

CARRIZAL: Sitio poblado de juncos. // Y lo puso en un **c**, Ex. 2.3.

CARRIZO: Planta gramínea que crece cerca del agua, con la raíz larga y rastrera, hojas planas que sirven como forraje y flores en panojas anchas. // La caña y el **c** serán cortados, Is. 19.6.

CARRO DE GUERRA: Usados también como vehículos ceremoniales y reales, Gn. 41.43; 50.9; 2 R. 5.9; Hch. 8.28. Los carros de los egipcios destruidos en el Mar Rojo, Ex. 14.17. Los cananeos tenían carros armados de hierro, Jos. 17.16; Jue. 1.19. Jabín tenía 900 carros de hierro, Jue. 4.3. Sísara convocó todos sus 900 carros de hierro, Jue. 4.13. David introdujo carros de guerra en Israel, los cuales tomó en sus conquistas, 2 S. 8.4. Salomón tenía gran número de carros, 1 R. 4.26; 9.19. Los carros del sol que indujeron al pueblo a la idolatría flagrante fueron quemados por el rey Josías, 2 R. 23.11. Tres hombres andaban en cada carro; uno para conducir el carro, otro guerreaba con espada y lanza y el tercero servía como escudero. El carro símbolo de poder: Un carro de fuego, 2 R. 2.11; un monte lleno de caballos y carros de fuego, 2 R. 6.17; carros de Israel, y sus jinetes, 2 R. 13.14; confían en carros, Sal. 20.7; los carros de Dios son veinte mil, Sal. 68.17; tomas las nubes por tu carro, Sal. 104.3; sus carros como tempestad, Jer. 4.13; en tus carros de victoria, Hab. 3.8. La visión de los cuatro carros, Zac. 6.1-8. Acércate y júntate a ese carro, Hch. 8.29. Como el estruendo de muchos carros corriendo a la batalla, Ap. 9.9.

CARRO: Vehículo tirado por bueyes. // José mandó carros a fin de conducir a su padre y a su familia, así como los bienes de la casa, a Egipto, Gn. 45.19. Las ofrendas de los príncipes, en la dedicación del tabernáculo, fueron llevadas en seis carros, Nm. 7.3. El arca trasladada en un carro, 1 S. 6.11. Se usaban para triturar los cereales, Is. 28.27,28, para transportar gavillas, Am. 2.13.

CARROZA: Especie de transporte de madera del Líbano en que las personas más ricas se hacían transportar, conducidos por siervos, Cantares 3.9.

CARSENA: Uno de los siete príncipes más allegados al rey Asuero, Est. 1.14.

CARTA, hb. **Dos ciudades**: 1. Una ciudad de Zabulón, dada a los levitas, Jos. 21.34. // 2. Una ciudad de Neftalí, dada a los levitas, Jos. 21.32.

CARTA: Manuscrito cerrado, con dirección. Designación de varios títulos o documentos oficiales. // David escribió una **c**, 2 S. 11.14. Tomó Ezequías las **c**, 2 R. 19.14. **C** de divorcio, Mr. 10.4; Dt. 24.1. **C** de recomendación, 2 Co. 3.1. Nuestras **c** sois vosotros, 2 Co. 3.2. **C**, escrita no con tinta, 2 Co. 3.3. Veo que aquella c... os contristó, 2 Co. 7.8. Las **c** son duras y fuertes, 2 Co. 10.10. Véase **Epístola**.

"Casarse con quien quiera, con tal que sea en el Señor" (*1 Co. 7.39*). "No os unáis en yugo desigual con los incrédulos" (*2 Co. 6.14*).

CASA DE INVIERNO: Am. 3.15. En esta época de lujo, los reyes y los ricos tenían residencias para el tiempo de calor y otras para el tiempo de frío. Compare Jue. 3.20.

CASA: Edificio para habitación, vivienda. Familia. // Entra en el arca, tú y toda tu **c**, Gn. 7.1. Ordene a sus hijos y a sus **c**, Gn. 18.19. No es otra cosa que **c** de Dios, Gn. 28.17. Yo y mi **c** serviremos al Señor, Jos. 24.15. Ordena tu **c** porque morirás, 2 R. 20.1. Quemó la **c** del Señor y la **c** del rey, 2 R. 25.9. La gloria llenó la **c** de Dios, 2 Cr. 5.14; 7.1. La habitación de tu **c** he amado, Sal. 26.8. Sus **c** serán eternas, Sal. 49.11. Vamos a la **c** del Señor, Sal. 122.1. Si el Señor no edificare la **c**, Sal. 127.1. Su **c** está inclinada a la muerte, Pr. 2.18. La sabiduría edificó su **c**, Pr. 9.1. La **c** y los bienes vienen como herencia, Pr. 19.14. Frecuente en la **c** de tu prójimo, Pr. 25.17. Ir a la **c** del luto, Ec. 7.2. Se llueve la **c**, Ec. 10.18. Temblarán los guardas de la **c**, Ec. 12.3. Subamos... a la **c** de Dios, Is. 2.3. **C** de marfil perecerán, Am. 3.15. **C** sobre la roca, Mt. 7.24. Los enemigos del hombre serán los de su **c**, Mt. 10.36. **C** dividida, Mt. 12.25. **C** de oración será llamada, Mt. 21.13. Porque devoráis las **c** de las viudas, Mt. 23.14. Vuestra **c** os es dejada desierta, Mt. 23.38. Y entró en **c** de Simón, Lc. 4.38. Que se llene mi **c**, Lc. 14.23. Hoy há venido la salvación a esta **c**, Lc. 19.9. Mi **c** es **c** de oración, Lc. 19.46. El celo de tu **c** me consume, Jn. 2.17. Y creyó él con toda su **c**, Jn. 4.53. En la **c** de mi Padre, Jn. 14.2. Partieron pan de **c** en **c**, Hch. 2.46. Y por las **c** no cesaban de enseñar, Hch. 5.42. Mas Salomón le edificó **c**, Hch. 7.47. Temeroso de Dios con toda su **c**, Hch. 10.2. Entrad en mi **c**, y posad, Hch. 16.15. Serás salvo, tú y tu **c**, Hch. 16.31. Crispo... creyó en el Señor con toda su **c**, Hch. 18.8. Públicamente y por las **c**, Hch. 20.20. La iglesia de su **c**, Ro. 16.5. ¿No tenéis **c** en que comer? 1 Co. 11.22. Pregunten en **c** a sus maridos, 1 Co. 14.35. Que gobierne bien su **c**, 1 Ti. 3.4. Para los de su **c**, ha negado la fe, 1 Ti. 5.8. Trastornan **c** enteras, Tit. 1.11. Cristo como hijo sobre **c**; la cual **c**, He. 3.6. Preparó el arca en que su **c** se salvase, He. 11.7. Que el juicio comience por la **c** de Dios, 1 P. 4.17.

CASADO: Que está comprometido por matrimonio. // Más son los hijos de la desamparada que los de la **c**, Is. 54.1. // **C**, estad sujetas a vuestros maridos, Col. 3.18.

CASAR: Unir por matrimonio. // La mujer que has tomado... es casada con marido, Gn. 20.3. Con... ramera o infame no se casarán, Lv. 21.7. Tomar una mujer y casarse con ella, Dt. 24.1. Los judíos se habían casado con mujeres asdoditas, Neh. 13.23. El que se casa con la repudiada, Mt. 5.32. Se casa con otra, adultera, Mt. 19.9. Así... no conviene casarse, Mt. 19.10. Ni se casarán ni se darán en casamiento, Mt. 22.30. Comían y bebían, se casaban, Mt. 24.38. El segundo se casó con ella, Mr. 12.21. Me casé... no puedo ir, Lc. 14.20. Cásense, pues mejor es casarse, 1 Co. 7.9. Mejor es casarse que estarse quemando, 1 Co. 7.9. ¿Estás libre? No procures casarte, 1 Co. 7.27. No peca; que se case, 1 Co. 7.36. Libre es para casarse, 1 Co. 7.39. Rebelan contra Cristo, quieren casarse, 1 Ti. 5.11. Que las viudas más jóvenes se casen, 1 Ti. 5.14. Véase **Desposar**.

CASCADA: Sal. 42.7. Caída de gran parte de agua corriente.

CASCAJO: Su boca será llena de cascajo, Pr. 20.17. Mis dientes quebró con cascajo, me cubrió de ceniza, Lm. 3.16.

CASCO: Armadura, de copa oval, para la cabeza. Usado generalmente por los reyes, generales etc. Por Goliat, 1 S. 17.5. Sobre su cabeza un **c** de bronce, 1 S. 17.38.

CASI: Cerca de; por poco. // En cuanto a mí, **c** se deslizaron mis pies, Sal. 73.2.

CASIA: Cáscara aromática semejante a la canela, empleada en medicina. Uno de los ingredientes del aceite sagrado para la unción, Ex. 30.24. Mirra, áloe y c exhalan todos tus vestidos, Sal. 45.8. Venía de Arabia o de la India, Ez. 27.19.

CASLUHIM, hb. **Fortificado**: Un pueblo, descendiente de Mizraim, Gn. 10.14. Véase mapa 1, D-3.

CASO: Acontecimiento, hecho, circunstancia, importancia. // Este es el **c** tocante al homicida, Dt. 19.4. ¿Quién os escuchará en este **c**? 1 S. 30.24. Fuego... le consumió, mas no hizo **c**, Is. 42.25. En todo **c** yo guarde en Jerusalén, Hch. 18.21. En tal **c** se ha quitado el tropiezo, Gá. 5.11.
CASTAÑO: Gn. 30.37; Ez. 31.8.
CASTIGAR: Penar, pegar, corregir. // Volveré a castigaros siete veces más, Lv. 26.18,28. Le castigaré con vara, 2 S. 7.14. Yo os castigaré con escorpiones, 1 R. 12.11. Ni me castigues con tu ira, Sal. 6.1; 38.1. Castiga a tu hijo, Pr. 19.18. Tu maldad te castigará, Jer. 2.19. Lo castigará duramente, Mt. 24.51. Le castigará duramente, y le pondrá con los infieles, Lc. 12.46. Le soltaré, pues, después de castigarle, Lc. 23.16. Vengador para **c** al que hace lo malo, Ro. 13.4. Como castigados, pero no muertos, 2 Co. 6.9.
CASTIGO ETERNO: Véase **Infierno**.
CASTIGO: Sufrimiento aplicado a delincuente. // Dijo Caín: Grande es mi c, Gn. 4.13. **C** por el pecado, Sal. 39.11. El **c** de nuestra paz, Is. 53.5. Se ha cumplido tu **c**, Lm. 4.22. Llevarán ambos el **c**, Ez. 14.10. Será asolado en el día del **c**, Os. 5.9. Irán estos al **c** eterno, Mt. 25.46. Será más tolerable el **c**, Mr. 6.11. ¿Cuánto mayor **c** pensáis? He. 10.29. Enviados para **c** de los malhechores, 1 P. 2.14. El temor lleva en sí **c**, 1 Jn. 4.18. Véase **Tormento**.
CASTILLO: Residencia real o señorial fortificada. // Jehová, roca mía y **c** mío, Sal. 18.2. Véase **Baluarte**, **Fortaleza**.
CASTO: Que se abstiene de relaciones sexuales inmorales; puro; inocente. // A ser prudentes, c, Tit. 2.5. Considerando vuestra vida c, 1 P. 3.2. Véase **Puro**.
CÁSTOR y PÓLUX: Hch. 28.11.
CATACUMBAS: Véase Roma.
CATAT, hb. **Pequeño**: Una ciudad de la herencia de Zabulón, Jos. 19.15.
CAUSA: Pleito judicial, principio, origen, razón. // La **c** que os fuere difícil, Dt. 1.17. Has mantenido mi derecho y mi **c**, Sal. 9.4. Tomará a su cargo la **c** del oprimido, Sal. 140.12. Por esta **c** me he visto impedido, Ro. 15.22. Véase **Motivo**.
CAUTERIZAR: Aplicar cauterio o cáustico a. // Teniendo cauterizada la propia conciencia, 1 Ti. 4.2.
CAUTIVAR: Aprisionar, atraer. // Los cautive y lleve a tierra enemiga, 1 R. 8.46. Llevan cautivas a las mujercillas cargadas de pecado, 2 Ti. 3.6. Véase **Prender**.
CAUTIVERIO: Estado de quien es cautivo. Lugar donde alguien está cautivo. **El cautiverio del reino del Norte**: La cautividad de las diez tribus fue la obra de Asiria, gran nación cuya capital era Nínive, en el río Tigris. El rey de Israel, Manahem, le pagó tributo a Pul, rey de Asiria, 2 R. 15.19. Tiglat-Pileser, rey de Asiria, se llevó a los rubenitas, los gaditas y la media tribu de Manasés, 2 R. 15.29. Salmanasar invadió Israel dos veces, en la época del rey Oseas, y trasladó a Israel a Asiria, 2 R. 17.3-6. "Y no quedó sino sólo la tribu de Judá", 2 R. 17.18. **El cautiverio de Judá**: Se dice que Senaquerib trasladó desde Judá hasta Asiria a doscientos mil habitantes. Véase 2 R. 18.13. Nabucodonosor invadió a Judá repetidas veces antes de trasladar al pueblo a Babilonia, no como esclavos, sino como colonos. Este cautiverio comenzó después del sitio de Jerusalén y la destrucción del templo por Nabuzaradán (2 R. 24; 2 Cr 36;), y terminó setenta años después (Jer. 25.12; Dn. 9.2), con el decreto de Ciro (Esd. 1) y el regreso de una parte del pueblo bajo la dirección de Sesbasar, Zorobabel, Esdras y Nehemías. Las listas de los que volvieron del cautiverio en Babilonia, Esd. 2; Neh. 7. Se quitará el vestido de su c, Dt. 21.13. El que a c, a c, Jer. 15.2. Tus enamorados irán en c, Jer. 22.22. Ha ido en c a causa de la aflicción, Lm. 1.3. Haré volver los cautivos de tus c, Ez. 16.53. Toma de los del c, Zac. 6.10. Véase **esclavitud**.
CAUTIVO: Prisioneros de guerra, seducido. // Llevaron **c**... sus niños y sus mujeres, Gn. 34.29. El primogénito del **c** que estaba, Ex. 12.29. Habían llevado **c**... a una muchacha, 2 R. 5.2. A los **c** a prosperidad, Sal. 68.6. Los que nos habían llevado **c** nos pedían que cantásemos, Sal. 137.3. **C** hija de Sion, Is. 52.2. Publicar libertad a los **c**, Is. 61.1; Lc. 4.18. Habiendo sido hechos **c** por el diablo, 2 Ti. 2.26. Llevan **c** a las mujercillas, 2 Ti. 3.6. Véase **Preso**.
CAVAR: Revolver (la tierra) con pala, azadón etc. Hacer excavaciones. // Respondió... yo cavé este pozo, Gn. 21.30. Cavó, y ahondó, y puso el fundamento, Lc. 6.48. Véase **Escavar**, **Minar**.
CAVILAR: Exponer o defender alegando razones. Razonar. // ¿Por qué caviláis así en vuestros corazones? Mr. 2.8. Los fariseos comenzaron a c, Lc. 5.21.
CAYADO: Bastón de pastor, con la extremidad superior arqueada. // Con mi **c** pasé este Jordán, Gn. 32.10. Tomó su **c** en su mano, 1 S. 17.40. Tu vara y tu **c** me infundirán aliento, Sal. 23.4. Apacienta tu pueblo con tu **c**, Mi. 7.14. Tomé para mí dos **c**, Zac. 11.7. Quebré luego el otro **c**, Zac. 11.14. Véase **Cetro**.
CAZA: Animales que se cazan; persecución; investigación. // Isaac... saboreaba de su **c**, Gn. 25.28. Sal al campo y tráeme **c**, Gn. 27.3.

Andas a **c** de mi vida, 1 S. 24.11. Al campo para buscar la **c**, Gn. 27.5. El indolente ni aun asará... lo cazado, Pr. 12.27. La caza, además de ser un pasatiempo favorito, tenía por fin exterminar las fieras (Véase Ex. 23.29; Jue. 14.5; 1 S. 17.34; 1 R. 13.24) y proveer medios de alimentación, Gn. 27.3,4. Tal vez se refiera a la caza, en la mención de venados, de gacelas, de corzos y de aves para la provisión diaria de Salomón, 1 R. 4.23. La vida patriarcal era más la del poseedor de rebaños que la del cazador, pero a Nimrod y a Esaú se les considera cazadores de fama, Gn. 10.9; 25.27. Los cazadores usaban arco y flecha, Gn. 27.3; Is. 7.24; la trampa, Job 18.10; Jer. 5.26,27; las redes, Is. 51.20; foso, 2 S 23.20.

CAZADOR: Persona que se dedica a la caza o es aficionada a ella; [Animal] que, por instinto y para alimentarse, caza a otros. // El te librará del lazo del **c**, Sal. 91.3; 124.7; Pr. 6.5. Este fue vigoroso **c** delante de Jehová, Gn. 10.9. Escápate como gacela de la mano del **c**, Pr. 6.5. Después enviaré muchos **c**, Jer.16.16. El profeta es lazo de **c** en todos sus caminos, Os. 9.8. ¿Caerá el ave en lazo sobre la tierra, sin haber **c**? Am. 3.5.

CAZAR: Perseguir o atrapar (aves u otros animales). // Cual león tú me cazas, Job 10.16. La mujer caza la preciosa alma del varón, Pr. 6.26. Y los cazarán por todo monte, Jer. 16.16. ¿Habéis de c las almas? Ez. 13.18.

CEBADA: Planta herbácea gramínea. Los granos de esa planta. Uno de los productos más importantes de Egipto, Ex. 9.31; y de Palestina, Lv. 27.16. Uno de los cereales más resistentes, y comida de los pobres. Los que vivían en las ciudades preferían pan de trigo. Sería una de las riquezas de la tierra de promisión, Dt. 8.8. Uno de los principales alimentos, 2 S. 17.28; 2 R. 7.1,16,18; 2 Cr. 2.10,15. Sueño de un pan de cebada rodando contra los madianitas, Jue. 7.13. Absalón mandó meter fuego en el campo de cebada de Joab, 2 S. 14.30. La paja de cebada es excelente alimento para el ganado, 1 R. 4.28. La siega de las, Rt. 1.22; 2.23; 2 S. 21.9,10, se realiza en marzo y abril. Siempre precede la siega del trigo ocho a diez días. Así la cebada fue completamente destruida en Egipto, en la plaga de granizo, Ex. 9.31. Veinte panes de cebada satisfacen a 100 hombres, 2 R. 4.42-44. Cinco panes y dos pececillos satisfacen a 5 mil hombres, Jn. 6.9,13. Tiempo de hambre y carestía; dos libras de trigo por un denario, Ap. 6.6. Véase **Trigo**.

El rey de Asiria, Asurbanipal, cerca de 900 a.C., se vanagloriaba de haber matado 450 grandes leones, y de haber tomado vivos más de 20.

CEBOLLA: Planta bulbosa, hortense y cultivada desde tiempos inmemoriales. Los israelitas en el desierto suspiraban por los pepinos, melones, ajos, puerros y cebollas del Egipto, Nm. 11.5.

CEDAR, hb. **Poderoso**: Uno de los hijos de Ismael, Gn. 25.13. Una tribu descendiente de Ismael, mencionada en Cnt. 1.5; Is. 42.11; 60.7. Eran tribus árabes, Is. 21.13, 16; Ez. 27.21. De este pueblo procedió el profeta Mahoma.

CEDEMA, hb. **Para el Oriente**: Un hijo de Ismael, Gn. 25.15.

CEDER: Dejar (a alguien). // Mi justicia tengo asida, no la cederé, Job 27.6.

CEDES, hb. **Santuarios**: 1. Una ciudad de la herencia de Judá, Jos. 15.23. // 2. Una ciudad de Isacar, dada a los levitas, 1 Cr. 6.72. // 3. Una de las ciudades de refugio, en la región montañosa da Neftalí, Jos. 20.7; Jue. 4.6; 1 Cr. 6.76. Véase mapa 2, C-2; 3, B-1.

CEDRO: Árbol conífera. El cedro del Líbano alcanza 40 metros de altura y un perímetro de 11 metros. Símbolo de fuerza y majestad, Is. 2.13; 14.8; Ez. 17.22,23; 31.3-18; Am. 2.9; Zac. 11.1,2. Usado en la confección de cofres, imágenes, instrumentos de música, mástiles de barcos, etc., Ez. 27.24; Is. 44.14,15; Ez. 27.5. El contrato del rey de Tiro proveyó de cedro a David, y después a Salomón, 2 S. 5.11; 1 R. 5.8. Los cedros cortados en el Líbano, conducidos en balsas por el Mediterráneo hasta Jope, y transportados los 40 kilómetros hasta Jerusalén, 1 R. 5.9. Salomón edificó sus palacios reales de cedro y de piedras costosas, 1 R. 7.1-14. Dentro del templo, todo era cedro, piedra ninguna se veía, 1 R. 6.18. El cedro se volvió tan común en Jerusalén como la inferior madera de cabrahigo, 1 R. 10.27. Cedro del Líbano para la construcción del templo de Zorobabel, Esd. 3.7. Los reyes de otras tierras edificaban palacio de esa madera preciosa, Jer. 22.14,15. El Líbano proveía cedro para templos en Efeso, Utica, etc., durante muchos siglos. El árbol es tipo del hijo de Dios:

siempre verde, un adorno, aromático, largo, crecimiento firme y constante, de larga vida y de diversas utilidades. Véase Sal. 92.12.

CEDRÓN, hb. **Oscuro**: Arroyo entre el muro del este de la ciudad de Jerusalén y el monte de los Olivos. David lo atravesó cuando huyó de Absalón, y Jesús lo pasó en camino a Getsemaní, 2 S. 15.23; Jn. 18.1. El valle de Cedrón, desde el siglo IV a.D., se llama **El valle de Josafat**. En él se echaban ídolos y otras impurezas, 2 R. 23.4,6,12; 2 Cr. 29.16; 30.14; Jer. 31.40. Véase mapa 2, C-5.

CEELATA, hb. **Asamblea**: Lugar de uno de los campamentos de los israelitas en el desierto, Nm. 33.22.

CEFAS, arameo, **Roca** o **Piedra**: Lo mismo que Pedro, Jn. 1.42; 1 Co. 1.12; 9.5; 15.5; Gá. 2.9. Véase **Pedro**.

CEGAR: Hacer ciego, quitar la vista a; fascinar, burlar, engañar. // Porque el presente ciega a los que ven, Ex. 23.8. El soborno ciega los ojos de los sabios, Dt. 16.19. El dios de este siglo cegó el entendimiento, 2 Co. 4.4. Las tinieblas le han cegado los ojos, 1 Jn. 2.11.

CEGUERA: No una enfermedad, como la oftalmia, la catarata, etc., mas el resultado de enfermedades de los ojos. // Tornaba cualquier hombre inhábil para el sacerdocio, Lv. 21.18. Forma cruel de venganza o castigo, Jue. 16.21; 1 S. 11.2; 2 R. 25.7. Heridos de ceguera: los hombres de Sodoma, Gn. 19.11; el ejército de los sirios, 2 R. 6.18; Sedequías, Jer. 39.7; Saulo de Tarso, Hch. 9.8; Elimas, Hch. 13.11. Curados de la ceguera por Cristo: dos ciegos, Mt. 9.27; un ciego y mudo, Mt. 12.22; dos ciegos de Jericó, Mt. 20.30; el ciego de Betsaida, Mr. 8.22; muchos ciegos, Lc. 7.21; Mt. 21.14; el ciego de nacimiento, Jn. 9. Ceguera espiritual; Is. 6.9-11; 56.10; Jer. 5.21; Mt. 6.23; 23.16,24; 1 Co. 2.9,14; 2 Co. 4.4; 2 P. 1.9; Ap. 3.17. Cristo la quitará: Is. 29.18; 35.5; Lc. 4.18; 1 P. 2.9.

CELAR: Administrar diligentemente; vigilar con el máximo cuidado. // Celé con gran celo a Jerusalén y a Sion, Zac. 1.14. Porque os celo con celo de Dios, 2 Co. 11.2.

CELEBRADO: Conmemorado, festejado. // Cuyo nombre será celebrado en Israel, Rt. 4.14. Véase **Famoso**, **Notorio**.

CELEBRAR: Realizar con solemnidad, conmemorar, festejar. // Mi pueblo a celebrarme fiesta, Ex. 5.1. Celebrad la memoria de su santidad, Sal. 30.4. Celebrarán los cielos tus maravillas, Sal. 89.5. Cuando se celebraba el cumpleaños, Mt. 14.6. Celebremos la fiesta, no con la vieja levadura, 1 Co. 5.8. Por la fe celebró la fiesta, He. 11.28.

CELESTIAL: Del cielo, relativo al cielo. // Que mi Padre **c** no plantó, Mt. 15.13. Multitud de las huestes **c**, Lc. 2.13. No fui desobediente a la visión **c**, Hch. 26.19. Cuerpos **c**, 1 Co 15.40. Bendición espiritual en las regiones **c**, Ef. 1.3. Nos hizo sentar en los lugares **c**, Ef. 2.6. Potestades en los lugares **c**, Ef. 3.10. El Señor preservará para su reino **c**, 2 Ti. 4.18. Participantes del llamamiento **c**, He. 3.1. Gustaron del don **c**, He. 6.4. Las figuras de las cosas **c**, He. 9.23. Anhelaban una mejor, esto es, **c**, He. 11.16. Jerusalén **c**, He. 12.22.

CELO: Dedicación ardiente. Desvelo, cuidado. // Llevado de **c** entre ellos; por lo cual yo no he consumido en mi **c** a los hijos de Israel, Nm. 25.11. El **c** de Jehú por Jehová, 2 R. 10.16. El **c** de Jehová de los ejércitos hará esto, 2 R. 19.31; Is. 9.7. Mi **c** me ha consumido, Salmo 119.139. Se cubrió de **c** como con un manto, Is. 59.17. Me consumió el **c** de tu Casa, Juan 2.17; Salmo 69.9. ¡Qué ardiente afecto, qué **c** y qué vindicación! 2 Co. 7.11. Porque os celo con **c** de Dios, 2 Co. 11.2. En cuanto a **c**, perseguidor de la iglesia, Fil. 3.6. El **c** en sentido bueno: Nm. 25.11; 2 R. 10.16; Ro. 10.2; 2 Co. 11.2. En sentido malo, Ro. 13.13; 1 Co. 3.3. La deslealtad del pueblo de Dios está representada como adulterio, y como provocación a Dios y a celo, Dt. 32.16,21; 1 R. 14.22; Salmo 78.58; Ez. 8.3; 16.38; 36.5; 1 Co. 10.22. Véase **Ardor**.

CELO: Miedo de perder algo: Tenemos celo de lo que es nuestro, envidia de lo que tiene el prójimo. // Cuántas veces se hallaban en **c**, Gn. 30.41; Las ovejas estaban en **c**, Gn. 31.10. El espíritu de **c**, Nm. 5.14. Moisés le dijo: ¿Tienes tú **c** por mí? Nm. 11.29. Los **c** son el furor del hombre, Pr. 6.34. Duros como el sepulcro los **c**, Cnt. 8.6. De la imagen del **c**, la que provoca **c**, Ez. 8.3. Os provocaré a **c**, Ro. 10.19. La salvación a los gentiles, para provocarles a **c**, Ro. 11.11. Puedo provocar a **c**, Ro. 11.14. Habiendo entre vosotros **c**, 1 Co. 3.3. O provocaremos a **c** al Señor, 1 Co. 10.22. Las obras de la carne **c**, Gá. 5.20. Pero si tenéis **c**... vuestro corazón, Stg. 3.14. Véase **Envidia**.

CELOSO: El que pone celo en el cumplimiento de una tarea; cuidadoso, puntual y diligente. // Yo soy Jehová, tu Dios, fuerte, **c**, Ex. 20.5; 34.14. Judíos **c**, Hechos 21.20. Pablo **c** de Dios, Hechos 22.3. Sumamente **c** de las tradiciones, Gá. 1.14. Pueblo **c** de buenas obras, Tit. 2.14. Sé **c**, Ap. 3.19.

CENA DEL SEÑOR: Véase **Señor**.

CENA: Comida que se toma por la noche. // Cuando hagas comida o **c**, Lc. 14.12. La parábola de la gran **c**, Lc. 14.15-24. Prepárame la **c**, cíñete y sírveme, Lc. 17.8. Le dieron una **c**; Marta servía, Jn. 12.3. Durante la **c**... el diablo había puesto en el corazón de Judas, Jn. 13.2. La **c** del Señor, 1 Co. 11.20. La **c** de las bodas del Cordero, Ap. 19.9. Venid, y congregaos a la gran **c** de Dios, Ap. 19.17. Véase **Banquete**, **Fiesta**.

CENAGOSO, LODO: Pantano lleno de cieno, lodo blando en el fondo del agua o en sitios bajos y húmedos. // Me hizo sacar del pozo de la desesperación, del lodo c, Salmo 40.2.

CENAR: Comer la cena. // Después que hubo cenado, tomó la copa, Lc. 22.19; 1 Co. 11.25. Entraré a él, y cenaré con él, Ap. 3.20.

CENAZ, hb. **Cacería**: 1. Un nieto de Esaú, Gn. 36.11. // 2. Padre de Otoniel, Jos. 15.17.

CENCREA: Hch. 18.18; Ro. 16.1. El puerto oriental de Corinto. Véase mapa 6, C-2.

CENEOS: Su tierra, con la de las otras tribus de Canaán, prometida a Abraham, Gn. 15.19. Jetro, suegro de Moisés, era ceneo, Jue. 1.16. Heber, ceneo, era el esposo de Jael que mató a Sísara, Jue. 4.17. Había ceneos entre los amalecitas en el tiempo de Saúl, 1 S. 15.6. Se mencionan, también, en 1 Cr. 2.55.

CENEZEOS: Los descendientes de Cenaz. Su tierra, juntamente, con la de otras tribus cananeas, prometida a Abram, Gn. 15.19. Jefone, padre de Caleb, era de esta tribu, Nm. 32.12.

CENIZA: Polvo, residuos de la combustión de ciertas sustancias. // Abraham replicó...: He aquí... soy polvo y **c**, Gn. 18.27. Y tomaron **c** del horno, Ex. 9.10. Las **c** de la vaca, Nm. 19.9; He. 9.13. Entonces Tamar tomó **c**, 2 S. 13.19. El altar se rompió, y se deramó la **c**, 1 R. 13.5. Josías quemó los utensilios de Baal y llevó las **c** a Bet-el, 2 R. 23.4. Soy semejante al polvo y a la **c**, Job 30.19. Me arrepiento en polvo y **c**, Job 42.6. Mardoqueo... se vistió de cilicio y de **c**, Est. 4.1; muchos judíos, Est 4.3; el que aflige su alma, Is. 58.5; Daniel, Dn. 9.3. El rey de Nínive, Jon. 3.6; Corazín y Betsaida tendrían, Mt. 11.21. Job sentado en **c**, Job 2.8. Vuestras máximas son refranes de **c**, Job 13.12. Como c a manera de pan, Sal. 102.9. De **c** se alimenta, Is. 44.20. Se les dé gloria en lugar de **c**, Is. 61.3. Revuélcate en **c**, Jer. 6.26; 25.34; Ez. 27.30. Me cubrió de **c**, Lm. 3.16. Los cuales serán **c** bajo las plantas de vuestros pies, Mal. 4.3. Reduciéndolas a **c** y poniéndolas de ejemplo, 2 P. 2.6.

CENSO: Empadronamiento general de la población. // Tomad el **c** de toda la congregación, Nm. 1.2; 26.2. Haz un **c** del pueblo, 2 S. 24.2. Este primer **c** se hizo siendo Cirenio gobernador de Siria, Lc. 2.2. En los días del **c**, y llevó en pos de sí a mucho pueblo, Hechos 5.37.

CENSURAR: Reprender. Criticar. // ¿Pensáis c palabras? Job 6.26. ¿Por qué he de ser censurado? 1 Co. 10.30. Que nadie nos censure en cuanto a esta ofrenda, 2 Co. 8.20. Véase **Reprender**, **Vituperar**.

CENTENA: Conjunto de cien unidades. // Contra los jefes de millares y de **c**, Nm. 31.14. Jefes de c, 1 S. 22.7.

CENTENO: Planta gramínea. Precioso, porque sustituye al trigo donde los climas rigurosos no permiten el cultivo de éste. Ex. 9.32; Is. 28.25.

CENTURIÓN: Jefe de cien hombres en el ejército romano. // La sanidad del siervo de un **c**, Mt. 8.5-13. El **c** y los que estaban con él guardando a Jesús, Mt. 27.54. Cornelio, **c** Hch. 10.1. Dijo Pablo al **c**, Hch. 22.25. Entregaron a Pablo a un **c**, Hch. 27.1. Pero el **c** queriendo salvar a Pablo, Hch. 27.43.

CEÑIR: Rodear la cintura u otra parte del cuerpo. // Y se lo ciñó debajo de sus vestidos, Jue. 3.16. Dios es el que me ciñe, Sal. 18.32. Me ceñiste de fuerza para la pelea, 2 S. 22.40. No se alabe tanto el que se ciñe las armas, como el que las desciñe, 1 R 20.11. Ciñe tu espada sobre el muslo, Sal. 45.3. Ceñidos vuestros lomos, Lc. 12.35. Se ceñirá, y hará que se sienten, Lc. 12.37. Cena, cíñete, y sírveme, Lc. 17.8. Y tomando una toalla... la ciñó, Jn. 13.4. Se ciñó la ropa, Jn. 21.7. Te ceñirá otro, Jn. 21.18. Ceñidos vuestros lomos con la verdad, Ef. 6.14. Ceñid los lomos de... entendimiento, 1 P 1.13. Ceñido por el pecho, Ap 1.13. Véase **Lomo**.

CEPA: Parte inferior del tronco del árbol, que está dentro de la tierra, unida a las raíces. // Mas la **c** de sus raíces dejaréis en la tierra, Dn. 4.15,23.

CERA: Sustancia que las abejas producen y con las que hacen los panales. Sustancia vegetal semejante a la cera de las abejas. // Mi corazón fue como **c**, Sal. 22.14. Como se derrite la **c**... delante de Dios, Sal. 68.2. Los montes se derritieron como **c**, Sal. 97.5. Los valles se hendirán como la **c** delante del fuego, Mi. 1.4.

CERAMISTA: Que se ocupa del arte de fabricar vasos y otros objetos de barro o de otra sustancia congénere. Véase **Alfarero**.

CERCA: Obra con que se circunda y cierra un terreno. // Aplastarle como... c derribada, Sal. 62.3.

CERCADO: Que tiene cerca. // Moraban en medio de plantíos y **c**, 1 Cr. 4.23.

CERCANO: Inmediato en el tiempo y en el espacio. // Por su pariente **c**, Lv. 21.2. Habitaban en las casas **c**, Jue. 18.22. **C** está Jehová a los quebrantados, Sal. 34.18. La boca del necio es calamidad **c**, Pr. 10.14. **C** estás tú en sus bocas, Jer. 12.2. Habéis sido hechos **c**, Ef. 2.13.

CERCAR: Circundar, perseguir, rodear, sitiar. // Así cercaron a los de Benjamín, Jue. 20.43.

¿No le has cercado alrededor a él? Job 1.10. Cercó de vallado mi camino, Job 19.8. Cercando andan los malos, Sal. 12.8. Cercado y despedregado y plantado, Is. 5.2. Como montón de trigo cercado de lirios, Cnt. 7.2. La cercó de vallado, Mt. 21.33. Véase **Sitiar**.

CERDO: Género de mamíferos paquidermos, domésticos, comestibles. // De ningún otro animal se habla en la Biblia con tanta aversión. El **c** servía de emblema de suciedad y falta de cultura, Pr. 11.22; Mt. 7.6; 2 Pedro 2.22. Se refiere a la comida de la carne de **c** como si fuera la mayor abominación, Is. 65.4; 66.3, 17. El hijo pródigo no podía caer en mayor desespero que alimentar **c** y desear comer la comida que ellos comían, Lc. 15.15. Los **c** mencionados en Mt. 8.30-32; Mr. 5.11-16 y Lc. 8.32, 33. Eran, tal vez, propiedad de gentiles. La antigua ley prohibió que se comiese carne de **c**, Lv. 11.7. En la nueva, "todo lo que Dios creó es bueno... porque por la Palabra de Dios, y por la oración, es santificado", Hch. 10.9-16; 1 Ti. 4.1-5.

CERETEOS: Un pueblo habitando la tierra de los filisteos, 1 S. 30.14; Ez. 25.16; Sof. 2.5,6.

CERRAR: Tapar una abertura. // Se cerraron las fuentes del abismo, Gn. 8.2. Ni cerrarás tu mano contra tu hermano pobre, Dt. 15.7. Han cerrado sus ojos, Mt. 13.15. Se cerró la puerta, Mt. 25.10. Cuando el cielo fue cerrado por tres años, Lc. 4.25. En un abrir y cerrar de ojos, 1 Co. 15.52. Y cierra contra él su corazón, 1 Jn. 3.17. Que abre y ninguno cierra, Ap. 3.7. Puertas nunca serán cerradas, Ap. 21.25.

CERROJO: Pieza que se desplaza entre dos anillas para cerrar puertas y ventanas. // Hierro y bronce serán tus cerrojos, Dt. 33.25.

CERTEZA: Conocimiento exacto, convicción. // Y supo con c que Saúl había venido, 1 S. 26.4. Para plena c de la esperanza, He. 6.11. La fe es la c de lo que se espera, He. 11.1. Véase **Seguridad**. Compare Ro. 8.16; Col. 2.1-10; 2 Ti. 1.12; 1 Jn. 2.5; 1 Jn. 3.4; 1 Jn. 5.13.

CERVIZ: La parte posterior del cuello; nuca. // De dura cerviz: porfiado, obstinado. // Sacudirás su yugo de tu **c**, Gn. 27.40. Tu mano en la **c** de tus enemigos, Gn. 49.8. De dura **c**, Ex. 32.9; 33.3; Dt. 9.13; Hch. 7.51. Reprendido endurece la **c**, Pr. 29.1. Eres duro, y barra de hierro tu **c**, Is. 48.4. Poniendo sobre la **c** de los discípulos un yugo, Hch. 15.10.

Cerdo

CÉSAR AUGUSTO: El primer emperador romano. Reinaba cuando nació Jesús, Lc. 2.1 **Augusto** quiere decir venerado, majestuoso.

CÉSAR, LA CASA DE: Fil. 4.22. Todo el personal, incluso numerosos esclavos y libertos, en el palacio del emperador, situado en el Palatino en Roma.

CESAR: Parar, dejar, desistir. // Cesar la mortandad, Nm. 16.48; de clamar, 1 S. 7.8; las quejas, Nm. 17.5; la guerra, Sal. 46.9; el pleito, Pr. 22.10; la contienda, Pr. 26.20; las muelas, Ec. 12.3; la soberbia de los poderosos, Ez. 7.24; el sacrificio, Dn. 9.27; el viento, Mr. 4.39; de amonestar, Hch. 20.31; lenguas, 1 Co. 13.8; de dar gracias, 1 Ts. 2.13; de orar, Col. 1.9; Orad sin cesar, 1 Ts. 5.17. Véase **Acabar**, **Terminar**.

CÉSAR: Título de doce dictadores romanos, de los cuales cuatro se mencionan en el Nuevo Testamento: Augusto, Lc. 2.1; Tiberio, Lc. 3.1; Mr. 12.14; Claudio, Hch. 11.28; Nero, Hch. 25.11. // Es lícito pagar tributo a César, Mt. 22.17. Jesús acusado de prohibir pagar tributo a César, Lc. 23.2. Si a éste sueltas, no eres amigo de César, Jn. 19.12. Proceden contra los decretos de César, afirmando Jesús ser otro rey, Hch. 17.7. A César apelo, Hch. 25.11; 28.19. Pablo, no temas; es necesario que comparezcas ante César, Hch. 27.24. Los de la casa de César, Fil. 4.22.

CESAREA DE FILIPO: Una ciudad gentílica, situada en la falda del monte Hermón, en el Anti-Líbano, en la cabecera principal del río Jordán, 32 km al norte del mar de Galilea. Fue ampliada y embellecida por el tetrarca Filipo, que le dio el nombre de Cesarea, en honor de Tiberio César. Era llamada Cesarea de Filipo, para distinguirla de la Cesarea de Palestina. Fue allí que el apóstol Pedro hizo su memorable confesión, Mt. 16.13. Véase mapa 3, B-1.

CESAREA DE PALESTINA: Una magnífica ciudad romana, situada en la costa del Mediterráneo, 37 km al sur del monte Carmelo y 100 km al noroeste de Jerusalén, construida por Herodes el Grande, recibiendo el nombre de Cesarea en honor de César Augusto. Véase mapa 4, A-1, mapa 6, F-3. Felipe, el evangelista, llevó el evangelio a esta ciudad, Hch. 8.40. Pablo, recién convertido, llevado hasta allí a fin de escapar de las manos de los judíos, Hch. 9.30. Donde vivía el centurión, Cornelio, Hch. 10.1-24; 11.11. Pedro, para escapar de la mano de

Herodes, huyó a Cesarea, Hch. 12.19. Pablo, al final del segundo viaje misionero, desembarcó allí, Hch. 18.22. Pablo y sus compañeros se hospedaron en la casa de Felipe, el evangelista, en Cesarea, Hch. 21.8,16. Pablo, preso, enviado a Cesarea, Hch. 23.23,33. El apóstol hizo su defensa allí, delante de Festo y de Agripa, Hch. 25.1,4,6,13. Allí pasó dos años encarcelado, véase Hch. 24.27. Desde allí partió hacia Roma, véase Hch. 27.1. Véase **Cesarea de Filipo**.

CESIA, hb. **Casia**: La segunda hija de Job, la cual nació después de sus pruebas, Job 42.14.

CESTA: Recipiente trenzado de mimbre, caña o madera flexible. // Doce c llenas, Mt. 14.20.

CESTO: Cesta pequeña sin alas. // Mas no pondrás en tu **c**, Dt. 23.24. Sus manos fueron descargadas de los **c**, Sal. 81.6.

CETRO: Bastón de mando que antiguamente designaba autoridad real, Gn. 49.10; Nm. 24.17; Is. 9.4. Cetro de oro, Est. 4.11; de hierro (figurado), Sal. 2.9; Ap. 2.27; 12.5; 19.15.

CETURA, hb. Incienso: Una de las mujeres de Abraham. Tuvo Abraham seis hijos de ella: Zimram, Jocsán, Medán, Madián, Isbac y Súa, Gn. 25.2. Todos se volvieron jefes de tribus árabes.

CIEGO: Privado de vista; hombre que no ve. // Y cuando ofrecéis el animal **c** para el sacrificio, Mal. 1.8. Son **c** guías de **c**, Mt. 15.14. Los cojos andar, y los **c** ver, Mt. 15.31. Y vista a los **c**, Lc. 4.18. Cuando hagas banquete... llama... a los **c**, Lc. 14.13. Confías que eres guía de los **c**, Ro. 2.19. Eres... pobre, **c** y desnudo, Ap. 3.17.

CIELO: El espacio indefinido en que se mueven todos los astros. El aire, la atmósfera. Región habitada por Dios y los ángeles. // Creó Dios los **c**, Gn. 1.1. Una torre, cuya cúspide llegue al **c**, Gn. 11.4. Es la casa de Dios, la puerta del **c**, Gn. 28.17. Los **c** y los **c** de los **c**, Dt. 10.14; 1 R. 8.27; 2 Cr. 2.6. Elías subió al **c**, 2 R. 2.11. El ejército de los **c**, 2 R. 21.3; 2 Cr. 33.3. Jehová tiene en el **c** su trono, Sal. 11.4. Los **c** cuentan la gloria de Dios, Sal. 19.1. Los **c** declaran su justicia, Sal. 50.6. Extiende los **c** como una cortina, Sal. 104.2; Is. 40.22. Permanece tu palabra en los **c**, Sal. 119.89. Si subiere a los **c**, allí estás tú, Sal. 139.8. Caíste del **c**, oh Lucero, Is. 14.12. Y se enrollarán los **c**, Is. 34.4. Los c serán deshechos, Is. 51.6. Como los **c** son más altos, Is. 55.9. Si rompieses los **c**, y descendieras, Is. 64.1. Yo crearé nuevos **c**, Is. 65.17. El **c** es mi trono, Is. 66.1. Se detuvo de los **c** sobre vosotros la lluvia, Hag. 1.10. Abriré las ventanas de los c, Mal. 3.10. He aquí los **c** le fueron abiertos, Mt. 3.16. Vuestro galardón es grande en los **c**, Mt. 5.12. Hasta que pasen el **c** y la tierra, Mt. 5.18. No juréis... ni por el **c**, Mt. 5.34. Padre nuestro que estás en los **c**, Mt. 6.9. Haceos tesoros en el **c**, Mt. 6.20. Eres levantada hasta el **c**, Mt. 11.23. Porque el **c** tiene arreboles, Mt. 16.2. Será atado en los **c**, Mt. 16.19; 18.18. Tendrás un tesoro en el **c**, Mt. 19.21. Los poderes del **c** serán conmovidos, Mt. 24.29. En el **c** la señal del Hijo, Mt. 24.30. El **c** y la tierra pasarán, Mt. 24.35. Toda potestad me es dada en el **c**, Mt. 28.18. Fue recibido arriba en el **c**, Mr. 16.19. Vuestros nombres están escritos en el **c**, Lc. 10.20. Habrá más gozo en el **c**, Lc. 15.7. Más fácil es que pasen el **c**... que se frustre una tilde de la ley, Lc. 16.17. Veréis el **c** abierto, Jn. 1.51. El que viene del **c** es sobre todos, Jn. 3.31. Luz del **c**, Hch. 9.3. Casa no hecha por manos, eterna, en los **c**, 2 Co. 5.1. Arrebatado hasta el tercer **c**, 2 Co. 12.2. Toda familia, tanto en el **c**, Ef. 3.15. Subió por encima de todos los **c**, Ef. 4.10. Nuestra ciudadanía está en los **c**, Fil. 3.20. El Señor... descenderá del **c**, 1 Ts. 4.16. Cuando se manifieste el Señor Jesús desde el **c**, 2 Ts. 1.7. Congregación de los primogénitos que están inscritos en los, He. 12.23. Los **c** pasarán, 2 P. 3.10. Esperamos **c** nuevos, 2 P. 3.13. Una puerta abierta en el **c**, Ap. 4.1. El **c** se desvaneció como un pergamino, Ap. 6.14. Apareció en el **c** una gran señal, Ap. 12.1 Vi un c nuevo, Ap. 21.1. // **Los cielos, la obra de Dios**, Gn. 1.1; Ex. 20.11; Sal. 8.3; 19.1; Hch. 4.24; He. 1.10; Ap. 14.7. // **Pasarán**, Sal. 102.25,26; Is. 51.6; Mt. 24.35; 2 P. 3.10-12; Ap. 6.14. // **El nuevo cielo**, Is. 51.16; 66.22; 2 P. 3.13; Ap. 21.1. // **Habitación de Dios**, 1 R. 8.27; Sal. 2.4; 80.14; 115.3; 123.1; Is. 6.1; 66.1; Mt. 6.9; He. 8.1; Ap. 4. // **El reino de los cielos**, Mt. 18.1-4; 2 P. 1.11. **Jesucristo vino de los cielos**, Jn. 3.13,31; 6.38; 8.23; 1 Co. 15.47; He. 12.25. // **Jesús volvió a los cielos**, Lc. 24.51; Hch. 1.9; 3.21; Ef. 4.10; 1 Ts. 1.10; 4.16; 1 Ti. 3.16; He. 4.14; 1 P. 3.22. // **Jesucristo volverá del cielo**, Mt. 24.30; Jn. 14.3; Hch. 1.11; 1 Ts. 1.10; 4.16. // **Felicidad de los hombres en los cielos**, Is. 49.10; Dn. 12.3; Mt. 13.43; Jn. 14.2; 1 Co. 2.9; 13.12; Ef. 5.27; 1 P. 1.4; 5.10; 1 Jn. 4.17; Ap. 14.13; 22.3. // **Quien puede entrar en el cielo**, Mt. 25.34; Jn. 14.2,3; Ro. 8.17; 1 Co. 6.9,10; 2 Co. 5.1; He. 11.10; 12.23; Ap. 7.9,14. // **Quién no entrará**, Mt. 25.41; Lc. 13.27; 1 Co. 6.9; Gá. 5.11-21; Ef. 5.5; Ap. 21.8; 22.15. Véase **Firmamento**.

CIEN: Diez veces diez. // Tenía Abraham **c** años, cuando le nació Isaac, Gn. 21.5; Ro. 4.19. Sem, de edad de **c** años, Gn. 11.10. Abdías tomó a **c** profetas, 1 R. 18.4. C azotes al necio, Pr. 17.10. Morirá de c años, Is. 65.20. Dio fruto: a **c**, Mt. 13.8. Halló a uno... que le debía **c** denarios, Mt. 18.28. En grupos de **c**, Mr. 6.40.

CIENCIA: Conocimiento, saber que se adquiere por la lectura y por la meditación. // Lo he llenado... en inteligencia, en c, Ex. 31.3. El que sabe la c del Altísimo, Nm. 24.16. Hiram era lleno de... c en toda obra, 1 R. 7.14. En los ancianos está la c, Job 12.12. Quien añade c, añade dolor, Ec. 1.18. Sabios en c, Dn. 1.4. Habéis tomado la llave de la c, Lc. 11.52. Tienes en la ley la forma de la, Ro. 2.20. Todos misterios y toda c, 1 Co. 13.2. La c acabará, 1 Co. 13.8. Véase Conocimiento. El vocablo **ciencia**, en las Escrituras, se refiere sencillamente a conocimiento, y no al conjunto de los conocimientos coordinados y relativos a un objeto determinado o a los fenómenos de un orden o clase. Hay en 1 Ti. 6.20, una alusión a la especulación teosófica. Véase **Conocimiento**.

Cigueña

CIENO: Lodo, barro. // Hundido en **c** profundo, Sal. 69.2. La puerca lavada a revolcarse en el **c**, 2 P. 2.22.

CIERTAMENTE: Con certeza. // Porque... **c** morirás, Gn. 2.17. **C** el reino de Dios ha llegado, Lc. 11.20.

CIERTO: Convencido, que tiene convicción. // Si pareciere verdad, cosa **c**, Dt. 13.14. Es **c** que yo soy pariente, Rt. 3.12. Es **c** que al necio lo mata la ira, Job 5.2. Dando por **c** que Dios nos llamaba, Hch. 16.10. Pues tengo por **c** que las aflicciones, Ro. 8.18.

CIERVO: Mamífero artiodáctilo rumiante de la familia de los cérvidos. Animal limpio, Dt. 14.5. Veloz, 2 S. 22.34. Su carne en la mesa de Salomón, 1 R. 4.23. Suspira por las corrientes de las aguas, Sal. 42.1. Cierva amada, Pr. 5.19. Véase **Cierva**.

CIGÜEÑA, hb. **Afectuoso**: Género de aves migratorias y de patas largas. Es proverbial el desvelo de la cigüeña por sus hijos y el afecto de las parejas uno al otro. De ahí tal vez, su nombre. De su costumbre de construir sus nidos encima de las casas y de cuidar de los hijos por largo tiempo, surgió probablemente la tradición que la cigüeña entrega los niños recién nacidos en los hogares. Se anida también en las hayas, Sal. 104.17. Prohibido comer su carne, Lv. 11.19. Conoce las estaciones, Jer. 8.7. Pasan el tiempo de frío en África; vuelven a Europa a fines de marzo. Algunas parejas demoran en Palestina para alimentarse. Las plumas de las alas son de un negro brillante en un bello contraste con el restante plumaje que es muy blanco. Alcanza más de un metro de altura. Las alas son grandes y fuertes con envergadura de 2,30 m. Es una escena linda e impresionante ver a la cigüeña levantar vuelo. La visión de dos mujeres con alas de cigüeña, Zac. 5.9.

CILICIA: Una de las provincias romanas del sureste de Asia Menor. Judíos de Cilicia discutieron con Esteban, Hch. 6.9. La ciudad principal era Tarso, patria del apóstol Pablo, Hch. 21.39; 22.3; 23.34. El apóstol, inmediatamente después de su conversión visitó Cilicia, Hch. 9.30; Gá. 1.21. Se dirigió hacia allí otra vez en el segundo viaje misionero, Hch. 15.41. En su viaje a Roma atravesó el mar a lo largo de Cilicia, Hch. 27.5. Véase mapa, 6, F-2.

CILICIO: Estofa de pelos de cabras de Cilicia. // El sol se puso negro como tela de c, Ap. 6.12.

CIMA: El punto más alto de un monte. // Se descubrieron las c de los montes, Gn. 8.5. Se obstinaron a subir a la c, Nm. 14.44. Las c de los montes sacrificaron, Os. 4.13.

CÍMBALO: Antiguo instrumento, compuesto de dos platillos de metal. // Alabadle con c resonantes, Sal. 150.5. Vengo a ser como... c que retiñe, 1 Co. 13.1. Véase **Música**.

CIMBROS: Antiguo pueblo germánico. Véase mapa 1, B-2.

CIMENTADO: Fundamento. // Arraigados y cimentados en amor, Ef. 3.17.

CIMIENTO: Parte de un edificio que queda enterrada que sirve de base a las paredes de la construcción. Base, principal sustento de algo. // De la casa de Dios, 2 Cr. 3.3; Esd. 3.10. Puesto el **c**... y no pueda acabarla, Lc. 14.29. Los **c** de la cárcel se sacudían, Hch. 16.26. Véase **Fundamento**.

CINA, hb. **Canción matinal**: Una ciudad de la herencia de Judá, Jos. 15.22.

CINCO: Tres más dos. // Cinco panes, Mt. 14.19; insensatas, Mt. 25.2; talentos, Mt. 25.15; meses, Lc. 1.24; hermanos, Lc. 16.28; minas, Lc. 19.18; ciudades, Lc. 19.19; maridos, Jn. 4.18; pórticos, Jn. 5.2; palabras, 1 Co 14.19.

CINERET, hb. **Arpa**: 1. Ciudad fortificada en la tribu de Neftalí, Jos. 19.35. // 2. **El mar de Cineret** es el nombre que en el Antiguo Testamento tiene el mar de Galilea, Jos. 12.3.

Véase **Mar de Galilea** y también mapa 2, D-3; 3, B-2.

CINTO: Correa o tira que rodea la cintura con una sola vuelta. // Y su **c** de obra primorosa, Ex. 28.8. Será la justicia **c** de sus lomos, Is. 11.5. Vé y cómprate un **c** de lino, Jer 13.1. Lo ciñó con el **c**, Lv. 8.7. Desata el **c** de los fuertes, Job 12.21. Un **c** de cuero, Mt. 3.4. Tomó el **c** de Pablo, Hch. 21.11.

CIPRÉS: Árbol conífera, siempre verde y resinosa. La madera usada en la construcción del arca, del templo y para hacer ídolos, Gn. 6.14; 1 R. 5.10; Is. 44.14.

CÍRCULO: Esfera. // Él está sentado sobre el c de la tierra, Is. 40.22. Cuando trazaba el c sobre la faz del abismo, Pr. 8.27.

CIRCUNCISIÓN: Ceremonia religiosa de los judíos y musulmanes, que consiste en cortar el prepucio de los neófitos. Moisés os dio la **c**, Jn. 7.22. Cristo fue constituido ministro de la **c** Ro. 15.8. La **c** nada es, 1 Co. 7.19. Ni la **c** tiene ningún valor, Gá. 5.6. Nosotros somos la **c**, Fil. 3.3. Circuncidados con **c** no hecha a mano, Col. 2.11. **C** ni incircuncisión, Col. 3.11. // **El pacto de la circuncisión**, Gn. 17.10, 23-25; Jn. 7.22; Hch. 7.8. // **La manera de ejecutar la circuncisión**, Gn. 17.12; 12.23; Ex. 4.25; Jos. 5.3; Lc. 1.58-61; Jn. 7.22,23. // **La primera vez que se practicó esta ceremonia**, Gn. 17.24-27. // **Los siquemitas se someten a este rito**, Gn. 34.24. // **Renovada por Josué**, Jos. 5.2. // **La circuncisión** de Isaac, Gn. 21.4; **de Juan**, Lc. 1.59; **de Jesús**, Lc. 2.21; **de Timoteo**, Hch. 16.3; **de Pablo**, Fil. 3.5. // **Puesto de lado en el evangelio**, Hch. 15; Gá. 5.2. // **La circuncisión del corazón**, Lv. 26.41; Dt. 10.16; Jer. 4.4; Ro. 2.29; Fil. 3.3; Col. 2.11.

CIRENE: Una ciudad de Libia, al norte de África. // Un hombre de C... Simón; a éste obligaron a que llevase la cruz, Mt. 27.32. De las regiones de Libia en las inmediaciones de Cirene, Hch. 2.10. De la sinagoga de los de Cirene, Hch. 6.9. Algunos, que eran de Chipre y de Cirene, Hch. 11.20. Había en la iglesia de Antioquía profetas y maestros: Bernabé, Lucio de Cirene, Hch. 13.1. Véase mapa 6, C-3.

CIRENIO: Gobernador de Cilicia, que en la época de Cristo se hallaba anexada a Siria, Lc. 2.2.

CIRO: Hijo de Cambises I y fundador del Imperio Persa. Venció a Creso de Lidia, tomó Babilonia y se volvió señor de toda la Asia Occidental. Respetaba la religión de los vencidos y, en lugar de tratar de fundir en una sola nación todas las razas heterogéneas que había sojuzgado, solamente les pedía obediencia y tributo. El decreto de Ciro, en el primer año de su reinado, Esd. 1. Según el permiso que les había dado Ciro, Esd. 3.7. Como nos ordenó Ciro, Esd. 4.3. Pero Ciro, rey de Babilonia, en su primer año, Esd. 5.13. Ciro promulgó un decreto respecto a la casa en Jerusalén, Esd. 6.3. Ciro, él es mi pastor, Is. 44.28. Así dice Jehová a su ungido, a Ciro, Is. 45.1. Daniel continuó hasta el primer año de Ciro, Dn. 1.21. Daniel prosperó en el reinado de Darío, y en el reinado de Ciro, Dn. 6.28. En el año tercero de Ciro, rey de Persia, Dn. 10.1.

CIS, hb. **Poder**: 1. Un benjamita, el padre de Saúl, el primer rey de Israel, 1 S. 9.1. // 2. Otro benjamita, 1 Cr. 8.30. // 3. Un levita, de la familia de Merari, 1 Cr. 23.21. // 4. Otro levita, de la familia de Merari en el tiempo de Ezequías, 2 Cr. 29.12. // 5. Un benjamita, bisabuelo de Mardoqueo, Est. 2.5.

CISÓN, hb. **Sinuoso**: El mayor río de Palestina después del Jordán. Nace en el monte Gilboa, se desliza por la planicie de Jezreel, corre al fondo del monte Carmelo por un estrechísimo desfiladero hacia la planicie de Azo, y desemboca en el mar Mediterráneo. Fue en el arroyo de Cisón que Barac derrotó a Sísara y las aguas arrastraron los cadáveres de sus soldados, Jue. 4.7, 13; 5.21; Salmo 83.9. Donde Elías, después de su victoria en el Carmelo, mató a los profetas de Baal, 1 R. 18.40. Véase mapa 2, C-3; 3, A-2.

CISTERNA: Fuente bajo el nivel de la tierra para conservar el agua de lluvia. // José

Cineret significa harpa, el nombre del lago, en forma de harpa, conocido después como Galilea (Jos. 12.3).

preso en una **c**, Gn. 37.22. Rabsacés tentó al pueblo de Judá, prometiéndole una **c** para cada hombre, 2 R. 18.31. Bebe el agua de tu misma **c**, Pr. 5.15. Me dejaron a mí, fuente de agua viva, y cavaron para sí **c**, **c** rotas, Jer. 2.13. Lo hicieron echar en la **c** de Malquías, Jer. 38.6. Véase **Cueva**, **Fuente**, **Pozo**.

CÍTARA: Instrumento de cuerdas, semejante a la lira. // Instrumentos inanimados, como la flauta, la **c**, 1 Co. 14.7. Véase **Música**.

CITIA: Región de Europa, habitada antes por los escitas, al norte del mar Caspio. Véase mapa 1, E-2.

CIUDAD: Población de categoría superior a la de la villa. // **C** de la antigüedad, Gn. 4.17; 10.10-12. **C** reales, Jos. 10.2; 1 S. 27.5; 1 Cr 11.7. **C** almacenes, Gn. 41.48; 1 R. 9.19; 2 Cr. 16.4. **C** para los carros de guerra, 2 Cr. 1.14; 8.6; 9.25. **C** de mercaderes, Ez. 17.4; 27.3; Ap. 18.3. **C** de refugio, Nm. 35.6-34; Dt. 19.2-13; Jos. 20. Si Jehová no guardare la **c**, Sal. 127.1. Que el que toma una **c**, Pr. 16.32. La **c** de Dios, Sal. 46.4; 48.1; He. 12.22. **C** santa, Is. 52.1; Ap. 21.2. La **c** edificada sobre un monte, Mt. 5.14. La **c** que tiene fundamentos, He. 11.10. Les ha preparado una **c**, He. 11.16. Véase **Aldea**.

CIUDADANÍA: Calidad y derecho de ciudadano; conjunto de los naturales de un pueblo o nación. // Nuestra **c** está en los cielos, Fil. 3.20. Yo con una gran suma adquirí esta **c**, Hch. 22.28. Alejados de la **c** de Israel y ajenos a los pactos de la promesa, Ef. 2.12.

CIUDADANO: Individuo en el gozo de los derechos civiles y políticos de un Estado. // Se arrimó a uno de los c de aquella tierra, Lc. 15.15. Adquirí esta ciudadanía, Hch. 22.28.

CIZAÑA: Género de gramíneas, de que una especie se mezcla con los cereales produciendo en ellos grandes perjuicios. Es difícil extirpar, sus semillas conservan mucho tiempo en la tierra su poder germinativo. La parábola de la **c**, Mt. 13.24-30.

CLAMAR, **CLAMOR**: Pronunciar, implorar en altas voces, bradar. // La sangre de tu hermano clama, Gn. 4.10. Clamor de Sodoma, Gn. 18.20. Clamaron; y subió a Dios el clamor, Ex. 2.23. Ellos clamaren a mí... oiré yo su clamor, Ex. 22.23. Y cuando él clamare a mí, Ex. 22.27. Ellos clamaban a grandes voces, 1 R. 18.28. Clamó este afligido, Sal. 34.6. A él clamé con mi boca, Sal. 66.17. Día y noche clamo, Sal. 88.1. En su angustia clamaron al Señor, Sal. 107.6. De las profundidades clamo, Sal. 130.1. La sabiduría clama en las calles, Pr. 1.20. ¿No clama la sabiduría? Pr. 8.1. También él clamará, y no será oído, Pr. 21.13. Voz que clama en el desierto, Is. 40.3; Mt. 3.3. Derribar el muro, y clamar al monte, Is. 22.5. Clama a voz en cuello, Is. 58.1. Antes que clamen, responderé yo, Is. 65.24. Clamarán a mí, y no los oiré, Jer. 11.11. Habrá día en que clamarán, Jer. 31.6. Clamaba a su Dios, Jon. 1.5. Cúbranse de cilicio... clamen a Dios, Jon. 3.8. La piedra clamará desde el muro, Hab. 2.11. Ellos clamaban más, Mt. 20.31. Jesús clamó a gran voz, Mt. 27.46. Habiendo otra vez clamado a gran voz, Mt. 27.50. Escogidos que claman a él día y noche, Lc. 18.7. Él clamaba mucho más, Lc. 18.39. Las piedras clamarían, Lc. 19.40. Clamamos: Abba, Padre, Ro. 8.15; Gá. 4.6. Clama, tú que no tienes dolores de parto, Gá. 4.27. Clama el jornal de los obreros, Stg. 5.4. Clamaban a gran voz, Ap. 7.10. Véase **Gritar**.

CLARA: Sustancia líquida y blanquecina que rodea la yema de huevo. // ¿Sabor en la **c** del huevo?, Job 6.6.

CLARAMENTE: De modo claro. // Muy c las palabras todas de esta ley, Dt. 27.8. Leían en el libro de la ley de Dios **c**, Neh. 8.8. La lengua de los tartamudos hablará rápida y **c**, Is. 32.4.

CLARO: Luminoso, límpido, que se comprende bien. // La vida te será más **c** que el mediodía, Job 11.17.

CLAUDA: Hch. 27.16. Una pequeña isla a suroeste de Creta. Véase mapa 6, C-3.

CLAUDIA: Una cristiana que envía saludos a Timoteo, 2 Ti 4.21.

CLAUDICAR: Andar inclinándose para uno de los lados, por defecto o enfermedad en un pie o en una pierna. // ¿Hasta cuándo claudicaréis vosotros? 1 R. 18.21. Mis amigos miraban si claudicaría, Jer. 20.10.

CLAUDIO LISIAS: Un tribuno militar en Jerusalén, Hch. 21.31,37; 23.26.

CLAUDIO: El cuarto emperador romano, gobernando desde el año 41 a 54 a.D. Gran hambre en sus días, Hch. 11.28. Decretó que todos los judíos se retirasen de Roma, Hch. 18.2. Véase **César**.

CLAVAR: Hacer penetrar a la fuerza y profundamente. Sujetar con clavo. // La piedra quedó clavada en la frente, 1 S. 17.49. Lanza clavada en tierra a su cabecera, 1 S. 26.8. Clavándola en la cruz, Col. 2.14.

CLAVAZÓN: Hecho de usar clavos para fijar objetos. // Mucho hierro para la **c** de las puertas, 1 Cr. 22.3.

CLAVO: Asta de metal, puntiaguda de un lado, con cabeza de otro, con la cual se fijaba en la cruz los pies y las manos de los condenados. // Las palabras de los sabios son como... **c** hincados, Ec. 12.11. Lo afirmó con **c**, Is. 41.7. La señal de los **c**, Jn. 20.25.

CLEMENCIA: Disposición para perdonar. // Con **c** se sustenta su trono, Pr. 20.28. En su amor y en su **c** los redimió, Is. 63.9. Porque no os mostraré **c**, Jer. 16.13. Mostrase en mí el primero... su **c**, 1 Ti. 1.16. Véase **Bondad**.

CLEMENTE, Benigno: Un colaborador de Pablo en Filipos, Fil. 4.3.

CLEMENTE: Bondadoso. // Eres Dios que perdonas, **c** y piadoso, Neh. 9.17, 31; Jon. 4.2.

CLEOFAS: Uno de los dos discípulos a quien Jesús apareció en el camino de Emaús, Lc. 24.18. El nombre es una abreviatura de Cleópatro y no el mismo de Clopas, Jn. 19.25.

CLOÉ: Una mujer mencionada en 1 Co. 1.11.

COA, hb. **Semental**: Lugar mencionado con Pecod y Soa en Ez. 23.23.

COAT, hb. **Asamblea**: El segundo hijo de Leví, Gn. 46.11. Abuelo de Aarón y de Moisés, Ex. 6.16-20.

COATITAS: Descendientes de Coat, que constituyeron una de las tres divisiones del cuerpo levítico, Nm. 3.27-32. Tenían a su cargo el arca, la mesa, el candelabro, los altares, etc., Nm. 3.31. Los sacerdotes, entre los coatitas, recibieron trece ciudades, en las tribus de Judá, de Simeón y de Benjamín. Los no sacerdotes recibieron tierras en la media tribu de Manasés, en Efraín, y en Dan, Jos. 21.4,5. Más tarde tomaron una parte directiva en el servicio del templo, 2 Cr. 20.19.

COBARDE: Miedoso. // A los **c**,... la parte que les corresponde será en el lago, Ap. 21.8.

COBARDÍA: Timidez. // No nos ha dado Dios espíritu de **c**, 2 Ti. 1.7.

COBERTURA: Lo que cubre. // Sin ropa, sin tener **c** contra el frío, Job 24.7. El Seol está... y el Abadón no tiene **c**, Job 26.6.

COBRAR: Hacer que se pague. Rehacerse o restaurarse (de ánimo). // Asa... cobró ánimo, 2 Cr. 15.8. Vinieron a Pedro los que cobraban, Mt. 17.24. ¿De quiénes cobran los tributos? Mt. 17.25. Dio gracias a Dios y cobró aliento, Hch. 28.15.

COBRE: El primer metal utilizado por el hombre. De color rojizo-oscuro. Existe en la naturaleza en estado natural. La mezcla de cobre y cinc se llama **bronce bruñido**; de cobre y estaño, **bronce**. De cuyos montes sacarás cobre, Dt. 8.9. Y de la piedra se funde el cobre, Job 28.2; Ez. 22.20. Como paja el hierro, y el **bronce** como leño podrido, Job 41.27. Se usaba cobre para fabricar monedas, Mt. 10.9. Ídolos de cobre, Ap. 9.20. Véase **Bronce**.

Codorniz

COCER: Preparar (alimentos) por la acción del fuego. // Y cocieron tortas sin levadura, Ex. 12.39. No cocerás el cabrito en la leche, Ex. 34.26. Cocerán diez mujeres vuestro pan, Lv. 26.26. Mientras se cocía la carne, 1 S. 2.13. Cocieron sus propios hijos, Lm. 4.10.

COCES CONTRA EL AGUIJÓN, DAR: Resistir con obstinación. // Dura cosa te es dar coces contra el aguijón, Hch. 26.14. Un proverbio común, que se refería al buey resistiendo, con coces, al aguijón usado para dirigirlo o para hacerlo arrastrar. Las palabras del Señor indican que la persecución de Saulo era no sólo inútil, sino también, como aguijones hiriéndole la conciencia.

COCINERO: Quien cocina. // Vuestras hijas para que sean... **c**, 1 S. 8.13. Dijo Samuel al **c**, 1 S. 9.23.

COCODRILO: Nombre común de diversas especies de reptiles crocodilianos. Job 41.1-34; Sal. 74.14; Ez. 29.3; 32.2.

CODICIA: Deseo inmoderado o ambición de honras o riquezas. // Sendas de todo el que es dado a la **c**, Pr. 1.19. Yo tampoco conociera la **c**, Ro. 7.7. Caen en... muchas **c** necias y dañosas, 1 Ti. 6.9. Tiene el corazón habituado a la **c**, 2 P. 2.14. Véase **Avidez, Concupiscencia, Avaricia**.

CODICIAR: Apetecer con vehemencia, ambicionar. // No codiciarás, Ex. 20.17; Ro. 7.7; 13.9. Un lingote de oro... lo cual codicié, Jos. 7.21. Ni salvará nada de lo que codiciaba, Job 20.20. Hay quien todo el día codicia, Pr. 21.26. Codician las heredades, y las roban, Mi. 2.2. Plata ni oro... de nadie he codiciado, Hch. 20.33. No codiciemos... como ellos codiciaron, 1 Co. 10.6.

CODICIOSO: Deseo o apetito ansioso y excesivo de bienes o riquezas. // Allí sepultaron al pueblo **c**, Nm. 11.34. Y al **c** lo consume la envidia, Job 5.2. Alborota su casa el **c**, Proverbio 15.27. Acabó la ciudad **c** de oro, Is 14.4. Véase **Ávido**.

CODO: Gn. 6.15. 44,4 centímetros. Véase **Medidas de longitud.**

CODORNIZ: Género de aves gallináceas. Ave que emigra en Palestina. Viven en bandadas innumerables. Más fuertes que perdices. Atraviesan el Mediterráneo en un solo vuelo. Israel pidió en el desierto, y Dios los sació con codornices, Sal. 105.40; Ex. 16.13; Nm. 11.31,32. "Casi dos codos sobre la tierra", quiere decir, tal vez, que las codornices volaban en la altura de dos codos. "Extendieron para sí alrededor del campamento", para secar; como es costumbre tratar esta ave. Véase Sal. 78.26-31.

COHECHO: Regalo con el fin de sobornar. // Ni contra el inocente admitió **c**, Sal. 15.5. Jehová... no hace acepción de personas, ni toma **c**, Dt. 10.17. Atestiguad contra mí delante de Jehová... si de alguien he tomado **c**,1 S. 12.3. Con Jehová nuestro Dios no hay... admisión de **c**, 2 Cr. 19.7. Justifican al impío mediante **c**, Is. 5.23. El que sacude sus manos para no recibir cohecho, Is. 33.15. Sé que afligís al justo, y recibís cohecho, Am. 5.12. Sus jefes juzgan por **c**, y sus sacerdotes enseñan por precio, Mi. 3.11. Véase **Soborno**.

COHEREDEROS: El que hereda con otro u otros. // Coherederos con Cristo, Ro. 8.17. Los gentiles son coherederos, Ef. 3.6. Véase **Heredero**.

COJEAR: Andar desigualmente por padecer enfermedad o malformación en los miembros inferiores. // Y cojeaba de su cadera, Gn. 32.31

COJO: Persona o animal que cojea o al que le falta un pie o una pierna, mutilado, // Ningún varón en el cual haya defecto se acercará; varón ciego, o **c**, Lv. 21.18. Se le cayó el niño y quedó **c**, 2 S. 4.4. A los mancos sanados, a los **c** andar, Mt. 15.31. Entrar en la vida **c** o manco, Mt. 18.8. Llama... los mancos, los **c**, Lc. 14.13. Y trae acá a, los mancos, los **c**, Lc. 14.21. **C** desde su nacimiento, Hch. 14.8. Véase **Manco, Lisiado**

COLA: Apéndice posterior del cuerpo de algunos animales. // Tómala por la **c**... la tomó... se volvió vara, Ex. 4.4. Del sacrificio... la **c** toda, Lv. 3.9. La cola de los carneros de Siria pesaba hasta 10 kgs y era la parte más sabrosa de su carne. Pondrá Jehová por cabeza, y no por **c**, Dt. 28.13. **C** con **c**, y... una tea entre cada dos **c**, Jue. 15.4. Jehová cortará de Israel cabeza y **c**, Is. 9.14. **C** como de escorpiones, Ap 9.10. Su **c** arrastra la tercera parte, Ap. 12.4.

COLABORADOR: El que colabora. // Priscila y Aquila, mis **c** en Cristo Jesús, Ro. 16.3. Nosotros somos **c** de Dios, 1 Co. 3.9. Nosotros, como **c** suyos, os exhortamos, 2 Co. 6.1. Tito, es mi compañero y **c**, 2 Co. 8.23. Con Clemente también y los demás **c** míos, Fil. 4.3. Enviamos a Timoteo, **c** nuestro, 1 Ts. 3.2.

COLAÍAS, hb. **Voz de Jehová**: 1. Un benjamita, hijo de Maasías, Neh. 11.7. // 2. Padre de Acab, que profetizó falsamente, Jer. 29.21.

Coliseo

COLAR: Hacer pasar (un líquido) a través de filtro. // Coláis el mosquito, Mt. 23.24.

COLCHA: Cobertura adornada de cama. // He adornado mi cama con **c**, Pr. 7.16.

CÓLERA: Impulso violento contra el que nos ofende. // Yo conozco, dice Jehová, su **c**, Jer. 48.30. Véase **Furor**, **Ira**.

COLÉRICO: Propenso o acostumbrado a encolerizarse. // No sea que los de ánimo **c** os acometan, Jue. 18.25.

COLGAR: Suspender en algún lugar elevado, atado o asegurado por ganchos o aros. // Maldito por Dios es el colgado, Dt. 21.23. Quien alterar este decreto... se le arranque un madero de su casa, y alzado, sea colgado en él, Esd. 6.11. Sobre los sauces... colgamos nuestras arpas, Sal. 137.2. Se le colgase al cuello una piedra de molino de asno, Mt. 18.6. A quien mataron colgándole en un madero, Hch. 10.39; Hch. 5.30. Maldito todo el que es colgado en un madero, Gl. 3.13. La mitad de la cortina que sobra, colgará a espaldas del tabernáculo, Ex. 26.12.Véase **Suspender**.

COLHOZE: Padre de Salum, Neh. 3.15.

COLIRIO: Medicina que se aplica en los ojos. // Y unge tus ojos con **c**, Ap. 3.18.

COLISEO: El mayor anfiteatro romano. // Véase **Roma**.

COLLADO: Pequeño monte; otero. // Los **c** como corderitos, Sal. 114.4,6. Aquí él viene... brincando sobre los **c**, Cnt. 2.8. Véase **Monte. Colina**

COLLAR: Ornato para el cuello. // Puso un **c** de oro en su cuello, Gn. 41.42. Sin los **c** que traían sus camellos al cuello, Jue. 8.26. Adorno de gracia serán... **c** a tu cuello, Pr. 1:9. Hermosas son... tu cuello entre los **c**, Cnt. 1.10.

COLOCAR: Poner. // Colocando así sus manos adrede, Gn. 48.14.

COLONIA: Conjunto de romanos establecidos en países conquistados por Roma, Hch. 16.12.

COLOR: Impresión que los diferentes rayos luminosos, reflejado por los cuerpos, producen en los ojos. // Piedras de diversos colores, 1 Cr. 29.2. Cuando resplandece su c en la copa, Pr. 23.31. Ave de varios colores, Jer. 12.9. Su obra era semejante al color del crisólito, Ez. 1.16. Véase **Amarillo, Azul, Blanco, Carmesí, Escarlata, Negro, Púrpura, Verde, Rojo**.

COLOSAS: Gran ciudad de Frigia, en Asia Menor, situada a 150 km al este de Efeso, sobre el río Licos, afluente de Meandro. Dominaba el camino de comercio entre Efeso y el valle del Eufrates. Parece que la población políglota de Colosas transformó el problema de la convivencia de las razas en una cuestión local y viva, Col. 3.11. Pablo dirigió una de sus epístolas a la iglesia en Colosas, Col. 1.2. Allí residía Filemón y su esclavo Onésimo. Col. 4.9; Flm. v10-12. Véase mapa 6, E-2.

COLOSENSES, EPÍSTOLA DE PABLO A LOS: Una de las epístolas escritas en la cárcel, tal vez en Roma. Las otras tres son: Filipenses, Filemón y Efesios. Pablo, al parecer, nunca visitó Colosas, Col. 2.1. Las tres ciudades, Laodicea, Hierápolis y Colosas distaban una de otra unos veinte kilómetros, formando un solo campo de trabajo misionero para Epafras, habitante de Colosas, Col. 4.12,13. Es muy notable la semejanza entre **Colosenses** y **Efesios**, las dos epístolas escritas por el mismo tiempo. Las dos, leídas juntas, sirven de comentario una de la otra. **El escritor**: El apóstol Pablo, Col. 1.1. **La clave**: "Cristo es todo en todos", 3.11. Epafras había informado Pablo del estado espiritual de la iglesia en Colosas, Colosenses 1.7,8. El propósito de la epístola fue prevenir a los colosenses contra el espíritu de una mezcla de judaísmo y filosofía pagana que se infiltraba en la iglesia. Como en la epístola a los Efesios, aparece aquí también su término favorito, **riquezas**: "La riqueza de la gloria de este misterio", 1.27: "toda riqueza de la firme convicción del entendimiento", 2.2. **Las divisiones I**. Saludos y acciones de gracias, 1.1-8. **II**. Oración por los colosenses, 1.9-12. **III**. La excelencia de la persona y de la obra de Cristo, 1.13-23. **IV**. Los propios trabajos y sufrimientos de Pablo. 1.24 al 2.7. **V**. Advertencia contra falsas enseñanzas, 2.8 a 3.4. **VI**. Los vicios deben ser abandonados, 3.5-11. **VII**. Las virtudes deben ser cultivadas, 3.12-17. **VIII**. Breves indicaciones para el cumplimiento de los deberes domésticos, 3.18 a 4.6. **IX**. Conclusión: Saludos, 4.7-18.

COLUMNA: Columna cilíndrica. Consta por lo general de base, fuste y capitel. // 1. Columnas conmemorativas: de Jacob en Bet-el, Gn. 28.18,22; 31.13; 35.14; de Jacob en Galaad, Gn. 31.45; en la sepultura de Raquel, Gn. 35.20; de Absalón, 2 S. 18.18; del Señor en la frontera de Egipto, Is. 19.19. // 2. Columnas idólatras: Ex. 23.24; Dt. 7.5; 1 R. 14.23. Una **c** de nube, una **c** de fuego, Ex. 13.21; Nm. 14.14. Moisés entraba, la **c** de nube descendía, Ex. 33.9. Las **c** del templo... Jaquín... Boaz, 1 R. 7.21. Las **c** de la tierra, Job 9.6; Sal. 75.3. Las **c** del cielo, Job 26.11. Jacobo, Cefas y Juan... reputados c, Gá. 2.9. Iglesia del Dios viviente... **c** y baluarte, 1 Ti. 3.15. Lo haré **c** en el templo de mi Dios, Ap. 3.12. Sus pies como **c** de fuego, Ap. 10.1.

COMADREJA: Pequeño mamífero carnicero. // Animal **inmundo**, Lv. 11.29.

COMANDANTE: Que comanda. // Sus capitanes, **c** de sus carros, 1 R. 9.22. Conspiró... Zimri, **c** de la mitad, 1 R. 16.9. Eran **c** de sus carros, 1 Cr. 8.9. Derrotó... a todos los **c** de sus carros, 2 Cr. 21.9.

COMBATE: Batalla; lucha. // Trabándose el **c**, Israel fue vencido, 1 S. 4.2. He escapado hoy del **c**, 1 S. 4.16. Sostuvisteis gran **c** de padecimiento, He. 10.32. Véase **Batalla, Lucha, Pelea**.

COMBATIR: Sostener combate contra; pelear, luchar contra; atacar. // Cuando os acerquéis para **c**, Dt. 20.2. Combatidos por... furiosa tempestad, Hch. 27.18. Véase **Batallar, Luchar, Militar, Pelear**.

COMENZAR: Principiar. // Y han comenzado la obra, Gn. 11.6. Jesús... al **c** su ministerio, Lc. 3.23. En todas las naciones, comenzando desde Jerusalén, Lc. 24.47. Habiendo comenzado por el Espíritu, Gá. 3.3. Comenzó en vosotros la buena obra, Fil. 1.6. Comenzar el juicio por la casa de Dios...? 1 P. 4.17.

COMER: Tomar por alimento. // De todo árbol del huerto podrás **c**, Gn. 2.16. El día que comáis de él, Gn. 3.5. Ningún extranjero comerá de ella, Ex. 12.43. La dejarás... para que coman los pobres, Ex. 23.11. Mefi-boset, dijo el rey, comerá a mi mesa, 2 S. 9.11. Da acá tu hijo, y comámoslo hoy, 2 R. 6.28. Pan de nobles comió el hombre, Sal. 78.25. No coma yo de sus deleites, Sal. 141.4. Comerán del fruto de su camino, Pr. 1.31. Qué habéis de comer, o qué habéis de beber, Mt. 6.25. Aun los perrillos comen de las migajas, Mt. 15.27. Mientras comían, tomó Jesús el pan, Mt. 26.26. Descansa, come y bebe, Lc. 12.19. Comían, bebían, se casaban, Lc. 17.27. Él tomó, y comió delante de ellos, Lc. 24.43. Que no comerían ni beberían, Hch. 23.12. Si tu enemigo tuviere hambre, dale de **c**, Ro. 12.20. El que come, no menosprecie al que no come, Ro. 14.3. Con el tal ni aun comáis, 1 Co. 5.11. No comeré carne jamás, 1 Co. 8.13.

Comieron de un solo manjar, 1 Co. 10.3. Si pues coméis o bebéis, 1 Co. 10.31. Si alguno tuviere hambre, coma en su casa, 1 Co. 11.34. El que da... pan al que come, 2 Co. 9.10. Si alguno no quiere trabajar, tampoco coma, 2 Ts. 3.10. Un altar del cual no tienen derecho de comer, He. 13.10. Para que comáis carnes de reyes, Ap. 19.18.

COMETER: Practicar; hacer. // Dijo Moisés al pueblo: Vosotros habéis cometido un gran pecado, Ex. 32.30. Persona confesará el pecado que cometió, Nm. 5.7. Si alguno viere a su hermano **c** pecado que no sea de muerte, 1 Jn. 5.16.

COMEZÓN: Picor molesto en alguna parte del cuerpo; sensación en la piel, que obliga a rascar. // Sino que teniendo **c** de oír, 2 Ti. 4.3.

COMIDA: Lo que se come. // Les envió **c** hasta saciarles, Sal. 78.25. La vida es más que la **c**, Lc. 12.23. Mi **c** es hacer la voluntad, Jn. 4.34. La comida que perece, Jn. 6.27. Mi carne es verdadera **c**, Jn. 6.55. No hagas que por la **c** tuya se pierda, Ro. 14.15. El reino de Dios no es **c** ni bebida, Ro. 14.17. No destruyas la obra... por causa de la **c**, Ro. 14.20. Si la **c** sirve de escándalo, 1 Co. 8.13. Nadie os juzgue en **c** o en bebida, Col. 2.16. Ya que consiste sólo de **c** y de bebidas, He. 9.10. Véase **Alimento**.

COMILÓN: Que come mucho o que le gusta comer. // Y esos perros **c** son insaciables, Is. 56.11. Véase **Glotón**.

COMINO: Planta umbelífera, de semillas muy empleadas como condimento. Cultivado en Palestina, Is. 28.25,27. Los escribas y fariseos pagaban escrupulosamente el diezmo de esta pequeña hierba, Mt. 23.23.

COMO: De igual forma que. // ¿Quién **c** tú entre los dioses? Ex. 15.11. ¿Quién **c** tú, pueblo salvo por Jehová? Dt. 33.29. La roca de ellos no es **c** nuestra Roca, Dt. 32.31. No hay Dios **c** tú, 1 R. 8.23.

COMPADECER: Tener compasión de. // Ni tu ojo le compadecerá, Dt. 13.8. Esperé quien se compadeciese de mí, Sal. 69.20. Así el Señor se compadece de los que le temen, Sal. 103.13. Y se compadecerá de sus siervos, Sal. 135.14. Aquel que se compadece de los pobres, Pr. 28.8. Ni se compadecerá... el que los formó, Is. 27.11. Compadeceos de él todos, Jer. 48.17. No hubo ojo que se compadeciese de ti, Ez. 16.5. Compadecido, les tocó los ojos, Mt. 20.34. Señor la vio, se compadeció de ella, Lc. 7.13. Me compadeceré del que yo me compadezca, Ro. 9.15. No tenemos sumo sacerdote que no pueda compadecerse, He. 4.15. De los presos también os compadecisteis, He. 10.34.

COMPAÑERO: Aquel que acompaña, colega. // **C** se mantienen lejos de mi plaga, Sal. 38.11. Óleo de alegría más que a tus **c**, Sal. 45.7; He. 1.9. Has alejado de mí al amigo y al **c**, Sal. 88.18. **C** soy de todos los que te temen, Sal. 119.63. La cual abandona al **c** de su juventud, Pr. 2.17. El que es **c** de glotones avergüenza a su padre, Pr. 28.7. Si cayeren, el uno levantará a su **c**, Ec. 4.10. Daniel y sus **c**, Dn. 2.13. A una mujer amada de su **c**, Os. 3.1. Se sientan... y dan veces a sus **c**, Mt. 11.16. Hicieron señas a los **c**, Lc. 5.7. Mis **c** de prisiones, Ro. 16.7; Col. 4.10; Flm. 23. Ruego también a ti, c fiel, Fil. 4.3. **C** de luchas, Flm. 2. Llegasteis a ser **c**, He 10.33. Compare **Compañía, Conversaciones**, 1 Co. 15.33.

COMPAÑÍA: La décima parte de una legión, entre los romanos; cuerpo de ejército que contaba con unos seiscientos hombres. Compañía Imperial, Compañía Augusta: Compañía de soldados Romanos, destacada, tal vez, en Cesarea. Hch. 27.1. Compañía, llamada la Italiana: Compañía constituida de Romanos que nacieron en Italia y destacados en Cesarea, Hch. 10.1.

COMPAÑÍA: Reunión de personas para un fin común; convivencia. // Ni mi espíritu se junte en su **c**, Gn. 49.6. Todos los que entran en **c** para servir en el tabernáculo, Nm. 4.3. En la ciudad encontrarás una c de profetas, 1 S. 10.5.

COMPARABLE: Semejante. // Las aflicciones del tiempo presente no son c con la gloria venidera, Ro. 8.18.

COMPARACIÓN: Confrontación. // En su **c** serán estimadas en menos, Is. 40.17.

COMPARAR: Igualar. // La sabiduría... todo cuanto se puede desear, no es de compararse con ella, Pr. 8.11. ¿A qué, pues, me haréis semejante o me compararéis? Is. 40.25. Será comparado a un hombre prudente, Mt. 7.24. ¿A qué compararé esta generación? Mt. 11.16. Los sufrimientos... no son comparables con la gloria, Ro. 8.18. Compararnos con algunos que... comparándose consigo mismos, 2 Co. 10.12. Véase **Comparar, Igualar**.

COMPARECER: Presentarse (en local determinado). // Que comparezca en juicio delante, Jos. 20.6. Compareceremos ante el tribunal, Ro. 14.10; 2 Co. 5.10. Comparezcan ahora y te defiendan, Is. 47.13. Y comparecieron ante el gobernador, Hch. 24.1. Véase **Aparecer**.

COMPARTIR: Participar de; repartir. // Compartiendo para las necesidades de los santos, Ro. 12.13.

COMPÁS: Instrumento de dos brazos o piernas para trazar circunferencias o hacer medidas. // El carpintero tiende la regla... le da figura con el **c**, Is. 44.13.

COMPASIÓN: Sentimiento de pesar que en nosotros despierta el mal de otros. // El niño lloraba. Y teniendo c de él, Ex. 2.6. Del polvo de ella tienen c, Sal. 102.14. Quizá él tendrá c de nosotros, Jon. 1.6. Al ver las multitudes, tuvo c de ellas, Mt. 9.36. Tuvo c de ellos, y sanó, Mt. 14.14. Tengo c de la gente, Mr. 8.2. // **La compasión de Cristo**: Mt. 15.32; 20.34; Lc. 7.13,21; He. 2.17; 5.2. // **Exhortación a tener compasión**: Mt. 18.24-35; Ro. 12.15; Col. 3.12; He. 13.3; Stg. 1.27; 1 P. 3.8. // **Ejemplos de mostrar compasión**: La hija de Faraón, Ex. 2.6; Elías, 1 R. 17.18-21; Nehemías, Neh. 1.4; los amigos de Job, Job 2.11; David, Sal. 35.13,14; Ebed-melec, Jer. 38.7; Jesús, Mt. 9.36; Jn. 11.33; el buen samaritano, Lc. 10.36; Pablo, 1 Co. 9.22. Véase **Afecto, Amor, Misericordia**.

COMPASIVO: Que tiene compasión. // El Señor es muy misericordioso y **c**, Stg. 5.11. Sed todos de un mismo sentir, **c**, 1 P. 3.8.

COMPETENTE: Apto, idóneo. // No que seamos c por nosotros mismos, 2 Co. 3.5. Nos hizo ministros c de un nuevo pacto, 2 Co. 3.6.

COMPLACER: Hacer el gusto, la voluntad; ser agradable; deleitarse. // Con esta condición os complaceremos, Gn. 34.15. No eres un Dios que se complace, Sal. 5.4. Él no se complace en los insensatos, Ec. 5.4. Jehová se complació por amor, Is. 42.21. Complacen con los que las practican, Ro. 1.32. Que se complacieron en la injusticia, 2 Ts. 2.12. Véase **Agradar**.

COMPLETAR: Terminar; concluir. // Yo completaré el número de tus días, Ex. 23.26. Los que te edificaron completaron, Ez. 27.4. Completamos la navegación saliendo, Hch. 21.7. Completad mi gozo, sintiendo lo mismo, Fil. 2.2. Y completemos lo que falte a vuestra fé, 1 Ts. 3.10. Hasta que se completara el número, Ap. 6.11.

CÓMPLICE: Persona que tomó parte en un delito o crimen. // El **c** del ladrón aborrece su propia alma, Pr. 29.24. Sus **c** en la sangre de los profetas, Mt. 23.30.

COMPONER: Producir, inventar. // Tu lengua componía engaño, Sal. 50.19.

COMPRADOR: Aquel que compra. // Apacienta las ovejas de la matanza, las cuales matan sus **c**, Zac. 11.5.

COMPRAR: Adquirir por dinero. // Esclavos... todos comprados por su dinero, Gn. 17.23. El campo que Abraham compró, Gn. 25.10. Compra la verdad, y no la vendas, Pr. 23.23. Venid, comprad sin dinero, Is. 55.1. Vende todo... y compra aquel campo, Mt. 13.44. Hallado una perla... y la compró, Mt. 13.46. Compraron con ellas el campo, Mt. 27.7. Compré un campo, Lc. 14.18. En los días de Lot... compraban, Lc. 17.28. Compró Abraham de los hijos, Hch. 7.16. Habéis sido comprados por precio, 1 Co. 6.20. Yo te aconsejo que de mí compres, Ap. 3.18. Ninguno compra más sus mercaderías, Ap. 18.11. Véase **Adquirir, Poseer**.

COMPRENDER: Entender; discernir; incluir. // Fueran sabios, que comprendieran esto, Dt. 32.29. Su poder, ¿quién lo puede **c**? Job 26.14. ¿Quién podrá **c** la extensión? Job 36.29. Me has hecho **c** sabiduría, Sal. 51.6. Alto es, no lo puedo **c**, Sal. 139.6. Ved por cierto, mas no comprendáis, Is. 6.9. Lengua tartamuda que no comprendas, Is. 33.19. Comprendieron que les había hablado, Mt. 17.13. No entendéis ni comprendéis, Mr. 8.17. Les abrió el entendimiento para comprendiesen las Escrituras, Lc. 24.45. Lo que yo hago, tú no lo comprendes, Jn. 13.7. Pensaba que sus hermanos comprendían, Hch. 7.25. Comprendo que Dios no hace acepción, Hch. 10.34. Comprenderán que no hay nada de lo que, Hch. 21.24. Capaces de c con todos, Ef. 3:18. Véase **Entender**.

COMPRENSIBLE: Que se puede comprender. // No diereis palabra bien **c**, 1 Co. 14.9.

COMPRENSIÓN: Facultad de percibir. // Todo el que tenía **c** y entendimiento, Neh. 10.28.

COMPRIMIR: Oprimir, sujetar o apretar algo; // Ni lo comprime con la rueda, Is. 28.28. Comprimieron sus pechos virginales, Ez. 23.8. Los egipcios comprimieron sus pechos, Ez. 23.21.

COMPROMETER: Obligarse de palabra o por escrito. // Seas de aquellos que se comprometen, Pr. 22.26. Comprometió, y buscaba... oportunidad, Lc. 22.6.

COMPUNGIR: Afligirse; contristarse; arrepentirse. // Se compungieron de corazón, Hch. 2.37.

COMÚN: De todos o de muchos, habitual. // Para que le sirvan de **c** consentimiento, Sof. 3.9. Tenían en **c** todas las cosas, Hch. 2.44. Tenían todas las cosas en **c**, Hch. 4.32. Ninguna cosa **c** o inmunda he comido jamás, Hch. 10.14. A ningún hombre considerarse **c** o inmundo, Hch. 10.28. Nuestra **c** salvación, Jud. 3.

COMUNICAR: Participar; transmitir. // Los que oyeres... lo comunicarás, 2 S. 15.35. Juntos comunicábamos, Sal. 55.14. Para comunicaros algún don espiritual, Ro. 1.11. A mí pues... nada nuevo me comunicaron, Gá. 2.6.

COMUNIÓN: Participación en común en creencias o ideas. // Perseveraban en la doctrina de los apóstoles y en la **c**, Hch. 2.42. Llamados a la **c** de su Hijo, 1 Co. 1.9. Copa de la bendición no es la **c** de la sangre de Cristo, 1 Co. 10.16. O qué **c** la luz con las tinieblas, 2 Co. 6.14. La **c** del Espíritu Santo, 2 Co. 13.14. Por vuestra **c** en el evangelio, Fil. 1.5. Alguna **c** del Espíritu, Fil. 2.1. Tengáis **c** con nosotros, 1 Jn. 1.3. Nuestra **c** verdaderamente es con el Padre, 1 Jn. 1.3. Si decimos que tenemos **c** con él, 1 Jn. 1.6. // **Ejemplos de comunión con Dios**: Enoc, Gn. 5.24; Noé, Gn. 6.9; Abraham, Gn. 18.17-33; Jacob, Gn. 32.24-29; Moisés, Ex. 33.11-23; Caleb, Jos. 14.8; David, Sal. 23.6; Ezequías, 2 R 18.6; Daniel, Dn. 9.3; Juan, 1 Jn. 1.3; Pablo, Fil. 1.23; // **Ejemplos de comunión entre los santos**: Moisés y Jetro, Ex. 18.8; Jonatán, 1 S. 23.16; David, Sal. 66.16; 119.63; Daniel, Dn. 2.17,18; discípulos, Lc. 24.14; Jesús y sus discípulos, Jn. 18.2; Apóstoles, Hch. 1.14; la Iglesia primitiva, Hch. 2.42; 4.23; 12.12; Pablo, Hch. 20.36-38. // **Comunión con demonios**, 1 Co. 10.20; Lv. 19.31; 1 Cr. 10.13.

CON NOSOTROS: En nuestra compañía. // Dios **c**, Mt. 1.23. Quédate **c**, Lc. 24.29.

CONANÍAS, hb. **Jehová estableció**: // 1. Un levita del tiempo de Ezequías, 2 Cr. 31.12,13. // 2. Un levita en el tiempo de Josías, 2 Cr. 35.9.

CONCEBIR: Fecundar. // Sara concibió, Gn. 21.2. Y concibió Rebeca, Gn. 25.21. ¿Concebí yo a todo este pueblo?, Nm. 11.12. Concibieron dolor, Job 15.35. En pecado me concibió mi madre, Sal. 51.5. La virgen concebirá, Is. 7.14; Mt. 1.23. Concebisteis hojarascas, Is. 33.11. Conciben lo malo, Is. 59.4. Elisabet... concibió, Lc. 1.36. Antes que fuese concebido, Lc. 2.21. Después que ha concebido, Stg. 1.15. Véase **Concepción**.

CONCEDER: Dar; permitir. // La oyó Dios, y le concedió hijos, Gn. 30.22. Le concedió el rey todo lo que le pidió, Esd. 7.6. Pilato se lo concedió, Jn. 19.38. Y concede a tus siervos que con todo denuedo, Hch. 4.29. Sepamos lo que Dios... ha concedido, 1 Co. 2.12. Dios la concedió a Abraham mediante, Gá. 3.18. Os es concedido... no sólo que creáis, Fil. 1.29. Concédale... que halle misericordia, 2 Ti. 1.18. Dios les conceda que se arrepientan, 2 Ti. 2.25. Vuestras oraciones os seré concedido, Flm. 22. Le ha concedido que se vista de lino, Ap. 19.8.

CONCEPCIÓN: Acto de ser concebido, de ser generado. // De modo que no habrá... embarazos, ni **c**, Os. 9.11. Véase **Concebir, Inmaculada Concepción**.

CONCERNIR: Atañer, afectar, corresponder. // ¿No concierne a vosotros saber lo que es justo? Mi. 3.1.

CONCERTAR: Pactar, ajustar. // No te concertarás con el impío, Ex. 23.1.

CONCESIÓN: Acción o efecto de conceder; permiso. // Mas esto digo por vía de **c**, 1 Co. 7.6.

CONCHA: Envoltura dura de ciertos moluscos; objeto cuya fabricación es análoga a la de la concha. // Por debajo tiene agudas **c**, Job 41.30.

CONCIENCIA: Voz secreta del alma, que aprueba o reprueba nuestros actos. La palabra no se halla en el Antiguo Testamento, pero sí la idea, desde en el inicio. Adán y Eva, tras pecar, oyeron la voz del Señor, que se paseaba en el huerto, Gn. 3.8. En el segundo acontecimiento, en la historia de los hombres, la voz de la sangre de Abel clama desde la tierra, Gn. 4.10. La palabra aparece repetidamente en el Nuevo Testamento. Acusados por su propia **c**, salían uno a uno, Jn. 8.9. Con toda buena **c** he vivido delante de Dios, Hch. 23.1. Tener **c** pura delante de Dios, Hch. 24.16. Dando testimonio su **c**, Ro. 2.15. Mi **c** me da testimonio, Ro. 9.1. Por causa de la **c**, Ro. 13.5. De nada tengo mala **c**, 1 Co. 4.4. Su **c**, siendo débil, 1 Co. 8.7. Hiriendo su débil **c**, 1 Co. 8.12. Sin preguntar nada por motivos de **c**, 1 Co. 10.25. Juzgar mi libertad por la **c** de otro, 1 Co. 10.29. Amor nacido... de buena **c**, 1 Ti. 1.5. Manteniendo la fe y buena **c**, 1 Ti. 1.19. Teniendo cauterizada la **c**, 1 Ti. 4.2. Tanto la mente como la **c** de ellos están corrompidas, Tit. 1.15. En lo tocante a **c** sean ineficaces, He. 9.9. Limpiará vuestras **c** de obras muertas, He. 9.14. Sufriendo injustamente por motivo de su **c**, 1 P. 2.19. La aspiración de una buena **c**, 1 P. 3.21.

CONCIERTO: Ajuste. // ¿Sabes tú cómo Dios las pone en **c**? Job 37.15.

CONCILIO: Reunión o junta convocada para tratar de algún tema. // Porque os entregarán a los **c**, Mr. 13.9.

CONCIUDADANO: Individuo que, con relación a otro o a otros, es de la misma ciudad o del mismo país. // Pero sus **c** le aborrecían, Lc. 19.14. No sois extranjeros... sino **c** de los santos, Ef. 2.19.

CONCLUIR: Terminar; deducir, inferir. // Así que, cuando haya concluido esto, Ro. 15.28. Concluimos que el hombre es justificado por la fe, Ro. 3.28.

CONCORDAR: Tener la misma opinión acerca de. // Mas sus testimonios no concordaban, Mr. 14.56. Ni... así concordaban en el testimonio, Mr. 14.59. Con esto concuerdan las palabras, Hch. 15.15. Tres son los... y estos tres concuerdan, 1 Jn. 5.8. Véase **Consentir**.

CONCORDIA: Armonía de voluntad. // ¿Y qué **c** Cristo con Belial? 2 Co. 6.15.

CONCUBINA: Mujer secundaria en la edad patriarcal. Era, en general, una esclava o una cautiva. Véase Ex. 21.7-11; Dt. 21.10-14. La concubina de Betuel, Gn. 22.24; de Abraham, Gn. 25.6; de Jacob, Gn. 29.24,29; 35.22; de Gedeón, Jue. 8.31; de cierto levita, Jue. 19.1; de Saúl, 2 S. 3.7; de David, 2 S. 15.16; de Salomón, 1 R. 11.3; de Asuero, Est. 2.14; de Belsasar, Dn. 5.2.

CONCUPISCENCIA: Apetito carnal desordenado. // Los entregó a... las **c** de sus corazones, Ro. 1.24. De modo que lo obedezcáis en sus **c**, Ro. 6.12. No en pasión de **c**, como los gentiles, 1 Ts. 4.5. Las mujercillas... arrastradas por... **c**, 2 Ti. 3.6. Esclavos de **c** y deleites diversos, Tit. 3.3. Cuando de su propia **c** es atraído, Stg. 1.14. La **c**, después que ha concebido, Stg. 1.15. Para no vivir... conforme a las **c**, 1 P. 4.2. Corrupción que hay... a causa de la **c**, 2 P. 1.4. Hablando... seducen con **c** de la carne, 2 P. 2.18. Véase **Avidez, Codicia, Avaricia**.

CONDENACIÓN: Acción y efecto de condenar. // ¿Cómo escaparéis de la **c** del infierno? Mt. 23.33. Algunos, cuya **c** es justa, Ro. 3.8. Ninguna **c** hay, Ro. 8.1. Acarrean **c** para sí mismos, Ro. 13.2. Si el ministerio de **c** fue con gloria, 2 Co. 3.9. Véase **Acusación**.

CONDENAR: Declarar culpable. Pronunciar sentencia condenatoria contra. // Condenan la sangre inocente, Sal. 94.21. ¿Quién hay que me condene? Is. 50.9. Por tus palabras serás condenado, Mt. 12.37. De Nínive se levantarán... la condenarán, Mt. 12.41. Y le condenarán a muerte, Mt. 20.18. Mas el que no creyere será condenado, Mr. 16.16. No condenéis y no seréis condenados, Lc. 6.37. Ni yo te condeno, vete, Jn. 8.11. Condenó al pecado en la carne, Ro. 8.3. ¿Quién es el que condenará?, Ro. 8.34. El que duda, es condenado, Ro. 14.23. Y está condenado por su propio juicio, Tit. 3.11. Y por esa fe condenó al mundo, He. 11.7. Si condenó por destrucción... a Sodoma, 2 P. 2.6. Véase **Acusar, Juzgar**.

CONDICIÓN: Obligación que se impone o que se acepta; estado. // Mas con esa c complaceremos, Gn. 34.15. Así es la **c** del hombre con su mujer, Mt. 19.10. Una embajada, pidiendo **c** de paz, Lc. 14.32. De **c** humilde gloríese en su dignidad, Stg. 1.9.

CONDOLERSE: Compadecerse. // Venir juntos para **c** de él, Job 2.11. Se condolieron de él, y le consolaron, Job 42.11. No lloréis al... ni de él os condoláis, Jer. 22.10.

CONDUCIR: Llevar o traer, dirigiendo; comportarse. // Varas con que había de ser conducido, Ex. 37.27. David se conducía prudentemente, 1 S. 18.5. Y la conduje hasta la casa de Dios, Sal. 42.4. Te conduciré y te haré subir, Ez. 39.2. Le condujeron a casa... del sacerdote, Lc. 22.54. Buscaba quien le condujese, Hch. 13.11. Con sencillez nos hemos conducido, 2 Co. 1.12. Y mirad a los que así se conducen, Fil. 3.17. Conviene conduciros y agradar a Dios, 1 Ts. 4.1. Cómo debes conducirte en la casa de Dios, 1 Ti. 3.15. Conducirán más y más a la impiedad, 2 Ti. 2.16. Conducíos en temor todo el tiempo, 1 P. 1.17.

CONEJO: Mamífero roedor del género **Lepus**. // Rumian mas no tienen pezuña hendida, Dt. 14.7. Véase **Animales**.

Conejo

CONFESAR: Declarar la verdad, la realidad de (acción, error, culpa). // Y confesarán su iniquidad, Lv. 26.40. Confesaré mis transgresiones a Jehová, Sal. 32.5. Mas el que los confiesa y se aparta alcanzará misericordia, Pr. 28.13. Aún estaba... confesando mi pecado, Dn. 9.20 Bautizados en el río Jordán, confesando, Mt. 3.6. Que me confiese... también le confesaré, Mt. 10.32. Confesó: Yo no soy el Cristo, Jn. 1.20. Que si alguno confesase que Jesús era, Jn. 9.22. A causa de... fariseos no lo confesaban, Jn. 12.42. Y confesando que eran extranjeros, He. 11.13. Con la boca se confiesa, Ro. 10.10. Toda lengua confiese que Jesucristo, Fil. 2.11. Confesaos vuestras ofensas, Stg. 5.16. Si confesamos nuestros pecados, 1 Jn. 1.9. El que confiesa al Hijo, 1 Jn. 2.23. Espíritu que confiesa que Jesucristo, 1 Jn. 4.2,15. No confiesan que Jesucristo ha venido, 2 Jn. 7. Y confesaré su nombre delante de mí, Ap. 3.5. // **Ejemplos de confesar a Cristo**: Natanael, Jn. 1.49; Pedro, Juan 6.68,69; el ciego de nacimiento, Jn. 9.25,38; Marta, Jn. 11.27; Apóstoles, Hch. 5.29-32; Esteban, Hch. 7.52,59; Pablo, Hch. 9.29; Timoteo, 1 Ti. 6.12; Juan, Ap. 1.9; //

CONFESIÓN: Oraba Esdras y hacía confesión, Esd. 10.11. Oré a Jehová mi Dios y hice confesión, Dn. 9.4. // **La confesión de pecado**: Lv. 12.11; Saúl, 1 S. 15.24; David, 2 S 24.10; Esdras, Esd. 9.6; Job, Job 7.20; Daniel,

Dn. 9.4,20; Pedro, Lc. 5.8; el malhechor en la cruz, Lc. 23.41.

CONFIADAMENTE: Con confianza, sin miedo. // Acerquémonos... **c**, junto al trono, He. 4.16.

CONFIADO: Que no teme el peligro. // Mas el justo está c como un león, Pr. 28.1. Véase Osado.

CONFIANZA: Seguridad íntima de conducta. Crédito. // Los de Siquem pusieron en él su **c**, Jue. 9.26. ¿Qué c es esta en que te apoyas? 2 R. 18.19. Bienaventurado el hombre que pone en el Señor su **c**, Sal. 40.4. A fin de que pongan en Dios su **c**, Sal. 78.7. Refugio, y mi Dios por roca de mi **c**, Sal. 94.22. Es por medio de Cristo que tenemos tal **c**, 2 Co. 3.4. Seguridad y acceso con **c**, Ef. 3.12. Tenemos **c** respecto a vosotros, 2 Ts. 3.4. Guardamos firme hasta el fin la **c** que desde el principio tuvimos, He. 3.14. No perdáis, pues, vuestra **c**, He. 10.35. Cuando se manifieste tengamos **c**, 1 Jn. 2.28. Esta es la **c** que tenemos en él, 1 Jn. 5.14. Véase **Fe**.

CONFIAR: Tener confianza. Tener fe. // Aquí un pueblo que habitará confiado, Nm. 23.9. Caigan tus muros, en que tú confías, Dt. 28.52. Estos confían en carros, Sal. 20.7. Dios mío, en ti confío; no sea yo avergonzado, Sal. 25.2. No confiaré en mi arco, Sal. 44.6. Jehová de los ejércitos, feliz el hombre que en ti confía, Sal. 84.12. No confiéis en los príncipes, Sal. 146.3. Prójimo que habita confiado junto a ti, Pr. 3.29. El que confía en sus riquezas caerá, Pr. 11.28. El que confía en su propio corazón, Pr. 28.26. Mas el que confía en el Señor está seguro, Pr. 29.25. Ay de los que... confían en caballos, Is. 31.1. Confió en Dios, líbrele ahora, Mt. 27.43. Le quita... sus armas en que confiaba, Lc. 11.22. Esta parábola a algunos que confiaban en sí mismos, Lc. 18.9. Pero confiad, yo he vencido al mundo, Jn. 16.33. Hablando... confiados en el Señor, Hch. 14.3. Porque yo confío en Dios que será así, Hch. 27.25. Les ha sido confiada la palabra de Dios, Ro. 3.2. Que no confiásemos en nosotros mismos, 2 Co. 1.9. Confiando... que mi gozo es el de todos, 2 Co. 2.3. Pero confiamos y más quisiéramos estar, 2 Co. 5.8. Si cualquier otro piensa que puede confiar en la carne, yo aun más. Fil. 3.4. He escrito confiando en tu obediencia, Flm. 21. Véase **Creer, Fiar**.

CONFINES: Fronteras. // Jehová juzgará los **c** de la tierra, 1 S. 2.10. Como posesión tuya los **c** de la tierra, Sal. 2.8. Se levantará de los **c** de la tierra, Jer. 6.22. Desde sus ciudades que están en sus **c**, Ez. 25.9. A ver desde todos los **c** de la tierra, Dn. 4.11. Cuando viniere... y hollare nuestros **c**, Mi. 5.6.

CONFIRMAR: Hacer firme, asegurar, corroborar. // Los discípulos, Hch. 18.23; Col. 2.7; 2 P. 1.12. Las iglesias, Hch. 15.41. El juramento, Gn. 26.3; Sal. 119.106; La ley, Ro. 3.31. El negocio, Rt. 4.7. Nos confirma, 2 Co. 1.21. Las obras, Sal. 90.17. La palabra, 2 S. 7.25; Is. 44.26; Mr. 16.20; Hch. 14.3; 2 P. 1.19. La promesa, Sal. 119.38; Ro. 15.8. El testamento, He. 9.17. Vocación, 2 P. 1.10. Confirmaros, Ro. 16.25; 1 Co. 1.8; 1 Ts. 3.2.

CONFLICTO: Combate, lucha. // De fuera, **c**; de dentro, temores, 2 Co. 7.5.

CONFORMAR: Armonizar, ajustar. // No os conforméis a este siglo, Ro. 12.2. No se conforma a las sanas palabras, 1 Ti. 6.3.

CONFORME: Semejante. // C a nuestra semejanza, Gn. 1.26. Ser c a la imagen de su Hijo, Ro. 8.29. C a mi anhelo y esperanza, Fil. 1.20. C a sus riquezas en gloria, Fil. 4.19. C a la imagen del que lo creó, Col. 3.10.

CONFORTAR: Da fuerza a, consolar. // Conforta ahora tu corazón, Jue. 19.8. Confortará mi alma; me guiará, Sal. 23.3. Haya sido confortado su espíritu, 2 Co. 7.13. Tíquico conforte vuestros corazones, Col. 4.8. Véase **Consolar**.

CONFUNDIR: Mezclar desordenadamente, humillar, abatir. // Confundamos allí su lenguaje, Gn. 11.7. Confundió Jehová el lenguaje de toda la, Gn. 11.9. Ninguno de cuantos será confundido, Sal. 25.3. No sea yo confundido jamás, Sal. 31.1. No sean confundidos por mí, Sal. 69.6. Confundirás a causa de toda tu maldad, Jer. 22.22. Bel está confundido, Jer. 50.2. Se confundirán los adivinos, Mi. 3.7. Porque su esperanza será confundida, Zac. 9.5. Confundidas a causa del bramido, Lc. 21.25. Confundían a los judíos que moraban, Hch. 9.22. Véase **Avergonzar**.

CONFUSIÓN: Falta de orden o de método. Tumulto, revuelta, bulla. Falta de claridad, // Contra su compañero, y había **c**, 1 S. 14.20. **C** consumió el trabajo, Jer. 3.24. Fue avergonzada y llena de **c**, Jer. 15.9. Y tu **c** ha sido manifestada, Ez. 16.36. La ciudad tomada de **c**, Hch. 19.29. Dios no es de **c**, 1 Co. 14.33. Véase **Tumulto**.

CONGOJA: Aflicción, agonía. // Pero ellos no escuchaban a Moisés a causa de la **c**, Ex. 6.9. Véase **Aflicción**.

CONGREGACIÓN: Asamblea, reunión. // Si toda la **c** de Israel hubiere errado, Lv. 4.13. Y hablaron a toda la **c**, Nm. 14.36. El rey Salomón, y toda la **c** de Israel, 2 Cr. 5.6. Alabanzas en medio de la **c**, Sal. 22.22. Entended, oh **c**, lo que sucederá, Jer. 6.18. En medio de la **c** te alabaré, He. 2.12. La **c** de los primogénitos, He. 12.23. Véase **Asamblea, iglesia, Tabernáculo de reunión**.

CONGREGAR: Juntar, reunir. // Los filisteos se congregaron en Soco, 1 S. 17.1. Los pueblos y... se congreguen en uno, Sal. 102.22. Los ha congregado de las tierras, Sal. 107.3. Os congregaré de las tierras, Ez. 11.17. Se congregarán los hijos de Judá, Os. 1.11. Véase **Agregar, Reunir**.

CONJURAR: Exorcizar. // Os conjuro por Jesús, Hch. 19. 13.

CONMEMORACIÓN: Recuerdo que se hace de una persona o acontecimiento. // Una **c** al son de trompetas, Lv. 23.24.

CONMIGO: En mi compañía. // El Señor está conmigo: no temeré, Sal. 118.6.

CONMOVER: Perturbar, inquietar. Enternecer, provocar alguna emoción: // Cimientos de los montes, Salmo 18.7. El rey confía en Jehová... no será conmovido, Salmo 21.7. Entonces José se apresuró, porque se conmovieron sus entrañas a causa de su hermano, Gn. 43.30. Toda la ciudad se conmovió por causa de ellas, Rt. 1.19. Véase **Resbalar, Temblar**.

CONOCER: Tener noción o información de. // Al darse José a **c** a sus hermanos, Gn. 45.1. Yo te he conocido por tu nombre, Ex. 33.12. El Señor conoce el camino de los justos, Sal. 1.6. Él que conoce los secretos de los corazones, Sal. 44.21. Conozco todas las aves de los montes, Sal. 50.11. Él conoce nuestra estructura, Sal. 103.14. Todos mis caminos te son conocidos, Sal. 139.3. Engañoso es el corazón... ¿quién lo conocerá? Jer. 17.9. Por sus frutos los conoceréis, Mt. 7.16. Nunca os conocí, Mt. 7.23. Conociendo Jesús los pensamientos, Mt. 9.4. Nadie conoce al Hijo... ni al Padre, Mt. 11.27. Cuando le conocieron los hombres, Mt. 14.35. Jesús, conociendo la malicia de ellos, Mt. 22.18. No os conozco, Mt. 25.12. Mas él negó, diciendo: No le conozco, Mr. 14.68. Mas el mundo no lo conoció, Jn. 1.10. Si conocieras el don de Dios, Jn. 4.10. Cuyo padre y madre nosotros conocemos, Jn. 6.42. Conoceréis la verdad, Jn. 8.32. Conozco mis ovejas, Jn. 10.14. Conocerán todos que sois mis discípulos, Jn. 13.35. Vida eterna es esta: que te conozcan, Jn. 17.3. Dios, que conoce los corazones, Hch. 15.8. No habría conocido el pecado. Ro. 7.7. De antemano conoció, Ro. 8.29; 11.2. El mundo no lo conoció por su propia sabiduría, 1 Co. 1.21. Ninguno de los príncipes de este mundo conoció; porque si la hubieran conocido, 1 Co. 2.8. Nadie conoció las cosas de Dios, 1 Co. 2.11. El Señor conoce los pensamientos de los sabios, 1 Co. 3.20. En parte conocemos, 1 Co. 13.9. Ahora conozco en parte... conoceré como fui conocido, 1 Co. 13.12. Conocer el amor de Cristo, Ef. 3.19. Conoce al Señor; porque todos me conocerán, He. 8.11. Mejor... no haber conocido el camino, 2 P. 2.21. Sabemos que o hemos conocido por, 1 Jn. 2.3. Mundo no nos conoce... no le conoció, 1 Jn. 3.1. En esto conocemos el amor, 1 Jn. 3.16. En esto conoceremos que somos de la verdad, 1 Jn. 3.19. En esto conoced el Espíritu de Dios, 1 Jn. 4.2. Es nacido de Dios, y conoce a Dios, 1 Jn. 4.7. Conozco tus obras, Ap. 2.2,19; 3.1,8,15. Conozco tu tribulación, Ap. 2.9. Conozco donde moras, Ap. 2.13.

CONOCIDO: Que muchos conocen; ilustre por sus obras. // Mis **c** como extraños se apartaron, Job 19.13. Mis... **c** se olvidaron de mí, Job 19.14. Soy... oprobio... y el horror de mis c, Sal. 31.11. Has alejado de mí mis **c**, Sal. 88.8. Y a mis **c** has puesto en tinieblas, Sal. 88.18. Buscaban entre los parientes y los **c**, Lc. 2.44. Todos sus **c**... estaban de lejos mirando, Lc. 23.49.

CONOCIMIENTO: Acción o efecto de conocer. // Dios brinda: Ex. 31.3; 2 Cr. 1.12; Sal. 94.10; Pr. 1.4; 2.6; Dn. 1.17; Mt. 11.25; 13.11; 1 Co. 1.5; 2.10-13; 1 Jn. 2.20. El valor del: Pr. 3.13; 10.14; 13.16; Stg. 3.13; 2 P. 2.20. En respuesta a la oración: Ef. 1.17; Col. 1.9; 2 P. 1.2. Divino: Hch. 1.24; 2 Ti. 2.19; 1 Jn. 3.20. El árbol del conocimiento del bien y del mal, Gn. 2.9. De su boca viene el **c** y la inteligencia, Pr. 2.6. El del Santísimo es la inteligencia, Pr. 9.10. Por medio de la ley es el **c** del pecado, Ro. 3.20. Todos tenemos **c**. El **c** envanece, 1 Co. 8.1. Del conocimiento de la gloria de Dios, 2 Co. 4.6. Una de las gracias cristianas, 2 P. 1.5. Ni infructuosos en el pleno conocimiento de nuestro Señor Jesucristo, 2 P. 1.8. Crecer en la gracia e en el conocimiento, 2 P. 3.18. Véase **Ciencia, Dones del Espíritu**.

CONQUISTAR: Adquirir, sojuzgar por la fuerza; vencer. // Con la intención de conquistarla, 2 Cr. 32.1. Sus campos a quienes los conquisten, Jer. 8.10. La ortiga conquistará lo deseable, Os. 9.6. Véase **Tomar**.

CONSAGRAR: Dedicar al servicio de Dios. // A Aarón y a sus hijos, Ex. 29.9. Nm. 7.10; 2 Cr. 7.9. El carnero, Lv. 8.22. El despojo, Jos. 6.19. El hijo, Jue. 17.5; 1 S. 1.19-28. El primogénito, Ex. 13.2; Dt. 15.19; Lc. 2.23. Consagrarse, Ex. 32.29; Lv. 8.33; 11.44; Nm. 6.2; 2 Cr. 29.31; Hch. 6.4; 1 Co. 7.35. El templo, 2 Cr. 2.4; 7.6.

CONSEGUIR: Obtener, entrar en posesión de. // Y consiguiere lo suficiente para el, Lv. 25.26. ¿De dónde conseguiré yo carne? Nm. 11.13. Véase **Alcanzar**.

CONSEJERO: Aquel que da su parecer, opinión acerca de lo que conviene hacer. // Tus testimonios son... y mis **c**, Sal.

119.24. En la multitud de **c** hay seguridad, Pr. 11.14. Restauraré... y tus **c** eran antes, Is. 1.26. Su nombre será: Maravilloso, **c**, Is. 9.6. Pregunté... estas cosas, y ningún **c** hubo, Is. 41.28. ¿Quién fue su **c**? Ro. 11.34. Véase **Aconsejar**.

CONSEJO: Parecer acerca de lo que conviene hacer. // Son frustrados donde no hay **c**, Pr. 15.22. Espíritu de **c** y de poder, Is. 11.2. // Consejo, véase **Concilio**. // **Buen consejo**: Manzana de oro con figuras de plata es la palabra dicha como conviene, Pr. 25.11. Las palabras de los sabios son como aguijones, Ec. 12.11. La palabra de sabiduría, 1 Co. 12.8. Si alguno de vosotros tiene falta de sabiduría, Stg. 1.5. // **Mal consejo**: No anduvo en consejo de malos, Sal. 1.1. Si los pecadores te quisieren engañar, no lo consientas, Pr. 1.10. Los **c** del perverso son engaño, Pr. 12.5. // Ejemplos de mal consejo: Balaam, Nm. 31.16; Ahitofel, 2 S. 17.1; los jóvenes, 1 R. 12.10; Amán, Est. 3.8; contra Jeremías, cap. 38.4; contra Daniel 6.7; de los principales sacerdotes, Mt. 28.13.

CONSENTIMIENTO: Acuerdo, permiso. // Salvo tal vez por mutuo c, 1 Co. 7.5. Nada quise hacer sin tu **c**, Flm. 14.

CONSENTIR: Permitir; estar de acuerdo con. // Con esta condición consentirán, Gn. 34.22. Te quisieren engañar, no consientas, Pr. 1.10. Saulo consentía en su muerte, Hch. 8.1. Yo... presente, y consentía en su muerte, Hch. 22.20. Ella consiente en vivir con él, 1 Co. 7.12.

CONSERVAR: Preservar; guardar con cuidado. // Para **c** viva la especie, Gn. 7.3. Si la llaga conserva el mismo aspecto, Lv. 13.5. Nos conserve la vida como hasta hoy, Dt. 6.24. Si les hubierais conservado la vida, Jue. 8.19. Conservemos la vida a los caballos, 1 R. 18.5. El que no puede **c** la vida, Sal. 22.29. No la dejes... ámala, y te conservará, Pr. 4.6. Conservé conmigo mi sabiduría, Ec. 2.9. Para que se conserven muchos días, Jer. 32.14. Uno y lo otro se conservan, Mt. 9.17. Perdimos la esperanza de **c**, 2 Co. 1.8. En pecados ajenos. Consérvate puro, 1 Ti. 5.22. Conservaos... amor de Dios, esperando, Jn. 21. Véase **Mantener, Preservar**.

CONSIDERACIÓN: Acto de considerar, importancia que se da a alguien. // Entonces supe del mal que había hecho Eliasib por **c** a Tobías, Neh. 13.7.

CONSIDERAR: Pesar en el espíritu. // Considerad esto, tomad consejo, y hablad, Jue. 19.30. Si no considerares el camino de vida, Pr. 5.6. Considera lo que digo, 2 Ti. 2.7. Véase **Pensar, Reflexionar**.

CONSIERVO: Aquel que es siervo junto con otro. // Pero saliendo... halló uno de sus **c**, Mt. 18.28. Epafras, nuestro amado **c**, Col. 1.7. Yo soy **c** tuyo. Ap. 19.10; 22.9. Véase **Siervo**.

CONSISTIR: Compuesto por. // La vida... no consiste en la abundancia, Lc. 12.15. Reino de Dios consiste... en poder, 1 Co. 4.20. Que consiste sólo de comidas y bebidas, He. 9.10. En esto consiste el amor... en que, 1 Jn. 4.10.

CONSOLACIÓN: Acción o efecto de consolar. // Darán a beber vaso de **c**, Jer. 16.7. Porque ellos recibirán **c**, Mt. 5.4. Esperaba la **c** de Israel, Lc. 2.25. (Que traducido es Hijo de **c**), Hch. 4.36. La paciencia y la **c** de las Escrituras, Ro. 15.4. Dios de paciencia y de la **c**, Ro. 15.5. Dios de toda **c**, 2 Co. 1.3. Abunda también... nuestra **c**, 2 Co. 1.5. Si hay alguna **c** en Cristo, Fil. 2.1. Nos amó y nos dio eterna **c**, 2 Ts. 2.16.

CONSOLADOR: El que consuela. // Tu padre te ha enviado **c**, 2 S. 10.3. Sois **c** molestos, Job 16.2. Esperé quien se compadeciese... y **c**, y ninguno hallé, Sal. 69.20. Rogaré al Padre, y os dará otro **C**, Jn. 14.6. El **C**, el Espíritu Santo. . . os enseñará todas las cosas, Jn. 14.26. Cuando venga el **C**, Jn. 15.26. Si yo no me fuera, el **C** no vendría, Jn. 16.7.

CONSOLAR: Aliviar (pena, dolor). // Sus hijas para consolarlo; mas el no quiso recibir consuelo, Gn. 37.35. Venir juntos para... y para consolarlo, Job 2.11. Como, pues, me consoláis en vano, Job 21.34. Y volverás a consolarme, Sal. 71.21. Los oprimidos, sin... quien los consuele, Ec. 4.11. Cantaré... oh Jehová... me has consolado, Is. 12.1. Consolaos, consolaos, pueblo mío, Is. 40.1. Como aquel a quien consuela su madre, Is. 66.13. Y no quiso ser consolada, Mt. 2.18. Ahora éste es consolado aquí, Lc. 16.25. Judíos habían venido a consolarlo, Jn. 11.19. El cual nos consuela, 2 Co. 1.4. Para que podamos consolar a los que estén en cualquier angustia, 2 Co. 1.4. Nos consoló con la llegada de Tito, 2 Co. 7.6. Consolaos, sed de un mismo sentir, 2 Co. 13.11. Que consuele vuestros corazones, Ef. 6.22. Para que sean consolados vuestros corazones, Col. 2.2. Consolábamos a cada uno, 1Ts. 2.11. Consolados de vosotros... por vuestra fe, 1 Ts. 3.7.

CONSOLIDAR: Tornar sólido, seguro, estable. // Roboam había consolidado el reino, 2 Cr. 12.1. Restituyeron la casa de Dios... y la consolidaron, 2 Cr. 24.13.

CONSPIRACIÓN: Maquinación, complot. // Contra José, Gn. 37.18; de Absalón, 2 S. 15; contra el rey Joás, 2 R. 12.20; contra el rey Amasías, 2 R. 14.19; contra el rey Peka, 2 R. 15.30; del rey Oseas, 2 R. 17.4; contra el Señor y contra su Ungido, Sal. 2.2; contra

Cristo, Jn. 11.47-57; contra Pablo, Hch. 23.12. Véase **Rebelión, Traición**.

CONSPIRAR: Acto de conspirar. // Conspiraron contra él para matarle, Gn. 37.18. Que todos vosotros hayáis conspirado, 1 S. 22.8. Conspiraron todos a una para venir, Neh. 4.8.

CONSTANCIA: Perseverancia, persistencia, coraje. // Del trabajo de vuestro amor y de vuestra **c**, 1 Ts. 1.3.

CONSTANTE: Inalterable, incesante. // Entre Roboam y Jeroboam... guerra **c**, 2 Cr. 12.15.

CONSTANTEMENTE: Con constancia. // Jehová... envió c palabra a ellos, 2 Cr. 36.15.

CONSTITUIR: Organizar, establecer, nombrar, elegir. // Yo te he constituido dios para Faraón, Ex. 7.1. Y constituirás a Aarón y a sus hijos, Nm. 3.10. Constituidos leñadores y aguadores, Jos. 9.21. Setenta hijos que constituyeron, Jue. 8.30. A quien constituyó herederos de todo, He. 1.2.

CONSTREÑIR: Compeler, obligar por fuerza. // El amor de Cristo nos constriñe, 2 Co. 5.14. Véase **Obligar**.

CONSUELO: Consolación, agasajo. // Porque ya tenéis vuestro c, Lc. 6.24. Si algún c de amor, Fil. 2.1. Han sido para mí un c, Col. 4.11. Véase **Consolación**.

CONSULTAR: Pedir consejo, instrucción, parecer a. // David consultó a Jehová, 1 S. 23.2. Y consultad a Baal-zebub, 2 R. 1.2. Volvió a c a Dios, 1 Cr. 14.14. Consultad a Jehová por mí, 2 Cr. 34.21. ¿A consultarme venís vosotros? No os responderé, Ez. 20.3. Los fariseos, consultaron entre sí, Mt 22.15. No consulté sangre y carne, Gá. 1.16.

CONSUMACIÓN: Acto de terminar. // En la **c** de los siglos, He. 9.26.

CONSUMADOR: Aquel que acaba o perfecciona. // El autor y **C** de la fe, He. 12.2. Compare **Dios, Autor y Conservador**, Nm. 16.22.

CONSUMAR: Terminar; llevar al mayor auge. // Veré si han consumado su obra, Gn. 18.21. Prosperará, hasta... consumada la ira, Dn. 11.36. Ya todo estaba consumado, Jn. 19.28. Jesús... dijo. ¡Consumado es! Jn. 19.30. El pecado, siendo consumado, Stg. 1.15. Véase **Acabar**.

CONSUMIDOR: Que consume. // Jehová... es fuego **c**, Dt. 4.24. Porque nuestro Dios es fuego **c**, He. 12.29.

CONSUMIR: Gastar, devorar, destruir. // Y la zarza no se consumía, Ex. 3.2. Que se encienda mi ira... y los consuma, Ex. 32.10. Salió fuego... y consumió el holocausto. Lv. 9.24. Enviaré... calentura, que consuman, Lv. 26.16. Apartaos... consumiré en un momento, Nm. 16.21. Porque este gran fuego nos consumirá, Dt. 5.25. ¿Consumirá la espada para siempre? 2 S. 2.26. Descienda fuego... y consúmate, 2 R. 1.10. Fuego de Dios cayó... y los consumió, Job 1.16. Por el soplo de su ira son consumidos, Job 4.9. Con tu furor somos consumidos, Sal. 90.7. Descienda fuego del cielo... consuma, Lc. 9.54. Ha consumido tus bienes con rameras, Lc. 15.30. El celo de tu... me consume, Jn. 2.17. Consumido por excesiva tristeza, 2 Co. 2.7. En una hora han sido consumidas, Ap. 18.17. Fuego del cielo y... consumió, Ap. 20.9.

CONTADO: Enumerado. // Los **c** de los hijos de Israel, Nm. 26.51. Y fueron **c** en aquel tiempo, Jue. 20.15.

CONTAMINAR: Manchar, viciar, corromper. // La tierra, Nm. 35.34. El profeta, Jer. 23.11. El sacerdote Jer. 23.11; Neh. 13.29. El tabernáculo, Nm. 19.13. El templo, 2 Cr. 36.14. El santuario, Ez. 23.38. Con ídolos, Ez. 22.3; Hch. 15.20. La mujer del prójimo, Ez. 33.26. Las manos, Is. 59.3. De sangre, Is. 59.3. Con la porción de la comida, Dn. 1.8. Lo que sale de la boca, Mt. 15.11,17. Entrar en el pretorio, Jn. 18.28. La conciencia, 1 Co. 8.7. La lengua contamina el cuerpo, Stg. 3.6. Mediante alguna raíz de amargura, He. 12.15. Del mundo, 2 P. 2.20. La carne, Jud. 8. Las vestiduras, Ap. 3.4. Con mujeres, Ap. 14.4. En ella nunca jamás penetrará cosa alguna contaminada, Ap. 21.27.

CONTAR: Determinar el número de; narrar. // Si alguno puede c el polvo, Gn. 13.16. Cuenta las estrellas, si... puedes, Gn. 15.5. Me cuentas los pasos, y no das tregua, Job 14.16. Nos enseña a contar nuestros días, Sal. 90.12. Contó Dios tu reino, Dn. 5.26. Vuestros cabellos están todos... contados, Mt. 10.30. Se contará lo que ésta ha hecho, Mt. 26.13. Fue contado con los inicuos, Mr. 15.28. Contaban cuántas señales y prodigios, Hch. 15.12. Contó las cosas que Dios había hecho, Hch. 21.19. Véase **Censar**.

CONTEMPLAR: Considerar con admiración o con amor. // Los ojos de Jehová contemplan, 2 Cr. 16.9. Su obra, la... contemplan los hombres, Job 36.24. **C** la hermosura de Jehová, Sal. 27.4. Los que te vean te contemplarán, Is. 14.16. Sus ojos contemplarán al Santo de Israel, Is. 17.7. Y contempla desde tu... gloriosa morada, Is. 63.15. Mientras yo contemplaba los cuernos, Dn. 7.8. Lo que hemos contemplado, y palparon, 1 Jn. 1.1. Véase **Considerar, Meditar, Ver**.

CONTENCIOSO: Persona dada a disputas; litigioso; sujeto a dudas y reclamaciones. // Pero ira y enojo a los que son c, Ro. 2.8. Si alguno quiere ser c, 1 Co. 11.16. El siervo del Señor no debe ser c, 2 Ti. 2.24.

CONTENDER: Competir, disputar. Pretender una cosa simultáneamente con alguien. // Con luchas de Dios he contendido con mi hermana, Gn. 30.8. ¿Cómo contenderás con los caballos? Jer. 12.5.

CONTENER: Dominarse; tener en sí; comprender. // Se contuvo, y dijo: Poned pan, Gn. 43.31. No podía ya José c delante, Gn. 45.1. Los cielos de los cielos, no te pueden **c**, 1 R. 8.27. Todo mal camino contuve mis pies, Sal. 119.101. Contenerla sería contener el viento, Pr. 27.16.

CONTENTAMIENTO: Satisfacción, alegría. // Dios los había recreado con grande contentamiento, Neh. 12.43. Gran ganancia es la piedad acompañada de c, 1 Ti. 6.6. Véase **Satisfacción**.

CONTENTAR: Pues he aprendido a contentarme, Fil. 4.11. // Véase **Satisfacer**.

CONTENTO: Satisfecho, alegre. // Su corazón estuvo **c**, se retiró, Rt. 3.7. Teniendo sustento y abrigo, estemos **c**, 1 Ti. 6.8. Véase **Satisfecho**.

CONTIENDA: Debate, disputa, controversia, lucha. // Hubo **c** entre los pastores del ganado, Gn. 13.7. Teníamos una... **c** con los hijos de Amón, Jue. 12.2. La soberbia concebirá **c**, Pr. 13.10. Que casa de **c** llena de provisiones, Pr. 17.1. Para **c** y debates ayunáis, Is. 58.4. Engendraste hombre de **c**, Jer. 15.10. Llenos de... **c**, engaños y malignidades, Ro. 1.29. Haced todo sin murmuraciones ni **c**, Fil. 2.14. **La causa de las contiendas**: Pr. 10.12; 13.10; 15.18; 2 Ti. 2.23; Stg. 4.1. **El fruto de las contiendas**: Lv. 24.10, 11; Hab. 1.3, 4; Gá. 5.15; Stg. 3.17. **Contiendas reprobadas**: 1 Co. 1.11, 12; 3.3; 11.17, 18. **Ejemplos de contienda**: Pastores de ganado, Gn. 13.7. Labán y Jacob, Gn. 31.36. De los Hebreos, Ex. 2.13. Pablo y Bernabé, Hch. 15.39. Fariseos y saduceos, Hch. 23.7. Los corintios, 1 Co. 1.11; 6.6. Miguel con el diablo, Jud. 9. Véase **Lucha, Pelea**.

CONTIGO: Resuelto por ti; en tu compañía. // Yo estaré c, Ex. 3.12. Yo estoy **c**, y ninguno pondrá sobre, Hch. 18.10.

CONTINUAMENTE: Sin interrupción. // Que haya lámpara encendida c, Ex. 27.20. El fuego arderá c en el altar, Lv. 6.13. Sobre la atalaya estoy yo **c** de día, Is. 21.8. **C** en mí presencia, Jer. 6.7. El Dios tuyo, a quien tú c sirves, Dn. 6.20. Servidores de Dios que atienden **c** a esto mismo, Ro. 13.6.

CONTINUAR: Proseguir, prolongar, preservar. // Y continuará a Hasar-adar, y pasará, Nm. 34.4. Que por la muerte no podían **c**, He. 7.23.

CONTINUO: En que no hay interrupción. // Holocausto c. Ex. 29.42; Nm. 28.3,6. Su alabanza estará de c en mi boca, Sal. 34.1. **C** sacrificio, Dn. 8.11. Véase **Perpetuo**.

CONTRA: En oposición a. // El que no es por mí, **c** mí es, Mt. 12.30. El que no es **c** nosotros, por nosotros es, Mr. 9.40. Si Dios es por nosotros, ¿quién c nosotros?, Ro. 8.31. Y **c** naturaleza fuiste injertado, Ro. 11. 24. Nada podemos **c** la verdad, 2 Co. 13.8. El cual se opone y se levanta **c**, 2 Ts. 2.4. Deseos carnales que batallan **c** el alma, 1 P. 2.11.

CONTRADECIR: Refutar, impugnar. // Para señal que será contradicha, Lc. 2.34. Puesto que esto no puede contradecirse, Hch. 19.36. Para convencer a los que contradicen, Tit. 1.9.

CONTRADICCIÓN: Incoherencia entre afirmaciones actuales y anteriores. // De Balaam, y perecieron en la **c** de Coré, Jud. 11.

CONTRADICTOR: Impugnativo, contra. // A un pueblo rebelde y **c**, Ro. 10.21.

CONTRARIO: Opuesto, desfavorable. // Sucedió lo **c**; porque los judíos se enseñorearon, Est. 9.1. El viento era **c**. Mt. 14.24. Porque los vientos eran **c**, Hch. 27.4. Véase **Opuesto**.

CONTRATAR: Hacer contrato de, ajustar, asalariar. Los mercaderes contrataban contigo, Ez. 27.23. Porque nadie nos ha contratado, Mt. 20.7.

CONTRATO: Acuerdo por el cual una o más personas se comprometen con otras a dar, a hacer o a no hacer algo. // Compraban por **c** caballos, 2 Cr. 1.16.

CONTRIBUIR: Concurrir con otras personas en los medios para la realización de algo. Pagar como contribuyente. // Alegró el pueblo... haber contribuido, 1 Cr. 29.9. Rey contribuyó de su propia hacienda, 2 Cr. 31.3. Sigamos lo que contribuye a la paz, Ro. 14.19.

CONTRISTAR: Entristecer, penalizar. // Y me contristaré por mi pecado, Sal. 38.18. Ojos contristaron mi alma, Lm. 3.51. No porque hayáis sido **c**, 2 Co. 7.9. No contristéis al Espíritu Santo, Ef. 4.30. Véase **Entristecer**.

CONTRITO: Pesaroso, arrepentido. // Jehová... salva a los **c** de espíritu, Sal. 34.18. Al corazón **c** no despreciarás tú, Sal. 51.17. Véase **Arrepentido**.

CONTUMAZ: Obstinado, tenaz en mantener un error. // Un hijo **c** y rebelde, Dt. 21.18. ¿Hasta cuándo andarás... oh hija **c**? Jer. 31.22. Véase **Obstinado**.

CONTURBAR: Perturbar; confundir; alterar, conmover. No os amedrentéis, ni os conturbéis, 1 P. 3.14. Véase **Perturbar**.

CONVENCER: Obligar con razones a reconocer algo, quedar persuadido de una cosa de la cual se dudaba. // Convencerá al mundo de pecado, Jn. 16.8. Convencido de que era poderoso, Ro. 4.21. Cada uno convencido en su propia mente, Ro. 14.5. Por todos es convencido, 1 Co. 14.24. Convencer a los que contradicen, Tit. 1.9. Véase **Persuadir**.

CONVENIENTE: Ventajoso. Edificar altar a Jehová... en lugar **c**, Jue. 6.26.

CONVENIR: Ajustar, acordar. // Convinieron en darle dinero, Lc. 22.5.

CONVENIR: Ser útil, provechoso, adecuado. // No conviene que hagamos así, Ex. 8.26. No conviene al necio el deleite, Pr. 19.10. Así no conviene al necio la honra, Pr. 26.1. Conviene que cumplamos toda justicia, Mt. 3.15. Si es así... no conviene casarse, Mt. 19.10. ¿No conviniste conmigo en un denario? Mt. 20.13. Nos conviene que un hombre muera, Jn. 11.50. Os conviene que yo me vaya, Jn. 16.7. Porque no conviene que viva, Hch. 22.22. Para hacer cosas que no convienen, Ro. 1.28. Pero no todas convienen, 1 Co. 6.12; 10.23. Sujetas a... como conviene en el Señor, Col. 3.18. Para mandarte lo que conviene, Flm. 8.

CONVERSACIÓN: Cambio de frases en plática íntima. // Las malas **c** corrompen las buenas costumbres, 1 Co. 15.33.

CONVERSIÓN: Cambio de forma o de naturaleza; cambio de mala para buena conducta. // De los gentiles, predicha, Is. 2.2; 11.10; 60.5; 66.12. De los gentiles, cumplida, Hch. 8.37; 10.; 15.3; Ro. 10; 11; Ef. 2; 3; 1 Ts. 1. De los judíos, Hch. 2.41; 4.32; 6.7. // Ejemplos de conversión: en el Pentecostés, Hch. 2; de los samaritanos, Hch. 8.4-8; del eunuco, Hch. 8.26-40; de Pablo, Hch. 9.1-22; de Cornelio, Hch. 10; de Lidia, Hch. 16.13-15; del carcelero, Hch. 16.27-34. // Conversión ordenada, Is. 1.16; Mt. 3.2; 4.17; Hch. 2.38; Stg. 4.8.

CONVERTIR: Cambiar, transformar una cosa en otra, cambiar de partido, de sentimiento, de opinión. // Golpearé... y se convertirá en sangre, Ex. 7.17. Convirtiere, y confesare tu nombre, 2 Cr. 6.24. La ley de Jehová... convierte el alma, Sal. 19.7. Los pecadores se convertirán, Sal. 51.13. Él convierte los ríos en desierto, Sal. 107.33. ¿Cómo te has convertido en ramera? Is. 1.21. Ni se convierta, y haya para él sanidad, Is. 6.10. Os habíais hoy convertido, Jer. 34.15. Si él si convirtiere de su pecado, Ez. 33.14. Que estas piedras se conviertan, Mt. 4.3. Y se conviertan, y yo los sane, Mt. 13.15; Jn. 12.40; Hch. 28.27. Hará que muchos... conviertan al Señor, Lc. 1.16. Dí a esta piedra que se convierta, Lc. 4.3. Convertíos, para que sean borrados, Hch. 3.19. Se conviertan de las tinieblas a la luz, Hch. 26.18. Vuestra risa se convierta en lloro, Stg. 4.9. Convierten en libertinaje la gracia, Jud. 4.

CONVICCIÓN: Certeza, obtenida por hechos o razones, que no dejan duda. // La **c** de lo que se espera, He. 11.1. **C** de pecado: Sal. 31.10; Is. 6.5; Lc. 5.8; Hch. 2.37; 16.29,30; Ro. 2.15; Ap. 1.17. Ejemplos de: Adán y Eva, Gn. 3.8-10; Caín, Gn. 4.13; los hermanos de José, Gn. 44.16; 45.3; David, 2 S 6.9; Belsasar, Dn. 5.6; Herodes, Mt. 14.2; Juan, Mt. 27.3; Félix, Hch. 24.25.

CONVICTO: Convencido. // Quedáis **c** por la ley como transgresores, Stg. 2.9. Y dejar **c** todos los impíos, Jud. 15.

CONVIDADO: El que recibió convite. // Envió a sus siervos a llamar a los **c**, Mt. 22.3. Y las bodas fueron llenas de **c**, Mt. 22.10. A los **c** una parábola, Lc. 14.7.

CONVIDAR: Solicitar (para algún acto). // Yo he convidado al pueblo, 1 S. 9.24. Lo oyó Adonías, y todos los convidados, 1 R. 1.41. Vio esto el... que le había convidado, Lc. 7.39. Cuando fueres convidado por alguno, Lc. 14.8. Dijo también al que le había convidado, Lc. 14.12. Hizo una gran cena, y convidó a muchos, Lc. 14.16.

CONVITE: Acto de convidar. // Pasado en turno el día del **c**, Job 1.5.

CONVOCACIÓN: Acto de convocar, convite. // Santa **c**, Lv. 23.3; Nm. 28.26.

CONVOCAR: Llamar, convidar para una reunión. // Convocó a toda la congregación, Ex. 35.1. Convócame a los hombres de Judá, 2 S. 20.4. Los doce convocaron a la multitud, Hch. 6.2. Pablo convocó a los principales de los judíos, Hch. 28.17.

CONYUGAL: Relativo al matrimonio. // Ni su vestido, ni el deber **c**, Ex. 21.10.

COOPERAR: Trabajar en común, colaborar. // Cooperando… a favor nuestro, 2 Co. 1.11. Acoger a... que cooperemos con la verdad, 3 Jn. 8.

COPA: La parte superior y convexa del ramaje de un árbol. // Ruido como de marcha por las **c**, 2 S. 5.24.

COPA: Vaso para beber. // **C** de Faraón, Gn. 40.11. **C** de plata, Gn. 44.2. **C** mediante el cual hace adivinaciones, Gn. 44.5. Toma de mi mano la **c** del vino, Jer. 25.15. Y tomando la **c**, y habiendo dado gracias, Mt. 26.27. Padre mío, si es posible, pase de mi esta **c**, Mt. 26.39. La copa que el Padre me ha dado, Jn. 18.11.

COPARTÍCIPE: Que participa junto con otro. // Los gentiles son... **c** de la promesa en Cristo, Ef. 3.6. Y esto hago... para hacerme **c** de él, 1 Co. 9.23. Yo Juan... **c** vuestro en la tribulación, Ap. 1.9.

COPERO: Aquel que prepara dulces o licores. Criado que sirve a la mesa. // De Faraón, Gn. 40.1; de Salomón, 1 R. 10.5; de Artajerjes, Neh. 1.11.

COPIA: Reproducción gráfica, traslado. // Escribió allí en piedras una **c** de la ley, Jos. 8.32.

CORAL: Producción calcárea, ramosa y generalmente roja, formada por los pólipos, en ciertos mares. Muy empleada en joyería, Job 28.18. Ez. 27.16.

CORAZA, **COTA**: Armadura de bronce para las espaldas y el pecho. // Vestía coraza: Goliat, 1 S. 17.5; David, 1 S. 17.38; los soldados de Uzías, 2 Cr. 26.14; los siervos en la construcción de los muros de Jerusalén, Neh. 4.16. De justicia se vistió como de una c, Is. 59.17; Ef. 6.14. La **c** de la fe, 1 Ts. 5.8. Tenían **c**, como **c** de hierro, Ap. 9.9. **C** de fuego, Ap. 9.17.

CORAZÍN: Una de las ciudades impenitentes, cerca de Capernaum, Mt. 11.21. Véase mapa 3, B-2.

CORAZÓN: Órgano principal de la circulación de la sangre. **Fig.** Sentimiento moral; conciencia, memoria. Afecto, amor. // Reprender, 1 Jn. 3.20. Allí estará también vuestro c, Mt. 6.21. Alegre, Pr. 15.13; 17.22. Amaos de, 1 P. 1.22. Amor derramado en el corazón, Ro. 5.5. Arder, Lc. 24.32. De carne, Ez. 11.19; 36.26. Carta escrita en, 2 Co. 3.2. Circuncisión del corazón, Ro. 2.29. Contrito, Sal. 51.17; Hch. 2.37. Duro, Zac. 7.12; Mt. 19.8; Ef. 4.18. Se cree con, Ro. 10.10. Jehová lo escudriña, 1 Cr. 28.9; Sal. 44.21; Jer. 20.12; Ap. 2.23. Endurecer, Sal. 95.8. Engrosado, Mt. 13.15; Hch. 28.27; He. 3.8; 4.7. Doliente, Is. 1.5; Jer. 17.9. Enfurecer, Hch. 7.54. Espíritu enviado al, Gá. 4.6. Cerrarle el, 1 Jn. 3.17. Fuego ardiente en el, Jer. 20.9. Guarda tu, Pr. 4.23. Guardado, Fil. 4.7. Habite Cristo en, Ef. 3.17. Hombre interior del, 1 P. 3.4. No arrepentido, Ro. 2.5. Necio, Sal. 53.1. Insensible, Is. 6.10. Leyes en el, He. 10.16. Purificad vuestros, Stg. 4.8. Limpio, Mt. 5.8. Lejos, Is. 29.13; Mt. 15.8. Mal, Gn. 6.5; 8.21; Pr. 19.21; Ec. 8.11; Jer. 17.9; Mt. 12.34; Lc. 6.45; Ro. 2.5. Nuevo corazón prometido: Dt. 30.6; Jer. 24.7; 31.33; 32.39; Ez. 11.19; 36.26; 2 Co. 3.3; He. 8.10. Palabra en el, Sal. 119.11; Ro. 10.8. De piedra, Ez. 11.19. Puro, Sal. 24.4; 51.10; 2 Ti. 2.22; He. 10.22. Quebrantado, Sal. 34.18; 147.3; Is. 61.1. Rasgad, Jl. 2.13. Resplandeció en, 2 Co. 4.6. Sabio, Sal. 90.12. Secretos del, Sal. 44.21. Sencillez de, Hch. 2.46; Col. 3.22. He. 10.22. Pesa, Pr 21.2; Ap. 2.23. Tesoro del, Lc. 6.45. Todo el corazón, Dt. 4.29; 6.5; 11.13; Jer. 29.13; Mt. 22.37; Hch. 8.37; Col. 3.23. Turbe, Jn. 14.1. Un corazón, Hch. 4.32. Velo sobre el, 2 Co 3.15. Véase **Alma, Mente**.

CORBÁN: Cualquier cosa llevada a Dios como ofrenda, por tanto, no para usar con otros fines, Lv. 1.2; Neh. 10.34; etc. Abuso de esa dedicación, Mr. 7.11-13.

CORCEL: Caballo que corre mucho. // Sobre **c** veloces cabalgaremos, Is. 30.16.

CORDEL: Cuerda muy delgada. // Los midió con **c**, 2 S. 8.2; Jer. 31.39; Ez. 40.3; 47.3; Am. 7.17; Zac. 1.16; 2.1.

CORDERO: Hijo de oveja, aun nuevo y tierno. // Ofrecían, diariamente, en el altar dos **c**, Ex. 29.38; designadamente era ofrecido en día sábado, Nm. 28.9. Eran una gran parte de los sacrificios, Nm. 28.11; 29.1,2; etc. En vez del **c** pascal se podía ofrecer un cabrito, Ex. 12.5. El pobre que nada tenía, sino una **c** que dormía en sus brazos, 2 S. 12.3. Morará el lobo con el **c**, Is. 11.6; 65.25. En su brazo llevará los **c**, Is. 40.11. Os envío como **c** en medio de lobos, Lc. 10.3. Apacienta mis **c**, Jn. 21.15. El cordero para el sacrificio debía ser sin defecto, Lv. 22.19,20; porque simbolizaba a Cristo, que era como cordero sin defecto y sin mancha, 1 P. 1.19. Jesús llamado el Cordero, Jn. 1.29,36; Ap. 5.6; 6.1, 16; 7.9; 12.11; 13.8,11; 14.1; 15.3; 17.14; 19.7, 9; 21.14; 22.1,3.

CORDÓN: Cuerda delgada. // Tu sello, tu c, Gn. 38.18. Este **c** de hilo de escarlata a la ventana, Jos. 2.18. **C** de tres dobleces no se rompe pronto, Ec. 4.12.

CORDURA: Característica del que es sensato y prudente. Juicio claro, capacidad de razonamiento. // Faltos de **c**, Pr. 9.4; 11.12. Hablo palabras de verdad y de **c**, Hechos 26.25. Para dar sagacidad a los simples, y a los jóvenes inteligencia y **c**, Pr. 1.4. Sino que piense de sí con **c**, conforme a la medida de fe que Dios repartió a cada uno, Ro. 12.3. La c del hombre detiene su furor, Pr. 19.11. Véase **Templanza**.

Cordero

CORÉ: hb. **Calvicie**: 1. Un príncipe edomita, el tercer hijo de Esaú, Gn. 36.5. // 2. Otro príncipe, nieto de Esaú, Gn. 36.16. // 3. Un levita que se rebeló, con Datán y Abirán, contra Moisés y Aarón, Nm. 16; Jud. 11. // 4. Un hijo de Hebrón, 1 Cr. 2.43. // 5. Padre de Meselemías, portero en el tiempo de David, 1 Cr. 26.1. // 6. Un hijo de Imna, un levita que administraba las ofrendas, en el tiempo de Ezequías, 2 Cr. 31.14.

COREÍTAS: Nm. 26.58. Descendientes de Coré, bisnieto de Leví, Nm. 16.1.

CORINTIOS, PRIMERA EPÍSTOLA DE PABLO A LOS: El séptimo libro del Nuevo Testamento. Aunque esta epístola se llame la primera a los corintios, evidentemente otra la precedió, que no se conservó, 1 Co. 5.9. Corinto, la capital de la provincia romana de Acaya, era notable no sólo por sus riquezas y su lujo, ya que era una fortaleza de licenciosos y depravados, alimentada por el culto a la diosa Venus. La iglesia en Corinto fue fundada por el propio apóstol Pablo, en su segundo viaje misionero, 1 Co. 3.6; Hch. 18.1-11. **El autor**: Pablo, 1 Co. 1.1. Fue escrita desde Efeso, no mucho después de que el apóstol saliera de Corinto, 1 Co. 16.8, por causa de: 1) Noticias que le inspiraban, llevadas allí por los de la casa de Cloé, 1 Co. 1.11. 2) Una carta de Corinto, 1 Co. 7.1; 8.1-13. **La clave: El comportamiento del creyente**. Aun las maravillosas revelaciones del capítulo 15, en cuanto a la resurrección se resumen en este mismo tema, 1 Co. 15.58. **Las divisiones**: **I**. Pablo reprende el desorden social, caps. 1 a 8. 1) El prólogo, 1.1-9. 2) Partidos en la iglesia, 1.10-17. 3) La sabiduría de los hombres y la sabiduría de Dios, 1.18 a 2.16. 4) La responsabilidad de los que enseñan, 3.1 a 4.21. 5) Necesario corregir la impureza en la iglesia de Corinto, cap. 5. 6) El litigio entre los creyentes, 6.1-8. 7) La sensualidad es condenada, 6.9-20. 8) El matrimonio, cap. 7. 9) Cosas sacrificadas a ídolos, cap.8. **II**. Pablo defiende su autoridad apostólica, cap. 9. **III**. Desorden en los cultos, caps. 10 a 14.1) El peligro de caer de la gracia, 10.1-13. 2) La libertad cristiana y la idolatría, 10.14-33. 3) La conducta de las mujeres en las asambleas, 11.1-16. 4) Desorden durante la celebración de la Cena del Señor, 11.17-34. 5) Los dones espirituales, cap.12. 6) El espíritu que debe regular el uso de esos dones, cap.13. 7) Desórdenes en los cultos, cap.14. **IV**. La resurrección, cap.15. **V**. Conclusión: Sobre las colectas; saludos, cap.16.

CORINTIOS, SEGUNDA EPÍSTOLA DE PABLO A LOS: Las dos epístolas de Pablo a los corintios nos revelan el corazón, los sentimientos más íntimos y los motivos más profundos de este apóstol. Revelan también la vida íntima de una gran asamblea, en el tiempo de los apóstoles. **El escritor**: No mucho después de Pablo escribir 1 Corintios, hubo un gran tumulto en Efeso en el cual Pablo casi perdió su vida, Hch. 19.30. Inmediatamente después de eso Pablo partió para Troas, esperando encontrar Tito y saber del estado de la Iglesia en Corinto, 2 Co. 2.12,13. Pero, no hallándolo allí, se dirigió para Macedonia, Hch. 20.1. Fue allí en donde se encontró con Tito y supo que su primera epístola llevó a la mayoría al arrepentimiento. Y desde allí Pablo escribió su segunda epístola a los corintios. **La clave**: La epístola fue escrita para: 1) Consolar a los miembros arrepentidos, como resultado de la primera epístola. 2) Amonestar a la mayoría rebelde. 3) Prevenir contra los falsos maestros. 4) Defender su propia autoridad apostólica. **Las divisiones**: **I**. Introducción, 1.1-11. **II**. Pablo relata el carácter de sus trabajos 1.12 al 7.16. **III**. La ofrenda para los pobres de Judea, caps. 8 y 9. **IV**. Pablo defiende su autoridad apostólica, 10.1 a 13.10. **V**. Conclusión, 13.11-13.

CORINTO: Las cuatro ciudades más importantes del Imperio Romano fueron: Roma, Corinto, Efeso y Antioquía. La ciudad de Corinto fue la más grande, la más opulenta y la más importante ciudad de Grecia. Se enorgullecía de sus dos puertos, por los que pasaba el comercio del mundo. Fue tierra de gran lujo y gente licenciosa, el lugar del culto a la diosa Venus, acompañado de ritos vergonzosos. Pablo pasó dieciocho meses evangelizando en Corinto, al final de su segundo viaje misionero, Hch. 18.1-18. Fundó allí la importante iglesia, a la cual escribió las dos epístolas, una desde Efeso, y la otra desde Macedonia. Fue desde esta ciudad que escribió su Epístola a los romanos y las dos a los tesalonicenses. Véase mapa 6, C-2.

CORNELIO, lat. **Piadoso**: Un centurión romano, Hch. 10.1. Su oración respondida, Hch. 10.3. Mandó llamar a Pedro, Hch. 10.9. Bautizado, Hch. 10.48. La conversión de la casa de Cornelio fue el comienzo de la obra del evangelio entre los gentiles. Véase Hch. 11.

CORO: Ez. 45.14. Una medida para líquidos, de 360 litros. Véase **Medidas de capacidad**.

CORONA: Diadema, insignia de soberanía, recompensa, gloria, honra. // Tomé la **c** que tenía en su cabeza, y la argolla que traía en su brazo, y las he traído acá a mi señor, 2 S. 1.10. **C** de hermosura te entregará, Pr. 4.9. **C** de honra es la vejez, Pr. 16.31. **C** de los viejos son los nietos, Pr. 17.6. Ay de la **c** de soberbia de los ebrios, Is. 28.1. Serás una **c** de gloria en la mano del Señor, Is. 62.3. Gozo y **c** mía, Fil. 4.1. ¿Cuál... gozo, o **c** de que me gloríe? 1 Ts. 2.19. Recibirá la **c** de la vida. Stg. 1.12. Yo te daré la corona de la vida, Ap. 2.10. Ninguno tome tu **c**, Ap. 3.11. **C** real, 2 S. 1.10; 2 R. 11.12. **C** regia, Est. 1.11; 2.17. **C** de espinas, Mt. 27.29; de la vida. Stg. 1.12; Ap. 2.10; de la justicia, 2 Ti. 4.8; de gloria, 1 P. 5.4; incorruptible, 1 Co. 9.25; Fil. 4.1. Véase **Diadema**.

CORONAR: Poner corona en, premiar, recompensar dando una corona. // Lo coronaste de gloria y de honra, Sal. 8.5. Te corona de favores y misericordia, Sal. 103.4. Prudentes se coronarán de sabiduría, Pr. 14.18. El atleta no es coronado, 2 Ti. 2.5. Le coronaste de gloria y de honra, He. 2.7. Jesús, por causa del sufrimiento de la muerte, fue coronado de gloria, He. 2.9.

CORONILLA: Cabeza. // Su agravio caerá sobre su propia **c**, Sal. 7.16.

CORPORAL: Del cuerpo. // El ejercicio **c** para poco aprovecha, 1 Ti. 4.8.

CORPORALMENTE: En cuerpo. // En él habita **c** toda la plenitud, Col. 2.9.

CORRAL: Lugar donde se junta y recoge el ganado. // Y no haya vacas en los **c**, Hab. 3.17. Será la costa del mar... **c** de ovejas, Sof. 2.6. Véase **Aprisco, Redil**.

CORREA: Tira de cuero. // Nada tomaré... ni una **c** de sandalia, Gn. 14.23. Desatar encorvado la **c** de su calzado, Mr. 1.7.

CORRECCIÓN: Acto de corregir. // No menosprecies la **c** del Todopoderoso, Job 5.17. Despierta... el oído de ellos para la **c**, Job 36.10. Pues tú aborreces la **c**, Sal. 50.17. Él morirá por falta de **c**, Pr. 5.23. Véase **Disciplina, Instrucción**.

CORRECTAMENTE: De modo exacto, digno, íntegro. // No podía pronunciar **c**, Jue. 12.6.

CORREGIR: Reprender, castigar. // Corrige a tu hijo, y te dará descanso, Pr. 29.17. Corrígete... no se aparte mi alma, Jer. 6.8. Corregirá a naciones poderosas, Mi. 4.3. Con mansedumbre corrija, 2 Ti. 2.5. Útil... para **c**, 2 Ti. 3.16. Para que corrigieses lo deficiente, Tit. 1.5. Véase **Disciplinar, Enmendar**.

CORREO: Persona por lo general escogida de la guardia del rey, expresamente encargada de llevar despachos, correspondencia, etc., 2 Cr. 30.6, 10; Est. 3.13, 15; 8.10; Jer. 51.31.

CORRER: Caminar en gran velocidad. Fluir, moverse el agua. // 50 hombres que corriesen, 2 S. 15.1; 1 R. 1.5. Elías corrió delante de Acab, 1 R. 18.46. Porque sus pies corren hacia el mal, Pr. 1.16; Is. 59.7. Allí vuelven para **c** de nuevo, Ec. 1.7. Correrán, y no se cansarán, Is. 40.31. De su interior correrán ríos de agua, Jn. 7.38. Ambos corrían juntos, Jn. 20.4. Que no depende del que... corre, Ro. 9.16. Los que corren en el estadio, 1 Co. 9.24. Corren, pero uno solo se lleva el premio, 1 Co. 9.24. Corred de tal manera que lo obtengáis, 1 Co. 9.24. No correr en vano, Gá. 2.2. Corríais bien, Gá. 5.7. No he corrido en vano, Fil. 2.16. Corramos con paciencia la carrera, He. 12.1. Estruendo de muchos carros... corriendo, Ap. 9.9.

CORRESPONDER: Estar en relación mutua entre personas o cosas. // En el agua el rostro corresponde al rostro, Pr. 27.19. Corresponde a la Jerusalén actual, Gá. 4.25.

CORRIENTE: Curso de agua. // Se juntaron las c como en un montón, Ex. 15.8. La avecilla muerta sobre las aguas **c**, Lv. 14.6. Junto a **c** de aguas, Sal. 1.3. Como el ciervo brama por las **c** de las aguas, Sal. 42.1. Río sus **c** alegran la ciudad de Dios, Sal. 46.4. Siguiendo la **c** de este mundo, Ef. 2.2.

CORROMPER: Pervertir física o moralmente. // La tierra estaba corrompida, Gn. 6.11. Tu pueblo se ha corrompido, Ex. 32.7; Dt. 9.12. Os corrompáis, y hagáis para vosotros, Dt. 4.16. Todos se extraviaron y juntamente se corrompieron, Sal. 14.3. Corrompe su alma el que tal hace, Pr. 6.32. Las dádivas corrompen el corazón, Ec. 7.7. Malas conversaciones corrompen las buenas costumbres, 1 Co. 15.33. A nadie hemos corrompido, 2 Co. 7.2. Ninguna palabra corrompida, Ef. 4.29 Los corrompidos, Tit. 1.15. Ramera que ha corrompido a la tierra, Ap. 19.2. Véase **Pervertir**.

CORRUPCIÓN: Depravación, perversión, vicio. // Porque su **c** está en ellos, Lv. 22.25. Librar mi vida del hoyo de **c**, Is. 38.17. Ni permitirás que tu Santo vea **c**, Hch. 2.27; 13.35; Sal. 16.10. La creación será redimida del cautiverio de la **c**, Ro. 8.21. Se siembra en **c**, 1 Co. 15.42. Siembra para su **c**, Gá. 6.8. Habiendo huido de la **c**, 2 P. 1.4. Son ellos mismos esclavos de **c**, 2 P. 2.19.

CORRUPTIBLE: Sujeto a putrefacción, depravación, desmoralización. // Semejanza de imagen de hombre **c**, Ro. 1.23. Para recibir una corona **c**, 1 Co. 9.25. **C** se haya vestido de incorrupción, 1 Co. 15.54. No con cosas **c**, como oro o plata, 1 P. 1.18. Renacidos, no de simiente **c**, 1 P. 1.23.

CORRUPTO: Corrompido, podrido, depravado, pervertido. // Disputas necias de hombres **c**, 1 Ti. 6.5. Hombres **c** de entendimiento, 2 Ti. 3.8.

CORRUPTOR: Que corrompe. // Bronce y hierro; todos ellos son **c**, Jer. 6.28.

CORTANTE: Que tiene filo. // La palabra de Dios es viva y eficaz, y más **c** que toda espada de dos filos, He. 4.12.

CORTAPLUMAS: Navajilla para afilar lápices, cortar uñas, etc. // Lo rasgó el rey con un c de escriba, Jer. 36.23. Véase **Cuchillo**.

CORTAR: Dividir con instrumento de filo; separar de todo con instrumento cortante; hacer incisión o golpe; derribar por el corte; hacer eliminación o disminución. // Quien corte la leña, y saque el agua, Jos. 9.23. David... cortó la orilla del manto de Saúl, 1 S. 24.4. Y les cortó los vestidos por la mitad, 1 Cr. 19.4. Cortado de la tierra de los vivientes, Is. 53.8. No da buen fruto es cortado, Mt. 3.10; 7.19. Ocasión de caer, córtala, Mt. 5.30. Córtalo y échalo de ti, Mt. 18.8; Otros cortaban ramas de los árboles, Mr. 11.8. Quien Pedro había cortado la oreja, Jn. 18.26. Los soldados cortaron las amarras, Hch. 27.32. Tú también serás cortado, Ro. 11.22. No se cubre, que se corte, 1 Co. 11.6.

Cosecha

CORTE: El soberano y sus ministros, y la nobleza que lo acompaña. // Daniel estaba en la **c** del rey, Dn. 2.49.

CORTEZA: Envoltura exterior de plantas, huevos etc. // Tomó entonces Jacob varas... descortezó en ellas mondaduras blancas, Gn. 30.37. Asoló mi vid, y descortezó mi higuera, Jl. 1.7.

CORTINA: Paño grande que, colgado, resguarda, adorna, o encubre algo. // Tabernáculo tendrá diez **c**, Ex. 26.1. Extiende los cielos como una **c**, Sal. 104.2; Is. 40.22. Véase **Velo**.

CORTO: Que tiene poca longitud; falta de comprensión. // La cama será **c**, Is. 28.20. Tiene la vista muy **c**, 2 P. 1.9.

COS, hb. **Espina**: Un descendiente de Judá, 1 Cr. 4.8.

COS: Una isla en el mar Egeo, cerca de la costa de Asia Menor, donde Pablo pasó una noche, en su tercer viaje misionero, Hch. 21.1. Véase mapa 6, D-2.

COSA: Objeto inanimado; realidad, acto, asunto; pl. bienes. // Sobre todas las **c**, Nm. 1.50. Guardaba todas estas **c** en el corazón, Lc. 2.51. Quién de los hombres sabe las **c**, 1 Co. 2.11. Del cual proceden todas las **c**, 1 Co. 8.6. Partícipe de toda **c** buena, Gá. 6.6. La lengua... se jacta de grandes **c**, Stg. 3.5

COSECHA, FIESTA DE LA: Ex. 23.16. Véase **Tabernáculos, Fiesta de los**.

COSECHA: Lo que se recoge. // No demorarás la primicia de tu **c**, Ex. 22.29. La fiesta de la **c**, Ex. 23.16. Cuando hayas hecho la **c**, Dt. 16.13. La **c** será arrebatada en el día, Is. 17.11. La vendimia faltará, y la **c** no vendrá, Is. 32.10. Sobre tu **c**... vino el destruidor, Jer. 48.32. Véase **Siega**.

COSER: Unir por medio de puntos dados con hilo metido en una aguja. // Entonces cosieron hojas de higuera, Gn. 3.7. Cosí cilicio sobre mi piel, Job 16.15.

COSTA: Precio que se paga por algo. // Se han enriquecido a **c** de ella, Ap. 18.15.

COSTA: Región a la orilla del mar. // De éstos se poblaron las **c**, Gn. 10.5. Vendrán naves de la **c** de Quitim, Nm. 24.24. En las **c** del mar, Is. 11.11. A los reyes de las **c**, Jer. 25.22.

COSTADO: Lado, lateral. // Metiere mi mano en su **c**, Jn. 20.25.

COSTAL: Saco grande de tela fuerte y rústica. // Vio su dinero que estaba en la boca de su costal, Gn. 42.27. Llevad en vuestra mano el dinero vuelto en las bocas de vuestros **c**, Gn. 43.12.

COSTAR: Ser adquirido por el precio de. // Holocaustos que no me cuesten nada, 2 S. 24.24.

COSTEAR: Navegar, cambiando de rumbo con frecuencia, cuando el viento no favorece. // De allí, costeando alrededor, llegamos a Regio, Hch. 28.13.

COSTILLA: Cada uno de los huesos chatos, alargados y curvos, que forman la caja torácica. // Y de la **c**... hizo una mujer, Gn. 2.22. En su boca tres **c**, Dn. 7.5.

COSTO: Cantidad por la que se adquirió algo. // Por la mitad del **c** de un jornalero, Dt. 15.18.

COSTRA: Cáscara. // Mi carne está vestida... de **c** de polvo, Job 7.5.

COSTUMBRE: Uso; práctica por lo general observada. // No haciendo las c abominables, Lv. 18.30. Según las **c** de las naciones, 2 R. 17.33. Las **c** de los pueblos son vanidad, Jer. 10.3. Según la **c** de la fiesta, Lc. 2.42. Conforme a su **c**, y se levantó, Lc. 4.16. Y cambiará las **c**, Hch. 6.14. Tú conoces todas las **c**. Hch. 26.3. No tenemos tal **c**, 1 Co. 11.16. Corrompen las buenas **c**, 1 Co. 15.33. Como algunos tienen por **c**, He. 10.25.

COSTURA: Unión de dos piezas de paño por medio de puntos. // La túnica... era sin **c**, Jn. 19.23.

COYUNDA: Correa que ata el yugo al pescuezo del buey. // Hazte **c** y yugos, y ponlos sobre tu cuello, Jer. 27.2.

COYUNTURA: Articulación entre dos huesos. // Unido entre sí por todas las coyunturas, Ef. 4.16. El cuerpo, nutriéndose y uniéndose por las **c**, Col. 2.19. Las **c** y los tuétanos, He. 4.12.

COZ: Golpe violento con el tobillo, con el pie o con la pata hacia tras. // Pero engordó Jesurún, y tiró **c**, Dt. 32.15.

COZBI: Mujer madianita que atrajo Zimri, un príncipe de la tribu de Simeón, y fue muerta por Finees, Nm. 25.15.

CRÁNEO: Caja ósea que encierra y protege el cerebro, el cerebelo y la protuberancia anular. // Sobre la cabeza de Abimelec, y le rompió el **c**, Jue. 9.53.

CREACIÓN: Acción de sacar de la nada. Se emplea la palabra **crear** tres veces en el primer capítulo de Génesis: 1) en cuanto al origen de la materia, v.1; 2) acerca del comienzo de la vida, v.21; 3) sobre el inicio del alma del hombre, v.27. La sabiduría del mundo nunca conseguirá dar otra respuesta satisfactoria a esos tres puntos. // La obra que había hecho en la **c**, Gn. 2.3. Al principio de la c, varón y hembra, Mr. 10.6. La **c**... será libertada de la esclavitud, Ro. 8.21. Sabemos que toda la **c** gime, Ro. 8.22. El primogénito de toda **c**, Col. 1.15. Tabernáculo... no de esta **c**, He. 9.11. Así como desde el principio de la **c**, 2 P. 3.4. Principio de la **c** de Dios, Ap. 3.14. // La historia, a menudo repetida, de Sir Isaac Newton, ilustre matemático, físico, astrónomo y filósofo, y su amigo íntimo, igualmente científico ilustre pero escéptico, merece un lugar aquí en esta obra: Newton mandó un mecánico hábil e ingenioso a que le hiciera una reproducción exacta del sistema solar, en miniatura. En el centro había una bola dorada que representaba al sol. Alrededor de esa había otras bolas fijas en las puntas de brazos de tamaños variados, que representaban a Mercurio, Júpiter, Saturno, Urano y Neptuno. Puesto en movimiento por una manivela, esas bolas giraban alrededor del "sol" en armonía perfecta. Cierto día, cuando Newton se hallaba sentado leyendo en su sala de trabajo, entró su amigo escéptico. Como gran científico que era, reconoció en un vistazo el propósito de la máquina puesta sobre una mesa. Poniendo el mecanismo en movimiento, quedó de veras admirado, percibiendo las bolas moviéndose y girando cada una en su propia órbita y en su relativa velocidad. Apartándose un poco para admirarla, exclamó: "¡Qué maravilla! ¿Quién la hizo?" Newton, sin quitar los ojos del libro, respondió: "¡Nadie!" El escéptico, volviéndose hacia Newton, retrucó: "Usted no entendió. Pregunté quién la hizo." Levantando los ojos, Newton le aseguró solemnemente que nadie la hiciera, que el conjunto de la materia, tan admirado, asumiera por casualidad la forma en que estaba. El escéptico, estupefacto e indudablemente enojado, respondió: "¿Crees que soy loco? Por cierto alguien la hizo, alguien dotado de alto poder intelectual, y quiero conocerlo". Newton, poniendo el libro a un lado, se levantó y, poniendo la mano sobre el hombro de su amigo, dijo: "Esa máquina es una débil imitación de un sistema infinitamente superior, cuyas leyes tú conoces, y no logro convencerte de que ese juguete no tiene inventor ni fabricante! Ahora, pues, dime cuál raciocinio te lleva a una conclusión tan discordante". No es necesario añadir que el escéptico quedó convencido de la verdad y se volvió creyente firme en el Dios que creó los cielos y la tierra.

CREADOR: El que crea, el que saca de la nada. // **C** de los cielos y de la tierra, Gn. 14.19,22. El Salmo de loor al **C**, Sal. 104. Has olvidado de Dios tu **c**, Dt. 32.18. Acuérdate de tu **C**, Ec. 12.1. Así dice Jehová Dios, su **C**, Is. 42.5. **C** de Israel, Is. 43.15. Culto a las criaturas antes que al **C**, Ro. 1.25. Encomienden sus almas al fiel **C**, 1 P. 4.19.

CREAR: Dar existencia a, sacar de la nada. // Creó Dios los cielos y la tierra, Gn. 1.1. Creó Dios a todos los seres vivientes, Gn. 1.21. Creó Dios al hombre a su imagen, Gn. 1.27. El día en que creó Dios al hombre, Gn. 5.1. Crea en mí, oh Dios, un corazón limpio, Sal. 51.10. Un pueblo que ha de ser creado, Sal. 104.30; 148.5. Porque él mandó y fueron creados, Sal. 148.5. El Santo de Israel lo creó, Is. 41.20. Para gloria mía los he creado, Is. 43.7. Hago la paz y creo la adversidad, Is. 45.7. Jehová creará una cosa nueva, Jer. 31.22. No nos ha creado un mismo Dios, Mal. 2.10. Atributos invisibles de Dios percibidos por medio de las que fueron creadas, Ro. 1.20. Tampoco el varón fue creado por causa de la mujer, 1 Co. 11.9. Hechura suya, creados en Cristo Jesús para buenas obras, Ef. 2.10. Para c en sí mismo de los dos un solo y nuevo hombre, Ef. 2.15. El nuevo hombre creado según Dios, Ef. 4.24. En él fueron creadas todas las cosas, Col. 1.16. Todo lo que Dios creó es bueno, 1 Ti. 4.4. Tú creaste todas las cosas, Ap. 4.11. Que creó el cielo y las cosas que están el él, Ap. 10.6.

CRECER: Aumentar en volumen, extensión, altura, intensidad o grandeza. // Las aguas crecieron y alzaron el arca, Gn. 7.17. El cabello... comenzó a crecer, Jue. 16.22. Samuel creció, y Jehová estaba con él, 1 S. 3.19. David iba adelantando y creciendo, 1 Cr. 11.9. Por toda ella habían crecido los espinos, Pr. 24.31. Dejad **c**... lo uno y lo otro, Mt. 13.30. Jesús crecía en sabiduría, Lc. 2.52. Que él crezca, pero que yo mengüe, Jn. 3.30. Crecía la palabra, Hch. 6.7; 12.24; 19.20. Pueblo creció y se multiplicó, Hch. 7.17. Conforme crezca vuestra fe, 2 Co. 10.15. Va creciendo para ser un templo santo, Ef. 2.21. Crezcamos... en aquel que es la cabeza, Ef. 4.15. Y lleva fruto, y crece, Col. 1.6. Crece con el crecimiento que da Dios, Col. 2.19. El Señor os haga **c**, 1 Ts. 3.12. Creced en la gracia y, 2 P. 3.18. Véase **Brotar, Germinar**.

CRECIMIENTO: Aumento. // Pero el **c** lo ha dado, 1 Co. 3.6. Sino Dios, que da el **c**, 1 Co. 3.7. Recibe su **c** para ir edificándose, Ef. 4.16. Crece con el **c** que da Dios, Col. 2.19.

CRÉDITO: Confianza que inspira la veracidad de alguien. Buena reputación. // Y no dieron **c** a sus maravillas, Sal. 78.32. El centurión daba más **c** al piloto, Hch. 27.11. Véase **Confianza, Fe**.

CREER: Tener confianza, fe; dar crédito; fiarse. // Ellos no me creerán, Ex. 4.1. Y el pueblo creyó, Ex. 4.31. No le creísteis, ni obedecisteis, Dt. 9.23. Pidiereis en oración, creyendo, lo recibiréis, Mt. 21.22. Arrepentíos, y creed en el evangelio, Mr. 1.15. No temas, cree solamente, Mr. 5.36; Lc. 8.50. Todo es posible al que cree, Mr. 9.23. Pidiereis orando, creed que lo recibiréis, Mr. 11.24. El que creyere será salvo, Mr. 16.16. Tardos de corazón para **c**, Lc. 24.25. Hechos hijos de Dios... a los que creen, Jn. 1.12. Aquel que en él cree no se pierda, Jn. 3.16. El que en él cree, no es condenado, Jn. 3.18. El que cree en el Hijo tiene vida eterna, Jn. 3.36. Y creyó él con toda su casa, Jn. 4.53. El que en mí cree, no tendrá sed jamás, Jn. 6.35. El que cree en mí, como dice la Escritura, Jn. 7.38. El que cree en mí, aunque muera, vivirá, Jn. 11.25. Creéis en Dios, creed también en mí, Jn. 14.1. El que en mí cree, las obras que yo hago, Jn. 14.12. Todos los que creyeron estaban juntos, Hch. 2.44. Cree en el Señor Jesús, y serás salvo, Hch. 16.31. Para salvación a todo aquel que cree; Ro. 1.16. Abraham creyó en Dios... imputado para justicia, Ro. 4.3; Gá. 3.6; Stg. 2.23. El creyó en esperanza, contra esperanza, Ro. 4.18. El que cree en él no será confundido, Ro. 10.11. Sé a quien he creído, 2 Ti. 1.12. Que se acerca a Dios crea, He. 11.6. Tú crees... También los demonios creen, Stg. 2.19. En quien creyendo... aunque ahora no lo veáis, 1 P. 1.8. Cree que Jesús... es nacido de Dios, 1 Jn. 5.1. Véase **Fiar, Confiar**.

CREMA: Materia gorda y untosa de la leche. // En tazón... le presentó **c**, Jue. 5.25. Véase **Leche**, **Manteca**.

CREMACIÓN: Acto de destruir por el fuego, especialmente cadáveres humanos. Era costumbre entre los antiguos griegos quemar los cadáveres de los que murieran. Hay alusiones a esa costumbre en las Escrituras (Jos. 7.15; 1 Co. 13.3) pero no entre el pueblo de Dios ni en el Antiguo y ni en el Nuevo Testamento.

CRESCENTE: Que crece. Un asistente de Pablo, 2 Ti. 4.10. Conforme la tradición, era uno de los setenta.

CRETA: Hch. 27.12. Una isla del Mediterráneo, 96 km al sur de Grecia. Actualmente llamada **Candía.** Véase mapa 6, D-3.

CRETENSES: Hch. 2.11; Tit. 1.12. Los habitantes de Creta.

CREYENTE: Que cree, convencido, persuadido. // No seas incrédulo, sino **c**, Jn. 20.27. Hijo de una mujer judía **c,** Hch. 16.1. Padre de todos los **c,** Ro. 4.11. Agradó a Dios salvar a los **c,** 1 Co. 1.21. Qué parte el **c** con el incrédulo, 2 Co. 6.15. Los de la fe son bendecidos con el **c** Abraham, Gá. 3.9.

CRÍA: Animal que se está criando. // Treinta camellas... con sus **c**, Gn. 32.15. Dos vacas que críen, 1 S. 6.7. Y no malogran su **c,** Job 21.10. La vaca y la osa... sus **c** se echarán juntas, Is. 11.7. Dejaban la **c,** porque no había hierba, Jer. 14.5.

CRIADO: Empleado. // Mi **c** está postrado, Mt. 8.6. Y su **c** fue sanado, Mt. 8.13. Dijo a sus **c**, Mt. 26.71. Llamó a dos de sus **c,** Hch. 10.7. Véase **Siervo.**

CRIATURA: Cada uno de los seres creados. // Predicad el evangelio a toda **c**, Mr. 16.15. Dando culto a las **c** antes que al Creador, Ro. 1.25. Si alguno está en Cristo, nueva **c** es, 2 Co. 5.17. Para que seamos primicias de sus **c,** Stg. 1.18.

CRIATURA: Niño pequeño. // La **c** saltó de alegría en mi vientre, Lc. 1.44. La **c** saltó en su vientre, Lc. 1.41.

CRISOL: Vaso de fundir metales. // El **c** para la plata, y la hornaza para el oro, Pr. 17.3; 27.21.

CRISÓLITO: Piedra preciosa color de oro. // El séptimo fundamento del muro de la nueva Jerusalén, Ap. 21.20.

CRISOPRASO: Variedad de ágata verdeclara con filones amarillos. // El décimo fundamento del muro de la nueva Jerusalén, Ap. 21.20.

CRISPO, lat.: **Pelo rizado**. // Principal de la sinagoga en Corinto, Hch. 18.8. Bautizado por Pablo, 1 Co. 1.14.

CRISTAL: Variedad de cuarzo. // Expansión a manera de **c** maravilloso, Ez. 1.22. Mar de vidrio, semejante a **c**, Ap. 4.6. Diáfana como el **c,** Ap. 21.11. Resplandeciente como **c,** Ap. 22.1.

CRISTIANO: Un seguidor de Cristo. // En Antioquía fueron los discípulos por primera vez llamados **c**, Hch. 11.26. Por poco me persuades a ser **c**, Hch. 26.28. Pero si alguno padece como **c**, 1 P. 4.16. Los **c** llamados también **los del camino,** Hch. 9.2; **hermanos,** Hch. 15.1, 23; 1 Co. 7.12; **discípulos,** Hch. 9.26; 11.29; **creyentes,** Hch. 5.14; **Santos,** Ro. 8.27; 15.25. Véase **Creyente.**

CRISTO, gr. **Ungido,** hb. **Mesías:** El Cristo, quiere decir, el **ungido:** Tú eres el Cristo, el Hijo del Dios viviente, Mt. 16.16; A nadie dijesen que él era Jesús el Cristo, Mt. 16.20; Si acaso Juan sería el Cristo, Lc. 3.15; Cree que Jesús es el Cristo, 1 Jn. 5.1; Es decir, cree que Jesús es el ungido. Compare **Ungido:** Sal. 2.2; Dn. 9.25. Véase **Jesús.**

Templo de Apolo en Corinto.

CRISTOS, FALSOS: Mt. 24.4, 5, 24; Mr. 13.21, 22; Lc. 21.8; Jn. 5.43. Véase 1 Ti. 4.1-7; 2 P. 2.; Jud. 4-19. Entre numerosos embusteros y seudocristos, que ofrecían liberación a Israel, las Escrituras mencionan Teudas, y Juan, el galileo, Hch. 5.36,37.

CRONICAS, EL PRIMERO Y EL SEGUNDO LIBRO DE: En el canon judío estos dos fueron un solo libro, intitulado: **Los acontecimientos de tiempos pasados.** En la Septuaginta este se divide en dos libros, titulado **Paraleipomena,** que significa **cosas omitidas.** Así, Paralipómenos es considerado un **suplemento** a los libros de los Reyes. En la Vulgata se llama **El primero y el segundo libro de Crónicas,** es decir, de los **Anales,** o historia año por año. No se debe confundir la obra **El primero y el segundo libro de Crónicas** con los registros públicos, llamados repetidamente **Las Crónicas de los Reyes de Judá,** y de **Israel,** en los libros **El primero y el segundo libros de los Reyes.** Los primeros 9 capítulos de 1 **Crónicas** dan las genealogías, con el objetivo de ayudar al pueblo a colonizar otra vez la tierra, cada familia teniendo derecho a las tierras ocupadas anteriormente al cautiverio. **La paternidad literaria:** Las **Crónicas** son una compilación de obras de los profetas. Muchos de sus pasajes son idénticos a otros de los libros de los Reyes. Según el Talmud, esa compilación fue hecha por Esdras. **La clave:** A pesar de la gran similitud entre **Las Crónicas** y **Los Reyes,** hay gran diferencia. **Los Reyes** destacan el trono de los reyes terrenales; **Las Crónicas,** el trono terrenal (el Templo) del Rey celestial. **Los Reyes** cuentan la historia de Judá y de Israel; **Las Crónicas** tratan de Judá, mencionando a Israel sólo incidentalmente. **Los Reyes** es un libro político y regio; **Las Crónicas,** eclesiástico y sacerdotal. **Las divisiones:** **I.** Las genealogías oficiales de Israel, 1 Cr. 1 a 9. **II.** De la muerte de Saúl a la elevación de David al trono, 1 Cr. 10 a 12. **III.** El reinado de David, 1 Cr. 13 a 29. **IV.** El reinado de Salomón, 2 Cr. 1 a 9. **V.** La historia del reino de Judá hasta el cautiverio en Babilonia, 2 Cr. 10 a 36. Fuera las genealogías (1 Cr. 1 a 9), los dos libros de **Crónicas** abarcan un período de casi quinientos años.

CRONOLOGÍA: El tratado de las fechas históricas de la Biblia está desarrollado en la mayor confusión. Las naciones de la antigüedad no tenían un sistema uniforme de contar el tiempo. No tenían una época que sirviera de punto fijo, de referencia a que se vincularan los hechos posteriores. Acostumbraban fechar los documentos con relación al año del dominio del monarca que reinaba. Los hebreos, durante algunos años, databan los acontecimientos comenzando con su salida de Egipto, Ex. 16.1; Nm. 9.1. Los romanos lo databan todo, iniciando la cuenta con la fundación de la ciudad de Roma. Pero iniciaron esa costumbre solamente algunos siglos después. Los griegos usaban el sistema de las olimpíadas. Una olimpíada correspondía a cuatro años. El punto de partida de ese sistema, que fue empleado hasta el siglo IV de nuestra era, fue el año 776 a.C., caracterizado por la victoria del atleta Coroebus. Los mahometanos comenzaron su era con la Hégira, es decir, la fuga de Mahoma de La Meca, en 16 de julio de 622 a.C. Los judíos empleaban una era que remonta la creación. Las naciones cristianas adoptaron el sistema del nacimiento de Cristo. Pero lo adoptaron sólo en el año 526 d.C., basándose en el sistema sobre el cálculo del abad romano, Dionysius Exiguus. Pero ahora sabemos que el abad se equivocó en casi cuatro años en su cálculo. Así, conforme el sistema que usamos, Jesús nació cuatro años a.C. // Algunas Biblias comenzaron, en 1701, a traer fechas marginales, según los cálculos del arzobispo Ussher. No se usa actualmente ese sistema, después de doscientos cincuenta años de servicio útil, porque se descubrieron algunos casos de inexactitud. Algunos diccionarios bíblicos más recientes ya no traen tablas cronológicas. No obstante, algunas fechas son fijas y algunos períodos determinados con absoluta certeza cronológica. Casi todos las fechas en las páginas de algunas versiones de la Biblia están acertadas. Son siempre muy útiles para determinar con exactitud la sucesión de los acontecimientos.

CRUCIFICAR: Clavar en la cruz. // Entregarán a los gentiles para ser... crucificado, Mt. 20.19. A unos... crucificaréis, Mt. 23 .34. Volvieron a dar voces: ¡Crucifícale! Mr. 15.13. Allí lo crucificaron, al igual que a los malhechores, Lc. 23.33. Jesús a quien vosotros crucificasteis, Hch. 2.36; 4.10. Fue crucificado con él nuestro viejo hombre, Ro. 6.6. Fue crucificado Pablo, 1 Co. 1.13. Nunca habrían crucificado al Señor, 1 Co. 2.8. Aunque fue crucificado en debilidad, 2 Co. 13.4. Crucificado la carne con sus pasiones, Gá. 5 .24. Crucificando de nuevo... al Hijo de Dios, He. 6.6. Donde nuestro Señor fue crucificado, Ap. 11.8. Véase **Cruz.**

CRUDO: Todavía no cocido. // Ninguna cosa comeréis de él **c**, Ex. 12.9. No aceptará de ti carne cocida, sino **c**, 1 S. 2.15.

CRUEL: Inhumano, despiadado. // Te has vuelto **c** para mí, Job 30.21. Y tus años al **c**, Pr. 5.9. Mas el **c** se atormenta a sí mismo, Pr. 11.17. El corazón de los impíos es **c,** Pr. 12.10. Mensajero **c** será enviado, Pr. 17.11. **C** es la ira, e impetuoso el furor, Pr. 27.4. **C** son, y no tendrán misericordia, Jer. 6.23. Con azote de adversario **c,** Jer. 30.14. Serán **c**, y no tendrán compasión, Jer. 50.42. Intemperantes, **c,** aborrecedores, 2 Ti. 3.3. // Ejemplos de crueldad: Simeón y Leví, Gn. 34.25. Faraón, Ex. 1.16. Abimelec, Jue. 9.5. Manasés, 2 R. 21.16. Nabucodonosor, Dn. 3.19. Herodes, Mt. 2.16. Véase **Perverso**.

CRUELDAD: Inhumanidad, ferocidad. // Los que respiran **c**, Sal. 27.12. Véase **Perversidad.**

CRUJIR: Crujir los dientes, rozarlos con ruido unos sobre los otros, por efecto de dolor, cólera, etc. // Crujió sus dientes contra mí, Job 16.9. Crujirá los dientes, y se consumirá, Salmo 112.10. Se burlaron, y crujieron los dientes, Lm. 2.16; Mt. 24.51. Y cruje los dientes, Mr. 9.18. Y crujían los dientes contra él, Hechos 7.54.

CRUZ: Instrumento de suplicio usado por los asirios, persas, fenicios, egipcios, griegos y romanos. Estaba formada por lo general de dos piezas de madera, atravesadas una sobre la otra, y a la cual se clavaban, a los criminales. Se usaban para las ejecuciones del primer siglo, dos o tres formas de cruces: la cruz latina, la que tenía la parte inferior más larga que las otras; la cruz de S. Antonio era en la forma da letra T, la cruz de S. Andrés era en la forma de una X. El hecho de que hayan puesto arriba de la cruz la acusación de Jesús (Mr. 15.26) indica que Cristo fue crucificado en una cruz latina. // El que no toma su **c**, Mt. 10.38; 16.24. A éste obligaron a que llevase la **c**, Mt. 27.32. Si eres el Hijo de Dios, desciende de la **c**, Mt. 27.40. Que no se haga vana la **c** de Cristo, 1 Co. 1.17. La palabra de la **c** es locura, 1 Co. 1.18. Mediante la **c** reconciliar con Dios, Ef. 2.16. Son enemigos de la **c** de Cristo, Fil. 3.18. La paz mediante la sangre de su **c**, Col. 1.20. Quitándola... y clavándola en la **c**, Col. 2.14. Delante de él sufrió la **c**, He. 12.2. // La muerte de Cristo en la **c**, Mt. 27.32-42; Fil. 2.8; He. 12.2. El poder de la **c**, Jn. 12.32; 1 Co. 1.18, 24. Símbolo de abnegación, Mt. 10.38; 16.24; Mr. 10.21; Lc. 9.23. Gloriarse en la **c**, Gá. 3.1, 6, 12-14. El tropiezo de la **c**, Gá. 5.11; Fil. 3.18. El oprobio de la **c**, He. 12.2. Persecución a causa de la **c**, Gá. 6.12.

CRUZAR: Poner en forma de cruz. // Cruzar por un poco las manos, Pr. 6.10; 24.33.

CUADRADO: Se dice del polígono que tiene lados iguales y los ángulos rectos. // El altar del holocausto, Ex. 27.1. El altar del incienso, Ex. 30.2. La región sagrada, Ez. 48.20.

CUADRANTE: El centavo de Lc. 12.59 era la mitad de un cuadrante (Mr. 12.42) y la moneda de menor valor en circulación.

CUADRÚPEDO: Que tiene cuatro patas. // Todo animal que, Lv. 11.27. Había de todos los **c** terrestres, Hechos 10.12. Semejanza de imagen... de aves, y de **c**, Ro. 1.23.

CUAJAR: Coagular, solidificar. // Los abismos se cuajaron en medio del mar, Ex. 15.8. ¿Como queso me cuajaste? Job 10.10.

CUALQUIERA: Que designa cosa, lugar o individuo indeterminado. // Y sucederá que **c** que me hallare, me matará, Gn. 4.14.

CUANDO: En qué tiempo, en qué ocasión. // ¿Hasta **c**? Salmo 6.3; 74.9; Is. 6.11; Mt. 17.17; Juan 10.24; Ap. 6.10.

CUARENTA: Diez veces cuatro. // Comieron... maná **c** años, Ex. 16.35. Andarán pastoreando en el desierto **c** años, Nm. 14.33. Se podrá dar **c** azotes, Dt. 25.3. **Cuarenta días:** en el diluvio, Gn. 7.17; al cabo de **c** días Noé envió un cuervo, Gn. 8.6; **c** días para embalsamar, Gn. 50.3; Moisés permaneció **c** días en el monte Sinaí, Ex. 24.18; **c** días para espiar la tierra de Canaán, Nm. 13.25; 14.34; Goliat se presentó **c** días desafiando al pueblo de Israel, 1 S. 17.16; el ayuno de Elías duró **c** días, 1 R. 19.8; Jehová dio a Nínive **c** días para que se arrepintiera, Jon. 3.4; Cristo ayunó **c** días, Mt. 4.2. Él apareció a los discípulos durante **c** días, Hechos 1.3. Véase **Número.**

CUARTO: Mt. 10.29, Una moneda que valía la décima parte de un denario. Véase **Dinero**.

CUARTO: Mt. 10.29. Véase **Dinero**.

CUARTO: Ordinal correspondiente a cuatro. // El cuarto: fundamento, Ap. 21.19; generación, Gn. 15.16; Ex. 20.5; reino, Dn. 2.40; rostro, Ez. 10.14; sello, Ap. 6.7; ser viviente, Ap. 4.7; copa, Ap. 16.8; ángel, Ap. 8.12; vigilia, Mt. 14.25.

CUARTO: Un cristiano de Corinto, de quien Pablo manda saludos para los hermanos en Roma, Ro. 16.23.

CUATRO: Tres más uno. // Los **c** ríos del Edén, Gn. 2.10. Restituir **c** veces, Ex. 22.1; 2 S. 12.6; Lc. 19.8. Los **c** vientos, Ez. 37.9; Dn. 7.2; 8.8; 11.4; Zac. 6.5; Mt. 24.31. Los **c** confines de la tierra, Is. 11.12; Ap. 7.1; 20.8. **C** bestias, Dn. 7.3. **C** cuernos, Dn. 8.8; Zac. 1.18. **C** carros, Zac. 6.1. **C** seres vivientes, Ez. 1.5; Ap. 4.6. Véase **Número.**

"Envió un cuervo... envió también... una paloma" *(Gn. 8).*

CUBIERTA: Objeto o estofo que sirve para cubrir. // De pieles, una **c** para la tienda, Ex. 26.14. Y desnudó la **c** de Judá, Is. 22.8.

CUBO: Recipiente usado para sacar agua de pozos, y otros usos domésticos. // Sus rayos, sus **c**... todo era de fundición, 1 R. 7.33. Las naciones le son como gotas de agua que cae del **c**, Is. 40.15.

CUBRIR: Ocultar o resguardar, poniendo algo encima, delante o alrededor. // Pero el amor cubre todas las transgresiones, Pr. 10.12. Como las aguas cubren el mar, Is. 11.9. Con dos cubrían sus rostros, con dos cubrían sus pies, Is. 6.2. Y a los collados: Cubridnos, Lc. 23.30. Cuyos pecados son cubiertos, Ro. 4.7. Y cubrirá multitud de pecados, Stg. 5.20. El amor cubrirá multitud de pecados, 1 P. 4.8.

CUCHILLO: Instrumento cortante, formado de una lámina y de un cable. // Y Josué se hizo **c** afilados, y circuncidó a los hijos de Israel, Jos. 5.3. Pon **c** a tu garganta, Pr. 23.2. Y se sajaban con **c** y con lancetas, 1 R. 18.28. Veintinueve **c,** Esd. 1.9.

CUENCA: Cavidad. // Entonces abrió Dios la cuenca que hay en Lehi, Jue. 15.19. Véase **Cueva**.

CUENCO: Vaso de barro hondo, ancho y sin borde; concavidad, sitio cóncavo. // Asimismo hizo Hiram fuentes, y tenazas, y **c**, 1 R. 7.40. Y calderos, paletas, **c**, y todos los utensilios, 1 R. 7.45. Incensarios, **c**, los que de oro, en oro, 2 R. 25.15. Se rompa el **c** de oro, Ec. 12.6.

CUENTA: Acción o efecto de contar; cálculo, operación aritmética; atribuciones, justificación. // Haréis la **c** sobre el cordero, Ex. 12.4. No se tomará en **c,** Dt. 19.15. Dio la **c** del número, 1 Cr. 21.4. Darán **c** en el día de juicio, Mt. 12.36. Ajustar **c** con sus siervos, Mt. 18.23. Y ajustó **c** con ellos, Mt. 25.19. Da **c** de tu mayordomía, Lc. 16.2. Si yo hablo por mi **c,** Jn. 7.17. Habla por su propia **c,** Jn. 7.18. Dará **c** de sí mismo, Ro. 14.12. No les sea tomado en **c**, 2 Ti. 4.16. Te debe, ponlo a mi **c**. Flm. 18. Vuestros pastores... han de dar **c,** He. 13.17. Dar **c** a aquel que es competente, 1 P. 4.5.

CUERDA: Conjunto de hilos unidos y torcidos unos sobre otros. // Descender por una **c** por la ventana, Jos. 2.15. Entonces le ataron con dos **c** nuevas, Jue. 15.13; Con cuerdas nuevas, Jue. 16.11. Echemos de nosotros sus **c,** Sal. 2.3. Retenido será con la **c** de su pecado, Pr. 5.22. Alarga tus **c**, Is. 54.2. Todas mis **c**, Jer. 38.13. Con **c** humanas... atraje, Os. 11.4. Un azote de **c,** Jn. 2.15.

CUERDO: Cordato, sensato. // Que dio al rey David un hijo sabio, entendido, **c** y prudente, 2 Cr. 2.12. Ha dejado de ser **c** y de hacer el bien, Sal. 36.3. El hombre **c** encubre su saber, Pr. 12.23. Porque si estamos locos, es para Dios; y si somos **c**, es para vosotros. 2 Co. 5.13. Buena gana toleráis a los necios, siendo vosotros **c**, 2 Co. 11.19. Véase **Prudente.**

CUERNO: Prolongación ósea que tienen algunos animales en la frente. // Un carnero trabado... por sus **c**, Gn. 22.13. **C** del altar, Ex. 29.12; 1 R 1.50; 2.28; Sal. 118.27. Siete trompetas de **c**, Jos. 6.4. Llena tu **c** de aceite, 1 S 16.1. **C** de hierro, 1 R. 22.11. Diez **c**, Dn. 7.7; Ap. 5.6; 13.1; 17.3,12. Dos **c**, Dn. 8.3. **C** notable, Dn. 8.5. Cuatro **c**, Zac. 1.18.

Culebra

CUERO: Piel gruesa y dura de ciertos animales. // Un cinturón de **c**, 2 R. 1.8; Mt. 3.4.

CUERPO ESPIRITUAL: Se siembra cuerpo natural, resucita cuerpo espiritual 1 Co. 15.44. Transformará el cuerpo de la humillación nuestra, para que sea semejante al **c** de la gloria suya, Fil. 3.21. Compare 1 Jn. 3.2. Después de la resurrección de Cristo, Ele comió, Lc. 24.42,43; respiró, Jn. 20.22; poseía carne y huesos Lc. 24.39; puertas cerradas y grandes distancias no le eran barreras, Jn. 20.19-29; Lc. 24.31-36.

CUERPO: Parte distinta de materia. Sustancia conformada del hombre y de cada animal. // La lámpara del **c** es el ojo, Mt. 6.22. No os afanéis... por vuestro **c**, Mt. 6.25. No temáis a los que matan el **c**, Mt. 10.28. Esto es mi **c**, Mt. 26.26. Deshonraron entre sí sus propios **c**, Ro. 1.24. Quién me librará del **c** de esta muerte, Ro. 7.24. Vivificará también vuestros cuerpos mortales, Ro. 8.11. Aguardando la redención de nuestro **c**, Ro. 8.23. Presentéis vuestros **c** en sacrificio, Ro. 12.1. Somos un **c**, Ro. 12.5. Vuestro **c** es templo, 1 Co. 6.19. Glorificad... a Dios en vuestro **c**, 1 Co. 6.20. No tiene potestad sobre su propio **c**, 1 Co. 7.4. Así como el **c** es uno, 1 Co. 12.12. Sois el **c** de Cristo, 1 Co. 12.27. Entregue mi **c** para ser quemado, 1 Co. 13.3. Muertos, ¿en qué **c** vienen? 1 Co. 15.35. Hay **c** celestiales y **c** terrenales. 1 Co. 15.40. Se siembra **c** animal, 1 Co. 15.44. Si en el **c,** o fuera del **c,** no lo sé, 2 Co. 12.3. Reconciliar con Dios a ambos en un solo **c**, Ef. 2.16. Un **c,** y un espíritu, Ef. 4.4. De quien todo el **c,** bien concertado, Ef. 4.16. Somos miembros de su **c**, Ef. 5.30. Será magnificado Cristo en mi **c**, Fil. 1.20. Transformará el **c**, Fil. 3.21. **C,** sea guardado irreprensible, 1 Ts. 5.23. Lavados los **c** con agua, He. 10.22. Como el **c** sin espíritu está muerto, Stg. 2.26. Refrenar todo el **c,** Stg. 3.2. El cuerpo debe ser puro, Ro. 12.1; 1 Co. 6.13. Es santuario del Espíritu Santo, 1 Co. 3.16; 6.19; 2 Co. 6.16. Será resucitado, Mt. 22.30; 1 Co. 15.12; Fil. 3 21. El cuerpo de Cristo, Lc. 2.35; Jn. 19.34; Mt. 27.60; Mr. 15.46; Lc. 23.53; Jn. 19.42. Véase **Carne.**

CUERVO: Ave carnívora, de alas largas. De plumaje negro, Cnt. 5.11. La primera ave mencionada, por su nombre, en la Biblia, Gn. 8.7. Prohibido comer su carne, Lv. 11.15. Propenso a arrancar los ojos, Pr. 30.17. Se anida en lugares yermos, Is. 34.11. Llevaron alimento al profeta Elías, 1 R. 17.4,6. Citado para ilustrar la providencia de Dios; a pesar de vivir en los lugares solitarios, siempre tiene su sustento, Job 38.41; Sal. 147.9; Lc. 12.24.

CUESTIÓN: Protesta contra algo, oposición a ello. // ¿Tuvo él **c** contra Israel o hizo guerra contra ellos? Jue. 11.25.

CUEVA: Abertura en la tierra, excavación. // Lot subió... y habitó en una **c,** Gn. 19.30. Jugará sobre la **c** del áspid, Is. 11.8. Se escondieron en una **c,** Jos. 10.16. Habían sido hallados... en una **c,** Jos. 10.17. Habitó en las **c** de la peña, Jue. 15.8. Donde había una **c,** 1 S. 24.3. Por causa de los madianitas, se hicieron **c**, Jue. 6.2. A David en la **c** de Adulam, 2 S. 23.13. Tomó a cien profetas... y los escondió en **c,** 1 R. 18.4. Escondí... los profetas... en **c,** 1 R. 18.13. Cuando están echados en las **c,** Job 38.40. Como el león desde su **c,** Sal. 10.9. Y se echan en sus **c,** Sal. 104.22. Es **c** de ladrones delante, Jer. 7.11. Que están... en las **c,** Ez. 33.27. Era una **c** y tenía una piedra puesta, Jn. 11.38. Escondieron en las **c,** Ap. 6.15. Véase **Caverna, Sepulcro, Túmulo.**

CUIDADO: Precaución, cautela, diligencia, desvelo. // En mano de José el **c** de... los presos, Gn. 39.22. El **c** del santuario, Nm. 18.5. Ten **c** de no desamparar al levita, Dt. 12.19. Ten **c** de observar, Dt. 24.8. Sé diligente... con **c** por tus rebaños, Pr. 27.23. No te da **c** que mi hermana me deje, Lc. 10.40. Tiene **c** de las cosas del Señor, 1 Co. 7.32,34. Habéis revivido vuestro **c** de mí, Fil. 4.10. Ten **c** de ti mismo y de la doctrina, 1 Ti. 4.16. Porque él tiene **c** de vosotros, 1 P. 5.7.

CUIDADOSO: Diligente, solícito, celoso. // **C** de sus casas, Tit. 2.5.

CUIDAR: Interesarse por, asistir. // ¿No cuidaré de decir lo que Jehová? Nm. 23.12. Ni hay quien cuide de mí, Sal. 142.4. No te cuidas de nadie, Mt. 22.16. Llevó al mesón, y cuidó de él, Lc. 10.34. La cuida, como también Cristo a la iglesia, Ef. 5.29. Nodriza que cuida con ternura, 1 Ts. 2.7. Apacentad la grey... cuidando de ella, 1 P. 5.2.

CULANTRO: Planta hortense y aromática. // Y era como semilla de culantro, Ex. 16.31.

CULEBRA: Nombre general de los ofidios. Lo mismo que **serpiente**. // Y se hizo una **c**, Ex. 4.3. El rastro de la **c** sobre la peña, Pr. 30.19. De la raíz de la **c** saldrá áspid, Is. 14.29. Su mano en la pared, y le muerde una **c,** Am. 5.19. Lamerán el polvo como la **c**, Mi. 7.17. Véase **Serpiente**.

CULPA: Acto reprensible o delictivo. Consecuencia de haberse hecho lo que no debía hacerse. // Traerá por su **c** a Jehová un carnero, Lv. 5.15. Y toda expiación por la **c,** Nm. 18.9. Saliere fuera de... nosotros sin **c,** Jos. 2.19. Tratáis de añadir sobre... nuestra **c,** 2 Cr. 28.13. En el templo profanan... y son sin **c**, Mt. 12.5. Véase **Iniquidad, Pecado.**

CULPABLE: Que tiene culpa o culpas. // Si no lo pongo delante de ti, seré... **c,** Gn. 43.9. Cuando fuere juzgado, salga **c,** Sal. 109.7. Pensáis que eran más **c** que todos, Lc. 13.4. Ofendiere en un punto, se hace **c**, Stg. 2.10.

CULPAR: Echar culpa sobre. Incriminar. // Lo hirió no será culpado de su muerte, Ex. 22.2. Será culpado de sangre el tal varón, Lv. 17.4. Matare al homicida, no se le culpará, Nm. 35.27. No sois... que ahora seáis culpados, Jue. 21.22. No culpe el rey de cosa alguna, 1 S. 22.15. El hombre a quien Jehová no culpa, Sal. 32.2. Culpable del cuerpo y de la sangre, 1 Co. 11.27. Véase **Acusar, Condenar, Juzgar, Reo.**

CULTO: Homenaje a la divinidad, adoración. // Rindió **c** a aquellas cosas, 2 R. 21.3. Quitó los altares del **c** extraño, 2 Cr. 14.3. Torta para tributarle **c,** Jer. 44.19. Que rindiesen **c** al ejército del cielo, Hch. 7.42. Dando **c** a las criaturas antes que, Ro. 1.25. De los cuales son... el **c** y las promesas, Ro. 9.4. Afectando humildad y culto a los ángeles, Col. 2.18. Reputación de sabiduría en **c** voluntario, Col. 2.23.

CUMPLEAÑOS: Día de aniversario del nacimiento: de Faraón, Gn. 40.20; de los hijos de Job, capítulo 1.4; de Herodes, Mt. 14.6. En los días antiguos de la Iglesia cristiana eran celebrados, como si fueran aniversarios de nacimiento, los días que habían sido martirizados los discípulos de Cristo, conmemorando así su entrada en la vida eterna.

CUMPLIDO: Abundante en lo que puede o debe tener. // Y vuestro gozo sea **c**, Jn. 15.11. Para que vuestro gozo sea **c**, Jn. 16.24. Para que tengan mi gozo **c** en sí mismos, Jn. 17.13. Para que nuestro gozo sea **c**, 1 Jn. 1.4. Véase **Entero**.

CUMPLIMIENTO: Completa ejecución. // El **c** de la ley es el amor, Ro. 13.10. Cuando vino el **c** del tiempo, Gá. 4.4.

CUMPLIR: Satisfacer, ejecutar, sujetarse. // Lo cumplirás, conforme lo prometiste, Dt. 23.23. Así conviene que cumplamos toda justicia, Mt. 3.15. No he venido para abrogar... para **c**, Mt. 5.17. Sino cumplirás al Señor tus juramentos, Mt. 5.33. Hasta que se cumpla en el reino de Dios, Lc. 22.16. Era necesario que se cumpliese todo, Lc. 24.44. La justicia de la ley se cumpliese, Ro. 8.4. Ama al prójimo, ha cumplido la ley, Ro. 13.8. Marido cumpla con... el deber conyugal, 1 Co. 7.3. Se cumplirá la palabra que está escrita, 1 Co. 15.54. La ley se cumple en un solo precepto, Gá. 5.14. Y cumplid así la ley de Cristo, Gá. 6.2. Cumplas el ministerio que recibiste, Col. 4.17. Y cumpla todo propósito de bondad, 2 Ts. 1.11. Se hubiesen cumplido las siete plagas, Ap. 15.8. Véase **Obedecer.**

CUN: Una de las ciudades de Hadad-ezer, rey de Siria, 1 Cr.18.8.

CUÑADA: La mujer de tu hermano, Lv. 18.16.

CUÑADO: El marido, con relación a la hermana o al hermano de su esposa. El hermano de uno de los cónyuges, con relación al otro. // La obligación de **c**, Dt. 25.7. Tu **c** se ha vuelto, Rt. 1.15.

CURADOR: Administrador de los bienes de un menor. Gá. 4.2.

CURSO: Carrera; movimiento rápido; camino. // Daré libre **c** a mi queja, Job 10.1. Su **c** hasta el término de ellos, Sal. 19.6. Y tuercen el **c** de tus caminos, Is. 3.12. Las fiestas sigan su **c,** Is. 29.1.

CURTIDOR: Operario que tiene por oficio curtir piel. // Era oficio indeseable entre los judíos. Se refiere solo a un curtidor llamado Simón, Hch. 9.43; 10.6,32. La cubierta del tabernáculo era de pieles de carneros y otros animales, Ex. 26.14. Elías y Juan el Bautista usaban cinturones de cuero, 2 R. 1.8; Mt. 3.4.

CUS: 1. Un hijo de Cam y padre de Nimrod, Gn. 10.6-8. Véase mapa 1, D-4. // 2. La tierra circundada por el río Gihón, Gn. 2.13. // 3. Un benjamita, adversario de David, mencionado en el título del Salmo 7.

CUSAÍAS: Un levita, de la familia de Merari, 1 Cr. 15.17.

CUSAN-RISATAIM: Rey de Mesopotamia, Jue. 3.8.

CUSI: 1. Bisabuelo de Jehudí, Jer. 36.14. // 2. Padre de Sofonías, el profeta, Sof. 1.1.

CUSITA: Hablaron María y Aarón contra Moisés, por causa de la mujer cusita que tomara, Nm. 12.1. Tal vez una mujer de Etiopía, o de mezcla de gente (Ex. 12.38), que Moisés tomara después de la muerte de Séfora.

CÚSPIDE: La parte más elevada; cumbre, cima. // Edifiquémonos una ciudad y una torre, cuya cúspide llegue al cielo, Gn. 11.4. Véase **Cumbre.**

CUSTODIA: Lugar donde se guarda a alguien o algo con seguridad. // Como Pablo apeló... mandé que le custodiasen, Hch. 25.21.

CUTA: Una de las ciudades de donde el rey de Asiria trajo gente para que habitara en Samaria, en lugar de los hijos de Israel, 2 R. 17:24.

CH

CHACAL: Cuadrúpedo carnívoro cánido. Tiene el aspecto de la zorra y del perro y la cabeza parecida con la del lobo. Los chacales son animales nocturnos que andan en manadas en las cercanías de lugares habitados, alimentándose de cadáveres, Job 30.29; Sal. 63.10; Jer. 9.11; Mi. 1.8.

Chacal

CHIPRE: Isla del Mediterráneo, al sur de Asia Menor. Mencionada en Isaías 23.1,12; Jer. 2.10. Tierra natal de Bernabé, Hch. 4.36. Evangelizada por los discípulos dispersos de Jerusalén, Hch. 11.19. Mandó evangelistas, Hch. 21.16. Visitada por Pablo y Bernabé en su primer viaje misionero, Hch. 13.4-13. Bernabé la visitó otra vez, Hch. 15.39. Pablo, en su tercer viaje misionero, y cuando iba a Roma, pasó cerca de la isla, Hch. 21.3; 27.4. Actualmente la isla tiene una población de unos 400 000 habitantes. Véase mapa 6, F-3.

CHISME: Enredo, intriga. // El que anda en chismes, Pr. 11.13. Véase **Murmuración**.

CHISMEAR: Traer y llevar chismes. // No andarás chismeando, Lv. 19.16.

CHISMOSO: Enredador, murmurador. // Las palabras del **c**, Pr. 18.8.

CHISPA: Partícula luminosa que resulta de un cuerpo incandescente. // Como las c se levantan... así el hombre que nace para la aflicción, Job 5.7.

CHOZA: Casa rústica. // Removida como una **c**, Is. 24.20.

CHUPAR: Succionar. // Chupase miel de la peña, Dt. 32.13. Chuparán la abundancia, Dt. 33.19.

CHUZA: Intendente de Herodes Antipas. Su esposa, Susana, era una de aquellas que daban ayuda a Jesús con sus bienes. Lc. 8.3.

Diluvio

D

DAN: 1. El quinto hijo de Jacob, y el primero de **Bilha**, sierva de Raquel, Génesis 30:6. La palabra **dan** quiere decir **juez**, Génesis 30.6: Se menciona, en las Escrituras, sólo un hijo de Dan, Génesis 46:23. // 2. Una de las doce tribus, Génesis 49:16; Números 1:38; 26.42; Deuteronomio 33.22; Josué 19.40-46; Jueces 5:17; 13:2; 18:1-30. En el censo en el desierto, había sólo una tribu más numerosa que la de Dan, la de Judá, Números 26:42, 43; 26.22. En el tiempo de David, los danitas seguían ocupando su lugar entre las tribus, 1 Crónicas 12.35. Se menciona a Dan en 1 Crónicas 27.22, pero no a Aser. Desde entonces el nombre, aplicado a la tribu, casi desaparece. No se incluye en la lista de las tribus, en Apocalipsis 7:5-8. Véase mapa 2, b-5. // 3. Una ciudad en el extremo norte de Palestina; de ahí la expresión "desde Dan hasta Beerseba", Jueces 20:1; 2 Samuel 3:10; 17:11; 24.2; 1 Reyes 4.25; 1 Crónicas 21.2; 2 Crónicas 30.5. Se llamaba originalmente Lesem, Josué 19:47. Hay en este lugar una de las principales fuentes de agua del mundo, el comienzo del río Jordán, Jeroboam I puso uno de los becerros de oro en Dan, 1 Reyes 12:29. Véase mapa 2, D-2; mapa 3, B-1.

DABERAT, hb. **Pasto:** Una ciudad de Isacar dada a los levitas, Josué 21:28. Véase mapa 2, C-3.

DABES-ET, hb. **Joroba de camellos:** Una ciudad de Isacar, Josué 19:11.

Dádiva: Regalo, donativo. // Día de mandar **d** a los pobres, Ester 9.22. Siendo malos, sabéis dar buenas **d**, Mateo 7:11. **La d de Dios es vida eterna, Ro 6:23. No es que busque d, Fil 4:17.** Toda buena d y todo don perfecto, Santiago 1:17. Véase **Donativo, Ofrenda, Presente.**

DAGÓN: El dios nacional de los filisteos, representado con la cabeza y los brazos de hombre y la parte inferior del cuerpo por un pez. Había templos consagrados a Dagón en Gaza, Asdod y en todos los lugares donde este pueblo levantaba ciudades. Su nombre fue incorporado en el nombre del lugar, como en Bet-dagón, Josué 15:41. La muerte de Sansón en el templo de Dagón en Gaza, Jueces 16:21-30. El arca de Dios en el templo de Dagón en Asdod, 1 Samuel 5:1-5. La cabeza de Saúl colgada en el templo de Dagón, 1 Crónicas 10:10.

DALFÓN: Uno de los diez hijos de Amán, Ester 9:7.

DALILA, hb. **Delicada**: Una filistea, mujer de Sansón, y que lo llevó a su ruina, Jueces 16:4-18.

DALMACIA: Una región romana, en la costa oriental del mar Adriático. Pablo escribió de la cárcel: Crescente fue hacia Galacia, Tito hacia Dalmacia, 2 Timoteo 4:10. Véase mapa 6, B-1.

DALMANUTA: Marcos 8:10. Véase **Magdala**.

La puerta de Damasco en Jerusalén.

DAMA: Nombre dado a las señoras en general. // Las más avisadas de sus **d**, Jueces 5:29. Véase **Señora.**

DÁMARIS, gr. **Esposa:** Una mujer convertida en Atenas con la predicación de Pablo, Hechos 17.34.

DAMASCO: Capital de Siria. Situada en el río Barad, antiguamente llamado Abana. Está a doscientos quince kilómetros de Jerusalén, actualmente de 300 mil habitantes, es la más antigua ciudad del mundo, habitada continuamente. Fue fundada, según la tradición, por Uz, un nieto de Sem y bisnieto de Noé, Génesis 6:10; 10.23. Mencionada por primera vez en las Escrituras, en la época de Abraham, Génesis 14:15. Tierra natal del mayordomo de Abraham, Génesis 15:2. Conquistada por David, 2 Samuel 8.5,6. Abana y Farfar, ríos de Damasco, ¿no son mejores? 2 Reyes 5:12. Se fue Eliseo a Damasco, 2 Reyes 8:7. Acaz ofreció sacrificios a los dioses de Damasco, 2 Crónicas 28.23. Sentencia contra Damasco, Isaías 17:1. Damasco un centro comercial, Ezequiel 27:18. Lugar de la conversión del apóstol Pablo, Hechos 9. La expresión: **Camino de Damasco** se emplea muchas veces para caracterizar una transformación imprevista o rápida en nuestras ideas, sentimientos, opiniones, originada por repentina iluminación interior. En Damasco, el gobernador de la provincia del rey Aretas guardaba la ciudad de los damascenos para prenderme, 2 Corintios 11:32. Volví de nuevo a Damasco, Gálatas 1:17. Véase mapa 3 C-1.

DANA: hb. **Tierra baja:** Una ciudad en la región montañosa, de Judá, Josué 15.49.

DANZA: Cadencia de pasos altos, ordinariamente al son de la música. // **Como diversión social,** Eclesiastés 3:4; Jeremías 31.4, 13; Mateo 11:17; 14.6; Lucas 15.25. **De regozijo público:** Jueces 11.34; 1 Samuel 18.6; 21:11; 29.5. **Acto de adoración:** Éxodo 15.20; 32:19; Jueces 21.21; 1 Reyes 18.26; 2 Samuel 6:14, 16; Salmo 150.4.

DANIEL, hb. **Dios es mi juez:** 1. Un hijo de David, 1 Crónicas 3:1. //. Un levita, Esdras 8.2. // 3. El último de los cuatro profetas llamados "mayores". Llevado a Babilonia, Daniel 1.3-6. Contemporáneo de Jeremías, de Ezequiel (14.20), de Josué, sumo sacerdote de la restauración, de Esdras y de Zorobabel. Del lenguaje real, Daniel 1.4-7. Firme en su corazón, Daniel 1:8-16. Entendido en visiones y sueños, Daniel 1:17. Interpretó el sueño de la gran estatua, Daniel 2. Interpretó el sueño del gran árbol, Daniel 4. Tradujo lo escrito en la pared, Daniel 5:26-28. El primero de los tres gobernadores de Persia, Daniel 6:1. Guardado de los leones, Daniel 6:10-24. Sus visiones, Daniel 7; 8; 9; 10. Su oración, Daniel 9. Su devoción, Ezequiel 14:14, 20; sabiduría, Ezequiel 28.3. Servía fielmente a los tres reyes mundiales: Nabucodonosor, Ciro y Darío, muriendo con más o menos ochenta y ocho años de edad. Se menciona en Mateo 24:15; Marcos 13.14; Hebreos 11:33.

DANIEL, EL LIBRO DE: Los libros de los cuatro "grandes" profetas son, en orden, Isaías, Jeremías, Ezequiel y Daniel. **El autor,** Daniel. Cuando era muy joven fue llevado Babilonia, en el año tercero del rey Joacim, Daniel 1:1. Eso sucede ocho años antes de Ezequiel, que fue llevado en la época del rey Joacim, 2 Reyes 24.12-15. Daniel y Ezequiel eran profetas del cautiverio, que sirvieron en Babilonia. **La clave: Dios revela lo profundo y lo escondido,** Daniel 2:22. El libro de Daniel nos sirve de introducción indispensable a la profecía del Nuevo Testamento, en especial a la manifestación del anticristo, a la gran tribulación, a la venida del Señor, a la resurrección y a los juicios. Es **"Apocalipsis del Antiguo Testamento". Las divisiones:** I. Histórica, caps. 1 al 6. 1) Educado en el palacio del rey, cap.1. 2) El sueño de la estatua, cap. 2. 3) Los tres hebreos en el horno, cap. 3. 4) El sueño del árbol, cap. 4. 5) El banquete de Belsasar, cap. 5. 6) En el foso de los leones, cap. 6. II. Profético, caps. 7 al 12. 1) Los cuatro animales, cap. 7. 2) Un carnero y un macho cabrío, cap. 8. 3) Las siete semanas, cap. 9. 4) Última visión, caps. 10 al 12. Las profecías de Daniel abarcan un período de setenta y tres años; de todo el cautiverio.

DAÑAR: Causar daño. // Pero no dañes el aceite, Apocalipsis 6:6.

DAÑO: Perjuicio. // Pagué el **d**, Génesis 31:39. El que aun jurando en **d** suyo, no por eso cambia, Salmo 15:4. Los simples pasan y reciben el **d**, Pr 22:3. No harán mal ni **d** en todo mi santo monte, Isaías 11:9. Leones, para que no me hiciesen **d**, Daniel 6:22. **No** le hizo d alguno, Lc 4:35. Sacudiendo la víbora... ningún **d**, Hch 28:5. Quien es aquel que os podrá hacer **d**, 1 Pedro 3:13. No sufrirá **d** de la segunda muerte, Ap 2:11. Les había dado el poder de hacer **d**, Ap 7:2. No hagáis **d** a la tierra, Ap 7:3. Si alguno quiere hacerle **d**, Ap 11:5. Véase perjuicio.

DAR: Hacer donación de: ceder gratuitamente, hacer presente de. // De todo lo que me dieres, el diezmo apartaré para ti, Génesis 28:22. El cual había dado muerte a muchos, Jue 16:24. Dieres... un hijo varón, yo lo dedicaré a Jehová, 1 Samuel 1:11. Jehová dio, y Jehová quitó, Job 1:21. Todo lo que el hombre tiene dará por su vida, Job 2:4. Dame entendimiento, Salmo 119:34. Jehová da la sabiduría, Proverbios 2:6. Dos hijas que dicen: ¡Dame! ¡dame!, Proverbios 30:15. Al que te pida, dale, Mateo 5:42. Pedid, y se os dará, Mateo 7:7. Vuestro padre ... dará buenas cosas, Mateo 7:11. Recibisteis, dad de gracia, Mateo 10:8. Vende... da a los pobres, Mateo 19.21. Para servir y dar su vida, Mateo 20.28. Dad, pues, al César, Mateo 22:21. Dais testimonio contra vosotros, Mt 23:31. Hambre, y me disteis de comer, Mateo 25:35. Dad, y se os dará, Lucas 6:38. Dios dio a su hijo unigénito, Juan 3.16. Dame de beber, Juan 4.7. El buen pastor da su vida, Juan 10.11. Yo les doy vida eterna, Juan 10:28. Lo que tengo te doy, Hechos 3.6. Más bienaventurado es dar que recibir, Hechos 20:35. No nos dará con él todas, Romanos 8:32. Se dieron primeramente al Señor, 2 Corintios 8:5. Dios ama al dador alegre, 2 Corintios 9:7. Repartió, dio a los pobres, 2 Corintios 9:9. En razón de dar y recibir, Filipenses 4:15. Nos da todas las cosas en abundancia, 1 Ti 6:17. Si tiene falta de sabiduría, pídala a Dios, el cual da a todos abundantemente, Santiago 1:5. Da gracia a los humildes, Santiago 4:6. **Sobre el dar:** Levítico 27.30; Números 18:21; Proverbios 3.9; Malaquías 3.10; Mateo 6.1; 10.8; Lucas 6.38; Romanos 12:8; 2 Corintios 8.12; 9.7; Génesis 28:22; Deuteronomio 16:17. Véase **Ofrecer.**

DAR A LUZ: Parir. // Con dolor darás a **l** hijos, Génesis 3:16. Dio a l a Caín, Génesis 4:1. Concibió maldad... dio a **l** engaño, Salmo 7:14. No sabes qué dará de sí el día, Proverbios 27:1. Una virgen concebirá y dará a **l**, Mateo 1:23. Cuando da a **l** tiene dolor, Juan 16:21. Oh estéril, tú que no das a **l**, Gálatas 4:27. Como los dolores a la mujer encinta, **1** Tesalonicenses 5:3. La concupiscencia... da a l el pecado, Santiago 1:15. En la angustia del alumbramiento, Apocalipsis 12:2.

DARCÓN, hb. **Esparcidor:** Los hijos de Darcón se hallaban entre los siervos de Salomón que volvieron del exilio, Esdras 2:56.

DARDA, hb. **Perla de sabiduría:** Uno de los sabios con quien se compara a Salomón, 1 Reyes 4:32.

DARDO: Arma de arrojar. // Joab clavó tres dardos en el corazón de Absalón, 2 Samuel 18:14. **Ni espada... ni d, ni coselete, Job 41:26.** Los **d** de fuego del maligno, Efesios 6:16.

DARÍO: Nombre de tres o cuatro reyes del Antiguo Testamento: 1) Darío el medo, Daniel 5.31; 6.1; 11.1. Hijo de Asuero, Daniel 9.1. 2) Darío, rey de Persia, después de Ciro, Esdras 4.5; Hageo 1:1; Zacarías 1:1. 3) Un persa, tal vez Darío II, Nehemías 12:22.

DATÁN: Rubenita, Números 26:7-9. La rebelión de Coré, Datán y Abirán, Números 16.

DAVID, hb. **Amado:** El segundo y el más ilustre de los reyes de Israel, conocido como el hombre según el corazón de Dios, Hechos 13.22. El menor de los ocho hijos de Isaí, el belemita, 1 Samuel 16:1, 10,11,13. No se menciona el nombre de su madre. Su genealogía, Rut 4:18-22; 1 Crónicas 2; Mateo 1. Ungido por Samuel en Belén, 1 Samuel 16.13. Escudero de Saúl, 1 Samuel 16.21. Tocaba el arpa delante de Saúl, 1 Samuel 16:23. Era pastor valiente de ovejas, 1 Samuel 17:34-37. Su celo y fe, 1 Samuel 17:26,34,

Mató a Goliat de Gat, 1 Samuel 17.49. Las mujeres cantaban: Saúl hirió a sus miles, y David a sus diez miles, 1 Samuel 18:7. Saúl, envidioso, trataba de matarlo, 1 Samuel 18:1; 19.2; 20; 23.16; y por Mical, 1 Samuel 18:28; 19.11. Mató a doscientos filisteos, 1 Samuel 18.27. Huyó a Ramá, 1 Samuel 19.18. Hace pacto con Jonatán, 1 Samuel 20.42. Comió los panes de la proposición, 1 Samuel 21; Salmo 52; Mateo 12.4. Huyó a Gat y se fingió loco, 1 Samuel 21:10,13. Vivió en la cueva de Adulam, 1 Samuel 22; Salmo 63; 142. Perdonó dos veces la vida de Saúl, 1 Samuel 24:4; 26.5. La historia de Nabal y Abgail, 1 Samuel 25. Vivió en Siclag, 1 Sm27. **Derrotó** los amalecitas, 1 Samuel 30.16. Su lamento por la muerte de Saúl y Jonatán, 2 Samuel 1.17. Rey sobre Judá, 2 Samuel 2.1-7. Hizo alianza con Abner, 2 Samuel 3.13. **Lamentó** la muerte de Abner, 2 Samuel 3.32. Ordenó la muerte de los que asesinaron a Is-boset, 2 Samuel 4.13, Rey sobre todo Israel, 2 Samuel 5.3. **Tomó** Sion **de los jebuseos**, 2 Samuel 5.8. Derrotó a los filisteos, 2 Samuel 5.17. Llevó el arca del Señor a Jerusalén, 2 Samuel 6. Sus salmos de acciones de gracias, 2 Samuel 22; 1 Crónicas 16.7; Salmo 18; 103; 105. Pacto de Dios con David, 2 Samuel 7. Extendió su reino, 2 Samuel 8. Su bondad hacia el hijo de Jonatán, 2 Samuel 9. David y Betsabé, 2 Sm11. Reprendido por Natán, 2 Sm12. Su arrepentimiento, 2 Samuel 12.13; Salmo 51. **La revuelta** de Absalón, 2 Samuel 15. **Maldecido** por Simei, 2 Samuel 16.5. La lealtad de Barzilai, 17.27-29. Lloró amargamente la muerte de Absalón, 2 Samuel 18.33; 19.1. Volvió a Jerusalén, 2 Samuel 19.15. Perdonó Simei, 2 Samuel 19.23. La sedición de Seba contra David, 2 Samuel 20. Vengó a los gabaonitas, 2 Samuel 21. Sus valientes 2 Samuel 23. Tentado por Satanás, ordenó hacer censo del pueblo, 2 Samuel 24. **Indicó** Salomón para ser su sucesor, 1 Reyes 1. 30. Sus últimas palabras, 2 Samuel 23. Su muerte, 1 Reyes 2.10. Profecías acerca de David, Salmo 89; 132; Isaías 9.7; 22.22; 55; Jeremías 30.9. David en el Espíritu le llama Señor, Mateo 22:43. El trono de David, Salmo 89.3,4; Lucas 1.32. La torre de David, Cantares 4.4. El tabernáculo de David, Hechos 15.16. De Sansón, de Jefté, de David, Hebreos 11:32. La llave de David, Apocalipsis 3.7. La raíz de David, Apocalipsis 5:5. La raíz y el linaje de David, Apocalipsis 22:16.

DEBAJO: En situación **inferior**. // Estarás encima solamente, y no estarás **d**, Deuteronomio 28:13. Las frases **debajo del sol** y **debajo del cielo,** aparecen treinta y dos veces en Eclesiastés.

DE BALDE: Inútilmente. // **Me servirás d, Gn 29:15.** Teme Job a Dios **d**? Job 1:9.

DÉBIL: Insignificante. // **Los d se ciñeron de poder,** 1 Samuel 2.4. **Recibid** al **d** en la fe, Romanos 14:1.

DEBILITADO: // Las fuerzas de los acarreadores se han **d**, Neh 4:10. Estoy **d** y molido en gran manera, Sal 38:8.

DEBILITAR: Quitar fuerza a. // Como caíste... tú que debilitabas a las naciones Isaías 14:12.

DEBIR:1. Un rey de Eglón, a quien mató Josué, Josué 10.3,26. // 2. Ciudad de la parte montañosa de Judá, Josué 15.49. Véase mapa 2, B-6; mapa 5, B-2. // 3. **Ciudad** en los límites de Judá, Josué 15.7. // 4. Lugar cerca de Mahanaim, Josué 13.26.

DÉBORA, hb. **Abeja:** 1. Ama de Rebeca, Génesis 35.8. // 2. Profetisa y el cuarto de los jueces, Jueces 4.4. Sus dones proféticos, Jueces 4.6, 14; 5.7. **Su** cántico, Jueces 5. No hubo otra mujer, sino Atalía (2 Reyes 11), que gobernara al pueblo de Israel.

CAER: Ir a una situación inferior. // De la gracia habéis caído, Gálatas 5:4.

DECÁLOGO: Los diez mandamientos de la ley dada a Moisés en la cumbre del Sinaí, Éxodo 20. Véase **Diez Mandamientos.**

DECAPITADO: Degollado. // Vi las almas de los d, Apocalipsis 20:4. Véase **Desnucado.**

DECAPITAR: Cortar la Êbeza de.// Ordenó decapitar a Juan, Mateo 14:10. Los decapitados por causa del testimonio, Apocalipsis 20:4.

DECÁPOLIS, gr. **diez ciudades:** Mateo 4.25; Marcos 5.20; 7.31. Confederación de diez ciudades griegas, de ambos lados del Jordán y al sur del mar de Galilea.

DECENTE: Honesto, decoroso. // Sino para lo honesto y **d**, 1 Co 7:35.

DECENTEMENTE: Con decencia. // Hágase todo **d** y con orden, 1 Corintios 14:40.

DECIDIR: Determinar, resolver. // Se decidirá toda disputa, Deuteronomio 21:5. **La suerte decide entre los poderosos, Pr 18:18.** En legítima asamblea se puede decidir, Hechos 19:39. **Se decidió que habíamos de navegar, Hch 27:1.** Por boca de dos... se decidirá todo asunto, 2 Corintios 13:1. Véase **Resolver.**

DESCIFRAR: Interpretar, comprender (lo que es confuso). // Un enigma a descifrar, Jueces 14:12.

DÉCIMO: Que está entre el noveno y el undécimo. // Si quedare aún en ella la **d** parte, Isaías 6:13. Se vino abajo la **d** parte de la ciudad, Apocalipsis 11:13.

DECISIÓN: Resolución; sentencia. // La suerte... de Jehová es la d de ella, Pr 16:33.

Muchos pueblos en el valle de la c, Jl 3:14. Cercano está el día... en el valle de la c, Jl 3:14. Tomó la d de volver por Macedonia, Hch 20:3.

DECLARACIÓN: Aquello que se declara. // **Mi d entre en vuestros oídos, Job 13:17**. Véase **Predicación.**

DECLARAR: Publicar, anunciar solemnemente. // Mi pecado te declaré, Sal 32:5. Fue declarado Hijo de Dios, Ro 1:4. Fue declarado por Dios sumo sacerdote, He 5:10. Véase **Anunciar, Manifestar, Proclamar.**

DESCENDER: Que desciende. // Por los grados que había **d** en el reloj de Acaz, 2 Reyes 20:11.

DESVIARSE: Que se desvía. // No te desvíes a la derecha ni a la izquierda, Proverbios 4:27.

DECORO: Decencia, dignidad. // Como se descubre sin **d** un cualquiera, 2 Samuel 6:20.

DECOROSO: Digno decente. // Los que en nosotros son menos **d**, 1 Co 12:23. Las mujeres se atavíen de ropas d, 1 Ti 2:9.

DECRETAR: Ordenar por escrito; determinar. // Para ejecutar el juicio decretado, Sal 149:9. Jehová de los ejércitos decretó, Is 23:9. Véase **Mandar.**

DECRETO: Determinación escrita de autoridad superior. // Publicaré el **d** del Señor, Salmo 2:7. La estableció a Jacob por **d**, Salmo 105:10. Ella cambió mis d y mis ordenanzas, Ez 5:6. Sentencia es por **d**, Dn 4:17. Antes que tenga efecto el **d**, Sof 2:2. Los **d** de César, Hechos 17:7. Véase **Ley.**

DEDÁN: Una tribu árabe, descendiente de Cus, Génesis 10:7; relacionado con Abraham por Cetura, Génesis 25:3; dado al comercio, Ezequiel 27:15,20; 38.13; sus caravanas, Isaías 21.13. Ese pueblo habitaba una región vecina a los edomitas, y cerca de Temán. Véase mapa 1. E-4.

DEDICACIÓN: Inauguración, consagración. // La dedicación de persona, 1 Samuel 1.11; del tabernáculo, Números 7; de casa, Levítico 27.14; dinero, Jueces 17.3; plata, oro y utensilios, 1 Reyes 7:51; del templo de Salomón, 1 Reyes 8; del segundo templo, Esdras 6.16,17; de los muros de Jerusalén, Nehemías 12.27. Para ocuparos sosegadamente en la oración, 1 Corintios 7:5. Templo santo en el Señor, Efesios 2:21.

DEDICACIÓN, LA FIESTA DE LA: Juan 10:22. Fiesta anual de los judíos, comenzaba el día 5 de quisleu (diciembre) y duraba ocho días, en conmemoración de la purificación del templo, tres años después de profanado por Antíoco Epífanes.

DEDO: Cada una de las prolongaciones articuladas que terminan los pies y las manos. // Tablas de piedra escritas con el **d** de Dios, Éxodo 31:18. Mojará el sacerdote su **d** en la sangre, Levítico 4:6. Le cortaron los pulgares, Jueces 1:6. Tenía doce **d** en las manos, y otros doce en los pies, 2 Samuel 21:20. El menor **d** de los míos es más grueso, 1 Reyes 12:10. **D**, en parte de barro, Daniel 2.41. Aparecieron los **d** de una mano de hombre, Daniel 5:5. Ni con un dedo **d** quieren moverlas, Mateo 23:4. Moje la punta de su d en agua, Lucas 16:24. Jesús escribía en tierra con el **d**, Juan 8:6. Y metiere mi d, Juan 20:25. Sinónimo de poder y omnipotencia; Éxodo 8:19; Deuteronomio 9.10; Salmo 8.3; Lucas 11.20. Medida de longitud, de unos 2,3 centímetros, Éxodo 12; 2 Crónicas 4.5; Jeremías 52:21.

DEFECTO: Imperfección, deformidad, mancha. // Ofrenda sin defecto, Éxodo 12:5; Levítico 1.10; 5.15; Deuteronomio 17:1. Sacerdotes sin defecto, Levítico 21.17. Absalón... no había en él defecto, 2 Samuel 14:25. Macho cabrío sin **d**, Ez 43:22. Aquel primero hubiera sido sin **d**, He 8:7.

DEFENDER: Proteger, preservar, resistir a un ataque. // Moisés se levantó y las defendió, Éx 2:17. El nombre del Dios de Jacob te defienda, Sal 20:1. De que haya de defenderme hoy delante, Hch 26:2. Acusándoles o defendiéndoles, Romanos 2:15. Véase **Proteger.**

DEFENSOR: El que defiende o protege. // Padre de huérfanos y **d** de viudas, Sal 68:5.

DEFENSA: Sustentación de lo que es impugnado o refutado. // Resistencia a un ataque. // Estuviesen a la **d** de su vida, Est 8:11. El Todopoderoso será tu **d**, Job 22:25. En la d y confirmación del evangelio, Filipenses 1:7. Estoy puesto para la d del evangelio, Filipenses 1:17. En mi primera **d** ninguno, 2 Timoteo 4:16.

DEFORMAR: Hacer perder la forma. // La violencia deforma mi vestidura, Job 30:18.

DEFRAUDAR: Privar, engañando o empleando subterfugio. // Pagará lo que hubiere defraudado, Lv 5:16. Los que defraudan en su salario al jornalero, Malaquías 3:5. No defraudes, Marcos 10:19. Si en algo he defraudado a alguno, Lucas 19:8. No defraudando, sino mostrándose fieles, Tit 2:10.

DEJAR: Largar, soltar, poner aparte, omitir. // Entonces, dejando al instante las redes, Mateo 4:20. Deja ... delante del altar, Mateo 5:24. Dejará el hombre el padre y la madre, Mateo 19.5. Lo hemos dejado todo, y te hemos seguido, Mateo 19:27. Que haya dejado casas, Mateo 19:29. Dejándolo, huyeron, Mateo 26:56. No deja... las noventa y nueve, Lucas 15:4. No os dejaré huérfanos, Juan 14:18. No es justo... dejemos la palabra de Dios, Hch 6:2. Yo no me dejaré dominar, 1 Co 6:12. Dejará el hombre a su padre y, Efesios 5.31. No te desampararé, ni te dejaré, Hebreos 13:5. Véase **Abandonar.**

DELAÍAS, hb. **Dios planeó:** 1. Un descendiente de David, 1 Crónicas 3:24. 2. Un sacerdote, 1 Crónicas 24:18. 3. Jefe de una familia que volvió del exilio, Esdras 2:60. 4. Padre de Semaías, Nehemías 6:10. 5. Uno de los príncipes que insistieron con el rey en que no quemara el rollo, Jeremías 36:25.

DELEITAR: Sentir gran placer. // Deléitate asimismo en Jehová, Sal 37:4. Según el hombre interior, me deleito, Ro 7:22. Véase **Alegrar.**

DELEITE: Placer íntimo, delicia. // Amadores de los d más que de Dios, 2 Ti 3:4. Véase **Gozo, Placer.**

DELEITOSO: Que es muy agradable. // Vio... que la tierra **d**, Gn 49:15. Véase **Delicioso, Sabroso.**

DELIBERAR: Tomar decisión, consultando consigo o con otros. //Porque deliberó Jehová, Jer 51:12. Véase **Resolver.**

DELICADO: Mimoso, esmerado; agradable a un paladar educado. // En medio de ti, y el muy d, Deuteronomio 28:54,56. Sus manjares **d**, Proverbios 23:3. Pastos **d** serán destruidos por el ardor, Jer 25:37.

DELICIA: Deleite, encanto. // En la ley de Jehová está su **d**, Sal 1:2. **D** a tu diestra para siempre, Salmo 16:11. Era su **d** de día en día, Pr 8:30. Y lo llamares **d**, santo, glorioso, Is 58:13. Véase **Alegría, Gozo, Júbilo, Placer.**

DELICIOSO: Que causa placer intenso. // Todo árbol **d** a la vista, Gn 2:9. Los hombres de Judá planta **d**, Is 5:7. Véase **Deleitoso, sabroso.**

PECAR: Cometer delito. // Para no pecar con mi lengua, Salmo 39:1.

DELIRAR: Tener **delirio**. Fig. No caber en sí de contento. // Está envanecido, nada sabe y delira, 1 Ti 6:4.

DELITO: Infracción de precepto o regla establecida. // Muertos en vuestros **d** y pecados, Efesios 2:1. Ningún **d** hallo en él, Jn 19:4. Ningún **d** digno de muerte, Hch 23:29. Véase **Falta, Iniquidad, Pecado.**

DEMÁS: En exceso. Los restantes. En vano. // Y los **d** huyeron al monte, Gn 14:10. Entonces por d murió Cristo, Gá 2:21. Hijos de ira, lo mismo que los **d**, Efesios 2:3.

DEMANDA: Acción judicial por proceso civil. Litigio. // ¿Cuál es tu **d**? Est 5:6. Mi petición y mi **d** es esta, Est 5:7. Séame dada mi vida... mi pueblo por mi **d**, Est 7:3. Véase **Pleito**.

DEMANDAR: Reclamar, pedir, exigir. Intentar acción judicial contra (alguien) para obtener algo. // Demandaré mis ovejas de su mano, Ezequiel 34:10. La generación mala... **d**, Mt 12:39. Véase **Pleitear.**

DEMAS: Es probable que la palabra sea una abreviatura de Demetrio. Un compañero de Pablo, Colosenses 4:14; Filemón 24. Amando este mundo, abandonó a Pablo, 2 Timoteo 4:10.

DEMASIADO: En exceso. // El trabajo es **d** pesado para ti, Éx 18:18.

DEMETRIO, gr. **Que** pertenece a la diosa Demeter: 1. Un platero. Hacía de plata templecillos de Diana, Hechos 19:24. Provoca un gran disturbio, Hechos 19:23-29. 2. Un cristiano, 3 Juan 12.

DIABÓLICO: Demoníaco; satánico. // Terrenal, animal, diabólica, Santiago 3:15. Véase **Endemoniado.**

DEMONIO, gr. **Divinidad:** Las divinidades de las naciones eran demonios, Deuteronomio 32.17; Salmo 106.37; 1 Corintios 20; Apocalipsis 9.20. Los endemoniados están poseídos de demonios, no solamente enfermos; los demonios, no sólo hablan, Marcos 1.23,24; 3.11; 5.7; y, en el caso del gadareno, pasaron del endemoniado a la manada de cerdos, Marcos 5:13. Hay muchos demonios, o espíritus inmundos, Mateo 7.22; 9.34; 10.8; 12.24; Marcos 9.38; 16.17. **Jesús** reprendió al demonio, Mateo 17.18. María... de la que habían salido siete demonios, Lucas 8:2. Un endemoniado, Lucas 8:27. Autoridad sobre todos los demonios, Lucas 9:1. El demonio le derribó, Lucas 9:42. Uno que echaba fuera demonios en tu nombre, Lucas 9:49. Un demonio que era mudo, Lucas 11:14. Por el dedo de Dios echo yo fuera los demonios, Lucas 11:20. Eres samaritano, y que tienes demonio, Juan 8:48. A los demonios lo sacrifican, 1 Corintios 10:20. Doctrinas de demonios, 1 Timoteo 4:1. Hasta los demonios creen y tiemblan, Santiago 2:19. Adorar a los demonios y a los ídolos, Apocalipsis 9.20. Espíritus de demonios, que hacen señales, Apocalipsis 16:14. Babilonia ... se ha hecho habitación de demonios, Apocalipsis 18:2. // **Dos ejemplos** de personas dominadas por espíritus malignos, después de pecar: 1. El rey Saúl, compare 1 Samuel 16.14 con 13:8-14 y 15.10-31. 2. Judas Iscariote Lucas 22.3. Véase **diablo, Satanás.**

DEMOSTRACIÓN: Prueba. // En **d** del espíritu, 1 Corintios 2.4.

DEMOSTRAR: Probar de modo evidente. // Que no pudieron **d** la casa, Esd 2:59. Demostrando que Jesús es el Cristo, Hechos 9.22. Para **d** vuestra buena voluntad, 2 Co 8:19. En todo y... todo os lo hemos demostrado, 2 Co 11:6. Véase **Mostrar.**

DEMORA: Retraso. Tardanza. // No se **d** con el que le odia, Dt 7:10. Esperanza que se d es tormento, Pr 13:12.

DEMORAR: Permanecer. Tardar. // No demorarás la primicia de tu cosecha, Éx 22:29. No se demora... le dará el pago, Deuteronomio 7:10. La esperanza que se demora es tormento del corazón, Pr 13:12. Se extrañaba de que él se demorase en el santuario, Lc 1:21.

DENARIO: Moneda romana. El salario de un día de trabajo, Mateo 20.2. Véase **Dinero.**

DENSO: Espeso; cerrado. // Llega a disipar la **d** nube, Job 37:11.

DIENTE: Cada una de las piezas duras y blancas inplantadas en los huesos maxilares del hombre y de los animales. // A los impíos quebrantas los **d**, Salmo 3:7. Los **d** de los hijos tienen la dentera, Jer 31:29. Ezequiel 18.2. Cuyos **d** eran de hierro, Daniel 7.19. Sus **d** son **d** de león, Joel 1:6. Os hice estar a **d** limpio, Amós 4.6. Ojo por ojo, **d** por **d**, Mateo 5.38; Éxodo 21.24. Allí será el lloro y el crujir de **d**, Mateo 8.12; 13.42; 24.51; 25.30. Sus **d**, como **d** de leones, Apocalipsis 9.8.

DENTRO: En el interior. // Mi corazón está quebrantado d de mí, Jer 23:9. De fuera, conflictos; de d, temores, 2 Corintios 7.5.

DENUNCIAR: Acusar secretamente. Revelarse (a la justicia). // Testigo que vio... y no lo denunciare, Lv 5:1. Porque oí... denunciad, denunciémosle, Jeremías 20:10. Les denunciarás sus abominaciones, Ez 23:36. Venido alguno.. que haya denunciado, Hch 28:21. Véase **Censurar, Culpar.**

DEPENDER: Estar **sujeto** a. // De estos dos mandamientos depende toda la ley, Mt 22:40. Así que no depende del que quiere, Ro 9:16. Porque todos los que dependen de las obras de la ley, Gá 3:10.

DESPUÉS: Posteriormente, en seguida. // Lo entenderás **d**, Juan 13.7. D, pasados tres años, Gá 1:18. Pero **d** da fruto, Hebreos 12:11. Las cosas... que ha de ser **d** de estas, Apocalipsis 1.19.

DEPÓSITO: Aquello que se depositó. // Aquella provisión en **d**, Gn 41:36. Saca el viento de sus d, Jer 10:13; 51:16. He aquí un candelabro... con un **d** encima, Zac 4:2. Uno a la derecha del **d**, Zac 4:3. Poderoso para guardar mi d, 2 Timoteo 1.12, Guarda el buen **d**, por medio del Espíritu Santo, 2 Timoteo 1.14. Véase 1 Timoteo 6.20. Véase **Granero.**

DERBE: Una ciudad de la provincia romana de Galacia. Evangelizada por el apóstol Pablo, en su primer viaje misionero, Hechos 14.20. En su segundo viaje misionero encontró allí a Timoteo, Hechos 16.1. Gayo, uno de los compañeros de Pablo, era natural de Derbe, Hechos 20.4. Véase mapa 6, F-2.

DERRAMAMIENTO: El acto de derramar. // Que no seas culpado de **d** de sangre, Dt 19:10. Sin d de sangre no se hace remisión, Hebreos 9:22.

DERRAMAR: Esparcir (líquido); verter. // Agua, 2 Samuel 23.16; alma, 1 Samuel 1.15; Job 30.16; Isaías 53.12; amor, Romanos 5.5; perfume, Mateo 26.7; bendición, Malaquías 3.10; ira, Nahúm 1.6; corazón, Salmo 62.8; espíritu, Proverbios 1.23; Isaías 32.15; 44.3; Ezequiel 39.29; Joel 2:28; Hechos 2.17; 10.45; Tito 3.6; espíritu de gracia, Zacarías 12:10; furor, Jeremías 7.20; Ezequiel 7.8; 20.8; oración, Isaías 26.16; sangre, Génesis 9.6; Mateo 26.28; Romanos 3.15; las siete copas, Apocalipsis 16.

DERRETIR: Volverse líquido, Enternecer profundamente. // Luego que el sol calentaba... derretía, Éxodo 16:21. Como cera, derritiéndose en medio, Sal 22:14. Dio él su voz, se derritió la tierra, Sal 46:6. Enviará su palabra, y los derretirá, Salmo 147.18. Se derritieron en aguas de desmayo, Jer 49:23.

DERROTA: Fuga desordenada de tropas vencidas. Desgracia. // Volvía de la d de Quedorlaomer, Gn 14:17. Les causó una gran **d**, 1 Samuel 23:5.

DERROTAR: Destrozar, desbaratar. // Derrotaron al cananeo y al ferezeo, Jue 1:5. Los sirios, los cuales lo derrotaron, 2 Crónicas 28.5.

DERRIBAR: Demoler. // Derribaréis sus altares, Éxodo 34:13. Y derribaron los lugares altos, 2 Cr 31:1. Sobre piedra, que no sea deribada, Mt 24:2. Puedo **d** el templo de Dios, Mt 26:61. Derribando la pared de separación, Efesios 2.14.

DESMORONAR: Deshacer poco a poco un cuerpo sólido. // Y se desmoronarán los montes, Ez 38:20.

DESAFIAR: Afrontar, provocar. // He desafiado al campamento de Israel, 1 Samuel 17.10. Cuando desafiaron a los filisteos, 2 Samuel 23:9.

DESAGRADAR: Disgustar, causar rechazo. // Se enojó Saúl en gran manera, y le desagradó este dicho, 1 Samuel 18.8. Lo vio Jehová, y desagradó a sus ojos, Is 59:15.

DESAGRADABLE: Que desagrada. // David había hecho, fue **d**, Génesis 48.17.

DESAMPARADO: Abandonado, falto de auxilio o de socorro. // Jehová nos ha **d**, Jue 6:13. No he visto justo **d**, Salmo 37.25. Habitar en família a los **d**, Sal 68:6. Nunca más te llamarán **D**, Isaías 62.4.

DESAMPARAR: Dejar de amparar; faltar con la ayuda. // Cuidado de no **d** al levita, Dt 12:19. Quedando así la mujer **d**, Rt 1:5. No me dejes ni me desampares, Sal 27:9.

No desampara sus santos, Salmo 37.28. No desamparéis mi ley, Pr 4:2. ¿Por qué me desamparaste? Mateo 27:46. Perseguidos, mas no desamparados, 2 Corintios 4:9. Véase **Abandonar.**

DESANIMAR: Perder el ánimo. Hacer perder el ánimo. // Y se desanimó el pueblo por el camino, Nm 21:4. ¿Por qué desanimáis... a los d Israel, Nm 32:7. Véase **Abatir.**

DESAPARECER: Dejar de ser visto. // Y desapareció, porque le llevó Dios, Gn 5:24. Han desaparecido los fieles de entre, Sal 12:1. Que hace **d** las islas, Is 40:15. Los dioses... desaparecerán de la tierra, Jeremías 10.11. Mas él se desapareció de su vista, Lucas 24.31.

DESPREVENIDO: Que no está preparado para algo. // Si vinieren conmigo... y os hallaren d, 2 Corintios 9.4. Véase **Apercibido.**

DESPOSEER: Privar de la posesión. // Para entrar a **d** a naciones, Dt 9:1. Y desposeeréis naciones grandes, Deuteronomio 11.23. Jehová Dios... desposeyó al amorreo, Jue 11:23. Véase **Deserdar, Despojar.**

DESARRAIGADO: Arrancado de raíz o con raíces. // Dos veces muertos y **d**, Judas 12.

DESARRAIGAR: Destruir radicalmente, extirpar, extinguir. // Serán de ella desarraigados, Proverbios 2.22. Alma que no oiga será desarraigada, Hch 3:23. Véase **Arrancar, Tirar.**

DESASTRE: Accidente funesto. // No sea que le acontezca algún **d**, Génesis 42.4, 44.29. Véase **Calamidad, Desgracia.**

DESATAR: Desprender, desligar. // Digno de **d** encorvado, Marcos 1.7. Jesús les dijo: Desatadle, Juan 11.44. De abrir el libro y **d** sus sellos, Apocalipsis 5.2.

DESATINO: Falta de tino; locura. // Los de Samaria he visto **d**, Jer 23:13.

DESAVENENCIA: Quiebra de buenas relaciones. Contienda. // Para que no haya **d** en el cuerpo, 1 Co 12:25. Véase **Contenda.**

DESBARATAR: Derrotar. // Te desbarató la retaguardia de todos, Dt 25:18. Contigo desbarataré ejércitos, Salmo 18.29. Sin hijos a mi pueblo y los desbaraté, Jer 15:7. Véase **Derrotar.**

DECAER: Dejar caer, pender. // Caín en gran manera, y decayó su semblante, Génesis 4:5. Decaerán en las tierras... de enemigos, Lv 26:39. Decaería ante mí es espíritu, Is 57:16.

DESCALZAR: Quitar (Lo que vestía la pierna, el pie o la mano). // Descalza las sandalias de tus pies, Is 20:2.

DESCALZO: Que tiene los pies desnudos. // La cabeza descubierta y los pies **d**, 2 Samuel 15:30. Hizo así, andando desnudo y **d**, Is 20:2. Anduvo... Isaías desnudo y **d** tres años, Isaías 20.3. No era permitido andar calzado en el área del templo. Actualmente muchos judíos andam descalzos el día de la expiación y el día nueve del mes de Abib.

DESCANSAR: Librar de fatiga o aflicción: tranquilizar. // Para que descanse tu buey y tu asno, Éxodo 23.12. La tierra descasará, Lv 26:34. Para hacerle **d** en los días, Sal 94:13. Descansaré y no me enojaré, Ez 16:42. Dormid ya, y descansad, Mr 14:41. Descansaron el día de reposo, Lc 23:56. Aun mi carne descansará en esperanza, Hch 2:26. Les dijo que descansasen todavía, Ap 6:11. Descansarán de sus trabajos, Ap 14:13.

DESCANSO: Reposo del movimiento, del trabajo, de la fatiga. // Vio que el **d** era bueno, Gn 49:15. Mi presencia irá contigo, y te daré **d**, Éxodo 33:14. Tu Dios te dé **d** de todos tus enemigos, Dt 25:19. El séptimo año la tierra tendrá **d**, Lv 25:4. El arca... fue... buscándoles lugar de d, Nm 10:33. Conceda Jehová que halléis **d**, Rt 1:9. Se juntaron... me despedazaban sin d, Sal 35:15. Alzaba a él mis manos sin **d**, Sal 77:2. Corrige a tu hijo, y te dará **d**, Proverbios 29:17. En **d** y en reposo seréis salvos, Is 30:15. Y hallaréis d para vuestras almas, Mt 11:29. Véase **Consolo.**

DESCENDENCIA: Serie de personas que proceden de un mismo tronco. // Hijos de Noé por sus **d**, Gn 10:32. A tu **d** daré esta tierra, Génesis 12.7. Multiplicaré tu **d**, Génesis 22.17. Ni su **d** que mendigue el pan, Salmo 37.25. Levantará **d** a su hermano, Mateo 22.24. Dios le había jurado que de su **d**, Hch 2:30. Socorrió a la **d** de Abraham, Hebreos 2.16. En Isaac te será llamada **d**, Hebreos 11.18.

DESCENDIENTE: Personas que descienden de otra o de una raza. // Establezco mi pacto... con vuestros **d**, Gn 9:9. Los benditos de Jehová, y sus **d**, Is 65:23. Ni por ser **d** Abraham, Ro 9:7. ¿Son **d** de Abraham? 2 Co 11:22. Véase **Hijo.**

DESCENDER: Moverse de arriba hacia abajo. // Descendió Jehová para ver la ciudad, Génesis 11:5. Los ángeles de Dios subían y descendían, Génesis 28:12. Y Jehová descendió en la nube, Éxodo 34:5. Un vigilante y santo que descendía del cielo, Daniel 4:13. El Espíritu de Dios descendía como paloma, Mateo 3:16. Un ángel del Señor, descendiendo del cielo, Mateo 28:2. Descienden sobre el Hijo del Hombre, Juan 1:51. Un ángel descendía de tiempo en tiempo, Juan 5.4. Descendía algo semejante a un gran lienzo, Hechos 10.11. ¿Quién descenderá al abismo? Romanos 10.7. El que descendió, es el mismo que también subió, Efesios 4:10. El Señor mismo... descenderá de los cielos, 1 Tesalonicenses 4.16. La nueva Jerusalén, descender del cielo, Apocalipsis 21:2.

DESCEÑIR: Desatar algo que ciñe el cuerpo. // Como el que las desciñe, 1 Reyes 20.11.

DESCUBRIR: Quitar lo que cubría. Poner a la vista. Hallar. // Descubrir su desnudez, Levítico 18.6-19. Nunca hubiérais descubierto mi enigma, Jueces 14.18. Descubriéndose... como se descubre sin, 2 Samuel 6.20. No descubras el secreto a otro, Proverbios 25.9. Mas a otros se les descubren después, 1 Ti 5:24. Véase **Desnudar.**

DESCONOCER: No conocer, ignorar. // Desconocido para los hijos de mi, Sal 69:8. Mal procedieron, y me han desconocido, Jer 9:3. Véase **Ignorar.**

DESCONOCIDO: Que no se conoce. // Si oro en lengua **d**, 1 Co 14:14. Algún servicio... especialmente a los **d**, 2 Jn 5.

DESCOYUNTAR: Sacar de las coyunturas. // Todos mis huesos se descoyuntaron, Salmo 22:14.

DESCRIBIR: Exponer, contar minuciosamente. // Y recorran la tierra, y la describan, Jos 18:4.

DISCULPA: Motivo que atenúa y destruye la culpa. // ¿Pensáis aún que nos disculpamos?, 2 Corintios 12.19.

DESDEÑAR: Despreciar como inferior al propio mérito. // Si desdeñareis mis decretos, Lv 26:15. Cuyos padres desdeñara, Job 30.1. Véase **Despreciar.**

DESEAR: Tener voluntad de. // No desearás la casa de tu prójimo, Deuteronomio 5.21. Todo lo que puedes desear no es comparable a la sabiduría, Proverbios 3.15. Alma del perezoso desea, y nada alcanza, Proverbios 13.4. Alma del impío desea el mal, Pr 21:10. Muchos profetas y reyes desearon, Lc 10:24. Gemimos, deseando ser revestidos, 2 Co 5:2. Desead, como niños... leche espiritual, 1 Pedro 2.2. Véase **Anhelar.**

DESEABLE: Que es digno de desearse. // Y toda clase de joyas **d**, 2 Cr 32:27. Son más **d** que el oro, Salmo 19.10. Os daré la tiera **d**, Jer 3:19. La ortiga conquistará lo **d**, Os 9:6. Convirtieron en desierto la tierra **d**, Zac 7:14.

DESEO: Voluntad de poseer o de gozar. // Tu **d** será para tu marido, Génesis 3.16. El **d** de los humildes, Salmo 10.17. Has concedido el **d** de su corazón, Salmo 21.2. El **d** de los impíos perecerá, Salmo 112.10. El **d** de los justos es... el bien, Proverbios 11.23. El **d** cumplido es árbol de vida, Proverbios 13:12. **D** de partir y estar con Cristo, Filipenses 1:23. Haced morir, pues, lo terrenal en vosotros... malos deseos, Colosenses 3:5.

DESPOJARSE: Desposeerse de algo. // Despojémonos de todo peso, Hebreos 12:1.

DESCARRIAR: Quitar del camino. // Se descarriaron... desde que nacieron, Salmo 58:3. Véase **Engañar, Desviar.**

DESENFRENO: Acción o efecto de desenfrenar. // En el mismo **d** de disolución, 1 Pedro 4.4.

DESPLEGAR: Extender lo que estaba plegado o cerrado. // Despliega como una tienda para morar, Isaías 40.22.

DESERTOR: Aquel que cambia de partido. // Los **d** que se entregaron al rey de Babilonia, Jeremías 52.15.

DESESPERADO: Que perdió la esperanza. // Y los discursos de un **d**, Job 6.26.

DESESPERACIÓN: Falta o pérdida de esperanza. // Me hizo sacar del pozo de la **d**, Sal 40:2.

DESIERTO: La palabra indica; un lugar yermo, vacío, Mateo 3.1; Lucas 15.4; planicie sin cultivar, a veces de pastos, Éxodo 3.1; región árida, Isaías 35.1; 51.3; lugar vasto y desolado, Salmo 78.40; lugar devastado, Salmo 102.6. Murmuró contra Moisés en el desierto, Éxodo 14.11; 16.2. En este **d** caerán vuestros cuerpos, Números 14.29. Grande y terrible **d**, Deuteronomio 1.19. Os he traído cuarenta años en el **d**, Deuteronomio 29.5. Cuando anduviste por el **d**, Sal 68:7. Como el día de Masah en el **d**, Salmo 95.8. Convierte los ríos en **d**, Salmo 107.33. Vuelve el **d** en estanques, Salmo 107.34. Se alegrarán el **d** y la soledad, Isaías 35:1. Aguas serán cavadas en el **d**, Isaías 35.6. Cambiará su **d** en paraiso, Isaías 51.3. Voz del que clama en el **d**, Mateo 3.3; Isaías 40.3. Jesús fue llevado... al **d**, Mateo 4.1. ¿Qué saliesteis a ver al **d**? Mateo 11.7. Tantos panes en el **d**, Mateo 15:33. Moisés levantó la serpiente en el **d**, Juan 3.14. Qeudaron postrados en el **d**, 1 Corintios 10.5. En el día de la tentación en el **d**, Hebreos 3.8. Errando por los **d**, Hebreos 11.38. Me llevó en el Espíritu al **d**, Apocalipsis 17.3. // **Oración en el desierto:** Moisés, Éxodo 33.7; Jesús, Lucas 5.16; Lidia, Hechos 16.13; Pablo (parece), Gálatas 1.17. // **El desierto** de Sinaí, Éxodo 19.2; De Moab, Deuteronomio 2.8; de Judá, Jueces 1.16; de Zife, 1 Samuel 23.15; de En-gadi, 1 Samuel 24.1; de Damasco, 1 Reyes 19.15; de Gaza, Hechos 8.26. // **En el desierto:** Agar, Génesis 16.7; Ismael, Génesis 21.20; Moisés. Éxodo 3.1; Israel, Éxodo 14; David, 1 Samuel 23.14; Elías, 1 Reyes 19.4; Juan el Bautista, Lucas 1.80; **Jesús,** Mateo 4.1; Iglesia, Hechos 7.38; La mujer, Apocalipsis 12.6. Véase **Arabá, Yermo.**

DESFALLECER: Perder poco a poco las fuerzas; desmayar. // Desfalleció de hambre la tierra, Gn 47:13. Tus ojos lo verán, y desfallecerán, Deuteronomio 28.32. Y el pueblo desfallecía, 1 Samuel 14:28. Han desfallecido mis ojos, Sal 69:3. Y desfallecerá todo corazón de hombre, Is 13:7. Desfallecerá el corazón de los egipcios, Is 19:1. Desfallecerán los que extienden red, Is 19:8. Y todos ellos desfallecerán, Is 31:3. A causa de... dolor, mi corazón desfallece, Jer 8:18. Desfalleciendo los hombres por el camino, Lc 21:26. Véase **Desmayar.**

DESHACER: Quitar la forma, descomponiendo. // Josué deshizo a Amalec, Éx 17:13. Al tiempo del calor son deshechas, Job 6:17. Si nuestra morada... se deshiciere, 2 Corintios 5.1. Elementos ardiendo serán deshechos, 2 Pedro 3:10. Todas estas cosas han de ser deshechas, 2 Pedro 3:11. Los cielos serán deshechos, 2 Pedro 3:12. Para **d** las obras del diablo, 1 Jn 3:8.

DESFIGURAR: Alterar la figura o el aspecto de. // Fue desfigurado de los hombres su parecer, Isaías 52.14.

DESFILADERO: Paso estrecho entre montañas. // Entre los **d** por los cuales Jonatán trataba de pasar, 1 Samuel 14.4.

DISFRUTAR: Gozar, obtener los frutos de. // ¿Quién há plantado viña y no ha disfrutado de ella? Deuteronomio 20.6. Mis escogidos disfrutarán la obra de sus manos, Isaías 65.22.

DESCARRIADO: Extraviado, descaminar. // Nosotros nos descarriamos como ovejas, Is 53:6. Rebaño d es Israel, Jeremías 50.17. Haré volver al redil la **d**, Ezequiel 34.16. Buscar la que se había **s**, Mt 18:12. Véase **Errante.**

DESCARRIAR: Apartarse del rumbo. // Si la mujer de alguno se descarriare, Nm 5:12. Descarriaron hablando mentira, Sal 58:3. Nosotros nos descarriamos como ovejas, Is 53:6. Haré volver al redil la **d**, Ezequiel 34.16.

DISGUSTADO: Insatisfecho. // Cuarenta años estuve **d** con la nación, Salmo 95.10.

DISGUSTAR: Causar disgusto. // Les disgustó... que viniese alguno, Heh 2:10. Cuarenta años estuve **d** con la nación, Salmo 95.10. Me disgusté con esta generación, He 3:10.

DISGUSTO: Ausencia de placer. Pesar. // La mano derecha sobre la cabeza de Efraín, le causó **d,** Gn 48:17.

ENOJADO: Penalizado, descontento. // El rey de Israel se fue... **enojado**, 1 Reyes 20:43. Acab vino triste y e, 1 Reyes 21:4.

DESGRACIA: Infelicidad, calamidad. // El mal mensajero acarrea **d,** Pr 13:17.

DESDICHADO: Desafortunado; infeliz. // Caen en sus fuertes garras muchos desdichados, Sal 10:10.

DESIGNAR: Marcar, señalar, nombrar. // Estos varones que fueron designados, Nm 1:17. Designó el Señor otros setenta, Lucas 10.1. Por aquel varón a quien designó, Hch 17:31. A quienes hubiereis designado, 1 Cor 16:3. Véase **Determinar, Nombrar.**

DESIGNIO: Plan, proyecto, intención, propósito. // Todo **d** de los pensamientos del corazón, Gn 6:5. No oyó el rey... era **d** de Jehová, 1 Reyes 12:15. Frustra los **d** de los perversos, Job 5:13. Obstinados en su inicuo **d**, Sal 64:5. Que maquinaban **d** contra mí, Jer 11:19. Y trazo contra vosotros d, Jer 18:11. Y su **d** contra mí todo el día, Lm 3:62. Contra las fortalezas formará sus **d**, Dn 11:24. Desecharon los **d** de Dios, Lucas 7.30. Hace... cosas según el d de su voluntad, Ef 1:11. Véase **Imaginación, Plan.**

DESIGUAL: Diferente, distinto. // Nos os unáis en yugo **d**, 2 Corintios 6.14. Compare Levítico 19:19.

DESLEAL: Os 9:15; Malaquías 2:14. Pérfido, infiel.

DESNUDAR: Quitar del cuerpo (el vestido, la ropa, las armas). // Desnuda a Aarón de sus vestiduras, Nm 20:26. Moisés desnudó a Aaron, Nm 20:28. Cada uno se desnudaba, Neh 4:23. Me he desnudado de mi ropa, Cnt 5:3. Desnudaos, ceñid los lomos con cilicio, Isaías 32.11. Desnudaron la púrpura, Mr 15:20. Porque no quisiéramos ser desnudados, 2 Corintios 5.4.

DESPOJAR: Expoliar, desposeer. Privar, robar, saquear. // Así despojaron a los egipcios, Éxodo 12.36. A despojar los muertos, hallaron a Saúl, 1 Samuel 31.8. Para **d** a las viudas, Isaías 10.2. He despojado a otras iglesias, 2 Corintios 11.8. Despojaos del viejo hombre, Efesios 4.22. Despojando a los principados, Colosenses 2:15. Habiéndoos despojado, Col 3:9. Despojémonos de todo peso, He 12:1.

DESPOJO: Lo que se quitó al enemigo. // Vi entre los **d** un manto babilónico, Josué 7:21. Y tomaron gran **d**, 2 Cr 25:13. El d de vuestros bienes sufristeis, He 10:34. Véase **Espólio, Robo.**

DESPOSAR: Arreglar matrimonio con alguien. // Te desposarás con mujer, Deuteronomio 28:30. El contrato de matrimonio usado por Oseas como símbolo de la garantía de Jehová de su amor y favor al Israel penitente, Oseas 2:19,20. Tu tierra será desposada, Isaías 62:4. María... desposada con José, Mateo 1.18. Una virgen desposada con un varón, Lc 1:27. María su mujer, desposada con él, Lc 2:5. Véase **Casar, Esposar.**

DESPOSORIO: Contrato de matrimonio. // En el día de su **d**, Cantares 3.11. Del amor de tu **d**, Jeremías 2.2.

INDOLENTE: Indiferente, vago. // Mujeres **i**, Isaías 32.9.

QUIETO: Tranquilo, calmado. // Morirá... **q** y pacífico, Job 21.23.

DESPRECIADO: Desconsiderado. // Soy... **d** del pueblo , Salmo 22.6. Al corazón contrito... no despreciarás tu, Sal 51:17. Salmo 119.141. Honorables... nosostros d, 1 Co 4:10.

DESPRECIAR: Tener poca estima por algo o alguien. Dejar de lado. // Tierra que vosotros despreciasteis, Nm 14:31. Y nos despreciaron, Neh 2:19. Los insensatos desprecian la sabiduría, Proverbios 1.7. Vale el despreciado que tiene servidores, Pr 12:9. Despreciado y desechado, Isaías 53:3. Una vasija despreciada, Jer 22:28. Por todos lados te desprecian, Ez 16:57. Ha despreciado como a un palo, Ez Ez 21:10. La espada desprecia aun al cetro, Ez 21:13. Al padre y a la madre despreciaron, Ez 22:7. Me despreciáis, dice Jehová, Mal 1:13. No me despreciasteis, Gá 4:14. Aquellos que desprecian al señorío, 2 Pedro 2:10. Véase **Desdeñar.**

DESPRECIABLE: Digno de desprecio; vil. // Todo lo que era vil y d destruyeron, 1 Samuel 15.9. Se juntaron contra mí gentes **d**, Sal 35:15. Pensáis que la mesa de Jehová es **d**, Mal 1:7.

DESPRECIO: Sentimiento por el cual se juzga a una persona o una cosa indigna de estima o de atención. // Miraba con **d** a su señora, Gn 16:4. Y viéndose encinta, me mira con **d**, Gn 16:5.

DESTERRADO: Exiliado, que fue desterrado de la patria. // Juntará los **d** de Israel, Isaías 11.12. Esconde a los **d**, Isaías 16.3. Habiten en ti los d, Isaías 16:4. Véase **Exiliado.**

DESTERRAR: Hacer salir o expulsar de la tierra, de residencia, o de la patria, 2 Samuel 15.19; Isaías 11.12; 16.3; Amós 5.27; Mateo 1.17. Véase **Cautiverio.**

DESTILAR: Condensar los vapores de (el líquido que se hace evaporar por el calor). Caer o salir en pequeñas gotas. // Destilará como el rocío, Deuteronomio 32.2. También los cielos destilarán rocío, Deuteronomio 33.28. La que destila del panal, Salmo 19.10. Como pana... destilan tus lábios, Cantares 4.11. Las nubes destilen la justicia, Isaías 45.8. Los montes destilarán mosto, Joel 3:18; Amós 9:13.

DESTINAR: Escoger el destino. // La que tú has destinado, Gn 24:14. Profetizaron de la gracia destinada, 1 Pedro 1:10. Desde antes habían sido destinados, Jud 4.

DESTINO: Lugar hacia donde se dirige alguien o algo. // Suministráis libaciones para el d, Is 65:11.

DESTITUIR: Privar de autoridad, dignidad o empleo. // Están **d** de la gloria de Dios, Romanos 3.23.

DIESTRA: La mano derecha. // Tu **d**, oh Jehová... en poder, Éxodo 15.6. La **d** de Jehová hace proezas, Salmo 118.15. Allí me guiará... me asirá tu **d**, Salmo 139.10. Se sentó a la **d** de Dios, Marcos 16.19; Hebreos 10.12. Exaltado por la **d** de Dios, Hechos 2.33. Al Hijo del hombre a la **d** de Dios, Hechos 7.56. Dieron a mí y a Bernabé la d en señal, Gálatas 2.9. Habiendo subido... está a la **d** de Dios, 1 Pedro 3.22.

DESTREZA: Aptitud, habilidad, capacidad. // Pierda mi diestra su d, Salmo 137.5. Abatirá su soberbia y la d, Is 25:11.

DESTROZO: Restos de algo que fue destrozado, destruido. // Las quebrantará com grande **d**, Dt 7:23.

DESTRUCCIÓN: Acción o efecto de arruinar, demoler, derribar. // A Lot de en medio de la **d**, Gn 19:29. Viniere como una **d**, Pr 1:27. **D** a los que hacen iniquidad, Pr 21:15. Barreré con escobas de **d**, Isaías 14.23. Sea entregado a Satanás para la **d** de la carne, 1 Corintios 5.5. Vendrá sobre ellos **d** repentina, 1 Tesalonicenses 5.3; 2 Pedro 2.1. Sobre si mismos **d** repentina, 2 Pedro 2:1. Condenó por **d** a las ciudades, 2 Pedro 2:6. Nacidos para presa y **d**, 2 Pedro 2:12. Véase **Desolación.**

DESTRUIDOR: El que destruye. Al **d** de nuestra tierra, Jue 16:24. Compañero es del hombre **d**, Pr 28:24. Tus d y tus asoladores, Is 49:17. El **d** de naciones está en marcha, Jer 4:7. Pronto vendrá sobre nosotros el **d**, Jer 6:26. Contra ellos **d** a mediodía, Jer 15:8. Prepararé contra ti **d**, Jer 22:7. Véase **Asolador.**

DESTRUIR: Arruinar, demolir, derribar. // Fueron destruidas todas las criaturas, Génesis 7.23. Salid de este lugar porque el Señor va a destruir la ciudad, Génesis 19.14. Los destruirás del todo y quebrarás, Éxodo 23.24. Destruiréis todos los ídolos de piedra, Números 33.52. Destruiréis enteramente todos los lugares donde las naciones que vosotros heredáis sirvieron a sus dioses, Deuteronomio 12.2. Y procuró Amán **d** a todos los judíos que había en el reino de Asuero, Ester 3:6. Vuestra tierra está destruida, Is 1:7.Hombres de guerra serán destruidos, Jer 50:30. Reino que no será destruido, Daniel 2.44. Vino el diluvio y los destruyó a todos, Lucas 17:27. Destruiré la sabiduría de los sabios, 1 Corintios 1.19. Si alguno destruyere... Dios lo destruirá, 1 Corintios 3.17. El postrer... destruido es la muerte, 1 Co 15:26. Derribados... pero no destruidos, 2 Co 4:9. Si las cosas que destruí, Gá 2:18. Jesucristo lo matará con el soplo de su boca, y lo destruirá, 2 Tesalonicenses 2:8. Para d por medio de la muerte, He 2:14. Destruyó al que tiene poder de la muerte, Hebreos 2.14. Que destruía a los primogénitos, He 1:28. Después destruyó a los que no creyeron, Ju 5. Destruyó a los que no creyeron, Judas 2. Para **d** a los que destruyen, Apocalipsis 11.18.

DESVARIAR: Hacer enloquecer, perder la cabeza. // Y él desvariaba en medio de la casa, 1 Samuel 18:10.

DESVALIDO: Desprotegido, desamparado. // Sus ojos están acechando al d, Sal 10:8. Considerado la oración de los **d**, Sal 102:17.

DESVARÍO: Desacierto, desatino. // Entender las locuras y los **d**, Ec 1:17.

DESVENTURA: Desgracia, infortunio. // Quebranto y **d** hay en su camino, Ro 3:16. Véase **Desgracia.**

DESVENTURADO: Desafortunado. // No sabes que tú eres un **d**, Ap 3:17.

DETENER: Impedir avanzar. Parar. // El sol se detuvo, Josué 10:13. Oh Jehová, no te detengas, Sal 70:5. Por tanto, se detuvieron allí, Hch 14:3. Sabéis lo que lo detiene, 2 Tesalonicenses 2:6. Lo detiene, hasta que él a su vez sea quitado de en medio, 2 Tesalonicenses 2.7.

DETERMINADO: Decidido, resuelto. // Vengan en tiempos **d**, Esd 10:14. Por el d consejo y anticipado conocimiento de Dios, Hechos 2:23.

DETERMINAR: Señalar término a: fijar; indicar con precisión. // Setenta semanas están determinadas, Daniel 9.24. Tu consejo habían antes **d**, Hch 4:28. Determinaron enviar socorro, Hch 11:29. Véase **Designar.**

DETESTAR: Tener aversión, odiar. // Le detestarán las naciones, Pr 24:24. Véase **Abominar, Aborrecer, Odiar.**

DETESTABLE: Que merece ser detestado; abominable. // Medida escasa que es **d**, Mi 6:10. Véase **vil.**

DETRACCIÓN: Maledicencia, murmuración, menosprecio. // Desechando... envidias, y todas las **d**, 1 Pedro 2:1.

DETRACTOR: El que detrae, que difama. // **D**, aborrecedores de Dios, Romanos 1.30.

DIOS: Ser existente por sí mismo, infinito, supremo, creador y conservador del universo. // Sus nombres: **Elohim**, hb plural de **Eloah**, Dios, Génesis 1:1, etc. **Jehovah**, hb. Señor Dios, Génesis 2.4, etc. **El**, hb. Dios, Génesis 16.13. **Eloahh**, hb. Dios, Deuteronomio 32.15. **Elahh**, caldaico, Dios, Esdras 7.12. **Jah**, hb. Señor, Salmo 77:11. **Theos**, gr Dios, Mateo 1.23. **Kurios**, gr. Señor, Hechos 19.20. // **Dios creador:** Génesis 1; Jó,33.4; 38; Salmo 8; 19.1; 33.6; 94.9; 104; 136; Eclesiastés 12.1; Isaías 40.28; 45.8; Juan 1.3; Hechos 17.24; Romanos 1.25; 1 Pedro 4.19; Apocalipsis 4.11. // **Dios, Padre:** Mateo 11.25; 28.19; Juan 1.14; Hechos 1.4; 2.33; Romanos 6.4; 1 Corintios 8.6; 15.24; 2 Corintios 1.3; 6.18; Efesios 1.17; Filipenses 2.11; Hebreos 12.9; Santiago 1.27; 1 Pedro 1.17; 2 Juan 3. // **Dios, Hijo:** Mateo 11.27; Marcos 13.32; Lucas 1.32; Juan 1.18; Hechos 8.37; Romanos 1.4; 2 Corintios 1.19; Gálatas 2.20; Efesios 4.13; Hebreos 4.14; 1 Juan 2.22; Apocalipsis 2.18. // **Dios, Espíritu Santo:** Mateo 28.19; Juan 15.26; Hechos 1.2; 2 Corintios 3.17; 1 Timoteo 3.16; Apocalipsis 3.1. // **Dios, en cuanto a sus atributos, es:** Amor, 1 Juan 4.8; Altísimo, Salmo 9.2; 21.7; Daniel 5:18; Marcos 5.7; Hechos 7.48; Espíritu, Juan 4.24; Romanos 1.20; Colosenses 1:15; 3:17; 1 Timoteo 1.17; 6.6,15,16; Eterno, Génesis 21.33; Éxodo 3:15; Deuteronomio 32.40; 33.27; Job 36.26; Salmo 90.2; 92.8; 102.12; 104.31; 145.13; 146.10; Isaías 40.28; 41.4; Jeremías 10.10; 2 Pedro 3.8; Apocalipsis 1.8; 4.9; 22.13; fuego consumidor, Hebreos 12.29; Imortal, 1 Timoteo 1.17; Inmutable, Números 23.19; 1 Samuel 15.29; Salmo 33.11; 119.89; Hechos 4.28; Efesios 1.4; Hebreos 1.12; 6.17; 13.8; Santiago 1.17; Invisible, Éxodo 33.20; Juan 1.18; 4.24; 5.37; Cantares 1.15; 1 Timoteo 1.17; 6.16; Hebreos 11.27; 1 Juan 4.12; Juez, Génesis 18.25; Jueces 11.27; Salmo 7.11; 9.7; 94.2; Isaías 2.4; Hechos 10.42; Romanos 2.16; 2 Timoteo 4.8; Hebreos 12.23; Apocalipsis 19.11; Libertador, Salmo 18.2; 144.2; Romanos 11.26; Omnipotente, Génesis 1.3; Éxodo 15:11,12; Deuteronomio 32.39; 1 Crónicas 29.11,12; Job 42.2; Daniel 4.35; Mateo 19.26; Lucas 1.37; Apocalipsis 19.6; Omnipresente, 1 Reyes 8.27; Jí 23.8,9; Salmo 139.7-10; Proverbios 15.3; Isaías 66.1; Hechos 17.27; Omnisciente, 1 Samuel 16.7; 2 Crónicas 16.9; Salmo 139.1-16; Mateo 10.29; Hechos 1.24; Pastor, Salmo 23.1; Perfecto, Job 37.16; Mateo 5.48; Refugio, 2 Samuel 22.2,3; Salmo 40.17; Rey, Salmo 24.8; Isaías 33.22; Rey de reyes, Apocalipsis 19.16; Salvador, Salmo 106.21; Lucas 1.47; Señor de señores, Apocalipsis 17.14; Supremo, Daniel 4.25; Romanos 9.5; 11.36; 1 Timoteo 6.15; Apocalipsis 4.11; Todopoderoso, Génesis 17.1; Éxodo 6:3; Mateo 26.64; Apocalipsis 1.8; 21.22; Único, Deuteronomio 6.4; Marcos 12.29; Judas 25. // **Dios, en cuanto al carácter, Es:** Bueno, Salmo 25; 8; Lucas 18.19; Compasivo, Salmo 86.15; 116.5; Romanos 9.15; Fiel, 1 Corintios 10.13; 1 Pedro 4.19; Glorioso, Éxodo 15.11; Salmo 145.5; Grande, 2 Crónicas 2.5; Salmo 86.10; Justo, Deuteronomio 32.4; Isaías 45.21; **Longânimo**, Números 14.18; 1 Pedro 3.20; 2 Pedro 3.9; Luz, Isaías 60.20; Juan 1.7; 1 Juan 1.5; Misericordioso, Salmo 78.38; 117.2; Lucas 6.36; Recto, Salmo 25.8; 119.137; Santo, Isaías 6.3; 1 Pedro 1.16; Sabio; Romanos 16.27; Vivo, Jeremías 10.10; Mateo 16.16; Celoso,

Éxodo 20.5; 34.14; Josué 24.19; Salmo 78.58; 1 Corintios 10.22.

DIOS: Persona o cosa, a que se estima o se venera por encima de todo: (El dinero es el dios de los avaros). El dios de este siglo cegó el entendimiento, 2 Corintios 4.4. Cuyo dios es el vientre, Filipenses 3.19. // **Ídolo, divinidad pagana**: En la mitología había doce grandes dioses: Júpiter, Neptuno, Marte, Mercurio, Vulcano, Apolo. **Vesta**, Juno, **Ceres**, Diana, Venus y Minerva. Se mencionan Júpiter y Mercurio en Hechos 14.12. Ejecutaré mis juicios en todos los dioses de Egipto, Éxodo 12.12. Dioses que te sacaron de la tierra de Egipto, Éxodo 32.4. No te harás dioses de fundición, Éxodo 34.17; Vamos en pos de dioses ajenos, Deuteronomio 13.2. Predicador de nuevos dioses, Hechos 17:18. No son dioses los que se hacen, Hechos 19:26. Dijeron que era un dios, Hechos 28:6. Como hay muchos dioses, 1 Corintios 8:5.

DIOSA: Cada una de las divinidades femeninas. Entre los griegos había: Minerva, diosa de la ciencia; Aurora, diosa de la mañana; Venus, diosa del fuego, etc. Astoret era diosa de los sidonios, 1 Reyes 11.5. Salomón siguió a Astoret, **d** de los sidonios, 1 Reyes 11:5. Diana era diosa de los efesios, Hechos 19.27,28. Véase **Reina de los cielos, Jeremías 7.18.**

DEUTERONOMIO: El quinto libro de la Biblia y el último del Pentateuco. El título es del griego y quiere decir: **Segunda Ley,** o mejor: **Repetición de la ley.** En Éxodo, Levítico y Números, las leyes fueron dadas según la necesidad de la ocasión, a un pueblo acampado en el desierto. En Deuteronomio esas leyes se repitieron a una nueva generación que iba por poco tiempo a morar en casas, aldeas y ciudades. Moisés cumplió su misión. Llevó a Israel desde Egipto hasta las fronteras de Canaán. Todo el Deuteronomio es como la última palabra de un padre cerca de la muerte, a sus hijos indisciplinados, a punto de entrar en la tierra prometida. Estos discursos de Moisés a la nación de Israel se consideran obras maestras que ni Demóstenes logró alcanzar; discursos "culminando en cántico que ningún otro orador jamás sobrepujó". "Tenía Moisés la edad de ciento veinte años... ni perdió su vigor", capítulo 34.7. Y esos discursos muestran que la mente, tanto como el físico, retenían su pleno vigor. **El autor:** Moisés. Véase **Pentateuco. La clave:** Obediencia. Capítulo 10.12-22. **La división: I.** El primer discurso de Moisés, retrospectivo del peregrinaje por el desierto, capítulos 1 a 4. **II.** El segundo discurso de Moisés. Recapitulación de las leyes, capítulos 5 al 28. **III.** El tercer discurso de Moisés. Profecía del futuro de Israel, capítulos 29 a 34. Los discursos de Deuteronomio fueron pronunciados por Moisés durante los dos meses que Israel estuvo acampado en las planicies de Moab, en 1451 a.C. El retrospectivo de Moisés abarca un período de más o menos cuarenta años.

DISOLUCIÓN: Cualidad de aquel o de aquello que disoluto, disipado, contrario a la decencia. // No estén acusados de **d**, Tit 1:6. El mismo desenfreno de **d**, 1 Pedro 4.4. Véase **Lascivia, Libertinaje, Lujuria.**

DISOLUTO: Hombre libertino, licencioso. // Habéis vivido en deleites... y sido **d**, Stg 5:5.

DEVASTAR: Asolar, dañar, destruir, volver desierto. // Devastaron todo el país, Gn Gn 14:7. Así venían a la tierra para devastarla, Jue 6:5.

DEUDOR: El que debe. // Como hemos perdonado a nuestros **d**, Mateo 6:12. Acreedor tenía dos **d**, Lucas 7.41. Llamando a cada uno de los **d**, Lucas 16.5. A sabios y a no sabios soy **d**, Romanos 1.14. Somos **d**, no a la carne, Romanos 8.12. Les pareció bueno, y son d, Romanos 15.27.

DEBER: Obligación resultante de los preceptos del honor. Tener que pagar. Tener que. // Hacer el bien a quien es debido, Pr 3:27. Uno que le debía diez mil talentos, Mateo 18.24. Perdonamos a todos los que nos deben, Lc 11:4. Cuánto debes, Lc 16:7. Pagad a todos los que débeis, Ro 13:7. No debáis a nadie nada, Ro 13:8. Te dañó, o te debe, ponlo a mi cuenta, Filemón 18.

DEBIDO: Que se debe. // Hacer el bien a quien es **d**, Pr 3:27. Porque a ti es d el temor, Jer 10:7.

DEVOLVER: Mandar o dar de vuelta. // Sus manos devolverán lo que el robó, Job 20:10.

DEVORADOR: Que devora. // **D** salió comida, Jue 14:14. Con llamas de fuego d, Is 30:27. Reprenderé también por vosotros al **d**, Malaquías 3.11.

DEVORAR: Comer destrozando con los dientes (cuando se habla de animales feroces). Comer con ansia y apresuradamente. // Espigas menudas devoraban, Génesis 41.7. La vara de Aarón devoró a las varas, Éxodo 7.12. Devorados por la fiebre y la peste, Deuteronomio 32.24. Devorará el primogénito, Job 18:13. Que devoran a mi pueblo, Salmo 14.4; 53.4. Devorar a los pobres de la tierra, Pr 30:14. Devoráis las casas de las viudas, Mateo 23.14. Toleráis, si alguno os devora, 2 Corintios 11.20. Fuego que ha de **d**, He 10:27. Devorará del todo vuestras carnes, Santiago

5.3. Buscando a quien **d**, 1 Pedro 5.8. Devora a sus enemigos, Ap 11:5.

DIEZ: Se dice del número cardinal formado de dos veces cinco. // AL cabo de d años, Génesis 16:3. Jefes de d, Éxodo 18.21. Los d mandamientos, Deuteronomio 4.13. Haré volver la sombra... d grados atrás, Isaías 38.8. Cuando los d oyeron, Mateo 20.24. Semejante a d vírgenes, Mateo 25.1. Mujer que tiene d dracmas, Lucas 15.8. Llamando a d siervos... les dio d minas, Lucas 19.13. D cuernos que has visto, son d reyes, Apocalipsis 17.12. Véase **Número.**

DIEZ MANDAMIENTOS: Los Diez Mandamientos aparecen en dos formas: la forma original como en Éxodo 20; la cita libre de Moisés, en Deuteronomio 5.6-21. Son llamados el decálogo, es decir, Las Diez Palabras, Éxodo 34.28; los Diez Mandamientos, Deuteronomio 4.13; 10.4; el pacto, 2 Crónicas 6.11; el testimonio, Éxodo 25.16,21; Los mandamientos, Mateo 19.17; Efesios 6.2. El decálogo es un pacto o vínculo de amor entre dos personas. Un pacto entre el pueblo oriental es, y siempre fue, un acuerdo sagrado, vinculando a dos personas en un entendimiento de amor. Los Diez Mandamientos fueron pronunciados por Dios y escritos por Él en dos tablas de piedra, Éxodo 31.18. Fueron escritos de ambos lados, Éxodo 32:15. No se debe pensar que no existía nada de estos mandamientos antes de Moisés. Fueron escritos en las mentes y en las conciencias de los hombres desde el principio. No hay pecado que no sea condenado por uno de los Diez Mandamientos. La sinopsis del decálogo deber para con Dios y el deber para con el prójimo.

DÍA: Entre los hebreos, el día era desde la salida hasta la puesta del sol, Levítico 23:32; Éxodo 12:18. En vez de designar las horas del día, como hicieron después, dividieron el día en mañana, mediodía y tarde, Salmo 55:17. Era **mañana** hasta casi las diez horas; **el calor del día** (Génesis 18.1), hasta cerca de las 2 horas de la tarde; **el aire del día** (Génesis 3.8), hasta cerca de las 6 horas de la tarde. Nuestro día de veinticuatro horas divididas en 60 minutos, y esos en 60 segundos, se originó con el sistema sexagesimal de los sumerios, que habitaban en el valle del Éufrates, antes de los semitas amorreos. Pero se encuentra en Daniel 3.6,15; 4.19; 5.5, la primera mención de la división del día en horas. Fue después del exilio que los judíos dividieron el día en doce horas, desde el amanecer hasta la puesta del sol, Mateo 20.1-12; Juan 11.9. La tercera hora era a las 9 de la mañana; la hora sexta, mediodía; la hora duodécima, a las seis de la tarde. // **Los nombres de los días da semana:** Los caldeos dieron nombres a los días de la semana, en honor al sol, a la luna, y a varios de los planetas. Pero los hebreos designaron los días de la semana, por números, salvo el séptimo, al que llamaban **sábado.** // **Día** quiere decir también ocasión oportuna, propia. El día de la adversidad, Eclesiastés 7.14. Del día y la hora nadie sabe, Mateo 24.36; 2 Timoteo 1.12. El día de Cristo, Filipenses 1:6. El día, Malaquías 4.1; Hebreos 10.25. El día de la expiación, Levítico 25.9. El día de la ira, Proverbios 11.4; Romanos 2.5; Apocalipsis 6.17. Los días son malos, Efesios 5.16; 6.13. El día de la muerte, Eclesiastés 7.1. En aquel día, Isaías 19.16. En el día de la prosperidad, Eclesiastés 7.14. El día del Señor, Isaías 2.12; Jeremías 46.10; Ezequiel 30.3; Joel 1:15; 2.1,31; Amós 5.18; Zacarías 14:1; Hechos 2.20; 1 Tesalonicenses 5.2; 2 Pedro 3.10; Apocalipsis 1.10. El último dia, Juan 14; 2 Timoteo 3.1. El día de la venganza, Proverbios 6.34. Mis días fueron más velozes, Job 7.6. Un día en tus atrios, Salmo 84.10. Nos enseña a contar nuestros días, Salmo 90.12. La noche resplandece como el día, Sal 139:12. No te jactes del día de mañana, Proverbios 27:1. Se sentó un Anciano de días, Daniel 7:9. Estableció un día en el cual juzgará, Hechos 17.31. Uno hace diferencia entre día y día, Romanos 14.5. El primer día de la semana, 1 Corintios 16.2. Guardáis los días, los meses, Gálatas 4:10. Hasta que el día esclarezca, 2 Pedro 1:19. Un día es como mil años, 2 Pedro 3.8. Véase **Año, Época, Mes, Tiempo.**

DÍA DE LA PREPARACIÓN: La víspera del sábado, Mateo 27.62; Marcos 15.42; Lucas 23.54; Juan 19.14,31, 42. Véase Éxodo 16.23.

CUMPLEAÑOS: Día de aniversario del nacimiento: de Faraón, Génesis 40.20; de los hijos de Job, capítulo 1.4; de Herodes, Mateo 14.6. En los días antiguos de la Iglesia cristiana eran celebrados, como si fueran aniversarios de nacimiento, los días que habían sido martirizados los discípulos de Cristo, conmemorando así su entrada en la vida eterna.

DIABLO, gr. **Calumniador.** Conviene observar la distinción, del original griego, entre un demonio, es decir, un espíritu inmundo (Mateo 12.43), y el diablo, el espíritu supremo del mal y de la injusticia, llamado también Abadón y Apolión, Apocalipsis 9.11; Beelzebú, Mateo 12.24; Belial, 2 Corintios 6.15; el maligno, 1 Jn 5:18.; Satanás, Lucas 10.18; Apocalipsis 20.2. // El diablo es el adversario, 1 Pedro 5.8; Apocalipsis 12.7-17; 20.2; la serpiente antigua, Apocalipsis 12.9; 20.2; el acusador de los hijos de Dios, Apocalipsis 12,10; el dios de este siglo, Juan 14.30; 2 Corintios 4.4; el engañador, Génesis 3.4,13; 2 Corintios 11.3,13,14; 2 Timoteo 2.26; la fuente de todo mal, Mateo 13.38; 1 Juan 3.8; 10; homicida desde el principio, Juan 8.44; 1 Juan 3.12; el príncipe de los demonios, Mateo 12.24; el príncipe de la potestad del aire, Efesios 2.2; el padre de mentira, Juan 8.44; sagaz, astuto Génesis 3.1; Job 2.7; Marcos 1.13; Juan 13.2; Hechos 5.3; 1 Corintios 7.5; Efesios 6.11; 1 Timoteo 3.6; 1 Juan 3.8; Apocalipsis 20.10. // **La obra del diablo**, autor de la apostasía, 2 Tesalonicenses 2.9; 1 Timoteo 4.1; los creyentes deben resistirlo, Romanos 16.20; 2 Corintios 11.3; 2 Timoteo 2.26; 1 Pedro 5.9; 1 Juan 2.13; Apocalipsis 12.11; Efesios 6.16; impide el evangelio, Ms 4.15; Juan 13.2; Hechos 5.2,3; 1 Corintios 7.5; 2 Corintios 12.7; 1 Tesalonicenses 2.18; 2 Timoteo 2.26; Apocalipsis 20.7; cambia las Escrituras para el mal, Mateo 4.6; Lucas 4.10,11; opera grandes señales y prodigios, Mateo 24.24; 2 Tesalonicenses 2.9; Apocalipsis 16.14; 19.20; sojuzgado por Cristo, Mateo 4.11; 8.31; 10.1; 12.28; 29; Colosenses 2:15; 1 Juan 3.8; se transforma en ángel de luz, 2 Corintios 11.14. // El **diablo comparado** con lazo del cazador, Salmo 91.3; con las aves, Mateo 13.4; con un sembrador de cizaña, Mateo 13.25; **con un lobo, Juan 10.12**; con un león que ruge, 1 Pedro 5.8; con una serpiente, Apocalipsis 12.9; 20.2; con un dragón, Apocalipsis 16.13. // El **diablo tentó**; a Cristo, Mateo 4.3; a Eva, Génesis 3.1; a David, 1 Crónicas 21.1; a Job 2.7; a Judas Iscariote, Lucas 22.3; a Juan 13.2; a Ananías, Hechos 5.3. Véase **Satanás.**

DIABÓLICO: Propio del diablo. // Sino terrenal, animal y **d,** Santiago 3:15.

DIACONISA: Mujer que la Iglesia investía para funciones análogas a las de los diáconos. // Romanos 16.1, 2 indica que había una orden de diaconisas en la Iglesia primitiva, 1 Timoteo 3.11 indica, asimismo, que el diaconato incluía tanto hombre como mujeres. Véase **Romanos 16.3, 12,9,10.**

DIÁCONO: La palabra en el griego quiere decir siervo, asistente, sirviente. // Traducido siervo en Mateo 23.11; Marcos 10.44; Juan 12.26; 1 Corintios 3.5; **servidor,** 1 Tesalonicenses 3.2. // Los siete escogidos sete escolhidos **para servir a las mesas** generalmente considerados diáconos, Hechos 6.1-6. Diáconos que viven en Filipos, Filipenses 1.1. El diaconato, 1 Timoteo 3.10. Diáconos indicados, Hechos 6.3, 5.6. Las cualidades de diáconos, Hechos 6.3; 1 Timoteo 3.8-13. Véase **Obispo.**

DIADEMA: Proverbios 1.9; Isaías 28.5; 62.3; Ezequiel 21.26; Apocalipsis 12.3; 13.1; 19.12. Faja ornamental, de metal o de estofo, con que loa soberanos se ciñen la cabeza. Véase **Coroa.**

DIAMANTE: Piedra preciosa. Carbono puro cristalizado; el más brillante, el más duro, el más limpio de los minerales. Raya todos los cuerpos sólidos, pero no puede ser rayado por ninguno de ellos. Una de las doce piedras preciosas en el pectoral del sumo sacerdote, Éxodo 28.18. Pecado grabado, con diamante, en el corazón, Jeremías 17:1. Una de las piedras preciosas del rey de Tiro, Ezequiel 28.13. Y pusieron su corazón como diamante, Zacarías 7:12.

DIANA: Diana es el nombre latino de la diosa griega, Artemisa, cuya sede de culto era el templo en Efeso, capital de la provincia romana. Asia. Su grandioso templo era una de las siete maravillas del mundo. La imagen de Diana, según la creencia del pueblo, había caído del cielo, Hechos 19.35.

DELANTE: Enfrente. // Eran **d** de Dios, Lucas 1.6. Gabriel, que estoy **d** de Deus, Lucas 1.19. Hay gozo **d** de los ángeles, Lucas 15.10. La esperanza puesta **d** de nosotros, He 6:18. Presentaros sin mancha **d** de su gloria, Judas 24. Véase **Ante.**

DIARIO: Que se hace todos los días. // Desatendidas en la distribución d, Hechos 6.1.

DIBLAIM: Suegro de Oseas, Oseas 1:3.

DIBÓN: 1. Una ciudad de Moab, Números 21.30. Véase mapa 2, **D**-6; mapa 5,C-1. // 2. Una aldea de Judá, Nehemías 11.25.

DIBRI: Una mujer de la tribu de Dan, cuya hija se había casado con un egipcio, y cuyo hijo fue apedreado por haber blasfemado, Levítico 24.11.

DICLA, hb. **Palmera:** Uno de los hijos de Joctán, Génesis 20.27.

DÍDIMO, gr. **Gemelo: El sobrenombre de Tomás, Juan 11:16; 20.24; 21.2.**

DRACMA: Antigua moneda de plata usada por griegos y romanos. // ¿Vuestro maestro no paga las dos **d**? Mateo 17.24.

DIFERENCIA: Falta de semejanza. **Hacer diferencia,** quiere decir: hacer distinción. // Jehová hace **d** entre los egipcios, Éx 11:7. Entre lo santo y lo profano, no hicieron **d**, Ezequiel 22.26. Discerniréis la **d** entre el justo, Malaquías 3.18. Uno hace **d** entre día y día, Romanos 14.5.

DISTINGUIR: Hacer diferencia o distinción entre; // Sabéis **d** el aspecto del cielo, Mateo 16.3. ¿Quién te distingue? 1 Corintios 4.7.

DIFERENTE: Que se distingue; que no es semejante. // Era **d** de todos los animales, Daniel 7.7. Sin embargo, d dones según la gracia, Romanos 12:6. Os anunciare otro evangelio, Gálatas1:8.

DIFERIR: Ser diferente. // Por amor de mi nombre diferiré mi ira, Isaías 48:9. Entre tanto que el heredero es niño, en nada difiere del esclavo, Gálatas 4:1.

DIFÍCIL: Que no es fácil. Dificultoso, arriezgado, peligroso. // ¿Hay para Dios alguna cosa **d**? Génesis 18.14. La causa que os fuere **d**, Deuteronomio 1.17. Este mandamiento... no es demasiado **d**, Deuteronomio 30.11. A probarle con preguntas **d**, 1 Reyes 10.1. Cosa **d** has pedido, 2 Reyes2:10.El asunto que el rey demanda es **d**, Daniel 2.11. Atan cargas pesadas y d de llevar, Mateo 23:4. Cuán d les es entrar en el reino, Marcos 10.24. **D** de explicar, He 5:11. Hay algunas **d** de entender, 2 Pedro 3.16.

DIFÍCILMENTE: Con dificultad. // Un rico d entrará en el reino, Mateo 19.23. D lograron impedir que la multitud, Hch 14:18.

DIFICULTAD: Inconveniente, contrariedad, obstáculo. // Halle para sí ciudades... nos cause **d**, 2 Samuel 20:6. Y costeándola con d, llegamos, Hch 27:8. Es con **d** que el justo es salvo, 1 Pedro 4.18. Véase **Impedimento, Obstáculo.**

DIFUNDIR: Irradiar. // Se difundió su fama por toda Siria, Mt 4:24. Y la palabra del Señor se difundía, Hch 13:49.

DIGNAMENTE: Honradamente. // A éstos vestimos más dignamente, 1 Corintios 12:23.

DIGNIDAD: Modo de proceder, que se impone al respeto público. // Principal en **d**, principal en poder, Génesis 49:3. Los ángeles que no guardaron su **d**, Judas 6.

DIGNO: Merecedor. // La casa de mi padre era **d** de muerte, 2 Samuel 19.28. Grande y **d** de suprema alabanza, Salmo 96.4. Frutos **d** arrepentimiento, Mateo 3.8. No soy **d** que entres bajo mi techo, Mateo 8.8. Porque el obrero es **d** de su alimento, Mateo 10.10. Más que a mí, no es **d** de mí, Mateo 10.37. Frutos **d** del arrepentimiento, Lucas 3.8. No soy **d** de ser llamado tu hijo, Lucas 15:19. Considerados **d** de sufrir, Hechos 5.41. Obras d de arrepentimientos, Hechos 26.20. Andéis como es **d** de la vocación, Efesios 4.1. Para que andéis como es **d** del Señor, Colosenses 1:10. **D** es el obrero de su salário, 1 Timoteo 5.18. Andarán... en vestiduras blancas... son **d**, Apocalipsis 3.4.

DESTROZAR: Rasgar en pedazos; despedazar con violencia. // No comeréis carne d por las fieras, Éxodo 22.31. Destrocen son que haya quien me libre, Sal 7:2. Cuando la madre fue destrozada, Os 10:14. Véase **Despedazar.**

DILATAR: Fig. Extender, ampliar. // Oh vosotros que dilatáis el día malo, Am 6:3. Lo dilatado de su imperio... no tendrán límite, Is 9:7.

DILEÁN: Una ciudad de Judá, Josué 15.38.

DILIGENCIA: Cuidado activo o urgencia en hacer algo; celo. // Con **d** preguntarás, Deuteronomio 13.14. En lo que requiere **d**, Ro 12:11. Que con más **d** atendamos a las cosas, Hebreos 2:1. Toda **d**... añadid a vuestra fe, 2 Pedro 1:5. Yo procurará con **d** que después de mi, 1 Pedro 1:15. Procurad con **d** ser hallados, 1 Pedro 3:14.

DILIGENTE: Cuidadoso, celoso. // La mano de los d enriquece, Proverbios 10.4. La mano d dominará, Proverbios 12.24. Mas el alma de los d será prosperada, Pr 13:4. Los pensamiento del d a la abundancia, Proverbios 21.5. Sé d en conocer el estado de tus ovejas, Pr 27:23. Y es d en súplicas y oraciones, 1 Ti 5:5.

DILIGENTEMENTE: Con diligencia. // Enseñaba **d** lo concerniente al Señor, Hch 18:25.

DILUVIO: Inundación extraordinaria, Salmo 29.10; Nahúm 1.8; Mateo 7.25. Figuradamente: Invasión tumultuosa de una multitud, Daniel 9.26. // Inundación universal conforme a las Escrituras, conforme las tradiciones de varios pueblos, y a la luz de descubrimientos geológicos. Diluvio sobre la tierra para consumir toda carne, Génesis 6.17. Prevalecieron las aguas excesivamente sobre la tierra y cubrieron todos los altos montes, Génesis 7.19. Fueron exterminados todos los seres, quedó sólo Noé, y los que con él estaban en el arca, Génesis 7.23. Y me acordaré del pacto mío, que hay entre mí y vosotros... y no habrá más d de aguas para destruir toda carne. Estará el arco en las nubes, y lo veré, y me acordaré, Génesis 9.14,15. Los días antes del d estaban comiendo, Mateo 24.38. Vino el **d** y los destruyó a todos, Lucas 17.27. Guardó a Noé... con otras siete personas, trayendo el **d**, 2 Pedro 2.5.

DISMINUCIÓN: Acción o efecto de disminuir. // Por fuera había hecho **d** a la casa, 1 Reyes 6:6.

DISMINUIDO: Reducido. // Y no serán **d**, Jeremías 30.19.

DISMINUIR: Hacer menor. // Nada añadiréis a la palabra... ni disminuiréis, Deuteronomio 4.2. Multiplicaos ahí, y no os disminuyáis, Jeremías 29:6. Véase **Reducir.**

DIMNA: Una ciudad de los levitas, Josué 21.35.

DINA, hb. **Juzgada:** Hija de Jacob y Lea, Génesis 30.21. Violada por Siquem, Génesis 34.

DINABA: Ciudad real de Bela, hijo de Beor, rey de Edom, Génesis 36.32.

DINERO: Todo tipo de moneda. // La primera mención de riquezas es la de Abraham, que "era riquísimo en ganado, en plata y en oro", Génesis 13:2. Las más antiguas alusiones al dinero comprenden ciertos pesos de oro y de plata, en forma de rejas, argollas, etc. Véase 2 Samuel 18.12; Isaías 33.18; Jeremías 32.9,10. Se dice que las primeras monedas las hizo el rey Creso de Lidia, 550 a.C. Los 400 ciclos de plata que Abraham pagó por el campo de Efrón, fueron por peso, Génesis 23.16. Se pesaban joyas de oro a veces en vez de negociarse con monedas. Véase Génesis 24.22. Se permutaban mercancías en el tiempo de Salomón, 1 Reyes 5.11. José ordenó restituir el dinero de sus hermanos en sus sacos, Génesis 42.25. Él recogió todo el dinero de Egipto, Génesis 47.14. Dinero con interés, Levítico 25.37; Deuteronomio 23.10; Nehemías 5.7; Salmo 15.5. Por el rescate de sí mismo, Números 3:48. Bolsa de, Proverbios 7.20. Comprar sin dinero, Isaías 55.2. De tributo, Mateo 17.24; 22.19. Escondió el dinero de su Señor, Mateo 25.18; Puesto en el arca, 2 Reyes 12.9; Marcos 12.41. Prometido a Judas, Marcos 14.11. Depositado a los pies de los apóstoles, Hechos 4.37. El amor al dinero es raíz de todos los males, 1 Timoteo 6.10; los fariseos, Lucas 16.14; Ananías y Safira, Hechos 5.1-11; Simeón el mago, Hechos 8.20; Félix, Hechos 24.26. **Tabla de valores entre los hebreos:** 20 geras = 1 siclo. 60 siclos = 1 libra. 60 libras = talento. **Cuarto:** Se refiere a una moneda que valía la décima parte de un denario. ¿No se venden dos pajarillos por un cuarto? Mateo 10:29. **Ceitil:** Véase **Cuarto. Blanca:** La moneda menor, de cobre, entre los judíos. No saldrás de allí hasta que hayas pagado aun la última blanca, Lucas 12:59. Dárico: 1 Crónicas 29.7. Antigua moneda persa, que también circuló entre los hebreos. **Denario:** Moneda romana y la más usada en los tiempos del Nuevo Testamento, valía casi lo mismo que la dracma, moneda griega. El salario de un día de trabajo, Mateo 20.2. Uno de sus consiervos que le debía cien denarios, Mateo 18.28. Moneda del tributo, Mateo 22.19. El buen samaritano sacó dos denarios, Lucas 10.35. Felipe calculó que serían necesarios 200 denarios para comprar el pan necesario para cinco mil personas, Juan 6:7. Una medida de trigo por un denario, Apocalipsis 6.6. **Dracma:** Un peso y una unidad de valor de Persia. Véase Esdras 8.27; Nehemías 7.72. Una moneda griega, de plata, que pesaba un dracma y del mismo valor aproximadamente del denario, moneda romana. La didracma, era lo mismo que la mitad de un siclo, dos de los cuales formaban el estatero, Mateo 17.27. Impuesto de las dos dracmas, Mateo 17.24. La parábola de la dracma perdida, Lucas 15.8. **Estatero:** Una unidad monetaria, tanto de oro como de plata, en Grecia. La moneda sacada de la boca del pez (Mateo 17.27) pesaba unos quince gramos. **Mina:** Un peso y una unidad monetaria, igual a cincuenta siclos. La fuerte pesaba 727 gramos; la débil, 364 gramos. La parábola de las 10 minas, Lucas 19.13-27. La mina de oro pesaba, la fuerte 820 gramos, la débil 410 gramos. **Cuadrante:** La blanca de Lucas 12.59 era la mitad de un cuadrante (Marcos 12:42) y la moneda de menor valor en circulación. **Siclo:** Un peso y una unidad monetaria de los hebreos, babilonios, fenicios, etc. El fuerte y común, de plata, pesaba 14,4 gramos: el débil, 7,2 gramos. Abimelec dio mil siclos de plata a Abraham, Génesis 20:16. Abraham compró el campo de Efrón por 400 siclos de plata, Génesis 23.15,16. Acán hurtó doscientos siclos de plata, Josué 7:21. La mitad de un siclo era la ofrenda a Jehová, Éxodo 30:13. El siclo era de veinte geras, Levítico 27:25. El criado con Saúl tenía un cuarto de siclo de plata, 1 Samuel 9.8. El seah de flor de harina por un siclo, 2 Reyes 7.1. El siclo de oro era igual a 15 siclos de plata. El fuerte pesaba 16 gramos; el débil, 8 gramos. Ofrenda voluntaria de 16.750 siclos de oro, Números 31:52. De oro... 600 siclos... para cada escudo, 1 Reyes 10:16. **Talento:** Un peso y una unidad monetaria, igual a 60 minas, de 60 o 50 siclos cada uno. El fuerte talento de plata pesaba 43.642 gramos; el débil, 21.821 gramos. Pagarás un talento de plata, 1 Reyes 20.39. Uno que debía 10 mil talentos, Mateo 18.24. La parábola de los talentos, Mateo 25.14. El talento de oro pesaba el fuerte, 39.118 gramos; el débil 24.559 gramos. Ofrenda de 29 talentos de oro, Éxodo 38.24; de 5 mil talentos de oro, 1 Crónicas 29.7.

DIONISIO, gr. Perteneciente a **Dionysius,** Dios de las viñas: el areopagita, uno de los convertidos en Atenas, Hechos 17:34. Se dice que llegó a ser el primer obispo de Atenas.

DIÓTREFES, gr. **Nutrido por Zeus:** Un discípulo que ejercía primacía en la iglesia, 3 Juan 9.

DIRECCIÓN: Gobierno. // Donde no hay **d** sabia, caerá el pueblo, Proverbios 11.14.

DERECHO: Recto, justo. // Que es recto. // Se dice del lado opuesto al izquierdo. //

Conjunto de leyes y de costumbres que rigen a cada pueblo. // Privilegio. // Impuesto. // El **d** de la primogenitura, Deuteronomio 21.17. Qué **d**... tengo aún para clamar más, 2 Samuel 19:28. El d de los necesitados, Salmo 140.12. Hay camino que al hombre le parece **d**, Proverbios 14.12; 16.25. El hijo hizo según el **d** y la justicia, Ezequiel 18:19. Cualquiera que te hiera en la mejilla d, Mateo 5.39. Acaso no tenemos d de comer y beber, 1 Corintios 9:4. El d al árbol de la vida, Apocalipsis 22.14. Véase **Ley, Precepto, Tributo.**

DIRIGIR: Encaminar, administrar. // El tiempo que le dirigió el sacerdote, 2 Reyes 12:2. Dirijo mi voz a los hijos de los hombres, Proverbios 8:4. Dirigiéndose a ellos, dijo, Lucas 14:5. El que dirige, como el que sirve, Lucas 22. 26. Dirija nuestro camino a vosotros, 1 Tesalonicenses 3:11.

DISÁN, hb, **Gacela:** Un hijo de Seir y un príncipe de los horeos, Génesis 36:21.

DISCERNIR: Diferenciar, distinguir. // Para poder **d** entre lo santo, Levítico Como un ángel para discernir, 2 Samuel 14.17. Y para **d** entre lo bueno y lo, 1 Reyes 3:9. Acaso no puede mi paladar **d**, Job 6:30. Corazón del sabio discierne el tiempo, Eclesiastés 8:5. No saben d entre la mano derecha, Jonás 4:11. Discerniréis la diferencia entre el, Malaquías 3:18. Se han de d espiritualmente, 1 Corintios 2:14. El que come... sin **d** el cuerpo, 1 Corintios 11:29. Y discierne los pensamientos y las, Hechos 4:12.

DISCIPLINA: Conjunto de leyes y regulaciones por las que se gobiernan ciertas entidades colectivas. // Sumisión voluntaria o impuesta por reglamento. // El que tiene en poco la **d** menosprecia, Proverbios 15:32. Hijo mío no menosprecie la **d**, Hebreos 12:5. Si soportáis la **d** Dios os trata, Hebreos 12:7. Pero si se os deja sin **d**... sois bastardos, Hebreos 12:8. Ninguna **d** al presente parece ser, Hebreos 12:11. Sino criadlos en la **d** y amonestación del Señor, Efesios 6.4. Véase **Corrección.**

DISCIPLINAR: Corregir, castigar. // Porque el Señor al que ama, disciplina, Hebreos 12:6. ¿Qué hijo... el padre no disciplina? Hebreos 12:7. Nuestros padres... que nos disciplinaban, Hebreos 12:9. Nos disciplinaban... como les parecía, Hebreos 12:10. Véase **Corregir.**

DISCÍPULO: El que recibe disciplina o instrucción; que sigue los consejos, o imita los ejemplos, de otros. // Una designación a los doce apóstoles, Mateo 10.1; 20.17; a los cristianos, Hechos 9.26; 14.22; 21.4; los discípulos de Juan, Mateo 9:14. // **Los discípulos de Cristo;** la misión de los setenta, Lucas 10.1-20; inspirados por el Espíritu Santo, Mateo 10.19,20; no son del mundo, Juan 17.14-16; los privilegios de los discípulos, Mateo 11.25; 13.11; Juan 14.26; 1 Corintios 2.10-14; 2 Corintios 1.21,22; 1 Juan 2.20,27; sus nombres escritos en el cielo, Lucas 10.20; tres mil añadidos a la iglesia, Hechos 2.41; llamados **cristianos** en Antioquía, Hechos 11.26. // **Los discípulos de Juan:** ayunaban, Mateo 9.14; en Efeso, Hechos 18.25; 19.3.

DISCORDIA: Desavenencias de voluntades entre varias personas. // Anda pensando el mal... siembra la d, Provérbios 6:14. Véase **Disensión.**

CUERDO: Prudente, sensato. // Rey David un hijo sabio... c, 2 Crónicas 2.12. Ha dejado de ser c y de hacer el bien, Sal 36:3. El hombre **c** encubre su saber, Proverbios 12:23. Si somos **c**, es para vosotros, 2 Corintios 5:13.

DISCURSO: Exposición oral o escrita de ideas. // Reasumió Job su d y dijo, Job 27:1. Y alargó el **d** hasta la medianoche, Hechos 20.7.

DISCUSIÓN: Investigación de la verdad por el examen de las razones y pruebas que se ofrecen en pro o en contra. // **D** sobre quien de ellos sería el mayor, Lucas 9:46. Después de mucha d, Pedro se levantó, Hechos 15:7. Los judíos se fueron, teniendo gran d, Hechos 28:29. Evita d insensatas, Tito 3.9. Véase **Altercação, Debate.**

DISCUTIR: Defender o impugnar (um asunto controvertido). // Por tres días de reposo discutió, Hechos 17:2. Discutía en la sinagoga con los judíos, Hechos 17:17. Discutiendo... acerca del reino de Dios, Hechos 19:8. Discutiendo cada día en la escuela, Hechos 19:9. Véase **Altercar, Argumentar.**

DISENTERÍA: Enfermedad infecciosa, con úlceras intestinales y diarreas dolorosas y sangrantes. Al parecer es la enfermedad de la que murió Joram, 2 Crónicas 21:15. El padre de Publio, hombre principal de la isla de Malta, enfermo de disentería y ardiendo en fiebre, sanado por la imposición de manos de Pablo, Hechos 28:8.

DISFRAZAR: Disimular, fingir. // **D** con una venda sobre los ojos, 1 Reyes 20.38. Disfrazan como apóstoles de Cristo, 2 Corintios 11:13.

DISPARAR: Tirar, arrojar. // Un hombre disparó su... a la ventura, 1 Reyes 22:34. Cuando disparen sus saetas, Salmos 58:7.

ZAHERIR: Humillar, escarnecer, ultrajar. // Y él los ha zaherido, 1 Samuel 25.14.

DISPENSACIÓN: Concesión. // En la **d** del cumplimiento del tiempo, Efesios 1:10. La **d** de la gracia de Dios, Efesios 3.9. // **Una dispensación** es el período de tiempo durante el cual los hombres son probados en cuanto a la obediencia a cierta revelación de la voluntad de Dios. 1. **La dispensación edénica, de la inocencia;** desde la creación del hombre **hasta** ser expulsado del Edén, Génesis 2.7; 3.24. El hombre inocente, en un ámbito perfecto, advertido del peligro de la desobediencia cayó y fue expulsado del paraíso. 2. **La dispensación antediluviana, de la conciencia;** desde la caída hasta el diluvio, casi mil seiscientos cincuenta y seis años. Los hombres expulsados del Edén, conocedores del bien y del mal, podían seguir la dirección del proprio corazón. Pero se corrompieron a tal punto (Génesis 6.5,12,13) que la dispensación se terminó con el diluvio. 3. **La dispensación postdiluviana**, del gobierno humano; desde el diluvio hasta después de la dispersión, Génesis 11.9. 4. **La dispensación patriarcal, de la familia;** desde el llamamiento de Abraham (Génesis 12.1) hasta el éxodo de Egipto, Éxodo 13. Satanás había hecho fracasar cuatro veces el plan de Dios acerca de los hombres: a) por la caída en el Edén; b) por el diluvio; c) por la dispersión en Babel; d) por el cautiverio en Egipto. 5. **La dispensación de la ley:** desde el Sinaí hasta al Calvario, Colosenses 2:14. 6. La dispensación de la Iglesia, de la gracia; Juan 1.17; desde la crucifixión hasta la apostasía de la Iglesia, y la segunda venida de Cristo, Mateo 24.37-39. 7. **La dispensación del reino, del cumplimiento del tiempo,** Efesios 1.10. El reino prometido a David, 2 Samuel 7.8-17; Lucas 1.31-33; 1 Corintios 15.24.

DISPERSIÓN: Desbandada. // En las Escrituras la palabra se refiere al cuerpo de israelitas que vivían fuera de Palestina. La dispersión fue uno de los castigos de la desobediencia, Levítico 26.22; Deuteronomio 4.27. Había una colonia israelita en Damasco, en el tiempo de Acab, 1 Reyes 20.34. Hubo una dispersión en gran escala, cuando las diez tribus del reino del Norte fueron llevadas a Asiria y las dos tribus del reino del sur, a Babilonia. Algunos israelitas de las diez tribus volvieron y se mezclaron con los judíos, Lucas 2.36; Hechos 26:7, etc. Otros permanecieron en Samaria entre los samaritanos, Esdras 6.21; Juan 4.12. Pero muchos quedaron en Asiria, formando una parte de la dispersión. Véase Hechos 2.9-11; 26.7. Muchas de las familias más notables no volvieron del cautiverio en Babilonia, sino que, bajo Ezequiel y Esdras, establecieron las doctrinas de sus padres. Su fe fue proclamada en todas partes hasta penetrar, al fin, todo el Imperio Romano. Los judíos preguntaban acerca de Jesús: "¿Se irá a los dispersos entre los griegos?" Juan 7.35. Se dice que, en el primer siglo, había más judíos viviendo fuera de Palestina que dentro del país. Establecieron sus sinagogas en muchas ciudades, pagaban el impuesto de dos dracmas, para el templo y hacían las peregrinaciones anuales a las fiestas en Jerusalén, Mateo 17.24; Hechos 2.9-11- Fue así que el cristianismo se esparció rápidamente. Santiago dirigió su epístola "a las doce tribus que se encuentran en la dispersión", Santiago 1:1. Pedro escribe "a los elegidos que son expatriados de la dispersión, en el Ponto, Galacia, Capadocia, Asia y Bitinia", 1 Pedro 1:1.

DISPERSAR: Esparcir por varias partes, irse lejos. // Envió sus saetas y los dispersó, Salmos 18:14. Y los dispersare por la tierra, Ezequiel 12.15. Te dispersaré por las naciones, Ezequiel 22:15. Los dispersos entre los griegos, Juan 7:35. Que le obedecían fueron dispersados, Hechos 5. 36. Véase **Disipar, Esparcir.**

DISPERSO: Esparcido. // Los que quedaron fueron **d**, 1 Samuel 11:11. Que reúne a los **d** de Israel, Isaías 56:8. **D** como ovejas, Mateo 26.31. Los hijos de Dios, que andan **d**, Juan 11.52.

DISPONER: Preparar. // Dispuso Saúl en tres compañías, 1 Samuel 11:11. Generación que no dispuso su corazón, Salmos 78:8. Primero hay la voluntad dispuesta, 2 Corintios 8:12.

DISPOSICIÓN: Orden, arreglo. // Asaf... y Hemán estaban por **d** del rey, 1 Crónicas 25:6. Recibisteis la ley por **d** de ángeles, Hechos 7:53.

DISPUESTO: Inclinado, determinado. // **D** a pelear sin doblez, 1 Crónicas 12:33. Has d tu corazón para buscar, 2 Crónicas 19:3.

DISPUTAR: Discutir, contender. // Pueblo disputaba... diciendo, 2 Samuel 19:9. Disputando... él por el cuerpo de Moisés, Judas 9. Véase **Discutir.**

DISENSIÓN: Discrepancia de opiniones, disputas, desavenencias. // Hubo **d** entre ellos, Juan 9.16. Volvió a haber **d** entre los judíos, Juan 10.19. Grande **d** entre fariseus y saduceos, Hechos 23.7. Las obras de la carne... **d**, Gálatas 5.19,20. Véase **Discordia.**

DISERTAR: Discursar, escribir o hablar al respecto. // Disertó sobre los árboles... disertó sobre los animales, 1 Reyes 4:33. Por cuanto Pablo disertaba largamente, Hechos 20:9. Disertando acerca de la justicia, Hechos 24.25.

DISIMULAR: Obrar disimuladamente; no dejar percibir. // El que odia disimula con sus labios, Proverbios 26.24. Publican su pecado, no lo disimulan, Isaías 3:9.

DISIPAR: Hacer desaparecer. // También disipas el temor, Job 15:4. Se disipará como visión nocturna, Job 20:8. Se disiparán como el humo, Salmos 37:20. Sean disipados como aguas que corren, Salmos 58:7. Con su mirar disipa todo mal, Proverbios 20:8. Y se disipará la envidia de Efraín, Isaías 11:13. Véase **Dispersar.**

DISOLVER: Separar, dispersar. // Disolviste mi sustancia, Job 30:22. Los montes se disolverán por la sangre, Isaías 34:3.

DISTANCIA: Espacio entre dos cosas o personas. // Fue y se sentó... d de un tiro de arco, Génesis 21:16.

DISTANTE: Que está lejos, remoto. // Se detuvieron en un lugar d, 2 Samuel 15:17. Véase **Lejos, Remoto.**

DISTAR: Ser o estar distante. // Distaban... sino como doscientos codos, Juan 21:8.

DISTINCIÓN: Diferencia, honor. // No hagáis **d** de persona en el juicio, Deuteronomio 1:17. ¿Qué **d** se hizo a Mardoqueo por esto? Ester 6:3. Creyeron... mujeres griegas de d, Hechos 17:12. Si no dieren **d** de voces, 1 Corintios 14:7. ¿No hacéis **d** entre vosotros mismos, Santiago 2:4. Véase **Diferencia.**

DISTINTO: Claro, que no se confunde con otro. // Eminente, notable. A semejanza de Melquisedec se levanta un sacerdote **d**, Hebreos 7:15.

DISTRIBUCIÓN: Reparto de algo. // **D** para los cantores para cada día, Nehemías 11:23. Desatendidas en la **d** diaria, Hechos 6.1.

DISTRIBUIR: Entregar a unos y a otros. // Jacob... distribuyó el pueblo que tenía, Génesis 32:7. Distribuidos en grupos, 1 Crónicas 24:1. Distribuidos para su ministerio, 1 Crónicas 24:19. También fueron distribuidos los porteros, 1 Crónicas 26:1. Según David los había distribuido, 2 Crónicas 23:18. Hay un pueblo... distribuido entre los, Ester 3:8.

DICHO: Expresión, frase. // Este **d** se extendió entonces... que aquel discípulo no moriría, Juan 21.23.

DICHOSO: Feliz. // Las mujeres me dirán **d**, Génesis 30:13. **D** estos tus siervos, 1 Reyes 10:8. **D** los que guardan juicio, Salmos 106:3. Sus hijos sus **d** después de él, Proverbios 20:7. **D** vosotros los que sembráis, Isaías 32:20. Véase **Feliz, Bienaventurado, Bendito.**

DESACUERDO: Discordancia, desavenencia. // Y hubo tal d entre ellos, Hechos 15:39.

DIVERSIDAD: Variedad, diferencia. // Hay **d** de dones, 1 Corintios 12.4.

DIVERSO: Diferente. // No sembrarás tu viña con semillas **d**, Deuteronomio 22:9. Con señales y prodigios y **d** milagros, Hebreos 2:4.

DIVERSIÓN: Lo que divierte o distrae. // El hacer maldad es como una **d** al insensato, Proverbios 10:23.

DIVERTIR: Distraer, recrear, alegrar. // Llamad a Sansón... que nos divierta, Jueces 16.25.

DEUDA: Lo que se debe; obligación, deber moral. // Remitiríamos toda **d**, Nehemías 10:31. De los que salen por fiadores de **d**, Proverbios 22.26. Perdónanos nuestras **d**, Mateo 6.12. Le soltó y le perdonó la **d**, Mateo 18.27. Toda aquella **d** te perdoné, Mateo 18:32. Se le cuenta... como gracia, sino como **d**, Romanos 4.4.

DIVIDIR: Partir o distinguir en varias partes; poner en discordia. // Israel fue dividido en dos partes, 1 Reyes 16:21. Y dividieron entre sí el país, 1 Reyes 18:6. Dividiste el mar, Nehemías 9.11; Salmo 74.13. Nunca más serán divididos em dos reinos, Ezequiel 37.22. Dividiste el mar con tu poder, Salmos 74:13. Todo reino dividido contra sí, Mateo 12.25. Cinco en una familia estarán divididos, Lucas 12.52. Pero se dividió el pueblo de la ciudad, Hechos 14.4. Hubo disensión... la asamblea se dividió, Hechos 23.7. Acaso Cristo está dividido? 1 Corintios 1.13. Ciudad fue dividida en tres partes, Apocalipsis 16:19. Véase **Separar.**

DIVINIDAD: Esencia, naturaleza divina. Dios. Pl. Dioses y diosas del paganismo. // No debemos pensar que la **d** es semejante al oro, Hechos 17.29. Véase **Dios, Ídolo.**

DIVINO: Perteneciente o relativo a Dios. // Pero ¿qué le dice la **d** respuesta? Romanos 11:4. Copartícipes de la naturaleza **d**, 2 Pedro 1.4.

DIVISIÓN: Acción o efecto de dividir. // Vuestras iniquidades han hecho **d**, Isaías 59:2. Que os fijéis en los que causan **d**, Romanos 16.17; Judas 19. Que no haya entre vosotros **d**, 1 Corintios 1.10. Oigo que hay entre vosotros **d** , 1 Corintios 11.18. Los que causan **d**, los sensuales, Judas 19. Véase **Dividir, separar.**

DIVORCIO: Disolución del matrimonio. // La ley sobre el divorcio en el Antiguo Testamento, Deuteronomio 24.1-4. En el Nuevo Testamento: “Pero yo os digo: Cualquiera que repudie a su mujer, a no ser por causa de fornicación, hace que ella adultere; y el que se casa con la repudiada, comete adulterio”, Mateo 5.32. El matrimonio no es una conveniencia social inventada por la humanidad para satisfacer una necesidad o condición temporales y, por tanto, para ser revisado o abandonado conforme a los caprichos de cualquier hombre o grupo de hombres. El matrimonio fue instituido por el Dios Altísimo y su relación con la raza humana es tal que no se puede modificar, ni la parte considerada más insignificante, sin graves consecuencias. "¿No habéis leído que el Creador desde el principio os hizo hombre y mujer, y que dijo: Por esta causa dejará el hombre padre y madre, y se unirá a su mujer volviéndose los dos una sola carne? De modo que no son más dos, sino una sola carne. Por lo tanto, lo que Dios juntó no lo **separe el hombre",** Mateo 19.3-6. No se juzgue que la legislación humana puede disolver una unión hecha por Dios. Cristo también dijo: "Por la dureza de vuestro corazón Moisés permitió repudiar vuestras mujeres, pero al principio no fue así. Yo os digo que cualquiera que repudia a su mujer, si no es por causa de **fornicación,** y se casa con otra, comete **adulterio"**, Mateo 19.8,9. Debemos observar cómo las Escrituras distinguen entre la **fornicación** y el **adulterio**. "Porque del corazón salen los malos pensamientos, los homicidios, los **adulterios** (gr. moicheia), las **fornicaciones** (gr. porneia)", Mateo 15.19. "Mas las obras de la carne están manifiestas, que son: **adulterio** (gr. Moicheia), **fornicación** (gr. Porneia), inmundicia", Gálatas 5.10, "Ni los **fornicarios** (gr. Pornos), ni los idólatras, ni los **adúlteros** (gr. Moichos) ...heredarán el reino de Dios", 1 Corintios 6:9,10. "Porque Dios juzgará a los **fornicarios** (gr. Pornos) y a los adúlteros (gr. Moichos)", Hebreos 13.4, Fig. Cristo no dijo que la ley de Moisés concedía el derecho de divorcio, por causa de **adulterio** (gr. Moicheia). Él dijo: "Cualquiera que repudia a su mujer, salvo por causa de **fornicación** (gr. Porneia), y se casa con otra, adultera (gr. Moichao)", Mateo 19:9. Si el hombre, después de casarse, hallara que la mujer no era virgen, podía repudiarla. Compárese Mateo 5.32; 19.9 con Deuteronomio 24.1. Pero si era virgen, no podía repudiarla mientras viviera, Deuteronomio 22:19. La ley de Moisés concedía el derecho de divorcio en el caso de fornicación pero no en el de adulterio; los adúlteros morían apedreados, Levítico 20.10. Nótese: la fornicación es el pecado de personas no casadas, con personas casadas o no. El adulterio es el pecado de personas casadas con otras que no son su cónyuge. Si un padre maltrata a un hijo, ¿debe la ley abolir la relación paternal, o castigar al padre? Si él abandona a sus hijos, la ley debe ayudarlo a criar a otros hijos, los cuales él puede también abandonar. ¿No debe más bien castigarlo? Lo que la ley puede hacer en el caso de padre e hijo puede también hacerlo en el caso de dos cónyuges. Las leyes civiles, sobre el divorcio, nunca pueden sustituir o invalidar los deberes de los creyentes delante de su Dios. Aun en el caso de que uno de los dos cónyuges descubriera que el otro fue infiel, sería mejor perdonarlo que repudiarlo, Mateo 6.14,15; 18.15-20. El amor conyugal, entre los creyentes sinceros, es un mandamiento divino (Efesios 5.22-33; 1 Pedro 3.1-9), on un capricho como entre los mundanos. La cuestión del divorcio, cuando uno de los cónyuges no es creyente, es discutida en 1 Corintios 7.10-17. Si aquel que no es creyente exige la separación, el creyente puede ceder: Pero la actitud del creyente debe ser siempre la de ganar a su compañero para Cristo; nunca puede tomar la iniciativa en la separación. Pero en el caso de separarse, la Palabra es clara, que el creyente no tiene derecho de casarse con otra: "Que no se case", 1 Corintios 7.11. Véase **Adulterio, Fornicación.**

DIVULGAR: Hacer público. // Y su nombre se divulgó, Josué 6:27. Al salir fuera la divulgan, Salmos 41:6. Mas el que la divulga, aparta al amigo, Proverbios 17:9. Esta versión se divulgó entre los judíos, Mateo 28.15. Para que no se divulgue más, Hechos 4:17. Que vuestra fe se divulga por todo el mundo, Romanos 1.8. Sido divulgada la palabra del Señor, 1 Tesalonicenses 1:8. Véase **Difundir.**

DIZAHAB, hb. **Abundante en oro:** Lugar en la planicie del Jordán, cerca del lugar donde Moisés pronunció su primer discurso de despedida a Israel, Deuteronomio 1.1.

DECIR: Expresar por palabra. // Os digo en tinieblas, decidlo en la luz, Mateo 10.27. Id pronto, y decid a sus discípulos, Mateo 28.7. Tengo muchas cosas que deciros, Juan 16.12. No tenga nada malo que c de vosotros, Tito 2.8. Véase **Hablar.**

DIEZMAR: Echar el impuesto del diezmo. // Diezmará vuestro grano y vuestra, 1 Samuel 8.15-17.

DIEZMO: La décima parte. Abraham dio el diezmo "de todo" a Melquisedec, Génesis 14.20. Jacob, tras la aparición del Señor en Betel, hizo voto de darle el diezmo, Génesis 28.13,22. La ley sobre los diezmos de la tierra, del ganado y del rebaño, Levítico 27.30-33. Los diezmos de los hijos de Israel fueron dados por herencia a los levitas, Números 18.24. Los levitas daban al Señor el diezmo de los diezmos recibidos del pueblo, Levítico 18.26. Debían presentar sus diezmos en el lugar escogido por Dios, Deuteronomio 12.11; Compare Amós 4.4. En el tiempo de los reyes, se cobraba un diezmo adicional con fines seculares, 1 Samuel 8.15,17. Ezequías, y también Nehemías, restablecieron el sistema del diezmo caído en desuso, 2 Crónicas 31.5; Nehemías 12.44. En qué te hemos robado? En vuestros d, Malaquías 3:8. Traed todos los d al alfolí y haya alimento... y derramaré sobre vosotros bendición, Malaquías 3.10. Los escribas y fariseos daban diezmos hasta de la menta, del eneldo y del comino, descuidando los preceptos más importantes, Mateo 23.23; daban diezmos de todo lo que ganaban, Lucas 18.12. Abraham el patriarca dio diezmos del botín, Hebreos 7:4. El pueblo de Dios, en el tiempo del Nuevo Testamento, daba diezmos, Hebreos 7.8.

DOBLE: Multiplicado por dos. // Una d porción de tu espíritu, 2 Reyes 2.9. Quebrantádolas con **d** quebrantamiento, Jeremías 17.18. Sean tenidos por dignos de d honor, 1 Timoteo 5.17.

DOBLAR: Encorvar, curvar. // Doblará toda rodilla, Isaías 45:23. No han doblado la rodilla delante, Romanos 11.4. Delante de mí se doblará toda rodilla, Romanos 14.11. Doble toda rodilla de los que están, Filipenses 2.10.

DOBLE: Fingido, traicionero; que ilude las dos partes. // El hombre de **d** ánimo es inconstante, Santiago 1:8; 4.8.

DULCE: Que tiene sabor semejante al del azúcar. // Se dice de las aguas que no tienen sal. Que ejerce en los sentidos impresión agradable. // ¿Qué cosa más **d** que la miel? Jueces 14.18. David hijo... el **d** cantor de Israel, 2 Samuel 23:1. Los terrones del valle le serán **d**, Job 21:33. **D** más que miel, y que la que destila del panal, Salmo 19.10. Cuán **d** son a mi paladar tus palabras, Salmo 119.103. Las aguas hurtadas son **d**, Proverbios 9.17. Mas al alma hambrienta todo amargo es d, Proverbios 27.7. **D** es el sueño del trabajador, Eclesiastés 5.12. Lo amargo por d, y lo **d** por amargo, Isaías 5.20. Alguna fuente echa... agua **d** y amarga, Santiago 3:11. Pero en tu boa será **d** como miel, Apocalipsis 10.9.

DULZURA: Cualidad de lo que es dulce. Suavidad, blandura, ternura. // Del fuerte salió **d**, Jueces 14.14. Las palabras que con d se te dicen, Proverbios 15:11. La d de labios aumenta el saber, Proverbios 16.21.

DODANIM: Un bisnieto de Noé, Génesis 10.4. Véase mapa 2, C-3.

DODAVA, hb. **Amado por Jehová:** Padre de Eliezer, un profeta en el tiempo de Josafat, 2 Crónicas 20.37.

DODO, hb. **Amante:** 1. Abuelo de Tola, uno de los jueces de Israel, Jueces 10.1. // 2. Padre de Eleazar, uno de los valientes de David, 2 Samuel 23.9. // 3. Padre de Elhanán, otro valiente de David, 2 Samuel 23:24.

DOEG, hb. **Tímido:** Edomita y el mayoral de los pastores de Saúl, que destruyó a los sacerdotes de Nob, con sus familias, en número de ochenta y cinco personas, y también todas sus propiedades, 1 Samuel 21:7; 22.9. 18,22.

DOLENCIA Y ENFERMEDAD: Alteración en la salud. // Si oyeres atentamente la voz de Jehová tu Dios... ninguna enfermedad de las que envié a los agipcios te enviaré a ti, Éxodo 15.26; Deuteronomio 7.15. Véase **Plaga**. // Cayeron enfermos: Jacob, Génesis 48. 1; el hijo de David y Betsabé, 2 Samuel 12:15; Abías, hijo de Jeroboam, 1 Reyes 14.1-18; el hijo de la viuda de Sarepta, 1 Reyes 17.17-24; Ocozías cayó por la ventana ... y estando enfermo, 2 Reyes 1:2; el hijo de la Sunamita, 2 Reyes 4.18-20; Ben-adad, rey de Siria, 2 Reyes 8.7-15; Eliseo, de que había de morir, 2 Reyes 13.14; Ezequías, de una enfermedad mortal, 2 Reyes 20.1; Asa de los pies, 2 Crónicas 16.12; Joram, los intestinos se le salieron, 2 Crónicas 21:19; Joás, gravemente enfermo, 2 Crónicas 24.25; Daniel algunos días, Daniel 8.27; la suegra de Pedro, Mateo 8.14-17; Lázaro de Betania, Juan 11.1; Dorcas enfermó y murió, Hechos 9.36,37; el padre de Publio, Hechos 28.8; Epafrodito se enfermó mortalmente, Filipenses 2.26,27; Trófimo enfermo en Mileto, 2 Timoteo 4.20. // Enfermedades mencionadas en las Escrituras: Alcoholismo, Proverbios 23.30-35. Atrofia muscular, Mateo 12.10. Ceguera, Mateo 9.27. Demencia, Mateo 17.15. Disentería, Hechos 28.8. Epilepsia, Mateo 17.15. Fiebre, Lucas 4.38. Gota o enfermedad de los pies, 2 Crónicas 16.12. Hemorragia, Mateo 9.20. Hemorroide, 1 Samuel 5.6. Hidropesía, Lucas 14.2. Empeine, Levítico 21.20. Insolación, 2 Reyes 4.18-20. Lepra, Lucas 17.12. Mudez, Mateo 9.33. Parálisis, Marcos 2.2; Hechos 14.8. Sarna, Levítico 21.20. Tuberculosis pulmonar, tísica, Deuteronomio 18.22. Sarpullido, Éxodo 9.9. Úlcera, Apocalipsis 16.2. Gusanos, Hechos 12.23. Véase **Sanidad divina.**

ENFERMO: Que tiene alguna alteración en la salud. // Hay muchos e y debilitados entre vosotros, 1 Corintios 11:30. Alguno e entre vosotros, Santiago 5:14.

DOLER: Causar pena, dolor. // Ni alguno de vosotros que se duela, 1 Samuel 22.8. Me duelen las fibras de mi corazón, Jeremías 4:19.

DOFCA: Uno de los campamentos de los israelitas en el desierto, Números 33.12.

DESPROPÓSITO: Palabras o actos fuera de sentido. // Toda boca habla **d**, Isaías 9.17.

LOCO: Que no tiene juicio, que perdió el uso de la razón. // Se fingió l entre ellos, 1 Samuel 21.13. Que te encargues de todo hombre l, Jeremías 29:26. Véase **Louco.**

DOS: Se dice del número cardinal, formado de uno más uno. // D de cada especie, Génesis 6.19. Sino nosotras d en la casa, 1 Reyes 3:18. Mejores son d que uno, Eclesiastés 4.9. Si alguno prevaleciere... d le resistirán, Eclesiastés 4.12. ¿Andarán d juntos si no hay entre ellos acuerdo? Amós 3.3. Entonces d estarán en el campo, Mateo 24.40. Vino una viuda pobre y echó d blancas, Marcos 12.42. Los d serán una sola carne, 1 Corintios 6.16. Véase **Número.**

DOLOROSO: Que produce dolor. // Y **d** tu llaga, Jeremías 30.12.

DON: Presente, dádiva, donativo; facultad, privilegio adquirido de un modo sobrenatural. // Es **d** de Dios, Eclesiastés 3.13; 5.19; Efesios 2.8. Si conocieras el d de Dios, Juan 4.10. Y recibiréis el **d** del Espíritu, Hechos 2.38. Que el **d** de Dios se obtiene con dinero, Hechos 8.20. Se derramase d del Espíritu, Hechos 10.45. Si Dios, pues, les concedió el mismo d, Hechos 11.17. Para comunicaros algún d espiritual, Romanos 1.11. Pero el d no fue como la transgresión, Romanos 5.15. Irrevocables son los d, Romanos 11.29. Diferentes d según la gracia, Romanos 12.6. De manera que nada os falta en ningún d, 1 Corintios 1.7. Cada uno tiene... su propio d, 1 Corintios 7.7. Hay diversidad de d, 1 Corintios 12.4. **D** de sanidad, 1 Corintios 12.9,30. Procurad... los mejores d, 1 Corintios 12.31. Los que tienen d de lenguas, 1 Corintios 12:28. Procurad... los d espirituales, 1 Corintios 14.1. Anheláis d espirituales, 1 Corintios 14.12. Gracias a Dios por su d inefable, 2 Corintios 9.15. Y dio d a los hombres, Efesios 4.8. No descuides el d que hay en ti, 1 Timoteo 4.14. Que avives el fuego del d de Dios, 2 Timoteo 1.6. Y gustaron del d celestial, Hebreos 6.4. Todo d perfecto desciende de lo alto, Santiago 1:17. Conforme el d que recibió, 1 Pedro 4.10. Véase **Dádiva, Presente.**

DON DEL ESPÍRITU: Recibiréis el don Espíritu Santo, Hechos 2.38. Esto es el bautismo en el Espíritu Santo, compare Hechos 2.23; 10.45; 11.17. Los creyentes primitivos sabían cuándo, dónde y cómo venía el Espíritu Santo: Hechos 2.4; 8.17; 10.44; 19.6; Gálatas 3.2; Efesios 1.13.

DOMAR: Amansar, domesticar. // Es novilla domada... le gusta trillar... Oseas 10:11. Pero ningún hombre puede **d** la lengua, Santiago 3:8.

DOMÉSTICO: Se dice del animal criado en casa. // El león y la bestia d andarán juntos, Isaías 11:6.

DOMICILIO: Vivienda. // Conforme a sus d y sus términos, 1 Crónicas 6:54.

DOMINADOR: Que ejerce autoridad o poder sobre. // De Jacob saldrá el **d**, Números 24.19. Violencia en la tierra, **d** contra **d**, Jeremías 51:46.

DOMINAR: Ejercer autoridad; tener la primacía. // Dominarás sobre muchas naciones, Deuteronomio 15.6. Abimelec hubo dominado sobre Israel, Jueces 9:22. Los filisteos dominaban sobre Israel, Jueces 14:1. Cuales dominaban en Moab y volvieron, 1 Crónicas 4:22. Dominarás de mar a mar, Salmos 72:8. Y su reino domina sobre todos, Salmos 103:19. Domina en medio de tus enemigos, Salmos 110:2. Por mí dominan los príncipes, Proverbios 8:16. Cuando los justos dominan, Proverbios 29:2. Como hombre a quien dominó el vino, Jeremías 23:9. El cual dominará sobre toda la tierra, Daniel 2:39. Y nadie le podía d, Marcos 5:4. El hombre... dominándolo, pudo más, Hechos 19:16.

DOMINIO: Poder, autoridad. // Tendrás **d**... pero sobre ti no tendrán **d**, Deuteronomio 15:6. Se rebeló Edom contra el **d** de Judá, 2 Reyes 8:20. Yendo éste a asegurar su d, 1 Crónicas 18:3. Edificar... en toda la tierra de su d, 2 Crónicas 8:6. Y tuvo d sobre todos los reyes, 2 Crónicas 9:26. Estaban bajo el d del gobernador, Nehemías 3:7. Y te ha dado el d sobre todo, Daniel 2:38. Y tu d hasta los confines de la tierra, Daniel 4:22. El Altísimo tiene d sobre el reino de los hombres, Daniel 4.25. Altíssimo, cuyo d es sempiterno, Daniel 4.34. Su d perdurará hasta el fin, Daniel 6.26. Le fue dado d, Daniel 7.14. Le quitarán su d para que sea destruido, Daniel 7:26. Y todos los d le servirán, Daniel 7:27. Cuando haya suprimido todo d, 1 Corintios 15:24. Sean tronos, sean d, Colosenses 1:16. Ni ejercer d sobre el hombre, 1 Ti 2:12.

DOMINIO PROPIO:. // Una de las gracias cristianas, Proverbios 25.38; Hechos 24.25; Gálatas 5.23; Tito 1.8; 2 Pedro 1.6. Véase 1 Corintios 7.9; 9.25.

DONATIVO: Dádiva, presente. // Para que lleven vuestro d a Jerusalén, 1 Corintios 16:3. Fue designado para llevar este d, 2 Corintios 8:19. Véase Dádiva, Ofrenda, Presente.

COMADREJA: Pequeño mamífero carnicero. // Animal **inmundo**, Levítico 11.29.

DONES DE SANIDAD: 1 Corintios 12.9,28. Véase **Sanidad divina.**

DONES DEL ESPÍRITU: Son diversos, 1 Corintios 12.4. 1. **La palabra de sabiduría**, 1 Corintios 12.8; Lucas 12.12; 21.15; Colosenses 2:3; 2. **La palabra del conocimiento,** 1 Corintios 12.8; 13.8; Efesios 1.18. 3. Fe, 1 Corintios 12.9; Mateo 17.20; Hechos 3.16; 4. **Dones de sanidad,** 1 Corintios 12.9; Hechos 8.7; 5. **Operaciones de milagros,** 1 Corintios 12.10; Juan 14.12; Hechos 19.11; 6. **Profecía,** 1 Corintios 12.10; 13.2,8; 14.1,3,4,24,31,39; Romanos 12.6; 1 Timoteo 4.14; 7. **Discernimientos de espíritus,** 1 Corintios 12.10; 13.2; 8. **Lenguas,** 1 Corintios 12.10; 13.1,8; 14.2,4,14,21,22,26,27,39;

9. **Interpretación de lenguas,** 1 Corintios 12.10; 14.13,16,27,28; 10. **Ayuda,** 1 Corintios 12.28; 13.3; Romanos 12.8; 11. Administrar, 1 Corintios 12.28; 12. **Servicio,** Romanos 12.7; 13. **Enseñar,** Romanos 12.7; 14. **Exhortar,** Romanos 12.8. // Respecto a los dones espirituales, el Espíritu Santo no quiere que seamos ignorantes, 1 Corintios 12.1. Procurad, pues, los dones mejores, 1 Corintios 12.31; 14.1,12,39. Pablo los quería compartir con los romanos, Romanos 1.11. Son irrevocables, Romanos 11.29; véase Hebreos 13.8. Acompañaban los creyentes primitivos, Marcos 16.20; acompañándolos hasta el fin del mundo, Mateo 28.20. Cesarán cuando venga lo perfecto, 1 Corintios 13.8-12.

DONCELLA: Mujer virgen. // **D** con panderos, Salmo 68.25. El camino del hombre con una d, Proverbios 30.19. Por eso las d te aman, Cantares 1.3. Doncellas hermosas y los jóvenes desmayarán, Amós 8:13. Véase **Virgen.**

DOLOR: Sufrimiento físico o moral. // En medio de **d** darás a luz, Génesis 3.16. Y mi **d** está delante, Salmo 38.17. Y el **d** y el gemido huirán, Isaías 51:11. Sufrió nuestros **d**, Isaías 53.4. Antes que le viniesen dolores, Isaías 66:7.b Tu **d** es incurable, Jeremías 30.15. Mirad, y ved si hay **d** como mi **d**, Lamentaciones 1:12. Es el principio de **d**, Mateo 24.8. La creación... con **d** de parto, Romanos 8.22. Gran tristeza y continuo **d** en mi corazón, Romanos 9.2. Hijitos míos, por quienes vuelvo a sufrir **d** de parto, Gálatas 4.19. Como los **d** a la mujer encinta, 1 Tesalonicenses 5.3. En esa codicia... se atormentaron con muchos **d**, 1 Timoteo 6.10. Clamaba con **d** de parto, Apocalipsis 12.2. Y mordían de **d** sus lenguas, Apocalipsis 16.10. Ni habrá más llanto, ni clamor, ni **d**, Apocalipsis 21.4. Véase **Sufrimiento.**

DOR, hb. **Habitaciones:** Ciudad real de Canaán, a veintitrés kilómetros al sur del monte Carmelo. El rey de Dor se juntó con otros reyes, contra Israel, Josué 11.2. Situada en la tribu de Aser, llegó a pertenecer a Manasés, Josué 17.11; 19.26. Donde Salomón instalo una de las **repartições fiscais**, 1 Reyes 4.10. Véase mapa 4, A-1.

DORCAS: Es una palabra griega que significa gacela, en arameo es Tabita, que significa también gacela, animal conocido por su belleza. Dorcas fue una discípula muy amada en Jope, levantada de los muertos por Pedro, Hechos 9.36-42.

DOLORIDO: Apenado, afligido. // Mi corazón está d, Salmo 55.4.

DORMILÓN: Que duerme mucho. ¿Qué tienes, **d**? Jonás 1:6

DORMIR: Descansar en el sueño. // Llegó a un cierto lugar, y durmió allí, Génesis 28.11. Tal vez duerme y hay que despetarle, 1 Reyes 18.27. Que no duerma el sueño de la muerte, Salmo 13.3. Que duermen en el polvo de la tierra, Daniel 12.2. Jonás... se había echado a d, Jonás 1:5. La niña no está muerta, sino duerme, Mateo 9.24. Mientras dormían los hombres, Mateo 13.25. Cuerpos de santos que habían dormido, Mateo 27.52. Lo hurtaron, estando nosotros dormidos, Mateo 28.13. Muchos enfermos... muchos duermen, 1 Corintios 11.30. Las primicias de los que duermen, 1 Corintios 15.20. No todos dormiremos, 1 Corintios 15.51. Despiértate, tú que duermes, Efesios 5.14. A los que durmieron en él, 1 Tesalonicenses 4.14. No durmamos como los demás, 1 Tesalonicenses 5.6. Ya sea que velemos, o que durmamos, 1 Tesalonicenses 5.10. Su destrucción no duerme, 2 Pedro 2.3. Véase **Dormitar.**

DORMITAR: Dormir levemente. Cabecear, adormecer. // Un poco de sueño, un poco de dormitar, Proverbios 6:10. Véase **Dormir.**

DOTÁN, hb. **Dos pozos:** Ciudad cerca de Siquem, donde vendieron José a los israelitas, Génesis 37.17. Véase mapa 2, C-4.

DOTAR: Dar dote. Dar en donación. // Faraón... con ella dotara su hija, 1 Reyes 9.16. Si alguno engañare... deberá dotarla, Éxodo 22:16.

DOTE: En el tiempo del Antiguo Testamento, el jefe de familia escogía la novia para su hijo. Véase Génesis 24.38; 28.1. El novio, o su padre, ofrecía una dote, es decir, una cierta cantidad de dinero al padre de la novia, no para comprarla sino para remunerar al padre por la falta de la hija. Como Jacob no tenía dinero para dar al padre de la novia, tuvo que servir a Labán por un determinado número de años, Génesis 29:18.

DOCTO: Muy instruido, sabio. // Escriba docto en el reino de los cielos, Mateo 13:52.

DOCTOR: Hombre docto, maestro distinguido. // Sentado en medio de los **d**, Lucas 2:46. Sentados los fariseos y d de la ley, Lucas 5:17. Gamaliel, d de la ley, Hechos 5.34. Queriendo ser d, 1 Timoteo 1:7. Véase **Maestro.**

DOCTRINA: Todo lo que es objeto de enseñanza; disciplina. // Mi **d** es pura, y yo soy limpio, Job 11:4. Entender sabiduría y **d**, Proverbios 1:2. La gente se admiraba de su **d**, Mateo 7:28. Enseñando... **d**, mandamientos de hombres, Mateo 15:9. Sino de la **d** de los fariseos, Mateo 16.12. **D** mandamientos de hombres, Marcos 7.7. Perseveraban en la d de los apóstoles, Hechos 2.42. Habéis llenado a Jerusalén de vuestra **d**, Hechos 5.28. Obedecer de corazón la forma de **d**, Romanos 6.17. Uno... tiene salmo, tiene d, tiene lengua, 1 Corintios 14.26. Llevados alrededor por todo viento de d, Efesios 4.14. Según los preceptos y **d** de los hombres, Colosenses 2:22. A algunos que no enseñe diferente **d**, 1 Timoteo 1.3. La sana **d**, 1 Timoteo 1.10; 2 Timoteo 4.3; Tito 2.1. De la fe y de la buena **d**, 1 Timoteo 4.6. Ten cuidado de ti mismo y de la **d**, 1 Timoteo 4.16. D que es conforme a la piedad, 1 Timoteo 6:3. Para que en todo adornen la **d** de Dios, Tito 2.10. Dejando ya los rudimentos de la **d**, Hebreos 6.1. Dejéis llevar de **d** diversas y extrañas, Hebreos 13.9. No persevera en la **d** de Cristo, 2 Juan 9.

DOXOLOGÍA: Himno de alabanza a Dios. // Vocablo empleado para designar las últimas palabras de la oración dominical: "Tuyo es el reino, el poder y la gloria para siempre. Amén". Véase también el Salmo 41:13; 72.18,19; 89.52; Romanos 16.27; Efesios 2.20; 1 Timoteo 1.17; Judas 25; Apocalipsis 5.13,14; 19.1-3. **La doxología mayor** es sacada de Lucas 2.14.

DOCE: Se dice del número cardinal formado de diez más dos. // Las piedras serán conforme los nombres... **d**, Éxodo 28.21. Los nombres de los **d** apóstoles, Mateo 10.2. Os sentaréis en **d** tronos para juzgar a las **d** tribus de Israel, Mateo 19.28. Más de **d** legiones de ángeles, Mateo 26.53. Y cuando tuvo **d** años, Lucas 2.42. Y Jacob a los d patriarcas, Hechos 7.8. Y después a los **d**, 1 Corintios 15.5. Y junto a las puertas d ángeles, Apocalipsis 21.12. Las **d** puertas son de perlas, Apocalipsis 21.21. Que produce d frutos, Apocalipsis 22.2. Véase **Número.**

DRACMA: Una moneda griega, de plata, que pesaba una dracma, y del mismo valor aproximadamente del denario, moneda romana. // La parábola de la dracma perdida, Lucas 15.8. Véase **Dinero.**

MALLA: Cualquier instrumento, red, arpón, para sacar algún objeto del fondo fundo del agua. // Ofrecerá sahumerios a sus **m**, Habacuc 1:16.

DRAGÓN: Monstruo fantástico que por lo general se representa con garras de león, alas de águila o de murciélago y cola de serpiente. // Veneno de dragones y serpientes. Deuteronomio 32.23. Personificación de faraón, Ezequiel 29:3; de Satanás, Apocalipsis 12.9; 20.2. En Isaías 51.9 y en Ezequiel 29.3 se refiere tal vez al cocodrilo. La palabra traducida **dragón** es muchas veces chacal en otras versiones.

DROMEDARIO: Camello de una sola joroba, Isaías 60:6; Jeremías 2:23. Véase **Camello.**

DRUSILA: Una judía, la más joven de las tres hijas de Herodes Agripa, que dejó a su marido, Aziz, rey de Amesa, para casarse con Claudio Felix, gobernador de Judea. Cuando Pablo hablaba a Drusila y a Felix, sobre la justicia, el dominio propio y el juicio venidero, Felix quedó atemorizado, Hechos 24:24,25.

DUMA, hb. **Silencio:** 1. Uno de los hijos de Ismael, Génesis 25.14. // 2. Una ciudad de Judá, Josué 15.52. Véase mapa 2, B-6; mapa 5, B-2. 151, B-6; 302, B-2. // 3. Nombre simbólico que designa a Edom, Isaías 21.11.

DURA, hb. **Círculo:** Un campo en la provincia de Babilonia donde Nabucodonosor levantó una imagen de oro, Daniel 3.1.

DURACIÓN: Cualidad de lo que dura. // No tienen raíz en sí... son de corta **d**, Marcos 4.17.

DURAR: Permanecer. Seguir existiendo. Conservarse en el mismo estado. // Nuestros días... sombra que no dura, 1 Crónicas 29:15. Esdras 3.11; Salmo 106.1; 107.1; 118.1; 136.1; 136.1-26; 138.8. Pero su favor dura toda la vida, Salmo 30:5. Las riquezas no duran para siempre, Proverbios 27.24.

DURADERO: Que dura mucho. // Aumentará... enfermedades malignas y **d**, Deuteronomio 28:59. Están conmigo; riquezas **d**, y justicia, Proverbios 8.18.

DUREZA: Cualidad de lo que es duro. Acción dura, cruel. // La **d** de este pueblo, Deuteronomio 9.27. El polvo se ha convertido em **d**, Job 38:38. **D** de corazón, Jeremías 23.17; Mateo 19.8; Marcos 3.5; 16.14; Efesios 4.18. **D** y tu corazón no arrepentido, Romanos 2.5.

DURO: Insensible, duro, cruel. // Su ira, que fue **d**, Génesis 49.7. **D** cerviz, Deuteronomio 9.13; 31.27; 2 Reyes 17.14; Hechos 7.51. Nabal era **d** y de malas obras, 1 Samuel 25.3. Soy enviado a ti con revelación dura, 1 Reyes 14.6. El camino de los transgresores es **d,** Proverbios 13:15. **D** como la sepultura los celos, Cantares 8.6. De **d** semblante, Ezequiel 2.4. Toda la casa de Israel es **d** de frente, Ezequiel 3:7. Llegando a **d** penas frente a Gnido, Hechos 27:7. Véase **Penoso.**

DUDA: Incertidumbre, vacilación, irresolución. // Sin d emprenderás tú cosas grandes, 1 Samuel 26:25. Pero el que **d** sobre lo que come, Romanos 14.23. Y sin **d** nada podremos sacar, 1 Timoteo 6:7.

DUDAR: Tener duda, no saber. // ¡Hombre de poca fe!, ¿por qué dudaste?, Mateo 14:31. Si tuviereis fe, y no dudareis, Mateo 21:21. Le adoraron; pero algunos dudaron, Mateo 28:17. Y no dudare en su corazón, Marcos 11:23. No dudó de la promesa, Romanos 4:20. Con fe, no dudando nada, Santiago 1:6.

***ÉFESO**: En primer plano los restos del teatro donde* "todos a una voz gritaron casi por dos horas: Grande es Diana de los efesios" *(Hch. 19.34).*

E

EA: Interj. Para estimular, excitar. Expresa también asombro irónico. // Job 39.25; Stg. 5.1.

EBAL: El monte Ebal está situado a cincuenta y dos kilómetros al norte de Jerusalén y a diez kilómetros al sureste de la ciudad de Samaria. Israel levantó en el monte Ebal el primer altar, después de entrar en la tierra de la promesa, Dt. 27.2-8; Jos. 8.30-32. El monte Ebal, con una altura de 915 metros, queda al norte y el monte Gerizim, con 855 metros de altura, al sur del valle fértil donde está situada **Nablus**, la antigua Siquem. Los dos montes, Ebal y Gerizim, están tan cerca uno del otro que el pueblo puede oír, de un monte al otro, la lectura de la ley. Moisés ordenó que el pueblo de Israel se quedara, una mitad en el monte Ebal y la otra en el monte Gerizim. Los que estaban en el monte Gerizim debían pronunciar bendiciones sobre los que observaran fielmente la ley, mientras que los que estaban en el monte Ebal anunciaban maldiciones contra los que la violaran, Dt. 11.29; 27.11-26; Jos. 8.33-35. Véase mapa 2, C-4; mapa 4, B-1.

ÉBANO: Árbol de la familia de las ebanáceas. La madera es dura, negra y pesada, muy usada en ebanistería. Importada de India, Ez. 27.15.

EBED, hb. **Esclavo:** 1. Padre de Gaal, que se rebeló contra Abimelec, Jue. 9.28. // 2. Uno de los que volvieron con Esdras, Neh. 8.6.

EBED-MELEC, hb. **Siervo del rey:** El etíope que salvó a Jeremías de la cisterna, Jer. 38.7.

EBEN-EZER, hb. **Piedra de ayuda:** 1. Donde los filisteos vencieron a Israel, 1 S. 4.1. Véase mapa 4, A-2. // 2. Tomó Samuel una piedra, y le llamó Eben-ezer, y dijo: Hasta aquí nos ayudó Jehová, 1 S. 7.12.

EBIASAF, hb. **Padre de ayuntamiento:** Un coatita, 1 Cr. 6.37.

EBRIO: Trastornado por las bebidas. // Tiemblan y titubean como **e,** Sal. 107.27. No están **e,** como vosotros suponéis, Hch. 2.15.

ECCE HOMO: Latín, "**He aquí el hombre**" Jn. 19.5. Las palabras de Pilato, al presentar a Cristo, coronado de espinas y vestido de púrpura.

ECHAR: Lanzar. // Si eres Hijo de Dios, échate abajo, Mt. 4.6. Véase **Lanzar**.

ECLESIASTÉS, EL LIBRO DE: Es decir, **El libro del predicador.** En griego, **ekklesiastes**, el que habla a la asamblea, el predicador, el gran orador. Se intitulaba este libro así, tal vez porque Salomón, después del tiempo que pasó apartado de Dios, enseñaba públicamente las lecciones aprendidas de sus experien-

ÉBANO (Diospyros ebenum):
"Ébano te dieron por sus pagos" (Ez. 27.15).

cias. Eclesiastés, como **El Libro de Job**, es una colección de pensamientos filosóficos. Job era un hombre que pasó por sufrimientos terribles para un triunfo glorioso, mientras que Eclesiastés, el predicador (Salomón), pasó del lujo y gloria a las profundidades de tristeza y desesperación. **La paternidad literaria:** Es de Salomón, 1.1, 16; 2.7, 9; 12.9; Comp. 1 R. 4.29-34. **La clave:** Vanidad, 2.11. La palabra aparece solamente una vez en el capítulo 3 y en el 5, pero repetidamente en los demás. Quiere decir cosas vanas, fútiles. Cantares pertenece al tiempo de la juventud de Salomón, Proverbios representa la sabiduría de su vida madura, y Eclesiastés registra los sentimientos de la vida contemplada desde su vejez. Tras entregarse al egoísmo y a la sensualidad y sufrir la penalidad en hastío y aburrimiento de vida, Salomón presenta en este libro la lección que Dios le enseñó. **Las divisiones:** "¡Vanidad de vanidades! Todo es vanidad" es su primera lección; la última es: "De todo lo que se ha oído, el fin es este: Teme a Dios y guarda sus mandamientos; porque esto es el todo del hombre..." Caps. 1.2; 12.13, 14.

ECLESIÁSTICO: Este libro apócrifo es una compilación de máximas sacadas de la práctica, de las virtudes y de la dirección de la vida. Fue declarado canónico por el concilio de Trento.

ECRÓN, hb. **Extirpación:** La más septentrional de las cinco ciudades pertenecientes a los príncipes de los filisteos, Jos. 13.3. Destinada a Judá, Jos. 15.11, 45, 46. El arca de Dios enviada a Ecrón, 1 S. 5.10. Los israelitas, después que David matara a Goliat, persiguieron a los filisteos hasta Ecrón. 1 S. 17.52. Lugar santo para el culto de Baal-zebub, 2 R. 1.2. Su destrucción predicha, Am. 1.8; Sof. 2.4. Véase mapa 2, B-5; mapa 5, A-1.

EDAD: Tiempo transcurrido desde el nacimiento. // Abraham y Sara... de **e** avanzada, Gn. 18.11. **E** tiene, preguntadle a él, Jn. 9.21. Cuando hubo cumplido la **edad** de cuarenta años, Hch. 7.23.

EDAR, hb. **Rebaño:** 1. Lugar entre Belén y Hebrón, Gn. 35.19, 21. // 2. Una ciudad en el extremo sur de Judá, Jos. 15.21. // 3. Un benjamita, 1 Cr. 8.15. // 4. Un levita, hijo de Musi, 1 Cr. 23.23.

EDÉN, hb. **Deleite:** 1. El primer hábitat del hombre; en la **Septuaginta**, el **Paraíso**. Tierra fértil y exuberante, Gn. 2.9; donde la higuera era indígena, Gn. 3.7; y donde había toda suerte de animales y aves, Gn. 2.19. Jehová Dios plantó un huerto, Gn. 2.8. Al oriente, Gn. 2.8. Salía del Edén un río para regar el huerto, y de allí se repartía en cuatro brazos: el Pisón, el Gihón, el Hidekel y el Eufrates. Gn. 2.10-14.

EDICTO: Mandato o decreto que se publican por la autoridad competente, // Ahora, oh rey, confirma el **e**, Dn. 6.8.

EDIFICACIÓN: Acción o efecto de edificar, de construir. Palabra empleada tanto literal como figuradamente. // Sigamos lo que contribuye a... mutua **e**, Ro. 14.19. Agrade a su prójimo en lo que es bueno para **e**, Ro. 15.2. Para **e** de la iglesia, 1 Co. 14.12. Hágase todo para **e,** 1 Co. 14.26. Autoridad, la cual el Señor nos dio para **e**, 2 Co. 10.8; 13.10. En Cristo hablamos; para vuestra **e**, 2 Co. 12.19. Constituyó a unos... para la **e** del cuerpo de Cristo, Ef. 4.11, 12. Sino la que sea buena para la necesaria **e**, Ef. 4.29.

EDIFICADOR: Aquel que construye. // Tus **e** vendrán a prisa, Is. 49.17. La piedra que desecharon los edificadores. Sal. 118.22; Mt 21.42; Hch. 4.11; 1 P. 2.7.

EDIFICADOR: Que edifica. // La piedra que desecharon los **e,** Sal. 118.22. Tus **e** vendrán aprisa, Is. 49.17. Piedra reprobada por vosotros los **e,** Hch. 4.11.La piedra que los **e** desecharon, 1 P. 2.7. Véase **Arquitecto, Constructor.**

EDIFICAR: Construir, instituir, instruir. // Edifiquemos para nosotros una ciudad, Gn. 11.4. Yo le edificaré casa firme, 1 S. 2.35. ¿Me has de **e** casa en que yo more? 2 S. 7.5. Edificamos el muro, Neh. 4.6. El Señor edificó a Sion Sal. 102.16. Si Jehová no edificare la casa, Sal. 127.1. Edifiqué para mí casas, Ec. 2.4. Tiempo de edificar, Ec. 3.3. Edificó su casa sobre la roca, Mt. 7.24. Edificando una casa, cavó, Lc. 6.48. Comenzó a **e** y no pudo acabar, Lc. 14.30. Eran edificadas, andando en el temor, Hch. 9.31. Para no edificar sobre fundamento ajeno, Ro. 15.20. Si sobre este fundamento otro edificare, 1 Co. 3.12. Puse el fundamento, y otro edifica, 1 Co. 3.10. Vea cómo edifica, 1 Co. 3.10. El amor edifica, 1 Co. 8.1. Habla a los hombres edificando, 1 Co. 14.3. En lengua extraña, a sí mismo se edifica, 1 Co. 14.4. El que profetiza, edifica a la iglesia, 1 Co. 14.4. Edificados sobre el fundamento de los apóstoles. Ef. 2.20. Edificados para morada de Dios, Ef. 2.22. Edificaos unos a otros, 1 Ts. 5.11. Sed edificados como casa espiritual, 1 P. 2.5. Edificándoos sobre vuestra santísima fe, Jud. 20. Véase **Construir, Erguir.**

EDIFICIO: Construcción. // Vosotros sois... **e** de Dios, 1 Co. 3.9. Tenemos de parte de Dios un **e**, 2 Co. 5.1. En quien todo el **e...** va creciendo, Ef. 2.21.

EDOM, hb. **Rojo:** 1. Nombre dado a Esaú, Gn. 25.30. // 2. Región con ciento sesenta kilómetros de largo por treinta kilómetros de ancho. Se extendía desde el Mar Muerto hasta al Mar Rojo. Véase mapa 5, B-2. Ocupada por los descendientes de Esaú, Gn. 36.6-9. Primitivamente llamado **el monte de Seir**, y habitado por los horeos, Gn. 14.6; Dt. 2.12. En el Nuevo Testamento conocido con el nombre de Idumea, Mr. 3.8. No permitió que Israel cruzara por su territorio. Nm. 20.18. Los edomitas sojuzgados por David, 2 S. 8.14. Profecías contra Edom, Is. 34; Jer. 49.7-22; Ez. 25.12-14; Am. 1.11. ¿Quién es éste que viene de Edom? Is. 63.1. Véase mapa 2, D-7.

EDREI, hb. **Fortaleza:** 1. Una de las ciudades de Og, rey de Basán, cerca de Astarot, Jos. 12.4. Véase mapa 3, C-2. // 2. Lugar no identificado, cerca de Cedes, Jos. 19.37.

EFA, hb. **Tinieblas:** 1. Uno de los descendientes de Abraham y Cetura, Gn. 25.4. Mencionado en Is. 60.6. // 2. Una concubina de Caleb, 1 Cr. 2.46. // 3. Uno de los descendientes de Judá, 1 Cr. 2.47.

EFA: El efa (aproximadamente 35 litros) era la unidad de las medidas para áridos, e igual al bato, la unidad de las medidas para líquidos, Ez. 45.11. Balanzas justas, efa justo y bato justo, Ez. 45.10. La visión de la mujer y el efa, Zac. 5.5-11. Véase **Medidas de capacidad.**

EFAI, hb. **Fatigado:** Un netofatita cuyos hijos permanecieron con Gedalías y fueron asesinados por Ismael, Jer. 40.8.

EFATA: Vocablo arameo, que quiere decir: Sé abierto, Mr. 7.34.

EFECTO: Realización, resultado. // El **e** de la justicia será paz, Is. 32.17.

EFECTUAR: Realizar. // Harás **e** el rescate, Nm. 18.16. Mueve sus labios, efectúa el mal, Pr. 16.30. Que la resurrección ya se efectuó, 2 Ti. 2.18. Véase **Realizar.**

EFER, hb. **Una corza nueva:** 1. Un descendiente de Abraham y Cetura, Gn. 25.4. // 2. El tercer hijo de Ezra, 1 Cr. 4.17. // 3. Un guerrero, hombre famoso y jefe de su familia en la tribu de Manasés, 1 Cr. 5.23, 24. // 4. Uno de los valientes de David, 1 Cr. 11.36.

EFES-DAMIM: Un lugar entre Soco y Azeca, donde los filisteos acampaban cuando David mató a Goliat, 1 S. 17.1.

EFESIO: Persona natural o residente de la ciudad de Efeso, Hch. 19.28, 34; 21.29.

EFESIOS, EPÍSTOLA DE PABLO A LOS: Una de las tres escritas desde la cárcel en Roma, véase Hch. 28.16; Ef. 3.1; 4.1; 6.20. Hay tres mensajes, registrados en las Escrituras, dirigidos a los efesios: 1) De Pablo a los presbíteros de la iglesia de Efeso, Hch. 20.18-35. 2) La epístola del mismo apóstol. 3) La carta de Cristo, Ap. 2.1-7. **El autor:** El apóstol Pablo, Ef. 1.1. A pesar de que Pablo trabajó más de dos años en Efeso, no hay en esta epístola ningún saludo a sus muchos amigos. Aun más las palabras "en Efeso" aparecen en sólo uno de los tres manuscritos más antiguos. Algunos comentaristas creen que esta epístola servía como una carta circular, escrita para todas las iglesias de Asia. Efeso, siendo la ciudad principal, su nombre, al fin entró permanentemente en su saludo. Algunos opinan, además, que es la epístola a los de Laodicea, Col. 4.16. **La clave:** Cinco veces aparece en esta epístola la frase "**los lugares celestiales**", 1.3, 20; 2.6; 3.10; 6.12. A ésta se le llama: "La epístola del tercer cielo de Pablo", "Los Alpes del Nuevo Testamento". La palabra "gracia" aparece doce veces; la epístola es realmente "El Evangelio según la gracia de Dios". La palabra "riqueza" se repite igualmente muchas veces: "la riqueza de su gracia", 1.7; 2.7. "La riqueza de su gloria", 1.18; 3.16; "inescrutables riquezas de Cristo." 3.8. **Las divisiones:** I. Saludo, 1.1, 2. II. Doctrina: La posición del creyente "en Cristo" y en los lugares celestiales" por la gracia, 1.3 a 3.21. III. Práctica: **El andar y la lucha** del creyente lleno del Espíritu, 4.1 a 6.20. IV. Tíquico, el portador de la epístola, 6.21, 22. V. La conclusión, 6.23, 24.

EFESO: Capital de la provincia romana, Asia, y con Antioquía de Siria y Alejandría de Egipto, una de las tres principales ciudades del litoral al este del mar Mediterráneo. En su teatro cabían veinticuatro mil personas sentadas. Era la ciudad de la diosa Diana, cuyo templo era una de l**as siete maravillas del mundo**. Sus cultos eran "impuros y vergonzosos." Pablo visitó a Efeso, Hch. 18.19. Apolos en Efeso, Hch. 18.24. Pablo permaneció allí dos años, Hch. 19.10. Diana diosa de los efesios, Hch. 19.28. Demetrio provocó un gran disturbio en Efeso, Hch. 19.23. Discurso de Pablo a los presbíteros de Efeso, Hch. 20.18-35. Pablo luchó con fieras en Efeso, 1 Co. 15.32. Trófimo, el efesio, Hch. 21.29. Pablo aprovechaba las grandes multitudes que afluían de todas partes para predicarles a Cristo. Dios bendijo con milagros extraordinarios; el prestigio de Diana comenzó a disminuir. Los que practicaban artes mágicas quemaron sus libros hasta que sus precios llegaban a cincuenta mil denarios. Efeso se volvió cada vez más el centro del mundo cristiano. La iglesia de Efeso era una de las siete de Asia, Ap. 1.11. La carta a la iglesia en Efeso, Ap. 2.1-7. Véase mapa 6, D-2.

EFICACIA: Cualidad de lo que es eficaz. // Pero negarán la **e** de ella, 2 Ti. 3.5.

EFICAZ: Que produce mucho. // Se me ha abierto puerta grande y **e,** 1 Co. 16.9.

EFOD: El padre de Haniel, un príncipe de Manasés, Nm. 34.23.

EFOD: Una de la seis distintivas vestes del sacerdote oficiante, descritas en Ex. 28.3-43. Adornada con dos piedras de ónice gravadas con los nombres de los hijos de Israel. Ex. 25.7; 28.9-12. La estola sacerdotal de Gedeón se volvió objeto de idolatría, Jue. 8.27. Micaía llegó a tener una casa de dioses e hizo efod, Jue. 17.5; 18.14-30. El niño Samuel se vestía de un efod, 1 S. 2.18. El efod de Elí, 1 S. 2.28. El sacerdote del Señor en Silo, llevaba el efod, con Saúl, 1 S. 14.3. La espada de Goliat, envuelta en un velo, guardada detrás del efod en Nob, 1 S. 21.9. Ochenta y cinco hombres que vestían efod muertos por orden de Saúl, 1 S. 22.18. Abiatar, huyendo para David, llevaba el efod **e**, 1 S. 23.6. David usó, l Sm 23.9; 30.7; 2 S. 6.14. Los hijos de Israel quedaron muchos días efod, Os. 3.4.

EFOD: Vestidura de lino fino, corta y sin mangas, más o menos lujosa, que se ponen los sacerdotes del judaísmo sobre todas las otras y les cubre especialmente las espaldas. Y Gedeón hizo de ellos un **e**... y todo Israel se prostituyó tras de ese **e** en aquel lugar, Jue. 8.27**.** Puso sobre él el **e**, y lo ciñó con el cinto del **e**, y lo ajustó con él, Lev. 8.7**.** En su orilla, frente a la parte baja del **e**, Ex. 39.19**.**

EFRAÍN, hb. **Fértil:** 1. El segundo hijo de José y Asenat, hija de Potifera, sacerdote de On, Gn. 41.50-52. Efraín y su hermano, Manasés, fueron adoptados por Jacob y considerados sus hijos, cada uno volviéndose cabeza de una de las tribus de Israel. Gn. 48.5. Efraín y Manasés bendecidos por Jacob, Gn. 48.13-20. // 2. La tribu de Efraín, Nm. 2.18. El censo en el desierto, Nm. 1.33; 26.37. Bendecida por Moisés. Dt. 33.17. La herencia de Efraín, Jos. 16. Véase mapa 2, C-4. Después de las diez tribus los nombres **Israel** y **Efraín** se volvieron sinónimos, la tribu de Efraín formando parte preeminente de las diez. Véase Is. 7.2, 9, 17; Os. 9.3-17. Entre las tribus restauradas, Ez. 48.5. // 3. Una ciudad en el vecindario de la heredad de Absalón, 2 S. 13.23. Es, tal vez, la misma ciudad hacia donde se retiró Jesús en el tiempo de gran persecución, Jn. 11.54. // 4. Bosque de Efraín, 2 S. 18.6. Un bosque al oriente del Jordán, cerca de Jabes de Galaad. Se hizo memorable por la batalla entre David y el ejército rebelde de Absalón. // 5. Montañas de Efraín, Jos. 17.15. Montaña de Efraín, Jos. 19.50; 20.7. La región montañosa que se extiende de norte a sur por las tierras de Efraín. Era fértil el suelo tanto de las rampas orientales como de las occidentales. Véase mapa 2, C-4.

EFRAÍN, PUERTA DE: Una de las puertas de Jerusalén, 2 R. 14.13; Neh. 8.16. Ocupaba tal vez el mismo lugar de la actual Puerta de Damasco.

EFRATA, hb. **Tierra fructífera:** 1. El antiguo nombre de Belén de Judá, Rt. 4.11. Donde falleció Raquel, Gn. 35.16, 19; 48.7. Y tú, Belén Efrata, Mi. 5.2; Mt. 2.6. Véase mapa 1, H-3. // 2. Mujer de Caleb, 1 Cr. 2.19.

EFRATEO: Habitante de Belén, Rt. 1.2; 1 S. 17.12.

EFRÓN, hb. **Perteneciente al corzo:** 1. El heteo a quien Abraham compró el campo y la cueva de Macpela para sepultar a Sara, Gn. 23.17, 18. // 2. Una de las ciudades tomadas de Jeroboam rey de Israel por Abías, rey de Judá, 2 Cr. 13.19.

EGIPCIO: Persona natural de Egipto. // Una sierva **e**, de nombre Agar, Gn. 16.1. Las mujeres hebreas no son como las **e**, Ex. 1.19. Un **e** que golpeaba uno de los hebreos, Ex. 2.11. Un varón **e** nos libró, Ex. 2.19. No aborrecerás al **e**, Dt. 23.7. ¿No eres tú aquel **e**?, Hch. 21.38. Intentando los **e** hacer lo mismo, He. 11.29.

EGIPTO, gr. **Aegyptus,** la tierra del Nilo: Llamado en hebreo, **Mizraim** (véase 1 Cr. 1.8); por los propios egipcios, **Kam-t;** por los cananeos, **Misru,** y a veces **la tierra de Cam**, Sal. 105.23, 27; 106.22. Egipto es un país al suroeste de Palestina y de Siria. El límite entre Egipto y Palestina no es una alta cordillera ni un gran río, sino sólo un arroyo que se llama **el arroyo (o el río) de Egipto,** Nm. 34.5; Jos. 15.4, 47. El país es un valle relativamente estrecho, dominado por las cordilleras arábiga y líbica y por el medio del cual corre el Nilo, que lo fecunda con sus inundaciones regulares, después de haberlos formado con sus aluviones. Su civilización, una de las más antiguas, alcanzó en los tiempos de los faraones un alto grado de perfección en las artes, en las ciencias y en las letras. Algunas ciudades y lugares de Egipto, mencionados en las Escrituras, son: Alejandría, Hch. 27.6. Avén, Ez. 30.17. Baalzefón, Ex. 14.2. Gosén, Gn. 45.10. Menfis, Os. 9.6. Tebas, Nahúm 3.8. On, Gn. 41.45. Patros, Is. 11.11. Pitón, Ex. 1.11. Ramesés, Ex. 1.11. Sin, Ez. 30.15. Sucot, Ex. 12.37. Tafnes, Ez. 30.18. Zoán. Nm. 13.22. **Fauna:** chacales, hienas, zorras, hipopótamos, cocodrilos, búfalos, camellos, dromedarios, burros y caballos. **Agricultura:** Se cultivaban trigo, cebada, lentejas, dátil, aceitunas, granadas, higos, cebollas, ajos, pepinos, melones, lino. // Abraham en Egipto, Gn. 12.10. José en Egipto, Gn. 37.28. Israel en Egipto, Gn. 47.27. La opresión de los hijos de Israel en Egipto, Ex. 1.11. Las plagas, Ex.

7 a 12. El Ex., Ex. 12.37. Los hijos de Israel quieren volver a Egipto, Nm. 14. Salomón se emparentó con el rey de Egipto. 1 R. 3.1. Jeroboam huyó a Egipto, 1 R. 11.40. Sisac, rey de Egipto, subió contra Jerusalén, 1 R. 14.25. El rey de Egipto mató al rey Josías, 2 R. 23.29. Los caballos de Salomón venían de Egipto. 2 Cr. 1.16. Profecía contra Egipto, Is. 19. Judíos moradores de Egipto, Jer. 44.1. Toma al niño y a su madre, y huye Egipto, Mt. 2.13. De Egipto llamé a mi Hijo, Mt. 2.15. En Egipto... tanto judíos como prosélitos, Hch. 2.10. Mayores riquezas... que los tesoros de Egipto, Hebreos 11.26. Por la fe Moisés abandonó Egipto, He. 11.27. Ciudad que en sentido espiritual se llama Sodoma y Egipto, Ap. 11.8. Véase mapa 6, E-4.

EGLA, hb. **Novilla:** Mujer de David y madre de Itream. 2 S. 3.5.

EGLAIM: Is. 15.8. Una ciudad moabita.

EGLÓN, hb. Ternera: 1. Rey de los moabitas que oprimió a Israel durante dieciocho años. Fue asesinado por Aod, Jue. 3.12-30. // 2. Una ciudad real de Canaán, destruida por Josué, Jos. 10.3-35; 12.12. Véase mapa 2, B-5; mapa 5, A-l.

EJE: Pieza sobre la cual gira algo. // Ruedas de bronce, con **e** de bronce, 1 R. 7.30.

EJECUTAR: Poner en práctica lo que se había concebido, proyectado o resuelto. Ajusticiar, eliminar. // Ejecutaré mis juicios en los dioses de Egipto, Ex. 12.12. Ejecutó la justicia del Señor, Dt. 33.21. Hecho conocer en el juicio que ejecutó, Sal. 9.16. No ejecutaré el ardor de mi ira, Os. 11.9. Puesto en sus corazones el **e**, Ap. 17.17.

EJEMPLO: Aquello que puede servir de modelo. Persona que se toma o se puede tomar como modelo. // Cosas sucedieron como **e** para nosotros, 1 Co. 10.6. Según el mismo **e** de desobediencia, He. 4.11. // El ejemplo de Cristo, Mt. 11.29; Jn. 13.15; Ro. 15.3; Fil. 2.5; 1 P. 2.21; de los pastores a los rebaños, 2 Ts. 3.9; 1 Ti. 4.12; Tit. 2.7; 1 P. 5.3; de los profetas, He. 6.12; Stg. 5.10; de los apóstoles, 1 Co. 4.16; 11.1; Fil. 3.17; 1 Ti. 1.6. Véase **Modelo, Norma, Conducta.**

EJERCER: Poner en acción. // Que ejerzan el sacerdocio, Ex. 31.10. Ni **e** dominio sobre el hombre, 1 Ti. 2.12. Ejerce toda la autoridad, Ap. 13.12.

EJERCICIO: Movimientos a que se someten los músculos del cuerpo. // El **e** corporal para poco es provechoso, 1 Ti. 4.8.

EJERCITAR: Adiestrarse por medio de estudio o de ejercicios. // Ejercítate para la piedad, 1 Ti. 4.7. Tienen sus sentidos ejercitados, He. 5.14.

EJÉRCITO DE LOS CIELOS: 1, Las estrellas, Dt. 4.19; 17.3; 2 R. 17.16; 21.3, 5; Jer. 8.2. // 2. Los ángeles, 1 R. 22.19; Neh. 9.6.

EJÉRCITO: Conjunto de las tropas regulares de una nación. La primera guerra registrada es la de cuatro reyes contra cinco, Gn. 14. Después de la salida de Israel de Egipto, todo el hombre, de edad de veinte años hacia arriba, era soldado, Nm. 1.3. Eximidos los sacerdotes y los levitas, Nm. 2.33. Algunos dispensados en determinados casos, Dt. 20.5-8. Cada tribu formaba un regimiento con su propia bandera y su propio jefe, Nm. 2.2; 10.14. Después el **e** era dividido en millares y en centenares, bajo el mando de sus respectivos capitanes, Nm. 31.14; 1 S. 8.12. Los combatientes llamados por trompetas, por mensajeros, por señal significativa, o por enarbolar la bandera, Jue. 3.27; 6.35; 1 S. 11.7; Is. 18.3. Saúl, el primer rey de Israel, organizó su ejército. David aumentó mucho el ejército, y Salomón lo aumentó aun más. El ángel de Dios, que iba delante del ejército, Ex. 14.19. Soy príncipe del **e** del Señor, Jos. 5.14. Voy contra ti en nombre del Señor de los **E**, 1 S. 17.45. Y adoró a todo el **e** de los cielos, 2 R. 21.3. Jehová de los **e** estaba, 1 Cr. 11.9. Hasta hacerse un gran **e**, 1 Cr. 12.22. El Señor de los **e** es el Dios de Israel, 1 Cr. 17.24. El rey envió conmigo capitanes del **e,** Neh. 2.9. ¿Tienen sus **e** número? Job 25.3. Y nos sales con nuestros **e**, Sal. 44.9. Bendecid a Jehová, vosotros... sus **e**, Sal. 103.21. Santo es el Señor de los **e**, Is. 6.3. Estoy con vosotros, dice Jehová de los **e**, Hag. 2.4. Jerusalén sitiada de **e**, Lc. 21.20. Por medio de la fe, pusieron en fuga **e**, He. 11.33, 34. Los **e** celestiales, Ap. 19.14. Véase **Arma, Batalla, Flechero, Guerra, Lancero, Soldado.**

EL: Véase **Dios, los nombres de.**

ELA, EL VALLE DE: Un valle de Judá donde David mató a Goliat, 1 S. 17.2. Véase mapa 2, B-5; mapa 5, B-1.

ELA, hb. **Roble:** 1. Un príncipe de Edom, Gn. 36.41. // 2. Un oficial de Salomón, 1 R. 4.18. // 3. Un hijo de Caleb, 1 Cr. 4.15. // 4. Un benjamita, 1 Cr. 9.8. // 5. El padre de Oseas, último rey de Israel, 2 R. 15.30. // 6. El cuarto rey de Israel, 1 R. 16.6-14.

ELAD: Un efraimita asesinado por los hombres de Gat, 1 Cr. 7.21.

ELADA: Un descendiente de Efraín, 1 Cr. 7.20.

ELAM, hb. **Alto:** 1. El hijo primogénito de Sem, Gn. 10.22. El territorio ocupado por sus descendientes era conocido como Elam. Véase **Elamitas.** // 2. Un Benjamita, l Cr 8.24. // 3. Un portero del templo, 1 Cr. 26.3. // 4. Jefes de familias que volvieron de Babilonia, Esd. 2.7, 31. // 5. Un jefe del pueblo, Neh. 10.14. // 6. Un sacerdote, Neh. 12.42. Véase mapa 1, E-3.

ELAMITAS: Esd. 4.9; Hch. 2.9. Habitantes de un país al sur de Asiria y al este de Persia. Era uno de los principales países antes de Babilonia. Gn. 14.1, 9; Is. 11.11; 21.2. Véase **Elam.**

ELASA, hb. **Dios hizo:** 1. Uno de los que tenían mujer extranjera, Esd. 10.22. // 2. Un hijo de Safán, Jer. 29.3.

ELASA: 1. Un descendiente de Judá, 1 Cr. 2.40. // 2. Un descendiente de Saúl 1 Cr. 8.37.

ELASAR: Una ciudad en los dominios de Arioc y otros reyes de Babilonia, Gn. 14.1.

Elefante

ELAT: Dt. 2.8. Un puerto de Edom, en el mar rojo.

EL-BET-El, hb. **Dios de Bet-el:** El nombre que Jacob dio al lugar donde tuviera la visión en Luz. Gn. 35.7.

ELCANA, hb. **Posesión de Dios:** 1. Un hijo de Coré, Ex. 6.24. // 2. El padre de Samuel, 1 S. 1.1. // 3. Un levita, 1 Cr. 6.23. // 4. Otro levita, 1 Cr. 6.26. // 5. Aun otro levita, 1 Cr. 9.16. // 6. Uno de los valientes de David, 1 Cr. 12.6. // 7. Otro levita, 1. Cr 15.23. // 8. Un valiente, segundo después del rey Acaz, 2 Cr. 28.7.

ELCOSITA: Nahum de Elcos, Nahúm 1.1. Hay, en Siria, una ciudad llamada Alkus, donde, conforme la tradición, nació y fue enterrado el profeta Nahúm.

ELDA, hb. **Dios llamó:** Uno de los hijos de Madián. Gn. 25.4.

ELDAD, hb. **Dios ama:** Uno de los setenta que, con Medad, profetizó en el campamento, Nm. 11.26.

ELEALE: Una ciudad edificada por los rubenitas, Nm. 32.37. Véase mapa 2, D-5; mapa 5, C-l.

ELEAZAR, hb. **Dios ayudó:** 1. Un hijo de Aarón y Elisabet, Ex. 6.23. Padre de Finees, Ex. 6.25. Escogido, con Aarón y sus tres hermanos, para oficiar como sacerdote, Ex. 28.1. Sucesor de Aarón, como sumo sacerdote, Nm. 20.25. Ayudó a Moisés a hacer el censo, Nm. 26.1. Después que Israel entró en la tierra de Canaán, tomó parte en el reparto de las tierras, Jos. 14.1. Sepultado en Gabaa, Jos. 24.33. // 2. Un hijo de Abinadab consagrado para guardar el arca del Señor, mientras permanecía en la casa de su padre, en Quiriat-jearim, 1 S. 7.1. // 3. Un hijo de Dodo y uno de los tres valientes de David, 2 S. 23.9. // 4. Uno de los hijos de Merari, 1 Cr. 23.21. // 5. Un sacerdote que acompañó a Esdras en el regreso de Babilonia, Esd. 8.33. // 6. Un sacerdote que tomó parte en la dedicación de los muros de Jerusalén, Neh. 12.42. // 7. Antepasado en la genealogía de Jesucristo, Mt. 1.15.

ELECCIÓN: Opción, preferencia. // El propósito de Dios, en cuanto a la **e**, Ro. 9.11. Pero en cuanto a la **e**, Ro. 11.28. Hermanos amados de Dios, vuestra **e,** 1 Ts. 1.4. Hacer firme vuestra vocación y **e,** 2 P. 1.10. Véase **Predestinación, Presciencia.**

ELEF, hb. **Buey:** Una ciudad de Benjamín. Jos. 18.28.

ELEFANTE: Género de mamíferos proboscídeos y herbívoros, con dos especies, una de África y la otra de la India. La de África alcanza cinco metros de altura. Las defensas de los elefantes proveen el marfil. Pero no se encuentra la palabra **elefante** en las Escrituras. Véase **Marfil.**

ELEGIR: Escoger, preferir. // Lugar que Jehová eligiese, Jos. 9.27. Él nos elegirá nuestras heredades, Sal 47.4. Sé a quienes he elegido, Jn. 13.18. Eligieron a Esteban, Hch. 6.5. **E** de entre ellos, Hch. 15.22. ¿No ha elegido Dios a los pobres? Elegidos según la presciencia de Dios, 1 P. 1.2. El anciano a la señora elegida, 2 Jn. 1. Véase **Escoger, Predestinar.**

EL-ELOHE-ISRAEL: Dios, el Dios de Israel. Nombre que Jacob dio a un altar que levantara en el campo que comprara de los hijos de Hamor, Gn. 33.20.

ELEMENTO: Cuerpo simple, formado de una sola sustancia, considerada no descomponible como el oro, la plata, el cobre, el oxígeno etc. // Los **e** ardiendo serán deshechos, 2 P. 3.10.

ELEVACIÓN: Acción o efecto de elevar. // Y la acabarás a un codo de **e,** Gn. 6.16.

ELEVAR: Hacer subir, levantar. // Y se elevó sobre la tierra, Gn. 7.17. Me eleva sobre los que se levantan, Sal. 18.48. Antes del quebrantamiento se eleva, Pr. 18.12. La gloria del Dios de Israel se elevó, Ez. 9.3. Gloria de Jehová se elevó de encima, Ez. 10.4. No elevamos nuestros ante ti, Dn. 9.18. Se elevará su corazón, Dn. 11.12.

ELHANAN, hb. **Dios es clemente:** 1. Un valiente de David, hijo de Dodo, 1 Cr. 11.26.

// 2. Un soldado valiente de David, que hirió al gigante Lahmi, hermano de Goliat, 1 Cr. 20.5.

ELÍ, Elevación: Nombre en la genealogía de Jesucristo, Lc. 3.23.

ELÍ, hb. **Mi Dios:** Elí, elí, ¿lama sabactani?, esto es, Dios mío, Dios mío, ¿por qué me has desamparado? Una de las siete expresiones enunciadas en la cruz, Mt. 27.46. Compare Mr. 15.34; Sal. 22.1.

ELÍ: Sumo sacerdote, 1 S. 1.9. Era, también, el decimocuarto juez; juzgó a Israel cuarenta años, 1 S. 4.18. Bendijo Ana en la casa del Señor, 1 S. 1.17. El niño, Samuel, con él en el templo, 1 S. 2.11; 3.1. No reprendía sus hijos, 1 S. 2.17; 3.13. La profecía contra su casa, 1 S. 2.31. Sus hijos, Hofni y Finees, muertos, 1 S. 4.11. Su muerte, 1 S. 4.18.

ELIAB, hb. **Dios es padre:** 1. Jefe de la tribu de Zabulón en el Ex., Nm. 1.9. // 2. Un rubenita, padre de Datán y Abiram, Nm. 16.12. // 3. El hermano mayor de David, 1 S. 16.6. // 4. Un levita, antepasado de Samuel, 1 Cr. 6.27. // 5. Un valiente, gadita, de David, 1 Cr. 12.9. // 6. Un músico de la tribu de Leví 1 Cr. 15.18,20.

ELIABA, hb. **Dios escondió:** Uno de los treinta valientes de David, 2 S. 23.32.

ELIADA, hb. **Dios conoce:** 1. Un hijo de David. 2 S. 5.16. // 2. El padre de Rezón, adversario de Salomón, 1 R. 11.23. // 3. Un benjamita, capitán de doscientos mil soldados, de Josafat, 2 Cr. 17.17.

ELIAM, hb. **Dios es nuestro pariente:** 1. Padre de Betsabé. 2 S. 11.3. // 2. Uno de los treinta valientes de David, 2 S. 23.34.

ELIAQUIM, hb. **Dios estableció:** 1. Hijo de Hilcías, mayordomo de Ezequías, Is. 22.20; 2 R. 18.18, 26, 37. Enviado, cubierto de cilicio, al profeta Isaías, 2 R. 19.2. // 2. El nombre original de Joacim, rey de Judá, 2 R. 23.34. // 3. Uno de los sacerdotes que ayudaron a la dedicación de los muros de Jerusalén, Neh. 12.41. // 4. Nieto de Zorobabel, en la genealogía de Jesucristo, Mt. 1.13. 5. Hijo de Melea, en la genealogía de Jesucristo, Lc. 3.31.

ELÍAS, hb. **Cuyo Dios es Jehová:** 1. El profeta, tisbita, que vivía en Galaad, 1 R. 17.1. Predijo al rey Acab una gran sequía, 1 R. 17.1. Se escondió junto al arroyo de Querit, 1 R. 17.5. Cuervos lo sustentaron milagrosamente, 1 R. 17.6. Alimentado por la viuda de Sarepta, 1 R. 17.9. Resucitó el hijo de esa viuda, 1 R. 17.21. Se enfrentó a los profetas de Baal en el monte Carmelo, 1 R. 18.20. Mató a esos profetas, 1 R. 18.40. Oró para que lloviera, 1 R. 18.41-46; Stg. 5.18. Amenazado por Jezabel, huyó a Horeb, 1 R. 19.8. Oyó un silbo apacible y delicado, 1 R. 19.12. Ungió a Hazael, Jehú e Eliseo, 1 R. 19.15-19. Reprendió a Acab, 1 R. 21.19. Se vestía de pelo, con sus lomos ceñidos con un cinturón de cuero, 2 R. 1.8. Mandó que descendiera fuego del cielo para consumir los soldados del rey Ocozías, 2 R. 1.9-12. Dividió las aguas del Jordán, 2 R. 2.8. Subió al cielo, 2 R. 2.11. En la transfiguración de Cristo, Mt. 17.3. El espíritu de Elías reposa sobre Eliseo, 2 R. 2.15. Yo os envío el profeta Elías, antes que venga el día de Jehová, grande y terrible, Mal. 4.5. Juan es el mismo Elías, que había de venir, Mt. 11.14. Otros, Elías, Mt. 16.14. Elías ya vino. Mt. 17.12. Decían: Él llama por Elías, Mt. 27.47. En el espíritu y el poder de Elías, Lc. 1.17. ¿Eres tú Elías? Él dijo: No soy, Jn. 1.21. Elías, como insta delante de Dios, Ro. 11.2. Elías era hombre semejante a nosotros, Stg. 5.17. // 2. Un benjamita, hijo de Jeroham, 1 Cr. 8.27.

ELIASAF, hb. **Dios añadió:** 1. Jefe de la tribu de Gad, Nm. 1.14. 2. Jefe de la casa de los gersonitas, Nm. 3.24.

ELIASIB, hb. **Dios restaura:** 1. Descendiente de Salomón, 1 Cr. 3.24. // 2. Jefe del undécimo turno de sacerdotes, 1 Cr. 24.12. // 3. Un sumo sacerdote, Neh. 3.1. // 4. Tres otros hombres con este nombre, Esd. 10.24 27, 36.

ELIATA, hb. **Dios vino**: Un músico del templo, 1 Cr. 25.4.

ELICA: Uno de los treinta valientes de David, 2 S. 23.25.

ELIEL, hb. **Mi Dios es Dios:** 1, 2 y 3. Valientes de David, 1 Cr. 11.46, 47; 12.11. // 4. Un cabeza de familia en la tribu de Manasés, 1 Cr. 5.24. // 5, 6. Dos descendientes de Benjamín, 1 Cr. 8.20. 22. // 7. Un hijo de Hebrón, 1 Cr. 15.9. // 8. Un levita, I Cr 6.34.

ELIENAI: Jefe de una familia benjamita, 1 Cr. 8.20.

ELIEZER, hb. **Dios es ayuda:** 1. Un hombre de Damasco, mayordomo de Abraham, Gn. 15.2. El más antiguo siervo de Abraham, que administraba todo lo que éste tenía, era tal vez Eliezer, Gn. 24.2. // 2. El segundo hijo de Moisés y Séfora, Ex. 18.4. // 3. Un nieto de Benjamín, 1 Cr. 7.8. // 4. Un sacerdote que ayudó a llevar el arca a Jerusalén, 1 Cr. 15.24. // 5. Hijo de Zicri, jefe sobre los rubenitas, 1 Cr. 27.16. // 6. Hijo de Dodava, que profetizó contra Josafat. 2 Cr. 20.37. // 7. Uno de los mensajeros que Esdras envió a Iddo, Esd. 8.16. // 8, 9 y 10. Otros con el nombre de Eliezer, Esd. 10.18, 23, 31. // 11. En la genealogía de Jesucristo, Lc. 3.29.

ELIFAL, hb. **Dios es nuestro juez:** Uno de los valientes de David, 1 Cr. 11.35.

ELIFAZ, hb. **Dios es su fuerza:** 1. Uno de los hijos de Esaú, Gn. 36.4. // 2. El primero de los tres amigos de Job, que llegaron para consolarlo, Job 2.11.

ELIFELEHU: Uno de los músicos del templo, 1 Cr. 15.21.

ELIHOREF: Un cronista de Salomón, 1 R. 4.3.

ELIM, hb. **Terebintos:** El segundo campamento de los israelitas, Ex. 15.27.

ELIMAS, hb. **Sabio:** El mago que trató de apartar al procónsul, en Chipre, de la fe, Hch. 13.8. Se llamaba, también, **Barjesús,** que significa **hijo de Jesús,** Hch. 13.6.

ELIMELEC, hb. **Mi Dios es rey:** El marido de Noemí, suegra de Rut, en el tiempo de los jueces, Rt. 1.2, 3.

ELIMINAR: Excluir, suprimir, matar. // Yo mismo venga a ser eliminado, 1 Co. 9.27.

ELIOENAI, hb. **Mis ojos están en Jehová:** 1. Un portero del templo, 1 Cr. 26.3. // 2. Un jefe de familia que volvió de Babilonia, Esd. 8.4.

ELISA: 1. Un nieto de Noé, Gn. 10.4. // 2. Islas que exportaban azul y púrpura, cerca, tal vez, de Grecia, Ez. 27.7.

ELISABET, Dios que hace pacto: 1. Mujer del sacerdote Zacarías y madre de Juan el Bautista, Lc. 1.5-46. Descendía de Aarón, cuya mujer se llamaba también Elisabet, Ex. 6.23.

ELISAFÁN, hb. **Dios no los protegió:** 1. Un príncipe de los coatitas, Nm. 3.30. // 2. Un príncipe de la tribu de Zabulón, Nm. 34.25.

ELISAFAT, hb. **Dios es juez:** Uno de aquellos que figuraban en la campaña para poner a Joás en el trono usurpado por Atalía, 2 Cr. 23.1.

ELISAMA, hb. **Dios oyó:** 1. Abuelo de Josué y jefe de la tribu de Efraín, en el desierto, Nm. 1.10; 7.48. // 2. Un hijo de David, 2 S. 5.16. // 3. Otro hijo de David, que viene con el nombre de Elisúa en otras listas, 1 Cr. 3.6. // 4. Uno de la familia real, y abuelo de Ismael, que mató a Gedalías, 2 R. 25.25. // 5. Un hombre de la tribu de Judá, 1 Cr. 2.41. // 6. Uno de los hombres nombrados por Josafat, para enseñar, 2 Cr. 17.8. // 7. Un secretario en el reinado de Joacim, Jer. 36.12.

ELISEO, hb. **Dios es salvación:** Siervo y sucesor de Elías, 2 R. 2.15; 3.11. Su llamamiento, 1 R. 19.19. Apartó las aguas del Jordán, 2 R. 2.14. Volvió saludables las aguas de Jericó, 2 R. 2.19. Dos osos despedazaron 42 muchachos que se burlaban de Eliseo, 2 R. 2.24. Aumentó el aceite de la viuda, 2 R. 4.4. Resucitó el hijo de la sunamita, 2 R. 4.34. Purificó el potaje, 2 R. 4.38. Multiplicó los panes, 2 R. 4.42. Sanó a Naamán de la lepra, 2 R. 5.10. Hizo flotar un hacha, 2 R. 6.6. Hirió el ejército de los sirios de ceguera, 2 R. 6.18. Sus profecías, 2 R. 7.1; 8.10; 13.17. Su muerte, 2 R. 13.20. Un cadáver que tocó los huesos de Eliseo, revivió, 2 R. 13.21. Había muchos leprosos en los días de Eliseo, Lc. 4.27.

ELISUR, hb. **Dios es una roca:** Un príncipe de la tribu de Rubén, Nm. 1.5; 2.10.

ELIÚ, hb. **Él es Dios:** 1. Bisabuelo de Samuel, 1 S. 1.1. // 2. Uno de los que se unieron a David en Siclag, 1 Cr. 12.20. // 3. Un portero, 1 Cr. 26.7. // 4. Uno de los hermanos de David, 1 Cr. 27.18. Uno de los amigos de Job, Job 32.2.

ELIUD, hb. **Dios mi alabanza:** En la genealogía de Jesucristo, Mt. 1.14.

ELMODAM: Un hombre en la genealogía de Jesucristo, Lc. 3.28.

ELNAAM, hb. **Dios es alegría:** El padre de dos valientes de David, l Cr 11.46.

ELNATÁN, hb. **Dios dio:** l. Abuelo materno de Joaquín, 2 R. 24.8. // 2. Uno de los príncipes que rogaron al rey que que no quemase el rollo, Jer. 36.25. Tal vez éste sea el mismo del nº 1. // Otros del mismo nombre, Esd. 8.16.

ELOCUENTE: Que tiene talento para convencer, exaltar o conmover. // **E** mediador muy escogido, Job. 33.23. Ni de los **e** el favor, Ec. 9.11. Apolos, hombre **e**, Hch. 18.24.

ELOHIM: Véase, **Dios, los nombres de.**

ELOI: Mr. 15.34. Eli en hebreo; Eloi en arameo. Véase **Dios, los nombres de; Eli.**

ELÓN, hb. **Terebinto:** 1. Un heteo y suegro de Esaú, Gn. 26.34. // 2. Uno de los hijos de Zabulón, Gn. 46.14. // 3. El décimo primer juez de Israel, juzgó diez años, Jue. 12.11. // 4. Una ciudad de la tribu de Dan, Jos. 19.43.

ELONITAS: Descendientes de Elón, uno de los hijos de Zabulón, Nm. 26.26; Gn. 46.14.

ELPAAL, hb. **Dios operando maravillas:** Un descendiente de Benjamín, 1 Cr. 8.11.

ELPELET: Uno de los hijos de David, 1 Cr. 14.5.

ELTECÓN, hb. **Dios es firmeza:** Una ciudad de Judá, Jos. 15.59.

ELTEQUE, hb. **Dios es un terror:** Un lugar en la herencia de Dan, Jos. 19.44. Véase mapa 5, A-l.

ELTOLAD, hb. **Raza:** Una ciudad de Judá, Jos. 15.30.

ELUL: Neh. 6.15. El sexto mes del año. Véase **Año.**

ELUZAI, hb. **Dios es mi fuerza:** Uno de los valientes de David, 1 Cr. 12.5.

ELZABAD, hb. **Dios dio:** 1. El noveno de los héroes gaditas de David, 1 Cr. 12.12. // 2. Uno de los porteros del templo, 1 Cr. 26.7.

EMANUEL, hb. **Dios con nosotros:** Is. 7.14; 8.8; Mt. 1.23.

EMAÚS, hb. **Aguas calientes:** Una aldea distante de Jerusalén sesenta estadios, o doce kilómetros, Lc. 24.13.

EMBAJADA: Representación de un soberano. // Le envía una embajada y le pide condiciones de paz, Lc. 14.32. Enviaron tras él una embajada diciendo: No queremos que éste reine sobre nosotros, Lc. 19.14.

EMBAJADOR: El título más elevado de representante diplomático de un soberano o de un estado junto a otro soberano o estado. // Los gabaonitas, fingiéndose **e**, fueron a Josué, Jos. 9.4. Hiram... envió **e** a David, 2 S. 5.11. Él respondió a los **e,** 1 R. 20.9. Acaz envió **e** a Tiglat-pileser, 2 R. 16.7. Sus **e** lleguen a Hanes, Is. 30.4. He aquí que sus **e** darán voces, Is. 33.7. En el Nuevo Testamento, figuradamente: Somos **e** en nombre de Cristo, 2 Co. 5.20. Soy **e** en cadenas, Ef. 6.20.

EMBALSAMAR: Introducir en un cadáver sustancias balsámicas para que no se corrompa. // Jacob y José fueron embalsamados, Gn. 50.2, 26. Cumplían los días de los embalsamados, Gn. 50.3. Embalsamaron, y fue puesto en un ataúd, Gn. 50.26.

EMBARAZADA: Que se encuentra en estado de preñez. // Hirieren a mujer embarazada, Ex. 21.22.

EMBARAZO: Estado de la mujer durante la gestación. // No habrá nacimientos, ni **e,** Os. 9.11.

EMBLANQUECER: Poner blanco, o más blanco. // Las han emblanquecido en la sangre, Ap. 7.14.

EMBOSCADA: Lugar en que alguien se esconde para sorprender otro. // Josué usó este ardid en la conquista de Hai, Jos. 8. Y puso **e** en el campo, Jue. 9.43. Y puso Israel **e** alrededor de Gabaa, Jue. 20.29. Pero Jeroboam hizo tender una **e**, 2 Cr. 13.13. Puso el Señor **e**, 2 Cr. 20.22. En el desierto nos pusieron **e,** Lm. 4.19.

EMBRAVECER: Enfurecerse. // El mar se iba embraveciendo más, Jon. 1.11, 13.

EMBRIAGAR: Volver ebrio. // En los cielos se embriagará mi espada, Is. 34.5. Bebed, y embriagaos, y vomitad, Jer. 25.27. Hasta embriagaros de sangre, Ez. 39.19. No os embriaguéis con vino, Ef. 5.18. Los que se embriagan, 1 Ts. 5.7. La mujer embriagada con la sangre, Ap. 17.6.

EMBRIAGUEZ: Condenada, Pr. 20.1; 23.21, 29-35; Is. 5.11, 22; 28.1-7; Jl. 1.5; Am. 6.6; Lc. 21.34; Ro. 13.13; 1 Co. 5.11; Gá. 5.21; Ef. 5.18; 1 P. 4.3. // **Lo que produce la embriaguez,** Pr. 21.17; 23.21, 29, 30; Is. 28.7; Os. 7.5; Ro. 13.13. // **El castigo por la embriaguez,** Dt. 21.20, 21; Mt. 24.40-51; Lc. 12.45. 46; 1 Co. 6.10; Gá. 5.21. // **Ejemplos de embriaguez:** Noé, Gn. 9.21; Lot, Gn. 19.33; Nabal, 1 S. 25.36; Urías, 2 S. 11.13; Ela, 1 R. 16.9; Ben-adad, 1 R. 20.16; Belsasar, Dn. 5.4; los corintios, 1 Co. 11.21. Véase **Borrachera.**

EMBUSTE: Mentira, equivocación. // Será el postrer error peor que el primero, Mt. 27.64.

EMINENCIA, Superioridad, excelencia, elevación moral. // Por todos los que están en **e,** 1 Ti. 2.2.

EMITAS: Dt. 2.9, 10. Un pueblo de elevada estatura. Heridos por Quedorlaomer, Gn. 14.5.Véase **Gigantes.** Véase también mapa 1, H-3.

EMPADRONAR: Enumerar, listar. // Que todo el mundo fuese **e**, Lc. 2.1. E iban todos para ser **e**, cada uno a su ciudad, Lc. 2.3. Para ser **e** con María su mujer, Lc. 2.5. Véase **Censo**.

EMPAPAR: Humedecer hasta quedar completamente penetrado por un líquido. // Tomó una esponja, y la empapó en vinagre, Mt. 27.48.

EMPARENTAR: Hacerse pariente de, contraer parentesco. // No emparentarás con ellas, Dt. 7.3. **E** con los pueblos de estas abominaciones, Esd. 9.14.

EMPEDERNIDO: Endurecido. // A hijos de duro rostro y de **e** corazón, Ez. 2.4.

EMPEINE: Erupción cutánea, Lv. 21.20.

EMPEÑAR: Dedicar alguien su tiempo a la consecución de un objetivo. Dejar una cosa en garantía de otra. // Ni te empeñes con ellos en guerra, Dt. 2.9. Has empeñado tu palabra, Pr. 6.1.

EMPEÑAR: Hipotecar. Hemos empeñado nuestras tierras, Neh. 5.3.

EMPEÑARSE: Trabarse o empezarse la lucha. // El rey del sur se empeñará en la guerra con grande y muy fuerte ejército, Dn. 11.25.

EMPLAZAR: Intimar para comparecer en juicio o cumplir cualquier orden judicial. // Si de juicio: ¿Quién me emplazará? Job 9.19.

EMPLEAR: Hacer uso de. // Oro empleado en la obra, Ex. 38.24.

EMPOBRECER: Hacer pobre. // Si tu hermano empobreciere, Lv. 25.25. El Señor empobrece y enriquece, 1 S. 2.7. La mano negligente empobrece, Pr. 10.4. No ames el sueño, para que no empobrezcas, Pr. 20.13. El bebedor y el comilón empobrecerán, Pr. 23.21.

EMPORIO: Mercado. // Fue también **e** de las naciones, Is. 23.3.

EMPUJAR: Impeler con violencia. // Si por odio lo empujó, Nm. 35.20. Me empujaste con violencia para que cayese, Sal. 118.13.

ENAIM, hb. **Dos fuentes:** Una ciudad entre Adulam y Timnat, Gn. 38.14.

ENALBARDAR: Poner albarda sobre la bestia; ensillar; Gn. 22.3; Nm. 22.21; Jue. 19.10.

ENAMORADO: Dominado por pasión, enamorado. // Todos tus **e** son destruidos, Jer. 22.20.

ENAMORAR: Cortejar, expresar el amor. // Amnón... se enamoró de ella, 2 S. 13.1.

ENÁN, hb. **Que tiene ojos:** Un príncipe de Neftalí, Nm. 1.15.

ENANO: Que tiene estatura inferior a la de los hombres en general. // Ningún hombre enano o en quien hubiera defecto podía ofrecer las ofrendas quemadas, Lv. 21.20.

ENARDECER: Inflamar, avivar una disputa (o una pasión). // Su espíritu se enardecía viendo la ciudad entregada a la idolatría, Hechos 17.16. Se enardeció mi corazón dentro de mí, Sal. 39.3. Se enardecieron como fuego de espinos, Sal. 118.12. Todos los que contra él se enardecen serán avergonzados, Is. 45.24. Véase **Rebelarse, Rebeldía.**

ENCALADO: Blanqueado con cal, especialmente las paredes. // Sobre lo **e** de la pared del palacio real, Dn. 5.5**.** Véase **Blanquear.**

ENCAMINAR: Poner en camino; dirigirse a algún lugar. // Dios lo encaminó a Bien, Gn. 50.20. Se encaminaron... y llegaron, Dt. 1.24. Encamínales con solicitud, Tit. 3.13.

ENCANTADOR: Que hace encantamientos. // Nos os volváis a los **e,** Lv. 19.31. No prestéis oídos a vuestros profetas, ni a vuestros adivinos... ni a vuestros **e**, Jer. 27.9. Hizo llamar el rey **e**, Dn. 2.2. Véase **Adivinación, Hechicero, Mago.**

ENCANTAMIENTO: Acción de encantar, por artes mágicas. Los hechiceros de Egipto con sus **e,** Ex. 7.11. Sacar piojos con sus **e,** Ex. 8.18. De la abundancia de tus **e**, Is. 47.9. Áspides contra los cuales no hay **e**, Jer. 8.17. Véase **Adivinación.**

ENCARCELAR: Encerrar en la cárcel; poner en prisión. // Como se amontona a los **e,** Is. 24.22. A todos los **e,** Lm. 3.34. Después que Juan fue encarcelado, Mr. 1.14. Juan no había sido aún encarcelado, Jn. 3.24. Saben que yo encarcelaba y azotaba, Hch. 22.19. Predicó a los espíritus encarcelados, 1 P. 3.19. Véase **Cautivar, Prender.**

ENCARGAR: Poner algo al cuidado de alguien. // Encargado a ellos por los... de Israel, Nm. 3.8. Quienes encarguemos de este trabajo, Hch. 6.3. Esto encarga a hombres fieles, 2 Ti. 2.2.

ENCARGO: Obligación. // Desde cuando le dio en **e** de su casa, Gn. 39.5. Desempeñen el **e** de él, Nm. 3.7. Véase **Cargo.**

ENCARNACIÓN: Acto en que Dios se hizo hombre, uniendo la naturaleza divina a la humana. // El Verbo era Dios... Aquel Verbo fue hecho carne, Jn. 1.1 y 14. Siendo en forma de Dios... se despojó, Fil. 2.5-9. Dios envió a su Hijo, nacido de mujer, Gá. 4.4.

ENCENDER: Hacer arder por fuego, inflamar, animar, irritar. // El que encendió fuego pagará, Ex. 22.6. Se encendió contra Israel el furor de Jehová, Jue. 2.14, 20; 3.8. ¿Por qué se ha encendido tu furor? Sal. 74.1. Yo Jehová lo encendí; no se apagará, Ez. 20.48. Que el horno se calentase siete veces más, Dn. 3.19. Ni se enciende una luz y se pone, Mt. 5.15. Y vuestras lámparas encendidas; Lc. 12.35. Encendiendo un fuego, nos recibieron, Hch. 28.2. Que avives el fuego del don de Dios, 2 Ti. 1.6. Véase **Animar, Avivar.**

ENCERRAR: Cerrar dentro de algo. // En prisión quedarán encerrados, Is. 24.22. Encerró a Juan en la cárcel, Lc. 3.20. Yo encerré... a muchos de los santos, Hch. 26.10. Encerró todo bajo pecado, Gá. 3.22. Encerrados para aquella fe, Gá. 3.23. Véase **Terminar.**

ENCINA: Género de Dicotiledóneas cupulíferas. Hay cerca de 300 especies de encina. Ocupa primer lugar entre los árboles, por su longevidad, sus grandes dimensiones y las cualidades de su madera. Hay en Palestina, encinas solitarias, no cortadas para hacer leña, que alcanzan grandes medidas. El encino de More, Gn. 12.6. Abram habitaba en el encinar de Mamre, Gn. 13.18. La encina de Siquem, Gn. 35.4. Rebeca sepultada debajo de una encina que se llamaba Alón-bacut, Gn. 35.8. Josué levantó una gran piedra debajo de cierta encina, Jos. 24.26. El ángel del Señor se sentó debajo de la encina que estaba en Ofra, Jue. 6.11,19. Absalón quedó preso por la cabeza en las ramas de una encina, 2 S. 18.9. Hacían, a veces, ídolos de encina, Is. 44.14. Se quemaba incienso debajo de la encina, Ez. 6.13. Los amorreos altos como el cedro y fuertes como la encina, Am. 2.9.

ENCLAVAR: Hacer penetrar profundamente. // Y Saúl procuró **e** a David con la lanza a la pared, 1 S. 19.10**.**

ENCOLERIZAR: Airarse, llenarse de cólera. // Volvieron a sus casas encolerizados, 2 Cr. 25.10. Véase **Enfurecer, Irritar.**

ENCOMENDAR: Pedir protección para. // Habiendo orado con ayunos, los encomendaron al Señor, Hch. 14.23. Salió encomendado por los hermanos a la gracia, Hch. 15.40. Os encomiendo a Dios, Hch. 20.32. Encomienden sus almas al fiel Creador, 1 P. 4.19.

ENCONTRAR: Toparse con, ir al encuentro de. // Le encontró en el, 1 R. 11.29. La misericordia y la verdad se encontraron, Sal. 85.10. Mejor es encontrarse con una osa a la cual han robado sus cachorros, Pr. 17.12.

El rico y el pobre se encuentran, Pr. 22.2. Que huye... y se encuentra con el oso, Am. 5.19. Si... la encuentra, de cierto os digo, Mt. 18.13. Para que vayan... encuentren alimento, Lc. 9.12. Porque he encontrado mi oveja, Lc. 15.6. Véase **Hallar, Obtener.**

ENCORVAR: Doblar, curvar. **Fig.** Humillar. // Y se encorvarán los hombres fuertes, Ec. 12.3. Estoy encorvado, estoy humillado, Sal. 38.6.

ENCUBIERTO: Que no se deja ver. // Jehová me ha **e** el motivo, 2 R. 4.27. Ha **e** su rostro; nunca lo verá, Sal. 10.11. Nada hay **e,** que no haya de ser manifestado, Mt. 10.26. Evangelio... entre los que se pierden que está **e,** 2 Co. 4.3.

ENCUBRIR: Esconder, ocultar. // Te ruego que no me la encubras, 1 S. 3.17. El hombre cuerdo encubre su saber, Pr. 12.23. Esta palabra les era encubierta, Lc. 18.34.

ENCUENTRO: Acto de encontrar. // Salió al **e** una muchacha que tenía, Hch. 16.16. Cuando Melquisedec le salió al **e,** He. 7.10.

ENDEBLE: Débil, de poca resistencia, flojo. // Fortaleced las manos cansadas, afirmad las rodillas **e**, Is. 35.3.

ENDECHADOR: El que usa la endecha como forma de expresar tristeza o lamento. // Porque el hombre va a su morada eterna, y los **e** andarán alrededor por las calles, Ec. 12.5. Véase **Lamento**.

ENDECHAR: Lamentar. Lastimar, llorar. // Llegaron hasta la era de Atad... endecharon allí con grande y muy triste lamentación, Gn. 50.10. Endechó David a Saúl y a Jonatán su hijo, 2 S. 1.17. Tiempo de **e**, Ec. 3.4. Os endechamos, y no lamentasteis, Mt. 11.17. No se endecharán ni se recogerán ni serán enterrados, Jeremías 25:33**.** Al labrador llamarán a lloro, y a endecha a los que sepan **e**, Amós 5:16**.** Véase **Llorar**, **Lamentar**.

ENDEMONIADO: Una persona poseída y dominada por un demonio. // Trajeron **e**, Mt. 4.24; 8.16; 9.32. Vinieron... **e** que salían de los sepulcros, Mt. 8.28. El que había estado **e** le rogaba, Mr. 5.18. Un mudo **e**, Mt. 9.32. Un **e** ciego, Mt. 12.22. Le trajeron... a los **e,** Mr. 1.32.

ENDEREZAR: Poner derecho, corregir, arreglar, encarrilar, enmendar. // La mano... se secó, y no la pudo **e**, 1 R. 13.4. El pueblo aún no había **e** su corazón al Dios de sus padres, 2 Cr. 20.33. Al que tropezaba **e** tus palabras, Job 4.4. **E** delante de mí tu camino, Sal. 5.8. Puso mis pies sobre peña, y **e** mis pasos, Sal. 40.2. Reconócelo en todos tus caminos, y él **e** tus veredas, Pr. 3.6. Mas el hombre entendido **e** sus pasos, Pr. 15.21. **E** tu corazón al camino, Pr. 23.19.

ENDEUDADO: Que tiene deudas. // Los afligidos, y todo el que estaba **e,** 1 S. 22.2.

ENDOR, hb. **Fuente de dolor:** Una aldea a seis kilómetros al sureste de Nazaret, en la herencia de Manasés, Jos. 17.11. Donde vivía la médium que consultó el rey Saúl, 1 S. 28.7. Donde perecieron los soldados de Sísara, huyendo después de la derrota en Cisón, Sal. 83.10. Véase mapa 2, C-3: mapa 4, B-l.

ENDURECER: Volver duro. // El corazón, Ex. 4.21; 7.3; 10.1, 27; 11.10; Sal. 95.8; Pr. 28.14; Mt. 13.15; Jn. 12.40; He. 3.8. La cerviz, Pr. 29.1; Jer. 7.26. Los oídos, Is. 6.10. Y al que quiere **e,** endurece, Ro. 9.18. Los demás fueron endurecidos, Ro. 11.7. Endurecido por el engaño del pecado, He. 3.13.

ENDURECIMIENTO: Acción o efecto de endurecer. // Entrégalos al **e** de corazón, Lm. 3.65. Jos. 11.20. **E** en parte a Israel, Ro. 11.25.

ENEAS, lat. **Sanado:** Paralítico sanado en Lida, Hch. 9.34.

ENEBRO: El árbol conífero conocido por este nombre no existe en la Tierra Santa. La palabra se refiere a un arbusto leguminoso de la familia de las cupresáceas muy común en los desiertos del sur de Palestina y hasta Egipto. Por falta de sombra mejor, los viajeros apreciaban mucho la oportunidad de abrigarse debajo de sus ramos. Elías se asentó debajo de un enebro, y pidió para sí la muerte, 1 R. 19.4. Véase Job 30.4; Salmo 120.4.

EN-EGLAIM, hb. **Fuente de becerros:** Un lugar cerca del Mar Muerto, no lejos de Engadi, Ez. 47.10.

ENELDO: Los hipócritas daban escrupulosamente el diezmo de esta planta de semillas aromáticas, Mt. 23.23.

ENEMIGO: Que le desea mal. // Que entregó tus **e** en tu mano, Gn. 14.20. Y vuestros **e** caerán a filo de espada, Lv. 26.8. Sean dispersados tus **e**, Nm. 10.35. Y aun nuestros **e** son de ello jueces, Dt. 32.31. Meses delante de tus **e**, 2 S. 24.13. Los **e** del hombre son los de su casa, Mi. 7.6; Mt. 10.36. Amad a vuestros **e**, Mt. 5.44. Mientras dormían los hombres, vino su **e**, Mt. 13.25. Hasta que ponga a tus **e** por estrado de tus pies, Mt. 22.44; Hch. 2.35; 1 Co. 15.25; He. 1.13. **E** de toda justicia, Hch. 13.10. Porque si siendo **e**, fuimos reconciliados, Ro. 5.10. Así que en cuanto al evangelio, son **e**, Ro. 11.28. Y el postrer **e** que será destruido, 1 Co. 15.26. Me he hecho, pues, vuestro **e**, Gá. 4.16. Son **e** de la cruz, Fil. 3.18. En otro tiempo extraños y **e**, Col. 1.21. Mas no lo tengáis por **e**, sino amonestadle, 2 Ts. 3.15. Ponga a tus **e** por estrado, He. 1.13. Ser amigo del mundo, se constituye **enemigo** de Dios, Stg. 4.4. Sus **e** los vieron, Ap. 11.12. // **Deber para con**

nuestros e: Ex. 23.4; 1 S. 24.10; Job 31.29,30; Sal. 35.13-15; Pr. 24.17; 25.21,22; Mt. 5.44; Lc. 6.27,35; Ro. 12.20. // **Dios nos libera de nuestros e,** 1 S. 12.11; Esd. 8.31; Sal. 18.48; 61.3. // **Amistad fingida de e,** 2 S. 20.9, 10; Pr. 26.26; 17.6; Mt. 26.48, 49. // **Punición a los e de Dios,** Ex. 15.6; Jue. 5.31; Sal. 68.1; Is. 1.24; 2 Ts. 1.8; Ap. 21.8. // **El ejemplo de David y de Saúl,** 1 S. 24.10; 26.9. Véase **Adversario.**

ENEMISTAD: Aversión u odio entre dos o más personas. // Pondré **e** entre ti y la mujer, Gn. 3.15. O por **e** lo hirió con su mano, Nm. 35.21. Son **e** contra Dios, Ro. 8.7. Obras de la carne... **e,** Gá. 5.19, 20. Aboliendo en su carne las **e,** Ef. 2.15. La amistad del mundo, Stg. 4.4.

ENEMISTADO: En condición de enemigo. // Porque antes estaban enemistados entre sí, Lc. 23.12.

ENFERMAR: Caer enfermo. // Jehová la habrá hecho **e,** Dt. 29.22.

ENFERMEDAD: Alteración de la salud. // Todos los que tenían enfermos de diversas **e,** Lc. 4.40.

ENFERMO: Que padece alguna enfermedad; débil. // No hubo en sus tribus **e,** Sal. 105.37. Cuando ofrecéis el cojo o el **e,** Mal. 1.8. Está **e** aquel a quien amas, Jn. 11.3. Beneficio hecho a un hombre **e,** Hch. 4.9. En verdad estuvo **e,** Fil. 2.27.

ENFLAQUECER: Volver magro. // ¿De día en día vas enflaqueciendo así? 2 S. 13.4. Se enflaquecerá la grosura de su carne, Is. 17.4. Por eso yo también te hice **e,** Mi. 6.13.

ENFRIAR: Perder el calor. // El amor de muchos se enfriará, Mt. 24.12.

ENFURECER: Volver furioso. // El vengador de la sangre, enfurecido, Dt. 19.6. Oyendo esto, se enfurecían, Hch. 5.33. Se enfurecían en sus corazones, Hch. 7.54. Se enfureció en gran manera, Neh. 4.1. Enfurecido, los perseguí, Hch. 26.11. Véase **Encolerizar, Irritar.**

EN-GADI, hb. **Fuente de cabrito:** Una ciudad de Judá, en el lado occidental del Mar Muerto, Jos. 15.62; Ez. 47.10. Lo mismo que Hazezon-Tamar, 2 Cr. 20.2; Gn. 14.7. En esta región hay muchísimas cuevas, en las cuales David y sus compañeros se refugiaron, 1 S. 23.29; 24.1. Las fuentes de abundante agua caliente dieron origen a un oasis notable por sus palmeras y viñas. Véase Cnt. 1.14. Véase mapa 2, C-6; Mapa 5, B-2.

ENGAÑADOR: Que induce al error. // Al hombre sanguinario y **e** abominará Jehová, Sal. 5.6. Los gobernadores de este pueblo son **e,** Is. 9.16. Todos son **e,** Jer. 6.13. Por muy **e** no quisieron conocerme, Jer. 9.6. Como **e,** pero veraces, 2 Co. 6.8. Escuchando a espíritus **e,** 1 Ti. 4.1. Hay muchos **e,** Tit. 1.10. Es el **e** y el anticristo, 2 Jn. 7.

ENGAÑAR. Inducir al error. // La serpiente me engañó. Gn. 3.13. Si alguno engañare a una doncella, Ex. 22.16. Engañados en lo tocante a Baal-peor, Nm. 25.18. ¿Por qué nos engañaste? Jos. 9.22. ¿Por qué me has engañado así? 1 S. 19.17. Mi corazón se engañó en secreto, Job 31.27. No os engañe Ezequías, Is. 36.18. Engañaron a mi pueblo, Ez. 13.10. Mirad que nadie os engañe, Mt. 24.4. Yo soy el Cristo y engañarán a muchos, Mt. 24.5. Para engañar, si fuera posible, a los escogidos, Mt. 24.24. El pecado, tomando ocasión por el mandamiento, me engañó, y por él me mató. Ro. 7.11. Con suaves palabras y lisonjas engañan los corazones de los ingenuos, Ro. 16.18. Nadie se engañe a sí mismo, 1 Co. 3.18. A nadie hemos engañado, 2 Co. 7.2. Como la serpiente... engañó a Eva, 2 Co. 11.3. ¿Acaso os he engañado? 2 Co. 12.7. No os engañéis; Dios no puede ser burlado, Gá. 6.7. Nadie os engañe con palabras vanas, Ef. 5.6, con palabras persuasivas, Col. 2.4. Solamente oidores, engañándoos, Stg. 1.22. Se cree religioso... engaña su corazón, Stg. 1.26. A nosotros mismos nos engañamos, 1 Jn. 1.8. Nadie os engañe, 1 Jn. 3.7. Para que no engañase más a las naciones. Ap. 20.3. Véase **Defraudar.**

EN-GANIM, hb. **Fuentes de los jardines:** 1. Una ciudad de Judá, Jos. 15.34. // 2. Una ciudad de Isacar, Jos. 19.21. Véase mapa 2, C-4; mapa 4, B-l.

ENGAÑO: Artificio empleado para inducir al error. // Vino tu hermano con **e,** Gn. 27.35. Llena está su boca de maldición y **e,** Sal. 10.7. Ni jurado con **e,** Sal. 34.13. Lleno de todo o **e,** Hch. 13.10. Llenos de envidia... **e,** Ro. 1.29. Como soy astuto, os prendí por **e,** 2 Co. 12.16. Nuestra exhortación no procede de **e,** 1 Ts. 2.3. Se endurezca por el **e** del pecado, He. 3.13. Véase **Yerro, Fraude.**

ENGAÑOSO: En que hay engaño. // Mas el **e** hablará mentiras, Pr. 14.25; Os. 12.7. Pan **e,** Pr. 23.3. La gracia, Pr. 31.30. El corazón, Jer. 17.9. Lengua, Sof. 3.13. Véase **Fraudulento.**

ENGASTE: Guarnición de metal que aseguran piedras preciosas en las joyas. // **E** de oro, Ex. 28.13. Dos cordones... en los dos **e** que pusieron, Ex. 39.18.

ENGENDRAR: Procrear. // También al que ha sido engendrado por él, 1 Jn. 5.1.

ENGORDADO: Cebado; que tiene la piel lustrosa por efecto de la gordura. // Holocaustos de animales **e** te ofreceré, Sal. 66.15. Y aquella mujer tenía en su casa un ternero **e,**

1 S. 28:24. He aquí yo, yo juzgaré entre la oveja **e** y la oveja flaca, Ez. 34:20.

ENGORDAR: Hacer gordo, enriquecer. // Habéis engordado vuestros corazones, Stg. 5.5.

ENGRANDECER: Volver mayor; Hacer crecer en dignidad. // Engrandezca Dios a Jafet, Gn. 9.27. Engrandeceré tu nombre, Gn. 12.2. Y él se ha engrandecido, Gn. 24.35. En extremo se ha engrandecido, Ex. 15.21. Engrandeced a nuestro Dios, Dt. 32.3. Jehová dijo a Josué: Desde este día comenzaré a engrandecerte, Jos. 3.7. Jehová engrandeció en extremo a Salomón, 1 Cr. 29.25. Engrandeced a Jehová conmigo, Sal. 34.3 El rey engrandeció a Daniel, Dn. 2.48. Engrandecerá sobre todo dios, Dn. 11.36. Engrandece mi alma al Señor, Lc. 1.46. Dios había engrandecido para con ella, Lc. 1.46. Seremos muy engrandecidos entre vosotros, 2 Co. 10.15. Véase **Enriquecer, Exaltar, Magnificar.**

ENGROSAR: Volverse insensible. // Se engrosó el corazón de ellos, Sal. 119.70.

EN-HACORE, hb. **Fuente del que clama:** Lugar en Lehi, donde el Señor abrió la cuenca y de ella salió agua para que Sansón bebiera, Jue. 15.19.

EN-HADA, hb. **Fuente de vehemencia:** Una ciudad de Isacar, Jos. 19.21. Véase mapa 4, B-l.

EN-HAZOR. hb. **Fuente del recinto:** Una ciudad de Neftalí, Jos. 19.37.

ENIGMA: La palabra, en la Escritura, significa una expresión que se entiende con mucho esfuerzo mental. // Yo os propondré ahora un **e,** Jue. 14.12. Propón tu **e,** Jue. 14.13. Ellos no pudieron declararle el **e**, Jue. 14.14. A que nos declare este **e,** Jue. 14.15. A los que habían explicado el **e,** Jue. 14.19. Declararé con el arpa mi **e,** Sal. 49.4. Descifrar **e** y resolver dudas, Dn. 5.12. Se levantará un rey... entendido en **e,** Dn. 8.23. Véase 1 R. 10.1.

ENJAMBRE: Grupo de abejas que abandona una colmena para formar una nueva. // Un **e** de abejas con miel, Jue. 14.8.

ENJUGAR: Secar. // Le enjugó los pies con sus cabellos, Jn. 11.2; 12.3. Enjugarlos con la toalla con que estaba, Jn. 13.5. Enjugar lágrimas: Is. 25.8; Ap. 7.17; 21.4.

ENJUTO: Seco o poco húmedo. // Vacas de feo aspecto y **e** de carne, Gn. 41.3. Mimbres verdes que aún no estaban **e,** Jue. 16.8. Dales matriz que aborte, y pechos **e,** Os. 9.14.

ENLAZAR: Coger con lazos. // Son enlazados los hijos de los hombres, Ec. 9.12. En la obra de sus manos fue enlazado, Sal. 9.16.

ENLOQUECER: Volver loco. // Enloquecerás a causa de lo que verás con tus ojos, Dt. 28.34. Enloqueció de lujuria más que ella, Ez. 23.11. ¿No ha enloquecido Dios la sabiduría? 2 Co. 1.20.

ENLUTADO: Vestido de luto, consternado. // Daré consuelo a él y a sus **e,** Is. 57.18.

ENMENDAR: Corregir, reformar. // Con la tristeza... enmendará el corazón, Ec. 7.3. Enmendad vuestras obras, Jer. 35.15. Véase **Corregir.**

ENMOHECER: Cubrir de moho. // Oro y plata están enmohecidos, Stg. 5.3.

ENMUDECER: Perder el habla, quedar mudo. // A la grandeza de tu brazo enmudezcan como una piedra, Ex. 15.16. Como oveja... enmudeció, Is. 53.7. Los ojos... en tierra, y enmudecido, Dn. 10.15. Dijo al mar:... enmudece! Mr. 4.39.

ENNEGRECER: Volver negro. // Ando ennegrecido, Job 30.28. Mi piel se ha ennegrecido, y se me cae, Job 30.30.

ENOC, hb. **Iniciado:** 1. El hijo mayor de Caín, Gn. 4.17. // 2. El padre de Matusalén, Gn. 5.21. El séptimo desde Adán, Jud. 14. En el linaje Set, Gn. 5.1-24. Set era el hijo de Adán, que Dios le dio en lugar de Abel, Gn. 4.25. Enoc caminó con Dios, es decir, en íntima comunión con Dios, Gn. 5.24. Véase Gn. 6.9. Enoc, por la fe, fue trasladado, He. 11.5. // 3. Ciudad edificada por Caín y llamada Enoc, el nombre de su hijo, Gn. 4.17. // 4. Un nieto de Abraham y Cetura, Gn. 25.4. // 5. El primogénito de Rubén, Gn. 46.9.

ENOJADO: Penalizado, descontento. // El rey de Israel se fue... **e**, 1 R. 20.43. Acab vino triste y **e**, 1 R. 21.4.

ENOJARSE: Molestarse por leves provocaciones; irritar. // Me enojé contra mi pueblo, Is. 47.6.

ENOJO: Sentimiento de ira o enfado. // Hasta que el **e** de tu hermano se mitigue, Gn. 27.44.

ENÓN, gr. **Fuentes:** Lugar en el lado occidental del Jordán, donde Juan bautizaba, Jn. 3.23. Sabemos que fue en el lado occidental del Jordán, porque antes Juan bautizaba en el lado oriental. Véase Jn. 1.28; 3.26; 10.40. Véase mapa 4, B-l.

ENÓS, hb. **Mortal:** Un hijo de Set y nieto de Adán, Gn. 4.26; Lc. 3.38.

ENREDAR: Atrapar en la red. // Se enredarán y serán apresados, Is. 8.15. Que milita se enreda en los negocios, 2 Ti. 2.4. Enredándose otra vez... son vencidos, 2 P. 2.20.

EN-RIMÓN: Neh. 11.29. Véase **Rimon.** Véase mapa 5, A-2.

ENRIQUECER: Hacer rico. // El Señor empobrece y enriquece, 1 S. 2.7. En gran manera la enriqueces, Sal. 65.9. El que se apresura a enriquecerse, Pr. 28.20. Fuisteis enriquecidos en él, 1 Co. 1.5. Pobres, mas enriqueciendo a muchos, 2 Co. 6.10. Enriquecidos en todo para toda la generosidad, 2 Co. 9.11. Se han enriquecido de la potencia de sus deleites, Ap. 18.3. Véase **Engrandecer.**

ENROLLAR: Envolver una cosa en forma de rollo. // Se enrollarán los cielos como un libro, Is. 34.4. Como un pergamino que se enrolla, Ap. 6.14.

ENSANCHAR: Dar mayor extensión a una cosa, alargarla. // Ensancharé tu territorio, Ex. 34.24. Ensancha el sitio de tu tienda, Is. 54.2. Ensanchan sus filacterias, Mt. 23.5. Nuestra boca se ha abierto a vosotros... nuestro corazón se ha ensanchado, 2 Co. 6.11.

ENSAYAR: Purificar en el crisol (el oro y otros metales preciosos). // Nos ensayaste como se afina la plata, Sal. 66.10. Véase **Emblanquecer, Purificar, Refinar.**

EN-SEMES, hb. **Fuente del sol:** Un límite divisorio entre Judá y Benjamín, Jos. 15.7. Es lo que se llama actualmente "La fuente de los apóstoles", en el camino a Jericó.

ENSEÑA: Insignia o estandarte. // Bajo las **e** de las casas de sus padres, Nm. 2.2. Por **e** Cástor y Pólux, Hch. 28.11 .

ENSENADA: Curvatura de la costa marítima. // Pero veían una **e**, Hch. 27.39.

ENSEÑANZA: Docencia, instrucción, educación. // Los insensatos desprecian la **e**, Pr. 1.7. Aplica tu corazón a la **e**, Pr. 23.12. **E** de vanidades, Jer. 10.8. ¿Qué es esta nueva **e** de que hablas? Hch. 17.19. El que enseña, en la **e,** Ro. 12.7. Para nuestra **e** se escribieron, Ro. 15.4. No según la **e** que recibisteis, 2 Ts. 3.6. Ocúpate en la... exhortación y la **e**, 1 Ti. 4.13. Que también pueda exhortar con sabia **e,** Tit. 1.9. El la **e** mostrando integridad, Tit. 2.7. Véase **Doctrina, instrucción.**

ENSEÑAR: Instruir, adoctrinar. // Enseñando en las sinagogas de ellos, Mt. 4.23. Y así enseñe a los hombres, Mt. 5.19. Enseñando como doctrinas mandamientos, Mt. 15.9. Enseñándoles... guarden todas las cosas, Mt. 28.20. Enséñanos a orar, Lc. 11.1. El Espíritu Santo os enseñará Lc. 12.12. El Consolador... enseñará todas, Jn. 14.26. No dejaban de enseñar, Hch. 5.42. Enseñaba con precisión, Hch. 18.25. Enseñas a otro, ¿no te enseñas a ti mismo? Ro. 2.21. El que enseña, en la enseñanza, Ro. 12.7. Palabras enseñadas por la sabiduría humana, pero enseñadas por el Espíritu, 1 Co. 2.13. El que es enseñado en la palabra, Gá. 6.6. No permito a la mujer enseñar, 1 Ti. 2.12. El obispo sea... apto para enseñar, 1 Ti. 3.2. Enseñando por ganancia deshonesta, Tit. 1.11. Os vuelva a enseñar... los rudimentos, He. 5.12. Ninguno enseñará a su prójimo, He. 8.11. La unción misma os enseña, 1 Jn. 2.27. Véase **Educar, Instruir.**

ENSEÑOREARSE: Adueñarse. Hacerse señor y dueño de una cosa. // Esperaban **e** de ellos, Est. 9.1. Que no se enseñoreen de mí, Sal. 19.13.

ENSERES: Utensilios, muebles, instrumentos, necesarios en una casa o para una profesión. // Echaron al mar los **e** que había en la nave, para descargarla de ellos, Jon. 1.5. Saqué mis **e** de día, como **e** de cautiverio, Ez. 12.7. Prepárate **e** de marcha, y parte de día delante de sus ojos, Ez. 12.3. Y Salomón hizo todos estos **e** en número tan grande, 2 Cr. 4.18. El camino estaba lleno de vestidos y **e**, 2 R. 7.15. Aun lo han guardado entre sus **e**, Jos. 7.11. Véase **Utensilio.**

ENSUCIAR: Poner sucia una cosa. // ¿Cómo los he de **e**? Cnt. 5.3.

ENTALLADURA: Esculpido, cincelado. // Han quebrado todas sus **e**, Sal. 74.6.

ENTENDER: Comprender, saber perfectamente, juzgar, inferir. // Para que ninguno entienda el habla de, Gn. 11.7. No os ha dado corazón para entender, Dt. 29.4. De oído oiréis, y no entenderéis, Mt. 13.14. Y con el corazón entiendan, Mt. 13.15. En el lugar santo (el que lee, entienda), Mt. 24.15. No hay quien entienda, Ro. 3.11. Y no las puede entender, porque se han de discernir espiritualmente, 1 Co. 2.14. ¿Cómo se entenderá lo que decís? 1 Co. 14.9. Por la fe entendemos que fue el universo, He. 11.3. Hay algunas difíciles de entender. 2 P. 3.16. Véase **Comprender, Percibir.**

ENTENDIDO: Entendedor, sabedor, inteligente. // Zacarías... **e** en las visiones, 2 Cr. 26.5. Mas al hombre **e** la sabiduría le es fácil, Pr. 10.13. El corazón **e** procura el conocimiento, Pr. 15.14. Ocultaste... a los sabios y **e**, Mt. 11.25. Desecharé el entendimiento de los **e**, 1 Co. 1.19. ¿Quién es sabio y **e** entre vosotros? Stg. 3.13.

ENTENDIMIENTO: Comprensión, percepción. // No hay en ellos **e,** Dt. 32.28. Era aquella mujer de buen **e,** 1 S. 25.3. También tengo yo **e** como vosotros, Job 12.3. Como el caballo... sin **e**, Sal. 32.9. Dame **e**, Sal. 119.34, 125, 169. El que comete adulterio es falto de **e,** Pr. 6.32. Un joven falto de **e,** Pr. 7.7. El que tarda en airarse es grande en **e**, Pr. 14.29. El hombre falto de **e** presta fianzas, Pr. 17.18. Porque aquél no es pueblo de **e,** Is. 27.11. Su **e** no hay quien lo alcance, Is. 40.28. Muchachos... de buen **e,** Dn. 1.4. Entonces les abrió el **e** para que entendieran las Escrituras, Lc. 24.45. Por medio de la renovación de vuestro **e**, Ro. 10.2. Cinco palabras con mi **e**, 1 Co. 14.19. Dios de este siglo cegó os el **e**, 2 Co. 4.4. Alumbrando los ojos de vuestro **e**, Ef. 1.18. Teniendo el **e**

entenebrecido, Ef. 4.18. La paz de Dios, que sobrepasa todo **e**, Fil. 4.7. Todas las riquezas de pleno **e**, Col. 2.2. Hombres corruptos de **e,** 1 Ti. 6.5. Ceñid los lomos de vuestro **e**, 1 P. 1.13. El Hijo... nos dio **e,** 1 Jn. 5.20. Véase **Comprensión, Mente.**

ENTENEBRECER: Cubrir de tinieblas. // Párpados entenebrecidos, Job 16.16.

ENTENEBRECIMIENTO: Nubes cerradas caliginosas; lleno de tinieblas. // Día de tiniebla y de oscuridad, día de nublado y de **e**, Sofonías 1.15. Véase Joel 2.2. Véase **Tinieblas**, **Oscuridad**.

ENTERNECER: Ablandar, mover la compasión. // Tu corazón se enterneció, 2 R. 22.19.

ENTERO: Completo. // Trastornan casas **e**, Tit. 1.11. Véase **Completo.**

ENTERRAR: Sepultar. // Te ruego que no me entierres en Egipto, Gn. 47.29. Véase **Sepultar**.

ENTESAR: Hacer tieso o tenso. // Entesó su arco, 2 R. 9.24; 2 Cr. 18.33.

ENTIERRO: Funeral. Cortejo fúnebre. // Las costumbres, Gn. 23.4-15; 25.9; 49.31; Dt. 34.6; 1 R. 13.31; Mt. 27.7; Mr. 14.8; Lc. 23.56; Jn. 11.38; 12.7; Hch. 8.2. // Sin entierro: Dt. 28.26; Sal. 79.2; Ec. 6.3; Is. 14.19; Jer. 7.33; 16.4. // El entierro de Sara, Gn. 23.19; de Abraham, Gn. 25.9; de Isaac Gn. 35.29, de Jacob, Gn. 50; de Abner, 2 S. 3.31, 32; de Cristo, Mt. 27.57; Lc. 23.50; de Esteban, Hch. 8.2. // Llevaban a enterrar... hijo único de una viuda, Lc. 7.12. Véase **Sepultura.**

ENTONAR: Hacer oír, cantando. // Despierta, Débora... entona cántico, Jue. 5.12. Cuando comenzaron a **e** cantos, 2 Cr. 20.22. Cantaré y entonaré alabanzas, Sal. 27.6. Entonad canción, Sal. 81.2. Cantaré y entonaré salmos, Sal. 108.1.

ENTONTECER: Poner a uno tonto. // Ciertamente la opresión hace **e** al sabio, Ec. 7.7.

ENTORPECER: Atontar. // Entorpece ahora, oh Jehová, el consejo de Ahitofel, 2 S. 15.31.

ENTRADA: Acción o efecto de entrar; lugar por donde se entra. // Y se puso a la **e**, Gn. 38.14. Jehová guardará tu salida y tu **e**, Sal. 121.8. A la **e** de la ciudad, a la entrada de las puertas está gritando, Pr. 8.3. Una gran piedra a la **e**, Mt. 27.60. Será otorgada amplia... **e** en el reino, 2 P. 1.11.

ENTRAÑA: El conjunto de los órganos que están contenidos en las cavidades del cuerpo. // Y todas sus **e** se derramaron, Hch. 1.18.

ENTRAÑABLE: Que penetra en las entrañas; íntimo. // Por la **e** misericordia de nuestro Dios, Lc. 1.78.

ENTRAR: Introducirse; pasar por entre. // No entraréis en el reino de los cielos, Mt. 5.20. Cuando ores, entra, Mt. 6.6. Entrad por la puerta estrecha, Mt. 7.13. No todo... entrará en el reino, Mt. 7.21. Si no os volvéis y os hacéis... no entraréis, Mt. 18.3. Se quieres... entrar en la vida, Mt. 19.17. Entrar un rico en el reino, Mt. 19.24. Ni entráis vosotros, ni dejáis **e**, Mt. 23.13. No entra por la puerta, Jn. 10.1. Y entrará, y saldrá y hallará pastos, Jn. 10.9. A través de muchas tribulaciones... entremos en el reino, Hch. 14.22. Entrando la plenitud de los gentiles, Ro. 11.25. No entrarán en mi reposo, He. 3.11. Esforcémonos, pues, por entrar, He. 4.11. Abrir la puerta, entraré, Ap. 3.20. **E** en la ciudad por las puertas, Ap. 22.14.

ENTREGAR: Pasar a las manos de; dar; confiar. // Porque os entregarán a los concilios, Mt. 10.17. Todas las cosas me fueron entregadas, Mt. 11.27. Clamando... entregó el espíritu, Mt. 27.50. Fue entregado por nuestras transgresiones, Ro. 4.25. No escatimó ni a su propio Hijo, sino que lo entregó por todos nosotros, Ro. 8.32. Entregado a Satanás para la destrucción, 1 Co. 5.5. Entregase mi cuerpo para ser quemado, 1 Co. 13.3. Siempre estamos entregados a muerte por causa de Jesús, 2 Co. 4.11. Los entregó a prisiones de oscuridad, 2 P. 2.4.

ENTREMETER: Tomar parte; intervenir. // Extraño no se entremeterá, Pr. 14.10.

ENTREMETIDO: Indiscreto. // Sino también chismosas y **e**, 1 Ti. 5.13.

ENTRETEJER: Tejer, entrelazando. // Fui formado, y entretejido como en las profundidades, Sal. 139.15

ENTRETENER: Demorar, detener. // Cosas preciosas, para **e** la vida, Lm. 1.11.

ENTRISTECER: Hacer triste; afligir, penalizar. // No os entristezcáis, porque la alegría, Neh. 8.10. Pedro se entristeció de que le dijera por tercera vez, Jn. 21.17. Entristecidos mas siempre gozosos, 2 Co. 6.10. No os entristezcáis como los otros, 1 Ts. 4.13.

ENUMERAR: Contar uno a uno. // Si los enumero, se multiplican más, Sal. 139.18.

ENVANECER: Provocar o infundir soberbia o vanidad a alguno. // Neófito... no sea que envaneciéndose caiga en la condenación del diablo, 1 Ti. 3.6. Jehová, no se ha envanecido mi corazón, Sal. 131.1. Ni le dieron gracias, sino que se envanecieron en sus razonamientos, Ro. 1.21. Mas algunos están envanecidos, como si yo nunca hubiese de ir a vosotros. 1 Co. 4.18. No las palabras, sino el poder de los que andan envanecidos, 1 Co. 4.19. El conocimiento envanece, pero el amor edifica, 1 Co. 8.1. El amor no es jactancioso, no se envanece, 1 Co. 13.4.

ENVEJECER: Volverse viejo. // Tu vestido nunca se envejeció, Dt. 8.4. Ellos se envejecerán como una vestidura, He. 1.11.

ENVIAR: Mandar a alguien o algo. // Recibe a mí, recibe al que me envió, Mt. 10.40. Como me envió el Padre, yo os envío, Jn. 20.21. Enviados por el Espíritu Santo, Hch. 13.4. Cómo predicarán si no fueren enviados, Ro. 10.15. Plenitud del tiempo, Dios envió a su Hijo, Gá. 4.4. Envió Dios a nuestros corazones el Espíritu, Gá. 4.6. Véase **Mandar**.

ENVIDIA: Mezcla de disgusto y odio provocado por la prosperidad o la alegría de otros. Tenemos celo de lo que es nuestro, envidia de lo que tiene el prójimo. // Ni tengas **e** de los que practican la iniquidad, Sal. 37.1. Mas la **e** es carcoma de los huesos, Pr. 14.30. No tenga tu corazón **e**, Pr. 23.17. No tengas **e** de los hombres malos, Pr. 24.1; de los hombres malignos, Pr. 24.1; de los perversos, Pr. 27.4. Toda excelencia de obras despierta la **e**, Ec. 4.4. Porque sabía que por **e** le habían entregado, Mt. 27.18. Los patriarcas, movidos por **e**, Hch. 7.9. Llenos de **e**, homicidios, contiendas, Ro. 1.29. Que haya entre vosotros contiendas, **e**, 2 Co. 12.20. **E**, homicidios, borracheras, Gá. 5.21. Predican a Cristo por **e**, Fil. 1.15. De las cuales nacen **e**, 1 Ti. 6.4. Matáis y ardéis de **e**, Stg. 4.2. Hipocresía, **e**, y todas las detracciones, 1 P. 2.1. // Ejemplos de envidia: Caín, Gn. 4.5; los filisteos, Gn. 26.14; los hermanos de José, Gn. 37.11; Jos., Nm. 11.28,29; Coré, Nm. 16.3; Sal. 106.16; Saúl, 1 S. 18.8; los principales sacerdotes, Mr. 15.10; los judíos, Hch. 13.45; 17.5. Véase **celo.**

"Acerca de los tiempos y de las ocasiones, no tenéis necesidad, hermanos, de que yo os escriba" *(1 Ts. 5.1).*

ENVIDIAR: Tener envidia de. // No nos hagamos vanagloriosos, irritándonos unos a otros, envidiándonos**,** Gá. 5.26**.**

ENVILECER: Hacer vil y despreciable. // Te envileciste subiendo a mi estrado, Gn. 49.4. Para envilecer la soberbia, Is. 23.9.

ENVILECER: Humillar. // Jehová de los ejércitos... para **e**, Is. 23.9.

ENVIUDAR: Quedarse viudo. // Israel y Judá no han enviudado, Jer. 51.5.

ENVOLVER EN PAÑALES: Ceñir o envolver con tiras. // Lo envolvió en pañales, y lo acostó en un pesebre, Lc. 2.7.

ENVOLVER: Cubrir, enrollando; abarcar. // Sus masas envueltas en sus sábanas, Ex. 12.34. Envolvió en una sábana limpia, Mt. 27.59. Lo envolvió... y lo puso en un sepulcro, Mr. 15.46. Envolvió en pañales, Lc. 2.7. Hallaréis al niño envuelto en pañales, Lc. 2.12. Como un vestido los envolverás, He. 1.12.

EPAFRAS: Forma abreviada de **Epafrodito**. // Compañero de Pablo y fiel ministro de Cristo. Col. 1.7. Se esforzaba por los colosenses y por los laodicenses, Col. 4.12,13. Prisionero con el apóstol Pablo en Roma, Flm. 23.

EPAFRODITO, gr. **Amable:** Ministro y mensajero de la iglesia de Filipos, enviado para llevar socorros al apóstol Pablo, en la prisión, Fil. 2.25; 4.18. Llegó a las puertas de la muerte para proveer lo que le faltaba de socorro para el apóstol, Fil. 2.30.

EPENETO, gr **Digno de alabanza:** Un creyente de Roma, uno de los primeros convertidos en la provincia de Asia, a quien el apóstol envía saludos, Ro. 16.5.

EPICÚREOS: Una secta filosófica griega, de la cual algunos partidarios, junto con los estoicos, discutieron con Pablo en Atenas, Hch. 17.18. Estas escuelas se mostraron tolerantes, llevando a Oabki al Areópago para oírle y examinar sus doctrinas. La secta de los epicúreos sacaba su nombre de Epicuro. Este filósofo, de poderosa mentalidad, escribió numerosos libros y enseñó, en su escuela en Atenas, durante treinta y seis años, hasta su muerte. Enseñaba que el placer es el sumo bien de los hombres, que debemos buscar los placeres y evitar los sufrimientos. Pero esos placeres no incluyen solamente la satisfacción de las pasiones sensuales, sino también los derivados de las facultades morales. Véase **Estoicos.**

EPILÉPTICO: El acceso epiléptico comienza bruscamente con un grito ronco después el enfermo palidece, cae y pierde el conocimiento. Se suceden contracciones de los músculos de la faz y de los miembros y los labios se cubren de espuma. Jesús los curó, Mt. 4.24; 17.15. Véase **Lunático.**

EPÍSTOLA: Se llaman epístolas, 21 de los veintisiete libros del Nuevo Testamento. Son cartas escritas por apóstoles. Trece son **paulinas,** es decir, escritas por el apóstol Pablo: Romanos, 1 y 2 Corintios, Gálatas, Efesios, Filipenses, Colosenses, 1 y 2 Tesalonicenses,

1 y 2 Timoteo, Tito y Filemón. Quedando todavía la Epístola a los Hebreos que muchos suponen que también sea del apóstol Pablo. Las tres **epístolas pastorales**, en el orden en que fueron escritas, son: 1 Timoteo, Tito y 2 Timoteo. No están dirigidas a una iglesia sino a pastores. Cinco de las epístolas, Santiago, 1 y 2 Pedro, 1 Juan y Judas, son católicas, es decir, generales o universales, ya que fueron dirigidas a la Iglesia en general. La Iglesia primitiva contaba siete **epístolas católicas,** entre ellas 2 y 3 Juan. Esas, sin embargo, son epístolas personales dirigidas a individuos. // Cuando esta carta haya sido leída entre vosotros, haced que también se lea en la iglesia de los laodicenses, Col. 4.16. Que esta **c** se lea a todos los santos hermanos, 1 Ts. 5.27. Sea por palabra, o por carta nuestra, 2 Ts. 2.15. Obedece a lo que decimos por medio de esta **c**, 2 Ts. 3.14. De mi propia mano, de Pablo, que es el signo en toda **c** mía, 2 Ts. 3.17. Esta es la segunda **c**, 2 P. 3.1. Sus **e**... hay algunas difíciles de entender, 2 P. 3.16. Véase **Carta.**

EPÍSTOLAS PASTORALES: Véase **Timoteo, Primera Epístola de Pablo a.**

EQUER: Uno de los hijos de Ram, 1 Cr. 2.27.

EQUIDAD: Justicia igual para todos. // David administraba justicia y **e,** 2 S. 8.15. Si tú anduvieres delante de mí... en **e,** 1 R. 9.4. Porque juzgarás los pueblos con **e,** Sal. 67.4. La justicia, el juicio e la **e**, Pr. 1.3; 2.9. **E** a favor de los mansos, Is. 11.4. Cetro de **e** es el cetro de tu reino, He. 1.8. Véase **Rectitud.**

ER, hb. **Vigía:** 1. Hijo de Judá y Súa, una cananea, Gn. 38.3. Fue malo ante los ojos de Jehová, y le quitó Jehová la vida, Gn. 38.7. // 2. Un hijo de Selah y padre de Leca, 1 Cr. 4.21. // 3. Antepasado de Jesús, en la genealogía de Lucas, Lc. 3.28.

ERA: Porción de terreno liso y duro, o lagar, en que se secan, desgranan y limpian cereales y legumbres. // El llanto en la **e** de Atad, Gn. 50.11. Pondré un vellón de lana en la **e**, Jue. 6.37. Vistiéndote tus vestidos, irás a la **e**, Rt. 3.2. Roban las **e**, 1 S. 23.1. Un altar a Jehová en la **e** de Arauna, 2 S. 24.18. Babilonia es como una **e**, Jer. 51.33. Como tamo de las **e**, Dn. 2.35. Limpiará su **e,** Mt. 3.12.

ERÁN, hb. **Vigilante:** El jefe de la familia de los eranitas, Nm. 26.36.

ERASTO, gr. **Amado:** Uno que ayudó a Pablo, Hch. 19.22. Puede ser el mismo mencionado en Ro. 16.23 y 2 Ti. 4.20.

EREC: La segunda de las cuatro ciudades fundadas por Nimrod, un bisnieto de Noé, en la tierra de Sinar, Gn. 10.10. Permanecen las ruinas muy al sur de Babilonia, al oriente del Éufrates, en la planicie de Sinar. Existen actualmente, entre las ruinas, partes de la imponente torre de Eana, construida en 2300 a.C.

ERGUIR: Levantar. // Andar con el rostro erguido, Lv. 26.13. Ni andaréis erguidos, Mi. 2.3. Erguíos y levantad vuestra cabeza, Lc. 21.28. Véase **Construir, Edificar.**

ERI, hb. **Vigilante:** El quinto de los siete hijos de Gad, Gn. 46.16; Nm. 26.16.

ERIZARSE: Causar escalofríos en. // Causar horror. // Hizo que se erizara el pelo de mi cuerpo, Job 4.15.

ERIZO: Mamífero que tiene su cuerpo cubierto de espinas. Is. 14.23; 34.11; Sof. 2.14.

ERRANTE: Que anda sin destino cierto. // Fugitivo y **e** por la tierra, Gn. 4.12. Cuando Dios me hizo salir **e** de la casa de mi padre, Gn. 20.13. Los hizo andar **e** por el desierto, Nm. 32.13. Anduve **e** como oveja extraviada, Sal. 119.176. ¿Hasta cuándo andarás **e**? Jer. 31.22. Andarán **e** entre las naciones, Os. 9.17. Estrellas **e,** Jud. 13. Véase **Desgarrada.**

ERRAR: Pecar, engañarse. // Cuando errareis, Nm. 15.22. Maldito el que hiciere **e** al ciego, Dt. 27.18. ¿No yerran los que piensan el mal? Pr. 14.22. Pero también éstos erraron con el vino, Is. 28.7. Erraron en la visión, Is. 28.7. Los cuentan, y hacen **e** a mi pueblo, Jer. 23.32. Profetas que hacen **e** a mi pueblo, Mi. 3.5. Erráis ignorando las Escrituras, Mt. 22.29. No erréis; ni los fornicarios, 1 Co. 6.9. No erréis; las malas conversaciones, 1 Co. 15.33. Amados hermanos míos, no erréis, Stg. 1.16.

ERROR: Alejamiento de la justicia. Doctrina errada. // ¿Quién podrá entender... propios **e**? Sal. 19.12. El desvarío del **e,** Ec. 7.25. Los que pecaron por **e** o por engaño, Ez. 45.20. Emplean... las artimañas del **e**, Ef. 4.14. Nuestra exhortación no procedió de **e,** 1 Ts. 2.3. El que haga volver al pecador del **e,** Stg. 5.20. Se recrean en sus **e,** 2 P. 2.13. No sea que arrastrados por el **e**, 2 P. 3.17. El espíritu de la verdad y el espíritu del **e**, 1 Jn. 4.6. Se lanzaron por lucro en el **e** de Balaam, Jud. 11. Véase **Engaño**, **Fraude.**

ERUDITO: Que muestra mucho saber. // Escriba **e** en la ley del Dios del cielo, Esd. 7.12. Véase **Entendido, Sabio.**

ESÁN: Una ciudad de Judá, Jos. 15.52.

ESAR-HADÓN, asirio, **Asur dio un hermano:** Uno de los hijos de Senaquerib. Cuando sus dos hermanos, Adramelec y Sarezer, asesinaron a su padre (2 R. 19.37), Esar-hadón derrotó a las fuerzas rebeldes y subió al trono de Asiria, en el año 680 a.C. Fue uno de los más célebres reyes de Asiria. Hombre sabio y conciliador. Mencionado en Esd. 4.2. Reedificó la ciudad de Babilonia, haciéndola una capital de su reino, y la segunda ciudad de entonces, en importancia, del mundo. Llevó a Manasés a Babilonia, 2 Cr. 33.11.

ESAÚ, hb. **Velludo:** El hijo primogénito de Isaac y Rebeca, y el hermano gemelo de Jacob. Gn. 25.24-26. Estaba todo cubierto de pelo; por eso lo llamaron Esaú, Gn. 25.25. Vendió su primogenitura, Gn. 25.31-34. Tras despreciar su derecho de primogenitura, no hubo oportunidad de arrepentimiento, aunque, con lágrimas, lo hubiera buscado, He. 12.17. Le vino el nombre de **Edom** (Rojo), del guiso rojo, precio de la venta de su derecho de primogenitura, Gn. 25.30. Se casó con mujeres heteas, Gn. 26.34. Perdió la bendición de Isaac, Gn. 27.30-40. Pasó a odiar a Jacob, Gn. 27.41. Se casó con Mahalat, hija de Ismael, Gn. 28.9. Se reconcilió con Jacob. Gn. 33.1-15. La reconciliación de los dos hermanos perduró, los dos juntos sepultando a su padre, Gn. 35.29. Habitaba en Seir, Gn. 33.16. Sus descendientes, Gn. 36.1-30; llamados edomitas, Gn. 36.43; Dt. 23.7; 2 Cr. 25.14. Aborrecí a Esaú; e hice de sus montes un asolamiento, Mt. 1.3. A Jacob amé, mas a Esaú aborrecí, Ro. 9.13. No sea que haya algún fornicario, o profano, como Esaú, que por una sola comida vendió su primogenitura, He. 12.16.

ESBÁN, hb. **Razón:** Un príncipe de los horeos, Gn. 36.26.

ESCALAR: Asaltar, subiendo por escalera. // Escalad sus muros y destruid, Jer. 5.10. Véase **Subir, Trepar.**

ESCALERA: Serie de peldaños para subir y descender. // Una **e**, y su extremo tocaba en el cielo, Gn. 28.12. La **e** de caracol de la casa, Ez. 41.7.

ESCAMA: Lámina que cubre en gran número la piel de muchos peces, de varios reptiles y de algunos mamíferos. // Aletas y **e,** Lv. 11.9. Pegaré los peces de tus ríos a tus **e,** Ez. 29.4. Cayeron de los ojos como **e,** Hch. 9.18.

ESCANDALIZAR: Ofender, molestar, incomodar. // Se escandalizaban de él, Mt. 13.57. Os escandalizaréis de mí esta noche, Mt. 26.31. Aunque todos se escandalicen, Mt. 26.33. Yo nunca me escandalizaré, Mt. 26.33. Véase **Tropezar.**

ESCANDINAVOS: Los suecos, noruegos y daneses. Véase mapa 1, B-l.

ESCAPAR: Salvarse, librarse de algún peligro. // Escaparás entre todos los judíos, Est. 4.13. Solamente escapé yo para darte la noticia, Job 1.15. Que escape al monte cual ave, Sal. 11.1. ¿Cómo escaparéis de la condenación, Mt. 23.33. Escapar de todas estas cosas y de estar en pie, Lc. 21.36. Y no escaparán, 1 Ts. 5.3. ¿Cómo escaparemos... si descuidamos? He. 2.3. No escaparon aquellos que desecharon, He. 12.25. Después de haber escapado de las contaminaciones, 2 P. 2.20. Véase **Huir.**

ESCARBAR: Cavar superficialmente. // Escarba la tierra, Job 39.21.

ESCARLATA: Color rojo muy vivo. Tejido de ese color. // Luego tomará el sacerdote... **e,** Nm. 19.6. Quien os vestía de **e** con deleites, 2 S. 1.24. Le echaron encima un manto de **e,** Mt. 27.28. Con agua, lana, **e** hisopo, He. 9.19. He aquí un gran dragón **e,** Ap. 12.3. Una mujer sentada sobre una bestia **e,** Ap. 17.3. La mujer estaba vestida de púrpura y **e,** Ap. 17.4. De púrpura, de seda, de **e,** Ap. 18.12. Vestida de lino fino, de púrpura y de **e,** Ap. 18.16. Véase **Carmesí, Rojo.**

ESCARMIENTO: Que sirve de ejemplo o enseñanza. // Cuando consumió el fuego... para servir de escarmiento, Nm. 26.10. Y serás oprobio y escarnio y **e** y espanto a las naciones, Ez. 5.15. Véase **Amonestación, Exhortación**.

ESCARNECEDOR: El que escarnece. // Ni en silla de **e** se ha sentado, Sal. 1.1. Ciertamente el escarnecerá, Pr. 3.34. No reprendas al **e,** Pr. 9.8. Busca el **e** la sabiduría y no la halla, Pr. 14.6. El **e** no ama al que le reprende, Pr. 15.12. El **e** es abominable a los hombres, Pr. 24.9. Los hombres **e** ponen la ciudad en llamas, Pr. 29.8. Y el **e** será consumido, Is. 29.20. Extendió su mano con los **e,** Os. 7.5. Véase **Burlador.**

ESCARNECER: Mofarse, burlarse. // No vengan estos... y me escarnezcan, 1 S. 31.4. Escarnecerá los escarnecedores, Pr. 3.34. El que escarnece al pobre afrenta a su Hacedor, Pr. 17.5. Que le escarnezcan, le azoten, Mt. 20.19. Le escarnecían, diciendo: ¡Salve, Rey! Mt. 27.29 Escarneciéndole con los escribas, Mt. 27.41. Véase **Burlarse, Afrentar.**

ESCARNIO: Afrenta, burla, mofa. // Nos pones... por **e** y por burla, Sal. 44. 13. El **e** ha quebrantado mi corazón, Sal. 69.20. La palabra de Jehová me ha sido... **e,** Jer. 20.8. Fui **e** a todo mi pueblo, Lm. 3.14. Esto será su **e** en la tierra de Egipto, Os. 7.16. Véase **Afrenta, Burla.**

ESCASEZ: Falta. // No comerás el pan con escasez, Dt. 8.9. La abundancia vuestra supla la **e** de ellos, 2 Co. 8.14.

ESCASO: Poco, raro. // No seas **e**; alarga tus cuerdas, Is. 54.2.

ESCATIMAR: Dar, usar o hacer algo lo mínimo posible. // El que no escatimó ni a su propio Hijo, sino que lo entregó por todos nosotros, Ro. 8.32. Tirad contra ella, no escatiméis las saetas, porque pecó contra Jehová, Jer. 50.14.

ESCATOLOGÍA: Doctrina de las cosas que deben ocurrir al fin del mundo. Trata de la venida de Cristo, de los acontecimientos que precederán a su venida, de la conversión de Israel, de la venida del anticristo, de la muerte, de la resurrección, del milenio, del juicio, del estado de los hombres después.

ESCEVA: El padre de los siete exorcistas que, en la segunda visita de Pablo a Efeso, trataron de expulsar espíritus malignos en nombre de Jesucristo, Hch. 19.13,14.

ESCITA: Un habitante de Escitia país que se extendía desde el mar Negro a través de Asia Central. Pero el término **escita** es usado para designar a las tribus nómadas no civilizadas, que erraban por las vastas planicies limitadas por el mar Caspio y el mar Negro. El nombre **escita** adquirió el significado de pueblo rudo y bárbaro, Col. 3.11.

ESCLAVA: Y será **e** allí, Gn. 15.13. Uno de la **e,** el otro de la libre, Gá. 4.22. El de la **e** nació según la carne, Gá. 4.23. Véase Lv. 19.20; 25.44.

ESCLAVITUD: Estado, condición de esclavo. // No habéis recibido el espíritu de **e,** Ro. 8.15. Será libertada de la **e,** Ro. 8.21. Nuestra libertad... para reducirnos a **e,** Gá. 2.4. Estábamos en **e,** Gá. 4.3. Sinaí, el cual da hijos para **e**, Gá. 4.24. Junto con sus hijos están en **e,** Gá. 4.25. No estéis otra vez sujetos al yugo de esclavitud, Gá. 5.1. Todos los que están bajo el yugo de **e,** 1 Ti. 6.1. Véase **Cautiverio, Servidumbre.**

ESCLAVO: Cautivo que está bajo el poder absoluto de su Señor, por compra, herencia o guerra. La esclavitud se remonta a los primeros tiempos del gobierno humano. José, muchacho de diecisiete años, fue vendido por 20 siclos de plata, Gn. 37.28. Un esclavo estimado en 30 siclos de plata, Ex. 21.32. El esclavo hebreo, al séptimo año, saldría libre, gratuitamente, Ex. 21.2. Algunos esclavos preferían seguir sirviendo a sus señores, Dt. 15.16. La ley de la esclavitud de las hijas vendidas por su padre, Ex. 21.7-11. Las leyes a favor de los esclavos, Lv. 25.39-55. Los esclavos que huyeran de tierras extranjeras tenían derecho de vivir en la tierra, en el lugar que más les agradara, Dt. 23.15, 16. Los hijos de esclavos seguían siendo esclavos; eran "nacidos en casa", Gn. 14.14; 17.12; Ec. 2.7. No consta que hubiera mercado de esclavos en la tierra de Israel. Las medidas de Nehemías contra la usura y la esclavitud, Neh. 5. El Nuevo Testamento no aconseja conflictos con las leyes del país establecidas acerca de la esclavitud, 1 Co. 7.21. Los romanos reclutaban a los esclavos entre los prisioneros de guerra y los pueblos vencidos hasta que el número en Roma excedió a la cifra de la población libre. Se recomienda en las Escrituras que el esclavo sea obediente a su señor. Ef. 6.5-8; Col. 3.22-25; 1 Ti. 6.1, 2; 1 P. 2.18-21. El esclavo fugitivo debe volver a su señor, Flm. 10-16. Los señores, entre los romanos, tenían derecho de vida y de muerte sobre los esclavos. Pero los señores creyentes deben tratar a los esclavos con justicia y equidad y no amenazarlos, Col. 4.1; Ef. 6.9. Pablo no condenó la esclavitud, sino que lo que enseñó fue un golpe mortal a la raíz de este mal. La esclavitud fue abolida en Rusia en 1861, en la India inglesa en 1833, en las colonias francesas en 1848, en las colonias portuguesas en 1856, en los Estados Unidos en 1865 y en Brasil en 1888. // Podréis comprar esclavos, Lv. 25.44. Jamás hemos sido **e** de nadie, Jn. 8.33. No os hagáis **e** de los hombres, 1 Co. 7.23. ¿Fuiste llamado siendo **e**? 1 Co. 7.21. Sean **e** o libres, y a todos se nos dio, 1 Co. 12.13. No hay judío ni griego; no hay **e** ni libre, Gá. 3.28. Entre tanto que el heredero es niño, en nada difiere del **e,** Gá. 4.1. Que ya no eres **e,** sino hijo, Gá. 4.7. Son ellos mismos **e** de corrupción, 2 P. 2.19. Libres y **e** se les pusiese una marca, Ap. 13.16. Ovejas, caballos y carros, y **e,** Ap. 18.13.

ESCOBA: Utensilio que sirve para barrer. // La barreré con **e** de destrucción, Is. 14.23.

ESCOGER: Hacer selección de. // Lot escogió para sí toda la llanura, Gn. 13.11. Y florecerá la vara del... que yo escoja, Nm. 17.5. Si mal os parece servir... escogeos hoy, Jos. 24.15. Escogerás una de ellas, 2 S. 24.12. Miel, hasta que sepa... escoger lo bueno, Is. 7.15. Pero pocos los escogidos. Mt. 22.14. Escogidos que él escogió, Mr. 13.20. María... ha escogido la buena parte, Lc. 10.42. Cómo escogían los primeros asientos, Lc. 14.7. A los apóstoles que había escogido, Hch. 1.2. Lo necio del mundo escogió Dios, 1 Co. 1.27. Nos escogió en él antes de la fundación, Ef. 1.4. No sé entonces qué escoger, Fil. 1.22. Dios nos escogió desde el principio, 2 Ts. 2.13. Escogiendo antes ser maltratado, He. 11.25. Véase **Elegir, Preferir.**

ESCOGIDO: Electo. // Saúl, el **e** del **Señor**, 2 S. 21.6. Engañar, si es posible, a los propios **e**, Mt. 24.24. Por causa de los **e** que él escogió, acortó, Mr. 13.20. Acusación contra los **e** de Dios, Ro. 8.33. Vestíos, pues, como **e** de Dios, Col. 3.12. Los ángeles **e**, 1 Ti. 5.21. Todo lo soporto por amor de los **e**, 2 Ti. 2.10. Conforme a la fe de los **e** de Dios, Tit. 1.1. Piedra... para con Dios **e** y preciosa 1 P. 2.4, 6. Sois linaje **e**, 1 P. 2.9.

ESCOL, hb. **Racimo de uvas:** 1. El hermano de Mamre y Aner. Gn. 14.13, 24. // 2. Un valle muy fértil, cerca de Hebrón, Nm. 13.23. Hasta hoy es lugar de viñas, granada e higos.

Escol

ESCONDEDERO: Lugar o sitio apropiado para esconder o guardar algo. // Puso tinieblas por su **e** alrededor de sí, 2 S. 22.12. Puso tinieblas por su **e**, por cortina suya alrededor de sí, Sal. 18.11. Mi **e** y mi escudo eres tú, Sal. 119.114. Para refugio y **e** contra el turbión y contra el aguacero, Is. 4.6. Sé para ellos **e** de la presencia del devastador, Is. 16.4. Será aquel varón como **e** contra el viento, y como refugio contra el turbión, Is. 32:2.

ESCONDER: Ocultar, encubrir, guardar. // Escondieron de la presencia del Señor, Gn. 3.8; Y viéndole que era hermoso, le tuvo escondido tres meses, Ex. 2.2. Se hubieren escondido de delante, Dt. 7.20. Escóndete en el arroyo de Querit, 1 R. 17.3. Cien profetas y los escondió en una cueva, 1 R. 18.4. Al sur se esconderá, Job. 23.9. En lo secreto... los esconderás, Sal. 31.20. Escóndeme del consejo... de los malignos, Sal. 64.2. Avisado ve el mal y se esconde, Pr. 27.12. Esconderé de vosotros mis ojos. Is. 1.15. Métete en la peña, escóndete en el polvo, Is. 2.10. Escóndete un poquito, por un momento, Is. 26.20. No se puede esconder la ciudad, Mt. 5.14. Escondió el dinero de su señor, Mt. 25.18. Escondednos del rostro de aquel, Ap. 6.16. Véase **Ocultar.**

ESCONDRIJO: Lugar en que se esconde alguien o algo. // Las bestias entran en su **e**, Job 37.8. En **e** mata al inocente, Sal. 10.8. Aguas arrollarán el **e,** Is. 28.17. ¿Se ocultará alguno, dice Jehová, en **e** que yo no lo vea? Jer. 23.24. Descubriré sus **c,** Jer. 49.10. Como león en **e,** Lm. 3.10. Véase **Refugio.**

ESCORIA: Materia que se separa de los metales durante la fusión, cuando estos se purifican. Fig.: lo que es vil y sin valor. // Como **e** hiciste consumir a todos, Sal. 119.119. Quita las **e** de la plata, Pr. 25.4. Plata se ha convertido en **e**, Is. 1.22. Israel se me ha convertido en **e**, Ez. 22.18. Hemos venido a ser hasta ahora como la **e** del mundo, 1 Co. 4.13. Véase **Excremento.**

ESCORPIÓN, Animal terrestre y nocturno, que se alimenta de insectos. De la clase de las aramas y de los ácaros. Lo mismo que alacrán. Su picada es dolorosa y puede ser mortal cuando se trata de las grandes especies. Alcanza la longitud de 15 centímetros. Abundante en el desierto de Sinaí, Dt. 8.15. Es evidente que a veces la palabra se refiere a un instrumento de suplicio, 1 R. 12.11, 14. En sentido figurado, Ez. 2.6. Autoridad para pisar serpientes y **e**, Lc. 10.19. "¿si le pide un huevo le dará un **e**?" Lc. 11.12. Como tienen poder los escorpiones de la tierra, Ap. 9.3, 5, 10.

Escorpión

ESCRIBANO: Funcionario público, encargado de escribir los documentos legales. // Entonces el **e**, Hch. 19.35.

ESCRIBAS: Los copistas y maestros de las Escrituras. Los varios pasajes en el Antiguo Testamento que se refieren a un secretario del rey, se emplea la palabra **escribano**. // Esdras era escriba versado en la ley de Dios, Esd. 7.6. Cambiado en mentira la pluma... de lo escribas, Jer. 8.8. También llamados **doctores de la ley**, **intérpretes de la ley** en Mt. 22.35; Lc. 7.30; 10.25; 11.45, 46, 52; 14.3; Tit. 3.13. Adversarios de Cristo, Mt. 21.15; Jn. 8.3. Denunciados por Cristo, Mt. 15.3; 23.2-29; Mr. 2.16, 17; 3.22; Lc. 11.15, 53; 20.1, 46. Persiguieron los discípulos, Hch. 4.5; 6.12. ¿Dónde está el escriba? 1 Co. 1.20.

ESCRIBIR: Representar gráficamente por medio de letras las palabras. // Moisés escribió todas las palabras del Señor, Ex. 24.4. Escríbelas en la tabla de tu corazón, Pr. 3.3. El pecado de Judá escrito está, Jer. 17.1. Dedos... que escribía delante del candelero, Dn. 5.5. Jesús... respondió: Está escrito, Mt. 4.4. Pilato: Lo que he escrito, he escrito, Jn. 19.22. Escrita... por el Espíritu, 2 Co. 3.3. El rollo del libro está escrito, He. 10.7. Escribe, Ap. 1.19; 14.13; 21.5.

ESCRITURA: Lo que se escribió. // Se menciona la escritura, por primera vez en la Biblia, en Ex. 17.14. Pero los egipcios grabaron inscripciones en piedras y escribían en papiro, mucho antes de la peregrinación de los israelitas en Egipto. El arte de escribir estaba en uso entre los babilonios siglos antes de la salida de Abraham de Ur de los caldeos. Los israelitas escribían documentos históricos, Nm. 33.2; escribían las leyes sobre piedras encaladas, Dt. 27.8; y escribían sobre piedras preciosas y sobre láminas de metal, Ex. 39.30.

ESCRITURA: Representación del pensamiento en caracteres convencionales. Conjunto de los libros del Antiguo y del Nuevo Testamento. // Harán **e** y la sellarán, Jer. 32.44. La **e**... Mene, Mene, Tekel, Dn. 5.25. Erráis, ignorando las **E**, Mt. 22.29. Cuando nos exponía las **E**, Lc. 24.32. Escudriñad las **E**, Jn. 5.39. La **E** no puede fallar, Jn. 10.35. Escudriñando las **E** todos los días, Hch. 17.11. Elocuente y poderoso en las **E**, Hch. 18.24. Demostrando por las **E**, Hch. 18.28. ¿Qué dice la **E**? Ro. 4.3. Toda la **E**... y útil para la enseñanza, 2 Ti. 3.16. Ninguna profecía de la **E** es de interpretación privada, 2 P. 1.20. // **Las Escrituras dadas por** inspiración, Hch. 1.16; 2 Ti. 3.16; He. 3.7; 10.15; 2 P. 1.20, 21. // La exposición, por Cristo, de las Escrituras, Mt. 4.4; 21.42; 26.54; Lc. 24.27, 32; Jn. 7.42; 10.35; por los apóstoles y discípulos Hch. 2.16-31; 3.22-24; 8.28-35; 17.2; 26.22; 28.23; Ro. 3.10-20; 1 Co. 15.3, 4; Gá. 4.21-31. // **Las Escrituras nos hacen sabios**, Jn. 20.31; Ro. 1.2; Stg. 1.21; 2 P. 1.19. // **Se nos ordena que examinemos las Escrituras**, Dt. 17.19; Jos. 1.8; Jn. 5.39; Hch. 17.11. // **Es prohibido alterar las Escrituras**, Dt. 4.2; Pr. 30.6; 2 Ti. 1.13; Ap. 22.18. // **Las Escrituras dadas por intermedio de los profetas**, Lc. 16.31; Ro. 3.2. He. 1.1; por Jesucristo, He. 1.2.

ESCUCHAR: Volverse atento para oír. // Escuchad, habitantes todos del mundo, Sal. 49.1. Salió a **e** una muchacha, Hch. 12.13. Véase **Oír.**

ESCUDERO: Criado que acompañaba al caballero, llevándole el escudo, hasta el momento del combate. Defendía también al guerrero durante la batalla. // Escudero de Abimelec, Jue. 9.54; de Jonatán, 1 S. 14.7; de Goliat, 1 S. 17.7; de Saúl, 1 S. 31.4.

ESCUDO: Pieza oblonga o cuadrangular de armadura antigua, que resguardaba el cuerpo del guerrero contra los golpes de la lanza o de la espada, 2 S. 1.21; 1 R. 10.17; Is. 22.6; Ez. 39.9; Nahúm 2.3. // Figuradamente: El Señor, **E** de Abraham, Gn. 15.1; de Israel, Dt. 33.29; Sal. 115.9; nuestro, Sal. 33.20; Es Sol y **E**, Sal. 119.114; **E** para a los que en él esperan, Pr. 30.5. // El **e** de la fe, Ef. 6.16.

ESCUDRIÑAR: Examinar atenta y minuciosamente. // El Señor escudriña todos los corazones, 1 Cr. 28.9. Escudriñas mi andar, Sal. 139.3. Escudriña lo más profundo del corazón, Pr. 20.27. Escudriñas la mente y el corazón, Jer. 11.20. Yo Jehová, que escudriño la mente, Jer. 17.10. Escudriñaré Jerusalén con linterna, Sof. 1.12. Escudriñando cada día las Escrituras, Hch. 17.11. Véase **Estudiar, Examinar, Probar.**

ESCUELA: Casa en que se enseña. // Discutiendo cada día en la **e** de uno llamado Tirano, Hch. 19.9. Véase **Sinagoga.**

ESCULPIR: Labrar (figuras u ornamentos) en piedra, en madera o en otra materia dura. // Esculpidas en piedras para siempre, Job 19.24. Esculpido en la tabla de su corazón, Jer. 17.1.

ESCULTOR: Artista que labra con escoplo en piedra, en madera o en otra materia dura. Había dos querubines esculpidos de madera de olivo en el templo, 1 R. 6.23. Sin embargo, el pueblo judío nunca se desarrolló en el arte de la escultura por causa de la prohibición de la ley, Lv. 26.1; Ex. 20.4.

ESCULTURA: Arte de esculpir. // Destruidas son sus **e**, Jer. 8.19. Y haré destruir tus **e** y tus imágenes, Mi. 5.13.

ESCUPIR: Arrojar de la boca saliva u otra sustancia líquida. // Su padre hubiera escupido en su rostro, Nm. 12.14. Y le escupirá en el rostro, Dt. 25.9. Entonces le escupieron en el rostro, Mt. 26.67. Escupiendo, tocó su lengua, Mr. 7.33. Escupiéndole, tomaban la caña, Mt. 27.30. Escupió en tierra, e hizo lodo, Jn. 9.6.

ESDRAELÓN: Este vocablo griego no aparece en las Escrituras. En hebreo es Jezreel. La bella y fertilísima planicie de Esdraelón se extiende desde el monte Tabor, cerca de Nazaret, hasta el monte Carmelo. Véase mapa 2, C-3. María y José, con Jesús, atravesaron esta planicie, yendo de Nazaret a Jerusalén. Esdraelón es conocido, desde tiempos remotos, como campo de batalla de las naciones. Mucho antes de Israel enfrentar los reyes de Canaán que, en Esdraelón, tenían carros de fierro (Jos. 17.16), fue el teatro de inúmeras guerras. En los tiempos de los israelitas, hubo peleas de: Débora y Barac contra Jabín, rey de Canaán, Jue. 4, 5; de Gedeón contra los madianitas, Jue. 7; de Saúl contra los filisteos, 1 S. caps. 28 al 31; de Elías contra los profetas de Baal, 1 R. 18.40; de Ben-adad, rey de Siria contra Israel, 1 R. 20; de Josías, rey de Judá, contra Faraón Necao, 2 R. 23.29, 30. Esdraelón fue el punto de la conquista del musulmán, Saladino, en 1186; de Napoleón, en 1799 y del general Allenby, en 1917. Véase **Jezreel.**

ESDRAS, EL LIBRO DE: Era, primitivamente, con el libro de Nehemías, un solo libro en el canon de los judíos. Los cuatro libros, **El primero de Crónicas, El segundo de Crónicas, Esdras** y **Nehemías,** forman una sola narración. **Esdras** es una narración continua de las **Crónicas**; los primeros dos versículos son una repetición de los últimos dos de Crónicas. Los profetas Hageo y Zacarías profetizaron en el tiempo de Esdras, cap. 5.1. **La paternidad literaria** es de Esdras. Obsérvese como escribe en la primera persona, caps. 7 y 9. **La clave**: Restauración, Esd. 1.5. Se narra en los libros de **los Reyes** y de las **Crónicas** la triste historia de la corrupción de Israel y de la destrucción del templo. Pero en Esdras se relata cómo el pueblo vuelve a Dios y reedifica el templo. **Las divisiones**: I. El regreso de los exiliados y la reedificación del templo, Esd. 1 a 6. II. El ministerio de Esdras, Esd. 7 a 10. Los acontecimientos narrados en **Esdras** abarcan un período de setenta y nueve años, durante los reinados, en Persia, de Ciro, Cambises, Smerdis, Darío, Histaspis, Jerjes y Artajerjes.

Esfinge Asiria

ESDRAS, heb. **Ayuda:** 1. Sacerdote, escriba y el escritor del libro de su nombre. Era uno de los cautivos de Babilonia, donde, probablemente, nació. Era un bisnieto de Hilcías, sumo sacerdote y uno de los grandes personajes en el avivamiento en el tiempo del buen rey, Josías, 2 R. 22.8; Esd. 7.1. Ardiente en su celo, Esd. 7.10; 8.21-23. Los judíos exiliados prosperaban en negociar. Pero Esdras reunió una compañía de 1.800 hombres israelitas, con el apoyo de Artajerjes, rey de Persia, y los llevó a Jerusalén para fortalecer las manos del pueblo que allí estaba. Era hombre de profunda humildad, Esd. 9.10-15; "escriba versado en la ley", Esd. 7.6. Revisó y editó las Sagradas Escrituras, después de volver del cautiverio. La tradición de los judíos le atribuye cinco grandes obras: 1) La fundación de la "Gran Sinagoga". 2) La determinación del canon de las Escrituras, con la división en Ley, Profetas y Hagiógrafos. 3) La sustitución de los cuadros caracteres caldaicos por los antiguos hebreos y samaritanos. 4) La compilación de las Crónicas, añadiendo el libro de Nehemías y el suyo. 5) El establecimiento de las sinagogas, dando énfasis a la lectura y exposición de la Palabra de Dios. Conforme la tradición murió con la edad de ciento veinte años. Los judíos dicen que, si la ley no hubiera sido dada por Moisés, Esdras merecería el honor de ser el legislador de los hebreos. // 2. Un sacerdote que volvió de Babilonia, Neh. 12.1. // 3. Un descendiente de Judá, 1 Cr. 4.17.

Esmirna

ESDRAS, LIBROS DE: Véase **Apócrifo.**

ESEC, hb. **Violencia:** Un descendiente de Jonatán, hijo de Saúl, 1 Cr. 8.39.

ESEK, hb. **Lucha:** Un pozo que los siervos de Isaac cavaron, y que fue causa de contienda entre los pastores de Gerar y los pastores de Isaac, Gn. 26.20.

ESEM, hb. **Hueso**: Una ciudad en el extremo sur de Judá, designada a Simón, Jos. 15.29; 19.3.

ESENIOS: No mencionados en las Escrituras. No obstante, los fariseos, los saduceos y los esenios eran las tres sectas principales entre los judíos. Sus doctrinas tenían gran analogía con las de los primeros cristianos.

ESFERA: Globo, bola. // Dos redes para cubrir las dos **e,** 2 Cr. 4.12.

ESFINGE: Monstruo fabuloso, con cuerpo de perro o de león, y cabeza humana, que proponía enigmas al transeúnte y devoraba a quien no los adivinara. // Estatua de ese monstruo. // La palabra no se encuentra en la Biblia.

ESFORZADO: Valiente, luchador. // Jeroboam era valiente y **e**, 1 R. 11.28.

ESFORZAR: Emplear esfuerzos, hacer diligencia por. // Esforzaos a entrar. Lc. 13.24. Todos se esfuerzan por entrar en él, Lc. 16.16. Pero Saulo mucho más se esforzaba, Hch. 9.22. Me esforcé a predicar el evangelio, Ro. 15.20. Portaos varonilmente, y esforzaos, 1 Co. 16.13. Hijo mío, esfuérzate en la gracia, 2 Ti. 2.1. Véase **Diligenciar.**

ESFUERZO: Acción enérgica del cuerpo o del espíritu. // Yo con grandes **e** he preparado, 1 Cr. 22.14. Véase **Vigor.**

ESLI: Un antepasado de Jesús, Lc. 3.25.

ESMERALDA: Piedra preciosa, de un bello color verde. Engastada en el pectoral del sumo sacerdote, Ex. 28.18. Tiro la importaba de Siria, Ez. 27.16. Una de las piedras preciosas del rey de Tiro, Ez. 28.13. Un arco iris semejante en el aspecto de esmeralda, Ap. 4.3. El tercer fundamento de la nueva Jerusalén, Ap. 21.19.

ESMIRNA, lat. **Mirra:** Una antigua y próspera ciudad en la costa occidental de Asia Menor, a la entrada de una bella bahía, siendo ahora, como era en los tiempos del Nuevo Testamento, un centro de comercio de los países orientales. Era la sede de una de las siete ciudades de Asia, a las cuales fueron dirigidas las cartas apocalípticas, Ap. 1.11; 2.8. Policarpo, uno de sus primeros obispos, sufrió el martirio por el fuego, cerca del **stadium** en el año 169 a.C. En la actualidad, Esmirna, la ciudad principal de Turquía, con población de aproximadamente 630 000, se llama Izmir. Véase mapa 6, D-2.

ESPACIOSO: Amplio, ancho. // Pusiste mis pies en lugar **e**, Sal. 31.8. Ancha es la puerta, y **e** el camino, Mt. 7.13. Véase **Ancho.**

ESPADA: Arma ofensiva, más o menos larga y puntiaguda, que normalmente uno lleva colgada en la izquierda de la cadera. Usada tanto para traspasar como para cortar. Llevada en una vaina, 1 S. 17.51. Sacarla era señal de, Ez. 21.3. La espada significa guerra con toda la calamidad que la acompaña, Jer. 50. 35-37; Ez. 21.28. La espada consume, devora, 2 S. 18.8; Jer. 12.12. La espada se embriaga, está llena de sangre, Is. 34.5, 6. La espada oprime, Jer. 46.16. La espada ejecuta los juicios de Dios. Jer. 47.6; Ez. 21.9, 10. La espada es resplandeciente, Nahúm 3.3. Espada que se revolvía, para guardar el camino del árbol de la vida, Gn. 3.24. Jehová... **e** de tu triunfo, Dt. 33.29. Un varón... tenía una **e** desenvainada, Jos. 5.13. Ni con tu **e** ni con tu arco, Jos. 24.12. SI 44.3. Por la **e** de Jehová y de Gedeón, Jue. 7.20. La **e** de Goliat, 1 S. 17.51; 21.9. Sus palabras... son **e** desnudas, Sal. 55.21. Su lengua **e** aguda, Sal. 57.4. En sus manos **e** de dos filos, Sal. 149.6. Volverán sus **e** en rejas de arado, Is. 2.4. Mi boca como **e** aguda, Is. 49.2. El que a **e,** a **e**, Jer. 15.2. Cortarás con **e** alrededor, Ez 5.2. Fuera **e,** de dentro pestilencia, Ez. 7.15. Forjad **e** de vuestros azadones, Jl. 3.10. Martillarán sus **e** para azadones, Mi. 4.3. Y con él mucha gente con **e**, Mt. 26.47. Vuelve tu **e** a su lugar, Mt. 26.52. Sacando la **e**, hirió al siervo, Mr. 14.47. Una **e** traspasará tu misma alma, Lc. 2.35. He aquí dos **e**, Lc. 22.38. Y mató a **e** a Jacobo, Hch. 12.2. O desnudez, o peligro, o **e**, Ro. 8.35. Tomad... la **e** del Espíritu, Ef. 6.17. Más cortante que toda **e** de dos filos, He. 4.12. Evitaron filo de **e**, He. 11.34. Muertos a filo de **e**, He. 11.37. De su boca salía una **e**, Ap. 1.16; 19.15. Si alguno mata a **e,** a **e** debe ser muerto, Ap. 13.10. La **e** del Señor: Dt. 32.41; 1 Cr. 21.12; Sal. 17.13; Is. 34.5,6; Jer. 12.12; Ez. 30.24; Sof. 2.12; Zac. 13.7.

ESPALDA: Parte posterior del tronco humano; // Entonces la mujer de Lot miró atrás, a **e** de él, Gn. 19.26. Y he aquí a sus **e** un carnero, Gn. 22.13. Y verás mis **e,** Ex. 33.23. La vara es para la **e**, Pr. 10.13; 26.3. Hasta que vayan y caigan de **e,** Is. 28.13. Echaste tras tus **e** todos mis pecados, Is. 38.17. Les mostraré las **e** y no el rostro, Jer. 18.17. Véase **Margen.**

ESPAÑA: Ro. 15.24, 28. El país al suroeste de Europa, que permanece con el mismo nombre. No hay prueba de que Pablo haya realizado su deseo de visitar España.

ESPANTAR: Hacer huir con miedo. Causar asombro o admiración. // No habrá quien os espante, Lv. 26.6. No habrá quien las espante, Dt. 28.26. Temor que me espantaba ha venido, Job 3.25. Seol abajo se espantó de ti, Is. 14.9. Espantaos, cielos, sobre esto, Jer. 2.12. Y no habrá quien las espante, Jer. 7.33. Nabucodonosor se espantó... ¿no echaron...? Dn. 3.24. Estaba espantado a causa de la visión, Dn. 8.27. No había quien los espantase, Nah. 2.11. Véase **Asombrar.**

ESPANTO: Susto, terror, miedo excesivo. Admiración. Sorpresa. // Caiga sobre ellos temblor y **e**, Ex. 15.16. Llenó de **e** a todo el ejército, Jue. 8.12. La tierra de Judá será de **e,** Is. 19.17. **E** me ha arrebatado, Jer. 8.21. Aquí yo traigo sobre ti **e,** Jer. 49.5. Puertas de ellos he puesto **e,** Ez. 21.15. Se llenaron de asombro y **e,** Hch. 3.10. Véase **Asombro, Terror.**

ESPANTOSO: Que causa horror. // Cosa **e** y fea, Os. 6.10; Jer. 5.30; 18.13; 23.14. Véase **Horrible, Tremendo.**

ESPARCIR: Lanzar hacia diferentes partes. // A vosotros os esparciré entre las naciones. Lv. 26.33. Recoges donde no esparciste, Mt. 25.24. Véase **Dispersar.**

ESPECIA: Cualquier droga aromática con que se adoban las comidas. // Camellos cargados de **e**, 2 Cr. 9.1.

ESPECIAL: Peculiar, particular. // Mi **e** tesoro sobre todos los pueblos, Ex. 19.5.

ESPECIE: Suerte, cualidad. // Absteneos de toda **e** de mal, 1 Ts. 5.22.

ESPECTÁCULO: Todo lo que atrae la atención. // Los que estaban presentes en este **e,** Lc. 23.48. Hemos llegado a ser **e** al mundo. 1 Co. 4.9. Fuisteis hechos **e,** He. 10.33.

ESPEJO: Superficie pulida y especialmente vidrio pulido y estañado, que refleja la imagen de los objetos. Los espejos metálicos fueron preferidos hasta el siglo diecinueve, ya que no se sabía todavía poner, con perfección, una camada brillante sobre la faz del espejo de vidrio. // Dos **e** de las mujeres, Ex. 38.8. Como **e** fundido, Job 37.18. Los **e**, el lino fino, Is. 3.23. Ahora vemos por **e**, 1 Co. 13.12. Como por **e**, la gloria del Señor, 2 Co. 3.18. Considera en un **e** su rostro, Stg. 1.23.

ESPERANZA: Expectación de un bien, que se desea. // Mi **e** está en ti, Sal. 39.7. Y no quede yo avergonzado de mi **e**, Sal. 119.116. Esperanza que se demora es tormento del corazón, Pr. 13.12. El justo en su muerte tiene **e**, Pr. 14.32. Mas **e** hay del necio, Pr. 26.12; 29.20. **E** de Israel, Jer. 17.3. Aun mi carne descansará en **e,** Hch. 2.26. Porque por la **e** de Israel estoy sujeto, Hch. 28.20. En **e** fuimos salvos, Ro. 8.24. La **e** que se ve, no es **e**, Ro. 8.24. Gozosos en la **e**, Ro. 12.12. Permanece **la** fé, la **e**, 1 Co. 13.13. Nuestra **e** de vosotros es firme, 2 Co. 1.7. Sepáis cuál es la **e** de su llamamiento, Ef. 1.18. Sin esperanza y sin Dios, Ef. 2.12. Cristo en vosotros **e** de gloria, Col. 1.27. Como los demás que no tienen **e**, 1 Ts. 4.13. Como yelmo, la **e** de la salvación, 1 Ts. 5.8. Nos dio consolación eterna y buena **e** 2 Ts. 2.16. Aunque tengo la **e,** 1 Ti. 3.14. Herederos, según la **e**, Tit. 3.7. Para asirnos de la **e**, He. 6.18. Guardamos firmes la confesión de la **e**, He. 10.23. Nos hizo renacer para una **e** viva, 1 P. 1.3. Que os demande razón de la **e**, 1 P. 3.15. Que tiene esta **e** en él, se purifica, 1 Jn. 3.3. // **Una buena esperanza:** Sal. 16.9; 22.9; 31.24; Hch. 24.15; 28.20; Ro. 15.13. // **La esperanza del impío perecerá,** Job 8.13; 11.20; 27.8. // **La consolación de la esperanza:** Job 11.18; Sal. 146.5; Pr. 10.28; 14.32; Jer. 17.7; Hch. 24.15; Ro. 12.12; 15.4; 1 Co. 13.13; Ef. 1.18; 4.4; Col. 1.5; He. 3.6. // **Dada por Dios:** Gá. 5.5; 2 Ts. 2.16; Tit. 1.2; 1 P. 1.3.

ESPERAR: La actitud de un alma con los oídos abiertos para con Dios, con el corazón atento a su llamamiento, con una concentración de las facultades espirituales en las cosas celestiales: Gemimos en nuestro interior aguardando la adopción de hijos, Ro. 8.23. Esperamos nuevos cielos y nueva tierra, 2 P. 3.13. Esperamos la ciudad que tiene fundamentos, He. 11.10. Simeón esperaba la consolación de Israel, Lc. 2.25. Esperamos en Cristo, Ef. 1.12. En Dios, Sal. 42.5, 11; 43.5; 62.1, 5; 1 Ti. 5.5; 1 P. 3.5. En su Palabra, Sal. 119.74, 81, 114, 147. Esperar de los cielos a su Hijo, 1 Ts. 1.10. Los ricos del presente siglo ponen su esperanza en la inestabilidad de la riqueza, 1 Ti. 6.17. Esperamos la venida del día de Dios, 2 P. 3.12. Cristo exhortó a los discípulos a esperar en Jerusalén hasta que de lo alto fueran revestidos de poder, que esperaran la promesa del Padre, Lc. 24.49; Hch. 1.4, 8; 2.1-4, 38, 39. Los profetas y maestros en Antioquía esperaban ministrando delante del Señor, Hch. 13.1-4. Véase **Aguardar.**

ESPESO: Denso. // Se encenderá en lo **e** del bosque, Is. 9.18.

ESPÍA: Persona que observa las acciones de alguien. // Envió desde Sitim dos **e**, Jos. 2.1. Los **e** y sacaron a Rahab. Jos. 6.23. Habiendo recibido a los **e**, He. 11.31.

ESPIAR: Observar secretamente. // Han venido aquí... para **e** la tierra, Jos. 2.2. Los que espiaban vieron a un hombre, Jue. 1.24. ¿No vienen más bien... para **e**? 1 Cr. 19.3. Entraban para espiar nuestra libertad, Gá. 2.4.

ESPIGA: Parte de las gramíneas que contiene los granos. // Siete **e**... crecían de una sola caña, Gn. 41.5. Con la mano arrancarás las espigas. Dt. 23.25. Recogeré **e** en pos de aquel, Rt. 2.2. Y comenzaron a arrancar **e**, Mt. 12.1.

ESPINO: Excrecencia dura y aguda que nace del leño de ciertos vegetales. Hay, según el profesor Post, que hizo un estudio esmerado durante muchos años, de la flora de Palestina, más de doscientas especies y cincuenta géneros de plantas de ese país que tienen espinos. Hay casi veinte palabras en la Biblia hebrea que indican arbustos espinosos. Esas palabras son traducidas a veces **espinos,** otras veces **abrojos,** otras veces **cardos,** y aun otras veces **ortigas.** Es imposible identificar, con certeza, las especies mencionadas en la Biblia con las especies actuales. **Cardos y abrojos** fueron una parte de la maldición de Adán, Gn. 3.18. Se empleaban espinos y abrojos como medio terrible de castigo, Jue. 8.7-16. Los espinos sofocaban la labranza: Pr. 24.31; Is. 5.6; 7.19-25; 32.13; 34.13; Jer. 12.13; Mt. 7.16; 13.22. No obstante espinos y abrojos fueron de gran valor, la **sanguisorba spinosa**, que crecía abundantemente en los montes áridos de toda Palestina, servía de pasto para camellos y caprinos. Usaban esos espinos como combustible: Ex. 22.6; Sal. 58.9; 118.12; Ec. 7.6; Is. 9.18; 10.17; 27.4; 33.12. Se plantaban espinos para cercar campos, Pr. 15.19; 22.5; Os. 2.6. Espinos fueron símbolos de tormento: Nm. 33.55; Jos. 23.13; Ez. 2.6. Los que tomaron en las cruzadas creían que la corona de Cristo (Mt. 27.29) fue tejida de espinos de la **spina-christi**, muy común en Palestina. Otros piensan que fue de la **calycotome villosa** o de la r**hamnus punctata**.

ESPIRITISMO: Doctrina de los que suponen estar o poder estar en contacto con los espíritus de los muertos. Véase **Adivinación.**

ESPÍRITU SANTO: La tercera persona de la Trinidad. // Dónde el que puso... su santo espíritu, Is. 63.11. Bautizándolos en nombre del Padre y del Hijo y del Espíritu Santo, Mt. 28.19. Que blasfeme contra el Espíritu Santo. Mr. 3.29. Dará el Espíritu Santo a los que se lo pidan, Lc. 11.13. Seréis bautizados con el Espíritu Santo, Hch. 1.5. Recibían el Espíritu Santo, Hch. 8.17. Vosotros resistís siempre al Espíritu Santo, Hch. 7.51. En un solo espíritu fuimos bautizados, 1 Co. 12.13. No apaguéis al Espíritu, 1 Ts. 5.19. Otros nombres del Espíritu Santo: Buen Espíritu, Neh. 9.20; Sal. 143.10. Consolador, Jn. 14.16; 16.7. El Espíritu. Ef. 5.18. El Santo, 1 Jn. 2.20. Paracleto, Jn. 14.16; 16.7. El Espíritu de: adopción, Ro. 8.15; amor, 2 Ti. 1.7; conocimiento, Is. 11.2; consejo. Is. 11.2; Cristo, Ro. 8.9; 1 P. 1.11; Dios, Gn. 1.2; Ex. 31.3; Nm. 24.2; 1 S. 10.10; 2 Cr. 15.1; Mt. 3.16; 12.18; Ro. 8.9; 1 Jn. 4.2; entendimiento, Is. 11.2; fortaleza. Is. 11.2; gloria, 1 P. 4.14; gracia, Zac. 12.10; He. 10.29; justicia. Is. 4.4; poder, 2 Ti. 1.7; promesa. Ef. 1.13; purificador. Is. 4.4; sabiduría. Is. 11.2; santidad, Ro. 1.4; Jehová, Is. 11.2; Lc. 4.18; temor del Señor, Is. 11.2; verdad, Jn. 14.17; 16.13; 1 Jn. 4.6. Mi Espíritu, Gn. 6.3; Pr. 1.23; Is. 30.1; Ez. 36.27; Zac. 4.6. **Símbolos del Espíritu Santo:** Agua, purificadora, Ez. 16.9; 36.25; Ef. 5.26; He. 10.22; de gracia, Is. 55.1; Ap. 22.17; viva, Jn. 4.11-14; Ap. 22.17; manantial perenne, Is. 58.11; refrescante, Is. 41.17; 44.3, 4; renovadora, Jn. 3.5. Soplo (o viento), Ez. 37.5, 9, 10; Jn. 20.22. Lluvia (o rocío), refrescante, Sal. 72.6; abundante, Sal. 68.9; tardía, Os. 6.3; de bendiciones, Ez. 34.26; Mal. 3.10; de justicia, Os. 10.12. Fuego, iluminando, Ex. 13.21; Sal. 78.14; afinando, Mal. 3.2, 3; purificando, Mt. 3.11; lenguas de, Hch. 2.3, 6-11. Guía. Jn. 16.13. Aceite, Ex. 29.7; Ts 61.1, 3; Ez. 16.9; 2 Co. 1.21; 1 Jn. 2.20. 27; Ap. 3.18. Rocío (o lluvia) Sal. 133.3; Is. 18.4; Os. 14.5, (véase Pr. 19.12); arras, 2 Co. 1.22; 5.5; Ef. 1.14. Paloma, Mt. 3.16; Jn. 1.32; (Véase Mt. 10.16; Gá. 5.22; Stg. 3.17). Río, Sal. 1.3; 46.4; Is. 41.18; Jn. 7.38. 39; 2 Co. 1.22; Ef. 1.13, 14; 4.30; Ap. 7.2. Viento (o soplo), misterioso, Jn. 5.3; poderoso, Hch. 2.2; refrescante, Cnt. 4.16; revivificante, Ez. 37.9; soberano. Jn. 20.22; fuerte, 1 R. 19.11; opera como quiere, 1 Co. 12.11; He. 2.4. Voz del Señor, Is. 6.8; la Palabra. Is. 30.21; anunciando Cristo, Mt. 10.20; Mr. 1.11; 9.7; Lc. 3.22; inspirando el salmista, He. 3.7; 11.15. **Oficio y Obra del Espíritu Santo:** Autor de la vida, Jn. 3.5-8. Nos abre los cielos, Mt. 3.16. Consolador, Jn. 14.16, 17; Ro. 8.26. Convence, Jn. 16.8; 1 Co. 6.19; 1 Jn. 2.1, 27. Da acceso al Padre. Ef. 2.18. Da fruto, Gá. 5 .22. 23. Da osadía en la predicación, Hch. 4.31. Da vida a nuestros cuerpos, Ro. 8.11. Derrama el amor de Dios en nuestros corazones. Ro. 5.5. Enseña, Jn. 14.26; 1 Co. 2.13. Fluye de nuestro corazón. Jn. 7.38, 39. Echa fuera demonios. Mt. 12.28. Guía, Lc. 4.1; Hch. 8.29; 16.7; Inspira, 2 Ti. 3.16. Intercede. Ro. 8.26, 27. Mora en nosotros, Jn. 14.17; 1 Co. 3.16; 6.19; 14.25. Justifica, 1 Co. 6.11. Escudriña, 1 Co. 2.10. Predice, 1 Ti. 4.1. Revela, Ef. 3.5. Santifica. 2 Ts. 2.13; 1 P. 1.2. Testifica, Jn. 15.26; Ro. 8.16. **La persona del Espíritu Santo y sus atributos: Creador,** Gn. 1.2. Da justicia, paz y alegría, Ro. 14.17. Se entristece, Is. 63.10; Ef. 4.30. Habita con nosotros, Jn. 14.17. Mantiene comunión con el pueblo de Dios. 2 Co. 13.13. Opera milagros, 1 Co. 12.9-11. Omnipotente, Lc. 1.35; Ro. 8.11; 15.19. Omnipresente, Sal. 139.7. Omnisciente, 1 Co. 2.10, 11. // **La venida del Espíritu Santo:** Enviado por el Padre, Jn. 14.16, 17, 26. Por la intercesión de Cristo, Jn. 14.16; 14.26; 15.26; Hch. 2.33. Para enseñar todas las cosas, Jn. 14.26. Para dar testimonio de Cristo, Jn. 14.26; 15.27. Conocido por el pueblo de Dios, Jn. 14.17. // **Casos ilustrativos de su venida:** Bezaleel, Ex. 31.3. Moisés y los setenta ancianos, Nm. 11.25. Josué, Dt. 34.9. Otoniel, Jue. 3.9, 10. Gedeón, Jue. 6.34. Jefté, Jue. 11.29. Sansón, Jue. 14.6, 19; 15.14; 16.28. David, 1 S. 16.13; Sal. 51.12, 13. Elías y Eliseo, 2 R. 2.15. Ezequiel, Ez. 2.2. Miqueas, Mi. 3.8. Jesús, Mt. 3.16; Hch. 10.38. Juan el Bautista, Lc. 1.15. María, Lc. 1.35. Elisabet, Lc. 1.41. Zacarías, Lc. 1.67. Simeón, Lc. 2.25. Pablo, Ro. 15.19; 1 Co. 2.4.

ESPÍRITU: Sustancia incorpórea. Alma. Ente imaginario. Aptitud para. Tendencia, disposición. // Hubo en él otro **e**, Nm. 14.24. Se enseñorea de su **e**, Pr. 16.32. De **e** prudente, Pr. 17.27. El **e** a la verdad está dispuesto, Mt. 26.41. **E** inmundos, Lc. 4.36; 6.18; 9.42; 11. 24; Hch. 8.7. Creían estar viendo un **e**, Lc. 24.37. En **e** y en verdad, Jn. 4.23. Dios es **e**, Jn. 4.24. Recibe mi **e**, Hch. 7.59. Dicen que no hay... ni ángel, ni **e**, Hch. 23.8. Sino conforme al **e**, Ro. 8.1. Pero presente en **e**, 1 Co. 5.3. El **e** sea salvo, 1 Co. 5.5. Discernimiento de **e**, 1 Co. 12.10. El **e** vivifica. 2 Co. 3.6. O si recibís otro **e,** 2 Co. 11.4. **E** que ahora actúa, Ef. 2.2. Todo vuestro ser, **e,** alma, 1 Ts. 5.23. El cuerpo sin **e** está muerto, Stg. 2.26. También fue y predicó a... **e** encarcelados, 1 P. 3.19. No creáis a todo **e**, 1 Jn. 4.1. Probad los **e**, 1 Jn. 4.1. El **e** de la verdad. 1 Jn. 4.6. Los siete **e**, Ap. 4.5; 5.6; 16.13.

ESPIRITUAL: Incorpóreo; que es del carácter, del espíritu. Dotado de los atributos del espíritu. // Algún don **e**, Ro. 1.11. La ley es **e**, Ro. 7.14. Participantes de los valores **e** de los judíos. Ro. 15.27. Acomodando lo **e** a lo

e, 1 Co. 2.13. El hombre **e** juzga todas las cosas, 1 Co. 2.15. No pude hablaros como a **e**, 1 Co. 3.1. Sembramos entre vosotros lo **e** 1 Co. 9.11. Un solo manjar **e**, 1 Co. 10.3. Dones **e**, 1 Co. 12.1; 14.1, 12. Se cree profeta, o **e**, 1 Co. 14.37. Resucitará cuerpo **e**, 1 Co. 15.44. Lo **e** no es primero, sino... luego lo **e**, 1 Co. 15.46. Sois e, restauradle, Gá. 6.1. Bendijo con toda bendición **e** en Cristo, Ef. 1.3. Cánticos **e**, Ef. 5.19; Col. 3.16. Huestes **e** de maldad. Ef. 6.12. En toda sabiduría e inteligencia **e**, Col. 1.9. La genuina leche **e**, 1 P. 2.2. Sois edificados casa **e**, l Pe 2.5. Sacrificios **e,** 1 P. 2.5.

ESPIRITUALMENTE: De modo espiritual. // Se han de discernir **e**, 1 Co. 2.14.

ESPLENDIDEZ: Derroche, generosidad. // Hacía cada día banquete con **e**, Lc. 16.19.

ESPLÉNDIDO: Magnificente, suntuoso. // Las cosas exquisitas y **e** te han faltado, Ap. 18.14.

ESPLENDOR: Brillo intenso, fama gloriosa. // Corrompiste tu sabiduría a causa de tu... **e,** Ez. 28.17.

ESPONJA: Mt. 27.48. Género de animales acuáticos. Sustancia porosa y leve, que constituye el esqueleto de esos animales. La pesca de esponjas del Mediterráneo sigue siendo la más importante del mundo. Las esponjas son esparramadas para morir y pudrir; después son llevadas hasta que resten solamente los esqueletos.

ESPONTÁNEO: De libre albedrío. // Sacrificio **e,** toda ofrenda voluntaria, Esd. 3.5. Véase **Voluntario.**

ESPOSA: La mujer casada con relación al marido. // Por lo cual no la tomó por **e,** Ex. 21.8. Halla **e** halla el bien, Pr. 18.22. Ven conmigo desde el Líbano, oh **e** mía, Cnt. 4.8. Prendiste mi corazón... **e** mía, Cnt. 4.9. Como a la **e** de la juventud, Is. 54.6. Como la **e** infiel abandona, Jer. 3.20. Muriere y dejare **e,** Mr. 12.19. El que tiene la **e,** es el esposo, Jn. 3.29. Sepa tener su propia **e**, 1 Ts. 4.4. **E** de un solo marido, 1 Ti. 5.9. Su **e** se ha preparado, Ap. 19.7. Ven acá, yo te mostraré... la **e** del Cordero, Ap. 21.9. // **Leyes sobre esposas:** Ex. 21.3, 22; 22.16; Nm. 5.12; Mt. 19.3. // **Buenas esposas:** Pr. 12.4; 18.22; 31.10. // **Deberes para con sus maridos:** Gn. 3.16; Ro. 7.2; 1 Co. 7.3; Ef. 5.22, 33; Tit. 2.4; 1 P. 3.1. Véase **Mujer.**

ESPOSO: Marido. // Tu me eres un **e** de sangre, Ex. 4.25. Os he desposado con un solo **e**, que es Cristo, 2 Co. 11.2. Entre tanto que el **e** está con ellos, Lc. 5.34. Ni voz de **e** ni de esposa**,** Ap. 18.23. Véase **Marido.**

ESPUMAR: Hacer espuma; echar espuma, Mr. 9.18. Ondas del mar, que espuman, Jud. 13.

ESQUIFE: Hch. 27.16,30. Véase **Barco**.

ESQUILADOR: Que esquila o sirve para esquilar. // Tu siervo tiene ahora **e**, 2 S. 13.24. Véase **Trasquilar**, **trasquilador**.

ESQUILAR: Nabal esquilaba sus ovejas, 1 S. 25.4. Véase **Trasquilar**, **Trasquilador**.

ESQUILEO: Acción y resultado de esquilar ganados y otros animales. // En el camino llegó a una casa de **e** de pastores, 2 R. 10.12**.** Los degollaron junto al pozo de la casa de **e**, 2 R. 10.14**.** Véase **Trasquilar**, **Trasquilador**.

ESQUINA: Canto exterior. // Piedra de **e**, Job 38.6; Is. 28.16; Hch. 4.11; 1 P. 2.6, 7.

ESROM: La forma griega de Hezrom, Mt. 1.3; Lc. 3.33.

ESTABLECER: Hacer estable, firme; instituir. // Yo establezco ni pacto con vosotros, Gn. 9.9. Tú estableciste a tu pueblo Israel, 2 S. 7.26. Establezca en la tierra justicia, Is. 2.2. Procurando **e** la suya propia, Ro. 10.3. Para establecer el segundo, He. 10.9.

ESTACA: Palo puntiagudo que se clava en la tierra. // Tomó una **e**, y le metió la **e**, Jue. 4.21. Ni serán arrancadas sus **e**, Is. 33.20. Refuerza tus **e**, Is. 54.2.

ESTACIÓN: Cada una de las cuatro partes del año: primavera, verano, otoño, invierno. Época de cierto cultivo o cosecha. // Haya lumbreras... sirvan de señales para las **e**, Gn. 1.14. No dejará de haber, Gn. 8.22. (Véase Dt. 11.14). Pedid a Jehová lluvia en la **e** tardía, Zac. 10.1. Véase **Invierno, Verano.**

ESTACTE: Aceite sacado del árbol de la Mirra, es un aceite transparente y amargo. Un ingrediente que entraba en la composición del incienso sagrado, Ex. 30.34.

ESTADIO: 1. Medida de 177.6 metros. Emaús, distante de Jerusalén sesenta **e**, Lc. 24.13. Véase **Medidas de longitud.** // 2. Campo de juegos deportivos, en el que cabe gran número de espectadores. Los que corren en el **e**, 1 Co. 9.24.

ESTADO: Modo de ser o estar. // David le preguntó... el **e** de la guerra, 2 S. 11.7. No le temeré... en este **e** no estoy, Job 9.35. Bendijo el Señor el último **e** de Job, Job 42.12. El último **e** de aquel hombre, Lc. 11.26. Su postrer **e** viene a ser peor, 2 P. 2.20.

ESTAÑO: Metal blanco, muy brillante, dúctil y maleable, pero poco tenaz. Es más duro que el plomo y el más fusible entre los metales. Uno de los metales del botín quitado de los madianitas, Nm. 31.22. Conocido, también, entre los hebreos que lo fundían con otros metales, Ez. 22.18, 20. Fundían, especialmente, estaño con cobre para hacer bronce. El estaño venía de Tarsis, Ez. 27.12.

ESTANQUE: Reservatorio para contener agua. // Un **e**, llamado en hebreo Betesda, Juan 5.2. Ve a lavarte en el **e** de Siloé, Juan 9.7.

ESTAOL, hb. **Petición:** Una ciudad de Judá. Jos. 15.33. Cerca del lugar donde el Espíritu del Señor empezó a incitar Sansón, y donde fue sepultado. Jue. 13.25; 16.31. Véase mapa 5, B-1.

ESTAQUIS, gr. **Espiga**: Cristiano residente en Roma, Ro. 16.9.

ESTAR: Ser en un dado momento. // El que piensa estar firme. 1 Co. 10.12. El juez está a las puertas, Stg. 5.9. He aquí, yo estoy a la puerta, Ap. 3.20.

ESTATERO: Mt. 17.27. Moneda que pesaba unos quince gramos. Véase **Dinero**.

ESTATUA: Figura entera, en pleno relieve, que representa a un hombre, a una mujer, a una divinidad o a un animal. // Se convirtió en una estatua de sal, Gn. 19.26. El rey Nabucodonosor hizo una **e,** Dn. 3.1. Véase **Columna.**

ESTATURA: Altura o grandeza de un ser animado. // Hombres de grande **e**, Nm. 13.32; Is. 45.14. Un hombre de grande **e**, 1 Cr. 20.6. Añadir a su **e** un codo, Mt. 6.27. Jesús crecía en sabiduría y en **e**, Lc. 2.52. Véase 1 S. 2.26. La medida de la **e** de la plenitud de Cristo, Ef. 4.13.

ESTATUTO: Reglamento, decreto, que determina la regla de lo que debe hacerse. // Celebraréis por **e** perpetuo, Ex. 12.14. No habéis andado en mis **e,** Ez. 11.12.

ESTE: Pronombre y adjetivo que designa al individuo o al objeto cerca de la persona que habla. // Otro dios que pueda librar como **é**, Dn. 3.29. **É** también estaba con Jesús, Mt. 26.71.

ESTEBAN; gr. **Corona**: El primer mártir cristiano, Hch. 6.5 a 7.59. Lleno de fe, del Espíritu Santo, de gracia y poder, hacía prodigios y grandes señales. Hch. 6.5. 8. Uno de los siete diáconos, Hch. 6.3-5. Su defensa delante del sanedrín. Hch. 7.2-53. Su muerte. Hch. 7.54-60. La persecución entonces comenzada trajo notables resultados para la Iglesia. Hch. 8.1, 4; 11.19; 22.20.

ESTÉFANAS, gr. **Coronado**: Un creyente de Corinto. Uno de los pocos que Pablo bautizó en Corinto, 1 Co. 1.16. Su casa era la primera conquistada para Cristo en Acaya, 1 Co. 16.15. Junto con Fortunato proveyeron a Pablo y estaban con él cuando escribió la Primera Epístola a los Corintios, 1 Co. 16.17, 18.

ESTEMOA, hb. **Obediencia**: Una ciudad de los levitas, a doce km al sur de Hebrón, Jos. 15.50; 1 S. 30.28. Véase mapa 2. C-6; mapa 5, B-2.

ESTER, EL LIBRO DE: Uno de los cinco libros, escritos en cinco rollos y leídos solemne y anualmente en las sinagogas, en la fiesta de purim. Los otros cuatro son: Rut, Eclesiastés, Cantares y Lamentaciones. La paternidad literaria: No se sabe quien lo escribió mas debía de haber sido una persona de Persia que conocía muy bien los acontecimientos narrados. La historia de este libro focaliza el origen de la gran fiesta nacional de purim, observada anualmente hasta hoy. **La clave**: Providencia, Est. 4.14. Es decir, la sabiduría suprema con que Dios cuida de su pueblo. Una peculiaridad que distingue el libro de Ester de cualquier otro libro de la Biblia es la ausencia del nombre de Dios. Es decir, probablemente, ya que fue transcrito de la narrativa persa. Pero no hay historia en que el nombre de Dios sea más evidente. Sólo un remanente del pueblo de Dios volvió a Jerusalén. La gran mayoría prefería las comodidades y la vida de lujo de los persas. Pero Dios no había abandonado a su pueblo. Y su providencia de entonces ya no era cierta de lo que es para nosotros hoy. Las divisiones: I. La fiesta real y Vasti divorciada. Est. 1. II. Ester elevada al trono de Persia. Est. 2. III. Amán conspira contra todos los judíos. Est. 3. IV. Ester logra la liberación de su pueblo, Est. 4 al 7. V. La venganza, Est. 8.1 a 9.15. VI. La fiesta de purim. Est. 9.16-32. VII. Mardoqueo exaltado, Est. 10.

ESTER, hb. **Estrella**: Su nombre persa, Hadasa (Est. 2.7), quiere decir, **Murta**. Una joven judía bella, de buena apariencia y hermosura, huérfana, prima de Mardoqueo que la crió, Est. 2.7. Escogida como reina, en vez de la reina Vasti, Est. 2.17. Salva a su pueblo del exterminio total, acontecimiento conmemorado anualmente por los judíos, en la fiesta del purim. Est. 4.14; 9.23-28.

ESTÉRIL: Que no da fruto. Que no da hijos. // Mas Sarai era **e,** y no tenía hijos, Gn. 11.30; Rebeca, Gn. 25.21; Raquel, Gn. 29.31; mujer de Manoa, Jue. 13.2; Elisabet, Lc. 1.7. // En tu tierra no habrá mujer **e**, Ex. 23.26. No habrá en ti varón ni hembra **e**, Dt. 7.14. Hasta la **e** tiene siete hijos, 1 S. 2.5. La tierra es **e**, 2 R. 2.19. Hace que la mujer **e**, viva en familia, Sal. 113.9. El Seol, la matriz **e**, Pr. 30.16. Regocíjate, oh **e**, Is. 54.1. Bienaventuradas las **e**, Lc. 23.29. Regocíjate, oh **e**, Gá. 4.27. Sara, siendo **e,** He. 11.11.

ESTERILIDAD: Falta de aptitud de fecundar, en el macho, y de concebir, en la hembra. // La **e** de la matriz de Sara, Ro. 4.19.

ESTIÉRCOL: Excrementos de animales. // Usar **e** de bueyes en lugar de **e** humano, Ez. 4.15. Echaré al rostro el **e,** Mal. 2.3.

ESTIMA: Aprecio; afecto; valoración // De más **e** es el buen nombre, Pr. 4.3. A los que son de menor **e,** 1 Co. 6.4. Que los tengáis en mucha **e**, 1 Ts. 5.13.

ESTIMACIÓN: Acto de determinar el valor de. // Carnero... conforme a tu **e** en siclos de plata, Lv. 5.15. Según la **e** de las personas, Lv. 27.2.

ESTIMAR: Calcular el valor de; tener estima, afecto, amistad, amor a. // ¿Que es el hombre... para que lo estimes? Sal. 144.3. Que no se estime sabio... en su opinión, Pr. 26.5. Estimará al uno, Mt. 6.24. Véase **Apreciar, Calcular.**

Estrella de los magos.

ESTIMULAR: Excitar, incitar, impulsar. // Vuestro celo ha estimulado a muchísimos, 2 Co. 9.2. Varón a quien su corazón estimuló, Ex. 35.21. Para estimularnos al amor y a las buenas obras, He. 10.24. Véase **Animar, Avivar, Despertar.**

ESTO: Esta cosa, estas cosas, estos objetos. // Yo para **e** he nacido, y para **e** he venido al mundo, Jn. 18.37.

ESTOICO: Los filósofos epicúreos y estoicos contendían con Pablo en Atenas, Hch. 17.18. Los epicúreos enseñaban que el placer es el sumo bien de los hombres. Los estoicos, al contrario, enseñaban que el placer nunca debe ser el motivo de nuestros actos. Zenón, el fundador de esa secta, aconsejaba a sus discípulos a dominar sus sentimientos, para resistir lo más posible todas las influencias externas. El estoicismo alcanzaba un grado de insensibilidad que se parecía muchas veces a la dureza. Los principales estoicos fueron Cleantes y Crisipo, fundadores de la escuela con Zenón; Aristón de Quíos; Herilo de Cartago; Diógenes de Seleucia; Séneca, Epicteto y Marco Aurelio. Véase **Epicúreos.**

ESTÓMAGO: Órgano principal de la digestión. // Su **e** está vacío, Is. 29.8. Un poco de vino por causa de tu **e,** 1 Ti. 5.23.

ESTÓN, hb. **Demasiado tierno:** Un descendiente de Caleb, 1 Cr. 4.12.

ESTOPA: La parte grosera del lino. // El fuerte será como **e**, Is. 1.31.

ESTORBAR: Poner un obstáculo a la ejecución de algo; impedir; frustrar. // Pero Satanás nos estorbó, 1 Ts. 2.18.

ESTORNUDAR: Arrojar con estrépito por la nariz y la boca el aire inspirado de manera involuntaria. // Estornudó siete veces, y abrió los ojos, 2 R. 4.35.

ESTORNUDO: Espiración involuntaria y ruidosa. // Con sus **e** enciende lumbre, Job 41.18.

ESTRADO: Sobrado, algo alzado arriba del suelo o de un pavimento. // El estrado del trono de Salomón, 2 Cr. 9.18. Siéntate aquí bajo mi **e**, Stg. 2.3. // **La palabra empleada figuradamente:** La tierra estrado mis pies, Is. 66.1; Mt. 5.35; Hch. 7.49. El arca... el estrado de los pies de nuestro Dios, 1 Cr. 28.2. El templo, Sal. 99.5; 132.7; Lm. 2.1; comp. Is. 60.13. Los enemigos sujetos al Rey de reyes, Sal. 110.1; Mt. 22.44; Hch. 2.35; He. 1.13; 10.13.

ESTRANGULACIÓN: Acción o efecto de apretar el cuello, dificultando la respiración. // Mi alma tuvo por mejor la **e**, Job 7.15.

ESTRANGULAR: Matar, apretando el cuello. // Mi alma tuvo por mejor la **e**, Job 7.15.

ESTRATAGEMA: Ardid empleado en la guerra para engañar al enemigo; astucia, ardid. // **E** de hombres que para engañar, Ef. 4.14.

ESTRECHAR: Cercano e íntimo. // No estáis estrechos en nosotros, 2 Co. 6.12.

ESTRECHO: Que tiene poco ancho; apretado. // Monte de Efraín es **e** para vosotros, Jos. 17.15. Lugar en que moramos contigo nos es **e**, 2 R. 6.1. La manta **e**, Is. 28.20. Muy **e** es para mí este lugar, Is. 49.20. Entrad por la puerta **e,** Mt. 7.13.

ESTRELLA DE LA MAÑANA: Ap. 2.28; 22.16. Se considera, por lo general, que "la estrella resplandeciente de la mañana", es una designación de la persona de Jesucristo, como el heraldo de su pueblo, en el día eterno.

ESTRELLA De los magos: Mt. 2.2. La teoría de que esto se refiere a la conjunción de Júpiter con Saturno, o de cualesquiera otros planetas, no tiene base. Que fue un fenómeno puramente sobrenatural, se ve en Mt. 2.9: "He aquí la estrella que habían visto en el oriente... se detuvo sobre donde estaba el niño"

ESTRELLA: Cuerpo celeste que está fijo y que tiene luz propia. Cualquier astro. // Hizo Dios también las **e**, Gn. 1.16. Y cuenta las **e**, Gn. 15.5. Descendencia como las **e**, Gn. 22.17. Once **e** se inclinaban a mí, Gn. 37.9. Pelearon las **e** contra Sísara, Jue. 5.20. Cuando alababan todas las **e**, Job 38.7. Las **e** no darán su luz, Is. 13.10. Alto, junto a las e... levantaré mi trono, Is. 14.13. Parte... de las **e** echó por tierra, Dn. 8.10. Como las **e** a perpetua eternidad, Dn. 12.3. Porque su **e** hemos visto en el oriente, Mt. 2.2. Las **e** caerán del cielo, Mt. 24.29. La **e** de vuestro dios Renfán, Hch. 7.43. Otra la gloria de las **e**, 1 Co. 15.41. Salieron como las **e** Del cielo, He. 11.12. **E** errantes, Jud. 13. Siete **e**, Ap. 1.16. Las **e** del cielo cayeron, Ap. 6.13. Nombre de la **e** es Ajenjo, Ap. 8.11. Vi una **e** que cayó del cielo a la tierra, Ap. 9.1. La tercera parte de las **e,** Ap. 12.4. Véase **Astro, Astronomía, Ejército de los cielos.**

ESTREMECER: Causar temblor, sacudir. // Quien tema y se estremezca, Jue. 7.3. Estremeció todos mis huesos, Job 4.14. Mis huesos se estremecen, Sal. 6.2. Haré estremecer los cielos, Is. 13.13.

ESTREMECIMIENTO: Temblor involuntario e incontrolado proveniente del miedo, de la sorpresa, etc. // Bebe tu agua con **e** y con ansiedad, Ez. 12.18.

ESTROPEAR: Arruinar, destruir. // Muriere o fuere estropeado, Ex. 22.10. Saquearon y estropearon sus mugrones, Nah. 2.2.

ESTRUENDO: Gran ruido, estampido. // **E** por las copas de las balsameras, 1 Cr. 14.15. Acabó el **e** de los que se alegran, Is. 24.8. Por el **e** de sus ruedas, Jer. 47.3. La voz... como o **e** de, Dn. 10.6. Los cielos pasarán con grande **e**, 2 P. 3.10. Véase **Alboroto, Ruido, Sonido.**

ESTUDIAR: Aplicar la inteligencia a, para aprender. // ¿Como sabe éste letras, sin haber estudiado? Jn. 7.15. Véase **Examinar.**

ESTUPOR: Torpor, falta de acción. // Dios le dio espíritu de **e**, Ro. 11.8.

ETAM: hb. **Firme, Fortaleza:** 1. La roca de Etam, donde Sansón vivió después de herir a los filisteos, Jue. 15.8, 11. // 2. Campamento del pueblo de Israel, cerca de Sucot, a la entrada del desierto, Ex. 13.20. // 3. Un sabio con quien se comparaba Salomón, 1 R. 4.31. Llamado Etam, ezraíta, en el título del Salmo 89. // 4. Una aldea de la tribu de Simeón, 1 Cr. 4.32. // 5. Un levita, descendente de Asaf, 1 Cr. 6.42. // 6. Un Cantor levita, 1 Cr. 6.44. // 7. Una ciudad fortificada de Roboam, 2 Cr. 11.6. Véase mapa 5, B-l.

ETANIM: 1 R. 8.2. El séptimo mes del año judío. Véase **Año.**

ET-BAAL, hb. **Con Baal:** Padre de Jezabel y rey de los sidonios, 1 R. 16.31.

ETER: hb. **Abundancia:** Una ciudad de Judá, Jos. 15.42. Transferida a Simeón, Jos. 19.7.

ETERNAMENTE: Para siempre. // Florecen... para ser destruidos **e,** Sal. 92.7. El que come de este pan vivirá **e,** Jn. 6.51.

ETERNIDAD: Duración, sin principio ni fin. // Bendito sea Jehová Dios… de **e** a **e**, 1 Cr. 16.36; Neh. 9.5; Sal. 41.13; 106.48. Desde la **e** y hasta la **e,** Sal. 103.17. Ha puesto **e** en el corazón de ellos, Ec. 3.11. El que habita la **e,** Is 57.15. Como estrellas a perpetua **e,** Dn. 12.3.

ETERNO: Que no tiene principio ni tendrá fin. // Habitará con las llamas **e**, Is.33.14. Prisiones, Jud. 6. Pacto, Jer. 50.5; He. 13.20. Amor, Jer. 31.3. Brazos, Dt. 33.27. Camino, Sal. 139.24; Hab. 3.6. Casa, 2 Co. 5.1. Llamas, Is. 33.14. Perdición, 2 Ts. 1.9. Dios, Dt. 33 .27; Is. 40.28. Día, 2 P. 3.18. Evangelio, Ap. 14.6. Fuego, Mt. 18.8; 25.41; Jud. 7. Gloria, 1 P. 5.10. Herencia, He. 9.15. Horror, Dn. 12.2. Juicio, He. 6.2. Justicia, Sal. 119.142, Memorial, Is. 55 .13. Misericordia, Is. 54.8. Nombre, Is. 63.12. Pecado, Mr. 3.29. Peso, 2 Co. 4.17. Poder, Ro. 1.20. Puertas, SI 24.7. Propósito, Ef. 3.11. Redención, He. 9.12. Rey, Jer. 10.10; 1 Ti. 1.17. Reino, Dn. 7.27; 2 P. 1.11. Roca, Is. 26.4. Salvación, Is. 45.17; He. 5.9. Confusión, Jer. 23.40; Dn. 12.2. Vida, Dn. 12.2; Mt. 19.16; 25. 46; Mr. 10.30; Jn. 3.15, 16, 36; 4.14, 36; 5.24, 39; 6.27, 40, 47, 54, 68; 10.28; 12.25, 50; 17.2, 3; Hch. 13.48; Ro. 2. 7; 5.21; 6.22; Gá. 6.8; 1 Ti. 6.12; Tit. 1.2; 1 Jn. 1.2; 2.25; 3.15; 5.11, 13, 20; Jud. 21.

ETÍOPE: Individuo natural de Etiopía. // Venía con el libios, suquienos y etíopes, 2 Cr. 12.3. Jehová deshizo a los etíopes, 2 Cr. 14.12. Mudará el etíope su piel, Jer. 13.23. Ebed-melec, etíope, salvó a Jeremías de la cisterna, Jer. 38.1-13. Como hijos de etíopes, Dn. 11.43. Un etíope, eunuco, Hch. 8.27.

ETIOPÍA, gr. **Sol abrasador:** País al sur de Egipto. En el hebreo se llamaba Cus, porque fundado por Cus, uno de los hijos de Cam, Gn. 10.6-8. Tiraca rey de Etiopía, 2 R. 19.9. Asuero reinó desde la India hasta Etiopía, Est. 1.1; 8.9. Profecías contra Etiopía, Is. 18; Sof. 2.12.

ETNÁN, hb. **Dádiva:** Un descendiente de Judá, 1 Cr. 4.7.

ETNI, hb. **Liberal:** Un cantor levita, 1 Cr. 6.41.

EUBULO, hb. **Prudente:** Un cristiano de la iglesia de la ciudad de Roma, 2 Ti. 4.21.

EUCARISTÍA, gr. **Acción de gracia**: El vocablo no se encuentra en las Escrituras. Véase **Cena del Señor.**

ÉUFRATES: Uno de los grandes ríos de Asia y del mundo, curso de 2.165 km. Nace en las montañas de Armenia, formando dos ramas: el Éufrates del este y el Éufrates do Oeste. Los dos se unen al Tigre para formar el Chatt-el-Arab. En el valle del Éufrates estaban situadas las ciudades antiguas de Babilonia, Carquemis, Acad, Erec, Ur y varias otras. Uno de los cuatro ríos del Edén, Gn. 2.14. Llamado "el río", Dt. 11.24; "el gran río", Gn. 15.18; Dt. 1.7; Jos. 1.4; Ap. 9.14. Formaba el límite oriental de la tierra prometida a la descendencia de Abraham, Gn. 15.18; Servía de frontera entre Egipto y Babilonia, 2 R. 24.7. Salomón dominaba hasta el Éufrates, 1 Rs. 4.24. El sexto ángel derramó su copa sobre el gran río Éufrates, Ap. 16.12. Véase mapa 1, D-3.

EUNICE, gr. **Venciendo gloriosamente:** Una judía creyente, madre de Timoteo, Hch. 16.1; 2 Ti. 1.5.

EUNUCO: Hombre privado de su virilidad. Compare Dt. 23.1. Se los empleaba en el oficio de guardia de los aposentos íntimos y de los harenes. Así el vocablo pasó a significar un camarero. Se inclinaron hacia el dos o tres eunucos, 2 R. 9.32. Los siete eunucos que servían al rey Asuero, Est. 1.10. Ni diga el eunuco: He aquí yo soy árbol seco, Is. 56.3. Ebed-melec, el etíope, eunuco, Jer. 38.7. Aspenaz, jefe de los eunucos, Dn. 1.3. Hay eunucos que nacieron así, Mt. 19.12. Hay eunucos que son hechos eunucos (es decir, tal vez, que viven en el celibato), Mt. 19.12. Un etíope, eunuco, Hch. 8.27.

EUROCLIDÓN, gr. **Viento del nordeste**: El nombre del viento tempestuoso que llevó la embarcación de Pablo al naufragio en la isla de Malta, Hch. 27.14.

EUROPA: Véase mapa 1, C-2.

EUTICO, gr. **Afortunado:** Un joven que se durmió durante la predicación de Pablo y cayó del tercer piso; fue levantado muerto y se le restituyó la vida por el apóstol, Hch. 20.9.

EVA, hb. **Vida**: El nombre que Adán dio a su mujer, Gn. 3.20. La madre de todos los seres humanos, Gn. 3.20. Tuvo tres hijos Caín, Abel y Set, Gn. 4.1, 2, 25. Después tuvo hijos e hijas, Gn. 5.4. La serpiente la engañó, 2 Co. 11.3; 1 Ti. 2.13; Gn. 3.6.

EVANGELIO, gr. **Buenas nuevas**, o **Buen mensaje**: De Cristo, Mt. 4.23; Mr. 1.14; Lc. 2.10; Hch. 13.26; Ro. 1.1, 9, 16; 1 Co. 2.13; 2 Co. 5.19; Ef. 3.2; 6.15; Fil. 2.16; Col. 3.16; 1 Ts. 1.5; 1 Ti. 6.3; He. 4.2; 1 P. 4.17. // Para ser proclamado a todo el mundo, Mt. 24.14; Mr. 16.15; Lc. 24.47; Hch. 2.39; Ro. 10.18; Col. 1.23. // Proclamado a los pobres, Mt. 11.5; Lc. 4.18; 6.20; Stg. 2.5. // Poder de Dios, Ro. 1.16; 1 Co. 1.18, 21; 4.20; 15.2. // No se debe predicar otro, 2 Co. 11.4; Gá. 1.7, 8; Ap. 22.18, 19. // Encubierto a los que se pierden, 2 Co. 4.3. // El evangelio de la gracia, Hch. 20.24; // del reino, Mt. 4.23; // de vuestra salvación, Ef. 1.13. // De la gloria de Cristo, 2 Co. 4.4; // eterno, Ap. 14.6.

EVANGELIOS, LOS CUATRO: Mateo, Marcos, Lucas y Juan. Registran la existencia eterna, el linaje humano, el nacimiento, ciertos acontecimientos de la vida, la muerte, la resurrección y la ascensión de Jesucristo. Son cuatro los Evangelios para: 1) presentar cuatro testigos, independientes uno de otro, de la verdad; 2) presentar la vida del Señor desde cuatro puntos de vista, presentando una descripción compuesta, de una sola persona. En Ap. 4.7 en la descripción de los cuatro querubines, o seres vivientes, el primero era semejante a león (el rey de los animales); el segundo, al novillo (el buey, que sirve a los hombres con gran paciencia); el tercero tenía el rostro como de hombre; y el cuarto era semejante al águila cuando vuela. Los creyentes primitivos comparaban, con razón, esos símbolos a los cuatro Evangelios. El libro de Mateo es **el evangelio del Rey**. El libro de Marcos es **el evangelio del gran siervo de Dios**. El libro de Lucas es **el evangelio del Hijo del Hombre**. El libro de Juan es **el evangelio del Hijo de Dios**. En el libro de Mateo, **El evangelio del Rey**, se ve en los primeros capítulos al Rey de los judíos y al fin al Rey soberano en los cielos y en la tierra, enviando a sus embajadores a las naciones para exigir su sujeción y homenaje. En el libro de Marcos, **El evangelio del gran siervo de Dios**, se enfatizan los hechos de Cristo, no sus palabras. Mientras que Mateo menciona los grandes discursos de Cristo, Marcos cuenta la lidia incansable del siervo de Jehová. En el libro de Lucas, **El evangelio del Hijo del Hombre**, se muestra el corazón de Jesús en una serie de manifestaciones de su compasión, ternura y amor. Primero lo revela como niño de pecho y, al fin, en el paseo a Emaús, muestra que su corazón humano no cambió en la muerte ni en la resurrección; Él sigue siendo Hijo del Hombre. En el libro de Juan, **El evangelio del Hijo de Dios**, se ve como Jesús se asemeja a la naturaleza del águila que vuela y nos lleva a las alturas de su divinidad eterna. Es el libro que nos revela el misterio de Él ser uno con el Padre. Ninguno de los cuatro evangelistas, sin embargo, pretende dar una biografía completa de Jesucristo. Al contrario, ved, por ejemplo, Jn. 21.25. Los cuatro Evangelios juntos presentan, no una biografía, sino una personalidad.

EVANGELISTA, gr. **Mensajero de buenas nuevas**: El evangelista desempeña la obra de un misionero, llevando el evangelio a lugares donde todavía no se conoce. Felipe, uno de los siete diáconos (Hch. 6.5.), se volvió evangelista Hch. 21.8. Un orden de ministerio distinto y muy caracterizado, separado de lo de los apóstoles, profetas, pastores y maestros, Ef. 4.11. El apóstol Pablo exhortó a Timoteo: Haz la obra de evangelista, 2 Ti. 4.5. En el evangelista la pasión por las almas alcanza el punto y consumación en la forma de un ministerio que domina y absorbe toda la vida. // Se llaman, actualmente, los escritores de los cuatro Evangelios, **evangelistas**. Véase Evangelizar.

EVIDENCIA: Certeza manifiesta. // Cuando son puestas en **e** por la luz, Ef. 5.13.

EVIDENTE: Que no ofrece dudas, claro, manifiesto. // Por la ley ninguno se justifica... es **e,** Gá. 3.11.

EVIL-MERODAC, Hombre del dios Merodac: Hijo y sucesor de Nabucodonosor, rey de Babilonia. Después de un mal reinado de dos años, fue asesinado por su cuñado, Nergal-sarezer, que se apoderó del trono. Mencionado en 2 R. 25.27-30.

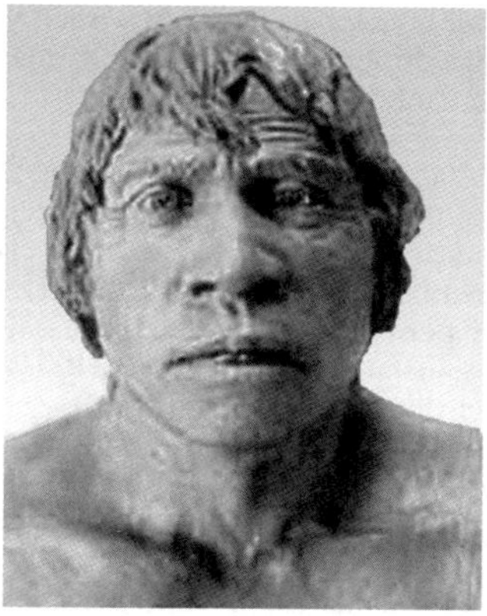

Dibujo de la reconstrucción del ***Hombre Piltdown****, como aparece en el Museo Americano de Historia Natural.*

EVITAR: Desviarse de; huir de. // Evitando las profanas pláticas, 1 Ti. 6.20; 2 Ti. 2.16. Evita profanas y vanas palabrerías, 2 Ti. 2.14. Evita el hombre faccioso, Tit. 3.9.

EVODIA, gr. Viaje próspero: Una mujer creyente de Filipos, en desacuerdo con Síntique, Fil. 4.2. Esas dos se esforzaron con Pablo en la evangelización, Fil. 4.3.

EVOLUCIÓN: Una teoría científica y filosófica designada para explicar el origen y progreso de todo del universo. Darwin fue que primero (en 1858) opinó el principio de **la selección natural**, indicó la necesidad de **la lucha por la existencia**, anunció la ley de la **persistencia del más apto** y la del factor hereditario de los **caracteres adquiridos**. Si este conocimiento especulativo, la evolución, tuviera hechos para sustanciarlo, entonces se deduce, como dijo cierto erudito, que "Si algo evolucionó de la nada, y si de ese algo que evolucionó de la nada, evolucionó un pedazo de vida, una ameba, y si de esa ameba evolucionó una larva, y de esa larva evolucionó un pez, y de ese pez evolucionó un anfibio, y del anfibio evolucionó un reptil, y del reptil evolucionó un ave, y del ave evolucionó un mamífero, y de ese animal evolucionó un hombre... **si del comienzo de la vacuidad y del vacío y de la nada surgió el hombre, que es usted, si es hecho por evolución, entonces no hay lugar para Dios, no, de forma alguna, y usted habita en un mundo material y mecánico.**" // NO HAY GENERACIÓN ESPONTÁNEA. "Entonces dijo Dios: Hagamos al hombre a nuestra imagen, conforme a nuestra semejanza; y señoree en los peces del mar, sobre las aves de los cielos, sobre los animales domésticos, sobre toda la tierra y sobre todos los reptiles que se arrastran por la tierra", Gn. 1.26. Pasteur declaró: "No se conoce, hasta hoy, una circunstancia que justifique la aserción de que organismos microscópicos entran en el mundo sin gérmenes o sin padres semejantes a sí mismos. Los que mantienen lo contrario han sido víctimas de ilusiones y de experimentos mal ejecutados; contaminados de engaño, que ellos no sabían evitar". No apareció una especie nueva durante toda la historia del mundo. "Luego dijo Dios: Produzca la tierra seres vivientes, conforme a su especie: animales domésticos, reptiles y animales selváticos, según su especie. Y fue así". Dios hizo al hombre, a los animales domésticos y a todas las criaturas "según su especie". Es decir, no hizo una especie, y por procesos evolutivos, otras especies. Según algunos científicos, hay tres millones de especies en el mundo, que evolucionaron durante un período de sesenta millones de años. Entonces debían aparecer dos mil especies nuevas durante el tiempo de la historia del mundo. ¿Y cuántas aparecieron? ¡Ninguna! El propio Darwin afirmó: "A pesar de todos los esfuerzos de observadores preparados para descubrir tales, ningún caso de una especie aparecer de otra, está registrado". HAY NO SÓLO UNO, SINO MUCHOS ABISMOS, de los cuales los que quieren pasar, no pueden. Entre ellos están los siguientes: 1. Entre la materia muerta y la vida. 2. Entre las plantas y la forma más rudimentaria de la vida animal. 3. Entre los invertebrados y los vertebrados. 4. Entre la vida marina y los anfibios. 5. Entre los anfibios y los reptiles. 6. Entre los reptiles y los mamíferos. 7. Entre los animales irracionales y los hombres. Si la evolución es la verdad, entonces sucedió que una pareja de animales irracionales no tenía alma, ¡pero sus hijos la tenían! De modo que la evolución cree en milagros; no en milagros hechos por Dios, ¡sino en milagros de la ciega casualidad! La imposibilidad MATEMÁTICA DE LA EVOLUCIÓN. Se calcula que la población del mundo se duplica en número de habitantes una vez en cada período de ciento sesenta y ocho años. Se deduce, por tanto, que si la raza humana ya existía hace cien mil años, y el número de habitantes se hubiera duplicado en cada período de 160 años, la cantidad de personas en el mundo actual seria de 450 trillones (450 000 000 000 000 000 000). En todo el mundo no cabría tan gran número de pies. El aumento de la población del mundo indica un período de mucho menos de seis mil años. Más bien indica un período de unos cuatro mil quinientos años, justamente el tiempo transcurrido desde el diluvio. EL EMBUSTE DEL "HOMBRE DE PILTDOWN". Este enredo por los enemigos de la Biblia, sirve sólo para descreditar a esos mismos embusteros. El "Hombre de Piltdown fue descubierto por cierto paleontólogo, llamado Charles Dawson. Afirmó que halló los restos de un "hombre" en un arenal cerca de Piltdown, en Inglaterra. Los fósiles, ahora en el Museo Británico, fueron aclamados por paleontólogos, que afirmaban que los fósiles databan del origen del hombre, hace medio millón de años. Al hombre de Piltdown se le dio el honor de la publicidad extraordinaria. De las reliquias sin valor de un embuste, se reconstruyó un ser monstruoso. Sus grabados adornaban los libros escolares, e incluso los de las escuelas superiores. El "fósil" Piltdown fue aceptado por los evolucionistas como auténtico, y ostentado delante de los que aman la Biblia. Era la prueba final, decían ellos, de que la raza humana se originó por evolución. Pero la historia completa del GRAN EMBUSTE DE PILTDOWN, apareció en Reader's Digest, en el número de octubre de 1956. Un cierto doctor Weiner, de Oxford, observó algunas circunstancias extrañas acerca del hombre Piltdown. Los dientes de este ser humano parecían gastados de una manera que no podía ocurrir a un mono. Podía ser que alguien deliberadamente hubiera quitado una gran parte de los dientes con la lima. Con otro científico fue al Museo Británico. Descubrieron, con un microscopio, que en realidad alguien sacó gran parte de los dientes con la lima. Por medio de un Medidor Geiger y otros medios, no conocidos en el tiempo de Charles Dawson "descubrir" el "fósil", comprobaron que los fósiles databan de cincuenta años en vez de quinientos mil, y que eran de un mono y no de un ser humano. Dawson, el embustero, entonces muerto, puso astutamente el maxilar. Así los evolucionistas se volvieron víctimas del más infame embuste de todos los tiempos. Si los evolucionistas calcularon la edad de un hueso en quinientos mil años, mientras tenía sólo cincuenta años, ¿cómo podemos confiar en sus otros cálculos?

EXACTAMENTE: Con exactitud. // Le expusieron más **e** el camino de Dios, Hch. 18.26.

EXACTO: Correcto, cierto, // Pesa **e** y justa tendrás, Dt. 25.15.

EXACTOR: Superintendente de trabajadores. // He oído su clamor a causa de sus **e**, Ex. 3.7.

EXALTACIÓN: Engrandecimiento. // Humilde condición, gloríese en su **e,** Stg. 1.9.

EXALTAR: Hacer alto. Levantar, engrandecer, glorificar. // Tu Dios te exaltará sobre... las naciones, Dt. 28.1. Mi poder se exalta en Jehová, 1 S. 2.1. Y aun me exalta, 1 S. 22.49. Cuando la vileza es exaltada, Sal. 12.8. Y exaltemos a una su nombre, Sal. 34.3. Exaltado seas sobre los cielos, Sal. 57.5; 108.5. Exaltad al Señor nuestro Dios. Sal. 99.5. Exáltenlo en la congregación del pueblo, Sal. 107.32. El que confía en Jehová será exaltado, Pr. 29.25. Si el príncipe si exaltare contra ti, Ec. 10.4. Jehová de los ejércitos será exaltado en juicio, Is. 5.16. Te exaltaré, Is. 25.1. Mi siervo... será engrandecido y exaltado, Is. 52.13. No se exalten en su altura, Ez. 31.14. Los poderosos, y exaltó a los humildes, Lc. 1.52. Dios ha exaltado con su diestra, Hch. 5.31. Dios... le exaltó hasta lo sumo, Fil. 2.9. Humillaos delante... y él os exaltará, Stg. 4.10. Que el os exalte cuando fuere tiempo, 1 P. 5.6. Véase **Engrandecer, Magnificar.**

EXAMINAR: Escudriñar analizar atenta y minuciosamente. // El sacerdote entrará a examinarla, Lv. 14.36. El hombre a sí mismo, 1 Co. 11.31. Examina mis íntimos pensamientos, Sal. 26.2. Véase **Escudriñar, Estudiar, Probar.**

EXASPERAR: Irritar demasiado. // No exasperéis a vuestros hijos, Col. 3.21. Véase **Irritar.**

EXCEDER: Superar, ser superior a. // Excedía Salomón todos los reyes, 1 R. 10.23. Excedió en hacer lo malo ante los ojos, 2 Cr. 33.6. El amor de Cristo que excede todo entendimiento, Ef. 3.19. La sabiduría excede, Ec. 7.12.

EXCELENCIA: Cualidad de excelente. // Toda **e** de obras despierta la envidia, Ec. 4.4. Para que la **e** del poder sea de Dios, 2 Co. 4.7. Véase **Majestad.**

EXCELENTE: Que es de calidad superior. // De mirra **e** quinientos siclos, Ex. 30.23. Me has mirado como a un hombre **e,** 1 Cr. 17.17. Que me reprenda será un **e** bálsamo, Sal. 141.5. Un camino aún más **e**, 1 Co. 12.31. **E** y eterno peso de gloria, 2 Co. 4.17. Heredó más **e** nombre que ellos, He. 1.4. Abel ofreció a Dios más **e** sacrificio que Caín, He. 11.4. Véase **Espléndido.**

EXCELSO: Sublime, maravilloso. // El Señor es **e**, Sal. 138.6. Y tu justicia, oh Dios, hasta lo **e,** Sal. 71.19. Véase **Altísimo, Alto**

EXCEPTUAR: Hacer excepción de. // Se exceptúa aquel que sujetó, 1 Co. 15.27.

EXCESIVO: Demasiado. // La parte de los hijos de Judá era **e,** Jos. 19.9.

EXCESO: Grado elevado. // No seas demasiado justo... sabio con **e,** Ec. 7.16.

EXCITAR: Activar la acción de. // Como el águila que excita su nidada, Dt. 32.11. Véase **Agitar, Estimular, Incitar.**

EXCLAMAR: Decir en voz alta, en tono exclamativo. // Exclamó a gran voz, y dijo, Lc. 1.42. El cual exclamó a gran voz, Lc. 4.33.

EXCLUIR: Poner fuera de. // Los excluyeron del ministerio, 2 Cr. 11.14. Queda excluida, Ro. 3.27.

EXCLUSIVO: Que pertenece por privilegio especial a alguien. // **E** posesión, como te lo ha prometido, Dt. 26.18. Véase **Propio.**

EXCREMENTO: Materia evacuada del cuerpo por las vías naturales. // Luego al volverte cubrirás tu **e,** Dt. 23.13. Al fuego de **e,** Ez. 4.12. Véase **Estiércol.**

EXCUSARSE: Disculparse, justificarse. // Te ruego que me excuses, Lc. 14.19.

EXECRABLE: Abominable, aborrecible, detestable. // Viere su desnudez... es cosa **e,** Lv. 20.17.

EXECRACIÓN: Gran aversión; odio sin límites. // Seréis objeto de **e** y espanto, Jer. 42.18. Serán objeto de **e,** espanto, Jer. 44.12.

EXHALAR: Despedir gases, vapores u olores. // Exhaló el espíritu, y murió Abraham, Gn. 25.8. Aloe y casia exhalan, Sal. 45.8. Exhalará..., y subirá su pudrición, Jl. 2.20.

EXHORTACIÓN: Amonestación, advertencia, consejo. // Con... **e** anunciaba las buenas nuevas, Lc. 3.18. Si tenéis alguna palabra de **e**, Hch. 13.15. Que exhorta, en la **e,** Ro. 12.8. A los hombres para edificación, **e,** 1 Co. 14.3. Ocúpate en la lectura, la **e**, 1 Ti. 4.13. **E** como a hijos, He. 12.5. Soportéis la palabra de **e,** He. 13.22. Véase **Amonestación.**

EXHORTAR: Animar, incitar, advertir, aconsejar, persuadir. Animar mediante palabras. // Les exhortaba, diciendo, Hch. 2.40. Exhortó a todos a que permaneciesen fieles, Hch. 11.23. Exhortándoles a que permaneciesen, Hch. 14.22. El que exhorta, en la exhortación, Ro. 12.8. Y todos sean exhortados, 1 Co. 14.3. Exhortamos... que no recibáis en vano, 2 Co. 6.1. De manera que exhortamos a Tito, 2 Co. 8.6. Exhorto ante todo, 1 Ti. 2.1. Mandamos y exhortamos, 2 Ts. 3.12. Exhorto ante todo... hagan rogativas, 1 Ti. 2.1. Sino exhórtale como padre, 1 Ti. 5.1. Esto enseña y exhorta, 1 Ti. 6.2. Exhorta con toda paciencia y doctrina, 2 Ti. 4.2. Exhorta y reprende, Tit. 2.15. Exhortaos los unos a los otros, He. 3.13. Sino exhortándonos, He. 10.25. Exhortándoos que contendáis por la fe, Jud. 3. Véase **Amonestar.**

EXIGIR: Intimar, ordenar. // No exigirás de tu hermano interés, Dt. 23.19. No exijáis más de lo que, Lc. 3.13.

EXISTIR: Ser, vivir. // Él dijo, y... mandó, y existió, Sal. 33.9. El enemigo ya no existe, Is. 17.14. Cielos y la tierra que existen ahora, 2 P. 3.7.

ÉXITO: Resultado feliz. // Concede ahora buen **é** a tu siervo, Neh. 1.11. Pero no permanecerá ni tendrá **é,** Dn. 11.17.

ÉXODO, EL LIBRO DEL: El nombre dado por los Setenta al segundo libro del Pentateuco. La palabra **éxodo** quiere decir la emigración de todo un pueblo. El Gn. trata de la elección divina de una familia entre todas las familias del mundo, para quedar separada de todas las naciones. El Éxodo continúa la narración de cómo Dios convirtió a esa familia en una nación. Los acontecimientos de la gran emigración de Israel son los más rememorados de toda la historia de esta nación, que jamás se olvida de su liberación de la dura esclavitud, la travesía del Mar Rojo, los milagros del desierto, las maravillas y las leyes del monte Sinaí. En los cuatrocientos años que Israel peregrinó en Egipto, éste se volvió un poder mundial. Con el éxodo de Israel, Egipto cayó para no disfrutar más de esa gloria. Autor: Moisés. Véase Pentateuco. Clave: "Redención", Ex. 3.7, 8. Éxodo es la historia de un pueblo salvo por la sangre, amparado por la sangre y que disfruta del acceso a Dios por la sangre. Véase 12.12, 13. Israel, oprimido en Egipto, necesitaba liberación. Deus lo libertó. La nación liberada, necesitaba una revelación divina para que la guiara en conducta y adoración. El Señor le dio la ley. A la luz de la ley sintieron la falta de purificación. Deus suplió sacrificios. Después de una revelación divina, el pueblo reconoció el valor de cultos. Dios les dio el tabernáculo y estableció un sacerdocio. **División:** I. La opresión: Israel cuatrocientos años en Egipto, 1.1 a 12.36. II. La liberación: la salida (el éxodo) de Egipto, 12.37 a 19.2. III. La dádiva de la ley; el pacto de Dios con Israel 19.3 al 40.38. Los acontecimientos narrados en el libro de Éxodo abarcan un período de doscientos dieciséis años - desde la muerte de José hasta la armazón del tabernáculo en el desierto.

ÉXODO, gr. **Salida:** El vocablo quiere decir, la emigración de todo un pueblo. El libro del Éxodo relata la salida de los hebreos de Egipto. Por la fe José, al morir, hizo mención del éxodo de los hijos de Israel, He. 11.22. El Faraón que oprimía el pueblo de Dios era Ramsés II. Los descendientes de Jacob de tal manera se habían multiplicado (Ex. 1.7) que provocaron los temores de Faraón. Para evitar el aumento de los israelitas, los sujetó a una dura y cruel servidumbre, Ex. 1.8-14. Se esforzó, también, para exterminar todos los hijos que nacieron a los hebreos, Ex. 1.22. Dios, para libertar Su pueblo de esa servidumbre, levantó Moisés, en el tiempo de Meneptah, hijo y sucesor de Ramsés II. La dispensación Patriarcal terminó y la dispensación de la ley comenzó con el Éxodo.

EXORCISTA: El que echa demonios o espíritus pronunciando palabras rituales. // Algunos... **e** ambulantes, Hch. 19.13.

EXPECTACIÓN: Esperanza, basada en presuntos derechos, probabilidades o promesas. // La **e** de los malos perecerá, Pr. 11.7. Una horrenda **e** de juicio, He. 10.27.

EXPECTATIVA: Estado de quien espera observando. // El pueblo estaba en **e**, Lc. 3.15.

EXPERIENCIA: Conocimiento derivado de la observación y práctica. // Pues por la **e** de esta ministración, 2 Co. 9.13.

EXPERIMENTADO: Que fue sometido a la prueba. // Varón de dolores, **e** en quebrantos, 1 Co. 2.6.

EXPERTO: Hábil o con mucha experiencia en algo; especialista en una materia. // Dadme de entre vosotros, de vuestras tribus, varones sabios y entendidos y **e**, para que yo los ponga por vuestros jefes, Dt. 1.13**;** Dt. 1.15**.** Todo hombre **e** en toda obra, 1 Cr. 22.15**.** Especias aromáticas, preparadas por **e** perfumistas, 2 Cr. 16.14**.**

EXPIACIÓN: Reconciliación por la cual los hombres vuelven a gozar de plena comunión con Dios. // Por medio de Jesucristo recibimos la reconciliación, Ro. 5.11. Véase Ro. 3.24; 2 Co. 5.18; 1 Ts. 1.10; 1 Ti. 2.5, 6; Tit. 2.14; He. 2.9; 1 P. 2.24. // **La expiación en el Antiguo Testamento**: Lv. 1.9; Nm. 16.46-48. // **La expiación predicha:** Is. 53.4-6, 8-12; Dn. 9.24-27; Zac. 13.1, 7; Jn. 11.50, 51. // **Expiación, el día de la:** La más solemne de todas las fiestas, el gran día de humillación nacional, entre los hijos de Israel, Lv. 16.1-10. Observado el día diez del séptimo mes, Lv. 23.27; Nm. 29.7. Era solamente el día de la expiación que el sumo sacerdote podía entrar en el Lugar Santísimo, Ex. 30.10; He. 9.7. Los dos machos cabríos: El macho cabrío que era para el Señor se ofrecía por ofrenda por el pecado. El otro, era enviado al desierto, llevando típicamente, los pecados del pueblo. Relea Lv. 16.8-10. En Hechos 27.9, se refiere a esta fiesta.

EXPIAR: Purificarse de crímenes o pecados. Purificar (lugar o templo profanado). // He jurado a la casa de Elí... no será expiada jamás, 1 S. 3.14. Cuando acabes de expiar, Ez. 43.23. Para expiar la iniquidad, Dn. 9.24. Para **e** los pecados del pueblo, He. 2.17.

EXPIRAR: Expeler (aire) de los pulmones. Dar el último aliento, morir. // Expiró: Abraham, Gn. 25.8; Jesús, Mr. 15.37; Ananías y Safira, Hch. 5.5, 10.

EXPLICAR: Desarrollar, para hacer comprender. // Los que habían explicado el enigma, Jue. 14.19. Le explicasen sus sueños, Dn. 2.2. Explícanos la parábola, Mt. 13.36. Y difícil de explicar, He. 5.11.

EXPLORAR: Reconocer minuciosamente algo o alguien. // Explorasen bien la tierra, Jue. 18.2. Explorasen abajo los fundamentos, Jer. 31.37.

EXPLOTAR: Ir al descubrimiento de. Abusar la buena fe o ignorancia de alguien en beneficio propio. // Los que explotáis a los menesterosos, Am. 8.4. Véase **Defraudar.**

EXPONER: Poner en peligro; presentar; explicar. // Expondrá sus razones en oídos, Jos. 20.4. Hombres que han expuesto su vida, Hch. 15.26. Exponiendo... era necesario que el Cristo, Hch. 17.3. Expuse el evangelio que predico, Gá. 2.2. Exponiendo su vida para suplir, Fil. 2.20.

EXPOSICIÓN: Explicación. // La **e** de tu palabra alumbra, Sal. 119.130.

EXPRESAR: Enunciar por palabras o gestos. // Que no le es dado al hombre **e,** 2 Co.12.4.

EXPRESIÓN: Manifestación. // Mas las **e** de los limpios son limpias, Pr. 15.26.

EXPRIMIR: Apretar para extraer el jugo, o líquido. // Exprimió el vellón y sacó de él el rocío, Jue. 6.38.

EXPULSAR: Hacer salir, por castigo o con violencia. // Que sus expulsados fuesen presa, Ez. 36.5. Jesús era el mesías, fuera expulsado, Jn. 9.22. Y le expulsaron, Jn. 9.34. Y los expulsaron, Hch. 13.50. Y a nosotros nos expulsaron, 1 Ts. 2.15. Prohíbe y los expulsa de la iglesia, 3 Jn. 10.

ÉXTASIS: Arrebatamiento del alma, que se halla como trasladado fuera del cuerpo. // Ejemplos: Balaam, Nm. 24.4, 16; Pedro, Hch. 10.10; 11.5; Pablo, Hch. 22.17; Juan, Ap. 1.10.

EXTENDER: Desplegar; estirar. // Extiende tu mano, Mt. 12.13. Extienden los flecos de sus mantos, Mt. 23.5.

EXTERIOR: Lo que se ve por la parte de afuera. Lo que está por fuera. // Hombre **e** se corrompa, 2 Co. 4.16.

EXTERIORMENTE: De la parte de afuera.

Aparentemente. // No es judío el que lo es **e,** Ro. 2.28.

EXTERMINAR: Destruir con mortandad. // Para exterminarnos sin dejar nada, 2 S. 21.5. Jehú exterminó de Israel a Baal, 2 R. 10.28. Exterminar los que hagan iniquidad, Sal. 101.8. Para **e** a los niños, Jer. 9.21. Sean exterminados de la tierra, Jer. 24.10. Exterminaré a quien sacrifique, Jer. 48.35. Derramaría... ira... para exterminarlos, Ez. 20.13. Exterminaré a la multitud de Tebas, Ez. 30.15.

EXTINGUIR: Apagar (fuego, incendio). // Moisés oró y el fuego se extinguió, Nm. 11.2. Y cuando te haya extinguido, Ez. 32.7. Véase **Apagar, Eliminar, Exterminar.**

EXTORSIÓN: Acto de extorsionar. // Príncipe falto de... multiplicará la **e,** Pr. 28.16. No hagáis **e** a nadie, Lc. 3.14.

EXTRAÑAR: Hallar extraño, diferente de aquello a que se estaba acostumbrado. // Se extrañaba de que él se demorase, Lc. 1.21. Se extrañó de que no se hubiese lavado, Lc. 11.38. No os extrañéis, 1 Jn. 3.13.

EXTRANJERO: Que es o viene de otro país. // Los limpié, pues, de todo **e**, Neh. 13.30. Comprado del **e** por dinero, Gn. 17.27. **E** y forastero soy entre vosotros, Gn. 23.4. Para el pobre y para el **e** lo dejarás, Lv. 19.10. Amaréis, pues, el **e**; porque **e** fuisteis, Dt. 10.19. Apartaos... de las mujeres **e**, Esd. 10.11. Matan la viuda y al **e**, Sal. 94.6. No engañéis ni robéis al **e**, Jer. 22.3. Seré **e** para el que habla, 1 Co. 14.11. Ya no sois **e** ni advenedizos, Ef. 2.19. Confesando que eran **e** y peregrinos. He. 11.13. Pusieron en fuga ejércitos **e**, He. 11.34. Véase **Extraño, Forastero.**

EXTRAÑO: Desconocido, fuera de lo común. // Incienso **e**, Ex. 30.9. Fuego **e**, Lv. 10.1. Incensaron a dioses extraños, Jer. 1.16. Jerusalén será santa; y **e** no pasarán, Jl. 3.17. De ningún modo seguirán **e**, Jn. 10.5. Traes a nuestros oídos cosas **e**, Hch. 17.20. No os dejéis llevar de doctrinas... **e,** He. 13.9. Véase **Ajeno, Extranjero.**

EXTRAORDINARIO: Que no es ordinario. // Y hacía Dios milagros **e** por mano de Pablo, Hch. 19.12.

EXTRAVIARSE: Perderse en el camino. // O su asno extraviado, Ex. 23.4. Hizo **e** a Judá, 2 Cr. 33.9. Como oveja extraviada, Sal. 119.176. Se han extraviado siguiendo, 2 P. 2.15.

EXTREMIDAD: Fin, límite. // Acamparon... en la **e** del país de Edom, Nm. 33.37. A la **e** sur del Jordán, Jos. 18.19. Véase **Confines.**

EXTREMO: Que está en el último grado. // El fin viene sobre los cuatros **e,** Ez. 7.2. El **e** occidental hasta el **e** oriental, Ez. 45.7.

EZBAI, hb. **Brillando:** Un valiente de David, 1 Cr. 11.37.

EZBÓN: 1. Un hijo de Gad, Gn. 46.16. // 2. Un nieto de Benjamín, 1 Cr. 7.7.

EZEL, hb. **Partida:** Una piedra donde David se escondió, 1 S. 20.19.

EZEQUÍAS, hb. **Fortalecido por Dios:** 1. Un hijo de Acaz y rey de Judá. Hijo del rey Acaz, 2 R. 18.1. Padre del rey Manasés, 2 R. 20.21. Uno de los principales y más virtuosos reyes de Judá, 2 R. 18.5. La mayor celebración de la pascua desde los días de Salomón, 2 Cr. 30.26. Hizo pedazos la serpiente de bronce que Moisés hiciera, 2 R. 18.4. Israel fue llevado al cautiverio en el año sexto del reinado de Ezequías, 2 R. 18.10. En el año decimocuarto, Senaquerib invadió Judá, 2 R. 18.13. La destrucción del ejército de los asirios; 185 mil heridos, durante la noche, por el ángel del Señor, 2 R. 19.35. La enfermedad mortal de Ezequías y su sanidad, 2 R. 20.1. Quince años añadidos a su vida, 2 R. 20.6. Isaías clamó y el Señor hizo retroceder el sol, 2 R. 20.11. Hizo embalse y acueducto que trajo agua a Jerusalén, 2 R. 20.20. Mostró a los mensajeros del rey de Babilonia todos sus tesoros, y fue reprobado por Isaías, 2 R. 20.12-19. Reinó veintinueve años en Jerusalén y fue sepultado en el lugar más prominente de los sepulcros de los hijos de David, 2 R. 18.2; 2 Cr. 32.33. Uno de los antepasados en la genealogía de Jesucristo, Mt. 1.9. Véase **Reyes.** // 2. Uno de los descendientes de Salomón, 1 Cr. 3.23. // 3. Uno en la lista de los exiliados que volvieron de Babilonia, Esd. 2.16. //. 4. Un antepasado de Sofonías, Sof. 1.1. // 5. Hijo de Salum. Mostró gran valor en evitar, con otros, que fuera llevado para Samaria considerable número de cautivos, 2 Cr. 28.12.

EZEQUIEL, EL LIBRO DE: El tercero de los cuatro profetas llamados "mayores". A diferencia de los profetas antes del exilio que fueron enviados a Judá en primer lugar, o a las diez tribus, Ezequiel fue enviado a lo**s hijos de Israel, a toda la casa de Israel**, Ez. 2.3; 37.11; 39.25; 45.6. **Autor**: Ezequiel. **La clave**: Visiones, Ez. 1.1. Es un libro de visiones que recuerdan las cuatro criaturas vivientes, Gog y Magog, la nueva Jerusalén, el río del agua de la vida, etc, de Apocalipsis: Ez. 8; 9; 10; 11; 37; 40. Las divisiones: I. Ezequiel llamado al ministerio profético. 1.1. a 3.21. II. Predicciones de la próxima destrucción de Judá y Jerusalén, 3.22 a 7. III. Visiones de las abominaciones de Jerusalén, de las brasas de fuego, de cuatro ruedas, 8 al 11. IV. Reprensiones y advertencias, 12 al 23. V. Predicciones pronunciadas el mismo día que comenzó el sitio de Jerusalén, 24. VI. Profecías contra siete naciones, 25 a 32.

VII. La restauración de Jerusalén, 33 a 48. La ciudad, de que Ezequiel viera salir la gloria de Dios y posar sobre el monte de los Olivos (11.22,23) y que fue destruida, volverá a tener la gloria de Dios, 43.2-5; 44.4.

EZEQUIEL, hb. **Dios fortalece:** Uno de los cuatro grandes profetas. Se crió en Jerusalén, siendo, probablemente, un discípulo de Jeremías. Estaba entre los que fueron llevados cautivos a Babilonia por Nabucodonosor (2 R. 24.11-16), diez años antes de la destrucción de Jerusalén. Daniel pasó casi nueve años en Babilonia antes de que Ezequiel llegara allí. Los dos eran más o menos de la misma edad. Ezequiel era el profeta del cautiverio, profetizando en Babilonia todos los veintidós años de su ministerio. Como Jeremías él, también, era sacerdote, Ez. 1.3. Comenzó a profetizar en el quinto año de su cautiverio, Ez. 1.2. Vivía en una colonia de exiliados en Tel-Abib, en el "río Quebar". Tal vez un canal de irrigación, de las aguas del Éufrates. Ez. 3.15. Enviado por Dios a los hijos de Israel, Ez. 2.3; 33.7. Tenía una casa en el exilio, Ez. 3.24; 8.1. Hecho mudo y sanado, Ez. 3.26; 24.27; 33.22. Tenía gran influencia entre el pueblo, como se ve por el hecho de que los ancianos fueron a él para consultarlo, Ez. 8.1; 14.1; 20.1; etc. Ora a Dios por Israel, Ez. 9.8; 11.13. Sus parábolas, Ez. 15; 16; 17; 19; 23; 24. Pierde la esposa, Ez. 24.18. La tradición dice que fue muerto por uno de sus compañeros de exilio, a quien reprendiera por su idolatría.

EZER: 1. Un príncipe de los horeos, Gn. 36.21. // 2. Un descendiente de Judá, 1 Cr. 4.4. // 3. Un efraimita asesinado por los hombres de Gat, 1 Cr. 7.21. // 4. Uno de los que vinieron a David, cuando andaba huyendo de Saúl, 1 Cr. 12.9. // 5. Uno de los que trabajaron en la reedificación de los muros de Jerusalén, Neh. 3.19. // 6. Uno de los músicos que participaron en la dedicación de los muros de Jerusalén, Neh. 12.42.

EZIÓN-GEBER, hb. **Espina dorsal de gigante**: Uno de los lugares donde los israelitas se acamparon, Nm. 33.35; Dt. 2.8. Donde el rey Salomón hizo barcos, 1 R. 9.26. Donde los barcos de Josafat se rompieron, 1 R. 22.49.

EZRAÍTA: El nombre de la familia de Etán y Hemán. Salomón era más sabio que Etán, ezraíta, 1 R. 4.31. El Salmo 88 es de Hemán, ezraíta; el Salmo 89, de Etán, ezraíta. Véase los títulos de esos salmos.

EZRI, hb. **Dios es mi ayuda**: Uno dos administradores de David, 1 Cr. 27.26.

FAMILIA: "Yo y mi casa serviremos a Jehová" (Jos. 24.15).

F

FABRICANTE DE TIENDAS: El oficio del apóstol Pablo, y también de Aquila y Priscila, era el de fabricar tiendas, Hch. 18.1-3. En tiempos remotos se hacían las tiendas de pelos de cabras, o de pieles de animales, pero en la época de Pablo se hacían tal vez de paño fabricado en Cilicia. Véase **Tiendas.**

FÁBULA: Una narración, en la cual los seres irracionales, e incluso objetos inanimados, son representados como actuando y hablando, para enseñar lecciones morales. Hay sólo dos en la Biblia: 1) Los árboles ungen un rey, Jue. 9.7-15. 2) El Cardo y el Cedro, 2 R. 14.9. Las fábulas de falsos maestros, mencionadas en 1 Ti. 1.4; 4.7; 2 Ti. 4.4; Tit. 1.14 y 2 P. 1.16, parecen diferentes de las que conocemos como fábulas. Véase **Parábola.**

FÁCIL: Que se hace sin trabajo o sin coste. // ¿Qué es más fácil decir? Mt. 9.5. Es más fácil pasar un camello, Mt. 19.24.

FAENA. Trabajo que requiere esfuerzo mental o físico. // Esta fue mi parte de toda mi **f**, Ec. 2.10. A ver la **f** que se hace sobre la tierra, Ec. 8.16. Véase **Labor, Trabajo**.

FAJA: Tira de tela propia para ceñir la cintura. // Envuelta con **f**, Ez. 16.4; Lc. 2.12.

FALACIA: Palabras huecas. // ¿Harán tus **f** callar a los hombres?, Job 11.3.

FALLAR: No producir el efecto deseado. // Toros engendran, y no fallan, Job 21.10. Mi corazón me falla, Sal. 40.12. No que la palabra de Dios haya fallado, Ro. 9.6.

FALLECER: Morir, expirar. // Han fallecido, no resucitarán, Is. 26.14. Véase **Expirar, Morir.**

FALSAMENTE: Con falsedad. // Sobre que hubiere jurado **f,** Lv. 6.5. Vive Jehová, juran **f**, Jer. 5.2; 29.9. Todo aquel que jura **f,** Zac. 5.3. Argumentos de la **f** llamada ciencia, 1 Ti. 6.20.

FALSEDAD: Hipocresía, fraude, alteración de la verdad. // Porque su astucia es **f,** Sal. 119.118. Si alguno... con espíritu de **f** mintiere, Mi. 2.11. Véase **Doblez.**

FALSIFICAR: Imitar o alterar con fraude. // Falsificando la palabra, 2 Co. 4.2.

FALSO: Opuesto a la verdad, o a la realidad. // Acusación, Ex. 23.7. Apóstoles, 2 Co. 11.13. Corazón, Os. 10.2. Cristos, Mt. 24.24. Hermanos, 2 Co. 11.26; Gá. 2.4. Juramento, Lv. 19.12; Zac. 8.17. Lengua, Pr. 21.6. Maestros, 2 P. 2. Noticia, Ex. 23.1. Palabras, Job 36.4. Profeta, Mt. 7.15; 24.11,24; 1 Jn. 4.1; Ap.

19.20. Testimonio, Sal. 27.12; Pr. 6.19; 12.17; 19.5; 21.28; Hch. 6.13; 1 Co. 15.15. Testimonio, Ex. 20.16; Dt. 5.20; 19.16; Pr. 25.18; Mt. 19.18; 26.59. Visión, Jer. 14.14; Lm. 2.14; Ez. 12.24; 13.6.

FALTA: Pecado, culpa; acción o efecto de faltar. // Me acuerdo hoy de mis **f,** Gn. 49.1. El amor cubrirá todas las **f**, Pr. 10.12. Hallar ocasión alguna o **f**, Dn. 6.4. Es ya una **f** en vosotros, 1 Co. 6.7. Sorprendido en alguna **f**, Gá. 6.1. Véase **Carencia, Ofensa.**

FALTAR: Dejar de haber; no existir; haber carencia de. // Ni faltó al que había recogido poco, Ex. 16.18. Nada te faltará, Dt. 8.9. Ninguna palabra ha faltado, 1 R. 8.56. Nada me faltará, Sal. 23.1. Nada falta a los que le temen, Sal. 34.9. No hemos faltado a tu pacto, Sal. 44.17. ¿Qué más me falta? Mt. 19.20. Que no nos falte, Mt. 25.9. Una cosa te falta, Mr. 10.21. Faltó algo, Lc. 22.35. Pues lo que me faltaba, 2 Co. 11.9. Su vida para suplir lo que faltaba, Fil. 2.30.

FALTO: Que carece de algo. // **F** de cordura, Pr. 9.4; 11.12; de entendimiento, Pr. 24.30.

FALÚ, hb. **Notable:** Un hijo de Rubén, Gn. 46.9.

FAMA: Reputación; opinión pública. // Hemos oído su **f**, Jos. 9.9. Había llegado la **f** de su sabiduría, 1 R. 4.34. Oyendo la reina de Sabá la **f**, 1 R. 10.1. Oímos con nuestros oídos su **f**, Job 28.22. La buena **f** que el buen ungüento, Ec. 7.1. Se difundió su **f** por toda Siria, Mt. 4.24. Difundió la **f** por toda aquella tierra, Mt. 9.26. Divulgaron la **f** de él por toda aquella tierra, Mt. 9.31. Herodes el tetrarca oyó la **f** de Jesús, Mt. 14.1. Por mala **f** y por buena **f**, 2 Co. 6.8. Véase **Nombre, Renombre.**

FAMILIA: Personas de la misma sangre. // Según sus **f**, Gn. 10.5. En ti serán benditas todas las **f**, Gn. 12.3; 28.14. Tomaos corderos por **f**, Ex. 12.21. La más pequeña de todas las **f**, 1 S. 9.21. ¿Quién soy yo… o la **f** de mi padre… para que yo sea yerno del rey? 1Sm 18.18. Hace habitar en **f** los desamparados, Sal. 68.6. Las **f...** que no subieren a Jerusalén, Zac. 14.17. A los de La **f** de La fe, Gá. 6.10. Miembros de La **f** de Dios, Ef. 2.19. Toma nombre toda **f** en los cielos, Ef. 3.15. Véase **Casa, Generación, Tribu.**

FAMOSO: Que tiene gran reputación, buena o mala; muy conocido. // Vino a ser **f** entre las mujeres, Ez. 23.10. Véase **Notorio, Memorable.**

FANTASMA: Supuesta aparición de difunto. // Pensaron que era un **f,** Mr. 6.49.

FANUEL, El rostro de Dios: Padre de Ana, profetisa, Lc. 2.36.

FARAÓN, La gran casa: El título de los soberanos de Egipto. Muchos faraones fueron sepultados en las pirámides. Ningún faraón de las Escrituras puede con certeza ser identificado, a excepción del Faraón Necao y del Faraón-Hofra, 2 R. 23.29; Jer. 44.30. El Faraón de la opresión fue tal vez Ramsés II; el del éxodo, Meneptá II. // Faraón tomó la mujer de Abraham, Gn. 12.15. El patrón de José, Gn. 40. Tuvo un sueño, Gn. 41. Israel presentado a Faraón, Gn. 47. Afligió a los israelitas, Ex. 1.10. Permitió el éxodo, cap. 12.31. Persiguió a Israel y murió ahogado, Ex. 14. El suegro de Salomón, 1 R. 3.1. Ayudó Hadad, 1 R. 11.10. Echó en el Mar Rojo a Faraón, Ro. 9.17. Rehusó ser llamado hijo de la hija de Faraón, He. 11.24.

FARES, hb. **Separación:** Un hijo de Judá, Gn. 46.12; Mt. 1.3.

FARFAR, heb**. Rápido:** Un río de Damasco, 2 R. 5.12. Tal vez el Awaj. Véase mapa 3, C-1.

FARISEOS: Una de las principales sectas de los judíos, mucho más numerosa que la de los saduceos, y de mayor influencia entre el pueblo. Insistían en el cumplimiento estricto de la ley y de las tradiciones. Llamados **fariseos,** es decir, **separados,** porque no sólo se separaban de los demás pueblos, sino también de los otros israelitas. Observaban prácticas minuciosas, pero se olvidaban del espíritu de la ley, como se ve en la manera como se lavaban antes de comer, en el lavado de los vasos, jarras etc. Mr. 7.3,4; en pagar escrupulosamente el diezmo, Mt. 23.23; en la

Momia de Ramesés II.

observancia tan minuciosa del sábado que, en vez de ser de descanso, se volvió un peso, Mt. 12.1-14; Lc. 13.10-17. La literatura talmúdica es únicamente obra de los fariseos. Juan el Bautista los denunció como generación de víboras, Mt. 3.7. Denunciados abiertamente por Cristo, Mt. 5.20; 15.7, 8; 23.2-36. Acusaron a Jesús de echar demonios por el príncipe de los demonios, Mt. 9.34. Ridiculizaban a Cristo, Lc. 16.14. Intentaron sorprenderle a Jesús en alguna palabra, Mt. 22.15, 34. Hospedaron a Jesús, Lc. 7.36; 11.37. Creían en la resurrección, Hch. 23.8. Parábola del publicano y del fariseo, Lc. 18.10. Cristianos fariseos, Hch. 15.5. El nombre **fariseo** ha adquirido el sentido de **hipócrita.** No se debe, sin embargo, suponer que los fariseos eran ricos viviendo en lujo, o que habían caído en muchos vicios. Josefo nos informa que vivían de manera moderada, evitando todo lujo. Había entre ellos muchos individuos piadosos y de gran influencia entre el pueblo. Véase Hch. 26.5. Algunos fariseos de renombre: Simón, Lc. 7.36. Nicodemo, Jn. 3.1. Gamaliel, Hch. 5.34. Saulo de Tarso, Hch. 23.6; Fil. 3.5.

FASCINAR: Encantar, seducir. // ¿Quién os fascinó? Gá. 3.1.

FASTIDIO: Fatiga general causada por exceso de trabajo, ejercicio o enfermedad. // **F** tengo de mi vida, Gn. 27.46. Su alma tuvo **f** de mis estatutos, Lv. 26.43. **F** de este pan tan liviano, Nm. 21.5. Reuniré a los **f**, Sof. 3.18. ¡Oh, que **f** es esto! Mal. 1.13. Véase **Fatiga**.

FATIGA: Cansancio resultante del trabajo intenso. // De la **f** de su corazón, Ec. 2.22. El mucho estudio es **f,** Pr. 12.12. Viéndoles remar con gran **f,** Mr. 6.48. En trabajo y **f**, 2 Co. 11.27. Os acordáis... de nuestro trabajo y **f**, 1 Ts. 2.9. Trabajamos con afán y **f**, 2 Ts. 3.8. Véase **Cansancio.**

FATIGADO: Cansado. // Llegaron **f** y descansaron, 2 S. 16.14.

FATIGARSE: Causar fatiga, cansancio a. // Ni te fatigues de su corrección, Pr. 3.11. Pasarán por la tierra fatigados, Is. 8.21. Los que esperan a Jehová... caminarán y no se fatigarán, Is. 40.31. Fatigamos trabajando con nuestras, 1 Co. 4.12. Véase **Cansar.**

FATUO: Que tiene poca inteligencia o poco juicio. // Entended... **f**, Sal. 94.8. Con un fatuo en su necedad, Pr. 17.12. Perversos labios y **f,** Pr. 19.11. Véase **Estulto, Ignorante.**

FAUNA: Véase **Animal, Ave, Insecto, Reptil.**

FAVOR: Gracia, protección, benevolencia. // Con tanto **f** me has recibido, Gn. 33.10. No he implorado el **f** de Jehová, 1 S. 13.12. Ganaba Ester el **f** de todos, Est. 2.15. Y muchos suplicarán tu **f,** Job 11.19. Pero su **f** dura toda la vida, Sal. 30.5. Con tu **f** me afirmaste, Sal. 30.7. Alcanzará el **f** de Jehová, Pr. 8.35. El que procura el bien buscará **f**, Pr. 11.27. El bueno alcanzará **f** de Jehová, Pr. 12.2. Vosotros a **f** nuestro, 2 Co. 1.11. ¿Busco ahora el **f** de los hombres? Gá. 1.10. Tu **f** no fuese como de necesidad, Flm. 14. **Beneficio, Gracia, Recompensa.**

FAVORABLE: Benévolo, propicio. // Porque clamaron a Dios... les fue **f,** Cr. 5.20. Véase **Propicio.**

FAVORECER: Apoyar, proteger. // Ni favoreciendo al pobre... con justicia juzgarás, Lv. 19.15. Nos favoreció con una gran victoria, 1 Cr. 11.14.

FE: Confianza en la lealtad, en el saber, en la veracidad de alguien. En las palabras de la Biblia: "La certeza de lo que se espera, la convicción de lo que no se ve", He. 11.1. // Ordenada, Mr. 11.22; 1 Jn. 3.23. Sin fe es imposible agradar a Dios, He. 11.6. // Dada por el Espíritu, 1 Co. 2.4,5; 12.9. // Produce amor, Gá. 5.6; 1 Ti. 1.5. // La unidad de la fe, Ef. 4.5, 13; Jud. 3. // Milagros por medio de la fe, Mt. 9.22; Lc. 8.50; Hch. 3.16. // El poder de la fe, Mt. 17.20; Mr. 9.23; Lc. 17.6. // La prueba de nuestra fe, He. 11.17; Stg. 1.3; 1 P. 1.7. // Combate en la fe, 1 Co. 9.26; 1 Ti. 1.18; 2 Ti. 4.7. // Exhortación a permanecer firme en la fe, 1 Co. 16.13; 2 Co. 13.5; Ef. 6.16; Col. 1.23; 1 Tm 1.19; 6.11; Tit. 1.13; Jud. 3. // La fe es fuente: de alegría, 1 P. 1.8; de esperanza, 1 P. 1.21; de pureza, Hch. 15.9; de santidad, Hch. 26.18. // Trae al que cree: remisión de pecados, Hch. 10.43; paz, Ro. 15.13; descanso, He. 4.3; esperanza, Gá. 5.5; confianza, Ef. 3.12; filiación, Gá. 3.26; vida eterna, Jn. 3.36; 11.26; todas las cosas, Mt. 21.22; Mr. 9.23. // Habilita el que cree: a estar firme, 2 Co. 1.24; a vivir, Ro. 1.17; a andar, 2 Co. 5.7; a combatir, 1 Ti. 6.12; a vencer, 1 Jn. 5.4; a tener buen testimonio, He. 11.39; a hacerse hijo de Dios, Jn. 1.12. // Ejemplos de fe; Caleb, Nm. 13.30; Sadrac, Mesac y Abed-nego, Dn. 3.17; Bernabé, Hch. 11.24; Pablo, 2 Ti. 4.7; Esteban, Hch. 6.5; aquellos mencionados en Hebreos 11. // Poca fe, Mt. 6.30; Lc. 12.28. // Tanta fe, Mt. 8.10; Lc. 7.9. Gran fe, Mt. 15.28. // Al ver Jesús la fe, Mt. 9.2. // Tu fe te ha salvado, Mt. 9.22. // Conforme a vuestra fe, Mt. 9.29. // Fe como un grano de mostaza, Mt. 17.20. // La justicia, la misericordia y la fe, Mt. 23.23. // Dónde está vuestra fe, Lc. 8.25. // ¿Hallará fe en la tierra? Lc. 18.8. // Fe en el nombre de Jesús, Hch. 3.16. // Hombre lleno de fe, Hch. 6.5; 11.24. // Permanecer firmes en la fe, Hch. 14.22. // Abierto la puerta de la fe, Hch. 14.27. // Purificándoles por la fe, Hch. 15.9. // Fortalecidas en la fe, Hch. 16.5. // Santificados por la fe, Hch. 26.18. // Justificado por la fe, Ro. 3.28; 5.1; Gá. 2.16; 3.24. // Fe atribuida como justicia, Ro. 4.5. // Proviene de la fe, para que sea por gracia, Ro. 4.16. // Entrada por la fe, Ro. 5.2. // La palabra de la fe que predicamos, Ro. 10.8. // La fe viene por la predicación, Ro. 10.17. // Débil en la fe, Ro. 14.1. // Lo que no proviene de fe, es pecado, Ro. 14.23. // La fe no esté fundada en la sabiduría, 1 Co. 2.5. // Dada en el Espíritu, fe, 1 Co. 12.9. // Si tuviese toda la fe, 1 Co. 13.2. // Permanecen la fe... 1 Co. 13.13. // Si Cristo no resucitó... vana es también vuestra fe, 1 Co. 15.14. // Estad firmes en la fe, 1 Co. 16.13. // Por la fe estáis firmes, 2 Co. 1.24. // Andamos por fe, 2 Co. 5.7. // Vivo por la fe, Gá. 2.20. // Predicación de la fe, Gá. 3.2. // Fruto del Espíritu es fe (fidelidad), Gá. 5.22. // La familia de la fe, Gá. 6.10. // Sois salvos por medio de la fe, Ef. 3.12. // Habite Cristo en los corazones por la fe, Ef. 3.17. // Un Señor, una fe, un bautismo, Ef. 4.5. // La unidad de la fe, Ef. 4.13. // Tomad el escudo de la fe, Ef. 6.16. // Obra de fe, 1 Ts. 1.3; 2 Ts. 1.11. // Vestido con la coraza de fe, 1 Ts. 5.8. // La fe no es de todos, 2 Ts. 3.2. // Hijo en la fe, 1 Ti. 1.2. // Fe sin hipocresía, 1 Ti. 1.5; 2 Ti. 1.5. // Vinieron a naufragar en la fe, 1 Ti. 1.19. // Sé ejemplo de los creyentes... en la fe, 1 Ti. 4.12. // Ha negado la fe, 1 Ti. 5.8. // Se desviaron de la fe, 1 Ti. 6.10,21. // Pelea la buena batalla de la fe, 1 Ti. 6.12. // He guardado la fe, 2 Ti. 4.7. // Por no ir acompañada de fe, He. 4.2. // Echando otra vez el fundamento... de la fe, He. 6.1. // De aquellos que, por la fe, heredan, He. 6.12. // En plena certeza de fe, He. 10.22. // Es, pues, la fe la certeza de lo que se espera, He. 11.1. // Por la fe Abel, etc., He. 11.4, 5, 7, etc. // Sin fe es imposible agradar a Dios, He. 11.6. // El autor y consumador de la fe, He. 12.2. // La prueba de vuestra fe, Stg. 1.3. // Pero pida con fe, Stg. 1.6. // Que sean ricos en la fe, Stg. 2.5. // Que tiene fe, pero no tiene obras, Stg. 2.14. // La fe sin obras es muerta, Stg. 2.20. // La oración de fe salvará al enfermo, Stg. 5.15. // Guardados por medio de la fe, 1 P. 1.5. // Resistid firmes en la fe, 1 P. 5.9. // Fe igualmente preciosa que la nuestra, 2 P. 1.1. // Añadid a vuestra fe virtud, 2 P. 1.5. // La victoria que vence, nuestra fe, 1 Jn. 5.4. // La fe que ha sido una vez dada a los santos, Jud. 3. // Edificándoos sobre vuestra santísima fe, Jud. 20. // No has negado mi fe, Ap. 2.13. // Yo conozco tus obras... y fe, Ap. 2.19. // Los que guardan la fe en Jesucristo, Ap. 14.12. Véase **Confianza.**

FEBE, Puro, brillante: Pablo la describía como: 1. "Nuestra hermana". 2. "La cual es diaconisa de la iglesia en Cencrea". 3. "Ella ha ayudado a muchos", Ro. 16.1, 2. Esos versículos indican que fue ella misma la portadora de **la Epístola de Pablo a los romanos.** Se opina que era diaconisa de la Iglesia primitiva.

FELIPE, EL EVANGELIO DE: Una obra apócrifa.

FELIPE, gr. **Amador de Caballos:** 1. Felipe, el apóstol, Mt. 10.3. De Betsaida, en el mar de Galilea, Jn. 1.44. Se vuelve discípulo de Cristo, Jn. 1.43. Mencionado, también, en Jn. 6.5; 12.21 y 14.8. Uno de los fieles que oraban en el aposento alto después de la ascensión de Cristo, Hch. 1.12-14. // 2. Felipe, uno de los siete diáconos, Hch. 6.5. También evangelistas, Hch. 21.8. Huye de Jerusalén y haz gran obra en la ciudad de Samaria, Hch. 8. Bautiza al eunuco, Hch. 8.38. En Azoto y Cesarea hospeda a Pablo, antes su gran perseguidor, Hch. 21.8. Tenía cuatro hijas que profetizaban, Hch. 21.9. // 3. Felipe, Padre de Alejandro Magno y rey de Macedonia. // 4. Felipe, hijo de Herodes el Grande y Cleopatra de Jerusalén. Tetrarca de Iturea, Lc. 3.1. // 5. Felipe, hijo de Herodes el Grande y Mariamne, cuya mujer, Herodías, se volvió mujer de Herodes Antipas, Mt. 14.3.

FÉLIX, lat. **Feliz:** Antonio Félix y su hermano, Palas, eran esclavos en la casa de Agripina, madre de Claudio, el emperador mencionado en Hechos 18.2. Este envió Félix para gobernar una provincia. El historiador Tácito escribió que el ex esclavo "dominaba como rey con toda suerte de crueldad y lascivia y con el temperamento de un esclavo". El proceso y juzgamiento del apóstol Pablo ante Félix, Hch. 24.1-27. Véase **Drusila.**

FENECER: Terminar, morir. // Mis días... fenecieron sin esperanza, Job 7.6.

FENICE, gr. **Tierra de palmeras:** Una ciudad y puerto en la costa sureste de Creta, Hch. 27.12. Véase mapa 6, D-3.

FENICIA, gr. **Tierra de datileras** Mencionada en Hch. 11.19; 15.3; 21.2. Esta tierra es designada en el Nuevo Testamento como "la región de Tiro y Sidón", "las tierras de

Tiro", "de la costa de Tiro y de Sidón", Mt. 15.21; Mr. 7.24; Lc. 6.17. En el Antiguo Testamento, es designada como "el territorio de los cananeos desde Sidón", "y su límite hasta Sidón", "hasta Sidón la grande", "que pertenecía a Sidón", Gn. 10.19; 49.13; Jos. 11.8; 1 R. 17.9. Era una franja de tierra de la costa mediterránea de treinta y dos kilómetros de ancho que se extendía por unos 192 kilómetros desde el monte Carmelo hacia el norte. Véase mapa 2, C-2.

FENICIO: Eran comerciantes y habían establecido una colonia en Cartago, que llegó a ser un serio obstáculo al progreso de Roma en sus conquistas. Su idioma era semítico, de la familia del hebreo y arameo, la lengua vulgar de Palestina en la época de Cristo. La invención del alfabeto se atribuye a los fenicios. Concuerdan los escritores griegos y romanos que las letras fueron primero enseñadas a los griegos por ellos. En el tiempo de Salomón los judíos y los fenicios negociaban juntos en el exterior del país, 1 R. 10.22. La religión de los fenicios era sistema politeísta, en que tenían su lugar las fuerzas de la naturaleza y de los principios de la reproducción (varón y hembra). El sol, la luna y los planetas eran adorados como poderes inteligentes, fiscalizando los destinos humanos. Eran sus dioses, entre otros Baal, Astoret, y tal vez Asera. El culto a Baal, entre los fenicios, estaba acompañado de horribles sacrificios de los hijos, que los padres hacían pasar por el fuego.

Tigre

FÉRETRO: Ataúd. // David iba detrás del féretro de Abner, 2 S. 3.31. Jesús tocó el féretro del hijo de la viuda de Naín. Lc. 7.14. Véase **Ataúd.**

FEREZEO, hb. **Aldeanos:** Una de las siete naciones que habitaban en Canaán, antes de la conquista por los israelitas, Gn. 13.7; 34.30; 15.20; Ex. 3.8; Dt. 7.1; Jos. 9.1; Jue. 1.4. Se casaron con los hijos de Israel, Jue. 3.5, 6. Salomón los hizo trabajadores forzados, 1 R. 9.20, 21. Véase mapa 1, H-3.

FÉRTIL: Que produce mucho. // Si es **f** o estéril, Nm. 13.20. En los montes como en los llanos fértiles, 2 Cr. 26.10. Tomaron ciudades... tierra **f**, Neh. 9.25. He aquí el campo **f** era un desierto, Jer. 2.7.

FERVOROSO: Que tiene fervor. Que es diligente, dedicado, celoso. // Siendo de espíritu **f**, Hch. 18.25. Véase **Ardiente.**

FESTIVIDAD: Regocijo. // **F** de Jehová nuestro Dios, 2 Cr. 2.4.

FESTO, latín **Festivo, Alegre:** Porcio Festo fue designado, por Nerón, para suceder Félix, como gobernador de Judea, Hch. 24.27. Cuando Festo quería asegurarse el apoyo de los judíos, Pablo tenía que apelar a César, Hch. 25. Festo asistió la memorable defensa de Pablo ante el rey Agripa, Hch. 26. Festo murió dos años después, en 62 d.C., mientras desempeñaba su oficio de gobernador.

FIADOR: Persona que asegura el cumplimiento de los deberes de otro. // Si salieres **f** por tu amigo... te has enlazado, Pr. 6.1, 2. Con ansiedad será afligido el que sale pro **f** de un extraño, Pr. 11.15. Jesús es hecho **f** de un mejor pacto, He. 7.22.

FIANZA: Aval, arras, garantía o seguridad dada por una persona al cumplimiento de la obligación de otra. // El que aborrece las **f** vivirá seguro, Pr. 11.15.

FICOL, hb. **Grande:** Comandante del ejército de Abimelec, Gn. 21.22.

FIDELIDAD: Observancia de la fe debida. //Muestre amor permanente y **f,** 2 S. 15.20. Tu **f** alcanza hasta las nubes, Sal. 36.5. ¿Nula la **f** de Dios? Ro. 3.3. Extraviados de la sincera **f,** 2 Co. 11.3. // **Fidelidad** a Dios: 2 R. 12.15; Dt. 3.17, 18; 6.10; Mt. 24.45-47; 25.21; Hch. 20.26, 27; 2 Co. 2.17; 4.2; 3 Jn. 5. // **Fidelidad hacia los hombres:** Dt. 1.16; Pr. 11.13; 20.6; 28.20; Lc. 16.10; Tit. 2.10. // **Ejemplos de fidelidad:** Abraham, Gn. 22.; Gá. 3.9. José, Gn. 39.4, 22,23. Moisés, Nm. 12.7; He. 3.5. David, 1 S. 22.14. Daniel, Dn. 6.4. Pablo, Hch. 20.20,27. Ti., 1 Co. 4.17. Tíquico, Ef. 6.21. Onésimo, Col. 4.9. Véase **Lealtad.**

FIEBRE: Perturbación en la economía animal caracterizada por la frecuencia del pulso y el aumento de calor. // Jehová te herirá de tisis, de **f**, Dt. 28.22. Jesús sanó a la suegra de Simón de una fiebre muy alta, Lc. 4.38,39. Jesús sanó al hijo de un oficial del rey, que estaba a punto de morir de una fiebre, Jn. 4.46-54. Pablo sanó al padre de Publio, que enfermo de disentería, ardía en fiebre, Hch. 28.8.

FIEL: Que cumple aquello a lo cual se obligó. // Mi siervo Moisés, que es **f**, Nm. 12.7.

Jehová tu Dios es Dios, Dios **f**, Dt. 7.9. Mis ojos pondré en los **f** de la tierra, Sal. 101.6. Pero el **f** de espíritu lo encubre, Pr. 11.13. Es el mensajero **f,** Pr. 25.13. El siervo **f** y prudente, Mt. 24.45. Bien, buen siervo y **f**, Mt. 25.21. Que es **f** en lo muy poco, Lc. 16.10. Que cada uno sea hallado **f**, 1 Co. 4.2. **F** es el que os llama, 1 Ts. 5.24. Palabra **f** y digna, 1 Ti. 1.15. Las mujeres asimismo... sobrias, **f**, 1 Ti. 3.11. Si fuéremos infieles, él permanece **f**, 2 Ti. 2.13. Es **f** y justo para perdonar, 1 Jn. 1.9. Sé **f** hasta la muerte, Ap. 2.10. Estas palabras son **f**, Ap. 21.5. Véase **Honesto.**

FIELMENTE: De modo fiel. // Porque ha seguido **f** a Jehová, Dt. 1.36. **F** te conduces, 3 Jn. 5.

FIERA: Animal salvaje, sobre todo los carnívoros. // Se aumenten contra ti las fieras del campo, Ex. 23.29. Grosura del que fue despedazado por **f,** Lv. 7.24. No haya quien pase a causa de las fieras, Ez. 14.15. Batallé en Efeso contra **f**, 1 Co. 15.32. **F** de la tierra, Ap. 6.8. Véase **Animal, Bestia.**

FIESTA: Solemnidad en conmemoración de un hecho importante. // Para que me celebre una **f** en el desierto, Ex. 5.1. Las **f** solemnes de Jehová, Lv. 23.2. Estaba cerca la **f** de los judíos, Jn. 7.2. En el último día, el gran día de la **f**, Jn. 7.37. Celebremos la **f,** no con la vieja levadura, 1 Co. 5.8. Nadie os juzgue en comida o en bebida, o en cuanto a días de **f**, Col. 2.16. // Hay tres divisiones en la clasificación de las fiestas: 1) Las del sábado: a) El propio sábado, Lv. 23.3. b) La luna nueva, Nm. 28.11-15. C) La séptima luna nueva, la fiesta de las trompetas, Lv. 23.24. d) El año sabático, Lv. 25.3-7. e) El año del Jubileo, Lv. 25.8-18. 2) Las tres grandes fiestas: a) La pascua, de los panes sin levadura, Lv. 23.4-8. B) La fiesta de las primicias, o del Pentecostés, Lv. 23.15-25. d) La fiesta de los tabernáculos, Lv. 23.9-14. 3) El día de la expiación, Lv. 23.26-32. Después del exilio se observaba la fiesta de purim, Est. 9.20-28; y de la dedicación, Jn. 10.22. La Cena del Señor también se llama **fiesta**, 1 Co. 5.8. Véase **Banquete, Cena.**

FIGELO, gr. **Fugitivo:** Uno de los dos de la provincia de Asia que abandonaron a Pablo en la época de la última prisión del apóstol, 2 Ti. 1.15.

Filacteria

FIGURA: Forma exterior de un cuerpo. // Imagen de **f** alguna, Dt. 4.16. **F** que os hicisteis para adorarla, Hch. 7.43. Sirven a lo que es **f** y sobra, He. 8.5. **F** de las cosas celestiales, He. 9.23. Hecho de mano, **f** del verdadero, He. 9.24. Véase **Imagen.**

FIGURADO: Representado alegóricamente. // En sentido **f,** también le volvió, He. 11.19.

FIJARSE: Hincar, clavar, asegurar un cuerpo en otro; hacer algo fijo o estable; determinar algo de forma precisa; dirigir o centrar intensamente la mirada o la atención en algo o alguien. // Mas os ruego, hermanos, que os fijéis en los que causan divisiones y tropiezos, Ro. 16.17. Había fijado su tienda en el monte, Gn. 31.25. Mirar fijamente, Hch. 10.4; 23:1**;** 2 R. 8.11**. Plazo, tiempo,** Ex. 9.5**; Límites**, Ex. 23.31**;** Dt. 19.14**; Términos,** Sal. 74.17**. Precio,** Lv. 27.8**; Lugar,** 2 S. 7.10**. Los ojos**, Job 7:8**;** Sal. 32.8**;** Lc. 4.20**;** 22:56**;** Hch. 3.4**;** 6.15**;;** 11:6**;** 13:9**;** 14:9**; La vista,** 2 Co. 3.7, **13. El corazón**, Ec. 7.25**. Véase Señalar, Determinar**, **Asegurar.**

FIJO: Que no se mueve. // Y los ojos de todos... estaban **f** en él, Lc. 4.20.

FILACTERIA, Amuleto: Para ser vistos por los hombres... ensanchan sus **f**, Mt. 23.5. La filacteria era una tira estrecha de piel o pergamino, en el que había escrito un pasaje de las Escrituras y que los judíos llevaban en el brazo o en la cabeza. El empleo de tales distintivos viene desde el tercer o cuarto siglo antes de Cristo. La explicación de esta costumbre se encuentra, sin duda, en Dt. 6.6-8.

FILADELFIA, gr. **Amor fraternal:** Una ciudad de Lidia, a cuarenta y cinco kilómetros de Sardis. Se llama actualmente **Alasehir,** un puerto importante de Turquía. La carta a la iglesia en Filadelfia era sexta en orden de las enviadas a las siete iglesias de Asia, Ap. 3.7-13. Véase mapa 6, E-2. // 2. Metrópoli y fortísima fortaleza de los amonitas, situada 30 km para sureste de Ramot en Galaad. Se llamaba **Rabá,** Jos. 13.25. Fue embellecida por Ptolomeo Filadelfo (285-247 a.C.) y recibió el nombre de Filadelfia.

FILEMÓN, EPÍSTOLA DE PABLO A: Las cuatro epístolas escritas desde la cárcel en Roma son, en orden cronológico, Efesios, Col., Filemón y Filipenses. **El autor:**

Pablo, preso de Jesucristo, 1.1. **La clave:** El gran poder del evangelio para resolver los problemas sociales: Filemón era un creyente adinerado. Onésimo, un esclavo que pertenecía a Filemón, huyó a Roma. Allí se encontró con Pablo y se convirtió. El apóstol deseaba que su recién nacido y querido hijo en la fe, se quedara con él, v. 13. Fue, naturalmente, aun más difícil para el esclavo volver a su señor. Pero el verdadero arrepentimiento es para con Dios, lo cual lleva a la restitución, Hch. 20.21; 26.20. Y el esclavo Onésimo, volvió a su señor, Filemón. No hay nada más repugnante que la esclavitud. Sin embargo, la verdadera reforma social es fruto del Espíritu. Sin revolución ni alboroto, y sin provocar ninguna fricción entre el esclavo y su Señor, el cristianismo, en todo lugar donde entra acaba la esclavitud. El verdadero cristianismo rige el corazón; el corazón determina la conducta del hombre. Onésimo no volvió con espíritu amargado, ni Filemón lo recibió de nuevo como esclavo; se recibieron el uno al otro como hermanos **amados,** v. 16. **Las divisiones: I.** Saludo, vs. 1 a 3. **II.** El amor y la abnegación de Filemón, vs 4 1 7. **III.** Pablo intercede en favor de Onésimo, vs. 8 a 21. **IV**. Los últimos saludos y la bendición, vs. 22 a 25.

FILEMÓN, gr. **Amable:** Un convertido, probablemente de Pablo, Flm. 10. Residía en Colosas (Col. 4.9), en cuya casa se realizaban los cultos, Flm. 2. Pablo escribió a Filemón, Flm. 1.

FILETO, gr. **Amado:** Enseñaba, junto con Himeneo, que la resurrección ya se realizó, 2 Ti. 2.17.

FILIPENSES, EPÍSTOLA DE PABLO A LOS: La décima, en el orden cronológico y la sexta en el orden de la Biblia, de las epístolas de Pablo. Pablo, muy distante de Filipos y en la cárcel, no fue olvidado por los hermanos de Filipos. Enviaron una ofrenda al apóstol; la Epístola de Pablo es su respuesta a los filipenses, por mano de Epafrodito, 4.18. Es una carta sencilla y sincera, un derramamiento afectuoso y espontáneo de un corazón que podía expresarse sin reserva a una iglesia muy amada. Es significativo que entre los santos en Roma que enviaron saludos a los santos de Filipos, se mencionan en especial "los de la casa de César", 4.22. La casa de César incluía a los esclavos, subordinados e incluso a altos funcionarios al servicio del emperador Nerón. Las cadenas de Pablo contribuyeron al progreso del evangelio, incluso en toda la guardia pretoriana, 1.13. Este fue un cuerpo de diez mil soldados del cuartel general del emperador, algunos de los cuales se alternaban guardando a Pablo esposado. Lea la historia del comienzo de la obra en Filipos, en el segundo viaje misionero de Pablo, Hch. 16.12-40. **El autor:** El apóstol Pablo, 1.1. Esperando una sentencia o de vida o de muerte, anhelaba su liberación. Fue absuelto y visitó otra vez a los queridos hermanos en Filipos. Más tarde fue apresado otra vez, llevado a Roma y decapitado. **La clave:** "Regocijaos en el Señor siempre, 4.4. Esta epístola, llena de alegría y gratitud, desde las profundidades de la cárcel (1.7, 13, 14,17), y a la sombra del cepo del decapitador, recuerda los cánticos de alabanza casi a medianoche en la cárcel de Filipos, Hch. 16.25. **Las divisiones: I**. Saludo, acciones de gracia y súplicas en favor de los filipenses, 1.1-11. **II.** Lo que le ocurrió a Pablo contribuyó al progreso del evangelio, 1.12-30. **III.** Amonesta los filipenses a ser fuertes por su unión, 2.1-18. **IV.** Promete enviarles Ti., 2.19-30. **V.** Advertencia contra falsos maestros, cap. 3. **VI.** Termina con varias exhortaciones, saludos y una bendición, cap.4.

FILIPOS, CESAREA DE: Mr. 8.27. Véase **Cesarea de Filipos.**

FILIPOS: Capital de Macedonia, situada en el importante camino entre Roma y Asia. Véase mapa 6, D-1. Su nombre se deriva de Felipe, rey de Macedonia, padre de Alejandro Magno, que la reedificó y embelleció. Fue en Filipos que, por primera vez, se predicó el evangelio en Europa, en la época del segundo viaje misionero de Pablo. Véase Hch. 16.9-40. La familia de Lidia y la del carcelero fueron los primeros convertidos. Allí Pablo estableció una de las iglesias más fieles. No sabemos de otra iglesia que contribuyera con dinero para la obra misionera de Pablo. Véase Fil. 4.15, 16.

FILISTEA: Sal. 60.8; 87.4; Is. 14.29. Un país a la orilla del mar Mediterráneo, de ochenta kilómetros de largo y 25 kilómetros de ancho, que se extendía desde Jope hasta el sur de Gaza. Se llamaba, también, **la tierra de los filisteos,** Gn. 21.32, 34; **las regiones de los filisteos,** Jos. 13.2. Véase mapa 2, B-5. Las ciudades principales eran: Gaza, Asdod, Ascalón, Gat, Ecrón. Véase **Filisteos.**

FILISTEOS: El pueblo incircunciso, que migraba de Caftor, es decir, la isla de Creta (Am. 9.7), y habitaba Filistea. Eran descendientes de Cam, Gn. 10.14. Adoraban a dos dioses de los babilonios: Dagón y Astoret, 1 S. 5.2; 31.10. Las cinco ciudades principales fueron gobernadas por los "cinco príncipes de los filisteos", mencionados varias veces, Jos. 13.3; Jue. 3.3; 1 S. 6.18; 7.7; etc. Dominaban los israelitas, Jue. 13.1; 15.11; 1 S. 13.19. Derrotados por los israelitas, 1 S. 14.1-17; 17. Mataron a Saúl y a Jonatán, 1 S. 31. Ezequías los sojuzgó, 2 R. 18.8. Véase **Filistea.** Véase también, mapa 1, G-3.

FILO: Borda aguda de un instrumento cortante. // Y espadas de dos **f** en sus manos, Sal. 149.6; Pr. 5.4; He. 4.12; Ap. 1.16. Véase **Corte.**

FILÓLOGO, gr. **Amigo de las letras:** Un cristiano residente en Roma, Ro. 16.15.

FILOSOFÍA: Literalmente la palabra quiere decir **amor a la ciencia.** La filosofía es la ciencia general de los seres, de los principios y de las causas. La palabra se refiere, también, a la doctrina o sistema particular de un filósofo célebre, de una escuela o una época. Es probable que la palabra en Col. 2.8, no se refiera a la filosofía griega, sino a aquel sistema especial de pensamiento y de práctica de los falsos maestros de Colosas, cualquiera que fuere.

FILÓSOFO: Los filósofos epicúreos y estoicos contendían con Pablo (Hch. 17.18), eran pensadores griegos, representantes de lo que aún se llamaba **filosofía. Filosofar** es argumentar, discutir o disputar usando sutilezas.

FIN: Término, conclusión, límite. Muerte. // Al **f** perecerá para siempre, Nm. 24.20. Hazme saber Jehová mi **f**, Sal. 39.4. Entrando en el... comprendí el **f** de ellos, Sal. 73.17. El tiempo del **f**, Dn. 8.17. El que persevere hasta El **f**, Mt. 10.22. Pero aún no es el **f**, Mt. 24.6. Entonces vendrá el **f**, Mt. 24.14. Su reino no tendrá **f**, Lc. 1.33. Los amó hasta el **f**, Jn. 13.1. Por **f** la vida eterna, Ro. 6.22. El **f** de la ley es Cristo, Ro. 10.4. A quienes han alcanzado los **f** de los siglos, 1 Co. 10.11. Luego el **f**, 1 Co. 15.24. Ni **f** de vida, He. 7.3. Habéis visto el **f** del señor, Stg. 5.11. Obteniendo el **f** de vuestra fe, que es la salvación de vuestras almas, 1 P. 1.9. Será el **f** de aquellos que no obedecen, 1 P. 4.7. Yo soy el principio y el **f**, Ap. 21.6; 22.13.

FINAL: Último. // A la **f** trompeta, 1 Co. 15.52.

FINEES: 1. Hijo de Eleazar y nieto de Aarón, Ex. 6.25. Mostró gran celo en la eliminación de la licenciosa idolatría, en Baal-peor, Nm. 25.7. Jefe de una delegación, enviada con el fin de amonestar a las tribus de al otro lado del Jordán por causa de la edificación un altar, Jos. 22.13. Ministraba delante del arca del pacto durante la batalla contra Gabaa, Jue. 20.28. // 2. El hijo menor de Elí, 1 S. 1.3. // 3. Un levita y padre de cierto Eleazar, Esd. 8.33.

FINGIDAMENTE: De modo fingido. // Sino **f**, dice Jehová, Jer. 3.10. Véase **Sinceramente.**

FINGIDO: Falso, imitativo. // Es el amor nacido de... fe no **f,** 1 Ti. 1.5. La fe no **f,** 2 Ti. 1.5. Para el amor fraternal no **f,** 1 P. 1.22.

FINGIMIENTO: Acción o efecto de fingir. // El amor sea sin **f,** Ro. 12.9. Véase **Hipocresía.**

FINGIR: Inventar, simular. Querer pasar por (lo que no es). // Y se fingieron embajadores, Jos. 9.4. Se fingió loco entre ellos, 1 S. 21.13. Y fingió que estaba enfermo, 2 S. 13.6. Mujer de Jeroboam. ¿Por qué te finges otra? 1 R. 14.6.

FINO: Precioso por la cualidad; excelente. // Púrpura, carmesí, lino **f**, Ex. 25.4. Corona de oro **f,** Sal. 21.3. Sus frutos más que el oro **f,** Pr. 3.14. Sobre basas de oro **f,** Cnt. 5.15. Se vestía de púrpura y de lino **f,** Lc. 16.19.

FIRMAMENTO: La bóveda celeste; cielo. // Y el **f** anuncia la obra de sus manos, Sal. 19.1. Alabadle en la magnificencia de su **f**, Sal. 150.1. Los entendidos resplandecerán como el resplandor del **f**, Dn. 12.3.

FIRME: Fijo, estable. // Me hace estar **f** sobre mis alturas, Sal. 18.33. A fin de que la promesa sea **f,** Ro. 4.16. Hermanos míos amados, estad **f,** 1 Co. 15.58. Estad **f** en la fe, 1 Co. 16.13. Estáis **f** en un solo espíritu, Fil. 1.27. Se guardamos **f** hasta el fin, He. 3.6. **F** ancla del alma, He. 6.19. Resistid **f** en la fe, 1 P. 5.9. Procurad hacer **f** vuestra vocación, 2 P. 1.10. Véase **Estable, Seguro.**

FIRMEZA: Seguridad, constancia. // La **f** de vuestra fe, Col. 2.5. Quiero que insistas con **f,** Tit. 3.8. Caigáis de vuestra firmeza, 2 P. 3.17.

FLACO: Las siete vacas **f** y feas, Gn. 41.27. Juzgaré entre la oveja engordada y la oveja **f**, Ez. 34.20.

FLACURA: Cualidad de flaco. // Testigo es mi **f**, Job 16.8.

FLAQUEZA: Pecado, desliz, falta, debilidad. // Debemos soportar las **f** de los débiles, Ro. 15.1.

FLAUTA: Instrumento musical de viento, cilíndrico, con huecos y llaves // Alabadle... con flautas, Sal. 150.4. Véase **Música.**

FLAUTISTA: Persona que toca la flauta. // Voz... de **f...** no se oirá más en ti, Ap. 18.22.

FLECHERO: Soldado o cazador que tiraba flechas. // El arte de usar arco y flecha, en la guerra en la caza, data de tiempos prehistóricos, Ismael, hijo de Abraham y Agar, habitó en el desierto y se volvió flechero, Gn. 21.20. Esaú cazaba con arco, Gn. 27.3. Saúl herido por los flecheros, 1 S.

31.3. Los hijos de Ulam hombres valientes y... flecheros diestros, 1 Cr. 8.40. El rey Josías gravemente herido por flecheros, 2 Cr. 35.23. Me rodearon sus flecheros, Job 16.13. De los valientes flecheros, Is. 21.17. Haced juntar contra Babilonia flecheros, Jer. 50.29. Véase **Lancero.** [LEGENDA]: Tropa de flecheros disciplinados

FLECO: Mt. 23.5. Tejido, del que cuelgan hilos, torcidos o no para guarnecer piezas del vestuario, muebles etc.

FLEGONTE, gr. **Ardiente:** Un cristiano en Roma, Ro. 16.14.

FLOJEDAD: Falta de energía, de actividad. // Por la **f** de las manos se llueve la casa, Ec. 10.18.

FLOJO: Sin energía, débil. // Si fueres **f** en el día de trabajo, Pr. 24.10.

FLOR: Parte de un vegetal que contiene uno de los órganos reproductores o ambos. La vara de Aarón... había... echado **f**, Nm. 17.8. Manzanas y sus **f**, Ex. 25.31; la **f** del Líbano, Nahúm 1.4l; **f** de lis, 1 R. 7.26; del campo, Sal. 103.15; Stg. 1.10; 1 P. 1.24.

FLORA: Para una lista de las plantas mencionadas en las Escrituras, Véase **Planta.**

FLORECER: Producir flores; prosperar. Fructificar. // Florecerá la vara del... que yo escoja, Nm. 17. Florecerá en sus días justicia, Sal. 72.7. El justo florecerá como la palmera, Sal. 92.12. El yermo se gozará y florecerá, Is. 35.1. Aunque la higuera no florezca, Hab. 3.17.

FLOTA: Conjunto de barcos de un país. // Una f de Tarsis 1 R. 10.22.

FLOTAR: Sostenerse un cuerpo en la superficie de un líquido. // Hizo **f** el hierro, 2 R. 6.1-7.

FLUCTUAR: Oscilar, cambiar alternativamente; dudar en la resolución de una cosa. // Mantengamos firme, sin **f**, la profesión de nuestra esperanza, He. 10.23**.** Véase **Dudar**.

FLUIR: Correr en estado líquido. // Tierra que fluye leche y miel, Ex. 3.8, 17.

FLUJO: Acción y resultado de fluir los líquidos y los gases. // Cuando tuviere **f** de semen, Lv. 15.2.

FORASTERO: Persona que no es de la tierra donde se halla de paso. // **F** soy en tierra ajena, Ex. 2:22. Porque **f** soy para ti, Sal. 39.12. Fui **f,** y me recogisteis, Mt. 25.35. Cuando te vimos **f,** Mt. 25.38. ¿Eres tú el único **f** en Jerusalén? Lc. 24.18. Véase **Peregrino.**

FORJAR: Dar, por medio del fuego y del martillo, forma a. Inventar. // Contra forjaron mentiras, Sal. 119.69. Ninguna arma forjada... prosperará, Is. 54.17. Forjad espadas de vuestros azadones, Jl. 3.10.

FORMA: Configuración exterior de los cuerpos. Manera como las cosas se manifiestan. // Tres copas en **f** de flor, Ex. 25.33. De la misma **f** hizo en el otro capitel, 1 R. 7.18. Como a barro me diste **f,** Job 10.9. Le da **f** con martillos, Is. 44.12. **F** de reptiles, Ez. 8.10. Después apareció en otra **f**, Mr. 16.12. La **f** de la ciencia, Ro. 2.20. Obedecido de corazón... a **f** de doctrina, Ro. 6.17. Siendo en **f** de Dios, Fil. 2.6. Tomando **f** de siervo, Fil. 2.7.

FORMAR: Dar forma a. // Formó Dios: al hombre, Gn. 2.7; Job, Job 10.8; del barro, Job 33.6; la luna y las estrellas, Sal. 8.3; el corazón, Sal. 33.15; la tierra, Sal. 90.2; los ojos, Sal. 94.9; mis entrañas, Sal. 139.13; la luz, Is. 45.7; a Jeremías, en el vientre materno, Jer. 1.5; los montes, Am. 4.13; Adán, 1 Ti. 2.13. Que Cristo sea formado en vosotros, Gá. 4.19.

FORMIDABLE: Magnífico, espléndido. // Porque **f,** maravillosas son tus obras, Sal. 139.14.

FORNICACIÓN: Relación sexual de persona no casada, con persona casada o no. El adulterio es el pecado de personas casadas con otras que no son sus propios cónyuges. Véase Ex. 22.16; Nm. 25; Pr. 2.16-1; 1 Co. 6.9; Del corazón proceden... los adulterios, las **f**, Mt. 15.19. Las obras de la carne son... **f**, Gá. 5.19. Pero no quiere arrepentirse de su **f**, Ap. 2.21. Véase **Adulterio, Divorcio, Prostitución.**

FORNICAR: Tener relaciones sexuales fuera del matrimonio. // Has fornicado con muchos amigos, Jer. 3.1.

FORNICARIO: El que comete fornicación. // Ningún **f**... tiene herencia, Ef. 5.5. Los **f,** para los sodomitas, 1 Ti. 1.10. No sea que haya algún **f**, He. 12.16. **F** y hechiceros... tendrán su parte, Ap. 21.8.

FORTALECER: Volver fuerte. // David se iba fortaleciendo, 2 S. 3.1. Mi brazo también lo fortalecerá, Sal. 89.21. Fortaleced las manos cansadas, Is. 35.3. Y me fortaleció, Dn. 10.18. Y el niño se fortalecía en espíritu, Lc. 1.80. Un ángel del cielo para fortalecerle, Lc. 22. 43. Fortalecidas por el Espíritu Santo, Hch. 9.31. Se fortaleció en fe, Ro. 4.20. El ser fortalecidos con poder, Ef. 3.16. Fortaleceos en el Señor, Ef. 6.10. Lo puedo en Cristo que me fortalece, Fil. 4.13. Fortalecidos con todo poder, Col. 1.11. Doy gracias al que me fortaleció, 1 Ti. 1.12. Él mismo os... fortalezca y establezca, 1 P. 5.10. Véase **Fortificar.**

FORTALEZA: Fortificación. // Jehová es mi **f** y mi cántico, Ex. 15.2. David tomó la fortaleza de Sion, 1 Cr. 11.5. El Señor es la **f** de mi vida, Sal. 27.1. Dios es nuestro refugio y

f, Sal. 46.1. El hombre que no puso a Dios por su **f**, Sal. 52.7. **F** mía y mi libertador, Sal. 144.2. El camino de Jehová es **f,** Pr. 10.29. Porque mi **f** y mi canción… es Jehová, Is. 12.2. Fuiste **f** al pobre, **f** al menesteroso, Is. 25.4. En Jehová el Señor está la **f,** Is. 26.4. Jehová, **f** mía, y fuerza mía, Jer. 16.19. Le mandó llevar a la **f**, Hch. 21.34; 22.24. Véase **Baluarte, Castillo.**

FORTIFICADO: Que tiene fortaleza. // Ciudades **f** con muros altos, Dt. 3.5. ¿Quién me llevará a la ciudad f? Sal. 60.9; 108.10.

FORTIFICAR: Fortalecer; guarnecer de fuertes o fortalezas. // Sus ciudades fortificadas serán, Is. 17.9. Entrémonos en las ciudades fortificadas, Jer. 4.5. Judá multiplicó ciudades fortificadas, Os. 8.14. Véase **Fortalecer.**

FORTUNA: Para la diosa Fortuna, Is. 65.11. Véase **Baal-gad.**

FORTUNATO, latín, Afortunado: // Enviado, con Estéfanas y Acaico, por la iglesia en Corinto, reanimaron el espíritu del apóstol Pablo, 1 Co. 16.17.

FORZADO: Obligado, compelido. // Porque había **f** a Tamar, 2 S. 13.22.

FORZAR: Hacer fuerza o violencia física para conseguir un fin; tomar u ocupar por la fuerza; abusar sexualmente de una persona. // Si el ladrón fuere hallado forzando una casa, Ex. 22.2. La forzare aquel hombre, acostándose con ella, Dt. 22.25. Mas él no la quiso oír, sino que pudiendo más que ella, la forzó, y se acostó con ella, 2 S. 13.14. Absalón aborrecía a Amnón, porque había forzado a Tamar su hermana, 2 S. 13.22. Esto había sido determinado desde el día en que Amnón forzó a Tamar su hermana, 2 S. 13.32. ¿O forzará alguien mi fortaleza?, Is. 27.5. **Véase Obligar.**

FOSA: Excavación extensa de anchura limitada. // **F** profunda es la boca de la mujer extraña, Pr. 22.14. El caerá en su misma **f**, Pr. 28.10. Entre los hijos de los hombres, con los que descienden a la **f**, Ez. 31.14. Sus sepulcros fueron puestos a los lados de la **f**, Ez. 32.23. Véase **Zanja, Foso.**

FRAGANCIA: Aroma, perfume. // No oleré la **f** de vuestro... perfume, Lv. 26.31. Véase **Perfume.**

FRÁGIL: Poco resistente. // El reino será en parte fuerte… parte **f**, Dn. 2.42. Mujer como a vaso más **f**, 1 P. 3.7.

FRANJA: Fleco: Nm. 15.38,39; Dt. 22.12. Ornamento de pasamanería, compuesto por lo general de un botón donde cuelga un manojo de hilos de seda, algodón, lana, oro o plata.

FRANQUEZA: Sinceridad, lealtad. // Mucha **f** tengo con vosotros, 2 Co. 7.4.

FRATERNAL: Afectuoso. // El amor f, Ro. 12.10; 1 Ts. 4.9; He. 13.1.

FRATERNALMENTE: De modo fraternal. // Compadecidos, **f** amigos, 1 P. 3.8.

FRATERNIDAD, AMOR FRATERNAL: 2 P. 1.7; Jud. 12. Unión o familiaridad como de hermanos.

FRAUDE: Dolo, engaño. // En toda clase de **f,** Ex. 22.9. Llena está su boca de **f,** Sal. 10.7. Palabras de su boca son iniquidad y **f,** Sal. 36.3. Y meditan **f** todo el día, Sal. 38.12. Y el **f** y el engaño no se apartan, Sal. 55.11. No habitará… mi casa el que hace **f,** Sal. 101.7. Véase **Engaño.**

FRAUDULENTO: Propenso a fraude. // Libra mi alma… de la lengua **f,** Sal. 120.2. Obreros **f,** que se disfrazan, 2 Co. 11.13.

FRECUENTE: Que se repite, usual. // Poco de vino por… tus **f** enfermedades, 1 Ti. 5.23.

FRENO: Instrumento de hierro que, introducido en la boca de las caballerías, sirve para sujetarlas y dirigirlas. // Pondré… mi **f** en tus labios, 2 R. 19.28. O Guardaré mi boca con **f,** Sal. 39.1. Ponemos **f** en la boca de los caballos, Stg. 3.3.

FRENTE: Parte superior del rostro humano. // Tu **f** fuerte contra sus Ez. 3.8. Hasta que hayamos sellado en sus **f**, Ap. 7.3. El sello de Dios en sus **f**, Ap. 9.4. El nombre de él y de su padre en la **f**, Ap. 14.1. Recibe su marca en su **f**, Ap. 14.9. En su **f** un nombre escrito, Ap. 17.5. No recibieron la marca en sus **f**, Ap. 20.4. Verán su rostro, y su nombre… en sus **f**, Ap. 22.4.

FRENTE: Vanguardia. **Delantera**. Al frente. // Poned Urías al **f**, 2 S. 11.15. Por haberse puesto al **f** los caudillos, Jue. 5.2.

FRESCO: Reciente, nuevo. // Comerá uvas f, Nm. 6.3. Hallando una quijada de asno **f**, Jue. 15.15.

FRIGIA: Región del centro de Asia Menor, al sur de Bitinia. Laodicea, Hierápolis, Colosas y Antioquia (de Pisidia) eran ciudades de Frigia. Algunos judíos de Frigia se hallaban en Jerusalén en el día de Pentecostés y estuvieron cuando vino el Espíritu Santo, Hch. 2.10. El apóstol Pablo recorrió Frigia en el segundo viaje misionero, Hch. 16.6. En su tercer viaje la atravesó otra vez, Hch. 18.23. Véase mapa 6, E-2.

FRÍO: Ausencia de calor. // No cesarán… la siega, el **f,** y el calor, Gn. 8.22. El que quita la ropa en tiempo de **f**, Pr. 25.20. Como el agua **f** al alma sedienta, Pr. 25.25. Aunque sea un vaso de agua f, Mt. 10.42. Recibieron a todos a causa… del **f**, Hch. 28.2. En **f,** y en desnudez, 2 Co. 11.27. Que ni eres frío ni caliente, Ap. 3.15.

FRONDOSO: Que crece con extraordinario verdor y savia. // Es Israel una **f** viña, Os. 10:1.

FRONTAL: Ex. 13.16; Dt. 6.8. Compare Ex. 13.9. Faja usada alrededor de la cabeza.

FRUCTÍFERO: Que da frutos. // Tierra **f** en estéril, Sal. 107.34. Dándonos lluvias... y tiempos **f,** Hch. 14.17.

FRUCTIFICAR: Producir frutos. // Los bendijo, diciendo: Fructificad, Mr. 4.28. Fructificaremos en la tierra, Gn. 26.22. En la vejez fructificarán, Sal. 92.14.

FRUSTRAR: Fallar. // Los pensamientos son frustrados donde no hay consejos, Pr. 15.22.

FRUTO DEL ESPÍRITU: El fruto del Espíritu es lo que resulta de la vida de plena comunión con Cristo. "El que permanece en mí, y yo en él, éste lleva mucho fruto", Jn. 15.5. "Llenos de fruto de justicia que son por medio de Jesucristo", Fil. 1.11. Mientras se encuentran **nueve dones,** que son concedidos por la generosidad del Espíritu Santo, en la lista de 1 Co. 12.8-11, hay **nueve frutos,** que el Espíritu Santo hace aparecer en nuestra vida, en la lista de Gálatas 5.22,23: 1) **Amor,** Gá. 5.22; 1 Co. 13; Mt. 5.46, 47. Véase Lc. 23.34; Hch. 7.60, Ro. 5.7, 8; 1 Ts. 2.8; Col. 3.14. 2) **Gozo,** Gá. 5.22. No gozo natural, mas sobrenatural, del Espíritu: Véase Mt. 13.46; Hch. 8.39; 16.34; Fil. 4.4. En la presencia de Dios hay plenitud de gozo, Sal. 16.11. El es eterno, Is. 35.10. "Entristecidos mas siempre gozosos", 2 Co. 6.10. Gozo en la sabiduría de Dios, Lc. 10.20. En encontrar "ovejas perdidas", Lc. 15.5. 3) **Paz,** Gá. 5.22. El Dios de paz, Ro. 16.20; 2 Co. 13.11. La paz de Dios, Fil. 4.7. Cristo nos dejó, Jn. 14.27. El Señor conserva en paz a aquel cuyo propósito es firme, porque confía en él, Is. 26.3. Justificados, por medio de la fe, tenemos paz con Dios, Ro. 5.1. Paz de parte de Dios, Ef. 1.2. 4) **Paciencia,** Gá. 5.22. Paciencia es tolerancia para soportar ofensas. El amor es paciente, es longánimo, 1 Co. 13.4. Es de Dios, Ro. 2.4; 1 Ti. 1.16; 1Pe 3.20. Predica la Palabra con toda paciencia, 2 Ti. 4.2. 5) **Benignidad,** Gá. 5.22. De Dios, Lc. 6.35; 2 Co. 10.1; Is. 42.3; 1 Ts. 2.7. 6) **Bondad,** Gá. 5.22. La cualidad del que es bueno. La gran influencia de un buen creyente, Mt. 5.13; 1 P. 2.12. La bondad no sólo es pasiva, sino también activa; "El hombre bueno, del buen tesoro del corazón saca buenas cosas", Mt. 12.35; 5.16; Col. 1.10; Tit. 3.8. "Estáis llenos de bondad", Ro. 15.14. Bernabé era "hombre bueno, lleno del Espíritu Santo", Hch. 11.24. 7) **Fe**, Gá. 5.22. La fe también es mencionada como don del Espíritu Santo, 1 Co. 12.9. 8) **Mansedumbre,** Gá. 5.23. La mansedumbre de Dios, Is. 40.11. De Moisés, Nm. 12.3. Los mansos heredarán la tierra, Mt. 5.5. Con amor y espíritu de mansedumbre, 1 Co. 4.21; Gá. 6.1. Disciplinando con mansedumbre, 2 Ti. 2.25. Recibid con mansedumbre la Palabra, Stg. 1.21. Sus obras en sabia mansedumbre, Stg. 3.13. 9) **Templanza** (dominio propio), Gá. 5.23. Ejemplificado en Daniel, Dn. 1.8. Pablo delante de Félix diserta acerca del dominio propio, Hch. 24.25. Todo deportista se domina, 1 Co. 9.25. Una de las gracias cristianas, 2 P. 1.6.

FRUTO: Producción de vegetales, que sucede la flor y contiene las semillas. Producto de la tierra para sustento y beneficio del hombre. // Árbol de **f** que de **f**, Gn. 1.11. F digno del arrepentimiento, Mt. 3.8. Por sus **f** los conoceréis, Mt. 7.16. Buen árbol da buenos f, Mt. 7.17. Haced el árbol bueno, y su bueno, Mt. 12.33. Cayó en buena tierra y dio **f**, Mt. 13.8. De este **f** de la vid, Mt. 26.29. Bendito el **f** de tu vientre, Lc. 1.42. Recoge **f** para vida eterna, Jn. 4.36. Pero si muere, lleva... **f**, Jn. 12.24. Todo pámpano que en mí no lleva **f**, Jn. 15.2. Permanece en mí... lleva mucho **f**, Jn. 15.5. Que llevéis mucho **f**, Jn. 15.8. Y llevéis **f**, Jn. 15.16. Tener también entre vosotros algún **f**, Ro. 1.13. Tenéis por vuestro **f** la santificación, Ro. 6.22. Aumentará los **f** de vuestra justicia, 2 Co. 9.10. El f del Espíritu es: Amor, Gá. 5.22. Llenos de **f** de justicia, Fil. 1.11. Busco **f** que abunde en vuestra cuenta, Fil. 4.17. El labrador, para participar de los **f**, 2 Ti. 2.6. Después da fruto apacible de justicia, He. 12.11. **F** de labios que confiesan su nombre, He. 13.15. El **f** de justicia se siembra en paz, Stg. 3.18. El labrador espera el precioso f de la tierra, Stg. 5.7. Que produce doce **f**, Ap. 22.2.

FÚA: 1. El padre de Tola, uno de los Jueces de Israel, Jue. 10.1. // 2. Una de las dos parteras hebreas en Egipto, Ex. 1.15. // 3. Uno de los hijos de Isacar, Gn. 46.13.

FUEGO: Desarrollo simultáneo de calor y luz producido por la combustión. // Una antorcha de f, Gn. 15.17. Él tomó en su mano el **f** y el cuchillo, Gn. 22.6. Que la zarza ardía en **f**, Ex. 3.2. Columna de **f**, Ex. 13.21; Neh. 9.12. Jehová había descendido sobre él en **f**, Ex. 19.18. No encenderéis **f**... en el día de reposo, Ex. 35.3. Salió **f** de delante de Jehová y los quemó, Lv. 10.2. **F** de noche para mostraros el camino, Dt. 1.33. Tras el terremoto un **f,** 1 R. 19.12.

Jehová no estaba en el **f,** 1 R. 19.12. Ha descendido **f** del cielo, y ha consumido a los dos primeros capitanes de cincuenta, 2 R. 1.14. Un carro de f, con caballos de **f,** 2 R. 2.11. En mi meditación se encendió **f,** Sal. 39.3. Pasamos por el **f** y por el agua, Sal. 66.12. El **f** y el granizo, la nieve y el vapor, Sal. 148.8. ¿Tomará el hombre **f** en su seno? Pr. 6.27. Sin leña se apaga el **f,** Pr. 26.20. El **f** que jamás dice: ¡basta! Pr. 30.16. Cuando pases por el **f,** Is. 43.2. Había en mi corazón como un **f** ardiente, Jer. 20.9. No es mi palabra como **f**? Jer. 23.29. Cuatro varones... pasean en medio del **f,** Dn. 3.25. Un río de **f,** Dn. 7.10. Muro de **f** en derredor, Zac. 2.5. Bautizará... en **f,** Mt. 3.11. Expuesto al infierno de **f,** Mt. 5.22. Y se quema en el **f,** Mt. 13.40. F eterno, Mt. 18.8; 25.41. El **f** nunca se apaga, Mr. 9.44. Estaba sentado... calentándose al **f,** Mr. 14.54. Llovió del cielo **f,** Lc. 17.29; Gn. 19.24. Sangre y fuego y vapor de humo, Hch. 2.19; Jl. 2.30. Por el **f** será revelada, 1 Co. 3.13. En llama de **f,** para dar retribución, 2 Ts. 1.8. A sus ministros llama de f, He. 1.7; Sal. 104.4. **F** que ha de devorar a los adversarios, He. 10.27. Apagaron **f** impetuosos, He. 11.34. Que ardía en **f,** a la oscuridad, He. 12.18. Dios es **f** consumidor, He. 12.29. La lengua es un **f,** Stg. 3.6. Aunque perecedero se prueba con **f,** 1 P. 1.7. Guardados para el **f,** 2 P. 3.7. Sufriendo el castigo del **f,** Jud. 7. Arrebatándolos del **f,** Jud. 23. Compres oro refinado por el **f,** Ap. 3.18. Lago de **f,** Ap. 20.10,14; 21.8. Véase **Llama.**

FUENTE: Manantial de agua. Los manantiales de agua eran de mucha importancia en las tierras secas de Judea. // Causa de donde vienen efectos tanto físicos como morales. // // Fueron rotas todas las **f,** Gn. 7.11; 8.2. Doce **f** de agua, Ex. 15.27. Tierra de Arroyos... de **f,** Dt. 8.7. Dame también **f** de agua, Jos. 15.19; Jue. 1.15. Para cegar las **f** de agua, 2 Cr. 32.3. La puerta de la **f,** Neh. 2.14. Tú eres el que envía las **f,** Sal. 104.10. Se derramarán tus **f** por las calles, Pr. 5.16. Y el cántaro se quiebre junto a la **f,** Ec. 12.6. F de la salvación, Is. 12.3. Mis ojos **f** de lágrimas, Jer. 9.1. Se agotará su **f,** Os. 13.15. Saldrá una fuente de la casa de Jehová, Jl. 3.18. En seguida la **f** de su sangre se secó, Mr. 5.29. Será en él una **f** de agua, Jn. 4.14. Toman la piedad como **f** de ganancia, 1 Ti. 6.5. ¿Acaso alguna **f** echa...? Stg. 3.11. Ninguna **f** puede dar agua salada y dulce, Stg. 3.12. Son **f** sin agua, 2 P. 2.17. Y los guiará a **f** de aguas de vida, Ap. 7.17. Sobre las **f** de las aguas, Ap. 8.10. Aquel que hizo... **f** de las aguas, Ap. 14.7. Derramó su copa sobre... las **f** de las aguas, Ap. 16.4. Yo le daré... de la **f** del agua de la vida, Ap. 21.6.

FUERA: Echar fuera, lanzar a cierta distancia. **Fuera de sí,** desvariado, exaltado, con la cabeza perdida. // Los suyos vinieron para prenderle... decían: Está fuera de sí, Mr. 3.21. Echa **f** la esclava, Gá. 4.30.

FUERTE: Que tiene fuerza o robustez. // Un pueblo será más **f** que el otro, Gn. 25.23. Gente... grande y más **f,** Nm. 14.12. Del **f** salió dulzura, Jue. 14.14. En Dios está mi roca **f,** Sal. 62.7. Torre f es el Señor, Pr. 18.10. El león, **f** entre todos los animales, Pr. 30.30. El amor es f como la muerte, Cnt. 8.6. Los que somos f, Ro. 15.1. Lo débil de Dios es más **f,** 1 Co. 1.25. Para avergonzar a los **f,** 1 Co. 1.27. Cuando soy débil, entonces soy **f,** 2 Co. 12.10. Un ángel f, Ap. 5.2. Véase **Valiente, Poderoso, Robusto.**

FUERTEMENTE: Esforzadamente. // Le reconvinieron **f,** Jue. 8.1. Véase **Poderosamente.**

FUERZA: Robustez, poder. // El mar se volvió en toda su **f,** Ex. 14.27; Sal. 28.7. Vé con esta tu **f,** Jue. 6.14. En qué consiste su gran **f,** Jue. 16.5. No se supo el secreto de su **f,** Jue. 16.9. Me he consumido a **f** de gemir, Sal. 6.6. La gloria de los jóvenes es su **f,** Pr. 20.29. Fortaleza mía y **f** mía, Jer. 16.19. No con ejército, ni con **f,** Zac. 4.6. Amarás... con toda tu **f,** Mr. 12.30. Habiendo tomado alimento, recobró **f,** Hch. 9.19. Más allá de nuestras **f,** 2 Co. 1.8. Conforme a sus **f,** 2 Co. 8.3. Operación del poder de su **f,** Ef. 1.19. Fortaleceos... en el poder de su **f,** Ef. 6.10. Señor estuvo a mi lado, y me dio **f,** 2 Ti. 4.17. Recibió **f** para concebir, He. 11.11. Sacaron **f** de debilidad, He. 11.34. No por **f,** sino voluntariamente, 1 P. 5.2. Que son mayores en **f,** 2 P. 2.11. Como el sol...en su **f,** Ap. 1.16. Aunque tienes poca **f,** Ap. 3.8.

FUGA: Acción o efecto de huir. // Tú los pondrás en **f,** Sal. 21.12. En batalla, pusieron en **f** ejércitos, He. 11.34.

FUGITIVO: Que huye o huyó. // Vosotros sois **f** de Efraín, Jue. 12.4. Cuyos **f** van hasta Zoar, Is. 15.5.

FUNCIÓN: Ejercicio, empleo, uso. // No todos los miembros tienen la misma función, Ro. 12.4.

FUNDACIÓN: Acción o efecto de fundar. // Destinado desde antes de la f del mundo, 1 P. 1.20. Escritos... desde la f del mundo, Ap. 17.8.

FUNDADO: Establecido. // ¿Sobre qué están **f** sus bases? Job 38.6.

FUNDAMENTO: Cimiento, base. // Abrasará los **f** de los montes, Dt. 32.22. Levantan los muros y reparan los **f,** Esd. 4.12. Cuyo **f** fue como un río derramado, Job 22.16. Si fueran destruidos los **f,** Sal. 11.3. Cuando establecía los **f** de la tierra, Pr. 8.29. He puesto en Sion por **f,** Is. 28.16. Explorarse debajo de los **f** de la tierra, Jer. 31.37. Serán destruidos sus **f,** Ez. 30.4. Como perito arquitecto puse el **f,** 1 Co. 3.10. Nadie puede poner otro fundamento, 1 Co. 3.11. Sobre el fundamento de los apóstoles, Ef. 2.20. Sólido fundamento para el futuro, 1 Ti. 6.19. El **f** de Dios está firme, 2 Ti. 2.19. La ciudad que tiene **f**, He. 11.10. Véase **Cimiento, Base.**

FUNDAR: Poner los cimientos. Establecer, instituir. // Porque él la fundó sobre los mares, Sal. 24.2.

FUNDIR: Volver líquido. // Como se funde la plata… así seréis fundidos, Ez. 22.22.

FURA, hb. **Ramo:** El escudero de Gedeón, Jue. 7.10.

FURIA: Acceso violento de ira. // Álzate en contra de la **f**, Sal. 7.6. Corrió contra él con la **f** de su fuerza, Dn. 8.6.

FURIOSO: Lleno de furia. // El **f** muchas veces peca, Pr. 29.22. Combatidos por una **f** tempestad, Hch. 27.18.

FUROR: Ira exaltada, furia. // Jehová los desarraigó con **f**, Dt. 29.28. **F** contra todos los que le abandonan, Esd. 8.22. Hablará a ellos en su **f,** Sal. 2.5. La palabra áspera hace subir el **f**, Pr. 15.1. Cruel es la ira, y impetuoso el **f,** Pr. 27.4. Los hollé con mi **f**, Is. 63.3. Apártese... tu **f** de sobre tu ciudad, Dn. 9.16. Ellos se llenaron de **f**, Lc. 6.11; Hch. 19.18. Vino del **f**, Ap. 16.19; 19.15. Véase **Cólera, Ira.**

FURTO: Acción o efecto de hurtar. // Será vendido por su **h**, Ex. 22.3. Del corazón proceden **h**, falsos testimonios, Mt. 15.19. No se arrepintieron…ni de su **h**, Ap. 9.21. Véase **Robo.**

FUT: Hijo de Cam y nieto de Noé, Gn. 10.6. Sus descendientes servían como soldados mercenarios en la defensa do Tiro, Ez. 27.10. Véase mapa 1, A-3.

FUTIEL, hb. **Afligido por Dios:** Abuelo de Finees, Ex. 6.25.

GETSEMANÍ, *donde Jesús fue preso. Los olivos, actualmente, en ese jardín, no existían en el tiempo de Jesús, pues, en la destrucción de Jerusalén todos los árboles fueron derribados. Pero las que están allí hoy, tienen muchos siglos de edad.*

G

GAAL: Un hijo de Ebed. Fracasó su revuelta contra Abimelec, hijo de Gedeón, Jue. 9.26-45.

GAAS: Un monte de Efraín, al sur de Timnat-sera, Jos. 24.30.

GABAA, hb. **Valiente:** 1. Una ciudad de, Jos. 15.57. // 2. Una ciudad de Benjamín, Jos. 18.28; 2 S. 23.29. Su destrucción, Jue. 20. Tierra natal de Saúl, 1 S. 10.26; 11.4; Is. 10.29. Véase mapa 2, C-4; mapa 5, B-1.

GABAI: Uno de los príncipes de los benjamitas de Jerusalén, que volvió de Babilonia, Neh. 11.8.

GABAÓN, hb. **Que pertenece a un monte:** Una ciudad de Benjamín, dada a los levitas, Jos. 18.25; 21.17. Era ciudad real, de los hebreos, mayor que Hai, Jos. 10.2; 9.17. Los gabaonitas hechos esclavos, Jos. 9.23. Josué los socorre, Jos. 10.6-11. El tabernáculo en Gabaón, 1 Cr. 16.39. En Gabaón apareció el Señor a Salomón, 1 R. 3.5. Véase mapa 2, C-5; mapa 5, B-1.

GABAONITAS: Los habitantes de Gabaón. Engañaron a Josué, Jos. 9. Ahorcaron a siete hombres de los hijos de Saúl, vengándose de sus compatriotas que aquel matara, 2 S. 21.

GABATA, hb. **Pavimento:** Jn. 19.13. Un espacio abierto, tal vez frente al palacio de Herodes, y pavimentado con piedras, en obra de mosaico.

GABRIEL, hb. **Hombre de Dios:** Un ángel de alta categoría, pero no llamado arcángel en las Escrituras. Enviado para explicar la visión de un carnero y un macho cabrío, a Daniel, Dn. 8.16. Enviado para explicar la profecía de las setenta semanas, Dn. 9.21. Enviado a Zacarías y a María, Lc. 1.19, 26. Véase **Ángel**.

GACELA: Género de antílope, de ojos grandes. // Animal **limpio**, Dt. 14.5. Muy ligero, Gn. 49.21; 2 S. 2.18; 1 Cr. 12.8; Cnt. 8.14. Su carne es muy apreciada, 1 R. 4.23. Graciosa, Pr. 5.19; Cnt. 4.5. Cazada en la selva, Pr. 6.5.

GAD, hb. **Buena fortuna:** 1. El séptimo hijo de Jacob y el primero de Zilpa, sierva de Lea, Gn. 30.9-11; 35.26. Tuvo Gad siete hijos, Gn. 46.16. Bendecido por Jacob, Gn. 49.19. // 2. Una de las doce tribus de Israel, Nm. 2.14. En el censo en el desierto, Nm. 1.25; 26.18. Una de las tribus de Transjordania, Nm. 32; 34.14, 15; Jos. 18.7. Véase mapa 2, D-4. Bendecida por Moisés, Dt. 33.20. La herencia de los gaditas, Jos. 13.24-28. Habrá lugar para los gaditas entre las tribus restauradas, Ez. 48.27. De la tribu de Gad, doce mil sellados, Ap. 7.5. // 3. Profeta. Por medio de Gad, Dios habló a David más de una vez, 1 S. 22.5; 2 S. 24.11-14. Colaboró con la puesta en marcha de la parte musical del templo, 2 Cr. 29.25. Escribió las crónicas del reinado de David, 1 Cr. 29.29.

GADARA: Una ciudad a diez kilómetros hacia el sudeste del mar de Galilea. Era la ciudad principal de la región llamada "la tierra de los gadarenos", Mt. 8.28. Se le llamaba "región de los gadarenos" (Mr. 5.1) por causa, tal vez, de que la ciudad local y menor es llamada Gadara. Véase mapa 4, B-1.

GADARENOS: Habitantes de Gadara, ciudad opulenta y rica de Decápolis. La cura de dos endemoniados gadarenos, Mt. 8.28-34. En Mr.

5.1-20, y en Lc. 8.26-39, gadarenos.

GADI, hb. **Afortunado:** 1. Uno de los espías enviados para espiar la tierra de Canaán, Nm. 13.11. // 2. Padre de Nanaém, rey de Israel, 2 R. 15,17.

GADIEL, hb. **Dios es mi fortuna:** Uno de los doce hombres enviados para espiar la tierra de Canaán, Nm. 13.10.

GAHAM: Uno de los hijos de Nacor, hermano de Abraham, Gn. 22.24.

GAHAR: Jefe de una familia que volvió del cautiverio, Esd. 2.47.

GALAAD, hb. **Escabroso:** 1. Uno de los nietos de Manasés, Nm. 26.29. // 2. El padre de Jefté, uno de los jueces, Jue. 11.1. // 3. Un gadita, 1 Cr. 5.14. // 4. Una ciudad inicua, Os. 6.8. // 5. Territorio montañoso del oriente del Jordán, ocupado por Gad, Rubén, y la media tribu de Manasés, Jos. 13.24-31. Era rico en bosques, con ricos pastos (Nm. 32.1) y producía especias y gomas aromáticas, Gn. 37.25; Jer. 8.22. La despedida conmovedora de Jacob, en Galaad, de su suegro Labán, Gn. 31.45.55. Ismaelitas que venían de Galaad llevaron José a Egipto, Gn. 37.25. Is-boset reinó sobre Galaad, 2 S. 2.9. Israel y Absalón, en la revuelta contra David, acamparon en Galaad, 2 S. 17.26. Elías era de Galaad, 1 R. 17.1. Véase mapa 4, B-1.

GALACIA: Antigua región de Asia Menor, ocupada por los gaélicos en 270 a.C. y reducida la provincia romana en 26 a.C. // Pablo recorrió la región de Galacia, Hch. 16.1; 18.23. Las iglesias de Galacia, 1 Co. 16.1; Gá. 1.2. Crescente fue hacia Galacia, 2 Ti. 4.10. Expatriados de la dispersión en Galacia, 1 P. 1.1. Véase mapa 6, F-2.

GALAL: De los levitas, 1 Cr. 9.15, 16.

GALARDÓN: Recompensa. // Soy tu escudo, y tu **g**, Gn. 15.1. En guardarlos hay grande **g,** Sal. 19.11. El que siembra justicia tendrá **g,** Pr. 11.18. Vuestro **g** es grande en los cielos, Mt. 5.12. ¿Cuál, pues, es mi **g**? Que tiene grande **g,** He. 10.35. Tenía puesta la mirada en el **g,** He. 11.26. Recibiendo el **g** de su injusticia, 2 P. 2.13. Que recibáis **g** completo, 2 Jn. 8. Dar el **g** a tus siervos, Ap. 11.18. Vengo pronto, y mi **g** conmigo, Ap. 22.12. Véase **Paga, Recompensa, Retribución, Salario**.

GALARDONADOR: El que galardona. // Que es **g** de los que Le buscan, He. 11.6.

GÁLATAS, EPÍSTOLA DE PABLO A LOS: Carta dirigida a "las iglesias de Galacia", 1.2. Esas iglesias son, probablemente, la de Antioquía, Iconio, Listra y Derbe. Se narra el comienzo de esas iglesias en Hch. 13.13 a 14.24. **El autor:** El apóstol Pablo, 1.1. **La clave:** La libertad en Jesucristo, 2.4; 5.1. El apóstol fue bien recibido, al principio, por los gálatas, estableciendo una iglesia allí, 1.6; 4.14. Mas en su ausencia entraron creyentes convertidos del judaísmo y enseñaron que era necesario entrar por la puerta del judaísmo para ser realmente salvos. El apóstol escribe esta epístola para corregir este error y salvar a la Iglesia de ser sólo una secta de judíos. **Las divisiones: I.** El apóstol de la libertad en Jesucristo; Pablo afirma y prueba su llamamiento divino, y su autoridad como apóstol de Jesucristo, caps. 1 y 2. **II.** La doctrina de esa libertad; nuestra justificación es enteramente por la fe, y no por las obras de la ley, Capítulos 3 y 4. **III.** Cristo nos liberó para una vida de libertad; concluye con ciertos consejos y direcciones prácticas, Capítulos 5 y 6.

GÁLBANO: Resina extraída de la planta del mismo nombre. Un ingrediente que entraba en la composición del incienso sagrado; Ex. 30.34.

GALIA: País antiguo que constituía, más o menos, la región ocupada actualmente por Francia. Véase mapa 1, B-2.

GALILEA, hb. **Circuito:** Una provincia que comprendía toda la parte norte de Palestina, repartida por las tribus de Isacar, Zabulón, Aser e Neftalí. Véase mapa 6, F-3. Originalmente el nombre Galilea era dado a un pequeño "circuito" de territorio, en el cual estaban las veinte ciudades que el rey Hiram dio a Salomón, 1 R. 9.11. Galilea de los gentiles (Is. 9.1; Mt. 4.15), región habitada en gran parte por elemento extranjero. José, con Cristo y María, se retiró para las regiones de Galilea, Mt. 2.22. Y recorrió Jesús toda la Galilea, Mt. 4.23. Después que haya resucitado, iré delante de vosotros a Galilea, Mt. 26.32; 28.7, 16. Herodes, tetrarca de Galilea, Lc. 3.1. Jesús, en el poder del Espíritu, regresó a Galilea, Lc. 4.14. De Galilea no se levanta profeta, Jn. 7.52. La iglesia tenía paz por toda Judea, Galilea, Hch. 9.31.

GALILEO: Un habitante de Galilea. // Estabas con Jesús el **g**, Mt. 26.69. Más pecadores que todos los **g,** Lc. 13.2. Preguntó si era **g**, Lc. 23.6. **G** le recibieron, Jn. 4.45. Varones **g,** ¿por qué estáis mirando? Hch. 1.11. No son **g** todos estos que hablan, Hch. 2.7. Se levantó Judas, el **g** Hch. 5.37.

GALIM, hb. **Fuentes:** Una ciudad cerca de Jerusalén, Is. 10.30.

GALIÓN: Junius Annaeus Gallio; procónsul romano da Acaya, y hermano del filósofo Lucius Annaeus Séneca. Hch. 18.12-16 no da a entender que Galión era indiferente a la religión, sino más bien que no quería meterse en las cuestiones religiosas de los judíos.

GALLINA: Hembra del gallo. // Se menciona en Mt. 23.37. El gallo, sólo se menciona en

Garza

la ocasión en que Pedro negó a Cristo, Mt. 26, Mr. 14, Lc. 22, Jn. 18.

GALLO: Ave del género de los gallináceos. // En la ocasión en que Pedro negó a Cristo, Mt. 26.34, 74,75.

GAMALIEL, gr. **Recompensa de Dios:** 1. Uno de los escogidos para hacer el censo en el desierto, Nm. 1.10. // 2. Un fariseo, miembro del Sanedrín y doctor de la ley judía, Hch. 5.34. Maestro del apóstol Pablo, Hch. 22.3.

GANA: Deseo de hacer o de que ocurra algo. // De buena **g** te lo daremos, Jue. 8.25.

GANADO: Animales criados para los trabajos agrícolas, consumo doméstico o para fines comerciales, tales como el caballo, el buey, el puerco, el carnero, la cabra. Los **animales domésticos, ganado**, en contraste con los **animales selváticos**, Gn. 2.20. Los primogénitos de todo ganado pertenecían al Señor, Ex. 34.19; Lv. 1.2. Se evaluaba la grandeza de los patriarcas por la cantidad de ganado que tenían. Job "poseía 7 000 ovejas. 3 000 camellos, 500 yuntas de bueyes, y 500 asnos; era también muy numeroso el personal a su servicio, de manera que este hombre era el mayor de todos los del Oriente", Job 1.3. La tierra no podía sustentar a Abraham y a Lot, por causa del ganado que poseían, Gn. 13.1-6. Isaac era riquísimo; poseía ovejas y bueyes, Gn. 26.13, 14. Los rubenitas y los gaditas tenían ganado de mucha calidad, Nm. 32.1. Los millares de animales en los collados, Sal. 50.10. Se menciona **ganado** dos veces en el Nuevo Testamento, Lc. 17.7; Jn. 4.12.

GANANCIA: Beneficio, provecho que se saca de algo. // El ganado de su **g** que había obtenido, Gn. 31.18. Daba gran **g** a sus amos, Hch. 16.16. No codicioso de torpe **g**, 1 Ti. 3.8. Obispo... no codicioso de **g** deshonesta, Tit. 1.7. Enseñando por **g** deshonesta, Tit. 1.11. Cuidando de ella... no por **g** deshonesta, 1 P. 5.2. Cuantas cosas eran para mí **g,** Fil. 3.7.

GANAR: Adquirir; recuperar. // El que gana almas es sabio, Pr. 11.30. Si ganare todo el mundo, Mt. 16.26. Si te oyere has ganado a tu hermano, Mt. 18.15. Negoció con ellos, y ganó otros cinco, Mt. 25.16. Con... paciencia ganaréis vuestras almas, Lc. 21.19. Hecho siervo de todos para **g**, 1 Co. 9.19. A fin de ganar los judíos, 1 Co. 9.20. Tengo por basura para **g** a Cristo, Fil. 3.8.

GANGRENA: Destrucción de un tejido vivo por falta de circulación sanguínea. // Su palabra carcomerá como **g**, 2 Ti. 2.17.

GAREB: Uno de los valientes de David, 2 S. 23.38.

GARFIO: Utensilio usado en el altar del holocausto. // Hecho de bronce, Ex. 27.3; de oro 1 Cr. 28.17; de bronce purificado, 2 Cr. 4.16; tres dientes, 1 S. 2.13.

GARGANTA: Parte interior del cuello, por donde los alimentos pasan de la boca al estómago. // Mi **g** se ha enronquecido, Sal. 69.3. Pon cuchillo a tu **g**, Pr. 23.2. Sepulcro abierto es su **g**, Ro. 3.13.

GARRA: Uñas curvas y fuertes de ciertos animales carnívoros, o de ave de rapiña. Me ha librado de las **g** del león, 1 S. 17.37.

GARZA: Lv. 11.19. Nombre común de diversas aves ciconiformes.

GASTAR: Agotar, despender. // Seiscientos siclos de oro gastó, 1 R. 10.16. Mi cuerpo se va gastando, Job 13.28. Gastáis el dinero en lo que no es pan, Is. 55.2. Lo que gastes de más, Lc. 10.35. Yo mismo me gastaré, 2 Co. 12.15. Pedís mal, para **g...** en deleites, Stg. 4.3. Véase **Disipar.**

GASTO: Desembolso, consumición. // Calcula los **g**, Lc. 14.28. Y paga sus **g** para que se rasuren, Hch. 21.24.

GAT, hb. **Lagar:** Una de las cinco ciudades principales de los filisteos, Jos. 13.3; 1 S. 6.17. El arca llevada hasta Gat, 1 S. 5.8. Ciudad natal de Goliat, y de otros gigantes, 1 S. 17.4; 21.10-15. David se refugió en Gat dos veces, 1 S. 21.10; 27.2. Conquistada por David, 1 Cr. 18.1. Uzías rompió el muro de Gat, 2 Cr. 26.6. Destruida, Am. 6.2. No lo digáis en Gat, Mi. 1.10. Véase mapa 5, A-1.

GATAM: Un príncipe de los edomitas, nieto de Esaú, Gn. 36.11, 16.

GAT-HEFER, hb. **Lagar de la cueva:** Una ciudad en el límite de Zabulón Jos. 19.13. Tierra natal del profeta Jonás, 2 R. 14.25. Véase mapa 3, A-2.

GAT-RIMÓN, hb. **Lagar de Rimón:** 1. Una ciudad de Dan, cerca de Jope Jos. 19.45. // 2. Una ciudad de Manasés, Jos. 21.25.

GAVILÁN: Ave de rapiña del género falconiforme. // Lv. 11.16; Job 39.26.

GAVILLA: Manojo de espigas. // Rebuscar espigas... entre las **g**, Rt. 2.7. Véase **Manojo**.

GAVIOTA: Ave marina. Nada, vuela y anda en todas las costas. // Ave **inmunda**, Lv. 11.16.

GAYO: 1. Macedonio, compañero de Pablo, Hch. 19.29. // 2. Hombre de Derbe y uno de los compañeros de Pablo, Hch. 20.4. // 3. Hospedador de Pablo en Corinto, Ro. 16.23. // 4. Hombre a quien Pablo bautizó en Corinto, 1 Co. 1.14. O incluso tal vez, como el número 3. // 5. Aquel a quien la tercera epístola de Juan es dirigida, 3 Jn. 1.

GAZA, hb. **Fuerte:** Una de las cinco ciudades principales de los filisteos, Jos. 13.3; 1 S. 6.17. Se menciona en Gn. 10.19. Uno de los lugares de los anaceos, raza de gigantes, Jos. 11.22. Conquistada por Judá, Jue. 1.18. Sansón llevó sus hojas de la puerta de la ciudad, Jue. 16.3. Sansón molía en la cárcel en Gaza, Jue. 16.21. El camino que desciende de Jerusalén a Gaza, Hch. 8.26. Véase mapa 5, A-1.

GAZAM: Jefe de una familia que volvió del exilio, Esd. 2.48.

GAZEZ: 1. Un hijo de Caleb, 1 Cr. 2.46. // 2. Un nieto de Caleb, 1 Cr. 2.46.

GEBA: Una ciudad dada a los levitas, Jos. 21.17. Véase mapa 2, C-5.

GEBAL, hb. **Confín:** Ciudad en la costa de Fenicia y que no fue conquistada por los israelitas, Jos. 13.5. Sus habitantes, los giblitas, eran notables como albañiles y constructores de barcos, 1 R. 5.18; Ez. 27.9. Hoy se llama Jebiel, y sus ruinas aun indican su primitiva grandeza y magnificencia. Es dudoso si este lugar de Gebal es aquel a que se refiere el Salmo 83 (v.7), o si es otro al sur del Mar Muerto. Véase mapa 1, H-1.

GEBER: 1. Un oficial de Salomón, 1 R. 4.19. // 2.

GEBIM: Una aldea al nordeste de Jerusalén, Is. 10.31.

GEDALÍAS, hb. **Dios es grande:** 1. Un hijo de Ahicam, nombrado por Nabucodonosor, gobernador sobre Judá, 2 R. 25.22-25. // 2. Un músico nombrado por David, 1 Cr. 25.3. // 3. Un sacerdote que tenía mujer extranjera, Esd. 10.18. // 4. Hijo de Pasur, Jer. 38.1. // 5. Abuelo del profeta Sofonías, Sof. 1.1.

GEDEÓN, hb. **Cortador:** El quinto de los jueces de Israel, Jue. 6. El Señor lo llamó, Jue. 6.11. Llamado Jerobaal... por cuanto derribó su altar, Jue. 6.32. Probó el llamamiento de Dios por medio de un vellón, o una porción de lana, Jue. 6.37. Con 300 hombres venció los madianitas, Jue. 7.19. El pecado de Gedeón, Jue. 8.27. Su muerte, Jue. 8.32.

Gavilán

GEDEONI, hb. **Cortador:** Padre de Abidán, un príncipe de Benjamín, Nm. 1.11.

GEDER: Una ciudad real conquistada por Josué, Jos. 12.13.

GEDERA: Una ciudad de Judá, Jos. 15.36.

GEDEROT: Una ciudad en la parte baja de Judá, Jos. 15.41.

GEDEROTAIM: Una ciudad de Judá, Jos. 15.36.

GEDOR: 1. Una ciudad en la parte serrana de Judá, Jos. 15.58. Véase mapa 2, C-5; mapa 5, B-1. // 2. Una ciudad en el territorio de Simeón, 1 Cr. 4.39. // 3. Un descendiente de Judá, 1 Cr. 4.4. // 4. Un antepasado de Saúl, 1 Cr. 8.31.

GEDROSIA: Región del Irán antiguo, llamada actualmente **Makran**. Véase mapa 1, F-4.

GEHENNA, INFIERNO: En hebreo **Gehinnom**, es decir, **el valle de Hinom**, donde se sacrificaban a sus hijos en holocausto a Moloc, 2 Cr. 28.3; 33.6. Este valle, después de profanado por el rey Josías, se convirtió en símbolo de pecado y aflicción, y finalmente designación del suplicio eterno, Mt. 18.8, 9. Eso se debe tal vez a que en este valle ardía continuamente el fuego para destruir la basura de la ciudad de Jerusalén. **Valle de Hinom,** o **Valle del hijo de Hinom:** El límite entre Judá y Benjamín, Jos. 15.8; 18.16. Véase **Infierno.**

GELILOT: Lugar en el límite entre Judá y Benjamín, Jos. 18.17.

GEMALI: Padre de uno de los doce escogidos para que espiaran la tierra de Canaán. Nm. 13.12.

GEMARÍAS: 1. Embajador del rey Jeconías al rey Nabucodonosor, Jer. 29.3. // 2. Un príncipe de Judá, en cuyo aposento leyó Baruc la alarmante profecía de Jeremías, Jer. 36.10.

GEMELO: Se dice de dos o más hermanos, nacidos del mismo parto. // Eran gemelos: Esaú y Jacob, Gn. 25.24; Ro. 9.11; Perez y Zerá, Gn. 38.27. Con crías **g**, Cnt. 4.2.

GEMIDO: Lamento doloroso, inarticulado. // Oyó Dios el **g** de ellos, Ex. 2.24. Por el **g** de los menesterosos, Sal. 12.5. Llegue delante de ti el **g,** Sal. 79.11. Por la voz de mi **g,** Sal. 102.5. Oír el **g** de los presos, Sal. 102.20. Todo su **g** hice cesar, Is. 21.2. Gemirá con **g** de herido, Ez. 30.24.

GEMIR: Soltar gemidos. // Los hijos de Israel gemían a causa de la servidumbre, Ex. 2.23. Gime el asno montés, Job 6.5. Me he consumido a fuerza de **g**, Sal. 6.6. Gimas al final, Pr. 5.11. Gemían como la paloma, Is 38.14. Gemiréis unos con otros, Ez. 24.23. Gemirá con gemidos de herido de muerte, Ez. 30.24. ¡Cómo gimieron las bestias! Jl. 1.18. Gimió y le dijo, Mr. 7.34. Toda la creación gime, Ro. 8.22. Gemimos dentro de nosotros mismos, Ro. 8.23. Por esto también gemimos, 2 Co. 5.2,4. Véase **Lamentar.**

GENEALOGÍA: Serie de antepasados de alguien. Ninguna nación fue más cuidadosa en conservar sus genealogías que los judíos. Probaban por las genealogías los derechos que tenían las diferentes familias a las respectivas herencias, y se presentaba la prueba de la descendencia del Mesías. Timoteo fue aconsejado a amonestar los que se ocupaban con fábulas y genealogías sin fin, 1 Ti. 1.4. Melquisedec era sin padre, sin madre, sin genealogía, He. 7.3. Aquel cuya genealogía no se incluye entre ellos, He. 7.6. // La genealogía de Adán, Gn. 5; 1 Cr. 1; Lc. 3.23-38; de Noé, Gn. 10; 1 Cr. 1.1-4; de Sem, Gn. 11.10-32; de Cam, 1 Cr. 1.8-16; de Terá, Gn. 11.27; de Abraham, Gn. 25; 1 Cr. 1.28; de Ismael, Gn. 25.12-16; 1 Cr. 1.29-31; de Esaú, Gn. 36; 1 Cr. 1.35-54; de Jacob, Gn. 46; Ex. 1.2; 6.14-25; Nm. 26; 1 Cr. 2, de las tribus, 1 Cr. 2; 4; 6 y 7; de David, 1 Cr. 3; de Cristo, Mt. 1; Lc. 3.23-38. Hay solamente dos genealogías en el Nuevo Testamento (Mt. 1 y Lc. 3); las dos son de una sola persona, de nuestro Salvador. No fueron escritas para satisfacer la vanagloria de ninguna persona, como casi todas las tablas genealógicas, sino para destacar el hecho insigne de que Jesucristo es del linaje de Abraham y de David. Mateo da el linaje ancestral de Jesús, comenzando por Abraham, por David, por Salomón, y por los reyes, en orden, hasta Jeconías, el último rey. Después da los nombres de los herederos al trono, hasta Jesucristo. Lucas, en su genealogía, comienza con Jesucristo, trazando la línea ancestral hacia atrás, por Natán (hermano de Salomón) hasta David; y desde David, por Abraham, hasta Adán. Las dos tablas son idénticas de Abraham a David, pero de David a José son diferentes. La explicación de la gran discrepancia entre las dos ha sido un verdadero rompecabezas entre los comentaristas de la Biblia. Ante todo, hay algo muy cierto: las dos listas de los antepasados de Jesús nunca fueron impugnadas a pesar de los muchos enemigos que se esforzaban por no conceder a Jesús el derecho al trono de David. El mundo tiene que aceptar las tablas de Mateo y de Lucas como auténticas. Pero ¿cómo se explica la gran diferencia entre las dos? **Algunas soluciones sugeridas:** 1. Uno de los linajes es del abuelo paterno de José, el otro del abuelo materno. Tal sugerencia no es más que una suposición; es solamente conjetura, sin ningún fundamento. // 2. Fue sugerido, por primera vez en el siglo XV, que Mateo da la lista de los antepasados de Jesús como Hijo adoptivo de José, mientras que Lucas presenta su lista de los antepasados de María, la madre de Jesús. Notemos algunos puntos que dan gran valor a tal suposición: (a) Es cierto que María era del linaje de David, Ro. 1.3; Hch. 2.30; etc. Fue en orden, por lo tanto que Lucas presentara el linaje, mostrando que el Señor era realmente de la descendencia de David. Lucas, para acentuar la humanidad de Cristo, relata detalladamente muchos de los acontecimientos de la vida de su madre, de su nacimiento, de su niñez. Es lógico, por tanto, suponer que Lucas, a fin de cumplir su propósito de acentuar la humanidad de Jesús, diera su genealogía según la carne. (c) El nombre de María no aparece en la genealogía de Lucas porque, conforme de los judíos de no incluir los nombres de mujeres en las genealogías, fue necesario emplear el nombre de su marido, en vez del nombre de ella. A pesar de que Lucas dice que José fue "hijo de Elí" (Lc. 3.23), tal término realmente significaba que José fue el "yerno de Elí". Todas esas ideas parecen muy razonables; sin embargo, ninguna está fuera de duda. No podemos tener la seguridad de Lc. 3.23 "hijo de Elí". Lo que parece la verdadera solución es que las dos genealogías son, como consta, realmente de José; la descendencia de Jesús, tanto en Lucas como en Mateo, se considera según su estado legal en la familia de José. La ley judía no reconocía a Jesús como de la carne y de la sangre de David, solamente porque María lo fuera. En realidad, los judíos no admitían que Jesús hubiera nacido de una virgen. La genealogía de María, por tanto, no servía. El estado judicial de Jesús, como hijo de David, delante del mundo, dependía de su genealogía como "hijo de José". Entonces ¿por qué hay dos genealogías de José? La respuesta es fácil. El único objetivo de Mateo es el de demostrar el derecho legítimo de Jesús al trono, mientras que el propósito de Lucas es el de citar la propia línea de la cual nació José. Insertamos lo siguiente sobre el tema, escrito por Lord Hervey, reconocido como una de las principales autoridades acerca de genealogía: "Al examinar la genealogía de Mateo, para ver cuando se rompió la línea real de Judá, es claro que fue en Jeconías. Nótese, además, como el Señor, por boca de Jeremías, ordenó que ese rey fuera privado de hijos y que nadie de su linaje se sentara en el trono de David, ni reinase más en Judá (Jer. 22.30): Los hombres después de Jeconías, desprovistos de hijos, son los herederos más cercanos, como también los son en 1 Cr. 3.17. Al observar las listas en Mateo y Lucas quedamos seguros de esta conclusión. Los dos nombres que siguen el de Jeconías, Salatiel y Zorobabel están realmente transferidos de la otra genealogía (de Lucas), en la cual consta que el padre de Salatiel fue realmente Neri, de la familia de Natán. Se vuelve cierto, por tanto, que Salatiel, de la familia de Natán, hermano de Salomón, se volvió heredero al trono de David cuando falló la línea del linaje de Salomón, en la persona de Jeconías. Así, Salatiel y sus descendientes fueron transferidos, como "hijos de Jeconías" a la tabla genealógica real, según la ley judía. Véase Nm. 17.8-11. Después las dos genealogías coinciden por dos, o mejor, cuatro generaciones. Entonces aparecen seis nombres en Mateo, que no se encuentran en Lucas. A continuación las dos listas concuerdan en el nombre de Matán. (Mt. 1.15; Lc. 3.24) a quien se atribuyen los dos hijos diferentes, Jacob y Elí; pero sólo uno y el mismo nieto y heredero, José marido de María, el reputado padre de "Jesús, que se llama el Cristo". La sinopsis del tema es la que Lucas da a la tabla genealógica de Jesucristo, como hijo legítimo de José, según su nacimiento. Pero Mateo da la lista de los herederos al trono."

GENERACIÓN: Función mediante la cual se reproducen los seres organizados. Linaje, genealogía. Los individuos de una época. Duración media de la vida de un hombre. // Las **g** de los hijos de Noé, Gn. 10.1. Las **g** de Sem, Gn. 11.10. Fiesta solemne para Jehová durante... **g**, Ex. 12.14. Contado de Jehová hasta La postrera **g**, Sal. 22.30. **G** que no dispuso su corazón, Sal. 78.8. Tú has sido refugio de **g** en **g**, Sal. 90.1. **G** a **g** celebrará tus obras, Sal. 145.4. **G** va y **g** viene, Ec. 1.4. Dominio de **g** en **g**, Dn. 4.3. ¿A qué compararé esta **g**?, Mt. 11.16. **G** mala y adúltera, Mt. 12.39. No pasará esta **g**, Mt. 24.34. Me dirán bienaventurada todas las **g**, Lc. 1.48. ¿Mas su **g** quien la contará? Hch. 8.33. Habiendo servido a su propia **g,** Hch. 13.36. En otras **g** no se dio a conocer, Ef. 3.5. En medio de una **g** maligna, Fil. 2.15. Me disgusté contra esa **g,** He. 3.10. Véase **Casa, Familia, Raza, Tiempo, Tribu.**

GÉNERO: Conjunto de seres, que entre sí tienen semejanzas importantes y constantes. // El hálito de todo el **g** humano, Job 12.10. Este género no sale sino con oración, Mt. 17.21.

GENEROSIDAD: Liberalidad, desprendimiento. // De acuerdo con la **g** del rey, Est. 1.7. Abundaron en riqueza de su **g**, 2 Co. 8.2. Y preparasen primero vuestra **g,** 2 Co. 9.5. Véase Liberalidad.

GENEROSO: Que tiene sentimientos magnánimos. // Todo **g** de corazón la traerá a Jehová, Ex. 35.5. **G** de corazón trajeron holocaustos, 2 Cr. 29.31. El alma **g** prosperará, Pr. 11.25. Muchos buscan el favor del **g,** Pr. 19.6. Que sean... dadivosos, **g**, 1 Ti. 6.18.

GENESARET: Mt. 14.34; Mr. 6.53. Nombre derivado de Cineret, el antiguo nombre de una ciudad (Jos. 19.35) y de una planicie fértil adyacente al mar de Galilea, del lado occidental. El lago de Genesaret, el mar de Galilea, Lc. 5.1.

GÉNESIS: El primer libro sagrado es el **Génesis**, el primer libro del Pentateuco. Se llama en hebreo **Bereshith**, que es la palabra inicial del libro, que significa **en el principio**. Los Setenta le dieron el nombre griego de **Génesis**, que significa **origen**. Es por excelencia el libro de introducción maravillosa a toda la Biblia. Trata del comienzo de todas las cosas; de los cielos y de la tierra, de las plantas y de los animales, del género humano y de todas las instituciones y relaciones humanas. Es, típicamente, la "incubadora" de toda la Biblia, pues se encuentra en él todos los "gérmenes" de todas las grandes doctrinas referentes a Dios, al hombre, al pecado y a la salvación. Hay más de sesenta citas del Génesis en el Nuevo Testamento. Si queremos entender de veras la revelación de Dios, tenemos que comenzar nuestro estudio en el primer libro de la Biblia. **El autor:** Moisés. Véase Jos. 1.7, 8; 2 Cr. 25.4; Mt. 19.8; Jn. 5.45, 46; etc. **La clave:** "Principio", "orígenes" puede dividirse en dos partes: — **I**. El origen del mundo y del género humano, caps. 1 al 11. — **II**. Los patriarcas, caps. 12 al 50. El escritor inspirado dividió su obra en diez secciones, comenzando una con el título: "El Libro de las generaciones", o con palabras equivalentes: **I.** EL ORIGEN DEL MUNDO Y DEL GÉNERO HUMANO, caps. 1 al 11. 1) **Los orígenes de los cielos y de**

la tierra (2.4), que une las dos narraciones de la creación. // 2) **El libro de las generaciones de Adán** (5.1) hasta la renovación en Noé. // 3) **Las generaciones de Noé** (6.9); sus hijos son los padres de la nueva raza. // 4) **Las generaciones de los hijos Noé** (10): primitivas tribus y dominios. // 5) **Las generaciones de Sem** (11.10): el primer paso en la elección de un pueblo. // 6) **Las generaciones de Terá** (11.27); el segundo paso, el nacimiento de Abraham. II. LOS PATRIARCAS, caps. 12 al 50. 7) **Los descendientes de Ismael** (25.12): el linaje rechazado, los árabes. // 8) **Los descendientes de Isaac** (25.19); la descendencia escogida. // 9) **Las generaciones de Esaú** (36.1 y 9): el segundo linaje rechazado, los edomitas. // 10) **Las generaciones de Jacob** (37.2), Israel: de ahora en adelante **el pueblo de Dios.** El libro de Génesis narra acontecimientos que abarcan un período de dos mil trescientos sesenta y nueve años: Desde la creación hasta el diluvio, mil seiscientos cincuenta y seis años. Desde el diluvio hasta el llamamiento de Abraham, cuatrocientos veintiocho años. El resto de la vida de Abraham, 100 años. De la muerte de Abraham a la de Isaac, 105 años. De la muerte de Isaac a la de Jacob, 27 años. De la muerte de Jacob a la de José, 54 años.

GENTE: Personas en general; nación, pueblo de un país. // Venían tras él carros y **g** de a caballo, 2 S. 1.6. Tengo compasión de la **g**, Mt. 15.32. Y enseñaron a mucha **g**, Hch. 11.26. Véase **Pueblo, Turba**.

GENTILES: Nombre dado por los hebreos a todos los pueblos fuera de la nación de Israel. // Galilea de los **g,** Is. 9.1. ¿No hacen también así los **g**?, Mt. 5.47. Por camino de **g** no vayáis, Mt. 10.5. A los **g** anunciará juicio, Mt. 12.18. En su nombre esperarán los **g**, Mt. 12.21. Tenle por **g** y publicano, Mt. 18.17. Le entregarán a los **g**, Mt. 20.19. Jerusalén será hollada por los **g**, Lc. 21.24. Llevar mi nombre en presencia de los **g**, Hch. 9.15. También sobre los **g** se derramase, Hch. 10.45. A los **g** ha dado Dios arrepentimiento, Hch. 11.18. Nos volvemos a los **g,** Hch. 13.46. Había abierto la puerta de la fe a los **g**, Hch. 14.27. Narrando la conversión de los **g**, Hch. 15.3. Visitó... a los **g,** para tomar de ellos, Hch. 15.14. Desde ahora me iré a los **g**, Hch. 18.6. Porque yo te enviaré lejos a los **g**, Hch. 22.21. Como entre los demás **g,** Ro. 1.13. Vino la salvación a los **g**, Ro. 11.11. A vosotros hablo, **g**, Ro. 11.13. La plenitud de los **g**, Ro. 11.25. Ni aun se nombra entre los **g**, 1 Co. 5.1. Cuando erais **g**, 1 Co. 12.2. En peligros entre **g**, 2 Co. 11.26. Había de justificar por la fe a... **g**, Gá. 3.8. La bendición de Abraham alcance a los **g**, Gá. 3.14. En otro tiempo vosotros, los **g**, Ef. 2.11. Los **g** son coherederos, Ef. 3.6. Esta gracia de anunciar entre los **g**, Ef. 3.8. Ya no andéis como los otros **g**, Ef. 4.17. Maestro de los gentiles en fe y en verdad, 1 Ti. 2.7. Vuestra manera de vivir entre los **g**, 1 P. 2.12. Sido entregado a los **g**, Ap. 11.2.

GENUBAT, hb. **Ladrón:** Hijo de Hadad. Fue educado como uno de los hijos de faraón, 1 R. 11.19, 20.

GERA, hb. **Cereal:** 1. Un hijo de Benjamín, Gn. 46.21. // 2. Padre de Aod, uno de los jueces, Jue. 3.15. // 3. Padre de Simei, que maldijo a David, 2 S. 16.5. // 4. La vigésima parte de un siclo, Ex. 30.13. Véase **Pesos**.

GERAR, hb. **Cántaro:** Una ciudad antigua al sur de Gaza, Gn. 10.19. Abraham vivió en Gerar, Gn. 20.1. Fue Isaac a Gerar, Gn. 26.1. Destruida por Asa, 2 Cr. 14.13, 14. Véase mapa 1, **G**-3; mapa 2, A-6.

GERGESEO, hb. **Que ocupa terreno arcilloso:** Una de las siete naciones que habitaban en Canaán antes de la conquista por los israelitas, Gn. 10.16; 15.21; Dt. 7.1; Jos. 3.10; 1 Cr. 1.14; Neh. 9.8. Véase mapa 1, H-2.

GERIZIM, hb. **Tierra estéril:** El monte Gerizim y el monte Ebal estaban situados uno de un lado de la ciudad de Siquem y el otro del otro lado. El pueblo de Israel se reunió, una parte en el monte Gerizim, la otra en el monte Ebal, mientras los levitas, con el arca quedaban en el valle entre los dos montes. Los que estaban en el Gerizim respondían las bendiciones, los que estaban en el monte Ebal, las maldiciones enunciadas por los levitas. Desde la cumbre del monte de Gerizim, Jotam pronunció su alegoría provocadora al pueblo de Siquem, Jue. 9.7. Los samaritanos consideraban a Gerizim su monte sagrado, así como los judíos miraban hacia el monte Sion como su santuario. En ese mismo monte estaba el templo samaritano y aun hoy es lugar de culto. Así la mujer de Samaria le preguntó a Jesús: "Nuestros padres adoraban en este monte; vosotros decís que en Jerusalén es el lugar donde se debe adorar", Jn. 4.20. Véase Ebal**.** Véase también mapa 2, C-4; mapa 4, B-2.

GERMANIA: Vasta región de Europa antigua, actualmente Alemania. Véase mapa 1, B-2.

GERMINAR: Comenzar a desarrollarse (semillas, bolbos, etc). // Y la hace **g** y producir, Is 55.10. Véase **Brotar, Crecer.**

GERSÓN, hb. **Destierro:** 1. El hijo primogénito de Moisés y Séfora, Ex. 2.21, 22. // 2. Un hijo de Leví, Ex. 6.16. // 3. Un hijo del sacerdote Finees, Esd. 8.2.

GERSONITAS: Los descendientes de Gersón, que constituyeron una de las tres divisiones del cuerpo Lv., Nm. 3.17-26. Asaf fue de los más distintos de los gersonitas, 1 Cr. 6.39-43. Eran responsables por el tabernáculo, la tienda, etc., Nm. 3.25, 26. Se les dieron trece ciudades, en las tribus del norte, Jos. 21.27.

GESEM, hb. **Lluvia:** Un árabe, aliado de Sanbalat y Tobías, grandes adversarios de los judíos, Neh. 2.19; 6.1.

GESUR, hb. **Puente:** Dt. 3.14; Jos. 13.11; 2 S. 13.37; 15.8. Un pequeño reino arameo. Véase mapa 2, D-2.

GESURI: 2 S 2.9. Un pueblo perteneciente al reino de Is-boset, hijo de Saúl.

GESURITAS: Habitantes de Gezer, 1 S. 27.8.

GETSEMANÍ, gr. **Lagar de aceite:** Huerto situado al naciente de Jerusalén, al pasar el Cedrón, en la falda del monte de los Olivos. Lugar donde Jesús tenía la costumbre de retirarse, Lc. 22.39; Jn. 18.2. El huerto donde ocurrió la escena de su agonía, Mt. 26.36.

GEUEL: Uno de los doce espías, de la tribu de Gad, Nm. 13.15.

GEZER, hb. **Lugar separado:** Importante ciudad de los cananeos, en el camino de Jope a Jerusalén, cerca de Laquis, Jos. 10.33. Conquistada por Josué, Jos. 12.12. Sus habitantes no fueron expulsados, Jos. 16.10. David tuvo varias batallas cerca de Gezer, 2 S. 5.25. Faraón la encendió, 1 R. 9.16. Salomón la reedificó, 1 R. 9.17. Véase mapa 2, B-5; mapa 5, B-1.

GÍA, hb. **FUENTE:** Una aldea entre Gedeón y un vado del Jordán, cerca de Jaboc, 2 S. 2.24.

GIBETÓN, hb. **Altura:** Una ciudad de Dan, Jos. 19.44. Dada a los levitas de la familia de Coat, Jos. 21.23. Cayó en manos de los filisteos, y Baasa hirió a Nadab allí, 1 R. 15.27. Omri constituido rey sobre Israel, en Gibetón, 1 R. 16.15. Véase mapa 5, A-1.

GIBLITAS: Habitantes de la ciudad y del reino de Gebal, Jos. 13.5; 1 R. 5.18. Véase **Gebal**.

GIDALTI, hb. **Yo engrandecí:** Uno de los cantores del templo, 1 Cr. 25.4.

GIDEL, hb. **Él engrandeció:** El nombre de dos de los que vinieron de Babilonia con Zorobabel, Esd. 2.47.

GIDGAD, hb. **Montaña de Galaad:** Lugar de uno de los campamentos de Israel en el desierto, Nm. 33.32.

GIEZI, hb. **Valle de la visión:** El siervo confidente de Eliseo, 2 R. 4.12, 31; 5.20-27; 8.4, 5.

GIGANTE: Hombre de estatura descomunal. Había **g** en la tierra en aquellos días, Gn. 6.4. También vimos allí **g**, Nm. 13.33. Había quedado del resto de los **g**, Dt. 3.11. Goliat era de altura de seis codos y un palmo, 1 S. 17.4. Un egipcio de la estatura de 5 codos, 1 Cr. 11.23. El bronce de la lanza de lanza de Isbi-Benob pesaba 300 siclos, 2 S. 21.16. Se mencionan las siguientes razas de gigantes. Anac, **Anaceos**: "Anac" es el nombre colectivo de los anaceos, y no de individuo. Raza de gigantes, Dt. 2.10, 11. Descendientes tal vez de Arba, Jos. 15.13. Habitaban en la región montañosa de Judá, en el sur de Canaán, Jos. 21.11. Su ciudad principal, Hebrón, Jos. 15.13. Había tres familias de los anaceos en Hebrón, los hijos de Sesai, de Ahimán y de Talmai, Nm. 13.22; Jos. 15.14. Infundieron terror en diez de los doce espías, Nm. 13.28, 33; Dt. 9.2. Considerados emitas, Dt. 2.11. Jos., uno de los doce espías, los eliminó, Jos. 11.21, 22. Restaron algunos en Gaza, Gat y Asdod, ciudades de los filisteos, Jos. 11.22. Es probable que Goliat de Gat (1 S. 17.4-7) fuera uno de los anaceos. Caleb, otro de los espías, los expulsó de Hebrón, volviéndose esta ciudad su posesión, Jos. 15.14; Jue. 1.20.

GIHÓN, hb. **Río, Corriente:** Uno de los cuatros ríos del Edén, Gn. 2.13.

GILBOA, hb. **Fuente.** Cordillera en Isaacar, que se eleva, al lado de la ciudad de Jezreel, hasta a la altura de 647 metros sobre el nivel del mar. Se menciona en las Escrituras solamente acerca de la derrota y la muerte de Saúl y de Jonatán por los filisteos, 1 S. 28.4; 31.1; 2 S. 1.6, 21; 21.12. Véase mapa 1, H-2; mapa 2, C-4; mapa 4, B-1.

GILGAL, hb. **Círculo:** 1. El primer campamento de Israel después de pasar el Jordán, Jos. 4.19. Donde Josué circuncidó a todos los hombres que nacieron durante los cuarenta años en el desierto, Jos. 5.1-9. Donde Israel celebró la pascua y donde cesó el maná, Jos. 5.10-12. Donde el arca pernoctó todos los días después de rodear la ciudad de Jericó, Jos. 6.11. El cuartel general de Israel estaba en Gilgal, después de la batalla con los amorreos, Jos. 10.15. Aún permanecía allí tras la gran batalla en l**as aguas de Merom**, Jos. 11.5; 14.6. Después de terminar la conquista, el centro fue trasladado a Silo, en los altos al oeste de Gilgal, Jos. 18.1. Gilgal era uno de los tres lugares donde Samuel juzgaba a Israel, 1 S. 7.16. Un lugar para sacrificar **holocaustos**, 1 S. 10.8; 13.8; 15.21. Donde Saúl fue proclamado rey, 1 S. 11.15. Donde Samuel despedazó a Agag, 1 S. 15.33. Allí se juntó el pueblo para recibir David cuando volvió después de la rebelión de Absalón, 2 S. 19.15. Se volvió centro de idolatría, Os.

9.15; Am. 4.4; 5.5. Véase mapa 2, C-5; mapa 5, B-1. // 2. Gilgal de las naciones, Jos. 12.23. Una ciudad real, a unos diez kilómetros de Antipatris. Véase mapa 2, B-4. 3. Una aldea situada en un alto cerca de Bet-el, tal vez el centro de la escuela de los profetas en el tiempo de Elías y Eliseo, 2 R. 2.1-4; 4.38. Véase mapa 2, C-4.

GILO, hb. **Exilio:** Una ciudad de la región montañosa de Judá, Jos. 15.51. Tierra natal de Ahitofel, 2 S. 15.12; 23.34. Véase mapa 5, B-1.

GILOMITA: Habitante de Gilo.

GIMZO, hb. **Abundante en sicómoros:** Una ciudad de Judá en el límite de Filistea. Tomada por los filisteos, 2 Cr. 28.18.

GINAT, hb. **Huerto:** El padre de Tibni, rival de Omri, rey de Israel, 1 R. 16.21.

GINETO, hb. **Jardinero:** Uno de los sacerdotes que vinieron de Babilonia con Zorobabel, Neh. 12.4.

GIRO: Vuelta, rotación. // Y a sus **g** vuelve el viento de nuevo, Ec. 1.6.

GISPA hb. **Caricia:** Uno de los servidores del templo después del exilio, Neh. 11.21.

GITAIM, hb. **Dos lugares:** Aldea de Benjamín donde se refugiaron los beerotitas, 2 S. 4.3.

GLORIA: Honra, fama adquirida por obras, virtudes, etc. // Veréis la **g** del Jehová, Ex. 16.7. He aquí la **g** de Jehová apareció en la nube, Ex. 16.10. Te ruego que me muestres tu **g**, Ex. 33.18. La **g** de Jehová llenó el tabernáculo, Ex. 40.34. Icabod... Traspasada es la **g** de Israel, 1 S. 4.21. La **g** de Jehová había llenado la casa, 1 R. 8.11. Lo coronaste de gloria y de honra, Sal. 8.5. Los cielos cuentan la **g** de Dios, Sal. 19.1. Entrará el Rey de **g**, Sal. 24.7. La **g** de los hijos son los padres, Pr. 17.6. Babilonia... **g** de los caldeos, Is. 13.19. A **g** do Líbano, Is. 35.2. La apariencia de la **g** del Señor, Ez. 1.28. Le fue dado dominio, **g**, Dn. 7.14. Le mostró... reinos... y la **g**, Mt. 4.8. El Hijo del Hombre vendrá en la **g**, Mt. 16.27. El Hijo del Hombre se siente en el trono de su **g**, Mt. 19.28. Sobre las nubes del cielo con poder y gran **g**, Mt. 24.30. **G** a Dios en las alturas, Lc. 2. 14. Quien volviese y diese **g** a Dios, Lc. 17.18. Cristo... entrase en su **g**, Lc. 24.26. Vimos su **g**, **g** como del unigénito, Jn. 1.14. Manifestó su **g**, Jn. 2.11. No acepto **g** que viene de los hombres, Jn. 5.41. No buscáis la **g** que viene del Dios único, Jn. 5.44. Procurando su propia **g**, Jn. 7.18. Amaban más la **g** de los hombres, Jn. 12.43. Aquella **g** que tuve contigo, Jn. 17.5. La **g** que me diste yo les he dado, Jn. 17.22. Por cuanto no dio la **g** a Dios, Hch. 12.23. Y cambiaron la **g** del Dios incorruptible, Ro. 1.23. Pecaron, y están destituidos de la **g** de Dios, Ro. 3.23. Riquezas de su **g,** las mostró para con los vasos, Ro. 9.23. Hacedlo todo para la **g** de Dios, 1 Co. 10.31. Pues él es imagen y **g** de Dios, 1 Co. 11.7. Una es la **g** de los celestiales, 1 Co. 15.40. Resucitará en **g**, 1 Co. 15.43. Por causa de la **g** de su rostro, 2 Co. 3.7. Mucho más glorioso será lo que permanece, 2 Co. 3.11. Mirando... la **g** del Señor 2 Co. 3.18. Eterno peso de **g**, 2 Co. 4.17. A él sea **g**, en la iglesia, Ef. 3.21. Cuya **g** es su infamia, Fil. 3.19. Igual al cuerpo de la **g** suya, Fil. 3.21. Las riquezas de la **g** de este misterio, Col. 1.27. Seréis manifestados con él, en **g**, Col. 3.4. Ni buscamos **g** de los hombres, 1 Ts. 2.6. Vosotros sois nuestra **g**, 1 Ts. 2.20. Creído en el mundo, recibido arriba en **g**, 1 Ti. 3.16. Aguardando la manifestación de la **g** de nuestro gran Dios y Salvador Jesucristo, Tit. 2.13. Habiendo de llevar muchos hijos a la **g**, He. 2.10. De tanto mayor **g** que Moisés, He. 3.3. Toda la **g** del hombre como flor, 1 P. 1.24. Que **g** es, si pecando, 1 P. 2.20. En la revelación de su **g**, 1 P. 4.13, Participante de la **g** que será revelada, 1 P. 5.1. Corona incorruptible de **g**, 1 P. 5.4. Nos llamó por su **g** y excelencia, 2 P. 1.3. Él recibió honra y **g**, 2 P. 1.17. Digno eres de recibir la **g**, Ap. 4.11. La bendición, la **g** y la sabiduría, Ap. 7.12. Temed a Dios y dadle **g**, Ap. 14.7. Démosle **g**; porque han llegado las bodas del Cordero, Ap. 19.7. La **g** de Dios la ilumina, Ap. 21. 23. Los reyes de la tierra traerán su **g**, Ap. 21.24. Véase **SHEKINAH.**

GLORIARSE: Cubrirse de gloria. // En Jehová se gloriará mi alma, Sal. 34.2. ¿Por qué te jactas de maldad? Sal. 52.1. No te jactes del día de mañana, Pr. 27.1. ¿Se gloriará el hacha contra el que con ella corta? Is. 10.15. Tú que te jactas en la ley, Ro. 2.23. Gloriémonos en la esperanza, Ro. 5.2. También nos gloriamos en las tribulaciones, Ro. 5.3. No te jactes contra las ramas, Ro. 11.18. El que se gloría, gloríese en el Señor, 1 Co. 1.31; 2 Co. 10.17. Nadie se gloríe en los hombres, 1 Co. 3.21. Me gloriaré más bien en mis debilidades, 2 Co. 12.9. Gloriarme, sino en la cruz, Gá. 6.14. No por obras, para que nadie se gloríe, Ef. 2.9. De humilde condición, gloríese en su exaltación, Stg. 1.9.

GLORIFICAR: Honrar, dar gloria. // Me glorificaré en Faraón, Ex. 14.17. Glorificaré tu nombre para siempre, Sal. 86.12. Vean vuestras buenas obras, y glorifiquen a vuestro Padre, Mt. 5.16. Se maravilló y glorificó a Dios, Mt. 9.8. Y era glorificado por todos, Lc. 4.15. A fin de que el Hijo de Dios sea por ella glorificado, Jn. 11.4. Padre, glorifica tu nombre, Jn. 12.28. A fin de que el Padre sea glorificado en el Hijo, Jn. 14.13. Glorifica a tu Hijo, para que también tu Hijo te glorifique a ti, Jn. 17.1. No le glorificaron como a Dios, Ro. 1.21. A los que justificó, a éstos también glorificó, Ro. 8.30. Concordemos y a una voz glorifiquéis a Deus, Ro. 15.6. Glorificad, pues, a Dios, en vuestro cuerpo, 1 Co. 6.20. Jesucristo sea glorificado en vosotros, 2 Ts. 1.12. Para que la palabra del Señor sea glorificada, 2 Ts. 3.1. Glorifiquen a Dios en el día de la visitación, 1 P. 2.12. Para que en todas las cosas sea Dios glorificado, 1 P. 4.11. Glorifique a Dios con ese nombre, 1 P. 4.16. ¿Quién no te temerá, oh Señor, y glorificará tu nombre? Ap. 15.4.

GLORIOSO: Lleno de gloria. // Temiendo este nombre **g** y temible, Dt. 28.58. Bendito su nombre **g** para siempre, Sal. 72.19. Cosas **g** se han dicho de ti, Sal. 87.3. Para hacerte nombre **g**, Is. 63.14. Se regocijaba por todas las cosas **g**, Lc. 13.17. Iglesia **g**, sin mancha, Ef. 5.27.

GLOTÓN: Que come mucho y con avidez. // Compañero de **g** avergüenza a su padre, Pr. 28.7. Malas bestias, **g** ociosos, Tit. 1.12.

GLOTONERÍA: Cualidad o vicio de glotón. // No en **g** y borracheras, Ro. 13.13.

GNIDO, gr. **Ortiga**: Un puerto de Asia Menor, Hch. 27.7. Véase mapa 6, D-2.

GOA, hb. **Mugido:** Jer. 31.39. Lugar cerca de Jerusalén.

GOB, hb. **Cisterna:** Teatro del conflicto entre fuerzas de David y las de los filisteos, 2 S. 21.18, 19.

GOBERNADOR: Individuo a quien se confía el gobierno de alguna plaza, colonia, distrito, etc. // José **g** de Egipto, Gn. 42.6; 45.26. Nehemías nombrado **g**, Neh. 5.14. Ponga **g** sobre el país, Gn. 41.34. Gobernadores de vuestras tribus, Dt. 1.15. Zebul **g** de la ciudad, Jue. 9.30. Envió el rey Nabucodonosor a que reuniesen… a todos los **g** de las provincias, Dn. 3.2. Seréis llevados a la presencia de **g,** Mt. 10.18. En pie delante del **g**, Mt. 27.11. Y si esto lo oyere el **g** Mt. 28.14. El **g**… preguntó de qué provincia era, Hch. 23.34. Comparecieron ante el gobernador contra Pablo, Hch. 24.1. Véase **Jefe, Juez, Magistrado, Príncipe, Rey, Sátrapa.**

GOBERNAR: Regir; regular la marcha de. // El que gobernaba en todo lo que tenía, Gn. 24.2. Por tu palabra se gobernará todo mi pueblo, Gn. 41.40. Y nuestro rey nos gobernará, 1 S. 8.20. Muchas cosas son bien gobernadas, Hch. 24.2. Gobierne bien su propia casa, 1 Ti. 3.4. Gobiernen bien sus hijos, 1 Ti. 3.12. Véase **Reinar.**

GOFER: El arca construida de madera de Gofer, Gn. 6.14.

GOG: 1. Un rubenita, 1 Cr. 5.4. // 2. Ez. 38.2, 14, 16, 18; 39.1. Jefe de pueblos enemigos al norte de Israel. Enemigo agresivo contra el reino de Dios, y aliado con Magog, Ap. 20.8. Magog era un hijo de Jafet, Gn. 10.2.

GOLÁN, hb. **Exilio:** Ciudad y región de Basán, territorio que fue cedido a la media tribu oriental de Manasés. Pasó Golán para los gersonitas, y fue designada como ciudad de refugio, Dt. 4.43; Jos. 20.8; 21.27. Véase mapa 2, D-3; mapa 3, B-2.

GOLFO-PÉRSICO: Véase mapa 1, E-4.

GÓLGOTA: Nombre griego del lugar de la crucifixión de Cristo, Mt. 27.33. En arameo es **gulgulta**, en hebreo es **gulgoleth** y quiere decir, calavera. Véase **Calavera**.

GOLIAT, hb. **Exilio:** 1. Un gigante de Gat y campeón del ejército de los filisteos, 1 S. 17; 21.9; 22.10. Tal vez fuera de una raza de gigantes, los anaceos, que vivían entre los filisteos. Su altura era de 6 codos, más de 2 m y 75 cm. Si el cubo era de 53 cm, su altura era más de 3 m y 20 cm. Es probable que se incluyera el yelmo en la medida de su altura. En cualquier caso, sería el más alto de todos los hombres cuya estatura está mencionada en la historia del mundo. // 2. Otro gigante de Gat, llamado Goliat, herido por Elhanán, un valiente de David, 2 S. 21.19. Era tal vez hermano del otro del mismo nombre.

GOLONDRINA: Género de aves paseriformes, de tarsos cortos y alas largas, de vuelo fácil, rápidos y extenso. Hay varias especies de golondrinas en Palestina. Construían sus nidos en el templo, Sal. 84.3. Es pájaro de costumbre migratorio, Jer. 8.7. No se engaña en cuanto al tiempo de arribar, criando dos nidadas al año. Se menciona también en Pr. 26.2; Is. 38.14.

GOLPE: Pancada, herida, corte, por instrumento cortante o contundente. // Golpe por golpe, Ex. 21.25; Sal. 140.11; Jer. 4.20. Al dar su mano el golpe, Dt. 19.5. Lo enclavaré en la tierra de un golpe, 1 S. 26.8.

GOLPEAR: Dar golpes a algo o alguien. // Un egipcio que golpeaba a uno, Ex. 2.11. Golpeó la peña con su vara, Nm. 20.11. Y golpeó a Sísera, Jue. 5.26. Sedequías... golpeó a Micaías, 1 R. 22.24. Guardas... me golpearon, me hirieron, Cnt. 5.7. Golpeándose el pecho lamentarán, Is. 32.12. Palmotea... y golpea con tu pie, Ez. 6.11. Y golpearon contra aquella casa, Mt. 7.25. Le golpeaban delante del tribunal, Hch. 18.17. Peleo, no como quien golpea el aire, 1 Co. 9.26.

GOMER, hb. **Completo:** 1. Uno de los hijos de Jafet, Gn. 10.2. Mencionándose sus descendientes, Gomer, una nación al norte, en Ez. 38.6. Véase mapa 1, D-2. // 2. Mujer del profeta Oseas, Os. 1.3; 3.1-4.

GOMORRA: Sodoma y Gomorra eran dos de las cinco ciudades de la planicie cuyos reyes fueron derrotados por Quedorlaomer, Gn. 10.19; 14.2. Sodoma y Gomorra destruidas con azufre y fuego, Gn. 19.24. Era proverbial su maldad, Gn. 18.20; Dt. 32.32; Is. 1.9,10; Jer. 23.14; 49.18; Ro. 9.29; Ap. 11.8. La destrucción de esas ciudades fue una advertencia contra el pecado, Dt. 29.23; Mt. 10.15; Lc. 17.29; 2 P. 2.6; Jud. 7. En ella se vio un precedente para la destrucción de Babilonia, de Edom, de Moab y de Israel, Is. 13.19; Jer. 50.40; Sof. 2.9; Am. 4.11. Se opinaba antes que esas cinco ciudades estaban situadas en el valle del Jordán, cerca del extremo norte del Mar Muerto. Pero es más probable que estuvieran en la parte de la planicie cubierta habitualmente por las aguas de la parte sur del Mar Muerto. Todas las cinco fueron involucradas en la terrible catástrofe, a excepción de Zoar. Fue tal la ruina que no se encuentra cualquier vestigio de ellas.

GORDO: Que tiene demasiada gordura. // De lo más **g** de ellas, Gn. 4.4. Vacas flacas... devoraban a las... **g**, Gn. 41.20.

GORDURA: Sustancia untuosa que se encuentra en el cuerpo humano y de los animales. // Abel trajo… de lo más **g** de ellas, Gn. 4.4. La ley de Moisés prohibía que el pueblo comiese tanto la **g** que se encuentra en las vísceras de los animales como la sangre. Debía ser ofrecida en sacrificio en el altar, Lv. 3.16, 17; 7.23. La **g** cubrió su rostro, Job 5:27. Los ojos se les saltan de **g**, Sal. 73.7.

GOSÉN: 1. Fértil territorio en la parte oriental del Bajo-Egipto, donde Jacob y sus hijos habitaron en Egipto, Gn. 45.10; 47.11. Llamado, además, e**l campo** (planicie pastoril) de Zoán, Sal. 78.12, 43. Formaba parte de la tierra de Ramesés, Gn. 47.11. Los israelitas habitaban allí hasta el tiempo de su liberación, Ex. 8.22. // 2. Tierra al sur de Judá, Jos. 10.41. // 3. Una ciudad de la región montañosa de Judá, Jos. 15.51.

GOTA: Pequeña parte esférica que se separa de un líquido. // Quien engendró las **g** del rocío, Job 38.28. De las **g** de la noche, Cnt. 5.2. **G** de agua que cae del cubo, Is. 40.15. Su sudor como grandes **g** de sangre, Lc. 22.44.

GOTEAR: Caer en gotas. // Goteará como la lluvia mi enseñanza, Dt. 32.2. Las nubes gotearon aguas, Jue. 5.4. Mis manos gotearon mirra, Cnt. 5.5. Goteando en abundancia, Job 36.28. Gotera continua las contiendas de la mujer, Pr. 19.13; 27.15.

GOZÁN: Llamado actualmente Tel Halaf, lugar para donde fueron llevados los israelitas de Samaria, 2 R. 17.6. Mencionado por Senaquerib, en su carta a Ezequías, 2 R. 19.12.

GOZAR: Tener, poseer (cosa útil o agradable). // La tierra gozará sus días de reposo, Lv. 26.34. El que engendra sabio se gozará con él, Pr. 23.24. Y gozarás de bienes, Ec. 2.1. Y gozar uno del bien de todo su trabajo, Ec. 5.18. Gozar de su trabajo, Ec. 5.19. En el día del bien goza del bien, Ec. 7.14.

GOZO: Acto de gozar. // En tu presencia hay plenitud de gozo, Sal. 16.11. Y **g** perpetuo será sobre sus cabezas, Is. 35.10. Entra en el **g** de tu señor, Mt. 25.21. Para que mi **g** esté en vosotros, Jn. 15.11. Para que tengan mi **g** cumplido en sí mismos, Jn. 17.13. Deus... el Dios de esperanza os llene de todo **g**, Ro. 15.13. Véase **Deleite, Placer.**

GRABAR: Esculpir, tallar. // Grabarás en ellas los nombres de los hijos de Israel, Ex. 28.9. Una lámina de oro fino, y grabarás en ella, Ex. 28.36. He aquí yo grabaré su escultura, Zac. 3.9. Escribe la visión, y declárala en tablas, Hab. 2.2. Ministerio de la muerte, grabado con letras en piedras, 2 Co. 3.7.

GRACIA: Favor, que se dispensa o se recibe. Favor que los hombres no merecen, pero que Dios libremente les concede. Elegancia de forma. // Noé halló **g** delante del Señor, Gn. 6.8. **G** y gloria dará Jehová, Sal. 84.11. Sus puertas con acción de **g**, Sal. 100.4. Porque adorno de **g** serán a tu cabeza, Pr. 1.9. Engañosa es la **gracia**, y vana la hermosura, Pr. 31.30. Al uno puse por nombre **G**, Zac. 11.7. Y derramaré sobre la casa de David, y sobre los moradores de Jerusalén, espíritu de **g**, Zac. 12.10. De **g** recibisteis, dad de **g**, Mt. 10.8. El Verbo... lleno de **g**, Jn. 1.14. De su plenitud, **g** sobre **g**, Jn. 1.16. La **g** y la verdad vinieron por medio de Jesucristo, Jn. 1.17. Que perseverasen en la **g** de Dios, Hch. 13.43. Sobreabundó la **g**, Ro. 5.20. Pues no estáis bajo la ley, sino bajo la **g**, Ro. 6.14. Y si por **g**, ya no es por obras, Ro. 11.6. Dones según la **g**, Ro. 12.6. Pero por la **g** de Dios soy lo que soy, 1 Co. 15.10. La **g** de nuestro Señor Jesús sea, 1 Co. 16.23; 2 Co. 13.14. Para que abundando la **g**, 2 Co. 4.15. No recibáis en vano la **g**, 2 Co. 6.1. La **g** de nuestro Señor Jesucristo, 2 Co. 8.9. Que abunde en vosotros toda **g**, 2 Co. 9.8. Bástate mi **g,** 2 Co. 12.9. No desecho la **g**, Gá. 2.21. De la **g** habéis caído, Gá. 5.4. Riqueza de su **g**, Ef. 2.7. Porque por **g** sois salvos, Ef. 2.8. Pero a cada uno de nosotros fue dada la **g**, Ef. 4.7. Vosotros sois participantes conmigo de la **g**, Fil. 1.7. La **g** de Dios se manifestó, Tit. 2.11. Justificados por su **g**, Tit. 3.7. Al trono de **g**, He. 10.29. Y da **g** a los humildes, Stg. 4.6. Esperad por completo en la **g,** 1 P. 1.13. Coherederas de la **g**, 1 P. 3.7. De la multiforme **g** de Dios, 1 P. 4.10. La verdadera **g** de Dios, 1 P. 5.12.

Creced en la **g** y el conocimiento de nuestro Señor, 2 P. 3.18. Convierten en libertinaje la **g** de nuestro Dios, Jud. 4. La **g** de nuestro Señor Jesucristo. Ap. 22.21. // **La salvación Por la gracia:** Hch. 15.11; Ro. 3.24; Ef. 2.5; 2 Ts. 2.16; 2 Ti. 1.9; Tit. 2.11-14; 3.7; 1 P. 1.10. **La gracia ofrecida GRATUITAMENTE A TODOS:** Is. 55.1; Mt. 10.8; Ef. 6.24; Stg. 4.6; Ap. 21.6; 22.17. **Pedida en oración:** Ro. 16.20; 1 Ti. 1.2; He. 4.16. Véase **Acción de gracias, Favor, Merced.**

GRANA: Carmesí, rojo. // Y ató a su mano un hilo de grana, Gn. 38.28. Véase **Escarlata, Rojo.**

GRANADO: Árbol de cuatro a cinco metros de altura, de la familia de las punicáceas. La granada contiene numerosas semillas, de sabor ligeramente ácido, cercada de una pulpa transparente que es alimento. // Una de las frutas más apreciadas por los israelitas en Egipto, Nm. 20.5. La tierra de Promisión sería lugar de vides, higueras y granados, Dt. 8.8. Una de las frutas traídas por los espías, del valle de Escol como muestra de la fertilidad de la tierra, Nm. 13.23. Saúl debajo de un granado que hay en Migrón, 1 S. 14.2. Fruta bonita, Cnt. 4.13. El manto del sumo sacerdote ornamentado de figuras de granadas, Ex. 28.33,34. El templo ornamentado con doscientas granadas, 1 R. 7.20. Buen refresco, Nm. 20.5; Cnt. 8.2. Uno de los árboles que se secaron, Jl. 1.12; Hag. 2.19.

GRANDE: Que tiene dimensiones más que ordinarias. Excepcional por el talento, por el carácter, por las virtudes. // Y haré de ti una nación **g**, Gn. 12.2. Llanto **g** es este de los egipcios, Gn. 50.11. Dios **g**, Dt. 10.17; Neh. 9.32; Sal. 48.1; 77.13. Cuán **g** son tus obras, Sal. 92.5. **G** es el Señor, Sal. 96.4; 48.1. **G** cosas ha hecho Jehová con nosotros, Sal. 126.3. **G** es el día de Jehová, Jl. 2.11; Sof. 1.14. Será **g** en el reino, Mt. 5.19. Oh mujer, **g** es tu fe, Mt. 22.38. El que quiera hacerse **g**, Mt. 20.26. Este es el primero y **g** mandamiento, Mt. 22.36. Él será **g** delante del Señor, Lc. 1.15. **G** es Diana de los efesios, Hch. 19.28. Se me ha abierto puerta **g**, 1 Co. 16.9. **G** y maravillosas son tus obras, Ap. 15.3.

GRANDEMENTE: De modo superior a lo normal en tamaño e intensidad. // Y se estremeció Isaac **g,** Gn. 27.33.

GRANDEZA: Magnificencia, opulencia, abundancia, sublimidad. // Y comprended hoy… su **g**, Dt. 11.2. Y su **g** es inescrutable, Sal. 145.3. Y yo publicaré tu **g**, Sal. 145.6. Pues creció tu **g**, Dn. 4.22. Mi dignidad y mi **g** volvieron a mí, Dn. 4.36. Y para que la **g** de las revelaciones no me exaltase desmedidamente, 2 Co. 12.7. Y cuál la supereminente **g** de su poder, Ef. 1.19.

GRANDIOSO: Imponente por la amplitud o por la magnificencia. // Y en el gran poder y en los hechos **g** y terribles, Dt. 34.12.

GRANERO: Depósito de provisiones. // Abrió José todo **g**, Gn. 41.56. Nuestros **g** llenos, provistos de toda suerte de granos, Sal. 144.13. Serán llenos tus **g** con abundancia, Pr. 3.10. Sin bueyes el **g** está vacío, Pr. 14.4. Recogerá su trigo en el **g**, Mt. 3.12. Las aves no recogen en **g**, Mt. 6.26. Recoged el trigo en mi **g**, Mt. 13.30. Derribaré mis **g**, Lc. 12.18. Véase **Depósito**.

GRANIZO: Lluvia congelada, que cae en granos; lluvia de piedra, pedrisco. // La séptima, de las diez plagas de Egipto, Ex. 9.23. En la batalla de Josué contra los cinco reyes de los amorreos, Jos. 10.11. Los tesoros del **g**, Job 38.22. Les dio **g** por lluvia, Salmo 105.32. El fuego y el **g**, Salmo 148.8. Como turbión de **g** y como torbellino trastornador, Is. 28.2. **G** barrerá el refugio de la mentira, Is. 28.17. Tempestad y piedra de **g**, Is. 30.30. Piedras de **g** con enojo para consumir, Ez. 13.13. Haré llover… piedras de **g**, Ez. 38.22. Con **g** en toda obra de vuestras manos, Hag. 2.17. Tocó la trompeta, y hubo **g** y fuego, Ap. 8.7. Un terremoto y grande **g**, Ap. 11.19. Un enorme **g** como del peso de un talento, Ap. 16.21.

GRANO: Semilla de cereales. // Y el **g** desmenuzado ofrecerás como ofrenda de tus primicias, Lv. 2.14. Un **g** de mostaza, Mt. 13.31; 17.20. Después **g** lleno en la espiga, Mr. 4.28. Si el **g** de trigo no cae en la tierra, Jn. 12.24. Sino el **g** desnudo, ya sea de trigo o de otro **g,** Co. 15.37. **GRATITUD:** Agradecimiento. // Tengamos **gratitud**, y mediante ella sirvamos a Dios, He. 12.28.

GRATO: Agradable. // Percibió Jehová olor **g,** Gn. 8.21**.** Ni sus sacrificios le serán **g**, Os. 9.4. Porque para Dios somos **grato** olor de Cristo, 2 Co. 2.15.

GRATUITAMENTE: De gracia. // Justificados **g**, por su gracia, Ro. 3.24. Presente **g** el evangelio de Cristo, 1 Co. 9.18. Yo le daré **g** de la fuente del agua de la vida, Ap. 21.6. **GRADO:** Sucesión ordenada de cosas. // Hizo volver la sombra por los grados que había descendido en el reloj de Acaz, 2 R. 20.11.

GRAVAR: Imponer un gravamen, establecer un tributo; oprimir. // Y no sea gravada la iglesia, 1 Ti. 5.16. Véase **Cargado.**

GRAVE: Serio; de mucha importancia. // Presentando contra él muchas y **g** acusaciones, Hch. 25.7.

GRAVEMENTE: Peligrosamente. // Asa enfermó **g** de los pies, 2 Cr. 16.12.

GRAVÍSIMO: Muy grave. // A causa del hambre siguiente la cual será gravísima, Gn. 41.31.

GRAVOSO: Molesto, pesado y a veces intolerable. // Sus mandamientos no son **g**, 1 Jn. 5.3. Para que no te seamos **g**, 2 S. 13.25**.** En todo me guardé y me guardaré de seros **g**, 2 Co. 11.9**.** No os seré **g**, porque no busco lo vuestro, sino a vosotros, 2 Co.12.14**.** Cómo trabajando de noche y de día, para no ser **g** a ninguno de vosotros, 1 Tes. 2.9**.** Trabajamos con afán y fatiga día y noche, para no ser **g** a ninguno de vosotros, 2 Ts. 3.8**.** Véase **Penoso.**

GRAZNAR: Dar graznidos, sonido característico emitido por algunas aves, Is. 10.14.

GREBA: Pieza de la armadura, que cubría desde la rodilla hasta el pie. // **G** de bronce. 1 S. 17.6.

GRECIA: Grecia es una península montañosa de Europa oriental que forma la extremidad meridional de la península de los Balcanes. Está bañada al este por el mar Egeo o por el Archipiélago, al sur por el Mediterráneo y al oeste por el mar Jónico. Véase mapa 6. C-2. Llamada, en el Nuevo Testamento, por lo general, **Acaya**. La cultura griega tenía influencia profunda sobre Palestina en la gran era helenística, desde la conquista de Alejandro hasta la conquista romana, de 333 a 63 a.C. // El macho cabrío es el rey de Grecia, Dn. 8.21. Vendrá el príncipe de Grecia, Dn. 10.20. El cuarto... empleará todo contra el reino de Grecia, Zac. 9.13. Fue el centro de la obra evangélica realizada por apóstoles y evangelistas, Hch. 20.2. Véase **Acaya, Atenas, Corinto.**

GREY: Rebaño de ganado menor. // Apacentad la **g** de Dios, 1 P. 5.2. Sino siendo ejemplos de la **g**, 1 P. 5.3. El rebaño que te fue dado, tu hermosa **g,** Jeremías 13.20. Véase **Congregación.**

GRIEGO: Idioma hablado por los griegos, los judíos del Nuevo Testamento (Hch. 21.37) y todo el mundo mediterráneo. El Antiguo Testamento fue traducido al griego, por los Setenta. El Nuevo Testamento fue escrito en griego. Ese idioma servía como un grande vehículo para la difusión del evangelio, por Pablo y los creyentes primitivos. El griego siguió siendo la lengua de la Iglesia cristiana hasta mediados del segundo siglo.

GRIEGOS: Este término en el Nuevo Testamento denota o a los naturales de Grecia, o, más generalmente, a los gentiles, los que no eran judíos, Ro. 1.14, 16; 1 Co. 1.24; etc. Los helénicos (Hch. 6.1) eran judíos que hablaban griego. // Vendisteis los hijos de Judá y los hijos de Jerusalén a los hijos de los **g**, Jl. 3.6. La mujer era **griega**, y sirofenicia de nación, Mr. 7.26. ¿Se irá a los dispersos entre los **g**, y enseñará a los **g**? Jn. 7.35. Había ciertos **g** entre los que habían subido, Jn. 12.20. Hablaban también a los griegos, Hch. 11.20. Creyó una gran multitud de judíos, y asimismo de **g**, Hch. 14.1. Timoteo. Hijo de una judía creyente, pero de padre griego, Hch. 17.4. A **g** y a no **g**, a sabios y a no sabios soy deudor, Ro. 1.14. Al judío primeramente, y también al **g**, Ro. 2.10; 1.16. Los **griego**s buscan sabiduría, 1 Co. 1.22. Fuimos todos bautizados en un cuerpo, sean judíos o **g**, 1 Co. 12.13. Mas ni aun Tito, que estaba conmigo, con todo y ser **g**, fue obligado a circuncidarse, Gá. 2.3. Ya no hay judío ni **g**, Gá. 3.28; Col. 3.11.

GRILLOS: Cadena gruesa con la que se sujetaban las piernas a los condenados. // Ni tus pies ligados con **g**, 2 S. 3.34. Los cuales aprisionaron con **g** a Manasés, 2 Cr. 33.11. Y si estuvieren prendidos en **g,** Job 36.8. Atado con **grillos** y cadenas, Mr. 5.4. Véase **Cadena.**

GRITA: Confusión de voces altas y desentonadas. // Y todos les daban **g** como tras el ladrón, Job 30.5.

GRITAR: Pedir ayuda gritando. // Hablar a voz en cuello. // Todo el pueblo **g** a gran voz, Jos. 6.5. Gritad; entonces gritaréis, Jos. 6.10. Y gritaron: ¡Por la espada de Jehová y de Gedeón! Jue. 7.20. Los de Israel y los de Judá, gritaron, 1 S. 17.52. Allí gritaron: Faraón rey de Egipto es destruido, Jer. 46.17. Pensaron que era un fantasma, y gritaron, Mr. 6.49. Pero ellos gritaron: ¡Fuera, fuera, crucifícale! Jn. 19.15. Gritaron, diciendo: !Grande es Diana de los efesios! Hch. 19.28. Todos a una voz gritaron casi por dos horas, Hch. 19.34. Véase **Clamar.**

GRITERÍA: Voces altas y desentonadas. // Quítense de vosotros toda amargura, enojo, ira, **g**, Ef. 4.31.

GRITO: Voz emitida con esfuerzo, de modo que pueda oírse a lo lejos. // Entonces se dio a llorar a **g,** Gn. 45.2. Mientras muchos otros daban grandes **g**, Esd. 3.12. Ni **g** de alarma en nuestras plazas, Sal. 144.14. Este, al ver a Jesús, lanzó un gran **g**, Mt. 25.6. Véase **Clamor.**

GROSURA: Superabundancia. // Dios... te dé... de la **g** de la tierra, Gn. 27.28.

GRUESO: Grosor, espesor. // El menor dedo de los míos es más grueso, 1 R. 12.10.

GRULLA: Ave zancuda, de pico fuerte y afilado, y de grandes patas. Tiene un largo de dos metros y medio, y una altura de más de un metro. Su voz es estridente, melancólica y ronca. Cuando emigran forman largas filas en forma de cuña, partiendo de Palestina, para

Egipto. Se alimenta de semillas, insectos y pequeños cuadrúpedes. Is. 38.14; Jer. 8.7.

GRUÑIR: Decir entre dientes en voz baja; murmurar. Emitir su voz algunos animales. // Gruñimos como osos todos nosotros, Is. 59.11. Como cachorros de leones gruñirán, Jeremías 51.38.

GRUPO: Cierta cantidad de personas reunidas. // Estos **g** que he encontrado, Gn. 33.8. Recostar a todos por **g** sobre la hierba verde, Mr. 6.39.

GUARDADO: G en Jesucristo, Jud. 1; 24. Véase Jn. 10.28.

GUARDADOR: Que guarda. // Jehová es tu guardador, Sal. 121.5.

GUARDAR: Defender, vigilar, cuidar. // Tú, Jehová, los guardarás, Sal. 12.7. Jehová te guardará de todo mal; Él guardará tu alma, Sal. 121.7. Tiempo de guardar, Ec. 3.6. Tomaron para **g**, Mr. 7.4. Lc. 12.15; Jud. 21. El que me ama, mi palabra guardará, Jn. 14.23. Mandando circuncidaros y **g** la ley, Hch. 15.24. // **Guardar** el amor, Os. 12.6; ángeles, Jud. 6; pacto, Gn. 17.9; Dt. 7.9; 1 R. 11.11; Sal. 78.10; 121.7; alma, Sal. 97.10; 121.7; Pr. 21.23; boca, Pr. 13.3; 21.23; camino, Gn. 18.19; 2 S. 22.22; Sal. 119.9; ciudad, Sal. 127.7; cosas, Mt. 28.20; Mr. 7.8; Lc. 2.19; Ap. 1.3; consejos, 1 Ti. 5.21; confesión, He. 10.23; confianza, He. 3.14; corazón, Pr. 4.23; Fil. 4.7; corona, 2 Ti. 4.8; depósito, 2 Ti. 1.12,14; días, Gá. 4.10; fe, 2 Ti. 4.7; fidelidad, Is. 26.2; de los ídolos, 1 Jn. 5.21; huerto, Gn. 2.15; labios, Sal. 141.3; ley, Pr. 29.18; Stg. 2.10; mandamientos, Ex. 20.6; Dt. 5.10; 6.17; Sal. 119.11; Ec. 12.13; Mt. 19.17; Jn. 14.15; 14.21; 15.10; 1 Jn. 2.3; mina, lc 19.20; de la mujer ajena, Pr. 7.5; obras, Ap. 2.26; palabra, Sal. 119.11; Lc. 2.19; 11.28; Jn. 12.47; 17.6; Ap. 3.10; 22.7; pies, 1 S. 2.9; Ec. 5.1; estatutos, Sal. 105.45; sábados, Ex. 31.13; sepulcro, Mt. 27.64; testimonios, Sal. 119.146; veredas, Pr. 2.8. Véase **Conservar, Reservar, Vigilar.**

GUARDARSE: Usar de cuidado, evitar el mal, // Guardaos: de los falsos profetas, Mt. 7.15.

GUARDIA: Conjunto de soldados, que ocupan un puesto. Vigilante. // Y el capitán de la **g**, Gn. 40.4. Ni la gente de **g**, Neh. 4.23. En vano vela la **g**, Sal. 127.1. Nabuzaradán capitán de la **g**, Jer. 39.9. Reforzad la **g**, poned centinelas, Jer. 51.12. Venía con el capitán de la **g**, Jer. 52.14. He aquí unos de la **g** fueron a la ciudad, Mt. 28.11. A los jefes de la **g** del templo, Lc. 22.52. La primera y la segunda **g**, Hch. 12.10. Véase **Atalaya, Centinela, Vigilante.**

GUARIDA: Cueva o lugar donde se recogen y protegen los animales. Refugio, asilo. // Las zorras tienen **g**, Mt. 8.20. Y **g** de todo espíritu inmundo, Ap. 18.2.

GUARNICIÓN: El conjunto de las tropas necesarias para guarnecer una plaza. // La **g** de los filisteos, 1 S. 10.5; 13.3; 14.1; 2 S. 23.14. David puso **g** en Siria de Damasco, 2 S. 8.6.

GUDGODA: Lugar de campamento de los israelitas en el desierto, Dt. 10.7. Lo mismo tal vez que Gidgad, Nm. 33.32.

GUEDEJA: Mechón de pelo. // Y me tomó por las **g**, Ez. 8.3. Es decir, lo tomó por las madejas de cabello.

GUERRA, GUERREAR: Lucha armada entre naciones o partidos. // Jehová es varón de **g**, Ex. 15.3. Jehová tendrá **g** con Amalec, Ex. 17.16. Cuando alguno fuere recién casado, no saldrá a la guerra, Dt. 24.5. Y la tierra descansó de la **g**, Jos. 11.23. Después hubo de nuevo **g**, 1 S. 19.8. Sino que eran hombres de **g**, 1 R. 8.44. Tú has derramado mucha sangre, y has hecho grandes **g**; no edificarás casa a mi nombre, 1 Cr. 22.8. Que hace cesar las **g** hasta los fines de la tierra, Sal. 46.9. Pero en el corazón había guerra, Sal. 55.21. Esparce a los pueblos que se complacen en la **g**, Sal. 68.30. Y con dirección sabia se hace la **g**, Pr. 20.18. Ni se adiestrarán más para la **g**, Is. 2.4; Mi. 4.3. Guerra contra los santos, Dn. 7.21. Y oiréis de **g** y rumores de **g**, Mt. 24.6. ¿De dónde vienen las **g** y los pleitos entre vosotros? Stg. 4.1. Semejante a caballos preparados para la **g**, Ap. 9.7. La bestia que sube del abismo hará **g** contra ellos, Ap. 11.7. Y se fue a hacer **g** contra el resto de la descendencia de ella, Ap. 12.17. Y se le permitió hacer **g** contra los santos, y vencerlos, Ap. 13.7. Véase **Ejército, Batalla.**

GUERRERO: Soldado que combate en alguna guerra. // Ciento ochenta mil hombres, **g** escogidos, 1 R. 12.21.

GUÍA: Individuo que guía otros. // Desde el vientre de mi madre fui **g**, Job 31.18. Sino tú, hombre, al parecer íntimo mío, Mi **g**, Sal. 55.13. El justo sirve de **g**, Pr. 12.26. Dejadlos; son ciegos **g** de ciegos, Mt. 15.14. ¡Ay de vosotros, **g** ciegos! Mt. 23.16. Fue **g** de los que prendieron a Jesús, Hch. 1.16. Ignorando que su benignidad te **g** al arrepentimiento, Ro. 2.4. Confías en que eres **g** de los ciegos, Ro. 2.19. Véase **Cabeza, Jefe.**

GUIAR: Dirigir, orientar, aconsejar. // Una columna de nube para guiarlos, Ex. 13.21. Yo os guiaré al hombre que buscáis, 2 R. 6.19. Para guiarlos por el camino, Neh. 9.19. Me guiará por sendas de justicia, Sal. 23.3 Por tu nombre me guiarás y me encaminarás,

Conquistada por el rey David hacen cerca de 3 000 años y ubicada en una región de paso entre los continentes europeo, asiático y africano, Jerusalém vio pasar a muchos pueblos y construyó una linda historia. Hoy, La ciudad atrae innúmeros turistas del mundo entero.

Sal. 31.3. Envía tu luz y tu verdad; éstas me guiarán, Sal. 43.3. El nos guiará aun más allá de la muerte, Sal. 48.14. Te guiarán cuando andes, Pr. 6.22. Y guiaré a los ciegos por camino que no sabían, Is. 42.16. El que tiene de ellos misericordia los guiará, Is. 49.10. Y si el ciego guiare al ciego, Mt. 15.14. Guiará a toda la verdad, Jn. 16.13. Y los guiará a fuentes de aguas de vida, Ap. 7.17.

GUIÑAR: Hacer gesto con la cabeza, con los ojos y con las manos. // Guiña los ojos, Pr. 6.13; 1.10.

GUIRNALDA: Corona o tira de flores, hierbas, ramos y otros materiales entretejidos. // El sacerdote de Júpiter... trajo toros y **g**, Hch. 14.13.

GUISADO: Alimento preparado en salsa después de rehogado. // Entonces Jacob dio a Esaú pan y del **g** de las lentejas, Gn.25.34.

GUNI, hb. **Pintado de varios colores:** Un hijo de Neftalí, Gn. 46.24. Fundador de una familia tribal, Nm. 26.48.

GUR, hb. **Residencia:** Una subida junto a Ibleam, donde Jehú hirió a Ocozías, rey de Judá, 2 R. 9.27.

GUR-BAAL: Un lugar habitado por los árabes atacados por Uzías, 2 Cr. 26.7.

GUSANO: Invertebrado de cuerpo blando. Larva. Tratamiento familiar cariñoso. Género de vermes que se crían en las sustancias en descomposición, Job 25.6; Is. 14.11. // **G** serán tu cama, Is. 14.11. No temas, **g** de Jacob, Is. 41.14.

GUSTAR: Agradar, parecer bien algo a alguien. // Y no le gustaron, 1 R. 9.12. 6.5. Que gustan de andar con ropas largas, Lc. 20.46. Le gusta tener el primer lugar, 3 Jn. 9.

Él Tabernáculo

H

HABA: Planta hortense de la familia de las leguminosas. La haba es la simiente de esta planta, 2 S. 17.28; Ez. 4.9.

HABACUC, hb. **El que abraza:** Profeta, Hab. 1.1. Probablemente un levita y cantor en el templo, Hab. 3.1, 19. Vivía, probablemente, durante los reinados de Josías, Joacaz e Joacim, reyes de Judá. Era, pues, contemporáneo de Jeremías.

HABACUC, LIBRO DE: El octavo de los profetas menores. **El autor:** Habacuc, Hab. 1.1; 3.1. **La clave:** "El justo vivirá por su fe", Hab. 2.4. El libro presenta el problema de prosperidad de los inicuos. Cuando Dios responde y los castiga surge otro problema: ¿Por qué Dios usa a los caldeos, un pueblo más inicuo que los judíos, para castigarlos? La respuesta divina resuelve en una sola declaración, "El justo vivirá por su fe. Es decir, sea cual fuere la aflicción, o sea cual fuere el triunfo, el hijo de Dios no debe juzgar por lo que parece, sino por la Palabra de Dios. **Las divisiones: I.** Predice la invasión por los caldeos, Hab. 1. **II.** Predice la sentencia de los caldeos, Hab. 2. **III.** Un salmo magnífico de alabanza y oración, Hab. 3.

HABAÍA, hb. **Jehová ocultó:** Una familia sacerdotal que perdió su registro genealógico, Esd. 2.63.

HABASINÍAS: Abuelo de Jaazanías, jefe de los recabitas, Jer. 35.3.

HÁBIL: Capaz, inteligente. // El artífice excelente y el **h** orador, Is. 3.3. Los ancianos de Gebal y sus más **h** obreros, Ez. 27.9. Véase **Apto, Capaz.**

HABITABLE: Que puede ser habitado. // Me regocijo en la parte **h** de su tierra, Pr. 8.31.

HABITACIÓN: Lugar, Casa en que se habita. // Para poner allí su nombre para su **h**, Dt. 12.5. Mañana regresarás y volverás a tu **h**, Dt. 16.7. Jehová, la **h** de tu casa he amado, Sal. 26.8. Su **h** será gloriosa, Is. 11.10. Revestidos de aquella nuestra **h** celestial, 2 Co. 5.2. Se ha hecho **h** de demonios, Ap. 18.2. Véase **Morada.**

HABITANTE: Que reside habitualmente en un lugar. // Moradores del mundo y **h** de la tierra, Is. 18.3. Véase **Morador, Población.**

HABITAR: Ocupar como morada. // Y **h** desde Havila hasta Shur, Gn. 25.8. En lo mejor de la tierra haz **h**, Gn. 47.6. Habitará Dios con los hombres en la tierra, 2 Cr. 6.18. ¿Quién **h** en tu tabernáculo? Sal. 15.1. Y **h** en la tierra, Sal. 37.3. Ciertamente Jehová **h** en él para siempre, Sal. 68.16. Que **h** en las moradas de maldad, Sal. 84.10. No **h** dentro de mi casa el que hace fraude, Sal. 101.7. Mas el que me oyere, **h** confiadamente, Pr. 1.33. Allí habitarán avestruces, Is. 13.21. Y habitará el juicio en el desierto, Is. 32.16. En sus días será salvo Judá, e Israel habitará confiado, Jer. 23.6. Y habitarán debajo de él todas las aves, Ez. 17.23. Y habitarán en ella seguros, y edificarán casas, Ez. 28.26. Y habitarán en el desierto con seguridad, Ez. 34.25. Habitaréis en la tierra que di a vuestros padres, Ez. 36.28. Y habitaré en medio de ellos para siempre, Ez. 43.9. Edificasteis casas de piedra labrada, mas no las habitaréis, Am. 5.11. Ap. 21.3. Véase **Morar, Residir, Vivir.**

HABITUADO: Acostumbrado a algo. // Habituados hasta aquí a los ídolos, 1 Co. 8.7.

HABLADOR: El que habla demasiado. // Se os ha hecho caer en boca de **h,** Ez. 36.3. Hay muchos desordenados, **h** Tit. 1.10.

HABLAR: Expresar mediante palabras. // Entonces habló Dios a Noé, Gn. 8.15. El mudo habló, Mt. 9.33. La abundancia del corazón habla la boca, Mt. 12.34. En ninguna manera hablasen, Hch. 4.18. No hablasen el nombre de Jesús, Hch. 5.40. No temas, sino habla, y no calles, Hch. 18.9. Hablando en vosotros con salmos, Ef. 5.19. Muerto, aún habla por ella, He. 11.4. Tardo para hablar, Stg. 1.19. Así hablad, así haced, Stg. 2.12. A los profetas que hablaron en nombre, Stg. 5.10. Si alguno habla, hable conforme, 1 P. 4.11. Véase **Referir**, **Relatar**.

HABOR: Un río de Mesopotamia, que bañaba el territorio hacia donde los israelitas fueron llevados por los asirios, 2 R. 17.6; 18.11.

HACALÍAS, hb. **Esperar a Jehová:** Padre de Nehemías, Neh. 1.1.

HACEDOR: Que hace alguna cosa, que se ejercita en algo. // Porque si alguno es oidor de la palabra pero no **h** de ella, Stg. 1.23. Pero sed **h** de la palabra, y no tan solamente oidores, Stg. 1.22. Apartaos de mí, todos los **h** de iniquidad, Sal. 6.8. Porque tú eres grande, y **h** de maravillas, Sal. 86.10. Apartaos de mí todos vosotros, **h** de maldad, Lc 13:27. Los **h** de la ley serán justificados, Ro 2:13. No siendo oidor olvidadizo, sino **h** de la obra, éste será bienaventurado en lo que hace, Stg. 1:25. Pero si tú juzgas a la ley, no eres **h** de la ley, sino juez, Stg. 4:11. **Véase Practicar, práctica.**

HACER LA CUENTA: Ajustar la cuenta. // Hará la cuenta con el que lo compró, Lv. 25.50.

HACER: Dar existencia o forma a. Realizar. // Hagamos al hombre, Gn. 1.26. En seis días hizo Jehová los cielos, Ex. 20.11. Y todo lo que hace prosperará, Sal. 1.3. Hazme oír gozo, 51.8. Grandes cosas ha hecho Jehová, Sal. 126.3. Como queréis que hagan, también haced, Lc. 6.31. Qué haré para heredar la vida, Lc. 18.18. Haced todo lo que os dijere, Jn. 2.5. Separados de mí nada podéis hacer, Jn. 15.5. ¿Qué debo **h** para ser salvo?, Hch. 16.30. Perseverando en bien **h**, Ro. 2.7. Hacedlo todo para gloria de Dios, 1 Co. 10.31. No nos cansemos, pues, de hacer el bien, Gá. 6.9; 2 Ts. 3.13.

HACHA: Existen varias palabras traducidas por hacha. Una especie consistía de un enchufe de hierro preso con correas a un cabo de madera. // Dar su mano el golpe con el **h**, Dt. 19.5. Cada cual a amolar su reja, su azadón, su **h**, 1 S. 13.20. De tal manera que cuando la edificaban, ni martillos ni **h** se oyeron, 1 R. 6.7. Cayósele el **h** en el agua, 2 R. 6.5. ¿Se Gloriará el **h** contra el que con ella corta? Is. 10.15. Ya también el **h** está puesta a la raíz de los árboles, Mt. 3.10.

HACIENDA: Bienes, haberes. // Su **h** era 7.000 ovejas, Job 1.3. Haya de dar su **h** a hombre, Ec. 2.21. He comprado una **h,** Lc. 14.18.

HADAD, hb. **Inclemencia:** 1. Uno de los doce hijos de Ismael, Gn. 25.15. // 2. Un rey de Edom, Gn. 36.35. // 3. Otro rey de Edom, 1 Cr. 1.50. Hadar en Gn. 36.39. // 4. Edomita, adversario que el Señor levantó contra Salomón, 1 R. 11.14. // 5. El dios supremo de Siria, cuyo nombre entra en la formación de nombres propios, tales como: Ben-adad, Hadad-ezer, etc.

HADAD-EZER, HADAREZER hb. **Hadad es ayuda:** Rey de Soba, 2 S. 8.3.

HADADRIMÓN: Hadad y Rimón, dos divinidades asirias. // Lugar de grande llanto, en el valle de Meguido, Zac. 12.11.

HADAR: Véase **Hadad.**

HADASA: Lo mismo que **Ester,** Est. 2.7.

HADES: Lugar de los muertos, Hch. 2.27, 31. Traducido **infierno** en Mt. 11.23; 16.18; Lc. 10.15; Lc. 16.23; Ap. 1.18; 6.8; 20.13, 14. Véase **Infierno.**

HADLAI, hb. **Descansado:** Padre de Amasa, jefe de una de las familias de Efraín, en el tiempo de Peka, 2 Cr. 28.12.

HADRAC: Ciudad en la frontera norte, de Siria, Zac. 9.1.

HAFARAIM, hb. **Lugar de dos pozos:** Una ciudad de Isacar, Jos. 19.19. Véase mapa 4, B-1.

HAGABA, hb. **Langosta:** Jefe de una familia que volvió del exilio, Esd. 2.45.

HAGEO, heb. **Festivo**: El décimo de los doce profetas menores. **El autor del libro**: Muy poco se conoce del profeta Hageo. Dios levantó a los tres, Hageo, Zacarías y Malaquías, para profetizar entre los 43.260 israelitas que volvieron después de los se-

***Ciudad de Haifa**, una ciudade limpia y de mucho verde. Por estar en la falda del monte Carmelo, posee una vista espectacular del mar. Tiene también el principal puerto donde los pueblos y los bienes entran al país.*

tenta años del cautiverio en Babilonia. Las circunstancias se mencionan en los libros de Esdras y Nehemías. Si Hageo vio el primer templo antes de ser destruido, como se sobrentiende de Hag. 2.3, era anciano cuando profetizó. Era hombre de gran fe, Hag. 2.1-5. Jamás hubo quien profetizara en tiempo más crítico. Fue movido por Dios para despertar la conciencia del pueblo, para reprenderlo, y para estimularlo a reconstruir la casa de Dios. Su ardor produjo efecto, prosiguiendo los judíos con la reedificación del templo en el mismo año de 520 a.C., Hag. 1.14,15. Fueron echados los cimientos, Hag. 2.18. Cuatro años después, en el sexto año del reinado de Darío, se terminó y se consagró el templo, Esd 6.15. La fecha: Hageo, contemporáneo a Zacarías, profetizó en los meses de septiembre a diciembre del segundo año de Darío Histaspe, rey de Persia, es decir, en el año 520 a.C. Hag. 1.1; Zac. 1.1; Esd. 1.5. **Las divisiones**: El libro de Hageo encierra cinco mensajes proféticos, cada uno introducido por las palabras: "Vino la palabra del Señor por el ministerio de Hag." I. La ocasión y el tema, 1.1,2. II. El primer discurso, 1.3-15. Reprendió la apatía del pueblo, declarando que la demora en reedificar el templo no fue por falta de recursos, 1.4. Por causa de esa indiferencia la tierra retenía sus frutos, 1.10. **El resultado**: 24 días después, el pueblo comenzó la obra de reedificación, 1.14,15. III. El segundo discurso, 2.1-9. Animó al pueblo en la construcción refiriéndose al templo de Salomón, al templo reedificado y al templo aun por ser construido después. Comp. Hag. 2.6. con He. 12.26. IV. El tercer discurso. Los anima a que se santifiquen y reciban las bendiciones del Señor, 2.10-19. V. El cuarto discurso, 2.20-23. La victoria final. Comp. He. 12.26; Ap. 19.17; 14.19,20; Zac.14.1-3.

HAGIÓGRAFO, gr. **Escritos Sagrados:** Título de la parte del Antiguo Testamento que se compone de los libros: Salmos, Proverbios, Job, Cantares, Rut, Lamentaciones, Eclesiastés, Ester, Daniel, Esdras, Nehemías, **I** y **II** Crónicas. Fueron designados "Escritos Sagrados" porque no fueron dados de viva voz como fue la ley de Moisés. Pero los judíos aceptaban estos libros como dados por la inspiración divina.

HAGUI, hb. **Festivo:** Un nieto de Jacob, Gn. 46.16.

HAGUÍA, hb. **Fiesta de Jehová:** Un descendiente de Leví, 1 Cr. 6.30.

HAGUIT, hb. **Festivo:** Mujer de David y madre de Adonías, 2 S. 3.4.

HAI, heb. **La ruina**: 1. Ciudad de la tribu de Benjamín, al este de Bet-el, Gn. 12.8; 13.3. Por causa del pecado de Acán, fracasó en el primer intento de vencerla, Jos. 7.2-5. Fue la segunda ciudad conquistada y totalmente destruida por Israel, después de atravesar el Jordán, Jos. 8.9-28. La caída de Hai permitió la entrada de Israel para el corazón de Canaán; parece que Bet-el y otras ciudades se rindieron sin dar batalla. Fue reconstruida, siendo mencionada después, Esd. 2.28; Neh. 7.32. Aía y Ajat son formas de la misma palabra, Neh. 11.31; Is. 10.28. Véase mapa 2, C-5; mapa 4, B-2; // 2. Ciudad de los amonitas, al oriente del Jordán, Jer. 49.3. // 3. Hombre de la tribu de Gad, 1 Cr. 5,15. // 4. Hombre de la tribu de Aser, 1 Cr. 7.34.

HAIFA: Ciudad actual de Israel, junto al monte Carmelo y en la bahía de Acre. Población 125 000. Su puerto es el mejor de la costa. Planicies fértiles en los alrededores. Véase mapa 3, A-2.

HALAC, hb. **Monte Calvo:** Un monte que marcó el límite sur de las conquistas de Josué, Jos. 11.17.

HALAH: Uno de los lugares adonde el rey de Asiria llevó a los israelitas exiliados, 2 R. 17.6.

HALHUL, hb. **Abertura:** Una ciudad en la región montañosa de Judá, Jos. 15.58.

HALÍ, hb. **Collar:** Una ciudad de la herencia de Aser, Jos. 19.25.

HALLAR: Encontrar, descubrir, verificar, suponer. // Cualquiera que me hallare, Gn. 4.14. He hallado el libro de la ley, 2 Cr. 34.15. Me hallan los que temprano me buscan, Pr. 8.17. Porque el que me halle, hallará la vida, Pr. 8.35. El que halla esposa halla el bien, Pr. 18.22. Tu pan... después de muchos días lo hallarás, Ec. 11.1. Buscad, y hallaréis, Mt. 7.7. Habiendo hallado una perla, Mt. 13.46. Me buscaréis, y no me hallaréis, Jn. 7.34. El que no se halló inscrito en el libro, Ap. 20.15. Véase **Encontrar, Obtener.**

HAMAT, hb. **Fortaleza:** 1. Ciudad de Siria, en el valle de Orontes. Los hamateos eran hijos de Canaán, Gn. 10.18. Mencionada en Nm. 34.8. Jos. 13.5; Ez. 47.16. Toi, Rey de Hamat mandó saludar a David, 2 S. 8.9, 10. Salomón edificó ciudades almacenes en la tierra de Hamat, 2 Cr. 8.4. Jeroboam la reconquistó, 2 R. 14.28. Senaquerib la conquistó, 2 R. 18.34; 19.13. // 2. Ciudad fortificada de Neftalí, Jos. 19.35. // 3. Padre de la casa de Recab, 1 Cr. 2.55.

HAMBRE: Gran necesidad de comer. Falta, escasez de alimentos. // Matares de **h** a toda esta multitud, Ex. 16.3. ¿Siete años de **h**? 2 S. 24.13. En la tierra hubiere **h**, 1 R. 8.37. Saciarás el **h** de los leoncillos, Job 38.39. Si yo tuviese **h** no te lo diría a ti, Sal. 50.12. El alma negligente padecerá **h**, Pr. 19.15. Si el que te aborrece tuviere **h**, Pr. 25.21. ¿El que a **h,** a **h**, Jer. 15.2. Bienaventurados los que tienen **h**, Mt. 5.6. Cuando salieron de Betania, tuvo **h**, Mr. 11.12. En varios lugares **h,** Mr. 13.8. Una gran **h** en toda la tierra, Lc. 4.25. ¡Ay de vosotros... saciados! porque tendréis **h**, Lc. 6.25. Vino una gran **h**, Lc. 15.14. En diferentes lugares **h** y pestilencia, Lc. 21.11. El que a mí viene, nunca tendrá **h**, Jn. 6.35. Gran **h,** y quiso comer, Hch. 10.10. ¿O **h,** o desnudez? Ro. 8. 35. Si tu enemigo tuviere **h**, Ro. 12.20. Padecemos **h**, 1 Co. 4.11. Uno tiene **h,** y otro se embriaga, 1 Co. 11.21. Tiene hambre, coma en la casa 1 Co. 11.34. En **h** y sed, y muchos ayunos, 2 Co. 11.27. Para estar saciado como para tener **h**, Fil. 4.12. Fue dada potestad... para matar... con **h**, Ap. 6.8. No tendrán **h,** ni sed, Ap. 7.16. // **H** en la época de Abraham, Gn. 12.10; de Isaac, Gn. 26.1; de José Gn. 41; de los Jueces, Rt. 1; de David, 2 S. 21.1; de Elías, 1 R. 17; 1 R. 28.2; de Eliseo, 2 R. 4.38; en el sitio de Samaria, 2 R. 6.25; en el cerco de Jerusalén, 2 R. 25.3; de Claudio, Hch. 11.28; del cuarto sello, Ap. 6.8.

HAMBRIENTO: Que tiene mucha hambre; ávido. // **H** y sedientos, Sal. 107.7. Pero al **h** todo lo amargo es dulce, Pr. 27.7. Pasarán por la tierra fatigados y **h**, Is. 8.21. A los **h** colmó de bienes, Lc. 1.53.

HAMEA, Torre de los Cien: Punto principal en los muros de Jerusalén, Neh. 3.1.

HAMEDATA, hb. **Doblado:** El padre de Amán, Est. 3.1.

HAMELEC, hb. **El rey:** Jer. 36.26. La misma palabra se traduce "el rey" en Jeremías 38.6.

HAMOLEQUET, hb. **Reina:** Una hermana de Galaad de quien descendieron varias familias tribales de Manasés, 1 Cr. 7.18.

HAMÓN, hb. **Baño caliente:** 1. Lugar cerca de Tiro, Jos. 19.28. Véase mapa 2, C-2; mapa 3, A-1. // 2. Una ciudad de Neftalí, 1 Cr. 6.76.

HAMOR, hb. **Asno:** Un heveo y príncipe de la ciudad de Siquem, Gn. 34.2; Jue. 9.28. Jacob compró un campo de los hijos de Hamor, Gn. 33.19. Simeón y Leví mataron a Hamor y a Siquem a espada porque Hamor había seducido a su hermana, Dina, Gn. 34.26. Los huesos de José fueron enterrados en el campo comprado a los hijos de Hamor, Jos. 24.32.

HAMOT-DOR: Ciudad destinada a los levitas, Jos. 21.32.

HAMUL: Un nieto de Judá y jefe de la familia de los hamulitas, Gn. 46.12; Nm. 26.21.

HAMUTAL, hb. **De la naturaleza de rocío:** Una hija de Jeremías, de Libna, mujer del rey Josías y madre de los reyes Jocaz y Sedequías, 2 R. 23.31.

HAN: Una ciudad, al lado este del Jordán, cuyos habitantes, los zuzitas, fueron heridos por Quedorlaomer, en la época de Abraham, Gn. 14.5. Véase mapa 4, C-1.

HANAMEEL, hb. **Dios se apiadó:** Hijo del tío de Jeremías, Jer. 32.7.

HANÁN, hb. **Misericordioso:** 1. Jefe de una familia de los benjamitas, 1 Cr. 8.23. // 2. Un descendiente del rey Saúl, 1 Cr. 8.38. // 3. Uno de los valientes de David, 1 Cr. 11.43. // 4. Uno de los jefes de familias de los sirvientes que volvieron del exilio, Esd.

2.46. // 5. Uno de los que ayudaron a Esdras a enseñarle al pueblo en la ley, Neh. 8.7. // Dos de los que sellaron la alianza, Neh. 10.22,26. // 8. Uno de los tesoreros que Nehemías designó para guardar los diezmos recibidos del pueblo, Neh. 13.13. // 9. Hijo de Igdalía, Jer. 35.4.

HANANEEL, LA TORRE DE: Neh. 3.1; 12.39; Zac. 14.10. Una torre, sobre la muralla de Jerusalén, entre la puerta del ganado y del pez. Recibió el nombre del hombre que la edificó.

HANANI, hb. **Misericordioso:** 1. El padre de Jehú, 1 R. 16.1. // 2. Uno de los cantores encargados de este ministerio en el templo, 1 Cr. 25.4. // 3. Uno de los que tenían mujer extranjera, Esd. 10.20. // 4. Un pariente de Nehemías, presentado como guardia en Jerusalén, Neh. 1.2; 7.2. // 5. Uno de los sacerdotes encargados de la música en la dedicación de los muros de Jerusalén, Neh. 12.36.

HANANÍAS, hb. **Jehová es clemente:** 1. Un hijo de Zorobabel, 1 Cr. 3.19. // 2. Un descendiente de Benjamín, 1 Cr. 8.24. // 3. Uno de los jefes de los cantores en el templo, 1 Cr. 25.4. // 4. Un capitán en el ejército de Uzías, 2 Cr. 26.11. // 5. Uno de los que se casaron con mujeres extranjeras, Esd. 10.28. // 6. Uno de los que trabajaron en la reedificación de los muros de Jerusalén, Neh. 3.8. // 7. Otro que trabajó en los muros de Jerusalén, Neh. 3.30. // 8. Un guardia establecido por Nehemías, sobre toda Jerusalén, Neh. 7.2. // 9. Uno de los que firmaron el pacto con Nehemías, Neh. 10.23. // 10. Un sacerdote que vio la dedicación de los muros, Neh. 12.12. // 11. Un falso profeta, Jer. 28. // 12. Padre de uno de los príncipes en el reinado de Joacim, Jer. 36.12. // 13. Abuelo del capitán que prendió a Jeremías, Jer. 37.13. // 14. Uno de los compañeros de Daniel, Dn. 1.7.

HANATÓN, hb. **Benigno:** Una ciudad en la frontera norte de Zabulón, Jos. 19.14. Véase mapa 2, C-3.

HANES: Un lugar, tal vez, en Egipto, Is. 30.4.

HANIEL, hb. **Gracia de Dios:** 1. Un príncipe de Manasés, Nm. 34.23. // 2. Un príncipe de Aser, 1 Cr. 7.39.

HANÚN, hb. **Favorecido:** 1. Hijo y sucesor del rey de Amón, 2 S. 10.1. // 2. Uno de los que trabajaron en reedificar los muros de Jerusalén, Neh. 3.13. // 3. Uno de los hijos de Salaf que trabajó en reparar los muros de Jerusalén, Neh. 3.30.

HAQUILA, hb. **Oscuro:** Un collado en el desierto de Judá, 1 S. 23.19.

HARA, hb. **Región montañosa:** Uno de los lugares adonde Tiglat-pileser llevó a los rubenitas, a los gaditas y a la media tribu de Manasés, 1 Cr. 5.26.

HARADA, hb. **Terror:** Uno de los campamentos de los israelitas en el desierto, Nm. 33.24.

HARÁN: 1. Un hermano de Abraham y padre de Lot, Gn. 11.27. // 2. Ciudad donde Taré habitó después de salir de Ur de los caldeos (Gn. 11.31), desde donde Abraham partió, por la fe, para la tierra de Canaán, Gn. 12.5. Véase mapa 1, D-3. // 3. Un levita, hijo de Simei, 1 Cr. 23.9.

HARBONA, hb. **El que guía un burro:** El tercero de los siete eunucos a servicio de Asuero, Est. 1.10. Sugirió que Amán fuese ahorcado en la misma horca que preparaba para Mardoqueo, Est. 7.9.

HAREF: Un hijo de Caleb, 1 Cr. 2.51.

HARHAÍA: Un platero, cuyo hijo trabajó en la reedificación de los muros de Jerusalén, Neh. 3.8.

HARHAS: Abuelo de Salum, marido de la profetisa Hulda, 2 R. 22.14.

HARHUR: Un abuelo de Amón, rey de Judá, 2 R. 21.19.

HARIF: Uno de los que volvieron del exilio, Neh. 7.24.

HARIM, hb. **Consagrado:** 1. Uno de los que vinieron de Babilonia con Zorobabel, Esd. 2.32. // 2. Otros de los que vinieron de Babilonia con Zorobabel, Esd. 2.39.

HARINA: Polvo al que se reducen los cereales molidos. // Ofrenda será flor de **h**, Lv. 2.1. Un puñado de **h** tengo en la tinaja, 1 R. 17.12. Valdrá el seah de flor de **h** un siclo, 2 R. 7.1.

HAROD, FUENTE DE: Donde Gedeón y su ejército acamparon antes de atacar a los madianitas, Jue. 7.1. Véase mapa 4, B-1.

HARODITA: 2 S. 23.25. Un habitante de Harod.

HAROSET-GOIM, hb. **Escultor:** Lugar hacia donde Sísara se retiró después de ser derrotado por Barac, Jue. 4.16. Véase mapa 2, C-3.

HARSA, hb. **Encantador:** Jefe de una de las familias de servidores, Esd. 2.52.

HARUR, hb. **Fiebre:** Uno de los que volvieron de Babilonia con Zorobabel, Esd. 2.51.

HASABÍAS, hb. **El Señor lo estimó:** Hay diez, o más, hombres con este nombre, 1 Cr. 6.45; 9.14; 25.3; 26.30; 27.17; 2 Cr. 35.9; Esd. 8.19, 24; Neh. 3.17; 11.15, 22; 12.21.

HASADÍAS: Un hijo de Zorobabel, 1 Cr. 3.20.

HASAR-ADAR, hb. **Aldea de Adar:** Lugar en el límite sur de Judá, Nm. 34.4.

HASMONA, hb. **Lugar fértil:** Uno de los campamentos de los israelitas en el desierto, Nm. 33.29.

Cueva de Macpela, Hebrón, lugar tradicional de la tumba de Abraham.

HASTA: Partícula que designa el término de distancia, tiempo, acción, etc. // **H** aquí nos ayudó Jehová, 1 S. 7.12. **H** que los tiempos de los gentiles se cumplan, Lc. 21.24.

HASTIADO: Saciado, lleno, cansado. // Está mi alma **h** de mi vida, Job 10.1. De sus caminos será **h** el necio, Pr. 14.14. No sea que **h** de ella la vomites, Pr. 25.16. **H...** de holocaustos de carneros, Is. 1.11. Como se había ya **h** mi alma, Ez. 23.18. Estando **h** de deshonra, Job 10.15. Véase **Lleno, Satisfecho.**

HASTIAR: Causar hastío o disgusto. // No sea que hastiado de ti te aborrezca, Pr. 25.17.

HASUB, hb. **Atencioso:** El nombre de cuatro personas diferentes, Neh. 3.11, 23; 10.23; 11.15.

HASUFA, hb. **Desnudo:** Un jefe de familia que volvió de Babilonia con Zorobabel, Esd. 2.43.

HASUM, hb. **Opulento:** 1. Uno de los que vinieron de Babilonia con Zorobabel, Esd. 2.19. // 2. Uno de los que estaban de pie al lado de Esdras, mientras tanto leía del libro de la ley, Neh. 8.4.

HATAC, hb. **Verdad:** Un eunuco de la reina Ester, Est. 4.5.

HATAT, hb. **Terror:** Hijo de Otoniel, 1 Cr. 4.13.

HATIFA, hb. **Cautivo:** Jefe de una familia que volvió de Babilonia, Esd. 2.54.

HATIL, hb. **Vacilante:** Jefe de una familia que volvió del exilio en Babilonia, Esd. 2.57.

HATITA, hb. **Grabador:** Jefe de una familia que volvió de Babilonia, Esd. 2.42.

HATO: Conjunto de cabezas de ganado, como bueyes, vacas, ovejas, etc. Sitio donde paran los pastores con el ganado: De ovejas y de vacas, Génesis 26:14; 2 Cr. 32.29. De cerdos, Mt. 8.30-**32;** Mr. 5.11-**13;** Lc. 8.32, **33.** Todo lo que era oscuro del **h** de Labán. Y ponía su **h** aparte, Gn. 30.40. Toma un toro del **h** de tu padre, Jue. 6.25. ¡Cuán turbados anduvieron los **h** de los bueyes!, Joel 1.18. **Véase Rebaño.**

HATÚS, hb. **Congregado:** 1. Descendiente de Zorobabel, 1 Cr. 3.22. Volvió del exilio, Esd. 8.2. // 2. Hijo de Hasabnías, trabajó en la reedificación de los muros de Jerusalén, Neh. 3.10.

HAURÁN, hb. **Tierra de cavernas:** Ez. 47.16, 18; Una región al sur de Damasco, en los límites de Galaad. Véase mapa 2, E-3; mapa 3, C-2.

HAVILA, hb. **Arenoso:** 1. Un nieto de Noé, Gn. 10.7. // 2. Un hijo de Joctán, descendiente de Sem, Gn. 10.29. // 3. Territorio rico en oro, bdelio y piedra ónice, y bañado por el río Pisón, Gn. 2.11. Uno de los límites del territorio de los ismaelitas, Gn. 25.18; y del territorio de los amalecitas, 1 S. 15.7. Havila de Cus, véase mapa 1, D-5; de Arabia, mapa 1, D-4.

HAVOT-JAIR, hb. **Aldeas de Jair:** Nm. 32.41; Dt. 3.14; Jos. 13.30; Jue. 10.4. Véase mapa 2, E-3.

HAYA: Género de cupulíferas, que comprende grandes árboles de tronco derecho y liso, de madera blanca, tenaz y flexible. Se la emplea para hacer instrumentos musicales, 2 S. 6.5.

HAZAEL, hb. Dios ve**:** Alto funcionario al servicio de Ben-adad, rey de Siria, 2 R. 8.8. Mató a Ben-adad y reinó en su lugar, 2 R. 8.15. Peleó contra Joram, hijo de Acab, 2 R. 8.28. Asoló la tierra de Galaad; los gaditas, los rubenitas y los manasitas, 2 R. 10.32. Prenderé fuego en la casa de Hazael, Am. 1.3, 4.

HAZAR-ENÁN, hb. **Aldea de fuentes:** Aldea en la frontera norte de Palestina, Nm. 34.9.

HAZAR-GADA, hb. **Aldea de la fortuna:** Aldea en el extremo sur de Judá, Jos. 15.27.

HAZAR-HATICÓN, hb. **Aldea del medio:** Aldea junto al término de Haurán, Ez. 47.16.

HAZAR-MAVET: Un hijo de Joctán, Gn. 10.26.

HAZAR-SUAL, hb. **Aldea de la raposa:** Una ciudad del extremo sur de judá, Jos. 15.28.

HAZAR-SUSA, hb. **Aldea del caballo:** Un lugar en el territorio de Simeón, Jos. 19.5.

HAZEROT: Uno de los campamentos de los israelitas en el desierto, Nm. 33.17.

HAZEZON-TAMAR: Gn. 14.7. Lo mismo que En-gadi, 2 Cr. 20.2.

HAZIEL, hb. **Dios ve:** Un levita en el tiempo de David, 1 Cr. 23.9.

HAZO: Uno de los hijos de Nacor, hermano de Abraham, Gn. 22.22.

HAZOR, hb. **Cerca:** 1. Ciudad real de Jabín, Jos. 11.1. Destruida por Josué, Jos. 11.11. Restaurada, Jue. 4.2. Conquistada por Débora y Barac, Jue. 4.23. En la herencia de Neftalí. Jos. 19.36. Véase mapa 2, C-2; mapa 3, B-2. // 2. Una ciudad de Judá, Jos. 15.23. // 3. Una otra ciudad de Benjamín, Neh. 11.33. // 5. Una ciudad de Arabia, herida por Nabucodonosor, Jer. 49.28, 33. [LEGENDA:] Azor

HE: Aquí está. // Heme aquí, Gn. 22.11; 46.2; Ex. 3.4; Is. 6.8. Helo aquí... No vayáis, Lc. 17.23. Les dijo Pilato: He aquí el hombre, Jn. 19.5. He aquí vuestro rey, Jn. 19.14. He ahí tu hijo... He ahí tu madre, Jn. 19.26, 27.

HEBER, hb. **Unión, sociedad:** 1. Un nieto de Aser, Gn. 46.17. // 2. El esposo de Jael, que mató a Sísara, clavándole una estaca en la frente, Jue. 4.17. // 3. El fundador de Soco, 1 Cr. 4.18. // 4. Un benjamita, 1 Cr. 8.17. No confunda **Heber** o **Eber.**

HEBREO: El nombre por el cual las naciones designaban a los hijos de Israel. El propio nombre se deriva, probablemente, de Heber es decir, **Hombres que vienen del otro lado.** "Abram, el hebreo" (Gn. 14.13), llamado así porque atravesó el río, viniendo del otro lado, lo que ocurrió cuando emigró desde Mesopotamia. Véase Jos. 24.2. Hay distinción entre **Hebreo, israelita** y judío. Los israelitas eran sólo una parte del grupo mayor, llamado **hebreos,** descendientes de Heber, Gn. 10.24. El nombre **Israel** se emplea para enfatizar el aspecto religioso del pueblo. Los judíos eran los habitantes de Judá. Los judíos que hablaban arameo son llamados **hebreos,** para distinguirlos de los que hablaban griego. Estos son designados como helenistas, Hch. 6.1. "Hebreo de hebreos", totalmente judíos, Fil. 3.5. Véase 2 Co. 11.22.

HEBREO: La lengua que los hebreos, los israelitas, hablaban durante el tiempo de su independencia. Llamado lengua de Judá en 2 R. 18.26,28; Neh. 13.24. Es una de las lenguas semíticas, es decir, de los descendientes de Sem, el primogénito de Noé. El Antiguo Testamento, a no ser Dn. 2.4 al 7.28; Esd. 4.8 a 6.18, Esd. 7.12-26 y Jer. 10.11, fueron escritos en hebreo. Es una de las lenguas más antiguas; algunos eruditos consideran que es el idioma original de los hombres. // Pablo... habló en lengua hebrea, Hch. 21.40. Una voz que me hablaba en idioma hebreo, Hch. 26.14. El hebreo es el idioma vernáculo de la Tierra Santa que proclama el poder de Dios y su fidelidad en cumplir sus promesas. En el proceso de aprender un idioma común a toda la nación de Israel, el judío experimentó un cambio revolucionario. Poniendo a un lado el manto de dos mil años de exilio, se apoderó de otro aspecto y desde otro punto de vista. Se habla otra vez el hebreo, la lengua de Abraham, Isaac y Jacob en los montes y en las ciudades de la patria antigua, que extendió los brazos para recibir a sus hijos de vuelta, desde los cuatro ángulos de la tierra. Véase **La resurrección del idioma hebreo.**

HEBREOS, EPÍSTOLA A LOS: Llamada así porque se dirigía a los judíos que aceptaron el evangelio. Es una de las cinco epístolas cristiano judías; las otras son: Santiago, 1 Pedro, 2 Pedro y Judas. Es cierto que Hebreos fue escrita antes de la destrucción del templo, 70 a.C., porque no cesaron, aún, los sacrificios. Véase He. 10.11. Esta epístola vincula el Antiguo y el Nuevo Testamento en una manera que convence e ilumina más que cualquiera otra epístola. **El autor:** El título en muchas versiones es: **Epístola de Pablo a los hebreos.** El libro es anónimo, con todo muchos comentaristas se basan en la idea de que Pablo fue escritor, sobre 2 P. 3.15 y He. 13.23. Otros atribuían su paternidad literaria a Bernabé, aun otros, a Lucas, y otros a Apolos. **La clave: La superioridad de Cristo.** 1.4; 6.9; 7.7, 19,22; 8.6; 9.23; 10.34; 11.16, 35,40; 12.24. Los creyentes judíos, un grupo insignificante en contraste con el gran número de sus compatriotas y que sufrían grandes persecuciones, se sentían tentados a abandonar su fe y a volver a los ritos de la ley de Moisés. Para fortalecer su fe, la epístola llama la atención a la superioridad del nuevo pacto sobre el antiguo, a la preeminencia del sacerdocio de Cristo sobre el de Aarón, la superioridad del tabernáculo. **Las divisiones: I**. La primacía de Jesucristo; superior a los ángeles, a Moisés, a Josué, al sumo sacerdote levítico; el autor de la salvación eterna; del orden de Melquisedec, 1.1 a 8.6. **II.** La superioridad del nuevo pacto sobre la antigua, 8.7 a 10.39. **III.** La fe ejemplificada por los héroes antiguos, cap. 11. **IV.** Otras exhortaciones prácticas, caps. 12 y 13.

HEBRÓN, hb. **Unión:** 1. Una de las ciudades más antiguas, primeramente llamada Quiriat-Arba, en la región montañosa de Judá, Jos. 15.54. Edificada siete años antes de Zoán en Egipto, Nm. 13.22. Donde habitaron Abraham, Isaac y Jacob, Gn. 13.18; 35.27; 37.14. Donde murió Sara, y donde estaba la sepultura de la familia, Gn. 23.2; 25.9; 49.29-31. Conquistada por Josué, Jos. 10.3, 23,39. Una de las ciudades de refugio, Jos. 20.7. David aclamado Rey en Hebrón, 2 S. 2.1; donde le nacieron varios hijos, 2 S. 3.2-5; y donde reinó sobre Judá siete años y seis meses, 2 S. 5.5. Abner fue sepultado allí, 2 S. 3.32. El centro de la revuelta de Absalón, 2 S. 15.7. Los judíos, cuando volvieron del cautiverio, reedificaron y ocuparon la ciudad, Neh. 11.25. Véase mapa 2, C-5; mapa 5, B-1. // 2. Jefe de una familia levita, Ex. 6.18. // 3. Un descendiente de Caleb, 1 Cr. 2.42.

HECHICERÍA: Brujería, encantamiento. // Sus muchas **h**, 2 R. 9.22. Destruiré de tu mano las **h**, Mi. 5.12. **H,** enemistades, Gá. 5.20. Ni de sus **h**, Ap. 9.21. Por tus **h** fueron engañadas, Ap. 18.23. Véase **Adivinación, Encantamiento.**

HECHICERO: Aquel que hace hechizos; brujo, mago. // A la **h** no dejarás que viva, Ex. 22.18. No sea hallado en ti **h,** Dt. 18.10. Vosotros llegaos acá, hijos de la **h,** Is 57.3. Seré pronto testigo contra los **h,** Mal. 3.5. **H** tendrán su parte en el lago, Ap. 21.8. Mas los perros estarán fuera, Ap. 22.15. Véase **Adivinación.**

HECHO (de): Realmente. // No amemos de palabra... sino de hecho y en verdad, 1 Jn. 3.18.

HECHO: Acción u obra. // Los **h** de salvación de Jehová, 1 S. 12.7. Recibimos lo que merecieron nuestros **h,** Lc. 23.41. Véase **Obra**.

HECHOS DE LOS APÓSTOLES: El quinto libro del Nuevo Testamento. Es la historia del cristianismo desde la ascensión de Cristo (año 29) hasta el inicio del ministerio de Pablo en Roma, en el año 63. El escritor, Lucas cuenta, en el Evangelio según San Lucas, lo que "Jesús comenzó a hacer y a enseñar." En el libro de Hechos cuenta lo que Jesucristo sigue haciendo y enseñando, como director siempre vivo en el cielo, con presencia personal en la tierra, por medio del Espíritu Santo. // Parece que fue escrito inmediatamente después de la llegada de Pablo a Roma, tal vez en el año 65. // Hechos es "la Iglesia de Dios en acción". Es un libro de actividades misioneras, es decir, de establecer iglesias en regiones no evangelizadas. Es un libro de las mayores victorias registradas en toda la historia. Hechos habla de la ascensión de Jesús; la promesa de su venida a la tierra; la llegada del Espíritu Santo en el Pentecostés; como Pedro, con las llaves del reino de Dios (Mt. 16.19), abrió la puerta a los judíos, el día de Pentecostés, y a los gentiles en la casa de Cornelio; el inicio de la Iglesia de Cristo; la conversión y ministerio de Pablo. Todo eso es la obra del Espíritu Santo. Como la presencia del Hijo, engrandeciendo y revelando al Padre, es el hecho de los cuatro Evangelios, así la presencia del Espíritu Santo, exaltando y descubriendo al Hijo, es el gran hecho del libro de Hechos. // El libro se divide en dos partes. En la primera (caps. 1 al 9), el apóstol Pedro es el personaje principal, Jerusalén es el centro, y el ministerio tenía como objetivo a los judíos. No obstante, a veces cuenta la obra de todos los apóstoles, cap. 1.23-26; 2.42; 4.33; 5.12, 29; 6.2; 8.1, 14; 15.6, 23. En la persecución a los apóstoles y, finalmente, en el martirio de Esteban, los judíos cumplieron la parábola: "No queremos que éste reine sobre nosotros." Lc. 19.11-27. En la segunda parte de Hechos (caps.10 a 28), Pablo está al frente, un nuevo centro está establecido en Antioquía y el ministerio es dedicado sobre todo a los gentiles. Véase Ef. 2.12. // Los acontecimientos registrados en los Hechos abarcan un período de casi treinta y tres años, o una generación. Los acontecimientos nos llevan a la mayor parte del Imperio Romano, comenzando en Jerusalén y terminando en Roma.

HECHURA: Obra. // Somos **h** suya, Ef. 2.10.

HEDER: Despedir olor malo y penetrante. // Hieden y supuran mis llagas, Sal. 38.5.

HEDIONDEZ: Mal olor. // En lugar de perfumes... vendrá **h**, Is. 3.24.

HEFER, hb. **Pozo:** 1. Un cabeza de familia de Manasés, Nm. 26.32. // 2. Una ciudad de Canaán, Jos. 12.17.// 3. Un distrito junto a

Soco, 1 R. 4.10. // 4. Un descendiente de Judá, 1 Cr. 4.6.

HEFZI-BÁ, HEPSIBA, hb. **Mi deleite está en ella:** 1. La madre de Manasés, 2 R. 21.1. // 2. Nuevo nombre de Sion, Is. 62.4.

HEGAI: Un guardia de las mujeres, Est. 2.3.

HELA: Una de las dos mujeres de Asur, 1 Cr. 4.5.

HELADA: Rocío congelado. // Y de noche la **h**, Gn. 31.40. Que están escondidas por la **h,** Job 6.16.

HELAM: Lugar al oriente del Jordán, donde David derrotó Hadad-ezer, 2 S. 10.16.

HELBA, hb. **Hartura:** 1. Lugar en el territorio de Aser, Jue. 1.31.

HELBÓN, hb. **Fértil:** Una ciudad de Siria, de la cual Tiro recibía por el mercado de Damasco, Ez. 27.18.

HELCAI, hb. **Mi porción es el Señor:** Jefe de una familia de sacerdotes que vino para Jerusalén, Neh. 12.15.

HELCAT, hb. **Posesión:** Lugar del territorio de Aser, Jos. 19.25.

HELDAI, hb. **Sueño durable:** 1. Un capitán del turno de servicio en el templo, para el duodécimo mes, 1 Cr. 27.15. // 2. Un capitán de un grupo de judíos que llevó ofrendas de oro y de plata, desde Babilonia, para los desterrados, Zac. 6.10.

HELEC, hb. **Porción:** Un hijo de Galaad, Nm. 26.30.

HELEF, hb. **Permuta:** Un lugar en la frontera sur de Neftalí, Jos. 19.33.

HELEM, hb. **Fuerza:** Un bisnieto de Aser, 1 Cr. 7.35.

HELES, hb. **Fuerte:** 1. Uno de los valientes de David, 2 S. 23.26. // 2. Un hombre de Judá, 1 Cr. 2.39.

HELÓN, hb. **Fuerte:** Padre de Eliab, príncipe de la tribu de Zabulón, Nm. 1.9.

HEMÁN, hb. **Fiel:** 1. Un cantor levita, nieto del profeta Samuel, 1 Cr. 6.33. Era de gran influencia espiritual, vidente del rey, 1 Cr. 25.5. // 2. Uno de los tres célebres sabios del tiempo de Salomón, 1 R. 4.31.

HEMBRA: Animal del sexo femenino. // Varón y **h** los crió, Gn. 1.27. No hay varón, ni **h**, Gá. 3.28.

HEMDÁN, hb. **Deseable.** Uno de los descendientes de Seir, Gn. 36.26.

HENADAD, hb. **Favor de Hadad:** Uno de los que trabajaron en la reedificación de los muros de Jerusalén, Neh. 3.18.

HENDER: Hacer fisuras en; abrirse en hendiduras. // La henderá por sus alas, Lv. 1.17. La has hendido, Sal. 60.2. Y los valles se hendirán como la cera, Mi. 1.4.

HENDIDO: Dividido. // Todo el que tiene pezuña **h**, Lv. 11.3; Dt. 14.7.

HENDIDURA: Abertura larga y estrecha. // Yo te pondré en una **h** de la peña, Ex. 33.22. Se meterá en las **h** de las rocas, Is. 2.21.

HENO: Hierba que se siega y se seca para alimento del ganado. // Era el **h** tardío después de las siegas, Am. 7.1.

HERALDO: Antiguo funcionario que hacía las proclamaciones. Pregonero. // Habiendo sido **h** para otros, 1 Co. 9.27.

HEREDAD: Propiedad. Herencia. // La **h** de Nabot, 2 R. 9.25. Como estiércol sobre la faz de la tierra en la **h** de Jezreel, 2 R. 9.37. Para que heredes asoladas **h**, Is. 49.8. Codician las **h**, y las roban, Mi. 2.2.

HEREDAR: Recibir como herencia. // Los nombres de las tribus de sus padres heredarán, Nm. 26.55 Y heredaréis la tierra por sorteo por vuestras familias, Nm. 33.54. Los sabios heredarán honra, Pr. 3.35. Los simples heredarán necedad, Pr. 14.18. Recibirá cien veces más, y heredará la vida eternal, Mt. 19.29. Haré para **h** la vida, Mr. 10.17. Sangre y carne no pueden heredar el reino de Dios, 1 Co. 15.50. No heredarán el reino de Dios, Gá. 5.21. Deseando **h** la bendición, He. 12.17. El vencedor heredará estas cosas, Ap. 21.7. Véase **coheredero.**

HEREDERO: El que recibe una herencia. // Será mi **h** un esclavo, Gn. 15.3. Y matemos también al **h**, 2 S. 14.7. El bueno dejará **h** a los hijos de sus hijos, Pr. 13.22. Este es el **h**; venid, matémosle, Mt. 21.38. Promesa de ser **h** del mundo, Ro. 4.13. **H** de Dios y coherederos con Cristo, Ro. 8.17. Y **h** según la promesa, Gá. 3.29. Entre tanto que el heredero es niño, en nada difiere del esclavo, Gá. 4.1. También **h** de Dios por medio de Cristo, Gá. 4.7. Viniésemos a ser **h** conforme a la esperanza, Tit. 3.7. A quien constituyó **h** de todo, He. 1.2. **H** de la promesa, He. 6.17. Y fue hecho **h** de la justicia, He. 11.7. Ricos en fe y **h** del reino, Stg. 2.5. Véase **Coheredero.**

HEREDITARIO: Que se transmite por herencia. // Como posesión **h**, Lv. 25.46.

HEREJÍA: Doctrina opuestas enseñanzas divinas y que tienden a promover facciones. // La palabra equivalente a **herejía** es traducida **secta** en Hch. 5.17; 15.5; 24.5, 14; 26.5; 28.22. Herejías se cualifican de disensiones, 1 Co. 11.19.

HERENCIA: Legado. Lo que se hereda. // Y los podréis dejar en **h** para vuestros hijos, Lv. 25.46. Traspasaréis su **h** a su hija, Nm. 27.8. Si no tuviere hija, daréis su **h** a sus hermanos, Nm. 27.9. Ex. 23.30. A los muchos daréis mucho por **h**, y a los pocos daréis menos por **h**, Nm. 33.54. Nm. 18.20. La **herencia** de ellas será así quitada, Nm. 36.3. La tierra que

Jehová tu Dios te da por **h**, Dt. 26.1. Pídeme, y te daré por **h** las naciones **h**, Sal. 2.8. Jehová es la porción de mi **h** y de mi copa, Sal. 16.5. La que redimiste para hacerla la tribu de tu **h**, Sal. 74.2. Y con los hermanos compartirá la **h**, Pr. 17.2. Buena es la ciencia con **h**, Ec. 7.11. Esta es la **h** de los siervos de Jehová, Is. 54.17. **H** entre los que son santificados, Hch. 20.32; 26.18. Si la **h** es por la ley, Gá. 3.18. En él asimismo tuvimos **h**, Ef. 1.11. Las arras de nuestra **h**, Ef. 1.14. Las riquezas de la gloria de su **h** en los santos, Ef. 1.18. Ningún fornicario, o inmundo, o avaro, que es idólatra, tiene **h** en el reino de Cristo, Ef. 5.5. Participar de la **h** de los santos, Col. 1.12. Recibiréis la recompensa de la **h**, Col. 3.24. Reciban la promesa de la **herencia** eterna, He. 9.15. Una mejor y perdurable **h** en los cielos, He. 10.34. Abraham... para salir al lugar que había de recibir como **h**, He. 11.8. Para una **h** incorruptible, 1 P. 1.4.

HERES, hb. **Sol:** En griego, **Heliópolis.** Las montañas de Heres estaban cerca de Ajalón, en las fronteras de Judá y Dan, Jue. 1.35. La subida de Heres, Jue. 8.13. Nombre, asimismo, de un levita, 1 Cr. 9.15.

HERIDA: Llaga; agravio, ofensa. // Dolorosa es mi **h** sin haber hecho yo, Job 34.6. ¿Para quién las **h** en balde? Pr. 23.29. Fieles son las **h** del que ama, Pr. 27.6. No hay en él cosa sana, sino **h**, Is. 1.6. Curan la **h** de mi pueblo con liviandad, Jer. 6.14; 8.11. Tu **h** es incurable, Nah. 3.19. Pero su **h** mortal fue sanada, Ap. 13.3. Véase **Llaga.**

HERIDO: Que tiene herida; ofendido. // Porque estoy mal **h**, 2 Cr. 18.33. Huyeron de aquella casa desnudos y, Hch. 19.16.

HERIR: Lesionar, lacerar, dañar. // Ésta te herirá en, y tú le herirás en el calcañar, Gn. 3.15. Que hiriere a alguno, Ex. 21,12. Hirió Israel a filo de espada, Nm. 21.24. Que hieras con ceguera, 2 R. 6.18. Sus hijos lo hirieron, 2 R. 19.37. Tuvimos por… herido de Dios y abatido, Is. 53.4. Por la rebelión de mi pueblo fue herido, Is. 53.8. Hirió a la imagen en sus pies, Dn. 2.34. Que te hiera en la mejilla derecha, Mt. 5.39. Heriré al pastor, y las ovejas, Mt. 26.31. Hirió al siervo del sumo sacerdote, Lc. 22.50. Un ángel del Señor le hirió, Hch. 12.23. Véase **Matar.**

HERMANA: Aquella que, con relación a otros, es hija del mismo padre o de la misma madre. // Di que eres mi **h**, Gn12.13; 20.2; 26.7. Mas su **h** menor, Jue. 15.2. Mas el hijo de la **h** de Pablo, Hch. 23.16. A las jovencitas, como a **h**, 1 Ti. 5.2.

HERMANDAD: Fraternidad. // Quebré luego el otro cayado, Ataduras, para romper la **h**, Zac. 11.14.

HERMANOS: Hombres, descendientes del mismo padre. Compañeros. // **Sus deberes:** Gn. 13.8; 42.21,22; Lv. 19.17; 25.35; Dt. 15.7; Sal. 133.1; Pr. 6.19; Mt. 5.22; 25.40; Jn. 13.34; Ro. 12.10; He. 13.1; 1 P. 1.22; 1 Jn. 1.9,10; 3.17; 4.20. // **De Jesús:** Mt. 13.55; 12.46-50; Mr. 3.31; 1 Co. 9.5; Gá. 1.19. // **Ejemplos del amor fraterno:** Jacob y Esaú, Gn. 33.15; Rubén y José, Gn. 37.22-29; José y Benjamín, Gn. 43.34; Moisés y Aarón, Ex. 4.27; Judá y Simeón, Jue. 1.3; Andrés y Simón, Jn. 1.41. Véase **Hermana, Prójimo.**

HERMAS, gr. **Mercurio:** Otro cristiano residente en Roma, Ro. 16.14.

HERMES: Un cristiano en Roma, Ro. 16.14.

HERMÓGENES, gr. **Engendrado por Hermes:** Uno de los que se apartaron del apóstol Pablo, 2 Ti. 1.15.

HERMÓN, hb. **Montaña sagrada:** La majestuosa montaña que está en el término sur de la cordillera Anti-Líbano, en la frontera norte de Palestina, Dt. 3.8; Jos. 12.1; al lado del altiplano de Basán, 1 Cr. 5.23. Es la más destacada y la más linda montaña de Palestina o de Siria. Con altura de 3000 metros por encima del nivel del mar, su cima está cubierta de nieve, mientras la tierra alrededor queda quemada por el sol del verano. En las aguas del mar de Galilea se ve el reflejo de la cumbre tocado de nieve. Se llamaba también **Baal-hermón**, Jue. 3.3; 1 Cr. 5.23. Su nombre aparece en la poesía hebrea, Sal. 89.12; 133.3; Cnt. 4.8. Tal vez sea el “alto monte” de Mt. 17.1; Mr. 9.2 y Lc. 9.28, o monte 2, D-2; mapa, 3, B-1.

HERMOSA: Nombre de una puerta del templo, Hch. 3.2. Brillaba como oro, al estar hecha de metal. Las otras puertas estaban cubiertas de oro y de plata. Llamada también **la puerta de Nicanor,** porque había sido dada por **Nicanor,** un judío rico, de Alejandría. Conocida, igualmente, como **La puerta corintia,** porque fue hecha de metal de Corinto. Era la puerta principal del templo, midiendo 50 codos de altura y 40 de ancho.

HERMOSEAR: Hacer hermoso. // El corazón alegre hermosea el rostro, Pr. 15.13.

HERMOSO: Bello, muy bonito. // Eran hermosos: las hijas de los hombres, Gn. 6.2; Sarai Gn. 12.14; Raquel, Gn. 29.17; José, Gn. 39.6; Moisés, Ex. 2.2; Abigail, 1 S. 25.3; Betsabé, 2 S. 11.2; Tamar, 2 S. 13.1; Vasti, Est. 1.11; Ester, Est. 2.7; Las hijas de Job, Job 42.15. Oh **h** entre las mujeres, Cnt. 1.8. Cuán **h** son sobre los montes los pies de los que anuncian las buenas nuevas, Is. 52.7; Ro. 10.15. Véase **Bello, Lindo.**

HERMOSURA: Cualidad de aquel o de aquello que es hermoso. // Delante de Jehová en la **h**, 1 Cr. 16.29; Sal. 96.6. No codicies su **h** en tu corazón, Pr. 6.25. Vana la **h**, Pr. 31.30. Tus ojos verán al rey en su **h**, Is. 33.17. No hay parecer en él, ni **h**, Is. 53.2. Desapareció de la hija de Sion... su **h,** Lm. 1.16. Véase **Belleza.**

HERODES AGRIPA I: Nieto de **Herodes el Grande.** Reinó desde 37 hasta 44 d.C. Mató a Jacobo, hermano de Juan, a espada, Hch. 12.2. Murió comido de gusanos, Hch. 12.23.

HERODES AGRIPA II: Hijo de Herodes Agripa I y bisnieto de Herodes el Grande. Juzgó al apóstol Pablo, Hch. 26. Ayudó del lado de los romanos a la toma de Jerusalén por Tito, 70 d.C. Era el último de los Herodes. Acerca de otros miembros de la familia herodiana, véase **Arquelao, Berenice, Drusila, Herodias, Herodes Agripa I, Salomé.**

HERODES ANTIPAS: Hijo de Herodes el Grande. Tetrarca de Galilea, Mt. 14.1; Lc. 3.1. Se unió a Herodías, mujer de su hermano, Mt. 14.3. Ordenó decapitar a Juan el Bautista, Mt. 14.10. Juzgó a Cristo, que Pilato le mandara con ese fin, Lc. 23.8. Fue tetrarca de Galilea, desde 4 a.C. hasta d.C.

HERODES ARQUELAO: Mt. 2.22. Hijo primogénito de Herodes el Grande.

HERODES EL GRANDE: Rey de Judea de 39 a 4 a.C. Véase Lc. 1.5. Reconstruyó el templo de Jerusalén. Era el padre de Herodes Antipas, el que decapitara Juan el Bautista, y abuelo de Herodes Agripa I, que mató a Jacobo a espada. Además de matar a todos los niños de Belén, menores de dos años (Mt. 2.16), mató, en un ataque de celos, a Mariane, su mujer predilecta y a tres de sus hijos. Después de matar a su hijo Antipar murió, comido de gusanos, igual que su nieto, Herodes Agripa I. Véase Hch. 12.23.

HERODIANOS: No eran una secta religiosa, como los saduceos, ni un orden social, como los fariseos, mas un partido político, apoyando la dinastía de Herodes, que reedificara el templo. Favorecían un imperio judío independiente, gobernado por Herodes, bajo el gobierno romano. Eran judíos de nacimiento y de creencia pagana. Se juntaron con los fariseos para que sorprendieran a Jesús en una palabra, Mt. 22.16; Mr. 12.13. Otra vez, junto con los fariseos, conspiraron contra la vida de Jesús, Mr. 3.6. Véase Mr. 8.15.

HERODÍAS: Una nieta de Herodes el Grande. Se casó con su tío, Filipe, habiendo de este casamiento una hija, Salomé. Abandonando su marido, Filipe, se casó con su cuñado Herodes Antipas, tetrarca de Galilea. Por el hecho de que Juan el Bautista haya censurado este incestuoso matrimonio, ordenó Antipas que se le apresara, y después mandó decapitarlo, Mt. 14.3,4.

HERODIÓN, gr. **De Herodes:** Cristiano, pariente de Pablo y residente en Roma, Ro. 16.11.

HERRAMIENTA: Instrumento de un trabajador; conjunto de instrumentos o utensilios de un arte u oficio. // La herramienta usada en Palestina, en el tiempo del Antiguo Testamento, era la misma de otros países. En las Escrituras se mencionan las aguijadas, 1 S. 13.21; el compás, Is 44 .13; el azadón, 1 S. 13.20; la hoz, 1 S. 13.20; la lima, 1 S. 13.21; el hacha, 1 R. 6.7; el martillo, Is. 44.12; trillo, 2 S. 12.31; los cepillos, Is. 44.13; la plomada, Am. 7.7; la sierra, 1 R. 7.9; la lezna, Ex. 21.6.

HERRERO: El que trabaja en obras de hierro. // Tubal-caín, artífice de todo instrumento cortante, de bronce y de hierro, Gn. 4.22. En toda la tierra de Israel no se hallaba **h**, 1 S. 13.19. El **h** toma la tenaza, Is. 44.12; sierras, trillo, 2 S. 12.31; martillo, 1 R. 6.7. Al **h** que sopla las ascuas, Is. 54.16. Haber transportado... artesanos y **h**, Jer. 24.1; 29.2; 2 R. 24.14, 16. Véase **Hierro.**

HERVIR: Cocer con agua u otros líquidos en ebullición. // Hace **h** como una olla el mar profundo, Job 41.31. Haz que hierva bien.... los huesos, Ez. 24.5.

HESBÓN, hb. **Razón:** La ciudad real de Sehón, rey de los amorreos, Nm. 21.26. En la frontera sur de Gad, Jos. 13.26. Una de las ciudades que les tocó a los levitas, Jos. 21.39. Después pertenecía a Moab, Jer. 48.2. Véase mapa 2, D-5; mapa 5, C-1.

HESED, hb. **Hijo de benevolencia**: Un intendente de Salomón, 1 R. 4.10.

HESMÓN, hb. **Suelo fértil:** Una ciudad en la extremidad sur de Judá, Jos. 15.27.

HET, hb. **Miedo:** Nieto de Cam, bisnieto de Noé, Gn. 10.15. Véase **Heteos.**

HETEOS: Descendientes de Het, nieto de Cam, uno de los tres hijos de Noé, Gn. 10.15. Una de las principales naciones que habitaban Canaán, Ex. 3.8, 17; Dt. 7.1; Jos. 3.10; 2 Cr. 8.7; Neh. 9.8. Véase mapa 1, H-2. Su tierra prometida a Abraham, Gn. 15.18-21. Abraham compra la cueva de Macpela de los hijos de Het, Gn. 23. Las dos mujeres de Esaú, heteas, se volvieron amargura de espíritu para Isaac y Rebeca, Gn. 26.34, 35. Los espías encontraron a los heteos habitando en la montaña, Nm. 13.29. El hombre que traicionó la ciudad de Luz, edificó una segunda Luz en la tierra de los heteos, Jue. 1.26. Ahimelec, uno de los fieles compañeros de David, era heteo, 1 S. 26.6. Urías, marido de Betsabé, era heteo, 2 S. 11.3. Los heteos no eran una pequeña raza de poca importancia,

Horas

2 R. 7.6. Tu padre fue amorreo, y tu madre hetea., Ez. 16.3.

HETLÓN, hb. **Escondrijo:** Un lugar al norte de Palestina, Ez. 47.15.

HEVEOS: Descendientes de Cananeos, Gn. 10.17. Una de las siete naciones que habitaban en Canaán, antes de la conquista por los israelitas, Dt. 7.1; Ex. 3.8, 17. Enviaré delante de ti la avispa, que eche fuera al heveo, Ex. 23.28. Una de las naciones en la costa del Mar Grande delante del Líbano, Jos. 9.1. Los heveos, moradores de Gabaón, Jos. 9.7; 1.19. Al pie de Hermón, Jos. 11.3. Salomón los hizo trabajadores forzados, 1 R. 9.20, 21. Véase mapa 1, H-2.

HEXATEUCO, gr. **Seis volúmenes:** El nombre dado por algunos exegetas modernos a los seis primeros libros de la Biblia.

HEZRÓN, hb. **Preso, sitiado:** 1. Uno de los hijos de Rubén, Gn. 46.9. Jefe de los hezronitas, Nm. 26.6. // 2. Un nieto de Judá, Gn. 46.12. // 3. Lugar entre Cades-barnea y Adar, Jos. 15.4. Véase mapa 2, B-7.

HIBERNIOS: Antiguos habitantes de Irlanda. Véase mapa 1, A-2.

HIDEKEL (A y B): Gn. 2.14. Véase **Tigre.**

HIDROMANCIA: Véase **Adivinación.**

HIDROPESÍA: Derrame o acumulación anormal de líquido seroso. La cura de un hidrópico, Lc. 14.1-4.

HIEL, hb. **Dios vive:** El betelita que reedificó a Jericó, y, en cumplimiento de la maldición pronunciada por Josué, perdió a sus dos hijos, Jos. 6.26; 1 R. 16.34.

HIEL: Bilis. (Fig.) Odio, rencor. // Dieron a beber a Jesús vinagre mezclado con hiel, Mt. 27.34; Sal. 69.21. Los romanos daban vino mezclado con mirra a fin de producir anestesia en los que pasaban por suplicio. En **h** de amargura, Hch. 8.23.

HIELO: Agua congelada. Hielo en Palestina, existe sólo en los montes más altos. // ¿De qué vientre salió el **h**? Job 38.29. Por el soplo de Dios se da el **h,** Job 37.10. Echa su **h** como pedazos, Sal. 147.17.

HIENA: Mamífero carnívoro, de garras poderosas, mas de naturaleza medrosa. Vive sobre todo de la carne putrefacta de los cadáveres que desentierra. Ronda alrededor de los lugares habitados y pasa sus días en las cuevas. Es entre los animales lo que el buitre es entre las aves — el limpiador del desierto, de las selvas y de las playas. La hiena listada, si no el chacal, es más común en Palestina que cualquier otro animal. El valle de Zeboim, 1 S. 13.18, quiere decir, el valle de las hienas.

HIERÁPOLIS, gr. **Ciudad sagrada:** Col. 4.13. Ciudad que distaba 100 km de Laodicea, en el camino de Sardes a Apamea.

HIERBA: Planta tierna, cuyas partes aéreas, incluyendo el tallo, mueren todos los años después de la fructificación. // Produzca la tierra **h**, Gn. 1.11. La **h** del campo... Dios la viste así, Mt. 6.30. Pasará como la flor de la **h**, Stg. 1.10. Toda carne es como la **h**... la **h** se seca, 1 P. 1.24.

HIEROGLIFO: Especie de caracteres o letras empleadas por los antiguos egipcios, y que imitaban objetos. Se usaba el águila como uno de sus símbolos. Se usaba ese dos veces al escribir la palabra **Cleopatra.**

HIERRO: Metal duro, ceniciento azulado y maleable, pero privado de toda elasticidad. El trabajo con hierro data de la antigüedad. Tubal-caín era forjador de instrumentos cortantes de cobre y de hierro, Gn. 4.22. Otros instrumentos de hierro, Nm. 35.16; Dt. 19.5; 27.5. Og, rey de Basán, tenía lecho de hierro, Dt. 4.20. Permanecen hasta hoy las minas viejas y ruinas de fundición de cobre y de hierro en toda la región de Arabá hasta el Mar Rojo. Véase Dt. 8.9. El hierro conocido por su gran dureza, Lv. 26.19; Dt. 28.23, 48. Entre los metales del espolio quitado de los madianitas, Nm. 31.22. Vasos de hierro, Jos. 6.19, 24; Ez. 4.3. Carros hechos de hierro, Jos. 17.16. Símbolo de fuerza, Job 40.18; de aflicción, Sal. 107.10. Armas de guerra, 1 S. 17.7; Ap. 9.9. Ofrecidos para la casa de Dios 100 000 talentos de hierro, 1 Cr. 29.7. David preparó hierro en abundancia para el templo, 1 Cr. 22.3. Refinar en el fuego, Ez. 22.18, 20. Puerta de hierro, Hch. 12.10. Véase **Acero.**

HÍGADO: Víscera situada en la parte superior del abdomen, a la derecha, que segrega bilis y es la más voluminosa de todas las glándulas. // Quitará la grosura sobre el **h**, Lv. 3.4. Consultar los oráculos... examina el **h**, Ez. 21.21.

HIGAION: Sal. 9.16. Vocablo musical de significado incierto. La misma palabra está traducida "tono suave" en el Salmo 92.3, y "meditación" en el Salmo 19.14. Véase **Selah.**

HIGO: Fruto de la higuera. // Tomad masa de **h**, 2 R. 20.7. Mostró Jehová dos cestas de **h**, Jer. 24.1. ¿Acaso se recogen... higos de los abrojos? Mt. 7.16.

Hiena

HIGUERA: Árbol o arbusto de los países cálidos. Algunas especies alcanzan la altura de nueve metros. // Adán y Eva se vistieron de hojas de **higuera,** Gn. 3.7. Abundante en la tierra prometida, Dt. 8.8, Nm. 13.23. Cada uno debajo de su parra y debajo de su **higuera,** símbolo de la paz y de la prosperidad, 1 R. 4.25; Mi. 4.4; Zac. 3.10. Otras veces la **higuera** y la parra mencionadas juntas: Jue. 9.10-13; Sal. 105.33; Jer. 5.17; Jl. 1.12. Masa de higos, 1 S. 25.18; 30.12. Isaías manda a Ezequiel a poner una pasta de higos sobre la úlcera, 2 R. 20.7. La **higuera** pasa el tiempo de frío sin hojas, brotando, en Palestina, en febrero o en marzo, Mt. 24.32. El viento derriba la mayor parte de los higos; los que maduran son "los higos tempranos", Mi. 7.1; Nahúm 3.12. La gran cosecha viene después, en agosto o en septiembre, "los higos tardíos". La **higuera** sin fruto representaba a Israel infructífero, Mr. 11.12-14,20. Natanael oraba, tal vez, debajo de una **higuera,** Jn. 1.48. Como la **h** deja caer sus higos, Ap. 6.13.

HIJA: Persona del sexo femenino con relación a sus padres. // Las **h** de los hombres, Gn. 6.2. Fastidio tengo... a causa de las **h** de Het, Gn. 27.46. La ley acerca de los derechos de herederas, Nm. 27. No tenía más que una sola corderita... y la tenía como una **h**, 2 S. 12.3. **H** de reyes están entre tus ilustres, Sal. 45.9. Nuestras **h** como esquinas labradas, Sal. 144.12. La sanguijuela tiene dos **h**, Pr. 30.15. **H** contra su madre, Mt. 10.35. A esta **h** de Abraham, que Satanás había atado, Lc. 13.16. Vuestras **h** profetizarán, Hch. 2.17. Cuatro **h** doncellas que profetizaban, Hch. 21.9. Impropio para su **h** virgen, 1 Co. 7.36. De la cual... habéis venido a ser **h**, 1 P. 3.6.

HIJITO: H, aún estaré con vosotros un poco, Jn. 13.33. **H** míos, estas cosas os escribo, 1 Jn. 2.1. **H** míos, no amemos de palabra, 1 Jn. 3.18. **H,** guardaos de los ídolos, 1 Jn. 5.21.

HIJO DEL HOMBRE: H de hombre, ponte sobre tus pies, Ez. 2.1. El **h** de **h** no tiene donde recostar, Mt. 8.20. El **H** del **H** tiene sobre la tierra autoridad, Mt. 9.6. Antes que venga el **H** del **H**, Mt. 10.23. El **H** del **H** es señor del día de reposo, Mt. 12.8. Alguna palabra contra el **H** del **H**, Mt. 12.32. Estará el **H** del **H** en el corazón de la tierra tres días y tres noches, Mt. 12.40. El que siembra la buena semilla es el **H** del **H**, Mt. 13.37. ¿Quién dicen… que es el **H** del **H**? Mt. 16.13. Será la venida del **H** del **H**, Mt. 24.27. Aparecerá la señal del **H** del **H**, Mt. 24.30. El **H** del **H** vendrá a la hora, Mt. 24.44. Cuando el **H** del **H** venga, Mt. 25.31. Al **H** del **H** que está a la diestra, Hch. 7.56.

HIJO: Individuo del sexo masculino con relación a los padres. // Viendo los **h** de Dios que las hijas de los hombres, Gn. 6.2. Yo sé que mandará a sus **h**, Gn. 18.19. Jehová ha dicho así: Israel es mi **j**, Ex. 4.22. Visito la maldad de los padres sobre los **h**, Ex. 20.5. Repetirás a tus **h**, Dt. 6.7. El **h** sabio alegra el padre, pero el **h** necio es tristeza, Pr. 10.1. La honra de los **h**, Pr. 17.6. La virgen concebirá... dará a luz un **h**, Is. 7.14. El corazón de los padres a los **h**, Mal. 4.6. Dios puede levantar **h** a Abraham, Mt. 3.9. Sabéis dar buenas dádivas a vuestros **h**, Mt. 7.11. El que ama a hijo o hija, Mt. 10.37. Para que seáis **h**, Jn. 12.36; Ef. 5.8; 1 Ts. 5.5. Vuestros **h** y vuestras hijas profetizarán, Hch. 2.17. Adopción de **h**, Gá. 4.5; Ef. 1.5. Somos **h** de la promesa, Gá. 4.28. Por naturaleza **h** de la ira, Ef. 2.3. No provoquéis a ira a vuestros **h**, Ef. 6.4. Rehusó ser llamado **h** de la hija, He. 11.24. Azota a todo el que recibe por **h**, He. 12.6. Manifiestan los **h** de Dios y los **h** del diablo, 1 Jn. 3.10. Que amamos a los **h** de Dios, 1 Jn. 5.2. Yo seré su Dios, y él será mi **h**, Ap. 21.7. Hijos de Dios, Gn. 6.4; Job 1.6; Jn. 1.12; Ro. 8.14; 2 Co. 6.18; He. 12.5; (Stg. 1.18); 1 Jn. 3.1.

HILAR: Transformar una fibra textil en un hilo continuo. // Las mujeres sabias de corazón hilaban con sus manos, Ex. 35.25. Lirios… no trabajan ni hilan, Mt. 6.28.

HILCÍAS, hb. **Jehová es mi porción:** 1. Padre de Eliaquim, mayordomo de Ezequías, 2 R. 18.18. // 2. Sumo sacerdote en el reinado de Josías, rey de Judá, 2 R. 22.4. Halló el libro de la ley, 2 R. 22.8. // 3. Un levita, 1 Cr. 6.45. // 4. Otro levita, 1 Cr. 26.11. // 5. Un sacerdote contemporáneo de Esdras, Neh. 8.4. // 6. Padre de Jeremías, Jer. 1.1. // 7. Padre de Gemarías, Jer. 29.3.

HILEL, hb. **Alabó a Dios:** Padre de Abdón, uno de los jueces de Israel, Jue. 12.13.

HILERA: Serie en cosas, personas o animales en línea recta. // Las pondrás en dos **h,** seis en cada **h**, Lv. 24.6. Sobre cuatro **h** de columnas de cedro, 1 R. 7.2. Véase **Ejército Hueste, Milicia.**

HILIÓPOLIS: Véase **Obra misionera.**

HILO: Fibra larga y delgada de materias textiles. // Ató a su mano un **h** de grana, Gn. 38.28. Cortaron **h** para tejerlos, Ex. 39.3. Las rompió de sus brazos como un **h,** Jue. 16.12.

HIMENEO, gr. **Cántico nupcial:** Un creyente que naufragó en la fe, 1 Ti. 1.20. Entregué a Satanás, 1 Ti. 1.20. Comp. 1 Co. 5.5; Hch. 13.11. Enseñó que la resurrección ya había ocurrido, 2 Ti. 2.18.

HIMNO: Cántico en honor de la divinidad. Los salmos eran la gran colección de los himnos en la época del Antiguo Testamento. Este libro servía como el himnario del pueblo después del exilio. // Y cuando hubieron cantado el **h**, Mt. 26.20. Pablo y Silas, cantaban **h** a Dios, Hch. 16.25. H y cánticos espirituales, Ef. 5.19; Col. 3.16. Véase **Canción, Cántico, Canto, Salmo.**

HIN: Ex. 29.40. Medida para líquidos, de 6 litros. Véase **Medidas de capacidad.**

HINCAR: Clavar, enraizar. // Y lo hincare como clavo en lugar firme, Is. 22.23.

HINCHADO: Presumido, arrogante. // Vanamente hinchado por su propia mente carnal, Col. 2.18.

HINCHAR: Dilatar, aumentar el volumen de. **Fig.** Hacer vanidoso. // El vientre, Nm. 5.21; los pies, Dt. 8.4; Neh. 9.21. Esperando que él se hinchase, o cayese muerto, Hch. 28.6. Véase **Ensoberbecer.**

HINCHAZÓN: Lesión producida por golpe en tejidos vivos. // Desde la planta del pie... sino herida, **h**, Is. 1.6.

HINOM: Jos. 15.8; 18.16. Valle distante dos kilómetros y medio al occidente y al sur de Jerusalén. Teatro del culto idólatra, que comprendía el sacrificio de niños, conforme a los ritos de Moloc, 1 R. 11.7; 2 R. 16.3. Finalmente fue el lugar para quemar la basura de la ciudad, volviéndose símbolo del lugar reservado para el castigo eterno.

HIPOCRESÍA: Falsedad, fingimiento. // Estáis llenos de **h** e iniquidad, Mt. 23.28. Mas él, percibiendo la **h** de ellos, Mr. 12.15. Levadura de los fariseos, que es la **h**, Lc. 12.1. Bernabé fue también arrastrado por la **h** de ellos, Gá. 2.13. Por la **h** de mentirosos, 1 Ti. 4.2. Sin incertidumbre ni **h**, Stg. 3.17. Desechando, pues, toda malicia, todo engaño, **h**, 1 P. 2.1. Véase **Fingimiento.**

HIPÓCRITA: Persona que finge cualidades o sentimientos Buenos, que realmente no tiene. // Como los **h**, Mt. 6.2, 5,16. ¡**H**! saca primero la viga de tu propio ojo, Mt. 7.5. ¡**H**! bien profetizó Isaías, Mt. 15.7. ¿Por qué me tentáis, **h**? Mt. 22.18. Mas !ay de vosotros, escribas y fariseos, hipócritas!, Mt. 23.13, 23, 25, 27, 29. ¡**H!** Sabéis distinguir, Lc. 12.56. **H**, cada uno de vosotros, Lc. 13.15. Lc. 12.56.

HIR, hb. **Una ciudad:** Descendiente de Benjamín, 1 Cr. 7.12.

HIRA, hb. **Nobleza:** Un adulamita, amigo de Judá, Gn. 38.1.

HIRAM, hb. **Consagración:** 1. Rey de Tiro, amigo tanto de Salomón como de David. Mandó obreros y materiales a David e hizo alianza con él para construir el templo, 2 Cr. 2.3. Salomón le dio veinte ciudades, 1 R. 9.11. Salomón e Hiram tenían juntos una flota comercial en el Mediterráneo, 1 R. 9.26-28. // 2. Un artífice, hijo de una mujer viuda, de la tribu de Neftalí, y fue su padre un hombre de Tiro. Enviado para hacer obras en bronce, en la construcción del templo, 1 R. 7.13.

HIRAM, hb. **Noble:** Un nieto de Benjamín, 1 Cr. 8.5.

HISOPO: Planta aromática. // Y tomad un manojo de **h**, y mojadlo en la sangre, Ex. 12.22. Desde el cedro del Líbano hasta el **h**, 1 R. 4.33. Purifícame con **h**, y seré limpio, Sal. 51.7. Lana escarlata e **h**, y roció el mismo libro y también a todo el pueblo, He. 9.19. Véase Lv. 14.4, 6,49, 51,52; Nm. 19.6, 18. Entonces ellos empaparon en vinagre una esponja, y poniéndola en un **h**, se la acercaron a la boca, Jn. 19.29.

HISPANIA: Nombre antiguo de la península formada por España y Portugal. Véase mapa 1, A-3.

HIZQUI, hb. **Dios es mi fuerza:** Un benjamita, hijo de Elpaal, 1 Cr. 8.17.

HOBA, hb. **Escondrijo:** Ciudad al norte de Damasco. El punto extremo hasta donde Abraham persiguió a Quedorlaomer y a sus aliados, derrotados por él, Gn. 14.15.

HOBAB, hb. **Querido:** No es cierto en Nm. 10.29, si el suegro de Moisés era Hobab o si era Ragüel. En Jue. 4.11, dice que su suegro era Hobab; en Ex. 2.18, Ragüel.

HOD, hb. **Esplendor:** Un hijo de Zofa, descendiente de Aser, 1 Cr. 7.37.

HODAVÍAS, hb. **Alabad a Jehová:** 1. Un descendiente de la casa real de David, 1 Cr. 3.24. // 2. Un cabeza de una familia de la tribu de Manasés, 1 Cr. 5.24. // 3. Un benjamita, 1 Cr. 9.7. // 4. Jefe de una familia que volvió de Babilonia, Esd. 2.40.

HODES, hb. **Luna nueva:** Una de las mujeres de Saharaim, 1 Cr. 8.9.

HODÍAS, hb. **Esplendor de Jehová:** 1. Un cuñado de Naham, 1 Cr. 4.19. // 2. Uno de los levitas que enseñaban el pueblo en la ley, Neh. 8.7. // 3. Un jefe del pueblo que firmó el pacto con Nehemías, Neh. 10.18.

HOGLA, hb. **Perdiz:** La tercera de las cinco hijas de Zelofehad, Nm. 26.33; 27.1; 36.11; Jos. 17.3.

HOGUERA: Combustible en llamas. // Encenderá una **h** como ardor de fuego, Is. 10.16. !Ay de la ciudad de... haré yo gran **h,** Ez. 24.9. Hch. 28.2.

HOHAM, hb. **Elevación:** 1. Rey de Hebrón y uno de los cinco reyes de los amorreos que sitiaron Gabaón, y fueron derrotados por Josué, Jos. 10.3. // 2. Rey de Gezer, Jos. 10.33.

HOJA: Órganos membranosos, chatos y por lo general verdes, que se desarrollan en las ramas y en los tallos de las plantas. // Las partes de una puerta o ventana. // 1. **De árbol:** Cosieron **h** de higuera, Gn. 3.7. En el pico una **h**, Gn. 8.11. El sonido de una **h** que se mueva los perseguirá, Lv. 26.36. A la **h** arrebatada has de quebrantar, Job 13.25. Como se cae la **h** de la parra, Is. 34.4. Y brotan las **h**, Mt. 24.32. // **Figuradamente,** de **bendición espiritual:** Su **h** para medicina, Ez. 47.12. **H** del árbol eran para sanidad, Ap. 22.2. // **De prosperidad:** Su **h** no cae, Sal. 1.3. // **De corrupción moral:** Caímos todos nosotros como la **h**, Is. 64.6. // **De oficio vano:** No halló nada en ella, sino **h**, Mt. 21.19. // 2. **Hojas de puerta:** Las dos **h** de una puerta giraban, 1 R. 6.34. Cada puerta... dos **h,** Ez. 41.24. //

HOJALDRES: Masa fina. // **H** untadas, Ex. 29.2; Lv. 2.4; 7.12; Nm. 6.15.

HOJARASCA: Conjunto de las hojas que han caído de los árboles. // Y si sobre este fundamento alguno edificare oro, plata, piedras preciosas, madera, heno, **h**, 1 Co. 3.12. Enviaste tu ira; los consumió como a **h**, Ex. 15.7. Tiene toda arma por **h**, Job 41.29. Como **h** delante del viento, Sal. 83.13. Concebisteis **h**, rastrojo daréis a luz, Is. 33.11. Y el torbellino los lleva como **h**, Is. 40.24. Como **h** que su arco arrebata, Is. 41.2. Como sonido de llama de fuego que consume **h**, Jl. 2.5. Serán consumidos como **h** completamente seca, Nah. 1.10. **Véase Paja.**

HOLLAR: Pisar con los pies, humillando; despreciar. // Tierra que holló tu pie, Jos. 14.9. Huelle en tierra mi vida. Sal. 7.5. Él hollará a nuestros enemigos, Sal. 60.12. Hollarás al cachorro del león, Sal. 91.13. Con ira hollaste la tierra, Hab. 3.12. Echada fuera y hollada por los hombres, Mt. 5.13. Ellos hollarán la ciudad santa, Ap. 11.2. Véase **Pisar**, **Pisotear.**

HOLOCAUSTO: Sacrificio en que se quemaban víctimas enteras. // Esta es la ley del **h**, Lv. 6.9. ¿Se complace Jehová tanto en los **h**, 1 S. 15.22. Es más que todos los **h** y sacrificios, Mr. 12.33. **H** y expiaciones no te agradaron, He. 10.6. // **Ejemplos de ofrecer holocaustos:** Noé, Gn. 8.20; Abraham, Gn. 22.13; Jetro, Ex. 18.12; Balaam, Nm. 23.2; Josué, Jos. 8.31; Gedeón, Jue. 6.26-28; Samuel, 1 S. 7.9; Saúl,

1 S. 13.9, 10; David, 2 S. 24.25; Salomón, 1 R. 3.15; Elías, 1 R. 18.33-38; Job, Job 1.5. Véase **Libación, Ofrenda, Sacrificio.**

HOLÓN, hb. **Arenoso:** 1. Una ciudad en la región montañosa de Judá, Jos. 15.51. Véase mapa 5, B-1. // 2. Una ciudad de Moab, Jer. 48.21.

HOMAM, hb. **Destrucción:** Un descendiente de Esaú, 1 Cr. 1.39.

HOMBRE: Ser humano del sexo masculino. En general la humanidad. // Hagamos al **h**, Gn. 1.26. Y creó Dios al **h**, Gn. 1.27. **H** del polvo de la tierra, Gn. 2.7. Tú eres aquel **h**, 2 S. 12.7. Esfuérzate, y sé **h**, 1 R. 2.2. Así el **h** nace para la aflicción, Job 5.7. ¿Y cómo se justificará el **h** con Dios?, Job 9.2. El **h** es semejante a la vanidad, Sal. 144.4. Dios hizo al **h** recto, Ec. 7.29. Maldito el varón que confía en el **h**, Jer. 17.5. No sólo de pan vivirá el **h**, Dt. 8.3; Mt. 4.4. Pescadores de **h**, Mt. 4.19. Pues ¿cuánto más vale un **h** que una oveja?, Mt. 12.12. Para los **h** esto es imposible, Mt. 19.26. Los **h** amaron más las tinieblas, Jn. 3.19. He aquí el **h**, Jn. 19.5. Apartaos de estos **h**, Hch. 5.38. Dioses bajo la semejanza de **h**, Hch. 14.11. De igual modo también los **h**, Ro. 1.27. El pecado entró en el mundo por un **h**, Ro. 5.12. Porque según el hombre **h**, Ro. 7.22. Dios es más sabio que los **h**, 1 Co. 1.25. ¿Quién de los hombres sabe las cosas del **h**, 1 Co. 2.11. El **h** natural no acepta las cosas del Espíritu, 1 Co. 2.14. Carnales y andáis según el **h**, 1 Co. 3.3. Ninguno se gloríe en los **h**, 1 Co. 3.21. Mas cuando ya fui **h**, dejé lo que era de niño, 1 Co. 13.11. Porque por cuanto la muerte entró por un **h**, 1 Co. 15.21. Fue hecho el primer **h** Adán alma viviente, 1 Co. 15.45. Este nuestro **h** exterior se va desgastando, 2 Co. 4.16. ¿Busco ahora el favor de los **h**, o el de Dios?, Gá. 1.10; Col. 3.22; 1 Ts. 2.4. De los dos un solo y nuevo **h**, Ef. 2.15. Fortalecidos con poder en el **h** interior, Ef. 3.16. Y vestíos del nuevo **h**, creado según Dios en la justicia, Ef. 4.24. Tomando forma de siervo, hecho semejante a los **h**, Fil. 2.7. Y un solo mediador entre Dios y los **h**, 1 Ti. 2.5. Mas los malos **h** y los engañadores irán de mal en peor, 2 Ti. 3.13. A fin de que el **h** de Dios sea perfecto, 2 Ti. 3.17. Y de la manera que está establecido para los **h**, He. 9.27. El Señor es mi ayudador; no temeré lo que me pueda hacer el **h**, He. 13.6. He aquí el tabernáculo de Dios con los **h**, Ap. 21.3. Véase **Adán.**

HOMBRO: La parte donde el húmero se articula con el omóplato. // Salía con su cántaro sobre su **h**, Gn. 24.15. De **h** arriba, 1 S. 9.2; 10.23. El principado sobre su **h**, Is. 9.6. La pone sobre sus **h** gozoso, Lc. 15.5.

HOMER: Ez. 45.14. Aproximadamente, 360 litros. Véase **Medidas de capacidad**.

HOMICIDA: Que causa la muerte de otra persona. // La rectitud, pero ahora h, Is. 1.21. Ha sido **h** desde el principio, Jn. 8.44. Y pedisteis que se os diese un **h**, Hch. 3.14. Padezca como **h**, 1 P. 4.15. Que aborrece a su hermano es h, 1 Jn. 3.15. Ningún **h** tiene vida eterna, 1 Jn. 3.15. Los **h**, los idólatras, Ap. 22.15. Véase **Asesino.**

HOMICIDIO: Acción de matar a un ser humano. // El homicidio voluntario toma el nombre de asesinato. El **h** prohibido: Ex. 20.13; Lv. 24.17; Dt. 21.9; Jer. 2.34; Ez. 16.38; Mt. 19.18; Ro. 1.2; Gá. 5.21; 1 Ti. 1.9; 1 P. 4.15. La penalidad del **h**: Gn. 4.12; 9.6; Ex. 21.14; Nm. 35.30; Gá. 5.21; Ap. 22.15. Eran asesinos: Caín, Gn. 4.8. Abimelec, Jue. 9.5; Joab, 2 S. 3.27; David, 2 S. 12.9; Absalón, 2 S. 13.29; Zimri, 1 R. 16.10; Jezabel, 1 R. 21.10; Acab, 1 R. 21.19; los Herodes, Mt. 2.16; 14.10; Hch. 12.2; Judas, Mt. 27.4; Barrabás, Mr. 15.7.

HONDA: Instrumento hecho de un pedazo de cuero y de dos cuerdas, con que arrojan piedra. // Usada por David para matar Goliat, 1 S. 17.40, 50. Los que tiraban con hondas pertenecían tanto a la infantería como los arqueros, 2 R. 3.25. Usaban tanto de la mano derecha como de la izquierda en arrojar piedras con honda, 1 Cr. 12.2. Setecientos benjamitas que tiraban una piedra con la honda a un cabello, y no erraban, Jue. 20.16. Él arrojará la vida de tus enemigos como de en medio de la palma de una honda, 1 S. 25.29. Compare Jer. 10.18.

HONESTAMENTE: De modo honesto. // Andemos **h**, Ro. 13.13.

HONESTIDAD: Cualidad de aquel o de aquello que es honesto. // En toda piedad y **h**, 1 Ti. 2.2.

HONESTO: Casto, púdico; probo; honrado; conveniente, propio. // Sino para lo **h** y decente, 1 Co. 7.35. Todo lo que es verdadero, todo lo **h**, Fil. 4.8. Los diáconos asimismo deben ser **h**, 1 Ti. 3.8. Véase **Sincero.**

HONRA: Gloria, estima, aprecio por las virtudes, actos o talentos de alguien. // Ahora huye a tu lugar; yo dije que te honraría, Nm. 24.11. Todas las mujeres darán **h** a sus maridos, Est. 1.20. Y lo coronaste de gloria y de **h**, Sal. 8.5. Riquezas y **h**, Pr. 3.16; 8.18; 22.4. Corona de **h** es la vejez, Pr. 16.31. ¿Dónde está mi **h**?, Mal. 1.6. No hay profeta sin **h**, sino en su propia tierra, Mt. 13.57. Vida eterna a los que, perseverando en bien hacer, buscan gloria y **h** e inmortalidad, Ro. 2.7. Un vaso para h, Ro. 9.21. En cuanto a **h**, prefiriéndoos los unos a los otros, Ro. 12.10. Al que **h**, **h**, Ro. 13.7. Por **h** y por deshonra, 2 Co. 6.8.

Será instrumento para **h**, 2 Ti. 2.21. Y nadie toma para sí esta **h**, He. 5.4. Honrad a todos, 1 P. 2.17. Y llevarán la gloria y la **h** de las naciones, Ap. 21.26. // **Honor a Dios:** Sal. 19.2; 145.5; Pr. 3.9; Mal. 1.6; 1 Ti. 1.17; 6.16; Ap. 4.11. // **Dádiva de Dios:** 2 Cr. 1.11; Pr. 3.16; Dn. 5.18; Jn. 2.26. // **Honor a los padres:** Ex. 20.12; Mt. 15.4. // **Honor a los ancianos:** Lv. 19.32; 1 Ti. 5.1. // **Honor a los reyes:** 1 P. 2.17. // **Honor a los presbíteros:** 1 Ti. 5.17.

HONRAR: Venerar, respetar, conferir honras. // Porque yo honraré a los que me honran, 1 S. 2.30. Pero honra a los que temen a Jehová, Sal. 15.4. Ella te honrará, cuando tú la hayas abrazado, Pr. 4.8. Este pueblo de labios me **h**, Mt. 15.8; Is. 29.13. Honra a tu padre y a tu madre, Mr. 7.10; Ex. 20.12; Ef. 6.2. Este persuade a los hombres a **h** a Dios, Hch 18.13. Honra a las viudas, 1 Ti. 5.3.

HONROSO: Que ennoblece; digno. Ganan para sí un grado **h**, 1 Ti 3.13.

HOR, hb. **La montaña:** Situado "en la frontera de la tierra de Edom", Nm. 20.22; 33.37. Donde Aarón murió, Nm. 20.28; 33.39; Dt. 32.50.

HORA: Vigesimocuarta parte del día. Ocasión, oportunidad. // Y la paloma volvió a él a la **h** de la tarde, Gn 8.11. En aquella **h** os será dado, Mt. 10.19. A qué **h** el ladrón habría de venir, Mt. 24.43. Porque el Hijo del Hombre vendrá a la **h** que no pensáis, Mt. 24.44. No sabéis el día ni la **h** en que el Hijo del Hombre ha de venir, Mt. 25.13. ¿Así que no habéis podido velar conmigo una **h**? Mt. 26.40. Mas esta es vuestra **h**, Lc. 22.53. Aún no ha venido mi **h**, Jn. 2.4. ¿Padre, sálvame de esta **h**?, Jn. 12.27. Es ya **h** de levantarnos del sueño, Ro. 13.11. Hasta esta **h** padecemos hambre, 1 Co. 4.11. Te guardaré de la **h** de la prueba, Ap. 3.10. Porque la **h** de segar ha llegado, Ap.14.15. // **Hora tercera del día:** Mt. 20.3; Mr. 15.25; Hch. 2.15; 23.23. // **Hora Sexta, del día:** Mt. 27.45; Jn. 4.6; Hch. 10.9. **Hora Novena:** Hch. 3.1; 10.3, 30. // **Ha llegado la hora:** Mt. 26.45; Jn. 4.21; 5.25; 12.23; 13.1; 16.21; 17.1. // **En aquella misma Hora:** Mt. 8.13; 9.22; 10.19; 15.28; 17.18; Lc. 12.12; Jn. 4.53; Hch. 16.18, 33; 22.13; 1 Co. 4.11. // **Hora nadie sabe,** Mt. 24.36, 42; 25.13. Véase **Año, Día, Época, Tiempo.**

HORADAR: Abrir agujero en. // Su amo le horadará la oreja, Ex. 21.6. Le horadó y atravesó sus sienes, Jue. 5.26.

HORCA: Aparato que sirve para el suplicio del estrangulamiento. // Horca de 50 codos de altura, Est. 5.14.

HOREB, hb. **Seco:** Lo mismo que Sinaí, Ex. 3.1; 17.6.

HOREM, hb. **Consagrado:** Una de las ciudades fortificadas de la herencia de Neftalí, Jos. 19.38. Véase mapa 2, C-2.

HOREOS: Los habitantes de Edom, antes de ser arrojados, Dt. 2.12. Derrotados por Quedorlaomer, Gn. 14.6. Seir, el horeo, Gn. 36.20.

HORI, hb. **Habitante de cueva:** 1. Un hijo de Lotán, un horeo, Gn. 36.22. // 2. Padre de Safat, uno de los doce espías, Nm. 13.5.

HORMA, hb. **Lugar devastado:** Ciudad real de los cananeos, conquistada por Josué, Nm. 21.3.

HORMIGA: Las hormigas son insectos que viven en sociedad. El mayor número es de hembras estériles, las obreras llamadas **neutras.** Las otras son los machos y las hembras. Los machos viven sólo el tiempo necesario para reproducir la especie. Las hembras después de haber volado durante algunas horas vuelven al hormiguero donde se mantienen hasta poner los huevos. Las obreras construyen el nido, cuidan de las larvas, defienden y alimentan la colonia. Su habilidad y sabiduría son proverbiales, Pr. 6.6; 30.25.

HORNO: Chimenea, asador. // El humo subía... como el humo de un **h**, Gn. 19.28. Y os ha sacado del **h** de hierro, Dt. 4.20. Los pondrás como **h** de fuego en el tiempo, Sal. 21.9. Te he escogido en **h** de aflicción, Is. 48.10. Viene el día ardiente como un **h**, Mal. 4.1. Los echarán en el **h** de fuego, Mt. 13.42. Subió humo del pozo como... de un gran **h**, Ap. 9.2.

HORONAIM, hb. **Ciudad de dos cuevas:** Un lugar al sur de Moab, Is. 15.5.

HORONITA: Sanbalat horonita, Neh. 2.10. Un moabita, de la ciudad de Horonaim, Véase Is. 15.5.

HORRIBLE: Que causa horror. // Y en yermo de **h** soledad, Dt. 32.10. Repose sobre él nublado Que lo haga **h**, Job 3.5.

HORROR: Sentimiento de terror y repulsión. // Y serás motivo de **h**, Dt. 28.37. Y de mis vecinos mucho más, y el **h**, Sal. 31.11. Se pasmó mi corazón, el **h** me ha intimidado, Is. 21.4. Véase **Miedo, Pavor.**

HORRORIZAR: Causar horror. // Espantaos, cielos, sobre esto, y horrorizaos, Jer. 2.12.

HORTALIZA: Nombre genérico de las plantas leguminosas comestibles. // Como huerto de **h**, Dt. 11.10. Y como **h** verde, 2 R. 19.26. Y la ruda, y toda **h**, Lc. 11.42. Véase **Legumbre.**

HORTELANO: Que cuida el huerto. // Ella, pensando que era el **h**, le dijo, Jn. 20.15. Se refiere tal vez no al individuo que trabajaba en el jardín, sino a un vigilante, como es costumbre hasta hoy, a quien se le paga para cuidar el huerto durante la estación de las frutas.

HOSA, hb. **Salva ahora:** Una ciudad en la frontera de Aser, cerca de Tiro, Jos. 19.29.

HOSAMA, hb. **Dios oye:** Uno de los hijos de Jeconías, rey de Judá, 1 Cr. 3.18.

HOSANNA: Mt. 21.9.15; Mr. 11.9, 10; Jn. 12.13. Quiere decir: "Sálvanos, te pedimos". Aclamación de alabanza, sacada del Salmo 118.25.

HOSPEDADOR: Que acoge con satisfacción (los huéspedes). // El obispo sea... **h**, 1 Ti. 3.2; Tit. 1.8.

HOSPEDAR: Acoger en casa particular o alojamiento. Discípulo antiguo, con quien nos hospedaríamos, Hch. 21.16. Véase **Acoger.**

HOSPITALIDAD: Cualidad de hospedador. // Practicando la **h**, Ro. 12.13. Si ha practicado la **h**, 1 Ti. 5.10. No os olvidéis de la **h**, He. 13.2. Ejemplos de **h**: Abraham, Gn. 18. Lot, Gn. 19. S., 1 S. 9.22. David, 2 S. 6.19. La sunamita, 2 R. 4.8. Mateo, Lc. 5.29. Zaqueo, Lc. 19.6. Lidia, Hch. 16.15.

HOTAM, hb. **Sello:** Descendiente de Aser, e hijo de Heber, 1 Cr. 7.32.

HOTAM: El padre de dos de los valientes de David, 1 Cr. 11.44.

HOTIR: Uno de los cantores designados por David, 1 Cr. 25.4.

HOY: El día en que se está. // ¡Si oyereis **h** su voz! Sal. 95.7. El pan nuestro de cada día, dánoslo **h**, Mt. 6.11. **H** estarás conmigo en el paraíso, Lc. 23.43. Si oyereis **h** su voz, He. 3.7; 4.7. Exhortaos... durante el tiempo que se dice **h**, He. 3.13 Jesucristo es el mismo ayer, y **h**, y por los siglos, He. 13.8. **H** y mañana iremos a tal ciudad, y estaremos allá, Stg. 4.13.

HOYO: Lugar cavado. // Ambos caerán en el **h**, Mt. 15.14. Véase **Agujero**.

HOZ: Instrumento curvo para cortar hierba. // Dt. 16.9; Jl. 3.13; Mr. 4.29; Ap. 14.14,17.

HOZAI, hb. **Vidente:** Un historiador de los hechos del rey Manasés, 2 Cr. 33.19.

HUCOC: Ciudad de Neftalí, Jos. 19.34. Véase mapa 2, C-3.

HUELLA: Vestigio que el pie deja en el suelo. // Ni se puede seguir la **h** de sus años, Job 36.26. Ve, sigue las **h** del rebaño, Cnt. 1.8.

HUÉRFANO: Se dice de aquel que perdió los padres o uno de ellos. // A ninguna viuda ni **h** afligiréis, Ex. 22.22. Tú eres el amparo del **h**, Sal. 10.14. Padre de **h** y defensor de viudas, Sal. 68.5. Jehová... Al **h** y a la viuda sostiene, Sal. 146.9. No os dejaré **h**; vendré a vosotros, Jn. 14.18. Visitar a los **h** y a las viudas en sus tribulaciones, Stg. 1.27. Algunos **h** de la Biblia: Lot, Gn. 11.27,28. Jotam, Jue. 9.16-21. Mefi-boset, 2 S. 9.3. Joás, 2 R. 11.2. Ester, Est. 2.7.

HUERTO: Pequeña huerta. Terreno plantado de legumbres y hortalizas. // Donde había un **h**, Jn. 18.1. Había un **h**, Jn. 19.41. El lugar exacto se desconoce actualmente. El hombre echado del huerto del Edén, Gn. 3.23. El Señor hará el desierto de Sion como el Edén, Is. 51.3. Esta tierra desolada quedó como huerto del Edén, Ez. 36.35. La tierra es como huerto del Edén, Jl. 2.3. // 2. Un levita en el tiempo de Ezequías, 2 Cr. 29.12. Y regabas con tu pie, como **h**, Dt. 11.10. Mi amado descendió a su **h**, Cnt. 6.2. Tomó y sembró en su **h**, Lc. 13.19. Véase **Jardín, Edén.**

HUESO: Cualquier parte del esqueleto de los vertebrados. // Sus **h** son fuertes como bronce, Job 40.18. Esto es ahora **h** de mis **h**, Gn. 2.23, Los **h** de José, Gn. 50.25; Ex. 13.19; Jos. 24.32; He. 11.22. No llevarás... ni quebraréis **h** suyo, Ex. 12.46. Altar... sobre ti quemarán **h** de hombres, 1 R.13.2. Mi piel y mi carne se pegaron a mis **h**, Job 19.20. Sus **h** están llenos de su juventud, Job 20.11. Contar puedo todos mis **h**, Sal. 22.17. El guarda todos sus **h**, Sal. 34.20. Se recrearán los **h** que has abatido, Sal. 51.8. Dios ha esparcido los **h** del que puso asedio contra ti, Sal. 53.5. Son esparcidos nuestros **h** a la boca del Seol, Sal. 141.7. Un valle que estaba lleno de **h**, Ez. 37.1. Por dentro están llenos de **h** de muertos, Mt. 23.27. Un espíritu no tiene carne ni **h**, como veis que yo tengo, Lc. 24.39. No será quebrado **h** suyo, Jn. 19.36; Ex. 12.46.

HUÉSPED: Persona alojada temporariamente en casa ajena. // El **h** del sacerdote, Lv. 22.10.

HUESTE: Tropa, ejército. // Saqué vuestras **h** de la tierra de Egipto, Ex. 12.17. Una multitud de las **h** celestiales, Lc. 2.13. Contra **h** espirituales de maldad, Ef. 6.12. Véase **Ejército, Legión, Milicia, Tropa.**

HUESTES: Ejército, tropa. // Apareció con el ángel una multitud de las **h** celestiales, Lc. 2.13.

HUEVO: Cuerpo orgánico que se forma en la hembra de muchas clases de animales y que tiene el germen de un animal de la misma especie. // Con pollos o **h**, y la madre echada sobre los pollos o sobre los **h**, Dt. 22.6. El cual desampara en la tierra sus **h**, Job 39.14. Incuban **h** de áspides... el que comiere de sus **h**, morirá, Is. 59.5. ¿O si le pide un **h**, le dará un escorpión?, Lc. 11.12.

HUFAM: Un hijo de Benjamín y fundador de una familia tribal, Nm. 26.39.

HUIR: Desviarse rápidamente para escapar. // Los R. de Sodoma y Gomorra huyeron, Gn. 14.10. Esta ciudad está cerca para **h** allá, Gn. 19.20. Moisés huyó de la presencia de Faraón, Ex. 2.15. Huiréis sin que haya quien os persiga, Lv. 26.17, 36. Ejército echó a correr... y huyendo, Jue. 7.21. Y David huyó, 1 S. 19.10. Huye como la sombra, y no permanece, Job 14.2. Huyan de su presencia los que le aborrecen, Sal. 68.1. El mar lo vio y huyó, Sal. 114.3. A dónde huiré de tu presencia, Sal. 139.7. Huye el impío sin que nadie lo persiga, Pr. 28.1. El dolor y el gemido huirán, Is. 51.11. Huid de en medio de Babilonia, Jer. 51.6. Se levantó para huir de la presencia del Señor, Jon. 1.3. Huiréis al valle de los montes, Zac. 14.5. Toma al niño... y huye, Mt. 2.13. A huir de la ira venidera, Mt. 3.7. Los que los apacentaban huyeron, Mt. 8.33. En una ciudad, huid a la otra, Mt. 10.23. En Judea huyan a los montes, Mt. 24.16. Todos dejándolo, huyeron, Mt. 26.56. Huyeron del sepulcro, Mr. 16.8. Huirán de él, porque no conocen, Jn. 10.5. El asalariado huye, Jn. 10.13. Desnudos y heridos, huyeron, Hch. 19.16. Huid de la fornicación, 1 Co. 6.18. Huid de la idolatría, 1 Co. 10.14. Huye de estas cosas, 1 Ti. 6.11. Huye también de pasiones, 2 Ti. 2.22. Resistid al diablo, y huirá de vosotros, Stg. 4.7. La muerte huirá, Ap. 9.6. La mujer huyó al desierto, Ap. 12.6. Huyeron el cielo y la tierra, Ap. 20.11. Véase **Escapar.**

HUL, hb. **Círculo:** Uno de los descendientes de Noé, Gn. 10.23.

HULDA: Mujer de Salum y profetisa en Jerusalén, 2 Reyes 22.14. El rey, el sumo sacerdote, etc. la consultaron en vez de ir a Jeremías.

HUMANAMENTE: De modo humano. // Tratando **h** a Pablo, Hch. 27.3.

HUMANIDADE: Bondad. // Nos trataron con no poca **h**, Hch. 28.2.

HUMANO: Relativo o perteneciente al hombre. // Mas todo siervo **h**, Ex. 12.44. O hueso **h**, Nm. 19.16. O tus años como los tiempos **h**, Job 10.5. Hablo como **h**, Ro. 6.19. O por tribunal **h**,1 Co. 4.3. Hermanos, hablo en términos **h**, Gá. 3.15.

HUMAREDA: Abundancia de humo. // Que hiciesen subir una gran **h,** Jue. 20.38.

HUMEAR: Echar humo. // Humeará la ira, Dt. 29.20. Toca los montes y humean, Sal. 104.31; 144.5. Ni apagará el pábilo que humeare, Is. 42.3; Mt. 12.20.

HUMILDAD: Virtud con que manifestamos el sentimiento de nuestra debilidad o de nuestro podo o ningún mérito. // Y a la honra precede la **h**, Pr. 15.33; 18.12. Sirviendo al Señor con toda **h**, Hch. 20.19. Con toda **h** y mansedumbre, Ef. 4.2. Bien con **h**, estimando cada uno a los demás como superiores a él mismo, Fil. 2.3. Afectando **h** y culto a los ángeles, Col. 2.18. En culto voluntario, en **h**, Col. 2.23. Revestíos de **h**, 1 P. 5.5. LA HUMILDAD ORDENADA: Ro. 12.3; Mt. 20.25; Lc. 22.24; Ef. 4.2. DIOS ATIENDE A LOS HUMILDES: Sal. 138.6; Pr. 3.34; Lc. 1.52; Lc. 18.14; Stg. 4.6; 1 P. 5.5. EJEMPLOS DE HUMILDAD: Jacob, Gn. 32.10. Moisés, Ex. 3.11; 4.10. Josué, Jos. 7.6. David, 1 Cr. 29.14. Josías, 2 Cr. 34.27. Isaías, Is. 6.5. Jeremías, Jer. 1.6. La mujer cananea, Mt. 15.27. Elisabet, Lc. 1.43. Pablo, Hch. 20.19. Véase **Modestia.**

HUMILDE: Que tiene o aparenta humildad. // Que pone a los **humilde**s en altura, Job 5.11. El deseo de los **h** oíste, Sal. 10.17. Encaminará a los **h** por el juicio, Sal. 25.9. Porque Jehová es excelso, y atiende al **h**, Sal. 34.2. Hermoseará a los **h** con la salvación, Sal. 149.4. Mas con los **humilde**s está la sabiduría, Pr. 11.2. Pero al **h** de espíritu sustenta la honra, Pr. 29.23. Que soy manso y **h**, Mt. 11.29. Y exaltó a los **h**, Lc. 1.52. Sino asociándoos con los **h**, Ro. 12.16. Pero Dios, que consuela a los **h**, 2 Co. 7.6. El hermano que es de **h** condición, Stg. 1.9. Dios resiste a los soberbios, y da gracia a los **h**, Stg. 4.6. Y da gracia a los **h**, Pe 5.5. Véase **Manso, Modesto**.

HUMILDEMENTE: Con humildad. // Andaré **h** todos mis años, Is. 38.15. Sé vivir **h**, y sé tener abundancia, Fil. 4.12.

HUMILLACIÓN: Acción o efecto de humillarse. // En su **humillación** no se le hizo justicia, Hch. 8.33. Transformará nuestro cuerpo de **h**, Fil. 3.21.

HUMILLAR: Tornar humilde. // Si se humillare mi pueblo, 2 Cr. 7.14. Y los príncipes de Israel y el rey se humillaron, 2 Cr. 12.6. Y se humillaron y adoraron a Jehová, Neh. 8.6. Así humillarás el orgullo de los extraños, Is. 25.5. Y él puede **h** a los que andan con soberbia, Dn. 4.37. A humillarte en la presencia de tu Dios, Dn. 10.12. Y amar misericordia, y humillarte ante tu Dios, Mi. 6.8. Los collados antiguos se humillaron, Hab. 3.6.

HUMO: Producto que en forma gaseosa se desprende de una combustión incompleta. // Humo que subía... como el **h** de un horno, Gn. 19.28. El **h** subía como **h** de un horno, Ex. 19.18. **H** subió de su nariz, 2 S. 22.9. Los enemigos... se disiparán como el **h**, Sal. 37.20. Como es lanzado el **h**, Sal. 68.2. Estoy como el odre al **h**, Sal. 119.83. Y la casa se llenó de **h**, Is. 6.4. Subirá para siempre su **h**, Is. 34.10. Subió **h** del pozo, Ap. 9.2. El **h** de su tormento sube por los siglos, Ap. 14.11.

HUMTA, hb. **Lugar de los lagartos:** Una ciudad de Judá, Jos. 15.54.

HUNDIRSE: Sumergir, llevado al fondo. // Comenzando a hundirse, dio voces, diciendo: ¡Señor, sálvame! Mt. 14.30. Muchas codicias necias y dañosas, que hunden a los hombres en destrucción y perdición, 1 Ti. 6.9. Véase **Ahogar**.

HUPA, hb. **Cubierta:** El sacerdote sobre el decimotercer turno en el tiempo de David, 1 Cr. 24.13.

HUR, hb. **Esplendor:** 1. Un hombre de la casa de Caleb, 1 Cr. 2.19. Sostuvo, junto con Aarón, los brazos de Moisés durante la batalla contra los amalecitas, Ex. 17.12. Encargado, junto con Aarón, de la dirección del pueblo, mientras que Moisés se mantenía en el monte Sinaí, Ex. 24.14. Según la tradición judía, era él el marido de María. // 2. Abuelo de Bezaleel, jefe de los artífices en la construcción del templo, Ex. 31.2. Él es el mismo, tal vez, en el número 1. // 3. Uno de los cinco reyes de los madianitas muertos, junto con Balaam, Nm. 31.8. // 4. Padre de uno de los doce intendentes, que abastecían al rey Salomón, 1 R. 4.8. // 5. Padre de Refaías, uno que trabajó en la reedificación de los muros de Jerusalén, Neh. 3.9.

HURACÁN: Viento muy fuerte y tempestuoso. // Dio contra la nave un viento huracanado llamado Euroclidón, Hechos 27.14. Luego pasará como el **h**, Hab. 1.11. Véase **Torbellino, Remolino.**

HURAI, hb. **Tejedor:** Uno de los valientes de David, 1 Cr. 11.32.

HURI, hb. **Tejedor:** Un gadita, 1 Cr. 5.14.

HURTAR: Apoderarse de (cosa ajena) contra la voluntad del dueño. // Raquel hurtó los ídolos, Gn. 31.19. No hurtarás, Ex. 20.15; Dt. 5.19. Los habían hurtado de la plaza, 2 S. 21.12. No hurtarás, Mt. 19.18; Mr. 10.19; Ro. 13.9. Predicas que no se ha de **h,** hurtas, Ro. 2.21. El que hurtaba, no hurte más, Ef. 4.28. Véase **Robar.**

HUSAI, hb. **Apresurándose:** Uno de los amigos de David contra los consejos de Ahitofel, 2 S. 17.7.

HUSAM, hb. **Colérico:** Un rey de Edom, Gn. 36.34.

HUSIM, hb. **Rico de hijos:** 1. Uno de los hijos de Dan, Gn. 46.23. // 2. Un hijo de Aher, 1 Cr. 7.12. // 3. Una de las mujeres de Saaraim, 1 Cr. 8.8.

HUSO: Instrumento manual de forma cilíndrica que sirve para hilar y devanar. // Extiende las manos al **h**, Pr. 31.19.

Israel era, antes de la primera Guerra Mundial, una parte del imperio Otomano; de 1923 a 1948 un mandato británico; desde 1948, hasta hoy, una república.

I

IBDAS, hb. **Miel:** Un descendiente de Judá, 1 Cr. 4.3.

IBHAR, hb. **Él (Dios) elige:** Uno de los hijos de David, 1 Cr. 3.6.

IBIS: Ave zancuda ciconiforme. // En la lista de las aves inmundas, Lv. 11.17. Véase **Ave.**

IBLEAM, hb. **El pueblo falla:** Una ciudad de Manasés, Jos. 17.11. Esa tribu no logró expulsar a los habitantes de Ibleam, Jue. 1.27. Véase mapa 4, B-1.

IBNEÍAS, hb. **Jehová edifica:** Un hijo de Jeroham, 1 Cr. 9.8.

IBNÍAS, hb. **Jehová edifica:** Padre de Reuel, 1 Cr. 9.8.

IBRI, hb. **Hebreo:** Un hijo de Merari, 1 Cr. 24.27.

IBZÁN, hb. **Ilustre:** El décimo juez de Israel. Tenía treinta hijos y treinta hijas, Jue. 12.8. Nació y fue sepultado en Belén, Jue. 12.10. Juzgó a Israel siete años, Jue. 12.9.

ICABOD, hb. **Se fue la gloria:** Hijo de Finees, nieto de Elí, el sumo sacerdote. Su madre, en ocasión de su nacimiento, le dio este nombre, al saber de la pérdida del arca, de la muerte de su suegro y también de la muerte de su marido, en el combate con los filisteos, 1 S. 4.19-22. Mencionado después en 1 S. 14.3.

ICONIO: Capital da Licaonia, un distrito de Asia Menor. Visitada por el apóstol Pablo en sus primeros dos viajes misioneros, Hch. 14.1; 16.2. Sus sufrimientos allí, 2 Ti. 3.11. Véase mapa 6, **F**-2.

IDALA: Una ciudad de Zabulón, Jos. 19.15.

IDDO: 1. Padre de Ahinabad, un oficial de Salomón, 1 R. 4.14. // 2. Hijo de Joa, 1 Cr. 6.21. // 3. Hijo de Zacarías y jefe sobre la media tribu de Manasés, 1 Cr. 27.21. // 4. Un vidente y profeta, 2 Cr. 9.29; 13.22. // 5. Jefe en Casifia, Esd. 8.17. // 6. Uno de los sacerdotes que vinieron a Jerusalén desde Babilonia, Neh. 12.4. // 7. Abuelo de Zacarías, Zac. 1.1.

IDEA: Noción, conocimiento; intención de hacer algo. // Consuela acerca de ti con la **i** de matarte, Gn. 27.42.

IDEAR: Hacer planes. // Será atrapado en los artificios que ha ideado, Sal. 10.2. Mientras consultan juntos contra mí e idean quitarme la vida, Sal. 31.13. ¿Que desde los días de la antigüedad lo tengo ideado? Is. 37.26. Mas entendiendo David que Saúl ideaba el mal contra él, 1 S. 23.9. ¿Que desde los días de la antigüedad lo tengo ideado?, 2 R. 19.25. Había ideado contra los judíos un plan para destruirlos, Est. 9.24.

IDÓLATRA: Que adora los ídolos. // Y quitó a los sacerdotes **h**, 2 R. 23.5. Ni los **i**, ni los adúlteros, 1 Co. 6.9, 10. No os hagáis **i**, 1 Co. 10.7. O avaro, que es **i**, tiene herencia, Ef. 5.5. Los **i** y todos los mentirosos tendrán su parte en el lago que arde con fuego y azufre, Ap. 21.8.

IDOLATRÍA: Adoración de los ídolos. // Y como ídolos e **i** la obstinación, 1 S. 15.23. Viendo la ciudad entregada a la **i**, Hch. 17.16. Huid de la **i**. 1 Co. 10.14. **I**, hechicerías, enemistades, pleitos, celos, iras, Gá. 5.20. Y avaricia, que es **i**, Col. 3.5. Disipación y abominables **i**, 1 P. 4.3.

ÍDOLO: Figura que representa una divinidad o cualquier ser o cosa y es objetivo de culto. // Raquel hurtó los **í**, Gn. 31.19. No os volveréis a los **í**, Lv. 19.4. **Í** abominable de Moab, 1 R. 11.7. Los dioses de los pueblos son **í**, 1 Cr. 16.26; Sal. 96.5. Los **í** de ellos son plata y oro, Sal. 115.4; 135.15. Se aparten de las contaminaciones de los **í**, Hch. 15.20. Se abstengan de lo sacrificado a los **í**, Hch. 21.25. Os convertisteis de los **í** a Dios, 1 Ts. 1.9. Hijitos, guardaos de los **í**, 1 Jn. 5.21. // **Comida sacrificada a los ídolos:** Hch. 15.20; Ro. 14.15-21; 1 Co. 8.; 10.25, 33. // **La vanidad de los ídolos:** Sal. 96.5; 135.15-18; Is. 2.8; 1 Co. 10.19. Véase **Dios, Divinidad, Imagen.**

IDÓNEO: Apto, capaz. // Le haré ayuda **i**, Gn. 2.18. E **i** para estar en el palacio del rey, Dn. 1.4.

IDUMEA: Mr. 3.8. La forma griega de Edom, país que se extendía desde el Mar Muerto hasta el Mar Rojo. Véase mapa 5, B-2; mapa 6, F-4.

IFDAÍAS, hb. **Jehová libra:** Un descendiente de Benjamín, 1 Cr. 8.25.

IGAL, hb. **Él vengará:** 1. Uno de los valientes de David, 2 S. 23.36. // 2. Descendiente de Zorobabel, 1 Cr. 3.22. // 3. Uno de los espías, de la tribu de Isacar, Nm. 13.7.

IGLESIA: La congregación, en las Escrituras, que reconoce al Señor Jesucristo como Supremo Legislador.// Conjunto de los fieles vinculados por la misma fe y sujetos a los mismos jefes espirituales. // Y sobre esta roca edificaré mi **i**, Mt. 16.18. Si no los oyere a ellos, dilo a la **i**, Mt. 18.17. Y vino gran temor sobre toda la **i**, Hch. 5.11. Y Saulo asolaba la **i**, Hch. 8.3. Pero la **i** hacía sin cesar oración a Dios por él, Hch. 12.5. Así que las **i** eran confirmadas en la fe, Hch. 16.5. Para apacentar la **i** del Señor, Hch. 20.28. Esto ordeno en todas las **i**, 1 Co. 7.17. Y si no hay intérprete, calle en la **i**, 1 Co. 14.28. Así que, como la **i** está sujeta a Cristo, Ef. 5.24. Él es la cabeza del cuerpo que es la **i**, Col. 1.18. Las siete **i**, Ap. 1.4, 11,20; 2.1, 8,12, 18; 3.1, 7,14. Véase **Asamblea, Congregación. El principio de la Iglesia,** Mt. 16.18; Hch. 2.37-41; Col. 1.18. **La organización general de la Iglesia,** Mt. 18.17; Hch. 14.23; 1 Co. 4.17; 5.4; 12.28; 1 Ti. 2.; 5.1-21; Tit. 2.1-10. **Persecución a la Iglesia,** Hch. 8.3; 12.1; 26.10, 11; Gá. 1.13; Fil. 3.6. **La Iglesia clasificada como:** amigos de Dios, Stg. 2.23; redil, Jn. 10.16; congregación de los santos, Sal. 149.1; He. 10.25; columna y baluarte de la verdad, 1 Ti. 3.15; candelero, Ap. 1.20; casa de Dios, 1 Ti. 3.15; ciudad de Dios, He. 12.22; conciudadanos, Ef. 2.19; cuerpo de Cristo, Ef. 1.23; cristianos, 1 P. 4.16; edificio de Dios, 1 Co. 3.9; exclusiva de Dios, 1 P. 2.9; familia de Dios, Ef. 3.15; morada de Dios, Ef. 2.22; moradora de Sion, Is. 12.6; imagen de Su Hijo, Ro. 8,29; hermanos, Ro. 8.29; Israel de Dios, Gá. 6.16; Jerusalén de arriba, Gá. 4.26; labranza de Dios, 1 Co. 3.9; miembros de Cristo, Ef. 5.30; monte Sion, He. 12.22; nación santa, 1 P. 2.9; esposa, Ap. 21.2; especial tesoro, Mal. 3.17; pueblo de propiedad exclusiva de Dios, 1 P. 2.9; primicias, Stg. 1.18; primogénitos, He. 12.23; pámpanos, Jn. 15.5; linaje escogido, 1 P. 2.9; rebaño, Jn. 10.16; Hch. 20.28; reino de los cielos, Mt. 13.38; santa ciudad Jerusalén, Ap. 21.10; templo de Dios, 1 Co. 3.16; Sion, Sal. 69.35.

IGNOMINIA: Gran deshonra. // Sean vestidos de **i**, Sal. 109.29. Mas los necios llevarán **i**, Pr. 3.35. Pusiste los altares de **i**, Jer. 11.13. Y se manifestará tu **i**, Jer. 13.26.

IGNORANCIA: Falta de saber. // El yerro que cometió por **i**, Lv. 5.18; Lc. 23.34; Hch. 3.17; 1 Ti. 1.13. Habiendo pasado por alto los tiempos de esta **i**, Hch. 17.30. Ajenos de la vida de Dios por la **i** que en ellos hay, Ef. 4.18. Deseos que antes teníais estando en vuestra **i**, 1 P. 1.14. Hagáis callar la **i** de los hombres insensatos, 1 P. 2.15.

IGNORANTE: Que tiene poca o ninguna instrucción. // Así pagáis a Jehová, Pueblo loco e **i**, Dt. 32.6. Porque el desvío de los **i** los matará, Pr. 1.32. Sus atalayas son ciegos, todos ellos **i,** Is. 56.10. Son hijos **i** y no son entendidos, Jer. 4.22. Hágase **i**, para que llegue a ser sabio, 1 Co. 3.18. Paciente con los **i** y extraviados, He. 5.2. Véase **Estulto, Estúpido, Iletrado.**

IGNORAR: No saber. // Gente cuya lengua ignorarás, Jer. 5.15. ¿No erráis por esto, porque ignoráis las Escrituras, y el poder de Dios? Mr. 12.24. ¿Acaso ignoráis, hermanos? (pues hablo con los que conocen la ley), Ro. 7.1. O ignoráis que vuestro cuerpo es templo del Espíritu Santo, 1 Co. 6.19. Véase **Desconocer.**

IGUAL: Que es de la misma condición. // Todas las cortinas eran de **i** medida... Ex. 36.9. Él era de lo mismo, de **i** labor, Ex. 39.5. Haciéndose **i** a Dios, Jn. 5.18. Otro juzga iguales todos los días, Ro. 14.5. No estimó el ser **i** a Dios, Fil. 2.6. Véase **Semejante.**

IGUALAR: Hacer a una persona o cosa igual a otra u otras. // El oro no se le igualará, Job 28.17. No se igualará con ella topacio de Etiopía, Job 28.19. Mt. 20.12. Véase **Comparar.**

IGUALDAD: Uniformidad. // Haya **i**, 2 Co. 8.13, 14.

IGUALMENTE: Con igualdad. // **I** el que maldijere a su padre o a su madre, Ex. 21.17.

IIM, hb. **Ruinas:** Una ciudad de Judá, Jos. 15.29.

IJE-ABARIM, hb. **Ruinas de Abarim:** Un lugar en el término de Moab, Nm. 33.44. Véase mapa 5, C-2.

IJÓN, hb. **Ruina:** Una ciudad de Neftalí. Conquistada por Ben-adad, rey de Siria, 1 R. 15.20. Tiglat-pileser llevó sus habitantes. Véase mapa 2, D-2.

ILAI, hb. **Supremo:** Uno de los valientes de David, 1 Cr. 11.29.

ILÍRICO: Ro. 15.19. Provincia romana, situada en la costa oriental del mar Adriático, separando Grecia de Italia. Véase mapa 6, C-1.

ILUMINAR: Derramar luz sobre. Aclarar, hacer claro. // Y para iluminarlo con la luz de los vivientes, Job 33.30. Sabiduría del hombre ilumina, Ec. 8.1. Una vez fueron iluminados, He. 6.4. Después de haber sido iluminados, He. 10.32. La gloria de Dios la ilumina, Ap. 21.23. Véase **Alumbrar.**

ILUSTRE: Famoso, noble. // Jabes fue más ilustre que sus hermanos, 1 Cr. 4.9. Y tú seas **i** en Efrata, Rt. 4.11. Es **i** en tu casa, 1 S. 22.14.

IMAGEN DEL BOSQUE: Véase **Poste-Ídolo.**

IMAGEN: Representación de algo por diseño, pintura, escultura, etc. // Hagamos al hombre a nuestra **i**, Gn. 1.26; 9.6; 1 Co. 11.7; 15.49; 2 Co. 3.18; Col. 3.10; Stg. 3.9. No te harás **i**, Ex. 20.4; Jue. 17.3; Sal. 97.7; Jer. 8.19. **I** de figura alguna, Dt. 4.16; Is. 48.5. Una **i** de talla... en la casa de Micaía, Jue. 17.4. Se postraron ante una **i** de fundición, Sal. 106.19. Quién fundió una **i** que para nada es de provecho, Is. 44.10. Estaba la habitación de la **i** del celo, Ez. 8.3. Tú, oh rey, veías, y he aquí una gran **i**, Dn. 2.31. La **i** venida de Júpiter, Hch. 19.35. Gloria del Dios incorruptible en... **i** del hombre, Ro. 1.23. Conformes a la **i** de su hijo, Ro. 8.29. La gloria de Cristo, el cual es la **i** de Dios, 2 Co. 4.4; Col. 1.15; He. 1.3. **I** de la bestia, Ap. 13.14; 13.15; 14.9; 15.2; 16.2; 19.20; 20.4. Véase **Dios, Figura, Ídolo.**

IMAGINACIÓN: Facultad de inventar, de crear. // Como un muro alto en su **i**, Pr.18.11. Fueron tras la **i** de su corazón, Jer. 9.14. Véase **Designio.**

IMAGINAR: Representar algo en el espíritu. // Imaginándose que traía buenas nuevas, 2 S. 4.10. Ni su corazón lo imaginará, Is. 10.7. El que imaginó mal contra Jehová, Nah. 1.11. Si alguno se imagina que sabe algo, 1 Co. 8.2.

IMER, hb. **Locuaz:** 1. Un sacerdote en el tiempo de David, 1 Cr. 24.14. 2. Un sacerdote en el tiempo de Jeremías, Jer. 20.1. // 3. Uno de los que vinieron de Babilonia con Zorobabel, Esd. 2.37.

IMITADOR: Que se inclina a imitar. // Sed **i** de mí, así como yo de Cristo, 1 Co. 11.1. Sed, pues, **i** de Dios como hijos amados, Ef. 5.1. Hermanos, sed **i** de mí, Fil. 3.17. Y vosotros vinisteis a ser **i** de nosotros, 1 Ts. 1.6. Vinisteis a ser **i** de las iglesias, 1 Ts. 2.14. Sino **i** de aquellos que por la fe, He. 6.12.

IMITAR: Tomar como modelo. // Os ruego que me imitéis, 1 Co. 4.16. Qué manera debéis imitarnos, 2 Ts. 3.7. Un ejemplo para que nos imitaseis, 2 Ts. 3.9

IMLA, hb. **Dios llenó:** Padre del profeta Micaías, 1 R. 22.8.

IMNA, hb. **Felicidad:** 1. Hijo primogénito de Aser, Gn. 46.17. // 2. Descendiente de Aser, 1 Cr. 7.35. // 3. Un levita, padre de Coré, 2 Cr. 31.14.

IMNITAS: Descendientes de Imna, Nm. 26.44.

IMPACIENTAR: Perder la paciencia. // No te impacientes, Sal. 37.8.

IMPACIENTE: Que desea con inquietación. // Mas el que es **i** de espíritu enaltece la necedad, Pr. 14.29.

IMPEDIMENTO: Obstáculo. // Predicando... sin **i**, Hch. 28.31. Véase **Dificultad.**

IMPEDIR: Oponerse a. // Ni te impedirá que entierres tu muerta, Gn. 23.6. Y no descubrieron tu pecado para **i**, Lm. 2.14. No se me impedirá esta mi gloria, 2 Co. 11.10.

IMPERIO: Mando, autoridad. Poder soberano. Estado que tiene por soberano un emperador. // Lo dilatado de su **i** y la paz, Is. 9.7. Del **i** de Tiberio César, Lc. 3.1. Al único Dios... majestad, **i**, Jud. 25.

ÍMPETU: Impulso violento y rápido. // Con él acometieron con **i**, Jue. 9.44. El río dio con **i**, Lc. 6.48. Con el mismo **i** será derribada Babilonia, Ap. 18.21.

IMPETUOSO: Que se mueve con movimiento rápido y violento. // **I** como el agua, Gn. 49.4. Cruel es la ira, e **i** el furor, Pr. 27.4. Como **i** de recias aguas, Is. 28.2.

IMPÍAMENTE: De modo impío. // Obras impías que han hecho **i**, Jud. 15.

IMPIEDAD: Desprecio por las cosas sagradas. // Porque la ira de Dios se revela desde el cielo contra toda **i**, Ro. 1.18. Apartará de Jacob la **i**, Ro. 11.26. Conducirán más y más a la **i**, 2 Ti. 2.16. Renunciando a la impiedad y a los deseos mundanos, Tit. 2.12.

IMPÍO: Que no tiene religión. // ¿Destruirás al justo con el **i**? Gn. 18.23. Y Dios está airado contra el **impío** todos los días, Sal. 7.11. He aquí, el **i** concibió maldad, Sal. 7.14. Y con los **i** nunca me senté, Sal. 26.5. Cuando brotan los **i** como la hierba, Sal. 92.7. Cree en aquel que justifica al **i**, Ro. 4.5. A su tiempo murió por los **i**, Ro. 5.6. ¿En dónde aparecerá el **i** y el pecador?, 1 P. 4.18. La perdición de los hombres **i**, 2 P. 3.7. Hombres **i**, que convierten en libertinaje la gracia, Jud. 4. Dejar convictos a todos los **i**, Jud. 15. Duras que los pecadores **impío**s, Jud. 15. Véase **Perverso.**

IMPLACABLE: Cuya violencia no se ablanda. // Sin afecto natural, **i**, calumniadores, 2 Ti. 3.3.

IMPLANTAR: Introducir, fijar. // La palabra implantada, Stg. 1.21.

IMPLORAR: Pedir humildemente. // Después salió para **i** al rey, 2 R. 8.3. Implorarán tu favor los ricos del pueblo, Sal. 45.12. A **i** el favor de Jehová, Zac. 7.2. No hemos implorado el favor de Jehová, Dn. 9.13. Véase **Invocar, Orar, Pedir, Rogar, Suplicar.**

IMPORTANTE: Que merece consideración. // Y había allí una mujer **i**, 2 R. 4.8.

IMPORTAR: Dar importancia, hacer caso. // Que nada te importan tus príncipes, 2 S. 19.6. Sin importarle el sonido de la trompeta, Job 39.24. ¿Qué nos importa a nosotros? Mt. 27.4. No le importan las ovejas**,** Jn. 10.13.

IMPORTUNAR: Enfadar con súplicas repetidas. // Presionándole ella cada día con sus palabras e importunándole, Jue. 16.16. Como Absalón le importunaba, 2 S. 13.27. Mas ellos le importunaron, 2 R. 2.17.

IMPORTUNIDAD: Acto de importunar. // Sin embargo por su **i** se levantará **i**, Lc. 11.8.

IMPOSIBLE: Que no puede realizarse. // Nada os será **i**, Mt. 17.20. Para los hombres esto es **i**, Mt. 19.26. Porque nada hay **i** para Dios, Lc. 1.37. Por cuanto era **i** que fuese retenido por ella, Hch. 2.24. Porque es **i** que los que una vez fueron iluminados, He. 6.4. En las cuales es **i** que Dios mienta, He. 6.18. Sin fe es **i** agradar a Dios, He. 11.6.

IMPOSICIÓN DE MANOS: Nm. 8.10; Mt. 19.13; Mr. 6.5; 16.18; Hch. 6.6; 8.18; 9.17;13.3; 19.6; 1 Ti. 4.14; 2 Ti. 1.6; He. 6.2.

IMPRECACIÓN: Maldición. // Pues oye la **i** y no dice nada, Pr. 29.24.

IMPRIMIR: Fijar (marca, señal) por medio de la prensa. // Ni imprimiréis en vosotros señal alguna, Lv.19.28.

IMPÚDICO: Imprudente. Descarado, falto de pudor. **//** Que comiendo **i** con vosotros se apacientan a sí mismos, Jud. 12.

IMPUESTO: Tributo, contribución. // Cada israelita, de veinte años hacia arriba, tenía que pagar un impuesto de "medio siclo, conforme al siclo del santuario", Ex. 30.11-16. Véase "el impuesto de las dos dracmas", Mt. 17.24. Se sustentaban a los sacerdotes y el tabernáculo, en el tiempo de los jueces, de diezmos, de ofrendas y de tierras a la disposición permanente de los levitas. Después del establecimiento del reino, los ejércitos, el mantenimiento de la corte, etc., eran sustentados con rentas públicas, en la forma de impuestos sobre los productos de los campos y de los rebaños, 1 R. 4.7-28; en la forma de ofrendas, 1 S. 10.27; 16.20; de tributos que pagaban los pueblos vencidos, 2 S. 8.6, 14; de servicios manuales de los cananeos que permanecían en medio de Israel, 1 R. 9.20, 21. El pueblo se sentía oprimido por los impuestos, durante el reinado de Salomón, hasta el punto de causar la división del reino, 1 R. 12.4-20. Los cristianos pagan "Pagad a todos lo que debéis: al que tributo, tributo; al que impuesto, impuesto", Ro. 13.7. Véa**se Dinero, Tributo.**

IMPUNE: Que quedó sin castigo. // No quedará **i** ninguno que la tocare, Pr. 6.29. Ciertamente no quedará **i**, Pr. 16.5.

IMPUREZA: Mácula moral. // Así apartaréis de sus **i** a los hijos de Israel, Lv. 15.31. Será inmundo, como la **i** de su costumbre, Lv. 15.26. Por razón de alguna **i** acontecida, Dt. 23.10. Cometer con avidez toda clase de **i**, Ef. 4.19. Haced morir, pues, lo terrenal en vosotros: fornicación, **i**, Col. 3.5. Porque nuestra exhortación no procedió de error ni de **i**, 1 Ts. 4.7. Véase **inmundicia.**

IMPURO: Todo el tiempo que la llaga estuviere en él, será inmundo; estará **i**, Lv. 13.46. Véase **Inmundo.**

IMRA, hb. **Porfiado:** Un descendiente de Aser, 1 Cr. 7.36.

IMRI, hb. **Elocuente:** Un habitante de Jerusalén después del cautiverio, 1 Cr. 9.4.

INACCESIBLE: Que no ofrece condiciones de que uno se acerque o entre. // Que habita en luz **i**, 1 Ti. 6.16.

INCENSARIO: Vaso destinado a quemar incienso, Nm. 16.6. Los incensarios de Nadab y Abiú, Lv. 10.1. Los 250 incensarios en la rebelión de Coré, Datán y Abirán, Nm. 16.17, 37. Los incensarios del tabernáculo, de bronce, Ex. 27.3. Los del templo, de oro,

2 Cr. 4.22. Incensario de oro, Ap. 8.3.

INCESTO: Unión sexual ilícita entre parientes cercanos. // Véase Gn. 19.33; 35.22; Lv. 18.17; 20.14; 2 S. 13.14; 16.22; Mt. 14.3; 1 Co. 5.1.

INCIENSO: Resina aromática que se quemaba en la antigua dispensación. // El altar del incienso, Ex. 30.1-10. Prohibido ofrecer incienso extraño, Ex. 30.9. Usado en cultos idólatras, 2 Cr. 34.25; Jer. 11.12; 48.35. Quemado en incensarios, Lv. 2.1, 2; 16.12, 13. Puesto sobre los panes en la mesa del Señor, Lv. 24.7, 8. Los ingredientes del incienso sagrado: estacte y uña aromática y gálbano, Ex. 30.34. Importado de Sabá, Is. 60.6; Jer. 6.20. Ofrecido al niño Jesús, por los sabios, Mt. 2.11. Cabía solamente a los sacerdotes quemar incienso delante del Señor, 2 Cr. 26.18. Josías derribó todos los altares de incienso, 2 Cr. 34.7. Oración sube como incienso, Sal. 141.2. Perfumado de mirra e incienso, Cnt. 3.6. El incienso se vuelve abominación, Is. 1.13. Zacarías quemaba incienso, Lc. 1.9. Copas de oro llenas de incienso, Ap. 5.8. Mucho incienso ofrecido en el altar ante el trono de Dios, Ap. 8.3, 4.

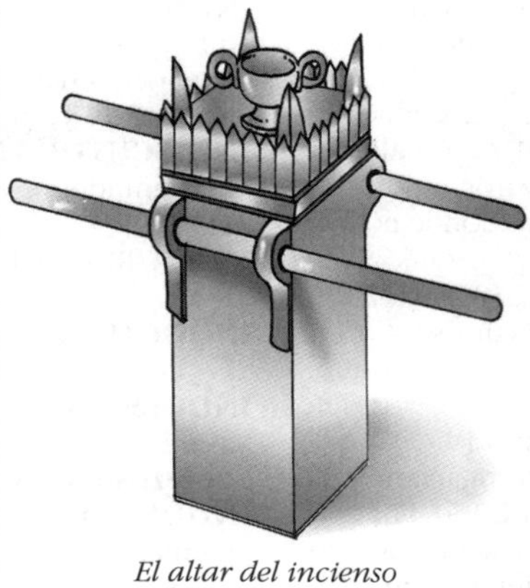

El altar del incienso

INCIERTO: Que no está fijado, determinado. // Y si la trompeta diere sonido **i**, 1 Co. 14.8.

INCIRCUNCISIÓN: Que no es de la fe de los judíos. // Tu circuncisión viene a ser **i**, Ro. 2.25. Será tenida su **i** como circuncisión, Ro. 2.26. La **i** nada es, 1 Co. 7.19. El evangelio de la **i**, Gá. 2.7. Ni la circuncisión vale algo, Gá. 5.6; 6.15. Erais llamados **i**, Ef. 2.11. En la **i** de vuestra carne, Col. 2.13. Donde no hay griego ni judío, circuncisión ni **i**, Col. 3.11.

INCIRCUNCISO: Que no fue circuncidado. Que no es judío. // Pero ningún **i** comerá de ella, Ex. 12.48. De los filisteos **i**, Jue. 14.3. Duros de cerviz, e **i** de corazón, Hch. 7.51. Casa de hombres **I**, Hch. 11.3. Y el que físicamente es **i**, Ro. 2.27. Estando aún **i**, Ro. 4.11.

INCITAR: Instigar, estimular, inducir. // Si te incitare tu hermano: Dt. 13.6. Si Jehová te incita contra mí, 1 S. 26.19. Jezabel su mujer lo incitaba, 1 R. 21.25. Mas los principales sacerdotes incitaron a la multitud, Mr. 15.11. E incitó a David a que hiciese censo de Israel, 1 Cr. 21.1. Véase **Estimular, Excitar.**

INCLINAR: Reclinar, doblar. // El hombre entonces se inclinó, y adoró, Gn. 24.26. Estaban alrededor y se inclinaban, Gn. 37.7. Y vino Lea con sus niños, y se inclinaron, Gn. 33.7. Cuando alguno se acercaba para inclinarse, 2 S. 15.5. Porque ciertamente harán **i**, 1 R. 11.2. Y respondió Siba inclinándose, 2 S. 16.4. Alabaron con gran alegría, y se inclinaron y adoraron, 1 Cr. 29.30. Y se inclinó a mí, y oyó mi clamor, Sal. 40.1. Ni te inclinarás a dios extraño, Sal. 81.9. Porque ha inclinado a mí su oído, Sal. 116.2. Inclina mi corazón, Sal. 119.36. Pero Jesús, inclinado hacia el suelo, Jn. 8.6. Véase **Postrar.**

INCONMOVIBLE: Que no se puede alterar. // Para que queden las **i**, He. 12.27. Así que, recibiendo nosotros un reino **i**, He. 12.28. Véase **Firme.**

INCONSTANTE: Inestable, incierto, variable. // Cuán **i** es tu corazón, dice Jehová el Señor, Ez. 16.30. El hombre... **i** en todos sus caminos, Stg. 1.8.

INCONTAMINADO: Puro. // Para una herencia incorruptible, **i**, 1 P. 1.4.

INCONTINENCIA: Falta de castidad. // Véase Hch. 15.20; 1 Co. 7.5; 2 Ti. 3.3. Véase **Libertinaje, Lascivia, Lujuria.**

INCORPORAR: Reclinar el cuerpo que estaba echado. // Entonces se incorporó el que había muerto, Lc. 7.15. Y ella abrió los ojos, y al ver a Pedro, se incorporó, Hechos 9.40.

INCORRUPCIÓN: Cualidad o estado incorruptible, que no puede deteriorarse, 1 Co. 15.42, 50.

INCORRUPTIBLE: Que no es corruptible. // Dios **i**, Ro. 1.23. Corona corruptible, pero nosotros, una **i**, 1 Co. 9.25. Los muertos resucitarán **i**, 1 Co. 15.52. Herencia **i**, 1 P. 1.4. No de simiente corruptible, sino de **i**, 1 P. 1.23. En el **i** ornato, 1 P. 3.4.

INCREDULIDAD: Falta de fe. // No... muchos milagros a causa de la **incredulidad** de ellos, Mt. 13.58. Y estaba asombrado de la **i** de ellos, Mr. 6.6. ¿Su **i** habrá hecho nula la fidelidad de Dios?, Ro. 3.3. Tampoco dudó, por **i**, de la promesa de Dios, Ro. 4.20. Bien; por su **i** fueron desgajadas, Ro. 11.20. Porque lo hice por ignorancia, en **i**, 1 Ti. 1.13. Corazón malo de **i** para apartarse del Dios vivo, He. 3.12.

INCRÉDULO: Que no cree. // Y no seas **i,** sino creyente, Jn. 20.27. Ha negado la fe, y es peor que un **i**, 1 Ti. 5.8. Los corrompidos e **i** nada le es puro, Tit. 1.15.

INCREÍBLE: Que se no puede creer. // ¿Se juzga entre vosotros cosa **i** que Dios resucite a los muertos?, Hch. 26.8.

INCULPAR: Declarar como perteneciente a alguien la responsabilidad de (cualquier acto). // Bienaventurado el varón a quien el Señor no inculpa, Ro. 4.8. Pero donde no hay ley no se inculpa, Ro. 5.13. ¿Por qué, pues, inculpa? Ro. 9.19. Véase Lv. 7.18; Sal. 32.2.

INCURABLE: Que no puede curarse. // Con una enfermedad **i**, 2 Cr. 21.18. **I** es tu quebrantamiento, Jer. 30.12. **I** es tu dolor, Jer. 30.15. Tu herida es **i**, Nahúm 3.19.

INDAGACIÓN: Pesquisa, investigación. // El quebrantará a los fuertes sin **i**, Job 34.24.

INDAGAR: Tratar de saber. Como que queréis **i** alguna, Hch. 23.15. Diligentemente indagaron acerca de esta salvación, 1 P. 1.10. Véase **Interrogar, Preguntar.**

INDECIBLE: Que no puede expresarse por palabras. // El Espíritu mismo intercede por nosotros con gemidos **i**, Ro. 8.26. Véase **Inefable.**

INDEFECTIBLEMENTE: Que no se puede evitar. // El adúltero y la adúltera **i** serán muertos, Lv. 20.10**.** Morirán **i**; su sangre será sobre ellos, Lv. 20.16**. I** ha de ser muerta, Lv. 27.29**.** Porque está condenado a muerte; **i** morirá. Nm. 35.31**. I** diezmarás todo el producto del grano que rindiere tu campo cada año, Dt. 14:22.

INDIA: La tierra mencionada como marca de la frontera oriental del rey Asuero, Est. 1.1; 8.9. No se refiere a toda la India, como es conocida actualmente, sino sólo al valle del río Indo. Proveía para Palestina, marfil, ébano, mirra destilada y caña aromática, etc., Ez. 27.15, 19. Véase mapa 1, **G**-4.

INDICAR: Dar a conocer. // Qué tiempo indicaba el Espíritu de Cristo que estaba en ellos, 1 P. 1.11.

INDICIO: Seña. // **I** de perdición, Fil. 1.28.

INDIGENTE: Muy pobre. // Porque dio de su pan al **i**. Véase **Mendigo, Necesitado, Pobre.**

INDIGNACIÓN: Gran enfado que produce algo o alguien. // En la indignación de mi espíritu, Ez. 3.14.

INDIGNADO: Enfadado, irritado. // Jehová está airado contra todas las naciones, e **i**, Is. 34.2. Y pueblo contra el cual Jehová está **i** para siempre, Mal. 1.4. Véase **Furor, Ira, Odio.**

INDIGNAMENTE: De modo indigno. // Bebiere esta copa del Señor **i**, 1 Co. 11.27.

INDIGNAR: Provocar la indignación. // No te indignarías contra nosotros, Esd. 9.14. Hosanna al Hijo de David! se indignaron, Mt. 21.15.

INDIGNO: Que no es merecedor de aquello que se expresa. // ¿Sois **i** de juzgar cosas muy pequeñas? 1 Co. 6.2. ¿A quién se le hace tropezar, y yo no me **i**? 2 Co. 11.29.

INDISCUTIBLEMENTE: Sin discusión. // E **i,** grande es el misterio de la piedad, 1 Ti. 3.16.

INDO: Río de la India. // Véase mapa 1, **F**-4.

INDOCTO: Que tiene poco saber. // Y entran **i** o incrédulos, 1 Co. 14.23.

INDOLENTE: Perezoso, vago. // El **i** ni aun asará lo que ha cazado, Pr. 12.27. Véase **Perezoso, Ocioso.**

INDOLENTEMENTE: Con pereza, disolutamente. // Maldito el que hiciere **i** la obra de Jehová, Jeremías 48.10.

INDÓMITO: Difícil de sujetar o reprimir. // Como novilla **i** se apartó Israel, Os. 4.16. Me azotaste, y fui castigado como novillo **i**, Jeremías 31.18.

INDUBITABLE: Indiscutible. // Con muchas pruebas **i**, Hch. 1.3.

INDUCIR: Arrastrar, hacer caer en. Causar. // ¿Quién **inducir**á a Acab, para que suba, 1 R. 22.10. Tú le inducirás, y lo lograrás, 2 Cr. 18.21.

INDULGENTE: Benévolo, clemente, comprensivo. // Ser **i** con vosotros, 2 Co. 1.23.

INEFABLE: Que no puede expresarse por medio de palabras. // Gracias a Dios por su don **i**, 2 Co. 9.15. Arrebatado... y oyó palabras **i**, 2 Co. 12.4. Véase **Indecible.**

INEFICACIA: Falta de eficacia. // A causa de su debilidad e **i**, He. 7.18.

INESCRUTABLE: Que no puede ser investigado. // El cual hace cosas grandes e **i**, Job 5.9. Véase **Insondable.**

INEXCUSABLE: Que no merece disculpa. // Por lo cual eres **i**, oh hombre, quienquiera que seas tú, Ro. 2.1.

INEXPERTO: Que no tiene mucha práctica. // Todo aquel que participa de la leche es **i** en la palabra, He. 5.13.

INFAMAR: Desacreditar públicamente; calumniar. // Mal nombre con que fuera infamado, Neh. 6.13. Al que... infama a su prójimo, Sal 101.5. Que no se infamase ante los ojos, Ez. 20.9. Que no se infamase a la visita, Ez. 20.14. José su marido... no quería infamarla, Mt. 1.19.

INFAME: Abyecto, vil. // Con mujer ramera o **i** no se casarán, Lv. 21.7. Mas el impío se hace odioso e **i**, Pr. 13.5.

INFAMIA: Acto o defecto de infamar. // Hasta cuándo volveréis mi honra en **i,** Sal. 4.1. Contra el hijo de tu madre ponía **i**, Sal. 50.20. Y me salvará de la **i,** Sal. 57.3. Su **i,** con que te han deshonrado, Sal. 79.12. No sea que...

tu **i** no pueda repararse, Pr. 25.10. Por **i,** por ejemplo, por refrán, Jer. 24.9.

INFERIOR: Que está abajo. Que tiene categoría subordinada a otra. // Del piso **i** se podía subir al de en medio, Ez. 41.7. Se levantará otro reino **i** al tuyo, Dn. 2.39. Vino... **i**, Jn. 2.10. Y pienso que en nada he sido **i**, 2 Co. 11.5.

INFIDELIDAD: Acción infiel, desleal. // Cuando la mujer cometiere **i**, Nm. 5.29. Que en su **i**, 2 Cr. 29.19. Véase **Adulterio.**

INFIEL: Que comete abusos de confianza. // Si la mujer de alguno se descarriare, y le fuere **i**, Nm. 5.12. Y le pondrá con los **i**, Lc. 12.46. . Si fuéremos **i**, él permanece fiel, 2 Ti. 2.13. Véase **Desleal.**

INFIERNO: Lugar destinado al suplicio de las almas de los perdidos. Hay cuatro palabras traducidas **infierno**: **Seol, Hades, Ghenna y Tartaroo.** 1. **Seol,** hb. El mundo de los muertos. // Ligaduras del **S** me rodearon, 2 S. 22.6; Sal. 18.5. Los malos serán trasladados al **S**, Sal. 9.17. Me encontraron las angustias del **S**, Sal. 116.3. Sus pasos la conducen al **S**, Pr. 5.5. Que sus convidados están en lo profundo del **S**, Pr. 9.18. Y librarás su alma del **S**, Pr. 23.14. El **S** y el Abadón nunca se sacian, Pr. 27.20. De la mano del **S** los redimiré, Os. 13.14. 2. **Hades,** gr. Corresponde a **Seol,** hb. El lugar de las almas que se fueron. // Levantada hasta el cielo, hasta el **H**, Mt. 11.23; Lc. 15. Las puertas del **H** no prevalecerán contra ella, Mt. 16.18. Y en el **H** alzó sus ojos, Lc. 16.23. Y tengo las llaves de la muerte y del **H**, Ap. 1.18. Y el **H** le seguía, Ap. 6.8. Y la muerte y el **H** fueron lanzados, Ap. 20.14. 3. **Ghenna,** gr. Valle de Hinom, un valle de Jerusalén, término empleado para designar un lugar de suplicio eterno. Infierno. // Fatuo, quedará expuesto al infierno, Mt. 5.22. No que todo tu cuerpo sea echado al infierno, Mt. 5.29, 30. Destruir el alma y el cuerpo en el infierno, Mt. 10.28. Echado en el infierno de fuego, Mt. 18.9. Dos veces más hijo del infierno, Mt. 23.15. ¿Cómo escaparéis de la condenación del infierno? Mt. 23.33. Tiene poder de echar en el infierno, Lc. 12.5. Ella misma es inflamada por el infierno, Stg. 3.6. 4. **Tartaroo,** gr. Derivado de **tartaros,** el más profundo abismo del hades. **Tartaroo** quiere decir, encarcelar en el suplicio eterno; precipitar al infierno. Arrojándolos al infierno los entregó a prisiones, 2 P. 2.4. Véase **también vergüenza y horror eterno,** Dt. 12.2; **horno de fuego,** Mt. 13.42; fuego eterno, Mt. 25.41; **el castigo eterno,** Mt. 25.46; **perdición eterna,** 2 Ts. 1.9; **el juicio eterno,** He. 6.2; **su fin es ser quemada,** He. 6.8; **en prisiones eternas,** Jud. 6; **fuego eterno,** Jud. 7; **fuego y azufre,** Ap. 14.10; 20.10; 21.8; **el humo de su tormento sube por los siglos de los siglos,** Ap. 14.11; **lago de fuego,** Ap. 19.20; 20.14,15; **la muerte segunda,** Ap. 20.14.

INFINITO: Que no tiene límites. // Véase Sal. 147.5; Nahúm 3.9. Véase He. 4.13.

INFLAMAR: Poner fuego a. Enrojecer, hacer ruborizar, poner como en fuego. // Mi rostro está inflamado, Job 16.16.

INFORMAR: Dar conocimiento de algo. // Podrás informarte de todas estas cosas, Hch. 24.8. Y no **i** de los cargos, Hch. 25.27. Envié para informarme de vuestra fe, 1 Ts. 3.5.

INFORTUNIO: Acontecimiento funesto. // Nunca me alcanzará el **i**, Sal. 10.6. En el día de su **i**, Abd. 1.12.

INFRUCTUOSA: Que no da fruto. // Y se hace **i**, Mt. 13.22. Y no participéis en las obras **i** de las tinieblas, Ef. 5.11. Véase **Estéril.**

INGENUOS: Inocente, candoroso. // Engañan los corazones de los **i**, Ro. 16.18.

INGRATO: Que no corresponde a los beneficios recibidos. // Él es benigno para con los **i** y malos, Lc. 6.35. Porque habrá hombres... **ingrato**s, 2 Ti. 3.2.

INICUO: Que no observa la equidad, la justicia natural. // Ni los **i** le aflijan más, 2 S. 7.10. Deje el impío su camino, y el hombre **i** sus pensamientos, Is. 55.7. Fue contado con los **i**, Lc. 22.37. Matasteis por manos de **i**, Hch. 2.23. Y entonces se manifestará aquel **i**, 2 Ts. 2.8. Arrastrados por el error de los **i**, 2 P. 3.17.

INIQUIDAD: Perversidad. Acto que no observa la equidad // Armas de **i** sus armas, Gn. 49.5. Que visita la **i** de los padres, Ex. 24.7. Llevará sobre sí todas las **i**, Lv. 16.22. No ha notado **i** en Jacob, Nm. 23.21. Que bebe la **i** como el agua, Job 15.16. Y con los que hacen **i**, Sal. 28.3. Jehová no culpa de **i,** Sal. 32.2. Cuando la **i** de mis opresores, Sal. 49.5. No tienen conocimiento todos los que hacen **i**, Sal. 53.4. Porque sobre mí echaron **i**, Sal. 55.3. E **i** y trabajo hay en medio de ella, Sal. 55.10. No recuerdes contra nosotros las **i**, Sal. 79.8. El es quien perdona todas tus **i**, Sal. 103.3. Pues no hacen **i**, Sal. 119.3. Ay de los que traen la **i**, Is. 5.18. Estoy enfermo; al pueblo que more en ella le será perdonada la **i**, Is. 33.24. Y llevará las **i** de ellos, Is. 53.11. Por la **i** de su codicia me enojé, Is. 57.17. Pero vuestras **i** han hecho división, Is. 59.2. Y vuestros dedos de **i**, Is. 59.2. Los pensamientos de **i**, Jer. 4.14. Y a causa de su **i**, Ez. 7.13. Ay de los que en sus camas piensan **i**, Mi. 2.1. Y a los que hacen **i**, Mt. 13.41. Estáis llenos de hipocresía e **i**, Mt. 24.12. Este, pues, con el salario de su **i**,

Hch. 1.18. Cuyas **i** son perdonadas, Ro. 4.7. Miembros... Como instrumentos de **i**, Ro. 6.13. Para **i** presentasteis vuestros miembros, Ro. 6.19. Porque ya está en acción el misterio de la **i**, 2 Ts. 2.7. Y con todo engaño de **i**, 2 Ts. 2.10. Para redimirnos de toda **i**, Tit. 2.14. Y nunca más me acordaré de sus pecados y de sus **i**, He. 8.12. Fue reprendido por su **i**. Véase **Culpa, Pecado, Transgresión.**

INJERTAR: Ro. 11.17. Inserir en una planta una parte de otra planta, a fin de que la primera produzca las flores y los frutos de la segunda.

INJURIA: Ofensa, insulto. // No injuriarás a los jueces, Ex. 22.28. Mas el que no hace caso de la **i**, Pr. 12.16. Y los que pasaban le injuriaban, Mt. 27.39. ¿Al sumo sacerdote de Dios **injurias**? Hch. 23.4. Véase **Acusación, Indignidad, Ofensa.**

INJURIAR: Difamar, deshonrar. // No injuriarás a los jueces, ni maldecirás al príncipe de tu pueblo, Ex. 22.28. Ya me habéis vituperado diez veces; ¿No os avergonzáis de injuriarme? Job 19.3. Le injuriaron, y dijeron: Tú eres su discípulo; pero nosotros, discípulos de Moisés somos, Jn. 9.28. Véase **Acusar, Insultar, Ofender.**

INJUSTAMENTE: De modo injusto. // Hasta cuándo juzgaréis **i**, Sal. 82.2.

INJUSTICIA: Acto contrario a la justicia o al derecho. // No harás **i** en el juicio, Lv. 19.15. Y cualquiera que hace **i**, Dt. 25.16. **I** y robo se oyen en ella, Jer. 6.7. Y los que hacen **i** al extranjero, Mal. 3.5. Por dentro estáis llenos de robo y de **i**, Mas el que hace **i**, recibirá la **i**, Col. 3.25. Sino que se complacieron en la **i**, 2 Ts. 2.12. Porque seré propicio a sus **i**, He. 8.12. Recibiendo el galardón de su **i**, 2 P. 2.13. Toda **i** es pecado, 1 Jn. 5.17.

INJUSTO: Que no observa la justicia. // Hace llover sobre justos e **i**, Mt. 5.45. El que en lo muy poco es **i**, también en lo más es **i**, Lc. 16.10. No soy como los otros hombres, ladrones, **i**, Lc. 18.11. Resurrección, tanto de justos como de **i**, Hch. 24.15. Ir a juicio delante de los **i**, 1 Co. 6.1. Los **i** no heredarán el reino, 1 Co. 6.9. Porque Dios no es **i** para olvidar vuestra obra, He. 6.10. Cristo murió... el justo por los **i**, 1 P. 3.18. Y reservar a los **i** para ser castigados, 2 P. 2.9.

INMACULADA CONCEPCIÓN: No se refiere al nacimiento de Cristo de la virgen, sino a la concepción de la virgen María, exenta del pecado original. El dogma de la inmaculada concepción de María fue promulgado por el papa Pío IX en 1854. Esa doctrina no tiene fundamento en las Escrituras y está contra la tradición de los primeros trece siglos de la Iglesia Católica Romana; la tradición de que solamente Cristo fue concebido sin pecado.

INMARCESIBLE: Que no puede extinguirse. // Herencia **i**, 1 P. 1.4.

INMEDIATAMENTE: En seguida. // Que el reino de Dios se manifestaría **i**, Lc. 19.11.

INMENSO: Que es casi sin límites. // Muy **i** muchedumbre de ganado, Nm. 32.1.

INMOLAR: Sacrificar matando. // Jacob inmoló víctimas en el monte, Gn. 31.54. Lo inmolará toda la congregación, Ex. 12.6. En pie un cordero como inmolado, Ap. 5.6. Véase **Sacrificar.**

INMORTAL: 1 Ti. 1.17. Que no está sujeto a la muerte.

INMORTALIDAD: Vida perpetua. // 1 Co. 15.53,54; 1 Ti. 6.16; 2 Ti. 1.10. Véase **Vida.**

INMÓVIL: Firme. // La proa, hincada, quedó **i**, Hch. 27.41. Véase **Estable, Firme.**

INMUNDICIA: Basura, Impureza. // Tierra inmunda es a causa de la **i**, Esd. 9.11. Cuando el Señor lave las **i** de las hijas de Sion, Is. 4.4. Todas nuestras justicias como trapo de **i**, Is. 64.6. Seréis limpiados de todas vuestras **i**, Ez. 36.25. Llenos de huesos de muertos y de toda **i**, Mt. 23.27. Por lo cual también Dios los entregó a la **i**, Ro. 1.24. No quitando las **i** de la carne, 1 P. 3.21. Lleno de abominaciones y de la **i** de su fornicación, Ap. 17.4. Véase **Impureza.**

INMUNDO: En el antiguo pacto ciertos actos y condiciones acarreaban determinada impureza, volviéndose después necesaria una purificación ceremonial o un sacrificio propio. El estar inmundo podía provenir del parto, Lv. 12.; de la lepra, Lv. 13 y 14.; de ciertas emisiones, Lv. 15.; de contacto con los muertos, Nm. 19.11-22; o con cuerpo de un animal limpio, que muriera de alguna enfermedad, Lv. 11.39, 40; y de ciertos actos en el sacrificio de la vaca alazana, Nm. 19.1-10. Véase **Impuro.** // **Espíritu inmundo:** Mt. 10.1; 12.43; Hch. 5.16; Ap. 16.13.

INMUTABILIDAD: He. 6.17. Cualidad de lo que no está sujeto a cambios.

INMUTABLE: Invariable, He. 6.18; 7.24. Véase Mal. 3.6; He. 13.8.

INNUMERABLE: Que no puede enumerarse o contarse. // E **i** como la arena, He. 11.12.

INOCENCIA: Calidad del que no tiene culpabilidad. // Lavaré en **I** mis manos, Sal. 26.6. Verdaderamente en vano he limpiado mi corazón, Y lavado mis manos en **i**, Sal. 73.13.

INOCENTE: Que nos es culpable. // Porque no dará por **i** Jehová al que tomare su nombre en vano, Ex. 20.7; Dt. 5.11. Sangre **i**, Sal. 106.38; Pr. 6.17; Jer. 2.34; Mt. 27.4, 24. **I** soy yo... de la sangre de Abner, 2 S. 3.28. ¿Qué

Infierno

i se ha perdido? Job 4.7. No condenaríais a los **i**, Mt. 12.7. Porque tal sumo sacerdote nos convenía: santo, **i**, He. 7.26.

INQUIETAR: Poner en agitación. Quitar el sosiego a. // ¿Por qué me has inquietado haciéndome venir? 1 S. 28.15. Tu padre ha dejado ya de inquietarse por las asnas, 1 S. 10.2. Que no se inquiete a los gentiles, Hch. 15.19. A fin de que nadie se inquiete, 1 Ts. 3.3. Véase **Perturbar.**

INQUIRIR: Procurar informaciones sobre. // Tú inquirirás, y buscarás y preguntarás con diligencia, Dt. 13.14. Me volví y fijé mi corazón para saber y examinar e **i**, Ec. 7.25. Como que van a **i** alguna cosa, Hch. 23.20.

INSACIABLE: Que no se harta. // Y esos perros comilones son **i**, Is. 56.11.

INSCRIPCIÓN: Letras o palabras grabadas en piedra, metal u otra materia, etc. // ¿De quién es esta imagen, y la **i**? Mt. 22.20. En la cruz, Mt. 27.37. En un altar Atenas, Hch. 17.23.

INSECTO: Pequeño animal articulado, de seis patas, que respira por tráqueas, y sufre metamorfosis. Citados en las Escrituras, entre otros, los siguientes: La hormiga, Pr. 6.6. El saltón, Jl. 1.4. La mosca, Ec. 10.1. La becerra, Jer. 46.20. El mosquito, Mt. 23.24. El piojo, Ex. 8.16. Pulga, 1 S. 24.14. La polilla, Mt. 6.19. Tábano, Jos. 24.12. La araña (Is. 59.5) y el escorpión (Lc. 11.12) no son propiamente insectos.

INSENSATEZ: Locura. // El se llama Nabal, y la **i** está con él, 1 S. 25.25. Para conocer la maldad de la **i**, Ec. 7.25. Lleno de mal y de **i**, Ec. 9.3. La envidia, la maledicencia, la soberbia, la **i**, Mr. 7.22. Porque la sabiduría de este mundo es **i**, 1 Co. 3.19. Mas no irán más adelante; porque su **i**, 2 Ti. 3.9. Véase **Locura.**

Saltón

INSENSATO: Que perdió el sentido o el juicio. // Los **i** no estarán delante de tus ojos, Sal. 5.5. Los **i** desprecian la sabiduría y la enseñanza, Pr. 1.7. Mas el **i** se muestra insolente y confiado, Pr. 14.16. El que engendra al **i**, para su tristeza lo engendra, Pr. 17.21. Mas todo **i** se envolverá en ella, Pr. 20.3. Mas el hombre **i** todo lo disipa, Pr. 21.20. Alta está para el **i** la sabiduría, Pr. 24.7. Es el que toma a sueldo **i**, Pr. 26.10. Él no se complace en los **i**, Ec. 5.4. Mas el corazón de los **i**, Ec. 7.4. **I**, que edificó su casa, Mt. 7.26. **I** y ciegos, Mt. 23.17. Con pueblo **i** os provocaré, Ro. 10.19. Porque lo **i** de Dios, 1 Co. 1.25. Nosotros somos **i** por amor de Cristo, 1 Co. 4.10. Quisiera gloriarme, no sería **i**, 2 Co. 12.6. Oh gálatas **I**, Gá. 3.1. Por tanto, no seáis **i**, Ef. 5.17. Ricos caen en muchas concupiscencias, 1 Ti. 6.9. Éramos en otro tiempo **i**, 2 Ti. 2.3. Ignorancia de los hombres **i**, 1 P. 2.15. Véase **Ignorante, Loco, Necio.**

INSIGNE: Célebre, famoso. // Varón de Dios, que es hombre **i**, 1 S. 9.6.

INSIGNIFICANTE: Sin importancia. // Una ciudad no **i** de Cilicia, Hch. 21.39.

INSÍPIDO: Que no tiene sal; insulso. // Mas si la sal se hace **i**, Mr. 9.50.

INSISTIR: Perseverar en lo que se pregunta o dice. // E insistió con él, Gn. 33.11. Y Como insistieran en preguntarle, Jesús, Jn. 8.7.

INSOLACIÓN: Conjunto de trastornos producidos por una exposición excesiva a los rayos solares. // 2 R. 4.19. Jonás (cap. 4.8) cayó en síncope, perdió momentánea sensibilidad, por causa del calor del sol. Dios protege sus hijos del calor del sol, Sal. 121.6; Is. 49.10. Se imaginaba, antiguamente, que el lunatismo fuera causado por la influencia de la luna; así se originó el nombre "lunático". Véase Sal. 121.6; Mt. 4.24.

INSOLENCIA: Irreverencia, atrevimiento. // Que obra en la **i** de su presunción, Pr. 21.24.

INSOLENTE: Irreverente, atrevido. // Mas el insensato se muestra **i**, Pr. 14.16. Véase **Atrevido.**

INSPIRACIÓN DIVINA DE LAS ESCRITURAS: Lc. 1.70; 2 Ti. 3.16; 2 P. 1.21. El testimonio de la Biblia misma: 1. Los escritores afirman, cuando tocan en el punto, que hablan por directa autoridad divina, Ex. 20.1; 24.3; etc. 2. Atestiguan que las palabras, y no simplemente las ideas, son inspiradas, Ex. 4.15; Ex. 19.6; Dt. 29.29; Is. 59.21; 1 Co. 2.7-15; etc. 3. Las palabras de Cristo, confirman la verdad y el origen divino del Antiguo Testamento, Mt. 4.4; 5.18; Lc. 24.25; etc. 4. El Señor prometió más revelaciones después de la venida del Espíritu Santo, Jn. 16.13; Hch. 1.8; etc. 5. Los escritores del Nuevo Testamento aceptaban el Antiguo Testamento como autorizado e inspirado, 1 Co. 2.12-14; 2 P. 1.19; etc. 6. La amonestación es tanto en el sentido de no añadir a las Escrituras como de no quitar de ellas, Dt. 4.2; 12.32; Ap. 22.18, 19. Véase Fidelidad en la copia.

INSPIRADO: Que manifiesta inspiración. // Escritura es **i**, 2 Ti. 3.16. Hablaron siendo **i** por el Espíritu Santo 2 P. 1.21.

INSPIRAR: Hacer penetrar en el ánimo. // Escritura es **i**, 2 Ti. 3.16. Hablaron siendo **i** por el Espíritu Santo 2 P. 1.21.

INSTANTE: Momento muy breve. // En un **i** hablaré contra pueblos, Jer. 18.7. Al **i** la lepra se fue de aquél, Mr. 1.42. Levantándose ella al **i**, les servía, Lc. 4.39. Al **i** ella cayó a los pies de él, Hch. 5.10. Y recibió al **i** la vista, Hch. 9.18. Véase **Momento.**

INSTAR: Solicitar con instancia. // Le instaba que aceptara, 2 R. 5.16. Mas ellos instaban a grandes voces, Lc. 23.23. Que instes a tiempo y fuera de tiempo, 2 Ti. 4.2.

INSTIGAR: Incitar, animar, estimular. // Han instigado a los moradores, Dt. 13.13. Los judíos instigaron a mujeres piadosas, Hch. 13.50.

INSTITUCIÓN: Las leyes fundamentales de una nación. // Someteos a toda **i** humana, 1 P. 2.13.

INSTITUIR: Fundar, establecer, crear. // Instituyó Jeroboam fiesta solemne, 1 R. 12.32. Ni aun el primer pacto fue **i** sin sangre, He. 9.18.

INSTRUCCIÓN: Lección, precepto instructivo. // No dejes la **i** de tu madre, Pr. 1.8; 6.20. Camino a la vida es guardar la **i**, Pr. 10.17. El que ama la **i** ama la sabiduría, Pr. 12.1. Véase **Enseñanza.**

INSTRUCTOR: Educador. // **I** de los necios, Ro. 2.10. Véase **Raboni, Maestro.**

INSTRUIR: Enseñar; transmitir conocimientos a. // Lo trajo alrededor, lo instruyó, Dt. 32.10. Os instruiré en el camino bueno, 1 S. 12.23. Con sus hermanos, instruidos, 1 Cr. 25.7. Fui instruido a los pies de Gamaliel, Hch. 22.3. E instruido por la ley, Ro. 2.18. ¿Quién le instruirá? 1 Co. 2.16. Voz de los que me instruían, Pr. 5.13. Haga partícipe... al que lo instruye, Gá. 6.6. Camino de la vida... que te instruyen, Pr. 6.23. Instruye al niño en su camino, Pr. 22.6. Su Dios le instruye, Is. 28.26. Los sabios del pueblo instruirán, Dn. 11.33. Útil para... **i** en justicia, 2 Ti. 3.16. Instruida primero por su madre, Mt. 14.8. Como se les había instruido, Mt. 28.15. Había sido instruido en el camino, Hch. 18.25.

INSTRUMENTO: Cualquier utensilio. Herramienta, máquina que sirve para producir determinado trabajo. // Sea cualquier **i** con que se trabaja, Lv. 11.32. Sus **i** de que se sirve, Nm. 4.14. Alabaré con **i** de salterio, Sal. 72.21. Toda clase de **i** de música, Ec. 2.8. Inventan **i** musicales, como David, Am. 6.5.

Oración de intercesión

Ve, porque **i** escogido me es éste, Hch. 9.15. A Dios como **i** de justicia, Ro. 6.13.

INTEGRIDAD: Virtud, estado de una persona íntegra. // Y servidle con **i**, Jos. 24.14. Como anduvo David tu padre, en **i**, 1 R. 9.4. Todavía retiene su **i**, Job 2.3, 9; 27.5; 31.6. Conforme a mi **i**, Sal. 7.8. Yo en mi **i** he andado, Sal. 26.1, 11. El que camina en **i**, Pr. 10.9. La **i** de los rectos los encaminará, Pr. 11.3. Mejor es el pobre que camina en **i**, Pr. 19.1. En la enseñanza mostrando **i**, Tit. 2.7. Véase **Rectitud.**

ÍNTEGRO: Recto, incorrupto. // En verdad y con **í** corazón, 2 R. 20.3. Corazón **í**, 2 Cr. 19.9. Si fuese **í**, Job 9.21. Recto para con el hombre **í**, Sal. 18.25. Entonces seré **í**, Sal. 19.13. Considera al **í**, Sal. 37.37. Para asaetear a escondidas al **í**, Sal. 64.4. Sea mi corazón **í** en tus estatutos, Sal. 119.80. Véase **Irreprensible, Recto.**

INTELIGENCIA: Facultad de conocer, de comprender. // Demandaste para ti **i** para oír juicio, 1 R. 3.11. Cantad con **i**, Sal. 47.7. Si clamares a la **i**, Pr. 2.3. Te preservará la **i**, Pr. 2.11. Y adquirir **i** vale más que la plata, Pr. 16.16. A estos cuatro muchachos Dios les dio... e **i**, Dn. 1.17. Se maravillaban de su **i**, Lc. 2.47. Sabiduría e **i** espiritual, 1 Co. 1.19. Véase **Razón.**

INTELIGENTE: Que comprende fácilmente. // Voluntarios e **i**, 1 Cr. 28.21.

INTENCIÓN: Propósito deliberado de ejecutar algo. Pensamiento secreto y reservado. // Muerte sin **i**, Nm. 35.11. Sabe cuál es la **i** del Espíritu, Ro. 8.27.

INTENDENTE: Administrador. // Chuza, **i** de Herodes, Lc. 8.3.

INTENSAMENTE: Con intensidad. // Oraba más **i**, Lc. 22.44.

INTENTAR: Tratar, planear, proyectar, tener la intención. // La planta de su pie intentaría, Dt. 28.56. Pero si mi padre intentare hacerte mal, 1 S. 20.13.

INTENTO: Intención. // Porque el **i** del corazón, Gn. 8.21.

INTERCEDER: Intervenir a favor de alguien. // Interceded por mí, Gn. 23.8. A **i** delante de él por su pueblo, Est. 4.8. Viviendo siempre para **i** por ellos, He. 7.25. Intercede por nosotros, Ro. 8.26. Intercede por los santos, Ro. 8.27. Viviendo siempre para interceder por ellos, He. 7.25. **Intercesión de Cristo:** Lc. 23.34; Jn. 17.20; Ro. 8.34; He. 7.25. // **Intercesión del Espíritu Santo:** Ro. 8.26, 27. // **Intercesión del pueblo de Dios:** Neh. 1.4-11; Sal. 122.6, 7; Jer. 14.7-9; Ef. 1.16, 17; 1 Ts. 1.2; Stg. 5.16. // **Intercesión por todos los hombres:** Ef. 6.18; 1 Ti. 2.1. // **Intercesión por los reyes:** 1 Ti. 2.2. // **Intercesión por los que nos gobiernan:** Esd. 6.10; 2 Co. 1.11; Fil. 1.19; Col. 4.3. // **Intercesión solicitada:** Dn. 2.18; Ro. 15.30; 1 Ti. 5.25; 2 Ts. 3.1; He. 13.18. // **Ejemplos de intercesión:** Gn. 18.23-33; Ex. 17.11; Nm. 14.13-19; Dt. 9.18-20; 2 S. 12.16-22; 2 R. 19.14-19; 2 Cr. 6. 19-42; Job 42.8; Is. 37.14-36. Véase **Orar, Suplicar.**

INTERÉS: Ganancia producida por el capital. // No exigirás de tu hermano **i** de dinero, ni **i** de comestibles, Lv. 23.19. Del extraño podrás exigir **i**, Dt. 23.20. El que aumenta sus riquezas con usura y crecido **i**, Pr. 28.8. Hubiera recibido lo que es mío con los **i**, Mt. 25.27. Para que al volver yo, lo hubiera recibido con los **i**, Lc. 19.23. Véase **Usura**.

INTERESAR: Ganar interés por. // En ninguna otra cosa se interesaban, Hch. 17.21.

INTERIOR: La parte de adentro. El ánimo, el carácter, la disposición del alma. // Y edificó el atrio **i**, 1 R. 6.36. El cilicio que traía interiormente sobre su cuerpo, 2 R. 6.30. Mas en su **i** maquina engaño, Pr. 26.24. Porque según el hombre **i**, me deleito en la ley de Dios, Ro. 7.22. El **i** no obstante se renueva de día en día, 2 Co. 4.16. Fortalecidos con poder en el hombre **i**, Ef. 3.16. Véase **Íntimo.**

INTERIORMENTE: En el interior. // Y el pueblo vio el cilicio que traía **i**, 2 2 R. 6.30.

INTERMINABLE: Que no puede terminar. // La genealogía **i**, 1 Ti. 1.4.

INTERPONER: Poner entre. // Si Moisés... no se hubiera interpuesto, Sal. 106.23.

INTERPRETACIÓN: Acto, efecto o modo de interpretar. // Esta es su **i**, Gn. 40.9-23; Dn. 2.; 4.18; de la escritura en la pared, Dn. 5; de lenguas, 1 Co. 12.10; 14.26.

INTERPRETAR: Traducir de una lengua para otra. Explicar el sentido. // Quien los pudiese **i** a Faraón, Gn. 41.8. Capacidad para interpretarlas, 1 Co. 12.10. ¿Interpretan todos?, 1 Co. 12.30. Ore para que pueda interpretarla, 1 Co. 14.13.

INTÉRPRETE: Persona que explica el sentido más o menos claro de. // Y uno de ellos, **i** de la ley, preguntó por tentarle, Mt. 22.35. Los fariseos y los **i** de la ley rechazaron, Lc. 7.30. Ay de vosotros también, **i** de la ley, Lc. 11.46, 52. Entonces Jesús habló a los **i** de la ley, Lc. 14.3.

INTERROGAR: Hacer preguntas a. // Pero habiéndole interrogado, Lc. 23.14. Nos interroga acerca del beneficio hecho, Hch. 4.9. Después de **i** a los guardas, Hch. 12.19. Véase **Indagar, Preguntar.**

INTERVENIR: Interponer su autoridad. // Pero interviniendo el tribuno Lisias, Hch. 24.7. Interviniendo muerte para la remisión, He. 9.15.

INTIMAR: Notificar con autoridad. // Le intimarás la paz, Dt. 20.10. Y llamándolos, les intimaron, Hch. 4.18.

INTIMIDAR: Infundir miedo, asustar. // No temas ni te intimides, Dt. 31.8. En nada intimidados por los que se oponen, Fil. 1.28. Véase **Amenazar, Asustar.**

ÍNTIMO: Interior y profundo. // Tu mujer o tu amigo **í**, Dt. 13.6. Examina mis **í** pensamientos, Sal. 26.2. Su **í** pensamiento, Sal. 49.11. He aquí, tú amas la verdad en lo **í**, Sal. 51.6. Consejeros **í** del rey, Jer. 52.25. Véase **Interior.**

INTRIGA: Enredo oculto para llegar a un determinado fin. // Trama **i** inicuas para enredar, Is. 32.7. **Véase Conspiración, Traición.**

INTRODUCIR: Entrar, penetrar. // Tú los introducirás y los plantarás, Ex. 15.17.

INUNDACIÓN: Aumento considerable de la masa de agua de una corriente fluvial. // Y cuando vino una inundación, el río dio con ímpetu contra aquella casa, Lc. 6.48.

INUNDAR: Cubrir el agua un lugar. // Inundo de llanto mi lecho, Sal. 6.6.

INÚTIL: Que no tiene provecho ni utilidad. // Y toda su ciencia es **i**, Sal. 107.27. Y al siervo **i** echadle en las tinieblas, Mt. 25.30. Siervos **i** somos, pues, Lc. 17.10. Todos se desviaron, a una se hicieron **i**, Ro. 3.12. El cual en otro tiempo te fue **i**, Flm. 1.11.

INUTILIZAR: Hacer inútil o nula una cosa. // ¿Para qué inutiliza también la tierra?, Lc. 13.7.

INUTILMENTE: Sin utilidad. // Ciertamente Egipto en vano e **i** dará ayuda, Is. 30.7.

INVADIR: Entrar violentamente en. // Cuando suba al pueblo el que lo invadirá, Hab. 3.16.

INVALIDAR: Hacer nulo. // Podrá también invalidarse mi pacto con David, Jer. 33.21. No lo abroga, para **i** la promesa, Gá. 3.17. Véase **Anular.**

INVENCIÓN: Cosa inventada. // Obra de arte y de **i**, Ex. 35.35.

INVENTAR: Imaginar; crear en el pensamiento. // Para **i** diseños, para trabajar en oro, Ex. 31.4.

INVERNAR: Pasar el invierno. // Y siendo incómodo el puerto para **i**, Hch. 27.12.

INVESTIGACIÓN: Indagación, inquirir. // Se hizo **i** del asunto, Est. 2.23.

INVIERNO: La más fría de las cuatro estaciones del año. // El calor, el verano y el **i**, Gn. 8.22. El perezoso no ara a causa del **i**, Pr. 20.4. Porque he aquí ha pasado el **i**, Cnt. 2.11. Que vuestra huida no sea en **i**, Mt. 24.20. Era **i**, Jn. 10.22. O aun pase el **i**, 1 Co. 16.6. Procura venir antes del **i**, 2 Ti. 4.21. Allí he determinado pasar el **i**, Tit. 3.12. Véase **Estación.**

INVISIBLE: Que no puede verse. // Porque las cosas **i** de él, su eterno poder y deidad, Ro. 1.20. El es la imagen del Dios **i**, Col. 1.15. Creadas todas las cosas... las visibles y las **i**, Col. 1.16. Al Rey eterno, inmortal, **i**, 1 Ti. 1.17. Porque se sostuvo como viendo al **i**, He. 11.27.

INVOCAR: Llamar en ayuda, pedir la protección de. // Entonces los hombres comenzaron a **i** el nombre de Jehová, Gn. 4.26. Invocaré a Jehová, quien es digno de ser alabado, 2 S. 22.4. Invocaron el nombre de Baal, 1 R. 18.26. Alabad a Jehová, invocad su nombre, 1 Cr. 16.8. Yo te he invocado, por cuanto tú me oirás, Sal. 17.6. Invocaré a Jehová, quien es digno de ser alabado, Sal. 18.3. En mi angustia invoqué a Jehová, Sal. 18.6. E invócame en el día de la angustia, Sal. 50.15. Vida nos darás, e invocaremos tu nombre, Sal. 80.18. Por tanto, le invocaré en todos mis días, Sal. 116.2. Escucha mi voz cuando te invocare, Sal. 141.1. Del nacimiento del sol invocará mi nombre, Is. 41.25. Entonces invocarás, y te oirá Jehová, Is. 58.9. Entonces me invocaréis, y vendréis, Jer. 29.12. Y todo aquel que invocare el nombre, Jl. 2.32; Hch. 2.21; Ro. 10.13. Intentaron **i** el nombre del Señor Jesús, Hch. 9.14. Véase **Implorar.**

IQUES, hb. **Perverso:** Padre de uno de los treinta valientes de David, 2 S. 23.26.

IRA, hb. **Vigilante:** 1. Un oficial de David, 2 S. 20.26. // 2. Uno de los valientes de David, 2 S. 23.38. // 3. Otro valiente de David, 2 S. 23.26.

IRA: Cólera furor. // Justa: Ex. 11.8; 32.19; Lv. 10.16; Nm. 16.15; Neh. 5.6; Mr. 3.5; Hch. 17.16. // **Es pecado:** Gn. 4.5,6; Nm. 20.11; 22.27; 1 S. 20.30; 1 R. 21.4; 2 R. 5.11; 2 Cr. 16.10; 26.19; Est. 3.5; Dn. 3.13; Jon. 4.4; Mt. 2.16; Lc. 4.28; Hch. 7.54. // **Resultado de la ira:** Pr. 14.17; 30.33. // **Prohibida:** Sal. 37.8; Pr. 15.18; 19.11; 22.24; Mt. 5.22; Ro. 12.19; Ef. 4.26,31; Tit. 1.7; Stg. 1.19,20. // **Ejemplos de la ira:** Caín, Gn. 4.5; Moisés, Nm. 20.10; Saúl, 1 S. 20.30; Nabal, 1 S. 25.17; Sanbalat, Neh. 4.1; Nabucodonosor, Dn. 2.12; Herodes, Mt. 2.16. // **Ira de Dios:** Dt. 29.20; Jos. 23.16; 2 R. 22.17; Mr. 3.5; Ro. 2.5; Col. 3.6; He. 3.18, 19; 1 Ts. 1.10; Ap. 21.8, 22.18. // **La ira de Dios** contra el mundo antiguo, Gn. 7.21-23; contra los edificadores de Babel, Gn. 11.8; contra Sodoma y Gomorra, Gn. 19.24, 25; contra los egipcios, Ex 9.3; contra los israelitas, Ex 32.35; contra María y Aarón, Nm. 12.9, 10; contra los que no creen, Jn. 3.36; los hijos de la desobediencia, Ef. 5.6. // La ira del Cordero, Ap. 6.16. | El vino del ardor de la ira de Dios, Ap. 19.15. Véase **Cólera, Furor.**

IRACUNDO: Que tiende a la ira. // El hombre **i** promueve contiendas, Pr. 15.18. Con la mujer rencillosa e **i**, Pr. 21.19. No te entremetas con el **i**, Pr. 22.24. El hombre **i** levanta contiendas, Pr. 29.22.

IRAD: Nieto de Caín e hijo de Enoc, Gn. 4.18.

IRAM, hb. **Ciudadano:** Un príncipe de Edom, Gn. 36.43.

IRÓN, hb. **Reverencia:** Ciudad fortificada de Neftalí, Jos. 19.38. Véase mapa 3, A-2.

IRPEEL, hb. **Dios sana:** Ciudad de Benjamín, Jos. 18.27.

IRRACIONAL: Que no tiene la facultad de razonar. // Animales **i**, 2 P. 2.12. Se corrompen como animales **i**, Jud. 1.10.

IRREPRENSIBLE: Que no da lugar a reprensión ni censura. // Andaban **i** en todos los mandamientos, Lc. 1.6. Para que seáis **i**, 1 Co. 1.8. **I** y sencillos, Fil. 2.15. En cuanto a la justicia que es en la ley, **i**, Fil. 3.6. Sin mancha e **i**, Col. 1.22. Sea guardado **i**, 1 Ts. 5.23. Que el obispo sea **i**, 1 Ti. 3.2; Tit. 1.6, 7. Ejerzan el diaconado, si son **i**, 1 Ti. 3.10. Para que sean **i**, 1 Ti. 5.7. El que fuere **i**, Tit. 1.6. Hallados por él sin mancha e **i**, 2 P. 3.14. Véase **Íntegro.**

IRREPRENSIBLEMENTE: De modo correcto. // Santa, justa e **i**, 1 Ts. 2.10.

IRREVERENTE: Que no tiene reverencia y respeto tocante a las cosas sagradas. // Para los **i** y profanos, 1 Ti. 1.9.

IRREVOCABLE: Que no puede revocarse. // Irrevocables son los dones y el llamamiento de Dios, Ro. 11.29.

IRRITAR: Encolerizar, exasperar, enfadar. // Y su rival la irritaba, enojándola, 1 S. 1.6. Se volvieron a mí para irritarme, Ez. 8.17. Véase **Encolerizar, Enfurecer, Exasperar, Airar.**

IRU, hb. **Ciudadano:** Hijo primogénito de Caleb, 1 Cr. 4.15.

ISAAC, hb. **Risa:** Patriarca hijo de Abraham y de Sara. Hijo de la promesa, Gn. 18.1-15. Su nacimiento, Gn. 21.1-7. Nació cuando Abraham tenía 100 años y Sara 90, Gn. 17.17; 21.5. Tanto Abraham cuanto Sara se rieron, cuando les fue anunciado su nacimiento, Gn. 17.17; 18.12; 21.6. Dios ordenó a su padre que lo ofreciera en holocausto, Gn. 22. Su padre mandó su siervo buscar una mujer para él, entre su parentela, Gn. 24. Se casó con ella, Rebeca, con cuarenta años de edad, Gn. 25.20. Les nacieron gemelos, Esaú y Jacob, Gn. 25.24. Vivió en Gerar, Gn. 26.6. Isaac y el rey de los filisteos, Abimelec, Gn. 26.7-33. Bendijo a Jacob, Gn. 27.27; 28.1. Hijos de la promesa, como Isaac, Gá. 4.28. Habitando en tiendas con Isaac y Jacob, He. 11.9. Por la fe Isaac bendijo a Jacob y a Esaú, He. 11.20.

ISACAR, hb. **Salario:** 1. El noveno hijo de Jacob y el quinto de Lea, Gn. 30.18. Le nacieron cuatro hijos antes de que se trasladara a Egipto, Gn. 46.13. Bendecido por Jacob, Gn. 49.14. // 2. Una de las doce tribus de Israel, Nm. 2.5. En el censo en el desierto, Nm. 1.28; 26.25. Bendecida por Moisés, Dt. 33.18. Su herencia, Jos. 19.17. Véase mapa 2, C-3. Tres reyes de la tribu de Isacar gobernaron a Israel: Baasa, 1 R. 15.27; Ela, 1 R. 16.6 y Zimri, 1 R. 16.9. De la tribu de Isacar, doce mil sellados, Ap. 7.7. // 3. El séptimo hijo de Obed-Edom, 1 Cr. 26.5.

ISAÍ, hb. **Dádiva:** Un belemita, padre de David, 1 S. 16.1; 17.12. Saldrá una vara del tronco de Isaí, Is. 11.1.

ISAÍAS, EL LIBRO DE: El primero de los profetas del Antiguo Testamento. Durante los 150 años antes de Isaías, Asiria desarrollaba y anexaba nación tras nación a su territorio. Cuando Isaías nació, hacía medio siglo que Israel pagaba tributo a esa nación. Cuando era todavía joven, ella llevó a las diez tribus al cautiverio. Algunos años después los asirios invadieron Judá, destruyeron cuarenta y seis ciudades amuralladas de Judá y se llevaron a doscientos mil cautivos. Fue por la oración de Isaías, ya viejo, y por su consejo al rey Ezequías, que Senaquerib fue vencido, y el ángel del Señor hirió a 185 mil asirios en una sola noche. Así Isaías vivía y profetizaba, durante toda su vida, bajo la nube negra y amenazante de Asiria. **La paternidad literaria: Isaías,** Is. 1.1. Este, el más ilustre de los profetas, era, según la tradición, de sangre real, su padre Amós siendo un hermano del rey Amasías, de ahí primo legítimo del rey Uzías, y nieto del rey Joás. **La clave: Salvación,** Is. 53.5. Su nombre, que significaba **salvación de Dios,** comprende bien su ministerio y mensaje. Se llama Isaías el **profeta mesiánico,** porque su vida estaba saturada de esperanza de la venida del mesías. Vivía tomado por el pensamiento de la grandeza y gloria de la obra que sería hecha entre las naciones en el advenimiento del Cristo. **Las divisiones: I. Mirando para los cautiverios,** Is. 1 a 39. Los versículos clave, 1.1,2. 1) Reprensiones por los pecados de Israel. Is. 1 a 35. 2) Sección histórica, Is. 36 a 39. Esta parte tendría otra marca para el lector si los pasajes poéticos fueran impresos en forma de poesía. **II. Mirando más allá de los cautiverios,** Is. 40 al 66. Los versículos clave, 40.1,2. Una colección de poesías, impresas en forma poética, en algunas versiones, El capítulo 53 de Isaías y el Salmo 23 son, probablemente, dos capítulos, del Antiguo Testamento, más estimados por el pueblo de Dios. Las profecías son escritas, por lo general, para el tiempo futuro. Pero Isaías escribe algunas de sus poesías proféticas como si hubiera sido trasladado al futuro, y habla en el tiempo pasado como un testigo ocular de lo que había visto. El profeta Isaías sirvió durante un período de más o menos cincuenta años.

ISBA, hb. **Él alaba:** Un descendiente de Judá, 1 Cr. 4.17.

ISBAC, hb. **Abandonado:** Uno de los hijos de Abraham y Cetura, Gn. 25.2.

ISBI-BENOB, hb. **Habitante de Nob:** Gigante que trató de matar a David, 2 S. 21.16.

IS-BOSET, hb. **Hombre de vergüenza:** Uno de los hijos de Saúl, 2 S. 2.8. Reinó dos años sobre Israel, 2 S. 2.10. Victoria de David sobre Is-boset, 2 S. 2.17. La muerte de Is-boset, 2 S. 4.7.

ISCA, hb. **Discernimiento:** Hija de Harán y hermana de Milca y de Lot, Gn. 11.29.

ISCARIOTE: Mt. 10.4. Hombre natural de Queriot. Véase **Judas Iscariote.**

ISI, hb. **Saludable:** 1 Cr. 2.31; 4.20; 4.42; 5.24.

ISÍAS, hb. **Jehová abandona:** 1. Un nieto de Tola, 1 Cr. 7.3. // 2. Uno de los que vinieron a David en Siclag, 1 Cr. 12.6. // 3. Un levita de la casa de Uziel, 1 Cr. 23.20. // 4. Otro levita, de la casa de Rehabías, 1 Cr. 24.21.

ISLA: Espacio de tierra, rodeado de agua por todas partes. // Hace desaparecer las **i** como polvo, Is. 40.15. Los ríos tornaré en **i**, Is. 42.15. Ahora se estremecerán las **isla**s, Ez.

Isla

26.18. Y habiendo atravesado toda la **i**, Hch. 13.6. **I** llamada Malta, Hch. 28.1. **I** llamada Patmos, Ap. 1.9. Todo monte y toda **i** se removió, Ap. 6.14. Toda **i** huyó, Ap. 16.20. La isla de: Chipre, Hch. 13.4; Creta, Hch. 27.7; Hch. 20.15.

ISMA, hb. **Distinción:** Un descendiente de Judá, 1 Cr. 4.3.

ISMAEL, hb. **A quien Dios oye:** 1. Hijo de Abraham y Agar, Gn. 16.15. Ismael nació según la carne, Gá. 4.23. Es decir, Sara, incrédula respecto a la promesa de Dios de dar a luz un hijo, dio a su esclava, Agar, por mujer, a Abraham, Gn. 16.1. Catorce años después del nacimiento de Ismael nació Isaac, Gn. 16.16; 21.5. Ismael se crió en el desierto de Parán y se casó con una egipcia, Gn. 21.21. Engendraría doce príncipes y de él Dios haría una gran nación, Gn. 17.20. Isaac e Ismael juntos sepultaron su padre, Abraham, Gn. 25.9. Los nombres de sus doce hijos, Gn. 25.13-15. Tuvo también una hija que se casó con Esaú, Gn. 28.9. Falleció cuando tenía ciento treinta y siete años de edad, Gn. 25.17. // 2. Un descendiente de Saúl, 1 Cr. 8.38. // 3. El padre de Zebadías, 2 Cr. 19.11. // 4. Un hijo de Johanán, que ayudó a Joiada a poner a Joás en el trono, 2 Cr. 23.1. // 5. Un sacerdote del tiempo de Esdras, Esd. 10.22. // 6. Hijo de Netanías, Jer. 41.1. Mató a Gedalías, 2 R. 25.23.

ISMAELITAS: Descendientes de Ismael, hijo de Abraham y Agar, la esclava egipcia. Como hubo doce tribus de israelitas, hubo también doce tribus de ismaelitas, Gn. 17.20; 25.12-16. Todos los árabes, siguiendo el ejemplo de Mahoma, se consideran descendientes de Ismael. José vendido a los ismaelitas, que lo llevaron a Egipto, Gn. 37.28. Mencionados en el Sal. 83.6.

ISMAÍAS, hb. **Jehová oye:** 1. Cabeza de los 30 valientes de David, 1 Cr. 12.4. // 2. Jefe de la tribu de Zabulón, 1 Cr. 27.19.

ISMAQUÍAS, Jehová sustenta: Un levita que administraba las ofrendas, 2 Cr. 31.13.

ISMERAI, hb. **Jehová nos guarda:** Un descendiente de Benjamín, 1 Cr. 8.18.

ISOD, hb. **Hombre de esplendor:** Un descendiente de Manasés, 1 Cr. 7.18.

ISPÁN, hb. **Calvo:** Un descendiente de Benjamín, 1 Cr. 8.22.

ISRAEL, hb. **Que lucha con Dios:** 1. El nombre dado a Jacob, después de haber luchado con Dios, Gn. 32.28; 35.10; Os. 12.3. // 2. Todos los descendientes de Jacob, Gn. 34.7; Dt. 4.1. // 3. Nombre de las diez tribus, 2 S. 2.9. // 4. Las tribus después del cautiverio, Esd. 1.3. Oye, **I**; el Señor nuestro Dios, el Señor uno es, Mr. 12.29. No todos los que descienden de **I** son israelitas, Ro. 9.6. Y luego todo **I** será salvo, Ro. 11.26. Paz y misericordia sea a ellos, y al **I** de Dios, Gá. 6.16. Del linaje de Israel, Fil. 3.5. // 5. El país actual, que comprende casi toda Palestina. El reino antiguo, Palestina, comprendía las tierras ocupadas por el pueblo hebreo; establecido alrededor de 1025 a.C.; dividido alrededor de 933 a.C. en el norte del sur, Judea y el reino del norte, Israel. Era, antes de la primera Guerra Mundial, una parte del imperio Otomano; de 1923 a 1948 un mandato británico; desde 1948, hasta hoy, una república. Jerusalén es su capital; Tel Aviv y Haifa, dos de las ciudades principales. Véase **Jacob, Palestina.**

ISRAELITAS: Descendientes de Israel. Esto es, de Jacob, Ex. 9.7. Bajaron a Egipto, Gn. 46.6. Partieron de Egipto, Ex. 12.31. Sus peregrinajes por el desierto, Ex. 14 a 40. Entraron en Canaán, Jos. 1 a 13. Sus Jueces, Jue. 2. Sus reyes, 1 S. 10. El reino dividido, 1 R. 12.16. El cautiverio, 2 R. 17. He aquí un verdadero israelita, Jn. 1.47. Son israelitas, de los cuales son la adopción, Ro. 9.4. No todos los que descienden de Israel son israelitas, Ro. 9.6. Soy israelita de la descendencia de Abraham, Ro. 11.1. ¿Son israelitas? También yo, 2 Co. 11.22.

ISRAHÍAS, hb. **Jehová se eleva:** Un descendiente de Isacar, 1 Cr. 7.3.

ISÚI, hb. **Igual:** 1. El tercer hijo de Aser, Gn. 46.17. // 2. Un hijo de Saúl, 1 S. 14.49.

ITAI, hb. **Arador:** 1. Un geteo, es decir, habitante de Gat, y amigo de David, 2 S. 15.19. // 2. Uno de los valientes de David, 2 S. 23.29.

ITALIA: Hch. 18.2; 27.1, 6; He. 13.24. Originariamente un pequeño distrito del extremo sur de la península italiana. Su capital, Roma, gobernaba al mundo en la época de Cristo y de los apóstoles. Se mencionan, en las Escrituras, cinco ciudades de Italia: Roma, Regio, Puteoli, Apio y Tres Tabernas, Hch. 28.13, 15. Véase mapa 6, A-1.

ITALIANO: La Compañía Italiana (Hch. 10.1) se componía de naturales de Italia. El nombre se distinguía del resto de las tropas romanas, que se reclutaban de las varias provincias del Imperio.

ITAMAR, hb. **Tierra de Palmeras:** El cuarto hijo de Aarón, Ex. 6.23; 28.1. Tesorero de las ofrendas para el tabernáculo, Ex. 38.21. Director de los gersonitas y de los hijos de Merari al servicio del tabernáculo, Nm. 4.28, 33.

ITIEL, hb. **Dios está conmigo:** 1. Uno de los habitantes de Jerusalén, en el tiempo de Nehemías, Neh. 11.7. // 2. Uno de los dos hombres a quien Agur dirigió sus palabras, Pr. 30.1.

Mezquita de Omar en Jerusalén. Célebre lugar de peregrinación para los mahometanos. En el interior de ella se encuentra la Roca Sagrada, sobre la cual se cree que Abraham ofreció su hijo Isaac. Véase Abraham.

ITMA, hb. **Privación:** Uno de los valientes de David, 1 Cr. 11.46.

ITNÁN, hb. **Perene:** Una ciudad de Judá, Jos. 15.23.

ITRA, hb. **Abundancia:** Padre de Amasa, general del ejército de Absalón, 2 S. 17.25.

ITRÁN, hb. **Excelente:** 1. Un descendiente de Seir, Gn. 36.26. // 2. Un descendiente de Aser, 1 Cr. 7.37.

ITREAM, hb. **Hartura de gente:** El sexto hijo de David, 2 S. 3.5.

ITRITAS: Una familia de Quiriat-jearim, 1 Cr. 2.53. Dos de los valientes de David pertenecían a esta familia, 2 S. 23.38; 1 Cr. 11.40.

ITUREA, hb. **Tierra de Jeter:** Lc. 3.1. Una pequeña provincia al nordeste de Palestina.

IVA: 2 R. 18.34. Una ciudad, tal vez, de Siria.

IZHAR: El padre de Coré, Nm. 16.1.

IZQUIERDA: El lado izquierdo de persona o cosa. // Si fueres a la mano **i,** yo iré a la derecha, Gn. 13.9. Su mano **i** sobre la cabeza, Gn. 48.14. Teniendo las aguas como muro a su derecha y a su **i**, Ex. 14.22. El uno a tu derecha, y el otro a tu **i**, Mt. 20.21. Ovejas a su derecha, y los cabritos a su **i**, Mt. 25.33. También a los de la **i,** Mt. 25.41. Véase **Derecha.**

IZRI, hb. **Creativo:** Uno de los cantores en el templo, 1 Cr. 25.11.

La parte antigua de Jerusalén, el Jardín de Getsemaní está en segundo plano.

J

JAACOBA, hb. **Suplantador:** Un príncipe de la tribu de Simeón, 1 Cr. 4.36.

JAALA, hb. **Ciervo:** Uno de los que volvieron de Babilonia, Esd. 2.56.

JAALAM, hb. **Escondido:** Un descendiente de Esaú, Gn. 36.5.

JAANAI, hb. **Voraz:** 1. Jefe de una familia gadita, 1 Cr. 5.12. // 2. Padre de Melqui, en la genealogía de Cristo, Lc. 3.24.

JAARE-OREGIM, hb. **Tejedores del bosque:** El padre de Elhanán que hirió a Goliat o el hermano de Goliat, 2 S. 21.19.

JAASAI, hb. **Jehová hace:** Uno de los que tenían mujer extranjera, Esd. 10.37.

JAASIEL, hb. **Dios hace:** Uno de los valientes de David, 1 Cr. 11.47.

JAAZANÍAS, hb. **Jehová oye:** 1. Hijo del maacatita y uno de los capitanes del ejército, que se unió a Gedalías, el gobernador nombrado por Nabucodonosor, 2 R. 25.23. // 2. Un hijo de Jeremías (no el profeta), y de los principales recabitas, Jer. 35.3. // 3. Un hijo de Safán y uno de los 70 ancianos que Ezequiel vio en visión ofreciendo incienso a ídolos, Ez. 8.11. // 4. Un hijo de Asur, y uno de los príncipes de Jerusalén que Ezequiel vio en visión, Ez. 11.1.

JAAZÍAS, hb. **Jehová consuela:** Un levita, hijo de Merari, 1 Cr. 24.26.

JAAZIEL, hb. **Dios distribuye:** 1. Uno de los músicos del templo, 1 Cr. 15.18.

JABAL, hb. **Río:** Hijo de Lamec y de Ada, y el padre de los que habitan en tiendas, Gn. 4.20.

JABES DE GALAAD: La primera ciudad de Galaad de Manasés. Todos sus habitantes murieron en la guerra de Israel contra Benjamín, por la indiferencia a un pecado nacional, Jue. 21.10. Saúl, al comienzo de su reinado, venció a los amonitas y liberó a Jabes de Galaad, cuando aquellos amenazaron con vaciarles el ojo derecho, 1 S. 11.1-11. Los moradores de Jabes de Galaad, con gratos recuerdos de su libertador, caminaron toda la noche, quitaron los cuerpos de Saúl y de sus hijos del muro de Bet-sán, y los sepultaron en Jabes, 1 S. 31.12. David mandó agradecer a los hombres de Jabes ese acto, 2 S. 2.5. Después David tomó los huesos de Saúl, y los huesos de sus hijos, de los moradores de Jabes y los trasladó al sepulcro de Cis, el padre de Saúl, 2 S. 21.12-14. Véase mapa 2, D-4.

JABES, hb. **Que causó dolor:** 1. Un hombre de Judá, más ilustre que sus hermanos. Oraba pidiendo que Dios ensanchara sus fronteras, que fuera con él Su mano y que lo preservara del mal, 1 Cr. 4.9, 10. // 2. Un lugar, tal vez en Judá, donde habitaban las familias de los escribas, 1 Cr. 2.55.

JABÍN, hb. **Inteligente:** 1. Rey de Hazor, ciudad principal del norte de Palestina, a quien Josué mató en la conquista de Canaán, Jos. 11.1-9. // 2. Rey de Canaán, que reinaba en Hazor, oprimiendo los israelitas durante veinte años, hasta que Barac lo exterminó, Jue. 4.2-24.

JABNEEL, hb. **Dios edifica:** 1. Una ciudad en la frontera septentrional de Judá, Jos. 15.11. Véase mapa 2, B-5; mapa 5, A-1. // 2. Una ciudad de la frontera de Neftalí, Jos. 19.33.

JABOC, hb. **Derramamiento:** El río más importante de Galaad y un tributario del Jordán. Donde Jacob luchó con un ángel y se reconcilió con Esaú, Gn. 32.22. Formaba uno de los límites de la tierra de los amorreos, Jue. 11.22. Véase mapa 2, D-4; mapa 4, C-2.

JABÓN: Mezcla de cuerpos grasosos como sebo, grasa, aceites vegetales, con potasa, o con sosa. Producto que resulta de la combinación de un álcali con ciertos aceites. // Aunque te laves con lejía, y amontones **j** sobre ti, Jeremías 2.22. Porque él es como fuego purificador, y como **j** de lavadores, Mal. 3.2. // A la época del Antiguo Testamento es probable que no existiese jabón. Hay actualmente regiones de Siria donde se usa cenizas en lugar de jabón. La palabra en Malaquías 3.2 se refiere a una cosa que lava, especie de álcali y es traducido **potasa** en la revisión.

JACÁN, hb. **Turbulento:** Jefe de una familia descendiente de Gad, 1 Cr. 5.13.

JACINTO: Piedra preciosa, por lo regular de color anaranjado. En el pectoral del sumo sacerdote, Ex. 28.19. El undécimo fundamento de la muralla de la nueva Jerusalén, Ap. 21.20.

JACOB, hb. **Suplantador:** 1. El padre del marido de María, Mt. 1.15. // 2. Patriarca, hijo de Isaac y de Rebeca, Gn. 25.56. Compró de Esaú el derecho de primogenitura, Gn. 25.33. Engañó a Isaac para recibir la bendición, Gn. 27.23. Tenía que huir para escapar de la ira de Esaú, Gn. 27.41-44. Su visión de la escalera, Gn. 28.12. Se encuentra con Raquel, Gn. 29.10. Se casó con Lea y Raquel, Gn. 29.21-30. Historia de su familia, Gn. 29.30. Huyó de Labán, Gn. 31. Ángeles se encontraron con él, Gn. 32.1. Luchó con un ángel en Peniel, Gn. 32.24-32. Se reconcilió con Esaú, Gn. 33. Bendecido por Dios en Bet-el, Gn. 35. Dios le dio el nombre de Israel, Gn. 35.10. Su gran amor hacia José, Gn. 37.3. Descendió a Egipto, Gn. 46. Bendijo los hijos de José, Gn. 48. Bendijo todos sus hijos, Gn. 49. Murió y fue sepultado en Canaán, Gn. 50.13. // Amé a Jacob, a Esaú aborrecí, Mal. 1.2; Ro. 9.13. Con Abraham, Isaac y Jacob, en el reino, Mt. 8.11. El pozo de Jacob, Jn. 4.6. ¿Acaso eres tú mayor que nuestro padre Jacob...? Jn. 4.12. Por la fe Jacob, al morir, He. 11.21. // 3. La palabra **Jacob,** que significa los **israelitas:** Is. 10.21; 14.1; Jer. 10.16.

JACOBO: Este nombre aparece muchas veces en l**os Evangelios** y en **Hechos**. Es imposible identificar todos estos hombres. Enumeraremos aquellos de los que nos quedamos más ciertos: Jacobo, hijo de Zebedeo un pescador, uno de los primeros discípulos, Mt. 4.21. Se llama a veces Santiago, el Mayor. Su padre era hombre de recursos, tenía empleados, Mr. 1.20. Uno de los apóstoles más íntimos de Jesús: en la transfiguración, Mt. 17.1; en la casa de Jairo, Mr. 5.37; en Getsemaní, Mt. 26.37. Apellidado, con Juan, **Boanerges**, o hijos del trueno, Mr. 3.17. Jesús lo reprende, junto con Juan, porque querían llamar fuego del cielo sobre los samaritanos, Lc. 9.54. Su madre se llama Salomé, una hermana de la madre de Jesús. Compare Mr. 15.40; 16.1 con Juan 19.25. Jacobo, por lo tanto, es primo de Jesús. Ora con los otros en Jerusalén, Hechos 1.13. Participa de la pesca milagrosa, Lc. 5.10. Junto con Juan, pide el favor de Jesús, para asentarse a su lado en el reino, Mt. 20.20. Pesca con otros, después de la resurrección, Juan 21.2. Muere a espada por orden de Herodes Agripa I, Hechos 12.2. Según el testimonio de Jerónimo, habría evangelizado en España. 2) Jacobo, el menor, Mr. 15.40. Hijo de Alfeo y uno de los doce apóstoles, Mt. 10.3. Hijo de la María mencionada en Mr. 16.1. 3) Jacobo, hermano del Señor, Mt. 13.55. Con los otros hermanos, no creyeron en Jesús, Juan 7.5. Jesús, después de la resurrección le aparece, 1 Co. 15.7. Parece uno de los dirigentes de la iglesia en Jerusalén, Gá. 1.18,19; 2.9; Hechos 15.13-34; 21.18,19. Se dice que recibió el apodo de “el justo”, porque era nazareo desde su nacimiento y oraba hasta que las rodillas se volvían duras como las de un camello. El historiador Josefo dice que el sumo sacerdote, los escribas y los fariseos se aprovecharon del motín de los judíos, en el intervalo entre la muerte de Festo y la nominación de su sucesor, para matarlo, lanzándolo del techo del templo hacia el piso, donde lo apedrearon. 4) Jacobo, El hermano de Judas, Lc. 6.16; Hechos 1.13.

JACTANCIA: Arrogancia, presunción, orgullo excesivo. // ¿Dónde, pues, está la **j**?, Ro. 3.27. No es buena vuestra **j**, 1 Co. 5.6.

Toda **j** semejante es mala, Stg. 4.16. Véase **Orgullo, Verdad.**

JACTANCIOSO: Que tiene jactancia. // El amor no es **j**, 1 Co. 13.4. Véase **Orgulloso.**

JACTAR: Vanagloriarse. // Pero ahora os jactáis en vuestras soberbias, Stg. 4.16.

JADA, hb. **Sabio:** Un hijo de Onam, 1 Cr. 2.28.

JADÓN, hb. **Gobierna:** Uno de los que trabajaron en la reedificación de los muros, Neh. 3.7.

JADÚA, hb. **Conocido:** 1. Un jefe del pueblo que firmó el pacto con Nehemías, Neh. 10.21. // 2. Un bisnieto de Eliasib en el tiempo de Nehemías, Neh. 12.11.

JAEL, hb. **Cabra montesa:** Mujer de Heber, que mató a Sísara, clavándole una estaca en la frente mientras éste dormía, Jue. 4.17-22.

JAFET, hb. **Belleza:** Un hijo de Noé, Gn. 5.32.

JAFÍA, hb. **Brillando:** 1. Uno de los cinco reyes de los amorreos, que sitiaron a Gabaón, Jos. 10.3-5. Josué apresó los cinco, los mató y mandó que echaran sus cadáveres en la cueva donde se habían escondido, Jos. 10.16-27. // 2. Uno de los hijos de David, 2 S. 5.15. // 3. Una ciudad de la herencia de Zabulón, Jos. 19.12. Véase mapa 4, B-1.

JAFLET, hb. **Que lo libre:** Un descendiente de Aser, 1 Cr. 7.32.

JAFLETITAS: Un pueblo, descendientes de Jaflet, que habitaba una región en la frontera del territorio de José, Jos. 16.3.

JAGUR, hb. **Alojamiento:** Una ciudad de Judá, Jos. 15.21.

JAHAT, hb. **Ávido:** Un nieto de Judá, 1 Cr. 4.2. Otros del mismo nombre: 1 Cr. 6.20; 23.10; 24.22; 34.12.

JAHAZA: Teatro de una batalla decisiva, en la cual los israelitas pusieron a los amorreos en fuga, Nm. 21.23.

JAHAZÍAS, hb. **Jehová ve:** Un sacerdote que se estableció en Jerusalén, Esd. 10.15.

JAHAZIEL, hb. **Dios ve:** 1. Uno de los soldados de David, 1 Cr. 12.4. // 2. Uno de los dos sacerdotes llamados para que tocaran trompetas delante del arca del pacto, 1 cr 16.6. // 3. Un levita, 1 Cr. 23.19. // 4. Hijo de Zacarías, 2 Cr. 20.14. // 5. El padre de Secanías, Esd. 8.5.

JAHDAI, hb. **Directivo:** 1. Un descendiente de Caleb, 1 Cr. 2.47. // 2. Uno de los que tenía mujer extranjera, Esd. 10.43.

JAHDIEL, hb. **Dios alegra:** Un guerrero valiente de la media tribu de Manasés, 1 Cr. 5.24.

JAHDO, hb. **Unión:** Un descendiente de Gad, 1 Cr. 5.14.

JAHLEEL, hb. **Dios aflige:** Un hijo de Zabulón, Gn. 46.14.

JAHMAI, hb. **Robusto:** Un nieto de Isacar, 1 Cr. 7.2.

JAIR, hb. **Él ilumina:** 1. Descendiente tanto de Judá como de Manasés, Dt. 3.14; 1 Cr. 2.22. Sus aldeas, Jos. 13.30. // 2. El octavo juez de Israel, Jue. 10.3. Este tuvo treinta hijos, que cabalgaban sobre treinta asnos; y tenían treinta ciudades, Jue. 10.4. // 3. El padre de Elhanán, que mató al gigante Lahmi, hermano de Goliat, 1 Cr. 20.5. // 4. El padre de Mardoqueo, Est. 2.5.

JAIRO, Forma griega de la palabra Jair**:** El jefe de la sinagoga de Capernaum, cuya hija Jesús resucitó, Mr. 5.22.

JALÓN, hb. **Obstinado:** Un descendiente de Judá, 1 Cr. 4.17.

JAMÁS: Nunca. // A Dios nadie le vio **j**, Jn. 1.18.

JAMBRES, hb. **Oponente:** Janes y Jambres resistieron a Moisés, 2 Ti. 3.8. Véase **Janes.**

JAMÍN, hb. **Mano derecha:** 1. Un hijo de Simeón, Gn. 46.10. // 2. Un hijo de Ram, de la tribu de Judá, 1 Cr. 2.27. // 3. Uno de los que enseñaban al pueblo en la ley, Neh. 8.7.

JAMLEC, hb. **Que elija rey:** Príncipe de una familia simeonita, 1 Cr. 4.34.

JANES: Janes y Jambres eran dos magos que resistieron a Moisés en Egipto, 2 Ti. 3.8. Véase Ex. 7.11,22.

JANOA, hb. **Descanso:** 1. Lugar en la frontera leste de Efraín, Jos. 16.6. Véase mapa 4, B-2. // 2. Una ciudad de Neftalí, tomada por Tiglat-pileser, rey de Asiria, 2 R. 15.29.

JANUM, hb. **Sueño:** Una ciudad de la herencia de Judá, Jos. 15. 53.

JAQUÉ, hb. **Piadoso:** El padre de Agur, Pr. 30.1.

JAQUÍN, hb. **Él establece:** 1. El cuarto hijo de Simeón, Gn. 46.10. Sus hijos, los jaquinitas, Nm. 26.12. // 2. Un benjamita, hijo de Simei, 1 Cr. 8.19. // 3. Jefe del duodécimo turno de sacerdotes en el tiempo de David, 1 Cr. 24.12. // 4. Jefe del vigesimoprimer turno de los sacerdotes en el tiempo de David, 1 Cr. 14.17. // 5. Nombre de la columna que quedaba al lado derecho, en el templo de Jerusalén, 1 R. 7.21.

JARA, hb. **MIEL:** Un descendiente del rey Saúl, 1 Cr. 9.42.

JARDÍN: Lugar donde se cultivan flores y plantas de adorno. // Me hice huertos y **j**, Ec. 2.5. Muros que había cerca del **j** del rey, Jer. 52.7. Véase **Edén, Huerto.**

JARED, hb. **Descendiente:** 1. Padre de Enoc, Gn. 5.18. // 2. Un descendiente de Judá, 1 Cr. 4.18.

JARESÍAS, hb. **Jehová nutre:** Un hijo de Joram, de la tribu de Benjamín, 1 Cr. 8.27.

JARHA: Un siervo egipcio que se casó con la hija de su amo, 1 Cr. 2.34.

JARIB, hb. **Él lucha:** 1. Un hijo de Simeón, 1 Cr. 4.24. // 2. Un hombre de posición, que acompañó a Esdras desde Babilonia hasta Jerusalén, Esd. 8.16. // 3. Un sacerdote que se casó con una mujer extranjera, Esd. 10.18.

JARMUT, hb. **Altura:** 1. Una ciudad de la herencia de Judá, Jos. 15.35. Véase mapa 5, B-1. // 2. Una ciudad de los levitas, Jos. 21.29.

JAROA: Un jefe de la tribu de Gad, 1 Cr. 5.14.

JARRO: Vasija semejante a una jarra, pero con una sola asa. // Desde las tazas hasta toda clase de jarros, Is. 22.24.

JASER, hb. **Recto:** El libro de Jaser, 2 S. 1.18. El Libro de los justos, 2 S. 1.18.

JASOBEAM: El principal de los valientes de David, 1 Cr. 11.11; 12.6.

JASÓN: Un nombre griego adoptado por los judíos que tenían el nombre hebreo Josué. El apóstol Pablo se hospedo en la casa de Jasón en Tesalónica, Hch. 17.5. Junto con Pablo y otros envió saludos a los creyentes en Roma, Ro. 16.21.

JASPE: Piedra preciosa de la naturaleza de ágata, con manchas coloridas. La última en orden de las doce joyas que brillaban en el pectoral del sumo sacerdote y la primera de las doce que formaban los cimientos de la nueva Jerusalén, Ex. 28.20; Ap. 21.19. En la lista de piedras preciosas del rey de Tiro, Ez. 28.13. Brillante y transparente, Ap. 4.3. Valiosísima y famosa por su fulgor, Ap. 21.11.

JASUB, hb. **Él vuelve:** 1. Un hijo de Isacar, Nm. 26.24 // 2. Uno de los que tenían mujeres extranjeras, Esd. 10.29.

JATIR, hb. **Excelencia:** Una ciudad de la herencia de Judá, Jos. 15.48. Véase mapa 2, B-6; 5, B-2.

JATNIEL, hb. **Dios concede:** Un portero, 1 Cr. 26.2.

JAULA: Especie de caja hecha con listones, para encierro de aves. // Como jaula llena de pájaros así están casas llenas de engaño, Jer. 5.27.

JAVÁN: Un hijo de Jafet y padre de un pueblo, Gn. 10.2. Véase mapa 1, C-3.

JAZER, hb. **Servicial:** Una tierra fértil, Nm. 32.1. Dada a los levitas, Jos. 21.39.

JAZERA, hb. **Él puede reconducir:** Un habitante de Jerusalén después del cautiverio, 1 Cr. 9.12.

JAZIZ: El administrador sobre el ganado de David, 1 Cr. 27.31.

JEARIM, hb. **Bosques:** Un monte en el límite septentrional de Judá, Jos. 15.10.

JEATRAI: Un levita, de la familia de Gersón, 1 Cr. 6.21.

JEBEREQUÍAS, hb. **Jehová bendice:** El padre de Zacarías, Is. 8.2.

JEBÚS, hb. **Lugar que es pisado:** El nombre de Jerusalén, cuando estaba todavía en poder de los jebuseos, Jos. 18.28. Una ciudad de la herencia de Benjamín, Jue. 19.10.

JEBUSEOS, hb. **Habitantes de Jebús: Jebús** era Jerusalén, Jue. 19.10. Los jebuseos eran una de las siete naciones que habitaban en Canaán, antes de la conquista por los israelitas, Gn. 10.16; 15.21; Ex. 3.8; Dt. 7.1. En la región montañosa, Nm. 13.29; Jos. 11.3. Habitaban con los hijos de Benjamín, Jue. 1.21; en la región de Jerusalén, 2 S. 5.6. David levanta un altar en la era de Arauna, el jebuseo, 2 S. 24.18. Salomón los hizo trabajadores forzados, 1 R. 9.20, 21. Véase mapa 1, H-3.

JECABZEEL: Una ciudad de Judá, Neh. 11.25.

JECAMÍAS, hb. **Jehová establezca:** 1. Un descendiente de Judá, 1 Cr. 2.41. // 2. Un hijo del rey Jeconías, 1 Cr. 3.18.

JECOLÍAS, hb. **Jehová prevaleció:** La madre del rey Uzías, 2 Cr. 26.3.

JECONÍAS, hb. **Jehová es firme:** Una alterada forma de Joacim, el penúltimo rey de Judá, 1 Cr. 3.16.

JECUTIEL, hb. **Reverencia a Dios:** Un descendiente de Judá, 1 Cr. 4.18.

JEDIAEL, hb. **Conocido de Dios:** 1. Un descendiente de Benjamín, 1 Cr. 7.6. // 2. Uno de los valientes del ejército de David, 1 Cr. 11.45. // 3. Un portero, 1 Cr. 26.2.

JEDIDA, hb. **Amado:** La madre del rey Josías, de Judá, 2 R. 22.1.

JEDIDÍAS, hb. **Amado de Jehová:** Nombre dado por Dios al recién nacido hijo de David, Salomón, 2 S. 12.25. **Jedid y David** son palabras hebreas con la misma raíz. Fue una prueba para David de que otra vez era favorecido de Dios, el hecho de que viniera el profeta a decirle que el nombre de su hijo debía ser una combinación de su nombre con el de Jehová.

JEFE: El principal entre otros; el dirigente. // **J** de millares, Ex. 18.21. Dijeron a Jefté: Ven, y serás nuestro **j**, Jue. 11.6. Detrás de ellos estaban los **j**, Neh. 4.16. Quita el entendimiento a los **j**, Job 12.24. Zaqueo, que era **j** de los publicanos, Lc. 19.2. Éste fue y habló con... **j** de la guardia, Lc. 22.4. Véase **Cabeza**, **Guía**.

JEFONE, hb. **Será preparado:** 1. El padre de Caleb, Nm. 13.6. // 2. Un hijo de Jeter, 1 Cr. 7.38.

JEFTÉ, hb. **Dios abre:** El noveno juez de los israelitas. Encabezó un grupo de hombres forajidos, Jue. 11.3. Derrotó completamente los amonitas, Jue. 11.33. Ofreció su hija en holocausto, Jue. 11.39. Hirió a los efraimitas, Jue. 12.4. Juzgó a Israel seis años, Jue. 12.7. Uno de los grandes ejemplos de fe en Dios, He. 11.32.

JEFTE-EL, hb. **Dios abre o liberta:** Valle de la frontera norte de Zabulón, Jos. 19.14.

JEGAR SAHADUTA: En arameo, **Monte del testimonio.** Nombre que Labán dio a un montón de piedras, elevado como testimonio del pacto entre Jacob y él mismo, Gn. 31.47.

JEHALELEL, hb. **Él alaba a Dios:** 1. Un descendiente de Judá, 1 Cr. 4.16. // 2. Un levita, de la familia de Merari, 2 Cr. 29.12.

JEHEDÍAS, hb. **Dios fortalece:** 1. Un levita de la familia de Coat, 1 Cr. 24.20. // 2. El administrador de David, sobre sus asnas, 1 Cr. 27.30.

JEHÍAS, hb. **Jehová vive:** Uno de los porteros del arca, 1 Cr. 15.24.

JEHOVÁ DE LOS EJÉRCITOS: Es decir, Jehová de los ejércitos, tanto de los cuerpos celestiales (Dt. 4.19) como de los seres angelicales (1 R. 22.19) y del ejército terrestre, 1 S. 17.45. Véase Gn. 2.1; Is. 45.12. Es un título empleado más de doscientas veces en el Antiguo Testamento para expresar el gran poder de Dios.

JEHOVÁ: Pronunciación común del tetragrama **Yhvh,** uno de los nombres hebreos de Dios. **Elohim** abarca las ideas de creación, preservación y real gobierno de las cosas finitas; **Jehová** tiene en su significado la idea de vida, y de la progresiva comunicación con los hombres. Los judíos, después del cautiverio, tenían gran reverencia a este nombre, **Yhvh,** que sólo era usado por el sumo sacerdote, una vez al año, el día de la expiación. Sin embargo, **Yhvh** aparece muchas veces en la Sagrada Escritura. Así otra palabra, **Adonai** (Señor) la sustituye en la lectura en voz alta. De esta manera se perdió la verdadera pronunciación de **Yhvh.** Pero cuando fueron añadidas a las consonantes hebreas (alrededor del siglo octavo d.C.) las letras vocales, las de **Adonai** fueron dadas a **Yhvh** en vez de las suyas propias. Así se originó la palabra **Jehoweh,** es decir, **Jehová.** Hay otras explicaciones acerca del origen del nombre **Jehová.** Pero sea lo que fuere, la palabra era tan expresiva, estaba tan llena de promesas para un hombre que comienza su vida, y para una nación que estaba a punto de abandonar sus limitaciones infantiles, a fin de entrar en una carrera de provecho para todo el mundo, que su decisión no sólo revelaba la naturaleza de Dios, sino que también aseguraba el buen resultado de su pueblo. Era el nombre del pacto con Dios, y estaba revestido de poder. Véase **Dios.**

JEHOVÁ-JIREH, hb. **El Señor proveerá:** El nombre que Abraham dio al lugar donde el Señor proveyó respecto al carnero para el holocausto, Gn. 22.8. Se deriva de este hecho el proverbio: "En el monte de Jehová será provisto", Gn. 22.14.

JEHOVÁ-NISI, hb. **Jehová es mi bandera:** Nombre dado por Moisés al altar, que edificó después de la derrota de Amalec, Ex. 17.15. Expresa la necesidad del pueblo de acudir a Dios como el ejército se reúne alrededor de la bandera. Es Él quien nos lleva a la victoria.

JEHOVÁ-SALOM, hb. **Jehová es paz:** Nombre dado por Gedeón al altar que edificó en Ofra, referente a la palabra que le dijo el Señor: "Paz a ti", Jue. 6.24.

JEHOVÁ-SAMA, hb. **Jehová está allí:** El nombre para ser dado a la nueva Jerusalén, restaurada y glorificada, como revelada en la visión de Ezequiel. El Señor había abandonado Jerusalén, Ez. 11.22, 23. Allí había entrado otra vez, Ez. 43.2, 4,7. Y el nombre de la ciudad desde aquel día será: "El Señor está allí", Ez. 48.35. Compare Ap. 21.3, 11,22.

JEHOVÁ-TSIDKENU, hb. **Jehová es nuestra justicia:** Es el título del rey que va a reinar sobre Israel restaurado, Jer. 23.6. Será también el nombre simbólico del estado o de la capital, Jer. 33.16.

JEHÚ, hb. **Jehová, Él lo es**: 1. Descendiente de Judá, 1 Cr. 2.38. // 2. Descendiente de Simeón, 1 Cr. 4.35. // 3. Valiente de David, 1 Cr. 12.3. // 4. Un profeta, hijo de Hanani, 2 Cr. 19.2. // 5. Fundador de la cuarta dinastía de Israel, hijo de Josafat (no el rey de Judá). Hijo de Nimsi, 2 R. 9.2. Levantado para exterminar la casa idólatra de Acab y la adoración a Baal entre el pueblo de Dios, 1 R. 19.16, 17. Ungido por Eliseo a través de uno de los hijos de los profetas, en Ramot de Galaad, 2 R. 9.1, 6. Estaba capacitado para su obra, siendo muy enérgico, osado, astuto, sin escrúpulo, cruel, celoso. Su impetuosidad se muestra en su manera de guiar, 2 R. 9.20. Mata a Joram, rey de Israel y lanza su cuerpo en el campo de la heredad de Nabot, 2 R. 9.24-26; 1 R. 21. Mata a Ocozías, rey de Judá, 2 R. 9.27. Mata a Jezabel, 2 R. 9.30-37. Extermina la casa de Acab, incluso a los setenta hijos de éste, 2 R. 10.1-11. Mata al resto de la casa de Ocozías, 2 R. 10.12-14. Mata, astutamente, a todos los sacerdotes y adoradores reunidos en una asamblea solemne a Baal, exterminando de Israel el culto a ese dios, 2 R. 10.18-28. Su ambición carnal y su vida de derramar sangre tuvieron gran repercusión en la última parte de su reinado. Fue condenado sobre todo por tolerar la adoración a los becerros de oro, 2 R. 10.29. No obstante, el Señor, por su fidelidad, aseguró su trono hasta la cuarta generación, 2 R. 10.30; 15.12. Mientras que Eliseo parece dar apoyo al reinado de Jehú, Oseas lo lamenta, Os. 1.4.

JEHÚBA, hb. **Escondido:** Un descendiente de Aser, 1 Cr. 7.34.

JEHÚD, hb. **Alabanza:** Una ciudad de la herencia de Dan. Véase mapa 2, B-4.

JEHUDÍ, hb. **Judío:** Un oficial del rey Joacim, Jer. 36.14.

JEHÚS, hb. **Apresado:** 1. Un descendiente de Esaú, Gn. 36.5. // 2. Un descendiente de Benjamín, 1 Cr. 7.10. // 3. Un descendiente del rey Saúl, 1 Cr. 8.39. // 4. Un hijo del rey, Roboam, 2 Cr. 11.19.

JEIEL, hb. **Dios consuela:** 1. Un rubenita, 1 Cr. 5.7. // 2. Un antepasado del rey Saúl, 1 Cr. 9.35. // 3. Uno de los valientes de David, 1 Cr. 11.44. // 4. Uno de los músicos del templo, 1 Cr. 15.18. // 5. Un levita, 1 Cr. 16.5. // 6. Un escribano en la época del rey Uzías, 2 Cr. 26.11. // 7. Un jefe de la pascua, 2 Cr. 35.9. // 8. Uno de los que tenían mujer extranjera, Esd. 10.43. // 9. Algunos otros que tenían este nombre, 1 Cr. 23.8; 27.32; 2 Cr. 21.2; 29.14; 31.13; 35.8; Esd. 8.9; 10.2; 10.21.

JEMIMA, hb. **Paloma:** La hija mayor de Job, Job 42.14.

JEMUEL, hb. **Luz de Dios:** Un hijo de Simeón, Gn. 46.10.

JERAMEEL, hb. **Dios tenga compasión:** 1. Un bisnieto de Judá, 1 Cr. 2.9. // 2. Un levita de la familia de Merari, 1 Cr. 24.29.

JEREBAI, hb. **Contencioso:** Uno de los valientes del ejército de David, 1 Cr. 11.46.

JEREMAI, hb. **Alto:** Uno de los que se casó con mujer extranjera, Esd. 10.33.

JEREMÍAS, EL LIBRO DE: El segundo de los cuatro grandes profetas del Antiguo Testamento. Jeremías, llamado a ejercer el cargo profético casi setenta años después de la muerte de Isaías, profetizó durante los reinados de Josías, Joacim y Sedequías, Jer. 1.2, 3. Sofonías y Habacuc eran sus contemporáneos en la primera parte de su ministerio; Daniel en la última parte. Jeremías profetizó antes y durante el exilio, Ezequiel y Daniel durante este período. Las tres grandes naciones Asiria, Babilonia y Egipto aspiraban, cada una, el dominio mundial. Asiria dominó durante dos siglos, pero ya se debilitaba. Babilonia aumentaba su poder. Egipto, antes de eso el poder mundial, readquiría lo que perdiera. Pero Babilonia venció a Asiria y dos años después aplastó a Egipto. Isaías salvó a Jerusalén de Asiria; Jeremías se esforzó por salvarla de Babilonia, pero fracasó. Para comprender mejor el **Libro de Jeremías,** lea primero 2 R. 22 a 25. **La paternidad literaria:** Escrito por Jeremías, Jer. 1.1. Según la tradición, el rollo destruido por Joacim (cap 36), se volvió a escribir en seguida y el resto se añadió para completar el libro que tenemos ahora. **La clave: Advertencias,** Jer. 7.28. Jeremías advirtió al pueblo de Dios que el resultado de su apostasía sería el cautiverio que se acercaba. Advirtió también a las naciones del castigo que les sobrevenía. Isaías, en sus representaciones a Israel, escribió con pluma de fuego; Jeremías escribió con lágrimas. Isaías después de reprender la iniquidad de Israel, rompió en éxtasis de alegría al contemplar la restauración que venía; Jeremías contempló el mismo acontecimiento glorioso, pero no fue suficiente para disipar la tristeza que sintió por el pecado de Israel. Por tanto, se le llama "el profeta de las lágrimas". **Las divisiones:** Jeremías advertía que Judá iba a ser destruida por Babilonia. Pero si se arrepintiera, Dios la salvaría de esta enemiga. Después proclamaba que, si Judá cediera Babilonia no sería destruida. Y al fin que Judá destruida sería restaurada, que Babilonia desaparecería por completo. Las profecías no están registradas en orden cronológico, pero sugerimos el bosquejo siguiente: **I.** El llamamiento y la comisión de Jeremías, cap. 1. **II.** Mensajes de reprensión, juicio y restauración, caps. 2 al 39. **III.** Mensajes después del cautiverio, caps. 40 a 45. **IV.** Profecías acerca de las naciones, caps. 31 a 46. **V.** El cautiverio de Judá, caps. 52. Jeremías profetizó durante un período de más de cuarenta años.

JEREMÍAS, hb. **Jehová establece:** Uno de los cuatro grandes profetas. Escribió el libro de Jeremías, Jer. 1.1. Hijo del sacerdote, Hilcías, Jer. 1.1. Constituido profeta antes de nascer, Jer. 1.5. Constituido sobre naciones para arrancar y derribar, para destruir y arruinar, para edificar y plantar, Jer. 1.10. Amenazado por la muerte, Jer. 11.21; 26.8; 38.4. Maldice el día de su nacimiento, Jer. 20.14. Lamenta la muerte de Josías, 2 Cr. 35.25. Predice el cautiverio de 70 años, Jer. 25.11; Dn. 9.2. Preso, juzgado y absuelto, Jer. 26. Su victoria sobre el falso profeta Hananías, Jer. 28. Escribe a los cautiverios de Babilonia, Jer. 29. Encarcelado, Jer. 32.2. Su rollo leído en el templo, quemado por el rey Joacim, Jer. 36. Predice la destrucción de Jerusalén, Jer. 37.8. Apresado por los príncipes, Jer. 37.15. Ebed-melec lo salvó de la cisterna, Jer. 38.11. Aconseja a Sedequías, Jer. 21.3; 34.2;

Jer. 38.14. Favorecido por Nabucodonosor, Jer. 39.11. Suelto por los caldeos, Jer. 40.4. Habita en medio del pueblo en Mizpa, Jer. 40.6. Llevado a Egipto, Jer. 43.7. Predice la conquista de Egipto, Jer. 43.8. Otras profecías de Jeremías, Jer. 46 y 51. Se menciona en el Nuevo Testamento, Mt. 2.17; 16.14; 27.9. Otros del nombre de **Jeremías:** 1) Un hombre de Libna, 2 R. 23.31. 2) Una persona de Manasés, 1 Cr. 5.24. 3) Un benjamita, 1 Cr. 12.4. 4) Un gadita, 1 Cr. 12.10. 5) Otro hombre de Gad, 1 Cr. 12.13. 6) Un sacerdote, Neh. 12.1. 7) Otro sacerdote, Neh. 10.2. 8) Un recabita, Jer. 35.3.

JEREMOT, hb. **Alto:** 1. // 1. Un benjamita, 1 Cr. 8.14. 2. Uno de los que se habían casado con mujeres extranjeras, Esd. 10.29.

JERÍAS, hb. **Jehová ve:** 1. Jefe de una familia de los levitas, 1 Cr. 23.19. // 2. El capitán de la guardia, que prendió a Jeremías, Jer. 37.13.

JERICÓ, hb. **Lugar de fragancia:** Ciudad real de la antigüedad, la principal del valle del Jordán, en el lado occidental, cerca del Mar Muerto y a treinta kilómetros al nordeste de Jerusalén. Se llamaba la ciudad de las palmeras, Dt. 34.3. Josué envió dos hombres a espiarla, Jos. 2. La conquista y destrucción milagrosa de la ciudad, Jos. 6. Por la fe desmoronaron las murallas de Jericó, He. 11.30. La maldición sobre quienes intentaran reedificarla, Jos. 6.26. Reedificada 500 años después por Hiel, el betelita, 1 R. 16.34. Había allí una escuela de los profetas, en el tiempo de Elías y Eliseo, 2 R. 2.5. La ciudad fue tomada por los caldeos y repoblada después del cautiverio, 2 R. 25.5; Esd. 2.34. En la época de Cristo era la segunda ciudad de Judea. Descendía cierto hombre de Jerusalén a Jericó, cuando cayó en manos de salteadores, Lc. 10.30. Allí Cristo sanó al ciego Bartimeo, y salvó a Zaqueo, el publicano, Lc. 18.35; 19.1. Fue destruida por los romanos, alrededor del año 230 d.C. Los cimientos de la antigua ciudad fueron excavados en 1908. Véase mapa 5, B-1.

JERIEL, hallado por Dios: Un nieto de Isacar, 1 Cr. 7.2.

JERIMOT, hb. **Elevaciones:** 1. Un descendiente de Benjamín, 1 Cr. 7.7. // 2. Uno de los que vinieron a David en Siclag, cuando éste huía de Saúl, 1 Cr. 12.5. // 3. Uno de los que profetizaron con arpas y címbalos en el templo, 1 Cr. 25.4. // 4. Un hijo de David, 2 Cr. 11.18. // 5. Un superintendente de los levitas, 2 Cr. 31.13.

JERIOT, hb. **Cortinas:** Una de las mujeres de Caleb, 1 Cr. 2.18.

JERJES: Rey de Persia desde 485 hasta 465 a.C. Era hijo de Darío I. Véase **Asuero.**

JEROBAAL, hb. **Que Baal por sí mismo contienda:** Nombre dado a Gedeón por el padre y por el pueblo después que él destruyera el altar de Baal en Ofra, Jue. 6.32.

JEROBOAM, hb. **El pueblo se volvió numeroso:** 1. Jeroboam I, hijo de Nabat, efrateo. 1 R. 11.26. Siervo de Salomón, le encomendó todo el cargo de la casa de José, 1 R. 11.28. El profeta Ahías rompió la capa nueva de Jeroboam en 12 pedazos y le dio 10, profetizando que Dios le iba a rasgar el reino a Salomón, dándole 10 de las tribus, 1 R. 11.30. Era el primer rey sobre Israel, 1 R. 12.20. Puso un becerro de oro en Dan y otro en Bet-el, 1 R. 12.29. Su mano se secó y fue restablecida, cuando fue reprendido por el profeta de Judá, 1 R. 13. La profecía de Ahías contra Jeroboam, 1 R. 14. Hubo guerra continua entre Jeroboam y Roboam, rey de Judá, 1 R. 15.6. Reinó veintidós años, 1 R. 14.20. Véase **Reyes.** // 2. Jeroboam II, hijo de Joás, 2 R. 14.23. Rey de Israel, el cuarto de la dinastía de Jehú. Reinó 41 años en Samaria, 2 R. 14.23. Jamás se apartó de ninguno de los pecados de Jeroboam I, 2 R. 14.24. Véase **Reyes.**

JEROHAM, hb. **Alcanzó misericordia:** 1. Abuelo de Samuel, 1 S. 1.1. // 2. Padre de Joela, uno de los que vinieron a David en Siclag, cuando andaba huyendo de Saúl, 1 Cr. 12.7. // 3. Padre de Azareel, jefe de la tribu de Dan en el tiempo de David, 1 Cr. 27.22. // 4. Uno de los capitanes que apoyaron a Joiada a deponer a Atalía, 2 Cr. 23.1.

JERUEL, hb. **Fundado por Dios:** Parte del desierto de Judá, que fue teatro de una batalla entre el rey Josafat y los amonitas, moabitas y edomitas, 2 Cr. 20.16.

JERUSA, hb. **Poseída:** La madre del rey Jotam de Judá, 2 R. 15.33.

JERUSALÉN CELESTIAL: La Jerusalén de arriba, Gá. 4.26. La ciudad que tiene fundamentos, de la cual Dios es el Arquitecto y Fundador, He. 11.10. A la ciudad del Dios vivo, la Jerusalén celestial, He. 12.22. La ciudad santa, la nueva Jerusalén, Ap. 21.2.

JERUSALÉN, hb. **Habitación de paz:** Ciudad del sur de Palestina, capital de Israel y Judá, y, en términos más recientes, capital de Palestina. Desde 1948 dividida entre Árabes (la parte de la ciudad antigua) y la república de Israel (la parte nueva). Es mencionada por primera vez, en las Escrituras, en Is. 10.1. Se llamaba además, **Jebus,** Jue. 10.10; **Sion,** Sal. 87.2; **Ariel,** Is. 29.1; la **ciudad de justicia,** Is. 1.26; la **Santa ciudad,** Is. 48.2; Mt. 4.5; 27.53; la **ciudad del gran rey,** Mt. 5.35; la **ciudad de David,** 2 S. 5.7. Según esta cita, la ciudad de David era la **Fortaleza de Sion,**

Jerusalén, población de 706 400.

la fortaleza de la ciudad de Jerusalén de los jebuseos. Belén se llamaba, también, la **ciudad de David,** Lc. 2.11. Jerusalén es la ciudad principal de Palestina, la ciudad santa de los cristianos, de los judíos y de los mahometanos. ¿Cuál es el secreto de su grandeza? No tenía un puerto marítimo, como Alejandría y Roma. Ni estaba situada en un río, como Menfis y Babilonia. Y no tenía la gran ventaja de una de las grandes vías comerciales entre el mar Mediterráneo y el valle del Jordán, ni de las que había entre Asia Menor y Egipto. No obstante, mientras Roma era el centro político, y Atenas el centro intelectual, Jerusalén era el centro espiritual del mundo, la ciudad de la mayor influencia sobre la esperanza y el destino del género humano. Era la ciudad escogida del único y verdadero Dios, el centro de sus cultos, leyes y revelación, con la misión de proclamarlo a todo el mundo. Se cantaban: "Como Jerusalén tiene montes alrededor de ella", Sal. 125.2. La ciudad está rodeada de un triángulo de montes más altos que el tablero en la cumbre de la cordillera sobre la cual está edificada. Mientras la propia ciudad tiene la altitud de 800 metros por encima del nivel del mar, el monte de los Olivos tiene 880 metros. Así el panorama está dominado por todos los lados, a no ser el lado que da para el desierto y los montes de Moab. La ciudad, circundada, en la mayor parte, de profundas erosiones, era una fortaleza natural. Al mismo tiempo, muy difícilmente podía abastecerse de agua a un gran ejército que rodeara la ciudad. Véase 2 Cr. 32.4, 5,30. En los grandes sitios, cuando los sitiados sufrían gran hambre, no consta que sufrían de sed. Las fuentes de aguas eran suplementadas por cisternas. Grandes cisternas recogían las aguas de las lluvias. Además, los acueductos subterráneos traían aguas de grandes distancias. Se mencionan el canal subterráneo, 2 S. 5.8; el acueducto del estanque de arriba, Is. 7.3. Había, además, el estanque del rey Salomón, Neh. 2.14; Ec. 2.6; La fuente del dragón, Neh. 2.13; el estanque de Betesda, Jn. 5.2; el estanque de Siloé, Jn. 9.7. Muchas puertas de Jerusalén se hallan mencionadas: la puerta de las aguas, Neh. 3.26; de Benjamín, Jer. 37.13; de los caballos, Jer. 31.40; de Efraín, 2 R. 14.13; del ángulo, Jer. 31.38; de la fuente, Neh. 2.14; de las ovejas, Neh. 3.1; Neh. 12.39; del muladar, Neh. 2.13; Oriental, Neh. 3.29; del pescado, 2 Cr. 33.14; del Valle, 2 Cr. 26.9; Vieja, Neh. 3.6. Los límites de Jerusalén, Jos. 15.8. La ciudad tomada por los hijos de Judá, Jue. 1.8. David llevó la cabeza de Goliat a Jerusalén, 1 S. 17.54. David expulsó los jebuseos de allí, 2 S. 5.7. Joab y sus soldados subieron por el canal subterráneo y tomaron la ciudad, 2 S. 5.8; 1 Cr. 11.6. Es decir, ellos pasaron por este canal hasta la excavación vertical, por la cual los habitantes de la ciudad alcanzaban el agua abajo conducida desde fuera. Esta proeza fue repetida por algunos oficiales en 1910, que así, sin escaleras, entraron en el centro de la ciudad, Sion se convirtió en "la ciudad de David", 2 S. 5.8. El arca fue llevada a Jerusalén, 2 S. 6. David edificó un altar en la era de Arauna, donde Salomón después edificó el templo, en el monte Moriah, 2 S. 24.25; 2Cr 3.1. Jerusalén se volvió la capital de Judá, 1 R. 12. Guerras contra ellas: 1 R. 14.25; 2 R. 14.; 18.; 24. Sitiada y destruida por Nabucodonosor, 2 R. 25. Los cautivos volvieron y Ciro comenzó la reconstrucción del templo, Esd. 1 al 3. Fue continuada por Artajerjes, Neh. 2. Los muros fueron reconstruidos y dedicados por Nehemías, Neh. 12. De Sion saldrá la ley, y la palabra de Dios de Jerusalén, Is. 2.3. Las abominaciones de Jerusalén, Ez. 16.2. La presentación de Jesús en Jerusalén, Lc. 2.22. El niño Jesús permaneció allí, Lc. 2.43. Cristo entró en la ciudad, montado en un pollino Mt. 21. Él lamentó sobre la ciudad, Mt. 23.37. Predijo su destrucción, Mt. 24. Hasta que el tiempo de los gentiles se complete, Jerusalén será pisada por ellos, Lc. 21.24. Los discípulos fueron llenos del Espíritu Santo en Jerusalén, Hch. 2.4. Era el lugar del martirio de Esteban, Hch. 7. Pablo asaltado allí y salvo de la muerte, Hch. 21. **Sinopsis histórica.** Hay pruebas del propio sitio de la ciudad de Jerusalén de que estaba habitada muchos siglos antes de David, por gran número de hombres prehistóricos. La tradición de que Jerusalén era la ciudad de Salem, del reino de Melquisedec (Gn. 14.18), parece confirmada en el Sal. 76.2. El primer registro acertado, de la ciudad de Jerusalén, aparece en las inscripciones en caracteres cuneiformes, descubiertos en Tell-Amarna (Alto-Egipto). En el tiempo de ese registro, el nombre de la ciudad era Urushalim, y su rey era Abd Khiba. En el tiempo de la conquista de Canaán, por Josué, el rey de Jerusalén era Adonisedec, Jos. 10.3. David, alrededor de 1000 a.C., tomó la ciudad y, después de haber reinado siete años en Hebrón, reinó allí treinta y tres años, 2 S. 5.5; 1 R. 2.11. Hizo de Jerusalén la capital de su reino y el centro religioso del país. Salomón extendió los muros de la ciudad y construyó el templo con gran magnificencia. Edificó también un palacio real, de un esplendor que rivalizaba con el templo. Roboam, hijo de Salomón, siguió reinando en Jerusalén, sobre las dos tribus, tras la división del reino. El el quinto año de su reinado la ciudad fue tomada por Sisac, rey de Egipto, 1 R. 14.25. En el reinado de Joram, fue tomada otra vez por los filisteos y árabes, 2 Cr. 21.16. En la época del rey Amasías, el rey de Israel Joás, derribó una gran parte del muro, y llevó mucho despojo, 2 Cr. 25.23. Rezín, rey de Siria, y Peka, rey de Israel, fracasaron en el intento de tomar Jerusalén, en el reinado de Acaz, 2 R. 16.5. De igual modo fracasó la tentativa de Senaquerib, en el reinado de Ezequías, 2 R. caps. 18 y 19. Los pecados de Manasés fueron la causa de su encarcelamiento y de su deportación a Babilonia, 2 Cr. 33.9. Josías, nieto de Manasés, realizó en Jerusalén una gran reforma moral y religiosa, 2 Cr. 34.3. En el reinado de Joaquín, la ciudad fue rodeada y tomada por Nabucodonosor, que deportó a Babilonia a casi todo el pueblo, 2 R. 24.12-16. En el noveno año del reinado de Sedequías, la ciudad fue sitiada, él fue apresado, se vaciaron sus ojos y se le llevó a Babilonia. Todas las casas fueron quemadas, incluso el templo, 2 R. 25. En el tiempo de Ciro, como se halla señalado en Esdras, el pueblo volvió del cautiverio y reedificó el templo. Las murallas fueron levantadas por Nehemías, Neh. 3. Alejandro Magno visitó la ciudad cuando Jadúa (Neh. 12.11, 22) ejercía el sumo sacerdocio. Ptolomeo Soler tomó la ciudad en el año 320 a.C. Antíoco el Grande la conquistó en 203 a.C. Scopas, el general alejandrino, se la tomó en 199 a.C. Fue tomada y el templo fue profanado, por Antíoco Epífanes, Dn. 11.31. Fue reconquistada por Judas Macabeo, en 165 a.C. Pompeyo se apoderó de ella en 65 a.C. Fue saqueada por los partos en 40 a.C. Herodes el Grande la tomó en 37 a.C. Fue quien restauró el templo. En el año 70 d.C., el ejército romano, de 100 000 hombres comandados por Tito, después de un sitio de cinco meses, tomó y destruyó la ciudad. Los sitiados se defendieron con desesperado valor, y una vez rotos los muros, los conquistadores excavaron y volcaron las propias piedras de los cimientos. Véase Mt. 24.2. El historiador Tácito calculó en un millón la pérdida de vidas. Los judíos, bajo Bar Cociba, retomaron la ciudad en 131. El emperador romano, Adriano, la conquistó y la devastó en 132. Cosróes II, rey de Persia, la conquistó y la saqueó en 614. Heraclio la volvió a tomar en 628. Omar, sucesor de Mahoma, la ocupó en 637. Revolucionarios musulmanes la conquistaron en 842. Los edificios de los cristianos fueron destruidos en 937. La dinastía fatimita la ocupó en 969. Calif Hakim la destruyó en 1010. Los turcos seljuk la ocuparon en 1096, Godofredo, jefe de la primera cruzada, la sitió, la conquistó y masacró a los habitantes, en 1099. Saladino, jefe de la tercera cruzada, la ocupó en 1187. Los muros fueron destruidos en 1219. El Emir de Kerak la conquistó en 1229. Se entregó a Federico II, en la sexta cruzada, en 1239. Los kharesmians la conquistaron y los árabes la saquearon en 1240. Fue ocupada por los turcos en 1547. Ibrahim Pacha, de Egipto, la ocupó en 1831. Los turcos la bombardearon en 1835. Fue ocupada otra vez por los turcos en 1841. El general Allenby la liberó en 1917. En 14 de mayo de 1948, renació la nación de Israel con su capital en Tel Aviv. Actualmente la ciudad de Jerusalén tiene una población de

156 000 habitantes, en la parte judía. Hoy una mezquita musulmana ocupa el lugar en el templo. "Jerusalén será hollada por los gentiles, hasta que los tiempos de los gentiles se cumplan", Lc. 21.24. El pasado de Jerusalén es asunto muy impresionante. El futuro es aun más conmovedor. Sus ruinas no permanecerán para siempre. El futuro templo e Israel restaurado, cuando Jerusalén se va a vestir de "su ropa hermosa" (Is. 52.1), deben ser nuestra meditación diaria; el día en que los pies de Cristo estarán sobre el monte de los Olivos (Zac. 14.4), debe ser nuestro mayor anhelo. Véase mapa 2, C-5; mapa 4, B-2; 6, F-4.

JESAÍAS, hb. **Salvación de Jehová:** 1. Un nieto de Zorobabel, 1 Cr. 3.21. // 2. Uno de los cantores en el templo, 1 Cr. 25.3. // 3. Uno de los guardias de los tesoros de David, 1 Cr. 26.25. // 4. Uno de los que volvieron de Babilonia con Esdras, Esd. 8.19. // 6. Un benjamita, Neh. 11.7.

JESANA, hb. **Viejo:** Una ciudad tomada de Jeroboam por Abías, 2 Cr. 13.19. Véase mapa 5, B-1.

JESARELA, hb. **Íntegro:** Uno de los cantores en el templo, 1 Cr. 25.14.

JESEBEAB, hb. **Habitación paternal:** El jefe del decimocuarto turno de sacerdotes, 1 Cr. 24.13.

JESER, hb. **Justicia:** Un hijo de Caleb, 1 Cr. 2.18.

JESIMIEL, hb. **Dios establece:** Un príncipe de una familia simeonita, 1 Cr. 4.36.

JESISAI, hb. **Perteneciente a un viejo:** Un jefe de Gad, 1 Cr. 5.14.

JESOHAÍA, hb. **Jehová humilla:** Príncipe de una familia simeonita, 1 Cr. 4.36.

JESÚA, hb. **Jehová es salvación:** 1. Jefe de un grupo de sacerdotes, 1 Cr. 24.11. // 2. Un levita en el reinado de Ezequías, 2 Cr. 31.15. // 3. Un sumo sacerdote, Esd. 2.2. // 4. Uno de los que vinieron de Babilonia con Zorobabel, Esd. 2.6. // 5. Jefe de una familia levítica, Esd. 2.36. // 6. Un levita hijo de Azanías, Neh. 10.9. // 7. Otro levita, hijo de Cadmiel, Neh. 12.24. // 8. El padre de Ezer, uno de los que trabajaron en el muro, Neh. 3.19. // 9. Un lugar donde habitaron algunos de los hijos de Judá después de volver del cautiverio, Neh. 11.26.

JESURÚN: La palabra significa un amado, es así traducida en Dt. 32.15; 33.5; Is. 44.2 se refiere a Israel.

JESÚS, gr. **Salvador,** hb. **Josué:** 1. Jesús, un compañero de Pablo apellidado **Justo**, Col. 4.11. // 2. Jesucristo. Es tanto el centro de la historia del mundo como de la historia y de la doctrina de la Biblia. **Jesucristo, Sus nombres, títulos y oficios:** Adán, el último, 1 Co. 15.45. Abogado, el, 1 Jn. 2.1. Alfa y Omega, Ap. 1.8. Amado, Mt. 12.18; Ef. 1.6. Amén, Ap. 3.14. Amigo de publicanos, Mt. 11.19. Apóstol, He. 3.1. Autor y consumador de la fe, He. 12.2. Autor de la salvación, He. 2.10; 5.9. Autor de la vida, Hch. 3.15. Pastor y Obispo de vuestras almas, 1 P. 2.25. Cabeza del cuerpo de la iglesia, Col. 1.18. Cabeza de todo hombre, 1 Co. 11.3. Camino, Jn. 14.6. Carpintero, Mr. 6.3. Cetro, Nm. 24.17. Compañero, Zac. 13.7. Consejero, Is. 9.6. Consolación de Israel, Lc. 2.25. Cordero, Ap. 5.6,8. Cordero de Dios, Jn. 1.29, 36. Cordero pascal, 1 Co. 5.7. El Cordero que fue inmolado, Ap. 5.12. Cristo, Mt. 16.16. Cristo de Dios, Lc. 9.20, ¿Eres tú el Cristo, el Hijo del Bendito?, Mr. 14.61. Jesucristo nuestro Señor, 1 Ti. 1.12. Cristo, un rey, Lc. 23.2. Cristo, el Señor, Lc. 2.11. Ungido del Señor, Lc. 2.26. David, Ez. 34.23; 37.24. David, su Rey, Jer. 30.9. Dios con nosotros, Mt. 1.23. Dios fuerte, Is. 9.6. El unigénito Hijo, Jn. 1.18. Emanuel, Is. 7.14; Mt. 1.23. Santo, El, Lc. 1.35. Escogido, mi, Is. 42.1. Esperanza, nuestra, 1 Ti. 1.1. Pendón, Is. 11.10. De Jacob, Estrella, Nm. 24.17. Lucero de la mañana, 2 P. 1.19. Estrella resplandeciente de la mañana, Ap. 22.16. Yo soy, Ex. 3.14; Jn. 8.58. Imagen misma de su sustancia, He. 1.3. Fiador de un mejor pacto, He. 7.22. Fiel y Verdadero, Ap. 19.11. Hijo, He. 3.6. Hijo amado, mi, Mt. 3.17. Amado Hijo, Col. 1.13. Hijo del carpintero, Mt. 13.55. Hijo de David, Mt. 9.27. Hijo de Dios, Mt. 8.29; Lc. 4.41. Hijo del Dios Altísimo, el, Mr. 5.7; Lc. 1.32. Hijo del Bendito, el, Mr. 14.61. Hijo del Dios vivo, el, Mt. 16.16. Hijo del Hombre, Mt. 16.28. Hijo de María, Mr. 6.3. Hijo del Padre, 2 Jn. 3. Hijo unigénito, su, Jn. 3.16. Manantial, Zac. 13.1. Fundamento, 1 Co. 3.11. Maestro a las naciones, Is. 55.4. Guiador, Mt. 2.6. Heredero de todo, He. 1.2. Varón de dolores, Is. 53.3. Hombre, el segundo, 1 Co. 15.47. Imagen de Dios, la, 2 Co. 4.4. Jesús, Mt. 1.21; 1 Ts. 1.10. Jesucristo nuestro Salvador, Tit. 3.6. Jesús. El Hijo de Dios, He. 4.14. Jesús Nazareno, Jn. 19.19. JESÚS, EL REY DE LOS JUDÍOS, Mt. 27.37. Juez justo, 2 Ti. 4.8. Juez de vivos y muertos, Hch. 10.42. Justicia, 1 Co. 1.30. Justo, Hch. 3.14. Legislador, Is. 33.22. Libertador, Ro. 11.26. Luz, la, Jn. 12.35. Luz del mundo, la, Jn. 8.12; 9.5. Luz, la verdadera, Jn. 1.9. Admirable, Is. 9.6, mediador, 1 Ti. 2.5. Pacto al pueblo, Is. 42.6. Mediador del nuevo pacto, He. 12.24. Niño, el, Mt. 2.8. Niño Jesús, el, Lc. 2.27. Mismo ayer, y hoy, y por los siglos, He. 13.8. Mesías, Jn. 1.41. Maestro, Mt. 19.16; Jn. 3.2. Nazareno, Mt. 2.23. Padre eterno, Is. 9.6. Pan de Dios, Jn. 6.33.

Pan, Yo soy el, Jn. 6.41. Pan vivo, Jn. 6.51. Pastor y Obispo de vuestras almas, 1 P. 2:25. Pastor, el buen, Jn. 10.14. Pastor de las ovejas, He. 13.20. Príncipe de los pastores, 1 P. 5.4. Piedra, la, Mt. 21.42. 1 Co. 10.4. Piedra probada, angular, Is. 28.16. Ef. 2.20; 1 P. 2.6. Piedra de tropiezo, 1 P. 2.8. Piedra viva, 1 P. 2.4. Poder de Dios, 1 Co. 1.24. Fuerte de Jacob, el, Is. 49.26. Grande para salvar, Is. 63.1. Puerta de las ovejas, la, Jn. 10.7. El primero y el último, el, Ap. 1.17; 22.13. Primicias de los que durmieron, 1 Co. 15.20. Primogénito, el, He. 1.6. Primogénito de los muertos, el, Ap. 1.5. Primogénito entre muchos hermanos, el, Ro. 8.29. Primogénito de la creación, el, Col. 1.15. Príncipe, Hch. 5.31. Principio de la creación, Ap. 3.14. Príncipe de paz, Is. 9.6. Profeta, el, Dt. 18.15; Jn. 6.14. Propiciación, Ro. 3.25; 1 Jn. 4.10. Rabí, Jn. 1.38; 3.2. Raboni, Jn. 20.16. Raíz de David, la, Ap. 5.5. Raíz y el linaje de David, la, Ap. 22.16. Raíz de Isaí, la, Ro. 15.12. Redención, 1 Co. 1.30. Rey, Mt. 21.5. Rey de Israel, Jn. 1.49. Rey de los judíos, Mt. 2.2. Rey de reyes, 1 Ti. 6.15; Ap. 19.16. Rey sobre toda la tierra, Zac. 14.9. Renuevo, el, Zac. 3.8. Renuevo de justicia, Jer. 33.15. Renuevo Justo, Jer. 23.5. Resplandor de su gloria, He. 1.3. Resurrección, la, Jn. 11.25. Sabiduría, 1 Co. 1.30. Sabiduría de Dios, 1 Co. 1.24. Sacerdote para siempre, He. 5.6. Salvador, Lc. 2.11. Salvador del cuerpo, Ef. 5.23. Salvador del mundo, 1 Jn. 4.14. Santificación, 1 Co. 1.30. Santo, el, Ap. 3.7. Santo de Dios, Lc. 4.34. Santo y Justo, el, Hch. 3.14. Santo de los Santos, el, Dn. 9.24. Santo hijo Jesús, Hch. 4.30. Señor, el, Mt. 3.3. Señor del cielo y de la tierra, Hch. 17-24. Señor de la gloria, el, 1 Co. 2.8. Señor Jesús, el, Hch. 1.21. Señor Jesucristo, el, Ro. 1.7; Ef. 6.24. Jehová, justicia nuestra, Jer. 23.6. Señor y Salvador Jesucristo, 2 P. 2.20. Señor de señores, 1 Ti. 6.15; Ap. 17.14. Señor aun del día de reposo, Mr. 2.28. Señor de todos, Hch. 10.36; Ro. 10.12. Señor así de los muertos como de los que viven, Ro. 14.9. Mi siervo, Is. 52.13; Mt. 12.18. Santo Hijo Jesús, tu, Hch. 4.27. Siloh, Gn. 49.10. Soberano, Rey de reyes, 1 Ti. 6.15. Soberano de los reyes de la tierra, el, Ap. 1.5. Sol de justicia, el, Mal. 4.2. Aurora, la, Lc. 1.78. Sumo Sacerdote, He. 3.1; 4,14; 5.10. Sumo sacerdote de los bienes venideros, He. 9.11. Testigo fiel y verdadero, el, Ap. 3.14. Todopoderoso, Ap. 1.8. Mesías Príncipe, Dn. 9.25. Verbo, el, Jn. 1.1. Verbo de Dios, El, Ap. 19.13. Verbo de vida, el, 1 Jn. 1.1. Verdad, la, Jn. 14.6. Verdadero, Fiel y, Ap. 19.11. Vida, la, Jn. 14.6. Vida, nuestra, Col. 3.4. Vid verdadera, Jn. 15.1. **Jesucristo, su vida y su obra:** Predicho el nacimiento, Lc. 1.26-38. Nasce en Belén, Lc. 2.1-7. Nacimiento anunciado a los pastores, Lc. 2.8-20. Circuncidado, Lc. 2.21. Presentado en el templo, Lc. 2.22-38. La visita de los magos, Mt. 2.1-12. La fuga para Egipto y el regreso para Nazaret, Mt. 2.13-23. Con la edad de doce años en medio de los doctores en Jerusalén, Lc. 2.40-50. Trabaja como carpintero durante casi dieciocho años, Mr. 6.3; Lc. 2.51. // **Su ministerio público, primer año:** Bautizado por Jn., Mt. 3.13-17; Tentado en el desierto, Mt. 4.1-11. Su primer milagro, en Caná de Galilea, Jn. 2. 1,2. Purifica el templo, Jn. 2.13-25. Plática con la mujer de Samaria en el pozo de Jacob, Jn. 4.1-12. // **Su ministerio público, segundo año:** Predica en Capernaum, Mt. 4.13-17. El llamamiento de Simón, Andrés, Jacobo y Jn., Mt. 4.18-22. Llamamiento de Mateo, Mt. 9.1-9. Escoge a los doce apóstoles, Mr. 3.13-19. Predica el sermón en el monte, Mt. 5.; 6.; 7. La oración dominical, Mt. 6.9-13. Una mujer unge los pies de Jesús, Lc. 7.36-50. Predica de aldea en aldea en Galilea, Lc. 8.1-3. Atraviesa el mar de Galilea y calma una tempestad, Mt. 8.18-27. // **Su ministerio público, tercer año:** Envía los apóstoles, Mt. 10.1-42. Alimenta los cinco mil, Mt. 14.13-21. Anda por sobre el mar de Galilea, Mt. 12.22-36. Pedro confiesa Él es el Hijo del Dios viviente, Mt. 16.13-20. Predice Su muerte y resurrección, Mt. 16.21-28. Su transfiguración, Mt. 17.1-13. // **Su ministerio, cuarto año:** Predica en la fiesta de los tabernáculos, Jn. 7.10-53. Envía a los setenta, Lc. 10.1-24. Resucita a Lázaro de Betania, Jn. 11.17-46. Su último viaje a Jerusalén, Mt. 19.1. Bendice a los niños, Mt. 19.13-15. Predice otra vez su muerte y resurrección, Mt. 20.17-19. // **Su muerte y resurrección:** Su entrada pública

Las mujeres encontraron la tumba vacía (Mt. 28.1-8).

en Jerusalén, Mt. 21.1-17. Interroga los fariseos, Mt. 22.41. Alaba la ofrenda de la viuda pobre, Mr. 12.41-44. La última cena, Mt. 26.17-20. Lava los pies a los discípulos, Jn. 13.1-17. Institución de la Cena del Señor, Mt. 26.26-29. La agonía en el Getsemaní, Mt. 26.36-46. Traicionado por Judas, Mt. 26.47-56. Negado por Pedro, tres veces, Mt. 26.57-75. Ante Pilato, Mt. 27.3-26. Crucificado, Mt. 27.33-56. Las mujeres encuentran el sepulcro vacío, Mt. 28.1-8. Aparece después de la resurrección: 1) A María Magdalena, Mr. 16.9. 2) A las mujeres, Mt. 28.9. 3) A dos discípulos en camino a Emaús, Lc. 24.13-31. 4) A Simón Pedro, Lc. 24. 34; 1 Co. 15.5. 5) A los discípulos cerradas las puertas, Lc. 24.36; Jn. 20.19. 6) A los once con Tomás, Mr. 16.14; Jn. 20.26; 1 Co. 15.5,7) A más de 500 a la vez, Mt. 28.16; 1 Co. 15.6. 8) A algunos discípulos en la playa del mar de Galilea, Jn. 21.1. 9) Stg., 1 Co. 15.7. 10) A los apóstoles, Hch. 1.4. Su ascensión, Mr. 16.19; Lc. 24-50-52; Hch. 1.9. **Jesucristo, su humillación,** Hch. 8.33; Is. 53.7. Azotado, Mt. 27.26. Abatido, Is. 53.4. Col. 1.24. Se estremeció en espíritu, Jn. 11.33. Maldición, Gá. 3.13. Atado, Mt. 27.2. Amó, Ef. 5.2. Aprendió la obediencia, He. 5.8. Bautizado, Mt. 3.16. Injuriado, Mr. 15.29. Pisoteado, He. 10.29. Se cansó, Jn. 4.6. Castigado, Lc. 23.16; Is. 53.4. Lloró, Job 11.35. Comió con publicanos, Mr. 2.16. Se conmovió, Jn. 11.33. Condenado, Lc. 24.20. Entristecido, Mr. 3.5. Acabó la obra, Jn. 17.4. Contado con los pecadores, Is. 53.12. Coronado de espinas, Mt. 27.29. Cortado de la tierra, Is. 53.8. Escupieron en él, Mr. 14.65. Crucificado, Mt. 27.35; 1 Co. 2.2. Derramó su vida, Is. 53.12. Acostado en un pesebre, Lc. 2.7. Dio su vida, 1 Jn. 3.16. Desfigurado, Is. 52.14. Desnudado, Mt. 27.28. Despreciado, Is. 53.3. Durmió, Mr. 4.38. Enseñó, Mr. 4.2. Entregado, Hch. 2.23. Entregó el espíritu, Mt. 27.50. Se entregó, Ef. 5.2. Enviado, Mt. 10.40. Escarnecido, Lc. 23.11. Predicó las buenas nuevas, Lc. 4.18. Rechazado, Lc. 4.29. Hecho por nosotros maldición, Gá. 3.13. Herido, Is. 53.4. Se hizo carne, Jn. 1.14. Se humilló, Fil. 2.8. Sacrificado, 1 Co. 5.7. Se inclinó, Jn. 8.6. Sin mancha, He. 7.26. Inocente, He. 7.26. Justo, 1 P. 3.18. Lavó pies, Jn. 13.5. Sufrió nuestros dolores, Is. 53.4. Llevó el pecado de muchos, Is. 53.12. Levantado, Jn. 3.14. Apareció, 1 Jn. 3.8. Manso, Mt. 11.29; 2 Co. 10.1. Molido, Is. 53.5. Misericordioso, Stg. 5.11. Murió, 1 Ts. 5.10. Muerto, Jn. 19.33.Movido de Compasión, Mt. 9.36. No se agradó a sí mismo, Ro. 15.3. No tenía dónde recostar la cabeza, Mt. 8.20. Nacido de mujer, Gá. 4.4. Negado, Hch. 3.14. Obediente hasta la muerte, Fil. 2.8. Aborrecido, Jn. 15.25. Ofrecido, He. 9.28. Afligido, Is. 53.7. Oró, Mt. 26.39. Padeció, Is. 53.3. Partido, 1 Co. 11.24. Perseguido, Jn. 15.20. Pobre, 2 Co. 8.9. Proclamó libertad, Lc. 4.18. Puro, 1 Jn. 3.3. Desechado, Is. 53.3; 1 P. 2.4. Descansó, Mr. 6.31. Ridiculizado, Lc. 16.14. Rodeado de debilidad, He. 5.2. Sin mancha, 1 P. 1.19; He. 7.26. Sepultado, 1 Co. 15.4. Padeció, 1 P. 2.21. Solo, Is. 63.3. Gimió, Mr. 7.34. Sufrió la cruz, He. 12.2. Tentado, Mt. 4.1. Tuvo hambre, Mr. 11.12. Tuvo sed, Jn. 19.28. Se hizo obediente, Fil. 2.8. Traicionado, Mt. 27.4. Traspasado, Jn. 19.37; Ap. 1.7. Triste, Mt. 26.38. Lo vistieron de púrpura, Mr. 15.17. **Jesucristo, su exaltación,** Hch. 5.31. Pastoreará He. 11.30, Ap. 7.17. Perfeccionado, He. 2.10; 5.9. Se sentó a la diestra, He. 8.1; Ap. 3.21. Bendito, Ro. 9.5. Coronado, He. 2.9. Descenderá, 1 Ts. 4.16. Recibido arriba, Hch. 1.2. Exaltó, Dios le, Fil. 2.9. Fiel, He. 2.17; Ap. 1.5. Formado en vosotros, Gá. 4.19. Glorificado, Jn. 12.23. Glorificado, cuando venga en aquel día para ser, 2 Ts. 1.10. Igual a Dios, Fil. 2.6. Tiene inmortalidad, 1 Ti. 6.16. Interceder por ellos, He. 7.25. Invisible, 1 Ti. 1.17; He. 11.27. Juzgará, Ro. 14.10; 2 Co. 5.10; 2 Ti. 4.1. Clemencia, su, 1 Ti. 1.16; 2 P. 3.15. Más sublime que los cielos, He. 7.26. Se manifestará, 2 Ts. 1.7. Misericordioso, He. 2.17. Peleará, Ap. 2.16. Poder, supereminente grandeza de su, Ef. 1.19. Reinará, 1 Co. 15.25-27; Ap. 11.15; 20.6. Resucitó, Lc. 24.34; Ro. 6.4; 1 Co. 15.15. Vestido de magnificencia, Sal. 93.1; 2 P. 1.16. Satisfecho, Is. 53.11. Sustenta todas las cosas, He. 1.3. Con vosotros todos los días, Mt. 28.20. Hecho sumo sacerdote, He. 6.20. Ungido, Hch. 10.38. Venció, Ap. 3.21. Vive, Ap. 1.18; 2.8. Viviendo siempre, He. 7.25. Vivificará, 1 Co. 15.22. Camino nuevo y vivo, He. 10.20. Vendrá, Jn. 14.3; Hch. 1.11. **Jesucristo, su misión:** Enviado por el Padre, Jn. 6.57. Vino en el nombre del Padre, Jn. 5.43. Para predicar, Mr. 1.38; a los pobres, Lc. 4.18; predicar arrepentimiento, Mt. 4.17; 9.13; Mr. 6.12; Lc. 24.47; remisión de los pecados, Lc. 1.77; 24.47; libertad, Lc. 4.18; el año agradable, Lc. 4.19; reino de Dios, Mt. 10.7; Lc. 4.43; 8.1; 16.16; para cumplir toda la justicia, Mt. 3.15; llamar pecadores, Mt. 9.13; Lc. 5.32; para que los que no ven, vean, y los que ven, sean cegados, Jn. 9.39; dar salvación Is. 49.6; Mt. 1.21; Lc. 1.77; Jn. 3.17; salvar los perdidos, Lc. 9.56; 19.10; hacer que los ciegos vean, que los cojos anden, que los muertos resuciten, Mt. 11.5; hacer la voluntad del Padre, Jn. 4.34; 6.38,39; para servir, Mt. 20.28; dar testimonio de la verdad, Jn. 18.37; ser luz del mundo, Mt. 4.16; Lc. 1.79; dar paz, Jn. 14.27;

dar vida, Jn. 6.33; 10.20-28; dar vida eterna, Jn. 3.16; 6.47; 10.28; dar su vida, Jn. 10.15; 15.13; para juicio, Jn. 9.39. **Jesucristo, sus milagros:** Véase **Milagros. Jesucristo, su doctrina y sus discursos:** Administrador infiel, Lc. 16.1. Adulterio, Mt. 5.27. Agua viva, Jn. 4.1-42; 7.37, 38. Amigo, importuno, Lc. 11.1-13. Amor al prójimo, Mt. 5.43. Apóstoles, a los, Mt. 10.1-42. Autoridad, su, Mt. 21.23-46. Arrepentimiento, Mt. 4.13-17. Avaricia, Lc. 12.13-50. Bienaventuranzas, Mt. 5.3. Bodas, Mt. 22.1-14. Buen Pastor, Jn. 10.1-21. Buen samaritano, Lc. 10.25-37, Lc. 10.25-37. Candelero, Mt. 5.15. Gran cena, Lc. 14.16. Cena del Señor, Mt. 26.26-29. Conforta los discípulos, Jn. 14.1-31. Consolador, Jn. 14.16; 16.7. Divorcio, Mt. 19.1-12. Dos señores, Mt. 6.24. Dracma perdida, Lc. 15.8. Limosna, Mt. 6.2. Falsos profetas, Mt. 7.15. Fariseo y publicano, Lc. 18.9-14. Fariseos e hipocresía, Mt. 23.1-39. Levadura, Mt. 16.5-12. Hijo pródigo, Lc. 15.11. Cimientos, dos, Mt. 7.24. Gran cena, Lc. 14.16. Homicidio, Mt. 5.21. Humildad, Mt. 5.3; Mr. 9.35; Lc. 14; 22.24-36. Ayunar, Mt. 6.16. Juez injusto, Lc. 18. 1-8. El juicio temerario, Mt. 7.1. Juicio de las naciones, Mt. 25.31-46. Juramentos, Mt. 5.33. Luz del mundo, Mt. 5.14. Minas, Lc. 19.11-27. Monte de los Olivos, sermón del, Mt. 24; Mr. 13; Lc. 21. Monte, sermón del. Mt. 5; 6; 7. Nacimiento, nuevo, Jn. 3.1-21. Nazaret, en, Lc. 4.16. Nuevo mandamiento, Jn. 13.34. Nuevo nacimiento, Jn. 3.1-21. Oración, Mt. 6.5. Oración dominical, Mt. 6.9. Oración sacerdotal, su, Jn. 17. Oveja perdida, Lc. 15.3. Pan de vida, Jn. 6.22-31. Parábolas, Mt. 13. Pedid, y se os dará, Mt. 7.7. Perlas a los puercos, Mt. 7.6. Perdón, Mt. 6.12-15; 18.21. Llanura, sermón de la, Lc. 6.17. Puerta estrecha, Mt. 7.12. Pureza de corazón, Mt. 15.1-20. Reino de Dios, Lc. 17.20-37. Rico y Lázaro, Lc. 16.19. Riquezas, peligro de las, Mt. 19.16-30. Sábado, Mt. 12.9-14; Mr. 2.23-28; Lc. 6.1-11; 13.10-17; 14.1-6. Sal de la tierra, Mt. 5.13. Segunda venida y destrucción de Jerusalén, Mt. 24.1-57; Mr. 13.1-37; Lc. 21.5-38. Setenta, a los, Lc. 10.1-24. Talentos, Mt. 25.14-30. Tesoros, Mt. 6.19. Los obreros en la viña, Mt. 20.1-16. Tributo, resurrección, el gran mandamiento, Mt. 22.15-33. Vida más allá del sepulcro, Jn. 5.25, 28, 29; 6. 47; 11.1-53; 14.2. Vida eterna, Mt. 19.16-30; Mr. 10.17-31. Vid verdadera, Jn. 15.1-12. Vírgenes, las diez, Mt. 25.1-13. Venganza, Mt. 5.38. Viuda pobre, ofrenda de la, Lc. 21.1-4. **Jesucristo, sus parábolas:** Véase **Parábolas. Jesucristo, su naturaleza y oficios divinos:** Cabeza de la Iglesia, Mt. 21.42; Ef. 1.22, 23; 2.20; 5.23; Col. 1.18; Ap. 21.22. // Creador, Sal. 33.6. Jn. 1.3; 5.19; Ef. 3.9; Col. 1.16; He. 1.2, 10. // Igual al Padre, Mt. 28.18; Jn. 5.23; 16.15; 17.10; Fil. 2.6; Col. 2.9; 2 Ts. 2.16. // Dios eterno, Is. 9.6; Mi. 5.2; Jn. 1.1-3; 8.58; Ro. 9.5; Col. 1.17; Tit. 2.13; He. 13.8; Ap. 17.14; 19.16. // Objeto de fe y culto, Jn. 6.69; 8.28; 14.1; Fil. 2.9; Col. 1.4-27; 1 Ts. 1.3; 1 P. 1.3; He. 1.6. // Omnipotente, Mt. 28.18; Fil. 3.21; Col. 2.9. // Omnipresente, Mt. 18.20; 28.19,20; Jn. 3.13. // Omnisciente, Jn. 2.25; 6.64; 16.30; 21.17; Col. 2.3; Ap. 2.13. // Profeta, Dt. 18.15-18; Is. 49.5, 6; Lc. 7.16; 24.19; Jn. 3.2; Hch. 3.22, 23. // Rey, Gn. 49.10, Sal. 2.6; Is. 2.4; 9.6; Dn. 7.13; Mt. 2.2; Jn. 1.49; He. 1.2-4; 1 P. 3.22; Ap. 11.15; 19.16. // Sacerdote, Sal. 110.4; Is. 53.12; Jn. 14.6; Ro. 8.34; 1 Ti. 2.5; He. 2.17; 3.1; 4.14; 5.5-10; 7.1-28; 8.1-6; 9.11-27; 10.1-21; 1 Jn. 2.1. **Jesucristo, los que son tipos de:** Abel, He. 12.24; Gn. 4.8; Adán, 1 Co. 15.22, 45-47. Arca, 1 P. 3.20, 21; He. 11.7; Gn. 7.7. Macho cabrío emisario, V. 16.10, 20; Is. 53.6; Ro. 5.11. Ciudades de refugio, Nm. 35.6-8; He. 6.18. Cordero, Jn. 1.29-36; Hch. 8.32; 1 P. 1.19; Ex. 29.38; Lv. 4.32; Nm. 6.12. David, Jn. 7.42; Ez. 37.24. Isaac, He. 11.18; Stg. 2.21; Gn. 22.9. Holocausto, He. 10.8-10; Gn. 8.20. Jacob, He. 11.9; Gn. 32.28. Jonás, Mt. 12.40; Jon. 1.17. José, Gn. 50.19-21; Mt. 5.44. Josué, He. 4.8; Jos. 1. Maná, Jn. 6.31, 50, 58; Ex. 16.35; Dt. 8.3. Melquisedec, Gn. 14.18-20; He. 6.20; 7.1-17. Moisés, Jn. 3.14; 9.29; Ex. 24.2. Noé, Lc. 17.26; Gn. 5.29. Ofrenda por el pecado, 1 Jn. 4.10; Ex. 29.36. Pascua, 1 Co. 5.7; Ex. 12.26, 43. Roca en el desierto, Ex. 17.6; 1 Co. 10.4. Ofrenda de paz, Ef. 2.13; Col. 1.20; Ex. 29.28. Salomón, Mt. 12.42; Lc. 11.31; 1 Cr. 29.23. Sansón, Jue. 13.5,7; Mt. 2.23. Serpiente de bronce, Nm. 21.9; Jn. 3.14. Tabernáculo, Ex. 25.9; He. 9.2-11; Templo, 1 R. 6.; 8.12-21; Jn. 2.19, 21; Mr. 14.58.

JETER, hb. **Abundancia:** 1. El hijo primogénito de Gedeón. Temió matar Zeba y Zalmuna, Jue. 8.20. // 2. Padre de Amasa, 1 R. 2.5. // 3. Descendiente de Jerameel, 1 Cr. 2.32. // 4. Un descendiente de Caleb, 1 Cr. 4.17. // 5. Un príncipe de una familia de Aser, 1 Cr. 7.38.

JETET: Un príncipe de Esaú, Gn. 36.40.

JETLA, hb. **Lugar alto:** Una ciudad de la herencia de Dan, Jos. 19.42.

JETRO, hb. **Excelencia:** Un sacerdote de Madián y suegro de Moisés, Ex. 3.1. Descendía de Madián, hijo de Abraham y de Cetura, y parece que fue sacerdote del verdadero Dios, Ex. 18.12. Moisés, al huir de Faraón, prestó servicios a Jetro, llegando finalmente a casarse con Séfora, una de sus siete hijas, Ex. 2.21. Trajo a Moisés en el desierto, su mujer y sus hijos, Ex. 18.2. Aconsejó a

Moisés que nombrara auxiliares para juzgar el pueblo, Ex. 18.19. Se llamaba también, Reuel, y tal vez, Hobab, Ex. 2.18; Nm. 10.29. Véase **Hobab.**

JETUR, hb. **Nómada:** Un hijo de Ismael, Gn. 25.15.

JEÚZ, hb. **Él aconseja:** Un descendiente de Benjamín, 1 Cr. 8.10.

JEZABEL, hb. **Casta:** Hija de Et-baal, rey de los sidonios, y mujer de Acab, rey de Israel, 1 R. 16.31. Alrededor de su mesa reunía ella 450 profetas de Baal, y cuatrocientos sacerdotes de Asera, 1 R. 18.19. Destruía a los profetas de Jehová, 1 R. 18.4. Planeó la muerte de Elías, R. 19.12. Causó la muerte de Nabot, 1 R. 21.14. Elías predijo que los perros la comerían, 1 R. 21.23. Su muerte dramática, siendo Jehú el que la mató, 2 R. 9.30-37. Era la más perversa de las reinas de Israel, siendo, además, la más inteligente y notable. Había, en la iglesia en Tiatira, una profetisa, a quien el Señor hizo mención, usando el nefando nombre de la seductora reina de Israel, Jezabel, Ap. 2.20.

"Su hacienda era de... tres mil camellos" *(Job 1.3).*

JEZER, hb. **Formación:** 1. Un hijo de Neftalí, Gn. 46.24. // 2. Una familia de Galaad, Nm. 26.30.

JEZIEL, hb. **Asamblea de Dios:** Uno de los que vinieron a David en Siclag, cuando éste huía de Saúl, 1 Cr. 12.3.

JEZOAR, hb. **Brillo:** Un descendiente de Judá, 1 Cr. 4.7.

JEZREEL, hb. **Dios siembra:** 1. Una ciudad situada en la planicie del mismo nombre. De la tribu de Isacar, Jos. 19.18. Donde los israelitas acamparon antes de la batalla de Gilboa, 1 S. 29.1-11; 2 S. 4.4. Gobernado por Is-boset, 2 S. 2.9. Donde vivía Acab, tenía su palacio, 1 R. 21.1, y donde tal vez construyó su casa de marfil, 1 R. 22.39. Fue, probablemente, en esta ciudad, o cerca, que había un templo de Asera y donde Jezabel sustentaba 400 profetas. Véase 1 R. 18.19; 2 R. 10.11. Nabot tenía una viña en Jezreel y fue apedreado fuera de la ciudad, 1 R. 21.1,13. Dentro de la ciudad Jezabel sufrió muerte violenta, 1 R. 21.23. Y el rey Joram se volvió a Jezreel para curarse, 2 R. 8.29. Los setenta hijos de Acab fueron asesinados y sus cabezas fueron enviadas en canastas para Jezreel, 2 R. 10.7. Con el exterminio de la casa de Acab, pasó la gloria de Jezreel. El valle de Jezreel (Jos. 17.6; Jue. 6.33) es regado por el río Cisón. La planicie de Jezreel se conoce actualmente por el nombre de **Planicie de Esdraelón.** Se extiende desde los montes de Nazaret, al norte, hasta los montes de Samaria, al sur. Véase **Esdraelón.** Véase también mapa 2, C-3; mapa 4, B-1. // 2. Una ciudad de Judá, Jos. 15.56. Ciudad natal de Ahinoam, Mujer de David, 1 S. 27.3. // 3. Un descendiente de Judá, 1 Cr. 4.3. // 4. Uno de los hijos del profeta Oseas, Os. 1.4.

JEZREELITA: Habitantes de Jezreel. Nabot, de Jezreel, 1 R. 21.1. Ahinoam, jezreelita, una de las mujeres de David, 1 S. 27.3.

JIBSAM, hb. **Flagrante:** Un hijo de Tola, 1 Cr. 7.2.

JIDLAF, hb. **Él llora:** Un hijo de Nacor, Gn. 22.22.

JIFTA, hb. **Él abre, liberta:** Ciudad de Judá, Jos. 15.43.

JINETE: Persona que monta a caballo. // Hace caer hacia atrás al **j**, Gn. 49.17. Ha echado en el mar al caballo y al **j**, Ex. 15.1. Salomón tenía... doce mil **j**, 1 R. 4.26. Ordena a un **j** que vaya a reconocerlo, 2 R. 9.17.

JOA, hb. **Jehová es hermano:** 1. Un hijo de Asaf, cronista del rey Ezequías, 1 R. 18.18. // 2. Un descendiente de Leví, 1 Cr. 6.21. // 3. Un hijo de Obed-edom, 1 Cr. 26.4. // 4. Un hijo de Joacaz, cronista del rey Josías, 2 Cr. 34.8.

JOAB, hb. **Jehová es padre:** 1. Sobrino de David y comandante en jefe de su ejército, 1 S. 26.6; 1 R. 11.15. Mató a Abner, 2 S. 3.27. Mató también a Absalón, 2 S. 18.14. Y mató también a Amasa, 2 S. 20.9.10. // 2. Nieto de Otoniel y fundador valle de los artífices, 1 Cr. 4.14. // 3. Una familia que volvió del cautiverio, Neh. 7.11.

JOACAZ, hb. **Jehová asegura:** 1. Un hijo de Jehú y rey de Israel, 2 R. 10.35. // 2. Un hijo de Josías y rey de Judá. Su mal reinado, 2 R. 23.31. Llamado **Salum,** Jer. 22.11. Véase **Reyes.**

JOACAZ, hb. **Jehová se apoderó:** El padre de Joa, 2 Cr. 34.8.

JOACIM, hb. **Jehová estableció:** 1. Nombre dado por Faraón Necao a Eliaquim, hijo de Josías y rey de Judá, 2 R. 23.34. Su mal reinado, 2 R. 23.36 a 24.17. // 2. Un descendiente de Judá, 1 Cr. 4.22. Véase **Reyes.**

JOADÁN: La madre del rey Amasías, 2 Cr. 25.1.

JOAQUÍN, hb. **Jehová estableció:** Rey de Judá, su mal reinado y cautiverio, 2 R. 24.8-16. Véase **Reyes**.

JOÁS, hb. **Jehová es fuerte:** 1. Padre de Gedeón, Jue. 6.11. // 2. Un hijo de Ocozías y rey de Judá, 2 R. 11.2. Reparó el templo, 2 R. 12. Mató a Zacarías, hijo del profeta Joiada, 2 Cr. 24.17-22. Asesinado por sus siervos, 2 R. 12.20. Véase **Reyes**. // Otros del mismo nombre: 1 R. 22.26; 1 Cr. 4.22; 7.8; 12.3; 27.28.

JOÁS, hb. **Jehová es fuerte:** Un hijo de Joacaz y rey de Israel, 2 R. 13.10. Visita Eliseo, 2 R. 13.14. Derrota los asirios, 2 R. 13.25. Castiga a Amasías, rey de Judá, 2 R. 14.8. Véase **Reyes.**

JOB, EL LIBRO DE: Es probable que sea el más antiguo de los libros de la Biblia. Revela la cultura de la época de los patriarcas. No es una alegoría; Job es una persona tan real como Noé y Daniel, siendo mencionado al lado de ellos, Ez. 14.14, Es citado, además, como ejemplo de paciencia, lo que no sería probable si fuera una persona ficticia, Stg. 5.11. Aun más, todas las personas y lugares se mencionan de una manera que no se encuentra en alegorías. Los primeros dos capítulos y los últimos once versículos son prosa; el resto sigue siendo "el mayor poema en la gran literatura del mundo". El carácter literario del libro de Job inspiró el gran literato, Tomás Carlyle, a escribir: "Este libro, sea cual fuere el juicio de los críticos sobre él, es una de las más grandiosas obras que se han escrito". Víctor Hugo declaró: "El libro de Job es, probablemente, la obra maestra de la mente humana". **La paternidad literaria:** No se sabe quién lo escribió, si Eliú, si Moisés, si el propio Job. **La clave:** Prueba, Job 1.9-12. **Las divisiones: I.** Satanás prueba a Job, cap. 1.1 a 2.10. **II.** Job y sus tres amigos, caps. 2.11 a 31.40. **III.** El mensaje de Eliú, caps. 32 a 37. **IV.** El Señor responde a Job, caps. 38 a 42.6. **V.** Epílogo, caps. 42.7-17.

JOB, hb. **Volviendo siempre a Dios:** 1. Un hijo de Isacar, Gn. 46.13. // 2. Un patriarca de la tierra de Uz, íntegro, recto y temeroso de Dios, Job 1.1; 2.3. De inmensas posesiones y gran influencia; mayor que todos del Oriente, Job 1.3. Destrucción de sus rebaños y de su familia, Job 1.13-19. Preserva su integridad durante las pruebas, Job 1.20-22; 2.10. Sus tres amigos solidarios, Job 2.11. Dios reprende esos amigos, Job 42.7. Dios responde la oración de Job, por ellos, Job 42.8-10. Dios le da el doble a Job, Job 42.10-15. Muere con 140 años de edad, Job 42.16,17. Ejemplo de integridad, Ez. 14.14, 20. De paciencia, Stg. 5.11.

JOBAB, hb. **Aclamar:** 1. Un descendiente de Noé, Gn. 10.29. // 2. Un rey de Edom, 1 Cr. 36.33. // Un rey de Madón, Jos. 11.1. // 4. Un descendiente de Benjamín, 1 Cr. 8.9. // 5. Otro benjamita, 1 Cr. 8.18.

JOCABED, hb. **Jehová es gloria:** Hija de Leví, mujer de Amram y madre de Moisés, Ex. 6.20; Nm. 26.59.

JOCMEAM, hb. **El pueblo viene junto:** Una ciudad de Efraín dada a los levitas de la familia de Coat, 1 Cr. 6.68.

JOCNEAM: Una ciudad real de los cananeos, tomada por Josué, de la herencia de Zabulón y dada a los levitas, Jos. 12.22. **Véase** mapa 2, C-3; mapa 4, A-1.

JOCSÁN, hb. **Cazador:** Uno de los hijos de Abraham y Cetura, Gn. 25.2.

JOCTÁN, hb. **Pequeño:** El mismo, tal vez, como Jocsán. Un descendiente de Noé, Gn. 10.26. Fue, por sus 13 hijos (Gn. 10.26-29), fundador de muchas tribus árabes existentes en Arabia del sur. Véase mapa 1, D-4.

JOCTEEL, hb. **Sujeto a Dios:** 1. Una ciudad de la herencia de Judá, Jos. 15.38. // 2. Una ciudad de Edom, llamada anteriormente Sela, 2 R. 14.7.

JOED, hb. **Jehová es testigo:** Un benjamita, Neh. 11.7.

JOEL, EL LIBRO DE: El segundo de los profetas menores, así llamados por ser sus libros de tamaño muy reducido en comparación con los cuatro grandes. **El autor, Joel:** Jl. 1.1. El profeta Joel, de joven, conocía el profeta Eliseo, y probablemente, el profeta Elías. Era de Judá y ministraba, tal vez, en el reinado de Joás, 2 Cr. 24. Predijo la época del evangelio y el derramamiento del Espíritu Santo. **La clave. El día del Señor:** Jl. 1.15; 2.1. Los grandes ejércitos de langostas dejaban el país yermo, como un desierto. Esta plaga devastadora, anunciada como una disciplina que la nación sufría por causa de su iniquidad, sirvió al profeta para simbolizar la venida del **día del Señor.** Véase Is. 2.10-22; Abd. 15; Sof. 1.14, 15; Hch. 2.16-21. **Las divisiones: I.** La invasión asoladora de las langostas simbolizaba el día del Señor, cap. 1. **II.** La invasión inminente de los asirios simbolizaba la venida inminente del día del Señor, cap. **2. III.** La invasión final simbolizaba el día del Señor, que vendrá, cap. 3.

JOEL, hb. **Jehová es Dios:** Hay, por lo menos, 13 hombres con ese nombre: el primogénito de Samuel., 1 S. 8.2; de la tribu de Simeón, 1 Cr. 4.35; de Rubén, 1 Cr. 5.4; de Gad, 1 Cr. 5.12; de Leví, 1 Cr. 6.36; de Isacar, 1 Cr. 7.3; uno de los valientes de David, 1 Cr. 11.38; uno de los guardias de los tesoros, 1 Cr. 26.21,22; de la tribu de Manasés, 1 Cr. 27.20;

de Leví evi, 2 Cr. 29.12; un hijo de Nebo, Esd. 10.43; de la tribu de Benjamín, Neh. 11.9; un profeta, hijo de Petuel, Jl. 1.1.

JOELA, hb. **Ayúdese:** Uno de los que vinieron a David en Siclag, cuando este huía de Saúl, 1 Cr. 12.7.

JOEZER, hb. **Jehová es ayuda:** Uno de los que vinieron a David en Siclag, cuando éste huía de Saúl, 1 Cr. 12.6.

JOGBEHA, hb. **Elevado:** Una de las ciudades edificadas en Gad, Nm. 32.35. Véase mapa 2, D-4.

JOGLI, hb. **Llevado al exilio:** Padre de Buqui, un príncipe de la tribu de Dan, Nm. 34.22.

JOHA: 1. Un descendiente de Benjamín, 1 Cr. 8.16. // 2. Uno de los valientes de David, 1 Cr. 11.45.

JOHANÁN, hb. **Jehová ha sido misericordioso:** 1. El hijo primogénito del rey Josías, 1 Cr. 3.15. // 2. Un descendiente de Salomón, 1 Cr. 3.24. // 3. Padre de Azarías, un sacerdote de la época de Salomón, 1 Cr. 6.10. // 4. Uno de los que vinieron a David en Siclag, cuando andaba huyendo de Saúl, 1 Cr. 12.4. // 5. Uno de los gaditas que se pasaron a David a la fortaleza en el desierto, cuando fugitivo de Saúl, 1 Cr. 12.12. // 6. Uno de los capitanes que se juntaron a Gedalías, gobernador de Judá, después de la caída de Jerusalén, 2 R. 25.23. Otras personas con el mismo nombre mencionados en 1 Cr. 26.3; 2 Cr. 23.1; Esd. 10.6, 28; Neh. 6.18; 12.13, 42.

JOIACIM, hb. **Jehová establece:** Hijo de Jesúa y padre de Eliasib, el sumo sacerdote, Neh. 12.10.

JOIADA, hb. **Jehová conoce:** 1. Padre de Benaía y principal de los tres mil setecientos sacerdotes que se unieron a David para proclamarlo rey, 2 S. 8.18. // 2. Uno de los principales consejeros de David, 1 Cr. 27.34. // 3. Un sumo sacerdote en el tiempo en que Atalía usurpara el trono, 2 Cr. 22.11. // 4. Uno de los que repararon una de las puertas del templo, Neh. 3.6.

JOIARIB, hb. **Jehová ruega:** Levita perteneciente al primer curso de los sacerdotes, 1 Cr. 24.7.

JONADAB, hb. **Jehová es generoso:** 1. Hombre muy astuto, hijo de Simea, hermano de David, 2 S. 13.3. // 2. Un hijo de Recab, Jer. 35.6.

JONÁN: Un antepasado en el linaje de Jesús, Lc. 3.30.

JONÁS, EL LIBRO DE: Éste, el quinto en orden, es diferente de todos los otros once de los profetas menores, en que narra las experiencias de un profeta, en vez de registrar sus mensajes proféticos. **El autor:** Jonás, Jon. 1.1. El ministerio de Jonás comenzó al terminar el de Eliseo. Sirvió a las diez tribus durante el reinado de Jeroboam **II.** Es de suponer que el aspecto de Jonás, después de pasar tres días en los jugos gástricos del vientre del gran pez, despertara la atención de toda la gran población de la capital del mundo. Lo cierto es que atendieron a su ardiente llamamiento al arrepentimiento. **La clave: Condenación al exclusivismo,** Jon. 4.6-11. El libro de Jonás es el libro misionero del Antiguo Testamento. El exclusivismo es contrario al espíritu misionero. El mensaje de Jonás es que Dios es el Dios, no sólo de los judíos, sino también de los gentiles. Nínive era más que una ciudad gentil, ya que también era la capital de Asiria, poder mundial y el país más temido y odiado por el pueblo de Dios. Se ve mostrado en Jonás el gran amor de Dios a los gentiles, enviándoles un profeta a fin de llamarlos al arrepentimiento. **Las divisiones:** **I** La primera comisión de Jonás; tragado por el gran pez, Jonás 1. **II.** La oración de Jonás; la respuesta de Dios, Jon. 2. **III.** La segunda comisión de Jonás; el arrepentimiento de los ninivitas, Jon. 3. **IV.** La queja de Jonás; la respuesta de Dios, Jon. 4.

JONÁS, hb. **Palomar:** 1. Jonás, el padre de Simón Pedro, Mt. 15.17. Jonás, el profeta, Jon. 1.1. Hijo de Amitai, Jon. 1.1. Nasce en Gat-hefer que distaba de Nazaret tres kilómetros, 2 R. 14.25. Predice el restablecimiento de los términos de Israel, establecidos en el tiempo de la prosperidad de Salomón, 2 R. 14.25. Enviado a clamar contra Nínive, Jon. 1.2. Desobedece huyendo a Tarsis, Jon. 1.3. Duerme en medio de la tempestad, Jon. 1.6. Arrojado al mar, Jon. 1.15. Ora en el vientre del pez, Jon. 2.1-9. Y estuvo Jonás en el vientre del pez tres días y tres noches, Jon. 1.17. Vomitado en tierra, Jon. 2.10. Predica en Nínive, Jon. 3.1-4. Desfallece cuando la planta herida por un gusano, se seca, y el sol hiere Jonás en la cabeza, Jon. 4.6-11. Las palabras de Cristo (Mt. 12.40,41) prueban la autenticidad de la narración.

JONATÁN, hb. **Jehová nos dio:** El hijo mayor de Saúl, 1 S. 14.49. Derrotó la guarnición de los filisteos, 1 S. 13.3; 14.1. Transgredió el juramento de Saúl, 1 S. 14.24. Era fuerte y veloz, 2 S. 1.23. Amigo íntimo de David, 1 S. 18.1. Su alianza con la casa de David, 1 S. 20.16. Murió en la batalla de Gilboa, 1 S. 31.2. Llorado por David, 2 S. 1.17. Otras personas con el nombre de Jonatán, Jue. 18.30; 2 S. 15.27; etc.

JOPE, hb. **Belleza:** Una ciudad de la herencia de Dan, Jos. 19.46. Véase mapa 2, B-4. Madera para el templo llevada en balsas por el mar, del Líbano hasta Jope, 2 Cr. 2.16. Jonás embarcó en navío de Jope para ir a Tarsis, Jon. 1.3. El rey Ciro dio permiso para que se llevara madera del Líbano, por el mar hasta Jope, para las construcciones en Jerusalén, Esd. 3.7. Donde residía Dorcas, que Pedro resucitó de la muerte, Hch. 9.36. Fue en Jope que Pedro tuvo la visión del gran lienzo bajado a la tierra, conteniendo toda suerte de cuadrúpedes, Hch. 11.5. La ciudad de Jope es llamada, actualmente, Jafa, situada en el mar Mediterráneo, 50 Km al noroeste de Jerusalén. Véase mapa 4, A-2; mapa 6 F-4.

JORA, hb. **La primera lluvia:** Uno de los que vinieron de Babilonia con Zorobabel, Esd. 2.18.

JORAM, hb. **Jehová es exaltado:** // 1. Hijo y sucesor de Josafat, rey de Judá, 1 R. 22.51. Su crueldad y muerte, 2 Cr. 21.4, 18. Véase **Reyes.** // 2. Hijo de Acab y rey de Israel, 2 R. 1.17. // 3. Un sacerdote que, por orden de Josafat, fue a enseñar en las ciudades de Judá, 2 Cr. 17.8.

JORCOAM, hb. **Expansión:** Un descendiente de Hebrón de Judá, 1 Cr. 2.44.

JORDÁN, hb. **El que desciende:** Río de Palestina y el más famoso del mundo. Su fama no se debe a su longitud, ni por ser una rica vía comercial; tiene un curso de sólo 260 kilómetros, y nunca llevó en sus aguas una embarcación comercial. No es notable, como el Nilo, por las inundaciones que riegan y fertilizan una región que de otra forma sería un desierto; nunca se utilizaron las aguas del Jordán para irrigación. Ni es conocido, como otros ríos, por las grandes ciudades situadas en sus márgenes; nunca fue construida la ciudad ni aldea ni casa en las orillas, por causa de la gran fuerza de las aguas y la costumbre de transbordar. La fama del Jordán es debida: 1) A sus características físicas. 2) A los acontecimientos históricos que ocurrieron en este río. 3) El lugar que el río Jordán ocupa en la mente del pueblo de Dios. 1) Todos los demás ríos desembocan en el mar. El Jordán nasce en el Antilíbano, sólo algunos metros por encima del nivel del mar, entra en las "aguas de Merom" (actualmente el lago Hulé), Jos. 11.5. Después, cuando llega al mar de Galilea, ya está 225 metros inferior al nivel del mar. Finalmente desemboca en el Mar Muerto, 425 metros debajo del Mediterráneo. El Jordán es el único río que se halla bajo el nivel del mar. 2) Pero se conoce el Jordán sobre todo por los acontecimientos que ocurrieron allí: La elección de Lot; "la llanura del Jordán", era "como el huerto de Jehová", Gn. 13.10, 11. Las aguas del Jordán tienen profundidad de dos a cuatro metros y descienden más de 425 metros en su curso sinuoso de 260 kilómetros. Por consecuencia la corriente es muy grande y se puede atravesar el río sólo en sitios que dan paso a pie o a caballo, Jos. 2.7; Jue. 3.28; 12.5,6. Jacob lo atravesó cuando tenía sólo "un cayado". De vuelta lo atravesó con toda su casa que consistía de "dos campamentos", Gn. 32.10. Gedeón lo atravesó con los trescientos hombres, Jue. 8.4. Los hijos de Amón lo pasaron para pelear contra Judá, Jue. 10.0. Abner y sus hombres, perseguido por Joab, pasaron el Jordán, 2 S. 2.29. David, perseguido por Absalón, lo atravesó, 2 S. 10.17; 17.22; Absalón, asimismo, lo pasó, 2 S. 17.24. Pero el pasaje más espectacular fue el de la nación de Israel, en el tiempo de la siega, cuando las aguas se desbordaban por las orillas del río, Jos. 3.15; Sal. 114.3. Las aguas fuera del lecho sinuoso del río tomaban un curso directo con fuerza incalculable. Pero, con la orden divina, el pueblo avanzó y, cuando los pies de los sacerdotes se mojaron, las aguas que venían de arriba se detuvieron como en un montón bien lejos de la ciudad de Adam, Jos. 3.16. Elías dividió, milagrosamente, las aguas de este río, y pasó por lo seco, 2 R. 2.8. Eliseo las dividió nuevamente, 2 R. 2.14. Naamán fue sanado de la lepra cuando se zambulló siete veces en las aguas del Jordán, 2 R. 5.14. Juan el Bautista bautizó en el Jordán, "Jerusalén, y toda Judea, y toda la provincia de alrededor del Jordán", Mt. 3.5. Pero el acontecimiento que más se destaca fue el bautismo de Jesús en el río Jordán, Mt. 3.13. 3) El río Jordán ocupa lugar importantísimo en la mente del pueblo de Dios. Egipto es tipo del mundo con sus vicios y esclavitud. El Mar Rojo prefiguraba nuestra liberación. El desierto es tipo de nuestra peregrinación en este mundo. Como Israel atravesó el río Jordán, cuando parecía imposible, para la tierra de Canaán, así atraviesan los creyentes el Jordán de la muerte hacia la Canaán celestial. Véase mapa 2, D; mapa 5, B.

JORIM: Uno de los antepasados en la genealogía de Jesucristo, Lc. 3.29.

JORNADA DE UN SÁBADO: Véase **Sábado, Jornada de un.**

JORNADA: Viaje por tierra. // Sus **j** desde el Neguev hacia Bet-el, Gn. 13.3. En todas sus **j**, Ex. 40.36, 38. Véase **Marcha.**

JORNAL: La paga de cada día de trabajo. // Llama a los obreros y págales el jornal, Mt. 20.8. Clama el jornal de los obreros que han cosechado, Stg. 5.4.

JORNALERO: Persona que trabaja a cambio de pago diario. // No retendrás el salario del **j** Lv. 19.13. Como criado, como extranjero estará contigo; hasta el año del jubileo, Lv. 25.40. No oprimirás al **j** pobre y menesteroso, Dt. 24.14. Cuántos **j** en casa de mi padre tienen abundancia, Lc. 15.17. Véase **Obrero, Trabajador.**

JOROBADO: Lv. 21.20. El que se encorva para la tierra, haciendo arco en las espaldas.

JOSABA, hb. **Jehová es juramento:** Hija del rey Joram. Escondió a Joás de la presencia de Atalía, hasta que pudiera ser proclamado rey, 2 R. 11.2.

JOSACAR, hb. **El Señor se acordó:** Uno de los dos siervos que mataron Joás, rey de Judá, 2 R. 12.21.

JOSADAC, hb. **Jehová es justo:** Un sacerdote llevado al cautiverio, 1 Cr. 6.15.

JOSAFAT, hb. **Jehová juzga:** 1. Un hijo de Asa y rey de Judá, 1 R. 15.24. Su buen reinado, 2 Cr. 17.; 20.31. La alianza entre Josafat y Acab, 2 Cr. 18. Josafat reprendido por Jehú, 2 Cr. 19. Su victoria sobre Moab, 2 Cr. 20. Su alianza con Ocozías, rey de Israel, 2 Cr. 20.35. // 2. Otros con el nombre **Josafat:** 2 S. 8.16; 1 R. 4.17; 2 R. 9.2; 1 Cr. 15.24.

JOSAFAT, VALLE DE: Por lo general considerado como nombre simbólico, que el profeta aplicó al lugar donde había de realizar el juicio, Jl. 3.2, 12. Es la suposición de muchos cristianos y judíos que este pasaje se refiere al valle de Cedrón, entre la ciudad de Jerusalén y el monte de los Olivos. Véase también Zac. 14. Por causa de esa conjetura, y queriendo estar cerca del lugar del "gran día", se hallan millares de túmulos de cristianos, de judíos y de mahometanos en los dos lados del valle de Cedrón.

JOSAVÍA, hb. **Jehová hace justicia:** Uno de los valientes del ejército de David, 1 Cr. 11.46.

JOSBECASA, hb. **Lugar de firmeza:** Uno de los cantores en el templo, 1 Cr. 25.4.

JOSÉ, hb. **Él (Jehová) añade:** 1. El hijo del patriarca Jacob y de Raquel. Nació en Padan-aram, Gn. 28.2; 30.22-24. Hijo dilecto de su padre, odiado por sus hermanos, Gn. 37.3, 4. Sus sueños, Gn. 37.5-11. Vendido por veinte piezas de plata, Gn. 37.28. Llevado para Egipto y vendido a Potifar, Gn. 37.36. Fiel en resistir la esposa de Potifar, Gn. 39.7-12. En la cárcel, Gn. 39.19-23. Interpretó los dos sueños de Faraón, Gn. 41.25-32. Hecho gobernador de Egipto, Gn. 41.43. Sus hermanos lo visitaron, Gn. 42.6. Se dio a conocer a ellos, Gn. 45.1-28. Llevó a su padre y a sus hermanos a Egipto, Gn. 46.5. Murió y fue embalsamado en Egipto, Gn. 50.22-26. Llevado de Egipto por los hijos de Israel y enterrado en Siquem, Jos. 24.32. El nombre José se emplea para designar a las dos medias tribus, la de Manasés y la de Efraín, Jos. 16.1-4. // 2. Padre de Igal, que fue uno de los espías, Nm. 13.7. // 3. Hijo de Asaf, en el tiempo de David, 1 Cr. 25.2. // 4. Uno de los que tenían mujer extranjera, Esd. 10.42. // 5. Un sacerdote, Neh. 12.14. // 6. Padre de Jana, de la genealogía de Cristo, Lc. 3.24. // 7. Hijo de Jonás, Lc. 3.30. // El marido de María, la madre de Jesús, José de la casa de David en Belén, Mt. 1.20. Era carpintero, Mt. 13.55. La tradición de que fuera viudo, con hijos de la primera mujer, se basa tal vez en el dogma de la virginidad perpetua de María. Era benévolo y justo, Mt 1.19. Observaba fielmente las ordenanzas del pueblo de Dios y las fiestas, Lc. 2.21-24, 41,42. Cumplía los deberes de un buen padre en la visita de los pastores (Lc. 2.16), huyendo con la familia para Egipto (Mt. 2.13) asumiendo su parte de la responsabilidad de criar a Jesús (Lc. 2.48, 51), como se ve también, en la opinión del pueblo, Jn. 1.45; 6.42. Se opina, por lo general, que José murió antes del ministerio público de Jesús, por el hecho de que sólo el nombre de María aparece en toda la narrativa de este período. // 9. Uno de los hermanos de Jesucristo, Mt. 13.55. // 10. José de Arimatea: un hombre rico (Mt. 27.57), bueno y justo (Lc. 23.50), ilustre miembro del sanedrín, que también esperaba el reino de Dios (Mr. 15.43), discípulo de Jesús, aunque ocultamente (Jn. 19.38), no dio su aprobación a la sentencia de muerte de Jesús (Lc. 23.50, 51). Desprendió de la cruz el cuerpo de Cristo y, con Nicodemo (Jn. 19.38, 39), lo pusieron en el sepulcro, Jn. 19.42. Hay muchas leyendas en conexión con el nombre de José de Arimatea, pero nada se sabe de él más allá de lo que se halla escrito en los Evangelios, Mt. 27.57-60; Mr. 15.43-46; Lc. 23.50-53; Jn. 19.38-42. Véase **Arimatea.** // 11. El hermano de Jacobo, el menor, cuya madre estaba junto a la cruz con la virgen María, Mr. 15.40. // 12. José, apodado Justo, candidato a rellenar la vacante en el apostolado después de la muerte trágica de Judas, Hch. 1.23. Conforme la tradición él era uno de los setenta, Lc. 10.1. // 13. Nombre propio de Bernabé, Hch. 4.36.

JOSEB-BASEBET: Uno de los valientes de David, 2 S. 23.8.

JOSEFO (FLAVIO): Historiador judío, nació en Jerusalén, 37 o 38 a.D., y murió en Roma. Sus obras, **Guerra judía** y **Antigüedades judías,** son de gran importancia para los estudiantes de los tiempos del Nuevo Testamento.

JOSÍAS hb. **Sanado por Jehová:** 1. Un príncipe de una familia simeonita, 1 Cr. 4.34. Un hijo de Amón y rey de Judá, 2 R. 21.24. Su buen reinado, 2 R. 22. La profecía acerca de Josías y su cumplimiento, 1 R. 13.2; 2 R. 23.15. Reparó el templo, 2 R. 22.3. Hallan el libro de la ley, 2 R. 22.8. El mensaje de Dios, por medio de la profetisa Hulda, 2 R. 22.15. Ordenó la lectura del Libro, 2 R. 23.1. Celebró extraordinaria pascua, 2 R. 23.21. Murió en Meguido, asesinado por Faraón Necao, 2 R. 23.29. Véase **Reyes.** // 2. Un hijo de Sofonías, Zac. 6.10.

JOSIBÍAS, hb. **Jehová da refugio:** Un príncipe de una familia simeonita, 1 Cr. 4.35.

JOSIFÍAS, hb. **Jehová dará aumento:** Padre de Selomit que volvió de Babilonia con Esdras, Esd. 8.10.

JOSUÉ, hb. **Jehová es salvación;** gr. **Jesús:** 1. Josué, líder de los hebreos después de Moisés. Llamado, también, **Oseas,** Nm. 13.8. Hijo de Nun, Ex. 33.11. De la tribu de Efraín, 1 Cr. 7.27. Desbarata los amalecitas, Ex. 33.11. Siervo fiel y compañero de Moisés, Ex. 24.13; 32.17. Con éste en el monte Sinaí, Ex. 24.13; 32.17. Uno de los dos espías fieles, Nm. 13.16; 14.38. Designado por Dios como sucesor de Moisés, Dt. 31.14, 23. Revestido como su sucesor, Dt. 34.9. Asume el mando, Jos. 1.1. Envía espías, Jos. 2.1. Atraviesa el Jordán, Jos. 3.1. Destruye Jericó, Jos. 6; y Hai, Jos. 8. Salva Gabaón, Jos. 10.6-27. Manda que el sol se detenga, Jos. 10.12. Sortea Canaán entre las tribus Jos. 14 a 21. Se despide del pueblo y muere, con la edad de 110 años, Jos. 23 y 24. // 2. Josué, de Bet-semes en cuyo campo paró el carro con el arca, 1 S. 6.14. //3. Josué, un gobernador de una ciudad, en el reinado de Josías, 2 R. 23.8. // 4. Josué, o Jesúa: Un sumo sacerdote en el gobierno de Zorobabel, Esd. 2.2; 3.2; 8; Hag. 1.1, 12,14.

JOSUÉ, LIBRO DE: Éste, el sexto libro de la Biblia, es una continuación del estilo y de la historia de los primeros cinco. Narra la consumación de la redención de Israel de Egipto; la redención consiste no sólo en quitar sino también en dar, Dt. 6.23. Israel, antes rebelde, está disciplinado y preparado para sojuzgar a naciones más numerosas y más poderosas. Como Josué dijo después: "Jehová vuestro Dios es quien ha peleado por vosotros". Jos. 23.3. **El autor:** Conforme el Talmud, Josué, a no ser los últimos cinco versículos. Las Escrituras dicen: "Josué escribió estas palabras en el libro de la ley de Dios", Jos. 24.26. **La clave:** Conquista y posesión, Jos. 1.2, 3. En Josué la nación de Israel está a punto de poseer a Canaán y de cumplir la misión que Dios le da de dar testimonio a todas las naciones. Finalmente, "dio Jehová a Israel toda la tierra que había jurado dar a sus padres, y la poseyeron y habitaron en ella...", Jos. 21.43-45. **La división: I**. La conquista de Canaán, caps. 1 a 12. **II.** La distribución por los linajes de la tierra conquistada, caps. 13 a 22. **III.** El discurso de despedida de Josué, caps. 23 y 24. La narración abarca los acontecimientos desde la muerte de Moisés hasta la muerte de Josué; un período de veinticuatro años.

JOTA: Ni una jota ni una tilde se omitirá de la ley, Mt. 5.18. Es una forma de la letra griega, **iota,** y de la hebrea **iod** u **jod.** Es la letra menor de cada uno de estos alfabetos.

JOTAM, hb. **Jehová es perfecto:** 1. El hijo menor de Gedeón. Escapó cuando Abimalec mató a sus setenta hermanos sobre una piedra, Jue. 9.5. Profirió la parábola de los árboles, Jue. 9.8. // 1. El duodécimo rey de Judá e hijo de Uzías y de Jerusa, hija de Sadoc, 2 R. 15.31-38. Gobernó, por causa de la enfermedad de su padre, que era leproso, 2 R. 15.5. Después de la muerte de su padre, comenzó a reinar, con 25 años de edad y reinó dieciséis años en Jerusalén, 2 R. 15.33. Hizo lo que era recto delante del Señor, 2 R. 15.34. // 3. Un descendiente de Caleb, 1 Cr. 2.47.

JOTBA, hb. **Agrade:** La tierra natal de Mesulemet, mujer de Manasés, 2 R. 21.19. Una tierra de arroyos de aguas, Dt. 10.7.

JOVEN: Aquel que está en la juventud. // Y un **j** por mi golpe, Gn. 4.23. Pidió consejo de los **j**, 1 R. 12.8. La **j** era de hermosa figura y de buen parecer, Est. 2.7. La gloria de los **j** es su fuerza, Pr. 20.29. Llora tú como **j** vestida de cilicio, Jl. 1.8. Pero cierto **j** le seguía, Mr. 14.51. Vuestros **j** verán visiones, Hch. 2.17. Y un **j** llamado Eutico, que estaba sentado en la ventana, Hch. 20.9. A las **j**, como a hermanas, Tit. 2.4. Igualmente, **j**, estad sujetos a los ancianos, 1 P. 5.5. Véase **Muchacho, Muchacha, Juventud.**

JOYA: Pequeño objeto de materia o labor precioso, que sirve para adorno. // Toda clase de **j** de oro, Ex. 35.22. Las **j** de oro que le habéis de pagar en ofrenda por la culpa, 1 S. 6.8. En la cual estaban las **j** de oro, 1 S. 6.15. Y toda clase de **j** deseables, 2 Cr. 32.27. Mas los labios prudentes son **j** preciosa, Pr. 20.15. Los contornos de tus muslos son como **j**, Cnt. 7.1. Y como a novia adornada con sus **j**, Is. 61.10. Puse **j** en tu nariz, y zarcillos en tus orejas, Ez. 16.12.

JOZABAD, hb. **Jehová concedió:** 1. Uno de los que vinieron a David en Siclag, cuando éste huía de Saúl, 1 Cr. 12.4. // 2 y 3. Dos jefes de millares de la tribu de Manasés, que se unieron a David en Siclag, 1 Cr. 12.20. // 4. Un superintendente de los levitas, 2 Cr. 31.13. // 5. Un levita, Esd. 8.33. // 6. Un sacerdote que tenía mujer extranjera, Esd. 10.22. // 7. Uno de los que asesinaron al rey Joás, 2 Cr. 24.26.

JUAN, EL EVANGELIO SEGÚN: El cuarto libro del Nuevo Testamento; el cuarto Evangelio. El contraste entre Juan y los otros tres Evangelios, los sinópticos, es evidente, aun en una lectura superficial. Fue escrito originalmente en griego, lengua conocida en todo el mundo. El cuarto Evangelio no registra ninguna parábola; menciona solamente ocho milagros, de los cuales sólo dos se relatan en los Evangelios. **Se descubrió en la biblioteca John Rayland, en Manchester, entre papiros adquiridos en 1920, en Egipto, por el fallecido profesor Bernard Geenfall, una hoja que tiene por un lado los versículos 31-33 del capítulo XVIII del Evangelio según San Juan, y al reverso los versículos 37-38. Ese fragmento de códex provendría de Osyrhyncus (Benhesa), en el Alto Egipto. La importancia del hallazgo está en que el fragmento data de la primera mitad del segundo siglo, por tanto, anterior a todo lo que se había identificado hasta aquí, y demuestra que el Evangelio según San Juan se hallaba en circulación en esa fecha, lo que destruye la opinión de que él era muy posterior a los sinópticos. (Transcrito de la revista *La Biblia en Brasil*, jul.-dic., 1964.) El autor:** El apóstol Juan, Jn. 21. **La clave:** El Evangelio según San Juan fue escrito para que el lector crea que Jesús es el Cristo, el Hijo de Dios, y creyendo tenga vida en su nombre, Jn. 20.31. Y no sólo tenga vida, mas que la tenga en abundancia, Jn. 10.10. El Evangelio según Juan es el evangelio del Hijo de Dios. **Las divisiones:** I. El prefacio: Jesucristo es el Verbo eterno hecho carne, 1.1-14. II. El testimonio de Juan el Bautista, 1.15-34. III. El ministerio público de Cristo, 1.35—12.50. IV. Su ministerio oculto entre los discípulos, 13.1—17.26. V. El sacrificio de Cristo, 18.1—19.42. VI. Cristo se manifiesta resucitado, 20.1-31. VII. El epílogo del libro: Cristo se manifiesta como el Maestro de la vida y del servicio, 21.1-25.

JUAN, hb. **Gracia o favor, de Dios:** 1. Juan el Bautista: predicho su nacimiento, Is. 40.3; Mt. 4.5. Nasce en respuesta a la oración, Lc. 1.13. Su nacimiento, Lc. 1.57. Circuncidado, Lc. 1.59; Lleno del Espíritu Santo, desde el vientre materno, Lc. 1.15. Sus discípulos, Jn. 3.25. Precursor de Cristo, Mt. 3.11. Bautiza a Cristo, Mt. 3.15. Su bautismo, Hch. 1.5; 11.16; 18.25. Su testimonio acerca de Jesús, Jn. 3.25-36. Encarcelado por Herodes, Mt. 14.3. Decapitado y sepultado, Mt. 14.6-12. Testimonio de Cristo acerca de él, Mt. 11.7. // 2. El apóstol Juan, hermano de Jacobo e hijo de Zebedeo, Mt. 4.21. Es pescador, Mt. 4.21. Parece haber sido de familia próspera, su padre tenía empleados, Mr. 1.20. Se vuelve un discípulo, Mr. 1.19, 20. Uno de los apóstoles, Mt. 10.2. A él y a su hermano dio Jesús el nombre de Boanerges, que quiere decir hijos del trueno, Mr. 3.17. Pide que Jesús prohibiera cierto hombre de seguirlos, Mr. 9.38. Quiere que baje fuego del cielo para consumir los samaritanos, Lc. 9.54. El discípulo a quien Jesús ama, Jn. 13.23; 19.26; 21.20; y que se reclina sobre el pecho de Jesús, Jn. 13.25. Asiste el juicio de Cristo, Jn. 18.16. Asiste a la crucifixión, Jn. 19.26. María entregada a su protección, Jn. 19.27. El primero a llegar al sepulcro de Cristo, Jn. 20.4. Colega de Pedro después del Pentecostés, Hch. 3.1; 4.13; 8.14. Pastoreaba la iglesia de Éfeso, de donde fue desterrado a la isla de Patmos, en el mar Egeo. Después, liberado, volvió a Éfeso. Se cuenta que cuando ya era viejo y no podía predicar lo llevaban a los cultos, donde se contentaba con exhortar a la iglesia diciendo: "Hijitos, amaos unos a otros". Con Pedro y Jacobo, goza de favores extraordinarios de Cristo, Mt. 17.1; Mr. 5.37; Mt. 26.37. Su hermano, Jacobo, asesinado por Herodes, Hch. 12.2. Policarpo, Papías e Ignacio fueron sus discípulos. Escribió Apocalipsis tal vez en el año 95 d.C. Nació tal vez en el año 1 a 5 d.C. y falleció alrededor del año 95. Así vivió durante casi todo el primer siglo de la era cristiana. Autor del evangelio según Juan, de la Primera Epístola de Juan, de la Segunda Epístola de Juan, de la Tercera Epístola de Juan y de Apocalipsis de Juan. // 3. El evangelista Juan, apellidado Marcos, Hch. 12.12, 25; 13.5, 13; 15.37. // 4. Juan, el padre del apóstol Pedro, Jn. 1.42; 21.15. // 5. Juan, hombre eminente entre los judíos, Hch. 4.6.

JUAN, PRIMERA EPÍSTOLA DE: No tiene saludos ni alusiones personales. Tiene más la naturaleza de una disertación acerca de la creencia y de los deberes de los creyentes que la de una determinada iglesia. El libro es una carta íntima del padre a sus "hijitos". Es el libro más íntimo de la Biblia, a no ser Lamentaciones. **El autor:** El apóstol Juan. La fraseología característica del Evangelio según Juan es la misma de la Primera Epístola de Juan. **La clave:** Fue escrita a fin de que "sepáis que tenéis vida eterna", 5.13. Las palabras "saber", o "conocer" o "cierto" aparecen veinticinco veces en esta epístola, 2.3-5,18,20,21,29; 3.2,5,14,15,19,24; 4.2,6,13; 5.2,13,15,18-20. Otro punto principal es que mantendremos comunión unos con otros si nos mantenemos en comunión con el Padre, 1.6, 7. **Las divisiones: I.** Prólogo: la encarnación de Cristo, 1.1, 2. **II.** Los hijitos y la comunión, 1.3—2.14. **III.** Los hijitos y el mundo, 2.15-28. **IV.** Como los hijitos pueden conocerse uno al otro, 2.29—3.10. **V.** Como los hijitos deben vivir juntos, 3.11-24. **VI.** Como los hijitos pueden reconocer los falsos maestros, 4.1-6. **VII.** Los hijitos asegurados y avisados, 4.7—5.21.

JUAN, SEGUNDA EPÍSTOLA DE: Se dirige a una señora cristiana y a sus hijos, tal vez a la señora "elegida". Algunos comentaristas, desde la antigüedad, consideran que quiere decir a una determinada iglesia, o a la Iglesia en general e a sus miembros. Es modelo del amor y de los esfuerzos que los pastores deben prestar a sus hijos en la fe. **El autor:** Juan, el apóstol. De los 13 versículos de esta epístola, ocho se encuentran, sustancialmente, en la primera. **La clave:** En cuanto a la actitud hacia los falsos maestros, no debe dárseles hospedaje, 10.11. **Las divisiones: I.** El camino de la verdad y del amor, 1-6. **II.** Los falsos maestros y cómo tratarlos, 7-11. **III.** Saludos, 12,13.

...tocando trompeta de carnero...

JUAN, TERCERA EPÍSTOLA DE: Un bellísimo ejemplo de la correspondencia íntima del venerado presbítero. Las epístolas de Juan, las de Pedro y la de Santiago se llaman epístolas "católicas" o "generales", por no estar dirigidas a iglesias particulares. La Segunda y la Tercera Epístolas de Juan no son propiamente católicas, por estar dirigidas a personas particulares. **El autor:** El apóstol Juan. **La clave:** La verdad, 1-4, 8,12. **Las divisiones: I.** Saludos, 1-4. **II.** El buen ejemplo de Gayo, 5-8. **III.** Diótrefes, el ambicioso; Demetrio, el fiel cristiano, 9-15.

JUANA: La mujer de Chuza, procurador de Herodes. Era una de las mujeres sanadas, que prestaban ayuda con sus bienes, a Cristo, Lc. 8.2, 3. Una de las mujeres que acompañaron a Jesús en su último viaje a Jerusalén, que ayudaron en su sepultura, que encontraron el sepulcro vacío y anunciaron estas cosas a los once, Lc. 23.55 a 24.10.

JUBAL, hb. **Torrente, música:** Hijo menor de Lamec y Ada; inventor de los instrumentos musicales, Gn. 4.21.

JUBILEO, hb. **Sonido de trompeta:** El año del jubileo venía después de siete años sabáticos, Lv. 25.8-34. Este año quincuagésimo era anunciado, tocando trompeta de carnero, en el mes séptimo a los diez días del mes, que corresponde al mes de septiembre. La tierra como en los años sabáticos, quedaba sin cultivo. Las tierras hipotecadas eran liberadas. Todos los siervos o esclavos se volvían libres, Lv. 25.39-41. El jubileo es un tipo de emancipación alegre y gloriosa, por el evangelio, del dominio y de la esclavitud de Satanás, Is. 16.2; Lc. 4.19.

JÚBILO: Alegría excesiva. // Jehová su Dios está con él, Y **j** de rey en él, Nm. 23.21. Aún llenará tu boca de risa, Y tus labios de **j**, Job 8.21. Aclamad a Dios con voz de **j**, Sal. 47.1. Al Dios de Jacob aclamad con **j**, Sal. 89.15. Cantemos con **j** a la roca de nuestra salvación, Sal. 95.1. Con **j** a sus escogidos, Sal. 105.43. Y sus santos darán voces de **j**, Sal. 132.16. Alabadle con címbalos de **j**, Sal. 150.5. Y también se alegrará y cantará con **j**, Is. 35.2. Desde la cumbre de los montes den voces de **j**, Is. 42.11. Y dad voces de **j**, Jer. 31.7. Canta, oh hija de Sion; da voces de **j**, oh Israel, Sof. 3.14. Alégrate mucho, hija de Sion; da voces de **j**, hija de Jerusalén, Zac. 9.9. Prorrumpe en **j** y clama, Hch. 8.39. Véase **Alegría, Gozo, Placer.**

JUCAL, hb. **Capaz:** Un príncipe de Judá, que el rey Sedequías envió, junto con otros, a pedir la oración de Jeremías cuando los babilonios sitiaban Jerusalén, Jer. 37.3. Acto seguido rogó al Rey que mandara matar a Jeremías, Jer. 38.1.

JUDÁ, hb. **Alabanza:** 1. El cuarto hijo de Jacob y Lea, Gn. 29.35. Salvó la vida de José, Gn. 37.26-28. Judá y Tamar, Gn. 38. Se volvió fiador por Benjamín, Gn. 43.9. Aboga el caso de Benjamín, Gn. 44.18. Sus descendientes, Gn. 46.12; Nm. 1.26; 26.19; Bendecido por Jacob, Gn. 49.8-12. // 2. Judá fue padre de la tribu que tuvo su nombre. El censo en el desierto, Nm. 1.26; 26.22. Bendecida por Moisés, Dt. 33.7. Su herencia, Jos. 15. Véase mapa 5, B-1. David, su rey en Hebrón, 2 S.

2.4. Siguió siendo fiel en seguir la casa de David, 1 R. 12. El reino dividido bajo Roboam, 1 R. 12.23. Llevada al cautiverio, 2 R. 25.8. // 3. Un levita que volvió del cautiverio, Neh. 12.8. // 4. Un levita que despidió a su mujer extranjera, Esd. 10.23. // 5. Un benjamita, Neh. 11.9. // 6. Uno que asistió a la dedicación de los muros de Jerusalén, Neh. 12.34. // 7. En la genealogía de Jesucristo, Lc. 3.30. Véase **Judea, Judío.**

JUDAICO: Relativo a los judíos. // Y clamaron a gran voz en **j** al pueblo de Jerusalén, Cr. 32.18. La lengua de Asdod, porque no sabían hablar **j**, Neh. 13.24.

JUDAÍSMO: Religión judía. Los judíos. // Mi conducta en otro tiempo en el **j**, Gá. 1.13.

JUDAS, EPÍSTOLA DE: La última de las siete epístolas universales, es decir, no dirigidas a determinada iglesia. Las otras seis son: Santiago, 1 y 2 Pedro, 1,2 y 3 Juan. **La paternidad literaria:** Escrita por "Judas... hermano de Jacobo", tal vez el Jacobo, hermano de Jesús, Jud. 1; Mt. 13.55; Gá. 1.19. No era uno de los doce apóstoles, v. 17. **La clave:** Es deber cristiano pelear por la fe, "contendáis ardientemente por la fe que ha sido una vez dada a los santos", v.3. Una gran parte de esta epístola, vv. 3-16, se asemeja con una parte de **2 Pedro.** Las divisiones: **I.** Prólogo, vv. 1 y 2. **II.** Es deber pelear por la fe, vv 3 y 4. **III.** El castigo de los falsos maestros, vv. 5-7. **IV.** El carácter, en general, de los falsos maestros, vv 8-23. Véase **Doxología,** vv. 24 y 25.

JUDAS, forma griega de la palabra hebrea **Judá:** 1. Judas Iscariote, es decir, de Queriot. El traidor, Mt. 26.14. Hijo de Simón, Jn. 6.71. Uno de los doce apóstoles, Mt. 10.4. Tenía a su cargo "la bolsa" entre los Doce, Jn. 12.6. Jesús conocía el carácter de Judas desde el principio, Jn. 6.64. Mas los apóstoles no sospechaban, Jn. 13.26. Censuró la liberalidad de María. Jn. 12.4, 5. Satanás entró en él, Lc. 22.3. Traicionó a Jesús por treinta monedas de plata, el precio de un esclavo, Mt. 26.15. Los dichos de su boca son más blandos que mantequilla, Sal. 55.21. Besó a Jesús en el Getsemaní, Mr. 14.45. Se suicidó, Mt. 27.5; Hch. 1.18. // 2. Judas, el apóstol e hijo de Jacobo, Lc. 6.16. Se llamaba Tadeo, Mt. 10.3. // 3. Un discípulo de Jesús y hermano de Jacobo, Jud. 1. Era hermano del Señor, Gá. 1.19; 2.9, 12; Mt. 13.55. No era uno de los apóstoles, no creyendo en Jesús como el Cristo, antes de la crucifixión, Jn. 7.5. Escribió la epístola de Judas, Jud. 1. // 4. Judas, el galileo, embustero, Hch. 5.37. // 5. Judas de Damasco, Hch. 9.11. // 6. Judas, llamado Barsabás, acompañó a Pablo y Silas, Hch. 15.22.

Rabinado, en Jerusalén, de la religión judaica.

JUDEA: El nombre quiere decir **tierra de los judíos.** De las tres divisiones de Palestina occidental, en la época de Cristo, la que quedaba más al sur se llamaba **Judea.** Tenía ochenta kilómetros de largo y casi lo mismo de ancho. La extensión del territorio que le tocó a Judá se halla descrita en Josué 15. // Cuando Jesús nació en Belén de Judea, Mt. 2.1. Juan el Bautista predicando en el desierto de Judea, Mt. 3.1. Y salía a él Jerusalén, y toda Judea, Mt. 3.5. Los que estuvieren en Judea huyan a los montes, Mt. 24.16. En los días de Herodes, rey de Judea, Lc. 1.5. Toda la región montañosa de Judea, Lc. 1.65. Poncio Pilato gobernador de Judea, Lc. 3.1. Fue Jesús para la tierra de Judea, Jn. 3.22. Vamos otra vez para Judea, Jn. 11.7. Testigos tanto en Jerusalén como en toda Judea, Hch. 1.8. Dispersos por las regiones de Judea, Gá. 1.22. Véase mapa 6, F-4.

JUDÍA: Flexión femenina de **judío**. // Timoteo, hijo de una mujer judía creyente, Hch. 16.1.

JUDÍO: Nombre dado originalmente a una persona natural de Judea. Aparece la primera vez en 2 R. 16.6. Después del regreso del cautiverio, en Babilonia, todos los conocidos como **hebreos** o **israelitas**, adquirían ese nombre. Se conocen también como judíos los que siguen la religión judía. Sea notorio al rey, que los judíos que subieron, Esd. 4.12. Apresuradamente a Jerusalén a los **judíos**, Esd. 4.23. Judíos que escaparon y que no fueron llevados al exilio, Neh. 1.2. Y procuró Amán destruir a todos los judíos, Est. 3.6. El judío Mardoqueo fue el segundo después del rey Asuero, Est. 10.3. Palabra que vino a Jeremías acerca de todos los judíos que moraban en la tierra de Egipto, Jer. 44.1. Acusaron a los judíos, Dn. 3.8. Tomarán del manto a un judío, Zac. 8.23. Rey de los judíos, Mt. 2.2; 27.11, 29,37. Siendo judío, me pides a mí de beber, Jn. 4.9. Porque judíos y samaritanos no se tratan entre sí, Jo. 4.22. Moraban entonces en Jerusalén judíos, Hch. 2.5. No hablando a nadie la palabra, sino sólo a los judíos, Hch. 11.19. Que todos los judíos saliesen de Roma, Hch. 18.2. He aquí, tú tienes el sobrenombre de judío, Ro. 2.17. Pues ya hemos acusado a judíos y a gentiles, Ro. 3.9. ¿Es Dios solamente Dios de los judíos?, Ro. 3.29. No es judío el que lo es exteriormente, Ro. 2.28. ¿Qué ventaja tiene, pues, el judío? Ro. 3.1. Porque no hay diferencia entre judío y griego, Ro. 10.12. Cristo crucificado, para los judíos ciertamente tropezadero, 1 Co. 1.23. Me he hecho a los judíos como judío, para ganar a los judíos, 1 Co. 9.20. Ya no hay judío ni griego, Gá. 3.28; Col. 3.11. Los que se dicen ser judíos, y no lo son, Ap. 2.9; 3.9. Véase **Hebreo**, **Israelitas**.

JUDIT, hb. **Una judía: 1.** Una de las mujeres de Esaú, Gn. 26.34. // **2.** Heroína del libro de Judit. Véase **Apócrifo.**

JUECES, LIBRO DE LOS: Séptimo libro de la Biblia, la historia del pueblo de Dios durante los primeros trescientos años habitando la tierra de promisión. Recibió su nombre de los trece jueces que el Señor levantó para liberar al pueblo durante la decadencia y desunión después de la muerte de Josué. La ira de Dios se encendía contra Israel por causa de la apostasía y de la inmoralidad. En la dificultad clamaba a Dios. Levantaba éste jueces, que los libraban de sus opresores. Pero sucedía que, al fallecer el juez, transgredían otra vez el pacto con Dios. El libro narra siete apostasías, siete opresiones paganas y siete libramientos. **La clave:** Decadencia: "En aquellos días no había rey en Israel: cada uno hacía lo que bien le parecía", Jue. 21.25. **La división: I.** La conquista, por tribus particulares de ciertas regiones de Canaán, 1.1—2.5. **II.** Proezas bajo los jueces, 2.6—16.31. **III.** La emigración de los danitas y la cruzada contra los benjamitas, 17—21. Los acontecimientos narrados abarcan un período de tiempo de casi trescientos años, desde la muerte de Josué hasta la magistratura de Samuel. // **Jueces:** Magistrados civiles, Ex. 21.22. Los israelitas, incluso en Egipto, tenían sus ancianos, o cabezas, de las tribus, Ex. 3.16 etc. En el desierto había "príncipe de las tribus", Nm. 7.2; Dt. 16.18. Y en la tierra de promisión "Jehová levantó jueces que los librasen de mano de los que les despojaban", Jue. 2.16. El Señor le dio a su pueblo jueces hasta el profeta Samuel, Hch. 13.20. Lo que sigue es una tabla de los principales de esos jueces.

JUEZ: Magistrado, encargado de administrar la justicia. // El **J** de toda la tierra, ¿no ha de hacer lo que es justo? Gn. 18.25. ¿Quién te ha puesto a ti por príncipe y **j** sobre nosotros?, Ex. 2.14. Jehová estaba con el **j**, Jue. 2.18. Mas acontecía que al morir el **j**, ellos volvían atrás, Jue. 2.19. Dios es **j** justo, Sal. 7.11. Mas Dios es el **j**, Sal. 75.7. Él es el **J** de toda carne, Jer. 25.31. No sea que el adversario te entregue al **j**, Mt. 5.25. ¿Quién me ha puesto sobre vosotros como **j** o partidor?, Lc. 12.14. No sea que te arrastre al **j**, y el **j** te entregue al alguacil, Lc. 12.58. Había en una ciudad un **j**, que ni temía a Dios, Lc. 18.2. Dios ha puesto por **J** de vivos y muertos, Hch. 10.42. Porque yo no quiero ser **j** de estas cosas, Hch. 18.15. Señor, **j** justo, 2 Ti. 4.8. Dios el **J** de todos, He. 12.23. No eres hacedor de la ley, sino **j**, Stg. 2.4. El **j** está delante de la puerta, Stg. 4.12. Véase **Árbitro**, **Jueces, libro de los**.

JUGAR: Divertirse infantilmente. // ¿Jugarás con él? Job 41.5. El niño... jugará sobre la toca del áspid, Is. 11.8. Las calles... estarán llenas de muchachos... que jugarán el ellas, Zac.8.5.

El opresor	El juez	
1. Mesopotamia	Otoniel	Jueces 3.7-11
2. Moab	Aod	Jueces 3.12-30
3. Filisteos	Samgar	Jueces 3.31
4. Jabín	Débora	Jueces 4—5
5. Madián	Gedeón	Jueces 6:1—8.32
6. (Contiendas internas)	Abimelec	Jueces 9
7. (¿Paz?)	Tola	Jueces 10.1,2
8. (¿Paz?)	Jair	Jueces 10.3,5
9. Amón	Jefté	Jueces 10:6—12.7
10. (¿Paz?)	Ibzán	Jueces 12.8-10
11. (¿Paz?)	Elón	Jueces 12.11,12
12. (¿Paz?)	Abdón	Jueces 12.13-15
13. Filisteos	Sansón	Jueces 13—16
14. Filisteos	Elí	1 Samuel 1—4
15. Filisteos	Samuel	1 Samuel 7—12

JUICIO: Acto solemne en que Dios habrá de juzgar en el fin del mundo. Cordura, discernimiento. // No se levantarán los malos en el **j**, Sal. 1.5. Porque Dios traerá toda obra a **j**, Ec. 12.14. De cierto os digo que en el día del **j**, Mt. 10.15. La reina del Sur se levantará en el **j**, Mt. 12.42. Sino que es reo de **j** eterno, Mr. 3.29. Los hombres de Nínive se levantarán en el **j**, Lc. 11.32. Porque el Padre a nadie juzga, sino que todo el **j** dio al Hijo, Jn. 5.22. Y también le dio autoridad de hacer **j**, Jn. 5.29. Para **j** he venido yo a este mundo, Jn. 9.39. Convencerá al mundo de pecado, de justicia y de **j**, Jn. 16.8. Pero al disertar Pablo acerca... del **j**, Hch. 24.25. Cuán insondables son sus **j**, Ro. 11.33. Ir a **j** delante de los injustos, 1 Co. 6.1. Hermano con el hermano pleitea en **j**, 1 Co. 6.6. **J** come y bebe para sí, 1 Co. 11.29. Para que no os reunáis para **j**, 1 Co. 11.34. Esto es demostración del justo **j** de Dios 2 Ts. 1.5. Antes que ellos vengan a **j**, 1 Ti. 5.24. Resurrección de los muertos y del **j** eterno, He. 6.2. Que mueran una sola vez, y después de esto el **j**, He. 9.27. Sino una horrenda expectación de **j**, He. 10.27. Porque **j** sin misericordia se hará con aquel que no hiciere misericordia, Stg. 2.13. Porque es tiempo de que el **j** comience por la casa de Dios, 1 P. 4.17. Para ser reservados al **j**, 2 P. 2.3. No pronuncian **j** de maldición contra ellas, 2 P. 2.11. Guardados para el fuego en el día del **j**, 2 P. 3.7. Confianza en el día del **j**, 1 Jn. 4.17. No se atrevió a proferir **j** de maldición, Jud. 9. Para hacer **j** contra todos, Jud. 15. Porque la hora de su **j** ha llegado, Ap. 14.7. Señor Dios Todopoderoso, tus **j** son verdaderos y justos, Ap. 16.7. // **El juicio final predicho:** 1 Cr. 16.33; Sal. 9.7; 96.13; 98.9; Ec. 11.9; 12.14; Hch. 17.31; Ro. 2.16; 2 Co. 5.10; He. 9.27; 2 P. 3.7. **El juicio final descrito:** Sal. 50; Dn. 7.9; Mt. 25.31; 2 Ts. 1.8; Ap. 6.12; 20.11. **La esperanza de los hijos de Dios respecto al juicio final:** Ro. 8.33; 1 Co. 4.5. 2 Ti. 4.8; 1 Jn. 2.28; 4.17. Lo que sigue destaca el hecho de que el juicio de Mt. 25.31-46 no es el mismo que el de Apocalipsis 20.11-15:

Mateo 25
No hay resurrección
Naciones vivas
En la tierra
No hay libros
Tres clases: "ovejas", "cabritos" y "hermanos"
En la venida de Cristo, antes del milenio

Apocalipsis 20
Hay resurrección
Los muertos
Huyen cielos y tierra
Se abren los libros
Una sola clase: los muertos
Después de terminados los mil años

Scofield hace la lista siguiente de juicios mencionados en las Escrituras: (1) Jn. 12.31 — El juicio de los pecados de los creyentes en la cruz. (2) 1 Co. 11.31 — El juicio de los creyentes de sí mismos. (3) 2 Co. 5.10 — El juicio de las obras de los creyentes. (4) Mt. 25.31-46 — El juicio de las naciones en la venida de Cristo. (5) Ez. 20.37 — El juicio de Israel en la venida de Cristo. (6) Jud. 6 — El juicio de los ángeles después de los mil años. (7) Ap. 20.12 — El juicio de los inicuos muertos. Véase **Arbitrio, Razón**.

JULIA: Una cristiana de Roma, Ro. 16.15.

JULIO: El centurión a quien Pablo fue entregado para ser llevado a Roma, Hch. 27.1,3.

JUNCO: Género de juncáceas, de asta lisas y flexibles, que crece en los lugares húmedos o en las arenas, Ex. 2.3; Job 8.11; Is. 35.7. Véase **Papiro**.

JUNIAS: El nombre puede ser masculino — una abreviatura de Juniano — o femenino — Junia. Es más probable que sea masculino, Junio. Pariente y compañero de prisión de Pablo, junto con Andrónico, Ro. 16.7. Véase **Andrónico**.

JUNTAR: Acumular, unir. // Trataba de juntarse con los discípulos, Hch. 9.26.

JUNTAR: Convocar. Reunir. Acumular. // Y las juntaron en montones, Ex. 8.14. Mas el que se junta con necios será, Pr. 13.20. Escarnecedor no... junta con los labios, Pr. 15.12. ¡Ay de los que juntan casa a casa, Is. 5.8. Antes que se juntasen, Mt. 1.18. Se le juntó mucha gente, Mt. 13.2. Que Dios juntó, no lo separe el hombre, Mt. 19.6. Siervos... juntaron a... los que hallaron, Mt. 22.10. Como la gallina junta sus polluelos, Mt. 23.37. Allí se juntarán también los buitres, Lc. 17.37. Ninguno se atrevía a juntarse con ellos, Hch. 5.13. Varón, judío... juntarse... a un extranjero, Hch. 10.28. Que no os juntéis con los fornicarios, 1 Co. 5.9. Véase **Añadir**, **Acumular**.

JUNTO: Unido, acercado. // Y la tierra no era suficiente para que habitasen **j**, Gn. 13.6. Corrían los dos **j**, Jn. 20.4. Están atados **j** al gran río Eufrates, Ap. 9.14.

JÚPITER: El Dios supremo de la mitología romana. **Zeus**, en griego. // En Listra, a Bernabé llamaban Júpiter, Hch. 14.12. La ciudad de Éfeso era la guardiana de la imagen que se decía haber caído de Júpiter, es decir, del cielo, Hch. 19.35.

JURAMENTAR: Hacer prestar juramento. // Juramentándolos en la casa de Jehová, 2 R. 11.4. Véase **Jurar**.

JURAMENTO: Acción de jurar. // Confirmaré el **j** que hice a Abraham, Gn. 26.3. **J** ligando su alma, Nm. 30.2. El **j** que juró a vuestros padres, Dt. 7.8. Y de su **j** a Isaac, Sal. 105.9. El **j** que hice a vuestros padres, Jer. 11.5. Sino cumplirás al Señor tus **j**, Mt. 5.33. Pero a causa del **j**, Mt. 14.9. Pero él negó otra vez con **j**, Mt. 26.72. Del **j** que hizo a Abraham, Lc. 1.73.

JURAR: Afirmar, tomando a Dios por testigo, Gn. 21.23; Dn. 12.7; Gá. 1.20; declarar invocando el nombre de algo que se considere sagrado o superior, Mt. 23.16, 18, 20, 21; He. 6.16. Dios Juró por sí mismo, Gn. 22.16; Lc. 1.73; He. 6.13. El juramento pronunciado con la mano levantada al cielo, Gn. 14.22; Ez. 20.5, 6; Dn. 12.7; Ap. 10.5. A veces poniendo la mano debajo del muslo de la persona a quien se hacía la promesa, Gn. 24.2; 47.29. Se hacía juramento ante el altar, 1 R. 8.31. El que juraba no estaba desobligado del juramento, aunque tuviera que sufrir daño para cumplir lo que prometiera, Sal. 15.4. Dios aborrece el juramento falso, Ex. 20.7; Lv. 19.12; Zac. 8.17. Ejemplos de juramento precipitado, Mt. 14.9; Hch. 23.21. Pedro maldijo y juró, Mr. 14.71. Cristo respondió bajo juramento por el Dios vivo que era el Hijo de Dios, Mt. 26.63, 64. Ordenó que los discípulos de ningún modo jurasen, Mt. 5.34. Lo que es más de "sí, sí; no, no" de mal procede, Mt. 5.37. Pero sobre todo, hermanos míos, no juréis, Stg. 5.12.

JURISDICCIÓN: Extensión de territorio en que un juez ejerce poder de juzgar. // La **j** de Herodes, Lc. 23.7.

JUSAB-HESED, hb. **Volvió la misericordia:** Un hijo de Zorobabel, 1 Cr. 3.20.

JUSTAMENTE: De modo justo. // Juzgad **j** entre el hombre y su hermano, y el extranjero, Dr 1.16.

JUSTICIA: Virtud moral que inspira el respeto hacia los derechos de las personas y que nos hace dar a cada uno lo que le pertenece. // Y creyó a Jehová, y le fue contado por **j**, Gn. 15.6. Guarden el camino de Jehová, haciendo **j**, Gn. 18.19. Con **j** juzgarás a tu prójimo, Lv. 19.15. No por tu **j**, ni por la rectitud de tu corazón, Dt. 9.5. La **j**, la **j** seguirás, para que vivas, Dt. 16.20. Me vestía de **j**, y ella me cubría, Job 29.14. El juzgará al mundo con **j**, Sal. 9.8; 98.9. Respóndeme cuando clamo, oh Dios de mi **j**, Sal. 4.1. Me guiará por sendas de **j**, Sal. 23.3. Y **j** del Dios de salvación, Sal. 26.1; 43.1. La **j** y la paz se besaron, Sal. 85.10. **J** y juicio son el cimiento de su trono, Sal. 97.2. Mas el que siembra **j** tendrá galardón firme, Pv11.18. Y será la **j** cinto de sus lomos, Is. 11.5. Todas nuestras **j** como trapo de inmundicia, Is. 64.6. La **j** del justo no lo librará, Ez. 33.12. Tus pecados redime con **j**, Dn. 4.27. Nuestros ruegos ante ti confiados en nuestras **j**, Dn. 9.18. Pero corra el juicio como las aguas, y la **j** como impetuoso arroyo, Am. 5.24. Conviene que cumplamos toda **j**, Mt. 3.15. Hambre y sed de **j**, Mt. 5.6. Porque os digo que si vuestra **j** no fuere mayor, Mt. 5.20. Guardaos de hacer vuestra **j** delante de los hombres, Mt. 6.1. Mas buscad primeramente el reino de Dios y su **j**, Mt. 6.33. Dejáis lo más importante de la ley: la **j**, Mt. 23.23. ¿Y acaso Dios no hará **j** a sus escogidos, que claman a él día y noche?, Lc. 18.7. De **j**, por cuanto voy al Padre, Jn. 16.10. Convencerá al mundo de pecado, de **j**, Jn. 16.8. En su humillación no se le hizo **j**, Hch. 8.33. Juzgar al mundo con **j**, Hch. 17.31. Pero al disertar Pablo acerca de la **j**, Hch. 24.25. Porque en el evangelio la **j** de Dios se revela, Ro. 1.17. Y si nuestra injusticia hace resaltar la **j** de Dios, Ro. 3.5. Pero ahora, aparte de la ley, se ha manifestado la **j** de Dios, Ro. 3.21. Creyó Abraham a Dios, y le fue contado por **j**, Ro. 4.3,22; Gá. 3.6; Gn. 15.6. David habla de la bienaventuranza del hombre a quien Dios atribuye **j** sin obras, Ro. 4.6. Como sello de la **j** de la fe, Ro. 4.11. Por la **j** de uno vino a todos los hombres la justificación de vida, Ro. 5.18. Vuestros miembros a Dios como instrumentos de **j**, Ro. 6.13. Porque ignorando la **j** de Dios, Ro. 10.3. Porque el reino de Dios no es comida ni bebida, sino **j**, Ro. 14.17. Para que nosotros fuésemos hechos **j** de Dios, 1 Co. 1.30. ¿Qué compañerismo tiene la **j** con la injusticia? 2 Co. 6.14. Su **j** permanece para siempre, 2 Co. 9.9. Pues si por la ley fuese la **j**, Gá. 2.21. Nuevo hombre, creado... en **j**, Ef. 4.24. La coraza de **j**, Ef. 6.14. Llenos de frutos de **j**, Fil. 1.11. Cuanto a la **j** que es en la ley, Fil. 3.6. Mi propia **j**, que es por la ley... la **j** que es de Dios, Fil. 3.9. Sigue la **j**, la piedad, la fe, el amor, 1 Ti. 6.11; 2 Ti. 2.22. No por obras de **j**, Tit. 3.5. Has amado la **j**, He. 1.9. Noé... fue hecho heredero de la **j**, He. 11.7. Que por fe conquistaron reinos, hicieron **j**, He. 11.33. La ira del hombre no obra la **j** de Dios, Stg. 1.20. Y le fue contado por **j**, Stg. 2.23. Y el fruto de **j** se siembra en paz, Stg. 3.18. Muertos a los pecados, vivamos a la **j**, 1 P. 2.24. Mas también si alguna cosa padecéis por causa de la **j**, 1 P. 3.14. Cielos nuevos y tierra nueva, en los cuales mora la **j**, 2 P. 3.13. Todo el que hace **j** es nacido de él, 1 Jn. 2.29. Los hijos del diablo: todo aquel que no hace **j**, 1 Jn. 3.10. Porque Dios os ha hecho **j** en ella, Ap. 18.20. Y el que lo montaba se llamaba Fiel y Verdadero, y con **j** juzga y pelea, Ap. 19.11. Y el que es justo, practique la **j** todavía, Ap. 22.11. Véase **Justificación**, **Justificado**, **Justificar**.

JUSTIFICACIÓN: Acto por el cual el hombre, pasando del pecado al estado de gracia, se vuelve digno de la vida eterna. // Resucitado para nuestra **j**, Ro. 4.25. Pero el don vino a causa de muchas transgresiones para **j**, Ro. 5.16. A todos los hombres la **j** de vida, Ro. 5.18. Cristo Jesús, el cual nos ha sido hecho por Dios sabiduría, **j**, 1 Co. 1.30. // **¿Cómo puede el hombre ser justo para con Dios?** Job 4.17; 9.2; 25.4. **Por la fe:** Gn. 1.6; Hab. 2.4; Hch. 13.39. La justicia de Dios se revela en el evangelio, Ro. 1.17; 5.1; Gá. 3.11; He. 10.38. // **Por la gracia:** Ro. 3.24; Tit. 3.5-7. // **Por obras:** Stg. 2.14-26; He. 11. // **Imposible, cumpliendo la ley:** Is. 64.6; Hch. 13.39; Ro. 3.20; 1 Co. 4.4; Gá. 2.16-21; 3.11. Véase **Justicia**, **Justificado**, **Justificar**.

JUSTIFICADO: Reconocido por inocente. // Porque por tus palabras serás **j**, Mt. 11.19. Éste descendió a su casa justificado, Lc. 18.14. En él es **j** todo aquel que cree, Hch. 13.39. **J**, pues, por la fe, tenemos paz para con Dios, Ro. 5.1. Para que **j** por su gracia, Tit. 3.7.

JUSTIFICAR: Probar la inocencia de, hacer justo. // ¿Qué hablaremos, o con qué nos justificaremos? Gn. 44.16. Porque yo no justificaré al impío, Ex. 23.7. Ciertamente yo sé que es así; ¿Y cómo se justificará el hombre con Dios? Job 9.2. Si yo me **justificar**e, me condenaría mi boca, Job 9.20. Habla, porque yo te quiero **j**, Job 33.32. ¿Me condenarás a mí, para justificarte tú? Job 40.8. Porque no se justificará delante de ti ningún ser humano, Sal. 143.2. Hazme recordar, entremos en juicio juntamente; habla tú para justificarte, Is. 43.26. Por su conocimiento justificará mi siervo justo a muchos, Is. 53.11. Recordar, entremos en juicio juntamente; habla tú para justificarte, Is. 43.26. Y todo el pueblo y los publicanos, cuando lo oyeron, justificaron a Dios, Lc. 7.29. Pero él, queriendo justificarse a sí mismo, Lc. 10.29. Porque Dios es uno, y él justificará por la fe, Ro. 3.30. Dios había de **j** por la fe a los gentiles, Gá. 3.8. Véase **Justicia**, **Justificación**, **Justificado**, **Justo**.

JUSTO, EL LIBRO DEL: Un libro de cánticos muy conocido, cuyos temas eran tal vez las grandiosas proezas de los héroes judíos, 2 S. 1.18.

JUSTO, lat. **Recto:** 1. El apellido de Barsabás, uno de los dos nombrados para ocupar el lugar de Judas en el apostolado, Hch. 1.23. // **2.** Un prosélito que recibió a Pablo en su casa, cuando los judíos lo rechazaron en Corinto, Hch. 18.7. // **3.** Un judío que, con Aristarco y Marcos, se unieron con Pablo, enviando saludos a la iglesia de Roma, Col. 4.11.

JUSTO: Que es conforme a la justicia. // Noé, varón **j**, Gn. 6.9. Pesa exacta y justa tendrás; efa cabal y **j** tendrás, Dt. 25.15. Con Israel ejecutó los mandatos y los **j** decretos de Jehová, Dt. 33.21. Más **j** eres tú que yo, 1 S. 24.17. Mataron a un hombre **j** en su casa, 2 S. 4.11. Habrá un **j** que gobierne entre los hombres, 2 S. 23.3. Porque él ha dado muerte a dos varones más **j**, 1 R. 2.32. Justificando al **j** para darle conforme a su justicia, 1 R. 8.32. Vosotros sois **j**, 2 R. 10.9. Compraré por su **j** precio, 1 Cr. 21.24. Justificando al **j** al darle conforme a su justicia, 2 Cr. 6.23. **J** es Jehová, 2 Cr. 12.6. No nos es **j** ver el menosprecio del rey, Esd. 4.14. Oh Jehová Dios de Israel, tú eres **j**, Esd. 9.15. Cumpliste tu palabra, porque eres **j**, Neh. 9.8. Pero tú eres **j** en todo, Neh. 9.33. Cuando el justo se apartare de de su justicia, Ez. 33.18. Hace llover sobre **j** e injustos, Mt. 5.45. Porque no he venido a llamar a **j**, Mt. 9.13. Entonces los **j** resplandecerán como el sol, Mt. 13.43. Apartarán a los malos de entre los **j**, Mt. 13.49. Herodes temía a Juan, sabiendo que era varón **j** y santo, Mr. 6.20. Ambos eran **j** delante de Dios, Lc. 1.6. Noventa y nueve **j**, Lc. 15.7. Ha de haber resurrección de los muertos, así de **j** como de injustos, Hch. 24.15. El **j** vivirá por fe, Ro. 1.17; Gá. 3.11; He. 10.38; Hab. 2.4. No son los oidores de la ley los **j** ante Dios, Ro. 2.13. No hay **j**, ni aun uno, Ro. 3.10. Ciertamente, apenas morirá alguno por un **justo**, Ro. 5.7. Por la obediencia de uno, los muchos serán constituidos **j**, Ro. 5.19. Todo lo que es verdadero, todo lo honesto, todo lo **j**, Fil. 4.8. Sino hospedador, amante de lo bueno, sobrio, **j**, Tit. 1.8. Espíritus de **j** perfeccionados, He. 12.23. Habéis condenado y dado muerte al **j**, Stg. 5.6. La oración eficaz del **j** puede mucho, Stg. 5.16. Si el **j** con dificultad se salva, 1 P. 4.18. Y libró al **j** Lot, 2 P. 2.7. Afligía cada día su alma **j**, 2 P. 2.8. Él es fiel y **j** para perdonarnos, 1 Jn. 1.9. Aquel que practica la justicia es **j**, 1 Jn. 3.7. Todopoderoso; **j** y verdaderos son tus caminos, Ap. 5.3. Y el que es **j**, practique la justicia todavía, Ap. 22.11. // **El justo, Jesucristo:** No tengas nada que ver con ese **J**, Mt. 27.19. Mas vosotros negasteis al Santo y al **J**, Hch. 3.14. Anunciaron de antemano la venida del **J**, Hch. 7.52. Veas al **J**, y oigas la voz de su boca, Hch. 22.14. Cristo murió... el **j** por los injustos, 1 P. 3.18. Abogado tenemos para con el Padre, a Jesucristo el **j**, 1 Jn. 2.1. Véase **Justicia**, **Justificación**, **Justificado**, **Justificar**, **Íntegro**, **Recto**.

JUTA, hb. **Extendido:** Una ciudad de la herencia de Judá, Jos. 15.55.

JUVENTUD: Personas jóvenes. // Alégrate, joven, en tu **j**, Ec. 11.9. Maestro, todo esto lo he guardado desde mi **j**, Mr. 10.20.

El Muro de las Lamentaciones, el más sagrado de los santuarios de los judíos. En el año 70, Roma sojuzgó a los judíos y destruyó el Segundo Templo, restando apenas el muro occidental que se volvió una meta de peregrinación. En este muro se reúnen los judíos, hacen casi dos milenios, para lamentar y orar.

JUZGAR: Decidir como juez o como árbitro. Sentenciar. Evaluar. // Mas también a la nación a la cual servirán, juzgaré, Gn. 15.14. Jehová juzgará a los pueblos, Sal. 7.8. Juzga al mundo con justicia, Sal. 9.8. Y a la tierra, para **j** a su pueblo, Sal. 58.11. No juzguéis, para que no seáis juzgados, Mt. 7.1. Tronos para **j** las doce tribus, Mt. 19.28; Lc. 22.30. Muchas cosas tengo que decir y **j**, Jn. 8.26. Un día en el cual juzgará al mundo con justicia, Hch. 17.31. Para juzgarme conforme a la ley, Hch. 23.3. Quisimos juzgarle conforme a nuestra ley, Hch. 24.6. Tú mismo, pues, al juzgarle, podrás informarte, Hch. 24.8. En el día en que Dios juzgará por Jesucristo los secretos de los hombres, Ro. 2.16. ¿Cómo **juzgar**ía Dios al mundo? Ro. 3.6. Porque ¿qué razón tendría yo para **j** a los que están fuera? 1 Co. 5.12. Porque a los que están fuera, Dios juzgará, 1 Co. 5.13. ¿O no sabéis que los santos han de **j** al mundo? 1 Co. 6.2. ¿O no sabéis que hemos de **j** a los ángeles? 1 Co. 6.3. ¿Ponéis para **j** a los que son de menor estima en la iglesia? 1 Co. 6.4. Que pueda **j** entre sus hermanos, 1 Co. 6.5. ¿Por qué se ha de **j** mi libertad por la conciencia de otro? 1 Co. 10.29. Señor Jesucristo, que juzgará a los vivos y a los muertos, 2 Ti. 4.1. El Señor juzgará a su pueblo, He. 10.30. Pero a los fornicarios y a los adúlteros los juzgará Dios, He. 13.4. Está preparado para **j** a los vivos y a los muertos, 1 P. 4.5. El tiempo de **j** a los muertos, Ap. 11.18. Los que recibieron facultad de **j**, Apocalipsis 20.4. Véase **Acusar**, **Censurar**, **Condenar**, **Culpar**.

Job y sus tres amigos. A Job "le nacieron siete hijos y tres hijas" *(Job 1.2).*

K

KELAÍA, hb. **Enano:** Uno de los que tenían mujer extranjera, Esd. 10.23. Se llamaba también, Kelita.

KELITA, hb. **Enano:** Véase **Kelaía.**

KENAT, hb. **Posesión:** Ciudad con sus aldeas, de Manasés tomada por Noba, Nm. 32.42. Recuperada por Gesur y Aram, 1 Cr. 2.23. Véase mapa 3, C-2.

KEREN-HAPUC, hb. **Vaso de antimonio** (sustancia usada para darles color a las pestañas): Hija más joven de Job, que nació después de las probaciones de este patriarca, Job 42.14. Así se llamaba, probablemente, por su gran belleza.

KIBROT-HATAAVA, hb. **Sepulcros de la concupiscencia:** Un lugar de campamento de los israelitas, en el desierto, Nm. 11.34. Allí fueron enterrados los que se murieron a causa de su deseo por las comidas de Egipto.

KIR DE MOAB: (o KIR-HARESET): Una de las dos fortalezas principales de Moab. **Kir-hareset**, Is. 16.11, es la forma en el plural.

KIR, hb. **Ciudad fuerte:** Lugar de Moab de donde emigraron los sirios hacia Damasco, Am. 9.7, y adonde Tiglat-pileser los llevó después, 2 R. 16.9, Am. 1.5.

KEILA: Una ciudad de la herencia de Judá, Jos. 15.44. David libera a Keila, 1 S. 23. Hasabías era príncipe de la mitad de Keila, en el tiempo de Nehemías, Neh. 3.17. Véase mapa 5, B-1.

LIBROS: Había, desde tiempos muy remotos, abundancia de libros. Dijo Salomón: "No hay fin de hacer muchos libros" *(Ec. 12,12). Moisés y Pablo no sólo eran literatos, escribiendo por lo menos 18 de los 66 libros más famosos de todos los tiempos, eran tambiém, entusiastas de los libros (Hch. 7.22; 2 Ti. 4.13).*

L

LA RESURRECCIÓN DEL IDIOMA HEBREO. La resurrección del idioma hebreo, que por más de dieciocho siglos no se hablaba como lengua diaria, es notable como avivamiento del propio Israel. En realidad, es importantísimo factor aglutinador de los judíos como nación unida. Hace cien años se consideraba el hebreo un idioma muerto. Sin embargo, los judíos nunca lo consideraron como tal. Era el idioma bíblico y en el cual hacían sus oraciones; y aunque no lo emplearan en su vida secular, siempre sintieron que algún día volverían a Sion y hablarían el hebreo. Cabría a Eliezer Bem-Yhuda, un judío europeo, demostrar que llegó el momento de revivir el hebreo, no postergando esa resurrección para algún futuro distante. Dios levantó a ese hombre, nacido cerca de Vilna, en 1858, para devolver a los judíos su idioma común. El pueblo estaba disperso entre las naciones; hablaban los idiomas de los pueblos entre los cuales habitaban. Muchos judíos de Europa hablaban el iídiche, idioma con fundamento en el alemán medieval. Otros hablaban el ladino, fundado en el español medieval. En la primavera de 1879, Ben Yehuda (anteriormente de nombre Perlman) publicó un artículo en el que proponía que se fundara un estado judío en Palestina, y que el idioma de ese estado fuera el hebreo. Los judíos más piadosos quedaron chocados ante la sugerencia: para ellos era un sacrilegio emplear el idioma de la Biblia en el lenguaje diario. Algunos de ellos hablaban el hebreo, pero solamente los sábados. Pero Ben-Yehuda estaba determinado, convencido de que la idea era buena. Impulsado por una fuerza sobrenatural (aunque sin duda inconsciente del hecho) el joven abandonó sus estudios de medicina en la Sorbona, en París, y, para consternación de sus parientes y amigos, partió con todas sus pertenencias hacia Jerusalén. En 1880, camino a Palestina, escribió: "Hoy hablamos idiomas extranjeros, mañana todos hablaremos el hebreo." Logró establecer la primera familia de habla hebrea en Palestina, después de un lapso de dieciocho siglos. En poco tiempo, otras familias recién llegadas seguían el ejemplo. Poco a poco el hebreo se fue volviendo idioma de la conversación diaria en varios centros judíos, hasta que su uso se generalizó. Alrededor de 1918, casi el cuarenta por ciento de los judíos de Palestina hablaba el hebreo. Alrededor de 1948, ese porcentaje había aumentado para ochenta por ciento. Actualmente se calcula que noventa y cinco por ciento de la población puede comunicarse en hebreo en sus actividades diarias, aunque muchos sigan hablando otros idiomas en sus hogares y puedan leer publicaciones diarias en idiomas extranjeros. Eliezer Ben-Yehuda creó la primera escuela no religiosa donde se enseñaban todas las materias en hebreo. También fundó y dirigió cuatro periódicos en hebreo, y fue la persona que estableció el consejo del idioma hebreo que, en 1954, se convirtió en la academia oficial del gobierno del idioma hebreo. Pero su principal obra fue la de recolectar material para un diccionario hebreo en diecisiete volúmenes, actualmente en extenso uso. Para revivir el idioma hebreo fue necesario crear muchas palabras nuevas para consumo moderno, particularmente en las esferas industrial, tecnológica y profesional. El vocabulario hebreo de la Biblia cuenta con sólo siete mil setecientos cuatro vocablos diferentes. Ese vocabulario se ha multiplicado por varias veces. La academia del idioma hebreo ha registrado el uso de casi treinta mil palabras. La tarea de enseñar el idioma a los inmigrantes judíos ha sido gigantesca; los judíos, pero con vigor y recursos característicos, han creado métodos rápidos de aprendizaje. Por medio de esos métodos modernos, los inmigrantes pueden aprender el idioma en cinco meses. Entre los diecisiete periódicos de Israel, publicados en hebreo, hay uno que emplea hebreo simplificado, con vocales, para beneficio de los inmigrantes que aun no pueden leer el hebreo regular, en que se omiten la mayoría de las vocales. También lecciones en hebreo y boletines de noticias, en hebreo sencillo se lanzan al aire por la radio nacional. A todo judío en Israel se le exhorta a que aprenda el hebreo, ya que ese es el idioma en que se enseñan las clases en todas las escuelas judías, aunque los maestros hablen árabe en las escuelas donde se enseña el árabe. A los ciudadanos árabes en Israel no se les obliga a aprender el hebreo. Hay plena libertad para que cada raza mantenga su propia tradición. Sellos, monedas y papel moneda muestran inscripciones tanto en hebreo como en árabe.

LAADA, hb. Orden: Un descendiente de Judá, 1 Cr. 4.21.

LAADÁN, hb. Bien ordenado: 1. Un antepasado de Josué, 1 Cr. 7.26. // 2. Un levita de la familia de Gersón, 1 Cr. 23.7.

LABÁN, hb. Blanco: Hijo de Betuel y hermano de Rebeca, Gn. 24.29. Vivía en Harán, Gn. 27:43. Jacob, huyendo de Esaú, fue a su casa, Gn. 28:5. Tenía grandes rebaños, Gn 29.9; 30.30. Padre de Raquel y Lea, Gn. 29:16. Jacob, con su familia y bienes, huyó de Labán, Gn. 31.20,21. La alianza entre Labán y Jacob, Gn. 31.43. Labán adoraba al Dios de sus padres, y al mismo tiempo adoraba a los ídolos, Gn. 30.27; 31.53; 31.30.

LABIO: Parte exterior de la boca, que cobre los dientes. // Mas Ana hablaba en su corazón, y solamente se movían sus l, 1 S. 1.13. Guarda... y tus l de hablar engaño, Sal. 34.13. Guarda la puerta de mis l, Sal. 141.3. Los l de la extraña destilan miel, Pr. 5.3. Siendo hombre inmundo de l, Is. 6.5. Esto tocó tus l, Is. 6.7. Con sus l me honra, Is. 29.13. De l

Labrador

me honra, Mt. 15.8. Veneno de áspides está debajo de sus l, Ro. 3.13. En otros l hablaré a este pueblo, 1 Co. 14.21. Sacrificio de alabanza... fruto de l, Heb. 13.15. Sus l no hablen engaño, 1 P. 3.10. Véase Boca, Lengua.

LABOR: Trabajo penoso y continuo. // Labores en todas las ciudades, Neh. 10.37. Véase Trabajo.

LABRADOR: El que labra o cultiva tierras. // Caín fué l de la tierra, Gn. 4.2. La Arrendó a l, Lc. 20.9. El l, para recibir los frutos, 2 Ti. 2.6. Cómo el l espera el precioso fruto, Stg. 5.7. Véase Agricultor.

LABRANZA: Preparación de la tierra para la siembra o plantación; agricultura. // Los que trabajaban en la l de las tierras, 1 Cr. 27.26. Vosotros l de Dios sois, 1 Co. 3.9. Véase Agricultura.

LABRAR: Revolver la tierra con arado; cincelar; aplanar; escribir; corroer; gastar. // Ni había hombre para que labrase, Gn. 2.5. Para que labrase la tierra de que fue tomado, Gn. 3.23. Cuando labres la tierra, no te volverá a dar, Gn. 4.12. Comenzó Noé á l la tierra, Gn. 9.20. Para labrar la casa, 1 R. 5.18. Labró sus siete columnas, Pr. 9.1. El que labra su tierra, se hartará, Pr. 12.11. Véase Arar, Cultivar.

LABUTAR: Trabajar penosamente y con persistencia. // Véase Trabajar.

LACUM, hb. Obstrucción: Una ciudad en la frontera de Neftalí, Jos. 19.33.

LADO: La parte derecha o izquierda del cuerpo de los animales desde la axila hasta la nalga. Partido, opinión. // Caerán a tu l mil, Sal. 91.7.

LADRAR: Aullar (el perro). // Atalayas... todos ellos perros mudos, no pueden l, Is. 56.10.

LADRILLO: Pieza de barro cocido generalmente, en forma de adoquín y destinado a construcciones; adobe. // Les sirvió el l en lugar de piedra, y el asfalto en lugar de mezcla, Gn. 11.3. Dura servidumbre, en hacer barro y l, Ex. 1.14. No daréis paja al pueblo para hacer l, Ex. 5.7. Además los hizo trabajar en los hornos de l, 2 S. 12.31. Hijo de hombre, tómate un adobe, y ponlo delante de ti, Ez. 4.1.

LADRÓN: El que robó o que roba habitualmente. // L fuere hallado forzando, Ex. 22.2. El tal l morirá, Dt. 24.7. Donde l minan y hurtan, Mt. 6.19. Supiese a cual vela el l, Mt. 24.43. Crucificaron con el dos l, Mt. 27.38. Antes de mí vinieron, l son, Jn. 10.8. Sino porque era l, Jn. 12.6. Ni los l, 1 Co. 6.10. Día del Señor vendrá así como l de noche, 1 Ts. 5.2; 2 P. 3.10. Ninguno de vosotros padezca como homicida, o l, 1 P. 4.15. Vendré a ti como l, Ap. 3.3; 16.15.

LAEL, hb. Consagrado a Dios: Padre de Eliasaf, Príncipe de la casa paterna de los gersonitas, Nm. 3.24.

LAGAR: Taller con los aparatos necesarios para exprimir uvas, manzanas, frutos oleaginosos, etc. Cada viña tenía, en los tiempos antiguos, su propio lagar, que en general era una cisterna hecha en la roca, con cerca de 2 metros de longitud, por um y medio de anchura. Tenía abajo una abertura, donde corría el mosto para una cuba más abajo. Las uvas eran pisadas por los trabajadores de cuerpo desnudo. // Pisaban en l el sábado, Neh. 13.15. He pisado yo solo el l, Is. 63.3. Y cavó en ella un l, Mt. 21.33. Grande l de la ira de Dios, Ap. 14.19. El l del vino del furor, Ap. 19.15.

LAGARTIJA: Pequeño lagarto. // Animal inmundo, Lv. 11.30.

LAGARTO: Reptil saurio, de gran cabeza y de dedos adherentes que le permiten correr a lo largo de las paredes o de los techos. En la lista de "criaturas que pueblan la tierra" y consideradas inmundas, Lv. 11.30.

LAGO DE FUEGO: El lago ardiendo con fuego y azufre, Ap. 21.8. Es un lugar de castigo eterno, donde la bestia, el falso profeta y los perdidos serán aniquilados, es decir, reducidos a nada, Ap. 19.20; 20.10,14,15.

LAGO DE GENEZARET: Lc. 5.1. Véase Mar de Galilea.

LAGO: Gran extensión de agua cercada de tierra. // Tempestad de viento en el l, Lc 8.23. Un despeñadero en el l, y se ahogó, Lc. 8.33. Véase Mar.

LÁGRIMA: Líquido segregado por las diversas glándulas del ojo. // Di a Ezequías... he visto tus l, 2 R. 20.5. Riego mi estrado con mis l, Sal. 6.6. Fueron mis l mi pan, Sal. 42.3. Pon mis l en tu redoma, Sal. 56.8. A comer pan de l, Sal. 80.5. Los que sembraron con l, Sal. 126.5. Echa l como un arroyo, Lm. 2:18. Regar con l, Lc. 7.38. Sirviendo... con muchas l, Hch. 20.19. No he cesado de amonestar con l, Hch. 20.31. Escribí con muchas l, 2 Co. 2.4. Acordándome de tus l, 2 Ti. 1.4. Con gran clamor y l, He. 5.7. Limpiará toda l, Ap. 7.17; 21.4.

LAHAD, hb. Opresión: Un descendiente de Judá, 1 Cr. 4.2.

LAHMAM: Ciudad de la herencia de Judá, Jos. 15.40.

LAHMI: Hermano de Goliat, 1 Cr. 20.5.

LAIS, hb. León: 1. Una ciudad de los sidonios en el extremo norte de Palestina, Jue. 18.7. Véase mapa 1, H-2; 3, B-1. También llamada Lesem, Jos. 19.47, y Dan, Jue. 18.29. Allá estuvo la imagen de Mica, Jue. 18, y después uno de los dos becerros de Jeroboam, 1 R.

12.29. // 2. Un benjamita cuyo hijo llegó a ser marido de Mical, mujer de David, 1 S. 25.44. // 3. Una villa de Benjamín, entre Galim y Anatot, Is. 10.30.

LAMEC, hb. Mozo fuerte: 1. Hijo de Metusael y el primer polígamo. Tuvo dos mujeres, Ada y Zila, Gn. 4:19. // 2. Hijo de Matusalén y padre de Noé, Gn. 5.28; Lc. 3.37.

LAMENTACIÓN: Canto fúnebre. Pequeño poema dedicado al luto. // Todos los cantores y cantoras recitan esas l sobre Josías hasta hoy, 2 Cr. 35.25. Había escritas en él endechas, y l, Ez. 2.10. Véase Lamento.

LAMENTACIONES DE JEREMÍAS: Este libro es un apéndice al de Jeremías. Antes de estudiarlo, se debe leer la narrativa del último capítulo de Jeremías, sobre la desolación de Jerusalén y el inicio del cautiverio de Babilonia. Este canto triste, hecho 600 años a.C., es recitado en voz alta, en 9 del mes de Tamuz (Julio), en todas las sinagogas del mundo. La Iglesia Católica recita este canto en la "semana santa". // La paternidad literaria: Es de Jeremías. La introducción: "Después que Israel fue llevado al cautiverio, y que Jerusalén fue devastada, Jeremías empezó a llorar y a lamentar sobre Jerusalén, y dijo". // Llave: Calamidad, asolación, destruición, Lm. 2.11; 3.47,48; 4.10. El libro descubre el amor y el pesar del Señor por el propio pueblo a quién está disciplinando — pesar introducido, por Espíritu Santo, en el corazón de Jeremías. Véase: Jer. 13.17. Comparar: Mt. 23.36,38; Ro. 9.1-5. // Las divisiones: Cada uno de los cinco capítulos es un lamento poético: I. Jerusalén como una viuda llorando, Lm. 1. Un lamento fúnebre poético, en que cada versículo empieza con una de las 22 letras del alfabeto hebreo. II. Jerusalén como una mujer velada en luto, llorando entre las ruinas, Lm. 2. Un poema fúnebre, como el primer, y también acróstico. III. Jerusalén y el profeta en luto llorando ante Jehová, el juez, Lm. 3. Otro poema fúnebre como los dos primeros, pero se repite tres veces la misma letra, teniendo 66 versículos. IV. Jerusalén como oro sin brillo, cambiado y degradado, Lm. 4. Otro canto fúnebre y acróstico como los dos primeros. V. Jerusalén rogando al Señor, Lm. 5. Otro poema fúnebre, de 22 versículos, pero no alfabético.

LAMENTAR: Lastimar con gemidos o gritos. // Lamentarán el incendio que Jehová ha hecho, Lv. 10.6. Lamentarán todas las tribus, Mt. 24.30. Lamentaréis y lloraréis, Lc. 6.25. Las cuales le lloraban y lamentaban, Lc. 23.27. Vosotros lloraréis y lamentaréis, Jn. 16.20. Afligíos, y lamentad, y llorad, Stg. 4.9. Los linajes de la tierra se lamentarán sobre

"Mas las prudentes tomaron aceite en sus vasijas, juntamente con sus lámparas" *(Mt. 25.4)*.

él, Ap. 1.7. Lamentarán sobre ella los reyes, Ap. 18.9. Véase Endechar, Llorar.

LAMENTO: Llanto, lloro. // Llanto y l amargo: Raquel que lamenta por sus hijos, Jer. 31.15; Mt. 2.18. Véase Lamentación, Llanto.

LAMER: Pasar la lengua sobre algo. // Como lame el buey la grama, Nm. 22.4. Cualquiera que lamiere las aguas, Jue. 7.5. Lamieron los perros la sangre de Nabot, 1 R. 21.19. Perros venían y lamían las llagas, Lc. 16.21.

LÁMINA: Plancha delgada de metal u otro material. // Harás además una l de oro, Ex. 28.36. Véase Plancha.

LÁMPARA: Pequeño disco atravesado por un hilo, puesto en aceite para alumbrar. // En el templo... antes que la l de Dios fuese apagada, 1 S. 3.3. Porque tú eres mi l, 2 S. 22.29. Para que mi siervo David tenga l todos los días delante de mí, 1 R. 11.36; 15.4. La l de los impíos es apagada, Job 21.17. Tú encenderás mi l, Sal. 18.28. L es a mis pies, Sal. 119.105. He dispuesto l a mi ungido, Sal. 132.17. Se apagará la l de los impíos, Pr. 13.9; 24.20. Su l no se apaga de noche, Pr. 31.18. Sus siete l encima del candelero, Zac. 4.2. La l del cuerpo es el ojo, Mt. 6.22. Vírgenes, que tomando sus l, Mt 25.1. Muchas l en el aposento alto, Hch. 20.8. Véase Antorcha, Lumbrera.

LAMPARILLA: Lámpara, candileja. // Le harás siete l, Ex. 25.37.

LAMPIÑO: Es hombre velloso, y yo l, Gn. 27.11.

LANA: Pelo espeso, blando y rizado de ciertos animales, pero especialmente del carnero. // Da la nieve como l, Sal. 147:16. Mujer virtuosa... busca l y lino, Pr. 31:13. Rojos como el carmesí, vendrán a ser como blanca l, Is. 1:18. Cabellos eran blancos como blanca l, Ap. 1.14. // La lana era uno de los principales productos usados para hacer ropas, como se

Langosta

puede deducir de las frecuentes alusiones al trasquilar de las ovejas, Gn. 31:19; 38.12; 2 S. 13.23. // La lana se menciona entre las ofrendas de las primicias. Dt. 18:4.

LANCERO: Soldado armado de lanza. // Mandó que apercibiesen... doscientos l, Hch. 23.23.

LANGOSTA: Insecto saltador. Se alimenta exclusivamente de vegetales. Donde posa una nube de langostas todo queda devastado en pocas horas. No se prohíbe comerlas, Lv. 11.22. Éramos a nuestros ojos como langostas, Nm. 13.33. Los madianitas como langostas en tanta multitud, Jue. 6.5; 7.12. La octava plaga en Egipto: langostas, Ex. 10.1-19; Sal. 105.34. Insecto muy destructivo, 2 Cr. 6.28; 7.13. Y la langosta será una carga, Ec. 12.5. No tienen rey, Pr. 30.27. Cuyos moradores son como l, Is. 40.22. La l comió lo que del revoltón había, Jl. 1.4; 2.25. La comida de Juan el Bautista, Mt. 3.4. Del humo salieron l, Ap. 9.3.LEGENDA Langosta

LANZA: Arma formada de una asta extensa, con una punta de hiero o acero. // Finees... tomó una l, Nm. 25.7,8. Levanta la l que tienes, Jos. 8.18. No se halló espada ni l, 1 S. 13.22. El asta de su l era como un rodillo de telar, 1 S. 17.7. Arrojó, Saúl, la l, 1 S. 18.10,11; 19.10. Tenía su l en su mano, 1 S. 22.6. Su l hincada en tierra, 1 S. 26.7. Sus dientes son l y saetas, Sal. 57.4. Sus l en hoces, Is. 2.4; Mi. 4.3. L de vuestras hoces, Jl. 3.10. Resplandor de l; y multitud de muertos, Nah. 3.3; Hab 3.11. Uno de los soldados le abrió el costado con una l, Jn. 19.34. Véase Dardo.

LANZADERA: Aparato para tejer, en que pasa el hilo. // Mis días fueron más ligeros que la l, Job 7.6.

LANZAR: Despeñar con fuerza. // Lanzados vivos dentro de un lago de fuego, Ap. 19.20. Lanzado en el lago de fuego, Ap. 20.10. Véase Echar.

LAODICEA, Que pertenece a Laodice: Una ciudad sobre el rio Lico, famosa por sus amplios muros y, como Roma, edificada sobre siete montes. // Se llamaba, antes, Diósopolis, ciudad de Zeus. Fue ampliada y mejorada por Antíoco II, que le puso el nombre de Laodicea en honra de su mujer, Laodice. Parece que el apóstol Pablo se esforzó por introducir el evangelio en Laodicea, donde escribió una epístola acerca de la cual se refiere en Col. 4.16. La ciudad fue destruida por un terremoto en 62 d.C. y reconstruida por su propio pueblo, de lo cual se enorgullecían de hacerlo sin pedir ayuda del estado. Las riquezas de la ciudad, provenientes de la excelencia de sus lanas, produjo un ambiente que se reflejaba en apatía espiritual en la iglesia. El mensaje a la iglesia en Laodicea es la última a las siete iglesias de Asia. De las siete epístolas, es la más triste, siendo lo contrario de la carta a Filadelfia, Ap. 3.14-22. Mientras en Filadelfia no hay censura, en aquella no hay ninguna aprobación. Véase mapa 6, E-2, p. 756.

LAPIDOT, hb. Antorchas: El esposo de la profetisa Débora, Jue. 4.4.

LAQUIS, hb. Tenaz: Fortaleza de los amorreos, tomada por Josué, y que fue, después, herencia de Judá, Jos. 10.5,23; 15.39. Fortificado por Roboam, 2 Cr. 11.9. Amasías, rey de Judá, huyó para Laquis, donde fue muerto, 2 R. 14.19. Sitiada por Senaquerib, 2 R. 18.13,14. Cercada, también, por Nabucodonosor, Jer. 34.7. Cuando volvieron del cautiverio, los judíos la tomaron otra vez, Neh. 11.30. Véase mapa 2, B-5; mapa 5, A-1.

LARGO: Lo saciaré de l vida, Sal. 91.16. Hacéis largas oraciones, Mt. 23.14. Seas de l vida sobre la tierra, Ef. 6.3.

LARGURA: Largor. // L de días, Sal. 21.4.

LASA, hb. Hendidura: Un lugar mencionado con Gomorra, situado al sur de Canaán, Gn. 10.19.

LASCIVIA: Lujuria. // Las maldades, el engaño, la l, Mr. 7.22. Véase Fornicación, Infidelidad, Lujuria.

LASEA: Hch. 27.8. Ciudad del litoral sur de la isla de Creta, 8 kilómetros distante de Buenos Puertos.

LASTIMAR: Herir u ofender a alguien. // La lengua falsa atormenta al que ha lastimado, Pr. 26.28.

LATÍN: Idioma de los romanos y lengua oficial de los países por ellos dominados. Pilato se valió de esta lengua, y también del hebreo y del griego para escribir el título sobre la cruz, Jn. 19.19,20. Véase Versiones.

LAVADOR: Quien lava la ropa, Mal. 3.2; Mr. 9.3.

LAVAMIENTO: Acto de lavar. // L del agua por la palabra, Ef. 5.26. Por el l de la regeneración, Tit. 3.5. Véase Bañar.

LAVAPIES: Uno de los primeros actos al llegar de un viaje era el de lavar los pies, Gn. 18.4; 19.2; 24.32; 43.24; Jue. 19.21; 1 S. 25.41; 2 S. 11.8. Un servicio muy humilde, el de lavar los pies de los demás, 1 S. 25:41. Se menciona en el Nuevo Testamento, Lc. 7:44; Jn. 13.1-16; 1 Ti. 5.10. Practicado como rito religioso por varias denominaciones. Véase Bañar. Ablución.

LAVAR: Limpiar bañando. // Los lavarás con agua, Ex. 29.4. Lávate siete veces en el Jordán, 2 R. 5.10. Lávame más y más de mi maldad, Sal. 51.2. Lávame, y seré emblanquecido más que la nieve, Sal. 51.7. Lavad, limpiaos, Is. 1.16. Lava de la malicia tu corazón, Jer. 4.14. Unge tu cabeza y lava tu rostro, Mt. 6.17. Manos inmundas, esto es, no lavadas, Mr. 7.2. Lávate en el estanque de Siloé, Jn. 9.7. El Maestro, he lavado vuestros pies, Jn. 13.14. Lava tus pecados, invocando su nombre, Hch. 22.16. Mas ya sois lavados, 1 Co. 6.11. Si ha lavado los pies, 1 Ti. 5.10. La puerca lavada a revolcarse en el cieno, 2 P. 2.22. Lavado de nuestros pecados con su sangre, Ap. 1.5. Han lavado sus ropas, Ap. 7.14; 22.14. Véase Bañar.

LÁZARO, forma griega de Eleazar. Dios ayudó: 1. Un mendigo, Lc. 16.20. // 2. Hermano de María y Marta, en Betania, Jn. 11.1-3. Resucitado de la muerte, Jn. 11. La cena en honor de su resurrección, Jn. 12.1,2. El plan de quitarle la vida, Jn. 12.10. Este no es el mismo que el mendigo en la historia del rico y Lázaro. El nombre Lázaro era muy común entre los judíos.

LAZO: Trampa, emboscada, celada. // ¿Hasta cuándo nos será por l este hombre? Ex. 10.7. Os serán por l, Jos. 23.13; Dt. 7.16. Armar l, Sal. 64.5; Jer. 9.8. Porque como un l vendrá sobre todos, Lc. 21.35. Esto lo digo... no para tenderos l, 1 Co. 7.35. Para que no caiga... en l del diablo, 1 Ti. 3.7. Los que quieren enriquecerse... caen en l, 1 Ti. 6.9. Y escapen del l del diablo, 2 Ti. 2.26. Véase Trampa.

LEA, hb. Vaca brava: La hija mayor de Labán y la hermana de Raquel, Gn 29.16. Por un ardid, Lea fue dada a Jacob como mujer en vez de su hermana Raquel, que era más joven y más atrayente, y por quien él había servido al padre de ella por espacio de siete años, Gn 29.25. A pesar de Jacob preferir a Raquel, Lea le dio siete hijos: Rubén, Simeón, Leví, Judá, Isacar, Zabulón y Dina, Gn 29.32-35; 30.17-21. Hasta aquí, Raquel no tuvo hijos. Parece que la fea (Gn. 29.17) y humilde mujer de Jacob era una persona que conocía a Dios íntimamente y así, más capaz de cumplir los planes de Dios, Gn. 29.31. Tanto Lea como Raquel estuvieron de acuerdo en el propósito de volver a la tierra de sus padres, Gn. 31.14. En el encuentro de Esaú y Jacob, éste puso a Lea y a sus hijos en primer lugar y a Raquel en el último, Gn. 33.2. Lea fue sepultada en Macpela, la sepultura de Abraham, Sara, Isaac, Rebeca y Jacob, Gn. 49.31; 50.13. Se revela en Rt. 4.11, como era honrada entre el pueblo de Israel.

LEBANA, hb. Blanca: Nombre poético de la luna. Jefe de una familia que volvió al exilio, Esd. 2.45.

LEBAOT, hb. Leona: Una ciudad de la herencia de Judá, Jos. 15.32.

LEBEO: El nombre dado al apóstol Tadeo en algunos manuscritos, Mt. 10.3.

LEBONA, hb. Incienso: Un lugar situado en la vía de Silo a Siquem, Jue. 21.19. Véase mapa 4, B-2.

LEBRILLO, vasija, caldero: Vasija redonda y ancha, donde se ponía la sangre de los sacrificios, Ex. 12.22; para uso en casa, 2 S. 17.28. Tazones de bronce, Ex. 27.3; de plata, Nm. 7.13; de bronce pulido, 1 R. 7.45; de oro finísimo para el templo, 1 R. 7.50; 1 Cr 28.17; Jer. 51.19. La fuente de bronce, Ex. 30.18. Luego puso agua en un l y comenzó a lavar los pies de los discípulos, Jn. 13.5.

LECA, hb. Jornada: Un descendiente de Judá, 1 Cr. 4.21.

LECHE: Líquido blanco, opaco, segregado por las glándulas mamarias de las hembras de los animales mamíferos. // Se usaba leche de vacas, 2 S. 17.29; de ovejas, Dt. 32.14; de cabras, Pr. 27.27; de camellas, Gn. 32.15; de rebaños, 1 Co. 9.7. Abraham sirvió cuajada y leche a sus tres visitantes, Gn. 18.8. Prohibido cocer el cabrito en la leche de su propia madre, Ex. 23.19. Jael abrió un odre y dio leche a Sísara, Jue. 4.19. El exprimir de la leche produce manteca, Pr. 30.33. Mi vino y mi l he bebido, Cnt. 5.1. Usada figuradamente. La palabra significa abundancia: los dientes blancos de la l, Gn. 49.12; los collados fluirán l, Jl. 3.18; tierra que fluye l y miel, Ex. 3.8,17; Nm. 13.27; Dt. 6.3; Jos. 5.6; Jer. 11.5; Ez. 20.6. Mamar la leche de una nación era su completa sujeción, Is. 60.16; Ez 25.4. La leche espiritual, 1 Co. 3.2; He. 5.12,13; 1 P. 2.2. Comprad, sin dinero y sin precio, vino y l, Is. 55.1. Véase Alimento.

LECHO: Cama. // Por cuanto subiste al l de tu padre, Gn. 49.4. Véase Cama.

LECHUZA. Ave de rapiña nocturna, Lv. 11.16.

LECTURA: Acción o efecto de leer. // Después de la l de la ley, Hch. 13.15.

LEER: Recorrer con la vista y conocer (letras), resumiendo estas en palabras. // Y tomó el libro... leyó a oídos del pueblo, Ex. 24.7. Leerá en él todos los días de su vida, Dt. 17.19.

Leerás esta ley delante de todo Israel, Dt. 31.11. Josué no hiciese leer delante de toda la congregación, Jos. 8.35. Y leyó, oyéndolo ellos, 2 R. 23.2. Y leían en el libro de la ley de Dios, Neh. 8.8. Inquirid en el libro de Jehová, y leed, Is. 34.16. Para que corra el que leyere en ella, Hab. 2.2. El que lee, entienda, Mt. 24.15. Leyendo el profeta Isaías, Hch. 8.28. Conocidas y leídas por todos los hombres, 2 Co. 3.2. Esta carta fuere leída entre vosotros, Col. 4.16. Esta carta sea leída a todos los santos, 1 Ts. 5.27. Ocúpate en leer, 1 Ti. 4.13. Bienaventurado el que lee, Ap. 1.3.

LEGIBLE: Que se puede leer. // En ella con caracteres l, Is. 8.1.

LEGIÓN: Entre los romanos, tropa que contaba con aproximadamente 6 000 hombres. // Más de doce l de ángeles, Mt. 26.53. L me llamo; porque somos muchos, Mr. 5.9. Véase Ejército, Milicia, Tropa.

LEGISLADOR: Aquel que da leyes a un pueblo. // Jehová es nuestro l, Is. 33.22.

LEGÍTIMAMENTE: Que tiene carácter o fuerza de ley. // La usa l, 1 Ti 1.8.

LEGUMBRE: Producto de la horticultura. // Nos den l a comer, y agua a beber, Dn 1.2. Otro que es débil, come l, Ro. 14.2. Véase Hortaliza.

LEHABIM: Descendientes de Mizraim, Gn. 10.13. Véase mapa 1, B-3.

LEJANO: Que está lejos en el espacio. // Un hombre noble se fue a un país l, Lc. 19.12.

LEJÍA: Salitre es designación vulgar de nitrato potásico o nitro. Pero la palabra aquí se refiere a carbonato de soda, un álcali mineral, que se encuentra en estado natural en Egipto. Servía, disuelto, para lavar la ropa. // Aunque te laves con l, Jer. 2.22.

LEJOS: A una gran distancia. // Vio el lugar de l, Gn. 22.4. Al altivo mira de l, Sal. 138.6. L está Jehová de los impíos, Pr. 15.29. Trae de l mis hijos, Is 43.6. ¿Y no Dios desde muy l? Jer. 23.23. Su corazón l está, Mt. 15.8. Pedro le seguía de l, Mt. 26.58. No estás l del reino de Dios, Mr. 12.34. Para todos los que están l, Hch 2.39. Ciertamente no está l de cada uno, Hch. 17.27. Sino mirándolo de l, Heb. 11.13.

LEMUEL, hb. Dedicado a Dios: Rey de Masah. Escribió el capítulo 31 de Proverbios, Pr. 31.1,4.

LENGUA: Órgano muscular en la cavidad bucal, necesario a la elocución. Idioma. // Toda la tierra de una l, Gn. 11.1. Del azote de la l serás encubierto, Job 5.21. Guarda tu l del mal, Sal. 34.13. Para no pecar con mi l, Sal. 39.1. Mi l es pluma de escribiente, Sal. 45.1. Agravios maquina tu l, Sal. 52.2. La l mentirosa, Pr. 6.17. La l de los sabios es medicina, Pr. 12.18. La l blanda quebranta los huesos, Pr. 25.15. En l de tartamudos, Is 28.11. Jehová me dio l de sabios, Is. 50.4. Afilada es la l de ellos, Jer. 9.8. Naciones y l le sirvieron, Dn. 7.14. Hablarán nuevas l, Mr. 16.17. Comenzaron a hablar en otras l, Hch. 2.4. Hablar su propia l, Hch. 2.6. Toda l confesará a Dios, Ro. 14.11. Géneros de l, 1 Co. 12.10. Hablase l humanas y angélicas, 1 Co. 13.1. Cesarán las L, 1 Co. 13.8. El que habla en l, 1 Co. 14.2,4. El que habla l, 1 Co. 14.5. El que habla l extraña, pida, 1 Co. 14.13. Si yo oro en l desconocida, 1 Co. 14.14. Hablo l más que todos, 1 Co. 14.18. En otras l y en otros labios, 1 Co. 14.21. Toda l confiese que Jesucristo es el Señor, Fil. 2.11. No refrena su l, Stg. 1.26. La l es un miembro pequeño, Stg. 3.5. La l es un fuego, Stg 3.6. Ningún hombre puede domar la l, Stg. 3.8. Refrene su l de mal, 1 P. 3.10. No amemos de palabra ni de l, 1 Jn. 3.18. Véase Boca, Habla, Labio.

LENGUAGE: Habla, idioma. // Todos éstos tienen un solo l, Gn. 11.6. Véase Habla, Lengua, Palabra.

LENGUAS DE LA BÍBLIA: Véase Aramaico, Griego, Hebraico, Latín.

LENGUAS: Véase Dones del Espíritu.

LENTEJA: Planta rastrera de especies variadas cultivadas desde la antigüedad. Los granos son muy nutritivos. // Esaú vendió su derecho de primogenitura por un plato de lentejas, Gn. 25.34. Sama se puso en un terreno lleno de lentejas y atacó los filisteos, 2 S. 23.11,12. A Ezequiel se le ordenó que hiciera pan de trigo y cebada, habas y lentejas, Ez 4.9.

LENTO: Tardo y pausado; no apresurado. // Dios misericordioso y clemente, l para la ira, y grande en misericordia y verdad, Sal. 86.15; 103.8; 145.8.

LEÑA: Madera para quemar. // Tomó Abraham la l del holocausto, Gn. 22.6; Lv. 1.7; 2 S. 24.22; 1 R. 18.38. Recogía l en día de reposo, Nm. 15.32. Sin l se apaga el fuego, Pr. 26.20. Véase Árbol.

LEÑADOR: Aquel que leña, raja. // Y fueron constituidos l y aguadores para toda la congregación, Jos. 9.21.

LEÑO: Madera de los árboles. // Golpe con el hacha para cortar algún l, Dt. 19.5. Véase Árbol.

LEÓN: El más fuerte de los cuadrúpedos carniceros, del género gato. Se encuentra por toda África y en el Asia Occidental hasta la India central, presenta diversas variedades, según el pelo y la melena, más o menos amarillento. Numerosos en la Tierra Santa en los tiempos medievos, pero ya no los hay. Se menciona más en las Escrituras que

"Como león rugiente, anda alrededor buscando a quien devorar" *(1 P. 5.8).*

cualquier otro animal, menos la oveja. Mataba el pueblo, 2 R. 17.25; Pr. 22.13. Un león mató el profeta enviado a Bet-el, 1 R. 13.24. El hombre que no obedeció la voz de Dios fue muerto por leones, 1 R. 20.36. Quebraba los huesos, Is. 38.13. Despedazaba, Sal. 7.2. Su bramido infundía terror, Sal. 22.13; Pr. 20.2; Os. 11.10; Am. 3.8; Ap. 10.3. Depredaba los rebaños, 1 S. 17.34; Is. 31.4; Jer. 49.19; Am. 3.12. Sansón rasgó un león, Jue. 14.5,6; David, agarrando la melena, mató un león, 1 S. 17.35,36; Benaía descendió en una cueva y en ella mató un león, 2 S. 23.20. Daniel lanzado en el foso de los leones, Dn. 6.16. Pablo librado de la boca del león, 2 Ti. 4:17. Su rugido, símbolo de la voz de Dios, Jer. 25.30. Símbolo de Babilonia, Dn. 7.4. Símbolo de Judá, Gn. 49.9; de Cristo, Ap. 5.5. Tipifica la ira del rey, Pr. 19.12; la intrepidez del justo, Pr. 28.1; el hombre valiente, 2 S. 17.10. Los rostros de los gaditas eran como de leones, 1 Cr. 12:8. Los leoncillos sufren necesidad, Sal. 34:10. Junto con becerro, símbolo de la paz, Is. 11.6. Cada uno de los cuatro seres vivientes vistos por Ezequiel tenía rostro de león, Ez. 1:10. El primer de los cuatro seres vivientes vistos por Juan era semejante a un león, Ap. 4.7. En el milenio, no será carnívoro, Is. 11.7; 65.25. No habrá allí l, Is. 35.9. Satanás comparado a un león cuando ruge procurando alguien para devorar, 1 P. 5.8. [Legenda:]Cual león rugiente, anda alrededor buscando a quien devorar, 1 P.5:8.

LEONA: La hembra del león. // Echarse como león, y como l, Nm. 24.9. Véase León.

LEONCILLO: Pequeño león; cachorro de león. // Los l necesitan, Sal. 34.10. Hollarás al cachorro del león, Sal. 91.13. Vino a ser l, y aprendió a arrebatar la presa, Ez 19.3.

LEOPARDO: Mamífero carnívoro, de pelaje manchado, Jer. 13.23. Su solar, los montes, Cnt. 4.8. Su alimento favorito es la cabra, con todo, en el milenio, con el cabrito se acostará, Is. 11.6. Queda de emboscada para saltar sobre la presa, Jer. 5.6; Os. 13.7. Muy ágil, Hab. 1.8. Visto en visión, Dn. 7.6; Ap. 13.2.

LEPRA: Infección crónica del organismo producida por un bacilo específico, llamado bacilo de Hansen. // La mano de Moisés leprosa, Ex. 4.6. Las leyes sobre la lepra, Lv. 13 e 14. "Plaga de lepra" (Lv. 13.47-59) puede ser, tal vez, manchas de moho. Los cuatro leprosos a la entrada de la puerta de Samaria, 2 R. 7.3. Limpiad leprosos, Mt. 10.8. Simón, el leproso, Mr 14.3. Había muchos leprosos en Israel, Lc 4.27. Castigados con lepra: María, hermana de Moisés, Nm 12.10. Giezi, criado de Eliseo, 2 R 5.27. El Rey Uzías, 2 Cr 26.20. Curados o purificados de la lepra: María, Nm 12.13,14. Naamán, 2 R 5.8-14. La lepra estaba en su frente, 2 Cr 26.20. "Un hombre cubierto de lepra", Lc 5.13. Los leprosos purificados, Lc 7.22. Diez leprosos, Lc 17.17.

LEPROSO: Que tiene lepra. // Su mano estaba l, Ex. 4.6. Echen del campo a todo l, Nm. 5.2. María estaba l como la nieve, Nm. 12.10. Valeroso en extremo, pero l, 2 R. 5.1. Salió de delante de él l, 2 R. 5.27. Cuatro hombres l a la entrada, 2 R. 7.3. Un l vino, y le adoraba, Mt. 8.2. Limpiad l, Mt. 10.8. Los l son limpiados, Mt. 11.5. Casa de Simón el l, Mt. 26.6. Muchos l había en Israel en tiempo del profeta Eliseo, Lc. 4.27. Diez hombres l, Lc. 17.12.

LESNA: Instrumento formado de una especie de aguja encabada. // Su amo le horadará la oreja con l, Ex. 21.6.

LETRA: Cada uno de los caracteres del alfabeto. Sentido literal y expreso por el texto. // ¿Cómo sabe éste l? Jn. 7.15. Las muchas l te vuelven loco, Hch. 26.24. La circuncisión es la del corazón, en espíritu, no en l, Ro. 2.29. No en vejez de l, Ro. 7.6. No de la l, mas del espíritu, 2 Co. 3.6. Cuán grandes l os he escrito, Gá. 6.11. Véase Escritura.

LEUDAR: Fermentar. // Cualquiera que comiere leudado, Ex. 12.15. Un poco de levadura leuda toda la masa, 1 Co. 5.6; Gá 5.9.

LEUMIM, hb. Pueblos y naciones: Una tribu, descendiente de Abraham y Cetura, Gn. 25.3.

LEVADURA: La levadura de los hebreos constaba de una porción de masa vieja en alto grado de fermentación, introducida en la masa fresca. // El primer día haréis que no haya l, Ex. 12.15. Ninguna ofrenda... a Jehová será con l, Lv. 2.11. El reino de los cielos es semejante a la l, Mt. 13.33. Guardaos de la l de los fariseos, Mt. 16.6. L de Herodes, Mr. 8.15. Un poco de l leuda toda la masa, 1 Co.

5.6; Gá. 5.9. Limpiaos, pues, de la vieja l, 1 Co. 5.7. No con la vieja l, 1 Co. 5.8.

LEVANTAMIENTO: Examen. // Para l de muchos en Israel, Lc. 2.34.

LEVANTAR: Erguir; poner de pie. // Moisés decía: Levántate, Jehová, Nm. 10.35. El levanta del polvo al pobre, 1 S. 2.8. Por demás es que os levantéis de madrugada, Sal. 127.2. Cae el justo, y vuelve a levantarse, Pr. 24.16. Uno levantará a su compañero, Ec. 4.10. Levántate, toma tu cama, Mt. 9.6. Se levantó la muchacha, Mt. 9.25. Los hombres de Nínive se levantarán en el juicio, Mt. 12.41. Falsos profetas se levantarán, Mt. 24.11. Joven, a ti digo, levántate, Lc. 7.14. Como Moisés levantó la serpiente en el desierto, Jn. 3.14. Levántate y entra en la ciudad, Hch. 9.6. Tabita, levántate, Hch. 9.40. Levántate de los muertos, Ef. 5.14. Levantando manos limpias, 1 Ti. 2.8. El Señor lo levantará, Stg. 5.15. Levantó su mano al cielo, Ap. 10.5. Véase Alzar, Suscitar.

LEVE: Que tiene poco peso. // Es l tribulación momentánea, 2 Co. 4.17. Véase Ligero.

LEVÍ, hb. Asociado: 1. El tercer hijo de Jacob y Lea, Gn. 29.34. Con Simeón, se vengó de los siquemitas, Gn. 34; 49.5-7. Con su padre, Jacob, y sus hijos, Gersón, Coat y Merari, fue a Egipto, Gn. 46.11. Padre del bisabuelo de Aarón y Moisés, Ex. 6.20. Véase Levitas. // 2. El bisabuelo de José, marido de la virgen María, Lc. 3.24. // 3. Otro antepasado en la genealogía de Jesucristo, Lc. 3.29. // 4. Otro nombre del apóstol Mateo, Mr. 2.14; Lc. 5.27,29.

LEVIATÁN, hb. Herida en espiral: Véase Cocodrilo.

LEVIRATO: Obligación impuesta por la ley de Moisés al hermano del muerto, de casarse con la viuda. // La ley del levirato, Dt. 25.5-10. Véase Gn. 38.8; Lv. 18.6; 20.21; Rt. 4; Mt. 22.23-30.

LEVITAS: Los descendientes de Leví, Ex. 6.25; 32.26. Matan los idólatras en el monte Sinaí, Ex. 32.28. Su servicio en el tabernáculo, Ex. 38.21. Cuidaban del tabernáculo, Nm. 1.47-53. Las tres divisiones de los levitas: los gersonitas, los coatitas y los meraritas, Nm. 3. Sus deberes y número, Nm. 4. La consagración de los levitas, Nm. 8.5-14. Su herencia, Nm. 35; Dt 18; Jos 21. Su servicio en el templo, 1 Cr. 23.27. David apunta 24 turnos, 1 Cr. 23.6. Repararon el templo, 2 Cr. 24.5; 29.3. Volvieron del cautiverio, Esd 2.40. Esdras restableció los sacerdotes en sus turnos, Esd 6.18. Un levita pasaba por aquel lugar, Lc. 10.32. De la tribu de Leví, doce mil, Ap. 7.7. Véase Sacerdote.

LEVÍTICO: El tercer libro del Pentateuco. // Llamado así por contar las regulaciones y las observaciones del sacerdocio levítico. Las ordenanzas del Levítico fueron enclavadas en la cruz, Col. 2.14. Y después de la destrucción de Jerusalén, en el año 70 d.D., muchos de estos ritos prescritos en ese libro se volvieron totalmente obsoletos. Todavía esas ordenanzas tienen gran valor, no sólo por la información que fornecen acerca de los judíos, mas de las cosas espirituales. Pues estos sacerdotes ministraban "sirven a lo que es figura y sombra de las cosas celestiales", He. 8.5. Autor: Moisés. Véase Pentateuco. Llave: Santidad, cap. 19.2. Éxodo trata de la redención de un pueblo en servicio. Levítico destaca la manera de un pueblo redimido llegar próximo a Dios por la adoración, es decir, solamente por medio de sangre. El pueblo, los sacerdotes, el tabernáculo, los vasos, los sacrificios, las vestes sacerdotales, todo se describe como santo, es decir, separado, no solamente del uso pecaminoso mas del uso común. Véase 2.3,10; 6.18,27; 7.16,21; 10.3,10,12,17; 11.3 a 45; 14.13; 16.4; etc. Divisiones: I. Las Ofrendas, caps. 1 a 6.7. II. Las leyes de las Ofrendas, caps. 6.8 a 7.38. III. La consagración de los sacerdotes, caps. 8 a 10. IV. Un Dios Santo requiere un pueblo purificado, caps. 11 a 15. V. El día de la expiación, cap. 16. VI. Las leyes morales, caps. 17 a 22. VII. Las Fiestas del Señor, cap. 23. VIII. Instrucciones y Amonestaciones, caps. 24 a 27. // Levítico comprende menos de un año del tiempo que Israel pasó en el Sinaí. // Levítico tiene la misma relación con Éxodo que las epístolas tienen con los cuatro Evangelios. Éxodo cuenta de la redención y pone los fundamentos para la purificación, la adoración y el servicio de un pueblo redimido. Levítico presenta los detalles de la vida, el culto y el servicio de ese pueblo.

LEY: Precepto que deriva del poder legislativo. // Frustrarse un tilde de la l, Lc. 16.17. Por la l es el conocimiento, Ro. 3.20. ¿Por cuál l?... por la l de la fe, Ro. 3.27. Porque la l produce ira, Ro. 4.15. Donde no hay l, tampoco hay transgresión, Ro. 4.15. No estáis bajo la l, Ro. 6.14. La l del Espíritu de vida en Cristo, Ro. 8.2. El cumplimento de la l es la caridad, Ro. 13.10. Y el poder del pecado, la l, 1 Co. 15.56. Nos redimió de la maldición de la l, Gá. 3.13. La l ha sido nuestro ayo, Gá. 3.24. Contra tales cosas no hay l, Gá. 5.23. Si en verdad cumplís vosotros la l real, Stg. 2.8. Que hubiere guardado toda la l, Stg. 2.10. Murmura de la l, y juzga a la l, Stg. 4.11. Uno es el dador de la l, Stg. 4.12. Traspasa también la l, 1 Jn. 3.4. Véase Decreto, Derecho, Mandamiento, Precepto. // La ley de Dios:

Dada a Adán, Gn. 2.16,17; a Noé, Gn. 9.6; a Israel, Ex. 20; por medio de Moisés, Ex. 31.18; Jn. 7.19; por el ministerio de ángeles, Hch. 7.53; Gá. 3.19; He. 2.2. // La ley es: Sal. 19.7,8; 119.96,142; Ro. 7.12,14; 12.2; 1 Jn. 5.3. // La ley exige obediencia: Dt. 27.26; Sal. 51.6; Mt. 5.18; 22.37; Gá. 3.10; Stg. 2.10. // La ley narrada al pueblo en el séptimo año: Dt. 31.9; narrada por Josué, Jos. 8.24; por Esdras, Neh. 8. // La ley conservada en tablas de piedra: Dt. 27.1; Jos. 8.32; guardada en el arca, Dt. 31.24. // El libro de la ley descubierto por Hilcías: 2 R. 22.8; narrado por Josías, 2 R. 23.2. // La ley cumplida por Cristo: Mt. 5.17; Ro. 5.18. // La ley puesta fuera por Cristo: Hch. 15.24; Ro. 6.14; 2 Co. 3.7-14; Gá. 2.19; 5.3; Ef. 2.15; Col. 2.14; He. 7.12,18,28. La relación de los cristianos para con la ley: Ro. 7.1-6; Gá. 2.19; 4.5-11.

LEYES AGRARIAS: Los israelitas debían dejar la tierra descansar cada siete años, "para que coman los pobres de tu pueblo; y de lo que quedare comerán las bestias del campo", Ex. 23.10,11. Después de siete semanas de años, siete veces siete años, en el quinquenio, era observado el año del jubileo. "Pregonaréis libertad en la tierra a todos sus moradores... volveréis cada uno a su posesión, y cada cual volverá a su familia... no sembraréis, ni segaréis lo que naciere de suyo en la tierra, ni vendimiaréis sus viñedos",

LIBACIÓN: Derramamiento de vino, sangre o licor en honra de cualquier nombre o divinidad. // Derramó sobre ella l, Gn. 35.14. La l será la cuarta parte de un hin, Ex. 29.40. No ofreceré yo sus l de sangre, Sal 16.4. Aunque sea derramado en l, Fil. 2.17. Véase Ofrenda, Sacrificio.

LÍBANO, hb. Blanco: Serie de montañas que reciben su nombre o porque los picos permanecen cubiertos de nieve o porque son de roca calcárea y blanca. Véase Jer. 18.14. Al norte de la Tierra Prometida, Dt. 1.7; 11.24; Jos. 1.4. Véase mapa 2, D-2. Sus picos más altos tienen más de 3 000 metros. Hay dos cordilleras paralelas una a la otra y paralelas al Mediterráneo; el Líbano y el Anti-Líbano. Entre las dos "la llanura del Líbano", con ancho de doce kilómetros, mencionado en Jos. 11.17. El valle del Jordán es una continuación de ese valle. Los heveos y los giblitas habitaron originalmente el Líbano, Jos. 13.5,6; Jue. 3.3. El Líbano es famoso por sus magníficos cedros, 1 R. 5.6; 2 R. 19.23; Esd. 3.7; Ez. 27.5; Os. 14.5; Zac. 11.1. Lugar de viñas, Os. 14.7; de muchas fieras, 2 R. 14.9; Cnt. 4.8; Hab. 2.17. La estupenda grandeza de las montañas cubiertas de nieve, revestidas de cedros, olivos, de viñas, regadas de fuentes de agua cristalina; sus arroyos de agua fresca; la fertilidad de los valles; el agradable olor de los arbustos; todo se combina para formar, en el lenguaje de las Escrituras, "la gloria del Líbano", Is. 35.2. Véase mapa 3, B-1.

LIBERACIÓN: Acción o efecto de librar. // Con cánticos de l me rodearás, Sal. 32.7. Véase Salida, Salvación.

LIBERALIDAD: Disposición para practicar el bien sin esperanza de recompensa. Dar con generosidad. Se menciona en 2 Cr. 35.8; Pr. 25.14; Ro. 12.8; 2 Co 9.13. // La Liberalidad de los: israelitas, Ex. 35.21; creyentes primitivos, Hch 2.45; 4.34; Iglesias de Macedonia, 2 Co. 8.1-5; Fil. 4.10-18; iglesia de Corinto, 2 Co. 9.2. // Exhortación a Liberalidad: Lc. 3.11; 6.38; 11.41; Hch. 20.35; 1 Co. 16.1; 1 Ti. 6.17,18. // Ejemplos: Los príncipes de Israel, Nm. 7.2; Boaz, Rt. 2.16; David, 2 S. 9.7,10; la sunamita, 2 R 4.8-10; Nehemías, cap. 7.70; Job, cap. 29.15,16; Zaqueo, Lc. 19.8; Bernabé, Hch. 4.36,37; Dorcas, Hch. 9.36; Lidia, Hch. 16.15; Pablo, Hch. 20.34. Véase Generosidad.

LIBERTAD: Poder de hacer o dejar de hacer, de escoger. // Santificaréis el año cincuenta, y pregonaréis l, Lv. 25.10. Publicar l a los cautivos, Is. 61.1; Lc. 4.18. La l gloriosa de los hijos de Dios, Ro. 8.21. Juzgada mi l por otra conciencia, 1 Co. 10.29. Donde está el Espíritu del Señor, allí hay l, 2 Co. 3.17. Para espiar nuestra l, Gá. 2.4. Firmes en la l con que Cristo nos hizo libres, Gá. 5.1. Que es la de la l, Stg. 1.25; 2.12. Prometiéndoles l, 2 P. 2.19. // Libertad por el evangelio: Ro. 8.21; 2 Co. 3.17; Gá. 5.1; Stg. 1.25. // No debemos abusar de la libertad: 1 Co. 8.9; Gá. 5.13; 1 P. 2.16; 2 P. 2.19. // Maestros falsos de la libertad: Gá. 2.4; 2 P. 2.19; Jud. 4; Ap. 2.2.

LIBERTADOR: Aquel que libra a alguien de un peligro, un pueblo de la servidumbre o del dominio extranjero. // Castillo mío, y mi l, Sal. 18.2. Mi ayuda y mi l, Sal. 40.17; 70.5. Altura mía y mi l, Sal. 144.2. Vendrá de Sión el L, Ro. 11.26. Véase Salvador.

LIBERTAR: Sacar de la prisión, de la sujeción, de la esclavitud. // Si el Hijo os libertare, seréis verdaderamente libres, Jn. 8.36. Libertados del pecado, sois hechos siervos de la justicia, Ro. 6.18. Véase Librar, Salvar.

LIBERTINAJE: Desenfreno, corrupción. // Convierten en l la gracia de nuestro Dios, Jud. 1.4. Véase Disolución.

LIBERTO: Se decía del esclavo que fue liberado. // L es del Señor, 1 Co. 7.22.

LIBERTOS: Miembros de la sinagoga, en Jerusalén, de los libertos, que resistieron a Esteban, Hch. 6.9. Tal vez fueran descendientes de judíos libertos, expulsados de Roma durante el reinado de Tiberio.

LIBIA: Nah. 3.9; Hch 2.10. Véase mapa 1, B-4. Véase Libios.

LIBIOS: 2 Cr. 12.3; 16.8; Dn. 11.43. Los habitantes de la cuesta septentrional de África, territorio que se extendía del occidente de Egipto hasta, quizá, las columnas de Hércules. Véase Libia.

LIBNA, hb. Blancor: 1. Lugar de uno de los campamentos de Israelitas, Nm. 33.21. // 2. Una ciudad de la herencia de Judá, Jos. 15.42. Conquistada por Josué, Jos. 10.29. Una de las ciudades dadas a los levitas, Jos. 21.13. Se puso contra el rey de Judá, 2 R. 8.22. Sitiada por Senaquerib, 2 R. 19.8. Véase mapa 5, A-1.

LIBNI, hb. Blanco, puro: 1. Un hijo de Gersón y nieto de Leví, 1 Cr. 6.17. // 2. Un hijo de Merari y nieto de Leví, 1 Cr. 6.29.

LIBRA: Jn. 12.3; 19.39. Véase Pesos.

LIBRAR: Dar libertad, tornar libre, libertar. // Me libró de todos mis temores, Sal. 34:4. Mas líbranos del mal, Mt. 6.13. ¿Quién me librará de este cuerpo de muerte? Ro. 7.24. Jesús me ha librado de la ley del pecado, Ro. 8.2. De todas me ha librado el Señor, 2 Ti. 3.11. Señor me librará de toda obra mala, 2 Ti. 4.18. Librar a los que por el temor de la muerte, He. 2.15. Y libró al justo Lot, 2 P. 2:7. Sabe el Señor librar de tentación, 2 P. 2.9. Véase Escapar, Huir, Salvar.

LIBRE: Que no está sujeto a algún señor. Exento, desembarazado. // Mujer, l eres de tu enfermedad, Lc. 13.12. Hijo os libertare, seréis verdaderamente l, Jn. 8.36. Estamos l de la ley, Ro. 7.6. Sean judíos o griegos, sean esclavos o l, 1 Co. 12.13. Uno de la sierva, el otro de la l, Gá. 4.22. Jerusalén de arriba... es l, Gá. 4.26. No hay siervo, ni l, Gá. 6.28. Como l, y no como teniendo, 1 P. 2.16.

LIBRITO: Libro pequeño. // En su mano un l abierto, Ap. 10.2. Que me diese el l, Ap. 10.9. Tomé el l de la mano, Ap. 10.10.

LIBRO: Hojas impresas y reunidas en un volumen. Los antiguos documentos se registraban en piedras. También se empleaban pieles y pergaminos. La primera mención de libros, Ex. 17:14. Quién diese que se escribieran en un l, Job. 19.23. En tu l estaban escritas, Sal 139.16. No hay fin de hacer muchos l, Ec 12.12. De l sellado, Is 29.11. Regístrala en un l, para que quede hasta el postrero día, Is. 30.8. Toma un rollo de l, Jer. 36.2. En un l todo el mal que había de venir, Jer. 51.60. Miré atentamente en los l, Dn. 9.2. Que no están escritas en este l, Jn. 20.30. Pienso que... cabrían los l, Jn. 21.25. Trajeron los l, y los quemaron, Hch. 19.19. Y los l, mayormente los pergaminos, 2 Ti. 4.13. Roció al mismo l, He. 9.19. En el rollo del l, Sal. 40.7; He. 10.7. Escribe en un l, Ap. 1.11. Un l escrito por dentro y por fuera, Ap. 5.1,2. // El l del pacto, Ex. 24.7; 2 R. 23.2; 2 Cr. 34.30; de la genealogía, Neh. 7.5; Mt 1.1; de las guerras, Nm. 21.14; de los justos, Jos. 10.13; de la ley, Dt. 31.26; Jos. 8.31; 2 R. 22.8; 2 Cr. 34.15; Neh. 8.1; Gá. 3.10; de Samuel, 1 S. 10.25; del Señor, Is. 34.16; de la vida, Ex. 32.32; Sal. 40.7; 69.28; 139.16; Is. 34.16; Dn. 7.10; 12.1; Mal. 3.16; Fil 4.3; Ap. 3.5; 13.8; 20.12; 22.19. Véase Librito, Rollo, Tratado.

LICAONIA, Que pertenece al rey Licaom: Hch. 14.6; 14.1,19; 6.2; 2 Ti. 3.11. Distrito de Asia Menor, a noroeste de Cilicia. Teatro de los trabajos de Pablo durante su primer viaje misionera. Iconio era su capital. Véase mapa 6, F-2.

LICIA: Un pequeño territorio al sur de Asia Menor. Visitado por el apóstol Pablo, al volver del segundo viaje misionero, pasando en Pátara, Hch. 21.1; y al dirigirse a Italia, desembarcando en Mira, Hch. 27.5. Véase mapa 6, E-2.

LÍCITO: Que es permitido por la ley. // Lo que no es l hacer en el día de reposo, Mt. 12.2. Es l curar en el día de reposo, Mt. 12.10. No te es l tenerla, Mt. 14.4. Es l al hombre repudiar, Mt. 19.3. Es l dar tributo a César, Mt. 22.17. No es l matar a nadie, Jn. 18.31. Es l azotar a un ciudadano Romano, Hch. 22.25. Todas las cosas me son l, 1 Co. 6.12. Todo me es l, 1 Co. 10.23. Palabras inefables que no le es dado al hombre expresar, 2 Co. 12.4.

LICOR: Bebida espiritosa. Poét. Cualquier líquido. // Ni beberá ningún l de uvas, Nm. 6.3. Véase vino.

LIDA: Población cerca de Jope, donde Pedro sanó al paralítico Eneas, Hch. 9:32. Se llama Lod en el Antiguo Testamento. Semed, un benjamita, edificó a Ono y Lod, 1 Cr. 8:12. Algunos de sus "hijos" volvieron allá, con Zorobabel, de Babilonia, Esd. 2.33. Véase mapa 4, A-2.

LIDIA, Palabra derivada de Lydos, su fundador: 1. Un reino muy antiguo y poderoso, de la costa occidental del Asia Menor. Sardis era su capital. Dos de sus ciudades, Esmirna y Efeso, eran las más importantes del Asia Menor. Esmirna, actualmente, es la ciudad más rica e mayor de esa región da Turquía. Varias iglesias fueron fundadas desde Lidia (Efeso, Esmirna, etc.), Hch. 19.; Ap. 1.11. // 2. Una vendedora de púrpura, la primera creyente en Europa, por la predicación de Pablo, Hch. 16.14,15,40.

LIEBRE: Mamífero roedor, mayor que el conejo y muy veloz. Es cazado con el galgo.

Se menciona solamente en la lista de los animales inmundos, Lv. 11.6; Dt 14.7.

LIENZO: Pañuelo, sábana. // Descendía algo semejante a un gran l, Hch. 10.11. Véase Sábana.

LIGADURA: Atadura que ciñe o sujeta. // ¿Desatarás las l de Orión? Job 38.31.

LIGAMENTO: Unión entre dos o más cosas. Haz fibroso que liga los huesos unos a los otros. // Uniéndose por las coyunturas y l, Col. 2.19.

LIGAR: Atar, prender con lazo. Unión por vínculos morales. // Su vida está ligada a la vida de él, Gn. 44.30. El alma de Jonatán quedó ligada con la de David, 1 S. 18.1. Véase Atar, Pegar, Unir.

LIGERO: Ágil, veloz, corredor. // Ni es de los ligeros la carrera, Ec. 9.11. L mi carga, Mt. 11.30. Véase Leve, Rápido.

LIKHI, hb. Erudito: Un descendiente de Manasés, 1 Cr. 7.19.

LIMITAR: Reducir hasta determinada proporción. // ¿Y está limitada a ti la sabiduría? Job 15.8.

LÍMITE: Línea que marca el fin de una extensión. // Los l de su habitación, Hch. 17.26. Véase Estrecho.

LIMOSNA: Lo que se da por caridad a los necesitados. La palabra no se encuentra en el Antiguo Testamento. La ley, sin embargo, exigía que el pueblo fuera liberal con los necesitados, con el pobre en la tierra, Dt. 15.11. Jesús ordenó que se dieran limosnas, Lc. 11.41; 12.33. No se debe dar limosna con ostentación, Mt. 6.2-4. El cojo, en la puerta del templo, pedía limosna, Hch. 3.2. Cornelio, piadoso y temeroso de Dios, hacía muchas limosnas al pueblo; sus oraciones y sus limosna subieron para memoria delante de Dios, Hch. 10.2,4. Pablo dejó el ejemplo de trabajar y ayudar a los necesitados, Hch. 20.35; Gá. 2.10. Llevó limosnas a su nación, Hch. 24.17. Compare Hch. 11.29,30; Ro. 15.25-27; 1 Co. 16.1-4. Uno de los deberes de las viudas era el de distribuir limosnas, 1 Ti. 5.10.

LIMPIAR: Lavar, sacar la suciedad. // Y limpie la sangre de Jerusalén, Is. 4.4. Limpiáis lo de fuera del vaso, Mt. 23.25. Limpia primero lo de dentro, Mt. 23.26. Véase Purificar.

LIMPIEZA: Cualidad del que está limpio. // Con sencillez de mi corazón y con l, Gn. 20.5.

LIMPIO: Que no tiene suciedad; lavado; puro ceremonialmente. // Animales l e inmundos, Lv. 11. Se volvió como la carne de un niño, y quedó l, 2 R. 5.14. El temor de Jehová, l, Sal. 19.9. Estaré l de gran rebelión, Sal. 19.13. El l de manos, Sal. 24.4. Purifícame con hisopo, y seré l, Sal. 51.7. A los l de corazón, Sal. 73.1. Bienaventurados los de l corazón, Mt. 5.8. Quiero; sé l, Mt. 8.3. Mas está todo l, Jn. 13.10. Soy l de la sangre de todos, Hch. 20.26. // Todas las cosas a la verdad son l, Ro. 14.20. De oro puro, semejante al vidrio l, Ap. 21.18.

LINAJE: Clase o condición, ascendencia o descendencia. // Daréis su herencia a su pariente más cercano de su l, Nm. 27.11. Yo levantaré después de ti a uno de tu l, 2 S. 7.12. Y de una sangre ha hecho todo el l de los hombres, Hechos 17.26. Mas vosotros sois l escogido, 1 P. 2.9. Acuérdate de Jesucristo, del l de David, 2 Ti. 2.8. Nos has redimido para Dios, de todo l y lengua y pueblo y nación, Ap. 5.9.

LINDEROS: Que linda o limita. // No traspases los l antiguos, Pr. 22.28. Traspasan los l, roban los ganados, y los apacientan, Job 24.2. Los príncipes de Judá fueron como los que traspasan los l, Os. 5.10.

LINDO: Bello, elegante. // Raquel era de l semblante, Gn. 29.17. Véase Hermoso.

LÍNEA: Fila, hilera. // Y corrió a la l de batalla, 1 S. 17.48. Véase Batalla.

LINGOTE: Pieza gruesa de metal, antes de aplicación a cualquier obra. // Vi entre los despojos... un lingote de oro, Jos. 7.21. Véase Barra.

LINO FINO: Paño fabricado de un lino cultivado en las márgenes del río Nilo. Notable por su suavidad extraordinaria y albura deslumbrante. Al tacto se asemeja a la seda. Su textura era igual a la más fina cambray. José vestido de lino fino, Gn. 41.42. Usado en el tabernáculo, Ex. 25.4. Los sacerdotes usaban túnicas de lino fino, Ex. 39.27. Jerusalén vestida de lino fino por el Señor, Ez. 16.13. Mardoqueo vestido de lino fino, Est. 8.15. El rico usaba lino fino, Lc. 16.19. Mercadería de la gran Babilonia, Ap. 18.12. Babilonia vestida de lino fino, Ap. 18.16. La esposa del Cordero con lino fino, Ap. 19.8. El lino fino son los actos de los santos, Ap. 19.8. Los ejércitos celestes con lino fino, Ap. 19.14.

LINO, hb. Erudito: Un cristiano romano, conocido de Pablo y Timoteo, 2 Ti. 4.21. Fue, según la tradición, el primer obispo de la iglesia en Roma.

LINO: Planta textil usada para hacer paño. Anual, con cerca de 50 centímetros y flores de un azul vivo. El aceite usado en la preparación de tintas y barnices es sacado del grano de linaza. Es muy cultivado en Egipto, Ex. 9.31. Uno de los más importantes productos de Palestina, Os. 2.5,9. Prohibido usar ropas hechas de l mezclado con lana, Dt. 22.11. Rahab secaba l en el terrado, Jos.

2.6. Samuel y David usaban efod de l, 1 S. 2.18; 2 S. 2.18; 6.14. Visión de un hombre vestido de l, Ez. 9.2; Dn. 10.5; 12.6,7. Los siete ángeles vestidos de l puro resplandeciente, Ap. 15.6.

LINTERNA: Caja de vidrio por los lados, donde se pone una luz al abrigo del viento. // Con l y antorchas, y con armas, Jn 18.3. Véase Lámpara.

LIRIO: No se sabe bien a cual especie de flor corresponde la palabra traducida por "lirio". Por cierto era una flor que nacía en los anchos valles de Palestina (Cnt. 2.1), que crecía entre las espinas (Cnt. 2.2), en los pastos (Cnt. 2.16; 4.5; 6.3), cultivada en jardines (Cnt. 6.2) y cuyo olor se asemeja a mira (Cnt. 5.13). Su hermosura es indicada cuando el Señor promete a Israel penitente que "florecerá como l", Os 14.5. Según Mt. 6.28,29, era una flor de color vivo, comparándola a las suntuosas vestimentas de Salomón. Hay mucha razón también para concluir que la palabra traducida por "lirio" es concerniente no a cierta especie, pero a una gran clase de flores de Palestina, semejantes al lirio, por ejemplo la tulipa, el iris, la palma, el jacinto. Es probable que el loto, Nymphae lotus, fue el modelo para la "forma de l" en el templo, 1 R. 7.19; 22.26.

LISANIAS, Tristeza que termina: Tetrarca, es decir, uno de los cuatro emperadores que gobernaban Abilinia, en el decimoquinto año del reinado de Tiberio César, Lc. 3.1.

LISIADO: Que sufrió una lesión física permanente. // Y Jonatán hijo de Saúl tenía un hijo l de los pies, 2 S. 4.4. Aún ha quedado un hijo de Jonatán, l de los pies. 2 S. 9.3. Estaba l de ambos pies, 2 S. 9.13.

LISIAS: El principal oficial de la guarnición romana en Jerusalén, que salvó Pablo de las manos de los judíos, Hch. 24.7.

LISO: Que tiene superficie unida y sin aspereza. // Cinco piedras l del arroyo, 1 S. 17:40. Véase Lampiño.

LISONJAS: Alabanza interesada, adulación. // Con l seducirá a los violadores del pacto, Dn. 11.32. Véase Adular.

LISONJEAR: Elogiar interesadamente. // Se lisonjea... en sus propios ojos, Sal. 36.2. Le lisonjeaban con su boca, Sal. 78.36. El que lisonjea con la lengua, Pr. 28.23. El hombre que lisonjea a su prójimo, Pr. 29.5. Véase Adular.

LISONJERO: Que lisonjea, adulador. // Ni usaré con nadie de l títulos, Job 32.21. La boca l hace resbalar, Pr. 26.28. Véase Agradable.

LISTADO: Que tiene listas. // Parían borregos l, Gn. 30.39.

LISTRA: Una ciudad de Licaonia, Hch. 14.16. Pablo y Bernabé en Listra, Hch. 14.12. Hombre paralítico desde su nacimiento curado, Hch. 14.8. Pablo y Bernabé tenidos por dioses, Hch. 14.11. Pablo apedreado y tenido por muerto, Hch. 14.19. Probable ciudad de Timoteo, Hch. 16.1; 2 Ti. 3.10,11. El apóstol Pablo visitó Listra cuatro veces, Hch. 14.6,21; 16.1; 18.23. Véase mapa 6, F-2.

LITERA: Pequeña silla portátil y cubierta, sostenida por dos varas y conducida por dos animales, uno atrás y otro adelante. La l de Salomón, Cnt. 3.7. En caballos, en carros, en l, y en mulos, Is 66.20. En Nm. 7.3, carros cubiertos.

LITIGAR: Pleitear, cuestionar en juicio. // Jehová está en pie para l, Is. 3.13. Véase Demandar, Pleitear.

LITIGIO: Contestación judicial, demanda. // Litigio entre los hermanos, 1 Co. 6. Véase Demanda, Pleito.

LIVIANDAD: Acto liviano; imprudencia. // Y curan la herida... con l, Jer. 6.14; 8.11.

LIVIANO: Que no tiene seriedad o que procede de modo reprensible. // Sus profetas, l, Sof. 3.4.

LLAMA: Lengua de fuego, gran llama. // Y su Santo por l, Is. 10.17. Sus ministros l de fuego, He. 1.7. Véase Fuego.

LLENAR: La gloria del Señor llenó el tabernáculo, Ex. 40.34. La gloria del Señor llenó la casa, 2 Cr. 5.14. ¿No lleno yo los cielos y la tierra? Jer. 23.24. La gloria del Señor llenaba el templo, Ez. 43.5. La tierra será llena del conocimiento de la gloria del Señor; Hab. 2.14. Llenad la medida de vuestros padres, Mt. 23.32. Se llenaron de temor todos sus vecinos, Lc. 1.65. Y se llenaba de sabiduría, Lc. 2.40. Al oír estas cosas... se llenaron de ira, Lc. 4.28. Llenad estas tinajas de agua, Jn. 2.7. Entonces Pedro, lleno del Espíritu Santo, Hch. 4.8. Habéis llenado a Jerusalén de vuestra doctrina, Hch. 5.28. Dios os llene de todo el gozo, Ro. 15.13. Todo lo llena en todo, Ef. 1.23. Para llenar todas las cosas, Ef. 4.10. Sed llenos del Espíritu, Ef. 5.18. Deseando verte... para llenarme de gozo, 2 Ts. 1.4.

LLEVAR: Transportar, conducir. // Porque cuando muera no llevará nada, Sal. 49.17. Llevó él nuestras enfermedades, Is. 53.4. Él llevará las iniquidades de ellos, Is. 53.11. Habiendo él llevado el pecado de muchos, Is. 53.12. Te llevará a donde no quieras, Jn. 21.18. Llevados por doquiera de todo viento de doctrina, Ef. 4.14. Llevando su vituperio, He. 13.13. Véase Conducir.

LLORAR: Derramar lágrimas. // Ester... llorando y rogándole, Est. 8.3. No lloréis al muerto, Jer. 22.10. Llora tú como joven, Jl. 1.8. Os endechamos, y no llorasteis, Lc. 7.32. Llorad y aullad, Stg. 5.1.

LO-AMMI, hb. No mi pueblo: El tercer hijo de Gomer, mujer del profeta Oseas, Os. 1.9.

LOBO: Mamífero carnívoro, el más feroz de la familia de los cánidos, semejante a un perro grande y fuerte. En la Tierra Santa, no se reúnen en bandos, como en los países fríos. Ejemplo de ferocidad, Gn. 49.27; Ez 22.27; Hab. 1.8; Mt. 7.15. Se esconde de día y vaguea de noche en busca de la presa, Jer. 5.6; Sof. 3.3; Hab. 1.8. Ataca los rebaños, Mt. 10.16; Lc. 10.3; Jn. 10.12. Crueles cazadores, Mt. 10.16; Hch. 20.29. Morará el l con el cordero, Is. 11.6; 65.25. [Legendas:] Lobo

LOCAMENTE: De modo muy loco. // L has hecho en esto, 2 Cr. 16.9. Véase Neciamente.

LOCO: Que no tiene juicio, que perdió el uso de la razón. // Se fingió l entre ellos, 1 S. 21.13. Que te encargues de todo hombre l, Jer. 29.26. Véase Fatuo, Insensato, Necio.

LOCURA: Jehová te herirá con l, Dt. 28.28. La palabra de la cruz es l, 1 Co. 1.18. Por la l de la predicación, 1 Co. 1.21. Porque le son l, 1 Co. 2.14. Ojalá me toleraseis un poco de l, 2 Co. 11.1.

LOD: La misma Lida del Nuevo Testamento. // Una ciudad en la planicie de Sarón, edificada por Semed, un benjamita, 1 Cr. 8.12. Recuperada después del regreso del cautiverio, Esd. 2.33. Allí Eneas fue curado, Hch. 9.32. Véase mapa 2, B-5.

LODEBAR, hb. Sin pasto: Ciudad de Galaad, al oriente del Jordán y tierra natal de Maquir, el protector de Mefi-boset, y el hospitalario ayudante de David, 2 S. 9.4.

LODO: Lama que se deposita en el fondo de las aguas. // Como l de las calles, Sal. 18.42; Is. 10.6; Mi. 7.10; Zac. 9.3. Del l cenagoso, Sal. 40.2. Sus aguas arrojan cieno y l, Is. 57.20. Hizo l con la saliva, Jn. 9.6. Véase Lama.

LOG : Lv. 14.10. Véase Medidas de capacidad.

LOIDA: Abuela de Timoteo, 2 Ti. 1.5.

LOMO: Región atrás del abdomen, de cada lado de la columna vertebral. // Y lo comeréis así: ceñidos vuestros l, Ex. 12.11. Mis l están llenos de ardor, Sal. 38.7. Ciñe de fuerza sus l, Pr. 31.17. Será la justicia cinto de sus l, Is. 11.5. Véase Ceñir.

LONGANIMIDAD: Paciencia para soportar ofensas. // La l de Dios, Ro. 2.4; 9.22; 1 P. 3.20; 2 P. 3.15. En pureza, en ciencia, en l, 2 Co. 6.6. Para toda paciencia y l, Col. 1.11. Véase Clemencia, Mansedumbre, Paciencia.

LONGITUD: Cualidad de lo que es largo. // Trescientos codos la l, Gn. 6.15. Véase Anchura.

LOOR: Elogio, alabanza. // Así es tu l hasta los fines de la tierra, Sal. 48.10.

LO-RUHAMA , hb. Desfavorecida: Una hija del profeta Oseas, Os. 1.6.

LOSADO: Suelo, piso cubierto con losas. // Sobre l de pórfido y de mármol, y de alabastro y de jacinto, Ester 1.6. El enlosado mencionado en Jn. 19.13, era un espacio losado en el palacio de Pilato, sobre el cual se establecía, a veces, el tribunal. Véase Pavimento.

LOT, hb. Mirra: Sobrino de Abraham, Gn. 11.27. Acompañó a Abraham hasta Canaán, Gn. 12.5. Abraham y Lot se separaron, Gn. 13.1-3. Lot llevado cautivo por los cuatro reyes, fue salvo por Abraham, Gn. 14.12-16. Hospedó dos ángeles, Gn. 19.1. Liberado milagrosamente de Sodoma, Gn. 19.16. Huyó a Zoar, Gn. 19.15-23. El pecado y el castigo de su mujer, Gn. 19.26. Sus dos hijas, el origen de los moabitas y de los amonitas, Gn. 19.30-38. En los días de L; comían, bebían, Lc. 17.28. Acordaos de la mujer de L, Lc. 17.32. Libró al justo L, abrumado por la nefanda conducta, 2 P. 2:7.

LOTÁN, hb. Cobertura: Un hijo de Seir y uno de los príncipes de los horeos, Gn. 36.20.

LUCAS, EL EVANGELIO SEGÚN: El último de los tres Evangelios sinópticos. Este, con Hechos de los Apóstoles, en el principio, formaban una obra de dos tomos sobre el origen del cristianismo y su diseminación de Jerusalén a Roma. El autor: Lucas, compare 1.1-3 con Hch 1.1,2. Un característico del evangelio Según Lucas es que registra más parábolas que los otros Evangelios. Al describir el mayor avivamiento que el mundo jamás vio, registra cinco cánticos: Beatitud de Isabel, Magnificat de María, Benedictus de Zacarías y Gloria excelsis de los ángeles. La llave: Juan trata de la divinidad de aquel que es hombre. Mas Lucas representa para nuestro íntimo la humanidad de aquel que es divino. La frase llave es "el Hijo del hombre", 5.24; 6.5,22; 7.34; 9.22,26,44,56,58 etc. El versículo llave es: "El Hijo del hombre vino a buscar y a salvar lo que se había perdido", 19.10. Es con ese intento de destacar Jesús como el Hijo del hombre que Lucas narra los eventos destacando la humanidad de Jesús. Su genealogía es trazada hasta Adán. Es ese evangelio que registra con más detalles los eventos en la vida de su madre, de su nacimiento, de su infancia y juventud. Son las parábolas de Lucas que tienen más color humano. Sin embargo, Lucas no se olvida de forma alguna de la superabundante gloria de la divinidad y de la majestad de Cristo. (Véase, por ejemplo,

1.32-35). Las divisiones: I. La introducción del evangelista, 1.1-4. II. El parentesco humano de Jesús, 1.5—2.52. III. El bautismo, genealogía y la prueba de Jesús, 3.1—4.13. IV. El ministerio del Hijo del hombre en Galilea, 4.14—9.50. El viaje del Hijo del hombre, de Galilea a Jerusalén, 9.51—19.44. VI. Rechazado como Rey, el Hijo del hombre es crucificado, 19.45—23.56. VII. La resurrección, el ministerio después de la resurrección y la ascensión del Hijo del hombre, 24.1-53.

LUCAS: El médico amado, Col. 4.14. Cooperador de Pablo, Flm. 24. Acompaña Pablo, Hch. 16.10; véase 2 Ti. 4.11. La tradición dice que evangelizó el sur de Europa y murió como mártir en Grecia.

LUCERO DE LA MAÑANA: El planeta Venus, que aparece en el horizonte por el lado del naciente, poco antes del amanecer. Opinan algunos que 2 Pedro 1.19 se refiere a las señales que han de preceder a la segunda venida de Cristo. Otros consideran que representa la iluminación del Espíritu Santo en el corazón del pueblo de Dios.

LUCERO: Cosa que alumbra; astro. // Por lo cual las estrellas de los cielos y sus l, Is. 13.10. El l de la mañana salga en vuestros corazones, 2 P. 1.19. Véase Astro.

LUCHA, LUCHAR: Combatir, pelear. // Los hijos luchaban dentro de ella, Gn. 25.22. Y luchó con él un varón hasta que rayaba el alba, Gn. 32.24. Has luchado con Dios y con los hombres, Gn 32.28. No seáis tal vez hallados luchando contra Dios, Hch. 5.39. No tenemos lucha contra sangre y carne, Ef. 6.12. Cuán gran lucha sostengo por vosotros, Col. 2.1. El que lucha como atleta, 2 Ti. 2.5. Véase Batalla, Combate, Conflicto, Pelea.

LUCIO: 1. Uno de los profetas y maestros en la iglesia en Antioquía, Hch. 13.1. Era natural de Cirene, capital de una gran colonia al norte de África, notable por el número de sus habitantes israelitas. // 2. Un "pariente" del apóstol Pablo, Ro. 16.21. (Acerca de los parientes de Pablo, compare Ro. 9.3; 16.11).

LUCRO: Ganancia, beneficio. // Y se lanzaron por l en el error de Balaam, Jud. 1.11. Véase Ganancia.

LUD: El cuarto hijo de Sem, Gn. 10.22. Véase mapa 1, C-3.

LUDIM: Descendientes de Mizraim, Gn. 10.13. Véase mapa 1, C-3.

LUGAR SANTÍSIMO: El Lugar Santísimo del tabernáculo, era un cubo de 10 codos (5 metros) en los tres sentidos. Se separaba del Santo Lugar por medio del velo, Ex. 26.33. Contenía apenas el arca del pacto. El Señor aparecía en la nube sobre el propiciatorio, encima del arca. Nadie, excepto el sumo sacerdote, entraba dentro del velo, y éste apenas una vez al año, para ofrecer incienso y sangre delante del propiciatorio, He. 9.7. El Lugar Santísimo del templo de Salomón era de 20 codos, 1 R. 6.16. En la descripción del templo de Ezequiel, no se hace mención del arca del pacto en el Lugar Santísimo, Ez. 41.4. El más amplio está en los cielos, He. 9.11-14; 10.19,20. El arca del testimonio en el lugar santísimo, Ex. 26.34;1 R. 6.16; He. 9.3,12;

LUGAR: Espacio; localidad; ocasión; oportunidad. // No había l para ellos en el mesón, Lc 2.7. Aún hay l, Lc. 14.22. Voy, pues, a preparar l, Jn. 14.2. Ni deis l al diablo, Ef. 4.27. Véase Asiento.

LUHIT, hb. Hecho de planchones: Una ciudad de Moab, Is. 15.5.

LUJURIA: Abandono a los placeres carnales; incontinencia, sensualidad. // De su l, ¿quién la detendrá? Jer. 2.24. Véase Fornicación, Lascivia.

LUMBRERA: Cuerpo luminoso, astro. // Haya l en la expansión de los cielos, Gn. 1.14. El Cordero era su l, Ap. 21.23.

LUMINOSO: Que tiene o da luz. // Será todo l, Lc. 11.36. Véase luz.

LUNA NUEVA, LAS FIESTAS EN LA: La luna nueva marcaba el inicio del mes lunar del calendario hebreo. Las fiestas en las lunas nuevas: Nm. 10.10; 28.11-15; 1 S. 20.5; 1 Cr. 23.31; Sal. 81.3; Is 1.13; Os. 2.11; Col. 2.16.

LUNA: Planeta, satélite de la tierra. // La l y once estrellas se inclinaban a mí, Gn. 37.9. El sol se detuvo y la l se paró, Jos. 10.13. Como la l será firme para siempre, Sal. 89.37. Hizo la l para los tiempos, Sal. 104.19. Ni la l de noche, Sal. 121.6. La l y las estrellas para que dominasen en la noche, Sal. 136.9. Hermosa como la l, Cnt. 6.10. La l no echará su resplandor, Is. 13.10. La l en sangre, Jl. 2.31; Hch. 2.20. La l no dará su resplandor, Mt. 24.29. Y otra la gloria de la l, 1 Co. 15.41. La l se puso toda como sangre, Ap. 6.12. La l debajo de sus pies, Ap. 12.1. La ciudad no tenía necesidad de sol, ni de l, Ap. 21.23. // Dios creó la luna: Gn. 1.14-16; Sal. 8.3. // Objeto de adoración pagana: Dt. 4.19; 17.3; Jer. 44.17. // Fiesta de la luna nueva: 1 S. 20.5; 1 Cr. 23.31; Sal. 81.3; Is. 1.13.

LUNÁTICO: El que sufre de alienación mental. Jesús los sanó, Mt. 4.24; 17.15; Mr. 9.18. Véase 1 S. 21.13; Hch. 26.24.

LUTO: Tristeza profunda por la pérdida de alguien estimado. // Por Sara, Gn. 23.2. Por Isaac, Gn. 27.41. Por José, Gn. 37.34. Por Jacob, Gn. 50.11. Por Aarón, Nm. 20.29. Por Moisés, Dt. 34.8. Por Samuel, 1 S. 25.1. Por Urías, 2 S. 11.27. Por Absalón, 2 S. 19.2. Por los judíos, Est. 4.3. Por la hija de Jairo, Mr. 5.38. Por Lázaro, Jn. 11. Por Esteban, Hch. 8.2. Mejor es ir a la casa del l, Ec. 7.2. El corazón de los sabios, en la casa del l, Ec. 7.4. Véase Llanto, Tristeza.

LUZ, hb. **Almendro**: 1. Nombre antiguo de Bet-el, Gn. 28.19; 35.6; 48.3; Jue. 1.23. Se distingue en Jos. 16.2. // 2. Una ciudad de los heteos, Jue. 1.26.

LUZ: Aquello que ilumina. // Sea la l, Gn. 1.3. La l de tu rostro, Sal. 4.6. Jehová es mi l, Sal. 27.1. A la l de tu rostro, Sal. 89.15. La senda de los justos es como la l de la aurora, Pr. 4.18. Vosotros sois la l del mundo, Mt. 5.14. Una nube de l que los cubrió, Mt. 17.5. Vistámonos las armas de l, Ro. 13.12. Resplandezca la l del evangelio, 2 Co. 4.4. De las tinieblas resplandeciese la l, 2 Co. 4.6. Satanás se transfigura en ángel de l, 2 Co. 11.14. Son manifestadas por la l, Ef. 5.13. Que habita en l inaccesible, 1 Ti. 6.16. Sacó a la l la vida, 2 Ti. 1.10. Desciende del Padre de las L, Stg. 1:17. Mas si andamos en l, como él está en l, 1 Jn. 1.7. L antorcha, ni de l de sol, Ap. 22.5. // Luz natural: Gn. 1.3; 2 Co. 4.6. // Espiritual: Sal. 27.1; 43.3; 97.11; 118.27; Pr. 6.23; Is. 2.5; Jn. 1.4; 8.12; 12.35.36; Ro. 13.12; 2 Co. 4.4,6; Ef. 5.13; Jn. 1.7; 2.9,10. // Tipo del favor de Dios: Ex. 10.23; Sal. 27.1; 97.11; Is. 9.2; 60.19. // La palabra de Dios es luz: Sal. 19.8; 119.105,130; Pr. 6.23. // Luz sobrenatural: Mt. 17.2; Hch. 9.3. // Cristo, la luz del mundo: Lc. 2.32; Jn. 1.4; 3.19; 12.35; Ap. 21.23. // Hijos de la luz: Jn. 12.36; Ef. 5.8. 1 Ts. 5.5; 1 P. 2.9. // Dios es luz: 1 Ti. 6.16; 1 Jn. 1.5. // El Cordero: Ap. 21.23.

Lv. 25.10-12. Todas las tierras vendidas eran revertidas al dueño original: "La tierra no se venderá a perpetuidad, porque la tierra mía es; pues vosotros forasteros y extranjeros sois para conmigo", Lv. 25.23. La ley de rescate de la tierra, Lv. 25.24-34.

"Ya no habrá... llanto"
(Ap. 21.4)

LL

LLAGA: Herida abierta. // La **ll** más profunda que la piel, Lv. 13.3. Hieden y supuran mis **ll**, Sal. 38.5. Desde la planta del pie... **ll** inflamadas, Is. 1.6. Por su **ll** fuimos curados, Is. 53.5. Es incurable, tu **ll** es dolorosa, Jer. 30.12. Echado a la puerta... lleno de **ll**, Lc. 16.20. Véase **Herida**, **úlcera**.

LLAMA. Porción de luz que se eleva de materias que arden. // Ángel del Señor en una **ll** de fuego en medio de una zarza, Ex. 3.2. El ángel del Señor subió en la **ll**, que salió del altar, Jue. 13.20. De su boca sale **ll**, Job 41.21. Sus brasas, brasas de fuego, fuerte **ll**, Cnt. 8.6. Su reprensión con **ll** de fuego, Is. 66.15. La **ll** de fuego mató a aquellos, Dn. 3.22. Su trono **ll** de fuego, Dn. 7.9. Atormentado en esta **ll**, Lc. 16.24. En **ll** de fuego, para dar retribución, 2 Ts. 1.8. Sus ministros **ll** de fuego, He. 1.7. Sus ojos como **ll** de fuego, Ap. 1.14; 2.18; 19.12. Véase **Fuego**.

LLAMADO: Designado, escogido. // Judas, siervo de Jesucristo, y hermano de Jacobo, a los **l**, Jud 1.

LLAMAMIENTO: Acto de llamar. // A Noé, Gn. 6.13; a Abraham, Gn. 12.1-3; a Jacob, Gn 28.12; a Moisés, Ex. 3.7-10; a Josué, Nm. 27.18-23; a Gedeón, Jue. 6.11; a Samuel, 1 S 3; a Saúl, 1 S. 10.1; a David, 1 S. 16.13; a Eliseo, 1 R. 19.19; a Isaías, Is. 6.8,9; a Jeremías, Jer. 1.5; a Ezequiel, Ez. 2.1-8; a Oseas, Os. 1.2; a Amós, Am. 7.15; a Jonás, Jon. 1.2; a los apóstoles, Mt. 4.18; a Pablo, Hch. 9. // **El llamado al arrepentimiento**: Sal. 49; Pr 1.20; Is. 45.20; Jer. 35.15; Mt. 11.28; Jn. 7.37; Ro. 8.28; 2 Co. 5.20; Ap. 2.5; 22.17. // **Peligro de despreciar el llamamiento**, Sal. 50.17; Pr. 29.1; Is. 66.4; Jer. 26.4; Mt. 22.3; Jn. 12.48; Hch. 28.24; Ro. 11.8; He. 2.1; 12.25; Ap. 2.5; Véase **Vocación**.

LLAMAR: Decir en voz alta el nombre de (alguien) para que venga, invocar, apodar, dar nombre a. // Y todo lo que Adán llamó a los animales, Gn. 2.19. Llamó Jehová a Moisés a la cumbre, Ex. 19.20. Y llamará su nombre Emanuel, Is. 7.14. Llamarás su nombre Emanuel, Mt. 1.23. Él llama por los nombres, Jn. 10.3. A cuantos el Señor nuestro Dios llamare, Hch. 2.39. Serán llamados hijos del Dios vivo, Ro. 9.26. A libertad fuisteis llamados, Gá. 5.13. Que os llamó a su reino, 1 Ts. 2.12. Dios no nos llamó para la impureza, 1 Ts. 4.7. Él no se avergüenza de llamarlos hermanos, He. 2.11. Que os llamó de las tinieblas, 1 P. 2.9. Los llamó a su eterna gloria, 1 P. 5.10. Llamados hijos de Dios, 1 Jn. 3.1. Llamados a la cena, Ap. 19.9. **El llamamiento de Noé**, Gn. 6.13; Abram, Gn. 12.1-3; Jacob, Gn. 28.12; Moisés, Ex. 3.7-10; Josué, Nm. 27.18-23; Samuel, 1 S. 3; Saúl, 1 S. 10.1; David, 1 S. 16.13. Eliseo, 1 R. 19.19; Isaías, Is. 6.8,9; Jeremías, Jer. 1.5; Ezequiel, Ez. 2.1-8; Amós, Am. 7.15; Jonás, Jon. 1.2; los apóstoles, Mt. 4.18; Pablo, Hch. 9; Ro 1.1; Gá. 1.11.

LLANO: Terreno liso, sin desigualdades. // Mas no pudo arrojar a los que habitaban en los **ll**, Jue. 1.19. No los dejaron descender a los **ll**, Jue. 1.34. Los fundió el rey en los **ll** del Jordán, 2 Cr. 4.17. Descendió con ellos, y se detuvo en un lugar **ll**, Lc. 6.17. Así en los montes como en los **ll** fértiles, 2 Cr. 26.10. Véase **Sefela, llanura.**

LLANTO: Lloro, lágrimas. // **Ll** grande es este de los egipcios, Gn. 50.11. Haciéndonos saber vuestro gran afecto, vuestro **ll**, 2 Co. 7.7. Ya no habrá muerte, ni habrá más **ll**, ni clamor, ni dolor, Ap. 21.4. Todas las noches inundo de **ll** mi lecho, Sal. 6.6. Cubrir el altar de Jehová de lágrimas, de **ll**, y de clamor, Mal. 2.13. Llevaron a enterrar a Esteban, e hicieron gran **ll** sobre él, Hch. 8.2. Alzando su voz hicieron gran **ll**, Jue. 21.2. Véase **Lloro**, **Tristeza**.

LLANURA: Campo extenso y sin árbol; planicie. // Lot escogió... la **l** del Jordán, Gn. 13.11. Lo apresó en las **l** de Jericó, 2 R. 25.5. Véase **Campo**.

LLAVE: Instrumento metálico para abrir o cerrar una cerradura. // Tomaron la **ll** y abrieron; y he aquí su señor, Jue. 3.25. Insignia de posesión o de autoridad. Yo te daré las **ll** del reino, Mt. 16.19. Las **ll** de la muerte y del infierno, Ap. 1.18. El que tiene la **ll** de David, Ap. 3.7. La **ll** del pozo del abismo, Ap. 9.1. Con la **ll** del abismo, Ap. 20.1. Lo que facilita o explica. Habéis quitado la **ll** de la ciencia, Lc. 11.52.

LLEGAR: Venir; llegar a cierto lugar. // Cuya cúspide llegue al cielo, Gn. 11.4. Partieron hacia la tierra de Canaán, y allá llegaron, Gn. 12.5. Llegaron, pues, los dos ángeles, Gn. 19.1. Y caminando ellos, llegaron al monte, Jos. 2.22. Hasta que todos lleguemos a la unidad de la fe, Ef. 4.13. Siempre están aprendiendo, y nunca pueden llegar al conocimiento, 2 Ti. 3.7. Habéis llegado a ser tales, He. 5.12. Otros sacerdotes llegaron, He. 7.23. Llegasteis a ser compañeros, He. 10.33. Llegaseis a ser participantes, 2 Pe. 1.4. Una ropa que llegaba hasta los pies, Ap. 1.13. El gran día de su ira ha llegado, 6.17; la hora de su juicio ha llegado, Ap. 14.7; la hora de segar ha llegado, Ap. 14.15; han llegado las bodas del Cordero, Ap. 19.7.

LLENO: Que contiene cuanto puede caber, completo. // Cuando las vasijas estuvieron llenas, 2 R. 4.6. **Ll** está su boca de maldición, Sal. 10.7. De tu misericordia está **ll** la tierra, Sal. 119.64. Todo tu cuerpo estará **ll** de luz, Mt. 6.22. Y será **ll** del Espíritu Santo, Lc. 1.15. **Ll** de gracia y verdad, Jn. 1.14. Llenos del Espíritu Santo, todos, Hch. 2.4; Pedro, 4.8; todos, 4.31; hombres, 6.3; Esteban, 6.5; 7.55; Saulo, 9.17; Bernabé, 11.24; Juan el Bautista, Lc 1.15; Zacarías, 1.67; Jesús, 4.1. **Ll** de gracia y poder, Hch. 6.8; de todo el engaño, Hch. 13.10; de toda injusticia, Ro. 1.29; de maldición, Ro. 3.14; de todo el conocimiento, Ro. 15.14; del fruto de justicia, Fil. 1.11; de gloria, 1 P. 1.8; de adulterio, 2 P. 2.14; de ojos, Ap. 4.6,8; de incienso, 5.8; de la ira de Dios, 15.7; de las siete plagas postreras, 21.9.

LLORAR: Derramar lágrimas. // Lloró: Agar, Gn. 21.16; Esaú, Gn. 27.38; Jacob, Gn. 37.35; José, Gn. 43.30; 46.29; Benjamín, Gn. 45.14, el niño Moisés, Ex. 2.6; todos los hijos de Israel, Jue. 2.4; Ana, 1 S 1.8; Saúl, 1 S. 24.16; David, 1 S. 30.4; 2 S. 15.30; 19.1; Eliseo, 2 R. 8.11; Joás, 2 R. 13.14; Ezequías, 2 R. 20.3; el pueblo, Neh. 8.9; el que va andando, Sal. 126.6; el pueblo a la orilla de los ríos de Babilonia, Sal. 137.1; Raquel, Jer. 31.15; Mt. 2.18; Pedro, Mt. 26.75; mujer, pecadora, en la casa de Simón, Lc. 7.38; en la casa de Jairo, Lc. 8.52; Jesús, Lc. 19.41; Jn. 11.35; María, Jn. 20.11; las viudas, Hch. 9.39; los compañeros de Pablo, Hch. 21.13. Bienaventurados los que lloran, Mt. 5.4. Os endechamos y no llorasteis, Lc. 7.32. Llorad con los que lloran, Ro. 12.15. Los que lloran, como si no llorasen, 1 Co. 7.30. Quizá tenga que llorar por muchos, 2 Co. 12.21. Afligíos, y lamentad, y llorad, Stg. 4.9. ¡Ricos! Llorad y aullad por las miserias que os vendrán, Stg. 5.1. Yo lloraba mucho, Ap. 5.4. Llorarán y harán lamentación sobre ella, Ap. 18.9. Llorando y lamentando, diciendo, Ap. 18.19. Véase **Lamentar**, **Llanto**.

LLORO: El derramar lágrimas. // No podía distinguir el pueblo... gritos de alegría, de la voz de **ll**, Esd. 3.13. Por la noche durará el **ll c**, Sal. 30.5. Convertíos... con **ll**, Jl. 2.12. Allí habrá **ll** y crujir de dientes, Mt. 8.12; 13.42; 22.13. Véase **Llanto**.

LLOVER: Caer agua de las nubes. // Jehová Dios aún no había hecho **ll** sobre la tierra, Gn. 2.5. Os haré **ll** pan del cielo, Ex. 16.4. Sobre los malos hará **ll** calamidades, Sal. 11.6. Hizo **ll** sobre ellos maná, Sal. 78.24. ¿Entre los ídolos... quién haga **ll**? Jer. 14.22. Hice **ll** sobre una ciudad, Am. 4.7. Hace **ll** sobre justos e injustos, Mt. 5.45. Llovió del cielo fuego y azufre, Lc. 17.29. Que no lloviese, y no llovió sobre la tierra por tres años y seis meses, Stg. 5.17. No llueva en los días de su profecía, Ap. 11.6.

LLOVIZNA: Lluvia ligera. // Como la **l** sobre la grama, Dt. 32.2. También a la **l**, Job 37.6. Véase **Rocío, Neblina, Niebla, Lluvia.**

LLUVIA: Agua que cae de la atmósfera por efecto de la condensación de vapores. // Daré vuestras **ll**, Lv. 26.4. Como la **ll** mi enseñanza, Dt. 32.2. Que da la **ll** sobre la faz de la tierra, Job 5.10. Cuando la **ll** llena los estanques, Sal. 84.6. El gotear continuo el día de gran **ll**, Pr. 27.15. Pedid a Jehová **ll**, Zac. 10.1. Descendió **ll**, y vinieron ríos, Mt. 7.25. Del cielo **ll** y estaciones fructíferas, Hch. 14.17. Nos recibieron a todos, a causa de la **ll**, Hch. 28.2. La tierra que bebe la **ll**, He. 6.7. // **Lluvia**, en el diluvio. Gn. 7; en Egipto, Ex. 9.34; en la siega, 1 S. 12.17. // **Lluvia temprana y tardía**, Dt. 11.14; Jer. 5.24; Os. 6.3; Jl. 2.23. // **Lluvia de granizo**: Agua en el estado sólido, que cae como lluvia; granizada, pedrea. Ex. 9.23; Jos. 10.11; Sal. 78.47, Ap. 8.7. Véase **Granizo**.

// **Lluvia Prometida**: Dt. 11.11,14; 1 R. 18.1; Ez. 34.26; Jl. 2.23; Zac.10.1 // **Lluvia retenida en juzgamiento**: Dt. 11.17; 28.24; 1 R. 8.35; 2 Cr. 7.13; Am. 4.7; Zac.14.17; Stg. 5.17. // **Lluvia enviada en compasión**: Lv. 26.4; Dt. 28.12; 1 R. 18.45; Sal. 65.9,10; 147.8; Hch. 14.17; Stg. 5.18. // Véase **Aguacero**, **Llovizna**.

La tumba de los Patriarcas

El monte de los olivos, donde, según Zac. 14.4, el Señor Jesucristo descenderá en su segunda venida.

M

MAACA, hb. **Comprensión:** 1. Hija de Naor, Gn. 22.24. // 2. Mujer de David y madre de Absalón, 2 S. 3.3. // 3. Padre de Aquis, rey de Gat, 1 R. 2.39. // 4. Mujer de Roboam e hija de Absalón, 1 R. 15.2. // 5. Concubina de Caleb, 1 Cr. 2.48. // 6. Mujer de Maquir, 1 Cr. 7.15. // 7. Mujer del padre de Gabaón, 1 Cr. 8.29. // 8. Padre de Hanán, uno de los valientes del ejército de David, 1 Cr. 11.43. // 9. Padre de Sefatías, jefe de la tribu de Simeón, 1 Cr. 27.16. // 10. Un pequeño reino, en las faldas del Hermón, próximo de Basán, que cupo a Manasés, Dt. 3.14; Jos. 12.5; 13.11,13.

MAACATEOS: Habitantes de Maaca, 2 S. 23.34; 2 R. 25.23.

MAADÍAS, hb. **Ornamento de Jehová:** Uno de los sacerdotes que volvieron a Jerusalén con Zorobabel, Neh. 12.5.

MAALA: Uno de los sacerdotes que tomaron parte de Zelofehad, a lo cual fue permitido poseer una porción de la tierra, porque su padre no había dejado descendientes del sexo masculino, Nm.26.33. // 2. Nieta de Manasés, 1 Cr. 7.18.

MAARAT, hb. **Lugar sin árboles:** Una ciudad de la herencia de Judá, Jos. 15.59.

MAASÍAS, hb. **Obra de Dios**: Nombre muy común durante los tiempos de los reyes y del exilio, 1 Cr. 15.18,20; 2 Cr. 23.1; Esd. 10.18,21,22,30 etc.

MAAZ, hb. **Ira:** Un descendiente de Judá, 1 Cr. 2.27.

MAAZÍAS, hb. **Consolación de Dios:** 1. El jefe del vigésimo cuarto turno de sacerdotes, 1 Cr. 24.18. // 2. Uno de los que sellaron el pacto con Nehemías, Neh. 10.8.

MACABEOS: 1. Una familia levítica que gobernó Judea desde el año 166 hasta 37 a.C. // 2. Hay cuatro libros apócrifos con este título que se encuentran en algunos manuscritos de la Septuaginta. Dos de ellos fueron incluidos en la Vulgata.

MACAZ, hb. **Fin:** Una de las ciudades que abastecían de mantenimiento al rey Salomón, 1 R. 4.9.

MACBANAI, hb. **Cubierto con capote:** Uno de los gaditas que se pasaron para David en la fortaleza en el desierto, cuando fugitivo de Saúl, 1 Cr. 12.13.

MACBENA, hb. **Capote:** Un descendiente de Judá, 1 Cr. 2.49.

MACEDA, hb. **Lugar de pastores:** Una ciudad de la herencia de Judá, Jos. 15.41; Conquistada por Josué, Jos. 10.28.

MACEDONIA: Una provincia romana al norte de Grecia. El trabajo de Pablo en esa región fue "en el inicio del evangelio", Fil. 4.15. El apóstol, solicitado en una visión por un macedonio, pasó a Macedonia, Hch. 16.9 — 17.14. Silas y Timoteo continuaron la obra, Hch. 17.14,15. Pablo tornó a visitar las iglesias de Macedonia, Hch. 19.21; 20.1-3; 1 Co. 16.5; 2 Co. 1.16. Fueron notables auxiliares de Pablo los macedonios Gayo y Aristarco, Hch.19.29; Segundo y Sópatro, Hch. 20.4; Epafrodito, Fil. 2.25. Los creyentes de Macedonia fueron conocidos por su fe, su amor, su alegría, su generosidad, 1 e 2 Ts.; 2 Co. 8.1-8. Las mujeres ocuparon una parte notable en las iglesias de Macedonia. El evangelio fue enseñado en primer lugar a las mujeres en Macedonia, y la primera conversión allí fue de una mujer, Hch. 16.14,15. Una pobre esclava fue liberta de Satanás, Hch. 16.18. Dos mujeres auxiliaron Pablo, Fil. 4.2,3. "Muchas distintas mujeres" y "muchas mujeres griegas" estaban entre los primeros convertidos, Hch. 17.4,12. Véase mapa 1, C-3; mapa 6, C-1.

MACELOT, hb. **Asamblea:** Lugar de uno de los campamentos de Israel, en el desierto, Nm. 33.25.

MACHO CABRÍO: Macho de la cabra. // Servía para los sacrificios, Lv. 4.24; He. 9.12. La sangre de machos cabríos y de becerros, He. 9.12,13,19; 10.4. Macho cabrío emisario, Lv. 16.8. La visión sobre un carnero y un macho cabrío, Dn. 8. Es imposible que la sangre de... macho cabrío quite los pecados, He. 10.4.

MACHO: Cualquier animal del sexo masculino. Véase **Varón**.

MACHUCAR: Aplastar (un cuerpo) con el peso o dureza de otro; triturar; machacar. // Véase **Quebrantar.**

MACNADEBAI: Uno de los que tenían mujer extranjera, Esd. 10.40.

MACPELA, hb. **Caverna doble:** El campo de Macpela, Gn. 23.19; 49.30; 50.13. La caverna, en ese campo, Gn. 23.9; 25.9. Abraham compró el campo de Efrón, el heteo, Gn. 23.8-16. En la caverna fueron sepultados: Abraham, Gn. 25.9; Sara, Gn. 23.19; Isaac, Rebeca y Lea, Gn. 49.30,31; Jacob, Gn. 50.13. Sobre esa caverna está actualmente una mezquita, que es uno de los cuatro santuarios del mundo mahometano.[Legenda] Túmulo de los Patriarcas. Véase Macpela.

MACTES, hb. **Cavidad:** Un barrio de Jerusalén, Sof. 1.11.

MÁCULA: Tacha, mancha; fig. Defecto. // Que guardes el mandamiento sin **m** ni reprensión, 1 Ti. 6.14. Religión, Stg. 1.27. Véase **Mancha.**

MACULAR: Poner manchas en; fig. **difamar**. // Véase **Fornicar.**

MADAI, hb. **Inconstante:** Uno de los que tenían mujer extranjera, Esd. 10.34.

MADAI: Un pueblo descendiente de Jafet, nieto de Noé, Gn. 10.2. Habitó, sin duda, en Media. Véase mapa 1, E-3.

MADERA: Parte leñosa de las plantas. // Si alguno edificare... **m**, 1 Co. 3.12.

MADERO: Pieza o tronco grueso de madera. // Mi pueblo a su **m** pregunta, Os. 4.2. Colgándole de un **m**, Hch. 5.30. Véase Gá. 3.13; 1 P. 2.24.

MADIÁN: 1. Uno de los hijos de Abraham y Cetura, Gn. 25.2. // 2. Los descendientes de Madián, Gn. 36.35. // 3. La tierra de Madián, Ex. 2.15; 4.19.

MADIANITAS: Los descendientes de Madián. // Reuel, el madianita, suegro de Moisés, Nm. 10.29. Maldición contra los madianitas, Nm. 25.17; 31.2. Los madianitas oprimían a Israel, Jue. 6. Gedeón con trescientos hombres venció los madianitas, Jue. 7; Sal. 83.9; Is. 9.4.

MADMANA, hb. **Muladar:** Una ciudad de la herencia de Judá, Jos. 15.31.

MADMENA, hb. **Muladar:** 1. Una ciudad de Moab, Jer. 48.2. 2. Una ciudad de Benjamín, Is. 10.31.

MADÓN, hb. **Contienda:** Una ciudad real de Canaán, conquistada por Josué, Jos. 12.19. Véase mapa 3, B-2.

MADRASTRA: La mujer de tu padre, Lv. 18.8.

MADRE: Mujer que tuvo uno o más hijos. // Era **m** de todos, Gn. 3.20. **M** en Israel, 2 S. 20.19. En pecado me concibió mi **m**, Sal. 51.5. No dejes la enseñanza de tu **m**, Pr. 6.20. El hijo necio es tristeza de su **m**, Pr. 10.1. El hombre necio menosprecia a su **m**, Pr. 15.20. Cuando tu **m** envejeciere, no la menosprecies, Pr. 23.22. Como aquel a quien consuela su **m**, Is. 66.13. Como la **m**, tal su hija, Ez. 16.44. La hija se levanta contra la **m**, Mi. 7.6. He venido para hacer disensión... de la hija contra su **m**, Mt.10.35. El hombre dejará padre y **m**, Mt. 19.5. ¿Quién es mi **m** y mis hermanos? Mr. 3.33. He ahí tu **m**, Jn. 19.27. Jerusalén... es la **m** de todos nosotros, Gá. 4.26. Dejará el hombre a su padre y a su **m**, Ef. 5.31. Honra a tu padre y a tu **m**, Ef. 6.2; Ex. 20.12; Mt. 15.4; 19.19. A las ancianas, como a **m**, 1 Ti. 5.2. En tu **m** Eunice, 2 Ti. 1.5.

MADRUGADA: Amanecer, aurora. // Véase **Mañana**.

MADRUGAR: Levantarse al amanecer. // Y al día siguiente madrugaron, Ex. 32.6. Véase **Mañana**.

MADUREZ: Hombre o mujer que llegó a la mayoría de edad. // Alimento sólido es para los que han alcanzado la **m**, He. 5.14.

MADURO: Que ha llegado a su completo desarrollo. // Porque la mies está ya **m**, Jl. 3.13.

MAESTRESALA: Empleado de casa real que dirigía el ceremonial en las recepciones. // Sacad ahora, y presentad al **m**, Jn. 2.8.

MAESTRO: Hombre que enseña. // Por qué come vuestro **m**, Mt. 9.11. El discípulo no es más que su **m**, Mt. 10.24. Venido de Dios por **m**, Jn. 3.2. ¿Tú eres el **m** de Israel, y no sabes esto?, Jn. 3.10. Vosotros me llamáis **M**, Jn. 13.13. Se amontonarán **m** conforme a sus concupiscencias, 2 Ti. 4.3. Porque debiendo ser ya **m**, He. 5.12. No os hagáis muchos **m**, Stg 3.1. Véase **Doctor**, **Instructor, Rabbí.**

MAGBIS, hb. **Congregación:** Antepasado de 156 hombres que volvieron, con Zorobabel, de Babilonia, Esd. 2.30.

MAGDALA: Ciudad que queda a cinco kilómetros al norte de Tiberias, en el lado occidental del Mar de Galilea, Mt. 15:39. Se opina que Magdala era la ciudad natal de María Magdalena. Véase mapa 3, B-2.

MAGDALENA: Lc. 8.2. Véase **María Magdalena.**

MAGDIEL, hb. **Honra divina:** Un príncipe de Esaú, Gn. 36.43.

MAGIA: Los magos, sacerdotes de la religión de Zoroastro, practicaban la astronomía, la astrología y otras ciencias ocultas, de donde llegó a atribuírseles poder sobrenatural. Ese presunto arte, con que se invocaban a los espíritus, se producían encantamientos, se hacían sanidades repentinas, etc., fue acepto en Grecia y entre todos los pueblos incultos. Simón practicaba **m**, Hch. 8.9. Muchos de los que habían practicado vanas artes, trajeron los libros, y los quemaron, Hch. 19.19. Véase **Adivinación.**

MAGISTRADO: Funcionario civil, revestido de autoridad judicial o administrativa. Dn. 3.2; Lc. 12.58; Ro. 13.3.

MAGNIFICAR: Engrandecer, glorificar. // Véase **Magnífico**.

MAGNIFICAT, lat. **Engrandece:** El cántico de María, en casa de Elisabet, Lc. 1.46-55. Es cantado en la Iglesia Católica Romana y en la Iglesia Anglicana, en las vísperas.

MAGNIFICENCIA: Calidad de magnificente. // Tuya es, oh Jehová, la **m**, 1 Cr. 29.11. Vestido de gloria y de **m**, Sal. 104.1. La gloria de la **m** de su reino, Sal. 145.12.

MAGNIFICENTE: Grandioso, suntuoso. // Véase **Magnífico**.

MAGNÍFICO: Óptimo, grandioso. // Ha de ser magnífica por excelencia, 1 Cr. 22.5. Has hecho **m** tu nombre, Sal 138.2. Grande en consejo, y **m** en hechos, Jer. 32.19. Véase **Glorioso**.

MAGO: Encantador, hechicero, nigromante. // Dn. 1.20; 2.2; 5.11. Elimas, el mago, Hch. 13.8. Véase **Adivinación**, **Encantador**, **Hechicero**, **Nigromante**. // Los **m** de Egipto, Gn. 41.8,24; Ex. 7.22; 8.7; 9.11. Y mandó el rey llamar **m**, Dn. 2.2. Constituyó príncipe sobre todos los **m**, Dn. 5.11. Unos **m** vinieron del oriente, Mt. 2.1. Elimas, el encantador, Hch. 13.8. // Los magos eran de la casta sacerdotal, entre los medos y persas, en tiempos muy remotos, que adoraban a Dios bajo la forma de fuego. // Hay tanta fantasía sobre los magos del oriente (Mt. 2.1) que es difícil distinguir entre fábula y realidad. Se supone que eran sabios, que eran tres en número, que se llamaban Gaspar, Melchor y Baltasar, que vinieron uno de Grecia, otro de la India y el otro de Egipto. Todo esto pertenece tanto a la ficción: las descripciones de su viaje, su bautismo después de Tomás, el descubrimiento de sus huesos en el siglo IV, los huesos transferidos para la Iglesia de Santa Sofía, en Constantinopla, después llevados para Milán y, por fin, transportados por Federico Barbarroja para Colonia, donde los tres cráneos de los magos están guardados en un santuario de oro.

Los reyes magos

MAGOG: Un hijo de Jafet y nieto de Noé, Gn. 10.2. Un pueblo del cual Gog era el príncipe, Ez. 39.1,6. Véase **Gog.**

MAGOR-MISABIB, Terror-por-todos-los-lados: Jer. 20.3. La misma expresión se encuentra, pero no como nombre propio, en Sal. 31.13; Jer. 6.25 etc.

MAHALALEEL: 1. Hijo de Cainán, Gn. 5.12. // 2. Uno de los antepasados de Ataías, que vivía en Jerusalén después del exilio, Neh. 11.4.

MAHALAT, hb. **Dolencia, ansiedad:** 1. Una de las mujeres de Esaú, Gn. 28.9. // 2. Nieta de David y esposa de Roboam, 2 Cr. 11.18.

MAHANAIM, hb. **Dos campamentos** o **Dos ejércitos:** El nombre dado por Jacob a un lugar al oriente del Jordán y al sur de Jaboc, donde él encontró los ángeles de Dios, Gn. 32.1, 2. Situado en la frontera de Gad y Manasés, cupo a Gad y fue dado a los meraritas, Jos. 13.26,30; 21.38.39. Allí fue coronado Is-boset, 2 S. 2.8, 12, 29. Allí también se refugió David en la rebelión de Absalón, 2 S. 17.27; 19.32. Mahanaim era el centro de uno de los 12 intendentes que abastecían de mantenimiento a Salomón y a su casa, 1 R. 4.14. Véase mapa 1, H-3; mapa 2, D-4.

MAHARAI, hb. **Impetuoso:** Uno de los valientes de David, 2 S. 23.28.

MAHATE: 1. Un levita descendiente de Coat, el hijo de Leví, 1 Cr. 6.35. // 2. Un levita que administraba las ofertas, 2 Cr. 31.13.

MAHAZIOT: Uno de los cantores en el templo, 1 Cr. 25.4.

MAHER-SALAL-HASBAZ (El despojo se apresura, la presa se precipita**):** Nombre simbólico dado al hijo de Isaías, significando que Damasco y Samaria serían de pronto destruidos por el rey de Asiria, Is. 8.1,3.

MAHLI, hb. **Flaco:** 1. Nieto de Leví y jefe de los malitas, Ex. 6.19; Nm. 26.58. // 2. Hijo de Musi y uno de los principales entre los levitas, 1 Cr. 24.30.

MAHLÓN, hb. **Enfermedad:** El hijo primogénito de Elimelec y Noemí, con quien se casó Rut la primera vez, Rut. 1.2; 4.10.

MAHOL, hb. **Danza:** El padre de los tres sabios, inferiores en sabiduría solamente a Salomón, 1 R. 4.31.

MAINÁN: Un bisnieto de David, de la generación de Cristo, Lc. 3.31.

MAJAR: Machacar o aplastar una cosa a golpes. // Lo majaba en morteros, Nm. 11.8. Aunque majes al necio en un mortero, Pr. 27.22.

MAJESTAD: Grandeza propia de reyes; tratamiento dado a reyes, príncipes etc. // Si parece bien al rey, salga un decreto real de vuestra **m**, Est. 1.19. Sal 96.6. Porque temí el castigo de Dios, Contra cuya **m** yo no tendría poder, Job 31.23. En Dios hay una **m**, Job 37.22. Con tu gloria y con tu **m**, Sal. 45.3. El reino, y el señorío, y la **m** de los reinos, Dn. 7.27. Comience a ser destruida su **m**, Hch. 19.27. Del trono de la **m** en los cielos, He. 8.1. Con nuestros propios ojos visto su **m**, 2 P. 1.16. Al único Dios... sea gloria y **m**, Jud. 25. Véase **Magnificencia**.

MAL: Lo contrario al bien. // Árbol de ciencia del bien y del **m**, Gn. 2.9. Como dioses sabiendo el bien y el **m**, Gn. 3.5. El pueblo, que es inclinado a **m**, Ex. 32.22. Y que yo no vea mi **m**, Nm. 11.15. Todos los **m** de Egipto, Dt. 28.60. Vosotros veis el **m** en que estamos, Neh. 2.17. V Me devuelven **m** por bien, Sal 35.12. El **m** está atento al labio inicuo, Pr. 17.4. De **m** procede, Mt. 5.37. Líbranos del **m**, Mt. 6.13. Basta al día su **m**, Mt. 6.34. A los **m** destruirá miserablemente, Mt. 21.41. Mas los que hicieron **m**, Jn. 5.29. El **m** que no quiero, Ro 7.19. No paguéis a nadie **m** por **m**, Ro. 12.17; 1 Ts. 5.15; 1 P. 3.9. Vence con el bien el **m**, Ro. 12.21. Mas si hicieres lo **m**, teme, Ro. 13.4. Para que no codiciemos cosas malas, 1 Co. 10.6. No erréis; las malas conversaciones corrompen, 1 Co. 15.33. Sea bueno o sea **m**, 2 Co. 5.10. Apartaos de toda especie de **m**, 1 Ts 5.22. El amor del dinero es la raíz de todos los **m**, 1 Ti 6.10. Irán de **m** en peor, 2 Ti 3.13. Refrene su lengua de **m**, 1 P. 3.10. Apártese del **m**, y haga bien, 1 P. 3.11. Está sobre aquellos que hacen **m**, 1 P. 3.12. El que hace **m**, 3 Jn. 11.

MALAQUÍAS, hb. **Mensajero de Dios:** Un profeta, Mal. 1.1. No se sabe mucho sobre Malaquías, sino lo que se encuentra en su libro. El autor: Malaquías, Mal. 1.1. Profetizaba un siglo después de los profetas Hageo y Zacarías, en el tiempo de Esdras y Nehemías. Malaquías encerró la profecía del Antiguo Testamento, mientras Nehemías encerró la historia. No más se oyó la voz de profecía hasta el precursor del Mesías, según la profecía de Malaquías, abrir el segundo tomo de revelación. Llave: El mensaje final a una nación desobediente, a un remanente fiel, y del Mesías, que juzgaría y purificaría la nación. Las divisiones: **I.** Irreverencia en los cultos, Mal. 1. **II.** Infidelidad de los sacerdotes, Mal. 2.1-9. **III.** Infidelidad conyugal, Mal. 2.10-17. **IV.** La venida del Señor, precedida por su mensajero, Mal. 3.1-6. **V.** El robo cuanto a los diezmos, Mal. 3.7-18. **VI.** El sol de la justicia y su precursor, Mal 4.

MALAQUÍAS, LIBRO DE: El último de los doce profetas menores. Escribió su libro alrededor de 450 a.C.

MALCAM, hb. **Reinante:** 1. Un jefe de los benjamitas, 1 Cr. 8.9. // La divinidad principal de los amonitas, Jer. 49.1, 3. Se llamaba también Milcom y Moloc, 1 R. 11.5, 6.

MALCO, hb. **Consejero**: El siervo del sumo sacerdote Caifás, a quien Pedro cortó la oreja derecha, Jn. 18.10.

MALDAD: Perversidad, iniquidad. // ¿Por qué te glorías de **m**? Sal. 52.1. Hablan con **m** de hacer violencia, Sal. 73.8. Y dice: No he hecho **m**, Pr. 30.20. La **m** se encendió como fuego, Is. 9.18. Su **m** ha subido delante de mí, Jon. 1.2. Las avaricias, las **m**, el engaño, Mr. 7.22. Arrepiéntete pues de esta tu **m**, Hch. 8.22. Lleno de todo engaño y de toda **m**, Hch. 13.10. Estando atestados de toda... de **m**, Ro 1.29. La levadura de malicia y de **m**, 1 Co. 5.8. Véase **Impiedad**, **Iniquidad**, **Malicia**, **Perversidad**.

MALDECIR: Dirigir imprecaciones a. // Pero maldicen en su corazón, Sal. 62.4. El que maldiga al padre, Mt. 15:4. Bendecid a los que os maldicen, Lc. 6.28.

MALDICIENTE: Persona que dice cosas malas sobre los otros. // Fuere fornicario, o avaro, o idólatra, o **m**, 1 Co. 5.11. Véase **Calumniador**, **Chismoso**, **Detractor**.

MALDICIÓN: Acción o efecto de maldecir. Palabras con que se maldice. // Pongo hoy delante de vosotros la bendición y la **m**, Dt. 11.26. Malditos sois con **m**, Mal. 3.9. Cuya boca está llena de **m**, Ro. 3.14. Están bajo **m**, Gá. 3.10. Cristo nos redimió de la **m**, Gá. 3.13. Proceden bendición y **m**, Stg. 3.10. Siendo hijos de **m**, 2 P. 2.14. Y no habrá más **m**, Ap. 22.3. Véase **Anatema**.

MALDITO: Perverso, réprobo. // **M** serás entre todas, Gn. 3.14. **M** seas tú de la tierra, Gn. 4.11. **M** sea Canaán, Gn. 9.25. **M** el hombre que hiciere escultura, Dt. 27.15. **M** el varón que confía en el hombre, Jer. 17.5. Apartaos de mí, **m**, Mt. 25.41. **M** todo aquel que no permaneciere, Gá. 3.10. **M** cualquiera que es colgado, Gá. 3.13.

MALEDICENCIA: Acto de decir mal. // Es condenada, 1 Ti. 5.14; Stg 4.11; 1 P. 2.1.

MALHECHOR: Aquel que comete delitos. // Y uno de los **m** que estaban colgados, Lc. 23.39. Padezca como homicida, o ladrón, o **m**, 1 P. 4.15. Véase **Mal**.

MALICIA: Tendencia a hacer lo malo. // Yo conozco tu soberbia y la **m** de tu corazón, 1 S. 17.28. Por cierto tu **m** es grande, Job 22.5. Jesús, entendida la **m** de ellos, Mt. 22.18. En la levadura de **m**, 1 Co. 5.8. Sed niños en la **m**, 1 Co. 14.20. Sea quitada de vosotros... toda **m**, Ef. 4.31. Dejad también vosotros todas estas cosas: ira, enojo, **m**, Col. 3.8. Viviendo en **m** y en envidia, Tit 3.3. Inmundicia y abundancia de **m**, Stg. 1.21; 1 P. 2.1. Véase **Impiedad**, **Maldad.**

MALIGNIDAD: Calidad de lo que es malo o maligno. // Estando atestados de toda... **m**, Ro. 1.29.

MALIGNO: Que tiene inclinación para el mal. Espíritu maligno, demonio. // Ni apoya la mano de los **m**, Job 8.20. Porque los **m** serán destruidos, Sal. 37.9. Hirió a Job con una sarna **m**, Job 2.7. Pero si tu ojo es **m**, Mt. 6.23. Dardos de fuego del **m**, Ef. 6.16. Habéis vencido al **m**, 1 Jn. 2.13. Caín, que era del **m**, 1 Jn. 3.12. El **m** no le toca, 1 Jn. 5.18. Véase **Diablo**, **Inicuo**, **Perverso**, **Vil**.

MALLA: Cualquier instrumento, red, arpón, para sacar algún objeto del fondo fundo del agua. Trampa constituida de un hoyo para agarrar la caza. // Ofrecerá sahumerios a sus **m**, Hab. 1.16. Y sobre **m** andará, Job 18.8.

MALLA: Enredo. // Y los juntará en sus mallas, Hab. 1.15.

MALO: De poca calidad, inútil. // Higos muy buenos... la otra cesta tenía higos muy **m**, que de **m** no se podían comer, Jeremías 24.2. Recogen lo bueno en cestas, y lo **m** echan fuera, Mt. 13.48.

MALO: Propenso al mal; nocivo; perverso; individuo perverso. // Hombres de Sodoma eran **m**. Gn. 13.13. Antes que vengan los días **m**, Ec. 12.1. Salir su sol sobre **m** y buenos, Mt. 5.45. Pues si vosotros, siendo **m**, sabéis dar, Mt. 7.11. El árbol **m** da frutos **m**, Mt. 7.17. ¿Hablar lo bueno, siendo **m**? Mt. 12.34. El hombre **m** del mal tesoro, Mt. 12.35. Apartarán a los **m** de entre los justos, Mt. 13.49. Del corazón proceden **m** designios, Mt. 15.19. Generación **m** y adúltera, Mt. 16.4. Siervo **m** y negligente, Mt. 25.26. Amaron más las tinieblas... sus obras eran **m**, Jn. 3.19. Las **m** conversaciones corrompen, 1 Co. 15.33. Aprovechando bien el tiempo... días son **m**, Ef. 5.16. Resistir en el día **m**, Ef. 6.13. Libres de los hombres perversos y **m**, 2 Ts 3.2. Porque sus obras eran **m**, Jn. 3.19. Participa en sus **m** obras, 2 Jn. 11. Véase **Maligno, Perverso.**

MALOGRAR: Fallar, frustrar. // Paren sus vacas, y no malogran, Job 21.10.

MALOTI: Uno de los cantores en el templo, 1 Cr. 25.4.

MALQUÍAS, hb. **Jehová es rey:** 1. Levita designado para dirigir el canto en la casa del Señor, 1 Cr. 6.40. // 2. Levita perteneciente al quinto curso de los sacerdotes, 1 Cr. 24.9. // 3,4 y 5. Tres hombres diferentes, mas de mismo nombre, que tenían mujeres extranjeras, Esd. 10.25, 31. // 6,7 y 8. Tres otros que trabajaron en la reedificación de los muros, Neh. 3.11, 14, 31. // 9. Un sacerdote a la izquierda de Esdras, cuando este leía la ley al pueblo, Neh. 8.4. // 10. Un sacerdote que selló el pacto, Neh. 10.3. // 11. El padre de Pasur, Neh. 11.12. // 12. Uno de los que tocaban trompeta en la dedicación de los muros, Neh. 12.42.

MALQUIEL, hb. **Dios es rey:** Un nieto de Aser, Gn. 46.17.

MALQUIRAM, hb. **El rey es exaltado:** Un hijo del rey Jeconías, 1 Cr. 3.18.

MALQUISÚA, hb. **Mi rey salva:** Uno de los hijos de Saúl, 1 Cr. 8.33. Muerto, con sus hermanos, en la batalla de Gilboa, 1 S. 31.2.

MALTA: Una isla del Mediterráneo, al sur de Sicilia, donde ocurrió el naufragio de Pablo, Hch. 28.1. La bahía de San Pablo, al nordeste de la isla es, según la tradición, el lugar del naufragio. Los habitantes de Malta no eran griegos ni romanos y, por tanto, se les llamaba bárbaros. Véase mapa 6, A-3.

MALTRATAR: Tratar con dureza, con violencia. // Pobres, angustiados, maltratados, He. 11.37. Véase **Afligir**, **Afrentar**, **Extorsión**.

MALUC, hb. **Consejero:** 1. Un levita de la familia de Merari, 1 Cr. 6.44. // 2. Uno de los que tenían mujer extranjera, Esd. 10.29. // Otro que tenía mujer extranjera, Esd. 10.32.

// 4 y 5. Dos israelitas que firmaron el pacto con Nehemías, Neh. 10.4, 27.

MALVA: Planta que servía de alimento a los pobres, Job 30.4.

MALVADO: Capaz de grandes crímenes. // Siervo **m**, toda aquella deuda te perdoné, Mt. 18.32. Véase **Malo, Réprobo.**

MAMAR: Sorber (la leche de la madre o de la ama). // Y mamarás la leche de las gentes, Is. 60.16. Congregad los niños y los que maman, Jl. 2.16.

MAMRE, hb. **Fuerza:** 1. Amorreo, aliado de Abraham y hermano de Escol y Aner, Gn. 14.13, 24. // 2. Lugar donde Abraham habitó, Gn. 13.18; 18.1. Abraham, Sara, Isaac, Rebeca y Lea fueron sepultados en Macpela, frontera con Mamre, Gn. 23.17; 25.9; 49.30; 50.13. Parece que Mamre adquirió su nombre del príncipe de ese nombre, Gn. 14.13. Véase mapa, 2 C-5.

MANÁ: Se opina que esta palabra se deriva del hebreo **Manhu,** que significa: "¿Qué es esto?", Ex. 16.15. El pan que Jehová os da para comer, Ex. 16.15. Una cosa fina y semejante a escamas, fina como la helada, Ex. 16.14. Como semilla de culantro, y su color como color de bdelio, Nm. 11.7. Blanco y su sabor como de hojuelas con miel, Ex. 16.31. Recogían, y molían en molinos, o majaban en morteros, y lo cocían en caldera, o hacían de él tartas: y su sabor era como sabor de aceite nuevo, Nm. 11.8. Cuando descendía el rocío de noche, el maná descendía sobre él, Nm. 11.9. El **m** cesó el día siguiente, desde que comenzaron a comer del fruto de la tierra (Canaán), Jos. 5.12. Te sustentó con **m**, Dt. 8.3. Hizo llover sobre ellos **m**, Sal. 78.24. Nuestros padres comieron el maná **m**, Jn. 6.31. Una urna de oro que contenía el **m** estaba en el Lugar Santísimo del tabernáculo, He. 9.4; Ex. 16.32-34. Al que venciere, daré a comer del **m** escondido, Ap. 2.17. El maná ha sido identificado con la trasudación de un árbol que se encuentra en la península del Sinaí, y con otras sustancias. Pero ningún producto en particular llena totalmente las condiciones de la narración bíblica. Véase **Pan**.

MANADA: Hato o rebaño pequeño de ganado que está al cuidado de un pastor. // No temáis, **m** pequeña, Lc. 12.32. Cada **m** de por sí... entre **m** y **m**, Gn. 32.16. Salen sus pequeñuelos como **m,** Job 21.11. Tus cabellos como **m** de cabras, Cnt. 4.1; Véase **Rebaño**.

MANAÉN, hb. **Consolador**: Un hermano de leche de Herodes Antipas, mencionado en Hch. 13.1 como uno de los cinco maestros de la iglesia en Antioquía.

MANAHAT, hb. **Descanso:** 1. Un descendiente de Seir, el horeo, Gn. 36.23. // 2. Una ciudad de Benjamín, 1 Cr. 8.6.

MANAHEM, hb. **CONSOLADOR:** El decimosexto rey de Israel. Hijo de Gadi. Reinó diez años en Samaria. No se apartó de los pecados de Jeroboam, hijo de Nabat, 2 R. 15.14-22. Véase **Reyes.**

MANANTIAL: Naciente de agua, fuente abundante. // Contigo está el **m** de la vida, Sal. 36.9. Los **m** de las aguas en sequedales, Sal 107.33. **M** de vida es la boca, Pr. 10.11. El sequedal en **m** de aguas, Is. 35.7. Véase **Fuente**.

MANAR: Correr en abundancia, de forma perenne. // Como la fuente nunca cesa de **m** sus aguas, Jer. 6.7. Véase **Correr**, **Fluir**, **Proceder**.

MANASÉS, hb. **Quien hace olvidar:** 1. Hijo primogénito de José y Asenat, hija de Potifera, sacerdote de obra misionera, Gn. 41.51. Manasés y Efraín, su hermano, fueron adoptados por Jacob y considerados sus hijos, cada uno volviéndose cabeza de una de las tribus de Israel, Gn. 48.5. Bendecido por Jacob, Gn. 48.13-20. // 2. La tribu de Manasés, Nm. 2.20. El censo en el desierto, Nm. 1.35; 26.34. Bendecida por Moisés, Dt. 33.17. La herencia de Manasés, Jos. 17. Esta tribu se dividió en la Tierra Prometida. Mitad de la tribu de Manasés se estableció al oriente del Jordán, poseyendo el país de Basán, desde el arroyo de Jaboc hacia el norte, y la otra mitad de la tribu de Manasés se quedó al oriente del Jordán, y tenía las tierras que quedaban entre Efraín al sur e Isacar al norte, Jos. 17.10. Véase mapa 2, C-4 e E-3. Manasés, entre las tribus restauradas, Ez. 48.5. Doce mil sellados, de la tribu de Manasés, Ap. 7.6. // 3. El décimo quinto rey de Judá. Hijo y sucesor de Ezequías, 2 R. 20.21; 21.1. Levantó altares a los baales; hizo ídolos; edificó altares, en el templo, a todo el ejército de los cielos; quemó a sus hijos como oferta; practicaba hechicería; puso imagen de escultura en el templo; llenó Jerusalén de sangre inocente, 2 R. 21; 2 Cr. 33. Véase 2 R 24.3. Fue aprisionado con grillos y llevado a Babilonia, 2 Cr. 33.12. Dios le oyó la súplica y lo hizo volver a Jerusalén, 2 Cr. 33.13. Sacó del templo el ídolo y todos los altares, 2 Cr. 33.15. // 4. Otros con el nombre Manasés, Jue. 18.30; Esd. 10.30; 10.33; Mt. 1.10.

MANCHA: Marca, señal. // O **m** blanca, Lv. 13.2. El leopardo sus **m,** Jer. 13.23. Véase **Mácula**.

MANCHADO: Que tiene manchas. // Poniendo aparte todas las ovejas **m**, Gn. 30.32.

MANCHAR: Poner mancha en, ensuciar. // Y mancharán tu esplendor, Ez. 28.7. Véase **Ensuciar**.

MANCILLAR: Corromper, profanar, deslustrar. // De la misma manera también estos soñadoresmancillan la carne, **.**

MANCO: Sin brazo o mano, o que no puede usarlos. // Entrar en la vida... **m**, Mt. 18.8. Mejor te es entrar a la vida **m**, Mr. 9.43. Véase **Cojo**.

MANDAMIENTO: Los diez mandamientos, Ex. 20.2-17; Dt. 4.13; 5.6-22. // Citados por Dios y escritos por él en dos tablas de piedra, Ex. 31.18. // Llamados los diez mandamientos, Dt. 4.13; 10.4; las palabras del pacto, Ex. 34.28; el testimonio, Ex. 25.16, 21; 31.18. // El gran y primero mandamiento, Mt. 22.36-39. // El segundo mandamiento, Mt. 22.39. // El nuevo mandamiento, Jn. 13.34; 15.12, 17; 1 Jn. 2.7, 8; 3.23; 4.21. Véase **Decreto**, **Ley**, **Precepto**. [LEGENDA]Moisés y las Tablas de Piedra, escritas por el dedo de Dios, Ex. 31.18.

MANDAR: Ordenar, enviar, decretar. // Porque yo sé que mandará a sus hijos, Gn. 18.19. Si esto hicieres, y Dios te lo mandare, Ex. 18.23. Mandemos que descienda fuego del cielo, Lc. 9.54. Sois mis amigos, si hacéis lo que yo os mando, Jn. 15.14. Te mando en el nombre de Jesucristo, Hch. 16.18. Véase **Decir**, **Decretar, Enviar, Ordenar, Rogar.**

MANDATO: Autorización que alguien confiere a otra persona para, en su nombre, practicar ciertos actos; procuración. // Véase **Mandamiento**.

MANDRÁGORA: Gn. 30.14, 15,16; Cnt. 7.13. Planta de la familia de las solanáceas, de gran raíz carnuda, generalmente bifurcada, semejante al cuerpo humano. Antiguamente empleada en la hechicería.

*Moisés y las Tablas de piedra, escritas por el dedo de Dios (*Ex. 31.18).

MANEJAR: Trabajar con. // Arco y lanza manejarán, Jer. 50.42. No manejes, ni gustes, Col. 2.21.

MANERA: Modo. // De esta **m** os será otorgada, 2 P. 1.11. Véase **Modo.**

MANIATAR: Atar las manos de. // Véase **Prender**, **Presos**.

MANIFESTACIÓN: Patentizar, revelar. // **M** del Espíritu, 1 Co. 12.7. En su **m** y en su reino, 2 Ti. 4.1. La **m** gloriosa, Tit. 2.13. Véase **Aparición, Manifestar.**

MANIFESTAR: Anunciar, declarar, tornar público. // Que no haya de ser manifestado, Mr. 4.22. El Hijo del hombre se manifieste, Lc. 17.30. Había de ser manifestado el reino, Lc. 19.11. Para que fuese manifestado a Israel, Jn. 1.31. Y manifestó su gloria, Jn. 2.11. Para que sea manifiesto, Jn. 3.21. Se manifestó Jesús otra vez, Jn. 21.1. Dios se lo manifestó, Ro. 1.19. La justicia de Dios se ha manifestado, Ro. 3.21. Para **m** su justicia, Ro. 3.25. Con la mira de **m**... su justicia, Ro. 3.26. La luz es lo que manifiesta todo, Ef. 5.13. El misterio... ahora ha sido manifestado, Col. 1.26. Cuando Cristo... se manifieste, Col. 3.4. Cuando se manifieste el Señor, 2 Ts. 1.7. Será manifestado aquel inicuo, 2 Ts. 2.8. Ha sido manifestado en carne, 1 Ti. 3.16. Es manifestada por la aparición, 2 Ti. 1.10. La gracia de Dios se manifestó, Tit. 2.11. Cosa creada que no sea manifiesta, He. 4.13. Manifestado en los postreros tiempos, 1 P. 1.20. La vida fue manifestada, 1 Jn. 1.2. Aún no se ha manifestado lo que hemos de ser, 1 Jn. 3.2. Véase **Anunciar, Declarar, Mostrar, Proclamar, Revelar**.

MANIFIESTO: Público, notorio. // Sea hoy **m**que tú eres Dios en Israel, y que yo soy tu siervo, **.** Para que sea**m** que sus obras son hechas en Dios, **.** Antes que venga el día del Señor, grande y**m**, **.** Les es**m**, pues Dios se lo manifestó, **.** Para que se hagan**m** entre vosotros los que son aprobados, **.** Lo oculto de su corazón se hace**m**, **.** Siendo**m**que sois carta de Cristo expedida por nosotros, **.** Pero a Dios le es**m**lo que somos, **.** Para que tu aprovechamiento sea**m**a todos, **.** Porque**m**es que nuestro Señor vino de la tribu de Judá, **.** Y esto es aun más**m**, **. Véase Notorio.**

MANILLA: Anillo metálico para aprisionar o adornar las muñecas. Véase **Brazalete**.

MANJAR: Alimento o comida. // No codicies sus **m** delicados, Pr. 23.3. Toda clase de manjares, Gn. 40.17. Véase **Grosura**, **Vianda**.

MANO: Parte del cuerpo humano, desde el pulso hacia la extremidad de los dedos. // ¿Qué es eso que tienes en tu **m**? Ex. 4.2. Las **m** de Moisés se cansaban, Ex. 17.12. **M** por **m**, Ex. 21.24. Mi **m** me ha salvado, Jue. 7.2. La **m** de Jehová, Jue. 2.15; 1 S 5.6; 2 S 24.14; 1 R. 18.46; Esd. 8.22; Job 12.9; Sal. 19.1; 31.15; 75.8; 139.10; Ec. 9.1; Is. 40.2; 45.12; 59.1; 64.8; Ez. 3.14; 37.1; Hch. 11.21; 13.11; Ro. 10.21. Alargó su **m** al pobre, Pr. 31.20. **M** están llenas de sangre, Is. 1.15. **M** seca, Mt. 12.10; Mr. 3.1. Lavar las **m**, Mt. 15.20; 27.24;

Dt. 21.6; Sal 26.6. Si tu **m** ó tu pie te fuere ocasión de caer, Mt. 18.8. **M** impuras, Mr. 7.2. Poniendo su **m** al arado, Lc. 9.62. Mirad mis **m**, Lc. 24.39. Nadie las arrebatará de mi **m**, Jn. 10.28. Metiere mi **m** en su costado, Jn. 20.25. Porque no soy **m**, 1 Co. 12.15. Casa no hecha de **m**, 2 Co. 5.1. Levantando **m** limpias, 1 Ti. 2.8; Sal 28.2; 141.2. No hecho de **m**, He. 9.11. Pecadores, limpiad las, Stg 4.8. La poderosa **m** de Dios, 1 P. 5.6; Dt. 3.24; **Imponer las manos**, Nm. 8.10; 27.18; Mt. 9.18. Véase **Imposición de manos**.

MANOA, hb. **Descanso:** El padre de Sansón, Jue. 13.2-23. Procuró, con su mujer, disuadir a Sansón de que se casara con una mujer filistea, Jue. 14.2-4. Sansón sepultado en el sepulcro de Manoa, su padre, Jue. 16.31.

MANOJO: Pequeño ramo de flores. Haz que se puede coger con la mano. // Es para mí un manojito de mirra, Cnt. 1.13. Dejaréis también caer para ella algo de los **m**, **.** Recoged primero la cizaña, y atadla en **m** para quemarla, . Véase **Haz**, **Gavilla**.

MANSAMENTE: De modo manso. // Las aguas de Siloé, que corren **m**, Is. 8.6.

MANSEDUMBRE: Blandura de genio o índole. // Con caridad y espíritu de **m**, 1 Co. 4.21. Por la **m** y ternura de Cristo, 2 Co. 10.1. **M**, templanza: contra tales cosas no hay ley, Gá. 5.23. Con toda humildad y **m**, Ef. 4.2. De humildad, de **m**, de tolerancia, Col. 3.12. La caridad, la paciencia, la **m**, 1 Ti. 6.11. Con **m** corrija, 2 Ti. 2.25. Recibid con **m** la palabra, Stg. 1.21. En sabia **m**, Stg. 3.13. Véase **Longanimidad.**

MANSO: Blando de genio, sosegado, plácido. // Moisés era muy **m**, Nm. 12.3. Enseñará a los **m** su carrera, Sal. 25.9. Los **m** heredarán la tierra, Sal. 37.11; Mt. 5.5. Aprended de mí, que soy **m**, Mt. 11.29. He aquí, tu Rey viene a ti, **M**, Mt. 21.5. Véase **Idóneo**.

MANTA: Pieza rectangular de tejido grueso para abrigarse en la cama. // Y ella le cubrió con una **m**, Jue. 4.18. Tomando la mujer de la casa una **m**, 2 S. 17.19. La **m** estrecha para poder envolverse, Is. 28.20. Véase **Colcha**.

MANTECA: Sustancia grasa de la leche. // Miel, **m**, ovejas, y quesos de vaca, 2 S. 17.29. Véase **Leche**.

MANTENER: Sostener; permanecer, conservar. // Manteniendo la fe, 1 Ti. 1.19. Véase **Retener**.

MANTENIMIENTO: Alimento. // Os será para **m**, Gn. 9.3. Para **m** de las ciudades, Gn. 41.35. El desierto es **m** de sus hijos, Job 24.5. En el tiempo de la siega su **m**, Pr. 6.8. Véase **Alimento**, **Comer**.

MANTEQUILLA: Leche cuajada. // Tomó también **m** y leche, Gn. 18.8. Miel, **m**... para que comiesen, 2 S. 17.29. Véase **Leche**.

MANTO: Vestidura larga y sin mangas. // Booz llenó el **m** de Rut de cebada, Rut. 3.15. David cortó la orla del **m** de Saúl, 1 S. 24.4. El **m** de Elías, 1 R. 19.19; 2 R. 2.13. Me rodeó de **m** de justicia, Is. 61.10. Le echaron encima un **m** de escarlata, Mt. 27.28. Con un **m** de púrpura, Jn. 19.2. Véase **Capa, Ropa, Vestido**.

MANUSCRITOS: Obra escrita a mano. // No hay obra clásica que haya llegado a nuestras manos con tantos manuscritos antiguos como el texto en el Nuevo Testamento. Los manuscritos más antiguos se llaman unciales, porque fueron escritos en letras parecidas con mayúsculas modernas. Fueron escritos en vitela. Después aparecieron los manuscritos cursivos, es decir, labrados en letras pequeñas y ligeras. De los manuscritos unciales, los más importantes son: — 1) El Sinaiticus. Descubierto por Tischendorf, en el convento de Santa Catarina, en el monte Sinaí, en 1859. Esta porción no tiene gran parte del Antiguo Testamento, mas el Nuevo Testamento está completo. — 2) El Alexandrinus, actualmente en el Museo Británico. Contiene el Antiguo Testamento y el Nuevo, desde Mt. 25.6. — 3) El Vaticanus. Está en el Vaticano, en Roma, desde el siglo XV. No tiene 1 y 2 Timoteo, Tito, Filemom. — 4) El Ephraemi. Contiene fragmentos del Septuaginto y de casi todos los libros del Nuevo Testamento. — 5) El Bezae. Fue descubierto por Beza en el monasterio de Santo Ireneo, en Lyon. Contiene los Evangelios y Hechos. Véase **Arqueología Bíblica**; **Manuscritos**.

MANZANA: Fruto del manzano. // **M** de oro con figuras de plata, Pr. 25.11. Confortadme con **m**, Cnt. 2.5. Ornamento en el candelero de oro, Ex. 25.31. Véase **Manzano.**

MANZANO: Árbol que produce la manzana. El manzano que crece en los bosques de Europa y de América da frutos muy ácidos. Mas la cultura consiguió obtener numerosas variedades de gran valor. La manzana es de la familia del membrillo y de la pera. Mencionada en Pr. 25.11; Cnt. 2.3,5; 7.8; 8.5; Jl. 1.12.

MAÑANA: El día siguiente. El futuro. // No te jactes del día de **m**, Pr. 27.1. No os afanéis por el día de **m**, porque el día de **m**, Mt. 6.34. Comamos... **m** moriremos, 1 Co. 15.32. No sabéis lo que sucederá **m**, Stg. 4.14.

MAÑANA: Primeras horas del día. // Por la **m** os levantaréis, Gn. 19.2. Subió Abraham por la **m**, Gn. 19.27. Josué se levantó de **m**, Jos. 3.1; 6.12; 7.16; 8.10. Levantándose pues de **m** Jerobaal, Jue. 7.1. Y se levantó

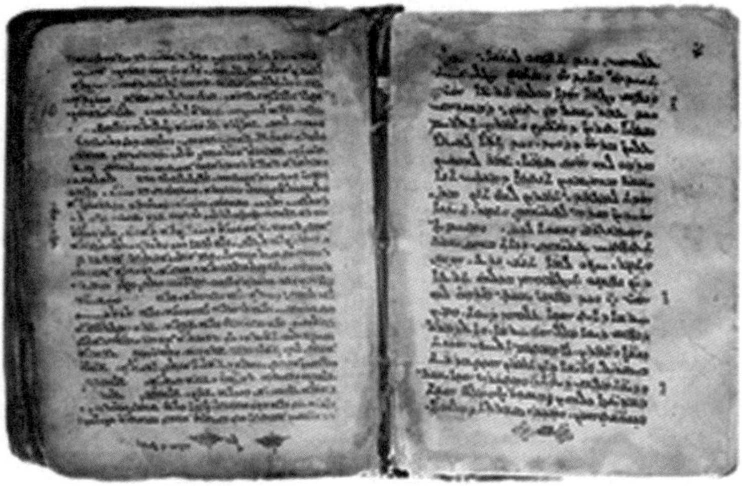

***EL MANUSCRITO DE JUAN**, uno de los más antiguos ejemplares del Nuevo Testamento. Se cree que es el más viejo manuscrito del Nuevo Testamento en arameo, la lengua que Jesús hablaba.*

David de **m**, 1 S. 29.11. Como la luz de la **m**, 2 S 23.4. Será como la **m**, Job 11.17. De **m** oirás mi voz, Sal. 5.3. A la **m** vendrá la alegría, Sal. 30.5. Más que los centinelas a la **m**, Sal. 130.6. Salió por la **m** a ajustar obreros, Mt. 20.1. Levantándose muy de **m**, Mr. 1.35. O al canto del gallo, o a la **m**, Mr. 13.35. Todo el pueblo venía a él por la **m**, Lc. 21.38. Muy de **m**, vinieron al sepulcro, Lc. 24.1. Y por la **m** volvió al templo, Jn. 8.2. Estrella de la **m**, Ap. 2.28; 22.16.

MAÓN, **Habitación:** 1. Una ciudad de la herencia de Judá, Jos. 15.55. Donde moró Nabal, 1 S. 25.2. Véase mapa 2, C-6; mapa 5, B-2. // 2. Un pueblo que oprimió Israel, Jue. 10.12.

MAQUI: El padre de Geuel, uno de los doce espías, Nm. 13.15.

MÁQUINA: Hizo en Jerusalén **m**... para arrojar saetas y grandes piedras, 2 Cr. 26.15. Las catapultas eran accionadas por cuerdas torcidas y servían para arrojar piedras o saetas. Véase **Ariete.**

MAQUINACIÓN: Intriga, complot. // No ignoramos sus **m**, 2 Co. 2.11. Véase **Designio, Pensamiento, Proyecto.**

MAQUINAR: Tramar, planear. // Véase **Idear**, **Pensar**, **Proyectar, Urdir.**

MAQUIR, hb. **Vendido:** 1. El hijo primogénito de Manasés, y por lo tanto nieto de José, Gn 50.23. // 2. Hijo de Amiel, residiendo en Lodebar, 2 S. 9.4. Llevó provisiones a David cuando huyó de Absalón, 2 S. 17.27.

MAR DE ARABA: Véase **Mar Salado.**

MAR DE BRONCE, MAR DE FUNDICIÓN: Una bacía muy grande en el templo, que ocupaba el lugar de la palangana de bronce en el tabernáculo, destinada a la limpieza de las manos y de los pies de los sacerdotes, 1 R. 7.23-26. Tenía más de 2 metros de altura y $13^{1}/^{2}$ metros de diámetro. Reducido a pedazos por Nabucodonosor, 2 R. 25.13. El peso del bronce de este utensilio es incalculable, 2 R 25.16.

MAR DE CINERET: Jos. 12.3. Lo mismo que Mar de Galilea. Véase **Cineret.**

MAR DE GALILEA: Mt. 4.18; 15.29; Mr. 1.16; 7.31; Jn. 6.1. Lago de Palestina atravesado por el Jordán, a 210 metros bajo el nivel del mar. Tiene veinte kilómetros de longitud; profundidad máxima de 50 metros. Recibió su nombre de la tierra occidental, la provincia de Galilea. Se llamaba, también, **Cineret**, Nm. 34.11; Dt. 3.17; Jos. 13.27; 19.35; **lago de Genesaret**, Lc. 5.1; Mar de **Tiberias**, Jn. 6.1; 21.1; **el lago**, Lc. 5.2; 8.22,23,33; **el mar**, Jn. 6.16-25. Cercado de diez a doce ciudades: Capernaum, Mt. 4.13; Magdala, Mt. 15.39; Betsaida, Mr. 6.45; Corazín, Lc. 10.13; Gadara, Mr. 5.1. En el lado oriental las montañas se elevan a más de 600 metros. Este lago está sujeto a grandes y repentinas tormentas causadas por la diferencia entre la temperatura de la superficie del lago y la de esas montañas. Véase Mt. 8.24. Jesús pasó casi todo su ministerio público en el vecindario de este lindo lago. Véase mapa 3, B-2.

MAR DE LA CAMPINA: Véase **Mar Salado.**

MAR DE LOS FILISTEOS: Véase **Mar Mediterráneo.**

MAR DE TIBERIAS: Véase **Mar de Galilea, Tiberias.**

MAR GRANDE: Jos. 9.1. Véase **Mar Mediterráneo.**

MAR MEDITERRÁNEO: Mar situado entre Europa y África. Comunica con el Océano

Atlántico por el estrecho de Gibraltar y con el Mar Rojo por el canal de Suez. La profundidad alcanza 3.960 m. Tiene un ancho de 3.700 kilómetros y una superficie de casi tres millones de km^2. Formaba el límite occidental de la tierra de promisión. Así el pueblo lo llamaba sencillamente **el mar**, Nm. 13.29; Jue. 5.17; Hch. 10.6; **el Mar Grande**, Jos. 9.1; 15.12; Ez. 48.28; **el mar de los filisteos**, Ex. 23.31; **el Mar Occidental**, Dt. 11.24; Jl. 2.20. (**El Mar Oriental** se refiere al Mar Muerto). Jesús anduvo hasta el mar, o cerca, al menos una vez, Mr. 7.24. Se refiere al Mediterráneo varias veces en el relato de los viajes del apóstol Pablo. Cesarea (Hch. 9.30), Seleucia (Hch. 13.4), Troas (Hch. 16.8), Cencrea (Hch. 18.18), Tolemaida (Hch. 21.7), Tiro (Hch. 21.3), Sidón (Hch. 27.3), Siracusa (Hch. 28.12), Poteoli (Hch. 28.13), eran todos puertos del Mediterráneo. Véase mapa 1, C-3.

MAR MUERTO: Ez. 47:8. Se llama **Mar Salado, Mar del Arabá,** en las Escrituras. Adquirió el nombre **Mar Muerto**, tal vez, en el siglo II a.D. Véase **Mar Salado.** [LEGENDA]Mar Muerto. Las aguas, alimentadas por el Rio Jordán pero sin salida, son 26% sal. El cuerpo humano no puede zambullir en sus aguas

MAR NEGRO: Véase mapa 1, D-3.

MAR OCCIDENTAL: Véase **Mar Mediterráneo.**

MAR ORIENTAL: El Mar Muerto. Véase **Mar Salado.**

MAR ROJO: El Golfo Arábigo, el Mar Eritreo, entre Arabia y África; forma al norte los golfos de Suez y de Acaba, alrededor de la península de Sinaí. No se sabe cómo se originó el nombre **Mar Rojo**; el color de las aguas no es rojo sino verde y azul. Las langostas de la plaga en Egipto lanzados en el Mar Rojo, Ex. 10.19. Israel regimentado salió de Egipto por el camino cerca del Mar Rojo, Ex. 13.18. El pasaje de Israel por el mar, Ex. 14.22; Sal. 106.8; 136.13,14; Hch. 7.36. Faraón y todo su ejército perecieron en las aguas del mar, Ex. 14.28; Dt. 11.4; Sal. 106.11; 136.15. Israel vio los egipcios muertos en la playa, Ex. 14.30. Todos los moradores de la tierra tomados de pavor, Jos. 2.9,10. El Señor hizo secar el Jordán como hizo al Mar Rojo, Jos. 4.23. Salomón hizo naos en Ezión-geber, en el Mar Rojo, 1 R. 9.26. Josafat, rey de Judá, hizo, también, navíos en Ezión-geber, mas se quebraron, 2 Cr. 20.36,37. Fue por la fe que los israelitas pasaron el Mar Rojo, He. 11.29. Véase mapa 1, D-4.

MAR SALADO: Gn. 14.3; Nm. 34.3,12; Dt. 3.17; Jos. 3.16; 12.3; 15.2,5; 18.19. Se llamaba también **el Mar del Arabá**, Dt. 3.17; Jos. 3.16, **el Mar Oriental**, Jl. 2.20. Se llama, actualmente, **el Mar Muerto**. Lago de Palestina. Tiene 76 kilómetros de ancho por 17 de largura, 392 metros bajo el nivel del Mediterráneo. No hay otra masa de agua que ocupe lugar tan profundo en la superficie del globo. Tiene profundidad máxima de 914 metros. No tiene salida, desapareciendo sus aguas, en la cantidad, se calcula, de seis millones de toneladas al día. Esta evaporación espantosa es debida al aire caliente del desierto. Es difícil zambullir en el Mar Muerto y casi imposible ahogarse en virtud de la densidad de sus aguas que son muy saladas. Casi no hay vida orgánica en el Mar Muerto. La purificación de las aguas del Mar Muerto, símbolo de la vida en el reino de Dios, Ez. 47.8. Véase mapa 2, C-6.

MAR: Entre los hebreos el término **mar** comprendía cualquier gran masa de agua. El océano, Gn. 1.10; Job 38.8. El Mar (lago) de Galilea, Mt. 4.18. Se llamaba, también, **Cineret**, Nm. 34.11; **lago de Genesaret**, Lc. 5.1; **Mar de Tiberias**, Jn. 6.1; **el lago**, Lc. 5.2; **el mar** Jn. 6.16. El Mar Mediterráneo se llamaba **El Mar**, Nm. 13.20; **el Mar Grande**, Jos. 9.1; **el mar de los filisteos**, Ex. 23.31; **el Mar Occidental**, Dt. 11.24. El Mar Muerto (Ez. 47.8) se llamaba **Mar Salado**, Gn. 14.3; **el Mar de Arabá**, Dt. 3:17; **el Mar Oriental**, Jl. 2.20. **El Mar Rojo**, Ex. 14.22. La vasija muy grande en el templo, el mar de bronce, 2 R. 25.13. Y dominará de **m** a **m**, Sal. 72.8; Zac 9.10. Los ríos todos van al **m**, Ec. 1.7. Como las aguas cubren el **m**, Is. 11.9. El mar símbolo de las naciones, Dn. 7.2; Is. 17.12,13; Ap. 17.15. Los impíos son como el mar, Is. 57.20. Los vientos y el **m** le obedecen, Mt. 8.27. Jesús anduvo por sobre el mar, Jn. 6.19. Todos pasaron el mar, 1 Co. 10.1. La visión de un como un mar de vidrio, Ap. 4.6; 15.2. El **m** entregó los muertos, Ap. 20.13. No habrá más **m**, Ap. 21.1.

MARA, hb. **Amargo:** 1. El nombre que Noemí tomó para sí, después de la pérdida de su marido y de sus hijos, en lugar de su primer nombre, que significa **agradable**, Rut 1.20. // 2. El primer campamento de los israelitas después de partir del Mar Rojo, Ex. 15.23. El nombre es derivado de un pozo de agua salobre en el desierto de Sur. Las aguas se tornaron potables cuando Moisés lanzó en ellas cierto árbol, Ex. 15.22-25.

MARALA, hb. **Temblor:** Una aldea en los límites de Zabulón, Jos. 19.11.

MARAVILLA: Cosa extraordinaria que causa admiración. // Haré **m** que no han sido hechas, Ex. 34.10. Las **m** de tu ley, Sal. 119.18.

Mar Muerto. Las aguas, alimentadas por el río Jordán pero sin salida, son el 26% sal. El cuerpo humano no puede hundirse en esas aguas.

Que hace grandes **m**, Sal. 136.4. El cual hizo **m** con vosotros, Jl. 2.26. Viendo las **m** que hacía, Mt. 21.15. Véase **Milagro, Prodigio, Señal, Visión.**

MARAVILLAR: Causar admiración. // Los rectos se maravillarán de esto, Job 17.8. ¿Por qué os maravilláis de esto? Hch. 3.12. Se maravillaron de que hablaba, Jn. 4.27. Véase **Asombrar, Admirar, Entontecer.**

MARAVILLOSO: Admirable. // Procede del Señor y es **m** a nuestros ojos, Sal. 118.23; Mt. 21.42. Más **m** es la ciencia, Sal. 139.6. **M** son tus obras, Sal. 139.14. También será **m** delante de mis ojos, Zac. 8.6. Véase **Oculto**.

MARCA: Señal. // Traigo en el cuerpo las **m** de Jesús, Gá. 6.17. Una **m** en su mano derecha, o en sus frentes, Ap. 13.16. Véase **Señal**.

MARCHA: Caminata regular. // Véase **Camino, Jornada, Partir, Rodear.**

MARCHAR: Andar, caminar (se dice principalmente de tropas). // Di a los hijos de Israel que marchen, Ex. 14.15. Véase **Hollar**.

MARCHESVA: El octavo mes del año judío. Véase **Año.**

MARCHITAR: Perder el verdor o el frescor. // Se marchitarán los retoños, Is. 15.6. Harás **m** el renuevo, Is. 25.5. Nos dejaste **m**, Is. 64.7. También se marchitará el rico, Stg. 1.11.

MARCOS, EL SEGUNDO EVANGELIO: El segundo libro en orden del Nuevo Testamento, y lo más resumido y simple de los cuatro Evangelios. Hay comentaristas que quieren repudiar los versículos 9 a 20 del último capítulo de este libro, porque no se encuentran en dos de los tres manuscritos más antiguos, es decir, en el Sinaítico y en el Vaticano. Pero no puede haber duda de que en el original había todo ese pasaje; (1) Uno de los tres más antiguos manuscritos, el Alejandrino, los incluye. (2) En las obras de Ireneo e Hipólito se encuentran citaciones de esos versículos. Fueron escritos en el tercer siglo, mientras los dos manuscritos, el Sinaítico y el Vaticano, datan del cuarto. (3) Con una lectura del capítulo, comenzando con el primer versículo, es evidente que Marcos no terminó su narración con el versículo 8: "Y ellas se fueron huyendo del sepulcro; porque las había tomado temblor y espanto". Si el Evangelio según San Marcos terminase con el versículo 8, sería no sólo incompleta su narración, pero estaría contra el espíritu de la instrucción de Cristo: "No temas". (4) Tenemos de concluir que, a los manuscritos Sinaítico y Vaticano, gastos por el uso, faltaba la última parte — justamente la que incluía, en el inicio, esos versículos. **El autor:** Marcos. El mismo de 1 P. 5.13 y tal vez el mismo llamado Juan Marcos. **Marcos** era su nombre latino; Juan, su nombre judaico. **Llave:** "El Hijo del hombre tampoco vino para ser servido, mas para **servir, y dar su vida**", 10.45. La fase del carácter de Cristo, enfatizada en el Evangelio según San Marcos, es la misma declarada en Fil. 2.6-8: "El cual, siendo en forma de Dios, no estimó el ser igual a Dios como cosa a que aferrarse, sino que se despojó a sí mismo, tomando forma de siervo, hecho semejante a los hombres; y estando en la condición de hombre, se humilló a sí mismo, haciéndose obediente hasta la muerte, y muerte de cruz". Hecho de aun mayor relevancia: Marcos inició su obra declarando que ese humilde y obediente Siervo del Señor es igualmente el "Dios fuerte". Véase Is. 9.6. Leed el primer versículo del libro de Marcos: "Principio del evangelio de Jesucristo, Hijo de Dios". **Las divisiones: I.** El siervo del Señor se prepara para servir, cap. 1.1-13. **II.** El siervo del Señor trabaja: 1) Su labor en Galilea, cap. 1.14 a 9.50. 2) Su labor en Perea, cap. 10.1-34. 3) Su celo en Jerusalén, cap. 10.35 a 13.37. **III.** El siervo del Señor "obediente hasta la muerte", cap. 14.1 a 15.47. **IV.** El siervo del Señor resucitado y recibido en el cielo, cap. 16.

MARCOS, latín, **Martillo grande:** Juan Marcos, hijo de María, Hch. 12.12,25; 15.37. Primo de Bernabé, Col. 4.10. Acompaña a Pablo en la obra misionera, Hch. 12.25. Vuelve de Perge, Hch. 13.13. Pablo recusa llevarlo en el segundo viaje misionero, Hch. 15.38. Acompaña a Bernabé a Chipre, Hch. 15.39. Reconciliación entre él y Pablo 2 Ti. 4.11. Bautizado tal vez por Pedro, que lo llama hijo, 1 P. 5.13. Con Pedro en Babilonia, 1 P. 5.13. Según la tradición, fundó la iglesia en Alejandría, sufriendo en Egipto el martirio.

MARDOQUEO: Un benjamita, hijo de Jair, Est. 2.5. Reveló una trama contra el rey, Est. 2.22. No reverenció Amán, Est. 3.5. Honrado por el rey, Est. 6.10. Pasó a ocupar el segundo lugar en el imperio, Est. 10.3.

MARESA, hb. A la frente: Una ciudad de la herencia de Judá, Jos. 15.44. Roboam la fortificó, 2 Cr. 11.8. Véase mapa 2, B-5; 5, B-1.

MARFIL: Sustancia ósea, que forma los dientes de los elefantes, de los rinocerontes, de los hipopótamos, de las focas y de otros animales. En general, el marfil proviene de los dientes o defensas del elefante, los cuales varían entre 30 centímetros y 2 metros de longitud. Salomón hizo un gran trono de **m**, 1 R. 10.18. Acabe construyó una casa de **m**, 1 R. 22.39. De palacios de **m**, Sal. 45.8. Como claro **m**, Cnt. 5.14. Torre de **m**, Cnt. 7.4. Bancos... de **m**, Ez. 27.6. Colmillos de **m** y ébano, Ez. 27.15. Las casas de **m** perecerán, Am. 3.15. Camas de **m**, Am. 6.4. Todo objeto de **m**, Ap. 18.12.

MARÍA, hb. **Fuerte:** El nombre aparece 54 veces en el Nuevo Testamento y se refiere, al menos, a seis personas: 1. María madre del Señor Jesús. Esposa de José, Mt. 1.18; Lc. 1.27. El ángel Gabriel le anunció el nacimiento de Jesús, Lc. 1.26-38. Visitó a Elisabet, Lc. 1.39-45. Su cántico, "Magnificat", Lc. 1.46-55. Dió a la luz su hijo primogénito en Belén, Lc. 2.4-7. Los pastores la visitaron, Lc. 2.16. Los magos, Mt. 2.11. Fue a Egipto y volvió, Mt. 2.14-21. Fue a un matrimonio en Caná, Jn. 2.3. Preocupada con el ministerio de Jesús, Mr. 3.31. Jesús, en la cruz, la entregó a los cuidados de Juan, Jn. 19.25-27. Es mencionada, por la última vez, en oración con los discípulos, en el aposento alto, Hch. 1.14. // 2. María Magdalena. El sustantivo **Magdalena**, de que se deriva el adjetivo **Magdalena**, no se encuentra en la Biblia. La palabra en Mt. 15.39 es propiamente **Magdala**. Jesús la libró de siete demonios, Lc. 8:2. Prestaba, con otras creyentes, ayuda a Jesús, con sus bienes, Lc. 8:3. Al pie de la cruz, Jn. 19.25. La primera persona que vio a Jesús resucitado, Jn. 20.14. // 3. María de Betania, hermana de Lázaro y de Marta, Lc. 10.39; Jn. 11.2. A los pies de Jesús, Lc. 10.39; Jn. 11.32; 12.3. // 4. María, madre de Jacobo el menor y de José. Vio la crucifixión, Mt. 27.55,56. Presenció el entierro, Mt. 27.61. Visitó el sepulcro en la mañana de la resurrección, Mt. 28.1. Era la mujer de Cleofas, esto es, de Alfeo, Jn. 19.25; Mt. 10.3. // 5. María, madre de Marcos, Hch. 12.12. Una tía, tal vez, de Bernabé. Ver Col. 4.10. // 6. María, una creyente de Roma, Ro 16.6. Algunos opinan que esta María era la madre de Marcos. // 7. Hija de Amram y Jocabed y hermana de Aarón y Moisés, Nm. 26.59. Quizá tenga vigilado el cesto del niño Moisés en una de las márgenes del Nilo, Ex. 2.4. Se llamaba **profetisa**, Ex. 15.20. Dirigió el cántico triunfal después del pasaje del Mar Rojo, Ex. 15.20, 21. Herida de lepra, mas por la intercesión de sus hermanos, fue sanada, Nm. 12.10. Murió y fue sepultada en Cades, antes de Israel entrar en Canaán, Nm. 20.1. // 8. Un descendiente de Caleb, 1 Cr. 4.17.

MARIDO: Aquel que está unido a una mujer por el lazo conyugal. // Y dio también a su **m**, Gn. 3.6. Y a tu **m** será tu deseo, Gn. 3.16. En poca estima a sus **m**, Est. 1.17. La mujer... es la corona de su **m**, Pr. 12.4. Conocido es su **m**, Pr. 31.23. Tu **m** es tu Hacedor, Is. 54.5. La mujer casada está ligada por la ley al **m**, Ro. 7.2. Cada una tenga su **m**, 1 Co. 7.2. Quizá harás salva a tu **m**, 1 Co. 7.16. Agradar a su **m**, 1 Co. 7.34. Pregunten en casa a sus **m**, 1 Co. 14.35. Sujetas a sus propios **m**, Ef. 5.22; Col. 3.18; 1 P. 3.1. **M,** amad a vuestras mujeres, Ef. 5.25. La mujer reverencie a su **m**, Ef. 5.33. **M** de una sola mujer, Tit 1.6. Que amen a sus **m**, Tit 2.4. Sujetas a sus propios **m**, Tit 2.5. **M**, semejantemente, habitad con ellas, 1 P. 3.7. Véase **Esposo.**

MARINERO: Individuo empleado en el trabajo del barco, Jon. 1.5; Hch. 27.27; Ap. 18.17.

MARINO: Que vive en el mar. // Los grandes animales **m**, Gn. 1.21. Monstruo **m**, Job 7.12; Sal. 104.26; 148.7.

MÁRMOL: Piedra calcárea, muy dura y susceptible de pulimento. El Líbano tenía mármol rojo, blanco y amarillo. Usado en la construcción de templos (1 Cr. 29.2), palacios (Est. 1.6) y otros edificios públicos. Una de las mercaderías "preciosas" o de lujo, Ap. 18.12.

Ballena, en la Biblia monstruo marino.

MARSENA: Uno de los siete príncipes de la Media y Persia que pudieron ver la faz del rey, Est. 1.14.

MARTA, gr. **Señora:** La hermana de María y Lázaro de Betania, en cuya casa Jesús se hospedaba, Lc. 10.38; Jn. 11.1 a 12.2.

MARTILLO: Herramienta para golpear y poner clavos, etc. // Simbolizaba una fuerza aplastante, Jer. 50.23. // Ni **m** ni hachas se oyeron, 1 R. 6.7. El que alisaba con **m**, Is. 41.7. Como **m** que quebranta, Jer. 23.29. **M** me sois, Jer. 51.20.

MÁRTIR, gr. **Testigo:** Persona que sufrió tormentos o la muerte, por sustentar la fe cristiana. // Vi la mujer embriagada con la sangre... de los **m**, Ap. 17.6.

MÁS: En mayor cantidad, en grado superior. Exprime idea de límite. // No haya de recibir mucho **m** en este tiempo, Lc. 18.30. He trabajado **m** que todos, 1 Co. 15.10. Mucho **m** abundantemente, Ef. 3.20.

MAS: Un hijo de Aram y bisnieto de Noé, Gn. 10.23.

MASA: Mezcla de harina de trigo con un líquido, formando pasta; sustancia blanda. // Y llevó el pueblo su **m**, Ex. 12.34. Hacer de la misma **m**, Ro 9.21. Las primicias de la **m**, Ro. 11.16; Nm. 15.20; Ez. 44.30. Un poco de levadura leuda toda la **m**, 1 Co. 5.5; Gá. 5.9. Seáis nueva **m**, 1 Co. 5.7.

MASAH: Un lugar del desierto, cerca de Refidim, donde el pueblo murmuró por falta de agua, Ex. 17.7. Este lugar también se llama Meriba. **Masah** quiere decir **tentación.** Meriba significa **contienda.**

MASAI, hb. **Obra de Jehová:** Un sacerdote hijo de Adiel, 1 Cr. 9.12.

MASRECA, hb. **Viña:** Una ciudad de los edomeos, Gn. 36.36.

MASSA, hb. **Probación:** 1. Un hijo de Ismael, Gn. 25.14.

MÁSTIL: Pieza larga de madera, que sostiene banderas y las velas de las embarcaciones. // Hasta que quedéis como **m**, Is. 30.17.

MATADERO: Lugar donde se abaten las reses para consumo público, Sal. 44.22; Pr. 7.22; Is. 53.7; Hch. 8.32; Ro. 8.36.

MATÁN, hb. **Dádiva:** 1. Un sacerdote de Baal, 2 R. 11.18. // 2. Padre de Sefatías, uno de los que perseguían a Jeremías, Jer. 38.1. // 3. Hijo de Eleazar de la genealogía de Cristo, Mt. 1.15. // 4. Hijo de Leví de la genealogía de Cristo, Lc. 3.24.

MATANA, hb. **Donativo:** Lugar de uno de los campamentos de Israel, a sudeste del Mar Muerto, Nm. 21.18.

MATANÍAS, hb. **Don de Jehová:** El nombre de Sedequías, antes de ser constituido rey de Judá por Nabucodonosor, en vez de su sobrino, Joaquín, 2 R. 24.17. Otras personas con este nombre se mencionan en 1 Cr. 9.15; 25.4; 2 Cr. 20.14; 29.13; Esd. 10.26,27,30,37; Neh. 13.13.

MATANZA: Carnicería. // Y fue esta primera **m** que hicieron Jonatán y su paje de armas, 1 S. 14.14. Véase **Valle de la Matanza.**

MATAR: Causar la muerte. // Caín se levantó contra su hermano Abel, y lo mató, Gn. 4.8. No matarás, Ex. 20.13; Mt. 5.21; 19.18; Ro 13.9; Stg 2.11. Fuese león, fuese oso, tu siervo lo mataba, 1 S. 17.36. Por tu causa nos matan cada día, Sal. 44.22. Y mandó **m** a todos los niños, Mt. 2.16. No temáis a los que matan el cuerpo, Lc. 12.4. La letra mata, 2 Co. 3.6. Si alguno mata a espada, Ap. 13.10. Véase **Asesinar, Herir.**

MATATA, hb. **Donativo:** Padre de Mainán, de la genealogía de Cristo, Lc. 3.31.

MATATÍAS, gr. **Don de Jehová:** 1. Padre de José, de la genealogía de Cristo, Lc. 3.25. // 2. Hijo de Semei, de la genealogía de Cristo, Lc. 3.26.

MATATÍAS, hb. **Don de Dios:** 1. Uno de los que hacían cosas en sartén, 1 Cr. 9.31. // 2. Uno de los designados por David para ministrar delante del arca, con instrumentos musicales, 1 Cr. 15.18. // 3. Otro que ministraba delante del arca, 1 Cr. 16.5.

MATENAI: Uno de los que tenían mujer extranjera, Esd. 10.33.

MATEO, EL EVANGELIO SEGÚN: El primer libro del Nuevo Testamento, aunque escrito después de **Marcos.** El único libro del Nuevo Testamento escrito, originalmente, en hebreo. Este Evangelio, más que cualquiera de los otros, hace ver el vínculo entre el Antiguo Testamento y el Nuevo Testamento. Hay, en este libro, cerca de 65 citaciones del Antiguo Testamento. **El autor:** Mateo. **Llave:** "Arrepentíos, porque el reino de los cielos se ha acercado", 4.17. El propósito del libro se descubre en el primer versículo; Mateo es el "libro de la genealogía de Jesucristo, hijo de David, hijo de Abraham". Esto lo une a dos de las más importantes alianzas del Antiguo testamento: la de David acerca del trono, y la de Abraham en cuanto a la tierra, 2. S 7.8-16; Gn. 15.18. Jesús de Nazaret es el gran Mesías, el verdadero Rey, prometido de Dios y esperado durante largo tiempo por sus compatriotas, los judíos. Con ese fin, Mateo cita cerca de 40 pasajes del Antiguo Testamento. El único lugar en la Biblia donde aparece el término, "reino de los cielos" es en el libro de Mateo; ¡ahí aparece 33 veces! En el primer capítulo de su obra, Mateo prueba que Jesús nació del linaje real. En el tercer capítulo se describe el precursor del Rey, proclamando que el reino está próximo. El Sermón del monte es realmente el manifiesto de ese rey. Sus milagros son sus credenciales (caps. 8 e 9); Sus parábolas son tituladas "los misterios del reino". Hasta fuera del país fue llamado "el Hijo de David"; se declaró libre de la obligación de pagar tributo, siendo el Hijo del Rey. Entró, por fin, en Jerusalén como Rey; en la sombra de la cruz predijo su venida en gloria para reinar sobre todo. En la ocasión de su muerte, se partieron las rocas, la tierra tembló y muertos salieron de los sepulcros. Su resurrección fue con poder majestuoso, acentuado por terremoto y gran terror entre los guardias. En sus últimas palabras proclamó su derecho de Rey y dio su orden real: "Toda potestad me es dada en el cielo y en la tierra...". **Las divisiones:** La materia del libro de Mateo, en la mayor parte, no fue escrita en orden cronológico. Nótese como casi todos los relatos de los milagros están agrupados en los capítulos 8 y 9, mientras una gran parte de las lecciones de Cristo están reunidas como en los capítulos 5 a 7, y 23 a 25. No obstante el libro puede ser dividido en tres grandes partes: **I.** La genealogía, el nacimiento y la infancia del Señor, Mt. 1 y 2. **II.** El ministerio de Jesús en Galilea, Mt. 3 a 18. **III.** Su misterio en Judea, Mt. 19 a 28.

MATEO, hb. **Don de Dios:** Forma abreviada de **Matatías**, Lc. 3.25. Se hizo discípulo de Cristo, Mt. 9.9. Publicano, es decir, recaudador de impuestos, Mt. 10.3. Odiado por los fariseos, Mt. 9.11. Se llamaba, antes, **Leví**, Mr. 2.14; Lc. 5.27. Hijo de Alfeo, Mr. 2.14. Ofreció gran banquete, Lc. 5.29. Enviado como un apóstol, Lc. 6.15. Su nombre en las cuatro listas de los apóstoles, Mt. 10; Mr. 3; Lc. 6 y Hch. 1. La tradición dice que, después de predicar a sus paisanos, fue a otras naciones, y que Etiopía fue el centro de sus trabajos. Casi todos los primeros escritores dicen que tuvo la muerte de un mártir.

MATERIAL: No espiritual. // Véase **Carnal**.

MATÍAS, gr. **Mateo:** Un discípulo que acompañó a Cristo desde su bautismo hasta su resurrección, y escogido para henchir el vacío en el apostolado, desde el suicidio de Judas, Hch. 1.15-26.

MATORRAL: Conjunto de pequeñas plantas agrestes. // Véase **Bosque, Floresta.**

MATRED, hb. **Arrastrar hacia delante:** Madre de Mehetabel, mujer de Hadar, rey de Edom, Gn. 36.39.

MATRI, hb. **Lluvioso:** Una familia de la tribu de Benjamín a la cual pertenecía el rey Saúl, 1 S. 10.21.

MATRICIDA: Persona que mató la propia madre. // Para los parricidas y **m**, 1 Ti. 1.9.

MATRIMONIO: Unión legítima entre hombre y mujer. // El matrimonio instituido, Gn. 2.18,24; Mt. 19.5. Matrimonios con los paganos, prohibidos, Ex. 34.16; Dt. 7.3; Jos. 23.12; 1 R. 11.2; Mr. 10.30; 13.23-30. Matrimonios ilícitos, Lv. 18.1-18. Digno de honra, Sal. 128; 1 Ti. 3.2; He. 13.4. El deber del matrimonio, Mt. 19.5; Ro. 7.2; 1 Co. 7.10; Ef. 5.31. No habrá matrimonio en el mundo venidero, Mt. 22.30. Cristo asistió a un matrimonio, Jn. 2.1-11. El parecer de Pablo, 1 Co. 7.7-9,25-29; 1 Ti. 5.14. Ilustrativo, Is. 54.5; 62.4,5; Jer. 3.14; Os. 2.19,20; Mt. 22.2; 25.10; Ef. 5.30-32; Ap. 19.7. Ejemplos de matrimonios irreligiosos e idólatras: los hijos de Dios, Gn. 6.2-5; Esaú, Gn. 26.34; israelitas, Jue. 3.6-8; Sansón, Jue. 14.1-16; Salomón, 1 R. 3.1; 11.1-4; Acab, 1 R. 16.31; judíos, Esd. 9.1-12; 10. Véase **Boda, Casamiento**, **Emparentar.**

MATRIZ: Cualquiera que abre **m**, Ex. 13.2. ¿Por qué no morí yo en la **matriz**? Job 3.11.

MATUSALÉN, hb. **Hombre Armado:** Hijo de Enoc y abuelo de Noé, Gn. 5.21. Vivió 969 años, Gn. 5.27.

MAURITANIA: País antiguo de África del norte, incluyendo el territorio ocupado actualmente por Marruecos y una parte de Argelia. Véase mapa 1, A-3.

MÁXIMA: Sentencia o doctrina que nos sirve de regla de conducta a nuestros pensamientos y acciones. // Vuestras **m** son refranes de ceniza, Job 13.12.

MAYOR: El que nació antes; Y su hijo **m** Lc. 15.25.

MAYOR: Que supera otro en tamaño, espacio, intensidad o número. // Mayor: que Abraham, Jn. 8.52; aquel en nosotros, 1 Jn. 4.4; gozo, 3 Jn. 4; amor, Jn. 15.13; 1 Co. 13.13; graneros, Lc. 12.18; Dios, 1 Jn. 3.20; de las hortalizas, Mt. 13.32; que Juan, Mt. 11.11; condenación, Stg. 3.1; obras, Jn. 5.20; 14.12; oro, Mt. 23.17; que el templo, Mt. 12.6. El **m** entre los hombres, Mt. 18.1; 23.11; Lc. 9.46; 22.24,26.

MAYORDOMÍA: Oficio de mayordomo. // Da cuenta de tu **m**, Lc. 16.2.

MAYORDOMO: Administrador de los bienes de una casa o de un establecimiento ajeno. // Él le hizo **m** de su casa, Gn. 39.4. Quién es el **m** fiel y prudente, Lc. 12.42. Véase **Administrador**.

MAYORÍA: Casi todos. // La **m** de los hijos de Amón, Dn. 11.41. Véase **Mucho**.

MAYORMENTE: Sobre todo. // **M** a los de la familia de la fe, Gálatas 6.10. Trae... los libros,**m**los pergaminos, 2 **.** Hay aún muchos contumaces...**m**los de la circuncisión, **.** Como hermano amado,**m**para mí, **. M .**

MAZMORRA: Prisión subterránea. // Los encarcelados en**m**, y en prisión quedarán encerrados, **.** No morirá en la**m**, ni le faltará su pan, **. Véase Cárcel, Prisión.**

MEBUNAI, hb. **Construido:** Uno de los valientes de David, 2 S. 23.27.

MECER: Ofrenda mecida delante de Jehová, Lv. 8.27.

MECONA, hb. **Fundación:** Ciudad cerca de Siclag, Neh. 11:28.

MEDAD, hb. **Amor:** Uno de los setenta que, con Eldad, profetizó en el campamento.

MEDÁN: Uno de los hijos de Abraham y de Cetura, Gn. 25.2.

MEDEBA, hb. **Agua tranquila:** Una ciudad en el altiplano de Moab, Jos. 13.9. Tomada por Joab, 1 Cr. 19.7. Véase mapa 2, D-5, C-1.

MEDIA: Un antiguo país de Asia. Véase **Medos**. Véase también mapa 1, E-3.

MEDIADOR: Aquel que interviene para establecer un acuerdo entre dos o más personas. // Y el **m** no es de uno, Gá. 3.20. Hay un solo Dios y uno solo **m**, 1 Ti. 2.5. Cuanto es **m** de un mejor pacto, He. 8.6. **M** de nuevo pacto, He. 9.15; 12.24.

MEDIANOCHE: Hora o momento que divide la noche en dos partes iguales. // A la **m** yo saldré por medio de Egipto, Ex. 11.4. Sansón durmió hasta la **m**, Jue. 16.3. A **m** me levanto para alabarte, Sal. 119.62. A **m** se oyó un grito, Mt. 25.6. Si a la tarde, o a la **m**, Mr. 13.35. Va a él a **m**, Lc. 11.5. Mas a **m**, orando Pablo y Silas, Hch. 16.25. Alargó el discurso hasta la **m**, Hch. 20.7.

MEDICAMENTO: No hay para ti eficaces **m**, Jer. 30.13; Nah. 3.19.

MEDICINA: Medicamento. // La lengua de los sabios es **m**, Pr. 12.18. Son los dichos suaves... **m** para los huesos, Pr. 16.24. Por demás multiplicarás **m**, Jer. 46.11. Su hoja para **m**, Ez. 47.12. Véase **Medicamento**.

MÉDICO: Aquel que ejerce la medicina. // Mandó José a sus siervos los **m** que embalsamasen, Gn. 50.2. No buscó a Jehová, sino a los **m**, 2 Cr. 16.12. Sois todos vosotros **m** nulos, Job 13.4. ¿No hay bálsamo en Galaad? ¿no hay allí **m**?, Jer. 8.22. Los sanos no tienen necesidad de **m**, Mt. 9.12. Sufrido mucho de muchos **m**, Mr. 5.26. **M**, cúrate a ti mismo, Lc. 4.23. Lucas, el **m** amado, Col. 4.14.

MEDIDA: Grandeza conocida y determinada que se toma por base para la evaluación de otras grandezas del mismo género. // Doble pesa y doble **m** son abominables, Pr. 20.10. Con la **m** con que medís, Mt. 7.2. La **m** de vuestros padres, Mt. 23.32. **M** buena, apretada, remecida, Lc. 6.38. Con la misma **m** con que medís, Lc. 6.38. Dios no da el Espíritu por **m**, Jn. 3.34. Conforme a la **m** de fe, Ro. 12.3. A la **m** de la estatura de la plenitud de Cristo, Ef. 4.13. Véase **Libra**, **Sobreabundar**.

MEDIDAS DE CAPACIDAD: (Aproximadamente.) El bato, de igual capacidad del efa (Ez. 45.11), era la unidad de medida para LÍQUIDOS: 1 log (sextario, A), 0,5 litro. 1 cabo, 2 litros. 1 hin, 6 litros, Ex. 29.40; Ez. 4.11; 46.5. 1 bato, 36 litros, 1 R. 7.26,38; 2 Cr. 2.10; 4.5; Esd. 7.22; Ez. 45.14. 1 homer, 360 litros. Ez. 45.14. 1 coro, 10 batos, Ez. 45.14. 1 metreta (almud, A), 1 bato, Jn. 2.6. El efa, de igual capacidad del bato, era la unidad de medida para SECOS: 1 log (sextario, A), Lv. 14.10,12,15,21,24. 1 cabo, 2 litros, 2 R. 6.25. 1 homer, 3,5 litros, Ex. 16.16,22,36; Lv. 27.16; Is. 5.10; Os. 3.2. 1 seah, 13 litros. Seah es **medida**, Gn. 18.6; 1 S 25.18; **almud**, 2 R. 7.1. 1 efa, 35 litros, Ex. 29.40; Lv. 19.36; Nm. 15.4; 28.5; Jue. 6.19; Rut 2.17; Ez. 46.5; Am. 8.5; Zac. 5.6. 1 homer, 350 litros, Ez. 45.11. 1 almud (rom. **modius)**, casi 9 litros, Mt. 5.15.

MEDIDAS DE LONGITUD: (Aproximadamente.) Palmo menor, 2, 3 centímetros, Ex. 37.12; 2 Cr. 4.5; Jer. 52.21. Palmo, 22 centímetros, Ex. 28.16; 39.9; 1 S. 17.4. Braza, cerca de 2 metros, Hch. 27.28. Codo, 44,4 centímetros, Gn. 6.15; 7.20; Ex. 25.10; Dt. 3.11; 1

S. 17.4; 1 Cr. 11.23; Est. 5.14; Ez. 40.5; Dn. 3.1; Mt. 6.27; Jn. 21.8; Ap. 21.17. Caña, 2,664 metros, Ez. 40.5; 42.16. Paso, 1,48 metro, 1 S. 20.3; 2 S. 6.13. Estadio, 177,6 metros, Lc. 24.13; Jn. 6.19; 11.18; Ap. 14.20; 21.16. Milla, 1.480 metros, Mt. 5.41. Camino de un día de reposo, 1.480 metros, Hch. 1.12. Camino de un día, casi 35 kilómetros, Gn. 30.36; 31.23; Nm. 10.33; Lc. 2.44.

MEDIDAS DE SUPERFICIE: Parece que los hebreos no usaban ningún sistema de medidas cuadradas, designando la superficie sencillamente por el número de codos de longitud y el número de anchura. Se menciona solamente una medida de superficie, la **yugada**, 1 S. 14.14; Is. 5.10; pero no se conocen sus exactas dimensiones.

MEDIO: Esfera moral o social. Mitad. // **Medios:** recursos pecuniarios. // Partid por **m** el niño vivo, 1 R. 3.25. Dios está en **m** de ella, Sal. 46.5; Is. 12.6; Os. 11.9; Jl. 2.27; Mt. 18.20. Se puso en **m** de ellos, Lc. 24.36. Jesús, se puso en **m**, Jn. 20.19. Puesto en pie en **m** de ellos, Hch. 27.21. Véase **Necesitar**.

MEDIODÍA: Momento que divide el día en dos partes iguales. // Y palparás al **m**, Dt. 28.29. Tus derechos como el **m**, Sal. 37.6. Tu oscuridad será como **m**, Is. 58.10. Tropezamos a **m** como de noche, Is. 59.10. Se ponga el sol al **m**, Am. 8.9. Véase **Mañana**.

MEDIR: Determinar o verificar la extensión medida o grandeza de. // Quién midió las aguas con el hueco de su mano, Is. 40.12. A Medir a Jerusalén, Zac. 2.2. Midiéndose a sí mismos, 2 Co. 10.12. Mide el templo de Dios, Ap. 11.1. Una caña de oro para medir, Ap. 21.15.

MEDITACIÓN: Pensar mucho; reflexión. // Y la **m** de mi corazón delante de ti, Sal. 19.14. Véase **Indagación**.

MEDITAR: Ponderar, estudiar, considerar, pensar sobre. // A **m** al campo, Gn. 24.63. De día y de noche meditarás en él, Jos. 1.8. En su ley medita de día y de noche, Sal 1.2. En tus mandamientos meditaré, Sal. 119.15, 27, 48, 78, 99, 148. Véase Lc. 21.14: "Poned pues en vuestros corazones". Véase **Considerar**, **Contemplar**, **Inquirir**, **Observar, Pensar**.

MEDITERRÁNEO: Véase **Mar Mediterráneo**.

MEDOS: Pueblo que habitaba la Media, antigua región de Asia, ocupada, en el período que va del siglo X al siglo VII a.C., por tribus iraníes. Los medos eran una raza valiente y guerrera, excelentes jinetes y hábiles en el manejo del arco. La principal característica de la religión original de ese pueblo era la creencia en dos grandes espíritus, el bien y el mal, llamados Ahura-Mazda y Angra Mainyu (Ahriman). Estos hacían guerra uno al otro. Los medos también adoraban el sol y la luna y los elementos del fuego, del agua, del aire y de la tierra. La Media fue destruida en 556 a.C. por Ciro, que la reunió al reino de Persia. Los israelitas, en la destrucción de la ciudad de Samaria, fueron llevados para las ciudades de los medos, 2 R. 17.6. Los medos participaron de la tomada de Babilonia, Is. 13.17,18; Jer. 51.11,28. Darío, el medo, tomó el reino de Babilonia, Dn. 5.28,31. Medo-Persa es el segundo reino a que se refiere Dn. 2.39; 7.5; 8.3-7,20.

MEDROSO: Que tiene miedo; cobarde; receloso. // Quién es hombre **m**, Dt. 20.8. Véase **Temer**.

MEDULA: Tejido que llena las cavidades de los huesos. // Véase **Tuétano**.

MEFAAT, hb. **Belleza:** Ciudad de la herencia de Rubén, Jos. 13.18. Dada a los levitas de la familia de Merari, 1 Cr. 6.79.

MEFI-BOSET, hb. **Vergüenza destructora:** 1. Hijo de Saúl y Rizpa, ejecutado por los gabaonitas con el consentimiento de David, 2 S. 21.8. // 2. Hijo de Jonatán, nieto de Saúl y sobrino de Mefi-boset (1), 2 S. 4.4. Lisiado de ambos pies, 2 S. 4.4; 9.3. David, por el amor de Jonatán, su padre, le devolvió todos los campos de Saúl y le dio lugar a su mesa, 2 S. 9.1-13. Durante la revuelta de Absalón, Siba, siervo de Saúl, acusó Mefi-boset de ser desleal para con David, 2 S. 16.1-4. Mas el rey, reconociendo el espíritu de este lisiado, contrito y humilde hijo de una familia arrogante, aceptó su explicación, 2 S. 19.24-30. Después, David ahorró a Mefi-boset de la venganza de los gabaonitas, 2 S. 21.7.

MEGUIDO, hb. **Lugar de Tropas:** Una antigua ciudad de Canaán dentro del territorio de Isacar, mas cedida a Manasés, que no expulsó los cananeos, Jos. 12.21; 17.11-13; Jue. 1.27,28; 1 Cr. 7.29. Fue teatro de la derrota de Sísara, Jue. 5.19. Ahí fue muerto Josías por el Faraón Necao, 2 R. 23.29,30. Por esa razón es nombre sugestivo de terrible conflicto, Zac 12.11; Ap. 16.16. Fue una de las ciudades que abastecían a Salomón y a su casa, 1 R. 4.12. Para allí huyó Ocozías y murió, 2 R. 9.27. Meguido es actualmente la población de al-Lejjun. Véase **Edrelom**. Véase también mapa 2, C-3; mapa 4, B-1.

MEHARA, hb. **Caverna:** Un lugar que pertenecía a los sidonios, Jos. 13.4.

MEHETABEL, hb. **Dios bendice:** 1. Mujer de Hadar, un rey de Edom, Gn. 36.39. // 2. Abuelo de Semaías, que fue asalariado por Tobías y Sanbalat para intimidar Nehemías, Neh. 6.10.

MEHÍDA, hb, **Unión:** Jefe de una familia que volvió del exilio, Esd. 2.52.

MEHIR, hb. **Precio:** Un descendiente de Judá, 1 Cr. 4.11.

MEHUJAEL: Un nieto de Enoc, Gn. 4.18.

MEHUMÁN: Uno de los siete eunucos de Asuero, Est. 1.10.

MEJOR: Superior en calidades. // Obedecer es **m** que los sacrificios, 1 S. 15.22. **M** es esperar en Jehová, Sal. 118.9. **M** es la sabiduría que las piedras preciosas, Pr. 8.11. **M** es lo poco con el temor de Jehová, Pr. 15.16. **M** le fuera que se le colgase al cuello una piedra, Mt. 18.6. Procurad los **m** dones, 1 Co. 12.31. Con Cristo... es muchísimo **m**, Fil. 1.23. **M** les hubiera sido no haber conocido, 2 P. 2.21. Véase **Bueno, Principal**.

MEJORAR: Tornar mejor o más próspero. // Mejorad vuestros caminos, Jer. 7.3; 26.13. Pero si mejorareis cumplidamente vuestros caminos, Jer. 7.5.

MELATÍAS, hb. **Jehová Liberó:** Un gibeonita que trabajó en la reedificación de los muros de Jerusalén, Neh. 3.7.

MELEA: Padre de Eliaquim, de la genealogía de Cristo, Lc. 3.31.

MELEQUE, hb. **Rey:** Un bisnieto de Jonatán y nieto de Mefi-boset, 1 Cr. 8.35.

MELÓN: De la familia de las cucurbitáceas. Los israelitas en el desierto suspiraban por los pepinos, melones, ajos y cebollas de Egipto, Nm. 11.5.

MELONAR: Terreno en el que se cultivan melones. // Como cabaña en **m**, Is. 1.8.

MELQUI, hb. **Jehová es rey:** 1. Padre de Leví en la genealogía de Cristo, Lc. 3.24. // 2. Hijo de Adi, en la genealogía de Cristo, Lc. 3.28.

MELQUISEDEC, hb. **Rey de Justicia:** Era rey de Salem y sacerdote del Dios Altísimo, Gn. 14.18. **Salem** era el nombre antiguo de Jerusalén. Bendijo a Abraham y recibió de él el diezmo, después de volver este de herir Quedorlaomer, Gn. 14.19,20. Jesucristo es sacerdote para siempre, según el orden de Melquisedec, Sal. 110.4. Se destaca en He. 5.10; 6.20; 17.1-17, la relación entre Melquisedec y Cristo, como tipo y antitipo: cada uno de ellos es sacerdote, (1) no según el orden levítico; (2) tiene superioridad sobre Abraham; (3) no se conoce su principio ni su fin; (4) y no sólo es sacerdote, sino también rey de paz y de justicia.

MEMORABLE: Digno de permanecer en la memoria; célebre. // Hizo **m** sus maravillas, Sal. 111.4. Véase **Famoso.**

MEMORIA: Recuerdo, reminiscencia. // Y este día os será en **m**, Ex. 12.14. Tened **m** de este día, Ex. 13.3. Escribe esto para **m**, Ex. 17.14. La **m** de mi nombre, Ex. 20.24. Para **m** de él, Lv. 5.12. Haced **m** de sus maravillas, 1 Cr. 16.12. Y tu **m** para generación, Sal. 102.12. Tu **m**, oh Jehová, para generación, Sal. 135.13. La **m** del justo será bendita, Pr. 10.7. Ni del necio habrá **m**, Ec. 2.16. Porque su **m** es puesta en olvido, Ec. 9.5. A tu nombre y a tu **m**, Is. 26.8. Será dicho para **m** de ella, Mt. 26.13. Haced esto en **m** de mí, Lc. 22.19; 1 Co. 11.24. Subido en **m** a la presencia de Dios, Hch. 10.4. Haciendo **m** de vosotros, Ef. 1.16. Trayendo a la **m** la fe no fingida, 2 Ti. 1.5. La gran Babilonia vino en **m** delante de Dios, Ap. 16.19.

MEMORIAL: Recuerdo. // Como un **m** delante de tus ojos, Ex. 13.9. Véase **Memoria, Recuerdo**.

MEMUCÁN: Uno de los siete príncipes de los persas y medos, Est. 1.14.

MENCIÓN: Referencia, citación, recuerdo incidental. // Hagas **m** de mí a Faraón, Gn. 40.14. Véase **Memoria**.

MENCIONAR: Referir, exponer, narrar. // Calla, porque no podemos **m** el nombre de Jehová, Am. 6.10. Véase **Citar.**

MENDIGAR, MENDIGO: Pedir limosna. // Los pobres podían rebuscar las viñas y los campos, Lv. 10.10; 25.5; Dt. 24.19; Rut. 2.2. Las tierras revertían a los pobres en el año del jubileo, Lv. 25. Había, entretanto, mendigos. Dijo David: Y no he visto justo desamparado, ni su simiente que mendigue pan, Sal. 37.25. Y anden sus hijos vagabundos, y mendiguen, Sal. 109.10. Sentado junto al camino mendigando, Mr. 10.46. Mendigar, me da vergüenza, Lc. 16.3. El que se sentaba y mendigaba, Jn. 9.8. Véase **Limosna.**

MENE, MENE, TEKEL, UPARSIN: Palabras arameas, escritas por dedos misteriosos, en la pared durante el banquete del rey Belsasar, e interpretadas por Daniel, cap. 5.24-28.

MENEAR: Mover de un lado a otro. // Me miraban, y meneaban su cabeza, Sal. 109.25. Le injuriaban, meneando la cabeza, Mt. 27.39. Véase **Mover**.

MENESTEROSO: Que carece de lo necesario para vivir. // No oprimirás al jornalero pobre y **m**, Dt. 24.14. Y del muladar exalta al **m**, 1 S. 2.8; Sal. 113.7. Yo estoy afligido y **m**, Sal. 70.5. Jehová oye a los **m**, Sal. 69.33. Tendrá misericordia del pobre y del **m**, Sal. 72.13. Y al **m** alza del muladar, Sal. 113.7. Los **m** se acostarán confiados, Is. 14.30. Fuiste fortaleza... al **m** en su aflicción, Is. 25.4. Véase **Pobre**, **Mendigo**, **Necesitado**.

MENFIS: Capital antigua de Egipto. Fundada por Menés, su primer rey, en el río Nilo a quince kilómetros al sur de la ciudad actual de Cairo. Después del asesinato de Gedalías, los judíos huyeron a Egipto y se establecieron en Menfis, Jer. 44.1. Profecías contra ella: Jer. 46.19; Ez. 30.13,16; Os. 9.6. Es el lugar del gran coloso de Ramsés II y la inmensa esfinge de alabastro.

MENGUAR: Disminuir. // Véase **Decrecer**.

MENOR: Más pequeño en dimensión, en cantidad, en intensidad. // Y la lumbrera **m** para que señorease en la noche, Gn. 1.16. El **m** en la casa de mi padre, Jue. 6.15. Un poco **m** que los ángeles, He. 2.7. Desde el **m** de ellos, He. 8.11. Véase **Pequeño**, **Poco**.

MENOS: En menor número, en menor cantidad, en menor intensidad. // Aunque amándoos más, sea amado **m**, 2 Co. 12.15.

MENOSCABAR: Disminuir algo en valor, importancia o prestigio. // Son menoscabados y abatidos, Salmo 107.39. El erario de los reyes será menoscabado, Esd. 4.13. Y menoscabas la oración delante de Dios, Job 15.4. Luego son menoscabados y abatidos, Sal. 107.39. Ni serán menoscabadas, dice Jehová, Jeremías 23.4. Los multiplicaré, y no serán menoscabados, Jeremías 30.19.

MENOSPRECIADOR: El que menosprecia. // Mirad, oh **m,** Hch. 13.41.

MENOSPRECIAR: Tener en menos cuenta, o en poco aprecio. // El que tiene en poco la disciplina, menosprecia su alma, Pr. 15.32. Hijo mío, no menosprecies el castigo del Señor, He. 12.5. Véase **Afrentar, Despreciar**.

MENSAJE: Comunicación verbal; recado; discurso escrito. // Y este es el **m**, 1 Jn. 1.5. Este es el **m** que habéis oído, 1 Jn. 3.11. Véase **Nueva.**

MENSAJERO: El que lleva un mensaje. // Y envió Jacob **m** delante de sí, Gn. 32.3. Escarnio de los **m** de Dios, 2 Cr. 36.16. Así es el **m** fiel, Pr. 25.13. Que envía **m** por el mar, Is. 18.2. Los **m** de paz llorarán, Is. 33.7. ¿Quién sordo, como mi **m** que envié? Is. 42.19. **M** ha sido enviado a las naciones, Abd. 1. Porque **m** es de Jehová, Mal. 2.7. Envío mi **m**, Mal. 3.1; Mt. 11.10; Mr. 1.2. Y envió **m** delante de él, Lc. 9.52. Son **m** de las iglesias, 2 Co. 8.23. **M** de Satanás, 2 Co. 12.7. Vuestro **m**, y ministrador de mis necesidades, Fil. 2.25. Véase **Ángel**, **Enviado.**

MENTA: Planta de la familia de las labiadas odoríferas, usada como condimento. La escrupulosidad hipócrita de los escribas y fariseos en pagar el diezmo de las pequeñas plantas de sus jardines, Mt. 23.23.

MENTE: Entendimiento. // ¿Quién entendió la **m** del Señor?, Ro. 11.34; 1 Co. 2.16. Véase **Alma, Ánimo**, **Corazón, Entendimiento, Espíritu, Sentido, Sentimiento.**

MENTIR: Engañar. Contar mentiras. // Ni mentiréis el uno al otro, Lv. 19.11. Le dijo, mintiéndole, 1 R. 13.18. El testigo verdadero no mentirá, Pr. 14.5. Ha llenado Satanás tu corazón a que mintieses, Hch. 5.3. No mintáis los unos a los otros, Col. 3.9. Dios, que no miente, Tit. 1.2; He. 6.18. Mentimos, y no hacemos la verdad, 1 Jn. 1.6.

MENTIRA: Embuste, engaño. // Saldré y seré espíritu de **m**, 2 Cr. 18.21. Vosotros sois fraguadores de **m**, Job 13.4. El justo aborrece la palabra de **m**, Pr. 13.5. Cambiaron la verdad de Dios por la **m**, Ro. 1.25. Dejada la **m**, hablad verdad, Ef. 4.25. Para que crean a la **m**, 2 Ts. 2.11. Que ninguna **m** es de la verdad, 1 Jn. 2.21. Cualquiera que ama y hace **m**, Ap. 22.15. Véase **Engaño**.

MENTIROSO: Que miente. // Enmudezcan los labios **m**, Sal. 31.18; Pr. 12.22. La lengua **m**, Pr. 6.17; 12.19. Visión **m**, y adivinación, Jer. 14.14; 27.10. Los que profetizan sueños **m**, Jer. 23.32. Es **m**, y padre de mentira, Jn. 8.44. Sea Dios veraz, y todo hombre **m**, Ro. 3.4. Los Cretenses, siempre **m**, Tit. 1.12. Lo hacemos a él **m**, 1 Jn. 1.10. El tal es **m**, 1 Jn. 2.4. ¿Quién es **m**, sino el que niega que Jesús es el Cristo?, 1 Jn. 2.22. Aborrece a su hermano, es **m**, 1 Jn. 4.20. El que no cree a Dios, le ha hecho **m**, 1 Jn. 5.10. A todos los **m**, su parte será en el lago, Ap. 21.8.

MENUDO: Pequeño, chico o delgado. // Otras siete espigas **m**, Gn. 41.6. Y la muchedumbre de tus enemigos será como polvo **m**, Is. 29.5. Véase **Pequeño**.

MEONOTAI, hb. **Mis Moradas:** Hijo de Otoniel, y sobrino de Caleb, 1 Cr. 4.14.

MERAB, hb. **Aumento:** La hija mayor de Saúl, prometida a David, pero dada a Adriel, 1 S. 14.49. Sus cinco hijos entregados a los gabaonitas que los mataron por causa del pecado de Saúl, 2 S. 21.8.

MERAÍAS, hb. **Contumacia:** Sacerdote y cabeza de una familia sacerdotal, Neh. 12.12.

MERAIOT: 1. Un descendiente de Aarón, 1 Cr. 6.6. // 2. Otro sacerdote del mismo linaje, 1 Cr. 9.11. // 3. Otro sacerdote, en el fin del exilio, Neh. 12.15.

MERARI, hb. **Amargado, infeliz:** El tercer hijo de Leví, Gn. 46.11; Ex. 6.16.

MERARITAS: Nm. 26.57. Descendientes de Merari, que constituyeron una de las tres grandes divisiones del cuerpo levítico, Nm. 3.33-37. Tenían a su cargo las tablas del tabernáculo, sus traviesas, sus columnas, sus bases, etc., Nm. 3.36. Recibieron cuatro coches y ocho bueyes debido al peso de lo que tenían que llevar, Nm. 7.8. Recibieron doce ciudades en el territorio de Gad, de Rubén y de Zabulón, Jos. 21.34-40. Las funciones de los meraritas en el tiempo de David, 1 Cr. 26.10-19. Participaron en la purificación del templo de Ezequías, y en el tiempo de Josías, 2 Cr. 29.12; 34.12.

MERCADER: Aquel que compra y vende mercaderías. // De buena ley entre **m**, Gn. 23.16. Y cuando pasaban los Madianitas **m**, Gn. 37.28. Cuyos **m** eran los nobles de la tierra, Is. 23.8. Es como nave de **m**, Pr. 31.14. Es **m** que tiene en su mano peso falso, Os. 12.7. Los **m** de la tierra se han enriquecido, Ap. 18.3. Tus **m** eran los grandes de la tierra, Ap. 18.23. Véase **Negociante.**

MERCADERÍA: Producto con el que se comercia. // Vender **m** y comestibles, Neh. 10.31. Saquearán tus **m**, Ez. 26.12. Ninguno compra más sus **m**, Ap. 18.11.

MERCADO: El comercio. Lugar público donde se venden mercaderías. // Comerciaban en tu **m**, Ez. 27.14. Véase **Carnicería**.

MERCED: Beneficio, favor. // Esta es la **m** que tú harás conmigo, Gn. 20.13. Véase **Favor, Gracia.**

MERCENARIO: Que trabaja o sirve, mediante soldada o estipendio. // Sus soldados **m**, Jer. 46.21. Véase **Asalariado**.

MERCURIO: El dios de la elocuencia, de la mitología romana, en griego **Hermes**. En Listra a Pablo lo llamaban **Mercurio**, porque era este el principal portador de la palabra, Hch. 14.12.

MERED, hb. **Rebelión:** Un descendiente de Judá, 1 Cr. 4.17.

MEREMOT, hb. **Altura:** 1. Sacerdote, hijo de Urías, nombrado para pesar y registrar los vasos de oro y de plata, Esd. 8.33. Trabajó en la reedificación de los muros de Jerusalén, Neh. 3.4. // 2. Uno de los que tenían mujer extranjera, Esd. 10.36. // 3. Un jefe del pueblo que firmó el pacto con Nehemías, cap. 10.5.

MERIBA, hb. **Contienda:** Llamó el nombre de aquel lugar Masah y **M**, Ex. 17.7. Pecasteis contra mí en medio de los hijos de Israel en las aguas de **M**, Dt. 32.51.

MERIB-BAAL, hb. **Baal Contienda:** El hijo de Jonatán y nieto del rey Saúl, que después se llamó Mefiboset, 1 Cr. 8.34.

MÉRITO: Cualidades de una persona que la hacen digna de aprecio. // Conocéis los **m** de él, Fil. 2.22.

MERODAC, hb. **Muerte:** Divinidad patrona de Babilonia, Jer. 50.2; Nimrod de Gn. 10.8. Véase **Bel.**

MERODAC-BALADÁN: Hijo de Baladán, rey de Babilonia, envía una embajada a Ezequías, 2 Rs. 20.12. Enemigo gran e inveterado de Sargón y de su hijo Senaquerib, reyes de Asiria.

MERODEADOR: Y salieron**m**del campamento de los filisteos en tres escuadrones, . ¿Perseguiré a estos**m**? ¿Los podré alcanzar? . A los **m**que vinieron contra nosotros, . Capitanes de bandas de **m**, . Ayudaron a David contra la banda de**m**, .

MEROM, hb. **Altura:** Josué derrotó los reyes del norte de Canaán junto a las aguas de Merom, Jos. 11.7. Se refiere, tal vez, a un lago veinte kilómetros al norte del Mar de Galilea. Véase mapa 2, D-2.

MERONOTITA: 1 Cr. 27.30; Neh. 3.7. Natural de Meronot, una ciudad no identificada.

MEROZ, hb. **Lugar de refugio:** Una ciudad maldita porque no ayudó a Israel en la batalla, Jue. 5.23.

MES: Guardáis los días, y los **m**, Gá. 4.10. Véase **Año, Día, Hora, Tiempo.**

MESA DE LOS PANES DE LA PROPOSICIÓN: Ex. 25.23-30. Véase **Panes de la Proposición.**

MESA, hb. **Retiro:** 1. Un descendiente de Benjamín, 1 Cr. 8.9. 2. Un rey de Moab, contemporáneo a Acabe, a Ocozías y a Joram, 2 R. 3. Ofreció su hijo primogénito en holocausto sobre el muro de Kir-hareset, 2 R. 3.27.

MESA: Lugar mencionado como el límite occidental o septentrional del pueblo descendiente de Joctán, Gn. 10.30. Véase mapa 1, D-4.

MESA: Mueble sustentado por uno o más pies. // La **m** de los panes de la proposición, Ex. 25.23; Lv. 24.6. Aderezarás **m** delante de mí, Sal. 23.5. ¿Podrá poner **m** en el desierto?, Sal. 78.19. Plantas de olivo alrededor de tu **m**, Sal. 128.3. Mató sus víctimas... puso su **m**, Pr. 9.2. Las **m** están llenas de vómito, Is. 28.8. La **m** de Jehová, Mal. 1.12. Volcó las **m** de los cambistas, Mt. 21.12. La mano del que me entrega... conmigo en la **m**, Lc. 22.21. ¿Cuál es mayor, el que se sienta a la **m**, o el que sirve? Lc. 22.27. Comáis y bebáis a mi **m**, Lc. 22.30. Dejemos la palabra de Dios, y sirvamos a las **m**, Hch. 6.2. Partícipes de la **m** del Señor, y de la **m** de los demonios, 1 Co. 10.21.

MESAC: El nombre babilónico de Misael, uno de los tres compañeros de Daniel, Dn. 1.7.

MESEC: Un hijo de Jafet y nieto de Noé, Gn. 10.2. Véase mapa 1, D-3.

MESELEMÍAS, hb. **Jehová Recompensa:** Padre de Zacarías, portero de la entrada de la congregación, 1 Cr. 9.21.

MESEZABEEL, hb. **Dios Liberta:** 1. Uno de los antecedentes de Mesulam, Neh. 3.4. // 2. Un jefe del pueblo, que firmó el pacto con Nehemías, cap. 10.21. // 3. El padre de Petaías, Neh. 11.24.

MESÍAS, hb. **Ungido:** Corresponde a la palabra griega, **Christos**. Hemos hallado al **M**, Jn. 1.41. // **Profecías acerca del Mesías:** Su advenimiento, Gn. 3.15; Dt. 18.15; Is. 32.1; 55.4; Dn. 2.44; Zac. 3.8; Mal. 3.1;

Su linaje, Gn. 3.15; Is. 7.14; 11.1; Jer. 23.5; 33.15; Su nacimiento, Is. 7.14; Mi. 5.3; Is. 9.6; Su carácter: Dios fuerte, Is. 9.6; Varón de dolores, Is. 53.3; humilde, Is. 11, 53., justo, Is. 11.4. // **Sus funciones:** Consejero, Is. 9.6; Juez, Sal. 72.2-4; 110.6; Is. 11.3,4; Legislador, Is. 33.22; Mediador, 1 Ti. 2.5; Principal piedra del ángulo, Is. 28.16; Sal 118.22; Príncipe de paz, Is. 9.6; Profeta, Dt. 18.15; Sal. 110.4; Redentor, Is. 59.20; Rey, Sal. 2.6; Mi. 5.2; Zac. 14.9; Sacerdote, Sal. 110.4; Siervo, Is. 42.1; 49.6; 53.11. Véase **Cristo.**

MESILEMIT, hb. **Recompensa:** Un sacerdote hijo de Imer, 1 Cr. 9.12.

MESILEMOT, hb. **Recompensa:** 1. Padre de Berequías, 2 Cr. 28.12. // 2. Un hijo de Imer, Neh. 11.13.

MESOBAB, hb. **Restaurado:** Un príncipe de una familia simeonita, 1 Cr. 4.34.

MESÓN: Casa en las que se admitían huéspedes, mediante pago. // No había lugar para en el **m**, Lc. 2.7. Lo llevó al **m**, y cuidó de él, Lc. 10.34. Véase **Alojamiento.**

MESONERO: Que hospeda. // Sacó dos denarios, y los dio al **m**, Lc. 10.35. Véase **Hospitalario.**

MESOPOTAMIA, gr. **País entre ríos:** La región entre el Eufrates y el Tigre. Véase mapa 1, D-3. Fue el país de Nacor y Abraham antes de emigrar para la tierra de la Promisión, Gn. 11.31; 24.10; Hch. 7.2; y también el país de Balaam y de ciertos individuos que estaban en Jerusalén en el día de Pentecostés, Dt. 23.4; Hch. 2.9.

MESULAM, hb. **Amigo:** 1. El abuelo de Safán, 2 R. 22.3. // 2. Un hijo de Zorobabel, 1 Cr. 3.19. // Jefe de una familia de Gad, 1 Cr. 5.13. // 4. Un benjamita, 1 Cr. 8.17. // 5. Un hijo de Salú, benjamita, 1 Cr. 9.7. // 6. Otro benjamita, hijo de Sefatías, 1 Cr. 9.8. // 7. Un levita, hijo de Sadoc, 1 Cr. 9.11. // 8. Un hijo de Mesilemit, 1 Cr. 9.12. // 9. Un levita de la familia de los coatitas, 2 Cr. 34.12. // 10. Un jefe que volvió del exilio, Esd. 8.16. // 11. Uno de los jefes que apoyaron a Esdras en la anulación de los casamientos con mujeres extranjeras, Esd. 10.15. // 12. Uno de los que se casaron con mujeres extranjeras, Esd. 10.29. // 13. Uno que trabajó en la reedificación de los muros, Neh. 3.4. // 14. Otro que trabajó en los muros, Neh. 3.6. // 15. Uno que estaba a la izquierda de Esdras, cuando él leía al pueblo, Neh. 8.4. // 16. Uno de los que firmaron el pacto, Neh. 10.7. // 17. Otro que firmó el pacto, Neh. 10.20. // 18. Un sacerdote de la familia de Esdras, que prestó su ayuda en la dedicación de los muros, Neh. 12.13. // 19. Un sacerdote, Neh. 12.16. // 20. Un portero del templo, Neh. 12.25. // 21. Un príncipe que subió sobre el muro y participó de la dedicación de los muros, Neh. 12.33.

MESULEMET: Mujer del rey Manasés y madre del rey Amón, 2 R. 21.19.

META: Objetivo, mira. // Prosigo a la **m**, al premio, 1 Co. 13.1. Véase **Rumbo.**

METAL: Cuerpo simple, dotado de brillo propio, bueno conductor de calor y electricidad. // Pesquisas recientes descubren que las minas de la antigüedad, en Palestina, aún están ricas de hierro y cobre. Véase Dt. 8.9. No hay mención de zinc en las Escrituras, pero encontramos menciones de los metales siguientes: Hierro, Job 20.24; Nah. 2.3. Bronce (una liga), Gn. 4.22. Plomo, Nm. 31.22. Oro, Gn. 2.11. Plata, Gn. 23.16.

METALURGIA: El hombre, desde la antigüedad conoce la metalurgia, el arte de extraer metales de la tierra, de purificarlos y manipularlos industrialmente. Tubal-caín era artífice de instrumentos cortantes, de bronce y de hierro, Gn. 4.22. Se refinaban los metales, Is. 1.25. Se refiere al oro refinado, 1 Cr. 28.18; Sal. 19:10; a la plata refinada, 1 Cr. 29.4; Zac. 13.9; Mal. 3.3. Se hacían combinaciones de metales mediante la fusión; el bronce es una mezcla de estaño con cobre. Véase Ez. 22.18,22. Sobre la manipulación industrial, hay muchos ejemplos. El total de utensilios, de bacías, cuchillos y vasos, llevados del templo por Nabucodonosor y devueltos por Ciro, fue 5.400, Esd. 1.9-11.

METER: Hacer entrar. // El perezoso mete su mano en el plato, Pr. 19:24. El que mete la mano conmigo en el plato, Mt. 26.23. Véase **Envolver**.

METUSAEL, hb. **Hombre de Dios:** Un descendiente de Caín, Gn. 4.18.

MEZAAB, hb. **Aguas de oro:** El abuelo de Mehetabel, que fue mujer de Hadar, el último mencionado rey de Edom, Gn. 36.39.

MEZCLA: Argamasa de cal, arena y agua, con que se unen las paredes de un edificio. Usada en la construcción da Torre de Babel, Gn. 11.3. Derribará... toda la **m** de la casa, Lv. 14.45.

MEZCLAR: Fuego mezclado con el granizo, Ex. 9.24. Según que viste el hierro mezclado con el tiesto de barro, Dn. 2.41. Cuya sangre Pilato había mezclado con sus sacrificios, Lc. 13.1.

MIBHAR, hb. **Escoja:** Uno de los valientes del ejército de David, 1 Cr. 11.38.

MIBZAR, hb. **Una fortaleza:** Un príncipe de Esaú, Gn. 36.42.

MICAEL, hb. **¿Quién es como nuestro Dios?:** 1. El padre de uno de los doce espías, Nm. 13.13. // 2. Un gadita que se estableció en Basán, 1 Cr. 5.13. // 3. Otro descendiente de Gad, 1 Cr. 5.14. // 4. Un antepasado de Asaf, 1 Cr. 6.40. // Un hombre importante de la tribu de Isacar, 1 Cr. 7.3. // 6. Un benjamita, 1 Cr. 8.16. // 7. Uno que se juntó a David en Siclag, 1 Cr. 12.20. // 8. El padre de Omri, 1 Cr. 27.18. // 9. Un hijo de Josafat, que fue asesinado por su hermano Joram, 2 Cr. 21.2. // 10. Un antepasado de Zebadías, Esd. 8.8.

MICAÍA, hb. **¿Quién es semejante a Jehová?:** Un hombre de Efraín que, según nos parece, era muy sincero en servir a Dios, mas tan ignorante de su ley que hizo una imagen de escultura, llenó su casa de ídolos y consagró a uno de sus hijos como sacerdote, Jue. 17—18. // Otros con el nombre de **Micaía**: 2 S. 9.12; 1 Cr. 5.5: 8.34; 23.20; 2 Cr. 34.20; Neh. 10.11; 11.17.

MICAÍAS, hb. **¿Quién es semejante a Jehová?:** Hijo de Imla, profeta de Samaria. Profetizó la muerte de Acab, 2 R. 22.1-35. // Otros con este nombre: 2 R. 22.12; 2 Cr. 17.7; Neh. 12.35; Jer. 36.11.

MICAL, hb. **¿Quién es como Dios?:** La más joven de las dos hijas de Saúl, 1 S. 14:49. Engañó a su padre y salvó a David, 1 S. 19:12. Separada de David, se casó con Palti, 1 S. 25.44. Viendo a David danzar y saltar delante del Señor, lo despreció en su corazón, 2 S.6.16. La reprensión de David, 2 S. 6.21. No tuvo hijos hasta el día de su muerte, 2 S. 6.23.

MICLOT, hb. **Varas:** 1. Un benjamita, 1 Cr. 8.32. // 2. Jefe de los capitanes de los ejércitos para el segundo mes, 1 Cr. 27.4.

MICMAS, hb. **Escondido lejos:** Una ciudad de Benjamín al oriente de Bet-el y a once kilómetros al norte de Jerusalén, donde se reunieron los filisteos con treinta mil carros y seis mil jinetes para pelear contra Israel, 1 S. 13.5. Un grupo de hombres de Micmas volvió de Babilonia con Zorobabel, Esd. 2.27. Mencionada por Isaías, Is. 10.28. Véase mapa 2, C-5, B-1.

MICMETAT: Una ciudad vecina de Efraín, Jos. 16.6.

MICNÍAS, hb. **Posesión de Jehová:** Un músico en el templo, 1 Cr. 15.18.

MIDÍN, hb. **Extensión:** Una ciudad de la herencia de Judá, Jos. 15.61.

MIEDO: Terror, recelo. // Oí tu voz en el huerto, y tuve **m**, Gn. 3.10. Le respondió Jacob: Porque tuve **m**, Gn. 31.31. Y dieron voces de **m**, Mt. 14.26. Tuve **m** de ti, que eres hombre recio, Lc. 19.21. Por **m** de los Judíos, Jn. 20.19. Véase **Horror**, **Recelo**, **Temer**, **Terror**.

MIEL: Sustancia dulce formada por las abejas del sumo de las flores. // Un poco de **m**, Gn. 43.11. Tierra que fluye leche y **m**, Ex. 3.8; Lv. 20.24; Nm. 13.27. Su sabor como de hojuelas con **m**, Ex. 16.31. Tierra de olivos, de aceite, y de **m**, Dt. 8.8. E hizo que chupase **m** de la peña, Dt. 32.13. León... un enjambre de abejas, y un panal de **m**, Jue. 14.8. ¿Qué cosa más dulce que la **m**?, Jue. 14.18. Un bosque, donde había **m**, 1 S. 14.25. Una vasija de **m**, 1 R. 14.3. Dulces más que **m**, Sal. 19.10. Y con **m** de la peña les saciaría, Sal. 81.16. Más que la **m** a mi boca, Sal. 119.103. Los labios de la extraña destilan **m**, Pr. 5.3. Come, hijo mío, de la **m**, porque es buena, Pr. 24.13. Comer mucha **m** no es bueno, Pr. 25.27,16. Comerá manteca y **m**, Is. 7.15,22. Fué en mi boca dulce como **m**, Ez. 3.3; Ap. 10.9. Su comida era langostas y **m**, Mt. 3.4.

MIEMBRO: Apéndice del cuerpo del hombre y del animal, con que se ejercen movimientos. // Mejor te es que se pierda uno de tus **m**, Mt. 5.29. José… **m** del concilio, Lc. 23.50. Vuestros **m** a Dios como instrumentos de justicia, Ro. 6.13. Presentasteis vuestros **m** para servir a la inmundicia, Ro. 6.19. Mas veo otra ley en mis **m**, Ro. 7.23. En un cuerpo tenemos muchos **m**, pero no todos los **m** tienen la misma función, Ro. 12.4. Somos... **m** uno de los otros, Ro. 12.5; Ef. 4.25. ¿Vuestros cuerpos son **m** de Cristo? ¿Quitaré pues los **m** de Cristo? 1 Co. 6.15. El cuerpo es uno, y tiene muchos **m,** pero todos los **m** del cuerpo, 1 Co. 12.12. **M** cada uno en particular, 1 Co. 12.27. Somos **m** de su cuerpo, Ef. 5.30. La lengua es un **m** pequeño, Stg. 3.5. ¿Combaten en vuestros **m**? Stg. 4.1.

MIES: Plantación lista para ser cosechada. // Cuando siegues la **m**, Lv. 19.9; 23.10. Su **m** comerán los hambrientos, Job 5.5. Véase **Cosecha**, **Siega**.

MIGAJA: Pequeño fragmento de alimento harinoso. // Los perrillos comen de las **m**, Mt. 15.27. Ansiaba saciarse de las **m**, Lc. 16.21.

MIGDAL-EL, hb. **Torre de Dios:** Una ciudad fortificada de Judá, Jos. 19.38.

MIGDAL-GAD, hb. **Torre de la fortuna:** Una ciudad de la herencia de Judá, Jos. 15.37.

MIGDOL, hb. **Torre:** 1. Un lugar de campamento de Israel antes de atravesar el Mar Rojo, Ex. 14.2. // 2. Una ciudad a nordeste de Egipto, Jer. 44.1.

MIGRÓN, hb. **Precipicio:** Una ciudad de Gabaa, donde Saúl reunió sus seiscientos hombres, y por donde pasó Senaquerib en su camino para Jerusalén, 1 S. 14.2; Is. 10.28.

MIGUEL, hb. **¿Quién es como Dios?:** En las tradiciones judías y cristianas, Miguel es considerado jefe de los siete arcángeles. Hay solamente otro ángel cuyo nombre conocemos, Gabriel, Dn. 8.16; 9.21; Lc. 1.19,26. Y las Escrituras hablan solamente de un arcángel: "arcángel Miguel", Jud 9. "Miguel, uno de los principales príncipes", Dn. 10.13. "Miguel, vuestro príncipe", es decir, el ángel de la guarda de Israel, Dn. 10.21. Hubo una gran batalla en el cielo: Miguel y sus ángeles luchaban contra el dragón, Ap. 12.7.

MIJAMÍN, hb. **La mano derecha:** 1. El jefe del sexto turno de sacerdotes, 1 Cr. 24.9. // 2. Uno de los que tenían mujer extranjera, Esd. 10.25. // 3. Uno de los que sellaron el pacto, Neh. 10.7.

MIL: Diez veces cien; mucho. // Ciento de vosotros perseguirán a diez **m**, Lv. 26.8. Cómo podría perseguir uno a **m**, y dos harían huir a diez **m**, Dt. 32.30. Lo ató por **m** años, Ap. 20.2. Reinaron con Cristo **m** años, Ap. 20.4.

Milano

MILAGRO: Suceso que no se explica por causas naturales. Es obra de Dios, Dt. 4.34; Ex. 7.3,4; Hch. 10.38. Todavía los milagros son hechos, a veces, por poderes malos: Mt. 24.24; 2 Ts. 2.9; Ap. 13.14; 16.14. // Se emplean varios otros vocablos para expresar la idea de milagros: **prodigios**, **maravillas**, **señales**. Algunos tienen carácter profético y presagioso, prediciendo grandes juicios: las plagas sobre Egipto, Ex. 3.20; prodigios en el cielo, Hch. 2.19. Otros son grandes y poderosos, Mt. 13.54; Mr. 6.14; Hch. 6.8; 8.6,13; 2 Co. 12.12. Milagros extraordinarios, Hch. 19.11. Aún otros tenían significado teológico, sirviendo como "señales", Jn. 2.11; 4.54. // Ni todos los grandes siervos de Dios hacían milagros, Jn. 10.41; 1 Co. 12.10,29. Las curas eran milagrosas, Hch. 4.22. // Hubo cuatro períodos en los cuales Dios operó mayor número de milagros: 1) Cuando formó la nación de Israel, a través de Moisés y Josué. 2) A través de Elías y Eliseo, cuando el culto a Baal amenazaba destruir toda la adoración a Dios. 3) En el tiempo de Daniel. 4) Al establecer la iglesia, en la época de Cristo y los apóstoles. Pero no fue porque Dios no quiso que los milagros continuaran. Pero fue porque el pueblo ya no oía la voz del Señor. Véase 1 S 3. Las Escrituras no enseñan que los milagros cesarían con los apóstoles, mas sí que permanecerían hasta que llegase lo que es perfecto, 1 Co. 13.10. Tanto las señales cuanto la salvación pertenecen a la promesa de Mr. 16.16,17. Milagros, prodigios y señales son para la confirmación de la Palabra, Hch. 2.22; He. 2.4. Y nunca hubo mayor necesidad de confirmación que actualmente. Cristo operaba milagros movido de compasión, Mt. 9.36. Él, por lo tanto, atiende a los necesitados hoy, porque Él es el mismo, He. 13.8. // Jesús curaba toda suerte de enfermedad, en todas partes, y hacía muchas otras señales que no están registrados en las Escrituras, Mt. 4.23,24; 8.16; 9.35; 10.8; 14.14; 15.30; 21.14; Jn. 20.30. Véase **Maravilla**, **Prodigio**, **Señal.** Por lo tanto, la siguiente lista de milagros es resumida:

MILALAI, hb. **Elocuente:** Un músico levita, Neh. 12.36.

MILANO: Ave de rapiña que alcanza 1,50 metro de envergadura. Es una de las aves más crueles y sanguinarias, Dt. 14.13. [LEGENDA] Milano

MILCA, hb. **Consejo:** 1. Hija de Harán, mujer de Nacor, y abuela de Rebeca, Gn. 11.29; 22.20-23; 24.15,24,47. // 2. Hija de Zelofehad, Nm. 26.33.

MILENIO: Espacio de mil años. El milenio de las Escrituras ocurrirá con la prisión de Satanás, Ap. 20.2. Durante estos mil años él no tendrá oportunidad para engañar las naciones, Ap. 20.3. Todos los que no adoraron la bestia vivirán y reinarán con Cristo durante ese espacio de tiempo, Ap. 20.4. Los restantes de los muertos no revivirán hasta que se completen los mil años, Ap. 20.5. Al final de los mil años Satanás será suelto, Ap. 20.7. Los de la primera resurrección serán sacerdotes de Dios y de Cristo y reinarán con Él los mil años, Ap. 20.6.

MILETO: Antigua ciudad de Asia Menor, cerca del Mar Egeo y a sesenta y seis kilómetros al sur de Efeso. Poseía bello templo consagrado a Apolo. Visitada dos veces por el apóstol Pablo, Hch. 20.15—21.1; 2 Ti. 4.20. Véase mapa 6, D-2.

MILICIA: Vida o disciplina militar. **Milicia celestial**: los ángeles, los bienaventurados. // Las armas de nuestra **m**, 2 Co. 10.4. Véase **Edad**, **Ejército**, **Hueste**, **Legión**, **Tropa**.

MILITAR: Combatir, pugnar. // No militamos según la carne, 2 Co. 10.3.

MILLA: Distancia de 1.480 metros, Mt. 5.41. Véase **Medidas de longitud**.

MILLAR: Mil unidades; gran número. // Seas en **m** de **m**, Gn. 24.60. Y ponlos sobre el pueblo por jefes de **m**, Ex. 18.21. **M** de **m** le servían, Dn. 7.10. Se agradará Jehová de **m** de carneros, Mi. 6.7. En esto, juntándose por millares la multitud, Lc. 12.1. He aquí, vino el Señor con sus santas decenas de **m**, Jud. 14.

Véase **Millón**. **LEGENDA** En esto, juntándose por millares la multitud, Lc. 12.1

MILLÓN: Mil veces mil. // Y había en todo Israel un millón cien mil que sacaban espada, 1 Cr. 21.5. Un **m** de talentos de plata, 1 Cr. 22.14. Muchos ángeles... **m** de **m**, Ap. 5.11.

MILO, hb. **La casa de Milo**: 1. Un lugar, o familia, cerca de Siquem, Jue. 9.6. // 2. Un lugar de Jerusalén donde murió Joás, 2 R. 12.20.

MILO, hb. **Terraplén:** Ciertas partes de las fortificaciones de Jerusalén, 2 S. 5.9. Obras posteriores fueron hechas por Salomón y Ezequías, 1 R. 9.15,24; 11.27; 2 Cr. 32.5.

MIMAR: Acariciar, animar. // Y sobre las rodillas seréis mimados, Is. 66.12.

MINA: Cavidad abierta en el suelo para extraer metales. // Fue dicho a los israelitas que Canaán era una "tierra cuyas piedras son hierro, y de cuyos montes sacarás cobre", Dt. 8.9. Con todo las Escrituras se refieren a las minas solamente en Job 28.1-11. Véase **Metalurgia**.

MINAR: Invadir de forma oculta. // En las tinieblas minan las casas, Job 24.16. Donde ladrones minan y hurtan, Mt. 6.19.

MINI: Un pueblo de Armenia. Véase mapa 1, E-3. Los reinos de Ararat, Mini y Askenaz, se unieron para destruir Babilonia, Jer. 51.27.

MINIAMÍN, hb. **Mano derecha:** 1. Un levita que tenía a su cuidado las ofrendas voluntarias, 2 Cr. 31.15. // 2. Uno de los sacerdotes que tocaron trompetas en la dedicación de los muros de Jerusalén, Neh. 12.41.

MINISTERIO: Oficio, cargo, función. // Hombres muy eficaces en la obra del **m** en la casa de Dios, 1 Cr. 9.13; 2 Cr. 24.14. Para servir en el **m** del tabernáculo, Nm. 3.7. **M** de la palabra, Hch. 6.4. El **m** que recibí del Señor, Hch. 20.24. Entre los Gentiles por su **m**, Hch. 21.19. Honro mi **m**, Ro. 11.13. Si el **m** de muerte, 2 Co. 3.7. El **m** del Espíritu, 2 Co. 3.8. Y nos dio el **m** de la reconciliación, 2 Co. 5.18. Para que nuestro **m** no sea vituperado, 2 Co. 6.3. Cumplas el **m** que has recibido, Col. 4.17. Me tuvo por fiel, poniéndome en el **m**, 1 Ti. 1.12. Cumple tu **m**, 2 Ti. 4.5. Marcos... me es útil para el **m**, 2 Ti. 4.11. Tanto mejor **m** es el suyo, He. 8.6. Véase **Administración**.

MINISTRACIÓN: Acción o efecto de proveer, de administrar. // De esta **m** glorifican a Dios, 2 Co. 9.13.

MINISTRAR: . // Para **m** en el santuario Ex. 35.19. También ellos ministrarles de los materiales, Ro. 15.27. Véase **Ayudar**, **Servir**.

MINISTRO: Aquel que está incumbido de una función. // Vosotros todos sus ejércitos, **m** suyos, Sal. 103.21. Sus **m** al fuego flameante, Sal. 104.4. **M** de nuestro Dios seréis llamados, Is. 61.6. Gemid, **m** del altar, Jl. 1.13. Fueron **m** de la palabra, Lc. 1.2. Para ponerte por **m** y testigo, Hch. 26.16. **M** de Jesucristo, Ro. 15.16; 1 Co. 4.1; 2 Co. 11.15; 1 Ti. 4.6. **M**... de un nuevo pacto, 2 Co. 3.6. **M** de Dios, 2 Co. 6.4. Sus **m** se disfrazan como **m** de justicia, 2 Co. 11.15. ¿Cristo **m** del pecado? Gá. 2.17. Soy hecho **m** por el don de la gracia, Ef. 3.7. Tíquico... fiel **m**, Ef. 6.21. Yo Pablo fui hecho **m**, Col. 1.23. **M** del santuario, He. 8.2. // **La obra de los ministros,** Is. 62.6,7; Ez. 33.7,8; Mt. 9.37; Jn. 1.41,45; Hch. 6.4; 1 Co. 3.5-11; 2 Co. 5.17-20. // **Los ministros dignos de honra y apoyo,** 1 Ts. 5.12,13; 1 Ti. 5.17; He. 13.17. // **El galardón de los ministros,** Jn. 4.36; 1 Co. 3.8,14; 1 Ti. 4.16; Stg 5.20. // **La alegría de los ministros,** 2 Co. 2.3; Fil. 2.2; 4.1; 1 Ts. 2.19,20; 2 Ti. 1.4. // **Ejemplos de fieles ministros:** Los 11 apóstoles, Mt. 28.16-19; los setenta, Lc. 10.1,17; Felipe, Hch. 8.5; Bernabé, Hch. 11.23; Pablo, Hch. 28.31; Tíquico, Ef. 6.21; Epafrodito, Fil. 2.25. Véase **Apóstol**, **Discípulo**, **Príncipe**, **Servidor**, **Servir**, **Siervo**.

MIQUEAS, EL LIBRO DE: El sexto de los once libros de los profetas menores. **El autor:** Miqueas, Mi. 1.1. Profetizó durante los reinados de Jotam, Acaz y Ezequías, acerca de Samaria y de Jerusalén, Mi. 1:1. **La clave:** Miqueas pertenecía a Judá, pero tenía un mensaje tanto para Israel como para Judá, prediciendo el cautiverio de esos reinos. Profetizó el nacimiento del Mesías en Belén, Mt. 2.6; Mi. 5.2. **Las divisiones: I.** Denuncia, 1—3. **II.** Consuela, 4—7. Antes de fallecer, el profeta vio cumplirse mucho de lo que predijera. No muchos años después de que comenzara a profetizar, las diez tribus fueron llevadas al cautiverio. Trece años después, Samaria cayó y se convirtió en "montones de ruinas", 1:6. Laquis, cerca del profeta, fue asolada por Senaquerib, 1.13. Vio también la liberación de Jerusalén.

MIQUEAS, hb. **¿Quién es semejante a Jehová?:** Profeta contemporáneo de Isaías. Compare Mi. 4.1-4 con Is. 2.2-4. Nació en Moreset-gat, Mi. 1.1,14; aldea situada a casi treinta y cinco kilómetros al suroeste de Jerusalén, Jer. 15.44. Mientras Isaías era profeta de la ciudad, Miqueas era profeta del campo.

MIRA: Una de las principales ciudades de Licia, donde el apóstol Pablo cambió de embarcación, Hch. 27.5. Véase mapa 6, E-2.

MIRAR: Poner la vista en. // Cualquiera que fuere mordido y mirare a ella, vivirá, Nm. 21.8. Véase **Contemplar**.

MIRMA, hb. **Engaño:** Un descendiente de Benjamín, 1 Cr. 8.10.

LOS MILAGROS DE CRISTO

1. Narrados en solamente un evangelio	Mateo	Marcos	Lucas	Juan
La cura de dos ciegos	9.29			
La cura de un mudo endemoniado	9.33			
El estatero en la boca del pez	17.27			
La cura de un sordomudo		7.35		
La cura de un ciego en Betsaida		8.25		
Cristo pasa por entre los enemigos airados			4.30	
La pesca maravillosa			5.6	
La resurrección del hijo de la viuda de Naín			7.15	
La cura de una mujer encorvada			13.13	
La cura de un hidrópico			14.4	
La cura de los diez leprosos			17.14	
La cura de la oreja de Malco			22.51	
Agua transformada en vino				2.9
Señales hechos durante la Pascua				2.23
La cura del hijo de un oficial del rey				4.46
La cura de un paralítico de Betesda				5.9
La cura de un ciego de nacimiento				9.7
La resurrección de Lázaro				11.44
La pesca maravillosa				21.6

2. Narrados en dos evangelios	Mateo	Marcos	Lucas	Juan
La cura de un endemoniado en Capernaum		1.26	4.35	
La cura del siervo de un centurión	8.13		7.10	
La cura de un endemoniado ciego y mudo	12.22		11.14	
La cura de la hija de una cananea	15.28	7.29		
Cuatro mil hombres alimentados	15.37	8.8		
Seca la higuera sin frutos	21.19	11.14		

3. Narrados en tres evangelios	Mateo	Marcos	Lucas	Juan
La cura de un leproso	8.3	1.42	5.13	
La cura de la suegra de Pedro	8.15	1.31	4.39	
Una tempestad calmada	8.26	4.39	8.24	
La cura de dos endemoniados gadarenos	8.32	5.13	8.33	
La cura de un paralítico en Capernaum	9.7	2.12	5.25	
La cura de una mujer con hemorragia	9.22	5.29	8.48	
La resurrección de la hija de Jairo	9.25	5.42	8.55	
La cura del hombre de la mano seca	12.13	3.5	6.10	
Anda por sobre el mar	14.25	6.48		6.19
La cura de un joven poseído	17.18	9.25	9.42	
La cura del ciego Bartimeo (dos ciegos, Mt 20)	20.34	10.52	18.43	

4. Narrados en los cuatro evangelios	Mateo	Marcos	Lucas	Juan
Cinco mil hombres alimentados	14.20	6.42	9.17	6.12

LOS MILAGROS EN LA IGLESIA PRIMTIVA

La palabra confirmada por medio de señales	Mr 16.20
Lenguas del Pentecostés	Hch 2.1,8
Muchos prodigios, por los apóstoles	Hch 2.43
La sanidad de un cojo en la puerta Hermosa	Hch 3.1
La muerte de Ananías y Safira	Hch 5.1-10
Muchos prodigios por las manos de los apóstoles	Hch 5.12-16

LOS MILAGROS EN LA IGLESIA PRIMITIVA

Las puertas de la cárcel son abiertas	Hch 5.19
Esteban hace prodigios y grandes señales	Hch 6.8
Felipe opera señales	Hch 8.6,7,13
La cura de Eneas	Hch 9.34
La resurrección de Dorcas	Hch 9.40
Pedro libertado de la prisión	Hch 12.7
Elimas herido de ceguera	Hch 13.11
Señales y prodigios en Iconio	Hch 14.3
La sanidad de un cojo en Listra	Hch 14.10
Prodigios hechos por Bernabé y Pablo	Hch 15.12
La cura de una joven adivinadora	Hch 16.18
Milagros extraordinarios por las manos de Pablo	Hch 19.11
Eutico resucitado de la muerte	Hch 20.12
Publio curado de disentería	Hch 28.8
Los enfermos de la isla de Patmos curados	Hch 28.9
El evangelio divulgado por prodigios	Rm 15.19
El hacer milagros	1 Co 12.10
Los que hacen milagros	1 Co 12.28
Las credenciales de los apóstoles por poderes milagrosos	2 Co 12.12
El que hace maravillas entre vosotros	Gl 3.5
Muchos milagros	Hb 2.4

LOS MILAGROS DEL ANTIGUO TESTAMENTO

El traslado de Enoc	Gn 5.24
La confusión de las lenguas	Gn 11.9
Sodomitas heridos de ceguera	Gn 19.11
La destrucción de Sodoma y Gomorra	Gn 19.24
La mujer de Lot convertida en una estatua de sal	Gn 19.26
Nacimiento de Isaac	Gn 21.2
La zarza ardiente	Ex 3.2
La mano de Moisés hecha leprosa	Ex 4.6
La vara de Aarón se vuelve en serpiente	Ex 7.10

Las diez plagas de Egipto:

Las aguas se vuelven en sangre	Ex 7.20
Ranas	Ex 8.6
Piojos	Ex 8.17
Moscas	Ex 8.24
Peste en los animales	Ex 9.6
Úlceras	Ex 9.10
Truenos y lluvias de granizos	Ex 9.23
Langostas	Ex 10.13
Tinieblas	Ex 10.22
La muerte de los primogénitos	Ex 12.29

Una columna de nube y una columna de fuego	Ex 13.21
Las aguas del Mar Rojo divididas	Ex 14.21
Las aguas de Mara se vuelven dulces	Ex 15.15
Dios manda codornices y maná	Ex 16.13, 14
Agua de la roca en Refidim	Ex 17.6
La muerte de Nadab y Abiú	Lv 10.1,2
Fuego arde entre los israelitas	Nm 11.1
María curada de lepra	Nm 12.13
La muerte de Coré, Datán y Abirán	Nm 16.32
La plaga que mató 14.700	Nm 16.49
La vara de Aarón reverdece	Nm 17.8
Agua de la roca en Meriba	Nm 20.11
Serpientes ardientes	Nm 21.6

La asna de Balaam habla	Nm 22.28
La ropa de los israelitas no envejece	Dt 8.4
Las aguas del Jordán divididas	Js 3.16
Las murallas de Jericó derrumbadas	Js 6.20
El sol y la luna detenidos	Js 10.13
La lana de Gedeón y la victoria sobre Madián	Jz 6 e 7
Las proezas de Sansón	Jz 14 a 16
Los filisteos heridos y la caída de Dagón	1 Sm 5.3-12
La muerte de Uza	2 Sm 6.7
La mano de Jeroboam	1 R 13.4
Cuervos sostienen a Elías	1 R 17.6
La sequía de Elías	Tg 5.17
La harina y el aceite de la viuda de Sarepta	1 R 17.16
Elías resucita el hijo de la viuda	1 R 17.22
Elías y el fuego sobre el Carmelo	1 R 18.38
La lluvia de Elías	1 R 18.45
Elías y el fuego sobre los capitanes	2 R 1.10
Elías divide las aguas del Jordán	2 R 2.8
Elías trasladado	2 R 2.11
Eliseo divide las aguas del Jordán	2 R 2.14
Eliseo torna saludables las aguas de Jericó	2 R 2.22
Dos osos despedazan 42 muchachos	2 R 2.24
Eliseo y el agua para el ejército	2 R 3.20
Eliseo multiplica el aceite de la viuda	2 R 4.6
Eliseo resucita el hijo de la sunamita	2 R 4.35
La muerte sacada de la olla	2 R 4.41
Cien hombres alimentados	2 R 4.43
Naamán curado y Giezi atacado de lepra	2 R 5
Eliseo y el hacha	2 R 6.6
Un ejército herido de ceguera y curado	2 R 6.18
Un muerto resucitado y los huesos de Eliseo	2 R 13.21
Destrucción del ejército de Senaquerib	2 R 19.35
El retroceder del sol	2 R 20.11
El holocausto de Salomón consumido	2 Cr 7.1
Uzías atacado de lepra	2 Cr 26.20
Los tres hebreos libertados del horno de fuego	Dn 3.26
Daniel libertado del foso de los leones	Dn 6.22
Jonás libertado del pez	Jon 2.10

Ver **Maravilha**, **Prodígio**, **Sinal**.

MIRRA: Goma, resina odorífera, medicinal, producida por el balsamodendro. Uno de los ingredientes del aceite de la unción, Ex. 30.23. Usada para la purificación de las doncellas de la Persia, Est. 2.12. Como perfume, Sal 45.8; Pr. 7.17; Cnt. 3.6. Los magos ofrecieron mirra al niño Jesús, Mt. 2.11. Jesús, en la cruz, no tomó el vino con mirra, que servía para aliviar el dolor, Mr. 15.23. Usada para embalsamar, Jn. 19.39. Pero el original en Gn. 37.25 y 43.11 indica la resina odorífera producida por plantas de la familia de las cistáceas, llamadas ládano o labdano.

MIRTO: Arrayán. Planta de follaje siempre verde que produce pequeñas flores blancas de olor "más encantador que el de la rosa". El fruto es rojo y comestible. // En tierra buena es árbol, Zac. 1.8,10. Ramos de mirtos usados en la fiesta de los tabernáculos, Neh. 8.15. Mencionado con el cedro, la acacia y el olivo, Is. 41.19. En el cuadro profético de la bendición de Dios, "en lugar de la ortiga crecerá arrayán", Is. 55.13. Ester era conocida por el nombre **Hadasa**, en hebreo, **Mirto**, Est. 2.7.

MISAEL, hb. **¿Quién es igual a Dios?:** 1. Bisnieto de Leví, Ex. 6.22. Ayudó a remover del santuario los cuerpos de Nadab y Abiú, Lv. 10.4. // 2. Uno de los que estaban al lado de Esdras cuando él adoctrinaba al pueblo, Neh. 8.4. // 3. El nombre hebreo de uno de los tres compañeros de Daniel, Dn. 1.6,11,19.

MISAM, hb. **Dulce aroma:** 1. Un hijo de Ismael, 1 Cr. 1.29. // 2. Un príncipe de una familia simeonita, 1 Cr. 4.25.

MISAM, hb. **Prontitud:** Un descendiente de Benjamín, 1 Cr. 8.12.

MISEAL: Una ciudad de la herencia de Aser, Jos. 19.26.

"En esto, juntándose por millares la multitud" *(Lc. 12.1)*.

MISERABLE: Desgraciado, digno de compasión. // Eres un desventurado **m**, Ap. 3.17.

MISERIA: Estado digno de compasión, por infortunio o pobreza. // Ni escondió de mis ojos la **m**, Job 3.10. Véase **Desventura**, **Mal**, **Pobreza, Tormento**.

MISERICORDIA: Sentimiento doloroso causado por la miseria del prójimo. // **M** a millares, Ex. 20.6; 34.7; Dt. 5.10; 7.9. Su **m** es eterna, 1 Cr. 16.34; Vuestros hijos hallarán **m**, 2 Cr. 30.9. Tardo para la ira, y grande en **m**, Neh. 9.17; Jon. 4:2. Sal 100.5; 118.1; 136.1. Ciertamente el bien y la **m** me seguirán, Sal. 23.6. Grande es hasta los cielos tu **m**, Sal. 57.10. Te corona de favores y **m**, Sal. 103.4. Mas la **m** de Jehová es desde la eternidad y hasta la eternidad, Sal. 103.17. Muchas son tus **m**, Sal. 119.156. La **m** de Jehová, título del Sal. 136. **M** mía y mi castillo, Sal. 144.2. Sus **m** sobre todas sus obras, Sal. 145.9. Con **m** y verdad se corrige el pecado, Pr. 16.6. De Jehová nuestro Dios es el tener **m**, Dn. 9.9. En ti el huérfano alcanzará **m**, Os. 14.3. Solamente hacer justicia, y amar **m**, Mi. 6.8. Haced **m** y piedad cada cual con su hermano, Zac. 7.9. **M** quiero, y no sacrificio, Mt. 9.13; 12.7; Os. 6.6. La justicia, la **m** y la fe, Mt. 23.23. Y su **m** de generación en generación, Lc. 1.50. El que usó con él de **m**, Lc. 10.37. Tendré **m** del que tendré **m**, Ro. 9.15. El que hace **m**, con alegría, Ro. 12.8. El padre de **m**, 2 Co. 1.3. Pero Dios, que es rico en **m**, Ef. 2.4. Si alguna **m**, Fil. 2.1. De entrañable **m**, Col. 3.12. Mas fui recibido a **m**, 1 Ti. 1.13. Sino por su **m**, Tit. 3.5. Porque juicio sin **m** será hecho, Stg. 2.13. Según su grande **m** nos hizo renacer, 1 P. 1.3. En el tiempo pasado no habíais alcanzado **m**, 1 P. 2.10. Esperando la **m** de nuestro Señor Jesucristo, Jud. 21. Véase **Benignidad**, **Bondad**, **Compasión, Gracia**.

MISERICORDIOSO: Propenso a la misericordia. // Yo entonces le oiré, porque soy **m**, Ex. 22.27. **M** y clemente es Jehová, Sal. 103.8; Jl. 2.13. Benigno y **m** es el Señor, Sal. 111.4. Bienaventurados los **m**, Mt. 5.7. Sed pues **m**, como también vuestro Padre es **m**, Lc. 6.36. Para venir a ser **m** y fiel, He. 2.17. El Señor es muy **m** y compasivo, Stg. 5.11. Véase **Benigno**, **Compasivo, Misericordia**.

MISIA: Una provincia en el extremo noroeste de Asia Menor, por donde pasó el apóstol Pablo en su segundo viaje misionero, Hch. 16.7,8. Véase mapa 6, D-2.

MISIÓN: Incumbencia, encargo. // Y Jehová te envió en **m**, 1 S. 15.18. Véase **Negocio, Servicio**.

MISMA, hb. **Audición:** 1. Hijo de Ismael, Gn. 25.14. // Un descendiente de Simeón, 1 Cr. 4.25.

MISMANA, hb. **Grasa:** Uno de los gaditas que se pasaron para David en la fortaleza en el desierto, cuando él huía de Saúl, 1 Cr. 12.10.

MISMO: Igual; idéntico. Lo mismo. // Pero el Espíritu es el **m**, 1 Co. 12.4. Pero tú eres el **m**, He. 1.12. Jesucristo es el **m** ayer, He. 13.8. Véase **Unánime**.

MISPAR, hb. **Narrativa:** Jefe de una familia que volvió del exilio, Esd. 2.2.

MISRAIM: Un hijo de Cam y nieto de Noé, Gn. 10.6. El nombre hebreo del país, Egipto, habitado por sus descendientes. Véase mapa 1, C-4.

MISREFOTMAIM: Lugar hacia donde Josué persiguió los reyes de Canaán que derrotó en las aguas de Merom, Jos. 11.8. Véase mapa 3, A-1.

MISTERIO: Este vocablo, en las Escrituras, nunca significa solamente cosa extraña e inexplicable, mas un secreto revelado o no revelado, conforme el caso. Misericordias del Dios del cielo sobre este **m**, Dn. 2.18. Dios en los cielos, el cual revela los **m**, Dn. 2.28. A vosotros es concedido saber los **m**, Mt. 13.11. No quiero, hermanos, que ignoréis este **m**, Ro. 11.25. **M**, que se ha mantenido oculto desde tiempos eternos, Ro. 16.25. Hablamos sabiduría de Dios en **m**, 1 Co. 2.7. Administradores de los **m** de Dios, 1 Co. 4.1. Entendiese todos los **m** y toda ciencia, 1 Co. 13.2. En espíritu hable **m**, 1 Co. 14.2. He aquí, os digo un **m**, 1 Co. 15.51. Por revelación me fue declarado el **m**, Ef. 3.3. Cuál sea la dispensación del **m**, Ef. 3.9. Este **m** grande es, Ef. 5.32. Para dar a conocer con denuedo el **m** del evangelio, Ef. 6.19. El **m** que había estado oculto desde los siglos, Col. 1.26. Para conocer el **m** de Dios, Col. 2.2. Para hablar el **m** de Cristo, Col. 4.3. Porque ya está obrando el **m** de iniquidad, 2 Ts. 2.7. Que tengan el **m** de la fe, 1 Ti. 3.9. Grande es el **m** de la piedad, 1 Ti. 3.16. El **m** de las siete estrellas, Ap. 1.20. El **m** de Dios será consumado, Ap. 10.7. Un nombre escrito: **M**, Babilonia, Ap. 17.5. El **m** de la mujer, y de la bestia, Ap. 17.7.

MISTURA: Compuesto de cosas mezcladas. // El vino es tinto, lleno de **m**, Sal. 75.8.

MITAD: Cada una de las dos partes iguales en que se divide un todo. // He aquí, Señor, la **m** de mis bienes, Lc. 19.8.

MITCA, hb. **Dulzura:** Lugar de uno de los campamentos de Israel en el desierto, Nm. 33.28.

MITILENE: Era la capital de la isla de Lesbos, en el mar Egeo, donde el apóstol aportó, en el regreso de su tercer viaje misionero, Hch. 20.14. La ciudad aún conserva el mismo nombre. Véase mapa 6, D-2.

MITRA: Especie de birrete, o cobertura para la cabeza, usada por el sumo sacerdote. Era de lino y adornada por una chapa de oro, con la inscripción: Santidad al Señor, Ex. 28.4,36-39.

MITRÍDATES, hb. **Dado por mitra** (es decir, el sol)**:** 1. Un tesorero de Ciro, rey de los persas, Esd. 1.8. // 2. Uno de los que reclamaron de la reconstrucción de los muros de Jerusalén, Esd. 4.7.

MIZA, hb. **Temblor:** Un nieto de Esaú, Gn. 36.13. Era uno de los príncipes de Edom, Gn. 36.17.

MIZAR: Un collado cerca del monte Hermón, Sal. 42.6.

MIZPA, hb. **Torre de vigía:** 1. Un montón de piedras recogidas por Jacob y Labán, en el monte de Galaad, Gn. 31:48,49. // 2. Un lugar en las raíces del monte Hermón, Jos. 11.3. // 3. Una ciudad de Judá, Jos. 15.38. // 4. Una ciudad de Benjamín, donde Samuel juzgó el pueblo, reunió las tribus y eligió Saúl para rey de Israel, Jos. 18.26; 1 S. 7.5—12.16; 10.17—25. Véase mapa 5, B-1. // 5. Una ciudad de Moab, 1 S. 22.3.

MNASÓN: Un discípulo natural de la isla de Chipre, en cuya casa se hospedó Pablo en su última visita a Jerusalén, Hch. 21.16.

MOAB, hb. **Familia de un padre:** El hijo de la unión incestuosa de Lot con su hija primogénita. Se convirtió en padre de los moabitas, Gn. 19:37. Su tierra comprendía la región fértil y bien regada de los altiplanos que se extienden a este del Mar Muerto, región actualmente llamada **Transjordania**. Habitada anteriormente por los emitas y zuzitas, Gn. 14.5; Dt. 2.10. Los israelitas acamparon en los campos de Moab, próximo a Jericó, Nm. 22.1. Los moabitas tuvieron gran miedo de este pueblo, Nm. 22.3. Dios prohibió que molestasen a los moabitas, Dt. 2.9. Ellos no dejaron Israel pasar por su tierra, Jue. 11.17. Sedujeron los israelitas para las prácticas idólatras y licenciosas del paganismo, Nm. 25.1. El Señor prohibió que dejaran a un moabita entrar en su asamblea, Dt. 23.3; Neh. 13.1. Moisés murió en la tierra de Moab, Dt. 34.5. Moab subyugado bajo el poder de Israel, Jue. 3.30. Rut, la moabita, fue bisabuela de David y del linaje de Jesucristo, Rut. 4.5,17; Mt. 1.5. Los padres de David moraron con el rey de Moab, 1 S. 22.3. Los moabitas fueron derrotados por Saúl, por David, por Joram y Josafat, 1 S. 14.47; 2 S. 8.2; 2 R. 3.21-27. El dios de los moabitas era Quemos, 1 R. 11:33. Salomón se casó con mujeres moabitas e introdujo en Judá el culto a Quemos, 1 R. 11:1,7. Moab, la vasija de mi lavatorio, Sal. 108:9. Profecías contra Moab, Is. 15; Jer. 9.26; Am. 2.1; Sof. 2.8. Véase **Piedra Moabita**. Véase también mapa 2, D-6; mapa 5, C-2.

MODELO: Arquetipo digno de ser imitado que se toma como pauta a seguir. // **M** del tabernáculo, Ex. 25.9,40; He. 8.5. Véase He. 9.23. Véase **Ejemplo**.

MODESTIA: Virtud que nos aleja de pensar y hablar de nosotros mismos con orgullo; ausencia de lujo; pudor tímido. // Ataviándose en hábito honesto, con vergüenza y **m**, 1 Ti. 2.9. Si permaneciere en fe, amor y santificación, con **m**, 1 Ti. 2.15. Véase 1 P. 3.3. Véase **Humildad**.

MODIFICAR: Cambiar la forma, la calidad de. // Véase **Mudar**.

MODO: Forma, método. // Véase **Juicio**, **Manera**.

MOISÉS, hb. **Sacado:** Libertador, estadista, historiador, poeta, moralista y legislador hebreo — el principal personaje del Antiguo Testamento. Dios lo usó para formar, de una raza de esclavos egipcios y bajo las mayores dificultades, una nación agresiva y poderosa que alteró por completo el curso de la humanidad. La historia de Moisés ocupa los libros de Éxodo, Levítico, Números y Deuteronomio — la séptima parte de la Biblia. Él merece la fama de haber sido uno de los mayores hombres de todas las épocas. De la tribu de Leví, Ex. 2.1. Hijo de Amram y Jocabed, Nm. 26.59. Los padres, por la fe, no temieron el decreto del rey, ocultando el hijo, He. 11.23. Salvo de las aguas del Nilo y criado como hijo de la hija de Faraón, Ex. 2.10. Educado en toda la ciencia de los egipcios, Hch. 7.22. Por la fe, cuando hombre, rechaza la gloria de Egipto, rehusando ser llamado hijo de la hija de Faraón, He. 11.24. Mata un opresor egipcio, Ex. 2.12. Por la fe abandona el Egipto, huyendo para la tierra de Madián, Ex. 2.15; He. 11.27. Toma por mujer Séfora, hija de Jetro, Ex. 2.21; 18.12. Peregrina cuarenta años en Madián, Hch. 7.30. Nacen Gersón y Eliezer, Ex. 2.22; 18.3,4. Dios aparece a Moisés en la zarza ardiente, Ex. 3. La circuncisión de Gersón, Ex. 4.25. Se encuentra con Aarón y los ancianos, Ex. 4.27-31. Entrevista con Faraón, Ex. 5.1. Por la fe celebra la pascua, He. 11.28; Ex. 12. Israel parte de Egipto, Ex. 13.17. Por la fe atraviesan, en tierra seca, el Mar Rojo, Ex. 14; He. 11.29. Su cántico de triunfo, Ex. 15. Murmuran contra él en Mara, Ex. 15.24; en Sim, Ex. 16.2; en Refidim, Ex. 17.2. El agua de la roca, Ex. 17.1; Nm. 20.8. Las codornices, Ex. 16.13; Nm. 11.31. El maná, Ex. 16.14; Nm. 11.6. Habla con Dios en el Monte Sinaí, Ex. 19.3; 34.2. Vuelve con las tablas de la ley, Ex. 31.18. Ora postrado cuarenta días y cuarenta noches, Ex. 32.11; Dt. 9.25. Aunque viviendo la infancia cercado de idolatría, edifica la nación de Israel en la roca firme y enseña el pueblo a adorar al único Dios, Jehová. Quema el becerro de oro y lo reduce a polvo, que esparce sobre el agua y obliga el pueblo a beber, Ex. 32.20. Su rostro resplandece, Ex. 34.29. Instruido para construir el tabernáculo, Ex. 25.9. Habla con Dios en la tienda, Ex. 33.9. Levanta el tabernáculo, Ex. 40.17. Envía espías, Nm. 13. Coré, Datán y Abiram se rebelan contra él, Nm. 16. Dios no permite que entre en Canaán, Nm. 20.12. Levanta la serpiente de bronce, Nm. 21.9. Contempla la Tierra Prometida de la cumbre de Pisga, Dt. 34.1. Nombra Josué como su sucesor, Nm. 27.22. Pasó cuarenta años en Egipto, Hch. 7.23. Pasó más cuarenta años en el desierto, Hch. 7.30. Y pasó otros cuarenta años conduciendo Israel en el desierto, muriendo con ciento veinte años, Dt. 34.7. Su muerte y sepultura, Dt. 34.5. Su mansedumbre, Nm. 12.3. Su grandeza, Dt. 34.10. Es estimado por el pueblo al lado de Cristo, Jn. 5.46. Un profeta semejante a Cristo, Hch. 3.22. Al lado de Cristo en la fidelidad en la casa de Dios, He. 3.2. Aparece en la transfiguración de Cristo, Mt. 17.3. **Sus milagros:** ¿Cuál otro hombre cuyas obras fueron acompañadas de tantas y tan estupendas maravillas? Hablaba "boca a boca" con Dios, Nm. 12.8. "Y nunca más se levantó profeta en Israel como Moisés, a quien haya conocido Jehová cara a cara; En todas las señales y prodigios que le envió Jehová a hacer en tierra de Egipto a Faraón, y a todos sus siervos, y a toda su tierra; Y en toda aquella mano esforzada, y en todo el espanto grande que causó Moisés a ojos de todo Israel", Dt. 34.10-12. Las diez plagas de Egipto, Ex. 7—12. Guiados por una columna de nube y una columna de fuego, Ex. 13.21. Las aguas del Mar Rojo, Ex. 14. Al extender la mano sobre el mar, volvieron las aguas, destruyendo el ejército de Faraón, Ex. 14.27. Se vuelven dulces las aguas de Mara, Ex. 15.25. Codornices enviadas al desierto, Ex. 16.13. Maná durante cuarenta años, Ex. 16.35. Agua de la roca en Refidim, Ex. 17.6; en Meriba, Nm. 20.13. El Monte Sinaí humea y tiembla porque el Señor baja sobre el, Ex. 19.18. Las tablas de piedra, escritas por el dedo de Dios, Ex. 31.18. El rostro de Moisés resplandece, Ex. 34.29. El fuego del Señor consume las extremidades del campamento, Nm. 11.1. María se vuelve leprosa y es curada en respuesta a la oración de Moisés, Nm. 12. Mueren los espías que infamaron la tierra, Nm. 14.36. La tierra traga todos los hombres que pertenecen a Coré, Nm. 16.32. La vara de Aarón florece, Nm. 17. Veinticuatro mil muertos en Baal-peor, Nm. 25.9. No envejece la ropa, ni hinchan los pies durante los cuarenta años, Dt. 8.4. **Su familia:** Los padres, de la tribu de Leví, infundieron de forma indeleble en los tres hijos el amor al único y verdadero Dios. María no sólo salvó al hermanito del Nilo (Ex. 2) como también lo ayudaba después a servir al pueblo de Dios. Aarón, hermano mayor, se convirtió en su ayudante principal. Los tres fallecieron en el mismo año: María con casi 130 años; Aarón con 123 y Moisés con 120 años. **Poeta:** El primer cántico escrito por Moisés y conservado para nosotros es el himno de acciones de gracias entonado por él y por los hijos de Israel en la margen del Mar Rojo, Ex. 15. Cuando terminó de “escribir las palabras de esta ley en un libro hasta concluirse”, el Pentateuco (Dt. 31.24), compuso un cántico para el pueblo, Dt. 32. Aún existen otros dos himnos, Dt. 33 y Sal 90. Véase Ap. 15.3. **Historiador:** Escribía, todos los días, registros de lo que Dios hacía por medio de él. Estos escritos fueron entregados a los sacerdotes para que los guardasen en el arca y para que fuesen leídos al pueblo, Ex. 17.14; 24.4-7; Nm. 33.2; Dt. 31.9-12,24,26. Así fue producido el Pentateuco, los cinco libros de Moisés.

MOJAR: Humedecer. // Los sacerdotes que llevaban el arca fueron mojados, Jos. 3.15. Moja tu bocado en el vinagre, Rut. 2.14. Envía a Lázaro que moje la punta de su dedo en agua, Lc. 16.24.

MOLADA: Una ciudad de la herencia de Judá, Jos. 15.26. Véase mapa 5, B-2.

MOLER: Triturar, reducir a polvo. // Para que moliese en la cárcel, Jue. 16.21. Moléis las caras de los pobres, Is. 3.15. Molido por nuestros pecados, Is. 53.5. Estarán moliendo juntas, Lc. 17:35; Llevaron a los jóvenes a **m**, Lm. 5.13. Véase **Quebrantar**.

MOLESTAR: Incomodar. // No te molestes, pues no soy digno, Lc. 7.6. Tu hija ha muerto; no molestes más al Maestro, Lc. 8.49. Véase **Fatigar**, **Magullar, Pena**.

MOLESTIA: Estado penoso; incómodo físico o moral. // Cómo llevaré yo solo vuestras **m**, Dt. 1.12. Véase **Enfermedad, Mal, Plaga**.

MOLESTO: Que incomoda; que enfada. // Consoladores **m** sois, Job 16.2. Os es poco el ser **m** a los hombres, sino que también lo seáis a mi Dios? Is. 7.13. Porque esta viuda me es **m**, Lc. 18.5.

MOLID: Un descendiente de Judá, 1 Cr. 2.29.

MOLINO: Máquina para moler granos, para aplastar ciertos materiales. // Molían en **m**, Nm. 11.8. Una rueda de **m** sobre la cabeza, Jue. 9.53. Colgase al cuello una piedra de **m**, Mt. 18.6.

MOLOC: La divinidad nacional de los amonitas, Lv. 18.21 // Se llamaba, también Milcom, 1 R. 11.5; Jer. 49.3. Lo adoraban con sacrificios humanos y pruebas de fuego. Los israelitas fueron avisados contra este culto con amenazas de terribles castigos, Lv. 18.21; 20.2-5. Ya viejo el rey Salomón, fueron consagrados altares a Moloc, 1 R. 11.7. El rey Acaz quemó a sus propios hijos en el fuego, 2 Cr. 28.3. El rey Manasés quemó a su hijo como sacrificio, 2 R. 21.6. Las diez tribus participaron de este crimen hediondo, 2 R. 17.17. El rey Josías destruyó los altares de Salomón para que nadie quemase a su hijo como sacrificio a Moloc, 2 R. 23.10. Véase **Abominación**.

MOMENTÁNEO: Que dura muy poco tiempo. // Porque esta leve tribulación **m**, 2 Co. 4.17.

MOMENTO: Curto espacio de tiempo; instante. // En un **m** subiré en medio de ti, Ex. 33.5. Los consumiré en un **m**, Nm. 16.21. Porque un **m** será su furor, Sal. 30.5. La lengua de mentira por un **m**, Pr. 12.19. Por un pequeño **m** te dejé, Is. 54.7. En un **m**, en un abrir de ojo, 1 Co. 15.52. Véase **Instante, Presente**.

MONEDA: Mostradme la **m** del tributo, Mt. 22.19. Véase **Blanca**, **Dinero**, **Pieza**, **Oro, Plata**.

MONO: Nombre genérico de los animales del orden de los primates. // No nativo de Palestina, sino importado para la corte de Salomón, 1 R. 10.22.

MONSTRUO: Animal de grandeza desmedida. // **M** marino, Job 7.12; Sal. 74.13; 104.26; 148.7; Is. 27.1; 51.9. Véase **Pez**.

MONTADO: Puesto sobre un animal. // Iba, pues, él **m** sobre su asna, Nm. 22.22. Véase **Sentado**.

MONTAR: Ponerse encima de algo // Y montaron en los camellos, Gn. 24.61. Véase **Cabalgar, Poner, Subir**.

MONTE DE LOS OLIVOS: Monte al este de Jerusalén, con un ancho de más de un kilómetros y de casi cien metros más alto que el monte del templo, separado de la ciudad por el estrecho valle del Cedrón. Dista de Jerusalén tanto como la jornada de un sábado, Hch. 1.12. David, huyendo de su hijo Absalón, subió llorando la ladera del monte de los Olivos, 2 S. 15.30; era costumbre adorar a Dios en la cumbre del monte, 2 S. 15.32. Salomón edificó un templo a Quemos, ídolo de los moabitas, “en el monte que está enfrente de Jerusalén”, 1 R. 11:7. Los judíos buscaban ramas en el monte para celebrar la fiesta de los tabernáculos, Neh. 8.15. Ezequiel, en visión vio la gloria del Señor subir del medio de la ciudad y ponerse sobre el monte que está al oriente de la ciudad, Ez. 11.23. En aquel día estarán los pies del Señor sobre el monte de los Olivos, Zac. 14.4. El monte de los Olivos será fendido por el medio, Zac. 14.4. Mientras otros fueron para sus casas, Jesús fue para el monte de los Olivos, Jn. 7.53; 8.1. Jesús mandó, cerca de Betfagé y Betania, en el monte de los Olivos, buscar un burrito, Lc. 19.29,30. En el descenso del monte de los Olivos la multitud alabó a Dios en voz alta, Lc. 19.37. Jesús se sentó en el monte de los Olivos, con la vista panorámica delante de Jerusalén ante los ojos de ellos, y pronunció las palabras de su sermón profético, Mt. 24.3. Después de la cena en el aposento alto, Jesús y sus discípulos salieron para el monte de los Olivos, Mt. 26.30. Ahí, entre los olivos, sufrió la angustia del Getsemaní, la traición y su prisión, Mt. 26.47-56. Jesús, en el monte llamado del Olivar, fue llevado al cielo, Hch. 1.12. Véase mapa 2, C-5; mapa 5, B-1. [LEGENDA] El Monte de de los Olivos, donde, según Zac. 14.4, el Señor Jesús bajará en su segunda venida

MONTE, MONTAÑA: La palabra en el original se aplica para designar no sólo una elevación de tierra aislada, pero a veces una cordillera. // Los montes de Abarim, Nm. 33.47; los montes de Ararat, Gn. 8.4; el monte de Basán, Sal 68.15; el Carmelo, Jos. 19.26; el monte Ebal, Jos. 8.30; el monte Gerizim, Dt. 11.29; el monte Gilboa, 1 S. 31.1; el monte Hermón, Jos. 12.1; el monte de Hor, Nm. 20.22; Horeb, el monte de Dios, Ex. 3.1; el Líbano, Jer. 18.14; el monte Moriah, 2 Cr. 3.1; el monte Nebo, Dt. 32.49; el monte de los Olivos, Mt. 24.3; la cumbre de Pisga, Dt. 34.1; el monte Seir, Jos. 15.10; el monte Sinaí, Ex. 19.2; el monte Tabor, Jer. 46.18; el monte Sion, Dt. 4.48. // Los montes, lugar de atalayas, Is. 18.3; de refugio, Gn. 19.19; Mt. 24.16; de oración, Mt. 14.23; Lc. 6.12; 9.28; de adoración, Jn. 4.20; de Jesús enseñar y sanar, Mt. 5.1; 15.29; 24.3; de la transfiguración, Mt. 17.1. // Los montes temblaron delante de Jehová, Jue. 5.5; Sal 97.5; saltaron en alabanza como carneros, Sal. 114:4; dieron testimonio de sus obras, Mi. 6.2. // El monte de Jehová, Gn. 22.14; Is. 2.3.; Mi. 4.2; de Dios, Ex. 4.27; santo 2 P. 1.18.

MONTÓN: Acumulación desordenada; conjunto de cosas apiladas. // Desolación de ciudades fuertes en **m** de ruinas, 2 R. 19.25. Y pondré a Jerusalén en **m**, Jer. 9.11; 26.18; Mi. 3.12.

MORADA: Lugar donde se mora. // **M** para el Fuerte de Jacob, Sal. 132.5. En la casa de mi Padre muchas **m** hay, Jn. 14.2. Haremos con él **m**, Jn. 14.23. Véase **Habitación, Tienda**.

MORADOR: Que mora. // Todos los **m** de la tierra, Sal. 33.14. Véase **Habitantes**.

MORAR: Habitar, residir. // Que moraban junto al río Chebar, Ez. 3.15. Véase **Asistir**, **Estar**, **Habitar**, **Posar**, **Residir**, **Vivir**.

"Enjambres de moscas que los devoraban" *(Sal. 78.45)*.

MORDER: Herir con los dientes. // Serpientes ardientes, que mordían al pueblo, Nm. 21.6. El que aportillare el vallado, le morderá la serpiente, Ec. 10.8. Allí mandaré a la serpiente, y los morderá, Am. 9.3. Y si os mordéis y os coméis, Gá. 5.15.

MORE: 1. Lugar en las inmediaciones del monte Gerizim y del monte Ebal, cerca de Siquem, Dt. 11.30, donde Abraham acampó al llegar a la tierra de la promisión, Gn. 12.6. // Lugar donde los madianitas acamparon, antes del ataque de Gedeón, Jue. 7.1. Véase mapa 2, C-3.

MORENA: Mujer trigueña; que tiene el color de trigo maduro. // **M** soy, oh hijas de Jerusalén, mas codiciable, Cnt. 1.5.

MORESET-GAT, hb. **Posesión de Gat:** Ciudad de las tierras bajas de Judá, Mi. 1.14. Tierra natal del profeta Miqueas, Mi. 1.1. Véase mapa 5, B-1.

MORIAH: 1. La región para donde fue Abraham para ofrecer Isaac en holocausto, Gn. 22.2. // 2. Monte donde estaba la era de Ornán, comprada por David y donde fue construido el templo de Salomón, 2 S. 24.18-25; 2 Cr. 3.1.

MORIR: Dejar de vivir. // Porque el día que de él comieres, ciertamente morirás, Gn. 2.17. Véase **Muerte**.

MORTAL: Sujeto a la muerte; que produce muerte. // No reine, pues, el pecado en vuestro cuerpo **m**, Ro. 6.12. Vivificará también vuestros cuerpos **m**, Ro. 8.11. Esto **m** se vista de inmortalidad, 1 Co. 15.53. Para que lo **m** sea absorbido por la vida, 2 Co. 5.4. Ciertamente los hombres **m** toman los diezmos, He. 7.8. La lengua, que es un mal que no puede ser refrenado; llena de veneno **m**, Stg. 3.8. Véase **Hombre**, **Muerte**.

MORTANDAD: Matanza // Ni **m** que en medio del día destruya, Sal. 91.6.

MORTERO: Utensilio de forma cóncava que sirve para machacar en él especias, semillas u otras sustancias. // Molía en molinos o lo majaba en**m**, **.** Utensilios para el servicio,**m**, **.** Aunque majes al necio en un**m**entre granos de trigo majados con el pisón, **.**

MORTÍFERO: Que ocasiona la muerte. // Si bebieren cosa **m**, no les dañará, Mr. 16.18. Véase **Afilado, Mortal**.

MOSA: 1. Una ciudad de la herencia de Benjamín. // 2. Un hijo de Caleb, 1 Cr. 2.46. // 3. Un descendiente de Saúl, 1 Cr. 8.36.

MOSCA: Género de insectos dípteros de la familia de los muscídeos. // La cuarta plaga en Egipto: **m**, Ex. 8.20-31; Sal. 78.45; 105.31. Las **m** muertas hacen heder y dar mal olor al perfume, Ec. 10.1.

MOSERA: Lugar donde Aarón murió y fue sepultado, Dt. 10.6.

MOSEROT: Lugar de uno de los campamentos de Israel en el desierto, Nm. 33.30.

MOSQUITO: Cualquier insecto díptero (es decir, que tiene dos alas) pequeño. // Coláis el **m**, mas tragáis el camello, Mt. 23.24.

MOSTAZA: Planta crucífera que produce el condimento de mismo nombre. // "Como un grano de mostaza", expresión para representar una cosa pequeña, Mt. 17.20; Lc. 17.6. El aumento del reino de los cielos comparado al crecimiento de un grano de mostaza, Mt. 13.31. Es fenomenal su crecimiento, de semilla tan menuda para una altura que los pájaros posan bajo su sombra.

MOSTO: Zumo de uvas, antes de fermentar. // Abundancia de trigo y de **m**, Gn. 27.28. Los montes destilarán **m**, Jl. 3.18. Están llenos de **m**, Hch. 2.13.

MOSTRAR: Exponer algo a la vista. // Le mostró Jehová toda la tierra de Galaad hasta Dan, Dt. 34.1. Que les mostrase señal del cielo, Mt. 16.1. En esto se mostró el amor de Dios, 1 Jn. 4.9. Te mostraré las cosas que sucederán, Ap. 4.1. Te mostraré la desposada, Ap. 21.9. Me mostró un río limpio de agua de vida, Ap. 22.1. Véase **Demostrar**.

MOTIVO: Causa, razón. // Subió a Dios el clamor de ellos con **m** de su servidumbre, Ex. 2.23. Véase **Causa**.

MOVER: Dar o comunicar movimiento a; incitar. // Ni un perro moverá su lengua, Ex. 11.7. Silbaron, y movieron sus cabezas sobre la hija de Jerusalén, Lm. 2.15. Ni con un dedo quieren moverlas, Mt. 23.4. Porque en él vivimos, y nos movemos, Hch. 17.28. Véase **Agitar**, **Estimular, Inspirar**.

MUCHACHO: Joven, mozo. // Era **m**, y rubio, 1 S. 17.42. No te parezca grave a causa del **m**, Gn. 21.12. Véase **Joven**, **Niño**.

MUCHO: En gran número o en abundancia; excesivamente, profundamente. // Porque a todo aquel a quien se haya dado **m**, **m** se le demandará, Lc. 12.48. De los cuales **m** viven aún, 1 Co. 15.6. Esta reprensión hecha por **m**, 2 Co. 2.6. El que recogió **m**, no tuvo más, 2 Co. 8.15. En peligros de muertes, **m** veces, 2 Co. 11.23.

MUDANZA: Acción o efecto de mudar. // En el cual no hay **m**, ni sombra de variación, Stg. 1.17. Véase **Mudar**.

MUDAR: Poner en otro lugar; desviar; alterar. // Cuando haya de mudarse el campamento, Nm. 4.5. Ni mudaré lo que ha salido de mis labios, Sal. 89.34. Para **m** el aspecto de las cosas, 2 S. 14.20. Su comida se mudará en sus entrañas, Job 20.14. La tosquedad de su semblante se mudará, Ec. 8.1. Le hizo **m** también los vestidos de prisionero, Jer. 52.33.

MUDO: El que por defecto orgánico es incapaz de pronunciar palabras, Ex. 4.11. // **M** por causa de los juicios de Dios, Sal. 39.2-9; Dn. 10.15,16. Cantará la lengua del mudo, Is. 35.6. Sumisión: como oveja delante de sus trasquiladores, enmudeció, Is. 53.7; Hch. 8.32. Véase Sal. 38:13. // Los profetas de Israel, destituidos del Espíritu, como perros mudos, que no pueden ladrar, Is. 56:10. Ezequiel, al enmudecer delante del pueblo rebelde, tenía la promesa de Dios dar habla a su boca, Ez. 3.26, 27; 24.27; 33.22. Ídolos mudos, Hab. 2.18,19; 1 Co. 12.2. Cristo sanó a los mudos, Mt. 9.33; 12.22; 15.30,31; Mr. 7.37; 9.25. Mudo porque no tenía disculpa, Mt. 22.12. Zacarías enmudeció por causa de la incredulidad, Lc. 1.20. Un mudo animal de carga habló con voz humana, 2 P. 2.16.

MUELA: Diente molar. // Dientes de león, y sus **m**, de león, Jl. 1.6. Quiebra, oh Jehová, las **m** de los leoncillos, Sal. 58.6.

MUERTE: Dejar de vivir. // Muera mi persona de la **m** de los rectos, Nm. 23.10. Os he puesto delante la vida y la **m**, Dt. 30.19. Apenas hay un paso entre mí y la **m**, 1 S. 20.3. Me cercaron ondas de **m**, 2 S. 22.5. Sombra de la muerte, Job 24.17; Sal. 23.4. Pr. 2.18; Is. 9.2. Para que no duerma de **m**, Sal. 13.3. El día de la **m** que el día del nacimiento, Ec. 7.1. Concierto tenemos hecho con la **m**, Is. 28.15. Derramó su vida hasta la **m**, Is. 53.12. No quiero la **m** del que muere, Ez. 18.32. La paga del pecado es **m**, Ro. 6.23. ¿Quién me librará del cuerpo de esta **m**?, Ro. 7.24. El postrer enemigo que será deshecho, es la **m**, 1 Co. 15.26. ¿Dónde está, oh **m**, tu aguijón? 1 Co. 15.55. Olor de **m** para **m**, 2 Co. 2.16. Por todas partes la **m** de Jesús, 2 Co. 4.10. Obediente hasta la **m**, y **m** de cruz, Fil. 2.8. El pecado, siendo consumado, da a luz la **m**, Stg. 1.15. Salvará de **m** un alma, Stg. 5.20. Sé fiel hasta la **m**, Ap. 2.10. La segunda **m**, Ap. 2.11; 20.6. Él tenía por nombre **M**, Ap. 6.8. // **La muerte es:** reunirse con sus padres, Gn. 49.33; dormir con sus padres, 1 R. 11.21; huir como la sombra, Job 14.2; volver al polvo, Sal. 104.29; dormir, Jn. 11.11; 1 Ts 4.13; expirar, Hch. 5.10; deshacerse nuestra morada terrestre, 2 Co. 5.1; muchísimo mejor, Fil. 1.23; abandonar el cuerpo, 2 P. 1.14. Véase **Matar**. // **La muerte es resultado del pecado de Adán:** El día que de él comieres, ciertamente morirás, Gn. 2.17. Por un solo hombre entró el pecado... y la muerte, Ro. 5.12. La muerte entró por un hombre, 1 Co. 15.21. // **Todos mueren:** Polvo eres, y al polvo volverás, Gn. 3.19; Ec. 3.20. Todos los hombres mueren, Nm. 16.29. El hombre nacido de mujer... sale como una flor, y es cortado, Job 14.1,2. Pues se ve que mueren los sabios, así como el insensato y el necio perecen, Sal. 49.10. Su íntimo pensamiento es que sus casas serán eternas, Sal. 49.11. ¿Qué hombre vivirá y no verá muerte? Sal. 89.48. Está establecido para los hombres que mueran una sola vez, He. 9.27. // **Dispensados de la muerte:** Enoc, Gn. 5.25; He. 11.5. Elías, 2 R. 2.11. Nosotros, los que vivimos, 1 Ts. 4.17. // **De la muerte no se vuelve:** Job 10.21; 2 S. 12.23; Lc. 16.31. // **La muerte conquistada por Cristo:** Cristo resucitado, la muerte no tiene dominio, Ro. 6.9. Cristo destruyó la muerte, 2 Ti. 1.10. Librar a los que por el temor de la muerte estaban por toda la vida sujetos a servidumbre, He. 2.15. Cristo tiene las llaves de la muerte, Ap. 1.18. // **La liberación de la muerte es por Cristo:** Pasó de la muerte para la vida, Jn. 5.24. Los que la oyeren vivirán, Jn. 5.25. Nos dio vida juntamente con Cristo, Ef. 2.5. Destruyó la muerte, 2 Ti. 1.10. El que tiene al Hijo, tiene la vida, 1 Jn. 5.12. // **La muerte desconocida en el cielo:** No pueden ya morir, porque son iguales a los ángeles, Lc. 20.36. La muerte ya no existirá, Ap. 21.4. // **La muerte espiritual:** Deja que los muertos entierren a sus muertos, Mt. 8.22. Si no coméis la carne del Hijo del Hombre, y bebéis su sangre, no tenéis vida en, Jn. 6.53. Muertos en vuestros delitos y pecados, Ef. 2.1. Muertos en pecados y en la incircuncisión de vuestra carne, Col. 2.13. Obras muertas, He. 6.1; 9.14. Hemos pasado de muerte a vida, en que amamos a los hermanos, 1 Jn. 3.14. Tienes nombre de que vives, y estás muerto, Ap. 3.1. // **La muerte eterna:** El castigo eterno, Mt. 25.46. La resurrección de vida, Jn. 5.29. Vasos de ira preparados para muerte, Ro. 9.22. La ira venidera, 1 Ts. 1.10. Como animales irracionales, nacidos para presa y destrucción, 2 P. 2.12. // **La muerte eterna es:** tinieblas, Mt. 25.30; fuego eterno, Mt. 25.41; ira e indignación, Ro. 2.8,9; eterna perdición, excluidos de la presencia del Señor, 2 Ts. 1.9; la más densa oscuridad, 2 P. 2.17; lago de fuego que arde con azufre, Ap. 19.20; lago que arde con fuego y azufre, es decir, la muerte segunda, Ap. 21.8. // **Murieron:** Abraham, en honrosa vejez, y fue unido a su pueblo, Gn. 25.8; Isaac, siendo recogido a su pueblo, Gn. 35.29; Jacob, encogió sus pies en la cama, y expiró, Gn. 49.33; Aarón, recogido a su pueblo, Nm. 20.23-28; Moisés, conforme al dicho de Jehová, Dt. 34.5; Josué, siervo de Jehová, Jos. 24.29; David, durmió con sus padres, 1 R. 2.10; Eliseo, de enfermedad, 2 R. 13.14; Lázaro, llevado por los ángeles, Lc. 16.22; Esteban, clamando a gran voz, diciendo: Señor, no les tomes en cuenta este pecado, Hch. 7.60; Jesús, entregó el espíritu, Mt. 27.50; Jn. 10.17,18. // **Se suicidaron:** Ahitofel, 2 S. 17.23; Mt. 27.7; Hch. 1.18. // **Fueron muertos:** Nadab y Abiú, Lv. 10.1,2; Coré, Datán y Abiram, Nm. 16.32; Ofni y Finees, 1 S. 4.11; Absalón, 2 S. 18.9,14; Acab, 1 R. 22.34; Jezabel, 2 R. 9.33.; Amán, Est. 7.10; Belsasar, Dn. 5.30; Stg, Hch. 12.2; Herodes, Hch. 12.23.

MUERTO: Que dejó de vivir. // Los muertos, Sal. 88.10; 115.17; Ec. 9.5; 12.7; Is. 38.18. Muertos honrados, Gn. 50.7; 1 S 25.1; Mt. 14.12; Mr. 6.29; Hch. 8.2. Resurrección de los muertos, Job 19.26; Is. 26.19; Dn. 12.2,13; Jn. 5.25; 1 Co. 15.12-23. Restauró la vida a un muerto: Elías, 1 R. 17.17; Eliseo, 2 R. 4.32; 13.21; Cristo, Mt. 9.24; Jn. 11.44; Pedro, Hch. 9.40; Pablo Hch. 20.10. Duermen en Cristo, 1 Ts. 4.13,14. Véase **Muerte**, **Medio Muerto**.

MUJER: Persona del sexo femenino; esposa. // Se unirá a su **m**, Gn. 2.24; Mt. 19.5; Ef. 5.31. Hombre nacido de **m**, Job 14.1; Lc. 7.28. La **m** de tu juventud, Pr. 5.18. La **m** sabia edifica su casa, Pr. 14.1. Cualquiera que mira a una **m** para codiciarla, Mt. 5.28. Repudiare a su **m**, Mt. 5.31; 19.3. Acordaos de la **m** de Lot, Lc. 17.32. Dos **m** estarán moliendo juntas, Lc. 17.35. Bueno le sería al hombre no tocar **m**, 1 Co. 7.1. La **m** casada está atada a la ley, 1 Co. 7.39. Vuestras **m** callen en las congregaciones, 1 Co. 14.34. Su Hijo, nacido de **m**, Gá. 4.4. Los maridos deben amar a sus **m**, Ef. 5.28. La **m** aprenda en silencio, 1 Ti. 2.11. Marido de una sola **m**, 1 Ti. 3.2. Una **m** vestida del sol, Ap. 12.1. Una **m** sentada sobre una bestia, Ap. 17.3. Véase **Casada**, **Esposa, Hembra**.

MUJERCILLA: Chismosa. // Las **m** cargadas de pecados, 2 Ti. 3.6.

MULADAR: Lugar donde se depositan deyecciones o inmundicias. // Su casa sea

Mulo

hecha **m** por esto, Esd. 6.11. A la puerta del **M**, Neh. 2.13. Vuestras casas serán puestas por **m**, Dn. 2.5; 3.29. Ni para el **m** es buena, Lc. 14.35. Véase **Estiércol**.

MULO: Animal hijo del caballo y de la jumenta. Resistente, paciente, inflexible y de paso firme. Vive dos veces más que el caballo. // Animal de carga, 1 Cr. 12.40; Neh. 7.68. Los que volvieron de Babilonia trajeron 245 mulas, Esd. 2.66. Vendido en las ferias, Ez. 27.14. Popular como presente, 2 Cr. 9.24. Cabalgadura real, 1 R. 1.33,38,44; 2 S. 13.29.

MULTAR: Imponer o aplicar pena pecuniaria u otra cualquier a. // Y le multarán en cien piezas de plata, Dt. 22.19. Véase **Penar**.

MULTIFORME: Que tiene muchas formas. // La **m** sabiduría de Dios sea ahora dada a conocer, Ef. 3.10. Véase **Diferente**.

MULTIPLICAR: Aumentar una cantidad, un número. // Fructificad y multiplicaos; llenad la tierra, y sojuzgadla, Gn. 1.28. Te multiplicaré en gran manera, Gn. 17,2. Los hijos de Israel fructificaron, y se multiplicaron, Ex. 1.7. Jehová vuestro Dios os ha multiplicado, Dt. 1.10. Por haberse multiplicado la maldad, Mt. 24.12. Te multiplicaré grandemente, He. 6.14. Véase **Abundar**, **Crecer**.

MULTITUD: Grand ayuntamiento de personas o cosas. // Jesús y las multitudes, Mt. 5.1; 8.1; 13.2; 14.14; 15.10; 19.2; 20.29. Una **m** de las huestes celestiales, Lc. 2.13. Cubrirá **m** de pecados, Stg. 5.20. El amor cubrirá **m** de pecados, 1 P. 4.8. Véase **Compañía**, **Pueblo**, **Turba**.

MUNDANO: Inclinado a los placeres del mundo. // Renunciando a la impiedad y a los deseos **m**, Tit. 2.12.

MUNDO: Todo el universo; el género humano; clase social, la vida mundana. // Mío es el **m**, Sal. 50.12. Afirmó también el **m**, Sal. 93.1. Vosotros sois la luz del **m**, Mt. 5.14. El campo es el **m**, Mt. 13.38. ¿Qué aprovechará al hombre, si ganare todo el **m**, y perdiere su alma?, Mt. 16.26. En el **m** estaba, Jn. 1.10. De tal manera amó Dios al **m**, Jn. 3.16. Yo soy la luz del **m**, Jn. 8.12. No he venido a juzgar al mundo, Jn. 12.47. Si el **m** os aborrece, Jn. 15.18. Mi reino no es de este **m**, Jn. 18.36. Han trastornado al **m**, Hch. 17.6. Juzgará al **m** con justicia, Hch. 17.31. Estaba en Cristo reconciliando consigo al **m**, 2 Co. 5.19. El **m** me es crucificado, Gá. 6.14. De los cuales el **m** no era digno, He. 11.38. Sin mancha del **m**, Stg. 1.27. La amistad del **m** es enemistad con Dios, Stg. 4.4. Y si no perdonó al **m** antiguo, 2 P. 2.5. No améis al **m**, ni las cosas que están en el **m**, 1 Jn. 2.15. Por esto el **m** no nos conoce, 1 Jn. 3.1. El **m** entero está bajo el maligno, 1 Jn. 5.19. La hora de la tentación que ha de venir en todo el **m**, Ap. 3.10. Los reinos del **m** han venido a ser de nuestro Señor y de su Cristo, Ap. 11.15.

MURALLA: Muro o pared de gran espesura o altura. // Edificamos, pues, el muro, y toda la **m**, Neh. 4.6. Véase **Muro**.

MURCIÉLAGO: Mamífero que tiene alas membranosas y se asemeja al ratón. Habitan las cavernas y otros lugares para evitar la luz, Is. 2.20. Es un mamífero, pero termina la lista de las aves inmundas, tal vez por tener alas, Lv. 11.19. Hay cerca de veinte especies de murciélago en la Tierra Santa.

"Arrojará el hombre a los topos y murciélagos sus ídolos" *(Is 2.20)*.

MURMULLO: Había gran **m** de él entre la gente, Jn. 7.12.

MURMURACIÓN: Acto de murmurar. // Las **m** de los hijos de Israel, Ex. 16.12. Porque oí la **m** de muchos, Jer. 20.10. Hubo **m** de los griegos contra los hebreos, Hch. 6.1. **M**, elaciones, bandos, 2 Co. 12.20. Haced todo sin **m**, Fil. 2.14. Hospedaos los unos a los otros sin **m**, 1 P. 4.9. Véase **Afrenta, Murmullo**.

MURMURADOR: Aquel que reclama del prójimo. // Los **m** aprenderán doctrina, Is. 29.24. Estos son **m**, Jud. 16.

MURMURAR: Quejarse en voz baja; hablar mal de alguien o de algo. // Murmuró contra Moisés, Ex. 15.24; 16.2; Nm. 14.2; 16.41. ¿Qué es para que contra él murmuréis?, Nm. 16.11. Y murmurasteis en vuestras tiendas, Dt. 1.27. Antes murmuraron en sus tiendas, Sal. 106.25. Murmuraban contra ella, Mr. 14.5. Murmuraban los fariseos, Lc. 15.2. Murmuraban, diciendo que había entrado a posar con un hombre pecador, Lc. 19.7. Murmuraban entonces de él los judíos, Jn. 6.41. Oyeron a la gente que murmuraba de él, Jn. 7.32. Ni murmuréis, como algunos de ellos murmuraron, 1 Co. 10.10. Véase **Gruñir**.

MURO: Pared fuerte que cerca un recinto o separa un lugar de otro. // Teniendo las aguas como **m**, Ex. 14.22. El **m** se derrumbó, Jos. 6.20. Observé los **m** de Jerusalén que estaban derribados, Neh. 2.13. La dedicación del **m** de Jerusalén, Neh. 12.27. Salvación puso Dios por **m**, Is. 26.1. Delante de mí están siempre tus **m**,

Is. 49.16. A tus **m** llamarás Salvación, Is. 60.18. Sobre tus **m**, oh Jerusalén, he puesto guardas, Is. 62.6. Fui descolgado del **m** en un serón por una ventana, 2 Co. 11.33. Por fe cayeron los **m** de Jericó, He. 11.30. El **m** de la ciudad tenía doce fundamentos, Ap. 21.14. Véase **Vallado**, **Muro de las Lamentaciones**.

MÚSCULO: Órgano fibroso que opera los movimientos. // Y su vigor en los **m** de su vientre, Job 40.16. Véase **Lomo, Pierna**.

MUSI: Un nieto de Leví, Ex. 6.19.

MÚSICA: Arte de combinar los sonidos de manera agradable al oído. // Jubal, el sexto descendiente de Caín, fue el inventor de la música instrumental, Gn. 4.21. Se refiere a la música en Gn. 31.27. El cántico de María y de las mujeres de Israel, en el Mar Rojo, fue acompañado de panderos, Ex. 15.20. // **El efecto de la música:** 1 S. 10.6; 16.16,23; 2 R. 3.15. // **Música en los cultos:** 2 S. 6.5; 1 Cr. 15.28; 2 Cr. 7.6; Sal. 33; 81; 92; 108; Dn. 3.5. // **Música en las fiestas:** Is. 5.12; 14.11; Lm. 5.14; Am. 6.5; Lc. 15.25; 1 Co. 14.7. // **Música en el cielo:** Ap. 5.8; 14.2. // **Instrumentos de música:** 1. Salterio, 1 Cr. 16.5. Antiguo instrumento de cuerdas. 2. Cítara, Dn. 3.5; 1 Co. 14.7. Antiguo instrumento de cuerdas, semejante a la lira. 3. Címbalo, 1 Cr. 16.5; Sal. 150.5; 1 Co. 13.1. Antiguo instrumento musical compuesto de dos mitades de un globo de metal, que se percutían. 4. Bocina, 2 Cr. 15.14. Especie de pequeña trompeta, de sonido agudo y estridente. 5. Flauta, Gn. 4.21; 1 S 10.5; Sal. 150.4; Lc. 7.32; 1 Co. 14.7. Instrumento de soplo formado de un tubo hueco con varios orificios y llaves. 6. Zampoña, Dn. 3.5. Instrumento rústico, a modo de flauta, o compuesto de varias flautas. 7. Arpa, Gn. 4.21; 1 S. 16.16; 2 S 6.5; Sal. 33.2; 137.2; Is. 5.12; Ap. 5.8; 14.2; 15.2. Instrumento de música triangular, de cuerdas desiguales. Es ejecutado con los dedos. 8. Vihuela, Is. 5.12. Instrumento musical de cuerdas usado por los antiguos. 9. Pandero, 2 S. 6.5. Pequeño tambor con una sola piel y muñido de cascabeles. 10. Pandero, Ex. 15.20. Tambor más largo y más estrecho que el tambor ordinario. 11. Trompeta, Lv. 23.24; Nm. 10.2. Véase **Cántico**, **Himno**, **Melodía**, **Salmo**.

MÚSICO: Lo mismo que musical; persona que sabe música. // Instrumentos musicales, 1 Cr. 15.16; Am. 6.5. La música para el templo, 1 Cr. 15.16. La voz... de **m**, Ap. 18.22.

Arpa

MUSLO: Parte superior de la pierna, desde la rodilla hasta la juntura de las caderas. // El criado puso mano debajo del **m** de Abraham, Gn. 24.9. Se descoyuntó el **m** de Jacob, Gn. 32.25. Que tu **m** caiga y que tu vientre se hinche, Nm. 5.21. Golpear el muslo en señal de arrepentimiento y de terror, Jer. 31.19; Ez. 21.12. Sus **m** de bronce, Dn. 2.32. En su **m** tiene escrito este nombre, Ap. 19.16. Véase **Pierna.**

MUTILAR: Privar de algún miembro. // Ciego, perniquebrado, mutilado, verrugoso, sarnoso o roñoso, no ofreceréis éstos a Jehová, Lv. 22.22. Véase **Cortar**.

MUTUO: Que corresponde de parte a parte; recíproco. // No os neguéis el uno al otro, a no ser por algún tiempo de **m**, 1 Co. 7.5. Véase **Común**.

MUY: Lo mismo que mucho. Se antepone a nombres adjetivados, participios, adverbios y modos adverbiales. // Entonces Abraham se levantó **m** de mañana, Gn. 21.14.

Nazaret, donde Jesús se crió. Cuando, durante su ministerio público predicó allí, foi expulsado y llevado hasta la cumbre del monte sobre el cual estaba edificada la ciudad para que desde allí lo arrojaran. Actualmente Nazaret es una ciudad de 25 000 habitantes, de los cuales una parte son árabes cristianos.

N

NAALAL, hb. **Prado, pastizal**: Una ciudad de la herencia de Zabulón, Jos. 19.15.

NAAM/NAHAM, hb. **Consolación, dulzura**. 1. Uno de los hijo de Caleb, 1 Cr. 4.15. // 2. Un descendiente de Judá, 1 Cr. 4.19.

NAAMA, hb. **Agradable**: Una hija de Lamec y Zilá, Gn. 4.22.

NAAMA, hb. **Dulce**: 1. Una ciudad de la herencia de Judá, Jos. 15.41. // 2. Una amonita, mujer de Salomón y madre de Roboam, 1 R. 14.21.

NAAMÁN, hb. **Agradable**: 1. Un nieto de Benjamín, Nm. 26.40. // 2. Comandante del ejército de Ben-adad, rey de Siria. Fue sanado da lepra, bañándose siete veces en el río Jordán, en obediencia a la palabra del profeta Eliseo, 2 R. 5. Grande fue la recepción del "hombre de Dios", al llegar después en Damasco, la ciudad del rey Ben-adad, 2 R. 8.7-9. Cristo citó la cura de Naamán como ejemplo de extensión de la misericordia a quien no era israelita, Lc. 4.27.

NAAMATITA: Natural o habitante de Naamá, lugar donde vivía Zofar, uno de los amigos de Job, Job 2.11. Y probablemente un lugar da Arabia.

NAARA, hb. **Doncella**: Una de las dos mujeres de Asur, 1 Cr. 4.5.

NAARAI, hb. **Broncorrea**: 1. Uno de los valientes del ejército de David, 1 Cr. 11.37. // 2. Otro valiente de David, 1 Cr. 11.39.

NAARÁN: Una ciudad de la tribu de Efraín, 1 Cr. 7.28. Véase mapa 5, B-1.

NAARAT: Una ciudad de la herencia de Efraín, Jos. 16.7.

NAASÓN, hb. **Encantador**: 1. Un descendiente de Judá y cuñado de Aaron, 1 Cr. 2.11. // 2. Padre de Salmón, de la genealogía de Cristo, Mt. 1.4.

NABAL, hb. **Sin juicio**: Hombre adinerado de Maom, que tenía grandes manadas de ovejas y de cabras en el Carmelo. Hombre duro y malvado en todo su trato, les negó ayuda a David y a sus hombres, 1 S. 25:10. Abigail, su mujer, suplicó que perdonase a su marido, 1 S. 25.18-28. Su miserable muerte, 1 S. 25.37,38.

NABAT, hb. **Aspecto**: Padre del rey Jeroboam, 1 R. 11.26.

NABOT: Un israelita de la ciudad de Jezreel, en la época del rey Acabe. Rehusó, en conformidad con la ley, Lv. 25.23,24, vender su bella viña al rey. Por insistencia de Jezabel, Nabot fue muerto y Acab entró y se adueñó de la viña. El crimen provocó el juicio de Dios sobre el rey y su mujer, 1 R. 21.1-29.

NABUCODONOSOR, Nebo protege su límite: La forma del vocablo **Nebucadnezar**, en laVulgata. Hijo y sucesor de Nabopolasar, el fundador del imperio babilónico. Era el más poderoso de los reyes de Babilonia, Ez. 26.7. Conquistó Palestina, Dn. 1.1; Jer. 21.2, 7. El rey Joacim se rebeló contra él, 2 R. 24.1. Sus sueños, Dn. 2; 4. Su demencia, Dn. 4.33.

NABUSAZBÁN, hb. **Nebo me liberta**: Uno de los oficiales de Nabucodonosor, en el tiempo de la tomada de Jerusalén, Jer. 39.13.

NACER: Venir al mundo, a la luz; tener su origen. // He aquí que a la casa de David nacerá un hijo, 1 R. 13.2. Así el hombre nace para la aflicción, Job 5.7. El hombre nacido de mujer vive poco tiempo, Job 14.1. Yo nací en la iniquidad, Sal. 51.5. Hay tiempo de **n**, y tiempo de morir, Ec. 3.2. Porque un niño nos es nacido, Is. 9.6. En las tinieblas nacerá tu luz, Is. 58.10. La gloria de Jehová ha nacido sobre ti, Is. 60.1. ¿Nacerá una nación de una vez? , Is. 66.8. El hace nacer su sol, Mt. 5.45. Entre los que nacen de mujer, Mt. 11.11. Bueno le fuera a ese hombre no haber nacido, Mt. 26.24. Os ha nacido hoy, en la ciudad de David, Lc. 2.11. El que no naciere de nuevo, no puede ver el reino de Dios, Jn. 3.3. Dios envió a su Hijo, nacido de mujer y nacido bajo la ley, Gálatas 4.4. El que había nacido según la carne perseguía al que había nacido según el Espíritu, Gálatas 4.29. Todo aquel que es nacido de Dios... porque es nacido de Dios, 1 Jn. 3.9. Todo aquel que ama, es nacido de Dios, y conoce a Dios, 1 Jn. 4.7. Todo aquel que cree que Jesús es el Cristo, es nacido de Dios, 1 Jn 5.1. Todo lo que es nacido de Dios vence al mundo, 1 Jn 5.4. Todo aquel que ha nacido de Dios, no practica el pecado, 1 Jn 5.18. Ella dio a luz un hijo varón, Ap. 12.5.

Fue cerca de este lugar, en el río Jordán, que Naamán quedó limpio de la lepra, tras lavarse siete veces.

NACIMIENTO: Acto de nacer. // Mejor el día de la muerte que el día del **n**, Ec. 7.1. Muchos se regocijarán de su **n**, Lc. 1.14. Pero yo lo soy de **n**, Hch. 22.28. Nacimientos predichos: de Ismael, Gn. 16.11; de Isaac, Gn. 18.10; de Sansón, Jue. 13.3; de S, 1 S. 1.11; de Josías, 1 R. 13.2; del hijo de la sunamita, 2 R. 4.16; de Ciro, Is. 44.28; de Jn. el Bautista, Lc. 1.13; del Mesías, Gn. 3.15; Is. 7.14; Lc. 1.31.

NACIÓN: Conjunto de habitantes de un territorio, subordinados a un poder político central que mantiene la unidad del grupo. // Haré de ti una gran **n**, Gn. 12.2; 46.3. Ser Abraham una **n** grande y fuerte, Gn. 18.18. Benditas en él todas las **n** de la tierra, Gn. 18.18; 22.18. Te daré por herencia las **n**, Sal. 2.8. Bienaventurada la **n** cuyo Dios es Jehová, Sal. 33.12. La justicia engrandece a la **n**, Pr. 14.34. No alzará espada **n** contra **n**, Is. 2.4. Y andarán las **n** a tu luz, Is. 60.3. Todos los pueblos, **n** y lenguas le sirvieran, Daniel 7.14. Reuniré a todas las **n**... en el valle, Joel 3.2. Se levantará **n** contra **n**, Mt. 24.7. Testimonio a todas las **n**, Mt. 24.14. Delante de él todas las **n**, Mt. 25.32. Discípulos a todas las **n**, Mt. 28.19. Casa de oración para todas las **n**, Mr. 11.17. El perdón de pecados en todas las **n**, Lc. 24.47. De todas las **n** bajo el cielo, Hch. 2.5. Vosotros sois... **n** santa, 1 Pedro 2.9; Ex. 19.6. Una gran multitud... de todas **n**, Ap. 7.9. Todas las **n** vendrán y te adorarán, Ap. 15.4. Las **n** que hubieren sido salvas..., Ap. 21.24. Véase **Pueblo**, **Tierra**.

NACÓN, hb. **Pronto**: La era donde Uza extendió la mano para sostener el arca y Dios lo hirió, 2 S. 6.6.

NACOR, hb. **Soplador**: 1. Un hijo de Serug y abuelo de Abraham, Gn. 11.22. // 2. Un hijo de Terá y hermano de Abraham, Gn. 11.26. "Nacor" en Lc. 3.34.

NADA: Lo que no existe; ninguna cosa. // Porciones a los que no tienen **n**, Neh. 8.10. Cuando muera no llevará **n**, Sal. 49.17. El alma del perezoso desea, y **n** alcanza, Pr. 13.4. Como **n** son todas las naciones delante de él, Is. 40.17. He aquí que vosotros sois **n**, Is. 41.24. No sirve más para **n**, Mt. 5.13. Porque **n** hay encubierto, que no haya de ser manifestado, Mt. 10.26. Y **n** os será imposible, Mt. 17.20. Separados de mí **n** podéis hacer, Jn. 15.5. No teniendo **nada**, mas poseyéndolo todo, 2 Co. 6.10.

NADAB, hb. **Liberal**: 1. Hijo primogénito de Aarón, Ex. 6.23. Ofreció fuego extraño, Lv. 10.1. // 2. Hijo de Samai, 1 Cr. 2.28. // 3. Hijo de Jeroboam I y rey de Israel, 1 R. 14.20. Su mal reinado, 1 R. 15.26. Muerto por Baasa, 1 R. 15.28. Véase Reyes.

NADADOR: Aquél que nada. // Como la extiende el nadador para nadar, Is. 25.11.

NADAR: Sustentarse y moverse sobre el agua; boyar. // Para que ninguno se fugase nadando, Hch. 27.42. Y toda alma viviente que nadare por dondequiera que entraren estos dos ríos, vivirá, Ez. 47:9. El centurión... mandó que los que pudiesen **n** se echasen los primeros, Hch. 27:43.

NADIE: Ninguna persona. // No debáis a **n** nada, sino el amaros unos a otros, Ro. 13.8. No había **n** de los de casa allí, Gn. 39.11. Escóndete, tú y Jeremías, y **n** sepa dónde estáis, Jer. 36.19. Entonces Jesús le dijo: Mira, no lo digas a **n**, Mt. 8.4.

NADO: Acto de nadar. // No se podía pasar sino a nado, Ez. 47.5.

NAFIS, hb. **Respiración**: Un hijo de Ismael, Gn. 25.15.

NAFTUHIM: Un hijo de Mizraim y bisnieto de Noé, Gn. 10.13. Véase mapa 1, C-4.

NAGAI: La forma griega de Noga, uno de los hijos de David, Lc. 3.25; 1 Cr. 3.7.

NAHALIEL, hb. **Valle y arroyo de Dios**: Uno de los campamentos de Israel, en el desierto, Nm. 21.19.

NAHAMANI, hb. **Compasivo**: Uno de los que volvieron a Jerusalén con Zorobabel, Neh. 7.7.

NAHAS, hb. **Serpiente**: 1. Los rabinos afirman que Nahas es otro nombre de Isaí, padre de David, 2 S. 17.25. // 2. Un rey amonita que sitió Jabes-Galaad en el inicio del reinado de Saúl, 1 S. 11.1. // 3. Un residente de Rabá, capital de Amón, 2 S. 17.27.

NA**HAT**, hb. **Reposo**: 1. Un nieto de Esaú, Gn. 36.13. // 2. Un descendiente de Levi y antepasado de Samuel, 1 Cr. 6.26. Llamado, también, Tohu y Toa, 1 S. 1.1; 1 Cr. 6.34. // 3. Un levita que administraba las ofrendas, 2 Cr. 31.13.

NAHBI, hb. **Escondido**: Uno de los doce espías, de la tribu de Neftalí, Nm. 13.14.

NAHUM, hb. **Consolación**: 1. El profeta, Nahum 1.1. Nació en Elcos, probablemente, Capernaum, que significa La aldea de Nahum. Profetizó durante el reinado de Ezequías. // El padre de Amós, en la genealogía de Cristo, Lc. 3.25.

NAHUM, LIBRO DE: El séptimo en la lista de 12 profetas menores. Este libro es una obra maestra en la literatura hebraica. Su estilo es claro y sencillo, a pesar de ser significativo y enérgico. **El autor**: Nahúm, 1.1. Es lógico, suponiendo que el pueblo de Judá, después que los asirios llevaron las diez tribus cautivas, andaba muy preocupado por causa de las amenazas de ese pueblo. Fue en el tiempo en que Ezequías sacó todo el oro y la plata del templo y lo envió al rey de Asiria, en la esperanza vana de aplacar su furia, 2 R. 18.16. Llegaban, también, noticias de las conquistas en Egipto, que aumentaban el terror del pueblo. En ese tiempo de desespero y desánimo en Judá, Dios llamó Nahúm para predecir la destrucción de Nínive y animar su pueblo. **La Llave:** Nahúm tenía un sólo asunto: La sentencia contra Nínive, 1.1. Nínive era la capital de Asiria, que durante tres siglos dominó el mundo y que amenazaba a Judá. Hacía 150 años que los ninivitas se habían arrepentido con la predicación de Jonás. Sin embargo, ya se habían olvidado y se habían vuelto para su estilo de vida anterior. **Las divisiones**: El Libro de Nahúm se divide en tres capítulos. Pero consiste de un sólo poema: I. Iniciando con una descripción solemne de la ira y de la misericordia de Dios, cap. 1. II. El cerco y la tomada de Nínive, cap. 2. III. La ruina completa de la ciudad, cap. 3. Introduce el secreto de No-Amón (Tebas), Grande y fortificada ciudad de Egipto, que cayó por la sentencia de Dios, para ilustrar los castigos semejantes que sobrevenían a los asirios, Nahúm 3.8-10. Nínive fue destruida casi un siglo después, justamente como Nahúm había predicho.

NAÍN: Se llama hoy Nein. Una ciudad al noroeste del pequeño Hermón a nueve kilómetros al sudeste de Nazaret. Lugar donde Jesús resucitó el hijo de una viuda, Lc. 7.11. Véase mapa 4, B-1.

NAIOT: Lugar cerca de Ramá donde Samuel y David se refugiaron, huyendo de Saúl, 1 S. 19.18-23; 20.1. Era el lugar de una escuela de profetas, bajo la dirección de Samuel.

NARCISO: 1. Un romano a cuya familia Pablo saludó en su Epístola a los Romanos. (16.11). Se cree que Narciso fue muerto antes que Pablo escribiese de él en su epístola y que sus esclavos, identificados por su nombre, habían sido presos por Nero. Os saludan... los de la casa de César, Fil. 4.22.

NARDO: Una planta odorífera, Cnt. 1.12; 4.13,14. Perfume penetrante extraído de las raíces de esa planta, de la familia de las valerianáceas. Jesús ungido con valiosísimo perfume de nardo, Mr. 14.3. El perfume de nardo usado en esa ocasión valía trescientos denarios, es decir, trescientos días de servicio de un trabajador, Mr. 14.5; Mt. 20.2.

NARIZ: Parte saliente del rostro y el órgano del olfato. // Sopló en su **n** aliento de vida. Gn. 2.7. Humo subió de su **n**, 2 S. 22.9. Pendiente en la n, Gn. 24.47. Tienen narices, mas no huelen, Sal. 115.6. El que recio se suena las narices sacará sangre, Pr. 30.33. Y los joyeles de las narices, Is. 3.21.

NATÁN, hb. **Él dio**: 1. Profeta en los reinados de David y Salomón. Disuadió al rey David de edificar el templo, 2 S. 7.1-17. Reprendió a David por causa de su pecado con Betsabé, profiriendo la famosa parábola del rico y la cordera del pobre, 2 S. 12.1-15. Por su influencia e intercesión, aseguró la sucesión de Salomón al trono, 1 R. 1.8-45. // 2. Hijo de David y Betsabé y, por tanto, hermano de Salomón, 1 Cr. 3.5. // 3. Otros del mismo nombre: 2 S. 23.36; 1 Cr. 2.36; 11.38; Esd. 8.16; 10.39; Zac. 12.12.

NATANAEL, hb. **Dios dio:** 1. Designado cabeza de la tribu de Isacar, Nm. 1.8. // 2. El cuarto hijo de Isaí, 1 Cr. 2.14. // 3. Uno de los que tocaban trompetas delante del arca, 1 Cr. 15.24. // 4. Un levita, 1 Cr. 24.6. // 5. Un hijo de Obed-edom el portero del arca, 1 Cr. 26.4. // 6. Uno de los príncipes que Josafat mandó enseñar en las ciudades de Judá, 2 Cr. 17.7. // 7. Un levita que dio ganado para la pascua, en el reinado de Josías, 2 Cr. 35.9. // 8. Un sacerdote que se casó con una mujer extranjera, Esd. 10.22. // 9. Un sacerdote, Neh. 12.21. // 10. Un levita músico que participó de la dedicación de los muros de Jerusalén, Neh. 12.36.

NATANAEL, hb. **Don de Dios**: 1. Cabeza de una familia de Isacar, Nm. 1.8. // 2. Un discípulo de Cristo. Su conversión, Jn. 1.45-51. Uno de los pocos discípulos a quien Jesús apareció en el mar de Tiberias después de su resurrección, Jn. 21.2. Probablemente es el mismo apóstol Bartolomé.

NATURAL: Perteneciente o referente a la naturaleza; aquel que pertenece a una cierta localidad. // La misma ley será para el **n**, y para el extranjero, Ex. 12.49. Bernabé... **n** de Chipre, Hch. 4.36. Aun sus mujeres cambiaron el uso **n** por el que es contra naturaleza, Ro. 1.26. Sin afecto **n**, Ro. 1.31. Si Dios no perdonó a las ramas **n**, Ro. 11.21. Pero el hombre **n** no percibe las cosas que son del Espíritu de Dios, 1 Co. 2.14. Considera en un espejo su rostro **n**, Stg. 1.23.

NATURALEZA: El curso común y regular de las cosas; el orden natural; carácter, índole. // Por otro, contrario a la **n**, Ro. 1.26. Hacen por **n** lo que es de la Ley, Ro. 2.14. Si tú fuiste cortado del que por **n** es olivo silvestre y contra **n** fuiste injertado en el buen olivo... Ro. 11.24. Éramos por **n** hijos de ira, lo mismo que los demás, Ef. 2.3. Participantes de la **n** divina, 2 Pedro 1.4.

NATURALMENTE: Por un impulso natural. // Que no tiene ley, hacen **n**, Ro. 2.14.

NAUFRAGAR: Sufrir naufragio. // Naufragaron en cuanto a la fe algunos, 1 Ti. 1.19.

Nave

NAUFRAGIO: Pérdida de un navío, que se hunde en el mar o que se despedaza en la costa. // Tres veces he padecido naufragio, 2 Co. 11.25.

NAVAJA: Instrumento bien afilado para raspar la barba o los cabellos. Se empleaban navajas de pedernal antes de que hubiera instrumentos de metal. Se menciona la navaja en Nm. 6.5; Jue. 16.17; 1 S. 1.11; Sal. 52.2; Is. 7.20; Ez. 5.1.

NAVE: Embarcación de gran porte. // Allí andan las naves, Sal. 104.26. El rastro de la nave en medio del mar, Pr. 30.19. Las naves de Tarsis desde el principio, Is. 60.9. Halló una nave que partía para Tarsis, Jon. 1.3. Embarcándonos en una nave, Hch. 27.2. Mirad también las naves...un muy pequeño timón, Stg. 3.4. Todos los que tenían naves en el mar se habían enriquecido, Ap. 18.19. Zabulón en puertos de mar habitará, Gn. 49.13. Véase **Barco**, **Barca**.

NAVEGAR: Viajar por mar, por los grandes ríos. // Mientras navegaban, él se durmió, Lc. 8.23. Navegar a Chipre, Hch. 13.4; a Antioquía, Hch. 14.26; a Siria, Hch. 18.18; a Italia, Hch. 27.1.

NAVIDAD: La fiesta anual observada por la mayoría de los protestantes y por los católicos Ro, el 25 de diciembre, en memoria del nacimiento de Cristo. La Iglesia Ortodoxa observa el 6 de Enero y la Iglesia Armenia el 16 de Enero. La primera vez que se celebró la Navidad el 25 de diciembre fue en Roma, en el año 325.

NAZAREATO: Voto de nazareo. // Todo el tiempo del voto de su **n** no pasará navaja sobre su cabeza, Nm. 6.5.

NAZARENO: Natural de Nazaret. // Él será llamado **N**, Mt. 2.23. Estaba con Jesús, el **N**, Mt. 26.71. Jesús, el **N**, varón aprobado, Hch. 2.22.

NAZAREO, hb. **Consagrado**: No se debe confundir nazareo con nazareno. El hombre o la mujer, para cumplir el voto de nazareo, tenía que abstenerse de: (1) bebida fuerte y de todo el producto de la viña, (2) no raspar la cabeza, mas dejar crecer libremente la cabellera, (3) no aproximarse de un cadáver, ni cuando muriera pariente más allegado. La ley del nazareato, Nm. 6.1-21. El voto de nazareo era, generalmente, por cierto periodo de tiempo, o, como del caso de Sansón, por toda la vida, Jue. 13.5,7; 16.17. Los nazareos no eran ermitaños, sino que vivían en contacto con la sociedad humana. La madre que dedicaba su hijo, antes de nacer, para ser nazareo, cumplía la ley de los nazareato, Jue. 13.5,7; 1 S. 1.11,28; Lc. 1.15. Pero Samuel no continuó nazareo y, tal vez, ni Juan, el Bautista. Los nazareos eran más numerosos de lo que generalmente parece. Gente profana en el tiempo de Amós intentó inducir los nazareos a violar sus votos, Amós 2.11,12. Parece que tanto Pablo como los cuatro hombres en Jerusalén hicieron votos de nazareo, Hch. 18.18; 21.23-26.

NAZARET, hb. **Verdeante**: Una ciudad de Galilea, donde moraban José y María y donde Jesús pasó los primeros treinta años de su vida, Mt. 2.23; Mr. 1.9; Lc. 2.39,51; 4.16. Después que inició su carrera pública, Jesús fue rechazado dos veces por sus conterráneos, Lc. 4.29; Mt. 13.57. Natanael preguntó: "¿De Nazaret puede salir algo de bueno?", Jn. 1.46. Cristo se llamaba Jesús de Nazaret, a pesar de haber nacido en Belén. Sus discípulos fueron llamados nazarenos, nombre usado hasta hoy por los musulmanes para designar a los cristianos. Nazaret actualmente es una ciudad de 25 000 habitantes. Se llama, por el nombre árabe, En-Nasira. Véase mapa 4, B-1.

NEA, hb. **Emoción**: Una ciudad de la herencia de Zabulón, Jos. 19.13.

NEÁPOLIS, gr. **Ciudad nueva**: Una ciudad de Macedonia donde Pablo por primera vez desembarcó en Europa, Hch. 16.11. Ese puerto se llama, actualmente, Kavalla. Tiene una población de 45 000. Véase mapa 6, D-1.

NEBADÍAS, hb. **Jehová es generoso**: Un hijo del rey Jeconías, el cautivo, 1 Cr. 3.18.

NEBAI: Un jefe del pueblo, que firmó el pacto con Nehemías, Neh. 10.19.

NEBAIOT, hb. **Lugares altos**: El hijo mayor de Ismael, Gn. 36.3. Véase mapa 1 D-4.

NEBALAT: Una de las ciudades donde los benjamitas se establecieron después del exilio, Neh. 11.34.

NEBLINA: Niebla espesa y baja; atmósfera con muchos gases y humos. // Es **n** que se aparece por un poco de tiempo, Stg. 4.14. Véase **Niebla, Rocío, Vapor**.

NEBO: 1. Un dios de Babilonia, Is. 46.1. Se suponía presidir las ciencias y la literatura. Era el padrón de los más importantes reyes de Babilonia, cuyos nombres incluían el nombre de Nabu o Nebo. // 2. Un monte de Moab, Dt. 32.49. La cumbre más alta de la sierra de Pisga, de donde Moisés vio la tierra de la Promesa. De ahí se ve el monte Hermón en el extremo norte, la región montañosa de Efraín, el Carmelo, el Mar Muerto, el valle del Jordán etc. El monte Nebo tiene una altura de 793 metros por encima del nivel del mar. Véase mapa 2, D-5. // Una ciudad de Moab, cerca del monte Nebo, Nm. 32.3. Véase mapa 5, C-1.

NEBUCADNEZAR: Véase Nabucodonosor.

NEBUZARADÁN, hb. **Nebo dio generación**: El jefe de la guardia a quien Nabucodonosor encargó de completar la destrucción de Jerusalén y la pacificación de Judea. Mostró gran simpatía para con Jeremías, 2 R. 25.8-11,18-21; Jer. 39.9-14; 40.1-5. Después de cinco años, pasó otra vez por el país y llevó 745 judíos, Jer. 52.30.

NECEDAD: Ignorancia crasa; tontería. // Notó **n** en sus ángeles, Job 4:18. El corazón de los necios publica la **n**, Pr. 12:23. Mas el necio manifestará **n**, Pr. 13:16. Y he visto que la sabiduría sobrepasa a la **n**, Ec. 2:13. El principio de las palabras de su boca es **n**, Ec. 10:13. **Ni n**, ni truhanerías, que no convienen, Ef. 5:4.

NECESARIO: Indispensable. // El pueblo traía mucho más de lo que era **n**, Ex. 36.5. Para la casa de tu Dios, que te sea **n** dar, Esd. 7.20. Para lo que me ha sido **n** a mí y a los que están conmigo..., Hch. 20.34. Miembros... son los más **n**, 1 Co. 12.22. Es más **n** por causa de vosotros, Fil. 1.24. Es **n** que intervenga muerte del testador, He. 9.16. No les dais las cosas que son **n** para el cuerpo, Stg. 2.16.

NECESIDAD: Cualidad o carácter de necesario. // Así vendrá tu **n** como caminante, Pr. 6.11; 24.34. Vuestro Padre sabe de qué cosas tenéis **n**, Mt. 6.8. Según la **n** de cada uno, Hch. 2.45; 4.35. Compartir con el que padece **n**, Ef. 4.28. Buenas obras para los casos de **n**, Tito 3.14. Compartiendo para las **n** de los santos, Ro. 12.13. ¿O tenemos **n**, como algunos, de cartas de recomendación para vosotros...? 2 Co. 3.1. No con tristeza, ni por **n**, 2 Co. 9.7. Tenéis **n** de que se os vuelva a enseñar, He. 5.12. Ve a su hermano tener **n**, 1 Jn. 3.17. Tienen **n** del mantenimiento de cada día, Stg. 2.15. Por amor a Cristo me gozo... en **n**, 2 Co. 12.10. Epafrodito,...ministrador de mis **n**, Fil. 2.25. Me enviasteis una y otra vez para mis **n**, Fil. 4.16. Véase **Aprieto**.

NECESITADO: Individuo pobre. // Aunque afligido yo y **n**, Sal. 40.17. No había entre ellos ningún **n**, Hch. 4.34. Se debe ayudar a los **n**, Hch. 20.35. Véase **Mendigo**, **Pobre**.

NECESITAR: Volver necesario. // Se levantará y le dará todo lo que necesite, Lc. 11.8. Abrirás a él tu mano liberalmente, y en efecto le prestarás lo que necesite, Dt. 15.8. No necesitaba atender el jefe de la cárcel cosa alguna de las que estaban al cuidado de José, Génesis 39.23. Los leoncillos necesitan, y tienen hambre; Salmos 34.10. Yo necesito ser bautizado por ti, ¿y tú vienes a mí? Mateo 3:14. Ni el ojo puede decir a la mano: No te necesito, 1 Corintios 12.21. Véase **Carecer**.

NECIAMENTE: Yo he hecho **n**, 1 S. 26.21. He hecho muy **n**, 2 S. 24.10.

NECIO: Insensato, ignorante, inepto, estúpido. // La boca del **n** es calamidad cercana, Pr. 10.14. De la multitud de las palabras la voz del **n**, Ec. 5.3. Me he hecho un **n** al gloriarme; vosotros me obligasteis a ello, 2 Co.12.11. Andéis no como **n** sino como sabios, Ef. 5.15. Porque de buena gana toleráis a los **n**, 2 Co 11.19. No hables a oídos del **n**, Pr. 23.9.

Mejor es oír la reprensión del sabio que la canción de los **n,** Ec. 7.5**.** **S**u **n** corazón fue entenebrecido, Ro. 1.21**.** Véase **Insensato**, **Ignorante**.

NECOA: 2 Cr. 35.22. Véase **Faraón Necao**.

NECODA, hb. **Pastor**: 1. Jefe de una familia que volvió del exilio, Esd. 2.48. // 2. Jefe de una familia que no podía probar que su linaje era de Israel, Esd. 2.60.

NECROMANCIA: Lo mismo que nigromancia. Véase **Adivinación**.

NEFANDO: Perverso, vergonzoso. // Acosado por la **n** conducta de los malvados, 2 P. 2.7.

NEFEG, hb. **Renuevo**: 1. Un levita, de la familia de Coat, Ex. 6.21. // 2. Un hijo de David 1 Cr. 3.7.

NEFILIN: Nm. 13.33. Véase **Gigantes**.

NEFTALÍ, hb. **Mi lucha**: 1. El quinto hijo de Jacob y el segundo de Bila, sierva de Raquel. Era hermano de Dan, tanto de parte de la madre como del padre, Gn. 30.5-8. Tenía cuatro hijos cuando descendió para Egipto, Gn. 46.24. Bendecido por Jacob, Gn. 49.21. // 2. Una de las doce tribus de Israel, Nm. 2.29. En el censo del desierto, Nm. 1.42; 26.48. Bendecida por Moisés, Dt. 33.23. Su herencia, Jos. 19.32-39. Habrá lugar entre las tribus restauradas, Ez. 48.3,4,34. Jesús y sus discípulos muchas veces predicaron en el territorio de Neftalí, Mt. 4.13,15. Doce mil sellados de la tribu de Neftalí, Ap. 7.6. Véase mapa 2, C-3.

NEFTOA, hb. **Apertura**: Una fuente en las fronteras de Judá, Jos. 15.9.

NEGAR: Rehusar, prohibir, vedar, repudiar. // Negare a su prójimo lo encomendado o dejado en su mano, Lv. 6.2. Porque habría negado al Dios soberano, Job 31.28. No sea que me sacie, y te niegue, y diga: ¿Quién es Jehová? , Pr. 30.9. Y a cualquiera que me niegue... yo también le negaré, Mt. 10.33; 2 Ti. 2.12. Si alguno quiere venir en pos de mí, niéguese a sí mismo, Mt. 16.24. Antes que el gallo cante, me negarás tres veces, Mt. 26.34,75. Jesús, a quien vosotros entregasteis y negasteis delante de Pilato, Hch. 3.13. Mayormente para los de su casa, ha negado la fe, 1 Ti. 5.8. Si le negáremos, él también nos negará, 2 Ti. 2.12. Tendrán apariencia de piedad, pero negarán la eficacia de ella, 2 Ti. 3.5. Con los hechos lo niegan, Tito 1.16. ¿Quién es el mentiroso, sino el que niega que Jesús es el Cristo? Este es anticristo, el que niega al Padre y al Hijo, 1 Jn. 2.22. Hombres impíos, niegan a Dios el único soberano, Judas 4. No has negado mi fe, Ap. 2.13. No has negado mi nombre, Ap. 3.8.

NEGLIGENCIA: Descuido, omisión; falta de esfuerzo o aplicación. // La **n** será tributaria, Pr. 12.24**.**

NEGLIGENTE: Descuidado, indolente. // También el que es **n** en su trabajo, Pr. 18.9. Siervo malo y **n**, Mt. 25.26. El alma **n** padecerá hambre, Pr. 19.15.

NEGOCIANTE: Comerciante. // Se quedaron fuera de Jerusalén una y dos veces los **n**, Neh. 13.20. Tiro... cuyos negociantes eran príncipes, Is. 23.8. Véase **Mercader.**

NEGOCIAR: Comerciar con mercancías o valores. // Morad y negociad en ella, y tomad en ella posesión, Gn. 34.10. Negociaréis en la tierra, Gn. 42.34. El que había recibido cinco talentos fue y negoció con ellos, Mt. 25.16. Negociad entre tanto que vengo, Lc. 19.13. Véase C**omerciar**.

NEGOCIO: Tráfico, comercio, contrato ajuste. // Obtuvo que pusiera sobre los **n** de la provincia, Daniel 2.49. Se fueron, uno a su labranza, y otro a sus **n**, Mt. 22.5. Para saber lo que había negociado cada uno, Lc. 19.15. Ninguno que milita se enreda en los **n** de la vida, 2 Ti. 2.4.

NEGRO: De color totalmente oscuro, es decir, que carece de color. // El sol se puso **n** como tela de cilicio, Ap. 6.12. Sus cabellos crespos, **n** como el cuervo, Cantares 5.11**.** No puedes hacer blanco o **n** un solo cabello, Mateo 5.36**.** Véase **Etíope**.

NEGRURA: Oscuridad. // Oscuro más que la **n** es su aspecto, Lm. 4:8

NEGUEV, hb. **Seco**: Tierra del sur, es decir, al sur de Judea, Dt. 1.7; Jos. 10.40; 11.16; 12.8; Jue. 1.9; Abdías 19. Véase mapa 2, B-6.

NEHEMÍAS, hb. **Jehová consuela**: 1. Uno de los que volvieron del cautiverio con Zorobabel, Esd. 2.2. // 2. Hijo de Azbuc, que trabajó en la reparación de los muros, Neh. 3.16. // 3. Hijo de Hacalías y autor del Libro de Nehemías. Copero del rey de Persia, Artajerjes, cuya madrastra era Ester, Neh 2.1. Sacrificó la vida sosegada del palacio para servir a su pueblo en aflicción, como gobernador de Judea, Neh. 2. Los judíos, después de que pasaron cien años nuevamente en su tierra, no consiguieron avanzar en ninguna cosa, sino en la reconstrucción del templo, por causa de los pueblos enemigos en rededor. La obra dirigida por Nehemías era la de reconstruir las murallas y fortificar la ciudad. Esdras llegó en la ciudad trece años antes de Nehemías pero Esdras era solamente un sacerdote, mientras Nehemías era un gobernador civil con autoridad del rey. Nehemías no se conformó con los enemigos del lado de afuera ni con el pecado de adentro. Los dos, Esdras y Nehemías, trabajaban unidos por los cultos al verdadero Dios, en Jerusalén. El historiador Josefo nos informa que Nehemías continuó a gobernar Judea hasta alcanzar una edad muy avanzada.

NEHEMÍAS, LIBRO DE: Se halla en el canon hebreo unido al de Esdras. El templo había sido reedificado durante el gobierno de Esdras, pero las puertas y las murallas de la ciudad todavía estaban en ruinas. Con el Libro de Nehemías termina la historia del Antiguo Testamento. **La paternidad literaria**: Nehemías muestra ser el escritor, escribiendo en la primera persona del singular. **La clave**: Restauración, Neh. 2.5. El cautiverio fue en el tiempo de Asiria y de Babilonia, pero la restauración fue en el tiempo del imperio de Persia. **Las divisiones**: I. La reconstrucción de los muros de Jerusalén, Neh. 1 a 6. II. El gran avivamiento y la restauración del culto, Neh. 7 a 12. III. La corrección de los abusos, Neh. 13. // Los eventos de Nehemías abarcan un período de once años.

NEHUM: hb. **Consolación**: Uno de los que volvieron a Jerusalén después del exilio con Zorobabel, Neh. 7.7.

NEHUSTA, hb. **Bronce**: Madre del rey Joaquín, 2 R. 24.8.

NEHUSTÁN, hb. **Pedazo** de bronce: El desdeñoso epíteto que Ezequías aplicó a la serpiente de bronce que Moisés levantó en el desierto y a la cual el pueblo había caído en la costumbre de quemar incienso, 2 R. 18.4.

NEIEL: Una ciudad de la herencia de Aser, Jos. 19.27.

NEMUEL: 1. Un hermano de Datán y Abiram, Nm. 26.9. //2. Un hijo de Simeón, 1 Cr. 4.24.

NEÓFITO: Persona que hace poco se convirtió a una religión. // No un **n**, 1 Ti. 3.6.

NER, hb. **Lámpara**: Abuelo del rey Saúl y padre de Abner, siendo este por eso tío de Saúl y también su general, 1 S. 14.50; 2 S. 2.8; 1 R. 2.5.

NEREO: Un cristiano de Roma, saludado por Pablo, Ro. 16.15.

NERGAL: El dios de la guerra, de la enfermedad y de la muerte, en la mitología de Asiria y de Babilonia, 2 R. 17.30.

NERGAL-SAREZER: Un príncipe de Babilonia, que tomó el nombre de Rab-Mague, es decir, jefe de los adivinos. Asesinó Evil-merodac, el hijo de Nabucodonosor y se adueñó de la corona. Mencionado en Jer. 39.3,13.

NERI: El padre de Salatiel, en la genealogía de Cristo, Lc. 3.27.

NERÍAS, hb. **Jehová es luz**: Padre de Baruc, el escribano y mensajero de Jeremías, Jer. 32.12.

NERÓN CÉSAR AUGUSTO GERMÁNICO: Emperador romano de 54 a 58 d.C. El nombre Nerón no aparece en las Escrituras, pero fue a ese César que el apóstol Pablo apeló, Hch. 25.11. Era un monstruo de crueldad. Envenenó a Británico; mandó matar a espada a su propia madre, Agripina; su mujer, Octavia, se suicidó, abriendo las venas por orden del marido; él mismo mató con un puntapié a su segunda mujer, Popea. Se le atribuye el incendio de Roma, al que asistió declamando versos que él compuso. Hizo morir en los suplicios millares de cristianos, a quien acusó de ese incendio. Por fin el Senado le declaró enemigo público. Viéndose perdido, se suicidó. Fue durante el incendio de Roma, en 64, que Pablo fue sentenciado y muerto. Los santos de la casa de César (Fil. 4.22) eran de la casa de Nerón.

NERVIO: Cada uno de los filamentos que sirven de conductores a la sensibilidad y al movimiento del cuerpo de los animales. // Y me tejiste con huesos y **n**, Job 10.11**.** Y los **n** de sus muslos están entretejidos, Job 40.17**.** **N**o comen los hijos de Israel del tendón que se contrajo, el cual está en el encaje del muslo, Gn. 32.32. Véase **Tendón.**

NETANÍAS: hb. **Jehová dio**: 1. Uno de los que profetizaban con arpas en el templo, 1 Cr. 25.2. // 2. Uno de los levitas enviados para enseñar, 2 Cr. 17.8. // 3. El padre de Jehudí, Jer. 36.14. // 4. El padre de Ismael, que mató Gedalías, 2 R. 25.25.

NETOFA, hb. **Goteante**: Una ciudad de Judá, cerca de Belén. Ciudad natal de los valientes de David, 2 S. 23.28,29. Cincuenta y seis hombres de este lugar volvieron del cautiverio, Esd. 2.22.

NEZÍA, hb. **Puro**: Jefe de una familia que volvió del exilio, Esd. 2.54.

NEZIB, hb. **Estatua**: Una ciudad de la herencia de Judá, Jos. 15.43. Véase mapa 5, B-1.

NIBHAZ: Un ídolo de los aveos, 2 R. 17.31.

NIBSÁN, hb. **Blando**: Una ciudad de la herencia de Judá, Jos. 15.62.

NICANOR, hb. **Conquistador**: Uno de los siete escogidos para "servir a las mesas", Hch. 6.5.

NICODEMO, hb. **Victorioso sobre el pueblo**: Un fariseo y miembro del sanedrín. Visitó Jesús en Jerusalén, Jn. 3.1-15. Defendió Jesús contra los principales sacerdotes, Jn. 7.50-52. Ayudó a José de Arimatea a retirar el cuerpo de Jesús de la cruz y a sepultarlo, Jn. 19.39,40.

NICOLAÍTAS: Una secta de la Iglesia de Efeso y de Pérgamo, Ap. 2.6, 14, 15. Son reprobados al lado de los que sustentaban la doctrina de Balaam. Se opina que estas sectas eran prácticamente idénticas. Véase **Balaam**.

NICOLÁS, Victorioso sobre el pueblo: Un prosélito de Antioquía, y uno de los siete escogidos para "servir a las mesas" en Jerusalén, Hch. 6.5.

NICÓPOLIS: Ciudad de la victoria: Una ciudad donde Pablo tenía intenciones de invernar, Tito 3.12. Había una ciudad con el mismo nombre en Tracia, otra en Cilicia y todavía otra en Espiro. Es probable que fuese la Nicópolis de Espiro, una ciudad que Augusto edificó, en memoria de la batalla de Actium.

NIDADA: Huevos o crías de aves contenidos en un nido. // Como el águila que excita su **n**, Dt. 32.11.

NIDO: Habitación hecha por las aves, por ciertos insectos y por ciertos peces para la postura de los huevos y creación de los hijitos. // Pon en la peña tu **n**, Nm. 24.21. Cuando encuentres... **n** de ave, Dt. 22.6. La golondrina **n** para sí, Sal. 84.3. Cual ave que se va de su **n**, Pr. 27.8. Hiciste tu **n** en los cedros, Jer. 22.23. Tienes la altura del monte, aunque alces como águila tu **n**, Jer. 49.16. Aunque entre las estrellas pusieres tu **n**, Abd. 4. Para poner en alto su **n**, Habacuc 2.9. Las aves del cielo **n**, Mt. 8.20.

NIEBLA: Vapor acuoso, denso y frío, que oscurece la atmósfera. // Yo deshice... como **n** tus pecados, Is. 44.22. Serán como la **n** de la mañana, Os. 13.3. Con su luz esparce la **n**, Job 37.11. Véase **Neblina**, **Rocío**, **Vapor**.

NIETA: La hija de su hijo, la hija de su hija, Lv. 18.17.

NIETO: Hijo del hijo o de la hija con relación al abuelo o a la abuela. // El bueno dejará herederos a los hijos de sus hijos, Pr. 13.22. Si alguna viuda tiene hijos, o **n**, 1 Ti. 5.4. No faltarás a mí, ni a mi hijo ni a mi **n**, Génesis 21:23. Sé nuestro señor, tú, y tu hijo, y tu **n**, Jue.8.22. No tendrá hijo ni **n** en su pueblo, Job 18.19. Y para que cuentes a tus hijos y a tus **n** las cosas que yo hice en Egipto, Ex. 10.2. Cuando hayáis engendrado hijos y **n**, y hayáis envejecido en la tierra, Dt. 4.25. Este tuvo cuarenta hijos y treinta **n** que cabalgaban, Jue.12.14. También sus hijos y sus **n**... así hacen hasta hoy, 2 R.17.41. Tuvieron muchos hijos y **n**, 1 Cr. 8.40. Corona de los viejos son los **n**, Pr. 17.6.

Nido

NIEVE: Agua congelada que cae de la atmósfera en copos blancos y leves. // La sequía y el calor arrebatan las aguas de la **n**, Job 24.19. Porque a la **n** dice..., Job 37.6. ¿Has entrado tú en los tesoros de la **n**? Job 38.22. Lávame, y seré más blanco que la **n**, Sal. 51.7; Is. 1.18; Daniel 7.9; Mt. 28.3; Ap. 1.14. Da **n** como lana, Sal. 147.16. Como frío de **n** en tiempo de la siega, Pr. 25.13. Como no conviene la **n** en el verano, Pr. 26.1. Cae la nieve ocasionalmente en Jerusalén. La cordillera del Líbano está blanca por la nieve casi todo el año.

NIGER, lat. **Negro**: Sobrenombre de Simeón, un maestro y profeta de la iglesia de Antioquía, Hch. 13.1.

NILO: Gran río de África oriental. Con un curso de 6.500 kilómetros, es el río más largo del mundo. Navíos suben por el Nilo más de 4.500 kilómetros. El Nilo propiamente dicho, se forma de la confluencia del Nilo Blanco y del Nilo Azul, llamados así por causa del color del barro que tiñe sus aguas. Los dos ríos tienen sus nacientes en África ecuatorial. Las aguas, descendiendo hacia el mar, atraviesan una vasta región árida y estéril. Son las grandes inundaciones periódicas que riegan Egipto y dejan una capa de limo oscuro que fertiliza la tierra. Esas inundaciones en tiempo de sequía causaban espanto a los antiguos. La siembra se hace inmediatamente después de la última inundación. Cerca de la ciudad de El Cairo el Nilo se divide, formando dos ríos que después desembocan en el Mediterráneo. Véase mapa 1. Los reinos de los faraones, por causa de la grandeza de ese río, adquirió el nombre de "El Imperio del Nilo". Las ruinas de las grandes ciudades de Heliópolis, de Menfis, de Amarna, de Tebas, del valle del Nilo, son una de las maravillas de la arquitectura del mundo. Se llamaba el Nilo "el río de Egipto", Gn. 15.18, es decir, el Nilo con sus canales, Is. 7.18. En la actualidad, el pueblo lo llama "el mar", debido a que sus aguas cubren mucho terreno durante las inundaciones. Compare Nahúm 3.8. La tierra de Gosén fue la parte del delta del Nilo más cercana de la tierra de Canaán. Para allá huyó Abraham para evitar el hambre, Gn. 12.10; y ahí las doce tribus se establecieron durante el tiempo en que permanecieron en Egipto, Gn. 47.6. Fue a la orilla de ese río que la madre de Moisés dejó su valiosísimo hijito en un cesto calafateado, Ex. 2.3. Fue ese río que se tornó en sangre antes de Israel salir de Egipto, Ex. 7.20. Isaías profetizó contra el Nilo, Is. 19.7; habló de la siega del Nilo, Is. 23.3. Jeremías mencionó el Nilo, Jer. 46.7. Véase mapa 1, D-4.

NIMRIM: Un arroyo de Moab, Is. 15:6.

NIMROD: Valiente cazador, hijo de Cus y bisnieto de Noé, Gn. 10.8,9. Edificó Nínive, Rehobot, Cala y Resén, Gn. 10.11,12.

NIMSI, hb. **Vivaz**: El abuelo de Jehú, 2 R. 9.2.

NINFAS: Una creyente fervorosa de Laodicea, cuya casa era usada como lugar de reuniones para la iglesia, Col. 4.15.

NINGÚN: Apócope de **ninguno.** Siempre va delante de nombres masculinos en singular. // **N** hombre ni mujer haga más para la ofrenda del santuario, Ex. 36.6. Sabéis que **n** homicida tiene vida eterna permanente en él, 1 Jn. 3.15. Y **n** lugar se encontró para ellos, Ap. 20.11.

NINGUNO: Ni uno solo. // **N** deje nada de ello para mañana, Ex. 16.19. No juréis en **n** manera, Mateo 5:34.

NÍNIVE: La capital del imperio de Asiria, a la orilla del Tigre. Edificada por Nimrod, Gn. 10.11. Donde residía Senaquerib, 2 R. 19.36. La biblioteca de ladrillos, que Asurbanipal allí formó, ha sido la grande fuente de los conocimientos respecto a los asuntos de Asiria y Babilonia. En los días del profeta Jonás era "una ciudad muy importante de... tres días para recorrerla", Jon 1.2; 3.3. La ciudad contenía grandes parques, extensos campos, como en Babilonia. La amenaza de ser destruida la ciudad de Nínive, dentro de tres días, fue suspendida debido al arrepentimiento y humillación de los habitantes. Era una ciudad sanguinaria (Nah. 3.1), guerreando las naciones vecinas durante algunos siglos y practicando las mayores atrocidades. Cortaban las manos y los pies, las narices y las orejas, Agujereaban los ojos a los cautivos y hacían pirámides con las cabezas de los cautivos. Su destrucción anunciada por el profeta Nahum, (capítulos 2 e 3), se cumplieron literalmente doscientos años después. El enemigo destruyó y saqueó la ciudad, cuando una repentina inundación del rio derrumbó veinte estadios de la muralla. Las abandonadas salas de sus palacios son ahora habitadas por las fieras y otros animales, como la hiena, el lobo y el chacal. Véase mapa 1, D-3.

NINIVITA: Un habitante de la ciudad de Nínive, Mt. 12.41; Lc. 11.30.

NIÑA DEL OJO: La pupila del ojo. // Su gran valor y la defensa constante por el párpado, la tornó un símbolo de aquello que es más precioso y guardado más celosamente. Dios guardó Israel como a la niña de sus ojos, Dt. 32.10. David oró: Guárdame como a la niña de los ojos, Sal. 17.8. Y mi ley como las niñas de tus ojos, Pr. 7.2. Toca a la niña de su ojo, Zac. 2.8.

NIÑA: Mujer soltera y muy joven. // Véase **Muchacha**.

NIÑEZ: El primer período de la vida humana, hasta los siete años más o menos. // Desde la **n** has sabido las Sagradas Escrituras, 2 Ti. 3.15.

NIÑO: Niño del sexo masculino. // Habéis preservado la vida a los **n**, Ex. 1.18. El **n** lloraba, Ex. 2.6. Aquel **n** será Nazareo, Jue. 13.5. Por este **n** oraba, 1 S. 1.27. Partid por medio al **n** vivo, 1 R. 3.25. Y se tendió sobre el **n** tres veces, 1 R. 17.21. El **n** morirá de cien años, Is. 65.20. Mató a todos los **n**, Mt. 2.16. ¿Quién, pues, será este **n**? Lc. 1.66,76,80. El **n** Jesús, Is. 9.6; Mt. 2.8,11,13,20; Lc. 2.27,38,40,43. Cuando yo era **n**, hablaba como **n**, 1 Co. 13.11. No seáis **n** en el modo de pensar, 1 Co. 14.20. Que ya no seamos **n** fluctuantes, Ef. 4.14. Véase **Hijo, Niña, Muchacho.**

NISÁN, El primer mes del año. Véase Año.

NISROC: Un dios de Nínive, 2 R. 19.37.

NO: Exprime negación. // ¿O lo que pienso hacer, lo pienso según la carne, para que haya en mí sí y **n**? 2 Co. 1.17. Vuestro sí sea sí, y vuestro **n** sea **n**, Stg. 5.12.

NOA, hb. **Movimiento**: Una hija de Zelofehad, Jos. 17.3.

NOADÍAS, hb. **Encuentro con Jehová**: 1. Uno de los levitas a quien Esdras entregó la plata, el oro y los objetos pertenecientes al templo que trajeron de Babilonia, Esd. 8.33. // 2. Una profetisa, con Tobías, Neh. 6.14.

NOB, hb. **Altura**: Una ciudad de los sacerdotes, para donde David de dirigió, huyendo de Saúl, 1 S. 21.1. Sus habitantes masacrados por orden de Saúl, 1 S. 22.19. Lugar donde acampó el ejército de Asiria, Is. 10.32. Reocupada después del regreso del cautiverio, Neh. 11.32.

NOBA, hb. **Aullando**: 1. Un guerrero de Manasés, que tomó a Kenat, dándole su propio nombre, Nm. 32.42. Véase mapa 3, C-2. // 2. Un lugar que marcaba el camino de Gedeón cuando perseguía a los madianitas, Jue. 8.11.

NOBLE, Alto, suntuoso, valiente. // Un hombre **n** se fue a un país lejano, Lc. 19.12. Estos eran más **n** que los que estaban en Tesalónica, Hch. 17.11. Ved que no hay muchos... **n**, 1 Co. 1.26. Ciertamente no es bueno... herir a los **n** que hacen lo recto, Pr. 17.26. Se juntaron con Pablo y con Silas... mujeres **n** no pocas, Hch. 17.4. A los judíos y sacerdotes, ni a los **n** y oficiales, Neh. 2.16. Den el vestido y el caballo en mano de alguno de los príncipes más **n** del rey, Est. 6.9. Véase **Ilustre**, **Valiente**.

NOCHE: Espacio de tiempo en que el sol está abajo del horizonte. // Mientras la tierra permanezca, no cesarán... el día y la **n**, Gn. 8.22. De **n** la apariencia de fuego, Nm. 9.16. Mas temiendo hacerlo de día... lo hizo de **n**, Jue. 6.27. Una **n** a otra noche declara sabiduría, Sal. 19.2. El sol no te fatigará de día, ni la luna de **n**, Sal. 121.6. Guarda, ¿qué de la **n**? Guarda, ¿qué de la **n**? Is. 21.11. Pastores velaban y guardaban las vigilias de la **n** sobre su rebaño, Lc. 2.8. Maestro, toda la **n** hemos estado trabajando, Lc. 5.5. Pasó la **n** orando a Dios, Lc. 6.12. Esta **n** vienen a pedirte tu alma, Lc. 12.20. Os digo que en aquella **n** estarán dos en una cama, Lc. 17.34. Este vino a Jesús de **n**, Jn. 3.2. La **n** viene, cuando nadie puede trabajar, Jn. 9.4. El que anda de **n**, tropieza, Jn. 11.10. La **n** está avanzada, y se acerca el día, Ro. 13.12. El Señor Jesús, la **n** que fue entregado, tomó pan, 1 Co. 11.23. El día del Señor vendrá así como ladrón en la **n**, 1 Ts. 5.2. No somos de la **n** ni de las tinieblas, 1 Ts. 5.5. Pues allí no habrá **n**, Ap. 21.25; 22.5. Véase **Vigilia**. // A las tinieblas llamó Dios **N**, Gn. 1.5. // El nombre de Dios para ser alabado por la **n**, Job 35.10; Sal. 16.7; 63.6; 77.6; 119.55, 62, 148; Is. 26.9; 30.29; Hch. 16.25. // De sentido figurado, Jn. 9.4; Ro. 13.12; 1 Ts. 5.5. // Acabará, Is. 60.19,20; Zacarías 14.7; Ap. 21.25; 22.5.

NOCTURNO: Que se hace de noche. // No temerás el terror **n**, Sal. 91.5. Sus caballos serán más ligeros que leopardos, y más feroces que lobos **n**, Hab. 1.8. Sus jueces, lobos **n** que no dejan hueso para la mañana, Sof. 3.3.

NOD, hb. **Exilio**: Tierra al oriente del Edén, hacia donde huyó Caín, después del asesinato de su hermano, Gn. 4.16. No se halla de forma alguna identificada.

NODAB, hb. **Noble**: Una tribu árabe, 1 Cr. 5.19.

NODRIZA: Mujer que amamanta o cría niños que no son suyos. // Entonces dejaron ir a Rebeca su hermana, y a su **n**, Gn. 24.59. ¿Iré a llamarte una **n** de las hebreas, para que te críe este niño? Ex. 2.7. Su **n** le tomó y huyó, 2 S. 4.4. Reyes serán tus ayos, y sus reinas tus **n**, Is. 49.23. Antes fuimos tiernos entre vosotros, como la **n** que cuida con ternura a sus propios hijos, 1 Ts. 2.7.

NOÉ, hb. **Reposo**: Su historia ocupa 5 capítulos de Génesis, 6 al 10. Nieto de Matusalén y el décimo descendiente. En orden, de Adán, de la genealogía de Set, Gn. 5.1-29. Sus tres hijos, Gn. 5.32. Halló gracia delante de Dios, Gn. 6.8. Su rectitud de carácter, Ez. 14.14. Construyó un arca para su salvación y de su familia, Gn. 6.14-22. Sus hijos, sus nueras y él entraron en el arca, que flotó sobre las aguas por el espacio de 150 días antes de posar en el monte Ararat, Génesis 7 y 8. El pacto de Dios con Noé, Gn. 9.1. Hizo vino y se emborrachó, Gn. 9.20,21. Murió a los 950 años de edad, Gn. 9.29. Se refiere a Noé en Mt. 24.37; Lc. 17.26; He. 11.7; 1 P. 3.20; 2 P. 2.5.

NOEMÍ, hb. **Amable**: Mujer de Elimelec y suegra de Rut, Rt. 1.2,22.

NOFA: 1. Una ciudad de los amorreos. // Pereció Hesbón hasta Dibón, y destruimos hasta Nofa y Medeba. Nm. 21.30. **2.** Is. 19.13. Véase Menfis.

NOGA, hb. **Esplendor**: Un hijo de David, 1 Cr. 3.7.

NOGAL: Cnt. 6.11. Árbol cultivado por sus frutos (nueces) y su madera muy apreciada en carpintería.

NOHA, hb. **Descanso**: El cuarto hijo de Benjamín, 1 Cr. 8.2.

NOMBRAR: Designar por el nombre. // Pero fornicación y toda inmundicia, o avaricia, ni aun se nombre entre vosotros, como conviene a santos, Ef. 5.3. Véase **Designar**.

NOMBRE: Palabra que designa persona, cosa o animal. // Puso Adán **n** a toda bestia y ave de los cielos y a todo ganado del campo, Gn. 2.20. Los hombres comenzaron a invocar el **n** de Jehová, Gn. 4.26; 16.13; Sal. 105.1; Jl 2.32; Hch. 2.21; 15.17; Ro. 10.13. No tomarás el **n** de Jehová tu Dios en vano, Ex. 20.7. Me guiará por sendas de justicia por amor de su **n**, Sal. 23.3. Bendiga todo mi ser su santo **n**, Sal. 103.1. Torre fuerte es el **n** de Jehová, Pr. 18.10. De más estima es el buen **n** que las muchas riquezas, Pr. 22.1. Se llamará su **n** Admirable, Consejero, Dios Fuerte, Padre Eterno, Príncipe de Paz, Is. 9.6. Santificado sea tu **n**, Mt. 6.9. ¿No profetizamos en tu **n**, y en tu **n** echamos fuera demonios, y en tu **n** hicimos muchos milagros? Mt. 7.22. Donde están dos o tres congregados en mi **n**, Mt. 18.20. ¡Bendito el que viene en el nombre del Señor! Mt. 21.9. Bautizándolos en el **n** del Padre, y del Hijo, y del Espíritu Santo, Mt. 28.19. Hemos visto a uno que echaba fuera demonios en tu **n**, Lc. 9.49. Porque no hay otro **n** bajo el cielo, Hch. 4.12. Solamente habían sido bautizados en el **n** de Jesús, Hch. 8.16. El **n** de Dios es blasfemado entre los gentiles, Ro. 2.24. ¿O fuisteis bautizados en el **n** de Pablo? 1 Co. 1.13. De quien toma **n** toda familia en los cielos y en la tierra, Ef. 3.15. Le dio un **n** que es sobre todo nombre, Fil. 2.9. Cuyos **n** están en el libro de la vida, Fil. 4.3. Hacedlo todo en el **n** del Señor Jesús, Col. 3.17. Si sois vituperados por el **n** de Cristo, 1 P. 4.14. Os he escrito a vosotros que creéis en el **n** del Hijo de Dios... para que creáis en el **n** del Hijo de Dios, 1 Jn. 5.13. En la piedrecita escrito un **n** nuevo, Ap. 2.17. Tenían el **n** de

LOS VEINTISIETE LIBROS DEL NUEVO TESTAMENTO SE DIVIDEN EN CUATRO CLASES

4 Evangelios	Hechos	21 Epístolas	Profecía
Mateo Mr. Lucas Juan	Hechos	Romanos. 1 y 2 Corintios Gálatas Efesios Filipenses Colosenses 1 y 2 Tesalonicenses 1 y 2 Timoteo Tito Filemón Hebreos Santiago 1 y 2 Pedro 1, 2 y 3 Juan. Judas	Apocalipsis

él y el de su Padre escrito en la frente, Ap. 14.1. Su **n** estará en sus frentes, Ap. 22.4. // El nombre de Dios, Ex. 3.13-15; 34.14; que sea honrado, Ex. 20.7; Sal. 34.3; 72.17; 103.1; 111.9; Mt. 6.9; Lc. 1.49; 1 Ti. 6.1. // El nombre de Cristo; que las oraciones sean hechas en su nombre, Jn. 14.13,14; 16.23-26; Ro. 1.8; Ef. 5.20; Col. 3.17; He. 13.15; que los milagros sean hechos en su nombre, Mt. 7.22; Lc. 10.17; Hch. 3.6; 4.10; 16.18; 19.13-16; su nombre es sobre todo nombre, Fil. 2.9; los que profesan su nombre, 2 Ti. 2.19. // Nombres cambiados por Dios, Gn. 17.5,15; 32.28; 2 S. 12.25; Ap. 2.17; cambiados por hombres, Gn. 41.45; Daniel 1.7; por Cristo, Mr. 3.16,17; por los apóstoles, Hch. 4.36.

NORMA: Regla, modelo, precepto. // Y las tomaron por **n** para endechar en Israel, 2 Cr. 35.25.

NORTE: El punto del horizonte directamente opuesto al sur y que nos queda a la izquierda cuando estamos de frente para el sol naciente. // El extiende el **n** sobre vacío, Job 26.7. He aquí que viene pueblo de la tierra del **n**, Jer. 6.22. He aquí venía del **n** un viento tempestuoso, Ez. 1.4. Porque vendrán del oriente y del occidente, del **n** y del sur, Lc. 13.29. Al norte tres puertas; al sur tres puertas, Ap. 21.13.

NOSOTROS: Pronombre personal de la primera persona del plural. // Porque el que no es contra **n**, por **n** es, Mr. 9.40. Si Dios es por **n**, ¿quién contra nosotros? Ro. 8.31. Salieron de **n**, pero no eran de **n**; porque si hubiesen sido de **n**, habrían permanecido con **n**; pero salieron para que se manifestase que no todos son de **n**, 1 Jn. 2.19.

NOTABLE: Digno de ser notado; muy grande; ilustre. // Aquel macho cabrío tenía un cuerno **n** entre sus ojos, Dn. 8.5. Salieron otros cuatro cuernos **n** hacia los cuatro vientos del cielo, Dn. 8.8. Los **n** y principales entre las naciones, Am. 6.1.

NOTAR: Poner señal, marca en; observar. Darse cuenta de algo; apuntar brevemente una cosa para que no se olvide; calificar, juzgar. // Y cuando él se acueste, notarás el lugar donde se acuesta, Rut 3:4. No ha notado iniquidad en Jacob, Nm. 23.21. En sus siervos no confía, y notó necedad en sus ángeles, Job 4.18. Establécete señales, ponte majanos altos, nota atentamente la calzada, Jer. 31.21. Entonces Pablo, notando que una parte era de saduceos y otra de fariseos, Hch. 23.6.

NOTICIA: Información. // No tendrá temor de malas **n**, Sal. 112.7. Nos dio buenas **n** de vuestra fe y amor, 1 Ts. 3.6. Véase **Nueva**.

NOTIFICAR: Dar conocimiento de. // El buey… a su dueño se le hubiere notificado, Ex. 21.29. Que la notificasen a sus hijos, Sal. 78.5. Sus caminos notificó a Moisés, Sal. 103.7. Hijo de hombre, notifica a Jerusalén sus abominaciones, Ez. 16.2.

NOTORIO: Generalmente conocido. // Hiciste **n** en los pueblos tu poder, Sal. 77.14. Jehová ha hecho **n** su salvación, Sal. 98.2. Véase **Famoso**, **Manifiesto**.

NOVENTA Y NUEVE: ¿No deja las noventa y nueve y va por los montes…? Mt. 18.12. Se regocija más por aquélla, que por las noventa y nueve que no se descarriaron, Mt. 18.13. Si pierde una de ellas, no deja las noventa y nueve en el desierto, Lc. 15.4. Por noventa y nueve justos que no necesitan de arrepentimiento, Lc. 15.7.

NOVILLA: Vaca nueva. // Si no araseis con mi **n**, Jue. 14.18. Como **n** de tres años, Is. 15.5. Como **n** sobre la hierba, Jer. 50.11. Porque como **n** indómita se apartó Israel, Os. 4.16. Efraín es **n** domada, que le gusta trillar, Os. 10.11. Véase **Becerra.**

NOVILLO: Becerro, eral. // Servía en algunos sacrificios un **n**, Nm. 8.8; 8.12; 15.8; 15.9; 2 Cr. 29.22. Un **n** por holocausto en olor grato a Jehová, Nm. 15.24. Me azotaste, y fui castigado como **n** indómito, Jer. 31.18. Matad a todos sus **n**; que vayan al matadero, Jer. 50.27. Comen los corderos del rebaño, y los **n** de en medio del engordadero, Am. 6.4. **En gran número**, Gn. 32.15; 1 Cr. 15.26; 2 Cr. 29.21; 2 Cr. 30.24. **En la dedicación del altar**, Nm. 7.88. Véase **Becerro.**

NOVIO: Individuo que se va a casar o que se casó hace poco. // Me rodeó de manto de justicia, como a **n** me atavió, Is. 61.10. Salga de su cámara el **n**, y de su tálamo la **n,** Jl 2.16. Véase **Esposo**.

NUBE: Acumulación de vapores más o menos espesos, suspendidos en la atmósfera. // Mi arco he puesto en las **n**, Gn. 9.13. Jehová iba delante de ellos de día en una columna de **n** para guiarlos por el camino, Ex. 13.21; 14.24; Neh. 9.19. Y entró Moisés en medio de la **n**, y subió al monte, Ex. 24.18. Entonces una **n** cubrió el tabernáculo de reunión, Ex. 40.34; La **n** cubrió el tabernáculo sobre la tienda del testimonio, Nm. 9 .15. Yo veo una pequeña **n** como la palma de la mano de un hombre, 1 R. 18.44. Tu fidelidad alcanza hasta las **n**, Sal. 36.5. El que mira a las **n**, no segará, Ec. 11.4. Las **n** destilen la justicia, Is. 45.8. He aquí con las **n** del cielo venía uno como un hijo de hombre, Dn 7.13. Mientras él aún hablaba, una **n** de luz los cubrió; y he aquí una voz desde la **n**, Mt. 17.5. Verán al Hijo del Hombre viniendo sobre las **n** del cielo, Mt. 24.30; 26.64; Mr. 13.26; 14.62; Lc. 21.27; Ap. 1.7; 14.14. Todos en Moisés fueron bautizados en la **n** y en el mar, 1 Co. 10.2. Seremos arrebatados juntamente con ellos en las **n**, 1 Ts. 4.17. Los dos testigos subieron al cielo en las **n**, Ap. 11.12. Véase **Shekinah**.

NUBE: Lv. 21.20. Mancha blanquecina que se forma en la capa exterior de la córnea.

NUERA: La mujer del hijo con relación a los padres del hijo. // La desnudez de tu **n** no descubrirás, Lv. 18.15. Entonces se levantó con sus **n**, Rut 1.6. Porque he venido para poner en disensión… a la **n** contra su suegra, Mt. 10.35.

NUESTRO: Que nos pertenece. // **N** Señor Jesucristo, Señor de ellos y **n**, 1 Co. 1.2. Oyenos, señor **n**; eres un príncipe de Dios entre nosotros; en lo mejor de **n** sepulcros sepulta a tu muerta, Gn. 23.6. No se hace así en **n** lugar, Gn. 29.26. Jehová **n** Dios hizo pacto con nosotros en Horeb. Dt. 5.2. ¿Eres de los **n**, o de **n** enemigos? Jos. 5.13. Desde los días de **n** padres… nosotros, **n** reyes y **n** sacerdotes… que cubre **n** rostro, Esd. 9.7.

NUEVA: Noticia. // ¿Correré ahora, y daré al rey las **n**…? 2 S. 18.19. Ni deis las **n** en las plazas, 2 S. 1.20. Hoy es día de buena **n**, y nosotros callamos… entremos y demos la **n** en casa del rey, 2 R. 7.9. La buena **n** conforta los huesos, Pr. 15.30. Así son las buenas **n** de lejanas tierras, Pr. 25.25. ¡Cuán hermosos… del que trae alegres **n**… del que trae **n** del bien, Is. 52.7. A nosotros se nos ha anunciado la buena **n** como a ellos, He. 4.2.

NUEVE: Ocho más uno. // No eran diez... y los **n**, ¿dónde están? Lc. 17.17. El quinto día, **n** becerros, Nm. 29:26. En heredad a las **n** tribus, Josué 13:7.

NUEVO TESTAMENTO: La segunda de las dos partes en que la Biblia se divide. Fue escrito en griego, excepto, tal vez, Mateo, que algunos teólogos creen haber sido escrito en hebreo. El Antiguo Testamento encierra las leyes, la historia, las condiciones de la antigua alianza entre Dios y los hombres. El Nuevo Testamento expone las condiciones y la historia del nuevo pacto entre Dios y los hombres.

NUEVO: Joven, de poco tiempo, moderno. // Sirvamos bajo el régimen **n** del Espíritu, Ro. 7.6. Decir o en oír algo **n**, Hch. 17.21. Andemos en vida **n**, Ro. 6.4. En el huerto un sepulcro **n**, Jn. 19.41. Esta copa es el **n** pacto en mi sangre, 1 Co. 11.25. **N** criatura es… todas son hechas **n**, 2 Co. 5.17. Revestido del **n**, Col. 3.10. Por eso es mediador de un **n** pacto, He. 9.15. Por el camino **n** y vivo, He. 10.20. Esperamos… cielos **n** y tierra nueva, 2 P. 3.13. Os escribo un mandamiento **n**, 1 Jn. 2.8. La **n** Jerusalén… y mi nombre **n**, Ap. 3.12. Vi un cielo **n** y una tierra nueva, Ap. 21.1. La **n** Jerusalén, Ap. 21.2. Hago **n** todas las cosas, Ap. 21.5.

NULO: Sin valor o sin efecto. // El voto que ella hizo, y lo que pronunció de sus labios con que ligó su alma, será **n**, Nm. 30.8; 30:12. Entonces tú harás **n** el consejo, 2 S. 15.34. Llorando y rogándole que hiciese **n** la maldad de Amán, Est. 8.3. Sois todos vosotros médicos **n**, Job 13.4. Jehová hace **n** el consejo de las naciones, Sal. 33.10. ¿Su incredulidad habrá hecho **n** la fidelidad de Dios? Ro. 3.3. Véase **Inutilizar**.

NUMERAR: Poner número en; contar. // Un pueblo grande, que no se puede contar ni **n** por su multitud, 1 R. 3.8. Por la multitud no se podían contar ni **n**, 1 R. 8.5; 2 Cr. 5.6.

NÚMERO: Expresión de cantidad; unidad. // El cuenta el **n** de las estrellas, Sal. 147.4. Como creciera el **n** de los discípulos, Hch. 6.1. El **n** de los discípulos se multiplicaba grandemente en Jerusalén, Hch 6.7. Si fuere el **n** de los hijos de Israel como la arena del mar, Ro. 9.27. Me he hecho siervo de todos para ganar a mayor **n**, 1 Co. 9.19. Y oí el **n** de los sellados, Ap. 7.4. El **n** de los ejércitos de los jinetes era doscientos millones. Yo oí su **n**, Ap. 9.16. Cuente el **n** de la bestia, pues es **n** de hombre. Y su **n** es seiscientos sesenta y seis, Ap. 13.18; 15.2. El **n** de los cuales es como la arena del mar, Ap. 20.8. // No hay prueba de que los Hebreos, antes del exilio, usasen algoritmos para designar números. Desde los tiempos de los Macabeos, empleaban las letras del alfabeto para representar los números. Alef era el número 1; Bet, el número 2 etc. //**Los números simbólicos**: **Tres**: no era simbólico; servía para dar énfasis, repitiéndose la expresión tres veces, como se ve en Is. 6.3; Jer. 7.4; 22.29; Ez. 21.27; Nm. 6.24-26; Mt. 28.19; 2 Co. 13.13. **Cuatro**: un cuadrado, símbolo de lo completo; había cuatro letras en YHWH (**Yahveh**, Jehová); cuatro brazos del río del Edén, Gn. 2:10; los cuatro vientos, Ez. 37.9; los cuatro reinos mundiales, Daniel 7.17; los cuatro Evangelios; los cuatro ángulos de la tierra, Ap. 7.1. **Siete**: era un número considerado sagrado. Eso se ve en muchísimos ejemplos, como siete veces, es decir, completamente, Gn. 4.15; Lv. 26.24; Sal. 12.6; siete caminos, Dt. 28.25; el séptimo día, el sábado, sobre lo que se basaba el año sabático y el jubileo; las siete estrellas, los siete candeleros, las siete iglesias, los siete espíritus, los siete ángeles, los siete sellos, las siete copas y las siete trompetas de Apocalipsis. **Diez**: la base del sistema decimal y del diezmo, Dt. 14.22. Tenía un significado sagrado. Por ejemplo: los diez mandamientos, la parábola de las diez vírgenes y de las diez minas [sic]. **Doce**: el número de los patriarcas hebreos, de las tribus de Israel, de las piedras preciosas en el pectoral del sumo sacerdote, de los apóstoles, de los fundamentos y de las puertas de la nueva Jerusalén. **Cuarenta**: el número de años que Moisés tenía cuando pasó a Egipto, que pasó pastoreando en Madián y que pasó con Israel en el desierto; el número de días que el oró postrado en el monte Sinaí; los cuarenta días de Elías y de Cristo en el desierto. **Setenta**: el número de los ancianos de Israel, Ex. 24.1, de la duración del exilio en Babilonia, Jer. 25.11, y de los auxiliares escogidos por Cristo, Lc. 10.1. Setenta veces, Gn. 4.24; Mt. 18.22.

NÚMEROS: El cuarto libro del Pentateuco. // El título viene de la versión de los Setenta, adoptado debido a que el libro narra los censos, el primero cuando Israel llegó al Sinaí, en el segundo año de la salida de Egipto, y el segundo a la orilla del Jordán, al final de los cuarenta años en el desierto. // El número de los capaces para salir a la guerra, de veinte años hacia arriba, excluyendo a los levitas, fue 603.550. En el segundo censo, treinta y ocho años después de la primera, fue 601.730. Ese número indica que había un total de tres millones de hombres, mujeres y niños. Del primer censo, solamente Josué y Caleb sobrevivieron para el segundo censo. // El pueblo fue numerado conforme las tribus y familias. A cada tribu le fue señalado un lugar en el campamento, siendo la marcha y el campamento regulados con precisión militar. En el transporte del tabernáculo, cada levita tenía su tarea particular. Éxodo es el libro de redención; Levítico, de adoración; Números, el de servicios y orden. No nos conviene hacer el servicio del Señor de una manera relajada. Ninguno entre los israelitas quedó libre para seguir a su propia voluntad. Cada persona fue enumerada, reconociendo su propio lugar en la familia, y le fue asignado un servicio definitivo. El paralelo en el Nuevo Testamento es 1 Corintios 12. **Autor**: Moisés. Véase **Pentateuco**. Clave: Peregrinación, Nm. 10.29. Israel, entre la primera y la segunda numeración, anduvo treinta y siete años errante en el desierto. Números narra algunos de los eventos entre esos dos censos: la historia de los espías y la sentencia de peregrinación durante cuarenta años; una tentativa de entrar por la fuerza en Canaán, al parecer, queriendo anular la sentencia; la rebelión de Datán, Coré y Abiran; la vara de Aarón, que florece; la muerte de María; la roca en Meriba, herida por Moisés; la muerte de Aarón; la serpiente de bronce; Balac llama a Balaam para maldecir a Israel; muerte de 24 000 israelitas en Baal-peor. **Divisiones**: I. Israel en el Sinaí, 1—9. II. Israel errante de Sinaí a Cades, 10—19. III. De Cades al campamento en Moab, 20—36. Los eventos narrados en Números abrazan un período de treinta y nueve años.

NUMEROSO: En gran número. // La multitud, que era muy **n**, tendía sus mantos en el camino, Mt. 21.8. **// Pueblo**, Nm. 13.18; Dt. 2.10; 2:21; 1 S. 13.5; 2 Cr. 1:9; Sal. 35.18; **Naciones**, Dt. 7.17; 9.1; 9.14; 26.5. **Días**, Dt. 11.21; Eclesiastés 6.3. **Ejército**, 2 Cr. 16.8; 2

Cr. 24:24; **Animales**, 2 S. 12.2; Neh. 12.43; Jer. 46.23; Ez. 47.10. Véase **Abundar.**

NUMIDIA: Región de África antigua, entre Cartago y Mauritania. Véase mapa 1, B-3.

NUN, hb. **Fecundidad**: El padre de Josué, Ex. 33.11. Un descendiente de Efraín, 1 Cr. 7.27.

NUNCA: En ningún tiempo. // **N** se apartará de tu boca este libro de la ley, Jos. 1.8. **N** tal acontezca que nos rebelemos contra Jehová, Jos. 22.29. **N** tal, **n** tal me acontezca, que yo destruya ni deshaga, 2 S. 20.20. Pero el rey **n** la conoció, 1 R. 1.4. Entrará en la generación de sus padres, y **n** más verá la luz, Sal. 49.19. **N** respondas al necio de acuerdo con su necedad, Pr. 26.4. Serás como huerto de riego, y como manantial de aguas, cuyas aguas **n** faltan, Is. 58.11.

NUPCIAL: Relativo a casamiento. // En cantos nupciales, Sal. 78.63.

NUTRIR: Sustentar, alimentar. // De quien todo el cuerpo, nutriéndose, Col. 2.19. Nutrido con las palabras de la fe, 1 Ti. 4.6.

Osa Mayor

O

¡OH!: ¡Oh! me he calentado, he visto el fuego, Is. 44.16.

OBADÍAS, hb. **Que adora a Jehová**. // Un príncipe, hijo de Israhías, 1 Cr. 7.3. Otros con el mismo nombre, 1 Cr. 8.38; 12.9; Esd. 8.9; Neh. 10.5; 12.25.

OBAL, hb. **Corpulencia:** Uno de los descendientes de Noé, Gn. 10.28.

OBED, hb. **Adorador:** 1. Hijo de Rut, Rut 4.21. // 2. Otros del mismo nombre, 1 Cr. 2.37; 11.47; 26.7; 2 Cr. 23.1.

OBEDECER: Someterse a la voluntad de otros y ejecutarla. // Haremos todas las cosas que Jehová ha dicho, y obedeceremos, Ex. 24.7. A Jehová nuestro Dios serviremos, y a su voz obedeceremos, Jos. 24.24. Ciertamente el **o** es mejor que los sacrificios, 1 S. 15.22. ¿Qué hombre es éste, que aun los vientos y el mar le obedecen? Mt. 8.27. ¿Qué nueva doctrina es esta, que con autoridad manda aun a los espíritus inmundos, y le obedecen? Mr. 1.27. Podríais decir a este sicómoro: Desarráigate, y plántate en el mar; y os obedecería, Lc. 17.6. Es necesario **o** a Dios antes que a los hombres, Hch. 5.29. Espíritu Santo, el cual ha dado Dios a los que le obedecen, Hch. 5.32. También muchos de los sacerdotes obedecían a la fe, Hch. 6.7. Ira y enojo a los que son contenciosos y no obedecen a la verdad, sino que obedecen a la injusticia, Ro. 2.8. Como esclavos para obedecerle, sois esclavos de aquel a quien obedecéis, Ro. 6.16. No todos obedecieron al evangelio, Ro. 10.16. Hijos, obedeced en el Señor a vuestros padres, Ef. 6.1. Siervos, obedeced a vuestros amos terrenales, Ef. 6.5. Ni obedecen al evangelio de nuestro Señor Jesucristo, 2 Ts. 1.8. Vino a ser autor de eterna salvación para todos los que le obedecen, He. 5.9. Por la fe Abraham, siendo llamado, obedeció, He. 11.8. Obedeced a vuestros pastores, He. 13.17. Ponemos freno en la boca de los caballos para que nos obedezcan, Stg. 3.3. Sara obedecía a Abraham, llamándole señor, 1 Pedro 3.6. ¿Cuál será el fin de aquellos que no obedecen al evangelio de Dios? 1 P. 4.17. Véase **Cumplir**.

OBED-EDOM, hb. **Siervo de Edom:** Un geteo (habitante de Gat), en cuya casa el arca del Señor se quedó tres meses, 2 S. 6.11. El levita, jefe de los músicos y el levita, portero del arca, eran tal vez el mismo hombre, 1 Cr. 15.18, 24.

OBEDIENCIA: Acto de obedecer. // De Cristo: Ro. 5.19; He. 5.8. A Dios: Ex. 19.5; Hch. 5.29; Stg. 1.25. Exhortación a: Dt. 13.4; Lc. 6.46. Mejor que sacrificio, 1 S. 15.22; Sal. 50.8-15; Pr. 15.8; 28.9; Is. 1.12-17; Jer. 6.20; Mt. 9.13; 21.19; Mr. 12.33. A la fe: Ro. 1.5; 2 Co. 7.15; 1 P. 1.2. A los señores: Ef. 6.5; Col. 3.22; Tito 2.9. De las esposas a los maridos: Tito 2.5. De hijos a los padres, Ef. 6.1; Col. 3.20.

OBEDIENTE: Que obedece; sumiso. // Para tener la prueba de si vosotros sois **o** en todo, 2 Co. 2.9. Se humilló a sí mismo, haciéndose **o** hasta la muerte, y muerte de cruz, Fil. 2.8.

OBIL, hb. **Guarda de los camellos:** Un ismaelita administrador sobre los camellos en el reinado de David, 1 Cr. 27.30.

OBISPADO: Encargo de obispo. // Si alguno anhela **o**, 1 Ti. 3.1. Véase **Presbiterio.**

OBISPADO: Oficio o dignidad de obispo. // Si alguno anhela **o**, 1 Ti. 3.1.

OBISPO, lat. **Episcopus**, gr. **Episkopos**, **un vigilante**: Los presbíteros de la iglesia de Efeso constituidos obispos, por el Espíritu Santo, para pastorear la iglesia, Hch. 20.28. A todos los santos, incluso obispos y diáconos, Fil. 1.1. Si alguno anhela obispado, es decir, aspira a servir de obispo, 1 Ti. 3.1. Cualificaciones de un obispo, 1 Ti. 3.2-7; Tit. 1.7-9. Cristo, el pastor y obispo de vuestras almas, 1 P. 2.25. Véase **Diácono**, **Presbítero**.

OBJETO: 1. Lo que posee carácter material e inanimado; cosa. // Juntamente con los **o** preciosos de la casa de Jehová, 2 Cr. 36.10. Destruyeron todos sus **o** deseables, 2 Cr. 36.19. Sus imágenes fundidas y sus **o** preciosos de plata y de oro, llevará cautivos a Egipto, Dn. 11.8. De toda madera olorosa, de todo **o** de marfil, de todo **o** de madera preciosa, de cobre, de hierro y de mármol, Ap. 18.12. **2.** Lo que sirve de materia al ejercicio de las facultades mentales. // Y tomé el **o** de vuestro pecado, el becerro que habíais hecho, y lo quemé en el fuego, Dt. 9.21. El es el **o** de tu alabanza, y él es tu Dios, que ha hecho contigo estas cosas grandes y terribles que tus ojos han visto. Dt. 10.21. Oye, oh Dios nuestro, que somos **o** de su menosprecio, Neh. 4.4. Y ahora yo soy **o** de su burla, Job 30.9. De todos mis enemigos soy **o** de oprobio, Sal. 31.11. Yo he sido para ellos **o** de oprobio, Sal. 109.25. Babilonia **o** de espanto entre las naciones, Jer. 51.41. Se levanta contra todo lo que se llama Dios o es **o** de culto, 2 Ts. 2.4. **3.** Fin o intento a que se dirige una acción u operación. **//** Quizá nos dará algún indicio acerca del **o** por el cual emprendimos nuestro camino, 1 S. 9.6.

OBLACIÓN: Objeto que se ofrece a la divinidad. // Cuando alguna persona ofreciere **o** a Jehová, Lv. 2.1. Harán sacrificio y **o**; y harán votos a Jehová, y los cumplirán. Is. 19.21.

OBLIGACIÓN: Deber impuesto por la ley, por la religión, por la moral. // Ligando su alma con **o**, no quebrantará su palabra, Nm. 30.2. Levántate, porque esta es tu **o**, y nosotros estaremos contigo, Esd. 10.4. Hay entre nosotros cuatro hombres que tienen **o** de cumplir voto, Hch. 21:23. La **o** de juramento de la mujer, Nm. 30.3-12. Véase **Deuda**.

OBLIGADO: Forzado. // Cada uno de ellos estaba **o** a abastecerlo por un mes en el año, 1 R. 4.7. Que nadie fuese **o** a beber, Est. 1.8. Todo el pueblo de la tierra estará **o** a dar esta ofrenda para el príncipe de Israel. Ez. 45.16. Pero oponiéndose los judíos, me vi **o** a apelar a César, Hch. 28.19. Mas ni aun Tito... fue **o** a circuncidarse, Gl. 2.3. Y otra vez testifico a todo hombre que se circuncida, que está **o** a guardar toda la ley. Gl. 5:3.

OBLIGAR: Sujetar, dominar. // A cualquiera que te obligue a llevar carga por una milla, ve con él dos, Mt. 5.41. A éste obligaron a que llevase la cruz, Mt. 27.32. Testifico a todo hombre que se circuncida, que está obligado a guardar toda la ley, Gl. 5.3. En toda labor del campo y en todo su servicio, al cual los obligaban con rigor, Ex. 1.14. Aquel que hizo empréstito de su mano, con el cual obligó a su prójimo, Dt. 15.2. E hizo que se obligaran a ello todos los que estaban en Jerusalén y en Benjamín, 2 Cr. 34.32. Le obligó con la zalamería de sus labios, Pr. 7.21. Pidió, por tanto, al jefe de los eunucos que no se le obligase a contaminarse, Dn. 1.8. Mas ellos le obligaron a quedarse, Lc. 24.29. Me he hecho un necio al gloriarme; vosotros me obligasteis a ello, 2 Co. 12.11. Todos los que quieren agradar en la carne, éstos os obligan a que os circuncidéis, Gl. 6.12. ¿Por qué obligas a los gentiles a judaizar? Gl. 2.14. Véase **Forzar.**

OBOT, hb. **Odres:** Lugar de uno de los campamentos de Israel en el desierto, Nm. 21.10.

OBRA: Trabajo; resultado del trabajo; aquello que un artífice produce. // Acabó Dios en el día séptimo la **o** que hizo, Gn. 2.2. Seis días trabajarás, y harás toda tu **o**, Ex. 20.9. Todas las grandes **o** que Jehová ha hecho, Dt. 11.7. No eran dioses, sino **o** de manos de hombres, 2 R. 19.18. Dejad que se haga la **o** de esa casa de Dios, Esd. 6.7. Conocieron que por nuestro Dios había sido hecha esta **o**, Neh. 6.16. Porque él pagará al hombre según su **o**, Job 34.11. Cuando veo tus cielos, **o** de tus dedos, Sal. 8.3. Sino que se olvidaron de sus **o**, Sal. 78.11. Y la **o** de nuestras manos confirma sobre nosotros, Sal. 90.17. La **o** del justo es para vida, Pr. 10.16. Encomienda a Jehová tus **o**, Pr. 16.3. Y dará al hombre según sus **o**, Pr. 24.12. La **o** que se hace debajo del sol me era fastidiosa, Ec. 2.17. Porque Dios traerá toda **o** a juicio, Ec. 12.14. Para que vean vuestras buenas **o**, Mt. 5.16. Pagará a cada uno conforme a sus **o**, Mt. 16.27. Hacen todas sus **o** para ser vistos por los hombres, Mt. 23.5. Las **o** que yo hago en nombre de mi Padre, ellas dan testimonio de mí, Jn. 10.25. Aunque no me creáis a mí, creed a las **o**, Jn. 10.38. El que en mí cree, las **o** que yo hago, él las hará también, Jn. 14.12. He acabado la **o** que me diste que hiciese, Jn. 17.4. Porque si este consejo o esta **o** es de los hombres, se desvanecerá, Hch. 5.38. Era poderoso en sus palabras y **o**, Hch. 7.22. Porque yo hago una **o** en vuestros días, **o** que no creeréis, si alguien os la contare, Hch. 13.41. Ya que por las **o** de la ley ningún ser humano será justificado delante de él, Ro. 3.20. ¿Por cuál ley? ¿Por la de las **o**? Ro. 3.27. David habla de la bienaventuranza del hombre a quien Dios atribuye justicia sin **o**, Ro. 4.6. Para que el propósito de Dios conforme a la elección permaneciese, no por las **o** sino por el que llama, Ro. 9.11. Si por gracia, ya no es por **o**... y si por **o**, ya no es gracia; de otra manera la **o** ya no es **o**, Ro. 11.6. Desechemos, pues, las obras de las tinieblas, Ro. 13.12. No destruyas la obra de Dios por causa de la comida, Ro. 14.20. La **o** de cada uno se hará manifiesta... y la **o** de cada uno cuál sea, el fuego la probará, 1 Co. 3.13. Si permaneciere la **o** de alguno, 1 Co. 3.14. Creciendo en la **o** del Señor siempre, 1 Co. 15.58. El hombre no es justificado por las **o** de la ley, Gálatas 2.16. Manifiestas son las **o** de la carne, Gálatas 5.19. No por **o**, para que nadie se gloríe, Ef. 2.9. Creados en Cristo Jesús para buenas **o**, Ef. 2.10. Os confirme en toda buena palabra y **o**, 2 Ts. 2.17. No conforme a nuestras **o**, 2 Ti. 1.9. Reprobados en cuanto a toda buena **o**, Tito 1.16. No echando otra vez el fundamento del arrepentimiento de **o** muertas, He. 6.1. ¿De qué aprovechará si alguno dice que tiene fe, y no tiene **o**? Stg. 2.14,17. ¿No ves que la fe actuó juntamente con sus **o**, y que la fe se perfeccionó por las **o**? Stg. 2.22. La tierra y las **o** que en ella hay serán quemadas, 2 Pedro 3.10. Para esto apareció el Hijo de Dios, para deshacer las **o** del diablo, 1 Jn. 3.8. Dejar convictos a todos los impíos de todas sus **o** impías, Judas 15. Yo conozco tus **o**, Ap. 3.1. No he hallado tus **o** perfectas delante de Dios, Ap. 3.2. Porque sus **o** con ellos siguen, Ap. 14.13. Para recompensar a cada uno según sea su **o**, Ap. 22.12. Véase **Acto**, **Hecho**, **Trabajo**.

OBRAR: Realizar, ejecutar, hacer. // Obró sagazmente... y les dio provisiones en abundancia, y muchas mujeres, 2 Cr. 11.23. Las pasiones pecaminosas que eran por la ley obraban en nuestros miembros, Ro. 7.5.

OBRERO: Aquel que coopera en el desarrollo de una empresa o de una idea. // **O** fraudulentos, 2 Co. 11.13. Como **o** que no tiene de qué avergonzarse, 2 Ti. 2.15. Los **o** pocos; por tanto, rogad al Señor de la mies que envíe **o** a su mies. Lc.10.2. He aquí, clama el jornal de los **o** que han cosechado vuestras tierras, Stg 5.4. Porque el **o** es digno de su alimento, Mt. 10.10. Véase **Trabajadores.**

OBSEQUIAR: Tratar agradablemente. // A **o** porciones, y a gozar de grande alegría, porque habían entendido las palabras que les habían enseñado, Neh.8.12.

OBSERVAR: Cumplir, practicar lo que es prescrito. Mirar con atención. // Guarda los preceptos de Jehová tu Dios, andando en sus caminos, y observando sus estatutos, 1 R. 2.3. Crecido ya Moisés... observó a un egipcio que golpeaba a uno de los hebreos, Ex. 2.11. Todo el pueblo observaba el estruendo y los relámpagos, Ex. 20.18. Y observad la tierra cómo es, y el pueblo que la habita, Nm. 13.18. He observado a ese pueblo, y he aquí que es pueblo duro de cerviz, Dt. 9.13. En cuanto a la plaga de la lepra, ten cuidado de **o** diligentemente, Dt. 24.8. Elí estaba observando la boca de ella, 1 S. 1.12. Y observaréis; si sube por el camino de su tierra, 1 S. 6.9. Observad, pues, e informaos de todos los escondrijos donde se oculta, 1 S. 23.23. Pero lo observé por la mañana, y vi que no era mi hijo, el que yo había dado a luz, 1 R. 3.21. Y observé los muros de Jerusalén que estaban derribados, Neh. 2.13. Y subí de noche por el torrente y observé el muro, Neh. 2.15. Si pequé, tú me has observado, Job 10.14. Desde allí acecha la presa; sus ojos observan de muy lejos. Job 39.29. Contar puedo todos mis huesos; entre tanto, ellos me miran y me observan, Sal. 22.17. Pues de aquí a poco no existirá el malo; observarás su lugar, y no estará allí, Sal. 37.10. ¿Por qué observáis, oh montes altos, al monte que deseó Dios para su morada? Sal. 68.16. Mira a mi diestra y observa, pues no hay quien me quiera conocer, Sal. 142.4. El que al viento observa, no sembrará, Ec. 11.4. Véase **Contemplar, Ver**.

OBSTÁCULO: Enredo, dificultad, barrera. // Por no poner ningún **o** al evangelio de Cristo, 1 Co. 9.12. Conforme a lo que dijeren los sacerdotes que están en Jerusalén, les sea dado día por día sin **o** alguno, Esd. 6.9.

OBSTINACIÓN: Tenacidad. // Porque como pecado de adivinación es la rebelión, y como ídolos e idolatría la **o**, 1 S. 15.23. A cualquiera que anda tras la **o** de su corazón, Jer. 23.17.

OBSTINADAMENTE: Actuar de manera obstinada. // Mas si **o** os apartareis de mí vosotros y vuestros hijos, 1 R. 9.6.

OBSTINADO: Porfiado, firme. // Corazón, Dt. 2.30; Ez. 3.7. Camino, Jue. 2.19. Faraón, Ex. 9.7; Israel, Is. 48.4. **O** en su inicuo designio, Sal. 64.5.

OBSTINAR: Mantenerse en la obstinación, en el error. // El granizo y los truenos, se obstinó en pecar, y endurecieron su corazón él y sus siervos, Ex. 9.34. Sin embargo, se obstinaron en subir a la cima del monte, Nm. 14.44. Endureció su cerviz, y obstinó su corazón, 2 Cr. 36.13.

OBSTRUIR: Cerrar, trabar. // Y obstruirá el paso a los transeúntes, pues allí enterrarán a Gog y a toda su multitud, Ez. 39.11.

OBTENER: Alcanzar, conseguir, adquirir. // Los levitas, obtuvieron por suerte de la tribu de Judá, Jos. 21.4. Y cuando vio a la reina Ester que estaba en el patio, ella obtuvo gracia ante sus ojos, Est. 5.2. Daniel solicitó del rey, y obtuvo que pusiera sobre los negocios, Dn. 2.49. Para destruir las almas, para **o** ganancias injustas, Ez. 22.27 Fueron atormentados, no aceptando el rescate, a fin de **o** mejor resurrección, He. 11.35. Para que ellos también obtengan la salvación que es en Cristo Jesús con gloria eterna, 2 Ti. 2.10. Corred de tal manera que lo obtengáis, 1 Co. 9.24. El sacerdote hará expiación por él delante de Jehová, y obtendrá perdón, Lv. 6.7. Obteniendo el fin de vuestra fe, que es la salvación de vuestras almas, 1 P. 1.9. Para que habiendo hecho la voluntad de Dios, obtengáis la promesa, He. 10.36. Véase **Encontrar**.

OCASIÓN: Oportunidad favorable para ejecutar o realizar alguna cosa. // Los gobernadores y sátrapas buscaron **o** para acusar a Daniel en lo relacionado con el reino, Dn. 6.4. Con el fin de quitar la **o** de los que la desean, 2 Co. 11.12. No den al adversario ninguna **o** de maledicencia, 1 Ti. 5.14. No damos a nadie ninguna **o** de tropiezo, 2 Co. 6.3. Y esto os será **o** para dar testimonio, Lc. 21.13. Considerad ahora, y ved cómo busca **o** contra mí, 2 R. 5.7. Cuando él y el pueblo que está con él salgan contra ti, tú harás con él según se presente la **o**, Jue. 9.33. Véase **Oportunidad**.

OCASO: La desaparición del sol o de cualquier astro en el horizonte; fin, final. // El sol conoce su **o**, Sal. 104.19.

OCCIDENTE: Oeste, poniente. // Cuanto está lejos el oriente del **o**, Sal. 103.12. Os digo que vendrán muchos del oriente y del **o**, Mt. 8.11. Porque como el relámpago que sale del oriente y se muestra hasta el **o**, Mt. 24.27. El límite del **o** es el Mar Grande, Jos. 15.12. Condujo el agua hacia el **o** de la ciudad de David, 2 Cr. 32.30. Y temerán desde el **o** el nombre de Jehová, Is. 59.19. Al **o** tres puertas, Ap. 21.13.

OCHENTA: Ocho veces diez. // Era Moisés de **o** años, Ex. 7.7. Nuestra edad son setenta... **o**, Sal. 90.10.

OCHO: Siete más uno. // **O** personas, fueron salvas, 1 P. 3.20.

OCIOSO: Que hace nada. // No les disminuiréis nada; porque están **o**, Ex. 5.8. También aprenden a ser **o**, 1 Ti. 5.13. No os dejarán estar **o** ni sin fruto, 2 P. 1.8. Véase **Indolente**, **Perezoso**.

OCOZÍAS, heb. **De quien Jehová es Señor:** 1. El octavo rey de Israel. Hijo de Acab y Jezabel, 1 R. 22.40. Adoraba a Baal, 2 R. 1.16,17. Fracasó su expedición, aliado con Josafat de Judá, para hacer barcos y buscar oro de Tarsis, 2 Cr. 20.35-37. Cayó por la ventana de una sala de la casa y se enfermó, 2 R. 1.2. Su muerte predicha por Elías, 2 R. 1.16,17. // 2. El sexto rey de Judá; sobrino de Ocozías, rey de Israel; nieto de Acab y Jezabel, 2 R. 8.26; 8.18. Anduvo en los caminos de la casa de Acab, porque su madre era su consejera, 2 Cr. 22.3. Asesinado por Jehú, 2 Cr. 22.7-9. Reinó sólo un año, 2 R. 8.26.

OCRÁN, hb. **Perturbado:** El padre de Pagiel, cabeza de una familia de la tribu de Aser, Nm. 1.13.

OCULTAMENTE: De manera oculta, a las escondidas. // Por haberse ella amancillado **o**, Nm. 5.13. Maldito el que hiriere a su prójimo **o**, Dt. 27.24. A sus hijos que diere a luz; pues los comerá **o**, Dt. 28.57.

OCULTAR: Esconder, encubrir. // Observad, pues, e informaos de todos los escondrijos donde se oculta, 1 S. 23.23. Me ocultará en lo reservado de su morada, Sal. 27.5. Si lo ocultaba debajo de su lengua, Job 20.12. Y ocultó el arca del testimonio, como Jehová había mandado a Moisés, Ex. 40.21. Lo ocultó de Atalía, a él y a su ama, en la cámara de dormir, 2 R. 11.2. Estas cosas habló Jesús, y se fue y se ocultó de ellos, Jn 12.36. Le recibió una nube que le ocultó de sus ojos, Hch.1.9. Porque me hubiera ocultado de él, Sal. 55.12. Pero no pudiendo ocultarle más tiempo, Ex. 2.3. No oculté tu misericordia y tu verdad en grande asamblea, Sal. 40.10. Vuestros pecados han hecho **o** de vosotros su rostro para no oír, Is. 59.2. ¿Se ocultará alguno, dice Jehová, en escondrijos que yo no lo vea? Jer. 23.24. Venid, y ocultémonos en Jerusalén, de la presencia del ejército de los caldeos, Jer. 35.11. Los cuales no se me ocultaron, ni su maldad se esconde, Jer. 16.17. Véase **Esconder**.

OCULTO: Escondido, encubierto. // Porque no hay nada **o** que no haya de ser manifestado, Mr. 4.22. Antes bien renunciamos a lo **o** y vergonzoso, 2 Co. 4.2. Líbrame de los que me son **o**, Sal. 19.12. Mis pecados no te son **o**, Sal. 69.5. Ni **o**, que no haya de saberse, Mt. 10.26. El cual aclarará también lo **o** de las tinieblas, 1 Co. 4.5. El misterio que había estado **o** desde los siglos y edades, Col. 1.26.

Mas hablamos sabiduría de Dios en misterio, la sabiduría **o**, 1 Co. 2.7. Porque encubierta está a los ojos de todo viviente, y a toda ave del cielo es **o**, Job 28:21. Tres cosas me son **o**; aun tampoco sé la cuarta, Proverbios 30:18. Ahora, pues, te he hecho oír cosas nuevas y **o** que tú no sabías, Isaías 48:6. Clama a mí, y yo te responderé, y te enseñaré cosas grandes y **o** que tú no conoces, Jeremías 33:3. Entonces, cuando la mujer vio que no había quedado **o**, vino temblando, Lucas 8:47. Las que son de otra manera, no pueden permanecer **o**, 1 Timoteo 5:25. Véase **Escondido**.

Odres

OCUPACIÓN: Acción y resultado de ocupar u ocuparse; responsabilidad o preocupación; empleo, oficio. // Porque de la mucha **o** viene el sueño, Ec.5.3. Se pierden en malas **o**, Ecl. 5.14. Véase **Oficio**, **Preocupación**.

OCUPAR: Tomar posición de; estar en la posición de. Aplicar su atención (en algo). // Ocupaos en vuestra salvación con temor y temblor, Fil. 2.12. Procuréis tener tranquilidad, y ocuparos en vuestros negocios, 1 Ts. 4.11. Para que los que creen en Dios procuren ocuparse en buenas obras, Tit. 3.8. No saldrá a la guerra, ni en ninguna cosa se le ocupará, Dt. 2.5. Para que Saúl no se ocupe de mí, y no me ande buscando, 1 S. 27.1. Y mientras tu siervo estaba ocupado en una y en otra cosa, 1 R. 20.40. Moraban allá con el rey, ocupados en su servicio, 1 Cr. 4.23. Eran mayordomos de los que se ocupaban en cualquier clase de obra, 2 Cr. 34.13. Estuvieron ocupados hasta la noche en el sacrificio de los holocaustos, 2 Cr. 35.14. Para que ocupe los fines de la tierra, Job 38.13. Yo me afané y en que ocupé debajo del sol mi sabiduría, Ec. 2.19 Yo he visto el trabajo que Dios ha dado a los hijos de los hombres para que se ocupen en él, Ec. 3.10. Acostumbraron su lengua a hablar mentira, se ocupan de actuar perversamente, Jr. 9.5. Entonces comiences con vergüenza a **o** el último lugar, Lc. 14.9. Ocupado en esto, iba yo a Damasco con poderes, Hch. 26.12. Porque el ocuparse de la carne es muerte, pero el ocuparse del Espíritu es vida y paz, Ro. 8.6. Mutuo consentimiento, para ocuparos sosegadamente en la oración, 1 Co. 7.5. Porque si bendices sólo con el espíritu, el que ocupa lugar de simple oyente, 1 Co. 14.16.

OCURRIR: Suceder, acontecer. // Sino que esto ocurrió por accidente, 1 S. 6.9. Vendrás al lugar donde estabas escondido el día que ocurrió esto mismo, 1 S. 20.19. Un mismo suceso ocurre al justo y al impío, Ec. 9.2. Cuando esto ocurra, entonces sabréis que yo soy Jehová el Señor, Ez. 24.24.

ODIADO: Despreciado. // Por la mujer **o** cuando se casa, Pr. 30.23. Véase **Despreciado:**

ODIAR: Aborrecer, detestar. // No se demora con el que le odia, en persona le dará el pago, Dt. 7.10. ¿No odio, oh Jehová, a los que te aborrecen? Sal. 139.21. El que odia disimula con sus labios, Pr. 26.24. Por la mujer odiada cuando se casa, Pr. 30.23. Véase **Aborrecer**, **Detestar**.

ODIO: Pasión que impulsa a causar o querer mal a alguien. // Con **o** violento me aborrecen, Sal. 25.19. El **o** despierta rencillas, Pr. 10.12. Que de buey engordado donde hay **o**, Pr. 15.17. Procederán contigo con **o**, Ez. 23.29. Y si por **o** lo empujó, Nm. 35.20. El **o** con que la aborreció, 2 S. 13.15. Con palabras de **o** me han rodeado, Sal. 109.3. Me devuelven mal por bien, y **o** por amor, Sal. 109.5. El que encubre el **o** es de labios mentirosos, Pr. 10.18. Aunque su **o** se cubra con disimulo, Pr. 26.26. Que sea amor o que sea **o**, Ec. 9.1. También su amor y su **o** y su envidia fenecieron ya, Ec. 9.6. A causa de la multitud de tu maldad, y grande **o**, Os 97. **O** en la casa de su Dios, Os. 9.8.

ODIOSO: Que excita el odio, la indignación. // Que se habían hecho odiosos a David, 1 Cr. 19.6. Y viendo los hijos de Amón que se habían hecho odiosos a David, 2 Samuel 10:6. Mas el impío se hace **o** e infame, Proverbios 13:5. El pobre es **o** aun a su amigo, Proverbios 14:20.

ODRE: Cuero, generalmente de cabra que, cerrado por todas partes menos por la correspondiente al cuello del animal, sirve para contener líquidos, como agua, vino o aceite. // Para agua, Gn. 21.14; para leche, Jue. 4.19; para vino, Jos. 9.4; 1 S. 16.20; Mt. 9.17. Porque estoy como el **o** al humo, Sal. 119.83.

OFEL, hb. **Elevación**, **colina:** Una parte de la muralla oriental de Jerusalén, 2 Cr. 27.3; Neh. 3.26.

OFENDER: Disgustar, escandalizar. // Obtendrá perdón de cualquiera de todas las cosas en que suele **o**, Lv. 6.7. He llevado ya castigo, no ofenderé ya más, Job 34.31. Y ofenderá atribuyendo su fuerza a su dios, Hab. 1.11. ¿Sabes que los fariseos se ofendieron cuando oyeron esta palabra? Mt. 15.12. Sin embargo, para no ofenderles, ve al mar, y echa el anzuelo, Mt. 17.27. ¿Esto os ofende? Jn. 6.61. Nada en que tu hermano tropiece, o se ofenda, o se debilite, Ro. 14.21. Guardare toda la ley, pero ofendiere en un punto, se hace culpable de todos, Stg. 2.10. Véase **Acusar**, **Injuriar**.

OFENDIDO: Persona que recibió una ofensa. // El hermano **o** es más tenaz que una ciudad fuerte, Pr. 18.19.

OFENSA: Afrenta, de hechos o de palabras. // Porque si perdonáis a los hombres sus **o**, Mt. 6.14. En relación con cualquiera **o** cometida, Dt. 19.15. Por la palabra de ellos se decidirá toda disputa y toda **o**, Dt. 21.5. Y yo te ruego que perdones a tu sierva esta **o**, 1 S. 25.28. Su honra es pasar por alto la **o**, Pr. 19.11. Porque la mansedumbre hará cesar grandes **o**, Ec. 10.4. Si no perdonáis a los hombres sus **o**, tampoco vuestro Padre os perdonará vuestras **o**, Mt. 6.15. Así también mi Padre celestial hará con vosotros si no perdonáis de todo corazón cada uno a su hermano sus **o**, Mt. 18.35. Os perdone a vosotros vuestras **o**, Mr. 11.25. Tampoco vuestro Padre que está en los cielos os perdonará vuestras **o**, Mr. 11.26. Conciencia sin **o** ante Dios y ante los hombres, Hch. 24.16. Confesaos vuestras **o** unos a otros, Santiago 5:16. Véase **Acusación**, **Injuria**.

OFICIAL: Militar que posee un grado o empleo. // Un **o** del rey, cuyo hijo, Jn. 4.46. Potifar, **o** de Faraón, capitán de la guardia, Gn.37.36. Y se enojó Faraón contra sus dos **o**, contra el jefe de los coperos y contra el jefe de los panaderos, Gn. 40.2. A vuestros **o**, Dt.31.28. Los **o** recorrieron el campamento, Jos. 3.2. Sin los principales **o** de Salomón que estaban sobre la obra, 1 R. 5.16. Gobernadores y **o**, y los de Persia, Esd. 4.9. Reprendí a los nobles y a los **o**, Neh. 5.7. Véase **Alguacil.**

OFICIO: Profesión, cargo, función. // Eran del mismo **o**, Hch. 18.3. De este **o** viene nuestra prosperidad, Hch. 19.25. Aconteció que entró él un día en casa para hacer su **o**, Gn. 39.11. E hizo volver a su **o** al jefe de los coperos, Gn. 40:21. ¿Cuál es vuestro **o**? Gn. 46:33. Aarón y sus hijos vendrán y los pondrán a cada uno en su **o** y en su cargo, Nm. 4:19. Este será el **o** de las familias, Nm. 4:24. Cada uno según su **o** y según su cargo, Nm. 4:49. A los cuales constituyó en su **o** David y Samuel el vidente, 1 Cr. 9.22. Los porteros levitas estaban en el **o**, 1 Cr. 9.26. Y constituyó los turnos de los sacerdotes en sus **o**, 2 Cr. 8.14. Luego ordenó Joiada los **o** en la casa de Jehová, 2 Cr. 23.18. A los levitas de edad de veinte años arriba, conforme a sus **o** y grupos, 2 Cr. 31.17. Puso también a los sacerdotes en sus **o**, 2 Cr.35.2. Sean sus días pocos; Tome otro su **o**, Sal. 109.8. Buscad a las hábiles en su **o**, Jer. 9.17. ¿Qué **o** tienes, y de dónde vienes? Jon.1.8. Como era del mismo **o**, se quedó con ellos, y trabajaban juntos, pues el **o** de ellos era hacer tiendas, Hch. 18.3. Reunidos con los obreros del mismo **o**, dijo: Varones, sabéis que de este **o** obtenemos nuestra riqueza, Hch. 19.25. Los sacerdotes continuamente para cumplir los **o** del culto, He. 9.6. Ningún artífice de **o** alguno se hallará más en ti, Ap. 18.22.

OFIR: 1. Un descendiente de Noé, Gn. 10.29. // 2. Un país, o ciudad, al sur, tal vez, de Palestina, de donde trajeron oro a Salomón, 1 R. 9.28.

OFNI, hb. **Pugilista:** Hijo de Elí, el sumo sacerdote, 1 S. 1.3. Él y su hermano Finees, llamados l**os hijos de Belial,** 1 S. 2.12. Muertos en una batalla con los filisteos, 1 S. 4.17.

OFNI: Una ciudad de la herencia de Benjamín, Jos. 18.24.

OFRA: 1. Una ciudad de la herencia de Benjamín, Jos. 18.23. Véase mapa 2, C-5; 4, B-2. // 2. Una ciudad de Manasés, Jue. 6.11. Gedeón hizo de ellos un efod, el cual hizo guardar en su ciudad de Ofra, Jue. 8.27. // 3. El hijo de Meonotai, 1 Cr. 4.14.

OFRECER: Presentar para ser acepto. // Te ofreceré sacrificio de alabanza, Sal. 116.17. No tiene necesidad cada día... de **o** primero sacrificios por sus propios pecados, He. 7.27. Mediante el Espíritu eterno se ofreció a sí mismo sin mancha a Dios, He. 9.14. No para ofrecerse muchas veces, He. 9.25. Por la fe Abel ofreció a Dios más excelente sacrificio que Caín, He. 11.4. Por la fe Abraham, cuando fue probado, ofreció a Isaac... ofrecía su unigénito, He. 11.17. Así que, ofrezcamos siempre a Dios... sacrificio de alabanza, He. 13.15. Abraham nuestro padre, cuando ofreció a su hijo Isaac, Stg. 2.21. Para **o** sacrificios espirituales aceptables a Dios, 1 Pedro 2.5. Véase **Dar**, **Sacrificar**.

OFRENDA: Aquello que se ofrece. // Cada uno con la **o** de su mano, Dt. 16.17. Traed **o**, y venid a sus atrios, Sal. 96.8. Vine a hacer limosnas a mi nación y presentar **o**, Hch. 24.17. Porque con una sola **o** hizo perfectos para siempre a los santificados, He. 10.14. No hay más **o** por el pecado, He. 10.18. ¿En qué te hemos robado? En vuestros diezmos y **o**, Ml. 3.8. Si traes tu **o** al altar, Mt. 5.23. Presenta la **o** que ordenó Moisés, Mt. 8.4. Es mi **o** a Dios todo aquello con que pudiera ayudarte, Mt. 15.5. Si alguno jura por la **o** que está sobre él, es deudor, Mt. 23.18. Es Corbán (que quiere decir, mi **o** a Dios), Mr. 7.11. Cristo nos amó, y se entregó a sí mismo por nosotros, **o** y sacrificio a Dios, Ef. 5.2. Sacrificio y **o** no quisiste, He. 10.5. Somos santificados mediante la **o** del cuerpo de Jesucristo, He. 10.10. Donde hay remisión de éstos, no hay más **o** por el pecado, He. 10.18. // **La ofrenda:** de Abel, Gn. 4.4; de la viuda pobre, Lc. 21.2; de Cristo, Ef. 5.2. // **Ofrendas:** de la cosecha, Ex. 22.29; de ganado, Lv. 1.2; justas, Ml. 3.3; de manjares, Is. 66.20; Sal. 20.3; Daniel 2.46; 9.27; de oro, incienso y mirra, Mt. 2.11; de oro, plata, bronce, Ex. 25.3; Nm. 31.50; de paz, 1 R. 3.15; por el pecado, Lv. 7.37; Is. 53.10; quemada, Lv. 7.30; siclo, la mitad de un, Ex. 30.15; vanas, Is. 1.13; voluntarios, Ex. 35.29; 36.3; 2 Cr. 35.8; Esd. 2.68. Véase **Dádiva, Holocausto, Presente, Regalo, Sacrificio**.

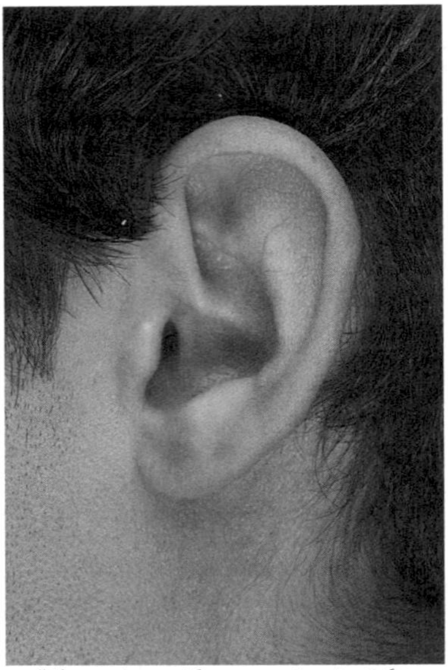

"El que tiene oídos para oír, oiga" (Mt. 11.15; Ap. 2.7,11,17,29; 3.6,13,22).

OFUSCAR: Deslumbrar, turbar la vista a. // No se ofuscarán entonces los ojos de los que ven, Is. 32.3. Deteneos y maravillaos; ofuscaos y cegaos, Is. 29.9. Sus ojos se ofuscaron porque no había hierba, Jer. 14.6.

OG: Rey de Basán, Nm. 21.33. Su territorio comprendía 60 ciudades con altos muros, conquistado por Moisés, Dt. 3.1-11; Sal. 135.11.

OHAD: Un hijo de Simeón, Gn. 46.10.

OHEL, hb. **Tienda:** Un hijo de Zorobabel, 1 Cr. 3.20.

OÍDO: Aquel de los cinco sentidos por el cual se perciben los sonidos; la oreja. // A quien la oyere, le retiñirán ambos **o**, 1 S. 3.11. Atentos sus **o** al clamor de ellos, Sal. 34.15. El que hizo el **o**, ¿no oirá? Sal. 94.9. El que cierra su **o** al clamor del pobre, Pr. 21.13. Despertará mi **o** para que oiga como los sabios, Is. 50.4. No se ha agravado su **o** para oír, Is. 59.1. Lo que oís al **o**, proclamadlo desde las azoteas, Mt. 10.27. El que tiene **o** para oír, oiga, Mt. 11.15; 13.9,43. Cosas que ojo no vio, ni **o** oyó, 1 Co. 2.9. Si todo el cuerpo fuese ojo, ¿dónde estaría el **o**? 1 Co. 12.17. Los que habían segado han entrado en los **o** del Señor de los ejércitos, Stg. 5.4. Sus **o** atentos a sus oraciones, 1 P. 3.12.

OIDOR: El que oye. Juez o magistrado que en las audiencias del reino oía y sentenciaba las causas y los pleitos. // Porque no son los **o** de la ley los justos ante Dios, Ro. 2.13. No tan solamente **o**, engañándoos a vosotros mismos, Stg 1:22. Porque si alguno es **o** de la palabra pero no hacedor de ella, Stg 1:23. No siendo **o** olvidadizo, sino hacedor de la obra, Stg 1:25. Fueron, pues, reunidos los sátrapas, los magistrados y capitanes, **o**, tesoreros, consejeros, jueces, y todos los gobernadores de las provincias, Daniel 3:2, 3. Véase **Oyente**.

OÍR: Entender, percibir (los sonidos) por el sentido del oído. // Habla, Jehová, porque tu siervo oye, 1 S. 3.9. El que hizo el oído, ¿no oirá? Sal. 94.9. Orejas tienen, mas no oyen, Sal. 115.6. El que tiene oídos para **o**, oiga, Mt. 13.9,43; Ap. 2.7,11,17,29; 3.6,13,22. Mas si no te oyere, toma aún contigo a uno o dos, Mt. 18.16. Cuando los muertos oirán la voz del Hijo de Dios; y los que la oyeren vivirán, Jn. 5.25. Las ovejas oyen su voz, Jn. 10.3. Padre, gracias te doy por haberme oído, Jn. 11.41. Lo que... oísteis y visteis en mí, esto haced, Fil. 4.9. Lo que has oído de mí ante muchos testigos, 2 Ti. 2.2. Todo hombre sea pronto para **o**, tardo para hablar, Stg. 1.19. Lo que hemos oído, lo que hemos visto con nuestros ojos, 1 Jn. 1.1. El que conoce a Dios, nos oye; el que no es de Dios, no nos oye, 1 Jn. 4.6. Si pedimos alguna cosa conforme a su voluntad, él nos oye, 1 Jn. 5.14. Bienaventurado el que lee, y los que oyen las palabras de esta profecía, Ap. 1.3. Si alguno oye mi voz y abre la puerta, Ap. 3.20. Véase **Escuchar**.

OJO: Órgano de la vista. // **O** por **o**, Ex. 21.24; Dt. 19.21; Mt. 5.38. Le sacaron los **o**, Jue. 16.21. Entonces Jehová abrió los **o** del criado, 2 R. 6.17. A Sedequías le sacaron los **o**, 2 R. 25.7. El que formó el **o** ¿no verá? Sal. 94.9. Tienen **o**, mas no ven, Sal. 115.5; 135.16. Como el humo a los **o**, Pr. 10.26. Han visto mis **o** al Rey, Jehová de los ejércitos, Is. 6.5. Si tu **o** derecho te es ocasión de caer, sácalo, y échalo de ti, Mt. 5.29. La lámpara del cuerpo es el **o**, Mt. 6.22. ¿Y por qué miras la paja que está en el **o** de tu hermano, y no echas de ver la viga que está en tu propio **o**?, Mt. 7.3. Señor, que sean abiertos nuestros **o**, Mt. 20.33. Los **o** de todos en la sinagoga estaban fijos en él, Lc. 4.20. Cosas que **o** no vio, 1 Co. 2.9. Porque no soy **o**, no soy del cuerpo, 1 Co. 12.16. En un momento, en un abrir y cerrar de **o**, 1 Co. 15.52. Si hubieseis podido, os hubierais sacado vuestros propios **o** para dármelos, Gálatas 4.15. Sus **o** como llama de fuego, Ap. 1.14. Cuatro seres vivientes llenos de **o** delante y detrás, Ap. 4.6. // **Figuradamente:** Serán abiertos vuestros **o**, Gn. 3.5. Saúl no miró con buenos **o** a David, 1 S. 18.9. A fin de alumbrar nuestro Dios nuestros **o**, Esd. 9.8. El precepto de Jehová es puro, que alumbra los **o**, Sal. 19.8. Abre mis **o**, y miraré, Sal. 119.18. Alzaré mis **o** a los montes, Sal. 121.1; 123.1. Y han cerrado sus **o**; para que no vean con los **o**, Mt. 13.15; Hch. 28.27. Alumbrando los **o** de vuestro entendimiento, Ef. 1.18. Tienen los **o** llenos de adulterio, 2 P. 2.14. Los deseos de los **o**, 1 Jn. 2.16. Y todo **o** le verá, Ap. 1.7. Unge tus **o** con colirio, para que veas, Ap. 3.18. Que tenía siete cuernos, y siete **o**, Ap. 5.6. Dios enjugará toda lágrima de los **o** de ellos, Ap. 7.17; 21.4. // **Los ojos de Dios:** Dt. 11.12; 1 R. 8.29; 2 Cr. 16.9; Job 34.21; Sal. 33.18; Pr. 15.3; He. 4.13; 1 P. 3.12. // **La niña de los ojos:** la pupila ocular: Dt. 32.10; Sal. 17.8; Zac. 2.8. // **Ojos adúlteros:** Pr. 6.25; Ez. 6.9; 2 P. 2.14; altivos, Sal. 18.27; Pr. 6.17; buenos, Mt. 6.22; malos, Mt. 6.23; cargados, Mt. 26.43. // **Los ojos** se oscurecieron por el dolor, Job 17.7; se han consumido de tristeza mis ojos, Sal. 31.9; los que me aborrecen sin causa guiñen el ojo, Sal. 35.19; ríos de aguas echan mis ojos, Lm. 3.48.

OLA: Agua del mar agitada y elevada por los vientos. // Las ondas y las **o** pasaron sobre Jonás, Jon. 2.3. // Figuradamente, queriendo decir **perturbación, tribulación**. Todas tus ondas y tus **o** han pasado sobre mí, Salmo 42.7. Una tempestad tan grande que las **o** cubrían la barca; pero él dormía, Mt. 8.24. La barca... a**zotada** por las **o**, Mt. 14.24. Echaba las **o** en la barca, de tal manera que ya se anegaba, Mr. 4.37.

OLER: Sentir el olor de; exhalar olor. // Y olió Isaac el olor de sus vestidos, Gn. 27.27. Otro como este para olerlo, Ex. 30.38. Y no oleré la fragancia, Lv. 26.31. Ni oyen, ni comen, ni huelen, Dt. 4.28. Desde lejos huele la batalla, Job 39.25. Tienen narices, mas no huelen, Sal. 115.6.

OLFATO: El sentido del olor. // Si todo fuese oído, ¿dónde estaría el olfato?1 Co. 12.17.

OLIMPAS: Un cristiano en Roma, Ro. 16.15.

OLIVAR: Hch. 1.12. Véase **monte de los Olivos**.

OLIVO SILVESTRE: Neh. 8.15; Ro. 11.17. Véase **Olivo.**

OLIVO: Género de oleáceas, que produce aceitunas. // Las viñas y olivares que no plantasteis, coméis, Jos. 24.13; Jue. 15.5; 1 S. 8.14; Neh. 5.11; Dt. 8.8; 28.40. David tenía grandes olivares, 1 Cr. 27.28. Salomón dió 20 mil batos de aceite a Hiram, 2 Cr. 2.10. El Olivo fue llamado para reinar sobre los árboles, Jue. 9.8. Casi todas las aldeas, hasta hoy, tienen sus olivares. Mas el séptimo año la dejarás libre, para que coman los pobres de tu pueblo, Ex. 23.11. Las aceitunas recogidas batiendo o sacudiendo el árbol, Dt. 24.20. El aceite extraído aplastando o pisando el fruto, Ex. 27.20; Jl 2.24; Mi. 6.15. Se usaba aceite de oliva para el candelabro del tabernáculo, Ex. 27.20; Lv. 24.2. Aceite de olivas uno de los ingredientes del aceite de la unción, Ex. 30.24. Los dos querubines en el templo, hechos de madera de olivo, 1 R. 6.23. También la puerta del Lugar Santísimo, 1 R. 6.31-33. La madera de olivo, dura y susceptible de un bello pulido, es utilizada por carpinteros, torneros, etc. Es amarillo verdoso, rayada de castaño. Ramas de olivo usados para hacer tiendas en la fiesta de los tabernáculos, Neh. 8.15. // La paloma volvió al arca con una hoja de olivo en el pico, Gn. 8.11. El ramo de olivo se convirtió en emblema de paz. La olivera significa abundancia, las bendiciones divinas, la hermosura, el esplendor, la fuerza, Dt. 28.40; Sal. 52.8; Jer. 11.16; Os. 14.6. El Señor plantará en el desierto cedros, acacias, arrayanes y olivos, Is. 41.19. // El Olivo comienza a producir en el cuarto año y continúa a cargar durante siglos. En el huerto de Getsemaní han encontrado oliveras que, dicen, son descendientes de los árboles en cuya sombra Jesús oraba, Mt. 26.36. El olivo tiene un lugar casi sagrado en el corazón del creyente. Véase Mt. 24.3; 26.30; Hch. 1.12 // Los frutos del olivo silvestre son pequeños y sin valor. Pero se vuelven buenos y abundantes si injertadas en el olivo de buen árbol. En la alegoría del apóstol Pablo, los gentiles, como olivo silvestre, al contrario, fueron injertados en el buen árbol, Ro. 11.16-25. ¿Puede acaso la higuera producir aceitunas, o la vid higos? Stg. 3.12. Las visiones de dos olivos, Zac. 4.1-14; Ap. 11.4.

OLLA: Vasija para cocinar alimentos. // Gritaron diciendo: ¡Varón de Dios, hay muerte en esa **o**! 2 R. 4.40. Veo una **o** que hierve; y su faz está hacia el norte, Jer. 1.13. La parábola de la olla, Ez. 24.3-14. Asentando después la olla vacía sobre sus brasas, Ez. 24.11. Como carnes en **o**, Mi. 3.3. Hace hervir como una **o** el mar profundo, y lo vuelve como una **o** de ungüento. Job 41:31. Antes que vuestras **o** sientan la llama de los espinos, Sal. 58.9. Porque la risa del necio es como el estrépito de los espinos debajo de la **o**, Ec. 7.6. Comen carne de cerdo, y en sus **o** hay caldo de cosas inmundas, Is. 65.4.

OLMO: Oseas 4.13; Is. 44.14. Género de ulmáceas, que comprende grandes árboles frondosos. Véase **Encina**, **Boj**.

OLOR: Aroma, perfume. Impresión producida en el sentido de olfato por las partículas odoríferas. // Y percibió Jehová **o** grato, Gn. 8.21. Olió Isaac el **o** de sus vestidos, Gn. 27.27. Mal **o** al perfume del perfumista, Ec. 10.1 Su **o** será como de vino, Os. 14.7. **O** de muerte para muerte, 2 Co. 2.16. Véase **Aroma**, **Fragancia**, **Perfume**.

OLOROSA: Que despide cierto olor, especialmente si es agradable. ¿Para qué… la buena caña **o** de tierra lejana? Jer. 6.20. De toda madera **o**, Ap.18.12.

OLVIDAR: Perder el recuerdo de. No hacer caso de. // No se acordó de José, sino que se olvidó de José, Gn. 40.23. Cuídate de no olvidarte de Jehová, Dt. 6.12. Los malos serán trasladados al Seol, todas las gentes que se olvidan de Dios, Sal. 9.17. Los que os olvidáis de Dios, Sal. 50.22. No olvides ninguno de sus beneficios, Sal. 103.2. Se olvidaron de Dios, su Salvador, Sal. 106.21. Jamás me olvidaré de tus mandamientos, Sal. 119.93. Si me olvidare de ti, oh Jerusalén, Sal. 137.5. Hijo mío no te olvides de mi ley, Pr. 3.1. Una mujer se olvida del hijo que todavía mama, Is. 49.15. Ya te has olvidado de Jehová tu Hacedor, Is. 51.13. Olvidando ciertamente lo que queda, Fil. 3.13. Dios no es injusto para olvidar vuestra obra, He. 6.10. Habéis ya olvidado la exhortación, He. 12.5. Y luego se olvida como era, Stg. 1.24. Habiendo olvidado la purificación de sus pecados, 2 P. 1.9. Ignoran voluntariamente, que en el tiempo antiguo, 2 P. 3.5.

OLVIDO: Falta de memoria, de recuerdo. // Tu justicia en la tierra del **e**, Sal. 88.12. Tiro será puesta en **o,** Is. 23.15.

OMAR: Un nieto de Esaú, Gn. 36.11.

OMBLIGO: Cicatrices resultantes del corte del cordón umbilical, Cnt. 7.2; Ez. 16.4.

OMEGA: Última letra del alfabeto griego, Véase **Alfa y Omega**.

OMITIR: Dejar de hacer. // Hazlo así con el judío Mardoqueo, que se sienta a la puerta real; no omitas nada de todo lo que has dicho, Est. 6.10. Véase Stg. 4.17.

OMNIPOTENTE: Cuyo poder no tiene límites. // El que... morará bajo la sombra del **O**, Sal. 91.1. La palabra quiere decir; cuyo poder no tiene límites. Véase **Todopoderoso**.

OMNIPRESENTE: Las Escrituras enseñan que Dios está en todas partes, Dt. 4.39; Sal. 139.6-16; 1 R. 8.27; Pr. 15.3; Jer. 23.23,24; Hch. 17.28; etc. Véase **Presencia**.

OMNISCIENTE: La palabra no se encuentra en las Escrituras, mas ellas enseñan el hecho de que Dios sabe todas las cosas, 1 S. 16.7; 1 R. 8.39; 2 Cr. 16.9; Sal. 139.12; Hch. 1.24; He. 4.13; etc.

OMRI, hb. **Impetuoso:** 1. Padre de Acab y rey de Israel, 1 R. 16.23,28. Su mal reinado, 1 R. 16.25. // 2. Otros: 1 Cr. 7.8; 9.4; 27.18. Véase **Reyes**.

ON, hb. **Fortaleza:** 1. Rubenita que, con Datán y Abiram, participó de la rebelión de Coré, Nm. 16.1. // 2. La capital, tal vez, de Egipto; sin duda la sede religiosa del país. Aun hay diez kilómetros cuadrados de ruinas de esa ciudad idólatra, que distan diez kilómetros de El Cairo. Los griegos la llamaban **Heliópolis**. En la versión de los Setenta, se añadía el nombre Heliópolis a los otros de los nombres, **Pitón** y **Ramesés**, ciudades que los israelitas edificaron, Ex. 1.11. El suegro de José era sacerdote de On, Gn. 41.45,50; 46.20.

ONÁN, hb. **Fuerte:** También Onam. 1. Un descendiente de Seir, el horeo, Gn. 36.23. // 2. Un hijo de Judá, Gn. 46.12. // 3. Un hijo de Jeramael, 1 Cr. 2.26.

ONCE: Diez más uno. // Sus **o** hijos, y pasó el vado de Jaboc, Gn. 32.22. Soñé que el sol, la luna y las **o** estrellas, Gn. 37.9. Los **o** apóstoles, Mr. 16.14; Lc. 24.9,33; Hch. 1.26.

ONDA: Porción de agua de mar, lago o río, que se eleva. // Todas tus **o** y tus olas han pasado sobre mí, Sal. 42.7. Se apaciguan sus ondas, Sal. 107.29. Tu justicia como las **o** del mar, Is. 48.18. Todas tus **o** y tus olas pasaron sobre mí, Jonás 2.3. El que duda es semejante a la **o** del mar, Stg. 1.6. Fieras **o** del mar, Judas 13.

ONESÍFORO: gr. **Portador de Ventaja**. La casa de Onesíforo se menciona dos veces en la Segunda Epístola de Pablo a Timoteo, cap. 1.16; 4.19.

ONÉSIMO: gr. **Útil:** Un esclavo que huyó de la casa de su señor, Filemón, un discípulo en Colosos. Se convirtió en Roma por el ministerio del apóstol Pablo. Después de su conversión volvió a su señor. Véase Col. 4.9 y la epístola a Filemón.

ÓNICE: Piedra preciosa. **Ónix** (gr.) significa **uña**; su color blanco es levemente rojizo, semejante a la que cerca las uñas. Variedad de ágata cuyas riscas son o poligonales o circulares y concéntricas. Había en la tierra de Havila, Gn. 2.12. Una de las ofrendas para el tabernáculo, Ex. 25.7. Dos piedras de **o** grabadas con los nombres de los hijos de Israel, Ex. 28.9. En el pectoral del sumo sacerdote, Ex. 28.20. David juntó piedras de ónice para el templo, 1 Cr. 29.2. El precioso **o**, Job 28.16. En la lista de piedras preciosas del rey de Tiro, Ez. 28.13.

ONO, hb. **Fuerte:** Una ciudad edificada por Semed, un benjamita, 1 Cr. 8.12. Ocupada por benjamitas después del exilio, Esd. 2.33. Sanbalat y Gesem querían un encuentro con Nehemías en el campo de Ono, Neh. 6.2. Véase mapa 4, A-2.

OPERACIÓN: Acción o efecto de operar. // Para hacer su **o**, su extraña **o**. Is. 28.21. Y hay diversidad de **o**, 1 Co. 12.6. Los que creemos, según la **o** del poder de su fuerza, Ef. 1:19. El don de la gracia de Dios que me ha sido dado según la **o** de su poder, Ef. 3:7.

OPERAR: Obrar, ejecutar. // La cual operó en Cristo, resucitándole de los muertos, Ef.1:20. El espíritu que ahora opera en los hijos de desobediencia, Ef. 2:2.

OPINIÓN: Concepto que se tiene sobre alguien o algo. // En su propia **o**, Pr. 16.2; 21.2; 26.5,16; 28.11; 30.12. No seáis sabios en vuestra propia **o**, Ro. 12.16. No seas sabio en tu propia **o**, Pr. 3.7. Por tanto, he tenido miedo, y he temido declararos mi **o**, Job 32.6. Y hallarás gracia y buena **o**, Pr. 3.4. El camino del necio es derecho en su **o**, Pr. 12.15. ¿Has visto hombre sabio en su propia **o**? Pr. 26.12. Véase **Concepto**.

OPONER: Objetar, impugnar. // De modo que quien se opone a la autoridad, Ro. 13.2. No podrán resistir ni contradecir todos los que se opongan, Lc. 21.15. Pero oponiéndose y blasfemando éstos, Hch. 18.6. El cual se opone y se levanta contra todo lo que se llama Dios, 2 Ts. 2.4. Para cuanto se oponga a la sana doctrina, 1 Ti. 1.10. Con mansedumbre corrija a los que se oponen, 2 Ti. 2.25. Deja de oponerte a Dios, 2 Cr. 35.21. Todo el que se hace rey, a César se opone, Jn. 19.12. Espíritu es contra la carne; y éstos se oponen entre sí, Gl 5.17. En nada intimidados por los que se oponen, Fil. 1.28. No agradan a Dios, y se oponen a todos los hombres, 1 Ts. 2.15.

OPORTUNIDAD: Ocasión propia, coyuntura. // Según tengamos **o**, Gálatas 6.10. Pero os faltaba la **o**, Fil. 4.10. Desde entonces buscaba **o** para entregarle, Mt. 26.16. Judas buscaba **o** para entregarle, Mr. 14.11. Buscaba una **o** para entregárselo a espaldas del pueblo, Lc. 22.6. Pero cuando tenga **o** te llamaré, Hch. 24.25. Pero irá cuando tenga **o**, 1 Co. 16.12. No hubo **o** para el arrepentimiento, He. 12.17. Véase **Ocasión**.

OPORTUNO: Favorable, propio, conveniente. // Pero venido un día **o**, Mr. 6.21. Hallar gracia para el **o** socorro, He. 4.16.

OPOSICIÓN: Impedimento, obstáculo. Si anduviereis conmigo en **o**, y no me quisiereis oír, Lv. 26.21. Sino que anduviereis conmigo en **o**, Lv. 26.23. Procediereis conmigo en **o**, Lv. 26.27. También porque anduvieron conmigo en **o**, Lv. 26.40. Para anunciaros el evangelio de Dios en medio de gran **o**, 1 Ts. 2.2.

OPRESIÓN: Acción o efecto de oprimir. // También he visto la **o** con que los egipcios los oprimen, Ex. 3.9; Dt. 26.7; por los sirios, 2 R. 13.4. La **o** del extranjero, Lv. 19.33; Ex. 23.9; del jornalero, Dt. 24.14; Stg. 5.4; del pobre, Sal. 12.5; Pr. 14.31; 22.16; Stg. 2.6; del prójimo, Lv. 19.13; de la viuda y del huéfano, Zac. 7.10. Véase **Aflicción**, **Persecución**.

OPRESOR: El que oprime. // Aplastará al **o**, Sal. 72.4. No me abandones a mis **o**, Sal. 119.121. Libradme de la mano del **o**, Job 6.23. ¿...Cuando la iniquidad de mis **o** me rodeare? Sal. 49.5. La fuerza estaba en la mano de sus **o**, Ec. 4.1. Los **o** de mi pueblo son muchachos, Is. 3.12. La vara de su hombro, y el cetro de su **o**, Is. 9.4. ¡Cómo paró el **o**! Is. 14.4. Porque clamarán a Jehová a causa de sus **o**, Is. 19.20. Pondré paz por tu tributo, y justicia por tus **o**, Is. 60.17. Librad al oprimido de mano del **o**, Jer. 21.12; Jer. 22.3. Pues asolada fue la tierra de ellos por la ira del **o**, Jer. 25.38. Castigaré a todos sus **o**, Jer. 30.20. ¡Ay de la ciudad rebelde y contaminada y **o**! Sof. 3.1. He aquí, en aquel tiempo yo apremiaré a todos tus **o**, Sof. 3.19. Y no pasará más sobre ellos el **o**; porque ahora miraré con mis ojos. Zac. 9.8.

OPRIMIDO: Afligido, angustiado. // Será **o** por cuatrocientos años, Gn. 15.13. No serás sino **o** y robado todos los días, Dt. 28.29. Había **o** con crueldad a los hijos de Israel, Jue. 4.3. Para juzgar al huérfano y al **o**, Sal. 10.18. He aquí las lágrimas de los **o**, Ec. 4.1. Librad al **o** de mano del opresor, Jer. 21.12. **O** fueron los hijos de Israel, Jer. 50.33. Afligíos, y lamentad, y llorad, Stg. 4.9. Haciendo misericordias para con los **o**, Dn. 4.27. Véase **Afligido**, **Castigar**, **Oprimir**, **Perseguir**.

OPRIMIR: Apretar, molestar, afligir, tiranizar. // Cuando el extranjero morare con vosotros en vuestra tierra, no le oprimiréis, Lv. 19.33; Ex. 23.9; jornalero, Dt. 24.14; huérfano, Zac. 7.10; prójimo, Lv. 19.13; viuda, Zac. 7.10. El que oprime al pobre afrenta a su Hacedor, Pr. 14.31. ¿No os oprimen los ricos...? Stg. 2.6.

OPROBIO: Deshonra, injuria. // Oprobio de los hombres, y despreciado del pueblo, Sal. 22.6. Véase **Injuria**, **Vituperio**.

OPUESTO: Contrario, adverso. // Entonces pasó David al lado **o**, 1 S. 26.13. El segundo coro iba del lado **o**, Neh. 12.38. Pues en gran manera se ha **o** a nuestras palabras, 2 Ti. 4.15.

ORACIÓN: Preces o súplica dirigida a Dios. // Tú oyes la **o**, Sal 65.2. Suba mi **o** delante de ti como el incienso, Sal. 141.2. Pero él oye la **o** de los justos, Pr. 15.29. Su **o** también es abominable, Pr. 28.9. Asimismo cuando multipliquéis la **o**, yo no oiré, Is. 1.15. A Dios el Señor, buscándole en **o** y ruego, Dn. 9.3. Pero este género no sale sino con **o** y ayuno, Mt. 17.21. Mi casa, casa de **o** será llamada, Mt. 21.13. Todo lo que pidiereis en **o**, creyendo, lo recibiréis, Mt. 21.22. Como pretexto hacéis largas **o**, Mt. 23.14. Sirviendo de noche y de día con ayunos y **o**, Lc. 2.37. Los discípulos de Juan ayunan muchas veces y hacen **o**, Lc. 5.33. Perseveraban unánimes en **o** y ruego, Hch. 1.14; 2.42. Persistiremos en la **o** y en el ministerio de la palabra, Hch. 6.4. Tus **o** y tus limosnas han subido para memoria delante de Dios, Hch. 10.4. La iglesia hacía sin cesar **o** a Dios por él, Hch. 12.5. Constantes en la **o**, Ro. 12.12. Para ocuparos sosegadamente en la **o**, 1 Co. 7.5. Cooperando también vosotros a favor nuestro con la **o**, 2 Co. 1.11. Orando en todo tiempo con toda **o** y súplica en el Espíritu, Ef. 6.18. Sean conocidas vuestras peticiones delante de Dios en toda **o** y ruego, Fil. 4.6. Perseverad en la **o**, Col. 4.2. Siempre rogando encarecidamente por vosotros en sus **o**, Col. 4.12. Exhorto ante todo, a que se hagan rogativas, **o**, peticiones, 1 Ti. 2.1. ¿Afligido? Haga **o**, Stg. 5.13. La **o** de fe salvará al enfermo, Stg. 5.15. Para que vuestras **o** no tengan estorbo, 1 Pedro 3.7. Son las **o** de los santos, Ap. 5.8; 8.3. **La oración debe ser sincera**, He. 10.22; **Debe ser con fe**, Mt. 7.7,8; 21.22; Mr. 11.24; Jn. 14.13,14; y **En el nombre de Cristo**, Jn. 16.23,24; Ef. 2.18; 5.20; Col. 3.17; 1 Pedro 2.5. **Oración secreta**, Mt. 6.5-7. **Oración en Oculto**, Sal. 88.1; Dn. 6.10; 1 Ts. 5.17. **Oración pública**, Ex. 20.24; Is. 56.7; Mt. 12.9; 18.19; Lc. 4.16; 11.2; Sal. 55.17. **Oración intercesora**, Nm. 6.23; Job 42.8; Is. 62.6; Sal. 122.6; 1 Ti. 2.1; Stg. 5.14. **Ejemplos de respuesta a la oración intercesora**, Abraham, Gn. 17.18,20; 18.23-32; 20.7,17,18; Moisés por Faraón, Ex. 8.12,13,30,31; 9.33; por los israelitas, Ex. 17.11,13; 32.11-14,31-34; Nm. 21.7,8; Dt. 9.18,25; por María, Nm. 12.13; por Aarón, Dt. 9.20; Samuel, 1 S. 7.5-12; Salomón, 1 R. 8. 2 Cr. 6.; Elías, 1 R. 17.20-23; Eliseo, 2 R. 4.33,36; Isaías, 2 R. 19; Jeremías, Jer. 42.2-10; Pedro, Hch. 9.40; la iglesia, Hch. 12.5-12; Pablo, Hch. 28.8. **Orando de rodillas**, 1 R. 8.54; 2 Cr. 6.13; Sal. 95.6; Is. 45.23; Lc. 22.41; Hch. 7.60; 9.40; Ef. 3.14. **Orando Inclinado o Postrado**, Gn. 24.26,52; Ex. 4.31; 12.27; Mt. 26.39; Mr. 14.35; **Orando con las manos extendidas para los cielos**, 1 R. 8.22,38,54; Sal. 28.2; 63.4; 88.9; 1 Ti. 2.8. **Orando de pie**, 1 R. 8.14,55; 2 Cr. 20.9; Mr. 11.25; Lc. 18.11,13. **Oración ordenada**, Ex. 22.23,27; 1 R. 3.5; 2 Cr. 7.14; Sal. 37.4; Is. 55.6; Jl 2.32; Ez. 36.37; Mt. 26.41; Lc. 18.1; Ef. 6.18; Fil. 4.6; 1 Ts. 5.17,25; 1 Ti. 2.1,8. **Ejemplos de respuesta a la oración**, Lot, Gn. 19.19-21; el siervo de Abraham, Gn. 24.15-27; Jacob, Gn. 32.24-30; Moisés, Ex. 17.4-6; 32.11-14; Sansón, Jue. 15.18,19; Ana, 1 S. 1.27; Salomón, 1 R. 3.9,12; Elías, 1 R. 18.36-38; Ezequías, 2 R. 19.20; Asa, 2 Cr. 14.11,12; Nehemías, Neh. 4.9,15; Job, Job 42.10; David, Sal. 18.6; Daniel, Daniel 9.20-23; Zacarías, Lc. 1.13; ladrón en la cruz, Lc. 23.42,43; Cornelio, Hch. 10.4,31; Pablo y Silas, Hch. 16.25,26. **La oración que Dios no acepta**, Sal. 18.41; Pr. 1.24-31; 15.29; Is. 1.15; Jer. 7.16; 14.11-14; 15.1; Mt. 15.8; Mr. 7.6; Jn. 9.31; Stg. 4.3. Véase Saúl, 1 S. 28.15; los ancianos de Israel, Ez. 20.3; los fariseos, Mt. 23.14. **Oraciones en el Antiguo Testamento:** De Abraham, Gn. 15.2; 17.17,18; 18.23-32; de Asa, 2 Cr. 14.11; de Daniel, Daniel 9.4-19; de David, 2 S. 7.18-29; Sal. 51.; 1 Cr. 29.10-19; Elías, 1 R. 17.20; 18.36,37; 19.4; Eliseo, 2 R. 6.17; 6.18; Ezequiel, Ez. 9.8; Ana, 1 S. 1.11; Ezequías, 2 R. 19.15-19; 20.3; Jabes, 1 Cr. 4.10; Jacob, Gn. 32.9-12; Josafat, 2 Cr. 20.6-13; Jeremías, Jer. 14.7-9; 15.15-18; Jonás, Jn 2.2-9; 4.2; Josué, Jos. 7.7-9; Manoa, Jue. 13.8,9; Moisés, Ex. 32.11-13; 33.12-16; Nm. 12.13; Nm. 14.13; 27.15-17; Nehemías, Neh. 1.5-11; 4.4,5; Sansón, Jue. 16.28; Salomón, 1 R. 3.5-9; 1 R. 8.23-61. **Oración de Cristo**, Mt. 14.23; 26.36; 27.46; Mr. 1.35; 6.46; 14.32; 15.34; Lc. 6.12; 9.28; 22.32; 23.34, 46; Jn. 12.28; 17.9. Véase **Interceder**, **Súplica**.

Oración

ORÁCULO: Declaración sabia, predicción. // **O** hay en los labios del rey; en juicio no prevaricará su boca, Pr. 16.10**.** Porque los terafines han dado vanos **o**, Zac. 10.2**.**

ORADOR: Hombre elocuente. // Cierto **o** llamado Tértulo, Hch. 24.1.

ORAR: Pedir, rogar a Dios. // Confesaren tu nombre, y oraren y te rogaren y suplicaren en esta casa, 1 R. 8.33. Esdras oraba, y hacía confesión, Esd. 10.1. Ayuné y oré delante del Dios de los cielos, Neh. 1.4. Entonces oramos a nuestro Dios, Neh. 4.9. Mas yo oraba, Sal. 109.4. Cuando venga a su santuario a **o**, no le valdrá, Is. 16.12. Ezequías oró al Señor, Is. 38.2. No ores por este pueblo, ni levantes por ellos clamor ni oración, Jer. 11.14. Jonás desde el vientre del pez, oró, Jon 2.1. Orad por los que os ultrajan y os persiguen, Mt. 5.44. Cuando ores, no seas como los hipócritas, Mt. 6.5. Mas tú, cuando ores, entra en tu aposento Mt. 6.6. Vosotros, pues, oraréis así, Mt. 6.9. Subió al monte a **o** aparte, Mt. 14.23. Para que pusiese las manos sobre ellos, y orase, Mt. 19.13. Orad, pues, que vuestra huida no sea en invierno, Mt. 24.20. Sentaos aquí, entre tanto que voy allí y oro, Mt. 26.36. Velad y orad, para que no entréis en tentación, Mt. 26.41. Jesús fue bautizado; y orando, el cielo se abrió, Lc. 3.21. Él fue al monte a **o**, y pasó la noche orando a Dios, Lc. 6.12. Orad por los que os calumnian, Lc. 6.28. Entre tanto que oraba, la apariencia de su rostro se hizo otra, Lc. 9.29. Señor, enséñanos a **o**, Lc. 11.1. La necesidad de **o** siempre, y no desmayar, Lc. 18.1. El fariseo, puesto en pie, oraba consigo mismo, Lc. 18.11. Orad que no entréis en tentación, Lc. 22.40. Y orando, dijeron: Tú, Señor, que conoces los corazones, Hch. 1.24. Cuando hubieron orado, el lugar en que estaban congregados tembló, Hch. 4.31. Ante los apóstoles, quienes, orando, les impusieron las manos, Hch. 6.6. Oraron por ellos para que recibiesen el Espíritu Santo, Hch. 8.15. Saulo, de Tarso; porque he aquí, él ora, Hch. 9.11. Pedro se puso de rodillas y oró, Hch. 9.40. Cornelio oraba a Dios siempre, Hch. 10.2. Pedro subió a la azotea para **o**, cerca de la hora sexta, Hch. 10.9. Donde muchos estaban reunidos orando, Hch. 12.12. Entonces, habiendo ayunado y orado, Hch. 13.3. Habiendo orado con ayunos, Hch. 14.23. Pablo y Silas oraban y cantaban, Hch. 16.25. Se puso de rodillas, y oró con todos ellos, Hch. 20.36. Puestos de rodillas en la playa, oramos, Hch. 21.5. Que orando en el templo me sobrevino un éxtasis, Hch. 22.17. Después de haber orado, le impuso las manos, y le sanó, Hch. 28.8. Oraré con el espíritu, pero oraré también con el entendimiento, 1 Co. 14.15. No cesamos de **o** por vosotros, Col. 1.9. Orando de noche y de día con gran insistencia, 1 Ts. 3.10. Orad sin cesar, 1 Ts. 5.17, Quiero, pues, que los hombres oren en todo lugar, 1 Ti. 2.8. Orad unos por otros, para que seáis sanados, Stg. 5.16. Oró fervientemente para que no lloviese, Stg. 5.17. Orando en el Espíritu Santo, Judas 20. Véase **Interceder**, **Suplicar**.

"Yo os envío como a ovejas en medio de lobos" *(Mt. 10.16)*.

ORDEN: Arreglo, método, buena disposición. // Pero hágase todo decentemente y con **o**, 1 Co. 14.40. Mirando vuestro buen **o**, Col. 2.5. Sacerdote para siempre, según el **o** de Melquisedec, He. 5.6,10; 6.20; 7.11,17.

ORDENACIÓN: Acción o efecto de ordenar. // Por tu **o** subsisten todas las cosas hasta hoy, Sal. 119.91. ¿Por **o** eterna la cual no quebrantará?, Jer. 5.22.

ORDENANZA: Orden, ley. // **O** acerca de la carne, He. 9.10. Ejecutad, pues, mis estatutos y guardad mis **o**, Lv. 25.18. Acordaos de la ley de Moisés mi siervo, al cual encargué en Horeb **o** y leyes para todo Israel, Ml.4.4. En todos los mandamientos y **o** del Señor, Lc. 1.6. Y al pasar por las ciudades, les entregaban las **o**, Hch. 16.4. Si, pues, el incircunciso guardare las **o** de la ley, Ro. 2.26.

Los mandamientos expresados en **o**, Ef. 2.15. Ahora bien, aun el primer pacto tenía **o** de culto y un santuario terrenal, He. 9.1.

ORDENAR: Organizar, poner en orden. // Pero Dios ordenó el cuerpo, 1 Co. 12.24.

OREB y **ZEEB:** Jue. 7.25; 8.3; Sal. 83.11. Dos príncipes de los madianitas.

OREJA: Órgano de la audición; ternilla que en el hombre y en muchos animales forma la parte externa del órgano del oído. // Los zarcillos que estaban en sus **o**, Gn. 35.4. Su amo le horadará la **o** con lezna, Ex. 21.6; Dt. 15.17. Es como el que toma al perro por las **o**, Pr. 26.17. Hiriendo a un siervo del sumo sacerdote, le quitó la **o**, Mt. 26.51.

ORÉN: El primogénito de Hezrom, 1 Cr. 2.25.

ORFA, hb. **Pescuezo, cuello:** Las dos moabitas, Rut y Orfa se casaron con los dos hijos de Noemí. Después de la muerte de sus maridos, Orfa se quedó en Moab, mientras que Rut se quedó con su suegra yéndose a la tierra de Judá, Rut 1.4, 14.

ORGÍA: Festín o banquete licencioso. // Andando en... embriagueces, **o**, disipación y abominables idolatrías, 1 P. 4.3. Envidias, homicidios, borracheras, **o**, y cosas semejantes a estas, Gl.5.21.

ORGULLO: Concepto elevado que alguien hace de sí mismo. // Y quebrantaré la soberbia de vuestro **o**, Lv. 26.19. ¿Ahí parará el **o** de tus olas? Job 38.11. Altivez de ojos, y **o** de corazón, Pr. 21.4. Como el calor en lugar seco, así humillarás el **o** de los extraños, Is. 25.5. Su espíritu se endureció en su **o**, Dn. 5.20. Véase **Arrogancia**, **Jactancia**, **Vanidad**.

ORGULLOSO: Que es inspirado por el orgullo. // Es muy soberbio, arrogante, **o**, altivo y altanero de corazón, Jer. 48.29. No verás a aquel pueblo **o**, Is. 33.19. Véase **Arrogante**, **Jactancioso**.

ORIENTE: Naciente, Levante. // Se fue Lot hacia el **o**, Gn. 13.11. Las frases, "los hijos del Oriente" y "la tierra de los orientales" (Gn. 29.1; Jue. 6.3; 7.12; 1 Reyes 4.30; Is. 11.14; Jer. 49.28; Ez. 25.4) se refieren a las tribus de Arabia. Cuanto está lejos el **o** del occidente, Sal. 103.12. Vimos su estrella en el **o**, Mt. 2.2. Muchos vendrán del **o**, Mt. 8.11.

ORIGEN: Procedencia. // Tu **o**, tu nacimiento, es de la tierra de Canaán, Ez. 16.3. Volveré a traer los cautivos... a la tierra de su **o**, Ez. 29.14. Todas las cosas desde su **o**, Lc. 1.3. Véase **Principio**.

ORIGINAL: Escrito que se tiene a la vista para sacar de él una copia. // Una copia de esta ley, del **o** que está al cuidado de los sacerdotes levitas, Dt.17.18.

ORILLA: Faja de tierra más inmediata al agua (del mar, de un lago, río); término, límite o extremo de la extensión de algunas cosas. // El Jordán suele desbordarse por todas sus **o**..., Jos. 3.15. Como la arena que está a la **o** del mar en multitud, Jos. 11.4. Se pararon cerca de las vacas hermosas a la **o** del río, Gn. 41.3. Pusieron campanillas entre las granadas en las **o** del manto, Ex. 39.25. Calladamente cortó la **o** del manto de Saúl, 1 S. 24.4. Lazadas de azul en la **o** de la cortina..., Ex. 36.11. Véase **Costa**, **Playa**.

ORINA: Líquido excrementicio, segregado por los riñones. // Expuestos a... beber su propia **o** con vosotros, 2 R. 18.27.

ORIÓN: Job 9.9; 38.31. Una grande y brillante constelación, visible en todas las latitudes. Véase **Estrella**.

ORLA: Motivo decorativo que se pone en el borde de algo. // En sus **o** harás granadas de azul, púrpura y carmesí alrededor, Ex. 28.33. En toda la **o** del manto alrededor, Ex. 28.34.

ORNAMENTO: Véase **Adorno**.

ORNÁN, hb. **Ágil**: 1 Cr. 21.15. Un jebuseo a quien David compró una era para edificar un altar del Señor, 2 S. 24.18. Donde Salomón después edificó el templo, 2 Cr. 3.1. Véase **Arauna**.

ORNATO: Lo mismo que ornamento. // En el incorruptible **o** de un espíritu afable y apacible, 1 P. 3.4. Véase **Adorno**, **Atavío**.

ORO: Metal precioso, amarillo y brillante. Es el más maleable y el más dúctil de los metales. Conocido desde la más alta antigüedad, Gn. 2.11. Abram rico en **o**, Gn. 13.2. Joyas de **o**, Gn. 24.53; Ex. 3.22; 1 P. 3.3; 1 Ti. 2.9. Collar de **o**, Gn. 41.42. Ídolos de **o**, Ex. 20.23; Sal. 115.4; Is. 2.20; 40.19; Daniel 5.4; Hch. 17.29; Ap. 9.20. El **o** del tabernáculo, Ex. 25; del templo, 1 R. 6.20-35. Entre el despojo quitado de los madianitas, Nm. 31.22. Acán tomó una barra de **o**, Jos. 7.21. Abundante en **o**: Havila, Gn. 2.11; Ofir, 1 R. 9.28; Sal. 72.15; Sabá, 1 R. 10.2; Tarsis, 1 R. 10.22; Jerusalén, 1 R. 10-25; la gran Babilonia, Ap. 18.12. Hizo el rey Salomón 200 paveses de **o**, 2 Cr. 9.15. Los juicios del Señor mas deseables que mucho **o** puro, Sal. 19.10. Corona de **o**, Sal. 21.3; Ap. 4.4; 9.7. Monedas de **o**, Esd. 2.69. Ofrendas de **o**, incienso y mirra al niño Jesús, Mt. 2.11. Los doce en la primera comisión no llevaban **o**, Mt. 10.9. Pedro no siempre lo tenía, Hch. 3.6. Codiciar **o**, Hch. 20.33. Edificar **o** sobre el fundamento, 1 Co. 3.12. Anillo de **o**, Stg. 2.2. **O** gasto de herrumbre, Stg. 5.3. Precioso, 1 Pedro 1.7. Perecedero, 1 Pedro 1.7. Corruptible, 1 Pedro 1.18. Compres **o** refinado en fuego, Ap. 3.18. La nueva Jerusalén de **o** puro, Ap. 21.18. La calle de la ciudad de **o** puro, Ap. 21.21.

ORTIGA: Pr. 24.31. Planta cubierta de pelos, cuya base contiene un líquido irritante que penetra en la piel por el mero contacto de las puntas. Véase **Espinos.**

ORUGA: Gusano, larva. // Dio también a la **o** sus frutos, Sal. 78.46. Sus despojos serán recogidos como cuando recogen **o**, Is. 33.4. Lo que quedó de la **o** comió el saltón, Jl 1.4.

OSA: Job 9.9. Dos constelaciones vecinas del polo ártico, que se distinguen por Osa Mayor y Osa Menor. Véase **Estrella.**

OSADAMENTE: Valientemente. // Entró **o** a Pilato, Mr. 15.43.

OSADÍA: Coraje, audacia. // Usar de aquella **o** con que estoy dispuesto a proceder resueltamente, 2 Co. 10.2. Pero en lo que otro tenga osadía (hablo con locura), también yo tengo osadía. 2 Co. 11.21. Véase **Coraje**.

OSADO: Corajudo, atrevido. // Ausente soy **o** para con vosotros, 2 Co. 10.1. Nadie hay tan **o** que lo despierte, Job 41:10. Véase **Intrépido**.

OSAÍAS, hb. **Dios ayuda:** Un príncipe de Judá que tomó parte en la ceremonia de la dedicación de los muros de Jerusalén, Neh. 12.32.

OSAR: Tener osadía, el coraje de. // No osaron preguntarle nada más, Lc. 20.40. ¿Osa alguno de vosotros, ir a juicio delante de los injustos, 1 Co. 6.1. No osaron hacer guerra contra Josafat. 2 Cr.17.10. Porque no osaría hablar sino de lo que Cristo ha hecho por medio de mí, Ro. 15.18. Con todo, pudiera ser que alguno osara morir por el bueno, Ro. 5.7. Y nadie le podía responder palabra; ni osó alguno desde aquel día preguntarle más, Mt. 22.46. Y ya ninguno osaba preguntarle, Mr. 12:34. Véase **Atreverse**.

ÓSCULO: Lo mismo que beso. // Saludaos los unos a los otros con ósculo santo, Ro. 16.16; 1Ts 5.26; 1 Co. 16.20; 2 Co. 13.12. Saludaos unos a otros con ósculo de amor, 1 P. 5.14. Véase **Beso**.

OSCURAMENTE: Poco inteligible. // Ahora vemos por espejo, **o**, 1 Co. 13.12.

OSCURECER: Volver oscuro. // Y sucedió que puesto el sol, y ya oscurecido, Génesis 15:17. Sucedió, pues, que cuando iba oscureciendo a las puertas de Jerusalén antes del día de reposo, Nehemías 13:19. A la tarde del día, cuando ya oscurecía, Proverbios 7:9. Aunque oscureciere, será como la mañana. Job 11:17 ¿Quién es ése que oscurece el consejo con palabras sin sabiduría? Job 38:2; Job 42:3 **// La tierra, los cielos**, Ex. 10.15; Is. 9.19; Jer. 4.28; 1 R. 18.45. **La llaga**, Lv. 13.6; Lv. 13.39; Lv. 13.56; **Los ojos**, Gn. 27.1; Dt. 34.7; 1 S. 3.2; 1 S. 4.15; Job 17.7; Sal. 69.23; Zac. 11.17; Ro. 11.10. **El día**, Ez. 30.18; Am. 5.8. **El sol y la luna,** Is. 13.10;

Oruga y mariposa

Jl. 2.10; Jl. 3.15; Mt. 24.29; Mr. 13.24; Lc. 23.45; Ap. 8.12; Ap. 9.2.

OSCURIDAD: Ausencia de luz. // Mas no habrá siempre **o** para la que está ahora en angustia, Is. 9.1. Véase **Tinieblas**.

OSCURO: No claro, falta de luz. // Cerrar la puerta, siendo ya **o,** Jos. 2.5. En un lugar **o** de la tierra, Is. 45.19. En el primer día... aún **e**, Jn. 20.1. Véase **Tenebroso.**

OSEAS, hb. **Salvación:** 1. Oseas, hijo de Nun, a quien Moisés mudó el nombre para Josué, Nm. 13.16. // 2. Oseas, jefe sobre los hijos de Efraín, 1 Cr. 27.20. // 3. Oseas, el décimo noveno y último rey de las diez tribus. Hizo lo que era malo delante del Señor. Después de reinar nueve años, el rey de Asiria tomó Samaria y llevó Israel al cautiverio en Asiria, 2 R. 17.6. // 4. Oseas, uno de los que firmaron el pacto con Nehemías, Neh. 10.23. // 5. Oseas, el primero de los doce profetas llamados "menores"; el último de los grandes profetas de las diez tribus; y escritor del libro de su propio nombre, Oseas 1.1.

OSEAS, LIBRO DE: Oseas era hijo de Beri, ministrando en los días de Uzías, Jotam, Acaz y Ezequías, reyes de Judá, y en los días de Jeroboam II de Israel — hasta, probablemente, el tiempo de Manahem, rey de Israel. Profetizó en el mismo tiempo que Amós en Israel, que Isaías y Miqueas en Judá. Cuando Oseas comenzó su ministerio, Israel estaba gozando el cenit de su prosperidad y poder bajo el reinado de Jeroboam II. Para entender mejor el libro de Oseas, lea 2 R. 14.23 a 15.31. Oseas distinguía las diez tribus por el nombre de **Israel**, o de **Samaria**, su capital, o de **Efraín**, la tribu principal. Oseas no murió antes de ver el cumplimiento de sus profecías. // **El autor:** Oseas, 1.1. // **La clave: Adulterio espiritual**, 4.12. La idolatría con toda especie de vicio, permeaba todas las clases sociales. Oseas por más o menos 60 años condenaba del modo más vehemente el procedimiento del pueblo, calificándolo de adulterio. Continuaba sus avisos sin resultados, lo que es un tocante ejemplo de perseverancia en el medio de los mayores desánimos. // **Las divisiones:** I. Israel, la esposa infiel de Dios, caps. 1 a 3. II. Israel pecaminoso, 4.1. a 13.8. // III. Israel restaurado, 13.9 a 14.9.

OSO: Mamífero principalmente carnívoro, de gran estatura y forma pesada, de pelos densos y patas plantígradas. Vive en cuevas profundas de las regiones montañosas. Posee notable fuerza y uñas y dientes temibles. // La osa robada de sus cachorros como símil a ferocidad, 2 S. 17.8; Pr. 17.12; Os. 13.8. Atacaba a los hombres, Pr. 28.15; Am. 5.19. Depredaba los rebaños, 1 S. 17.34. David mató a un oso, 1 S. 17.35. Dos osas despedazaron 42 muchachos, 2 R. 2. 24. El segundo en la visión de los cuatro animales, Dn. 7.5. La bestia semejante a leopardo, con pies de oso, Ap. 13.2. La vaca y la **o** pacerán, Is. 11.7.

OSTENTOSO: Magnífico, suntuoso, aparatoso y digno de verse. // No con peinado **o**, ni oro, ni perlas, ni vestidos costosos, 1 Ti. 2.9. Vuestro atavío no sea el externo de peinados **o**, 1 P. 3.3.

OTNI, hb. **León de Dios:** Un hijo de Semaías, levita de la familia de Coré, 1 Cr. 26.7.

OTONIEL, hb. **Dios es fuerza:** Un hijo de Cenaz, el hermano de Caleb, menor que él, Jue. 1.13. Caleb, en recompensa por haber Otoniel tomado Quiriat-Sefer, le dió su hija Acsa por mujer, Jue. 1.13. El primer juez de Israel después de Josué, Jue. 3.9,10. Juzgó a Israel cuarenta años, Jue. 3.11.

OTORGAR: Aprobar, conceder. // Por tanto, en toda la tierra de vuestra posesión otorgaréis rescate a la tierra, Lv. 25.24. Ve en paz, y el Dios de Israel te otorgue la petición que le has hecho, 1 S. 1.17. Y le otorgó Dios lo que pidió, 1 Cr.4.10. ¿Cuál es tu petición, y te será otorgada? Est. 5.6. Si he hallado gracia ante los ojos del rey, y si place al rey **o** mi petición y conceder mi demanda, Est.5.8. Aunque sea la mitad del reino, te será otorgada, Est. 7.2. Que me otorgase Dios lo que anhelo, Job 6.8. No otorgará vida al impío, pero a los afligidos dará su derecho, Job 36.6. Porque de esta manera os será otorgada amplia y generosa entrada, 2 P. 1.11.

OTRO: Diverso del primero, diferente. // Ninguno busque su propio bien, sino el del **o**, 1 Co. 10.24. Pero veo **o** ley en mis miembros, que se rebela contra la ley de mi mente, Ro. 7.23. Si viene alguno predicando a **o** Jesús... **o** espíritu...u **o** evangelio, 2 Co. 11.4.

OVEJA: Hembra del carnero. Los cuatro animales de mayor utilidad en Palestina: la oveja (junto con la cabra), el buey, el asno, y el camello. Desde el inicio, Abel fue pastor de ovejas, Gn. 4.2. La oveja era de gran importancia como alimento, Dt. 32.14; 2 S. 17.29; 1 R. 4.23; Neh. 5.18. La ofrecían en holocausto, Ex. 20.24. La trasquilaban, Gn. 38:12; 1 S. 25.2; 2 S. 13.24,25; Is. 53.7. Lana de oveja usada para hacer ropa, Lv. 13.47; Dt. 22.11. Se vestían de pieles de ovejas, He. 11.37; Pr. 31.21; Ez. 34.3. Nabal tenía 3 000 ovejas, 1 S. 25.2. Asa ofreció 7 000, 2 Cr. 15.11. Ezequías 7 000 y los príncipes 10 000, 2 Cr. 30.24. Job tenía 14 000, Job 42.12. El rey de Moab pagaba su tributo con cien mil corderos y la lana de cien mil carneros, 2 R. 3.4. Salomón sacrificó ciento veinte mil ovejas, 1 R. 8.63. Las tribus transjordánicas tomaron en guerra 250 000, 1 Cr. 5.21. La oveja es mansa y sumisa, Is. 53.7; Jer. 11.19. Incapaz de defenderse del león, del lobo, Miqueas 5.8; Mt. 10.16; Jn. 10.12. Propensa a caer en pozos, Mt. 12.11. Sufre del pastor infiel, Ez. 34.5-8; Mt. 9.36; Mr. 6.34; del asalariado, Jn. 10.13; de los falsos profetas disfrazados como ovejas, Mt. 7.15. Conoce la voz del pastor, características que le falta al camello, Jn. 10. 2-5. Ovejas sin pastor, 1 R. 22.17; Mt. 9.36. Como **o** de matadero, Ro. 8.36; Hch. 8.32. La parábola de la oveja perdida, Mt. 18.10-14; Lc. 15.3-7. Todos nosotros andábamos descarriados como ovejas, Is. 53.6. Dios nos hizo ovejas de Su prado, Sal. 100.3; 79.13. Como el pastor separa los cabritos de las **o**, Mt. 25.32.

OYENTE: Persona que asiste a un discurso. // Los oídos de los **o** oirán atentos, Isaías 32:3. El que ocupa lugar de simple **o**, 1 Corintios 14:16. A fin de dar gracia a los **o**, Efesios 4:29. Lo cual para nada aprovecha, sino que es para perdición de los **o**, 2 Timoteo 2:14. Véase **Oidor**.

OZEM: 1. El sexto hijo de Isaí, 1 Cr. 2.15. // 2. Un hijo de Jerameel, 1 Cr. 2.25.

OZNI, hb. **Atento:** Un hijo de Gad, Nm. 26.16. Se llama **Ezbón** en Gn. 46.16.

He aquí el pergamino de Isaías, escrito hace más de dos mil años. La parte oscura, al revés, indica que fue usado en tiempos remotos. Se ha sugerido que fue justo este libro del profeta Isaías que Jesús leyó en la sinagoga de Nazaret (Lc. 4.16-22).

P

PAARAI: Uno de los valientes de David, 2 S. 23.35.

PABELLÓN: Estandarte, bandera. Especie de cobertura ornamental sostenida por columnas. // El **p** era de blanco, verde y azul, tendido sobre cuerdas de lino y púrpura en anillos de plata y columnas de mármol, **Est. 1.6.** Pondré su trono sobre estas piedras que he escondido, y extenderá su **p** sobre ellas, **Jer. 43.10.** De azul y púrpura de las costas de Elisa era tu **p**, **Ez. 27.7.**

PÁBILO: Mecha de una vela; parte quemada de esta mecha. // Ni apagará el **p** que humeare, Is. 42.3. Fenecen, como **p** quedan apagados, Is. 43.17.

PABLO, hb. **Pequeño:** 1. Sergio Paulo, un procónsul, Hch. 13.7. // 2. Pablo, el gran apóstol: Nació en Tarso, Hch. 9.11; cerca del primer año a.C. — joven en el tiempo de Esteban, Hch. 7.58. De la tribu de Benjamín, Fil. 3.5. Su hermana y sobrino, Hch. 23.16. Sus parientes, Andrónico y Junias, Ro. 16.7. Discípulo de Gamaliel, Hch. 22.3. Fariseo, Hch. 23.6; Fil. 3.5. Persigue a los cristianos, Hch. 8.1; 9.1; 22.4; 1 Co. 15.9; Gálatas 1.13; Fil. 3.6; 1 Ti. 1.13. Consentía el apedreamiento de Esteban, Hch. 7.58. Se convirtió, Hch. 9.4. Para llevar mi nombre en presencia de los gentiles, Hch. 9.15; 22.21; Ro. 11.13. Fue a Arabia, donde pasó mucho tiempo en comunión con Dios, Gálatas 1.17. Volvió a Damasco, Hch. 9.27. Huyó de Damasco, siendo descolgado del muro en un canasto por una ventana de la muralla, 2 Co. 11.32. Separado, con Bernabé, para la obra misionera, Hch. 13.2. **Su primer viaje misionero**, Hch. 13 y 14. Se esfuerza por no evangelizar donde otros evangelizan, Ro. 15.20. Se convirtió Sergio Paulo y el nombre de Saulo cambia para Pablo, Hch. 13.12. En Iconio, Hch. 14.1. Trabaja en el poder del Espíritu Santo, Hch. 14.1; Ro. 15.19; 1 Co. 2.4; 1 Ts. 1.5. Perseguido en Listra, Hch. 14.8. Apedreado, Hch. 14.19. Contendió con Bernabé, Hch. 15.36. Encarcelado en Filipos, Hch. 16. **Su segundo viaje misionero**, Hch. 15.40. Se convirtió Lidia, Hch. 16.14. Conversión del carcelero en Filipos, Hch. 16.34. En Tesalónica, Hch. 17.1. En Berea, Hch. 17.10. En Atenas, Hch. 17.15. En Corinto, Hch. 18.1. **Su tercer viaje misionero**, Hch. 18.23. Hizo milagros extraordinarios, Hch. 19.11. Demetrio levantó gran tumulto en Efeso, Hch. 19.24. Cinco veces recibió una cuarentena de azotes, menos uno; tres veces fustigado con varas, en naufragio tres veces, etc., 2 Co. 11.23-26. Resucitó Eutico, Hch. 20.9,10. Habló a los presbíteros de Efeso, Hch. 20.17. Visitó Jerusalén, Hch. 21.17. Arrestado, Hch. 21.27. Hablaba griego, Hch. 21.37. Su defensa delante del pueblo de Jerusalén, Hch.

22 e 23. Juzgado por Félix, Hch. 24; por Festo, Hch. 25; por Agripa, Hch. 26. Apeló al César, Hch. 25.11. Enviado a Roma, Hch. 27. Sufrió naufragio en Mileto, Hch. 28.1. Llegó a Roma, Hch. 28.16. Habló a los judíos, Hch. 28.17. Prisionero de Jesucristo, Ef. 3.1; 2 Ti. 1.8; Filemón 1. Su última epístola, 2 Timoteo, 2 Ti. 4.6-8. Sufrió de frío en la prisión, y no quiso pasar otro invierno allí, 2 Ti. 4.13,21. Parece que Timoteo no llegó, por haber sido preso, He. 13.23. Era crimen ser cristiano, en el tiempo de Nerón, y él sintió profundamente quedarse abandonado por los amigos, 2 Ti. 1.15-18. Escapar de la boca del león (2 Ti. 4.17) pero ahora sabe que va a morir, 2 Ti. 4.18. Mas el Señor lo asistió, tal vez en presencia visible, 2 Ti. 4.17. Según el testimonio de los padres antiguos fue decapitado en Roma, por Nerón, en las grandes persecuciones, 67 ó 68 a.C. Hacía tiempo que deseaba partir y estar con Cristo, Fil. 1.23. No hay mejores palabras para su tumba que sus propias palabras en 2 Ti. 4.6-8.

PABLO, LAS EPÍSTOLAS DE: Las trece epístolas pablinas pueden ser cronológicamente agrupadas como se sigue: **I**. Las dos epístolas de su segundo viaje misionero, Hch. 15.36 a 18.22: 1 Tesalonicenses, escrita de Corinto, a.C. 52. 2 Tesalonicenses, escrita de Corinto, a.C. 53. **II**. Las cuatro epístolas de su tercer viaje misionero, Hch. 18.23 a 21.20:1 Corintios, escrita de Efeso, a.C. 57. 2 Corintios, escrita de Macedonia, a.C. 57. Romanos, escrita de Corinto, a.C. 58. **III**. Las cuatro epístolas da su prisión en Roma, Hch. 28.14-31: Efesios, escrita de Roma, a.C. 62. Colosenses, escrita de Roma, a.C. 62. Filemón, escrita de Roma, a.C. 62. Filipenses, escritas de Roma, a.C. 63. Las tres epístolas pastorales, es decir, dirigidas a los pastores — Cuando Timoteo y Tito recibieron estas epístolas, Timoteo servía como pastor de la iglesia de Efeso, éste tenía el cargo de la obra en Creta. 1 Timoteo, escrita de Macedonia, a.C. 64. Tito, escrita de Macedonia, a.C. 64. 2 Timoteo, escrita de Roma, a.C. 67 ó 68.

PACER: Comer el ganado la hierba del campo. // Siete vacas... muy gordas, y pacían en el prado, Gn. 41.2. La vaca y la osa pacerán, Is. 11.7. Israel... pacerá en el Carmelo y en Basán, Jer. 50.19. Véase **Pastar.**

PACIENCIA: Virtud que hace soportar los males con resignación; cualidad de aquel que espera con tranquilidad. // Pero si esperamos lo que no vemos, con **p** lo aguardamos, Ro. 8.25. A fin de que por la **p** y la consolación de las Escrituras, tengamos esperanza, Ro. 15.4. Nos recomendamos... en mucha **p**, 2 Co. 6.4. Habéis oído de la **p** de Job, Stg. 5.11. Ejemplos de paciencia: Job, Job 1.21; Simeón, Lc. 2.25; Pablo, 2 Ti. 3.10; Abraham, He. 6.15; los profetas, Stg. 5.10; Juan, Ap. 1.9. Véase **Longanimidad**, **Perseverancia**.

PACIENTE: Persona que tiene paciencia; pacífico, resignado. // Para que se muestre **p** con los ignorantes, He. 5.2. Véase **Sufrido**.

PACIFICADOR: El que pacifica. // Bienaventurados los **p**, Mt. 5.9. Véase Stg. 3.18.

PACÍFICAMENTE: Tranquilamente. // Le aborrecían, y no podían hablarle **p**. **Gn. 37.4.** Para saludarle **p** y para bendecirle, porque había peleado, **2 S. 8.10.**

PACÍFICO: Que tiende para la paz. // Sabiduría que es de lo alto es primeramente pura, después **p**, Stg. 3.17. Estos varones son **p** con nosotros, y habitarán en el país, y traficarán en él, **Gn. 34.21.** Este morirá en el vigor de su hermosura, todo quieto y **p**, **Job 21.23.** Yo soy **p**, mas ellos, así que hablo, me hacen guerra, **Sal. 120.7.**

PACTO: En las Escrituras, un contrato, un pacto, un ajuste que solemnemente se realizaba entre dos o más personas: El pacto entre Abraham y Abimelec, Gn. 21.27; entre Labán y Jacob, Gn. 31.44; entre Israel y Gabaón, Jos. 9.6, 15; entre David y Jonatán, 1 S. 18.3; entre Acab y Ben-adad, 1 R. 20.34. Se observaban varios ritos religiosos cuando se realizaba una alianza. La víctima del sacrificio era muerta e dividida en dos partes, entre las cuales las personas interesadas, pidiendo en esa ocasión la maldición de semejante despedazamiento para aquel que quebrara condiciones de la alianza. Véase Gn. 15.9, 10. Se celebraba el acontecimiento con una fiesta, Ex. 24.11; 2 S. 3.12-20. Sal, como símbolo de fidelidad era usado en estas ocasiones, aplicado a los sacrificios. Viene de ese uso la expresión "pacto de sal", Nm. 18.19; 2 Cr. 13.5. Se levantó una columna en memoria de la alianza entre Labán y Jacob, Gn. 31.52. Los judíos daban gran importancia a ser fieles a sus compromisos, Jos. 9.18. La ira de Dios caía sobre aquellos que los violaban, 2 S. 21.1; Ez. 17.16. Los pactos que Dios establece con los hombres son libres promesas de su parte, basadas en varias condiciones que los hombres tienen que cumplir. El pacto que Dios hizo con el hombre en el Edén, Gn. 1.28; con el hombre después de su caída, Gn. 3.14; con Noé y sus hijos, después del diluvio, Gn. 9.1; con Abraham, Gn. 15.18; 17.1, 14; Lc. 1.72; Hch. 3.25; con Jacob, Gn. 28.13,14; 1 Cr. 16.16,17; con Israel, Ex. 6.4; Jue. 2.1; con David, 2 S. 7.8-16; el nuevo pacto, He. 8.8; 12.18-24. Cuando participamos de la copa, en la Cena del Señor, participamos del nuevo pacto, 1

Co. 11.25; comp. He. 10.29. Las palabras del pacto eran los Diez Mandamientos, Ex. 34.28; Dt. 4.13; Se llamaban las dos tablas, en las cuales fueron gravados los Diez Mandamientos, las tablas del pacto, y el arca en que las guardaban, el arca del pacto, Dt. 9.11; 2 Cr. 6.11; Nm. 10.33. El nuevo pacto, el Nuevo Testamento, era un pacto de gracia; el antiguo pacto, el Antiguo Testamento, era un pacto de ley, 2 Co. 3.6, 14; Ex. 24.7. Véase **Acuerdo**.

PADAN-ARAM, hb. **Planicie de Haram** o **Siria:** El altiplano cultivado al norte de Mesopotamia, que confinaba con el río Eufrates, como distinto de la región montañosa que se ve alrededor. Era en esa región que Nacor y Abraham habitaban antes del viaje para la tierra de Canaán, Gn. 25.20; 31.18; 33.18; 35.9,26; 46.15. Véase **Mesopotamia**. Véase también, mapa 1, D-3.

PADECER: Sufrir, ser atormentado por. // Así también el Hijo del Hombre padecerá de ellos, Mt. 17.12. Pero primero es necesario que padezca mucho, Lc. 17.25. ¿No era necesario que el Cristo padeciera estas cosas, y que entrara en su gloria? Lc. 24.26,46. Después de haber padecido, se presentó vivo con muchas pruebas indubitables, Hch. 1.3. Que su Cristo había de **p**, Hch. 3.18. Que era necesario que el Cristo padeciese, y resucitase de los muertos, Hch. 17.3. Que el Cristo había de **p**, Hch. 26.23. Véase **Sufrir.**

PADÓN, hb. **Libertad:** Cabeza de una de las familias que volvieron del cautiverio, Esd. 2.44.

PADRE: Hombre que tiene uno o más hijos. // Dejará el hombre a su **p** y a su madre, Gn. 2.24; Mr. 10.7. Serás **p** de muchedumbre de gentes, Gn. 17.4; Ro. 4.17. La maldad de los **p**, Ex. 20.5; Nm. 14:18. Honra a tu **p**, Ex. 20.12. Herir a su **p**, Ex. 21.15. Maldecir a su **p**, Ex. 21.17. Eliseo clamó: **P** mío, **p** mío 2 R. 2.12. ¿Tiene la lluvia **p**?, Job 38.28. Aunque mi **p** y mi madre me dejaran, Sal. 27.10. **P** de los huérfanos, Sal. 68.5. Como un **p** se compadece, Sal. 103.13. Oid, hijos, la enseñanza de un **p**, Pr. 4.1. El hijo sabio alegra a su **p**, Pr. 10.1; 15.20. Su nombre... **P** Eterno, Is. 9.6. ¿Si yo soy **p**, dónde... mi honra?, Mal. 1.6. ¿No tenemos todos el mismo **p**?, Mal. 2.10. A Abraham tenemos por padre, Mt. 3.9. Perfectos como vuestro **P**, Mt. 5.48. Vuestro Padre sabe de qué cosas tenéis necesidad, Mt. 6.8,32. **P** nuestro que estás..., Mt. 6.9. Hace la voluntad de mi **P**, Mt. 7.21; 12.50. Permíteme que vaya primero y entierre a mi padre, Mt. 8.21; Lc. 9.59. Entregará a la muerte... el **p** al hijo, Mt. 10.21. Yo también le confesaré delante de mi **P** que está en los cielos, Mt. 10.32. El que ama a **p** o madre más que a mí, no es digno de mí, Mt. 10.37. Ven siempre el rostro de mi **P**, Mt. 18.10. No llaméis **p** vuestro a nadie en la tierra, Mt. 23.9. Bautizándolos en nombre del **P**, Mt. 28.19. **P**, perdónalos, porque no saben lo que hacen, Lc. 23.34. La promesa de mi **P**, Lc. 24.49. Gloria como del unigénito del **P**, Jn. 1.14. El **P** ama al Hijo, Jn. 3.35; 5.20. Adoración al **P**, Jn. 4.23. Todo lo que el **P** me da, vendrá a mí, Jn. 6.37. En la casa de mi **P** muchas moradas hay, Jn. 14.2. **Yo y el P uno somos, Jn 10:30**. Nadie viene al **P**, sino por mí, Jn. 14.6. El que me ha visto a mí, ha visto al **P**, Jn. 14.9. Mi **P** es el labrador, Jn. 15.1. Para que todo lo que pidiereis al **P** en mi nombre, él os lo dé, Jn. 15.16. Para que fuese **p** de todos los creyentes no circuncidados, Ro. 4.11. Te he puesto por **p** de muchas gentes, Ro. 4.17. Seré para vosotros por **P**, 2 Co. 6.18. ¡Abba, **P**!, Gálatas 4.6; Mr. 14.36. Tenemos entrada por un mismo Espíritu al **P**, Ef. 2.18. Un Dios y **P** de todos, Ef. 4.6. Por esto dejará el hombre a su **p** y a su madre, Ef. 5.31; Gn. 2.24; Mt. 19.5. Honra a tu **p** y a tu madre, Ef. 6.2; Ex. 20.12; Mt. 15.4. **P**, no exasperéis a vuestros hijos, Col. 3.21. Exhórtale como a **p**, 1 Ti. 5.1. Yo seré a él **P**, y él me será a mí hijo, He. 1.5. Sin **p**, sin madre, sin genealogía, He. 7.3. ¿Qué hijo es aquel a quien el **p** no disciplina?, He. 12.7. Tuvimos a nuestros **p** terrenales que nos disciplinaban, He. 12.9. Todo don perfecto desciende de lo alto, del **P** de las luces, Stg. 1.17. Nuestra comunión verdaderamente es con el **P**, 1 Jn. 1.3. Os escribo a vosotros, **p**, 1 Jn. 2.13. Si alguno ama al mundo, el amor del **P** no está en él, 1 Jn. 2.15. Ése sí tiene al **P** y al Hijo, 2 Jn. 9. Confesaré su nombre delante de mi **P**, Ap. 3.5. Tenían el nombre de él y el de su **P** escrito en la frente, Ap. 14.1. **Deberes de los padres:** Dt. 21.18-21; Ef. 6.4; Col. 3.12; He. 12.9. **Obediencia debida a los,** Pr. 6.20; Ef. 6.1; Col. 3.20. Véase **Dios**, **Progenitor**.

PAFOS: Era la capital de la provincia romana de Chipre, Hch. 13.6,13. Véase mapa 6, F-3.

PAGA: Sueldo, pago. // **Te daré la p en esta heredad, dijo Jehová, 2 R. 9.26. Juzgarás a tus siervos, dando la p al impío, 2 Cr. 6.23. Mejores son dos que uno; porque tienen mejor p de su trabajo, Ec.4.9. Los muertos nada saben, ni tienen más p, Ec. 9.5. No fuiste semejante a ramera, en que menospreciaste la p, Ez. 16.31. Bien pronto haré yo recaer la p sobre vuestra cabeza, Jl 3.4. Porque antes de estos días no ha habido p de hombre ni p de bestia, Zac. 8.10. Porque la p del pecado es muerte, Ro. 6.23.** Véase **Galardón**, **Recompensa**, **Retribución**, **Salario**.

PAGAR: Satisfacer (una deuda, un encargo). // El Señor le pague conforme a sus hechos, 2 Ti. 4.14. Pagad a todos lo que debéis, Ro. 13.7. Ve y vende el aceite, y paga a tus acreedores, 2 R. 4.7; diezmos, He. 7.9; pagará el doble, Ex. 22.7; dracmas, Mt. 17.24; pagando su pasaje, Jon 1.3; los votos, Sal. 65.1. // El impío pide prestado y no paga, Sal. 37.21. Sé paciente conmigo y todo te pagaré, Mt. 18.26.

PAGIEL, hb. **Encuentro con Dios:** Líder de una familia de Aser, escogido para hacer la numeración del pueblo, Nm. 1.13.

PAGO: Lo mismo que paga. // Da el **p** en persona al que le aborrece, Dt. 7.10. Da el **p** a los soberbios, Sal. 94.2. Voz de Jehová que da el **p** a sus enemigos, Is. 66.6.

PAHAT-MOAB, hb. **Gobernador de Moab:** Uno de los que vinieron a Babilonia con Zorobabel, Esd. 2.6.

PAI: 1 Cr. 1.50, lo mismo que **Pau** en Gn. 36.39.

PAÍS: Región, tierra, patria. // **Hubo hambre en todos los p, Gn. 41.54. Y dividieron entre sí el p para recorrerlo, 1 R. 18.6. Extenderá su mano contra las tierras, y no escapará el p de Egipto, Dn. 11.42. Un hombre noble se fue a un p lejano, para recibir un reino y volver, Lc. 19.12.** Véase **Nación**, **Tierra**.

PAJA: Asta de las gramíneas, despojadas de los granos. // No daréis **p** al pueblo para hacer ladrillo, Ex. 5.7. Como la **p** delante del viento, Job 21.18; Sal. 1.4. El león como el buey comerá paja, Is. 11.7; 65.25. ¿Qué tiene que ver la **p** con el trigo?, Jer. 23.28. Quemará la paja en fuego que nunca se apagará, Mt. 3.12. **¿Y por qué miras la p que está en el ojo de tu hermano, y no echas de ver la viga que está en tu propio ojo? Mt. 7.3. También hay en nuestra casa p y mucho forraje, Gn. 24.25. Las piedras de honda le son como p, Job 41.28. ¿A una p seca has de perseguir? Job 13.25.** Véase **Hierba**.

PAJARILLO: Pequeño pájaro. // **¿No se venden dos p por un cuarto?, Mt 10:29; Lc 12.6. Más valéis vosotros que muchos p, Mt 10.31. Lc 12.7.** Véase **Golondrina**, **Pájaro**.

PÁJARO: Cualquier pequeña ave. // Como el **p** solitario sobre el tejado, Sal. 102.7. Véase **Ave**.

PALA: Instrumento ancho y chato, con un cabo más o menos largo. // Sus **p**, sus tazones, sus garfios y sus braseros, Ex. 27.3. Labran la tierra comerán grano limpio, aventado con **p** y criba, Is. 30.24. **Hiram también hizo calderos, y p, y tazones, 2 Cr 4.11. Calderos, p y garfios; de bronce muy fino, 2 Cr. 4.16.** Aventé con **p**, Jer. 15.7.

PALABRA: Habla, declaración; son articulado, con una significación. // Y la **p** del Señor escaseaba en aquellos días, 1 S. 3.1. Las **p** de Jehová son palabras limpias, Sal. 12.6. Envió su **p** y los sanó, Sal. 107.20. Lámpara es a mis pies tu **p**, Sal. 119.105. Sumamente pura es tu **p**, Sal. 119.140. Es la **p** dicha como conviene, Pr. 25.11. No sólo de pan... toda **p**, Mt. 4.4. Toda **p** ociosa que hablen los hombres, Mt. 12.36. Mis **p** no pasarán, Mt. 24.35. El sembrador es el que siembra la **p**, Mr. 4.14. Poderoso en obra y en **p** delante de Dios, Lc. 24.19. No es justo que nosotros dejemos la **p** de Dios, Hch. 6.2. Crecía la **p** del Señor, Hch. 6.7. Cerca de ti está la **p**, Ro. 10.8. El oír, por la **p** de Dios, Ro. 10.17. Medran falsificando la **p** de Dios, 2 Co. 2.17. Ni adulterando la **p** de Dios, 2 Co. 4.2. Ninguna **p** corrompida salga de vuestra boca, Ef. 4.29. La espada del Espíritu, que es la **p** de Dios, Ef. 6.17. La **p** de Cristo more en abundancia en vosotros, Col. 3.16. No se conforma a las sanas **p** de nuestro Señor Jesucristo, 1 Ti. 6.3. Mas la **p** de Dios no está presa, 2 Ti. 2.9. Porque la **p** de Dios es viva y eficaz, He. 4.12. Sed hacedores de la **p**, Stg. 1.22. Renacidos... por la **p** de Dios, 1 Pedro 1.23. Su **p** no está en nosotros, 1 Jn. 1.10. No amemos de **p** ni de lengua, 1 Jn. 3.18. Decapitados por causa del testimonio de Jesús y por la **p** de Dios, Ap. 20.4. Si alguno quitare de las **p** del libro de esta profecía, Ap. 22.19. Véase **Verbo**. // **Las Escrituras** llamada la **Palabra**, Lc. 5.1; Hch. 4.31; 8.14; 13.7; Ef. 6.17.

PALABRERÍA: Superfluidad de palabras. // Se apartaron a vana palabrería, 1 Ti. 1.6. Véase **Vano**.

PALABRERO: Aquel que dice palabras huecas. La más alta filosofía consideraba huecas las palabras del ardiente apóstol Pablo. Decían entre sí que era un **palabrero**, Hch. 17.18.

PALACIO: Casa de reyes o de familias nobles. // Serán eunucos en el **p** del rey de Babilonia, 2 R. 20.18. Desde **p** de marfil te recrean, Sal. 45.8. Mirad sus **p**, Sal. 48,13. En sus **p** Dios es conocido por refugio, Sal. 48.3; 122.7. **Se metió en el p de la casa real, 1 R. 16.18. Lo anunciaron dentro, en el p del rey. 2 R. 7.11. Siendo que nos mantienen del p, Esd.4.14. En el patio del huerto del p real, Est. 1.5. Entrarán en el p del rey, Sal. 45.15. Nuestras hijas como esquinas labradas como las de un p, Sal. 144.12. La araña que atrapas con la mano, y está en p de rey, Pr. 30.28.** Véase **Alcázar.**

PALADAR: Parte superior de la cavidad de la boca. Sentido de gusto. // ¿Acaso no puede mi **p** discernir las cosas inicuas?, Job 6.30.

¡Cuán dulces son a mi **p** tus palabras!, Sal. 119.103. **Sino que lo detenía en su paladar, Job 20:13. La voz de los principales se apagaba, Y su lengua se pegaba a su p. Job 29:10.** Compare Sal. 34.8; 1 Pedro 2.3. Véase **Sabor**.

PALADÍN: Aquel que se distingue por el valor y por las hazañas. Caballero que combatía en campo cerrado, en honor o en defensa de otros. // Salió entonces del campamento de los filisteos un **p,** 1 S. 17.4. Y cuando los filisteos vieron a su **p** muerto, 1 S. 17.51. Mientras él hablaba con ellos, he aquí que aquel **p**, 1 S. 17.23. Véase **Valiente.**

PALAL, hb. **Juez:** Uno de los que trabajaron en la reconstrucción de los muros de Jerusalén, Neh. 3.25.

PALESTINA: Región de Asia entre Fenicia al norte, el Mar Muerto al sur, el Mediterráneo al occidente y el desierto de Siria al oriente. Véase mapa 6. La palabra **Palestina** quiere decir **La tierra de los filisteos**. Se llamaba, también, **La tierra de Canaán**, **La tierra de Israel**, **La tierra de la Promesa**, **La Tierra Santa**. En todo el mundo, se considera Palestina la patria de los israelitas y de los judíos. A pesar de ser uno de los países más pequeños del mundo, ha influenciado el mundo más que cualquier otro. Véase **Israel**.

Papiro

PÁLIDO: Que no tiene o ha perdido el color rosado de lacara. // Se pondrán pálidos todos los semblantes, Jl. 2.6.

PALMA: La parte cóncava de la mano; hoja de palmera. // He aquí que en las **p** de las manos te tengo esculpida, Is. 49.16. Sobre mis rodillas y las **p** de mis manos, Daniel 10.10. Vestidos de vestiduras blancas, con **p** en las manos, Ap. 7.9. Lo echará sobre la **p** de su mano izquierda, **Lv. 14.15**, 26. Las dos **p** de sus manos estaban cortadas sobre el umbral, **1 S. 5.4.** Y él arrojará la vida de tus enemigos como de en medio de la **p** de una honda, **1 S. 25.29.** Yo veo una pequeña nube como la **p** de la mano de un hombre, **1 R. 18.44.** No hallaron de ella más que la calavera, y los pies, y las **p** de las manos, **2 R. 9.35.** Bate **p** contra nosotros, **Job 34.37.** Hizo que me pusiese sobre mis rodillas y sobre las **p** de mis manos, **Dn. 10.10.** En la presencia del Cordero, vestidos de ropas blancas, y con **p** en las manos, **Ap. 7.9.** Véase **Mano.**

PALMERA: Hay cerca de mil especies de palmeras, mas la de las Escrituras es la datilera (*Phoenix dactylifera*), cuyo fruto es el dátil. Alcanza de quince a treinta metros de altura. Produce fruto durante cien a doscientos años. Tiene porte real, Cantares 7.7. El justo florecerá como la **p**, Sal. 92.12. Millones de personas comen diariamente el fruto de la datilera. Se hace vino del fruto y de la savia de esta palmera. Se alimentan los camellos de las semillas molidas de los dátiles. Se usa el tronco en la construcción de casas. De las hojas se fabrican escobas, cuerdas, esteras, sacos y cestos. Suple casi todas las necesidades diarias del mundo árabe y egipcio. Prospera en oasis, como se dice: "La raíz en el agua y la copa en el fuego". En Elim había 12 fuentes de agua y setenta palmeras, Ex. 15.27; Nm. 33.9. Jericó, la ciudad de las **p**, Dt. 34.3; Jue. 1.16; 3.13; 2 Cr. 28.15. La **p** de Débora, Jue. 4.5. Labrados en el templo, entalles de querubines, **p** y flores, 1 R. 6.29,32; 7.36. En la visión de Ezequiel, en los pilares **p** esculpidas, Ez. 40.16,37; 41.18. Ramos de **p** para hacer tiendas durante la fiesta de los tabernáculos, Lv. 23.40; Neh. 8.15. La **p** se secó, Jl. 1.12. Tomaron ramos de **p** y salieron al encuentro de Jesús, Jn. 12.13. En todo el mundo la palma es símbolo de victoria. La gran multitud, que nadie podía enumerar, tenía palmas en las manos, Ap. 7.9.

PALMO: Aproximadamente 22 centímetros. Véase **Medidas de longitud**.

PALO: Trozo de madera mucho más largo que grueso. // ¿Habéis salido con espadas y con **p**? Mt. 26.55. Véase **Leño**.

PALOMA: Ave granívora. Hay sesenta y dos especies en todo el globo. Viven emparejados o en bandos. Paloma enviada del arca, Gn. 8.8. Veloz, **Os. 11.11.** Sal. 68.13. Gemía como la **p**, Is. 38.14; 59.11; Nah. 2.7. Sencillos, Mt. 10.16; Os. 7.11. Amorosa, Cnt. 1.15; 2.14. Se vendían palomas en el templo, Mt. 21.12. Símbolo del Espíritu Santo, Mt. 3.16; Mr. 1.10; Lc. 3.22; Jn. 1.32. Usadas en los sacrificios, Lc. 2.24.

PALOMINO: Diminutivo de paloma. // Una tórtola también, y un **p**, Gn. 15.9. Un par de tórtolas y dos **p**, Lc. 2.24. Véase **Tórtolas**.

Las parábolas del Antiguo Testamento:

La corderita	2 Sm 12.1-4.
Los dos hermanos y los vengadores	2 Sm 14.1-11.
El prisionero que escapó	1 Reyes 20.35-40.
La viña y las uvas	Is 5.1-7.
Las dos águilas y la vid	Ez 17.3-10.
El león enjaulado	Ez 19.2-9.
La olla hirviendo	Ez 24.3-14.

Las fábulas parabólicas:

Los árboles ungen un reyi	Jz 9.7-15.
El cardo y el cedro	2 Reyes 14.9.

Las parábolas que se encuentran en un Evangelio:	**Mt.**	**Mr.**	**Lc.**
La cizaña	13.24		
El tesoro escondido	13.44		
La perla de gran precio	13.45		
La red de pescar	13.47		
Los dos deudores	18.23		
Los obreros en la viña	20.1		
Los dos hijos	21.28		
Las bodas del hijo del rey	22.2		
Las diez vírgenes	25.1		
Los talentos	25.14		
Los cabritos y las ovejas	25.31		
La semilla que crece en lo oculto	....	4.26	
El dueño de la casa	....	13.34	
Los dos deudores	....	....	7.41
El buen samaritano	....	....	10.30
El amigo importuno	....	....	11.5
El rico insensato	....	....	12.16
Los siervos vigilantes	....	....	12.35
El mayordomo prudente	....	....	12.42
La higuera estéril	....	....	13.6
La gran cena	....	....	14.16
La torre; el rey yendo a guerrear	....	....	14.28
La dracma perdida	....	....	15.8
El hijo pródigo	....	....	15.11
El mayordomo infiel	....	....	16.1
El rico y Lázaro	....	....	16.19
Siervos inútiles	....	....	17.7
El juez injusto	....	....	18.2
El fariseo y el publicano	....	....	18.10
Las diez minas	....	....	19.12

Las parábolas que se encuentran en dos Evangelios:	**Mt.**	**Mr.**	**Lc.**
Los dos cimientos	7.24	....	6.47
La levadura	13.33	....	13.20
La oveja perdida	18.12	....	15.4

Las parábolas que se encuentran en tres Evangelios	**Mt.**	**Mr.**	**Lc.**
La luz debajo del almud	5.15	4.21	8.16
Remiendo de paño nuevo	9.16	2.21	5.36
Vino nuevo en odres viejos	9.17	2.22	5.37

Las parábolas que se encuentran en tres Evangelios:	Mt.	Mr.	Lc.
El sembrador	13.3	4.3	8.5
El grano de mostaza	13.31	4,30	13.18
Los labradores malvados	21.33	12.1	20.9
La higuera y todos los árboles	24.32	13.28	21.29

PALPAR: Tocar en las cosas (con las manos, con los pies, con un bastón etc.), para guiarse. // Si en alguna manera, palpando, Hechos 17.27. Mirad mis manos y mis pies, que yo mismo soy; palpad, y ved, **Lc. 24.39.**

PALTI, hb. **Liberado por Dios:** 1. Uno de los doce espías, de la tribu de Benjamín, Nm. 13.9. // 2. El hombre a quien Saúl dio su hija Mical, 1 S. 25.44.

"¿No se venden dos pajarillos por un cuarto? Con todo, ni uno de ellos cae a tierra sin vuestro Padre" *(Mt. 10.29).*

PALTIEL, hb. **Salvación por Dios:** Un príncipe de Isacar, Nm. 34.26.

PÁMPANO: Brote verde, tierno y delgado de la vid. Lo mismo que ramo. // Yo soy la vid, vosotros los **p**, Juan 15.5.

PAN DE LA PROPOSICIÓN, Los panes de la proposición: Expuestos delante del Señor perpetuamente, Ex. 25.30. Llamados **El pan sagrado**, 1 S. 21.6. Conocidos, también, como **El pan continuo**, es decir, el pan siempre sobre la mesa, Nm. 4.7; 2 Cr. 2.4. Expuestos en dos hileras, seis en cada hilera, sobre la mesa de oro puro delante del Señor, Lv. 24.6. Los 12 panes representaban las doce tribus de Israel (compare Lv. 24.7 con Ex. 28.10-12,21) y significaban la comunión constante de su pueblo con Dios. Se hacía de la flor de harina, Lv. 24.5. Presentaban calientes cada sábado, Lv. 24.8; 1 Cr. 9.32. Los sacerdotes comían en el Lugar Santo, Lv. 24.9. David, con hambre, cuando huía de Saúl, comió los panes de la proposición, a lo cual, no tenía derecho, por ser exclusivo del sacerdote, 1 S. 21.6; Mt. 12.4.

PAN: Alimento hecho de harina (especialmente de trigo) amasada y cocinada. El sustento en general. // Con el sudor de tu rostro comerás el **p** hasta que vuelvas a la tierra, Gn. 3.19. Haz **p** cocidos debajo del rescoldo, Gn. 18.6. Yo os haré llover **p** del cielo, Ex. 16.4; Neh. 9.15; Sal. 105.40. Pues no hay **p** ni agua... este **p** tan liviano, Nm. 21.5. No sólo de **p** vivirá el hombre, Dt. 8.3. Veía un **p** de cebada que rodaba, Jue. 7.13. Jehová había visitado a su pueblo para darles **p**, Rut 1.6. **P** común... **p** sagrado, 1 S. 21.4. Los cuervos le traían **p** y carne por la mañana, 1 R. 17.6. Veinte **p** satisfacen cien hombres, 2 R. 4.42-44. Detuviste el **p** al hambriento, Job 22.7. Que devoran a mi pueblo como si comiesen **p**, Sal. 14.4. El que de mi **p** comía, alzó contra mí el calcañar, Sal. 41.9. **P** de nobles comió el hombre, Sal. 78.25. Sacando el pan de la tierra, Sal. 104.14. Que comáis pan de dolores, Sal. 127.2. A sus pobres saciaré de **p**, Sal. 132.15. Que da **p** a los hambrientos, Sal. 146.7. Echa tu **p** sobre las aguas, Ec. 11.1. Gastáis el dinero en lo que no es **p**, Is. 55.2. Da semilla al que siembra, y **p** al que come, Is. 55.10. Di que estas piedras se conviertan en **p**, Mt. 4.3. El **p** nuestro de cada día, dánoslo hoy, Mt. 6.11. Si su hijo le pide **p**, Mt. 7.9. No tenemos aquí sino cinco **p** y dos peces, Mt. 14.17. ¿Cuántos **p** tenéis?, Mt. 15.34. Se habían olvidado de traer **p**, Mt. 16.5. **P** de la Cena del Señor, Lc. 22.19; Hch. 2.42; 20.7; 1 Co. 10.16; 11.23. David comió los **p** de la proposición, Mr. 2.26. Amigo, préstame tres **p**, Lc. 11.5. Bienaventurado el que coma **p** en el reino de Dios, Lc. 14.15. Cuántos jornaleros en casa de mi padre tienen abundancia de **p**, Lc. 15.17. **P** del cielo les dio a comer, Jn. 6.31. Yo soy el **p** de vida, Jn. 6.35. A quien yo diere el **p** mojado, aquél es, Jn. 13.26. Jesús, y tomó el **p** y les dio, Jn. 21.13. Ni comimos de balde el **p** de nadie, 2 Ts. 3.8. Trabajando sosegadamente, coman su propio **p**, 2 Ts. 3.12. Véase **Maná**, **Panes de la proposición**.

PANADERO: Fabricante o vendedor de pan. // El **p** delinquieron contra su señor el rey de Egipto, Gn. 40.1. **Haciéndole dar una torta de pan al día, de la calle de los P, hasta que todo el pan de la ciudad se gastase, Jer. 37.21.**

PANAL: Conjunto de alvéolos (células) en que las abejas depositan la miel. Sal. 19.10; Pr. 5.3. Véase **Miel.**

PANDERO: Especie de tambor pequeño circundado de cascabeles y con una sola piel, que se tañe o vibra con la mano, o batiendo con él en las rodillas y en los nos codos. // Danzaban delante de Jehová con... **p**, 2 S. 6.5. Véase **Música**.

PANES SIN LEVADURA: La pascua, Ex. 12.17; 23.15; Lv. 23.6; 2 Cr. 30.13; Mt. 26.17; Hch. 12.3.

PANFILIA: Hch. 2.10;13.13; 14.24; 15.38; 27.5. Una provincia romana al sur de Asia Menor, Cilicia al oriente, Licia al sudoeste, Pisidia al norte y el mar Mediterráneo al sur. Perge era su ciudad principal. Véase mapa 6, E-2.

Panal

PAÑO: Tejido de lino, algodón, etc.; tela fuerte y tupida; cualquier pedazo de tela. // Dedán comerciaba contigo en **p** preciosos para carros, **Ez. 27.20.** Se llevaban a los enfermos los **p** o delantales de su cuerpo, **Hch. 19.12**. Extenderán sobre ella un **p** carmesí, **Nm. 4.8.** Extenderán sobre él un **p** de púrpura, **Nm. 4.13.** El día siguiente, tomó un **p** y lo metió en agua, **2 R. 8:15.** ¿Quién ató las aguas en un **p**?, **Pr. 30.4. P** azul, Nm 4:6, 7, 8, 11, 12**.** Nadie pone remiendo de **p** nuevo en vestido viejo, **Mt. 9.16; Mr. 2.21.**

PAPIRO: Planta acuática, de dos a cuatro metros de altura. Abundante, antiguamente, en las márgenes del Nilo y en Palestina. De la cáscara de esa planta se hacían las hojas para los manuscritos, Job 8.11. El papiro dio el nombre al papel. Los egipcios fabricaban de papiro canoas para la caza y la pesca en los pantanos. El arca de Moisés, Ex. 2.3, fue hecha, probablemente, de papiro. Véase Is. 18.2.

PARÁ, hb. **Vitela:** Una ciudad de la herencia de Benjamín, Jos. 18.23. Véase mapa 5, B-1.

PARÁBOLA, gr. **Parabole:** Una comparación, un paralelo: Una narración corta para enseñar una verdad moral o espiritual. La **fábula** es una narración en que seres irracionales, y mismo objetos inanimados, se presentan como hablando con pasiones y sentimientos humanos, para enseñar lecciones espirituales. La **parábola** relata lo que realmente sucedió, mientras que la **fábula** narra lo que es imaginario. La **parábola** enseña verdades celestiales; la **fábula**, ideas terrestres. "Fueron en cierta ocasión los árboles a ungir para sí un rey, y dijeron al olivo:... "es una fábula". La **alegoría** es una narración simbólica en que todos los detalles tienen significación. "**El Peregrino**" es una alegoría. El **símil** es una comparación de cosas semejantes. La **metáfora** es una figura de retórica por la cual se transporta la significación propia de un vocablo para otro significado. El **símil** y la **metáfora** son breves, cortos mientras que la **parábola** es más extensa. "Son lobos ladrones" es una **metáfora**. "Como ovejas en medio de lobos" es un **símil**. "El reino de los cielos es semejante a una red que, lanzada al mar, recoge peces de toda especie..." es una parábola.

PARÁCLITO: Palabra del griego, no traducida, que quiere decir **intercesor**, **consolador**, **abogado**. Es traducida **Consolador** en Jn. 14.16, 26; 15.26; 16.7; y se refiere al Espíritu Santo. Es traducida **Abogado** en 1 Jn. 2.1; donde es aplicado a Jesucristo.

PARAÍSO: La palabra significa **lugar de delicias**. **El huerto del Edén** significa el **jardín de delicias**, es decir, **paraíso**, Gn. 2.8. El nombre del lugar de felicidad y descanso después de la muerte, Lc. 23.43; 2 Co. 12.4; Ap. 2.7.

PARALIPÓMENOS, gr. **Las cosas omitidas:** Los dos libros, **I** e **II**. Paralipómenos, constituyen una especie de suplemento a los libros de **I** y **II** Samuel y de **I** y **II** Reyes. Véase **Crónicas**.

PARÁLISIS: Privación completa o parcial de la sensibilidad, del movimiento voluntario del cuerpo. Paralíticos sanados: Todos que trajeron, Mt. 4.24. El criado del centurión, Mt. 8.6. El paralítico llevado por cuatro hombres, Mr. 2.3. En Betesda, Jn. 5.3. Muchos paralíticos en Samaria, Hch. 8.7. Eneas, ocho años paralítico, Hch. 9.33. El paralítico, desde su nacimiento, en Listra, Hch. 14.8.

PARÁN, hb. **Región de las cuevas:** La región montañosa y despoblada, que atraviesa la península del Sinaí. Véase mapa 1, D-4. La patria de Ismael, Gn. 21.21. El teatro de las jornadas errantes de los israelitas, Nm. 10.12; 12.16; Dt. 1.1. David vivió en el desierto de Parán después de la muerte de Samuel, 1 S. 25.1.

PARAR: Dejar de andar, de hablar, de funcionar. // Y la luna se paró, Jos. 10.13. Paraos, estad quietos, y ved la salvación, 2 Cr. 20.17. El sol y la luna se pararon, Hab. 3.11.

PARCIALIDAD: Preferencia injusta. // No haciendo nada con **p**, 1 Ti. 5.21.

PARECER (s. m.): Apariencia, aspecto. // De tal manera fue desfigurado de los hombres su **p**, Is. 52.14. No hay **p** en él, ni hermosura, Is. 53.2.

PARED DE SEPARACIÓN: Ef. 2.14. El apóstol Pablo, en este versículo, se refería a una pared en el templo en Jerusalén, de la cual nadie, a no ser los judíos, podían pasar. Fue precisamente de esto que acusaron a Pablo de haber hecho, juzgando que el introdujo a Trófimo, el efesio, en el templo, Hch. 21.29. Como dice en Hch. 24.6, que el intentó profanar el templo. **La pared de separación** hecha de mármol y ricamente adornada, fue derrumbada, en la destrucción del templo por el ejército romano. Es muy probable que esa pared todavía existía cuando Pablo escribió osadamente que Cristo la había derrumbado, acabando para siempre con la separación entre los judíos y los gentiles. Hace pocos años al cavar las ruinas en Jerusalén, fue encontrada una parte de un aviso grabado en esa pared amenazando matar al gentil que osase entrar.

PARED: Muro, especialmente de edificio. // Miré, y he aquí en la **p** un agujero, Ez. 8.7. ¡Dios te golpeará a ti, **p** blanqueada!, Hch. 23.3. De ambos pueblos hizo uno, derribando la **p** intermedia de separación, Ef. 2.14. Véase **Muro**.

PARENTELA: Los parientes, considerados en conjunto. // Vete de tu tierra, y de tu **p**, Gn. 12.1; Hch. 7.3. A mi **p** y tomarás mujer, Gn. 24.4. Jehová dijo a Jacob: Vuélvete... a tu **p**, Gn. 31.3.

PARIENTE: Individuo que, con relación a otro o a otros, pertenece a la misma familia. // Se llegue a **p**, Lv. 18.6. Si aquel hombre no tuviere **p** al cual sea resarcido el daño, Nm. 5.8; 27.11; Rut 2.20. Mis **p** se detienen, Job 19.14. Los **p** de Jesús, Mr. 3.21. Sino en su tierra, entre os sus **p**, Mr. 6.4. Isabel, tu **p**, Lc. 1.36. Y le buscaba entre los **p**, Lc. 2.44. Seréis entregados aún por vuestros... **p**, Lc. 21.16. **P** de aquel a quien Pedro había cortado la oreja, Jn. 18.26. Habiendo convocado a sus **p**, Hch. 10.24. Saludad... mis **p**, Ro. 16.7,11,21.

PARIHUELA: Utensilio para transportar pesos entre dos personas, formado por dos barras entre las que se sostiene una plataforma. // Pondrán con todos sus utensilios en una cubierta de pieles de tejones, y lo colocarán sobre unas **p**. **Nm. 4.10; 4.12.**

PARIR: Dar la luz. // Paren sus vacas, Job 21.10. Las ciervas en el campo parían, Jer. 14.5.

PARLOTEAR: Hablar mucho y sin sustancia unos con otros, por diversión o pasatiempo. // Obras que hace parloteando con palabras malignas contra nosotros, 3 Jn. 10.

BELÉN, vista desde el campo, donde el ángel les apareció a los pastores cantando: "No temáis; porque he aquí os doy nuevas de gran gozo, que será para todo el pueblo: que os ha nacido hoy, en la ciudad de David, un Salvador" *(Lc. 2.10,11).*

PARMASTA: Uno de los diez hijos de Amán, Est. 9.9.

PARMENAS, gr. **Firme:** Uno de los siete escogidos para "servir mesas" en Jerusalén, Hch. 6.5. Se dice que fue martirizado en Filipos, en el reinado de Trajano.

PARNAC: Un príncipe de Zabulón, Nm. 34.25.

PAROS, hb. **Pulga:** Uno de los que vinieron de Babilonia con Zorobabel, Esd. 2.3.

PÁRPADO: Membrana móvil que recubre el globo ocular. // Ni vea los **p** de la mañana, Job 3.9. Ni a mis **p** adormecimiento, Sal. 132.4; Pr. 6.4. Cuyos **p** están levantados en alto, Pr. 30.13. Nuestros **p** se destilen en aguas, Jer. 9.18.

PARRA: VéaseVid.

PARRICIDA: Persona que mató padre, madre o cualquier de los ascendientes. // Ley para los **p** y matricidas, para los homicidas, 1 Ti. 1.9.

PARSANDATA: Uno de los diez hijos de Amán, Ester 9.7.

PARTE: Porción de un todo. // ¿Qué **p** tenemos nosotros con David? 1 R. 12.16. **P** de la

PRISIÓN MAMERTINA, en Roma, donde el apóstol Pablo fue encarcelado. Esta mazmorra tenía cinco metros de ancho. La abertura en el techo arqueado, de este sepulcro de vivos, era el único medio de entrada y salida.

semilla cayó junto al camino, Mt. 13.4. María ha escogido la buena **p**, Lc. 10.42. Si no te lavare, no tendrás **p** conmigo, Jn. 13.8. No tienes tú **p** ni suerte en este asunto, Hch. 8.21. Porque en **p** conocemos, y en **p** profetizamos, 1 Co. 13.9. Aquel que tiene **p** en la primera resurrección, Ap. 20.6. Dios quitará su **p** del libro de la vida, Ap. 22.19.

PARTERA: Mujer, cuya profesión es asistir los partos y auxiliarlos, Gn. 35.17; 38.28; Ex. 1.15-22.

PARTICIPACIÓN: Intervención en algún asunto. // La **p** de sus padecimientos, **Fil. 3.10.** Para que la **p** de tu fe sea eficaz, **Flm. 1.6.**

PARTICIPANTE: Que, o persona que participa. // **P** de Cristo, He. 3.14; del Espíritu Santo, He. 6.4; conmigo de la gracia, Fil. 1.7; de toda cosa buena, Gálatas 6.6; de sus bienes espirituales, Ro. 15.27. Véase **Copartícipe**.

PARTICIPAR: Hacer saber, anunciar, comunicar, tener o tomar parte de. // Participar de los sufrimientos, 2 Ti. 1.8; 2.3; de la mesa del Señor, 1 Co. 10.21; siendo uno solo el pan, 1 Co. 10.17; de la vocación, He. 3.1; de su santidad, He. 12.10;

PARTÍCIPE: Que participa o interviene en alguna cosa. // Los que comen de los sacrificios, ¿no son **p** del altar? **1 Co. 10.18.** No quiero que vosotros os hagáis **p** con los demonios, **1 Co. 10.20.** Haga **p** de toda cosa buena al que lo instruye, **Gl. 6.6.** No seáis, pues, **p** con ellos, **Ef. 5.7.** Y fueron hechos **p** del Espíritu Santo, **Heb. 6.4.** Para que no seáis **p** de sus pecados, ni recibáis parte de sus plagas, **Ap. 18.4.** Véase **Copartícipe**.

PARTICULAR: Que pertenece propiamente a cierta persona, a ciertas cosas. // A sus discípulos en **p** les declaraba todo, Mr. 4.34. Yo guardo en mi tesoro **p** oro y plata, **1 Cr. 29.3.** Repartiendo a cada uno en **p** como él quiere. **1 Co. 12.11.** Miembros cada uno en **p**, **1 Co.12.27.** Saluda tú a los amigos, a cada uno en **p**, **3 Jn 1.15.** Véase **Propio**.

PARTIDA: Salida. // Después de mi **p**... lobos rapaces, Hch. 20.29. El tiempo de mi **p** está cercano, 2 Ti. 4.6. Después de mi **p**... tener memoria de estas cosas, 2 Pedro 1.15.

PARTIDOR: El funcionario judicial que hace el cálculo de las repartidas. // ¿Quién me ha puesto sobre vosotros como juez o **p**?, Lc. 12.14.

PARTIR: Dividir en partes. Ponerse a camino. // Partiendo el pan en las casas, Hch. 2.46. Reunidos los discípulos para **p** el pan, Hch. 20.7. Habiendo dado gracias, lo partió, 1 Co. 11.24. El deseo de **p** y estar con Cristo, Fil. 1.23. **Partieron los hijos de Israel de Ramesés a Sucot, Ex. 12.37.**Véase **Dejar**, **Salir**.

PARTO: Acto de dar a luz. // Vuelvo a sufrir dolores de **p**, hasta que Cristo sea formado en vosotros, Gl. 4.19. Prorrumpe en júbilo y clama, tú que no tienes dolores de **p**, Gl. 4.27. Clamaba con dolores de **p**, Ap. 12.2. Véase Mt. 24.8. Ejemplos: Rebeca, Gn. 25.22; Raquel, Gn. 35.16; Tamar, Gn. 38.27; la madre de Icabod, 1 S. 4.19.

PARTOS: Hch. 2.9. // Habitantes de Partia, gran imperio al noroeste de Persia. Véase mapa 1, E-3. Era una nación de guerreros. Sus habilidades en domar los caballos, y en usar el arco era tal que ellos se volvían temidos, siendo proverbial "el golpe de los partos", es decir, su método de mortalmente herir, mientras simulaban la retirada. Tiraban saetas por encima del hombro con rara destreza contra los que los perseguían.

PARÚA, hb. **Fluorescente:** Uno de los intendentes que fornecían mantenimiento al rey Salomón, 1 R. 4.17.

PARVAIM: Un desconocido lugar, de donde vino oro para la tierra de Salomón, 2 Cr. 3.6.

PASA: Fruta seca, especialmente uvas, 2 S. 6.19; Cantares 2.5; Oseas 3.1.

PASAC, hb. **Partidor:** Un descendiente de Aser, 1 Cr. 7.33.

PASADO: Transcurrido, terminado. // Quién me volviese como en los meses **p**, Job 29.2. En las edades **p** él ha dejado a todas las gentes andar en sus propios caminos, Hch. 14.16.

PASAJE: Derecho que se paga como pasajero; trecho de una obra literaria; acto de pasar. // Jonás pagó su **p**, Jon 1.3. El **p** de la Escritura que leía, Hch. 8.32.

PASAR: Cesar; terminar. // Pasó la siega, terminó el verano, Jer. 8.20. Pasado el día de reposo, Mt. 28.1. Pregunta ahora si en los tiempos **p,** Dt 4.32. Pasados muchos días... matarle, Hch. 9.23. Véase **Acabar, Cesar, Terminar.**

PASAR: Transponer, atravesar. Consumir, emplear (hablando del tiempo). // Israel pasó en seco, Jos. 3.17. Porque pronto pasan, y volamos, Sal. 90.10. Cuando pases por las aguas... Cuando pases por el fuego, Is. 43.2. Pasó la siega, terminó el verano, Jer. 8.20. El cielo y la tierra pasarán, Mt. 24.35. Jesús pasó por en medio de ellos, y se fue, Lc. 4.30. Mas ha pasado de muerte a vida, Jn. 5.24. Pasa a Macedonia y ayúdanos, Hch. 16.9. La apariencia de este mundo se pasa, 1 Co. 7.31. Las cosas viejas pasaron, 2 Co. 5.17. Rico... pasará como la flor, Stg. 1.10. El mundo pasa, y sus deseos, 1 Jn. 2.17. Nosotros sabemos que hemos pasado de muerte a vida, 1 Jn. 3.14. Porque las primeras cosas pasaron, Ap. 21.4.

PASAS: Fruta seca al sol, principalmente uva, Nm. 6.3; 1 S. 25.18; 2 S. 6.19; 2 S. 16.1; Cantares 2.5.

PASCUA, hb. **Pasaje:** Una de las tres grandes fiestas, en conmemoración del éxodo y de la liberación de los israelitas de Egipto, Ex. 12.; Lv. 23.5-8; Nm. 28.16-25. El pueblo de Dios se reunía, anualmente, en Jerusalén para esta fiesta que comenzaba "en el mes primero, a los catorce del mes, entre las dos tardes". Se iniciaba con una refección sacrificial, que consistía en un cordero asado, o un cabrito, panes sin levadura e hierbas amargas. El cordero servía para recordación del sacrificio: el pan sin levadura, de la pureza; y las hierbas amargas, de la servidumbre amarga de Egipto. La **p** observada en el tiempo de Moisés, en Egipto, Ex. 12.12; en el Sinaí, Nm. 9.5; en el tiempo de Josué, en Canaán, Jos. 5.10; en el tiempo de Ezequías, 2 Cr. 30.13; en el tiempo de Josías, 2 Cr. 35.18; en el tiempo de Esdras, Esd. 6.19. Cristo mandó, Mt. 26.19; Jn. 2.23; 13.1-30. La costumbre de soltarle a alguien a la época de celebración de la **p**, Jn. 18.39. Cristo, nuestro Cordero pascual, Jn. 19.36; **Nuestra p, que es Cristo, ya fue sacrificada por nosotros**, 1 Co. 5.7. Moisés, por la fe, celebró la **p**, He. 11.28.

PASEAH: Un descendiente de Judá, 1 Cr. 4.12. Otros del mismo nombre, Esd. 2.49; Neh. 3.6.

PASEAR: Conducir a diversos lugares para dar aire, ejercicio. // Paseándose sus doncellas por la ribera del río, Ex. 2.5. Cuatro varones sueltos, que se pasean en medio del fuego, Dn. 3.25. Paseando en el palacio real de Babilonia, Dn 4.29.

PASIÓN: Sufrimiento, serie de tormentos; agitación que el alma siente, como el amor, el odio etc.; inclinación de un sexo por el otro. // Por esto Dios los entregó a **p** vergonzosas, Ro. 1.26. Las **p** pecaminosas que eran por la ley, Ro. 7.5. Han crucificado la carne con sus **p** y deseos, Gálatas 5.24. Haced morir... impureza, **p** desordenadas, Col. 3.5. Huye... de las **p** juveniles, 2 Ti. 2.22. **No en pasión de concupiscencia, 1 Ts. 4.5. ¿No es de vuestras p, las cuales combaten en vuestros miembros? Stg. 4.1. Elías era hombre sujeto a p semejantes a las nuestras, Stg. 5.17.** Véase **Ambición**, **Codicia**, **Concupiscencia**.

PASMAR: Causar pasmo o admiración, quedarse estupefacto. // Asolaré también la tierra, y se pasmarán por ello vuestros enemigos, **Lv. 26.32.** Se pasmó mi corazón, el horror me ha intimidado, **Is. 21.4.** Véase **Admirar**, **Maravillar**.

PASO: Aproximadamente 1,48 metros. Véase **Medidas de longitud**. Acto de avanzar o retroceder un pie, para andar; espacio entre uno y otro pie, cuando se camina; lo mismo que pasaje. // Apenas hay un **p** entre mí y la muerte, 1 S. 20.3. Por Jehová son ordenados los **p** del hombre, Sal. 37.23. De Jehová son los **p** del hombre, Pr. 20.24. // Porque no quiero veros ahora de **p**, 1 Co. 16.7. **Mas Sehón no se fió de Israel para darle p por su territorio, Jue. 11.20. Le abrieron, pues, p, 2 R. 11.16. A su p tendían sus mantos por el camino, Lc. 19.36.**

PASTAR: Comer la hierba no cortada (el ganado). **Fig**. Deleitarse. // Hacer pastar su animal, Ex. 22.5. Del ganado que pastaba en Sarón, **1 Cr. 27.29.** Allí pastará el becerro, **Is. 27.10.** Aún habrá cabañas de pastores que hagan **p** sus ganados, **Jer. 33.12.** Véase **Pacer.**

PASTIZAL: Extensión de terreno de pasto abundante. // Destilan sobre los **p** del desierto, **Sal. 65.12.** Y llanto por los **p** del desierto, **Jer.9.10.** Los **p** del desierto se secaron, **Jer. 23.10.** Véase **Pasto**.

PASTO: Hierba para alimento del ganado. // El que por mí entrare, será salvo; y entrará, y saldrá, y hallará **p**, Jn. 10.9. Porque no hay **p**... en la tierra de Canaán, Gn. 47.4. En lugares de delicados **p** me hará descansar, Sal. 23.2. Vosotras, ovejas mías, ovejas de mi

p, Ez. 34.31. ¡Cuán turbados anduvieron los hatos de los bueyes, porque no tuvieron **p**!, Jl. 1.18. Véase **Prado**.

PASTOR: Hombre que apacienta las ovejas. // Ovejas sin **p**, Nm. 27.17; 1 R. 22.17; 2 Cr. 18.16; Mt. 9.36. Jehová es mi **p**, Sal. 23.1. Ciro: Es mi **p**, Is. 44.28. Os daré **p** según mi corazón, Jer. 3.15. ¡Ay de los **p** que destruyen, Jer. 23.1. Lo reunirá y guardará, como el **p** a su rebaño, Jer. 31.10. Profetiza contra los **p** de Israel, Ez. 34.2. Levantaré sobre ellas a un **p**, Ez. 34.23. El **p** aparta las ovejas de los cabritos, Mt. 25.32. Heriré el **p**, Mt. 26.31. Había **p** en la misma región, Lc. 2.8. El **p** de las ovejas es, Jn. 10.2. Yo soy el buen **p**, Jn. 10.11. El buen **p** su vida da por las ovejas, Jn. 10.11. Oirán mi voz; y habrá un rebaño, y un **p**, Jn. 10.16. Él mismo constituyó... a otros, **p**, Ef. 4.11. Jesús, el gran **p** de las ovejas, He. 13.20. Ahora habéis vuelto al **P** y Obispo de vuestras almas, 1 P. 2.25. Cuando aparezca el Príncipe de los **p**, 1 P. 5.4. **ERAN PASTORES:** Abel, Gn. 4.2. Abraham, Isaac, Jacob y los doce patriarcas, Gn. 47.3. Moisés, Ex. 3.1. David, 1 S. 16.11. El Señor, Sal. 23.1. Amós, Am. 1.1. Cristo, Jn. 10.11; He. 13.20. Véase **Oveja**.

PASTOREAR: Guardar (el ganado) en el pasto. // Pastorea mis ovejas, Jn. 21.16. Vuestros hijos andarán pastoreando en el desierto cuarenta años, **Nm. 14.33.** Junto a aguas de reposo me pastoreará, **Sal. 23.2.** Como a rebaños que son conducidos al Seol, la muerte los pastoreará, **Sal. 49.14.** Y pastorearás las naciones en la tierra, **Sal. 67.4.** Los pastoreó con la pericia de sus manos, **Sal. 78.72.** Tú que pastoreas como a ovejas a José, **Sal. 80.1.** Al que pastoreó a su pueblo por el desierto, **Sal. 136.16.** Y un niño los pastoreará, **Is. 11.6.** Pastoreará suavemente a las recién paridas, **Is. 40.11.** Le sanaré, y le pastorearé, y le daré consuelo a él, **Is. 57.18.** Jehová te pastoreará siempre, **Is. 58.11.** Así pastoreaste a tu pueblo, para hacerte nombre glorioso, **Is. 63.14.** A todos tus pastores pastoreará el viento, **Jer. 22.22.** Le dijo: Pastorea mis ovejas, **Jn. 21.16.** El Cordero que está en medio del trono los pastoreará, **Ap. 7.17.** Véase **Apacentar**.

PASUR: 1. Uno de los que vinieron de Babilonia con Zorobabel, Esd. 2.38. // 2. "Príncipe en la casa de Jehová", que metió Jeremías en el tronco, Jer. 20.1,2. // 3. Hijo de Malquías, enviado por el rey a consultar Jeremías, Jer. 21.1. // 4. Padre de Gedalías, Jer. 38.1.

PÁTARA: Una ciudad de la costa de Licia. Existía allí el famoso oráculo de Apolo. Y hoy es apenas un lugar de ruinas que conservan el mismo nombre antiguo. Pablo partió de este puerto en navío, cuando se dirigía a Jerusalén en los fines de su tercer viaje misionero, Hch. 21.1, 2. Véase mapa 6, E-2.

PATENTE: Abierto, claro, evidente. // Así hizo **p** sus fornicaciones y descubrió sus desnudeces, **Ez. 23.18.** Mis prisiones se han hecho **p** en Cristo en todo el pretorio, **Fil. 1.13.** Los pecados de algunos hombres se hacen **p** antes que ellos vengan a juicio, **1 Ti. 5.24.**

PATIO: Recinto descubierto en el interior de un edificio o rodeado por edificios. // Pedro le seguía de lejos hasta el **p** del sumo sacerdote, Mt. 26.58.

PATMOS: Una pequeña isla rocosa en el mar Egeo, al sudeste de Efeso. Por causa de su aspecto triste sirvió de lugar de detención para criminosos. Fue para esta isla que fue desterrado el apóstol Juan, por orden del emperador Domiciano, Ap. 1.9. Véase mapa 6, D-2.

PATRIA: País de que somos ciudadanos. // Claramente dan a entender que buscan una **p**, He. 11.14.

PATRIARCA: Nombre dado a los primeros jefes de la familia, en el Antiguo Testamento. Por ejemplo la lista de Gn. 5. El **p** David, Hch. 2.29. Los doce **p** Hch. 7.8,9. Abraham, el **p**, He. 7.4. De quienes son los **p**, y de los cuales, según la carne, vino Cristo, **Ro. 9.5.** La dispensación patriarcal era el período de tiempo antes de Moisés recibir la ley en el Sinaí, cuando cada **p** servía como sacerdote a su propia casa.

PATRIARCAS ANTEDILUVIANOS: Véase **Antediluviano**.

PATRIMONIO: Herencia paterna. // Igual ración a la de los otros comerá, además de sus **p**, Dt. 18.8.

PATROBAS: Un cristiano residente en Roma, Ro. 16.14.

PATRÓN: Dueño, persona que emplea obreros. // El **p** de la nave se le acercó, **Jon. 1.6.** Pero el centurión daba más crédito al piloto y al **p** de la nave, que a lo que Pablo decía, **Hch. 27.11.** Véase **Jefe.**

PATROS: El nombre hebreo del Alto Egipto, entre Egipto y Cus, Is. 11.11; Jer. 44.1; Ez. 29.14.

PATRUSIM: Descendientes de Mizraim, nieto de Noé, Gn. 10.14. El ramo de los egipcios de Patros. Véase mapa 1, C-4.

PAU, hb. **Balido:** Ciudad real de Hadar, rey de Edom, Gn. 36.39. El nombre es Pai en 1 Cr. 1.50.

PAVÉS: Escudo grande, 2 Cr. 23.9; Job 15.26; Cnt 4.4; Ez. 38.4; 39.9. Véase **Escudo**.

PAVIMENTO: Superficie artificial que se hace para que el piso esté sólido y llano, suelo. // Cubrió también el **p** con madera de ciprés, **1 R. 6.15.** Se postraron sobre sus rostros en el **p** y adoraron, 2 Cr. 7.3. Véase **Losado.**

PAVO: Ave gallinácea de magnífico plumaje. // Una vez cada tres años venía la flota de Tarsis, y traía oro, plata, marfil, monos y **p** reales, 1 R. 10.22. **¿Diste tú hermosas alas al o real, o alas y plumas al avestruz? Job 39.13.**

Pavo

PAVOR: Gran terror. // No tendrás temor de **p** repentino, Pr. 3.25. Y cayó el **p** de Jehová sobre todos los reinos de las tierras, **2 Cr. 17.10.** Y el **p** de Dios cayó sobre todos los reinos de aquella tierra, **2 Cr. 20.29.** Su **p** habría de caer sobre vosotros, **Job 13.11. P** caerá sobre los de oriente, **Job 18.20.** Allí se sobresaltaron de **p** donde no había miedo, **Sal. 53.5.** Sus príncipes, con **p**, dejarán sus banderas, dice Jehová, **Is. 31.9.** Véase **Horror**, **Miedo**, **Temor**.

PAZ: Tranquilidad de alma. // Yo daré **p** en la tierra, Lv. 26.6. En **p** me acostaré, y asimismo dormiré, Sal. 4.8. Busca la **p**, y síguela, Sal. 34.14. **Los mansos... abundancia de p**, Sal. 37.11. Hay un final dichoso para el hombre de **p**, Sal. 37.37. La justicia y la **p** se besaron, Sal. 85.10. Mucha **p** tienen los que aman tu ley, Sal. 119.165. Pedid por la **p** de Jerusalén, Sal. 122.6. Años de vida y **p** te aumentarán, Pr. 3.2. Tiempo de guerra, y tiempo de **p**, Ec. 3.8. Se llamará su nombre... Príncipe de **P**, Is. 9.6. Tú guardarás en completa **p** a aquel cuyo pensamiento en ti persevera, Is. 26.3. El efecto de la justicia será **p**, Is. 32.17. Fuera entonces tu **p** como un río, Is. 48.18. No hay **p** para los malos, dijo Jehová, Is. 48.22; 57.21. ¡Cuán hermosos son los pies del que anuncia la pa **p**!, Is. 52.7. **P**, **p** al que está lejos y al cercano, Is. 57.19. No conocieron camino de **p**, Is. 59.8; Ro. 3.17. Yo extiendo sobre ella **p** como un río, Is. 66.12. **P**, **p**; y no hay **p**, Jer. 6.14; 8.11. Si la casa fuere digna, vuestra **p** vendrá sobre ella, Mt. 10.13. No penséis que he venido para traer **p** a la tierra, Mt. 10.34. Tened **p** los unos con los otros, Mr. 9.50. Para encaminar nuestros pies por camino de **p**, Lc. 1.79. En la tierra **p**, Lc. 2.14. Le envía una embajada y le pide condiciones de **p**, Lc. 14.32. **P** en el cielo, y gloria en las alturas, Lc. 19.38. **P** a vosotros, Lc. 24.36; Jn. 20.19. La **p** os dejo, mi **p** os doy, Jn. 14.27. Las iglesias tenían **p** por toda Judea, Hch. 9.31. Anunciando el evangelio de la **p** por medio de Jesucristo, Hch. 10.36. Justificados... tenemos **p** para con Dios, Ro. 5.1. El ocuparse del Espíritu es vida y **p**, Ro. 8.6. Estad en **p** con todos los hombres, Ro. 12.18. El reino de Dios es **p** y gozo en el Espíritu Santo, Ro. 14.17. El Dios de esperanza os llene de todo gozo y **p** en el creer, Ro. 15.13. Dios no es Dios de confusión, sino de **p**, 1 Co. 14.33. Vivid en **p**; y el Dios de **p** y de amor estará con vosotros, 2 Co. 13.11. Fruto del Espíritu... **p**, Gálatas 5.22. El es nuestra **p**, Ef. 2.14. Anunció las buenas nuevas de **p**, Ef. 2.17. Guardar la unidad del Espíritu en el vínculo de la **p**, Ef. 4.3. La **p** de Dios, que sobrepasa todo entendimiento, Fil. 4.7. Haciendo la **p** mediante la sangre de su cruz, Col. 1.20. Y la **p** de Dios gobierne en vuestros corazones, Col. 3.15. Cuando digan: **P** y seguridad, 1 Ts. 5.3. Tened **p** entre vosotros, 1 Ts. 5.13. El mismo Señor de **p** os dé siempre **p** en toda manera, 2 Ts. 3.16. Sigue... la **p**, con los que de corazón limpio invocan al Señor, 2 Ti. 2.22. Rey de **p**, He. 7.2. Seguid la **p** con todos, He. 12.14. El fruto de justicia se siembra en **p** para aquellos que hacen la **p**, Stg. 3.18. Busque la **p**, y sígala, 1 Pedro 3.11. **P** sea con todos vosotros los que estáis en Jesucristo, 1 P. 5.14. Le fue dado poder de quitar de la tierra la **p**, Ap. 6.4. Véase **Tranquilidad**. **La paz es una dádiva de Dios:** Lv. 26.6; Sal. 29.11; 147.14; Ro. 14.17; 2 Ts. 3.16; Ap. 1.4. **La paz viene de Cristo:** Lc. 2.14. 12.51; Jn. 14.27; Hch. 10.36; Ro. 10.15; Ef. 2.14-17; 6.15,23. **Exhortación a tener paz:** Sal. 34.14; Mt. 5.9; Mr. 9.50; Ro. 12.18; 14.19; 1 Co. 7.15; Ef. 4.3; 1 Ts. 5.13; 2 Ti. 2.22; He. 12.14; Stg. 3.17,18; 1 P. 3.11; 2 P. 3.14. **La paz es resultado de la fe:** Is. 26.3; Ro. 5.1; **de la obediencia**, Is. 48.18; Gl. 6.16; **de la justicia**, Is. 32.17; Stg. 3.18. **A quien es prometida la paz:** Sal. 29.11; 122.6; 128.6; 147.14; Jn. 14.27; Ef. 6.23. **La paz es fruto del Espíritu:** Jn. 14.27; Gl. 5.22. **La paz es vedada a los impíos:** Dt. 29.19; 2 R. 9.31; Is. 59.8; Ez. 7.25; Ro. 3.17. **Paz en la tierra:** Lc. 2.14; **en el cielo**, Lc. 19.38.

PECADO: Transgresión de la ley divina. // El **p** está a la puerta, Gn. 4:7. Cada uno morirá por su **p**, Dt. 24.16; 2 R. 14.6. Bienaventurado aquel cuya transgresión ha sido perdonada, y cubierto su **p**, Sal. 32.1. Me contristaré por mi **p**, Sal. 38.18. Mi **p** está siempre delante de mí, Sal. 51.3. En pecado me concibió mi madre, Sal. 51.5. No nos trata según los **p**, Sal. 103.10. Los locos se burlan del **p**, Pr. 14.9. Si vuestros **p** fueren como la grana, como la nieve serán emblanquecidos, Is. 1.18. Añadiendo **p** a **p**, Is. 30.1. Echaste tras tus espaldas todos mis **p**, Is. 38.17. Cuando haya puesto su vida en expiación por el **p**, Is. 53.10. Habiendo él llevado el **p** de muchos, Is. 53.12. Vuestros **p** han hecho ocultar de vosotros su rostro para no oír, Is. 59.2. El **p** de Judá escrito está con cincel de hierro, Jer. 17.1. Para la purificación del **p** y de la inmundicia, Zacarías 13.1. Él salvará a su pueblo de sus **p**, Mt. 1.21. Ten ánimo, hijo; tus **p** te son perdonados, Mt. 9.2. Derramada para remisión de los **p**, Mt. 26.28; Mr. 1.4; Lc. 3.3; Hch. 2.38. El que de vosotros esté sin **p** sea el primero en arrojar la piedra contra ella, Jn. 8.7. Todo aquel que hace **p**, esclavo es del **p**, Jn. 8.34. Lava tus **p**, invocando su nombre, Hch. 22.16. Hemos acusado a judíos y a gentiles, que todos están bajo **p**, Ro. 3.9. Bienaventurado el varón a quien el Señor no inculpa de **p**, Ro. 4.8. El **p** entró en el mundo por un hombre, y por el **p** la muerte, Ro. 5.12. Cuando el **p** abundó, sobreabundó la gracia, Ro. 5.20. Vosotros consideraos muertos al **p**, Ro. 6.11. Porque el **p** no se enseñoreará de vosotros, Ro. 6.14. Porque la paga del **p** es muerte, Ro. 6.23. El **p** que mora en mí, Ro. 7.17. Cristo murió por nuestros **p**, 1 Co. 15.3. El aguijón de la muerte es el **p**, 1 Co. 15.56. Al que no conoció **p**, por nosotros lo hizo **p**, 2 Co. 5.21. La Escritura lo encerró todo bajo **p**, Gl. 3.22. Para que ninguno de vosotros se endurezca por el engaño del **p**, He. 3.13. Fue tentado… pero sin **p**, He. 4.15. Deleites temporales del **p**, He. 11.25. Da a luz el **p**, Stg. 1.15. El cual no hizo **p**, 1 P. 2.22. Para que nosotros, estando muertos a los **p**, 1 Pedro 2.24. El amor cubrirá multitud de **p**, 1 Pedro 4.8. Si decimos que no tenemos **p**, 1 Jn. 1.8. Si confesamos nuestros **p**, 1 Jn. 1.9. El **p** es infracción de la ley, 1 Jn. 3.4. **Sabéis que él apareció para quitar nuestros p, y no hay p en él**, 1 Jn. 3.5. El que practica el **p** es del diablo, 1 Jn. 3.8. **P** que no sea de muerte. Hay **p** de muerte, 1 Jn. 5.16. Aquel que ha nacido de Dios, no practica el **p**, 1 Jn. 5.18. Al que nos amó, y nos lavó de nuestros **p** con su sangre, Ap. 1.5. Véase **Culpa**, **Delito**, **Iniquidad**, **Perversidad**, **Transgresión**.

PECADOR: El que peca. // Los hombres de Sodoma eran malos y **p** contra Jehová en gran manera, Gn. 13.13. Ni estuvo en camino de **p**, Sal. 1.1. Ni los **p** en la congregación de los justos, Sal. 1.5. Los **p** se convertirán a ti, Sal. 51.13. Porque no he venido a llamar a justos, sino a **p**, al arrepentimiento, Mt. 9.13. El Hijo del Hombre es entregado en manos de **p**, Mt. 26.45. ¿Pensáis que estos galileos, porque padecieron tales cosas, eran más **p** que todos los galileos? Lc. 13.2. Habrá más gozo en el cielo por un **p** que se arrepiente, Lc. 15.7. Dios, sé propicio a mí, **p**, Lc. 18.13. ¿Cómo puede un hombre **p** hacer estas señales? Jn. 9.16. Sabemos que Dios no oye a los **p**, Jn. 9.31. Cristo Jesús vino al mundo para salvar a los **p**, 1 Ti. 1.15. Sumo sacerdote... apartado de los **p**, He. 7.26. El que haga volver al **p** del error de su camino, Stg. 5.20. Véase **Transgresor**.

PECADORA: Mujer que pecó. Una mujer de la ciudad, que era **p**… trajo un frasco de alabastro con perfume, Lc. 7.37.

PECAMINOSO: En quien hay pecado. // Las pasiones **p** que eran por la ley obraban en nuestros miembros, **Ro. 7.5.** A fin de que por el mandamiento el pecado llegase a ser sobremanera **p**, **Ro. 7.13.** Al echar de vosotros el cuerpo **p** carnal, en la circuncisión de Cristo, **Col. 2.11.**

PECAR: Transgredir la ley de Dios. // Cuando alguna persona pecare por yerro, Lv. 4.2. Dijo David a Natán: Pequé contra Jehová, 2 S. 12.13. Si pecaren contra ti (pues no hay hombre que no peque), 2 Cr. 6.36. Contra ti, contra ti solo he pecado, Sal. 51.4. Para no **p** contra ti, Sal. 119.11. ¿Cuántas veces perdonaré a mi hermano que peque contra mí?, Mt. 18.21. No peques más, Jn. 5.14; 8.11. Los que pecaron sin ley, Ro. 2.12. Por cuanto todos pecaron, Ro. 3.23. El que fornica, contra su propio cuerpo peca, 1 Co. 6.18. Pecando contra los hermanos e hiriendo su débil conciencia, contra Cristo pecáis, 1 Co. 8.12. Airaos, pero no pequéis, Ef. 4.26. Y al que sabe hacer lo bueno y no lo hace, le es pecado, Stg. 4.17. Porque si Dios no perdonó a los ángeles que pecaron, 2 Pedro 2.4. Para que no pequéis; y si alguno hubiere pecado, 1 Jn. 2.1. Véase **Transgredir**, **Violar**.

PECHO: Parte del tronco que contiene los pulmones. // Se golpeaba el **p**, diciendo, Lc. 18.13. Se volvían golpeándose el **p**, Lc. 23.48. Recostado cerca del **p** de Jesús, Jn. 13.25. Para que maméis y os saciéis de los **p** de sus consolaciones, Is. 66.11. **La cabeza de esta imagen era de oro fino; su p y sus brazos, de plata, Dn. 2.32. Ceñido por el p con un cinto de oro, Ap. 1.13.** Véase **Seno**.

PECOD: Lugar mencionado con Soa y Coa, Ez. 23.23.

PECTORAL: Una pieza bordada, una obra esmerada, que el sumo sacerdote usaba sobre el efod, Ex. 28.15-30. Adornado de doce piedras preciosas, cada una grabada con el nombre de una tribu; de cuatro órdenes y tres piedras en cada orden: Así el sumo sacerdote llevaba los nombres de los hijos de Israel sobre su corazón, cuando entraba en el santuario, por memorial delante del Señor continuamente, Ex. 28.29. QUADRO

PEDAEL, hb. **Dios Salvó:** Un príncipe de la tribu de Neftalí, Nm. 34.28.

PEDAÍAS, hb. **Jehová redimió:** 1. El abuelo materno del rey Joacim, 2 R. 23.36. // 2. Hijo del rey Jeconías, 1 Cr. 3.18. // 3. El padre de Joel, jefe sobre la media tribu de Manasés, 1 Cr. 27.20. // 4. Otros con este nombre: Neh. 3.25; 13.13; 11.7.

PEDASUR, hb. **Roca:** Padre de Gamaliel en el tiempo del éxodo, Nm. 1.10.

PEDAZO: Porción, fragmento. // Tomando Ahías la capa nueva que tenía sobre sí, la rompió en doce **p**, 1 R. 11.30. Recogieron lo que sobró de los **p**, Mt. 14.20.

PEDERNAL: Lugar donde hay mucho sílex; cosa de gran dureza. // Él te sacó agua de la roca del **p**, Dt. 8.15. Tomó un **p** afilado y cortó el prepucio de su hijo, Ex. 4.25. Y aceite del duro **p**, Dt. 32.13. En el **p** puso su mano, y trastornó de raíz los montes, Job 28.9. Los cascos de sus caballos parecerán como de **p**, Is. 5.28. Por eso puse mi rostro como un **p**, Is. 50.7. Como diamante, más fuerte que **p** he hecho tu frente, Ez. 3.9. Véase **Piedra, Peña, Roca.**

PEDIR: Rogar, implorar, suplicar, solicitar. // Por cuanto lo pedí a Jehová, 1 S. 1.20. Pide lo que quieras que yo te dé, 1 R. 3.5. Para **p** socorro a Jehová... vinieron a **p** ayuda a Jehová, 2 Cr. 20.4. Pídeme, y te daré por herencia las naciones, Sal. 2.8. Qué pide Jehová de ti, Mi. 6.8. Al que te pida, dale, Mt. 5.42. Vuestro Padre sabe de qué cosas tenéis necesidad, antes que vosotros le pidáis, Mt. 6.8. Pedid, y se os dará, Mt. 7.7. Todo lo que pidiereis en oración, Mt. 21.22; Mr. 11.24. ¿Cómo tú, siendo judío, me pides a mí de beber, que soy mujer samaritana?, Jn. 4.9. Todo lo que pidiereis al Padre en mi nombre, Jn. 14.13. Pedid todo lo que queréis, Jn. 15.7. Para que todo lo que pidiereis al Padre en mi nombre, él os lo dé, Jn. 15.16. Hasta ahora nada habéis pedido en mi nombre; pedid, y recibiréis, Jn. 16.24. Hacer todas las cosas mucho más abundantemente de lo que pedimos o entendemos, Ef. 3.20. Tiene falta de sabiduría, pídala a Dios, Stg. 1.5. No tenéis lo que deseáis, porque no pedís, Stg. 4.2. Cualquiera cosa que pidiéremos la recibiremos de él, 1 Jn. 3.22. Si pedimos alguna cosa conforme a su voluntad, él nos oye, 1 Jn. 5.14. Véase **Implorar**, **Orar**, **Rogar**, **Suplicar**.

PEDREGAL: Lugar donde hay muchas piedras. // Y el que fue sembrado en pedregales, **Mt. 13.20.** Otra parte cayó en pedregales, donde no había mucha tierra, **Mr. 4.5;** Mt. 13.5. Estos son asimismo los que fueron sembrados en pedregales, **Mr. 4.16.**

PEDRO, gr. **Piedra** o **roca:** El equivalente en arameo es **Cefas**. Cristo da el nombre **Pedro**, o **Cefas**, a Simón (para designar firmeza), Jn. 1.42. Cuando Pedro se mostraba débil o vacilante, Jesús se dirigía a él por el nombre original, **Simón**, antes del nombre que significa **roca**, Lc. 22.31; Mr. 14.37; Jn. 21.15. Hijo de Jonás, o Juan, Mt. 16.17; Jn. 1.42; 21.15. Su hermano, Andrés, lo lleva a Jesús, Jn. 1.40. Es pescador, Mt. 4.18. Uno de los doce apóstoles; Mt. 10.2. Su suegra sanada, Mt. 8.14. Tiene una casa en Capernaum, Mr. 1.21, 29. Anda sobre el mar, Mt. 14.29. Confiesa que Jesús es el Cristo, Mt. 16.16; Jn. 6.68. Reconvenirle a Jesús, Mt. 16.22. ¡Quítate de delante de mí, Satanás!, Mt. 16.23. Asiste la resurrección de la hija de Jairo, Lc. 8.51. Asiste la transfiguración, Mt. 17.1. Pesca el pez con la moneda en la boca, Mt. 17.27. Quiere saber de Jesús a respecto de la práctica del perdón, Mt. 18.21. Jesús le lava los pies, Jn. 13.6-10. Asiste en Getsemaní, Mt. 26.37. Corta la oreja de Malco, Jn. 18.10-11; Lc. 22.50. Niega a Cristo, Mr. 14.68. Entra en el sepulcro de Jesús, Jn. 20.6. Jesús resucitado le aparece, 1 Co. 15.5. Jesús le dijo: Apacienta mis corderos, Jn. 21.15. Asiste la ascensión, Hch. 1.15. Habla a la Iglesia, Hch. 1.16. Predica en el día de Pentecostés, Hch. 2.14. Cura el cojo, Hch. 3.7. Amenazado por el concilio, Hch. 4.17. Reprende a Ananías, y Safira, Hch. 5.3. Sacaban los enfermos a las calles, y los ponían en camas y lechos, para que al pasar Pedro, a lo menos su sombra cayese sobre alguno de ellos, Hch. 5.15. Liberto de la cárcel por un ángel, Hch. 5.19. Su defensa delante del concilio, Hch. 5.29. Enviado a Samaria, Hch. 8.14. Denuncia a Simón, el mago, Hch. 8.14-24. Cura a Eneas, paralítico, Hch. 9.34. Resucita a Dorcas, Hch. 9.40. Su visión del gran lienzo lleno de toda suerte de cuadrúpedos, Hch. 10.9-16. Visita a Cornelio, Hch. 10. Su defensa en Jerusalén, Hch. 11.5. Preso por Herodes, Hch. 12.4. Liberto por un ángel, Hch. 12.9. En el concilio en Jerusalén, Hch. 15.7. Su esposa lo acompaña en sus viajes, 1 Co. 9.5. Apostolado de la circuncisión, Gálatas 2.8. Una de las "columnas" en la Iglesia primitiva, Gálatas 2.9. Pablo lo resiste, Gálatas 2.11. Escribe dos epístolas, 1 Pedro 1.1; 2 Pedro 1.1. Trabaja en Babilonia, 1 Pedro 5.13. Su martirio predicho, Jn. 21.18. Los escritores antiguos testifican que sufrió martirio más o menos en el mismo tiempo que Pablo, en las persecuciones de Nerón.

Orígenes dice que Pedro se sintió indigno de sufrir como su Maestro y, por su propio pedido, fue crucificado de cabeza para bajo. Principal de los doce: En el tiempo de dudas y confusión, declara abiertamente que Jesús es el Cristo, Mt. 16.16. Cuando muchos abandonan al Maestro, es el primero a dar apoyo enfático al único que tiene "las palabras de vida eterna", Jn. 6.68. Es el primero a entrar en el sepulcro y volverse testigo ocular del hecho de estar vacío, Jn. 20.6. La historia de Pedro en la playa del mar de Galilea (Jn. 21.1-23) refleja la estima de la Iglesia primitiva para con él, cuando esta epístola fue escrita. Toma frente en apuntar un sucesor a Judas, Hch. 1.15. Abre las puertas a los judíos, en el Pentecostés, y a los gentiles, en la casa de Cornelio, Hch. 2 y 10. Véase Mt. 16.19. Pablo, a pesar de oponérselo en ciertas ocasiones, reconoce su derecho de dirigir, Gl. 2.7-9,11. No obstante, se engañan los que se basan en la doctrina de la primacía papal sobre Mt. 16.17-19; Lc. 22.32; Jn. 21.15-17; etc. Hay otros pasajes que refutan esta interpretación, Mt. 20.20-28; Mr. 9.35; 10.35-45; Lc. 9.48; 22.26; etc.

PEDRO, PRIMEIRA EPÍSTOLA DE: El estilo literario de la Epístola prueba que Pedro, aunque no tuviera la cultura (Hch. 4.13) de Pablo, era hombre práctico que sabía producir en pocas palabras una obra prima de sabiduría y de edificación. // **La paternidad literaria:** Fue escrita por el apóstol Pedro (cap. 1.1), de Babilonia, cap. 5.13. // **La clave:** El autor se dirigía a los cristianos dispersos por las provincias de Asia Menor. Que es para la edificación de los convertidos no sólo entre los judíos sino, también, entre los gentiles, se ve en el cap. 2.10. Hacía más o menos treinta y cuatro años que había sido fundada la Iglesia de Cristo. Los fieles ya sufrieron persecuciones en muchos lugares, pero ahora, después del gran incendio de Roma, la Iglesia pasa su primera gran probación mundial — un **fuego ardiente que surge en medio de ellos**, Cap. 4.12. El propósito de la epístola es afirmar los creyentes en la fe, dirigir la vida y consolarlos en el sufrimiento. // **Las divisiones:** I. El sufrimiento y el comportamiento del creyente a la luz de la salvación, 1.1 a 2.8. // II. La vida del creyente a la luz del sacrificio de Cristo, 2.9 a 4.19. // III. El servicio del creyente a la luz de la venida del Supremo Pastor, 5.1-14.

PEDRO, SEGUNDA EPÍSTOLA DE: El escritor de 2 **Pedro**, tanto como el de 2 **Timoteo**, reconoce que se aproxima el día de su martirio, 2 Pedro 1.14 y Jn. 21.18,19; 2 Ti. 4.6. Tanto uno como el otro son fortalecidos y alegres y ambos previenen la apostasía en la última etapa de la Iglesia. Mas ni uno y ni otro se muestra desanimado ni triste. // **El escritor: Simón Pedro, siervo y apóstol de Jesucristo**, que estaba con Jesús en el monte de la transfiguración, 2 Pedro 1.1,17. // **La clave:** Pedro, en su primera epístola, escribió para tratar de las persecuciones, fuera de la iglesia, y animar a los creyentes. En su Segunda Epístola escribe de la falsa doctrina que iba a entrar en la Iglesia, y advierte a los hermanos. // **Las divisiones:** I. Exhortación a crecer en la gracia y en el conocimiento de nuestro Señor Jesucristo, Cap. 1. // II. Advertencia contra falsos maestros, Cap. 2. // III. Certeza de la venida de Cristo y del día del Señor, Cap.3.

PEGAR: Prender, quedarse adherido; contagiar una enfermedad. // Hirió a los filisteos hasta que su mano se cansó, y quedó pegada su mano a la espada, 2 S. 23.10. La lepra de Naamán se te pegará a ti, 2 R. 5.27.

PEINADO: Cada una de las diversas formas de arreglarse el cabello. // No con **p** ostentoso, 1 Ti. 2.9. Vuestro atavío no sea el externo de **p** ostentosos, 1 P. 3.3.

PEKA, hb. **Ojos abiertos:** Rey de Israel, 2 R. 15:25. Su victoria sobre Judá, 2 Cr. 28:6. Matado por Oseas, 2 R. 15.30. Véase **Reyes**.

PEKAÍA, hb. **Jehová abrió (los ojos):** Hijo de Manahem y rey de Israel, 2 R. 15:22. Véase **Reyes**.

PELAÍAS, hb. **Jehová ilustre:** Un hijo de Elioenai, de la familia real de Judá, 1 Cr. 3.24.

PELALÍAS, hb. **Jehová juzgó:** Sacerdote que habitaba en Jerusalén, después del exilio, Neh. 11.12.

PELATÍAS, hb. **Jehová libertó:** Un jefe del pueblo, que firmó el pacto con Nehemías, Neh. 10.22.

PELEAR, PELEA: Batallar, combatir, pugnar. Batalla, combate, pugna. // Jehová peleará por vosotros, Ex. 14.14. Alarido de **p** hay en el campamento, Ex. 32.17. Pues me ceñiste de fuerzas para la **p**, 2 S. 22.40. Mi señor pelea las batallas de Jehová, 1 S. 25.28. Pelea contra los que me combaten, Sal. 35.1. Si mi reino fuera de este mundo, mis servidores pelearían, Jn. 18.36. Pelearé contra ellos con la espada de mi boca, Ap. 2.16. Pelearán contra el Cordero, y el Cordero los vencerá, Ap. 17.14. **El que lo montaba se llamaba Fiel y Verdadero, y con justicia juzga y pelea, Ap. 19.11. Pelea la buena batalla de la fe, echa mano de la vida eterna, 1 Ti. 6.12. Los valientes de Babilonia dejaron de pelear,**

se encerraron en sus fortalezas, **Jer. 51.30.** Véase **Batalla**, **Combatir**, **Guerrear**.

PELEG, hb. **División:** Un descendiente de Noé, Gn. 10.25.

PELET, hb. **Liberación:** 1. Padre de On, uno de los que se rebelaron contra Moisés y Aarón, Nm. 16.1. // 2. Un jerameelita, 1 Cr. 2.33. // 3. Un hijo de Jahdai, 1 Cr. 2.47. // 4. Uno de los que vinieron a David en Siclag, cuando fugitivo de Saúl, 1 Cr. 12.3.

PELÍCANO: Ave acuática palmípeda, de un pico grande, Lv. 11.18; Sal. 102.6; Is. 34.11; Sofonías 2.14.

PELIGRO: Situación, coyuntura, que amenaza la existencia o el interés de una persona o cosa. // ¿Quién nos separará... o **p**, o espada? Ro. 8.35. **En p de ríos, p de ladrones, p de los de mi nación, p de los gentiles, p en la ciudad, o en el desierto, p en el mar, o entre falsos hermanos,** 2 Co. 11.26.

PELO: 1. Producción filiforme que crece en la piel de los animales. // Esaú todo revestido de pelo, Gn. 25.25; 27.11. Juan el Bautista, y tal vez Elías y los profetas, usaban vestiduras de pelo de camello, 2 R.1:8; Zac. 13.4; Mt. 3.4. // 2. Lo mismo que cabello. Tus pechos se habían formado, y tu **p** había crecido, **Ez. 16.7.** Arranqué **p** de mi cabeza y de mi barba, **Esd. 9.3.** Hasta que su **p** creció como plumas de águila, **Dn. 4.33.** El **p** de su cabeza como lana limpia, **Dn.7.9.** Los partidores del **p**, **Is. 3.20.** // 3. Filamento que crece entre los poros de la piel. Hizo que se erizara el **p** de mi cuerpo, **Job 4.15.** Cabeza y **p** de los pies, y aun la barba también quitará, **Is. 7.20.** Véase **Cabello.**

PENA: 1. Disgusto, tristeza. // **No tendrás motivo de p ni remordimientos por haber derramado sangre sin causa, 1 S. 25.31.** // 2. Con mucha dificultad. Le hace echar espuma, y estropeándole, a duras **p** se aparta de él, **Lc. 9.39.** Navegando muchos días despacio, y llegando a duras **p** frente a Gnido, **Hch. 27.7.** Véase **Remordimiento.**

PENA: Punición, castigo. // Sufrirán **p** de eterna perdición, 2 Ts. 1.9. La pena de la muerte: el pueblo de la tierra lo apedreará; Lv. 20.2,17; 24.14; Nm. 15.35,36; Dt. 13.10; Jos. 7.25; 1 R. 21.10; Jn. 8.5,59; Hch. 7.58; 14.19; 2 Co. 11.25; He. 11.37. Por la horca; Gn. 40.22; 41.13; Dt. 21.22,23; 2 S. 21.9; Est. 2.23; 7.9,10; 9.14; Esd. 6.11. Por fuego; Gn. 38.24; Lv. 20.14; 21.9; Dn. 3.6. Por las fieras: Dn. 6.16,24; 1 Co. 15.32. Por decapitación: 2 R. 6.31; 10.7; Mt. 14.10. Por crucifixión: Mt. 20.19; 23.34; 27.31. Por azotes: Lv. 19.20; Dt. 25.1-3; Mt. 20.19; 23.34; 27.26; Hch. 22.24; 2 Co. 11.24; He. 11.36. Por desmembramiento y tortura: Jue. 1.5-7; 16.21; 1 S. 31.10; 2 S. 4.12; Is. 50.6; Lm 5.12; Ez. 23.25; He. 11.35. Véase **Castigo**, **Penalidad**.

Pelícano

PENALIDAD: Sistema das penas, que la ley impone. // Tú, pues, sufre **p** como buen soldado de Jesucristo, **2 Ti. 2.3**. En el cual sufro **p**, hasta prisiones a modo de malhechor, **2 Ti. 2.9.** Véase **Castigo**, **Pena**.

PENAR: Imponer una pena o una sanción. // Serán penados conforme a lo que les impusiere el marido, Ex. 21.22.

PENDENCIERO: Propenso a provocar o participar de riñas o peleas. // Que no sean **p**, Tit. 3.2.

PENDER: Estar colgado o suspendido. // **Tendrás tu vida como algo que pende delante de ti, Dt. 28.66.** Las piernas del cojo penden inútiles, Pr. 26.7.

PENDIENTE: Que pende; joya o adorno que se pone en el lóbulo de la oreja. // Le dio el hombre un **p** de oro que pesaba medio siclo, **Gn. 24.22.** Y cuando vio el **p** y los brazaletes en las manos de su hermana, **Gn. 24.30.** Entonces le puse un **p** en su nariz, y brazaletes en sus brazos, **Gn. 24.47.** Hermosas son tus mejillas entre los **p**, **Cnt. 1.10**. Aquel día quitará el Señor... los collares, los **p** y los brazaletes, **Is. 3.18,19.**

PENDÓN: Especie de gran bandera, armada en verga. // Alzaremos **p** en el nombre de nuestro Dios, Sal. 20.5. **Alzad p a los pueblos, Is. 62.10.** Véase **Bandera**.

PENETRANTE: Que penetra o se introduce en el interior de algo. // **Si pareciere que la plaga no ha cambiado de aspecto... es corrosión p, Lv. 13.55.**

PENETRAR: Pasar para dentro de. // La palabra de... penetra hasta partir el alma y el espíritu, He. 4.12. Que penetra hasta dentro del velo, He. 6.19. Penetrarán en el corazón de los enemigos del rey, **Sal. 45.5.** Las palabras del chismoso son como bocados suaves, y penetran hasta las entrañas, **Pr. 18.8.**

PENIEL, hb. **El rostro de Dios:** El nombre dado por Jacob al lugar, entre Jaboc y Sucot, donde luchó con Dios, Gn. 32.30. En el tiempo de los jueces había allí una ciudad y una torre que Gedeón derrumbó, Jue. 8.8. Fue fortificado por Jeroboan, 1 R. 12.25. Véase mapa 1, H-3; 2, D-4.

PENINA, hb. **Coral:** Una de las mujeres de Elcana, padre de Samuel, 1 S. 1.2.

PENOSO: Que causa pena, que aflige. // **Este p trabajo dio Dios a los hijos de los hombres, para que se ocupen en él, Ec. 1.13.** Véase **Duro**.

PENSAMIENTO: Acción o efecto de pensar; idea, mente. // ¿Hasta cuándo claudicaréis vosotros entre dos **p**?, 1 R. 18.21. ¡Cuán preciosos me son, oh Dios, tus **p**!, Sal. 139.17. Pruébame y conoce mis **p**, Sal. 139.23. Jesús entonces, conociendo los **p** de ellos, Lc. 5.22. El Señor conoce los **p** de los sabios, 1 Co. 3.20. Llevando cautivo todo **p** a la obediencia a Cristo, 2 Co. 10.5. La palabra de Dios... discierne los **p** y las intenciones del corazón, He. 4.12. **Por cierto mis p me hacen responder, Job 20.2.**

PENSAR: Formar o relacionar ideas. // No penséis que he venido para traer paz a la tierra, Mt. 10.34. ¿Qué pensáis del Cristo?, Mt. 22.42. Pensaron que era un fantasma, Mr. 6.49. Y pensando que estaba entre la compañía, anduvieron camino de un día, Lc. 2.44. No debemos pensar que la Divinidad, Hch. 17.29. Que piense de sí con cordura, Ro. 12.3. El que piensa estar firme, mire que no caiga, 1 Co. 10.12. Cuando yo era niño pensaba como niño, 1 Co. 13.11. Véase **Meditar**, **Reflexionar**.

PENTATEUCO SAMARITANO: Una traducción del Pentateuco para el dialecto samaritano. Véase **Versiones**.

PENTATEUCO, gr. **Cinco libros:** El Pentateuco se compone de Génesis, Éxodo, Levítico, Números y Deuteronomio. Se llama **Los cinco libros de Moisés**, **La ley de Moisés** (Esd. 7.6), **El libro de la ley de Moisés** (Neh. 8.1), **El libro de Moisés** (Esd. 6.18). **El libro de la ley del Señor**, dado por medio de Moisés (2 Cr. 34.14). **La Tora**. En los manuscritos hebreos, estos cinco libros forman un solo pergamino continuo, sin división. En la traducción de los Setenta, el Pentateuco aparece dividido en cinco libros, con los títulos que se conocen actualmente.

PENTECOSTÉS, gr. **Quincuagésimo:** La segunda de las tres grandes fiestas anuales a la que debía comparecer todo el pueblo de Dios. Llamada **Pentecostés** porque era observada en el quincuagésimo día después del segundo día de la pascua. Conocida, también, como **la fiesta de las semanas**, porque observada siete semanas después de la pascua, Dt. 16.9. También se denomina **la fiesta de las primicias**, Ex. 23.16; Nm. 28.26. En la fiesta del Pentecostés toda la cosecha fue dedicada a Dios, quien la diera. Duró solamente un día y fue observada el día 6 del mes de Siván, en la última parte de mayo. Se menciona en Hch. 2.1; 20.16; 1 Co. 16.8.

PEÑA: Roca peñasco. // Y tú estarás sobre la **p**, Ex. 33.21. Se meterá en las hendiduras de las rocas y en las cavernas de las **p**, Is. 2.21. Ella habita y mora en la **p**, Job 39.28. Véase **Peñasco**, **Piedra**, **Roca**.

PEÑASCO: Peña alta. // Había un **p** agudo de un lado, y otro del otro lado, 1 S. 14.4. En la cumbre del **p** y de la roca, Job 39.28. **Edifica altar a Jehová tu Dios en la cumbre de este p en lugar conveniente, Jue. 6.26. Llevaron a la cumbre de un p, 2 Cr. 25.12.**

PEOR, hb. **Fenda:** Un monte de Moab, una subida de la cordillera de Abarim, Nm. 23.28. Este nombre se refiere a una divinidad, Baal-peor en Nm. 25.18; 31.16; Jos. 22.17. Véase mapa 5, C-1.

PEOR: Más malo. // Otros siete espíritus **p** que él... viene a ser **p** que el primero, Mt. 12.45. La mano de varios médicos... nada había aprovechado, antes le iba **p**, Mr. 5.26. No peques más, para que no te venga alguna cosa **p**, Jn. 5.14. No os congregáis para lo mejor, sino para lo **p**, 1 Co. 11.17. Ha negado la fe, y es **p** que un incrédulo, 1 Ti. 5.8. Los malos hombres y los engañadores irán de mal en **p**, 2 Ti. 3.13. Su postrer estado viene a ser **p** que el primero, 2 P. 2.20.

PEPINO: Género de cucurbitáceas. // Una de las buenas cosas de Egipto, por la cual los israelitas suspiraban en el desierto, Nm. 11.5.

PEQUEÑO: Limitado; niño. // Un hermano joven, **p** aún, Gn. 44.20. Pues era **p** de estatura, Lc. 19.3. ¡La lengua es un miembro pequeño... enciende un **p** fuego!, Stg. 3.5.

PERAZIM, hb. **Brechas:** Un monte, Is.

28.21. El mismo, tal vez, que Baal-Perazim, 2 S. 5.20.

PERCIBIR: Conocer, entender. // Y viendo veréis, y no percibiréis, Mt. 13.14; Hch. 28.26. **Ni nunca oyeron, ni oídos percibieron, Is. 64.4. Para que viendo, vean y no perciban, Mr. 4.12. Al p el agua reverdecerá, y hará copa como planta nueva, Job 14:9. Y Jesús, percibiendo los pensamientos de sus corazones, Lc. 9.47.** Véase **Entender**.

PERDER: Dejar de tener, de gozar. // El que halla su vida, la perderá, Mt. 10.39. ¿Qué aprovechará al hombre, si ganare todo el mundo, y perdiere su alma? Mt. 16.26. Teniendo cien ovejas, si pierde una de ellas, Lc. 15.4. Yo los guardé, y ninguno de ellos se perdió, Jn. 17.12. De los que me diste, no perdí ninguno, Jn. 18.9. Por amor del cual lo he perdido todo, Fil. 3.8. Para que no perdáis el fruto de vuestro trabajo, 2 Jn. 8. Véase **Pérdida**.

PERDICIÓN: Pérdida, naufragio, ruina, desastre. // Espacioso el camino que lleva a la **p**, Mt. 7.13. El hijo de **p**, Jn. 17.12; 2 Ts. 2.3. Que para ellos ciertamente es indicio de **p**, Fil. 1.28. El fin de los cuales será **p**, Fil. 3.19. Hunden a los hombres en destrucción y **p**, 1 Ti. 6.9. Nosotros no somos de los que retroceden para **p**, He. 10.39.

Perdiz

PÉRDIDA: Acto de perder. // Las he estimado como **p** por amor de Cristo, Fil. 3.7. Aun estimo todas las cosas como **p**, Fil. 3.8. **Pero ahora os exhorto a tener buen ánimo, pues no habrá ninguna p de vida entre vosotros, Hch. 27.22. Si la obra de alguno se quemare, él sufrirá p, 1 Co. 3.15. Para que ninguna p padecieseis por nuestra parte, 2 Co. 7.9.**

PERDIDAMENTE: De manera licenciosa. // Desperdició sus bienes viviendo **p**, Lc. 15.13.

PERDIDO: Extraviado, desaparecido. // Sobre toda cosa **p**, Ex. 22.9. Id antes a las ovejas **p** de la casa de Israel, Mt. 10.6. Vino a buscar y a salvar lo que se había **p**, Lc. 19.10.

PERDIZ: 1 S. 26.20; Jer. 17.11. Ave del orden de las gallináceas, que tiene el tamaño de una paloma aproximadamente. Viven y duermen en los lugares descubiertos. La hembra pone, en los campos, de nueve a veinte huevos, de los que nacen los hijos, que de inmediato buscan el alimento (huevos de hormigas, larvas, insectos, etc).

PERDÓN: Remisión de una falta, ofensa o deuda. Remisión de pena. // Pero en ti hay **p**, Sal. 130.4. La blasfemia contra el Espíritu no les será perdonada, Mt. 12.31,32. Véase He. 6.4-6; 1 Jn. 5.16. **El perdón del pecado prometido:** Lv. 4.20; 2 Cr. 7.14; Jer. 3.12; Ez. 36.35; Lc. 24.47; Hch. 5.31; Ef. 1.7; Stg. 5.15; 1 Jn. 1.9. **Pedido en oración:** 1 R. 8.30; Sal. 25.18; 79.9; Dn. 9.19; Mt. 6.12. **Perdón a los enemigos:** Mt. 5.44; Ro. 12.14,19. **Ejemplos:** José, Gn. 50.20,21; David, 1 S. 24.7; 2 S. 18.5; 19.23; Salomón, 1 R. 1.53; Cristo, Lc. 23.34; Esteban, Hch. 7.60; Pablo, 2 Ti. 4.16. Véase **Remisión**.

PERDONADOR: Que, o aquel que perdona fácilmente. // Dios **p**, Sal. 99.8. **Porque tú, Señor, eres bueno y p, Sal. 86.5.**

PERDONAR: Conceder perdón a. // Que perdones ahora su pecado, Ex. 32.32. Que perdona la iniquidad, la rebelión y el pecado, Ex. 34.7. Perdónanos nuestras deudas, como también nosotros perdonamos a nuestros deudores, Mt. 6.12. Tiene potestad en la tierra para **p** pecados, Mt. 9.6. ¿Cuántas veces perdonaré a mi hermano que peque contra mí?, Mt. 18.21. Siervo malvado, toda aquella deuda te perdoné, Mt. 18.32. Mi Padre celestial hará con vosotros si no perdonáis de todo corazón, Mt. 18.35. Padre, perdónalos, porque no saben lo que hacen, Lc. 23.34. Perdonándoos unos a otros, como Dios también os perdonó a vosotros en Cristo, Ef. 4.32. Si hubiere cometido pecados, le serán perdonados, Stg. 5.15. Véase **Absolver**.

PEREA, Tierra del más allá: Un vocablo que no se encuentra en las Escrituras, pero usado por Josefo para designar la región, a la cual los rabinos se referían como "la tierra al otro lado del Jordán". Véase "al otro lado del Jordán", Mt. 4.15; 19.1; etc. Este territorio extendía de Pela en el norte hasta el valle de Arnón en el sur, del Jordán en el oeste hasta el desierto en el este. Véase mapa 6, G-3.

PERECER: Hundir, morir, ser asolado. // La senda de los malos perecerá, Sal. 1.6. ¡Maestro, Maestro, que perecemos!, Lc. 8.24. Antes si no os arrepentís, todos pereceréis igualmente, Lc. 13.3. Trabajad, no por la comida que perece, Jn. 6.27. Yo les doy vida eterna; y no perecerán jamás, Jn. 10.28. Perecieron por las serpientes, 1 Co. 10.9. Entonces también los que durmieron en Cristo perecieron, 1 Co. 15.18. Ellos perecerán, mas tú permaneces, He. 1.11. No queriendo que ninguno perezca, 2 Pedro 3.9. Perecieron en la contradicción de Coré, Judas 11. Tu dinero perezca contigo, Hch. 8.20. **Yo les doy vida eterna; y no perecerán jamás, Juan 10:28.**

PEREGRINACIÓN: Viaje por países distantes; recorrido de un lado a otro. // Los días de los años de mi **p** son ciento treinta años, Gn. 47.9. Conducíos en temor todo el tiempo de vuestra **p**, 1 P. 1.17. Como compañero de nuestra **p** para llevar este donativo, **2 Co. 8.19**. De la tierra de sus **p** los sacaré, mas a la tierra de Israel no entrarán, **Ez. 20.38.**

PEREGRINO: Persona que viaja por largos caminos. // Porque yo había sido privada de hijos y estaba sola, **p** y desterrada, **Isaías 49:21.** Eran extranjeros y **p** sobre la tierra, **Hebreos 11:13.** Yo os ruego como a extranjeros y **p**, **1 P. 2.11**. Véase **Forastero**.

PERES: Dn. 5.28. Es el singular de **Uparsin** (V. 25).

PEREZA: Aversión al trabajo. // La **p** hace caer en profundo sueño, Pr. 19.15. Por la **p** se cae la techumbre, Ec. 10.18.

PEREZOSO: Que tiene pereza. // Ve a la hormiga, oh **p**, Pr. 6.6. Así es el **p** a los que lo envían, Pr. 10.26. El alma del **p** desea, y nada alcanza, Pr. 13.4. El **p** mete su mano en el plato, Pr. 19.24; 26.15. El **p** no ara a causa del invierno, Pr. 20:4. El deseo del **p** le mata, Pr. 21.25. Así el **p** se vuelve en su cama, Pr. 26.14. En su propia opinión el **p** es más sabio, Pr. 26.16. Véase **Indolente**, **Ocioso**.

PÉREZ-UZA, hb. **Brecha en Uza:** Nombre dado por David a la era donde Uza fue muerto, 1 Cr. 13.11. Véase **Uza**.

PERFECCIÓN: Ejecución completa; bondad o excelencia en el mayor grado. // A toda **p** he visto fin, Sal. 119.96. La **p** fuera por el sacerdocio levítico, He. 7.11.

PERFECCIONAR: Acabar con perfección. // Perfeccionando nuestra santidad, 2 Co. 7.1. El poder se perfecciona en la debilidad, 2 Co. 12.9. Perfeccionaos, 2 Co. 13.11. A fin de **p** a los santos para la obra del ministerio, Ef. 4.12. Perfeccionará hasta el día de Jesucristo, Fil. 1.6. Se perfecciona por medio de sufrimientos el autor, He. 2.10. La ley nunca perfeccionó nada, He. 7.19. No fuesen ellos perfeccionados aparte de nosotros, He. 11.40. Él mismo os ha de perfeccionar, 1 P. 5.10. En él... ha sido perfeccionado el amor, 1 Jn. 2.5. Su amor es en nosotros perfeccionado, 1 Jn. 4.12.

PERFECTO: Sin defecto. // El amor, es el vínculo **p**, Col. 3.14. Anda delante de mí y sé **p**, Gn. 17.1. **P** serás delante de Jehová tu Dios, Dt. 18.13. El es la Roca, cuya obra es **p**, Dt. 32.4. El corazón de Asa fue **p** en todos sus días, 2 Cr. 15.17. En cuanto a Dios, **p** es su camino, Sal. 18.30. La ley de Jehová es **p**, Sal. 19.7. Sed, pues, vosotros **p**, como vuestro Padre que está en los cielos es **p**, Mt. 5.48. Si quieres ser **p**, Mt. 19.21. La buena voluntad de Dios, agradable y **p**, Ro. 12.2. Cuando venga lo perfecto, 1 Co. 13.10. Lleguemos a un varón **p**, Ef. 4.13. A fin de presentar **p** en Cristo Jesús a todo hombre, Col. 1.28. Para que estéis firmes, **p** y completos, Col. 4.12. Vamos adelante a la **p**, He. 6.1. Al Hijo, hecho **p** para siempre, He. 7.28. Por el más amplio y más **p** tabernáculo, He. 9.11. Hacer **p** a los que se acercan, He. 10.1. Para que seáis **p** y cabales, Stg. 1.4. Toda buena dádiva y todo don **p** desciende de lo alto, Stg. 1.17. Que mira atentamente en la **p** ley, Stg. 1.25. Si alguno no ofende en palabra, éste es varón **p**, Stg. 3.2. El **p** amor echa fuera el temor, 1 Jn. 4.18.

PÉRFIDAMENTE: Traicioneramente. // Hijo de hombre, cuando la tierra pecare contra mí rebelándose **p**, **Ez.14.13.** Véase **Traicioneramente**.

PERFUME, según el arte del perfumador (Ex. 30.35).

PÉRFIDO: Traidor, desleal, infiel. Que falta a su fe, a su palabra; que traiciona. // Le mandaré contra una nación **p**, y sobre el pueblo de mi ira le enviaré, **Is. 10.6**.

PERFUMADOR: Persona profesional en la fabricación de perfumes; vaso o aparato para quemar perfumes y esparcir así su aroma. // Tomará también a vuestras hijas para que sean **p**, **1 S. 8.13.** Un perfume según el arte del **p**, **Ex.30.35.** El incienso puro, aromático, según el arte del **p**, **Ex. 37.29.** Superior ungüento, según el arte del **p**, **Ex. 30.25.**

PERFUMAR: Tornar odorífero, aromatizar. // He perfumado mi cámara, Pr. 7.17. Se extenderán sus ramas, y será su gloria como la del olivo, y perfumará como el Líbano, **Os. 14.6.** Véase **Perfume**.

PERFUME: Olor agradable; composición industrial que exhala ese olor. // **P** según el arte del perfumador, Ex. 30:35. Un ataúd, el cual llenaron de **p** y diversas especias aromáticas, 2 Cr. 16.14. Seis meses con **p** aromáticos y afeites de mujeres, Ester 2.12. El ungüento y el **p** alegran el corazón, Pr. 27.9. Un vaso de alabastro de perfume de nardo puro de mucho precio, Mr. 14.3. Entonces María tomó una libra de **p** de nardo puro, de mucho precio, y ungió los pies de Jesús, Jn. 12.3. Sus puños llenos del **p** aromático molido, **Lv. 16.12.** Y pondrá el **p** sobre el fuego delante de Jehová, y la nube del **p** cubrirá el propiciatorio, **Lv 16.13.** Será para el pan como **p**, ofrenda encendida a Jehová, **Lv. 24.7.** No oleré la fragancia de vuestro suave **p**, **Lv. 26.31.** Sobre el altar del **p** quemaban incienso, **1 Cr. 6.49.** Y algunos de los hijos de los sacerdotes hacían los **p** aromáticos, **1 Cr. 9.30.** Y en lugar de los **p** aromáticos vendrá hediondez, **Is. 3.24.** Y fuiste al rey con ungüento, y multiplicaste tus **p**, **Is. 57.9.** Porque al derramar este **p** sobre mi cuerpo, **Mt. 26.12.** ¿Para qué se ha hecho este desperdicio de **p**?, **Mr. 14.4.** Véase **Aroma**, **Olor**, **Fragancia**.

PERFUMERO: Persona que prepara o vende perfumes. // Junto al cual restauró también Hananías, hijo de un **p**, **Neh. 3.8.**

PERFUMISTA: El que vende el fabricante de perfumes. // Las moscas muertas hacen heder y dar mal olor al perfume del **p**, Ec. 10.1. Llenaron de perfumes y diversas especias aromáticas, preparadas por expertos **p**, **2 Cr. 16.14.**

PERGAMINO, lat. **Pergamina**, de Pérgamo, donde se creó: Piel de animal preparada para escribirse en ella. // Trae... los libros, mayormente los **p**, 2 Ti. 4.13. El cielo se desvaneció como un **p** que se enrolla, Ap. 6.14. Véase **Libro**.

PÉRGAMO, gr. **Ciudadela:** La más importante ciudad de Misia, a la orilla del Caico y 30 km distante del mar. Véase mapa 6, D-2. Y célebre por el hecho de ser allí que el pergamino fue por primera vez preparado. Tuvo también una biblioteca, con 200 000 volúmenes, que después fueron llevados para Alejandría. Según una leyenda era Pérgamo tierra sagrada por haber nacido ahí el dios Júpiter. Cuando dominaban los reyes atálicos, se tornó Pérgamo una ciudad de templos, colegios y palacios reales, y era considerada como la primera ciudad de Asia. Uno de sus principales monumentos era un templo dedicado a Esculapio, siendo este dios representado por la figura de una serpiente, visto como la medicina de ese tiempo comprendía entre sus agentes curativos los encantos y los encantamientos. Estaba allí "el trono de Satanás", Ap. 2.13. Antipas murió como mártir en Pérgamo, antes que el apóstol Juan escribiera Apocalipsis, cap. 2.13. La ciudad se tornó un centro importante de la obra de Cristo; la carta a la iglesia en Pérgamo era la tercera en orden de las enviadas a las siete iglesias de Asia, Ap. 2.12-17.

PERGE: La ciudad principal de Panfilia, situada a la orilla derecha del río Cestro, 20 km distante del golfo de Panfilia. Perge era la sede de la diosa local, que correspondía a Artemisa, o a Diana, de los Efesios. Era conocida por el nombre **Leto**, o **La reina de Perge**. Su templo estaba sobre un monte, fuera de la ciudad. Las ruinas de Perge se llaman, actualmente, **Muratana**, en Turquía. Perge fue el primer lugar que el apóstol Pablo visitó en su primer viaje misionero, Hch. 13.13. En su regreso predicó allí, Hch. 14.25. Véase mapa 6, E-2.

PERICIA: Sabiduría, experiencia y habilidad en una ciencia o arte. // Los pastoreó con la **p** de sus manos, Sal. 78.72.

PERJUDICAR: Hacer daño a. // Para que el rey no fuese perjudicado, **Dn. 6.2.** Véase **Menoscabado.**

PERJUDICIAL: Que perjudica. // Esta ciudad es ciudad rebelde, y **p** a los reyes y a las provincias, **Esd. 4.15.** Véase **Nocivo**.

PERJUICIO: Daño. // La navegación va a ser con **p** y mucha pérdida, Hch. 27.10. ¿Por qué habrá de crecer el daño en **p** de los reyes?, **Esd. 4.22.** Tan sólo para recibir este **p** y pérdida, **Hch. 27.21.** Véase **Daño**.

PERJURAR: Quebrar el juramento, jurar en falso. // **P**, mentir, matar, hurtar y adulterar prevalecen, Os. 4.2.

PERJURO: Que jura falso. El que falta a la fe jurada. // Para los mentirosos y **p**, 1 Ti. 1.10.

PERLA: Una de las joyas más preciosas. Cuerpo redondo, duro, de color blanco levemente plateado, que se forma en el interior de las conchas de algunos moluscos. // La adquisición de la sabiduría es mejor que la de las **p**, Job 28.18; Pr. 3.15. Habiendo hallado una **p** preciosa, fue y vendió todo lo que tenía, y la compró, Mt. 13.46. Las mujeres se atavíen... no con... **p**, 1 Ti. 2.9. La gran ramera vestida de **p**, Ap. 17.4. Mercadería de... **p**, Ap. 18.12. Babilonia adornada de **p**, Ap. 18.16. **Las doce puertas eran doce p; cada una de las puertas era una p**, Ap. 21.21.

PERMANECER: Continuar a ser o quedarse. // El que come... permanece, y yo en él, Jn. 6.56. Si vosotros permaneciereis en mi palabra, Jn. 8.31. Permanece en la vid... si no permanecéis en mí, Jn. 15.4. Si permanecéis en mí, y mis palabras permanecen en vosotros, Jn. 15.7. Permaneced en mi amor, Jn. 15.9. Ahora permanecen la fe, la esperanza y el amor, 1 Co. 13.13. Si en verdad permanecéis fundados y firmes en la fe, Col. 1.23. Todas las cosas permanecen así como desde el principio de la creación, 2 Pedro 3.4. El que dice que permanece en él, 1 Jn. 2.6. La palabra de Dios permanece en vosotros, 1 Jn. 2.14. Todo aquel que permanece en él, no peca, 1 Jn. 3.6. Si nos amamos unos a otros, Dios permanece en nosotros, 1 Jn. 4.12. Dios es amor; y el que permanece en amor, permanece en Dios, y Dios en él, 1 Jn. 4.16. La verdad que permanece en nosotros, 2 Jn. 2. Véase **Quedarse**.

PERMANENTE: Continuo, duradero, ininterrumpido. // No tenemos aquí ciudad **p**, He. 13.14. Plagas grandes y **p**, y enfermedades malignas y duraderas, **Dt. 28.59.** Jehová te muestre amor **p** y fidelidad, **2 S. 15.20.** El que hería a los pueblos con furor, con llaga **p**, **Is. 14.6.** Sabéis que ningún homicida tiene vida eterna **p** en él, **1 Jn. 3.15.**

PERMITIR: Dar libertad. // No les es permitido hablar, 1 Co. 14.34. Espero estar con vosotros algún tiempo, si el Señor lo permite, 1 Co. 16.7. Si Dios en verdad lo permite, He. 6.3.

PERNICIOSO: Peligroso, nocivo. // Has amado toda suerte de palabras **p**, **Sal. 52.4.** Cuando arroje yo sobre ellos las **p** saetas del hambre, **Ez. 5.16.**

PERPETUAMENTE: Constantemente, siempre. // **Puede también salvar p a los que por él se acercan a Dios, Heb. 7.25. ¿Consumirá la espada p?, 2 S. 2.26. Y el rey Salomón será bendito, y el trono de David será firme p delante de Jehová, 1 R. 2.45. En Jerusalén estará mi nombre p, 2 Cr. 33.4. Pero mi justicia permanecerá p, Is. 51.8.**

PERPETUO: Continuo, que no cesa nunca. // Pacto... por siglos **p**, Gn. 9.12. Toda la tierra de Canaán en heredad **p**, Gn. 17.8; 48.4. Las lámpara encendidas delante de Jehová... como estatuto **p**, Ex. 27.21. La tierra del ejido... es **p** posesión, Lv. 25.34. Pacto del sacerdocio **p**, Nm. 25.13. Volverán a Sion cantando, y gozo **p** habrá sobre sus cabezas, Is. 51.11. Jehová te será por luz **p**, Is. 60.19. Sus tierras poseerán doble honra, y tendrán **p** gozo, Is. 61.7. Véase **Continuo**.

Los dos animales de la Biblia que más desagradaban al pueblo, eran el cerdo y el perro. Dijo Goliat a David: "Soy yo perro, para que vengas a mí con palos?"

PERPLEJO: Irresoluto, indeciso. // Herodes el tetrarca... estaba **p**, Lc. 9.7. Atónitos y **p**... ¿Qué quiere decir esto? Hch. 2.12. Pues estoy **p** en cuanto a vosotros, Gl. 4.20. Entonces el rey Belsasar... y sus príncipes estaban **p**, **Dn. 5.9.** Oyéndole, se quedaba muy **p**, **Mr. 6.20.** Aconteció que estando ellas **p** por esto, **Lc. 24.4.** Pedro estaba **p** dentro de sí, **Hechos 10.17.**

PERRILLO: Perro pequeño. // El pan de los hijos, y echarlo a los **p**, Mt. 15.26. Véase **Perro**.

PERRO: Mamífero carnívoro mencionado repetidamente en la Biblia. Lo usaban para guardar la casa, Is. 56.10. Los perros comían de las migajas que caían de la mesa, Mt. 15.26,27. En la guarda del rebaño, Job 30.1. Una banda de perros aullaban en las calles, comiendo cadáveres y basura, Sal. 59.6; 1 R. 14.11; 21.19,23. Reunidos en jauría atacaban a los viajeros, Sal. 22.16,20. Lamieron la sangre de Nabot y de Acab, 1 R. 21.19; 22.38. Lamían las úlceras de Lázaro, Lc. 16.21. Devoraron el cuerpo de Jezabel, 2 R. 9.35,36. Comparar una persona a un perro era gran insulto, 1 S. 17.43; 24.14; 2 S. 9.8; 2 R. 8.13. Símil de los que son incapaces de apreciar lo que es santo y elevado, Mt. 7.6; de los que introducen falsas doctrinas, Fil. 3.2; Ap. 22.15. Como el perro vuelve a su vómito, así el pecador vuelve a lo que antes había renunciado, Pr. 26.11; 2 P. 2.22.

PERRO: Muy malo, indigno. Persona despreciable. // Libra... del poder del **p** mi vida, Sal. 22.20. **Mas los p estarán fuera, y los hechiceros, Ap. 22.15. Guardaos de los p, guardaos de los malos obreros, Fil. 3.2. Todos ellos p mudos, no pueden ladrar, Is. 56.10. ¿Qué es tu siervo, este p, para que haga tan grandes cosas? 2 R. 8.13**.

PERSA: Natural o habitante de Persia. // Tu reino, ha sido dado... a los... **p**, Dn. 5.28. Daniel prosperó... durante el reinado de Ciro el **p**, Daniel 6.28.

PERSECUCIÓN: Acción o efecto de perseguir. // Padecemos **p** sobre nosotros, Lm. 5.5. Pues al venir la **p** por causa de la palabra, luego tropieza, Mt. 13.21. Reciba, ya en el presente, cien veces más de casa... con **p**, Mr. 10.30. Grande

p contra la iglesia, Hch. 8.1. Una **p**, contra Pablo, Hch. 13.50. Quien nos separará... será... **p**, Ro. 8.35. Por vuestra paciencia y fe en todas vuestras **p** y tribulaciones que soportáis, 2 Ts. 1.4. Mis **p** y mis sufrimientos, 2 Ti. 3.11. // **La persecución predicha:** Dn. 7.21,25; Mt. 10.16-18,21,22; Lc. 12.49; Jn. 15.20,21; 16.2; Hch. 14.22; 2 Ti. 3.12; Ap. 2.10; 6.11; 17.6. // **Nuestro deber en la persecución:** Sal. 119.51; Dn. 3.16; Mr. 13.11; Lc. 6.22,23; Hch. 11.25-27; 1 Pedro 4.12-14. // **La bienaventuranza de la persecución:** Mt. 5.10,11; Hch. 5.41; Ro. 8.18; 2 Co. 1.7; 12.10; Fil. 1.28,29; 1 Pedro 3.14. // **Ejemplos de persecución:** a Moisés, Ex. 2.15; 17.4; a Elías, 1 R. 18.10; 19.2; 2 R. 1.9; a Eliseo, 2 R. 6.31; a Jeremías, cap. 37.15; a Nehemías, cap. 4; a los discípulos, Jn. 9.22; a los apóstoles, Hch. 4.3-18; 5.18-42; 12.2-19; a Esteban, Hch. 6.9-15; 7.; a Timoteo, He. 13.23; a Pablo, Hch. 9.23-26,29; 13.45-51; 16.19-39; 17.5-9; 18.6-17; 19.14-41; 23.11; 28.16-30. Véase **Opresión**.

PERSEGUIDOR: El que persigue. // Dividiste el mar... Lanzaste sus **p** en las profundidades, Neh. 9.11. Muchos son mis **p** y mis enemigos, Sal. 119.157. En cuanto a celo, **p** de la iglesia, Fil. 3.6. **Habiendo yo sido antes blasfemo, p e injuriador**, 1 Ti. 1.13.

PERSEGUIR: Atormentar, hacer, violencia a. // Líbrame de los que me persiguen, porque son más fuertes que yo, Sal. 142.6. Un varón de vosotros perseguirá a mil, Jos. 23.10. Así como quien persigue una perdiz por los montes, 1 S. 26.20. Perseguiré a mis enemigos, y los destruiré, 2 S. 22.38. Sálvame de todos los que me persiguen, y líbrame, Sal. 7.1. Con arrogancia el malo persigue al pobre, Sal. 10.2. Bienaventurados los que padecen persecución por causa de la justicia, Mt. 5.10. Así persiguieron a los profetas, Mt. 5.12. Orad por los que os ultrajan y os persiguen, Mt. 5.44. Cuando os persigan en esta ciudad, huid a la otra, Mt. 10.23. Perseguiréis de ciudad en ciudad, Mt. 23.34. Si a mí me han perseguido, también a vosotros os perseguirán, Jn. 15.20. ¿A cuál de los profetas no persiguieron vuestros padres?, Hch. 7.52. Saulo, Saulo, ¿por qué me persigues?, Hch. 9.4. Perseguía yo este Camino hasta la muerte, Hch. 22.4. Bendecid a los que os persiguen, Ro. 12.14. Padecemos persecución, y la soportamos, 1 Co. 4.12. Porque perseguí a la iglesia de Dios, 1 Co. 15.9. Perseguidos, mas no desamparados, 2 Co. 4.9. Que perseguía sobremanera a la iglesia de Dios, Gl. 1.13. Aquel que en otro tiempo nos perseguía, Gl. 1.23. ¿Por qué padezco persecución todavía?, Gl. 5.11. Para no padecer persecución a causa de la cruz de Cristo, Gl. 6.12. Los que quieren vivir piadosamente en Cristo Jesús padecerán persecución, 2 Ti. 3.12. Véase **Oprimir**, **Seguir**.

PERSEVERANCIA: Firmeza, constancia en la fe, en las virtudes. // Retienen la palabra oída, y dan fruto con **p**, Lc. 8.15. Velando en ello con toda **p** y súplica por todos los santos, Ef. 6.18. Véase **Constancia**.

PERSEVERAR: Persistir; conservarse firme y constante. // Mas el que persevere hasta el fin, éste será salvo, Mt. 10.22. Todos éstos perseveraban unánimes en oración y ruego, Hch. 1.14. Y Perseveraban en la doctrina de los apóstoles, Hch. 2.42. Les persuadían a que perseverasen en la gracia de Dios, Hch. 13.43. Perseverando en bien hacer, buscan gloria y honra e inmortalidad, Ro. 2.7. Perseverad en la oración, Col. 4.2. La perfecta ley, la de la libertad, y persevera en ella, Stg. 1.25. Mas si perseverareis en hacer mal, **1 S. 12.25.** Antes persevera en el temor de Jehová todo el tiempo, **Pr. 23.17.** Tú guardarás en completa paz a aquel cuyo pensamiento en ti persevera, **Is. 26.3.** En los pecados hemos perseverado por largo tiempo, **Is. 64.5. No persevera en la doctrina de Cristo... el que persevera en la doctrina de Cristo, ése sí tiene al Padre y al Hijo, 2 Jn. 1.9.**

PERSIA: 2 Cr. 36.20,22,23; Esd. 1.1,8. Se escriba entre las leyes de Persia... que Vasti, Est. 1.19; Est. 1.3,14,18; 10.2; Ez. 27.10; 38.5; Dn.8.20; 10.1; 11.2. En las Escrituras, el nombre Persia comprende un territorio que corresponde, más o menos, a la provincia actual de Fars, modificación del nombre antiguo Persa. Persia se llama, actualmente, **Irán**. Los persas pertenecían a la raza aria, y hablaban la lengua aria, o indoeuropea. // Los persas conservaban una antigua creencia en un Dios Supremo, pero ellos también prestaban culto al sol, a la luna y a las estrellas. Sus sacerdotes eran los magos, que bajo el dominio de los asirios y medos habían buscado alcanzar poder sobre reyes y pueblos. // Los reyes de Persia: Ciro, que unió a Media y Persia (549 a.C.), y conquistó Lidia (546 a.C.) y Babilonia (539); Cambises (530-522); Smerdis (522); Darío I (522-486); Jerjes I (tal vez lo mismo que Asuero) (486-465); Artajerjes (465-424); Jerjes II (424-423); Darío II (423-404); Artajerjes II (404-358); Artajerjes III (358-338); Arses (338-336); y Darío III (336-331). Véase mapa 1, E-3.

PÉRSIDA: Una cristiana residente en Roma a quien Pablo envió un saludo, Ro. 16.12.

PERSISTIR: Ser constante. // No te apresures a irte de su presencia, ni en cosa mala persistas, Ec. 8.3. Persistiendo con altivez subisteis al monte, **Dt. 1.43.** El cananeo persistió en habitar en aquella tierra, **Jos. 17.12.** El cananeo persistía en habitar en aquella tierra, **Jue. 1.27.** Y el amorreo persistió en habitar en el monte, **Jue. 1.35.** Hasta que se te salgan a causa de tu persistente enfermedad, **2 Crónicas 21:15.** Y persistió en buscar a Dios en los días de Zacarías, **2 Cr. 26.5.** Y nosotros persistiremos en la oración y en el ministerio de la palabra, **Hch. 6.4.** Mas Pedro persistía en llamar, **Hch. 12.16.** Persiste en ello, pues haciendo esto, **1 Ti. 4.16.** A los que persisten en pecar, **1 Ti. 5.20.** Pero persiste tú en lo que has aprendido y te persuadiste, **2 Ti. 3.14.**

PERSONA: Acepción de personas, preferencia de persona o personas, en atención a la clase, cualidad, títulos o privilegios. **En persona**, personalmente. Acepción de **p**, Dt. 10.17; 16.19; Hch. 10.34; Ro. 2.11; Ef. 6.9; Col. 3.25; Stg. 2.1; 1 P. 1.17. Tú en **p** vayas a la batalla, 2 S. 17.11.

PERSONAL: De la persona. // Lo puso David como jefe de su guardia **p**, **2 S. 23.23.** A éste puso David en su guardia **p**, **1 Cr. 11.25.**

PERSUADIR: Llevar a creer o a aceptar. Aconsejar. // Le persuadió que fuese con él, 2 Cr. 18.2. Pero los principales sacerdotes y los ancianos persuadieron a la multitud, Mt. 27.20. Si esto lo oyere el gobernador, nosotros le persuadiremos, Mt. 28.14. Tampoco se persuadirán aunque alguno se levantare de los muertos, Lc. 16.31. Les persuadían a que perseverasen en la gracia de Dios, Hch. 13.43. Este persuade a los hombres a honrar a Dios contra la ley, Hch. 18.13. Discutiendo y persuadiendo acerca del reino de Dios, Hch. 19.8, 26. Por poco me persuades a ser cristiano, Hch. 26.28. Desde la mañana hasta la tarde, persuadiéndoles acerca de Jesús, Hch. 28.23. Conociendo, pues, el temor del Señor, persuadimos a los hombres, 2 Co. 5.11. Véase **Convencer**.

PERSUASIÓN: Convicción. // Esta **p** no procede de aquel que os llama, Gl. 5.8. **Ha apartado a muchas gentes con p, Hch. 19.26.**

PERSUASIVO: Que persuade. // Con palabras **p** de humana sabiduría, 1 Co. 2.4.

PERTENECER: Caber, ser propiedad de. // **Las cosas secretas pertenecen a Jehová nuestro Dios, Dt. 29.29. Entonces hizo Salomón todos los enseres que pertenecían a la casa de Jehová, 1 R. 7.48. Todo lo que se mueve en los campos me pertenece, Sal. 50.11.** Que pertenecen a la salvación, aunque hablamos así, **Heb. 6.9.** A quien pertenecen la gloria y el imperio por los siglos de los siglos, Amén, **1 P. 4.11. La salvación pertenece a nuestro Dios que está sentado en el trono, y al Cordero, Ap. 7.10.**

PERTENECIENTE: Relativo, concerniente. // Y de la mitad **p** a los hijos de Israel, **Nm. 31.30.** Las ciudades de los filisteos **p** a los cinco príncipes, **1 S. 6.18.**

PERTURBACIÓN: Confusión. // Desorden. **Porque donde hay celos y contención, allí hay p y toda obra perversa, Stg 3.16.** Véase **Confusión**.

PERTURBAR: Causar turbación o agitación en. Perder la serenidad de espíritu. // Perturbando vuestras almas, mandando circuncidaros y guardar la ley, **Hch. 15.24.** Hay algunos que os perturban y quieren pervertir el evangelio de Cristo, **Gl. 1.7.** Mas el que os perturba llevará la sentencia, quienquiera que sea, **Gl. 5.10.** Sin que nadie en aquella región les perturbase en cosa alguna, **Jue. 18.7.** El que perturbó a Israel, porque prevaricó en el anatema, **1 Cr. 2.7.** Allí los impíos dejan de **p**, **Job 3.17.** Y se perturbó su espíritu, y se le fue el sueño, **Dn. 2.1.** Como un hombre que perturba al pueblo, **Lc. 23.14.** ¡Ojalá se mutilasen los que os perturban!, **Gl. 5.12.** Véase **Conturbar**.

PERUDA: Una familia de los siervos de Salomón, que volvió del cautiverio, Esd. 2.55.

PERVERSAMENTE: De modo perverso. // **Acostumbraron su lengua a hablar mentira, se ocupan de actuar p, Jer. 9.5.**

PERVERSIDAD: Corrupción, depravación. // **Me rodearon ligaduras de muerte, y torrentes de p me atemorizaron, Sal. 18.4. Y ve si hay en mí camino de p, y guíame en el camino eterno, Sal. 139.24. P hay en su corazón, Pr. 6.14.** Sobre vosotras pondrán vuestras **p**, **Ez. 23.49.** Por la **p** de sus obras los echaré de mi casa, **Os. 9.15.** Estando atestados de toda injusticia, fornicación, **p**, **Ro. 1.29.** Véase **Crueldad**, **Maldad**.

PERVERSIÓN: Corrupción. // Mujer alguna se pondrá delante de animal para ayuntarse con él; es **p**, **Lv. 18.23.** Cometieron grave **p**; su sangre será sobre ellos, **Lv. 20.12.** Si opresión de pobres y **p** de derecho y de justicia vieres en la provincia, **Ec. 5.8.**

PERVERSO: Malvado, malo, maligno. // El hombre **p** cava en busca del mal, Pr. 16.27. Véase **Corrompido, Perverso.**

PERVERTIR: Hacer pasar moralmente del bien para el mal. // Porque el presente ciega a los que ven, y pervierte las palabras de los justos, Ex. 23.8. El que pervierte sus caminos será quebrantado, Pr. 10.9. **A éste hemos hallado que pervierte a la nación, Lucas 23:2.** Quieren **p** el evangelio de Cristo, Gl 1.7. Sabiendo que el tal se ha pervertido, Tito 3.11. **No pervertirás el derecho de tu mendigo en su pleito, Ex. 23.6.** Pequé, y pervertí lo recto, Job 33.27. Todos los días ellos pervierten mi causa, Sal. 56.5. Véase **Corromper**.

PESA: Cuerpo de peso determinado, que sirve para pesar otros cuerpos. // Pesas engañosas, Dt. 25.13; Pr. 11.1; 16.11; 20.10; Miqueas 6.11. Véase **Carga**.

PESADAMENTE: Con paso lento. // Con los oídos oyeron **p**, Hch. 28.27; **Mateo 13:15.**

PESADO: Que tiene gran peso. Difícil, penoso. // Disminuye tú algo... del yugo **p** que puso sobre nosotros, y te serviremos, 1 R. 12.4. Como carga **p** se han agravado sobre mí, Sal. 38.4. Mas la ira del necio es más **p** que ambas, Pr. 27.3. **P** has sido en balanza, Dn. 5.27. Véase 1 Co. 9.15-19; 12.13-16; Fil. 4.15; 2 Ts. 3.8.

PESAR: Determinar, evaluar el peso de. // Péseme Dios en balanzas de justicia, Job 31.6. Pero Jehová pesa los espíritus, Pr. 16.2. ¿Acaso no lo entenderá el que pesa los corazones?, Pr. 24.12. Pesó los montes con balanza y con pesas los collados, Is. 40.12. Y pesaron por mi salario treinta piezas de plata, Zacarías 11.12.

PESCA: Acto o arte de pescar; aquello que se pescó. // Porque por la **p** que habían hecho, Lc. 5.9.

PESCADO: Pez sacado del agua por medio de la pesca y considerado alimento. // Parece que el negocio de **p** en Jerusalén era considerable; una de las puertas de la ciudad se llamaba la puerta del **P**, 2 Cr. 33.14; Sofonías 1.10. Alimento muy apreciado; Jesús ilustra la devoción de un padre en cuidar de su hijo, en términos de darle un **pescado**, Mt. 7.10. **P** abundantes en Egipto, Nm. 11.5. La multiplicación de los pescados, **Lc. 9.13; Lc. 9.16.** Véase **Pez.**

PESCADOR: Aquel que pesca. // He aquí que yo envío muchos **p**, dice Jehová, Jer. 16.16. Venid en pos de mí, y os haré **p** de hombres, Mt. 4.19.

PESCAR: Agarrar, tomar, asegurar en el agua (pez). // Muchos pescadores, dice Jehová, y los pescarán, Jer. 16.16. Boga mar adentro, y echad vuestras redes para **p**, Lc. 5.4. Simón Pedro les dijo: Voy a **p**, Jn. 21.3.

PESEBRE: Especie de cajón donde se echa la comida a los animales para que coman. // O quedar en tu **p**, Job 39.9. El asno el **p** de su señor, Is. 1.3. Lo envolvió en pañales, y lo acostó en un **p**, Lc. 2:7. No desata en sábado su buey o su asno del **p**, Lc. 13.15.

PESITO: Versión siríaca de la Biblia, en circulación en el segundo siglo. La Pesito, es decir, simple, común, vulgata, se denomina la reina de las versiones.

PESO: Cualidad de un cuerpo pesado. // Al dar **p** al viento, Job 28.25. Cada vez más excelente y eterno **p** de gloria, 2 Co. 4.17. Despojémonos de todo **p**, He. 12.1.

PESO: Fardo, carga. // Despojémonos de todo **p**, He. 12.1.

PESOS: Los Hebreos, antes de la fabricación de la moneda, pesaban el oro y la plata para los pagamentos, Gn. 23.15,16. Véase **Dinero**. Usaban balanzas simples y pesos de piedra, tanto para los metales preciosos como para las mercaderías. // El siclo era patrón: Gn. 23.15; 24.22; Ex. 30.13; 1 S. 9.8; 2 R. 7.1; Neh. 10.32; Am. 8.5. Para el peso véase **Dinero**. // El **gera**, la vigésima parte de un siclo, Ex. 30.13; Lv. 27.25; Nm. 3.47; 18.16; Ez. 45.12. // **El beca**, medio siclo. El impuesto del templo, pago por cabeza, Ex. 38.26. // El siclo según el peso real, 2 S. 14.26. Había, parece, como en otros países, un siclo de más alto peso, en los pagamentos al tesoro real. // **La libra,** 60 siclos — 50 siclos en la tabla para oro y plata. Salomón hizo 30 escudos, cada uno de tres libras de oro, 1 R. 10.17. Algunos de los que volvieron de Babilonia, viniendo a la casa del Señor, dieron una ofrenda voluntaria de cinco mil libras de plata, Esd. 2.69. La libra del Antiguo Testamento, Jn. 12.3; 19.39. **Esd. 2.69; Neh. 7.71**, 72. // La libra romana era, aproximadamente, de 300 gramos. María, tomando una libra de bálsamo muy precioso, ungió, los pies de Jesús, Jn. 12.3. Nicodemo llevó cerca de cien libras para preparar el cuerpo de Cristo, Jn. 19.39. // **La Mina** = 60 siclos. La parábola de las diez minas, Lc. 19.11-27. **El talento**, 75 libras. El candelabro hecho de un talento de oro, Ex. 25.39. Todo el oro de la ofrenda para la construcción del tabernáculo fue veinte y nueve talentos, y setecientos y treinta siclos, Ex. 38.24. Giezi pidió un talento de plata de Naamán, 2 R. 5.22. Corona de un talento de oro puesto en la cabeza de David, 2 S. 12.30. Salomón recibió 120 talentos de oro de Hiram, 420 talentos de Ofir, 120 de la reina de Sabá, 666 talentos anualmente, 1 R. 9.14, 28; 10.10,14. La parábola de los talentos, Mt. 25.14-30. Piedras que pesaban cerca de un talento, Ap. 16.21.

PESTE: Dolencia febril, epidémica que causa una gran mortandad. **Fig**. Persona, doctrina perniciosa. // Para que no venga sobre nosotros con **p** o con espada, **Ex. 5.3.** Y devorados de fiebre ardiente y de **p** amarga, **Dt. 32.24.** ¿O que tres días haya **p** en tu tierra?, **2 S. 24.13; 1 Cr. 21.12.** Y Jehová envió la **p** sobre Israel desde la mañana hasta el tiempo señalado, **2 S. 24.15.** Así Jehová envió una **p** en Israel, y murieron de Israel setenta mil hombres, **1 Cr. 21.14.** De la **p** destructora, **Sal. 91.3.** Habrá **p**, y hambres, y terremotos en diferentes lugares, **Mt. 24.7.** Véase **Plaga**.

PESTILENCIA: Peste, enfermedad contagiosa. // **Ni p que ande en oscuridad, Sal. 91.6. Las bestias morirán de p grande, Jer. 21.6.** Los que están en las fortalezas y en las cuevas, de **p** morirán, **Ez. 33.27.** Y yo litigaré contra él con **p** y con sangre, **Ez. 38.22.** Habrá grandes terremotos, y en diferentes lugares hambres y **p**, **Lc. 21.11.** Véase **Peste**, **Plaga**.

PETAÍAS. hb. **Jehová abre:** 1. El jefe de la decimonovena suerte de la designación sacerdotal, 1 Cr. 24.16. // 2. Uno que tenía mujer extranjera, Esd. 10.23. // 3. Hijo de Mesezabeel, el oficial del rey, Neh. 11.24.

PETICIÓN: Acto de pedir. // Cuál es tu **p**, Est. 5.3,6. En el espacio de treinta días demande **p** de cualquier dios, Dn. 6.7. Sean conocidas vuestras **p** delante de Dios, Fil. 4.6. Sabemos que tenemos las **p** que le hayamos hecho, 1 Jn. 5.15. Véase **Pedido**, **Súplica**.

PETOR, hb. **Interpretación de sueños:** Una ciudad de Mesopotamia, en la margen oriental de Eufrates superior, donde moraba Balaam, Nm. 22.5.

PETUEL, hb. **Noble disposición de Dios:** El padre del profeta Joel, Jl. 1.1.

PEULTAI, hb. **Laborioso:** Uno de los porteros del templo, 1 Cr. 26.5.

PEZ: Animal vertebrado que vive en el agua y respira por agallas. Creado en el quinto día, Gn. 1.21-23. Dado al hombre dominarlo, Gn. 1.26. Alimento para el hombre, Gn. 9.2,3. Prohibido comer los que no tenían aletas y escamas, Lv. 11.9-12. Los **p** en el Nilo murieron, Ex. 7.21. Hay varios ídolos, representando dioses, una parte hombre otra parte **p**. Un ejemplo es Dagón, 1 S. 5.4. El culto prestado a los **p**, que todavía se observa en el Oriente, prohibido, Dt. 4.18. El mar de Galilea abundaba en **p**, pero aquellos llevados por sus aguas al Mar Muerto murieron. Se pescaba con anzuelos, Mt. 17.27; arpones, Job 41.7; redes, Jn. 21.11. Jonás tragado por un gran **p**, Jon 1.17; Mt. 12.40. Jesús multiplicó los panes y los **p**, Mt. 14.19; 15.36. La moneda en la boca de un **p**, Mt. 17.27. Jesús resucitado comió **p**, Lc. 24.42; véase Jn. 21.13. Pesca milagrosa, Lc. 5.1-11; Jn. 21.5-14. Véase **Monstruo, Pescado**.

PEZUÑA: Los dedos de una misma pata en los cuadrúpedos de pata hendida. // Todo el que tiene **p** hendida y que rumia, Lv. 11.3.

PIADOSO: Que tiene amor y respeto por las cosas de la religión. // Aprendan éstos primero a ser **p** para con su propia familia, 1 Ti. 5.4. Santa y **p** manera de vivir, 2 P. 3.11. Jehová ha escogido al **p** para sí, Sal. 4.3. Salva, oh Jehová, porque se acabaron los **p**, Sal. 12.1. Este hombre, justo y **p**, Lc. 2.25. Judíos, varones **p**, de todas las naciones, Hch. 2.5. Hombres **p** llevaron a enterrar a Esteban, Hch. 8.2. Cornelio, **p** y temeroso de Dios con toda su casa, Hch. 10.2. Instigaron a mujeres **p** y distinguidas, Hch. 13.50. De los griegos **p** gran número, Hch. 17.4. Discutía en la sinagoga con los judíos y **p**, Hch. 17.17. Ananías, varón **p** según la ley, Hch. 22.12. Sabe el Señor librar de tentación a los **p**, 2 P. 2.9.

PIBESET, egipcio, **Casa de la diosa Basht**, diosa con cabeza de gato: Una ciudad egipcia, Ez. 30.17. Es la moderna Tell Basta, que está cerca de 50 km al nordeste de El Cairo.

PICO: Extremidad córnea de la boca de las aves y de otros animales. // Una hoja de olivo en el **p**, Gn. 8.11.

PIE: Parte inferior de la pierna, y que se asienta en el suelo. // Lisiado de los **p**, 2 S. 4.4. A los **p** de los apóstoles, Hch. 4.35. "Hablar con los **p**", gesto injurioso y obsceno, Pr. 6.13. Sentado a los **p** de alguien: ocupar el lugar del que aprende, Hch. 22.3. Brillaban, Dn. 10.6. De bronce, Ap. 1.15. Calzad los **p**, Ef. 6.15. Descalzo: no se usaba calzado dentro de casa, especialmente en la casa de Dios: Ex. 3.5; Jos. 5.15; Hch. 7.33; comparar con Hch 4.16. Descalzo, señal de luto: 2 S. 15.30; Ez. 24.17. Enfermo de los **p**, 2 Cr. 16.12. Estrado de los **p**, Stg. 2.3. Estar en pie delante del Hijo del Hombre, Lc. 21.36. En parte de hierro y en parte de barro cocido, Daniel 2.33. Hermosos, Is. 52.7; Ro. 10.15. Él guarda los **p** de sus santos, 1 S. 2.9. De los ídolos, Sal. 115.7. Hinchar, Dt. 8.4; 29.5. Lámpara es a mis **p** tu palabra, Sal. 119.105. Lavar los **p**: Las calles eran polvorientas y el pueblo no usaba medias. Lavar los pies era un acto de hospitalidad, Gn. 18.4; 1 S. 25.41; Lc. 7.44; Jn. 13.4-15; 1 Ti. 5.10. Ligereza de los **p**, 2 S. 22.34; Sal. 18.33; Hab. 3.19. Postrarse a los **p**, Ap. 3.9; 19.10; 22.8. Resbalaron, Sal. 17.5; 66.9. Sacudir el polvo de los **p**: rechazo y separación, Mt. 10.14; Hch. 13.51. Sujeción: colocó el **p** sobre el cuello de los vencidos, Jos. 10.24; Sal. 8.6; 110.1; Mt. 22.44. Comp. Is. 49.23; 1 Co. 15.25. Si te es ocasión de caer, Mt. 18.8. Vacilen, Sal. 121.3. Se apresuran para derramar sangre, Ro. 3.15.

PIEDAD: Amor y respeto por las cosas de la religión. Compasión por los sufrimientos ajenos. // Como si por nuestro poder o **p** hubiésemos hecho andar a éste, Hch. 3.12. Para que vivamos quieta y reposadamente en toda **p** y honestidad, 1 Ti. 2.2. Grande es el misterio de la **p**, 1 Ti. 3.16. Ejercítate para

Las pirámides antiguas vistas desde la gran carretera moderna hacia Cairo.

la **p**, 1 Ti. 4.7. La doctrina que es conforme a la **p**, 1 Ti. 6.3. Toman la **p** como fuente de ganancia, 1 Ti. 6.5. Gran ganancia es la **p** acompañada de contentamiento, 1 Ti. 6.6. Sigue la justicia, la **p**, la fe, 1 Ti. 6.11. Tendrán apariencia de **p**, 2 Ti. 3.5. A la vida y a la **p** nos han sido dadas por su divino poder, 2 P. 1.3. A la paciencia, **p**, 2 P. 1.6.

PIEDRA MOABITA: Una piedra de basalto negro, encontrada en el año 1868, en las ruinas de Dibón, antigua ciudad moabita. Es el mayor documento encontrado hasta ahora, fuera de la Biblia, que trata de Palestina, antes de Cristo. Su inscripción difiere muy poco del hebreo. Esta piedra da un informe de la guerra de Mesa rey de Moab, contra Omri, Acab y otros reyes de Israel.

PIEDRA: Cuerpo duro y sólido, de la naturaleza de las rocas. // Les sirvió el ladrillo en lugar de **p**, Gn. 11.3. La **p** que había puesto de cabecera, Gn. 28.18. Herir a otros con **p**, Nm. 35.17. Tablas de **p**, Ex. 31.18. Tierra cuyas **p** son de hierro, Dt. 8.9. ¿Qué significa para ustedes estas **p**?, Jos. 4.6. Cinco **p** lisas del arroyo, 1 S. 17.40. El fundamento era de **p** de valor, 1 R. 7.10. Las **p** se desgastan con el agua impetuosa, Job 14.19. Para que tu pie no tropiece en **p**, Sal. 91.12. La **p** que desecharon los edificadores, Sal. 118.22. He puesto en Sión por fundamento una **p** probada, Is. 28.16. A una **p**: Tú me has engendrado, Jer. 2.27. Quitaré el corazón de **p** de en medio de su carne, y les daré un corazón de carne, Ez. 11.19; 36.26. Una **p** fue cortada, no con mano, Dn. 2.34. Porque la **p** clamará desde el muro, Hab. 2.11. Dios puede levantar hijos a Abraham aun de estas **p**, Mt. 3.9. Di que estas **p** se conviertan en pan, Mt. 4.3. Para que no tropieces con tu pie en **p**, Mt. 4.6. ¿Qué hombre hay de vosotros, que si su hijo le pide pan, le dará una **p**?, Mt. 7.9. Que se le colgase al cuello una **p** de molino de asno, Mt. 18.6. La **p** que desecharon los edificadores, Mt. 21.42. El que cayere sobre esta **p** será quebrantado, Mt. 21.44. No quedará aquí **p** sobre **p**, que no sea derribada, Mt. 24.2. Os digo que si éstos callaran, las **p** clamarían, Lc. 19.40. El primero en arrojar la **p**, Jn. 8.7. Dijo Jesús: Quitad la **p**, Jn. 11.39. Pongo en Sion **p** de tropiezo, Ro. 9.33; 1 P. 2.8; Ap. 2.14. Tablas de **p**, 2 Co. 3.3; Ex. 31.18; Dt. 10.1. Jesucristo la **p** del ángulo, Ef. 2.20; Sal. 118.22; Mt. 21.42; 1 P. 2.6,7. Como **p** que viven, 1 P. 2.5. Como una gran **p** de molino, Ap. 18.21. La arrastraremos hasta el arroyo, hasta que no se encuentre allí ni una **p**, 2 S. 17.13. Véase **Peña**, **Roca**.

PIEDRAS PRECIOSAS: Diamante, rubí, esmeralda, etc. // Corona... tenía **p p**, y fue puesta en la cabeza de David, 2 S. 12.30.

3	2	1
Carbunclo Judá	Topacio Simeón	Piedra Sárdica Rúbem
6	5	4
Diamante Gade	Safiro Neftalí	Esmeralda Dan
9	8	7
Amatista Zabulón	Ágata Isacar	Jacinto Aser
12	11	10
Jaspe Benjamín	Ónice Manasés	Berilo Efraín

(En el hebreo se lee de derecha a izquierda)

Para la casa de Dios... toda clase de **p p**, 1 Cr. 29.2. Tuvo Ezequías riquezas y gloria... **p p**, 2 Cr. 32.27. Toda tu muralla de **p p**, Is. 54.12. Los mercadores de Sabá y Ramá... **p p**, Ez. 28.13. Y si sobre este fundamento... alguno edificare... **p p**, 1 Co. 3.12. Mercadería... **p p**, Ap. 18.12. Adornada de oro y **p p**, Ap. 18.16. Los fundamentos... de toda especie de **p p**, Ap. 21.19. // Se encuentran los nombres de casi todas las piedras preciosas mencionadas en las Escrituras, en las tres grandes listas: 1) De las doce joyas en el pectoral del sumo sacerdote, Ex. 28.17; 39.10-13. 2) De las joyas del rey Tiro, Ez. 28.13. 3) De los doce fundamentos de la muralla de la nueva Jerusalén, Ap. 21.19,20. Se nombran las siguientes: Ágata, Ex. 28.19. Amatista, Ex. 28.19; Berilo, Ex. 28.20; Ez. 28.13; Ap. 21.20. Carbunclo, Ex. 28.17; Ez. 28.13. Crisólito, Ap. 21.20. Crisopraso, Ap. 21.20. Diamante, Ex. 28.18; Job 28.17; Ez. 28.13. Esmeralda, Ex. 28.18; Ez. 28.13; Ap. 21.19. Jacinto, Ex. 28.19; Ap. 21.20. Jaspe, Ex. 28.20; Ez. 28.13; Perla, Ap. 21.21. Rubí, Ez. 27.16. Zafiro, Ex. 28.18; Ez. 28.13; Ónice, Ex. 28.20; Ap. 21.19; Piedra sárdica, Ex. 28.17; Ez. 28.13; Ap. 21.20. Topacio, Ez. 28.13; Ap. 21.20.

PIEDRECITA: Le daré una piedrecita blanca, y en la **p** escrito un nombre nuevo, Ap. 2.17.

PIEL: Membrana que reviste exteriormente el cuerpo humano y de muchos animales. Túnicas de pieles para Adán y Eva, Gn. 3.21. Cubrió sus manos... con las **p** de los cabritos, Gn. 27.16. No sabía Moisés que la **p** de su rostro resplandecía, Ex. 34:29. **P** por **p**, y todo lo que, Job 2.4. Mi **p** y mi carne se pegaron a mis huesos, Job 19.20; Sal. 102.5. ¿Mudará el etíope su **p**, y el leopardo sus manchas?, Jer. 13.23. Nuestra **p** se ennegreció como un horno, Lm. 5.10. Anduvieron de acá para allá cubiertos de **p** de ovejas y de cabras, He. 11.37.

PIERNA: Cada uno de los miembros locomotores del cuerpo humano, de aves, etc. Las **p** del cojo penden inútiles, Pr. 26.7. Sus **p** de hierro, Daniel 2.33. A Jesús... no le quebraron las **p**, Jn. 19.33.

PIEZA: Cada unidad de ciertas cosas que pertenecen a una misma especie. // Treinta **p** de plata, Zac. 11.12; Mt. 27.9.

PI-HAHIROT, egipcio, **Lugar de Juncos:** Lugar de campamento de Israel, entre Migdol y el mar, Ex. 14.2,9.

PILATO, latín, **Armado con un dardo:** Gobernador romano de Judea (26 a 36 a.C.), durante el reinado de Tiberio César, Mt. 27.2; Lc. 3.1. Asesinó galileos, Lc. 13.1. Jesús delante de Pilato, Jn. 18.29. Declaró Jesús inocente, Lc. 23.4. Remitió Jesús a Herodes, Lc. 23.7. Propuso soltar a Jesús, Lc. 23.16. Para apaciguar los judíos, mandó azotar a Jesús, Jn. 19.1. Entregó a Jesús para ser crucificado, Jn. 19.16. Escribió un título y colocó encima de la cruz, Jn. 19.19. Se conoce a Pilato por los diez años que gobernó. Era un cruel vice rey romano, irritando el pueblo por su dureza. Era el tipo de gobernante de los tiempos de Napoleón, los cuales siempre miraban para el emperador, queriendo ganar su favor. Para tales, como Pilato, la voluntad del emperador les sirve como ley. Si Tiberio lo quería, había una sola respuesta: "Sí", si Tiberio no quería entonces la única respuesta era: "No". No obstante, tal consciencia, por fin, resulta en su derrota. Fue así con Pilato. Tiberio lo llamó para comparecer en Roma. Pero Tiberio falleció antes de dar audiencia a Pilato. Entonces, ignorado por todos, detestado por aquellos que lo conocían mejor, este hombre, sin Tiberio y sin conciencia, se suicidó. Sin duda, en la desesperación de ver fracasar sus planes, tan cerca del cumplimiento, había el recuerdo de cierto rostro, de cierto prisionero, de cierto sentenciado, de cierta ejecución por crucifixión. ¡¿Cómo puede olvidarse del día en que experimentara, en vano, limpiarse las manos, lavándolas con agua?! ¡¿Cómo puede olvidarse del día en que se oscureció el cielo y los hombres vieron a la naturaleza dar testimonio contra su acto de la más baja injusticia?!

PILDAS: Un sobrino de Abraham, Gn. 22.22.

PILHA, hb. **Tajada:** Un jefe del pueblo, que firmó el pacto con Nehemías, Neh. 10.24.

PILLAJE: Hurto, rapiña. // Todos tus tesoros entregaré al **p, Jer. 17.3.** ¡Llena de mentira y de rapiña, sin apartarte del **p**!, **Nah. 3.1.**

PILOTO: El que dirige una embarcación a la entrada del puerto; inmediato del capitán en navíos mercantes. Tus **p**, Ez. 27.8, 27, 28. Véase **Marinero.**

PILTAI: Jefe de la casa sacerdotal de Moadías, Neh. 12.17.

Cabra Angora. *Las cortinas del tabernáculo (Ex. 36.14) estaban hechas de pelos lanosos de esta especie de cabra. Cada animal produce más de dos kilos de pelos por año.*

PINÁCULO: La parte más elevada de un edificio, de un monte, etc. El diablo colocó Jesús sobre el **p** del templo, Mt. 4.5. Se opina que se trataba de una especie de muro de 60 metros de altura.

PINO: Is. 60.13. Género de coníferas de hojas que se asemejan a agujas.

PINÓN, hb. **Oscuridad:** Un príncipe de Esaú, Gn. 36.41.

PINTAR: Aplicar tintas. // Jezabel... se pintó los ojos con antimonio, 2 R. 9.30.

PINTURA: Obra hecha por pintor; cuadro. // Sobre todas las **p** preciadas, Is. 2.16.

PIOJO: Insecto parásito. La tercera plaga en Egipto: piojos, Ex. 8.16-19; Sal. 105.31. Los sacerdotes egipcios se consideraban incompetentes para ejercer sus funciones, si no estuvieran escrupulosamente limpios. Por eso esa plaga se volvió muy repugnante para ellos.

PIRA: Is. 30.33; (comp. Ez. 24.9,10). Hoguera, en la cual los antiguos reducían los cadáveres a cenizas.

PIRÁMIDES: Monumentos del antiguo Egipto, algunos de los cuales servían de sepultura real. Se cuentan en Egipto casi ochenta pirámides y en la Nubia casi cien. La altura de la Gran Pirámide es de 138 metros, de la base al vértice.

PIREAM, hb. **Asno montés:** Uno de los cinco reyes de los amorreos que sitiaron a Gabaón, Jos. 10.3-5. Josué prendió a los cinco, los mató y mandó que echaran sus cadáveres en la cueva donde se habían escondido, Jos. 10.16-27.

PISADA: Huella, rastro. // Mis pies han seguido sus **p**, Job 23.11. Las **p** de la fe que tuvo nuestro padre Abraham, Ro. 4.12. ¿No hemos procedido con el mismo espíritu y en las mismas **p**? 2 Co. 12.18.

PISAR: Poner el pie o los pies sobre; andar por cima de; moler; contundir. // Todo lugar que pisare la planta de vuestro pie será vuestro, Dt. 11.24. Sobre el león y el áspid pisarás, Sal. 91.13. **He pisado yo solo el lagar**, Is. 63.3. **Los pisé con mi ira**, Is. 63.3.

PISGA, hb. **División:** Una cordillera, que es la misma, o una parte, de la cordillera de Abarim cuyo pico más alto es el monte Nebo, Dt. 32.49. Frente a Jericó, Dt. 34.1. Donde Balac edificó siete altares, Nm. 23.14. De Pisga el Señor mostró a Moisés la tierra Prometida, Dt. 3.27; 34.1-4. Véase mapa 2, D-5; 5, C-1.

PISIDIA: Un territorio montañoso de Asia Menor. En la época de Pablo hacía parte de la provincia de Galacia, donde el apóstol predicó, Hch. 13.14; 14.24. Antioquía era la ciudad principal. Véase mapa 6, E-2.

PISÓN: 1. Palo que se usaba para pulverizar o moler ciertos productos, como granos, en un mortero. Aunque majes al necio en un mortero entre granos de trigo majados con el **p**, Pr. 27.22. Véase **Mortero**. // 2. Uno de los cuatro ríos del Edén, Gn. 2.11.

PISPA: Un descendiente de Aser, 1 Cr. 7.38.

PITÓN: 1. Un nieto de Merib-baal, o Mefiboset, 1 Cr. 8.35. // 2. Ex. 1.11. Una de las dos ciudades-graneros edificadas por los israelitas esclavizados, en el tiempo de Ramsés II, rey de Egipto.

PLACER: Alegría, satisfacción. // No toma **p** el necio en la inteligencia, Pr. 18.2. Pero la que se entrega a los **p**, viviendo está muerta, 1 Ti. 5.6. Los judíos tuvieron alegría y gozo, banquete y día de **p**, **Est. 8.17.** Ni aparté mi corazón de **p** alguno, **Ec. 2.10.** Por el **p** se hace el banquete, **Ec. 10.19.** Alégrate, joven, en tu juventud, y tome **p** tu corazón en los días de tu adolescencia, **Ec. 11.9.** Se acercará el duelo de los que se entregan a los **p**, **Am. 6.7.** Son ahogados por los afanes y las riquezas y los **p** de la vida, y no llevan fruto, **Lc. 8.14.** Y yo con el mayor **p** gastaré lo mío, **2 Co. 12.15.** Véase **Alegría**, **Deleite**, **Delicia**, **Gozo**.

PLAGA: Abundancia de algo perjudicial. Calamidad grande que afecta a la gente y a los animales. Juicio divino como castigo por el pecado. // Este hombre es una **p**, Hch. 24.5. Sobre tus ganados... con **p** gravísima, Ex. 9.3. Dios castigó a Faraón y a su casa con grandes **p**, por causa de Sara, Gn. 12.17. Las diez **p** de Egipto, Ex. 7.14 a 12.36. Los israelitas sufrieron terribles **p** por haber hecho el becerro de oro, Ex. 32.35. La **p** de la lepra, Lv. 13.25; Dt. 24.8. La **p** muy grande en el tiempo de Dios mandar codornices, Nm. 11.33. Los hombres que infamaron la tierra Prometida, Nm. 14.37. Murieron 14 600 de **p** por causa de Coré, Nm. 16.49. Murieron 24 mil por la **p** por causa de Baal-peor, Nm. 25.9; Dt. 4.3. La **p** de ratas y de tumores sobre los filisteos, 1 S. 6.4. Murieron setenta mil hombres después del censo del pueblo por David, 2 S. 24:15. Oración en tiempo de **p**, 1 R. 8.37. Ni **p** tocará tu morada, Sal. 91.10. La **p** con que herirá Jehová todos los pueblos que pelearon contra Jerusalén, Zac. 14.12. Jesús sanó a muchos de enfermedades y **p**, Lc. 7.21. Las plagas en Ap. 9.20; 11.6; 18.4,8; 22.18. Las siete últimas **p**, Ap. 15.1 a 16.21. Véase **Dolencia**, **Peste**, **Pestilencia**.

PLAN: Proyecto, programa de las cosas que se van a hacer y de cómo hacerlas; intento. // **Porque Amán... había ideado contra los judíos un p para destruirlos, Est. 9.24.** Véase **Designio**.

PLANAS: Cada una de las dos caras de una

hoja de papel. // **Cuando Jehudí había leído tres o cuatro p, Jer. 36.23**.

PLANO: Representación gráfica en una superficie y mediante procedimientos técnicos, de un terreno, de la planta de un edificio, etc. // Y David dio a Salomón su hijo el **p** del pórtico del templo y sus casas, **1 Cr. 28.11**, 12.

PLANTA: Denominación genérica de cualquier vegetal. // Levantaré una **p** de renombre, Ez. 34.29. Cantares tiene la mayor lista de referencias (74) a las plantas de las Escrituras; Ezequiel, la mayor lista de piedras preciosas, y Job la mayor lista de animales. Se mencionan en las Escrituras las siguientes plantas: Abrojos, **Job 31.40**, Ajenjo, Ap. 8.11. Alheña, Cnt. 1.14. Avena, Is. 28.25. Azafrán, Cnt. 4.14. Alga, Jon 2.5. Ajo, Nm. 11.5. Áloes, Jn. 19.39. Avellano, Gn. 30.37. Cálamo, Ex. 30.23. Canela, Ap. 18.13. Cardos, Gn. 3.18; 2 R. 14.9. Casia, Sal. 45.8. Calabacera, Jon. 4.6. Cebolla, Nm. 11.5. Centeno, Ex. 9.32. Cebada, Rut 1.22. Cizaña, Mt. 13.25. Culantro, Ex. 16.31. Comino, Mt. 23.23. Eneldo, Mt. 23.23. Enebro, 1 R. 19.4. Espinos, Mt. 13.22. Is. 28.25. Estacte, Ex. 30.34. Gálbano, Ex. 30.34. Habas, 2 S. 17.28. Hierba, 2 R. 19.26. Hisopo, He. 9.19. Menta, Mt. 23.23. Junco, Ex. 2.3. Lentejas, Gn. 25.34. Lino, Ex. 9.31. Lirio, Mt. 6.28. Malva, Job 30.4. Mandrágora, Gn. 30.14. Melón, Nm. 11.5. Mostaza, Mt. 17.20. Nardo, Cnt. 1.12. Ortiga, Is. 55.13; Pr. 24.31. Pepino, Nm. 11.5. Puerro, Nm. 11.5. Rosa, Cnt. 2.1; Is. 35.1. Ruda, Lc. 11.42. Trigo, Gn. 30.14. Vid, Jn. 15.1.

PLANTAR: Meter en la tierra para crear raíces (vegetal). // Jehová Dios plantó un huerto en Edén, al oriente, Gn. 2.8. Toda planta que no plantó mi Padre celestial, será desarraigada, Mt. 15.13. Yo planté, Apolos regó, 1 Co. 3.6. ¿Quién planta viña y no come de su fruto?, 1 Co. 9.7.

PLANTÍO: Conjunto de vegetales plantados. // Serán llamados **p** de Jehová para gloria suya, Is. 61.3. Estos eran alfareros, y moraban en medio de **p** y cercados, **1 Cr. 4.23.** Renuevos de mi **p**, obra de mis manos, para glorificarme, **Is. 60.21.** Para ser regada por ella por los surcos de su **p**, **Ez. 17.7.**

PLAÑIDERA: Jer. 9.17. Mujer a la que se pagaba por ir a llorar a los muertos

PLATA: Metal precioso, blanco, brillante y sonoro. El más dúctil y el más maleable de los metales, excluyéndose el oro. Se encuentra la **p** casi siempre en el estado de sulfuro o de cloruro. Mas se encuentra, a veces, pura en el seno de la tierra. Job habló de las minas de **p**, Job 28.1. Se derrite para purificarla, Sal. 12.6; Pr. 17.3; 25.4; Ez. 22.20; Ml. 3.3. Venía, también, de la Arabia, 2 Cr. 9.14; de Tarsis, Jer. 10.9; Ez. 27.12. Desde el tiempo de los pueblos antiguos se usa dinero, joyas y utensilios de **p**, Gn. 13.2; 24.53; 44.2. Ídolos y nichos de **p**, Ex. 20.23; Dn. 5.4; Os. 13.2; Hab. 2.19; Hch. 19.24; Ap. 9.20. Instrumentos de música hechos de **p**, Nm. 10.2. David juntó gran cantidad de **p** para el templo, 1 Cr. 29.2-7. En el tiempo de Salomón hubo **p** como piedras en abundancia, 1 R. 10.27. Había mil tazones de **p** entre los utensilios del templo llevados por Nabucodonosor y devueltos por Ciro, Esd. 1.6, 9. La plata servía, especialmente, para hacer las transacciones, calculándose su valor por el peso. Abraham pesó cuatrocientos ciclos de plata, el precio de la compra de la caverna de Macpela, Gn. 23.16. Acán tomó doscientos siclos de plata, Jos. 7.21. Giezi, siervo de Eliseo, aceptó dos talentos de plata de la mano de Naamán, 2 R. 5.23. Se usó la plata en forma de moneda solamente después del cautiverio. La moneda del tributo, el denario, Mt. 18.28. Jesús traicionado por treinta monedas de plata, Mt. 26.15. Pedro, a veces, andaba sin oro ni plata, Hch. 3.6. En una casa grande, hay utensilios de oro y plata, 2 Ti. 2.20. La plata corruptible, 1 P. 1.18; se han oxidado su oro y su **p**, Stg. 5.3. No se compra el favor de Dios con plata, 1 P. 1.18. Mercadería de la gran Babilonia, Ap. 18.12. Véase **Dinero**, **Oro**.

PLÁTICA: Conversación; razonamiento o discurso que hacen los predicadores. // ¿Qué **p** son estas que tenéis... y por qué estáis tristes? **Lc. 24.17.** Evitando las profanas **p** sobre cosas vanas, **1 Ti. 6.20.**

PLATO: Utensilio de loza o metal en que se sirve la comida. Para incienso, Ex. 25.29. // Voy a tratar a Jerusalén como se limpia un **p** que se restriega y se pone boca abajo, 2 R. 21.13. El perezoso mete la mano en el **p**, Pr. 19.24. En un **p**, la cabeza de Juan el Bautista, Mt. 14.8. Limpiáis lo de fuera del vaso y del **p**, Mt. 23.25. El que mete la mano conmigo en el **p**, Mt. 26.23.

PLAYA: Ribera del mar o de un río grande, formada de arenales en superficie casi plana. Porción de mar contigua a esta ribera. // **Fig**. País bañado por el mar. **Entrando él en la barca, se sentó, y toda la gente estaba en la p**, Mt. 13.2. Se presentó Jesús en la **p**, Jn. 21.4. Puestos de rodillas en la **p**, oramos, Hch. 21.5. Veían una ensenada que tenía **p**, **Hch. 27.39.** Izada al viento la vela de proa, enfilaron hacia la **p**, **Hch. 27.40.** Véase **Orilla**.

PLAZA: Lugar público, cercado de edificios. // Buscad en sus **p** a ver si halláis hombre, si hay alguno que haga justicia, Jer. 5.1. Es semejante a los muchachos que se sientan en las **p**, y dan voces a sus compañeros, Mt. 11.16. Vio a otros que estaban en la **p** desocupados, Mt. 20.3. Las salutaciones en las **p**, Mt. 23.7. Disertaba... en la **p** cada día con los que concurrían, Hch. 17.17. Véase **Calle**.

PLEBEYO: Que no hace parte de la nobleza. // **Así los p como los nobles, el rico y el pobre juntamente, Sal. 49.2.**

PLEITEAR: Demandar en juicio. // ¡Ay del que pleitea con su Hacedor!, **Is. 45.9.** Con los hijos de vuestros hijos pleitearé, **Jer. 2.9.** El hermano con el hermano pleitea en juicio, **1 Co. 6.6.** Véase **Demandar**, **Litigar**.

PLEITO: Cuestión en juicio. // Al que quiera ponerte a **p** y quitarte la túnica, déjale también la capa, Mt. 5.40. No pervertirás el derecho de tu mendigo en su **p**, Ex. 23.6. Véase **Demanda**.

PLENITUD: Estado completo. // Porque de su **p** tomamos todos, Jn. 1.16. Del Señor es la tierra y su **p**, 1 Co. 10.26. La **p** de Aquel que todo lo llena en todo, Ef. 1.23. Para que seáis llenos de toda la **p** de Dios, Ef. 3.19. A la medida de la estatura de la **p** de Cristo, Ef. 4.13. Que en él habitase toda **p**, Col. 1.19. En él habita corporalmente toda la **p**, Col. 2.9. Véase **Abundancia**.

PLENO: Completo, entero. // Mas yo haré esto delante de todo Israel y a **p** sol, **2 S. 12.12.** Saquearán a Asdod en **p** día, **Sof. 2.4.** Hasta alcanzar todas las riquezas de **p** entendimiento, **Col. 2.2.** La imagen del que lo creó se va renovando hasta el conocimiento **p, Colosenses 3:10.**

PLÉYADES: Job 9.9; 38.31. Una pequeña constelación del hemisferio boreal, Véase **Estrella.**

PLOMADA: Instrumento para verificar la verticalidad. // El cordel de Samaria y la **p** de la casa de Acab, 2 R. 21.13. ¿Qué ves, Amós? Y dije: Una **p** de albañil, Am. 7.8. Se alegrarán, y verán la **p** en la mano, Zac. 4.10. Véase Hch. 27.28; Is. 28.17.

PLOMO: Metal azulado, flexible y muy pesado. Conocido desde la más remota antigüedad. Faraón y su ejército se hundieron como plomo en el Mar Rojo, Ex. 15.10. Uno de los metales del despojo quitado a los madianitas, Nm. 31.22. En Job 19.24 se refiere tal vez a la costumbre de llenar las letras grabadas en la piedra con plomo derretido. Refinado en el fuego, Jer. 6.29; Ez. 22.18,20. Se empleaba para hacer pesos, Zac.5.8. Venía de Tarsis, Ez. 27.12.

PLUMA: Cada una de las piezas de que está cubierto el cuerpo de las aves. // ¿Diste tú hermosas alas al pavo real, o alas y **p** al avestruz?, Job 39.13. Con sus **p** te cubrirá, Sal. 91.4. Águila llena de **p** de diversos colores, Ez. 17.3. Su pelo creció como **p** de águila, Dn. 4.33. // 2. Para escribir con tinta sobre papiro o pergamino los hebreos usaban una pluma de caña. El pico era afilado con "un cortaplumas de escriba". Véase Jer. 36.23. La lengua del salmista era "como la pluma de escribiente muy ligero", Sal. 45.1. Se escribía originalmente, en arcilla, cera o tablas de piedra, con instrumento puntiagudo de bronce, de hierro, de hueso o de marfil. Véase Job 19.24; Is. 8.1; Jer. 17.1.

POBLACIÓN: Lugar poblado. // **Se volvieron a Jerusalén, y en muchas p de los samaritanos anunciaron el evangelio, Hch. 8.25. Al extranjero que está en tus p la darás, Dt. 14.21. Te alegrarás en tus fiestas solemnes... en tus p, Dt. 16.14.**

POBLAR: Volver habitado. // Nunca más será poblada ni se habitará por generaciones y generaciones, **Jer. 50.39.** ¿Cómo pereciste tú, poblada por gente de mar?, **Ez. 26.17.** Para que nunca más seas poblada; y daré gloria en la tierra de los vivientes, **Ez. 26.20.** Para poner tus manos sobre las tierras desiertas ya pobladas, **Ez. 38.12.**

POBRE: Desproveído o mal proveído de lo necesario. Persona que no tiene recursos para vivir. // Cuando prestares dinero... al **p**, Ex. 22.25. Ni al **p** distinguirás en su causa, Ex. 23.3. El séptimo año la dejarás libre, para que coman los **p** de tu pueblo, Ex. 23.11. Abrirás tu mano a tu hermano, al **p** y al menesteroso en tu tierra, Dt. 15.11. Había dos hombres en una ciudad, el uno rico, y el otro **p**, 2 S. 12.1. Con arrogancia el malo persigue al **p**, Sal. 10.2. El que tiene misericordia de los **p** es bienaventurado, Pr. 14.21. El que escarnece al **p** afrenta a su Hacedor, Pr. 17.5. Mejor es el muchacho **p** y sabio, Ec. 4.13. Juzgará con justicia a los **p**, Is. 11.4. Para comprar los **p** por dinero, Am. 8.6. A los **p** es anunciado el evangelio, Mt. 11.5. Vende lo que tienes, y dalo a los **p**, Mt. 19.21. Perfume... haberse vendido a gran precio, y haberse dado a los **p**, Mt. 26.9. Siempre tendréis **p** con vosotros, Mt. 26.11. Me ha ungido para dar buenas nuevas a los **p**, Lc. 4.18. Bienaventurados vosotros los **p**, Lc. 6.20. Cuando hagas banquete, llama a los **p**, Lc. 14.13. Vé pronto... y trae acá a los **p**, Lc. 14.21. Señor, la mitad de mis bienes doy a los **p**, Lc. 19.8. Una ofrenda para los **p** que hay entre los santos, Ro. 15.26. Si repartiese todos mis bienes para dar de comer a los **p**, 1 Co. 13.3. Como **p**, mas enriqueciendo a muchos, 2 Co. 6.10. Cristo, por amor a vosotros se hizo **p**, 2 Co. 8.9. Repartió, dio a los **p**, 2

Co. 9.9. Nos pidieron que nos acordásemos de los **p**, Gl. 2.10. Débiles y **p** rudimentos, Gl. 4.9. Entra un **p** con vestido andrajoso, Stg. 2.2. Ha elegido Dios a los **p** de este mundo, Stg. 2.5. Ni sabes que tu eres... miserable, **p**, Ap. 3.17. Véase **Empobrecido**, **Indigente**, **Mendigo**, **Necesitado**.

POBREZA: Estado de aquel o de aquello que es pobre. // Vendrá... tu **p** como hombre armado, Pr. 6.11; 24.34. **P** y vergüenza tendrá el que menosprecia el consejo, Pr. 13.18. El que sigue a los ociosos se llenará de **p**, Pr. 28.19. No me des **p** ni riquezas, Pr. 30.8. De su **p** echó todo el sustento que tenía, Lc. 21.4. Su profunda **p** abundaron en riquezas de su generosidad, 2 Co. 8.2. Para que vosotros con su **p** fueseis enriquecidos, 2 Co. 8.9. Conozco tu tribulación, tu **p**, Ap. 2.9. Véase **Miseria**, **Pobre**.

POCO: En pequeña cantidad; aquello que es en pequeña cantidad. // Mejor es lo **p** del justo, Sal. 37.16. Un **p** de sueño, un **p** de dormitar, cruzar por un **p** las manos para reposo, Pr. 6.10. Mejor es lo **p** con justicia, Pr. 16.8. **P** son los que la hallan, Mt. 7.14. Los obreros **p**, Mt. 9.37. Porque muchos son llamados, y **p** escogidos, Mt. 22.14. Sobre **p** has sido fiel, sobre mucho te pondré, Mt. 25.21. ¿Son **p** los que se salvan?, Lc. 13.23. El que **p**, no tuvo menos, 2 Co. 8.15. **En la cual p personas... fueron salvadas por agua**, 1 P. 3.20. Pero tienes unas **p** personas... que no han manchado sus vestiduras, Ap. 3.4.

PODADERA: Instrumento con que se poda. // **Entonces podará con p las ramitas, y cortará y quitará las ramas, Is. 18.5.**

PODAR: Cortar la rama o los brazos inútiles de (vid, árboles, etc.). // No será podada ni cavada, Is. 5.6.

PODER: (Sustantivo). Vigor, potencia, autoridad. // **Poder de Dios:** Mi **p** y la fuerza de mi mano, Dt. 8.17; Buscad a Jehová y su **p**, 1 Cr. 16.11; Sal. 105.4; Engrandécete, oh Jehová, en tu **p**, Sal. 21.13; Que de Dios es el **p**, Sal. 62.11; El **p** de tu ira, Sal. 90.11; Porque tuyo es el reino, y el **p**, Mt. 6.13; Erráis, ignorando las Escrituras y el **p** de Dios, Mt. 22.29; El **p** del Altísimo te cubrirá con su sombra, Lc. 1.35; Este es el gran **p** de Dios, Hch. 8.10; para la salvación, Ro. 1.16; Su eterno **p** y deidad, Ro. 1.20; Para mostrar en ti mi **p**, Ro. 9.17; Cristo **p** de Dios, y sabiduría de Dios, 1 Co. 1.24; fe fundada ... en el **p** de Dios, 1 Co. 2.5; a nosotros nos levantará con su **p**, 1 Co. 6.14; para que la excelencia del **p** sea de Dios, 2 Co. 4.7; en palabra de verdad, en **p** de Dios, 2 Co. 6.7; según la operación del **p** de su fuerza, Ef. 1.19; según el **p** que actúa en nosotros, Ef. 3.20; fortaleceos en el Señor, y en el poder de su **p**, Ef. 6.10; el **p** de su resurrección, Fil. 3.10; mediante la fe en el **p** de Dios que le levantó de los muertos, Col. 2.12; sustenta todas las cosas con la palabra de su **p**, He. 1.3; sois guardados por el **p** de Dios mediante la fe, 1 P. 1.5; que fue declarado Hijo de Dios con **p**, Ro. 1.4. // **Poder de Cristo: Sobre las nubes del cielo, con p y gran gloria**, Mt. 24.30; conociendo en sí mismo el **p** que había salido, Mr. 5.30; el **p** del Señor estaba con él para sanar, Lc. 5.17; Dios ungió con el Espíritu Santo y con **p** a Jesús de Nazaret, Hch. 10.38; mi **p** se perfecciona en la debilidad... Para que repose sobre mí el **p** de Cristo, 2 Co. 12.9; La vida y a la piedad nos han sido dadas por su divino **p**, 2 P. 1.3. // **Poder del Espíritu Santo:** Yo estoy lleno de **p** del Espíritu de Jehová, Mi. 3.8; recibiréis **p** al... Espíritu Santo, Hch. 1.8; para que abundéis en esperanza por el **p** del Espíritu Santo, Ro. 15.13; con potencia de señales y prodigios, en el **p** del Espíritu de Dios, Ro. 15.19; con demostración del Espíritu y de **p**, 1 Co. 2.4; evangelio... en **p**, en el Espíritu Santo y en plena certidumbre, 1 Ts. 1.5. // **Poder del evangelio:** evangelio es **p** de Dios, Ro. 1.16; palabra de la cruz es **p** de Dios, 1 Co. 1.18. // **Poder carnal:** Con el **p** de mi mano lo he hecho, Is. 10.13; como si por nuestro **p** o piedad hubiésemos hecho andar a éste, Hch. 3.12. // **Poder de Satanás:** Satanás... con gran **p** y señales y prodigios mentirosos, 2 Ts. 2.9. // **Poder de la muerte:** Pero Dios redimirá mi vida del **p** del Seol, Sal. 49.15; tenía el imperio de la muerte, He. 2.14. A sus doce discípulos, les dio poder y autoridad sobre todos los demonios, Lc. 9.1. Quedaos vosotros en la ciudad de Jerusalén, hasta que seáis investidos de **p** desde lo alto, Lc. 24.49. Con gran **p** los apóstoles daban testimonio de la resurrección del Señor Jesús, Hch. 4.33. Esteban, lleno de gracia y de **p**, Hch. 6.8. Dadme también a mí este **p**, Hch. 8.19. El reino de Dios no consiste en palabras, sino en **p**, 1 Co. 4.20. Porque mi **p** se perfecciona en la debilidad, 2 Co. 12.9. Fortalecidos con todo **p**, Col. 1.11. Porque no nos ha dado Dios espíritu de cobardía, sino de **p**, 2 Ti. 1.7. La buena palabra de Dios y los **p** del siglo venidero, He. 6.5. Ahora ha venido la salvación, el **p**, Ap. 12.10. Véase **Autoridad**, **Brazo**, **Fuerza**.

PODER: (verbo) Tener fuerza para. // Traté de sufrirlo, y no pude, Jer. 20.9. Dios puede levantar hijos a Abraham aun de estas piedras, Mt. 3.9. Muchos procurarán entrar, y no podrán, Lc. 13.24. Nadie las puede arrebatar de la mano de mi Padre, Jn. 10.29. Todo lo puedo en Cristo que me fortalece, Fil. 4.13. Por lo cual puede también salvar perpetuamente a los que por él se acercan a Dios, He. 7.25. Uno solo es el dador de la ley, que puede salvar y perder, Stg. 4.12. Ninguno podía abrir el libro, ni aun mirarlo, Ap. 5.3.

PODEROSAMENTE: De modo poderoso. // Así crecía y prevalecía **p** la palabra del Señor, Hch. 19.20. Luchando según la potencia de él, la cual actúa **p** en mí, Col. 1.29. Véase **Fuertemente**.

PODEROSO: Que tiene poder, que ejerce poderío. // Nimrod, Gn. 10.8. Es más **p** que yo, Mt. 3.11. Moisés... **p** en sus palabras y obras, Hch. 7.22. Apolo, elocuente y **p** en las Escrituras, Hch. 18.24. No fueron llamados muchos **p**, 1 Co. 1.26. Las armas de nuestra milicia no son carnales, sino **p** en Dios, 2 Co. 10. 4. Cristo es **p** en vosotros, 2 Co. 13.3. Aquel que es **p** para hacer todas las cosas mucho más, Ef. 3.20; para guardar mi depósito para aquel día, 2 Ti. 1.12; para socorrer a los que son tentados, He. 2.18; para guardaros sin caída, Judas 24; para juzgar, Ap. 18.8. Véase **Fuerte**.

PODREDUMBRE: Putrefacción de las cosas; corrupción moral. // Así será su raíz como **p**, Is. 5.24.

PODRIDO: Que está en descomposición, corrupto. // El bronce como leño **p**, Job 41.27. No hay en él cosa sana, sino herida, hinchazón y **p** llaga, **Is.1.6**. El cinto se había **p**, **Jer.13.7.** Vuestras riquezas están **p**, **Stg. 5.2**.

POESÍA: El arte de expresar oralmente, o por escrito, en forma métrica, pensamientos sublimes y encantadores, cargados de emoción, exaltación e imaginación. La antigua poesía no tenía rimas. Consistía de paralelismos. Es decir, en lugar de hacer que los versos rimaran, se repetía en una línea. En otras palabras, lo que ya fue escrito en la línea anterior. En la repetición, el pensamiento llegaba al auge formando una copla de versos o sinónimos o antónimos. Las coplas podían ser dobles, triples o cuádruples, es decir, de dos, de cuatro, de seis o de ocho líneas. Un ejemplo de expresar una idea en línea sucesivas y sinónimas: "Escudríñame, oh Jehová, y pruébame; examina mis íntimos pensamientos y mi corazón", Sal. 26:2. Un ejemplo de repetir una idea en forma antónima: "Muchos dolores habrá para el impío; mas al que espera en Jehová, le rodea la misericordia", Sal. 32:10. Es solamente en el original y en pocas traducciones recientes que la poesía aparece con tal aspecto. Eso nos ayuda a que comprendamos los sentimientos del poder y del espíritu. Casi la tercera parte del Antiguo Testamento es poesía. El primer ejemplo es Gn. 4.23, 24. Tres grandes obras primas de poesía del Antiguo Testamento son: Jue. 5; 2 S. 1.19-27; y Nah. 1.10 — 3.19. Los libros de Job, Salmos, Proverbios, Cantares, Lamentaciones y una gran parte de Isaías, Jeremías y de los profetas menores es poesía. En la poesía del Nuevo Testamento se encuentran el **Magnificat**, Lc. 1.46-55; el **Benedictus**, Lc. 1.68-79; y el **Nunc Dimittis**, Lc. 2.29-32. Parece que Pablo citaba himnos en Ef. 5.14 y 1 Ti. 3.16.

POETA: Aquel que escribe en versos. // Como algunos de vuestros propios **p** también han dicho: Porque linaje suyo somos, Hch. 17.28.

POLIGAMIA: El estado de tener más de un cónyuge al mismo tiempo. // El creador **los hizo al principio, varón y hembra,** Mt. 19.4. El matrimonio es la decisión de un hombre y de una mujer para juntos formar una familia. El Señor Dios creó la mujer para ser una auxiliadora (Gn. 2.20-23) al hombre, no una esclava, como ocurre con una pluralidad de esposas. En la poligamia, las mujeres no son huesos de los huesos del hombre ni carne de su carne, Gn. 2.23. El hombre dejará a su padre y a su madre y se unirá a su mujer, volviéndose los dos una sola carne, Gn. 2.24. Los hombres, en su sensualidad, no perciben, generalmente, las complicaciones y las tristezas que resultan de la poligamia. Nótense los ejemplos de Abraham y Sara, Gn. 21.8-21; de Jacob, Lea, Zilpa, Raquel y Bilha; de David y de Salomón. El hecho de que el número de hombres en el mundo sea igual al de mujeres es prueba que el hombre no tiene derecho, moralmente, de tener más de una esposa. El hombre no puede unirse a más de una mujer sin privar otro hombre de una mujer que es justo recibir como suya. Para nuestra dispensación, dejará el hombre padre y madre, y se unirá a su mujer, volviéndose los dos una sola carne, Mt. 19.5. Cada uno tenía su propia esposa y cada una su propio marido, 1 Co. 7.2. Pablo tenía el derecho de tener, como los apóstoles tenían, 1 Co. 9.5. Cada uno sepa tener su propia esposa en santidad y honor, y no con el deseo de lascivia, como los gentiles, 1 Ts. 4.4. El obispo sea esposo de una sola mujer, 1 Ti. 3.2. El diácono sea marido de una sola mujer, 1 Ti. 3.12. Que haya sido esposa de un solo marido, 1 Ti. 5.9.

POLILLA: Insecto que se alimenta de pelos y de lana. // Símbolo de la debilidad de los hombres, Job 4.19; Os. 5.12. Hace capullo en el que vive, Job 27.18. Come la ropa, Job 13.28; Is. 50.9; 51.8; Mt. 6.19; Stg. 5.2. Los bienes, otrora, consistían de ropa costosa más que actualmente. Se daba prendas de vestir como regalos. Para preservarlas de la polilla era necesario mucho cuidado.

POLLINO: Asno joven y cerril. // Cuando un **p** de asno montés nazca hombre, **Job 11.12.** Tu rey vendrá a ti, justo y salvador, humilde, y cabalgando sobre un asno, sobre un **p** hijo de asna, **Zac.** 9.9. Hallaréis una asna atada, y un **p** con ella; desatadla, y traédmelos, **Mt. 21.2.** Sobre un **p**, hijo de animal de carga, **Mt. 21.5.** Trajeron el asna y el **p**, y pusieron sobre ellos sus mantos; y él se sentó encima, **Mt. 21.7.** ¿Qué hacéis desatando el **p**? **Mr. 11.5.** Y trajeron el **p** a Jesús, y echaron sobre él sus mantos, y se sentó sobre él, **Mr. 11.7.** Y cuando desataban el **p**, sus dueños les dijeron: ¿Por qué desatáis el **p**?, **Lc. 19.33.**

POLLO: Cría de animales. // Dejarás ir a la madre, y tomarás los **p**, Dt. 22.7. El águila... revolotea sobre sus **p**, Dt. 32.11. Sacará sus **p**, Is. 34.15. Chacales y los **p** del avestruz, Is. 43.20.

POLLUELO: Pequeño pajarito, todavía sin plumas o casi sin plumas. // Sus **p** claman a Dios, Job 38.41. Sus **p** chupan la sangre, **Job 39.30.** Aun el gorrión halla casa, y la golondrina nido para sí, donde ponga sus **p**, **Sal. 84.3.** Morarán también en ella **p** de avestruz, **Jer. 50.39.** ¡Cuántas veces quise juntar a tus hijos, como la gallina junta sus **p** debajo de las alas, y no quisiste!, **Mt. 23.37; Lc. 13.34.**

Polluelo

POLVO: Sustancia pulverizada, polvareda. // El hombre hecho de **p** de la tierra, Gn. 2.7; 3.19; Sal. 103.14; 104.29; 146.4; Ec. 3.20; 12.7; 1 Co. 15.47; 2 Co. 4.7; 5.1. El sepulcro, Dn. 12.2. Se acostaron en el **p**, lanzar **p** sobre la cabeza, etc. Símbolo de llanto o profunda humillación, Job 2.12; 42.6; Sal. 72.9; Is. 2.10; 47.1; 49.23; Ez. 27.30; Mi. 7.17; Ap. 18.19. Manifestación de ira, tirar **p** en los aires, 2 S. 16.13; Hch. 22.23. Sacudir el **p** de los pies, Mt. 10.14; Lc. 10.11; Hch. 13.51. **P** como símbolo de multitud innumerable, Gn. 13.16; 28.14; Job 27.16; Sal. 78.27. Como símbolo de insignificancia; las naciones... como menudo **p** en la balanza, Is. 40.15. Véase **Tierra, Arena**.

POMPA: Aparato solemne y suntuoso. // Agripa y Berenice con mucha **p**, Hch. 25.23. Véase **Lujoso**.

PONER: Colocar (en algún lugar). // Pongo en Sion la principal piedra del ángulo, escogida, preciosa, 1 P. 2.6. **Entonces puso Abraham siete corderas del rebaño aparte, Gn. 21.28.** Para **p allí su nombre para su habitación, Dt.12.5. Y la mujer dio a luz un hijo, y le puso por nombre Sansón, Jue. 13.24. Además hizo diez mesas y las puso en el templo, 2 Cr. 4.8. P su esperanza en la sombra de Egipto, Is. 30.2.**

PONTO, gr. **El mar:** Una provincia de Asia Menor. Era la residencia de cierto número de judios que estaban en Jerusalén en el gran día de Pentecostés, Hch. 2.9; 1 P. 1.1. Aquila era natural de Ponto, Hch. 18.2. Véase mapa 6, F-1.

PONZOÑA: Secreción venenosa de algunos animales. // **P** cruel de áspides, Dt. 32.33. Véase **Veneno**.

PONZOÑOSO: Que tiene **ponzoña, sustancia venenosa o nociva para la salud. // Las uvas de ellos son uvas p**, Dt. 32.32. Véase **Veneno**.

POPA: Parte posterior del navío. // Jesús estaba en la **p**, durmiendo, Mr. 4.38.

POPULACHO: A la mano **derecha se levantó el populacho, Job 30:12.** Véase **Plebe**.

POQUERET-HAZEBAIM, hb. **Cazando gacelas:** Un siervo de Salomón. Sus descendientes volvieron con Zorobabel, Esd. 2.57.

POR VENIR: Tiempo que vendrá; destino. // Sea lo presente, se lo por venir, 1 Co. 3.22. Sólido fundamento para por venir f, 1 Ti. 6.19.

PORATA, hb. **Que tiene muchos carros:** Uno de los diez hijos de Amán, Est. 9.8.

PORCIÓN: La parte de un todo. // Canaán, **p** de tu heredad, 1 Cr. 16.18. Cuya **p** la tienen en esta vida, Salmo 17.14. Mi **p** en la tierra de los vivientes, Salmo 142.5. Véase **Parte.**

PÓRFIDO: Especie de mármol, muy duro, rojo o verde y salpicado de manchas de varios colores, Est. 1.6.

PÓRTICO: Espacio abierto y con columnas que se construye cubriendo la entrada de un edificio. // Betesda, el cual tiene cinco **p**, Jn. 5.2. Jesús andaba... **p** de Salomón, Jn. 10.23. Al **p** de Salomón, Hch. 3.11. Unánimes en el **p** de Salomón, Hch. 5.12.

POS, EN: Detrás o después de. // Y si la mujer no quisiere venir en **p** de ti, Gn. 24.8. Venir en **p** de mí, Mt. 16.24.

POSADA: Hospedaje. // Que en una **p** Jehová le salió al encuentro, y quiso matarlo,

Ex. 4.24. Vinieron a él muchos a la **p**, a los cuales les declaraba y les testificaba el reino de Dios, Hch. 28.23.

POSAR: Hospedarse. // Desciende, porque hoy es necesario que pose yo en tu casa, Lc. 19.5. También hay en nuestra casa paja y mucho forraje, y lugar para **p**, **Gn. 24:25.** Ellos fueron, y entraron en casa de una ramera que se llamaba Rahab, y posaron allí, **Jos. 2.1.** Hijo de hombre, este es el lugar de mi trono, el lugar donde posaré las plantas de mis pies, **Ez. 43.7.** Al ver esto, todos murmuraban, diciendo que había entrado a **p** con un hombre pecador, **Lc. 19.7.**

POSEEDOR: Que posee. // La cual quita la vida de sus **p**, **Pr. 1.19.** Mas la sabiduría excede, en que da vida a sus **p**, **Ec. 7.12.** Aun os traeré nuevo **p**, oh moradores de Maresa, **Mi. 1.15.**

POSEER: Tener en su poder. // Tu descendencia poseerá las puertas de sus enemigos, Gn. 22.17. Entrad y poseed la tierra que Jehová juró a vuestros padres, Dt. 1.8. Queda aún mucha tierra por **p**, Jos. 13.1. La vida del hombre no consiste en la abundancia de los bienes que posee, Lc. 12.15. Ninguno decía ser suyo propio nada de lo que poseía, Hch. 4.32. Los que poseían tierras, Hch. 4.34. Los que compran, como si no poseyesen, 1 Co. 7.30. Como no teniendo nada, mas poseyéndolo todo, 2 Co. 6.10. Véase **Tener**.

POSESIÓN: Tenencia, dominio. // **Así habitó Israel en la tierra de Egipto, en la tierra de Gosén; y tomaron p de ella, Gn. 47.27.** Porque es perpetua **p** de ellos, Lv. 25.34. Como **p** tuya los confines de la tierra, Sal. 2.8. A Israel por **p** suya, Sal. 135.4. Véase **Bienes**.

POSIBLE: Que puede ser, acontecer o practicarse. // Para Dios todo es **p**, Mt. 19.26. Engañarán, si fuere **p**, aun a los escogidos, Mt. 24.24. Padre mío, si es **p**, pase de mí esta copa, Mt. 26.39. Si puedes creer, al que cree todo le es **p**, Mr. 9.23. Si es **p**... estad en paz con todos los hombres, Ro. 12.18.

POSTE: Madero, piedra o columna colocados verticalmente para servir de apoyo o de señal. // Las escribirás en los p de tu casa, Dt. 6.9. **Y le hará estar junto a la puerta o al p,** Ex. 21.6. **A la puerta del templo p cuadrados de madera de olivo, 1 R. 6.33. Aguardando a los p de mis puertas, Pr. 8.34. Sus p caían afuera al atrio, con palmeras a cada uno de sus p de un lado y de otro, Ez. 40.37.** Véase **Umbral.**

POSTERIDAD: Serie de individuos procedentes del mismo origen. // **Dios me envió delante de vosotros, para preservaros p sobre la tierra, Gn. 45.7. La p le servirá, Sal. 22.30. Hasta que anuncie tu poder a la p, Sal. 71.18. Sea señor sobre la p de Abraham, de Isaac y de Jacob, Jer. 33.26.**

POSTIGO: Pequeña puerta. // **La otra tercera parte a la puerta del p de la guardia, 2 R. 11.6.**

POSTRAR: Acostarse hasta la tierra. // Venid, adoremos y postrémonos, Sal. 95.6. Lla mujer... postrándose a sus pies, Lc. 8.47. Quedaron postrados en el desierto, 1 Co. 10.5. Haré venir y postrarse a tus pies, Ap. 3.9. Véase **Inclinar**.

POSTRERO: Último de una serie de elementos. // Muchos primeros serán p, y p, primeros, Mt. 19.30; 20.16. **Que lo resucite en el día p**, Juan 6.39; 11.24; 12.48. **Dios nos ha exhibido a nosotros los apóstoles como p**, 1 Co. 4.9. **En los p tiempos algunos apostatarán de la fe**, 1 Ti. 4.1; 1 P. 1.5. **En los p días vendrán tiempos peligrosos**, 2 Ti. 3.1; He. 1.2; 2 P. 3.3; Is. 2.2.

POSTRIMERÍA: Periodo último de la duración de algo. // En la mitad de sus días las dejará, y en su **p** será insensato, Jer. 17.11. Mi **p** sea como la suya, **Números 23.10**. Sepamos también su **p**, y hacednos entender lo que ha de venir, **Isaías 41.22.** No has pensado en esto, ni te acordaste de tu **p**, **Isaías 47.7. La volveré como en llanto de unigénito, y su p como día amargo, Amós 8.10**.

POTAJE: Guiso o caldo hecho con legumbres y verduras. // Y guisó Jacob un **p**, Gn. 25.29. Haz **p** para los hijos de los profetas, 2 R. 4.38.

POTENCIA: Poder, fuerza. // Si habláremos de su **p**, por cierto es fuerte, **Job 9:19.** Con la **p** salvadora de su diestra, **Sal. 20.6.** Voz de Jehová con **p**, **Sal. 29.4.** Las estrellas caerán del cielo, y las **p** de los cielos serán conmovidas, **Mt. 24.29.** Con **p** de señales y prodigios, **Ro.15.19.** Cuando haya suprimido todo dominio, toda autoridad y **p**, **1 Co. 15.24.** Conforme a la **p** de su gloria, **Col. 1.11.** Mayores en fuerza y en **p**, **2 P. 2.11.** Sea gloria y majestad, imperio y **p**, **Judas 1:25.** Los mercaderes de la tierra se han enriquecido de la **p** de sus deleites, **Apocalipsis 18:3**.

POTESTAD: Aquel que tiene gran poder o autoridad. // Para que se conviertan de las tinieblas a la luz, y de la **p** de Satanás a Dios, Hch. 26.18. Siguiendo la corriente de este mundo, conforme al príncipe de la **p** del aire, Ef. 2.2. A él están sujetos ángeles, autoridades y **p**, 1 P. 3.22. Véase **Principado**.

POTIFAR, Que pertenece al sol: El capitán de la guardia del Faraón, el oficial que compró José a los mercaderes ismaelitas,

Gn. 37.36; 39.1. Las mujeres egipcias de todas las clases gozaban absoluta libertad, habiendo por lo tanto completa oportunidad para la tentación de José. El hecho de Potifar no haber matado a su siervo nos da a conocer que él tenía a José en gran consideración, dudando, ciertamente, que él hubiera practicado el acto de que se le acusaba, Gn. 39.1-20.

POTIFERA, Que pertenece al sol: Un sacerdote de obra misionera y padre de Asenat, mujer de José, Gn. 41.45,50; 46.20.

POZO: Cavidad profunda, abierta en la tierra que contiene agua. // Sacar agua del **p**, Is. 30.14. **P** de asfalto, Gn. 14.10. Abraham reconvino a Abimelec a causa de un **p** de agua, Gn. 21.25. Los camellos junto a un **p**, Gn. 24.11. Cavaron los siervos de Isaac... un **p**, Gn. 26.19. Llamó el **p** de Esek... de Sitna... Rehobot, Gn. 26.20, 21, 22. Había una gran piedra sobre la boca del **p**, Gn. 29.2. Cántico: Sube, oh **P**; a él cantad, Nm. 21.17. Tenía en su patio un **p**, dentro del cual se metieron, 2 S. 17.18. Sacaron agua del **p** de Belén que estaba junto a la puerta, 2 S. 23.16. **P** ha cavado… en el hoyo que hizo caerá, Sal. 7.15. Bebe el agua… los raudales de tu propio **p**, Pr. 5.15. **P** de aguas vivas, Cnt. 4.15. Si su asno o su buey cae en algún **p**, Lc. 14.5. La llave del **p** del abismo, Ap. 9.1. Véase **Cisterna**, **Fuente**.

PRÁCTICA: Uso, ejercicio, costumbre. // Y no andéis en las **p** de las naciones que yo echaré de delante de vosotros, **Lv. 20.23.** Según las **p** abominables de las naciones, **2 R. 16.3.** ¿Qué debemos hacer para poner en **p** las obras de Dios? **Jn. 6.28.**

PRACTICAR: Ejercer, llevar a efecto. // Que los que practican tales cosas… se complacen con los que las practican, Ro. 1.32. El que practica el pecado es del diablo, 1 Jn. 3.8. **Buen entendimiento tienen todos los que practican sus mandamientos, Sal. 111.10. Asimismo muchos de los que habían practicado la magia, Hch. 19.19. Practicando la hospitalidad, Ro. 12.13. Hacer perfecto, en cuanto a la conciencia, al que practica ese culto, He. 9.9. Sabemos que todo aquel que ha nacido de Dios, no practica el pecado, 1 Jn. 5.18.**

PRADO: Tierra húmeda o de regadío en la que se deja crecer o se siembra hierba como pasto para el ganado; lugar llano, verde y agradable que sirve de paseo. // Siete vacas, hermosas a la vista, y muy gordas, y pacían en el **p**, **Gn. 41.2; 41.18.** ¿Crece el **p** sin agua?, **Job 8.11.** ¿Por qué se ha encendido tu furor contra las ovejas de tu **p**?, **Sal. 74.1.** Y nosotros, pueblo tuyo, y ovejas de tu **p**, **Sal. 79.13.** Nosotros el pueblo de su **p**, y ovejas de su mano, **Sal. 95.7.** Pueblo suyo somos, y ovejas de su **p**, **Sal. 100.3.** Véase **Pasto**.

PRECEDER: Ir o estar adelante de. // No precederemos a los que durmieron, 1 Ts. 4.15. Y a la honra precede la humildad, **Pro. 15.33.**

PRECEPTO: Mandamiento, regla. // **Por cuanto oyó Abraham mi voz, y guardó mi p, Gn. 26.5.** El **p** de Jehová es puro, Sal. 19.8. **Obedeciendo a la voz de su p, Sal. 103.20. El que menosprecia el p perecerá por ello, Pr. 13.13. Todos ellos tendrán un solo pastor; y andarán en mis p, Ez. 37.24. Como si vivieseis en el mundo, os sometéis a p, Col. 2.20.** Véase **Derecho**, **Ley**, **Mandamiento**.

PRECIO: Valor estimativo de una cosa. // Macpela... por su justo **p** me la dé, Gn. 23.9. Comprad sin dinero y sin **p**, vino y leche, Is. 55.1. No... porque es **p** de sangre, Mt. 27.6. Trajo el **p** y lo puso a los pies de los apóstoles, Hch. 4.37. Sustrajo del **p**, sabiéndolo también su mujer, Hch. 5.2. Habéis sido comprados por **p**, 1 Co. 6.20; 7.23. **No, sino por p te lo compraré, 2 S. 24.24. Nuestra agua bebemos por dinero; compramos nuestra leña por p, Lm. 5.4.**

PRECIOSÍSIMA: De muchísimo valor. // **Piedra p, como piedra de jaspe, diáfana como el cristal. Ap. 21.11.**

PRECIOSO: Que es de gran aprecio. // Para vosotros, pues, los que creéis, él es **p**, 1 P. 2.7. Mi vida ha sido estimada **p** hoy a tus ojos, 1 S. 26.21. ¡Cuán **p**, oh Dios, es tu misericordia!, Sal. 36.7. ¡Cuán **p** me son, oh Dios, tus pensamientos!, Sal. 139.17. Más **p** es que las piedras preciosas, Pr. 3.15. Ni estimo **p** mi vida para mí mismo, Hch. 20.24. Mirad cómo el labrador espera el **p** fruto de la tierra, Stg. 5.7. Vuestra fe, mucho más **p** que el oro, 1 P. 1.7. Con la sangre **p** de Cristo, 1 P. 1.19. Para Dios escogida y **p**, 1 Pedro 2.4,6. Una fe igualmente **p** que la nuestra, 2 Pedro 1.1. Nos ha dado **p** y grandísimas promesas, 2 Pedro 1.4.

PRECIPICIO: Lugar de donde se puede precipitar alguien o algo. // **Como las aguas que corren por un p, Mi. 1.4.**

PRECIPITADAMENTE: Apresuradamente con imprudencia. // Habló **p** con sus labios, **Sal. 106.33.** Que nada hagáis **p**, **Hch.19.36.**

PRECIPITADO: Que no reflexiona. // Por eso mis palabras han sido **p**, Job 6.3.

PRECIPITAR: Lanzar (de lugar elevado); proceder con demasiada precipitación. // También Isacar se precipitó a pie en el valle, **Jue. 5.15.** Y su mismo consejo lo precipitará, **Job 18.7.** Los carros se precipitarán a las plazas, Nah. 2.4. Todo el hato de cerdos se precipitó en el mar por un despeñadero, **Mt.8.32.; Mr. 5.13. Lc. 8.33.** Él entonces, pidiendo luz, se precipitó adentro, **Hch. 16.29.** Cómo precipitó las aguas del Mar Rojo sobre ellos, **Dt. 11.4.**

PRECISAR: Necesitar o ser necesario o imprescindible. // ¿Será preciso contarle cuando yo hablare?, **Job 37:20.** Porque es preciso que entre vosotros haya disensiones, **1 Co. 11.19.** Porque preciso es que él reine, **1 Co. 15.25.** Es preciso tapar la boca, **Tito 1:11. Véase Carecer, Necesitar.**

"Prediques la palabra; que instes a tiempo y fuera de tiempo" (2 Ti. 4.2).

PRECURSOR: Que viene antes y anuncia. Que viene delante de alguien a anunciar su llegada, Gn. 41.43.; 1 S. 8.11.; 2 S. 15.1.; 1 R. 1.5.; Est. 6.9. Juan el Bautista era el precursor de Jesús. Véase Lc. 1.76; 3.4. Penetra hasta dentro del velo, donde Jesús, como **p**, entró por nosotros, He. 6.20.

PREDECIR: Decir anticipadamente. // **Os predecíamos que íbamos a pasar tribulaciones, 1 Tes. 3.4.** Véase **Profetizar**.

PREDESTINACIÓN: Acción o efecto de predestinar. Podemos engañarnos acerca de algunas de las doctrinas más simples, si no incluimos todos los pasajes que tratan del asunto. Un ejemplo es la predestinación. No debemos concluir de Ro. 8.29; Ef. 1.5,11; 3.11; 1 P. 1.2,20, que la salvación es enteramente de Dios y que el hombre absolutamente nada tiene que ver con su salvación. Las Escrituras no nos declaran que fue la presciencia de Dios que determinó la elección y predestinación divina. Aquellos conocidos antes de la fundación del mundo son electos, y los electos son predestinados, y la elección es cierta a todos los creyentes por el simple hecho de que ellos creen, 1 Ts. 1.4. Véase **Elección**, **Presciencia**.

PREDESTINAR: Destinar desde toda la eternidad para la bienaventuranza eterna o para la realización de grandes cosas. Destinar desde toda la eternidad. // A los que de antemano conoció, también los predestinó para sean conforme a la imagen de su Hijo, Ro. 8.29. Y a los que predestinó, Ro. 8.30. En amor nos predestinó para Él, Ef. 1.5. Predestinados conforme al propósito, Ef. 1.11 Compare Ef. 3.11. Véase **Elegir**, **Escoger**.

PREDETERMINAR: Determinar anticipadamente. Hacer cuanto tu mano y tu consejo habían antes determinado que sucediera, Hch. 4.28. Véase Ef. 3.11.

PREDICACIÓN: Acto de predicar; sermón. // Porque ellos se arrepintieron a la **p** de Jonás, Mt. 12.41. La **p** de Jesucristo, Ro. 16.25. Salvar a los creyentes por la locura de la **p**, 1 Co. 1.21. Mi palabra y mi **p**, 1 Co. 2.4. Vana es entonces nuestra **p**, 1 Co. 15.14. Para que por mí fuese cumplida la **p**, 2 Ti. 4.17. Manifestó su palabra por medio de la **p**, Tito 1.3. Véase **Declaración**.

PREDICADOR: El que predica. // Palabra del **P**, hijo de David, Ec. 1.1; véase 1.12; 12.9. Fui constituido **p**, 1 Ti. 2.7; 2 Ti. 1.11. Véase **Pregonero**.

PREDICAR: Anunciar, enseñar bajo forma de doctrina. Predicar el arrepentimiento, Mt. 3.1; 4.17; Lc. 24.47; el bautismo, Mr. 1.4; las buenas nuevas, Is. 61.1; Cristo, 1 Co. 1.23; Fil. 1.17; el evangelio, Mt. 4.23; 24.14; Mr. 16.15; Ro. 15.20; 1 Co. 9.14,16; 1 Pedro 1.12; 4.6; el evangelio eterno, Ap. 14.6; Jesús, Hch. 5.42; 9.20; 17.18; 2 Co. 11.4; nosotros mismos, 2 Co. 4.5; la Palabra, Hch. 8.4; 2 Co. 4.2; el reino, Lc. 9.2,60; Hch. 28.31; la resurrección, Hch. 17.18. Véase **Anunciar**, **Declarar**.

PREEMINENCIA: Primacía. // El primogénito de entre los muertos, para que en todo tenga la **p**, Col. 1.18.

PREFERENCIA: Primacía o ventaja que una persona o cosa tienen sobre otra por su valor o importancia. // Con **p** al hijo de la aborrecida, que es el primogénito, **Dt. 21.16.** Fue delante de Jehová, quien me eligió en **p** a tu padre y a toda tu casa, **2 S. 6.21.**

PREFERENTE: Que tiene preferencia sobre el resto. // Jerusalén... **p** asunto de mi alegría, **Sal. 137.6.**

PREFERIR: Escoger. // Si prefieres quedarte, vuélvete a Gedalías hijo de Ahicam... y le despidió, **Jer. 40.5.** Porque prefiero morir, antes que nadie desvanezca esta mi gloria, **1 Co. 9.15.** En la iglesia prefiero hablar cinco palabras con mi entendimiento, **1 Co. 14.19. En cuanto a honra, prefiriéndoos los unos a los otros, Ro. 12.10.** Véase **Escoger**.

PREGÓN: Palabras proferidas en voz alta para anunciar públicamente alguna cosa. // Determinaron hacer pasar **p** por todo Israel, 2 Cr. 30.5. A la puesta del sol salió un **p** por el campamento, **1 R. 22.36.** Y que hiciesen saber, y pasar **p** por todas sus ciudades y por Jerusalén, **Neh. 8.15.** Sonido de trompeta has oído, oh alma mía, **p** de guerra, **Jer. 4.19.** Hemos oído el **p** de Jehová, y mensajero ha sido enviado a las naciones, **Abd. 1.1.**

PREGONAR: **Publicar en voz alta un asunto de interés público.** // Ciro... hizo **p** de palabra y también por escrito por todo su reino, Esd. 1.1. E hicieron **p** en Judá y en Jerusalén, Esd. 10.7. Véase **Predicación**.

PREGONERO: Aquel que proclama públicamente. // Noé, **p** de la justicia, 2 P. 2.5. **El p anunciaba en alta voz, Dn. 3.4.**

PREGUNTA: Palabra o frase interrogativa. // Reina... vino a probarle con **p** difíciles, 1 R. 10.1. Véase **Cuestión**.

PREGUNTAR: Interrogar, procurar saber. // Ni osó alguno desde aquel día preguntarle más, Mt. 22.46. Porque pregunta ahora si en los tiempos pasados que han sido antes de ti, Dt. 4.32. Pregunta a tu padre, y él te declarará, Dt. 32.7. Los hijos de Israel preguntaron a Jehová, Jue. 20.27. Yo te preguntaré, y tú me contestarás, Job 38.3. Preguntad por las sendas antiguas, Jer. 6.16. Me manifesté a los que no preguntaban por mí, Ro. 10.20. Comed, sin **p** nada por motivos de conciencia, 1 Co. 10.25. Véase **Indagar**, **Interrogar**.

PREJUICIO: Juicio u opinión, generalmente negativo, que se forma inmotivadamente de antemano y sin el conocimiento necesario. // **Que guardes estas cosas sin p, 1 Ti. 5.21.**

PREMIAR: Galardonar con un premio. // Mas los justos serán premiados con el bien, Pr. 13.21. Me ha premiado conforme, 2 S. 22.21. Véase **Recompensar.**

PREMIO: Recompensa. Distinción conferida a quien sobresale por trabajos o méritos. // Todos a la verdad corren, pero uno solo se lleva el **p**, 1 Co. 9.24. Al **p** del supremo llamamiento, Fil. 3.14. Balaam... que amó el **p** de la maldad, 2 P. 2.15. **¿Para qué has de correr tú, si no recibirás p por las nuevas?, 2 S. 18.22. Nadie os prive de vuestro p**, **Col. 2.18.** Véase **Recompensa.**

PREMURA: Apuro, urgencia, prisa. // El camino estaba lleno de vestidos y enseres que los sirios habían arrojado por la **p**, 2 R. 7.15. **Decía yo en mi p: Cortado soy de delante de tus ojos, Sal. 31.22.**

PRENDA: Contrato, por el cual un acreedor recibe, para garantizar su crédito, un objeto cualquiera; el propio objeto, que es dado como garantía. Fig. Testimonio, seguridad. // Si tomares en **p** el vestido de tu prójimo, Ex. 22.26. No tomarás en **p** la muela del molino, Dt. 24.6. Si el impío restituyere la **p**, Ez. 33.15. ¿Hasta cuándo había de acumular sobre sí **p** tras **p**?, Habacuc 2.6. Véase **Arras.**

PRENDER: Privar de la libertad; capturar; encarcelar. // Que Juan estaba preso, Mt. 4.12. Al que yo besare, ése es; prendedle, Mt. 26.48. **¿...con palos para prenderme?... en el templo, y no me prendisteis**, Mt. 26.55. Prendiendo y entregando en cárceles a hombres y mujeres, Hch. 22.4. Guardaba la ciudad de los damascenos para prenderme, 2 Co. 11.32. **Prendió al dragón... y lo ató por mil años**, Ap. 20.2. Véase **Cautivar**, **Encarcelar**.

PREOCUPACIÓN: Idea anticipada; desasosiego resultante de esa idea. // Sobre mí se agolpa cada día, la **p** por todas las iglesias, 2 Co. 11.28. Abandonada la **p** por las asnas, estará acongojado por nosotros, **1 S. 9.5.**

PREOCUPAR: Dar cuidado a; causar intranquilidad, inquietud o angustia. // Cuando os trajeren para entregaros, no os preocupéis por lo que habéis de decir, Mr. 13.11. Mi señor no se preocupa conmigo de lo que hay en casa, **Gn. 39.8.** No os preocupéis por vuestros enseres, **Gn.45.20.** Mas cuando os entreguen, no os preocupéis por cómo o qué hablaréis, **Mt. 10.19.** Con él no se preocupaba de cosa alguna sino del pan que comía, **Gn. 39.6.**

PREPARACIÓN: Hecho, efecto o forma de prepararse. // **El día de la preparación** es el día antes do sábado, Mt. 27.62; Mr. 15.42; Lc. 23.54; Jn. 19.31,42. **La preparación de la pascua (parasceve)** Jn. 19.14, era aquel día antes del sábado, que corría durante la fiesta pascual de ocho días. Pasó después a significar el **Viernes**.

PREPARAR: Enseñar, educar, entrenar; disponer algo para una finalidad. // **Esdras había p su corazón para inquirir la ley de Jehová y para cumplirla, Esd. 7.10. Asimismo hemos p y santificado todos los utensilios, 2 Cr. 29.19.** Para **p** al Señor un pueblo bien dispuesto, Lc. 1.17. Ahora, pues, yo le prepararé lo necesario, 1 Cr. 22.5. Mi mensajero... preparará tu camino delante de ti, Mr. 1.2. Preparad el camino del Señor, Mr. 1.3. Venid, que ya todo está preparado, Lc. 14.17. Voy, pues, a **p** lugar para vosotros, Jn. 14.2. Los vasos de misericordia que él preparó de antemano para gloria, Ro. 9.23; 1 Co. 2.9. ¿Quién se preparará para la batalla?, 1 Co. 14.8. Buenas obras... Dios preparó de antemano para que anduviésemos en ellas, Ef. 2.10. Porque les ha preparado una ciudad, He. 11.16. Perfecto, enteramente **p** para toda buena obra, 2 Ti. 3.17. La salvación que está preparada para ser manifestada en el tiempo postrero, 1 P. 1.5. Estad siempre preparados para presentar defensa, 1 P. 3.15. Véase **Listo, Adiestrar.**

PREPARATIVO: Aquello que se hace para preparar algo. // David antes de su muerte hizo **p** en gran abundancia, 1 Cr. 22.5. Hechos ya los **p**, subimos a Jerusalén, Hch. 21.15.

PREPUCIO: Piel que cubre el glande, Gn. 17.11; Ex. 4.25; 1 S. 18.25. Véase **Circuncisión**.

PRESA: Aquello de lo que el animal carnicero se apodera para comer. **Fig**. Aquello de que el hombre se apodera con violencia. // A vuestros niños, de los cuales dijisteis que serían por **p**, Nm. 14.31. Los leoncillos rugen tras la **p**, Sal. 104.21. Israel... ¿Por qué ha venido a ser **p**?, Jer. 2.14.

PRESBITERIO: 1 Ti. 4.14. Era la colectividad de los presbíteros. Véase **Obispado**.

PRESCIENCIA: Conocimiento de las cosas futuras. // **Elegidos según la p de Dios Padre en santificación del Espíritu, 1 P. 1.2.** Véase también, Ro. 8.29; 11.2; 1 P. 1.20. Véase **Elección**, **Predestinado**.

PRESCRIBIR: Determinar; ordenar de modo explícito y previamente. // Sus estatutos, que yo te prescribo hoy, **Dt. 10.13.** Estos mandamientos que yo os prescribo para que los cumpláis, **Dt. 11:22.** Conforme a todas las leyes que yo prescribí a vuestros padres, **2 R. 17.13.** Guardó los mandamientos que Jehová prescribió a Moisés, **2 R. 18.6.** Que prescribiste por medio de tus siervos los profetas, **Esd. 9.11.** Por mano de Moisés tu siervo les prescribiste mandamientos, estatutos y la ley, **Neh. 9.14.** Los que dictan leyes injustas, y prescriben tiranía, **Is. 10.1.**

PRESCRITO: **Recetado, recomendado, dispuesto, determinado, ordenado.** // No guardaste el mandamiento que Jehová tu Dios te había **p**, **1 R. 13.21.** Esta es la ordenanza de la ley que Jehová ha **p**, **Nm.19.2.** Los testimonios que él había **p** a ellos, **2 R. 17.15.** ¿Quién le ha **p** su camino? **Job 36.23.** Después de haber cumplido con todo lo **p** en la ley del Señor, **Lc. 2.39**.

PRESENCIA: Existencia de una cosa o persona en un lugar determinado. Aspecto de la fisionomía. // Se escondieron de la **p** de Jehová Dios, Gn. 3.8. Si tu **p** no ha de ir conmigo, Ex. 33.15. En tu **p** hay plenitud de gozo, Sal. 16.11. En lo secreto de tu **p** los esconderás, Sal. 31.20. Los rectos morarán en tu **p**, Sal. 140.13 Arrancaré de mi **p** a vosotros y a la ciudad que di a vosotros, Jer. 23.39. Jonás se levantó para huir de la **p** de Jehová a Tarsis, Jon 1.3. Todos nosotros estamos aquí en la **p** de Dios, Hch. 10.33. Nadie se jacte en su **p**, 1 Co. 1.29. La **p** corporal débil, 2 Co. 10.10. // **Imposible esconderse de la presencia de Dios:** Gn. 3.8; Sal. 139.7-12; Jer. 23.24; Am. 9.2; Jon 1.3,7. // **Es pavorosa la presencia del Señor:** Ex. 19.16-18; Dt. 33.2; Jue. 5.4; Sal. 18.7-16; 114.7; Is. 64.1-3; Mi. 1.3-4; Hab. 3.3-6; He. 12.21. // **La presencia del Señor acompañó a Israel**, Ex. 33.14, 15; Is. 63.9. // **Ángeles y ancianos permanecen en la presencia del Señor:** Lc. 1.19; Ap. 5.8,11; 7.11.

PRESENTAR: Exponer, mostrar. Ofrecer para ser visto o recibido. // Al monte Sinaí, y preséntate ante mí, Ex. 34.2. Para presentarle al Señor, Lc. 2.22. Que presentéis vuestros cuerpos, Ro. 12.1 Presentaros como una virgen pura, 2 Co. 11.2. A fin de presentársela a sí mismo, una iglesia gloriosa, Ef. 5.27. Para presentaros santos, Col. 1.22. Presentar perfecto... a todo hombre, Col. 1.28. Procura... presentarte a Dios, 2 Ti. 2.15. Presentaros... con gran alegría, Jud. 24.

PRESENTE: Dádiva, regalo. El momento actual. // Ningún castigo al **p** parece ser causa de gozo, Heb 12.11. De Jacob para Esaú, Gn. 32.13. De Jacob para "aquel varón' en Egipto, Gn. 43.11. De todo el mundo para Salomón, 1 R. 10.25. De Acaz para el rey de Asiria, 2 R. 16.8. Los reyes de Tarsis y de las costas traerán **p**, Sal. 72.10. Véase **Dádiva**, **Donativo**, **Ofrenda**.

PRESERVACIÓN: Conservación o protec**ción contra un daño o peligro.** // Porque para **p** de vida me envió Dios delante de vosotros, **Gn. 45.5.** Sino de los que tienen fe para **p** del alma, **He. 10.39.**

PRESERVAR: Mantener libre de corrupción, peligro o daño. // Para preservaros posteridad sobre la tierra, **Gn. 45.7.** Pero las parteras... preservaron la vida a los niños, **Ex. 1.17.** ¿Por qué... habéis preservado la vida a los niños?, **Ex. 1.18.** Y a toda hija preservad la vida, **Éxodo 1:22.** Un cordel entero para preservarles la vida, 2 **S. 8.2.** Que el malo es preservado en el día de la destrucción, **Job 21.30.** De esta generación los preservarás para siempre, **Sal. 12.7.** El es quien preservó la vida a nuestra alma, **Sal. 66.9.** Conforme a la grandeza de tu brazo preserva a los sentenciados a muerte, **Sal. 79.11.** Preserva también a tu siervo de las soberbias, **Sal. 19.13.** Véase **Conservar**.

PRESIDIR: Gobernar. // Y **os presiden en el Señor, y os amonestan, 1 Tes.5.12.** El que preside, con solicitud, Ro. 12.8.

PRESO: Metido en prisión; seguro por cuerda, correa o cadena; que no tiene libertad y acción. // Un **p** famoso llamado Barrabás, Mt. 27.16. Un **p**, y no informar de los cargos que haya en su contra, Hch. 25.27. Los soldados acordaron matar a los **p**, Hch. 27.42. Acordaos de los **p**, como si estuvierais **p**

juntamente con ellos, He. 13.3. Véase **Cautivo**, **Prisionero**.

PRÉSTAMO: Cesión o entrega de un bien que se hace a condición de devolución; crédito, dinero que se toma prestado de una entidad con garantía de devolución y pago de intereses. // Nunca he dado ni tomado en **p**, y todos me maldicen, **Jer. 15.10.**

PRESTAR: Confiar por cierto tiempo el uso de (algo) con la obligación de que se devuelva. // Cuando prestares dinero a uno de mi pueblo, Ex. 22.25. Prestarás entonces a muchas naciones, mas tú no tomarás prestado, Dt. 15.6. Algún pobre... le abrirás de todo tu mano y le prestarás, Dt. 15.8. Ve y pide para ti vasijas prestadas, 2 R. 4.3. Dichoso el hombre que se compadece y presta, Sal. 112.5. A Jehová presta el que da al pobre, Pr. 19.17. El que toma prestado es siervo del que presta, Pr. 22.7. Al que quiera tomar de ti prestado, no se lo rehúses, Mt. 5.42. Si prestáis a aquellos de quienes esperáis recibir, Lc. 6.34. Amigo, préstame tres panes, Lc. 11.5.

PRESTEZA: Rapidez, prontitud en la realización de algo. // **Volando con p, vino a mí como a la hora del sacrificio de la tarde, Dn. 9.21.** Véase **Prisa**, **Prontitud**.

PRESTO: Ligero, rápido. // **Mi tiempo aún no ha llegado, mas vuestro tiempo siempre está p, Jn. 7.6.**

PRESUNCIÓN: Acción o efecto de presumir. // El profeta que tuviere la **p** de hablar palabra en mi nombre, Dt. 18.20. Con **p** la habló el tal profeta; no tengas temor de él, **Dt.18.22.** En la insolencia de su **p**, **Pr. 21.24.**

PRESUNTUOSO: Orgulloso, vanidoso, lleno de presunción. // Escarnecedor es el nombre del soberbio y **p**, **Pr. 21.24.** Véase **Orgullo**, **Soberbia**.

PRETENDER: Tener la intención. Aparentar. Buscar. // **Hay quienes pretenden ser ricos, y no tienen nada; y hay quienes pretenden ser pobres, y tienen muchas riquezas, Pr. 13.7. Una pequeña petición pretendo de ti, 1 R. 2.20. Hermanos, yo mismo no pretendo haberlo ya alcanzado, Fil. 3.13. Mas el que no pretendía herirlo, Ex. 21.13. P contenerla es como refrenar el viento, Pr. 27.16.**

PRETEXTO: Disculpa. // Devoran las casas de las viudas, y por **p** hacen largas oraciones, Mt. 23.14; **Mr. 12.40**. Pero no como los que tienen la libertad como **p** para hacer lo malo, 1 P. 2.16. De todas maneras, o por **p** o por verdad, Cristo es anunciado, **Fil. 1.18**.

PRETIL: Pared, resguardo, etc., que se eleva a la altura del pecho o un poco menos. // Harás **p** a tu terrado, para que no eches culpa de sangre sobre tu casa, si de él cayere alguno, Dt. 22.8.

PRETORIO: Llevaron a Jesús al **p**, Mt. 27.27; Mr. 15.16; Jn. 18.28. El pretorio era el palacio en que residía el gobernador de una provincia romana. En Jerusalén era el palacio suntuoso, que Herodes el Grande edificó y en el que moraba el gobernador romano. **Mis prisiones se han hecho patentes en Cristo en todo el p**, Fil. 1.13. El apóstol Pablo pasaba día y noche encadenado por el pulso a uno de esos soldados. Véase Hch. 28.16. Así todos ellos reconocían que él no era un malhechor mas que sufría injustamente por amor a Jesucristo. El resultado fue que el evangelio se esparció, también, entre todos los de la guardia personal del emperador, acuartelados en uno de los edificios al lado del palacio en Roma.

PREVALECER: Tener, llevar ventaja. // **Y prevalecieron las aguas sobre la tierra ciento cincuenta días, Gn. 7.24. A los nueve días del cuarto mes prevaleció el hambre en la ciudad, 2 R. 25.3.** Cuando alzaba Moisés su mano, Israel prevalecía, Ex. 17.11. Las puertas del Hades no prevalecerán contra ella, Mt. 16.18. Las tinieblas no prevalecieron contra ella, Jn. 1.5. Así crecía y prevalecía poderosamente la palabra del Señor, Hch. 19.20.

PREVARICACIÓN: Acción o efecto de prevaricar. Allí entraré en juicio con él por su **p**, **Ez. 17.20.** Y a causa de la **p** le fue entregado el ejército, **Dn. 8.12.** Tienes sellada en saco mi **p**, **Job 14.17.** El impío es enredado en la **p** de sus labios, **Pr. 12.13.** Si fue por rebelión o por **p** contra Jehová, **Jos. 22.22.** Su oración también, y cómo fue oído, todos sus pecados, y su **p**, **2 Cr. 33.19.** A causa de la **p** de los del cautiverio, **Esd. 9.4**. Por su **p** con que prevaricaron contra mí, **Lv. 26.40.** Pero los hijos de Israel cometieron una **p** en cuanto al anatema, **Jos. 7.1.**

PREVARICADOR: Aquel que prevarica. // Porque todos ellos son adúlteros, congregación de **p**, **Jer. 9.2.** Sus profetas son livianos, hombres **p**, **Sof. 3.4. Es la confianza en el p en tiempo de angustia, Pr. 25.19. Veía a los p, y me disgustaba, Sal. 119.158. Y los p serán de ella desarraigados, Pr. 2.22. El p prevarica, y el destructor destruye, Is. 21.2**.

PREVARICAR: Faltar al deber; rebelarse. // **Por su prevaricación con que prevaricaron contra mí, Lv. 26.40. Oráculo hay en los labios del rey; en juicio no prevaricará su boca, Pr. 16.10. Hasta por un bocado de pan prevaricará el hombre, Pr. 28.21. Mas ellos, cual Adán, traspasaron el pacto; allí prevaricaron contra mí, Os. 6.7.**

PREVER: Ver anticipadamente. // Y la Escritura, previendo que, Gálatas 3.8.

PREVIAMENTE: Primeramente, anticipadamente. // El pacto **p** ratificado por Dios para con Cristo, **Gl. 3.17**.

PRIMERAMENTE: En primer lugar. // A vosotros **p**, Hch. 3.26. **Poder de Dios para salvación a todo aquel que cree; al judío p, y también al griego, Ro. 1.16.**

PRIMERIZA: Nombre que se da a la hembra que tiene el primer parto, Jer. 4.31.

PRIMERO: Que precede a otros, en cuanto al tiempo, lugar o categoría. // A sí mismos se dieron primeramente al Señor, 2 Co. 8.5. El nos amó **p**, 1 Jn. 4.19. Pecadores, de los cuales yo soy el **p**, 1 Ti. 1.15. No temas; yo soy el **p** y el último, Ap. 1.17; 22.13. Porque las **p** cosas pasaron, Ap. 21.4. // El **p**: pacto, He. 8.7; 9.1,18; amor, Ap. 2.4; sillas, Lc. 20.46; cielo, Ap. 21.1; compromiso, 1 Ti. 5.12; día, Gn. 1.5; día de la semana, Mt. 28.1; Hch. 20.7; estado, 2 P. 2.20; cimiento, Ap. 21.19; hombre, 1 Co. 15.45,47; mandamiento, Mt. 22.38; mandamiento con promesa, Ef. 6.2; obras, Ap. 2.5; resurrección, Ap. 20.5,6; rostro, Ez. 10.14; ser viviente, Ap. 4.7; tabernáculo, He. 9.6; Copa, Ap. 16.2; tierra, Ap. 21.1; trompeta, Ap. 8.7.

PRIMICIAS, FIESTA DE LAS: Véase **Pentecostés**.

PRIMICIAS: Los primeros productos de la tierra, o del ganado. // Todas las **p** fueron ofrecidas al Señor en reconocimiento del hecho de que la tierra y todos sus productos pertenecían a Él. **La fiesta de las primicias**, Ex. 23.16; Nm. 28.26. Las **p** de tu grano, Dt. 18.4; 2 Cr. 31.5. Las **p** de tus frutos, Pr. 3.9. Israel era las **p**, Jer. 2.3. Las **p** del Espíritu, Ro. 8.23. Las **p** de la masa, Ro. 11.16. **P** de los que durmieron, 1 Co. 15.20. Cristo, las **p**, 1 Co. 15.23. Las **p** de Acaya, 1 Co. 16.15. **P** de las criaturas, Stg. 1.18. Los 144 mil, **p** para Dios, Ap. 14.4.

PRIMOGÉNITO: El hijo mayor. // Abel trajo también de los **p** de sus ovejas, Gn. 4.4. También le pondré por **p**, Sal. 89.27. Efraín es mi **p**, Jer. 31.9. Para que él sea el **p** entre muchos hermanos, Ro. 8.29. Cuando introduce al **P** en el mundo, He. 1.6. Jesucristo el testigo fiel, el **p** de los muertos, Ap. 1.5.

PRIMOGENITURA: Prioridad de edad entre hermanos y hermanas. // El primogénito era consagrado al Señor, Ex. 22.29. Heredaba una doble porción de todo cuanto el padre poseía, aun cuando él era hijo de la mujer aborrecida, Dt. 21.17. El primogénito era, por lo general, el sucesor del rey, en el trono, 2 Cr. 21.3. Esaú despreció y perdió su primogenitura, Gn. 25.29-34; He. 12.16. Jacob dio la primogenitura a Efraín en vez de a Manasés, Gn. 48.22; 49.3,4; 1 Cr. 5.1,2. Israel es mi primogénito, Ex. 4.22. La décima plaga: la muerte de los primogénitos, Ex. 12.29; Sal. 78.51; 105.36. Conságrame todo primogénito, Ex. 13.2. Redimirás todos los primogénitos, Ex. 34.20. Cuenta todos los primogénitos varones, Nm. 3.40. No podrá dar el derecho de primogenitura al hijo de la amada con preferencia al hijo de la aborrecida, que es el primogénito, Dt. 21.15,16. Sobre su primogénito eche los cimientos de ella, Jos. 6.26; 1 R. 16.34. Jesucristo, el primogénito, Lc. 2.7; Ro. 8.29; Col. 1.15,18; Ap. 1.5. Iglesia de los primogénitos, He. 12.23.

PRIMOROSA: Excelente, delicada y perfecta. // Así era la obra hecha por orden de Jehová: las cortinas del tabernáculo, **Ex. 36.8**; el efod, **Ex. 28.6;** el pectoral sacerdotal, **Ex. 28.15;** el velo, **Ex. 26.31;** el cinto del sacerdote, **Ex. 28.8.**

PRINCIPADO: Territorio o estado, cuyo soberano es un príncipe (ver "en los lugares celestiales", Ef. 3.10). // Estoy bien seguro de que... ni **p**... podrán separarnos, Ro. 8.38. Sobre todo **p** y potestad, Ef. 1.21. No tenemos lucha contra sangre y carne, sino contra **p**, Ef. 6.12. En él fueron creadas todas las cosas... sean **p**, sean potestades, Col. 1.16. Él es la cabeza de todo **p** y potestad, Col. 2.10. Despojando a los **p** y a las potestades, Col. 2.15. Véase **Potestad**.

PRINCIPAL PIEDRA DEL ÁNGULO: Piedra fundamental de un edificio. // Quién puso su **p a**, Job 38.6. Ha venido a ser cabeza del ángulo, Sal. 118.22; Mt. 21.42; Mr. 12.10; Lc. 20.17; Hch. 4.11; 1 P.2.7. He puesto en Sion por fundamento una piedra, **p**... **a**, Is. 28.16; 1 P. 2.6. Siendo la **p p** del **a** Jesucristo mismo, Ef. 2.20.

PRINCIPAL: Que está en primer lugar. // **Rubén... P en dignidad, principal en poder, Gn. 49.3. Por el camino p iremos, Nm. 20.19. Cayó la casa sobre los p, y sobre todo el pueblo que estaba en ella, Jue.16.30.** Convocados todos los **p** sacerdotes, y los escribas del pueblo, Mt. 2.4. Padecer mucho de los ancianos, de los **p** sacerdotes y de los escribas, Mt. 16.21. Los **p** sacerdotes y los ancianos del pueblo se acercaron a él, Mt. 21.23. Los **p** sacerdotes... buscaban falso testimonio contra Jesús, Mt. 26.59. Los **p** sacerdotes entraron en consejo, Mt. 27.1. Los **p** sacerdotes escarneciendo, Mt. 27.41. Uno de los **p** de la sinagoga, llamado Jairo, Mr. 5.22. Los **p** sacerdotes y los fariseos enviaron alguaciles para que le prendiesen, Jn. 7.32. Autoridad de los **p** sacerdotes para prender, Hch. 9.14.

PRÍNCIPE: Esta palabra nunca se usa en las Escrituras para designar una persona que pertenece a una familia soberana. Véase 1 Cr. 29.24. Con todo se usa como título de soberanía. Es usada a menudo respecto a un jefe o persona principal de la familia o de la tribu. Es usada, también, para designar los primeros sacerdotes. Los **p** de Ismael, Gn. 25.16; de Esaú, Gn. 36.15; de las tribus, Nm. 1.16; 34.18; de la congregación, Nm. 16.2; cabezas de familias, 2 Cr. 1.2; de Jerusalén, Is. 22.3; de Judá, Jer. 26.10. Ni maldecirás al **p** de tu pueblo, Ex. 22.28. Soy **p** del ejército del Señor, Jos. 5.14. Que un **p** y grande ha caído hoy, 2 S. 3.38. No confiéis en **p**, Sal. 146.3. **P** de paz, Is. 9.6. El **P** de los **p**, Dn. 8.25. Hasta el Mesías **P**, Dn. 9.25. Miguel, vuestro **p**, Dn. 10.21. **P** de los demonios, Mt. 9.34. El **p**... será echado fuera, Jn. 12.31. Viene el **p** de este mundo, Jn. 14.30. El **p** de este mundo ha sido ya juzgado, Jn. 16.11. Dios ha exaltado con su diestra por **P** y Salvador, Hch. 5.31. **P** de la potestad del aire, Ef. 2.2.

PRINCIPIO: Comienzo, origen; primer momento de la existencia de una cosa; punto inicial o primera etapa de algo extenso. // En el **p** creó Dios, Gn. 1.1. El **p** de la sabiduría es el temor de Jehová, Sal. 111.10; Pr. 1.7; 9.10. Sabiduría... desde el **p**, antes del comienzo de la tierra, Pr. 8.23. Mejor es el fin... que su **p**, Ec. 7.8. Al **p** no fue así, Mt. 19.8. Todo esto será **p** de dolores, Mt. 24.8. **P** del evangelio, Mr. 1.1. En el **p** era el Verbo, Jn. 1.1. El que es el **p**, el primogénito, Col. 1.18. Dios nos escogió desde el **p**, 2 Ts. 2.13. No tiene **p** de días, He. 7.3. Lo que era desde el **p**, 1 Jn. 1.1. El **p** de la creación de Dios, Ap. 3.14. Yo soy... el **p** y el fin, Ap. 21.6; 22.13. Rubén... el **p** de mi vigor, Gn. 49.3. **Desde el p tú fundaste la tierra, Sal. 102.25. Al pueblo temible desde su p, Is. 18.2.** Véase **Origen**.

PRISA: Ligereza, urgencia. // **Date p, toma el vestido y el caballo, Est. 6.10. No te des p con tu boca, Ec. 5.2. Los bienes que se adquieren de p al principio, Pr. 20.21. Ella... se levantó de p y vino a él, Jn. 11.29. María, fue de p a la montaña, Lc. 1.39.** Véase **Presteza**.

PRISCILA, hb. **Vieja:** La mujer de Aquila, Hch. 18.2,26; Ro. 16.3,4; 1 Co. 16.19; 2 Ti. 4.19. El hecho de que su nombre precediera al de su marido indica que ella era más activa que él, y un ejemplo de qué una creyente casada y fervorosa puede hacer en la obra de Dios. Compare el ejemplo de Febe, tal vez no casada y que servía a la iglesia en Cencrea. Véase **Aquila**.

PRISIÓN: Cadena, grillete. // Acordaos de mis **p**, Col. 4.18. No se avergonzó de mis cadenas, 2 Ti. 1.16. Hasta **p** a modo de malhechor, 2 Ti. 2.9. A más de esto **p**, He. 11.36. En **p** eternas, Jud. 6. Véase **Cadena**.

PRISIONERO: Individuo privado de libertad. // Y no menosprecia a sus **p**, Sal. 69.33. Pablo, **p** de Cristo, Ef. 3.1; Filemón 1. Véase **Cautivo**, **Preso**.

PRIVADO: Desprovisto. // Y **p** de la verdad, 1 Ti. 6.5. Expuse en **p** a los que tenían cierta reputación, Gálatas 2.2. Ninguna profecía de la Escritura es de interpretación **p**, 2 Pedro 1.20. Hombres corruptos de entendimiento y **p** de la verdad, **1 Ti. 6.5. P** soy del resto de mis años, **Is. 38.10.** Porque yo había sido **p** de hijos y estaba sola, peregrina y desterrada, **Is. 49.21.** Jehová te ha **p** de honra, **Nm. 24.11.** Porque son nación **p** de consejos, **Dt. 32.28.**

PRIVAR: Quitar a si propio el gozo (de algo). // Nadie os prive de vuestro premio, **Col.2.18. También privó a su madre Maaca de ser reina madre, 1 R.15.13. Priva del habla a los que dicen verdad, Job 12.20**.

PRIVILEGIO: Ventaja, gracia o prerrogativa especial de que goza una persona. // El **p de participar en este servicio para los santos, 2 Co. 8.4.**

PROBADO: Acreditado por la experiencia. // He puesto en Sion por fundamento una piedra, piedra **p**, angular, Is. 28.16.

PROBAR: Establecer la verdad, la realidad de. Gustar, paladear. // Te ha traído Jehová tu Dios... para probarte, Dt. 8.2. **La reina de Sabá... vino a probarle con preguntas difíciles**, 1 R. 10.1. Tú has probado mi corazón, me has visitado de noche, Sal. 17.3. Escudríñame, oh Jehová, y pruébame, Sal. 26.2. Pruébame y conoce mis pensamientos, Sal. 139.23. Yo los refinaré y los probaré, Jer. 9.7. Los probaré como se prueba el oro, Zac. 13.9. Probadme ahora en esto, dice Jehová de los ejércitos, Ml. 3.10, Vino con fel... pero después de haberlo probado, no quiso beberlo, Mt. 27.34. La obra de cada uno cuál sea, el fuego la probará, 1 Co. 3.13. No creáis a todo espíritu, sino probad los espíritus, 1 Jn. 4.1. Véase **Acrisolar**, **Purificar**, **Refinar**.

PROCEDENTE: Que procede de un origen o lugar. // Todas las personas... p de sus lomos... fueron sesenta y seis, Gn. 46.26. Montados en caballos veloces **p** de los **repastos reales, Est. 8.10.**

PROCEDER, (substantivo): Procedimiento; acciones. // El **p** de la mujer adúltera es así, **Pr. 30.20.** Para matar a los de recto **p**, **Sal. 37.14. Porque yo oigo de todo este pueblo vuestros malos p, 1 S. 2.23.**

PROCEDER, (verbo): Originarse; comportarse. // **Una nación y conjunto de naciones procederán de ti, Gn. 35.11. Procederé en**

contra de vosotros con ira, Lv. 26.28. Procederéis asimismo con temor de Jehová, Cr. 19.9. Los cuales procederán contigo con odio, Ez. 23.29. Los impíos procederán impíamente, Dn. 12.10.

PROCLAMAR: Anunciar en público y en voz alta. Proclamar ayuno, Joel 2.15; el mensaje, Jon. 3.2; el nombre de Jehová, Ex. 33.19; la salvación, 1 Cr. 16.23; su propia bondad, Pr. 20.6. La alabanza, **Sal.145.21;** el año de la buena voluntad de Jehová, **Is. 61.2**; guerra, **Jl. 3.9.** Véase **Anunciar**, **Declarar**, **Predicar**.

PROCÓNSUL: Magistrado de la antigua Roma, que gobernaba una provincia. // Procurando apartar de la fe al **p**, Hch. 13.8. Galión era **p** da Acaya, Hch. 18.12. Audiencias se conceden, y **p** hay, Hch. 19.38.

PRÓCORO, gr. **Maestro del coro:** Uno de los siete escogidos para "servir a las mesas" en Jerusalén, Hch. 6.5.

PROCURAR: Esforzarse por conseguir algo. // Procurad, pues, los dones mejores, 1 Co. 12.31. Procurad los dones espirituales, 1 Co. 14.1. Así que, hermanos, procurad profetizar, 1 Co. 14.39. **Porque han muerto todos los que procuraban tu muerte, Ex. 4.19. No procurarás la paz de ellos ni su bien, Dt. 23.6. Saúl mi padre procura matarte, 1 S. 19.2.** Véase **Buscar**.

PRODIGIO: Cosa sobrenatural. // Daré prodigios arriba en el cielo, Hch. 2.19. **Terrible en maravillosas hazañas, hacedor de p, Ex. 15.11. Falsos profetas, y harán grandes señales y p, Mt. 24.24**. Concediendo que se hiciesen por las manos de ellos señales y **p**, **Hch. 14.3**. Con potencia de señales y **p**, en el poder del Espíritu de Dios, **Ro. 15.19**. Por señales, **p** y milagros. **2 Co. 12.12**. Con gran poder y señales y **p** mentirosos, **2 Tes. 2.9**. Testificando Dios juntamente con ellos, con señales y **p** y diversos milagros, **He. 2.4**. Véase **Maravilla**, **Milagro**, **Señal**.

PRÓDIGO: Que desperdicia su hacienda en gastos inútiles. // La parábola del hijo pródigo, Lc. 15.11-32.

PRODUCIR: Generar, crear, dar nacimiento, dar origen a. // Produce en nosotros un cada vez más excelente y eterno peso de gloria, 2 Co. 4.17. Produce arrepentimiento... produce muerte, 2 Co. 7.10. Árbol de la vida, que produce doce frutos, Ap. 22.2. Produce hierba provechosa, **He. 6.7.** La que produce espinos y abrojos es reprobada, **He. 6.8**. Sabiendo que la prueba de vuestra fe produce paciencia, **Stg 1.3.** ¿Puede acaso la higuera **p** aceitunas, o la vid higos?, **Stg 3.12.**

PRODUCTO: Cosa producida. // Aunque falte el **p** del olivo, Hab. 3:17. **El p de la tierra comeréis, Lv. 25.12. Diezmarás todo el p del grano que rindiere tu campo cada año, Dt.14.22. Se saciará del p de sus labios, Pr. 18.20. La vid dará su fruto, y dará su p la tierra, Zac. 8.12.**

PROEZA: Acto de valor; hazaña. // En Dios haremos **p**, Sal. 60.12; 108.13. La diestra del Señor hace **p**, Sal. 118.15,16.

PROFANAR: Violar la santidad de una algo. Profanar: el pacto. Ml. 2.10; la corona, Sal. 89.39; el lecho, Dt. 22.30; el nombre de Dios, Lv. 18.21; Pr. 30.9; el día de reposo, Neh. 13.17; el santuario, Ez. 5.11; Dn 11.31; Sof. 3.4; Ml. 2.11; el templo, Sal. 79.1; Hch. 24.6. Véase **Deshonrar**.

PROFANO: Que no pertenece al ámbito de los valores religiosos; secular. // Entre lo santo y lo **p**, Lv. 10.10; Ez. 44.23. Mas para... impíos... y **p**, 1 Ti. 1.9. Las fábulas **p**, 1 Ti. 4.7. Evitando las **p** pláticas sobre cosas vanas, 1 Ti. 6.20. Mas evita **p** y vanas palabrerías, 2 Ti. 2.16. No sea que haya algún fornicario, o **p**, como Esaú, He. 12.16.

PROFECÍA: Véase **Profeta**. // Sin **p** el pueblo se desenfrena, Pr. 29.18. Si el de **p**, úsese conforme a la medida de la fe, Ro. 12.6. A otro, **p**, 1 Co. 12.10. Las **p** se acabarán, 1 Co. 13.8. La **p**, no a los incrédulos, sino a los creyentes, 1 Co. 14.22. No menospreciéis las **p**, 1 Ts. 5.20. Conforme a las **p** que se hicieron antes en cuanto a ti, milites, 1 Ti. 1.18. Mediante **p** con la imposición de las manos del presbiterio, 1 Ti. 4.14. Ninguna **p** de la Escritura es de interpretación privada, 2 Pedro 1.20. Bienaventurado el que lee, y los que oyen las palabras de esta **p**, Ap. 1.3; 22.18. El testimonio de Jesucristo es el espíritu de la **p**, Ap. 19.10. Bienaventurado el que guarda las palabras de la **p** de este libro, Ap. 22.7. Véase **Dones del Espíritu**.

PROFERIR: Pronunciar en voz alta y clara. // Al **p** el rey esta palabra, le cubrieron el rostro a Amán, **Est. 7.8.** He aquí proferirán con su boca, **Sal. 59.7. P** palabra delante de Dios, **Ec. 5.2.** Concebir y **p** de corazón palabras de mentira, **Is. 59.13.** Y a causa de toda su maldad, proferiré mis juicios contra los que me dejaron, **Jer. 1.16.** No se atrevió a **p** juicio de maldición contra él, **Jd. 1.9. Y esta bendición profirió para Judá, Dt. 33.7.** Véase **Pronunciar.**

PROFESAR: Reconocer públicamente, confesar. // Como corresponde a mujeres que profesan piedad, 1 Ti. 2.10. La cual profesando algunos, se desviaron de la fe, 1 Ti. 6.21. Profesan conocer a Dios, pero con los hechos lo niegan, Tito 1.16. Profesando ser sabios, se hicieron necios, **Ro. 1.22**. Glorifican a Dios por la obediencia que profesáis al evangelio de Cristo, **2 Co. 9**.

"En lo profundo del mar todos nuestros pecados" *(Mi. 7.19)*.

PROFESIÓN: Manifestación pública de una creencia, costumbre o habilidad. // Habiendo hecho la buena **p** delante de muchos testigos, **1 Ti. 6.12.** Testimonio de la buena **p** delante de Poncio Pilato, **1 Ti. 6.13.** Sumo sacerdote de nuestra **p**, Cristo Jesús, **He. 3.1.** Jesús el Hijo de Dios, retengamos nuestra **p**, **He. 4.14.** Mantengamos firme, sin fluctuar, la **p** de nuestra esperanza, **He. 10.23.**

PROFETA: Portavoz de Dios cuyo mensaje es amonestación o predicción. En un sentido los primeros profetas fueron los patriarcas, desde Adán hasta Moisés. Véase Gn. 20.7. En el sentido restricto, es Samuel quien comienza el ministerio profético. Entre esos profetas se encuentran Elías, Eliseo, David. A partir de esa época, comienza otro orden de profetas, divididos en dos clases: 1) **Los grandes profetas:** Isaías, Jeremías, Ezequiel, Daniel. 2) **Los profetas menores**, es decir, que dejaron escritos menos importantes, son, en número de doce: Oseas, Joel, Amós, Abdías, Jonás, Miqueas, Nahúm, Habacuc, Sofonías, Hageo, Zacarías y Malaquías. // Lista cronológica de los profetas: Enoc, Gn. 5.21-24; Noé, Gn. 9.25-27; Abraham, Gn. 20.7; Jacob, Gn. 49.1; Aarón, Ex. 7.1; Moisés, Dt. 18.18; Balaam, Nm. 23.5; Samuel, 1 S. 3.20; David, Sal. 16.8-11; Natán, 2 S. 7.2; Sadoc, 2 S. 15.27; Gad, 2 S. 24.11; Ahías, 1 R. 11.29; Ido, 2 Cr. 9.29; Semaías, 2 Cr. 12.7; Azarías, 2 Cr. 15.2-7; Hanani, 2 Cr. 16.7; Jehú, 1 R. 16.1; Elías, 1 R. 17.1; Eliseo, 1 R. 14.25; Isaías, 2 R. 19.2; Oseas, Os. 1.1; Amós, Am. 1.1; Miqueas, Mi. 1.1; Obed, 2 Cr. 28.9; Nahúm, Nah. 1.1; Joel, Jl 1.1; Sofonías, Sof. 1.1; Jedutún, 2 Cr. 35.15; Jeremías, 2 Cr. 36.12; Habacuc, He. 1.1; Abdías, Ab. 1; Ezequiel, Ez. 1.3; Daniel, Dn. 12.11; Hageo, Hag. 1.1; Zacarías, Zac. 1.1; Malaquías, Ml. 1.1.; Zacarías, Lc. 1.67; Juan el Bautista, Lc. 7.28; Caifás, Jn. 11.51; Agabo, Hch. 11.28; Pablo, 1 Ti. 4.1; Cristo, de quien testificaban todos los profetas (Lc. 24.27, 44), es **el profeta** de su Iglesia en todas las épocas, Dt. 18.15; Hch. 3.22, 23. Véase **Apóstol**, **Evangelista**, **Ministro**, **Vidente**.

PROFETAS, FALSOS: Dt. 18.20; Is. 9.15; Jer. 14.13; Ez. 13.3; Mt. 7.15; 2 P. 2.1; 1 Jn. 4.1. Sedequías, 1 R. 22.11; Jer. 29.21. Barjesús, Hch. 13.6.

PROFETISA: Mujer que habla profecías. // María, Ex. 15.20; Débora, Jue. 4.4; Hulda, 2 R. 22.14; Ana, Lc. 2.36; Las cuatro hijas de Felipe, Hch. 21.9. Véase Is. 8.3; Hch. 2.18; 1 Co. 11.5.

PROFETIZAR: Predecir como profeta. Véase **Profeta**. // Setenta varones ancianos... profetizaron, Nm. 11.25. Saúl, y él profetizó, 1 S. 10.10. Una compañía de profetas que profetizaban... Ellos también profetizaron, 1 S. 19.20. Profetizó igualmente delante de Samuel, 1 S. 19.24. Nunca me profetiza bien, 1 R. 22.8. No nos profeticéis lo recto, Is. 30.10. Los profetas profetizaron mentira, Jer. 5.31. No profetizamos en tu nombre, Mt. 7.22. Todos los profetas... profetizaron hasta Juan, Mt. 11.13. Profetízanos, Cristo, quién es el que te golpeó, Mt. 26.68. Zacarías... profetizó, Lc. 1.68. En parte conocemos, y en parte profetizamos, 1 Co. 13.9. Procurad profetizar, y no impidáis el hablar lenguas, 1 Co. 14.39. Profetizó Enoc, Judas 14. Véase **Pronunciar**, **Predecir**.

PROFUNDAMENTE: De modo profundo. // Volved a aquel contra quien se rebelaron **p** los hijos de Israel, **Is. 31.6.** Jesús, **p** conmovido otra vez, vino al sepulcro, **Jn. 11.38.** Véase **Profundo, Profundidad.**

PROFUNDIDAD: Parte más honda de algo; grandeza o intensidad extraordinaria. // ¡Oh **p** de las riquezas de la sabiduría y de la ciencia de Dios!, Ro. 11.33. Cuál sea la anchura, la longitud, la **p** y la altura, Ef. 3.18. Véase **Profundo**, **Profundamente**.

PROFUNDO: Muy profundo; que viene de lo íntimo; que penetra mucho. // Lo muy **p**, ¿quién lo hallará? Ec. 7.24. Muy **p** son tus pensamientos, Sal. 92.5. Aguas **p** son las palabras, Pr. 18.4. Él revela lo **p** y lo escondido, Dn. 2.22.

PROGENITOR: Procreador, padre. // **Las bendiciones de tu padre fueron mayores que las bendiciones de mis p, Gn. 49.26.** Véase **Padre**, **Madre**.

PROGRESO: Movimiento o marcha hacia adelante. // Las cosas que me han sucedido, han redundado más bien para el **p** del evangelio, Fil. 1.12.

PROHIBIR: Ordenar que no se haga. // Se lo prohibimos, porque no nos seguía, Mr. 9.38. Prohibirán casarse, y mandarán abstenerse de alimentos, 1 Ti. 4.3.

PRÓJIMO: Cada persona, el conjunto de todos los hombres. // Amarás a tu **p**, Lv. 19.18; Mt. 5.43; 19.19; 22.39; Ro. 13.9; Gl. 5.14; Stg. 2.8. No intentes mal contra tu **p**, Pr. 3.29. Quién es mi **p**? Lc. 10.29. Cada uno de nosotros agrade a su **p**, Ro. 15.2.

PROLE: Hijo o hijos. // Mira que no me has dado **p**, Gn. **15.3.** Y no tuviere **p** y se hubiere vuelto a la casa de su padre, **Lv. 22.13.** En lugar de vuestros padres, **p** de hombres pecadores, **Nm. 32.14.** Tu **p** como la hierba de la tierra, **Job 5.25.** Véase **Familia**, **Descendencia**.

PROLONGAR: Aumentar la longitud o la duración de. // Pues tal vez será eso una **p** de tu tranquilidad, Dn. 4.27.

PROMESA: Afirmativa hecha de cumplir alguna cosa. // No faltó palabra de todas las buenas **p**, Jos. 21.45. Esperasen la **p** del Padre, Hch. 1.4. Habiendo recibido del Padre la **p** del Espíritu Santo, Hch. 2.33. Para vosotros es la **p**, Hch. 2.39. El tiempo de la **p**, que Dios había jurado a Abraham, Hch. 7.17. El evangelio de aquella **p** hecha a nuestros padres, Hch. 13.32. La esperanza de la **p** que hizo Dios a nuestros padres, Hch. 26.6. La **p** de que sería heredero del mundo, Ro. 4.13. A fin de que la **p** sea firme para toda su descendencia, Ro. 4.16. Los que son hijos según la **p** son contados como descendientes, Ro. 9.8. Para confirmar las **p** hechas a los padres, Ro. 15.8. Todas las **p** de Dios son en él Sí, y en él Amén, 2 Co. 1.20. Puesto que tenemos tales **p**, 2 Co. 7.1. ¿Luego la ley es contraria a las **p** de Dios?, Gl. 3.21. Herederos según la **p**, Gl.3.29. Sois hijos de la **p**, como Isaac, Gl. 4.28. Sellados con el Espíritu Santo de la **p**, Ef. 1.13. Ajenos a los pactos de la **p**, Ef. 2.12. El primer mandamiento con **p**, Ef. 6.2. Un mejor pacto, establecido sobre mejores **p**, He. 8.6. Bajo el primer pacto, los llamados reciban la **p** de la herencia eterna, He. 9.15. Por fe... alcanzaron **p**, He. 11.33. Nos ha dado preciosas y grandísimas **p**, 2 P. 1.4. ¿Dónde está la **p** de su advenimiento?, 2 P. 3.4. El Señor no retarda su **p**, 2 P. 3.9. La **p** que él nos hizo, la vida eterna, 1 Jn. 2.25. Véase **Voto**. **Las promesas de Dios:** promesa hecha a Adán, Gn. 3.15; a Noé, Gn. 8.21; 9.9; a Abraham, Gn. 12.7; 13.14; 15.; 17.1-21; 18.10; 22.15; a Agar, Gn. 21.17-18; a Jacob, Gn. 28.13; 31.3; 32.12; 35.11; 46.3; a Israel, Ex. 23.23-31; Lv. 26.3-13; Dt. 11.22-26; a David, 2 S. 7.11; 1 Cr. 17.10; a Salomón, 1 R. 3.12; 9.1-5; 2 Cr. 1.7-12; 7.17,18. **Las promesas de Cristo:** a sus discípulos, Mt. 6.4, 33; 7.7; 11.28; 12.50; 17.20; 19.28; 28.20; Lc. 12.32; 22.29; Jn. 14.; 15.; 16.; 20.21; a sus siervos, Mt. 16.25; 24.46,47; Lc. 1.77; 2.14; Hch. 1.4; 2.33,39; 2 Co. 6.17 a 7.1; Gl. 3.14; Ef. 3.6; 1 Ti. 4.8; 2 Ti. 1.1; Tt. 1.2; He. 9.15. **Las promesas a los penitentes:** Ex. 34.7; Sal. 65.3; 130.4; Is. 1.18; 43.25; Jer. 33.8; Ro. 4.; 5.; 2 Co. 6.18; Ef. 2.13. **A los pobres, afligidos, etc.;** Dt. 10.18; Sal. 9.8,9; 12.5; 69.33; 72.12; 102.17; 109.31; 146.9; Pr. 15.25; Is. 54.11-13; Jer. 49.11; Oseas 14.3. **Promesas a consolidar y perfeccionar:** Sal. 37.17; 73.26; 94.14; 103.13; Is. 25.8; 40.29; 46.3; 63.9; Jer. 31.3; Os. 14.4; Sof. 3.17; Ro. 16.20; 1 Co. 10.13; 2 Co. 6.18; Ef. 1.3; 1 P. 5.7. **Promesas de bendiciones temporarias:** Lv. 26.6; Sal. 34.9; 102.28; 121.3; 128.; Pr. 3.10; Is. 32.18; 33.16; Mt. 6.25; Fil. 4.19; 1 Ti. 4.8. **Dios cumple sus promesas:** Jos. 21.43-45; 1 R. 2.24; 8.20; 24.56; 2 Cr. 6.10; Sal. 77.8; 105.8, 42; Lc. 1.54; 21.33; Ro. 15.8; 1 Ts. 5.24; Tt. 1.2; He. 10.23. **Reclamemos las bendiciones prometidas:** Gn. 32.9-12; Dt. 9.26-29; 2 S. 7.28, 29; 2 Cr. 1.9; Neh. 1.8-11; Sal. 74.2; 119.49; Is. 63.7; Jer. 14.21; Dn. 9.19.

PROMETER: Obligarse a hacer. // Ha prometido... conmoveré no solamente la tierra, He. 12.26. Corona de vida... Dios ha prometido a los que le aman, Stg. 1.12. Reino que él prometió, Stg. 2.5. Les prometen libertad, 2 P. 2.19. Véase **Votar**.

PROMOTOR: Aquel que promueve. // Y **p** de sediciones, Hch. 24.5.

PROMOVER: Dar impulso a. // **El hombre iracundo promueve contiendas, Pr. 15.18.**

PROMULGAR: Transmitir al vulgo; volver público. // Y promulgaron ayuno, y pusieron a Nabot delante del pueblo, **1 R. 21.12.** Hizo pacto con todo el pueblo en Jerusalén para promulgarles libertad, **Jer. 34.8.** Vosotros no me habéis oído para **p** cada uno libertad a su hermano, **Jer. 34.17.** Han acordado por consejo que promulgues un edicto real, **Dn. 6.7.** Aconteció en aquellos días, que se promulgó un edicto de parte de Augusto César, **Lc. 2.1.** El pacto, la promulgación de la ley, el culto y las promesas, **Ro. 9.4.** Véase **Publicar**.

PRONTAMENTE: Luego. // Y bajó **p** su cántaro de encima de sí, **Gn. 24:46.** Sube **p** a nosotros para defendernos y ayudarnos, **Jos.10.6.** Y la mujer corrió **p** a avisarle a su marido, **Jue. 13.10.** Y cuando Abigail vio a David, se bajó **p** del asno, **1 S. 25.23.** Yo Darío he dado el decreto; sea cumplido **p**, **Esd. 6.12.** El sacerdote Esdras, escriba de la ley del Dios del cielo, se le conceda **p**, **Esd. 7.21.** Entonces Arioc llevó **p** a Daniel ante el rey, **Dn. 2.25.** Date prisa, y sal **p** de Jerusalén, **Hch. 22.18.**

PRONTITUD: Presteza. // **El Señor ejecutará su sentencia sobre la tierra en justicia y con p, Ro. 9.28.** Véase **Prisa**, **Presteza**.

PRONTO: Acelerado, ligero, con rapidez. // Porque **p** pasan, y volamos, Sal. 90.10. ¿Cómo es que la hallaste tan **p**, hijo mío? Gn. 27.20. Y ve **p** a la congregación, Nm. 16.46. Y te destruirá **p,** Dt. 7.14. Desciende **p** de aquí, Dt. 9.12; Inclina a mí tu oído, líbrame **p**, Salmo 31.2. ¡He aquí, vengo **p**!, Ap. 22.7.

PRONUNCIAR: Expresar verbalmente. // Pronunciarán, hablarán cosas duras, Sal. 94.4. Estarán sobre el monte Ebal para **p** la maldición, **Dt. 27.13.** Porque no podía pronunciarlo correctamente, **Jue. 12.6.** Esa será tu sentencia; tú la has pronunciado, **1 R. 20.40.**

PROPAGAR: Aumentar; esparcir; difundir. Volver público. // Para que no se propagasen, **Hch. 7:19.** El que propaga calumnia es necio, **Pr. 10.18.**

PROPICIACIÓN: Aquello que propicia, es decir, que hace volver favorable; sacrificio de expiación. El sacrificio de Jesucristo, de sí mismo y su muerte, para cumplir la justicia divina y obtener la reconciliación entre Dios y los hombres. // En su sangre, como **p**, por medio de la fe, Ro. 3.25. Él es la **p** por nuestros pecados, 1 Jn. 2.2. Envió a su Hijo en **p** por nuestros pecados, 1 Jn. 4.10. Véase también, Ex. 32.30; He. 2.17.

PROPICIATORIO: La lámina de oro purísimo, sobre el arca del pacto, Ex. 25.17. Sobre esta "Sed de Misericordia", nombre que Tyndale adoptó de la traducción de Lutero, pairaban dos querubines de oro, Ex. 37.6; He. 9.5. Su nombre recordaba el hecho y la fuente de la expiación. Una vez al año, en el gran día de la expiación, el sumo sacerdote entraba en el Lugar Santísimo y salpicaba el propiciatorio con la sangre de las víctimas ofrecidas por el pecado, Lv. 16.14,15. "De allí me declararé a ti, y hablaré contigo de sobre el **p**, de entre los dos querubines que están sobre el arca del testimonio, todo lo que yo te mandare para los hijos de Israel" Ex. 25.22.

PROPICIO: Que presta ayuda o protección. // ¿Desechará el Señor para siempre, no volverá más a sernos **p**?, Sal. 77.7. Dios, sé **p** a mí, pecador, Lc. 18.13. **Porque seré p a sus injusticias, He. 8.12. Ayunamos, pues, y pedimos a nuestro Dios sobre esto, y él nos fue p, Esd. 8.23.** Dios fue **p** a la tierra después de esto, **2 S. 21.14.** Dijo Arauna al rey: Jehová tu Dios te sea **p**, **2 S. 24.23.** Véase **Benigno**, **Favorable**.

PROPIO: Que pertenece exclusivamente a. // Dominio **p**, 2 Pedro 1.6; Gálatas 5.23. Su **p** don, 1 Co. 7.7. Su **p** bien, 1 Co. 10.24. Véase **Particular**.

PROPONER: Sugerir, intentar, prometer. // Como propuso en su corazón, 2 Co. 9:7. **Proponed en vuestros corazones no pensar antes, Lc. 21.14. ¿No nos enseñarás qué te propones con eso?, Ez. 37.18. Así que, al proponerme esto, ¿usé quizá de ligereza?, 2 Co. 1.17.**

PROPORCIÓN: Extensión, intensidad. // Entalladuras de querubines, de leones y de palmeras, con **p** en el espacio de cada una, **1 R. 7.36.** En **p** a la longitud de los portales, era el enlosado más bajo, **Ez. 40.18.**

PROPÓSITO: Intención. // Conforme al **p** eterno que hizo en Cristo Jesús nuestro Señor, Ef. 3.11. **Entre las familias de Rubén hubo grandes p del corazón, Jue. 5.16. Pues el p de este mandamiento es el amor nacido de corazón limpio, 1 Ti. 1.5.** Pero tú has seguido mi... **p**, **2 Ti. 3.10.** Estos tienen un mismo **p**, **Ap. 17.13.**

PROPRIEDAD: Edificio, hacienda, heredad. // Vendían sus **p** y sus bienes, Hch. 2.45. No será castigado, porque es de su **p**, **Ex. 21.21.** Porque yo os la he dado para que sea vuestra **p**, **Nm. 33.53.** No reducirás los límites de la **p** de tu prójimo, que fijaron los antiguos, **Dt. 19.14.** Para **p** de la ciudad señalaréis cinco mil de anchura y veinticinco mil de longitud, **Ez. 45.6.**

PROSEGUIR: Continuar. // Prosigo, por ver si logro asir aquello, Fil. 3.12. Prosigo a la meta, Fil. 3.14.

PROSÉLITO: Pagano convertido a la doctrina de los judíos. Los rabinos reconocían dos órdenes: **Los prosélitos de la justicia**, aceptaban la circuncisión con todas las reglas de Moisés. **Los prosélitos de la puerta** (título derivado de Ex. 20.10; etc.), Se quedaban incircuncisos, pero se sometían a los principios del decálogo y asistían a los oficios en la parte del templo llamada **el vestíbulo del gentil**. La ley para el extranjero (prosélito) que vivía entre los israelitas, Nm. 15.14-21. Los escribas y fariseos rodeaban el mar y la tierra para hacer un **p**, Mt. 23.15. Hasta centuriones romanos abrazaron la fe de los judíos, edificaron sinagogas para ellos, ayunaban, oraban a Dios, daban limosnas, Lc. 7.5; Hch. 10.2,30. Había **p** de muchas naciones representadas el día de Pentecostés, Hch. 2.10; 2.11. Nicolás, uno de los siete escogidos para "servir a las mesas", era **p** de Antioquía, Hch. 6:5. El eunuco, etíope; bautizado por Felipe era **p**, Hch. 8.26-39. Los gentiles "temerosos de Dios" eran **p**, Hch. 10.22; 13.16,43; 16.14.

PROSPERAR: Dar buenos resultados. // No serás prosperado, Dt. 28.29. Prosperéis en todo, Dt. 29.9. En estos días en que buscó a Jehová, él le prosperó, 2 Cr. 26.5. No te alteres con motivo del que prospera en su camino, Sal. 37.7. El alma generosa será prosperada, Pr. 11.25. El que encubre sus pecados no prosperará, Pr. 28.13. Mas el que confía en Jehová prosperará, Pr. 28.25. La voluntad de Jehová será en su mano prosperada, Is. 53.10. Ninguna arma forjada contra ti prosperará, Is. 54.17. Mi palabra**...** será prosperada en aquello para que la envié, Is. 55.11. ¿Por qué es prosperado el camino de los impíos...? Jer. 12.1. Daniel prosperó en el reinado de, Dn. 6.28.

PROSPERIDAD: Felicidad. // Para que tengas **p**, Dt. 10.13. En la **p** el asolador vendrá sobre él, Job 15.21. Viendo la **p** de los impíos, Sal. 73.3.

PRÓSPERO: Propicio, feliz. // **Jehová estaba con José, y fue varón p**, Gn. 39.2. Sean **p** los que te aman, Sal. 122.6. Hará **p** la morada de tu justicia, **Job 8.6. P** estaba, y me desmenuzó, **Job 16.12.** Con todo, se hicieron **p**, y la causa de los pobres no juzgaron, **Jer.5.28.** Hombre a quien nada **p** sucederá en todos los días de su vida, **Jer. 22.30.** Un **p** viaje para ir a vosotros, **Ro. 1.10.**

PROSTITUCIÓN: Depravación, perversión. // **Además derribó los lugares de p idolátrica que estaban en la casa de Jehová, 2 R. 23.7.** Se descubrirá la inmundicia de tus fornicaciones, y tu lujuria y tu **p**, **Ez. 23.29.** Ni tendré misericordia de sus hijos, porque son hijos de **p**, **Os. 2.4.**

PROSTITUIR: Corromper; desmoralizar; pervertir. // Su madre se prostituyó, Os. 2.5. Ahora, oh Efraín, te has prostituido, Os. 5.3.

PROTECCIÓN: Apoyo, socorro, amparo, abrigo. // Y darnos **p** en Judá y en Jerusalén, **Esd. 9.9.** Dame fianza, oh Dios; sea mi **p** cerca de ti, **Job 17.3.**

PROTECTOR: Que, aquel o aquello que protege. // Tú, querubín grande, **p**, yo te puse en el santo monte de Dios, **Ez. 28.14.** Te arrojé de entre las piedras del fuego, oh querubín **p**, **Ez. 28.16.**

PROTEGIDO: Individuo que recibe protección especial de alguien; favorito. // **Y han entrado en consejo contra tus p, Sal. 83.3.**

PROTESTAR: Rebelarse, levantarse contra una injusticia o ilegalidad. // Yo os protesto... que estoy limpio, Hch. 20.26.

PROVECHO: Utilidad, ventaja, beneficio. // Que aún permaneceré con todos vosotros, para vuestro **p** y gozo de la fe, Fil. 1.25. ¿Qué **p** tiene el hombre de todo su trabajo...? Ec. 1.3.

PROVECHOSO: Que da provecho. // El ejercicio corporal para poco es **p**, pero la piedad para todo aprovecha, 1 Ti. 4.8. Para sí mismo es **p** el hombre sabio, **Job 22.2.** Pero éste para lo que nos es **p**, **Hebreos 12:10.** Porque esto no os es **p**, **Hebreos 13:17.** Véase **Útil**.

PROVEER: Abastecer, suministrar, aprovisionar. // Dios se proveerá de cordero, Gn. 22.8. Llamó Abraham el nombre de aquel lugar, Jehová proveerá, Gn. 22.14. No os proveáis de oro, ni plata, ni cobre en vuestros cintos, Mt. 10.9. Proveyendo Dios alguna cosa mejor para nosotros, He. 11.40. El provee de sana sabiduría a los rectos, **Pr. 2.7.** Pidió **p** tabernáculo para el Dios de Jacob, **Hch. 7.46.** Pan al que come, proveerá y multiplicará vuestra sementera, **2 Co. 9.10.** Porque si alguno no provee para los suyos, **1 Ti. 5.8.** Véase **Abastecer**.

PROVERBIO: Máxima, expresada en pocas palabras y que se volvió popular. El primer **p** citado: "También Saúl entre los profetas", 1 S. 10.12; 19.24. El **p** de los antiguos, 1 S. 24.13. **P** y refrán, 1 R. 9.7; Jer. 24.9; Salomón compuso 3 000 **p**, 1 R. 4.32. Véase **Proverbio, Libro de los**.

PROVERBIOS, LIBRO DE LOS: Uno de los cinco libros poéticos, que se llaman sapienciales, es decir, de sabiduría. Se llama, también. **Proverbios de Salomón**, porque son, en mayor parte de Salomón. Consiste de 375 máximas; no son ligadas de manera alguna en sentido y son expresas en pocas palabras. Son adagios de sabiduría divina aplicados prácticamente a las condiciones del pueblo de Dios. **La paternidad literaria:** Son "proverbios de Salomón", 1.1. Se abrasaba el alma de Salomón cuando joven para tener un "corazón entendido", 1 R. 3.4-15. "Fueron sus cánticos mil y cinco" y "compuso tres mil proverbios" de los cuales escogió, tal vez los mejores para su libro de los **Proverbios** 1 R. 4.32-34. Véase **Salomón**. // **La Clave:** Sabiduría: "El principio de la sabiduría es el temor de Jehová", 1.7; 9.10. **Las divisiones:** I. El valor y el alcance de la verdadera sabiduría, caps. 1 a 9. // II. Proverbios de Salomón, 10.1 a 22.16. // III. Palabras de los sabios, 22.17 a 24.34. // IV. "Proverbios de Salomón, los cuales transcribieron los hombres de Ezequías", 25.1 a 29.27. // V. "Palabras de Agur", 30.1-33. // VI. "Palabras del rey Lemuel", 31.1-9. // VII, Alabanza a una mujer buena y hábil, 31.10.31.

PROVINCIA: División territorial de un país, colocada debajo de la autoridad de un delegado del poder central. // Allí en la **p** están, Neh. 1.3. Asuero... sobre ciento veintisiete **p**, Ester 1.1. Dura, en la **p** de Babilonia, Dn. 3.1. Preguntó... de qué **p** era, Hch. 23.34.

PROVISIÓN: Abastecimiento, suministro. // **Y tomaron... todas sus p, y se fueron, Gn. 14.11. P de harina... porque en Israel había alegría,1 Cr. 12.40. Bendeciré abundantemente su p, Sal. 132.15. Que casa de contiendas llena de p, Pr. 17.1.**

PROVOCACIÓN: Acción o efecto de provocar. // Por todas las **p** con que Manasés le había irritado, 2 R. 23.26. Como en la **p**, en el día de la tentación en el desierto, He. 3.8.

PROVOCAR: Incitar, excitar. // Me provocaron a ira con sus ídolos, Dt. 32.21. Vosotros, padres, no provoquéis a ira a vuestros hijos, Ef. 6:4.

PRÓXIMO: Que está cerca, hablándose del lugar, del tiempo. // Entonces su pariente más **p** vendrá, **Lv. 25.25.** Cercano está el día grande de Jehová, cercano y muy **p**, **Sof. 1.14.** Por la obra de Cristo estuvo **p** a la muerte, **Fil. 2.30.** Está **p** a desaparecer, **He. 8.13.** Véase **Cerca**, **Cercano**.

PROYECTAR: Planear. Delinearse. // **Para p diseños, para trabajar en oro, en plata y en bronce, Ex. 35.32.** Véase **Maquinar**, **Urdir**.

PRUDENCIA: Virtud que hace prevenir y evitar las faltas y los peligros. // De los rebeldes a la **p** de los justos, Lc. 1.17. **Y con p se afirmará, Pr. 24.3. Y Dios dio a Salomón sabiduría y p muy grandes, 1 R. 4.29. Y Jehová te dé entendimiento y p, 1 Cr. 22.12. Muchas cosas son bien gobernadas en el pueblo por tu p, Hch. 24.2.**

PRUDENTE: Dotado de prudencia. // Ahora, pues, oh reyes, sed **p**, Sal. 2.10. Mas el que refrena sus labios es **p**, Pr. 10.19. Mas el hombre **p** calla, Pr. 11.12. Le compararé a un hombre **p**, Mt. 7.24. Sed, pues, **p** como serpientes, Mt. 10.16. Quién es, pues, el siervo fiel y **p**, Mt. 24.45. Cinco de ellas eran **p**, Mt. 25.2.

PRUDENTEMENTE: Con prudencia, con discreción. // David... se portaba **p**, 1 S. 18.5. Y David se conducía **p** en todos sus asuntos, y Jehová estaba con él, **1 S. 18.14.** Y viendo Saúl que se portaba tan **p**, tenía temor de él, **1 S. 18.15.** Entonces Daniel habló sabia y **p** a Arioc, **Dn. 2.14.**

PRUEBA: Demostración. Situación difícil y aflictiva. // Grandes **p** que vieron tus ojos, Dt. 7.19. Se presentó vivo con muchas **p** indubitables, Hch. 1.3. En grande **p** de tribulación, 2 Co. 8.2. Ante las iglesias la **p** de vuestro amor, 2 Co. 8.24. Buscáis una **p** de que habla Cristo en mí, 2 Co. 13.3. Sirviendo al Señor con toda humildad... y **p**, Hch. 20.19. Tened por sumo gozo cuando os halléis en diversas **p**, Stg. 1.2. Cuando haya resistido la **p**, recibirá la corona de vida, Stg. 1.12. Si es necesario, tengáis que ser afligidos en diversas **p**, 1 P. 1.6. Yo también te guardaré de la hora de la **p**, Ap. 3.10.

PTOLOMEO: El nombre de 16 reyes de Egipto. "El rey del sur" (Daniel 11.5), es decir, de Egipto, se refiere tal vez a Ptolomeo II. Se menciona Ptolomeo III en 1 Macabeos 11.8.

PÚBLICAMENTE: De modo público. // Con gran vehemencia refutaba **p**, Hch. 18.28. Nada que fuese útil he rehuido de anunciaros y enseñaros, **p**, Hch. 20.20.

PUBLICANO: Cobrador de rendimientos públicos entre los antiguos Romanos. Los judíos consideraban a los publicanos traidores y apóstatas, porque cobraban los impuestos para la nación que los oprimía. Se los juzgaban personas del más vil carácter porque también extorsionaban grandes sumas de dinero del pueblo, Lc. 3.12,13; 19.8. Se dice que Teócrito, cuando alguien le preguntó cuál era la más cruel de las fieras, respondió: "Entre los animales del desierto, es el oso y el león; entre los animales de la ciudad, es el publicano y el parásito". Se revela la opinión pública cuanto a los publicanos en las palabras de Cristo: "¿No hacen también lo mismo los **p**?", Mt. 5.46. Clasificados con los pecadores, Mt. 9.10,11; con los gentiles, Mt. 18.17; con las rameras, Mt. 21.31. El pueblo murmuraba porque Jesús comía con publicanos, Mt. 9.11; 11.19; Lc. 5.29; 15.1,2; 19.7. Juan bautizaba publicanos, Lc. 3.12; 7.29. Mateo, publicano convertido, se volvió uno de los doce apóstoles, Mt. 10.13. Zaqueo, jefe de los publicanos y rico, en Jericó, se convirtió con alegría, Lc. 19.1-10. La parábola del orgulloso fariseo y el penitente publicano, Lc. 18.9-14. Véase **Pecador**.

PUBLICAR: Llevar al conocimiento del público. // Publicarán alabanzas de Jehová, Is. 60.6. He publicado tu fidelidad y tu salvación, **Sal. 40.10**. Señor, abre mis labios, y publicará mi boca tu alabanza, **Sal.51.15. Porque como Sodoma publican su pecado, no lo disimulan, Is. 3.9.**

PÚBLICO: El o del pueblo en general. Notorio. // **A los apóstoles y los pusieron en la cárcel p, Hch. 5.18. Tu Padre que ve en lo secreto te recompensará en p, Mt. 6.6. Leví hijo de Alfeo, sentado al banco de los tributos p, y le dijo: Sígueme, Mr. 2.14**

PUBLIO: El gobernador de Malta, cuando Pablo ahí naufragó, Hch. 28.7. Se dice que él fue el primer obispo maltés, sufriendo el martirio por su fe cristiana.

PUDENTE: Uno de los cristianos de Roma, que enviaron saludos a Timoteo, 2 Ti. 4.21.

PUDOR: Sentimiento de vergüenza o timidez producido por lo que puede herir la decencia, la honestidad o la modestia. // Con **p** y modestia, 1 Ti. 2.9.

PUDRICIÓN: Acción y efecto de pudrir. // Subirá su pudrición, porque hizo grandes cosas, **Jl. 2.20. P** entró en mis huesos, y dentro de mí me estremecí, **Hab. 3:16.**

PUEBLO: Habitantes de un país, de una localidad; multitud de personas. // He aquí el **p** es uno, Gn. 11.6. Os tomaré por mi **p** y seré vuestro Dios, Ex. 6.7. **Eres p santo a Jehová tu Dios, y Jehová te ha escogido para que le seas un p único de entre todos los p que están sobre la tierra**, Dt. 14.2. Tu **p** será mi **p**, Rut 1.16. Te alaben los **p**... los **p** te alaben, Sal. 67.3. Nosotros, **p** tuyo, y ovejas de tu prado, Sal. 79.13; 100.3. Nosotros el **p** de su prado, Sal. 95.7. Bienaventurado es el **p** cuyo Dios, Sal. 144.15. Mi **p** no tiene conocimiento, Is. 1.3. El **p** asentado en tinieblas vio gran luz, Mt. 4.16. Este **p** de labios me honra, Mt. 15.8. Para preparar al Señor un **p** bien dispuesto, Lc. 1.17. Yo tengo mucho **p**, en esta ciudad, Hch. 18.10. Llamaré **p** mío al que no era mi **p**, Ro. 9.25. Todo el día extendí mis manos a un **p** rebelde y contradictor, Ro. 10.21. **Para sí un p propio, celoso de buenas obras**, Tito 2.14. Un reposo para el **p** de Dios, He. 4.9. Maltratado junto con el **p** de Deus, He. 11.25. Sois... **p** adquirido por Dios, 1 P. 2.9. Antes no eran **p**, pero ahora sois **p**, 1 Pedro 2.10. Has redimido para Dios, de todo linaje y lengua y **p** y nación, Ap. 5.9; 7.9. Salid de ella **p** mío, Ap. 18.4. Ellos serán su **p**, Ap. 21.3. Véase **Gente**, **Nación**, **Turba**.

PUDRIR: Hacer que una materia orgánica se altere y descomponga. // El nombre de los impíos se pudrirá, Pr. 10.7. Así haré **p** la soberbia de Judá, **Jeremías 13:9**. El yugo se pudrirá a causa de la unción, **Is. 10.27.** El grano se pudrió debajo de los terrones, **Jl. 1.17.**

PUDRIRSE: Volverse podrido. // El cinto se había podrido, Jer. 13.7. Haré podrir la soberbia, Jer. 13.9.

PUERCO MONTÉS: Sal. 80.13.

PUERRO: Planta hortense del género ajo. Los israelitas en el desierto suspiraban por los pepinos, melones, ajos, puerros y cebollas de Egipto, Nm. 11.5.

PUERTA: Abertura para entrar y salir. Aquello que sirve para tapar esa abertura. // El pecado está a la **p**, Gn. 4.7. No es otra cosa que casa de Dios, y **p** del cielo, Gn. 28.17. Pasará Jehová aquella **p**, Ex. 12.23. Las escribirás en los postes de tu casa, y en tus **p**, Dt. 6.9. Sansón tomando las **p** de la ciudad... se las echó al hombro, Jue. 16.3. Alzad, oh **p**, vuestras cabezas, Sal. 24.7. Entrad por sus **p** con acción de gracias, Sal. 100.4. Guarda la **p** de mis labios, Sal. 141.3. En el lugar de las **p**... A la entrada de las **p** da voces, Pr. 8.3. Como la **p** gira sobre sus quicios, así el perezoso, Pr. 26.14. Cuando orares, entra y cerrada la **p**, Mt. 6.6. Entrad por la **p** estrecha, Mt. 7.13. Las **p** del Hades no prevalecerán contra ella, Mt. 16.18. Después que el padre de familia se haya levantado y cerrado la **p**, y estando fuera empecéis a llamar a la **p**, Lc. 13.25. Yo soy la **p**, Jn. 10.9. Estando las **p** cerradas, Jn. 20.19. La **p** del templo, llamada La Hermosa, Hch. 3.2. Un ángel abrió las **p** de la cárcel, Hch. 5.19. Había abierto la **p** de la fe a los gentiles, Hch. 14.27. Al instante se abrieron todas las **p**, Hch. 16.26. Se me ha abierto **p** grande y eficaz, 1 Co. 16.9. Aunque se me abrió **p** en el Señor, 2 Co. 2.12. Para que el Señor nos abra **p** para la palabra, Col. 4.3. Jesús padeció **p** de la puerta, He. 13.12. He aquí, el juez está delante de la **p**, Stg. 5.9. He puesto delante de ti una **p** abierta, Ap. 3.8. Yo estoy a la **p** y llamo, Ap. 3.20. Una **p** abierta en el cielo, Ap. 4.1. Doce **p**, Ap. 21.12,21. Para entrar por las **p** en la ciudad, Ap. 22.14. Véase **Casa**, **Portal**, **Portar**, **Portero**, **Portento**, **Pórtico**, **Posesión.**

PUL: 1. El nombre babilónico de Tiglat-Pileser III, rey de Asiria, 2 R. 15.19. // 2. Un país y pueblo de África, Is. 66.19. Véase **Put**.

PULGA: Insecto parásito. David se compara a una pulga, 1 S. 24.14; 26.20.

PULGAR: El dedo más corto y grueso de la mano; el primero y más grueso del pie. // El sacerdote... sobre el **p** de su mano derecha y sobre el **p** de su pie derecho, Lv. 14.17. Setenta reyes, cortados los **p** de sus manos y de sus pies, Jue. 1.7.

PULGÓN: Insecto homóptero, parásito, que vive en los vegetales. // Vinieron langostas, y **p** sin número, Sal. 105.34. Si en la tierra hubiere hambre, pestilencia, tizoncillo, añublo, langosta o **p**, **1 R. 8.37.** Allí te consumirá el fuego, te talará la espada, te devorará como **p**, **Nah. 3.15.**

PÚLPITO: Tribuna donde predicaban en los templos. Esdras, el escriba, estaba en un **p** de madera, Neh. 8.4.

PULSERA: Ornamento circular para los pulsos. // **Y pusieron pulseras en sus manos, Ez. 23.42.** Véase **Brazalete**.

PUNÓN: hb. **Neblina:** Un lugar de los campamentos de Israel en el desierto, Nm. 33.42.

PUNTA: Extremidad aguda, estrecha, delgada. // Descendía algo semejante a un gran lienzo, que atado de las cuatro **p** era bajado a la tierra, Hch. 10.11.**Te harás flecos en las cuatro p de tu manto con que te cubras, Dt. 22.12. Se asió de la p de su manto, y éste se rasgó, 1 S. 15.27. Escrito está con cincel de hierro y con p de diamante, Jer. 17.1. Envía a Lázaro para que moje la p de su dedo en agua, y refresque mi lengua, Lc. 16.24.**

PUNTO: 1. Asunto, aspecto. // En un **p**, se hace culpable de todos, Stg. 2.10. **Ahora bien, el p principal, He. 8.1.**2.

PUNTUALMENTE: De modo puntual. // Hicieron **p**, según el rey había ordenado el rey, Esd. 6.13.

PUNZADA: Dolor agudo y rápido. // En mi corazón sentía **p**, Sal. 73.21.

PUÑADO: Mano llena; **porción de una cosa que cabe en el puño.** // Solamente un **p** de harina tengo en la tinaja, 1 R. 17.12. Tomará de ella un **p** de la flor de harina de la ofrenda, **Lv. 6.15.** Tomará el sacerdote un **p** de la ofrenda en memoria de ella, **Nm. 5.26.**

PUÑAL: Arma corta, perforante y cortante. // Aod se había hecho un puñal de dos filos, Jue. 3.16. Véase **Espada**.

PUÑETAZO: Golpe dado con la mano cerrada. // Comenzaron a escupirle, y a cubrirle el rostro y a darle de **p**, Mr. 14.65; **Mt. 26.67.**

PUÑO: Más vale un puño lleno con descanso, que ambos **p** llenos con trabajo y aflicción de espíritu, Ec. 4.6. Para herir con el **p** inicuamente, Is. 58.4. Véase Puñetazo.

PUR: Est. 3.7. Véase **Purim**.

PUREZA: Cualidad de puro. // En **p**, en ciencia, en longanimidad, 2 Co. 6.6. Sé ejemplo de los creyentes en palabra, conducta, amor, espíritu, fe y **p**, 1 Ti. 4.12. A las jovencitas, como a hermanas, con toda **p**, 1 Ti. 5.2.

PURIFICACIÓN: Acción o efecto de purificar. // Los días de su **p**, Lv. 12.4; Lc. 2.22; Hch. 21.26. Ofrece por tu **p**, Lc. 5.14. Conforme al rito de la **p** de los judíos, Jn. 2.6. Habiendo efectuado la **p** de nuestros pecados por medio de sí mismo, He. 1.3. Santifican para la **p** de la carne, He. 9.13. Habiendo olvidado la **p** de sus antiguos pecados, 2 P. 1.9. Para el agua de **p**, Nm. 19.9.

PURIFICADOR: Que, o aquello que purifica. // **Porque él es como fuego p, y como jabón de lavadores, Ml. 3.2.**

PURIFICAR: Volver puro. // Muchos serán limpios, y emblanquecidos y purificados, Dn. 12.10. Para santificarla, habiéndola purificado en el lavamiento del agua por la palabra, Ef. 5.26. Purificados los corazones de mala conciencia, He. 10.22. Vosotros los de doble ánimo, purificad vuestros corazones, Stg. 4.8. Habiendo purificado vuestras almas por la obediencia a la verdad, 1 P. 1.22. Aquel que tiene esta esperanza en él, se purifica a sí mismo, 1 Jn. 3.3. Como plata refinada en horno de tierra, purificada siete veces, Sal. 12.6. Véase **Limpiar**, **Refinar**.

PURIM: Del nombre pur, es decir, suertes, Est. 3.7; 9.24, 26. Fiesta en conmemoración de la liberación de los judíos de una destrucción total, decretada por el rey Asuero e instigada por Amán, Est. 9.23-28. Observada un poco antes de la pascua, en los días 14 y 15 del mes de **Adar**, Febrero — Marzo, Ester 9.21. Según la costumbre moderna, después de oscurecer, se enciende las velas y se inicia la lectura del libro de **Ester**, escrito en un rollo. En la lectura al llegar la palabra **Amán**, el pueblo clama: "Sea apagado su nombre"; "perezca el nombre de los perversos". Al acabar la lectura, el pueblo exclama: "Maldito sea Amán; bendito sea Mardoqueo; Maldita sea Zeres (mujer de Amán); bendita sea Ester; malditos sean todos los idólatras; benditos sean todos los israelitas, y bendito sea Harbona que ahorcó a Amán". Al terminar este culto en la sinagoga el pueblo se entrega al descanso. Hay un proverbio que dice: "El templo puede caer, pero nunca la fiesta de purim".

PURO: Sin mezcla, sin alteración, genuino, casto, inocente. // Sumamente **p** es tu palabra, Sal. 119.140. El limpio de manos y **p** de corazón, Sal. 24.4. Tenido por **p** en tu juicio, Sal. 51.4. Para presentaros como una virgen **p** a Cristo, 2 Co. 11.2. Todo lo justo, todo lo **p**, Fil. 4.8. Consérvate **p**, 1 Ti. 5.22. Todas las cosas son **p** para los **p**, Tito 1.15. La religión **p**, Stg. 1.27. Pero la sabiduría que es de lo alto es primeramente **p**, Stg. 3.17. La ciudad era de oro **p**, semejante al vidrio limpio, Ap. 21.18, 21.

PÚRPURA: Color rojo que los antiguos extraían de un molusco. Velo del tabernáculo y del templo, Ex. 26.31; 2 Cr. 3.14. Vestiduras reales de **p**, Jue. 8.26; Est. 1.6; 8.15; Dn. 5.29; Mr. 15.17. Traje suntuoso, Pr. 31.22; Jer. 10.9; Ez. 27.7,16; Lc. 16.19; Hch. 16.14; Ap. 17.4; 18.12,16.

PUTEOLI, gr. **Pozos pequeños:** Un puerto de Italia, Donde Pablo permaneció siete días, cuando iba a Roma, Hch. 28.13. Véase mapa 6, A-1.

Queso. "Y dijo Isaí a David su hijo: Toma ahora... estos diez quesos" *(1 S. 17.17,18)*.

Q

QUEBAR: Fue entre los exiliados, junto al río Quebar, en la tierra de los caldeos, que Ezequiel tuvo algunas de sus visiones, Ez. 1.1; 3.15, 23; 10.15, 22; 43.3.

QUEBRADO: Roto, hendido, rajado; que tiene ruptura. //. Los arcos de los fuertes fueron **q**, 1 S. 2.4. Y **q** y desmenuzado las esculturas, 2 Cr. 224.7. Y los brazos de los huérfanos fueron **q**, Job 22.9. He venido a ser como un vaso **q**, Sal. 31.12. No será **q** hueso suyo, Jn. 19.36.

QUEBRADURA: Rotura. // Varón que tenga **q** de pie o rotura de mano, Lv. 21.19. No hay medicina para tu **q**, Nah. 3.19. Véase **Fractura.**

QUEBRANTADO: Debilitado, abatido, extenuado. // A los **q** de corazón, Salmo 34.18. Sacrificios agradables a Dios son el espíritu **q**, Salmo 51.17. Sana a los **q** de corazón, Salmo 147.3. Predicar buenas nuevas a los abatidos, a vendar a los **q** de corazón, Is. 61.1. **Q** estoy por el quebrantamiento de la hija de mi pueblo, Jer. 8.21. Corazón está **q** en medio de mí, Jer. 23.9. Véase **Afligido**.

QUEBRANTAHUESOS: Lv. 11.13. Especie de águila. Después que otras águilas menores quitan toda la carne de un animal muerto, el quebrantahuesos lleva el esqueleto hasta gran altura, dejándolo caer encima de una roca, para comer el tuétano de los huesos quebrados. De ahí su nombre.

QUEBRANTAMIENTO: Debilitamiento o disminución de la salud o de la fortaleza de alguien. // **Q** sobre **q**, Jer. 4.20 ¿No hay **q** para el impío...? Job 31.3. Véngale el **q** sin que lo sepa, Salmo 35.8

QUEBRANTAR: Quitar la energía o disminuir el vigor de. // Mas la perversidad de ella es quebrantamiento de espíritu, Proverbios 15.4. ¿Llorando y quebrantándome el corazón? Hch. 21.13.

QUEBRANTO: Enfermedad. // De **q** en **q**, Job 16.14.

QUEBRAR: Romper, Reducir a pedazos; fragmentar; destruir; acabar con; partir. // Ni quebraréis hueso suyo, Ex. 12.46. En las tablas que quebraste, Ex. 34.1. Los cien hombres... quebraron los cántaros, Jue. 7.19. Y el cántaro se quiebre junto a la fuente, Ec. 12.6. No será quebrado hueso suyo, Jn. 19.36. Véase **Reventar**.

QUEDAR: Estar, permanecer, sobrar. // Queda un reposo para el pueblo de Dios, He. 4.9. Ya no queda más sacrificio por los pecados, He. 10.26. Así ha de ser la parte del que queda con el bagaje; les tocará parte igual, 1 S. 30.24. Quedaos en Jericó hasta que os vuelva a nacer la barba, 2 S. 10.5. Véase **Restar**, **Sobrar**.

QUEDORLAOMER: Rey de Elam, un país al este de Babilonia. // Sometió, con la ayuda de tres reyes, a los cinco reyes de la planicie en el valle de Sidim, llevó consigo gran despojo y también a Lot y su familia, Gn. 14.

QUEFAR-HAAMONI: Una ciudad de Benjamín, Jos. 18.24.

QUEHACER: Ocupación, tarea que hay que realizar. // Marta se preocupaba con muchos quehaceres, Lc. 10.40.

QUEJA: Acción o efecto de quejarse. // Oh, que pesasen justamente mi **q** y mi tormento, Job 6.2. Delante de mí las **q** de los hijos de Israel, Nm. 17.5 ¿Para quién las **q**? Proverbios 23.29.

QUEJARSE: Lastimarse; mostrarse ofendido; censurar. // El pueblo se quejó a oídos de

Jehová, Nm. 11.1. **N**o os quejéis unos contra otros, Stg. 5.9. Véase **Lamentar.**

QUELAL, hb. **Consumación:** Uno de los que tenían mujer extranjera, Esd. 10.30.

QUELIÓN, hb. **Definitivamente:** Un hijo de Noemí, Rt. 1.2.

QUELUB, hb. **Jaula:** 1. Padre de Mehir, 1 Cr. 4.11. // 2. Padre de Ezri, 1 Cr. 27.26.

QUELUBAI: 1 Cr. 2.9. Lo mismo que Caleb. Véase 1 Cr. 2. 18,42.

QUEMADURA: Herimiento o lesión producida por la acción del fuego. // **Q** por **q**, herida por herida, Ex. 21.25.

QUEMAR: Destruir por el fuego; calentar al punto de causar dolor. // Quemó la casa de Jehová, 2 R. 25.9. Quemará la paja, Mt. 3.12. El sol la quemó, Mt. 13.6. En manojos para quemarla, Mt. 13.30. Trajeron los libros, y los quemaron delante de todos, Hch. 19.19. Si la obra de alguno se quemare, 1 Co. 3.15. Entregase... cuerpo para ser quemado, 1 Co. 13.3. Y su fin es el ser quemada, He. 6.8. Animales... quemados fuera del campamento, He. 13.11. Quemada la tercera parte de los árboles, Ap. 8.7. Quemar a los hombres, Ap. 16.8. Véase **Arder**.

QUEMOS: El dios nacional de los moabitas, semejante a Moloc y adorado con el sacrificio de niños, Nm. 21.29; Jer. 48.46. Su culto fue introducido en Judá por Salomón, y abolido por Josías, 1 R. 11.7; 2 R. 23.13. Profecía respecto a Quemos, Jer. 48.7. Véase **Abominación**.

QUENAANA: 1. Un benjamita, hijo de Jediael, 1 Cr. 7.10. // 2. Padre del falso profeta, Sedequías, 1 R. 22.11.

QUENANI: Uno de los ocho levitas que clamaron al Señor, Neh. 9.4.

QUENANÍAS, hb. **Jehová es firme:** Un jefe de los levitas músicos, 1 Cr. 15.22.

QUERÁN, hb. **Cítara:** Un horeo, Gn. 36.26.

QUERELLOSO: Aquel que se queja. // Murmuradores, **q**, Jud. 16.

QUERER: Tener la intención o ganas de. // Quiero; sé limpio, Mt. 8.3. Misericordia quiero, y no, Mt. 9.13. No quiero; pero después, arrepentido, fue. Mt. 21.29; pero no sea como yo quiero, sino como tú. Mt. 26.39. El que quisiere hacer su voluntad, conocerá, Jn. 7.17. Porque el querer el bien está en mí, pero no el hacerlo, Ro. 7.18. Dios es el que en vosotros obra así el querer como el hacer, Fil. 2.13. Si el Señor quiere; 1 Co. 4.19; Stg. 4.15. No queriendo que ninguno perezca, 2 P. 3.9. Y el que quiera, tome del agua de la vida gratuitamente, Ap. 22.17. Véase **Desear.**

QUERIDO: Lo que se quiere muchísimo. // Saúl y Jonatán, amados y **q**, 2 S. 1.23. Véase **Amado, Estimado.**

QUERIOT, hb. **Ciudades:** 1. Una ciudad de Judá, Jos. 15.25. // 2. Una ciudad de Moab, Jer. 48.24.

QUERIOT-HEZRÓN: Una ciudad de la herencia de Judá, Jos. 15.25.

QUERIT: Arroyo que desemboca tal vez en el Jordán. Donde Elías se escondió y los cuervos lo alimentaban, 1 R. 17.3.

QUEROS, hb. **Brazo de telar:** Jefe de una familia que volvió del exilio, Esd. 2.44.

QUERUB: Un lugar en Babilonia desde donde subieron algunos del cautiverio que no podían probar su identidad, Esd. 2.59; Neh. 7.61.

QUERUBÍN: Una de las categorías de ángeles. Querubines al oriente del huerto del Edén, Gn. 3.24. Dos querubines de oro en el propiciatorio, Ex. 25.18. Las cortinas del tabernáculo eran bordadas con figuras de querubines, Ex. 26.1. Jehová de los ejércitos, que estaba asentado entre los querubines, 1 S. 4.4. Cabalgaba un querubín, 2 S. 22.11; Salmo 18.10. Dos querubines de madera de oliva, 1 R. 6.23. Los querubines extendían las alas sobre el lugar del arca, 1 R. 8.7. Los querubines estaban al lado, Ez. 10.3. Los querubines de gloria, He. 9.5.

QUESALÓN, hb. **Esperanza:** Una ciudad de Judá situada en el monte Jearim, Jos. 15.10.

QUESED: Uno de los hijos de Nacor, Gn. 22.22.

QUESIL, hb. **Tonto:** Una ciudad de Judá, Jos. 15.30.

QUESO: Alimento que se obtiene por la fermentación de la caseína, después de cuajada la leche. // Y estos diez **q** de leche los llevarás al jefe, 1 S. 17.18. Ovejas y **q**... a David, 2 S. 17.29.

QUESULOT, hb. **Confianza:** Una ciudad de la herencia de Isacar, Jos. **19**.18. Véase mapa 2, C-3.

QUICIAL: Pieza formada de dos chapas, unidas por un eje común, y sobre la cual gira la puerta o la ventana. 1 R. 7.50. Véase **Quicio.**

QUICIO. Pr. 26.14. Véase **Quicial**.

QUIDÓN, hb. **Dardo:** Lugar donde Uza extendió la mano al arca y murió, 1 Cr. 13.9.

QUIEBRA DE PACTO: No circuncidarse, Gn. 17.14. Componer, sin autorización, el óleo santo, Ex. 30.33. Trabajar y no afligirse el día de la expiación, Lv. 23.28,29. Dejar de celebrar la pascua, Nm. 9.13. El castigo: sería eliminado de su pueblo.

QUIEBRA DEL RITUAL: Comer leudado durante la pascua, Ex. 12.15. Comer sangre, Lv. 7.27. Comer, cuando la persona esté inmunda. La carne del sacrificio, Lv. 7.20. Comer el sebo del animal sacrificado, Lv. 7.25. Inmolar animal, sin lo presentar al Señor a la puerta de la congregación, Lv. 17.4,9. El castigo: la persona ser eliminada de su pueblo.

QUIÉN: Qué persona o personas. ¿**Q** es este Rey de gloria? Salmo 24.8,10. **Q** dicen los hombres que es el Hijo del hombre? Mt. 16.13. ¿**Q** acusará a los escogidos de Dios? Ro. 8.33.

QUIETO: Quedarse tranquilo, calmarse. // Estad **q,** y conoced, Sal. 46.10. No calles, oh Dios, ni te estés **q,** Sal. 83.1. Jehová me dijo...: Me estaré **q,** Is. 18.4. Véase **Tranquilo.**

QUIJADA: Cada una de las piezas óseas en las que están inseridos los dientes de los animales vertebrados. // Con la **q** de un asno herí mil hombres. Jue. 15.16.

QUILEAB: Un hijo de David y Abigail, 2 S. 3.3.

QUILMAD: Ciudad o distrito que negociaba con Tiro, Ez. 27.23.

QUIMAM, hb. **Anhelo:** Un hijo de Barzilai, 2 S. 19.37.

QUÍO: Hch. 20.15. Una isla cerca de Esmirna en el archipiélago griego. Véase mapa 6, D-2.

QUIRIAT -SEFER: lo mismo que Debir, Jos. 15.15.

QUIRIAT, hb. **Ciudad:** Una ciudad de Benjamín, Jos. 18.28.

QUIRIATAIM, hb. **Ciudad doble:** 1. Ciudad de Moab, tomada y reedificada por los rubenitas, Nm. 32.37. Véase mapa 2, D-5; 5, C-1. Profecía contra después de recuperada por Moab, Jer. 48.1. // 2. Ciudad de Neftalí dada a los levitas, 1 Cr. 6.76.

QUIRIAT-ARBA, hb. **Ciudad de Arba:** Que es Hebrón. Una ciudad de la herencia de Judá, Jos. 15.54. Véase mapa 1, G-3.

QUIRIAT-BAAL: Una ciudad de la herencia de Judá, Jos. 15.60.

QUIRIAT-HUZOT, hb. **Ciudad de calles:** Nm. 22.39. Quizá lo mismo que Kir de Moab.

QUIRIAT-JEARIM, hb. **Ciudad de los bosques:** Una de las cuatro ciudades principales de los gabaonitas, Jos. 9.17. Pertenecía a Judá, Jos. 15.60; Jue. 18.12. El lugar donde el arca estuvo por veinte años, 1 S. 7.2. Recuperada después del cautiverio, Neh. 7.29. La residencia del profeta Urías, Jer. 26.20. Véase mapa 2, C-5; 5, B-1.

QUIRIAT-SANA: Una ciudad de la herencia de Judá, Jos. 15.49. Semejante a Quiriat-Sefer.

QUISI: Un levita de la familia de Merari, 1 Cr. 6.44.

QUISIÓN, hb. **Dureza:** Una ciudad de la herencia de Isacar, Jos. 19.20.

QUISLEU: Neh. 1.1; Zac. 7.1. El noveno mes del año. Véase **Año.**

QUISLÓN, hb. **Esperanza:** Padre de Elidad, Nm. 34.21.

QUITAR: Hacer salir de algún punto o lugar; privar de. // Quitarte la túnica, Mt. 5.40. Que quita el pecado del mundo, Jn. 1.29. Si alguno quitare de las palabras del libro de esta profecía, Dios quitará su parte del libro de la vida, Ap. 22.19. Pues pensé que quizá me quitarías por fuerza tus hijas, Gn. 31.31. Sucedió, pues, que cuando llegó José a sus hermanos, ellos quitaron a José su túnica, la túnica de colores que tenía sobre sí, Gn. 37.23. Véase **Arrancar.**

QUITIM: Los descendientes de Javán, Gn. 10.4. Habitaban Chipre y otras islas del Mediterráneo, Nm. 24.24; Ez. 27.6; Dn. 11.30. Véase mapa 1, D-3.

QUITLIS: Una ciudad de la herencia de Judá, Jos. 15.40.

QUITRÓN: Una ciudad de Zabulón, de donde no fueron expulsados los cananeos, Jue. 1.30.

QUIÚN: Am. 5.26. Tal vez el planeta Saturno.

LA TUMBA DE RAQUEL. "Así murió Raquel, y fue sepultada en el camino de Efrata, la cual es Belén" *(Gn. 35.19). La sepultura como se ve hoy, cerca de 2 km al sur de Jerusalén y 1 km al norte de Belén.*

R

RAAMA, hb. **Temblor:** Hijo de Cus, Hijo de Cam, Gn. 10.7. Los hombres de la tribu de Raama se volvieron notables como negociantes, Ez. 27.22.

RAAMÍAS: Uno de los jefes que volvieron con Zorobabel, Neh. 7.7.

RABÁ, hb. **Capital:** 1. Una ciudad de la herencia de Judá, Jos. 15.60. // 2. Ciudad principal de los amonitas, Jos. 13.25. Conquistada por David, 2 S. 11.1. Profecías contra, Jer. 49.2,3; Ez. 21.20. Véase mapa 2, D-5; 5, C-1.

RABDOMANCIA: Vara, adivinación. Tiene relación con la radiestesia, sensibilidad especial para captar ciertas radiaciones. // Mi pueblo a su ídolo de madera pregunta, y el leño le responde, Os. 4.12 Véase **Adivinación.**

RABÍ, hb. **Maestro:** Mt. 23.7,8; Jn. 1.38. Véase **Instructor, Maestro.**

RABIT, hb. **Multitud:** Una ciudad de la herencia de Isacar, Jos. 19.20.

RABMAG: Jer. 39.3. Véase **Nergal-Sarezer.**

RABONI, hb. **Mi maestro:** Jn. 20.16.

RABSACES, hb. **Jefe de los príncipes,** o **General:** En la expedición de Senaquerib contra Jerusalén, 2 R. 18.17. Dirigió la conferencia con los oficiales de Ezequías, 2 R. 18.19,26,27,37.

RABSARIS, hb. **Principal eunuco:** Un oficial enviado por Senaquerib contra Jerusalén en el reinado de Ezequías, 2 R. 18.17.

RACAL, hb. **Negociante:** Uno de los retiros de David, cuando huía de Saúl, 1 S. 30.29.

RACAT, hb. **Playa:** Ciudad fortificada de Neftalí, Jos. 19.35. El Talmud de Jerusalén dice que es la misma que Tiberias.

RACIMO: Conjunto de frutos que cuelgan de un mismo tallo. // Un **r** de uvas, el cual trajeron, Nm. 13.23. Hallase mosto en un **r**, Is. 65.8. Vendimia los **r** de la tierra, Ap. 14.18.

RACIÓN: Porción de alimento necesario para la comida de una persona. // La **r** para cada día, de la provisión de la comida del rey, Dn. 1.5.

RACIONAL: Conforme la razón. // Vuestro culto **r**, Ro. 12.1.

RACÓN, hb. **Escasos, playa.** Una aldea de la tribu de Dan, Jos. 19.46. Véase mapa 2, B-4; 4, A-2.

RADAI, hb. **Sometiendo:** El quinto hijo de Isaí, 1 Cr. 2.14.

RAER: 1. Lo mismo que rapar. // Entonces el nazareo raerá a la puerta del tabernáculo, Nm. 6.18. En aquel día el Señor raerá con navaja alquilada, Is. 7.20. 2. Extirpar. // Si no, ráeme ahora de tu libro que has escrito, Ex. 32.32. Sean raídos del libro de los vivientes, Salmo 69.28.

RAFA: 1. El quinto hijo de Benjamín, 1 Cr. 8.2. // 2. Un descendiente de Saúl, 1 Cr. 8.37.

RAFAEL, hb. **Dios sanó:** Un portero del tabernáculo, 1 Cr. 26.7.

RAFÚ, hb. **Sanado:** El padre de Palti, uno de los doce espías, Nm. 13.9.

RAGAU, hb. **Amigo:** Uno de los antepasados de Jesús, Lc. 3.35.

RAHAB, hb. **Insolencia, holgura:** 1. Mujer ramera, o hostelera, que residía en una casa sobre el muro de Jericó. Ocultó a los espías, enviados por Josué. Como recompensa no pereció en la conquista de la ciudad, Jos. 2. Ella, solamente, con su casa, de todos los habitantes de Jericó, escaparon con su vida, Jos. 6.17,25. Se casó con Salmón, un príncipe de Judá y de ella descendió David y Jesús, Mt. 1.5. Se menciona, en He. 11.31, como un ejemplo de salvación por la fe; en Stg. 2.25, como un ejemplo de aquella fe que produce buenas obras.//2. Un nombre poético de Egipto (Salmo 87.4; 89.10; Is. 51.9), basado, según parece, en un antiguo cuento mitológico, en el que Rahab (o Rajab) aparece como monstruo marino.

RAHAM, hb. **Compasión:** El padre de Jorcoam, 1 Cr. 2.44.

RAÍZ: Parte de la planta donde ella se fija al suelo y saca de él la nutrición. Origen, principio. // No sea que haya en medio de vosotros **r** que produzca hiel y ajenjo, Dt. 29.18. Yo he visto al necio que echaba **r**, Job 5.3. Abajo se secarán sus **r**, Job 18.16. ... y como **r** de tierra seca, Is. 53.2. También el hacha está puesta a la **r** de los árboles, Mt. 3.10. Y porque no tenía **r**, se secó, Mt. 13.6. Si la **r** es santa, Ro. 11.16. Y si te jactas, sabe que no sustentas tú a la **r**, sino la **r** a ti, Ro. 11.18. Porque **r** de todos los males es el amor al dinero, 1 Ti. 6.10. Que brotando alguna **r** de amargura, He. 12.15. El León de la tribu de Judá, la **r** de David, Ap. 5.5. La **r** y el linaje de David, Ap. 22.16.

RAM, hb. **Exaltado:** 1. Un antepasado de David, Rt. 4.19.//2. Un antecesor de Eliú, Job 32.2.

RAMÁ, hb. **Lugar alto:** El nombre de varios lugares, todos altos. 1. Una ciudad de Benjamín, cerca de Bet-el, Jos. 18.25; Jue. 4.5; 1 R. 15.17; Esd. 2.26. Véase mapa 5, B-1.//2. Tierra natal y lugar de la sepultura de Samuel, 1 S. 1.19; 7.17; 28.3.//3. Una ciudad amurallada al sur de Neftalí, Jos. 19.36. Véase mapa 3, A-2. // 4. Ciudad de la frontera de Aser, Jos. 19.29. Véase mapa 3, A-1.//5. Lo mismo que Ramot de Galaad, 2 R. 8.29. Véase mapa 4, C-1.

RAMA: Las ramas o el follaje de las plantas. Los justos reverdecerán como la **r**, Proverbios 11.28. Y otros cortaban **r** de los árboles, y las tendían en el camino, Mt. 21.8. Porque si Dios no perdonó a las **r** naturales, Ro. 11.21. Véase **Ramaje.**

RAMAJE: Ramas de arboleda o de un árbol. // Jehová de los ejércitos, desgajará el **r** con violencia, Is. 10.33. Una vid de mucho **r**, de poca altura, Ez. 17.6. De hermosas ramas, de frondoso **r** y de grande altura, Ez. 31.3. Debajo de su **r** parían todas las bestias del campo, Ez. 31.6. Ni los castaños fueron semejantes a su **r**, Ez. 31.8. Por todos los arroyos de la tierra será quebrado su **r**, Ez. 31.12.

RAMAT-LEHI, hb. **Lugar alto de la quijada:** Nombre dado por Sansón al lugar donde mató mil filisteos con una quijada de asno, Jue. 15.17.

RAMAT-MIZPA, hb. **Monte de la torre de vigía:** Un lugar de Gad, Jos. 13.26.

RAMERA: Mujer que vende favores sexuales. // ¿Había él de tratar a nuestra hermana como a una **r**?, Gn. 34.31. ¿Dónde está la **r**?, Gn. 38.21. No haya **r** de entre las hijas de Israel, Dt. 23.17. Rahab la **r**, Jos. 6.17. Vinieron al rey dos mujeres **r**, 1 R. 3.16. Una mujer le sale al encuentro, con atavío de **r**, Pr. 7.10. Abismo profundo es la **r**, Pr. 23.27. ¿Cómo te has convertido en **r**, oh ciudad fiel? Is. 1.21. Debajo de todo árbol frondoso te echabas como **r**, Jer. 2.20. El que se une con una **r**, es un cuerpo con ella, 1 Co. 6.16. La gran **r** que ha corrompido a la tierra con su fornicación, Ap. 19.2. Véase **Adulterio**, **Divorcio**, **Fornicación**.

RAMESÉS, hb. **Hijo de Ra** (el dios sol): Una ciudad de Egipto, ocupada por los hermanos de José, Gn. 47.11. Una de las ciudades edificadas, o reedificadas para el Faraón (tal vez Ramsés II) por los israelitas oprimidos en Egipto, Ex. 1.11. El Éxodo de Israel empezó en esta ciudad, Ex. 12.37; Nm. 33.3. Estaba situada en la parte occidental de la tierra de Gosén, no lejos de Pitón.

RAMÍA, hb. **Jehová es exaltado:** Uno de los que tenían mujer extranjera, Esd. 10.25.

RAMOT: 1. Una ciudad de Isacar, dada a los levitas de la familia de Gersón, 1 Cr. 6.73. // 2. Una ciudad de Gad, y ciudad de refugio, dada a los levitas de la familia de Merari, Dt. 4.43; Jos. 20.8; 21.38. Uno de los comisariados de Salomón, 1 R. 4.13. Queriendo Acab recuperarla de la mano del rey de Asiria, perdió su vida, 1 R. 22. Joram, hijo de Acab, al intentar recuperarla, gravemente herido, 2 R. 8.28. Jehú ungido rey sobre Israel, por Eliseo, en Ramot de Galaad, 2 R. 9.1.

RANA: Batracio sin cola que vive en el agua y en los lugares pantanosos. Se menciona en el Antiguo Testamento solamente en los pasajes acerca de la plaga en Egipto, Ex. 8.2-7; Salmo 78.45; 105.30. En el Nuevo Testamento la palabra aparece en Ap. 16.13.

RAPAR, RAPARSE: Cortar el pelo al rape. El hecho de raparse. // A llanto y a endechas, a **r** el cabello, Is. 22.12. Ella rapará su cabeza, Dt. 21.12. Nazareato no pasará navaja sobre la cabeza, Nm. 6.5. Si fuere **r**, mi fuerza se apartará de mí, Jue. 16.17. Cuando se cortaba el cabello (lo cual hacía al fin de cada año), 2 S. 14.26. Los rapó, y les cortó los vestidos por la mitad, 1 Cr. 19.4. No se raparán su cabeza,

Ez. 44.20. Lo mismo es que si se hubiese rapado. 1 Co. 11.5. Cortarse el cabello o raparse, 1 Co. 11.6. Pablo... habiéndose **r** la cabeza en Cencrea, Hch. 18.18. Véase **Cabello.**

RAPAZ: Inclinado o dado al robo, hurto o rapiña. // Abrieron sobre mí su boca Como león **r** y rugiente. Salmo 22.13.

RAPIÑA: Aves de rapiña, orden de aves carnívoras, Gn. 15.11; Job 28.7; Is. 18.6; Ez. 39.4. Extorsión, usura: Ni en la **r**; no os envanezcáis, Salmo 62.10. Por dentro están llenos de **r**, Mt. 23.25.

RAQUEL, hb. **Oveja:** La hija menor de Labán, la esposa de Jacob y la madre de José y Benjamín, Génesis caps. 29 al 33 y 35. Hay cerca de Belén el célebre sepulcro de Raquel. Jeremías representó a Raquel llorando por sus hijos, los descendientes de su hijo José, Jer. 31.15; Mt. 2.18.[LEGENDA:] **SEPULTURA DE RAQUEL**. "Así murió Raquel, y fue sepultada en el camino de Efrata, la cual es Belén", Gn. 35.19. La sepultura como aparece hoy, cerca de 2 km al sur de Jerusalén y 1 km al norte de Belén.

RASGAR: Romper, abrir rasgones en. El manto de Samuel se rasgó, cuando Saúl se lo agarró en la punta, 1 S. 15.27. // Jehová ha rasgado hoy de ti el reino de Israel, 1 S. 15.28. Rasgad vuestro corazón, Jl. 2.13. El velo del santuario se rasgó, Mr. 15.38. Rasgar las vestes, señal de tristeza. Véase **Vestidura.**

RASPAR: Frotar ligeramente. // Y hará **r** la casa por dentro alrededor, Lv. 14.41, 43

RASTROJO: Parte inferior de las gramíneas que quedó enraizada después de la siega. // Para recoger **r** en lugar de paja, Ex. 5.12. Como la lengua del fuego consume el **r**, Is. 5.24. Concebisteis hojarascas, **r** daréis a luz, Is. 33.11.

RASURAR: Lo mismo que rapar. // La llaga... entonces le hará que se **r**, pero no **r** el lugar afectado, Lv. 13.33; Purifícate con ellos, y paga sus gastos para que se **r** la cabeza, Hch. 21.24.

RATIFICAR: Confirmar auténticamente (lo que ha sido hecho o prometido). // Un pacto... una vez ratificado, Gá. 3.15, 17. Véase **Confirmar.**

RATÓN: Mamífero roedor, de cola larga. En la lista de animales inmundos, Lv. 11.29. Los cinco tumores de oro y los cinco ratones de oro, símbolos de plaga de tumores y de ratones enviada sobre los filisteos, 1 S. 6.4-18. Los israelitas, abandonando la ley de Dios, comían ratos, Is. 66.17. Abundan varias especies de ratones en la Tierra Santa.

RAYO: Descarga eléctrica entre una nube y el suelo. // Veía a Satanás como un **r**, caer del cielo, Lc. 10.18.

RAZA: Especie, variedad, casta, clase. // **R** de los gigantes, Nm. 13.33.

RAZÓN: 1. Causa, motivo, prueba por argumento. // Te he dado por **r** de la unción, Nm. 18.8. Ante todo el que os demande **r** de la esperanza, 1 P. 3.15. Por **r** de alguna impureza acontecida de noche, Dt. 23.10; // **2**. Inteligencia, Juicio. ¿He de mentir yo contra mi **r**? Job 34.6. Me parece fuera de **r** enviar un preso, Hch. 25.27; // **3**. Cuenta. Han tomado **r** de los hombres de guerra, Nm. 31.49. // **4**. Noticiar. Y a su regreso nos traigan **r** del camino por donde hemos de subir, Dt. 1.22.

RAZONABLE: Conforme la razón, justo. // Y **r** a los que han hallado sabiduría. Proverbios 8.9.

RAZONAMIENTO: Conceptos y argumentos encaminados a demostrar algo. // Destilará como el rocío mi **r**, Dt. 32.2. Y bendito sea tu **r**, y bendita tú, 1 S. 25.33. Oíd ahora mi **r**, y estad atentos a los argumentos de mis labios. Job 13.6,17

RAZONAR: Pensar ordenando ideas; exponer razones para probar algo. // Razonarás con tu prójimo, para que no participes de su pecado, Lv. 19.17. Mas yo hablaría con el Todopoderoso, y querría **r** con Dios. Job 13.3.

REAÍA, hb. **Jehová ha visto:** 1. Un nieto de Judá, 1 Cr. 4.2. // 2. Un rubenita, 1 Cr. 5.5. // 3. Un jefe de familia que volvió del exilio, Esd. 2.47.

REAL: Perteneciente o relativo al rey. Mesa **r**, 2 S. 11.8. Ciudad **r**, Jos. 10.2; I S. 27.5. Corona **r**, Est. 2.17. Decreto **r**, Est. 1.19. Camino **r**, Nm. 20.17. Ley **r**, Stg. 2.8. Linaje **r**, Dn. 1.3. Casa **r**, 2 S. 11.2; Dn. 5.5. Peso **r**, 2 S. 14.26. Sacerdocio **r**, 1 P. 2.9. Sangre **r**, 1 R. 11.14; 2 R. 25.25; 11.14. Ropa **r**, 1 R. 22.10; Hch. 12.21. Vino **r**, Est. 1.7.

REBA, hb. **Cuarta parte:** Uno de los cinco príncipes, muertos en la guerra de Moisés contra los madianitas, Jos. 13.21.

REBAÑO: Grupo de animales guardados por pastor. // Guardaban las vigilias de la noche sobre su **r**, Lc. 2.8. Y he aquí tres **r** de ovejas que yacían cerca de él, Gn. 29.2,3; Holocausto fuere del **r**, de las ovejas o de las cabras, Lv. 1.10; Como a **r** que son conducidos, Salmo 49.14; Por el desierto como un **r**, Salmo 78.52. Véase **Congregación, Oveja.**

REBECA, hb. **Cuerda con lazo**, es decir, **doncella cuya belleza prende a los hombres:** Hija de Betuel, de la ciudad de Nacor de Mesopotamia, llevada a la Palestina por el siervo de Abraham, con el fin de ser la mujer de Isaac, Gn. 24. Después de vivir estéril, por el espacio de diecinueve años, tuvo los gemelos Esaú y Jacob, Gn. 25.20-26. Ayudó a Jacob su hijo predilecto, a engañar a Isaac y recibir la primogenitura, Gn. 27. Murió, por lo que parece, mientras Jacob aún vivía en Mesopotamia, y fue sepultada en la cueva de Macpela, Gn. 49.31. Era conocedora de los designios de Dios, respecto a sus hijos, antes de que ellos hubiesen nacido. Ro. 9.10-13.

REBELAR: Sublevarse. // Se **r** en el desierto, Salmo 78.40. Que se **r** contra Moisés y Aarón, Nm. 26.9; Se **r**, endurecieron su cerviz, y no escucharon. Neh. 9.29; y se **r** como sus padres, Salmo. 78.57. Véase **Conspirar.**

REBELDE: Que se revuelta. // Señal para los hijos **r**, Nm. 17.10. Fuisteis **r** a mi mandamiento, Nm. 20.24. **R** habéis sido, Dt. 9.7,24. Un hijo contumaz y **r**, Dt. 21.18. No le seas **r**, Ex. 23.21; A pueblo **r**, Is. 65.2. Este pueblo tiene corazón falso y **r**, Jer. 5.23. Y hemos sido **r**, Dn. 9.5. Mis manos a un pueblo **r** y contradictor, Ro. 10.21.

REBELDÍA: Acción de rebelde. // Tu maldad te castigará, y tus **r** te condenarán, Jer. 2.19. Acusados de disolución ni de **r**, Tit. 1.6. Véase **Conspiración, Rebelión, Revuelta.**

REBELIÓN: 1. **Insurrección, revuelta**. // Porque yo conozco tu **r**, Dt. 31.27. Nuestras **r** se han multiplicado, Jer. 14.7. Porque hablaste **r** contra Jehová, Jer. 28.16;29.32. Pecado de adivinación es la **r**, 1 S. 15.23. Aquella ciudad... forman en medio de ella **r**, Esd. 4.15. Y en su **r** pensaron poner caudillo, Neh. 9.17. Y sanaré vuestras **r**, Jer. 3.22. //2. **Transgresión, pecado**. Porque él no perdonará vuestra rebelión, porque mi nombre está en él, Ex. 23.21. Así murió Saúl por su rebelión con que prevaricó contra Jehová, 1 Cr. 10.13. Estaré limpio de gran rebelión, Salmo 19.13. Porque yo reconozco mis rebeliones, Salmo 51.3. Mas él herido fue por nuestras rebeliones, Is. 53.5. Véase **Rebeldía.**

REBOSAR: Caer fuera de los bordes de: derramar. // Arroyo que rebosa, la fuente de la sabiduría, Proverbios 18.4. Véase **Desbordar.**

REBUSCAR: Recoger las espigas que quedaron en el campo después de la siega: Lv. 19.10; Dt. 24.21; Rt. 2.7; Jer. 6.9.

REBUSCO: Acción y efecto de rebuscar. // Y quedarán en él **r**, Is. 17.6. Como **r** después de la vendimia, Is. 24.13.

RECA: Lugar desconocido de Judá, 1 Cr. 4.12.

RECABITAS: Jer. 35.2-19. Una secta u orden religiosa, que tuvo su principio en Jonadab, hijo de Recab, Jer. 35.6. Los principios de los recabitas consistían en una reacción y protesta contra el lujo y el libertinaje que, en el reinado de Acab y Jezabel, amenazaban destruir completamente la sencillez de la antigua vida nómada de Israel. En conformidad con sus ideas los recabitas no bebían vino, ni edificaban casas, ni sembraban granos, ni plantaban viñas ni poseían cosa alguna. Habitaban en tiendas, en memoria de haber sido extranjeros en la tierra. Por el espacio de dos siglos y medio ellos cumplieron fielmente sus reglas; pero cuando Nabucodonosor invadió Judá, en el año 607 (a.C.), tuvieron que abandonar sus tiendas. Hay indicios de que los recabitas existieron como cuerpo organizado hasta la destrucción de Jerusalén. Hasta mediados del siglo pasado existió una tribu cerca de Maca, que decía ser descendiente de Jonadab, afirmando que en ellos se realizaban las palabras proféticas de Jeremías (35.19): "No faltará de Jonadab hijo de Recab un varón que esté en mi presencia todos los días.".

RECAER: Caer nuevamente. // La sangre, pues, de ellos **r** sobre la cabeza, 1 R. 2.33. Y haciendo **r** su proceder sobre su cabeza, 1 R. 8.32. Que el perverso designio... **r** sobre su cabeza, Est. 9.25.Y **r**, sean otra vez renovados, He. 6.6.

RECHAZAR: No aceptar, rehusar, resistir. // Estos soñadores mancillan la carne, rechazan la autoridad, Jud. 8. El que me rechaza... tiene quien le juzgue, Jn. 12.48. Pero si este último la rechaza y le escribe una carta de divorcio, Dt. 24.3. Dará fuerzas a los que rechazan el asalto a la puerta, Is. 28.6. El Señor no rechaza para siempre; Lm. 3.31. Este Jesús es la piedra reprobada por vosotros los edificadores, la cual ha venido a ser cabeza del ángulo. Hch. 4.11. No me despreciasteis ni rechazasteis por la prueba que tenía en mi cuerpo. Gá. 4.14. Véase **Rehusar.**

RECIBIR: Tomar, aceptar, acoger, hospedar. // ¿Recibiremos de Dios el bien, y el mal no lo **r**?, Job 2.10. Y después me recibirás en gloria, Salmo 73.24. Todo aquel que pide, recibe, Mt. 7.8. De gracia recibisteis, dad de gracia, Mt. 10.8. Y si alguno no os recibiere, Mt. 10.14. El que a vosotros recibe, a mí me recibe, Mt. 10.40. El que recibe a un profeta, Mt. 10.41. Y cualquiera que reciba en mi nombre, Mt. 18.5. Creed que lo recibiréis, y os vendrá, Mr. 11.24. Este a los pecadores recibe, Lc. 15.2. Y los suyos no le recibieron, Jn. 1.11. Esto dijo del Espíritu que habían de recibir, Jn. 7.39. El que recibe al que yo enviare, me recibe a mí, Jn. 13.20. Al cual el mundo no puede recibir, Jn. 14.17. Pedid, y recibiréis, Jn. 16.24. Señor Jesús, recibe mi espíritu, Hch. 7.59. Pues recibieron la palabra con toda solicitud, Hch. 17.11. Más bienaventurado es dar que recibir, Hch. 20.35. ¿Recibisteis el Espíritu por las obras de la ley...? Gá. 3.2. A fin de que por la fe recibiésemos la promesa del Espíritu, Gá. 3.14. Creído en el mundo, recibido arriba en gloria, 1 Ti. 3.16. Pedís y no recibís, porque pedís mal, Stg. 4.3. Vosotros recibiréis la corona incorruptible de gloria, 1 P. 5.4. La recibiremos de él porque guardamos sus mandamientos, 1 Jn. 3.22. No lo recibáis en casa, 2 Jn. 10. Véase **Aceptar.**

RECIBIR: Aquél que se casó hace poco. // Cuando alguno fuere recién casado, no saldrá a la guerra, Dt. 24.5.

RECIÉN NACIDO: Que, o aquél que nació hace poco. // Como niños recién nacidos, 1 P. 2.2. Al recién nacido que sale de entre sus pies, Dt. 28.57.

RECIO: Fuerte, robusto; duro, difícil de soportar; con dureza y firmeza // E hizo Jehová que el mar se retirase por **r** viento oriental toda aquella noche, Ex. 14.21. Poned a Urías al frente, en lo más **r** de la batalla, 2 S. 11.15. Y el que **r** se suena las narices sacará sangre, Proverbios 30.33. El los remueve con su **r** viento, Is. 27.8. A la voz de **r** estrépito hizo encender fuego sobre él, Jer. 11.16. Y aconteció que al salir el sol, preparó Dios un **r** viento solano, Jon. 4.8. Y de repente vino del cielo un estruendo como de un viento **r** que soplaba, Hch. 2.2.

RECLINATORIO: Mueble para arrodillarse u objeto dispuesto para reclinarse. // Los **r** de oro y de plata, Est. 1.6. Mientras el rey estaba en su **r**, Cnt. 1.12.

RECOGER: 1. Coger del tallo (flores, frutos, hojas). // Ni recogerás el fruto caído de tu viña, Lv. 19.10. Y recogerás poco, Dt. 28.38. Que recoja también espigas entre las gavillas, Rt. 2.15. Recogían malvas entre los arbustos, Job 30.4. Las aves... ni siegan, ni recogen en graneros, Mt. 6.26. ¿Acaso se recogen uvas de los espinos? Mt. 7.16. El que conmigo no recoge, Mt. 12.30. El que recogió mucho, no tuvo más, y el que poco, no tuvo menos, 2 Co. 8.15; Ex. 16.18. 2. Guardar; poner al abrigo; hacer la cosecha de; retraer. // Red... recoge toda clase de peces, Mt. 13.47. Recoged los pedazos que sobraron, Jn. 6.12. Y cuando los siete panes entre cuatro mil, ¿cuántas canastas llenas de los pedazos recogisteis? Mr. 8.20. **R**ecogerá el trigo en su granero, Lc. 3.17. El que conmigo no recoge, desparrama. Lc. 11.23. La hija de Faraón le recogió y le crió como a hijo suyo, Hch. 7.21. Navegamos a Asón para recoger allí a Pablo, Hch. 20.13. ¿Y cuándo te vimos forastero, y te recogimos? Mt. 25.38.

RECOMENDACIÓN: Acción o efecto de recomendar. // ¿O tenemos necesidad, como algunos, de cartas de **r** para vosotros, o de **r** de vosotros? 2 Co. 3.1.

RECOMENDAR: Aconsejar; recordar. // Os recomiendo además nuestra hermana Febe, Ro. 16.1. A recomendarnos a nosotros mismos? 2 Co. 3.1. Recomendándonos a toda conciencia humana delante de Dios, 2 Co. 4.2. No nos recomendamos, pues, otra vez a vosotros, 2 Co. 5.12. Antes bien, nos recomendamos en todo como ministros de Dios, 2 Co. 6.4.

RECOMPENSA: Acción o efecto de recompensar; premio; galardón. // Hay **r** para vuestra obra, 2 Cr. 15.7. Y verás la **r** de los impíos, Sal. 91.8. He aquí su r con él, Is. 62.11. Si amáis... ¿qué **r** tendréis? Mt. 5.46. Ya tienen su **r**, Mt. 6.2. Del Señor recibiréis la **r** de la herencia, Col. 3.24. Dios me ha dado mi **r**, Gn. 30.18. ¿Por qué me ha de dar el rey tan grande **r**? 2 S. 19.36. Jehová... me ha recompensado. 2 S. 22.21. Porque ella será su **r**. Job 15.31. Véase **Favor, Galardón, Retribución.**

RECOMPENSAR: Retribuir, pagar. // No te pueden **r**, pero te será recompensado en la resurrección, Lc. 14.14. Te vuelvan a convidar, y seas recompensado, Lc. 14.12. Aprendan... y a **r** a sus padres, 1 Ti. 5.4.

RECONCILIACIÓN: Acción o efecto de reconciliar. // Hemos recibido ahora la reconciliación, Ro. 5.11. Porque si su exclusión es la reconciliación del mundo, Ro. 11.15. Quien nos reconcilió consigo mismo por Cristo, y nos dio el ministerio de la reconciliación... y nos encargó a nosotros la palabra de la reconciliación, 2 Co. 5.18,19.

RECONCILIAR: Restablecer la concordia o la amistad entre varias partes que estaban enemistadas. Algunas veces la palabra está traducida para reconciliar, mientras en otras versiones está traducida como expiar. La idea es de transformar la enemistad en efecto; es un cambio espiritual. // Y anda, reconcíliate primero con tu hermano, Mt. 5.24. **Reconciliación con Dios:** el castigo de nuestra paz fue sobre él, Is. 53.5. Fuimos reconciliados con Dios por la... estando reconciliados, seremos salvos por su vida. Ro. 5.10. Dios, quien nos reconcilió consigo mismo por Cristo, 2 Co. 5.18. Dios estaba en Cristo reconciliando consigo al mundo, 2 Co. 5.19. Os rogamos en nombre de Cristo: Reconciliaos con Dios, 2 Co. 5.20. Y mediante la cruz reconciliar con Dios a ambos en un solo cuerpo, Ef. 2.16. Y por medio de él reconciliar consigo todas las cosas, Col. 1.20. Erais en otro tiempo extraños…, ahora os ha reconciliado, Col. 1.21. Véase **Apaciguar.**

RECONOCER: Admitir como verdadero, exacto; examinar detenidamente. // Reconócelo en todos tus caminos, Proverbios 3.6. Reconoce, pues, tu maldad, Jer. 3.13. Reconozca que lo que os escribo son mandamientos del Señor, 1 Co. 14.37. Y el sacerdote le reconocerá, y le declarará inmundo, Lv. 13.3, 6, 13. Reconoce ahora..., Gn. 37.32. Entonces Judá los reconoció, Gn. 38.26**. Mañana... c**uando vengas a reconocer mi salario, Gn. 30.33.

RECONSTRUIR: Construir, edificar de nuevo. // Reconstruidas serán, y sus ruinas reedificaré, Is. 44.26.

RECONVENIR: Reprender, censurar. Entonces Pedro, tomándolo aparte, comenzó a reconvenirle, Mt. 16.22. Véase **Refutar.**

RECORDAR: traer a la memoria algo o alguien. // **R** las palabras del Señor Jesús, Hch. 20.35. Este es mi nombre para siempre; con él se me recordará por todos los siglos, Ex. 3.15. Seréis recordados por Jehová vuestro Dios, Nm. 10.9. Pues será recordado por la boca de sus descendientes, Dt. 31.21. Para que recordasen y confesasen y loasen a Jehová Dios de Israel, 1 Cr. 16.4. Estos días de Purim no dejarían de ser guardados por los judíos… y que su descendencia jamás dejaría de recordarlos, Est. 9.28. Recordad que su nombre es engrandecido, Is. 12.4. Reitera la canción, para que seas recordada, Is. 23.16

RECORRER: Atravesar un espacio o lugar en toda su extensión o longitud, efectuar un trayecto. // Salió, recorriendo por orden la región de Galacia y de Frigia, Hch. 18.23**.** Salió José… y recorrió toda la tierra de Egipto, Gn. 41.46. Después de tres días, los oficiales recorrieron el campamento, Jos. 3.2. Que ellos se levanten y recorran la tierra, y la describan, Jos. 18.4. Id, recorred la tierra y delineadla, Jos. 18.8. Recorre ahora todas las tribus de Israel, 2 S. 24.2. Y dividieron entre sí el país para recorrerlo, 1 R. 18.6. Recorrió Jesús toda Galilea, enseñando en las sinagogas de ellos, Mt. 4.23. Porque recorréis mar y tierra para hacer un prosélito, Mt. 23.15. Recorriendo toda la tierra de alrededor, comenzaron a traer de todas partes enfermos en lechos, Mr. 6.55. Hacía cada año un recorrido por Bet-el, 1 S. 7.16. Recorred las calles de Jerusalén, Jer. 5.1.

RECOSTADO: Muy allegado; puesto en contacto; confortado. // Estaba recostado al lado de Jesús, Jn. 13.23.

RECOSTAR: Descansar, apoyar, reclinar. // El Hijo del Hombre no tiene dónde **r** su cabeza, Mt. 8.20. Estaba **r** al lado de Jesús, Jn. 13.23.

RECOSTARSE: Ponerse medio acostado. // En la cena se había recostado al lado de él, Jn. 21.20.

RECREAR: Divertir, alegrar, entretener agradablemente el espíritu. // Que sea recreado juntamente con vosotros, Ro. 15.32. Porque Dios los había recreado con grande contentamiento, Neh. 12.43. Los mansos… se recrearán con abundancia de paz, Sal. 37.11. Desde palacios de marfil te recrean, Sal. 45.8. Se recrearán los huesos que has abatido, Sal. 51.8. La sabiduría recrea al hombre de entendimiento, Pr. 10.23. Los llevaré a mi santo monte, y los recrearé en mi casa de oración, Is. 56.7.Comen con vosotros, se recrean en sus errores, 2 P. 2.13.

RECTAMENTE: De modo recto. // La tribu de los hijos de José habla **r**, Nm. 36.5. Pero tú eres justo en todo lo que ha venido sobre nosotros; porque **r** has hecho, Neh. 9.33. ¿Juzgáis **r**, hijos de los hombres? Sal. 58.1. Al tiempo que señalaré Yo juzgaré **r**, Sal. 75.2. Es escudo a los que caminan **r**, Pr. 2.7. Escribir **r** palabras de verdad, Ec. 12.10. Escuché y oí; no hablan **r**, Jer. 8.6. Guardare mis decretos para hacer **r**, éste es justo, Ez. 18.9. ¿No hacen mis palabras bien al que camina **r**? Mi. 2.7.

RECTITUD: Conformidad con los verdaderos principios. // El que camina en su **r** teme a Jehová, Pr. 14.2. Porque todos sus caminos son **r**; Dios de verdad, Dt. 32.4. En justicia, y con **r** de corazón para contigo, 1 R. 3.6. Y que la **r** te agrada; por eso yo con **r** de mi corazón, 1 Cr. 29.17. Como manto y diadema era mi **r**, Job 29.14. Mis razones declararán la **r** de mi corazón, Job 33.3. El juzgará al mundo con justicia, Y a los pueblos con **r**, Sal. 9.8. De tu presencia proceda mi vindicación; Vean tus ojos la **r**, Sal. 17.2. Integridad y **r** me guarden, Sal. 25.21. Véase **Equidad, Integridad**.

RECTO: Derecho; vertical. **Fig.** Íntegro; imparcial; conforme a la justicia. // Éstos son los que con corazón bueno y **r** retienen la palabra oída, Lc. 8.15. Tu corazón no es **r** delante de Dios, Hch. 8.21. Han dejado el camino **r**, 2 P. 2.15. He. 12.13. Véase **Íntegro, Justo.**

RECUERDO: Imagen del pasado que se tiene en la memoria. // En **r** para los hijos de Israel, Nm. 16.40. Deshiciste todo su **r**, Is. 26.14. Tras la puerta y el umbral pusiste tu **r**, Is. 57.8.

RECUPERAR: Adquirir nuevamente. // Todo lo recuperó David, 1 S. 30.19. Al ir éste a **r** su territorio al río Eufrates, 2 S. 8.3. La casa de Jacob recuperará sus posesiones, Abd. 1.17

RECURRIR: Dirigirse (a alguien) pidiendo socorro. // Roca de refugio, adonde recurra yo continuamente, Salmo 71.3. Cuando alguna cosa te fuere difícil en el juicio... recurrirás al lugar que Jehová tu Dios escogiere, Dt. 17.8.

RECURSOS: Haberes, bienes, posesiones. // Además de lo que sus **r** le permitieren, Nm. 6.21.

RED: Enredado metálico usado como la rejilla del altar. Tejido de mallas anchas para agarrar peces, etc. Asechanza. // Dos **r** que cubrían los dos capiteles... de las dos columnas, 1 R. 7.41. Dios... me ha envuelto en su **r**, Job 19.6. Arrebata al pobre trayéndolo a su **r**, Salmo 10.9. **R** han armado a mis pasos, Salmo 57.6. Han tendido **r** junto a la senda, Salmo 140.5. Caigan los impíos a una en sus **r**, Salmo 141.10. En vano se tenderá la **r**, Pr. 1.17. **R** tiende delante de sus pasos, Pr. 29.5. A la mujer cuyo corazón es lazos y **r**, Ec. 7.26. Como los peces que son presos en la mala **r**, Ec. 9.12. Tendedero de **r** será en medio del mar, Ez. 26.5. Cada cual arma **r** a su hermano, Mi. 7.2. Hará sacrificios a su **r**, Hab. 1.16. Que echaban la **r** en el mar, Mt. 4.18. El reino de los cielos es semejante a una **r**, Mt. 13.47. Mas en tu palabra echaré la **r**, Lc. 5.5. Echad la **r** a la derecha de la barca, Jn. 21.6. Sacó la **r** a tierra, llena de grandes peces, Jn. 21.11. Véase **Trampa, Engaño.**

REDARGÜIR: Replicar. // Útil para redargüir, 2 Ti. 3.16. Redarguye, reprende, exhorta, 2 Ti. 4.2.

REDECILLAS: Prenda de malla con forma de bolsa que mujeres y niñas usan en la cabeza para recoger el pelo o como adorno.// Aquel día quitará el Señor..., las **r**, Is. 3.18.

REDENCIÓN: Acción o efecto de redimir. // La **r** de su vida es de gran precio, Salmo 49.8. **R** ha enviado a su pueblo, Salmo 111.9. En Jehová hay abundante **r**, Salmo 130.7. Porque vuestra **r** está cerca, Lc. 21.28. Mediante la **r** que es en Cristo Jesús, Ro. 3.24. Cristo... nos ha sido hecho... santificación y **r**, 1 Co. 1.30. Tenemos **r** por su sangre, Ef. 1.7; Col. 1.14. Fuisteis sellados para el día de la **r**, Ef. 4.30. Habiendo obtenido eterna **r**, He. 9.12. **Redención de la Tierra**, etc.: Ex. 13.13; Lv. 25.25; Nm. 3.12; 18.15-17; Neh. 5.8. **Redención por la sangre de Cristo:** Hch. 20.28; 1 Co. 6.19,20; Gá. 3.13; 4.4,5; Ef. 1.7; Col. 1.14; 1 Ti. 2.5,6; Tit. 2.14; He. 9.12; 1 P. 1.18,19. **La Redención Tipificada:** Israel, Ex. 6.6; primogénitos, Ex. 13.11-15; Nm. 18.15. Véase **Rescate, Salvación.**

REDENTOR: Aquél que redime. // Mi **R** vive, Job 19.25. Jehová, roca mía, y **r** mío, Salmo 19.14. El Dios Altísimo su **r**, Salmo 78.35. El Santo de Israel es tu **R**, Is. 41.14. Nuestro **R**, Jehová de los ejércitos, Is. 47.4; Jer. 50.34.

REDIL: Corral. // También tengo otras ovejas que no son de este **r**, Jn. 10.16. Yo te tomé del **r**, de detrás de las ovejas, 1 Cr. 17.7. Y cuando llegó a un **r** de ovejas en el camino, 1 S. 24.3. Se olvidaron de sus **r**, Jer. 50.6. Véase **Aprisco, Corral.**

REDIMIDO: Libertado del cautiverio. // Díganlo los **r** de Jehová, Salmo 107.2. Para que caminen los **r**, Is. 35.9. Para que pasaran los **r**, Is. 51.10. Les llamarán Pueblo Santo, **R** de Jehová, Is. 62.12.

REDIMIR: Librar a alguien de una mala situación o dolor. Lo mismo que rescatar. // Redimir mi alma, Job 33.28; Salmo 69.18. Ha visitado y redimido a su pueblo, Lc. 1.68. Nosotros esperábamos que él era el que había de redimir a Israel, Lc. 24.21. Nuestro pariente es aquel varón, y uno de los que pueden redimirnos. Rt. 2.20. Si él te redimiere, bien, redímate; mas si él no te quisiere redimir, yo te redimiré, Rt. 3.13. Véase **Rescatar.**

REDOMA: Vasija de vidrio ancha en su fondo que va estrechándose hacia la boca. // Pon mis lágrimas en tu **r**, Sal. 56.8. Tomando entonces Samuel una **r** de aceite, la derramó sobre su cabeza, 1 S. 10.1. Ciñe tus lomos, y toma esta **r** de aceite en tu mano, 2 R. 9.1. Toma luego la **r** de aceite, y derrámala sobre su cabeza, 2 R. 9:3.

REDUCIR: Debilitar, acortar, desagregar de una combinación, de un compuesto. // Lo molió hasta reducirlo a polvo, Ex. 32.20. No reducirás los límites de la propiedad de tu prójimo, Dt. 19.14. La redujo a un montón de escombros, **Jos. 8.28.** Su alma fue reducida a mortal angustia, Jue. 16.16. Quien lo redujo a estrechez, y no lo fortaleció, 2 Cr. 28.20. ¿O reducirá a nada mis palabras? Job 24.25. A ruina, a ruina, a ruina lo reduciré, Ez. 21.27. Véase **Disminuir.**

REDUNDAR: Resultar una cosa en beneficio o daño de alguien. // Las cosas que me han sucedido, han redundado más bien para el progreso del evangelio, Fil. 1.12.

REEDIFICAR: Volver a edificar lo que estaba destruido. Reconstruir. // Para reedificar esa casa de Dios, Esd. 6.8. En tres días reedificarlo, Mt. 26.61. Reedificaré el tabernáculo de David, que está caído, Hch. 15.16. Véase **Reconstruir.**

REELAÍAS, hb. **Temor de Dios:** Jefe de una familia que volvió del exilio, Esd. 2.2.

REFA, hb. **Riqueza:** Un antepasado de Josué, 1 Cr. 7.25.

REFAÍAS: 1. Un descendiente de David, 1 Cr. 3.21. // 2. Un simeonita que dirigió una expedición de quinientos hombres contra los amalecitas, 1 Cr. 4.42. // 3. Un nieto de Isacar, 1 Cr. 7.2. // 4. Un descendiente de Saúl, 1 Cr. 9.43. // 5. Uno de los que trabajaron en la reedificación de los muros de Jerusalén, Neh. 3.9.

REFAIM: Importante valle. Lugar muy usado para campamento de guerra filisteo. // Al extremo del valle de **R**, por el lado del norte, Jos. 15.8. Está al norte en el valle de **R**, Jos. 18.16. Y vinieron los filisteos, y se extendieron por el valle de **R**, 2 S. 5.18. Y los filisteos volvieron a venir, y se extendieron en el valle de **R**, 2 S. 5.22. El campamento de los filisteos estaba en el valle de **R**, 2 S. 23.13. Será también como el que recoge espigas en el valle de **R**, Is. 17.5. Véase **Gigantes.**

REFERIR: Citar, hacer conocido. **//** Y reunido a la iglesia, refirieron cuán grandes cosas había hecho Dios con ellos, Hch. 14.27; 15.4.

REFERIRSE: Aludir o hacer mención. // En lo que a Dios se refiere, He. 5.1.

REFINADO: Separado de una sustancia (las materias extrañas que le alteran la pureza). // Yo te aconsejo que de mí compres oro **r** en fuego, Ap. 3.18. Mejor es mi fruto que el oro, y que el oro **r**, Pr. 8.19. Banquete de vinos **r**, Is. 25.6.

REFINAR: Hacer puro. // Refinada en horno de tierra, Sal. 12.6.

REFLEXIONAR: Pensar maduramente, reflejar. // Aprende pues, hoy, y **r** en tu corazón, Dt. 4.39. **R** y ve lo que has de hacer, 1 S. 25.17. **R** en las obras de tus manos, Sal. 143.5. Después de hacerlo, **r**, Pr. 20.25. Porque no hubo hombre que **r**, Jer. 12.11. Véase **Meditar, Pensar.**

REFORMAR: Cambiar algo para innovarlo y mejorarlo. // Hasta el tiempo de **r** las cosas, He. 9.10.

REFRENAR: Reprimir, contener, dominar con el freno. // No refrena su lengua, Stg. 1.26. Capaz también de refrenar todo el cuerpo, Stg. 3.2. Refrene su lengua de mal, 1 P. 3.10. Una muda bestia de carga... refrenó la locura del profeta, 2 P. 2.16. Por tanto, no refrenaré mi boca, Job 7.11

REFRESCAR: hacer menos caliente. // Y refresque mi lengua, Lc. 16.24. Véase **Refrigerio.**

REFRIGERIO: Acción o efecto de refrescar. // Pues al alma de su señor da **r**, Pr. 25.13. **R** para tus huesos, Pr. 3.8. Tome **r** el hijo de tu sierva, y el extranjero. Ex. 23.12. Este es el **r**; mas no quisieron oír. Is. 28.12. Para que vengan de la presencia del Señor tiempos de **r**, Hch. 3.19. Véase **Alivio, Consuelo.**

REFUGIAR: Acogerse; buscar abrigo. // Y os serán aquellas ciudades para refugiarse del vengador, Nm. 35.12. En la cual se refugió, Nm. 35.26. En ti me refugio, Salmo143.9.

REFUGIO: Abrigo. Las seis ciudades de **r**, Nm. 35.9-15; Jos. 20. // Bajo cuyas alas has venido a **r**, Rt. 2.12. Mi alto **r**, 2 S. 22.3; Salmo18.2; Has sido... **r** en el día de mi angustia, Salmo 59.16; En sus palacios Dios es conocido por **r**, Salmo 48.3. **R** mío en el tiempo de la aflicción, Jer. 16.19. Véase **Escondrijo.**

REFULGENTE: Que resplandece, brilla intensamente. **R** como en un horno, Ap. 1.15. Algo que parecía como bronce **r,** Ez. 1.4. Y vi apariencia como de bronce **r,** Ez. 1.27. El aspecto de bronce r, Ez. 8.2.

REFUTAR: Decir en contrario. Con gran vehemencia refutaba públicamente a los judíos, **H**ch. 18.28. Véase Reprobar.

REGALO: Lo que se da a alguien sin esperar nada a cambio, como muestra de afecto o agradecimiento. // Se fue, tomando toda clase de **r** escogidos de su señor, Gn. 24.10**.** ¿Hemos recibido de él algún **r**?, 2 S. 19.42**.** Y su padre les había dado muchos **r**, 2 Cr. 21.3**.** Se alegrarán, y se enviarán **r** unos a otros, Ap.11.10**.**

REGAR: Mojar, humedecer. // Visitas la tierra, y la riegas, Salmo 65.9. El riega los montes desde sus aposentos, Salmo 104.13. Yo planté, Apolos regó, 1 Co. 3.6.

REGAZO: La superficie o concavidad formada por la ropa, entre las rodillas y la cintura, de la mujer sentada; lugar donde se descansa. La suerte se echa en el **r**, Pr. 16.33. Rebosando darán en vuestro **r**, Lc. 6.38. Por cuanto descubrió el **r** de su padre. Dt. 27.20. Y tomando Noemí el hijo, lo puso en su **r**, y fue su aya, Rt. 4.16. Entonces él lo tomó de su **r**, y lo llevó al aposento donde él estaba, 1 R. 17.19. Derramando sus almas en el **r** de sus madres, Lm. 2.12.

REGENERACIÓN: La palabra quiere decir restablecimiento de lo que estaba destruido. La humanidad está muerta en sus delitos y pecados, Ef. 2.1, Col. 2.13; 1 Ti. 5.6. Dios, en su amor, quiere salvar a los hombres, no por las obras de justicia... sino por... el lavamiento de la **r** y por la renovación en el Espíritu Santo, Tit. 3.4,5. El alma lavada completamente de las inmundicias del mundo, recibe novedad de vida, experiencia simbólicamente expresada en el hecho del bautismo, Hch. 22.16. "La **r**", Mt. 19.28, se refiere a la restauración del mundo, a la "restauración de todas las cosas", Hch. 3.21. Véase Ap. 21.1.

REGIO: Ciudad de Italia, por la cual pasó Pablo en su viaje a Roma, Hch. 28.13. Véase mapa 6, A-2.

REGIÓN: Gran extensión de terreno; territorio que por sus características (clima, producciones, etc.) se distingue de otros. Hemos explorado la **r**, y hemos visto que es muy Buena, Jue. 18.9. La **r** de más allá del río no será tuya, Esd. 4.16. Y a los asentados en **r** de sombra de muerte, Mt. 4.16. Vino a la **r** de Magdala, Mt. 15.39. Subieron de aquella **r** a Jerusalén antes de la pascua, Jn. 11.55.

REGIR: Tener el supremo poder sobre. // Hijo varón, que regirá con vara de hierro a todas las naciones, Ap. 12.5. Y él las regirá con vara de hierro, Ap. 19.15. Véase **Gobernar, Reinar.**

REGISTRAR: Escribir en libro especial. // Los cuales registrarán tu casa, y las casas de tus siervos, 1 R. 20.6. En el año cuarenta del reinado de David se registraron, 1 Cr. 26.31. Esto fue registrado en un libro. Est. 9.32. Todos los que en Jerusalén estén registrados entre los vivientes, Is. 4.3.

REGISTRO: Libro público o particular, donde se inscribe ciertos hechos o documentos. // Estos buscaron su **r** de genealogías, Esd. 2.62; Neh. 7.64. El principal escriba del ejército, que llevaba el **r** de la gente del país, 2 R. 25.19. Según **r** antiguos, 1 Cr. 4.22. El número no fue puesto en el **r** de las crónicas del rey David, 1 Cr. 27.24. En el **r** de las familias, 2 Cr. 12.15.

REGLA: 1. Aquello que la ley o el uso establece. // Conforme a nuestra **r**, 2 Co. 10.15. Conforme a esta **r**, paz y misericordia sea a ellos, Gá. 6.16. Sigamos una misma **r**, Fil. 3.16. Para que guarden toda su forma y todas sus **r**, y las pongan por obra, Ez. 43.11. **2.** Instrumento rectangular para trazar líneas rectas. // El carpintero tiende la **r**, Is. 44.13. Sino conforme a la **r** que Dios nos ha dado por medida, 2 Co. 10.13. Véase **Norma.**

REGOCIJARSE: Alegrarse mucho. // Oró Ana... Mi corazón se regocija en Jehová, 1 S. 2.1. Muchos se regocijarán de su nacimiento, Lc. 1.14. Comenzaron a regocijarse, Lc. 15.24. Se levantó a regocijarse, Ex. 32.6. Os regocijaréis delante de Jehová vuestro Dios por siete días, Lv. 23.40. Se regocijaron cuando la vieron,1 S. 6.13. Todo el pueblo del país se regocijaba, y tocaban las trompetas, 2 R. 11.14. Tus santos se regocijen en tu bondad, 2 Cr. 30.26. Me regocijo en la parte habitable de su tierra, Pr. 8.31. Me regocijo en tu palabra, Sal. 119.162. Regocijaos en el Señor siempre. Otra vez digo ¡Regocijaos! Fil. 4.4. Véase **Alegrarse.**

REGOCIJO: Gran gozo. // Y tus santos se regocijen en tu bondad, 2 Cr. 6.41. Mas volverá a venir con **r**, trayendo sus gavillas, Sal. 126.6. Los que sembraron con lágrimas, con **r** segarán, Sal. 126.5. Venid ante su presencia con **r**, Sal. 100.2. Me gozo y **r** con todos vosotros. Fil. 2.17. Véase **Júbilo**.

REGRESAR: Volver (al sitio de donde se había partido). // Labán... regresó y se volvió a su lugar. Gn. 31.55. Regresad a vuestras tiendas, Jos. 22.4. Entonces se levantó con sus nueras, y regresó de los campos de Moab, Rt. 1.6. Cuando regresaba de derrotar a los sirios, 2 S. 8.13. El camino por donde había regresado el varón de Dios que había venido de Judá. 1 R. 13.12. Volvieron para regresar a Jerusalén gozosos, 2 Cr. 20.27. Porque yo haré regresar sus cautivos, dice Jehová, Jer. 32.44. Regresaron a su tierra por otro camino. Mt. 2.12. Fue entonces, y se lavó, y regresó viendo, Jn. 9.7. Véase **Volver**.

REHABÍAS, hb. **Jehová es comprensivo:** Un nieto de Moisés, 1 Cr. 23.17.

REHÉN: Persona que queda como garantía mientras se llega a un acuerdo. // Te ruego que des **r** al rey de Asiria mi señor, Is. 36.8. A los hijos tomó en **r**, y volvió a Samaria, 2 R. 14.14.

REHOB, hb. **Espacio abierto:** 1. El sitio más apartado al norte visitado por los espías, Nm. 13.21. // 2. Una ciudad de la herencia de Aser, Jos. 19.28. // 3. Otra ciudad de Aser, Jos. 19.30. // 4. El padre de Hadad-ezer, rey de Soba, 2 S. 8.3.

REHOBOT, hb. **Espacios anchos:** 1. Una ciudad junto al Eufrates, residencia de Saúl, uno de los reyes de Edom, Gn. 36.37. // 2. El nombre dado a un pozo, cavado por Isaac, Gn. 26.22. Existe ahora cerca de las ruinas de Ruheibeh. Véase mapa 2, B-6; 5, A-2.

REHUM, hb. **Amador:** 1. Jefe de una familia que volvió del exilio, Esd. 2.2. // 2. Un oficial persa, que escribió al rey Artajerjes, pidiéndole con instancia que mandase parar la reedificación del templo, Esd. 4.8. // 3. Un levita que trabajó en la reedificación de los muros de Jerusalén, Neh. 3.17. // 4. Un jefe del pueblo que firmó el pacto con Neh., Neh. 10.25. // 5. Jefe del cuerpo sacerdotal, que fue con Zorobabel, Neh. 12.3.

REHUSAR: No aceptar (cosa ofrecida); renunciar. // Moisés, hecho ya grande, rehusó llamarse hijo de la hija de Faraón, He. 11.24. Por cuanto no me rehusaste tu hijo, tu único, Gn. 22.12. No ha rehusado a los vivos la benevolencia que tuvo para con los que han muerto. Rt. 2.20. Y él rehusó diciendo: No comeré, 1 S. 28.23. Mi alma rehusaba consuelo, Sal. 77.2.

REI: Uno de los que no seguían Adonías en la tentativa de usurpar el trono de David, 1 R. 1.8.

REINA DE SABÁ: Visita a Salomón, 1 R. 10.1-13. Véase **Sabá.**

REINA DEL CIELO: La diosa que las mujeres hebreas adoraban, ofreciéndoles tortas, derramándole libaciones y quemando incienso en su honor, Jer. 7.18; 44.17. Era una parte de la adoración al sol, a la luna y a las estrellas, a "todo el ejército del cielo", 2 R. 17.16; Dt. 4.19.

REINA: La principal mujer de un rey, 1 R. 11.19; Est. 1.9; 2.4; Neh. 2.6; Salmo 45.9; Jer. 29.2; Dn. 5.10. Di al rey y a la **r**, Jer. 13.18; 1 R. 2.19; 2 R. 24.15; Jer. 29.2. Tres **r**, mencionadas en la Biblia, que ocuparon tronos: la **r** de Sabá, o del Sur, 1 R. 10.; Mt. 12.42; Atalía que usurpó el trono de Judá, 2 R. 11; y Candace, **r** de los Etíopes, Hch. 8.27. La **r** del cielo, Jer. 7.18; 44.17-19,25. Estoy sentada como **r**, Ap. 18.7.

REINAR: Gobernar un estado como rey. // ¿Ha de **r** Saúl sobre nosotros?1 S. 11.12. Reinó Dios sobre las naciones, Salmo 47.8. Jehová reina; regocíjese la tierra, Salmo 97.1. El Señor reina para siempre, Salmo 145. 11-13. Reinará sobre la casa de Jacob para siempre, y su reino no tendrá fin, Lc. 1.33. No queremos que éste reine, Lc. 19.14. Por la transgresión de uno solo reinó la muerte, mucho más reinarán en vida por uno solo, Jesucristo, Ro. 5.17. Para que así como el pecado reinó para muerte, así también la gracia reine por la justicia para vida eterna, Ro. 5.21. No reine, pues, el pecado en vuestro cuerpo mortal, Ro. 6.12. Sin nosotros reináis. ¡Y ojalá reinaseis, para que nosotros reinásemos también...! 1 Co. 4.8. Preciso es que él reine hasta que haya puesto a todos sus enemigos debajo de sus pies, 1 Co. 15.25. Si sufrimos, también reinaremos con él, 2 Ti. 2.12. Reinaremos sobre la tierra, Ap. 5.10. Él reinará por los siglos de los siglos, Ap. 11.15. ¡Aleluya, porque el Señor nuestro Dios Todopoderoso reina! Ap. 19.6. Reinaron con Cristo mil años, Ap. 20.4. Reinarán por los siglos de los siglos, Ap. 22.5.

REINO: Estado gobernado por rey. // Vosotros me seréis un **r** de sacerdotes, Ex. 19.6. Tuyo, oh Jehová, es el **r**, 1 Cr. 29.11; Mt. 6.13. Porque de Jehová es el **r**, Salmo 22.28. Su **r** domina sobre todos, Salmo 103.19. Tu **r** es **r** de todos los siglos, Salmo 145.13. ¿... hacía temblar la tierra, que trastornaba los **r**? Is. 14.16. Su **r** es **r** sempiterno, Dn. 4.3. Recibirán el **r** los santos del Altísimo, y poseerán el **r**, Dn. 7.18. Predicando el evangelio del **r**, Mt. 4.23; 9.35; 24.14. Los hijos del **r** serán echados a las tinieblas de afuera, Mt. 8.12. Todo **r** dividido contra sí mismo, es asolado, Mt. 12.25. La buena semilla son los hijos del **r**, Mt. 13.38. Levantará **r** contra **r**, Mt. 24.7. A vuestro Padre le ha placido daros el **r**, Lc. 12.32. Mi **r** no es de este mundo, Jn. 18.36. ¿Restaurarás el **r** a Israel en este tiempo? Hch. 1.6. El **r** de Dios no es comida ni bebida, Ro. 14.17. El **r** de Dios no consiste en palabras, 1 Co. 4.20. Los injustos no heredarán el **r** de Dios, 1 Co. 6.9; 15.50; Gá. 5.21; Ef. 5.5. Cuando entregue el **r** al Dios y Padre, 1 Co. 15.24. Trasladado al **r** de su amado Hijo, Col. 1.13. Para que seáis tenidos por dignos del **r** de Dios, 2 Ts. 1.5. Por fe conquistaron **r**, He. 11.33. Recibiendo nosotros un **r** inconmovible, He. 12.28. Herederos del **r** que ha prometido, Stg. 2.5. Generosa entrada en el **r** eterno, 2 P. 1.11. Los **r** del mundo han venido a ser de nuestro Señor y de su Cristo, Ap. 11.15. Ahora ha venido la salvación... el **r** de nuestro Dios, Ap. 12.10. Trono de la bestia; y su **r** se cubrió de tinieblas, Ap. 16.10. Ponerse de acuerdo, y dar su **r** a la bestia, Ap. 17.17. **Reino de Dios: Soberanía,** 1 Cr. 29.11; Salmo 45.6; 145.11; Is. 24.23; Dn. 2.44; Mt. 6.33; Mr. 1.14,15. **Las buenas nuevas del reino de Dios,** Lc. 4.43. **Se debe buscar,** Mt. 6.9,10,33; Lc. 12.31. **La naturaleza del reino de Dios,** Lc. 17.21; 18.29,30; Jn. 18.36; Ro. 14.17; 1 Co. 4.20. **El reino de Dios se aproxima,** Mt. 21.31; 24.14; 26.29; Mr. 14.25; Lc. 17.20; 19.11; 22.16,18. **El reino de Dios comparado a cosas semejantes,** Mt. 13.; 18.; 20.; 22.; 24. **Reino de Dios y de Cristo:** Mt. 13.41; 20.21. **Reino de Cristo y de Dios:** Ef. 5.5. **Reino de David:** Mr. 11.10. **Reino de los cielos:** Mt. 3.2; 4.17; 13.41. **Quién entrará en el reino de los cielos,** Mt. 5.3; 7.21; Lc. 9.62; Jn. 3.3; Hch. 14.22; Ro. 14.17; 1 Co. 6.9; 3 Ts 1.5.

REÍR, REÍRSE: Manifestar o emitir la risa. // Abraham se postró sobre su rostro, y se rió, Gn. 17.17. Se rió, pues, Sara entre sí, Gn. 18.12. Sara negó, diciendo: No me reí, Gn. 18.15. Dios me ha hecho reír, y cualquiera que lo oyere, se reirá conmigo, Gn. 21.6. Mas se reían y burlaban de ellos, 2 Cr. 30.10. El que mora en los cielos se reirá, Salmo 2.4. El Señor se reirá de él, Salmo 37.13. Mas tú, Jehová, te reirás de ellos, Salmo 59.8. También yo me reiré en vuestra calamidad, Pr. 1.26. Y tiempo de reír, Ec. 3.4. Bienaventurados..., porque reiréis, Lc. 6.21. ¡Ay de vosotros, los que ahora reís! Lc. 6.25. Véase **Risa.**

REITERAR: Volver a decir o ejecutar. // Haz buena melodía, reitera la canción, Is. 23.16. Véase **Repetir.**

REJA: Pieza de hierro ancha y puntiaguda, que forma parte del arado y sirve para romper y revolver la tierra. // Volverán sus espadas en **r** de arado, Is. 2.4. Para afilar cada uno la **r** de su arado, 1 S. 13.20, 21.

REJUVENECER: Dar el vigor o el aspecto propios de la juventud. // De modo que te rejuvenezcas como el águila, Sal. 103.5.

RELÁMPAGO: Claridad súbita y rápida, proveniente de descarga eléctrica entre dos nubes, o entre una nube y el suelo. // Vinieron truenos y **r**, Ex. 19.16. Despide **r** y disípalos, Salmo 144.6. Su rostro parecía un **r**, Dn. 10.6. Como el **r** que sale del oriente, Mt. 24.27. Su aspecto era como un **r**, Mt. 28.3. Como el **r** que al fulgurar resplandece, Lc. 17.24. // **Se menciona relámpago** en 2 S. 22.15; Job 28.26; 37.3; Salmo 18.14; 77.18; 135.7; Zac. 9.14. // **Relámpago alrededor del trono de Dios**, Ez. 1.13; Ap. 4.5; 8.5; 16.18.[LEGENDA:] "Como el relámpago que al fulgurar resplandece desde un extremo del cielo hasta el otro", Lc. 17.24.

"Como el relámpago" *(Lc. 17.24).*

RELATAR: Narrar. // Entrando Naamán a su señor, le relató diciendo, 2 R. 5.4. Luego escribió el sueño, y relató lo principal del asunto, Dn. 7.1.

RELATO: Narración de un hecho. // Cuando Gedeón oyó el **r** del sueño y su interpretación, adoró, Jue. 7.15. Y todos los hechos de su poder y autoridad, y el **r** sobre la grandeza de Mardoqueo, Est. 10.2.

RELEVO: Hecho de sustituir una persona a otra. Cambio de un cuerpo de guardia. // Renuevas contra mí tus pruebas, Y aumentas conmigo tu furor como tropas de **r**, Job 10.17.

RELIEVE: Distinción; realce. // Había unas añadiduras de bajo **r**, 1 R. 7.29.

RELIGIÓN: Doctrina religiosa. // Cuestiones acerca de su **r**, Hch. 25.19. Conforme a la más rigurosa secta de nuestra **r**, Hch. 26.5. La **r** del tal es vana, Stg. 1.26. La **r** pura y sin mácula delante de Dios, Stg. 1.27. Véase **Culto.**

RELIGIOSO: Referente o conforme a la religión. // En todo observo que sois muy **r**, Hch. 17.22. Si alguno se cree **r** entre vosotros, Stg. 1.26.

RELIQUIA: Vestigio del pasado. // Nombre ni **r** sobre la tierra. 2 S. 14.7.

RELLENAR: Llenar completamente. // Todo valle se rellenará, y se bajará todo monte y collado, Lc. 3.5. Véase **Llenar**.

RELUCIENTE: Que reluce. Que resplandece o centellea; que tiene un brillo intenso. // Si afilare mi **r** espada, Dt. 32.41.

RELUMBRAR: Dar mucha luz, resplandecer; lucir mucho. // La espada...pulida está para que relumbre, Ez. 21.10,28.

REMALÍAS, hb. **Jehová adornó:** Padre de Peka, rey de Israel, 2 R. 15.25.

REMANENTE: El vocablo en el original quiere decir una simiente santa, el meollo espiritual de la nación que sobreviviría a un juicio inminente y se volvería germen del pueblo de Dios. // Tan sólo el **r** será salvo, Ro. 9.27. En este tiempo ha quedado un **r** escogido por gracia, Ro. 11.5. El **r** de Jacob será en medio de muchos pueblos como el rocío de Jehová, Mi. 5.7.

REMAR: Poner en movimiento con la ayuda de remos. // Viéndoles remar con gran fatiga, porque el viento les era contrario, Mr. 6.48.

REMEDIO: Medicamento para sanar. // Subió la ira de Jehová contra su pueblo, y no hubo ya **r**, 2 Cr. 36.16. Súbitamente será quebrantado, y no habrá **r**, Pr. 6.15. El corazón alegre constituye buen **r**, Pr. 17.22; Jer. 30.13; Nahúm 3.19; Jer. 46.11; Ez. 47.12. Véase **Medicina.**

REMENDADO: Que tiene remiendos. // Tomaron... cueros viejos de vino, rotos y **r**, Jos. 9.4.

REMERO: Aquél que trabaja al remo. // Los moradores de Sidón y de Arvad fueron tus **r**, Ez. 27.8. **R** y todos los pilotos del mar se quedarán en tierra, Ez. 27.29.

REMET, hb. **Sitio alto:** Una ciudad de la herencia de Isacar, Jos. 19.21.

REMIENDO: Trozo de tejido con el que se arregla una parte del vestuario roto. // Nadie pone **r** de paño nuevo en vestido viejo, Mt. 9.16.

REMISIÓN: Perdón. El año de la remisión, Dt. 15.1-6. // Esto es mi sangre del nuevo pacto,... para **r** de los pecados, Mt. 26.28. Sin derramamiento de sangre no se hace **r**, He. 9.22. Pues donde hay **r** de éstos, no hay más ofrenda por el pecado, He. 10.18. Véase **Perdón, Rescate.**

REMITIR: Tener como perdonado; absolver. // También Jehová ha remitido tu pecado, 2 S. 12.13. El año séptimo dejaríamos descansar la tierra, y remitiríamos toda deuda, Neh. 10.31.

REMOCIÓN: Acción o efecto de remover. // Indica la **r** de las cosas movibles, He. 12.27. La **r** de su pecado, Is. 27.9.

REMOLINO: Ráfaga de viento fuerte en movimiento giratorio. Serán alzados como **r** de humo, Is. 9.18. Véase **Torbellino.**

REMONTARSE: Elevarse mucho. // Si te remontares como águila, Abd. 4.

REMORDIMIENTO: Inquietud de consciencia tras una acción propia censurable. // No tendrás motivo de pena ni **r** por haber derramado sangre sin causa, 1 S. 25.31. Véase **Arrepentimiento.**

REMOTO: Distante en el espacio o en el tiempo. // Me alojaré en sus más **r** lugares, 2 R. 19.23. Los más **r** confines del mar, Sal. 65.5.

REMOVER: Mover nuevamente; cambiar de un lugar a otro. // Ángel del Señor..., removió la piedra, Mt. 28.2. No sea más **r**, 1 Cr. 17.9. Las peñas son **r** de su lugar, Job 14.18. Por tanto, no temeremos, aunque la tierra sea **r**, Sal. 46.2. El fundó la tierra sobre sus cimientos; no será jamás **r**, Sal. 104.5. El justo no será **r** jamás, Pr. 10.30. Mas la raíz de los justos no será removida, Pr. 12.3.

RENASCER: Nascer nuevamente. Según su grande misericordia nos hizo **r** para una esperanza viva, 1 P. 1.3. Siendo renacidos, no de simiente corruptible..., 1 P. 1.23. Véase Jn. 3.3,7.

RENCILLOSO: inclinado a rencillas, riñas. El que crea enemistad. // Mujer rencillosa, Pr. 21.9,19; 25.24; 27.15. El hombre **r** para encender contienda, Pr. 26.21. Alborotadora y **r**, Pr. 7.11.

RENCOR: Odio oculto y profundo; gran aversión no manifestada. // Ni guardarás **r** a los hijos de tu pueblo, Lv. 19.18. Y perpetuamente ha guardado el **r**, Am. 1.11. No se irrita, no guarda **r,** 1 Co. 13.5. Véase **Odio.**

RENDIDO: Sujeto, sometido, agotado, fatigado. Y Pedro y los que estaban con él estaban **r** de sueño. Lc. 9.32. Así se hundirá Babilonia, y no se levantará del mal que yo traigo sobre ella; y serán **r**, Jer. 51.64.

RENDIR: 1. dar, ofrecer, restituir, producir. // Manasés... rindió culto a aquellas cosas. 2 R. 21.3. Adoró a todo el ejército de los cielos, y les rindió culto. 2 Cr. 33.3. Dios se apartó, y los entregó a que rindiesen culto al ejército del cielo, Hch. 7.42. Viene la hora cuando cualquiera que os mate, pensará que rinde servicio a Dios. Jn. 16.2. Daré vuestra lluvia en su tiempo, y la tierra rendirá sus productos, y el árbol del campo dará su fruto. Lv. 26.4.

RENFÁN: Hch. 7.43. Lo mismo que **Quiún**, el planeta Saturno, Am. 5.26.

RENOMBRE: Fama. // Valientes que desde la antigüedad fueron varones de **r**, Gn. 6.4. Véase **Fama, Nombre.**

RENOVACIÓN: Acción o efecto de renovar. // Transformaos por medio de la **r** de vuestro entendimiento, Ro. 12.2. Nos salvó... por la **r** en el Espíritu Santo, Tit. 3.5.

RENOVAR: Volver nuevo; recomenzar, restaurar. // Renueva un espíritu recto dentro de mí, Salmo 51.10. Envías tu Espíritu... y renuevas la faz de la tierra, Salmo 104.30. Renueva nuestros días como al principio, Lm. 5.21. El hombre interior se renueva de día en día, 2 Co. 4.16. Renovaos en el espíritu de vuestra mente, Ef. 4.23. Sean otra vez renovados para arrepentimiento, He. 6.6. Véase **Restaurar.**

RENTA: Rendimiento, producto. // El peso del oro que Salomón tenía de **r** cada año, 1 R. 10.14. En cuanto a los hijos de Joás, y la multiplicación que hizo de las **r**, 2 Cr. 24.27 . Asimismo hizo depósitos para las **r** del grano, del vino y del aceite, 2 Cr. 32.28. No pagarán tributo, impuesto y **r**, Esd. 4.13. A los levitas...ninguno podrá imponerles tributo, contribución ni **r**. Esd. 7.24.

RENUEVO: Retoño. // En aquel tiempo el **r** de Jehová será para hermosura y gloria, Is. 4.2-6. Subirá cual **r** delante de él, y como raíz de tierra seca, Is. 53.2. Levantaré a David **r** justo, Jer. 23.5. Haré brotar a David un **R** de justicia, Jer. 33.15. He aquí, yo traigo a mi siervo el **R**, Zac. 3.8. He aquí el varón cuyo nombre es el **R**, Zac. 6.12. La vara de Aarón había... echado flores, y arrojado **r**, Nm. 17.8. Y sus **r** salen sobre su huerto, Job 8.16. Retoñará aún, y sus **r** no faltarán, Job 14.7. Y sus **r** no reverdecerán, Job 15.32. Los **r** de su casa serán transportados, Job 20.28. Sus **r** están delante de sus ojos. Job 21.8. La ablandas con lluvias, bendices sus **r**, Sal. 65.10. Extendió sus vástagos hasta el mar, y hasta el río sus **r**, Sal. 80.11. La planta que plantó tu diestra, y el **r** que para ti afirmaste, Sal. 80.15. Tus **r** son paraíso de granados, con frutos suaves, Cnt. 4.13. Véase **Vástago**.

RENUNCIAR: Abandonar voluntariamente la posesión de; rechazar por otra idea (opinión o partido). // Renunciando a la impiedad y a los deseos mundanos, Tit. 2.12. Cualquiera de vosotros que no renuncia a todo lo que posee, no puede ser mi discípulo. Lc. 14.33. Antes bien renunciamos a lo oculto y vergonzoso, 2 Co. 4.2. Véase **Abandonar, Rehusar.**

REÑIR: Contender y pelear. // Dos hebreos que reñían, Ex. 2.13. Si algunos riñeren, y uno hiriere, Ex. 21.18. Véase **Contienda**.

REO: Culpable. // ¡Es **r** de muerte! Mt. 26.66. Contra el Espíritu Santo...es **r** de juicio eterno, Mr. 3.29. El autor de la muerte será **r** de homicidio, Ex. 22.3. Véase **Culpable.**

REPARADOR: Que, o aquél que repara, que mejora o fortifica. // Serás llamado **r** de portillos, Is. 58.12.

REPARAR: Arreglar, restaurar; fijarse. // Para que reparasen la casa de Jehová su Dios, 2 Cr. 34.8. Comprar la madera y piedra de cantería para reparar las grietas de la casa de Jehová, 2 R. 12.12. Con él reparaban la casa de Jehová, 2 R. 12.14. Joab reparó el resto de la ciudad, 1 Cr. 11.8. Lo que habían consagrado de las guerras y de los botines, para reparar la casa de Jehová, 1 Cr. 26.27. Véase **Restaurar.**

REPARTIR: Dividir por grupos; distribuir. // Moisés repartió las heredades, Jos. 13.32. Repartir la tierra en heredad, Jos. 19.49. Tenían que repartir a sus hermanos, Neh. 13.13. Repartieron entre sí mis vestidos, Salmo 22.18; Mt. 27.35. Repartir despojos con los soberbios, Pr. 16.19. Reparte a siete, y aun a ocho, Ec. 11.2. Con los fuertes repartirá despojos, Is. 53.12. Les repartió los bienes, Lc. 15.12. Tomad esto, y repartidlo entre vosotros, Lc. 22.17. Conforme a la medida de fe que Dios repartió a cada uno, Ro. 12.3. Y salía de Edén un río para regar el huerto, y de allí se repartía en cuatro brazos, Gn. 2.10.

REPENTINAMENTE: De improviso, súbitamente. // Será **r**, en un momento, Is. 29.5. Cuya caída viene súbita y **r**, Is. 30.13. Y **r** apareció con el ángel una multitud de las huestes celestiales, Lc. 2.13. Cerca de Damasco, **r** le rodeó un resplandor de luz del cielo, Hch. 9.3.

REPASTO: Pasto añadido al ordinario o regular. // Caballos veloces procedentes de los **r** reales, Est. 8.10.

REPENTINO, A: Súbito, imprevisto. // No tendrás temor de pavor **r**, Pr. 3.25. Aun negarán al Señor que los rescató, atrayendo sobre sí mismos destrucción **r**, 2 P. 2.1. Vendrá sobre ellos destrucción **r**, 1 Ts. 5.3. Con calamidad **r** y con añublo; y te perseguirán hasta que perezcas, Dt. 28.22. Por tanto... te turba espanto **r**, Job 22.10.

REPETICIÓN: Acción o efecto de repetir. // No uséis vanas **r**, Mt. 6.7.

REPETIR: Volver a hacer o decir lo ya hecho o dicho. // Las repetirás a tus hijos, Dt. 6.7. Allí repetirán los triunfos de Jehová, Jue. 5.11. No repetirán más este refrán en Israel, Ez. 12.23.

REPLICAR: Contestar; responder a las objeciones o contestaciones del otro. // Y no le podían replicar a estas cosas, Lc. 14.6. Al ser llamado, vine sin replicar, Hch. 10.29. Y Abraham replicó y dijo: He aquí ahora que he comenzado a hablar a mi Señor, Gn. 18.27. Entonces replicó Booz: El mismo día que compres las tierras de mano de Noemí, Rt. 4.5. Tras mi palabra no replicaban, y mi razón destilaba sobre ellos, Job 29.22.

REPOSAR: Descansar; dormir. // Sobre los cuales también reposó el espíritu, Nm. 11.26. El espíritu de Elías reposó sobre Eliseo, 2 R. 2.15. Que os levantéis de madrugada, y vayáis tarde a reposar, Salmo 127.2. Y reposará sobre él el Espíritu de Jehová, Is. 11.2. El glorioso Espíritu de Dios reposa sobre vosotros, 1 P. 4.14. Véase **Descansar.**

REPOSO: Acción o efecto de reposar. // Junto a aguas de **r** me pastoreará, Salmo 23.2. Jehová les dio **r** alrededor, Jos. 21.44. Cruzar por un poco las manos para **r**, Pr. 6.10. La labor de la justicia, **r** y seguridad para siempre, Is. 32.17. ¿Dónde el lugar de mi **r**?, Is. 66.1; Levántate, oh Jehová, al lugar de tu **r**, Salmo 132.8. El espíritu inmundo..., buscando **r**, y no lo halla, Mt. 12.43. Queda un **r** para el pueblo de Dios, He. 4.9. Véase **Descanso.**

REPRENDER: Amonestar enérgicamente, reñir. // Jehová, no me reprendas en tu furor, Salmo 38.1. Reprendió al Mar Rojo y lo secó, Salmo 106.9. Que el justo me... reprenda será un excelente bálsamo, Salmo 141.5. No reprendas al escarnecedor, Pr. 9.8. El hombre que reprendido endurece la cerviz..., Pr. 29.1. Reprenderé también por vosotros al devorador, Mal. 3.11. Reprendió a los vientos y al mar, Mt. 8. 26. Reprendió Jesús al demonio, Mt. 17.18. Trajeron... y los discípulos les reprendieron, Mt. 19.13. Reprendió a la fiebre, Lc. 4.39. Si tu hermano pecare contra ti, repréndele, Lc. 17.3. Maestro, reprende a tus discípulos, Lc. 19.39. Le reprendió, diciendo: ¿Ni aun temes tú a Dios...? Lc. 23.40. No reprendas al anciano, 1 Ti. 5.1. Repréndelos delante de todos, 1 Ti. 5.20. Reprende, exhorta con toda paciencia y doctrina, 2 Ti. 4.2. Repréndelos duramente, para que sean sanos en la fe, Tit. 1.13. Esto habla, y exhorta y reprende con toda autoridad, Tit. 2.15. El Señor te reprenda, Jud. 9. No participéis en las obras infructuosas de las tinieblas, sino más bien reprendedlas, Ef. 5.11. Véase **Censurar.**

REPRENSIÓN: Acción o efecto de reprender. // A tu **r** huyeron, Salmo 104.7. Volveos a mi **r**, Pr. 1.23. La **r** aprovecha al entendido, Pr. 17.10. Mejor es **r** manifiesta, Pr. 27.5. Mejor es oír la **r** del sabio, Ec. 7.5. He aquí que con mi **r** hago secar el mar, Is. 50.2. En cuya boca no hay **r**, Salmo 38.14. Véase **Censura.**

REPRENSOR: Aquel que reprende. // Ellos aborrecieron al **r** en la puerta de la ciudad, Am. 5:10.

REPRIMIR: Contener; retener; moderar. // Así reprimió David a sus hombres con palabras, 1 S. 24.7. Tú reprimirás el resto de las iras, Sal. 76.10. Reprimiste todo tu enojo; te apartaste del ardor de tu ira, Sal. 85.3. Para que reprimiera a sus grandes como él quisiese, Sal. 105.22. La reprimiré para no destruirte, Is. 48.9. Reprime la reunión de gentes armadas, Sal. 68.30. Reprimiste todo tu enojo, Sal. 85.3. Para que reprimiera a sus grandes, Sal. 105.22. Reprime el suspirar, no hagas luto de mortuorios, Ez. 24.17.

REPROBADO, A: Inhabilitado por examen, rechazado. 2 Co. 13.5,6,7; Tit. 1.16. // Este Jesús es la piedra **r** por vosotros los edificadores, Hch. 4.11. Dios los entregó a una mente **r**, Ro. 1.28. La que produce espinos y abrojos es **r**, He. 6.8.

RÉPROBO: Malvado, condenado. // Resisten a la verdad... hombres corruptos de entendimiento, **r** en cuanto a la fe, 2 Ti. 3.8. Véase **Malo, Malvado, Reprobado.**

REPROCHAR: Criticar la conducta de alguien, regañar. El os reprochará de seguro, Si solapadamente hacéis acepción de personas. Job 13.10. No me reprochará mi corazón en todos mis días. Job 27.6. He aquí que él buscó reproches contra mí, y me tiene por su enemigo, Job 33.10. No me reproches en la prolongación de tu enojo, Jer. 15.15. Les reprochó su incredulidad y dureza de corazón, Mr. 16.14.

REPROCHE: Censura, crítica, reprimenda. // Da a todos abundantemente y sin **r**, Stg. 1.5. Ni admite **r** alguno contra su vecino, Sal. 15.3.

REPTIL: Animal de sangre fría que ordinariamente anda rozando el vientre por el suelo, Gn. 1.24; Lv. 11.41,42; Mi. 7.17; Hch. 10.12; 11.6; Stg. 3.7. De entre los reptiles mencionados en las Escrituras encontramos los siguientes: Áspid, Is. 11.8. Víbora, Is. 11.8. Comadreja, ratón, Lv. 11.29. Camaleón, Lv. 11.30. Culebra, Ex. 4.3. Leviatán, Job 41.1-34. Erizo, Lv. 11.30. Lagartija, 11.30. Lagarto, Lv. 11.30. Rana, Ex. 8.2-7. Serpiente, Gn. 3.1. Víbora, Mt. 3.7. Véase **Animal, Ave.**

REPUDIADA: Mujer que, legal o ilegalmente, ha sido expulsada del domicilio conyugal por el marido, Lv. 21.7; Mt. 5.32.

REPUDIO: Acción de rechazar (a la esposa) legalmente. // ¿Qué es de la carta de **r** de vuestra madre, con la cual yo la repudié? Is. 50.1. Yo la había despedido y dado carta de **r**, Jer. 3.8. Porque Jehová Dios de Israel ha dicho que él aborrece el **r**, Mal. 2.16.

REPUGNANTE: Que causa aversión; asqueroso. Por eso se lo convertí en cosa **r**, Ez. 7.20; Job 6.7.

REPUTACIÓN: Fama, prestigio. // Expuse en privado a los que tenían cierta **r**, Gá. 2.2. Pero de los que tenían **r** de ser algo... a mí, pues, los de **r** nada nuevo me comunicaron, Gá. 2.6. Tales cosas tienen a la verdad cierta **r** de sabiduría en culto voluntario, Col. 2.23.

REPUTAR: Considerar; juzgar. // Vuestra perversidad ciertamente será reputada como el barro del alfarero. Is. 29.16.

REQUEM, hb. **Amistad:** 1. Una ciudad de Benjamín, Jos. 18.27. // 2. Uno de los cinco príncipes muertos en la guerra de Moisés contra los madianitas, Jos. 13.21.//3. Otros del mismo nombre, 1 Cr. 2.43; 7.16.

REQUERIR: Demandar, solicitar. // Se requiere de los administradores, que cada uno sea hallado fiel, 1 Co. 4.2. Con todo esto nunca requerí el pan del gobernador, porque la servidumbre de este pueblo era grave, Neh. 5.18. Ahora pues, vosotros, con el concilio, requerid al tribuno que le traiga mañana ante vosotros, Hch. 23.15. Requiéralo Jehová de la mano de los enemigos de David, 1 S. 20.16. Y todo lo que se requiere para la casa de tu Dios, Esd. 7.20.

RESA: Padre de Joana, de la genealogía de Cristo, Lc. 3.27.

RESBALADIZO: Donde se resbala fácilmente. // Sea su camino tenebroso y **r**, Sal. 35.6.

RESBALAR: Escurrirse, deslizarse; No estar firme; cometer un error. // A su tiempo su pie resbalará, Dt. 32.35. Cuando yo decía: Mi pie resbala, Salmo 94.18. Mis pies no han resbalado, 2 S. 22.37. Mis enemigos se alegrarían, si yo resbalara, Sal. 13.4. El que hace estas cosas, no resbalará jamás, Sal. 15.5. Sustenta mis pasos en tus caminos, Para que mis pies no resbalen, Sal. 17.5. Sea su camino tenebroso y resbaladizo, y el ángel de Jehová los persiga, Sal. 35.6. La ley de su Dios está en su corazón; por tanto, sus pies no resbalarán, Sal. 37.31. Cuando mi pie resbale, no se engrandezcan sobre mí, Sal. 38.16. No permitió que nuestros pies resbalasen, Sal. 66.9. En cuanto a mí, casi se deslizaron mis pies; Por poco resbalaron mis pasos, Sal. 73.2. No dará tu pie al resbaladero, ni se dormirá el que te guarda, Sal. 121.3. Y la boca lisonjera hace resbalar, Pr. 26.28.

RESCATADO: Redimido. Sabiendo que fuisteis **r** de vuestra vana manera de vivir... no con cosas corruptibles, como oro o plata, 1 P. 1.18. Véase **Redimir.**

RESCATADOR: El que rescata. // Y cuando el hombre no tuviere **r**, Lv. 25.26.

RESCATAR: Redimir del cautiverio a cambio de dinero o regalos. // Después que se hubiere vendido, podrá ser rescatado; uno de sus hermanos lo rescatará, Lv. 25.48. Os ha rescatado de servidumbre, Dt. 7.8. Porque fue Dios para rescatarlo por pueblo suyo, 2 S. 7.23. Nosotros... rescatamos a nuestros hermanos judíos que habían sido vendidos a las naciones, Neh. 5.8. Sin dinero seréis rescatados, Is. 52.3. Aun negarán al Señor que los rescató, 2 P. 2.1. Véase **Expiar, Redimir**.

RESCATE: Acción o efecto de rescatar. // Cuando el hombre no tuviere rescatador, y consiguiere lo suficiente para el **r**, Lv. 25.26. Dará por el **r** de su persona cuanto le fuere impuesto, Ex. 21.30. Para dar su vida en **r** por muchos, Mt. 20.28. Se dio a sí mismo en **r** por todos, 1 Ti. 2.6. Otros fueron atormentados, no aceptando el **r**, a fin de obtener mejor resurrección, He. 11.35. Véase **Redención, Remisión.**

RESCOLDO: Carbón: Brasa menuda resguardada por la ceniza. // Panes cocidos debajo del **r**, Gn. 18.6.

RESEF hb. **Pavimento:** Una ciudad subyugada por los asirios, 2 R. 19.12.

RESEF, hb. **Llama:** Un descendiente de Efraín, 1 Cr. 7.25.

RESENTIR: Magullarse profundamente con. // Resentidos de que enseñasen al pueblo, Hch. 4.2.

RESERVADO, A: separado, oculto; Que no se debe tocar sin autorización. // Esto será tuyo de la ofrenda de las cosas santas, **r** del fuego, Nm. 18.9. Escoge lo mejor de la tierra para sí, porque allí le fue **r** la porción del legislador, Dt. 33.21. Y Samuel dijo: He aquí lo que estaba **r**; ponlo delante de ti y come, 1 S. 9.24. Y tú le has **r** esta tu gran misericordia, 1 R. 3.6. Todas las tinieblas están **r** para sus tesoros, Job 20.26. Que tengo **r** para el tiempo de angustia, para el día de la guerra y de la batalla, Job 38.23. Porque él me esconderá en su tabernáculo en el día del mal; me ocultará en lo **r** de su morada, Sal. 27.5.

RESERVAR: Poner aparte. // Me he reservado siete mil hombres, Ro. 11.4. Para ser reservados al juicio, 2 P. 2.4. Los cielos y la tierra... están reservados por la misma palabra... para el día del juicio, 2 P. 3.7. Me matarán a mí, y a ti te reservarán la vida, Gn. 12.12. No hay otro mayor que yo en esta casa, y ninguna cosa me ha reservado sino a ti, Gn. 39.9. Las riquezas... que habrán reservado, Is. 15.7.Véase **Conservar, Guardar, Preservar.**

RESIDENCIA: Morada habitual en lugar cierto. // Había en Susa **r** real un varón judío cuyo nombre era Mardoqueo, Est. 2.5, Véase **Casa, Morada, Posada.**

RESISTIR: Oponerse, desafiar, rebelarse; tolerar, sufrir. // No resistáis al que es malo, Mt. 5.39. Daré palabra no podrán resistir ni contradecir todos los que se opongan, Lc. 21.15. Vosotros resistís siempre al Espíritu Santo, Hch. 7.51. Quien se opone a la autoridad, a lo establecido por Dios resiste; y los que resisten, Ro. 13.2. Cefas... le resistí cara a cara, Gá. 2.11. Para que podáis resistir en el día malo, Ef. 6.13. De la manera que... resistieron a Moisés... resisten a la verdad, 2 Ti. 3.8. Dios resiste a los soberbios, Stg. 4.6; 1 P. 5.5. Al cual resistid firmes en la fe, 1 P. 5.9.

RESOLUCIÓN: Determinación o decisión de algo; propósito. // Entre las familias de Rubén hubo grandes **r** del corazón, Jue. 5.15. La sentencia es por decreto de los vigilantes, y por dicho de los santos la **r**, Dn. 4.17.

RESOLVER: Decidir, determinar. // Para interpretar sueños y descifrar enigmas y **r** dudas, Dn. 5.12. Yo, pues, he oído de ti que puedes dar interpretaciones y **r** dificultades, Dn. 5.16. Le pesó en gran manera, y resolvió librar a Dn., Dn. 6.14. En tierra de Moab, resolvió Moisés declarar esta ley, Dt. 1.5.

RESONAR: Producir resonancia, sonar mucho. // Como metal que resuena, o címbalo que retiñe, 1 Co. 13.1. Resuene el mar, 1 Cr. 16.32. Entonces resonaron los cascos de los caballos, Jue. 5.22. Con salterios y arpas y címbalos, que resonasen y alzasen la voz con alegría, 1 Cr. 15.16. Cantando con instrumentos resonantes a Jehová, 2 Cr. 30.21.Alabadle con címbalos resonantes; alabadle con címbalos de júbilo, Sal. 150.5. Por tanto, mi corazón resonará como flautas por causa de Moab, Jer. 48.36. Asimismo resonará mi corazón a modo de flautas por los hombres de Kir-hares, Jer. 48.36. Hicieron resonar su voz en la casa de Jehová como en día de fiesta, Lm. 2.7.

RESOPLIDO: Sonido que se hace al echar el aire con fuerza por la boca o la nariz. // El **r** de su nariz es formidable, Job 39.20.

RESPETAR: Tratar con reverencia o acatamiento. // Tendrán respeto a mi hijo, Mt. 21.37. Ni tengo respeto a hombre, Lc. 18.4. La mujer respete a su marido, Ef. 5.33.

RESPETO: Acción o efecto de respetar. **Respeto humano:** Recelo de la opinión pública. // Ni respetará a dios alguno, Dn. 11.37. Al que **r**, **r**; al que honra, honra, Ro. 13.7. Mira que he oído tu voz, y te he tenido **r**, 1 S. 25.35. Gente fiera de rostro, que no tendrá **r** al anciano, Dt. 28.50.

RESPIRACIÓN: Función por la cual los organismos vivos absorben oxígeno y expelen gas carbónico. // Una misma **r** tienen todos, Ec. 3.19.

RESPIRAR: Absorber y expulsar el aire; mostrar una calidad o estado. // Hablaré, pues, y respiraré; Job 32.20. Sin quedar nada que respirase, Jos. 11.11. Todo lo que respira alabe a JAH. Aleluya, Sal. 150.6. Han levantado contra mí testigos falsos, y los que respiran crueldad, Sal. 27.12. Saulo, respirando aún amenazas y muerte..., Hch. 9.1.

RESPIRO: Rato de descanso, alivio. // **R** y liberación vendrá de alguna otra parte para los judíos, Est. 4.14.

RESPLANDECER: Brillar con gran fulgor. // Entonces verás, y **r**esplandecerás, Is. 60.5. Jehová haga resplandecer su rostro sobre ti, Nm. 6.25. De Sion... Dios ha resplandecido, Salmo 50.2. Haga resplandecer su rostro sobre nosotros, Salmo 67.1. Haz resplandecer tu rostro, y seremos salvos, Salmo 80.3; 119.135; Dn. 9.17. Luz resplandeció sobre los que moraban en tierra de sombra de muerte, Is. 9.2. Levántate, resplandece; porque ha venido tu luz, Is. 60.1. Los justos resplandecerán como el sol en el reino de su Padre, Mt. 13.43. Resplandeció su rostro como el sol, Mt. 17.2. La luz en las tinieblas resplandece, Jn. 1.5. Para que no les resplandezca la luz del evangelio, 2 Co. 4.4. Porque Dios.... resplandeció en nuestros corazones, 2 Co. 4.6. Resplandecéis como luminares en el mundo, Fil. 2.15. Véase **Brillar.**

RESPLANDECIENTE: Que brilla con gran fulgor. // Sus vestidos se volvieron **r**, Mr. 9.3. He aquí que ni aun la misma luna será **r**, Job 25.5. Junto a ellas dos varones con vestiduras **r**, Lc. 24.4. La piel del rostro de Moisés era resplandeciente, Ex. 34.30. Un varón con vestido **r**, Hch. 10.30. Vestidos de lino limpio y **r**, Ap. 15.6. Después me mostró un río limpio de agua de vida, **r** como cristal, Ap. 22.1.

RESPLANDOR: Acción o efecto de resplandecer. // El atrio se llenó del **r** de la gloria de Jehová, Ez. 10.4. Una luz del cielo que sobrepasaba el **r** del sol, Hch. 26.13. Por el **r** de su presencia se encendieron carbones ardientes, 2 S. 22.13; Salmo 18.12. Esperamos... **r**, y andamos en oscuridad, Is. 59.9 Las naciones a tu luz, y los reyes al **r** de tu nacimiento, Is. 60.3. Ni el **r** de la luna te alumbrará, Is. 60.19. Hasta que salga como **r** su justicia, Is. 62.1. Siendo el **r** de su gloria, He. 1.3.

RESPONDER: Decir o escribir en respuesta. // El Dios que respondiere por medio de fuego, 1 R. 18.24. Nunca respondas al necio de acuerdo con su necedad, Pr. 26.4. Antes que clamen, responderé yo, Is. 65.24. Y nadie le podía responder palabra, Mt. 22.46. Pero él nada le respondió, Lc. 23.9. Responder a los que se glorían en las apariencias, 2 Co. 5.12. Pero no hubo ninguna voz, ni quien respondiese ni escuchase, 1 R. 18.29.

RESPONDÓN: El que suele responder groseramente a cualquier observación. // Que no sean respondones, Tit. 2.9.

RESPUESTA: Lo que dice o escribe a quien le hizo una pregunta. // Dios será el que dé **r** propicia a Faraón, Gn. 41.16. La blanda **r** quita la ira, Pr. 15.1. Mas de Jehová es la **r** de la lengua, Pr. 16.1. Jesús no le dio **r**, Jn. 19.9.

RESTABLECER: Reponer en el antiguo estado o condición. // Fue restablecido, y vio de lejos y claramente a todos, Mr. 8.25. Yo fui restablecido en mi puesto, y el otro fue colgado. Gn. 41.13. Y quedó restablecido el servicio de la casa de Jehová, 2 Cr. 29.35. Pues tú me restablecerás, y harás que viva, Is. 38.16. Fui restablecido en mi reino, y mayor grandeza me fue añadida, Dn. 4.36.

RESTANTE: Lo que resta. // Si las primicias son santas, también lo es la masa **r**, Ro. 11.16. Véase **Remanente, Sobrar.**

RESTAR: Quedar. // Y lo que resta de la ofrenda será de Aarón y de sus hijos, Lv. 2.3. Todas las ciudades...que restaban de las familias de los levitas, Jos. 21.40. Porque si os apartareis, y os uniereis a lo que resta de estas naciones, Jos. 23.12. Para no vivir el tiempo que resta en la carne, 1 P. 4.2. **Véase Quedar.**

RESTAURACIÓN: Acción o efecto de restaurar; restablecimiento. // La **r** de la casa de Jehová, 2 Cr. 24.27. Hasta los tiempos de la **r** de todas las cosas, Hch. 3.21. ¿Cuánto más su plena **r**? Ro. 11.12.

RESTAURADOR: Que o aquél que restaura. // Llamado reparador de portillos, **r** de calzadas para habitar, Is. 58.12. El cual será **r** de tu alma, y sustentará tu vejez, Rt. 4.15.

RESTAURAR: Recuperar; reconquistar, renovar. // Para restaurar las ruinas, Esd. 9.9. Oh Dios, restáuranos, Salmo 80.3. La salida de la orden para restaurar y edificar a Jerusalén, Dn. 9.25. Elías viene primero, y restaurará todas las cosas, Mt. 17.11. La mano le fue restaurada sana, Mr. 3.5. ¿Restaurarás el reino a Israel en este tiempo? Hch. 1.6. Véase **Renovar**.

RESTITUCIÓN: Acción o efecto de restituir. // El ladrón hará completa **r**, Ex. 22.3.

RESTITUIR: Entregar (lo que se poseía indebidamente), devolver. // Restituirá aquello que robó, Lv. 6.4. Os restituiré los años que... Jl. 2.25. Al cabo de tres días levantará Faraón tu cabeza, y te restituirá a tu puesto, Gn. 40.13. A la posesión de sus padres se restituirá, Lv. 25.41. Si de alguien he tomado cohecho para cegar mis ojos con él; y os lo restituiré. 1 S. 12.3.

RESTO: Lo que queda, el sobrante. // Mas dejaré un **r**, Ez. 6.8, Recogeré ciertamente el **r** de Israel, Mi. 2.12. Exterminaré de este lugar los **r** de Baal, Sof. 1.4. Para que el **r** de los hombres busque al Señor, Hch. 15.17. Hace del sobrante un dios, un ídolo suyo, Is. 44.17.

RESUCITAR: Volver a vivir; llamar otra vez a la vida. // Tus muertos vivirán; sus cadáveres resucitarán, Is. 26.19. Sanad enfermos, limpiad leprosos, resucitad muertos, Mt. 10.8. Los muertos son resucitados, Mt. 11.5. Este es Juan el Bautista; ha resucitado de los muertos, Mt. 14.2. No está aquí, pues ha resucitado, Mt. 28.6. Yo le resucitaré en el día postrero, Jn. 6.40. Y Que resucitó al tercer día, conforme a las Escrituras, 1 Co. 15.4. Así también es la resurrección de los muertos, siembra en corrupción, resucitará en incorrupción, 1 Co. 15.42. Juntamente con él nos resucitó, Ef. 2.6. El bautismo, en el cual fuisteis también resucitados con él, Col. 2.12. Si, pues, habéis resucitado con Cristo, Col. 3.1. Los muertos en Cristo resucitarán primero, 1 Ts. 4.16. Dios es poderoso para levantar aun de entre los muertos, He. 11.19. Véase **Revivir.**

RESUELTAMENTE: Con mucha valentía, decididamente. // Porque **r** se rebelaron contra mí, Jer. 5.11. Estoy dispuesto a proceder **r** contra algunos, 2 Co. 10.2. E Isaías dice **r**: Fui hallado de los que no me buscaban, Ro. 10.20.

RESUELTO, A: Muy decidido, valiente y audaz. // Estaba tan **r** a ir con ella, Rt. 1.18. Aquel varón nos protestó con ánimo **r**, Gn. 43.3. Porque Jehová había **r** hacerlos morir, 1 S. 2.25. Entendió Jonatán que su padre estaba **r** a matar a David, 1 S. 20.33. Porque el mal está ya **r** contra nuestro amo y contra toda su casa, 1 S. 25.17. Después con ánimo **r** edificó Ezequías todos los muros caídos, 2 Cr. 32.5. Porque vio que estaba **r** para él el mal de parte del rey. Est. 7.7. He **r** que mi boca no haga transgresión, Sal. 17.3. Que ha **r** sobre los moradores de Temán. Jer. 49.20. Cuando éste había **r** ponerle en libertad, Hch. 3.13. Ha **r** en su corazón guardar a su hija virgen, 1 Co. 7.37.

RESUMIR: Hacer resumen de. // Cualquier otro mandamiento, en esta sentencia se resume: Amarás a tu prójimo como a ti mismo, Ro. 13.9.

RESURRECCIÓN: Hecho de resurgir; regreso de la muerte a la vida. // Los saduceos, que dicen que no hay **r**, Mt. 22.23. Saldrán a **r** de vida, Jn. 5.29. **R** de condenación, Jn. 5.29. Yo soy la **r** y la vida, Jn. 11.25. Cuando oyeron lo de la **r** de los muertos, Hch. 17.32. El poder de su **r**, Fil. 3.10. Llegase a la **r** de entre los muertos, Fil. 3.11. La **r** ya se efectuó, 2 Ti. 2.18. La enseñanza... de la **r** de los muertos, He. 6.2. Recibieron sus muertos mediante **r**, He. 11.35. Esta es la primera resurrección, Ap. 20.5. // **Referencias a la resurrección en el Antiguo Testamento**, Job 14.13-15; Salmo 49.15; 73.24; Is. 26.14,19; Ez. 37.1-14; Dn. 12.2. // **La resurrección:** o la restauración de la vida; hay ocho narrativas: del hijo de la viuda de Sarepta, 1 R. 17.17-23; del hijo de la Sunamita, 2 R. 4.18-36; del hombre lanzado en el sepulcro de Eliseo, 2 R. 13.20,21; de la hija de Jairo, Mr. 5.35-42; del hijo de la viuda de Naín, Lc. 7.11-15; de Lázaro, Jn. 11.1-44; de Tabita, Hch. 9.36-42; de Eutico, Hch. 20.9-12. // **La importancia de la creencia en la resurrección de Cristo**, Hch. 1.22; 4.2,33; 17.18; Ro. 6.5; 1 Co. 15.13-19; Ef. 2.6; Col. 2.12; 3.1. // **La vida después de la resurrección**, Mt. 22.30; Jn. 14.2. // **El cuerpo después de la resurrección**, 1 Co. 15.42-54; 2 Co. 5.1-4; Fil. 3.21; 1 Jn. 3.2.

RETAGUARDIA: Última cola o último escuadrón de un cuerpo del ejército; la parte posterior. // A **r** de todos los campamentos, Nm. 10.25. David... en la **r** con Aquis, 1S. 29.2. La gloria de Jehová será tu **r**, Is. 58.8. Y la **r** iba tras el arca, Jos. 6.9.

RETARDAR: Volver tardío; postergar. // El Señor no retarda su promesa, 2 P. 3.9.

RETENER: Guardar en su poder. // Hay quienes retienen más de lo que es justo, pero vienen a pobreza, Pr. 11.24. A quienes se los retuviereis, les son retenidos, Jn. 20.23. Retenéis las instrucciones tal como os las entregué, 1 Co. 11.2. Examinadlo todo; retened lo bueno, 1 Ts. 5.21. Véase **Contener.**

RETIÑIR: Resonar mucho o por mucho tiempo; resonar. Zumbar (hablándose de los oídos). // A todo el que lo oyere, le retiñan los oídos, Jer. 19.3. Como metal que resuena, o címbalo que retiñe. 1 Co. 13.1.

RETIRAR, RETIRARSE: Apartar o separar a una persona o cosa; alejarse, irse; apartarse o separarse del trato, comunicación o amistad. // Entendió Noé que las aguas se habían retirado de sobre la tierra. Gn. 8.11. Porque Josué no retiró su mano que había extendido con la lanza, Jos. 8.26. Y retiraos de él, para que sea herido y muera, 2 S. 11.15. Mas Josías no se retiró, sino que se disfrazó para darle batalla, 2 Cr. 35.22. Pero él también es sabio, y traerá el mal, y no retirará sus palabras, Is. 31.2. Mas Jesús se retiró al mar con sus discípulos, Mr. 3.7. Y tomándolos, se retiró aparte, a un lugar desierto, Lc. 9.10. Jesús... volvió a retirarse al monte él solo. Jn. 6.15. El tribuno, tomándole de la mano y retirándose aparte, le preguntó, Hch. 23.19. Cuando se retiraron aparte, hablaban entre sí, Hch. 26.31.

RETOZAR: Tener placer, alegrarse. // Toda bestia del campo retoza, Job 40.20. Véase **Divertir.**

RETRAER: Llevar hacia dentro o hacia atrás; apartar u ocultar. // ¿Por qué retraes tu mano? Salmo 74.11. Extendió el cordel, no retrajo su mano de la destrucción, Lm. 2.8. Las estrellas retraerán su resplandor, Jl. 2.10. Se retraía y se apartaba, Gá. 2.12.

RETRIBUCIÓN: Hecho de retribuir. // Mía es la venganza y la **r**, Dt. 32.35. He aquí que vuestro Dios viene con **r**, Is. 35.4. Vinieron los días de la **r**, Os. 9.7. Véase **Galardón, Paga, Recompensa, Salario.**

RETRIBUIR: Recompensar. // Y le retribuirá conforme a su camino, Job 34.11. El te retribuirá, ora rehúses, ora aceptes, y no yo, Job 34.33. Como para retribuir con ira a sus enemigos, Is. 59.18. Véase **Recompensar.**

RETROCEDER: Volver atrás. Caminar hacia atrás. // ¿Avanzará la sombra... o retrocederá diez grados? 2 R. 20.9. Luego, pues, que los de Israel retrocedieron en la batalla, Jue. 20.39. Bien que nosotros les hicimos retroceder hasta la entrada de la puerta, 2 S. 11.23. Nos hiciste **r** delante del enemigo, Sal. 44.10. ¿Quién la hará retroceder? Is. 14.27. ¿Por qué los vi medrosos, retrocediendo? Jer. 46.5. Pero nosotros no somos de los que retroceden para perdición, He. 10.39. Retrocedieron, y cayeron a tierra, Jn. 18.6. Si retrocediere, no agradará a mi alma, He. 10.38. Véase **Refugiar**.

REU: Un hijo de Peleg y descendiente de Sem, Gn. 11.18.

REUEL, hb. **Amigo de Dios:** 1. Un descendiente de Esaú, Gn. 36.4. // 2. El suegro de Moisés, Ex. 2.18. // 3. Un benjamita, 1 Cr. 9.8.

REUNIÓN: Ayuntamiento de personas. // Con respecto a la venida de nuestro Señor Jesucristo, y nuestra **r** con él, 2 Ts. 2.1. Se hallaron presentes en la **r** del pueblo de Dios, Jue. 20.2. Aborrecí la **r** de los malignos, Sal. 26.5. Véase **Asamblea, Congregación.**

REUNIR: Juntar (lo que se había dispersado). Convocar. // Los hizo **r** en la plaza de la puerta de la ciudad, 2 Crónicas 32.6. Derrotados por Israel, se volvieron a **r**, 2 S. 10.15. Pero para **r** la congregación tocaréis, Nm. 10.7. Reunió Josué a todas las tribus de Israel, Jos. 24.1. Y reunirás en tu casa a tu padre y a tu madre, a tus hermanos, Jos. 2.18. Véase **Agregar, Congregar.**

REVELACIÓN: Acción o efecto de revelar; inspiración divina para conocerse ciertas cosas. // Luz para **r** a los gentiles, Lc. 2.32. La **r** del misterio que se ha mantenido oculto desde tiempos eternos, Ro. 16.25. 1 P. 1.7; 1.13; 4.13; Ap. 1.1. Si no os hablare con **r**, 1 Co. 14.6. Cuando os reunís... tiene **r**, 1 Co. 14.26. Vendré a las visiones y a las revelaciones del Señor, 2 Co. 12.1. Grandeza de las revelaciones no me exaltase desmedidamente, 2 Co. 12.7. Lo recibí por **r** de Jesucristo, Gá. 1.12. Subí según una **r**, Gá. 2.2. Os dé espíritu de sabiduría y de **r**, Ef. 1.17. Por **r** me fue declarado el misterio, Ef. 3.3. Véase **Manifestación.**

REVELADO: Hecho conocido. // Las cosas... reveladas son para nosotros, Dt. 29.29.

REVELAR: Descubrir lo secreto. // Ni la palabra de Jehová le había sido revelada, 1 S 3.7.

REVENTAR: Estallar. // Y cayendo de cabeza, se **r** por la mitad, Hch. 1.18.

REVERDECER: Cubrir de verdura; vigorizar. // Mas los justos reverdecerán como ramas, Pr. 11.28. Los pastos del desierto reverdecerán, Jl. 2.22.

REVERENCIA: Respeto por las cosas sagradas. // Sirvamos a Dios agradándole con temor y **r**, He. 12.28. Con mansedumbre y **r** ante todo el que os demande razón de la esperanza, 1 P. 3.15.

REVERENCIAR: Venerar. // Desean **r** tu nombre, Neh. 1.11. Pero en ti hay perdón, para que seas reverenciado, Sal. 130.4.

REVESTIDO: Vestido de nuevo. Sino **r**, para que lo mortal sea absorbido por la vida. 2 Co. 5.4. **R** del nuevo, Col. 3.10.

REVESTIR: Vestir de nuevo; cubrir; tomar; atribuir a si (atributos o caracteres del otro). // Deseando ser revestidos de aquella nuestra habitación celestial, 2 Co. 5.2. De Cristo estáis revestidos, Gá. 3.27. Y revestido del nuevo, Col. 3.10. Revestíos de humildad, 1 P. 5.5.

REVIVIR: Volver a la vida; renovar. // Su espíritu revivió, Gn. 45.27. El alma del niño volvió a él, y revivió, 1 R. 17.22. Cuando llegó a tocar el muerto los huesos de Eliseo, revivió, 2 R. 13.21. Este mi hijo muerto era, y ha revivido, Lc. 15.24. El pecado revivió y yo morí, Ro. 7.9. Véase **Renacer, Renovar, Resurgir**.

REVOCAR: Hacer parar; interrumpir. // No revocaré su castigo, Am. 1.3. Por mí mismo hice juramento, de mi boca salió palabra en justicia, y no será revocada, Is. 45.23. He aquí, he recibido orden de bendecir; él dio bendición, y no podré revocarla, Nm. 23.20.

REVOLOTEAR: Batir las alas con fuerza. // Como el águila... revolotea sobre sus pollos, Dt. 32.11.

REVOLVER: Mover una cosa de un lado a otro, inquietar, rebullir. // Se revolvieron sobre mi calamidad, Job 30.14. El que revuelve con su lengua caerá en el mal, Pr. 17.20.

REVUELTA: Acción o efecto de rebelarse. // Compañeros de motín que habían cometido homicidio en una **r**, Mr. 15.7.

REY: Jefe soberano de un reino. // En aquellos días no había **r** en Israel, Jue. 17.6; 21.25. Constitúyenos ahora un **r** que nos juzgue, 1 S. 8.5. Jehová vuestro Dios era vuestro **r**, 1 S. 12.12. Es **r** sobre todos los soberbios, Job 41.34. Se levantarán los **r** de la tierra, Salmo 2.2; Hch. 4.26. El **R** de gloria, Salmo 24.7. Verán al **R** en su hermosura, Is. 33.17. Cuatro **r** que se levantarán en la tierra, Dn. 7.17. Se levantarán diez **r**, Dn. 7.24. ¿Dónde está el **r** de los judíos...? Mt. 2.2. Ciudad del gran **R**, Mt. 5.35. Ante gobernadores y **r** seréis llevados, Mt. 10.18. ¿Eres tú el **R** de los judíos? Mt. 27.11. ¡Salve, **R** de los judíos! Mt. 27.29. ESTE ES JESÚS, EL **R** DE LOS JUDÍOS, Mt. 27.37. Al **R** de los siglos, inmortal, 1 Ti. 1.17. Rey de reyes, 1 Ti. 6.15; Ap. 17.14; 19.16. **R** de justicia, y también **R** de Salem, esto es, **R** de paz, He. 7.2. **R** de los santos, Ap. 15.3. **Reyes escogidos por Dios:** Dt. 17.14; 1 S. 9.17; 16.12; 2 S. 7.8; 1 R. 11.35; 19.15; 1 Cr. 28.4-7; Dn. 2.21; 4.17. **La honra debida al Rey:** 1 S. 15.30,31; Pr. 16.14; 24.21; Mt. 22.21; Ro. 13.1-7; 1 P. 2.13,17. Véase **Gobernador.**

REYES, EL PRIMERO Y EL SEGUNDO LIBRO DE LOS: Originalmente, en el hebreo, un sólo libro. En la Vulgata estos dos libros se llaman **El tercer libro de los Reyes**, y **El cuarto libro de los Reyes**; siendo 1 y 2 Reyes compuestos de 1 y 2 S.. En la realidad todos los libros de Josué a 2 Reyes, parecen una sola obra, dando una historia continua de Israel, del tiempo de Josué hasta la muerte del rey Joaquín. Los libros de 1 Reyes e 2 Reyes se inician con relatos de mayor gloria de Israel y se cierran con la nación en el cautiverio. **La paternidad literaria:** No se sabe quien escribió los dos libros de los Reyes, pero había una serie de

LISTA PARALELA DE LOS REYES TRAS LA DIVISIÓN DEL REINO

Los Reyes de Judá	**Los profetas de Judá**	**Los reyes de Israel**	**Los profetas de Israel**
Roboam		Jeroboam	
Abías			
Asa		Nadab	
		Baasa	
		Ela	
		Zimri	
Josafat		Omri	
Joram		Acab	
Ocozías		Ocozías	
Atalía		Joram	Elías
Joás		Jehú	
Amasías	Isaías		Jonás
Azarías	Amós	Joacaz	
	Oseas	Joás	Eliseo
		Jeroboam II	
		Zacarías	
		Salum	
		Manahem	
		Pekaía	
Jotam	Miqueas	Peka	
Acaz	Nahúm	Oseas	
Ezequías			
Manasés			
Amón			
Josías	Sofonías		
Joacaz	Jeremías		
Joacim	Habacuc		
Joaquín			
Sedequías			
Zedequias			

anales, como registros dos eventos de cada día, tanto para el reino de Judá como para el de las diez tribus. Se hace mención de tres: 1) **El libro de la historia de Salomón,** 1 R. 11.41. 2) **El libro de la historia de los reyes de Israel**, mencionado quince veces. 3) **El libro de la historia de los de Judá,** mencionado diecisiete veces. // **La clave:** Realeza, 1 R. 2.12. Egipto decayó. Babilonia y Asiria se habían debilitado. Israel se había vuelto el reino más poderoso del mundo. Los dos libros de los reyes son la historia de los reinados de los reyes de Judá y de Israel, desde la coronación de Salomón hasta el cautiverio asirio para Israel y el cautiverio en Babilonia, para Judá. // **La división: I.** La rebelión de Adonías, 1 R. 1. // **II.** El reinado de Salomón, 1 R. 2 al 11. // **III.** La historia del reino dividido, 1 R. 12 al 2 R. 17. // **IV**. La historia del reino de Judá, después del cautiverio de las diez tribus, 2 R. 18 al 25. // La historia de 1 e 2 Reyes abarca un periodo de más de 400 años, de la muerte de David hasta la destrucción del reino de Judá.

REZIA, hb. **Deleite:** Un descendiente de Aser, 1 Cr. 7.39.

REZÍN: 1. El último de los reyes de Asiria que reinaron en Damasco, 2 R. 15.37; 16.5-10; Is. 8.4-7. // 2. Una de las familias que volvieron del exilio, Esd. 2.48.

REZÓN, hb. **Importancia:** Capitán de un grupo de salteadores, que se estableció en Damasco, inquietando el reino de Salomón durante todo su reinado, 1 R. 11.23.

RIBAI, hb. **Contencioso:** Padre de Itai, uno de los treinta valientes de David, 2 S. 23.29.

RIBERA: Terreno que ladea un río o corriente de agua. // En la ribera del río había muchísimos árboles, Ez. 47.7. Una voz de hombre entre las riberas del Ulai, Dn. 8.16. Véase **Costa, Orilla.**

RIBLA, hb. **Fertilidad:** 1. Una ciudad de Hamat, donde Faraón Necao prendió al rey Joacaz, 2 R. 23.33. // 2. Una ciudad de la frontera septentrional de Israel, Nm. 34.11.

RICO: Que posee muchos bienes; lleno; harto; precioso; hombre que produce muchos haberes. // Dos hombres, uno **r** y otro pobre, 2 S. 12.1. Unos se dicen pobres, siendo muy ricos, Pr. 13.7. Pero muchos son los que aman al **r**, Pr. 14.20. El **r** y el pobre se encuentran, Pr. 22.2. El hombre **r** es sabio en su propia opinión, Pr. 28.11. Al **r** no le deja dormir la abundancia, Ec. 5.12. Con los **r** fue en su muerte, Is. 53.9. Difícilmente entrará un **r** en el reino de los cielos, Mt. 19.23. Un hombre **r** de Arimatea, Mt. 27.57. A los **r** envió vacíos, Lc. 1.53. ¡Ay de vosotros, **r**! Lc. 6.24. La heredad de un hombre **r** había producido mucho, Lc. 12.16. Hace para sí tesoro, y no es **r** para con Dios, Lc. 12.21. Hombre **r**, que se vestía de púrpura, Lc. 16.19. Los **r** que echaban sus ofrendas en el arca, Lc. 21.1. El Señor es **r** para con todos los que le invocan, Ro. 10.12. Ya estáis saciados, ya estáis **r**, 1 Co. 4.8. Cristo, por amor a vosotros se hizo pobre, siendo **r**, 2 Co. 8.9. Dios, que es **r** en misericordia, Ef. 2.4. Porque los que quieren enriquecerse caen en tentación y lazo, 1 Ti. 6.9. Sean **r** en buenas obras, 1 Ti. 6.18. El que es **r**, en su humillación, Stg. 1.10. También se marchitará el **r** en todas sus empresas, Stg. 1.11. Sean **r** en fe, Stg. 2.5. ¡Vamos ahora, **r**! Llorad y aullad por las miserias que os vendrán, Stg. 5.1. Tu pobreza (pero tú eres **r**), Ap. 2.9. Tú dices: Yo soy **r**, y me he enriquecido, Ap. 3.17. Véase **Abastecido, Abasto.**

RIFAT: Un hijo de Gomer y bisnieto de Noé, Gn. 10.3.

RIGOR: Dureza, severidad. // Al cual los obligaban con **r**. Ex. 1.14. No se enseñoreará en él con **r** delante de tus ojos, Lv. 25.53. Ni inquiere con **r**, Job 35.15. Véase **Severidad.**

RIGUROSAMENTE: De manera enfática, exacta, muy precisa. // Y Jesús les encargó **r**, diciendo: Mirad que nadie lo sepa. Mt. 9.30. Les encargaba **r** que no le descubriesen, Mt. 12.16. Entonces le encargó **r**, y le despidió luego, Mr. 1.43. Pero él les mandó que a nadie dijesen esto, encargándoselo **r**, Lc. 9.21. Véase **Severo.**

RIGUROSO: Muy exigente, severo, cruel. // Conforme a la más **r** secta de nuestra religión, viví fariseo, Hch. 26.5.

RIMÓN, hb. **Atronador:** 1. Una ciudad del Neguev, de la herencia de Judá, Jos. 15.32. Dada a Simeón, Jos. 19.7. La misma ciudad llamada En-Rimón, habitada nuevamente, después del exilio, Neh. 11.29. Véase mapa 2, B-6. // 2. Una ciudad en el límite de Zabulón, Jos. 19.13. // 3. La peña de **R**. Lugar donde los benjamitas, sobrevivientes de la batalla de Gabaa, se refugiaron y quedaron por 4 meses, Jue. 20.45,47. // 4. El padre de Baana y Recab, los dos que asesinaron a Is-boset, uno de los hijos de Saúl, 2 S. 4.2,5,9. // 5. Una divinidad de Siria, adorada por Naamán, 2 R. 5.18. Véase mapa 2, C-3; 3, A-2.

RIMÓN-PERES, hb. **Granada de hendidura:** Uno de los lugares donde los israelitas acamparon en el desierto, Nm. 33.19.

RINA, hb. **Grito salvaje:** Un descendiente de Judá, 1 Cr. 4.20.

RINCÓN: Lugar retirado u oculto. // Pues no se ha hecho esto en algún **r**, Hch. 26.26. No segarás hasta el último **r** de ella, Lv. 19.9.

RÍO: Curso de agua natural, más o menos caudaloso. // Se nombra, entre los ríos y arroyos, los siguientes: Abana, 2 R. 5.12; Arnón, Is. 16.2; Cedrón, Jn. 18.1; Eufrates, Ap. 16.12; Farfar, 2 R. 5.12; Gihón, Gn. 2.13; Jaboc, Gn. 32.22; Jordán, Mt. 3.13; Nilo, Gn. 41.1; Pisón, Gn. 2.11; Quebar, Ez. 1.1; Querit, 1 R. 17.3; Tigre, Dn. 10.4. Hidequel (A y B). "El río", significa el Eufrates, Gn. 31.21; Ex. 23.31; 2 S. 10.16; etc. "El río de Egipto", Gn. 15.18, se refiere tal vez al Nilo. "Los arroyos de Dios". "El río de Dios", Salmo 65.9. "Corrientes de aguas", Salmo 1.3; 42.1. "Torrentes de miel y de leche", Job 20.17. "Ríos de aceite", Job 29.6. "Ríos de agua viva", Jn. 7.38. "El río del agua de vida", Ap. 22.1.

RIQUEZA: Cualidad del que es rico; hartura, abundancia. // Saldrán con gran **r**, Gn. 15.14. La fuerza de mi mano me han traído esta **r**, Dt. 8.17. No pediste para ti muchos días, ni pediste para ti **r**, 1 R. 3.11. Excedía el rey Salomón a todos los reyes de la tierra en **r** y en sabiduría, 1 R. 10.23. Las **r** y la gloria proceden de ti, 1 Cr. 29.12. Y tuvo Ezequías **r** y gloria, 2 Cr. 32.27. Devoró **r**, pero las vomitará, Job 20.15. Las **r** y la honra están conmigo, Pr. 8.18. No aprovecharán las **r** en el día de la ira, Pr. 11.4. Las **r** traen muchos amigos, Pr. 19.4. Porque las **r** no duran para siempre, Pr. 27.24. No me des pobreza ni **r**, Pr. 30.8. No podéis servir a Dios y a las **r**, Mt. 6.24. El engaño de las **r** ahogan la palabra, y se hace infructuosa, Mt. 13.22. ¡Cuán difícilmente entrarán en el reino de Dios los que tienen **r**! Mr. 10.23. Ganad amigos por medio de las **r** injustas, Lc. 16.9. Pues si en las **r** injustas no fuisteis fieles, Lc. 16.11. No podéis servir a Dios y a las **r**, Lc. 16.13. Menosprecias las **r** de su benignidad, Ro. 2.4. Para hacer notorias las **r** de su gloria, Ro. 9.23. ¡Oh profundidad de las **r** de la sabiduría y de la ciencia de Dios! Ro. 11.33. Su gozo y su profunda pobreza abundaron en **r** de su generosidad, 2 Co. 8.2. Según las **r** de su gracia, Ef. 1.7; 2.7. Las **r** de la gloria de su herencia en los santos, Ef. 1.18; 3.16; Fil. 4.19; Col. 1.27. Anunciar entre los gentiles el evangelio de las inescrutables **r** de Cristo, Ef. 3.8. Alcanzar todas las **r** de pleno entendimiento, Col. 2.2. No pongan la esperanza en las **r**, 1 Ti. 6.17. Teniendo por mayores **r** el vituperio de Cristo que los tesoros de los egipcios, He. 11.26. Vuestras **r** están podridas, Stg. 5.2. Es digno de tomar el poder, las **r**, Ap. 5.12. Porque en una hora han sido consumidas tantas **r**, Ap. 18.17.

RISA: Sonrisa, carcajada. // La **r** del necio es como el estrépito de los espinos debajo de la olla, Ec. 7.6. Aún llenará tu boca de **r**, y tus labios de júbilo, Job 8.21. Entonces nuestra boca se llenará de **r**, y nuestra lengua de alabanza, Sal. 126.2. Aun en la **r** tendrá dolor el corazón, Pr. 14.13. Mejor es el pesar que la **r**; porque con la tristeza del rostro se enmendará el corazón, Ec. 7.3. Vuestra **r** se convierta en lloro, Stg. 4.9. Véase **Reír, reírse.**

RITO: Ceremonia o conjunto de ceremonias de una religión. // Cuando os dijeren vuestros hijos: ¿Qué es este **r** vuestro? Ex. 12.26. Conforme a todos sus **r** y conforme a todas sus leyes la celebraréis, Nm. 9 .3.

RIVAL: Que aspira a las mismas ventajas que el otro. // Su **r** la irritaba, 1 S. 1.6. No tomarás mujer juntamente con su hermana, para hacerla su **r**, Lv. 18.18.

ROBADO: ¿Por qué habéis robado mi copa de plata? Gn. 44.4. Mejor es encontrarse con una osa a la cual han robado sus cachorros, Pr. 17:12. Si el impío restituyere la prenda, devolviere lo que hubiere robado, Ez. 33.15. Vivo yo, ha dicho Jehová el Señor, que por cuanto mi rebaño fue para ser robado, Ez. 34.8. Y violó todo afecto natural; y en su furor le ha robado siempre, Am. 1.11. ¿Robará el hombre a Dios? Pues vosotros me habéis robado, Mal. 3.8. Véase **Hurtado**.

ROBADOR: El que roba. // El cual los entregó en manos de robadores que los despojaron, Jue. 2.14. También ella, como robador, acecha, Pr. 23.28. El hombre pobre y robador de los pobres, Pr. 28.3. Si ladrones vinieran a ti, o robadores de noche, Abd. 1.5. Véase **Salteador, Ladrón**.

ROBAR: Despojar de dinero o valores. // Restituirá aquello que robó, Lv. 6.4. No oprimirás a tu prójimo, ni le robarás, Lv. 19.13. No robes al pobre, Pr. 22.22. ¿Robará el hombre a Dios? Mal. 3.8. Véase **Hurtar, Saquear, Despojar**.

ROBO: Acción o efecto de robar; aquello que se roba. Lv. 19.13. Robo con destrozo, Ex. 22.2. Robo de hombres, rapto, Ex. 21.16; 1 Ti. 1.10. Véase **Despojo, Hurto**.

ROBOAM, hb. **Él hace aumentar al pueblo:** Un hijo de Salomón y Naama, amonita, 1 R. 14.31. Era el último rey sobre las doce tribus unidas, continuando a reinar sobre Judá, después de la división. Su dura respuesta al pueblo, resultó en la separación de las 10 tribus, de las de Judá y Benjamín, 1 R. 12. Dios prohibió que pelease contra las 10 tribus, 1 R. 12.24. Hubo guerra entre Roboam y Jeroboam todos sus días, 1 R. 14.30. Tenía 18 mujeres, 60 concubinas y engendró 88 hijos, 2 Cr. 11.21. Su muerte y sepultura, 1 R. 14.31. Véase **Reyes.**

ROBUSTECERSE: Fortalecerse. // Su descendencia se robustece a su vista, Job 21.8.

ROBUSTO: Vigoroso, valiente. // Pareció el rostro de ellos mejor y más **r** que el de los otros muchachos, Dn. 1.15. Pues son **r**, y dan a luz antes que la partera venga a ellas, Ex. 1.19. E hizo morir a los más **r** de ellos, Sal. 78.31. Los días de nuestra edad son setenta años; y si en los más **r** son ochenta años, Sal. 90.10. Enviará debilidad sobre sus **r**, Is. 10.16. Por esto te dará gloria el pueblo fuerte, te temerá la ciudad de gentes **r**. Is. 25.3. Harás marchitar el renuevo de los **r**. Is. 25.5. Gente **r**, gente antigua, Jer. 5.15. ¿Cómo, pues, diréis: Somos hombres valientes, y **r** para la guerra? Jer. 48.14. Véase **Fuerte.**

ROCA: Gran masa de piedra muy dura. // Porque la **r** de ellos no es como nuestra Roca, Dt. 32.31. Llévame a la **r** que es más alta que yo, Salmo 61.2. Se meterá en las hendiduras de las **r**, Is. 2.21. Las **r** se partieron, Mt. 27.51. Edificar una casa, sobre la **r**, Lc. 6.48. Cantemos con júbilo a la **r** de nuestra salvación, Salmo 95.1. ¿Y qué **r** hay fuera de nuestro Dios? 2 S. 22.32. He aquí pongo en Sion piedra de tropiezo y **r** de caída, Ro. 9.33; 1 P. 2.8. La **r** como símbolo de Dios, 2 S. 22.3; Is. 17.10; Salmo 18.2; 28.1; 31.2,3; 89.26; 95.1; Mt. 16.18; Ro. 9.33; 1 Co. 10.4. Véase **Peña, Piedra.**

ROCIAR: Regar; esparcir líquido como lluvia sobre. // Tomó la sangre y roció sobre el pueblo, Ex. 24.8. Con su sangre rociarás, Ex. 29.16. Moisés... roció el mismo libro y también a todo el pueblo, He. 9.19.

ROCÍO: Vapor atmosférico que se condensa y dispone en gotitas durante la noche. // Cuando descendía el **r** sobre el campamento de noche, el maná descendía sobre él, Nm. 11.9. Si el **r** estuviere en el vellón solamente... Te ruego que solamente el vellón quede seco, y el **r** sobre la tierra, Jue. 6.37-39. No habrá lluvia ni **r** en estos años, 1 R. 17.1. ¿O quién engendró las gotas del **r**?, Job 38.28. Como el **r** de Hermón, Sal. 133.3. Como símbolo: Gn. 27.28; Dt. 32.2; 2 S. 17.12; Sal. 110.3; Pr. 19.12; Cantares 5.2; Is. 18.4; Os. 6.4; 14.5; Mi. 5.7. **Véase Niebla, Neblina.**

RODAR: Hacer girar alrededor; hacer avanzar (alguna cosa), obligándola a dar vueltas sobre sí misma. // Un pan de cebada que rodaba, Jue. 7.13. Te echará a rodar… como a bola… Is. 22.18. Después de hacer rodar una gran piedra a la entrada del sepulcro, Mt. 27.60. Véase **Voltear.**

RODAS: Una isla a suroeste de Asia menor, por donde pasó Pablo, al volver de su tercer viaje misionero, Hch. 21.1. Véase mapa 6, D-2.

RODE, gr. **Rosa:** La criada que anunció la llegada de Pedro a la puerta de la casa de María, madre de Marcos, Hch. 12.13.

RODEAR: 1. Andar en rueda de; circundar. // Bastante habéis rodeado este monte; volveos al norte, Dt. 2.3. Rodearéis, pues, la ciudad todos los hombres de guerra, Jos. 6.3. Los levitas rodearán al rey por todas partes, 2 Cr. 23.7. Me rodearán los justos, Salmo 142.7. **2.** Solicitar; requerir de amores. // Porque Jehová creará una cosa nueva sobre la tierra: la mujer rodeará al varón, Jer. 31.22.

RODILLA: Parte del cuerpo, donde la pierna se articula con el muslo. // Se levantó de estar de **r** delante del altar de Jehová con sus manos extendidas, 1 R. 8.54. Y postrándose en tierra, puso su rostro entre las **r**, 1 R. 18.42. Siete mil, cuyas **r** no se doblaron ante Baal, 1 R. 19.18. Me postré de **r**, y extendí mis manos a Jehová mi Dios, Esd. 9.5. Y sus **r** daban la una contra la otra, Dn. 5.6. Y puesto de **r** oró, Lc. 22.41. Pedro se puso de **r** y oró, Hch. 9.40. Que ante mí se doblará toda **r**, Ro. 14.11. Para que en el nombre de Jesús se doble toda **r**, Fil. 2.10. Por esta causa doblo mis **r**, Ef. 3.14. Las Manos caídas y las **r** paralizadas, He. 12.12. Véase **Arrodillar, Postrar.**

ROER: Cortar en trozos, gastar, atormentar, afligir. // La enfermedad roerá su piel, y a sus miembros devorará el primogénito de la muerte, Job 18.13.

ROGAR: Pedir instancia. // La angustia de su alma cuando nos rogaba, Gn. 42.21. Te ruego que me muestres tu gloria, Ex. 33.18. Ruega por tus siervos a Jehová tu Dios, 1 S. 12.19. No ruegues por este pueblo para bien, Jer. 14.11. Los demonios le rogaron, Mt. 8.31. Rogad, pues, al Señor de la mies, Mt. 9.38. Le rogaba mucho que no los enviase fuera de aquella región, Mr. 5.10. He rogado por ti, que tu fe no falte, Lc. 22.32. Yo rogaré al Padre, y os dará otro Consolador, Jn. 14.16. Yo ruego por ellos; no ruego por el mundo, Jn. 17.9. Rogaron a Pilato, Jn. 19.31. Rogad vosotros por mí al Señor, Hch. 8.24. Os ruego por las misericordias de Dios, Ro. 12.1. Como si Dios rogase por medio de nosotros; os rogamos en nombre de Cristo, 2 Co. 5.20. Os ruego por la mansedumbre y ternura de Cristo, 2 Co. 10.1. Yo pues, preso en el Señor, os ruego, Ef. 4.1. Ruego a Evodia y a Síntique, Fil. 4.2. Os ruego que lo hagáis así, He. 13.19. Véase **Orar**, **Pedir**, **Suplicar**.

ROGATIVA: Súplica de perdón; ruego. // Que se hagan **r**, oraciones, 1 Ti. 2.1.

ROGEL: La fuente de Rogel era un notable marco divisorio entre Judá y Benjamín, cerca de Jerusalén, Jos. 15.7, donde los espías de David se escondieron, 2 S. 17.17. Donde Adonías, cuando usurpaba el trono, inmoló ovejas y vacas y animales gordos, 1 R. 1.9.

ROGELIM, hb. **Los que apisonan:** La residencia de Barzilai, el gileadita, 2 S. 17.27.

ROHGA, hb. **Clamor:** Descendiente de Aser, 1 Cr. 7.34.

ROJO: Que tiene color encarnada muy viva. // Guiso rojo, Gn. 25.30. Pieles de carneros teñidas de rojo, Ex. 26.14. Aguas rojas como sangre, 2 R. 3.22. Vino cuando rojea, Proverbios 23.31. Pecados... rojos como el carmesí, Is. 1.18. ¿Por qué es rojo tu vestido, Is. 63.2. El escudo... enrojecido, Nahúm 2.3. Véase **Mar Rojo.**

ROLLO: Un libro en los tiempos antiguos constaba de una faja sencilla de papiro o de pergamino, que usualmente se conservaba enrollado en dos varas y se desenrollaba con el fin de leerla. Compare Is. 34.4: Los cielos se enrollarán como un pergamino. Toma un rollo de libro, y escribe en él, Jer. 36.2,32. La visión del **r**, Ez. 2.8-10. El **r** volante, Zac. 5.1-4. Como en el rollo del libro está escrito de mí, He. 10.7; Salmo 40.7. Véase **Libro, Pergamino.** [LEGENDA]: Rollo - En el rollo del libro está escrito de mí. He. 10.7

ROMA, lat. **Fuerza:** La ciudad de Roma, fundada en 753 a.C., sobre siete montes, 25 Km distante de la desembocadura del río Tigris, actualmente está construida en una planicie al norte de los siete montes. Véase mapa 6, A-1. La ciudad, durante mucho tiempo, señora del mundo, es hoy día la capital de Italia. Las ruinas del Coliseo existen todavía allí, como monumento conmemorativo de gran número de mártires cristianos que eran lanzados a las fieras. Era un magnífico anfiteatro, comportando 80 000 personas, donde eran hechos los combates de gladiadores. Las catacumbas de Roma, galerías subterráneas de 3 metros de altura, de 2 metros de ancho y de longitud de algunos kilómetros, servían de refugio, de lugar para los cultos y de sepultura de los creyentes primitivos. La historia romana empieza por un período más o menos legendario, durante el cual, según la tradición, reinaban siete reyes sucesivos, de 754 hasta 510 a.C., cuando se proclamó la República. La fundación, después, del Imperio Romano era una de las más grandes hazañas políticas de todos los tiempos. Las conquistas de Alejando Magno y de Carlos Magno, en comparación con la obra duradera de Julio César y Augusto parecen muy mezquinas. Durante el reinado de Augusto nació Jesucristo; ocurrió su crucifixión en el reinado de Tiberio. Julio, y también Tiberio, estuvieron en buena disposición hacia los judíos. Pero Claudio decretó que todos los judíos se retirasen de Roma (Hch. 18.2) a causa de los tumultos relacionados con la predicación del cristianismo. Sin embargo había muchos judíos en Roma a la época de la visita de Pablo, Hch. 28.17. El apóstol allí estaba arrestado por el espacio de dos años, habitando en su propia casa alquilada,

"En el rollo del libro está escrito de mí" *(He. 10.7)*.

con un soldado a guardarlo. Hch. 28.16, 30. A ese soldado estaba él enganchado, sujeto con cadenas, según la costumbre romana, Hch. 28.20; Ef. 6.20; Fil. 1.13. En el reinado de Claudio, se dio el martirio de Santiago, hermano de Juan, Hch. 12.1,2. Nerón gobernaba, cuando Pablo apeló a César, Hch. 25.11. Cinco de las epístolas de Pablo fueron escritas desde Roma, una de ellas no muy antes de su muerte. En ese tiempo la población de la ciudad era de 1 200 000 habitantes, la mitad siendo de esclavos y una gran parte de las personas libres viviendo de limosnas. No hay palabras para describir el lujo, el desenfreno sexual y los crímenes de esta época. Tito, general del ejército de la destrucción de Jerusalén, profetizada en Mt. 24, y que sucedió en el año 70, fue después emperador. Constantino, en 303 d.C. terminó con la cruel persecución a los cristianos, permitiéndoles el libre ejercicio de su culto.

ROMANO: Individuo natural de Roma. // Vendrán los romanos, y destruirán, Jn. 11.48. Romanos aquí residentes, Hch. 2.10. Pablo un ciudadano **r**, Hch. 16.37; 22.25. No es costumbre de los romanos entregar alguno a la muerte antes que el acusado tenga delante a sus acusadores... Hch. 25.16.

ROMANOS, EPÍSTOLA DE PABLO A LOS: Dirigida a los cristianos de la metrópoli en el gran imperio, cuyo dominio se extendía por casi todo el mundo conocido, Ro. 1.7. Es el sexto libro del Nuevo Testamento, la sexta de las epístolas de Pablo, en orden cronológico. El apóstol, deseando visitar Roma para comunicarles algún don espiritual, a fin de que fuesen confirmados, pero siendo impedido, aprovechó la oportunidad de escribir la epístola y enviarla por mano de Febe, diaconisa en la iglesia vecina, Cencrea, Ro. 1.11-15; 16.1,2. // La iglesia en Roma era grande e importantísima, Ro. 1.8. Tácito la describe en el tiempo de las persecuciones de Nerón, 64 d.C. como "una multitud inmensa". Es probable que algunos de los romanos, "tanto judíos como prosélitos", que asistieron el derramamiento del Espíritu, en el Pentecostés (Hch. 2.10,11), hayan sido los primeros a llevar el evangelio a Roma. Es posible que algunos de los numerosos creyentes de Judea, de Asia Menor y de Grecia fuesen de la capital del imperio mundial. La tradición dice que el apóstol Pedro fue el fundador de esa iglesia, pero no hay cualquier prueba. Parece inconsistente que ese apóstol estuviese en Jerusalén al mismo tiempo que, según dicen, él trabajaba en Roma. Además de eso, Pablo en toda su epístola, no hace mención de Pedro. Su nombre no fue incluido en la lista de las personas a quien envió saludos. **El autor:** El apóstol Pablo, 1.1. **La clave:** "La justicia de Dios se revela en el Evangelio", Ro. 1.17. Se hallaba, en el libro de **Romanos**, verdadera respuesta a la pregunta de los siglos y proferida por Job: "¿Cómo puede el hombre ser justo para con Dios?" La doctrina de **la justificación por la fe** se encuentra en varios lugares en la Biblia. Sin embargo, el apóstol Pablo fue quien juntó todo, añadiéndole algunas revelaciones especiales, para formar su epístola, considerada una de las más importantes obras de los siglos. Es "alimento sólido y no sólo leche". Los creyentes robustos en la fe no desprecian el novillo cebado de la casa paterna, no quieren quedar inexpertos en la palabra de la justicia, porque no son niños, He. 5.13,14. Crisóstomo leía toda la Epístola de Pablo a los romanos una vez a la semana. Melanctona la transcribió dos veces, a mano, para conocerla mejor. Lutero la llamaba el libro principal del Nuevo Testamento y el Evangelio Perfecto. Coleridge la consideraba la obra más profunda que existe. Sir William Ramsay se refería a ella como la filosofía de la historia. Godet decía que ella es la catedral de la fe. Dr. David Bacon afirmaba que la fe del cristianismo le debe más a esa epístola que a cualquier otra porción de los Oráculos Vivos. Dr W. H. Griffith aseveraba que un estudio esmerado de Romanos, es en si mismo, un curso de teología. Decía, también, que a la vida cristiana, nutrida por la Epístola a los Romanos, jamás le faltan tres elementos esenciales: "nítida percepción, firme convicción y verdadera utilidad en servir". **Las divisiones: I.** La condenación es causada por el pecado, 1.1 a 3.20. // **II.** La justificación es el método de la salvación, 3.21 al 5.21. // **III.** La santificación envuelve y produce la separación, caps. 6,7 y 8. // **IV.** La dispensación es la expresión de la soberanía divina, caps. 9,10 y 11. // **V.** La glorificación es el objeto del servicio, 12.1 al 16.27.

ROMANTI-EZER, hb. **Presté alto auxilio:** Uno de los cantantes en el templo, 1 Cr. 25.4.

ROMPER: Partir; hacer pedazos; abrir a la fuerza. // Se acercaron para **r** la puerta. Gn. 19.9. Rompamos sus ligaduras, Salmo 2.3. Tiempo de **r**, y tiempo de coser, Ec. 3.7. Romperé de ti el reino, y lo entregaré a tu siervo, 1 R. 11.11, 12, 13. Antes que se rompa el cuenco de oro, Ec. 12.6. Romperán sus odres Jer. 48.12. Las nubes no se rompen, Job 26.8. Rompe el nuevo, Lc. 5.36. Los odres se rompen, Mt. 9.17. Su red se rompía, Lc. 5.6. Ni se le romperá la correa de sus sandalias, Is. 5.27. Véase **Reventar.**

ROPA: Nombre genérico de las piezas del vestuario. // Ni tomarás en prenda la **r** de la viuda, Dt. 24.17. Aborreciendo aun la **r** contaminada por su carne, Jud. 23. Vístete tu **r** hermosa, oh Jerusalén, Is. 52.1. Vuestras **r** están comidas de polilla, Stg. 5.2.Véase **Vestidura, Vestido.**

ROS, hb. **Príncipe:** Un hijo de Benjamín, Gn. 46.21.

ROSA: Muchos creen que Cnt. 2.1 e Is. 35.1 no tratan de nuestra rosa. La revisión dice: "El desierto regocijará y florecerá como el narciso", Is. 35.1. Sin embargo, la **The International Standard Bible Encyclopedia** dice: "No hay razón para decirse que no se refieren a la rosa, de la cual diversas variedades hay en abundancia en Palestina".

ROSTRO: Parte anterior de la cabeza; cara. // La piel de su **r** resplandecía, Ex. 34.29. Jehová haga resplandecer su **r** sobre ti, Nm. 6.25.

Fragmento de piedra de un monumento monolítico, descubierto en 1799 en Rosetta, Bajo Egipto, cubierto de inscripciones del mismo texto, en caracteres jeroglíficos, demóticos y griegos, en honor a Ptolomeo V, rey de Egipto. Esas inscripciones, descifradas por Champollion en 1831, sirvieron de clave para descifrar los jeroglíficos y los idiomas antiguos de Egipto.

Jehová alce sobre ti su **r**, Nm. 6.26. Esconderé de ellos mi **r**, Dt. 31.17. No apartará de vosotros su **r**, 2 Cr. 30.9. ¿Por qué está triste tu **r**?, Neh. 2.2. Haz resplandecer tu **r** sobre tu siervo, Salmo 31.16. Haz resplandecer tu **r**, Salmo 80.3; 119.135. Como en el agua el **r** corresponde al **r**, Proverbios 27.19. La sabiduría del hombre ilumina su **r**, Ec. 8.1. Como que escondimos de él el **r**, Is. 53.3. Vuestros pecados han hecho ocultar de vosotros su **r** para no oír, Is. 59.2. Ellos demudan sus **r** para mostrar a los hombres que ayunan, Mt. 6.16. Resplandeció su **r** como el sol, Mt. 17.2. Su **r** como el rostro de un ángel, Hch. 6.15. Ninguno de todos vosotros... verá más mi **r**, Hch. 20.25. No pudieron fijar la vista en el **r** de Moisés a causa de la gloria de su **r**, Considera en un espejo su **r** natural, Stg. 1.23. El **r** del Señor está contra aquellos que hacen el mal, 1 P. 3.12. Su **r** era como el sol, Ap. 1.16. Véase **Cara, Faz, Semblante.**

ROSTRO: Semblante; cada una de las partes laterales de la cara. // Con el sudor de tu **r**, Gn. 3.19. Apaciguaré su ira... después veré su **r**, Gn. 32.30. Pasar todo mi bien delante de tu **r,** Ex. 33.19. No podrás ver mi **r**, Ex. 33.20. Se postraron sobre sus **r**, Nm. 14.5. Le escupirá en el **r,** Dt. 25.9. Gente fiera de rostro, Dt. 28.50. Cuyo **r** yo no conocí, Job 4.16. Veré tu **r** en justicia, Sal. 17.15. No escondas tu **r** de mí, Sal. 27.9; 69.17; 102.2; 143.7. No vuelvas de tu ungido el **r,** Sal. 132.10. Muéstrame tu **r**, Cnt. 1.10. Ellos demudan su **r** para mostrar, Mt. 5.39. Ven siempre el **r** de mi Padre, Mt. 18.10. Postrándose sobre el **r,** 1 Co. 14.25. Moisés que ponía un velo sobre su **r**, 2 Co. 3.13. A causa de la gloria de su **r,** 2 Co. 3.7. Por todos los que nunca han visto mi **r,** Col. 2.1. Deseo ver vuestro **r**, 1 Ts. 2.17. Verán su **r**, Ap. 22.4. Véase **Cara, Semblante.**

ROTO: Que se rompió. // Cisternas **r** que no retienen agua, Jer. 2.13.

ROTURA: Ruptura violenta de un hueso o de un cartílago duro. // **R** por **r**, ojo por ojo, Lv. 24.20.

RUBÉN, hb. **¡He un hijo!:** El primogénito de Jacob y Lea, Gn. 29.32. Halló mandrágoras en el campo, Gn. 30.14. Perdió el derecho a la primogenitura a causa del crimen de incesto, Gn. 35.22; 49.3,4. Preservó la vida de José, Gn. 37.21, 22,29. Se responsabilizó por la seguridad de Benjamín, Gn. 42.37. Sus cuatro hijos, Gn. 46.9. El censo de la tribu en el desierto, Nm. 1.20,21; 2.11; 26.7. Una de las tribus de Transjordania, Nm. 32; 34.14,15; Jos. 18.7. La herencia de los rubenitas, Jos. 13.15-23. Véase mapa 2, D-5. Los rubenitas reprobados por no auxiliar en el conflicto contra Sísara, Jue. 5.15,16. Pul y Tiglat-Pileser levaron los rubenitas para el cautiverio, 1 Cr. 5.25,26. Habrá lugar para los rubenitas entre las tribus restauradas, Ez. 48.6,7. Entre los 144 mil sellados de Israel, Ap. 7.5.

RUBÍ: Piedra preciosa, transparente y de un rojo vivo. Sólo el diamante es de mayor valor. // Con perlas, púrpura, vestidos bordados, linos finos, corales y rubíes venía a tus ferias, Ez. 27.16**.**

RUBIO: Pelirrojo. // Esaú, Gn. 25.25, David, 1 S. 16.12.

RUDA: Planta de la familia de las rutáceas. La escrupulosidad hipócrita de los fariseos al pagar el diezmo de las pequeñas plantas de sus jardines, Lc. 11.42.

RUDIMENTO: Elemento inicial; primeras nociones. // Estábamos en esclavitud bajo los **r** del mundo, Gá. 4.3. Volviendo a los pobres **r**, Gá. 4.9. Conforme a los **r** del mundo, y no según Cristo, Col. 2.8. En cuanto a los **r** del mundo, Col. 2.20.

RUECA: Antiguo material que se usaba para hilar, formado por una vara donde se ponía la materia textil y un huso. // Aplica su mano al huso, y sus manos a la **r**, Proverbios 31.19.

RUEDA: Pieza simple de formato circular y propia para el movimiento en vuelta de un eje, círculo. // Quitó las ruedas de sus carros, y los trastornó gravemente, Ex. 14.25. Eran como rueda en medio de rueda, Ez. 1.16. Medio de las ruedas debajo de los querubines, Ez. 10.2.

RUEGO: Oración, súplica. // Está atento a la voz de mis **r**, Sal. 86.6. El pobre habla con **r**, Proverbios 18.23. Para presentar vuestros **r** en su presencia, Jer. 42.9. Al principio de tus **r** fue dada la orden, Dn. 9.23. Con muchos **r** que les concediésemos el privilegio, 2 Co. 8.4. Cristo...ofreciendo **r** y súplicas con gran clamor y lágrimas, He. 5.7.

RUFO, **Rojo:** Uno de los hijos de Simón de Cirene, que fue obligado a llevar la cruz en el camino do Gólgota, Mr. 15.21. Véase también Ro. 16.13.

RUGIDO: Voz del león; sonido cavernoso. // Los **r** del león, y los bramidos del rugiente, Job 4.10. Desolada... al estruendo de su **r**, Ez 19.7. Véase **Bramido.**

RUGIENTE: Que ruge. // León **r**, Pr. 28.15.

RUGIR: Soltar rugido; bramar. // Como león rapaz y rugiente, Salmo 22.13. Los leoncillos rugen tras la presa, Salmo 104.21. Jehová rugirá desde lo alto, Jer. 25.30. Jehová rugirá desde Sion, Am. 1.2. ¿Rugirá el león...? Am. 3.4. Como león rugiente, 1 P. 5.8. Como ruge un león, Ap. 10.3. Salmo 96.11; 98.7. Véase **Bramar, Tronar.**

RUIDO: Estruendo, bulla. // Y hubo un **r** mientras yo profetizaba, Ez. 37.7. El **r** de sus alas era como el estruendo, Ap. 9.9. Véase **Alboroto**, **Tumulto**.

RUINA: Destrucción; resto de edificio desmoronado. // Bien que fueron éstos su **r**, y la de todo Israel, 2 Cr. 28.23. Levantar la casa de nuestro Dios y restaurar sus **r**, Esd. 9.9. Reduciré a Jerusalén a un montón de **r**, Jer. 9.11; 26.18. Será Babilonia montones de **r**, Jer. 51.37. Fue grande su **r**, Mt. 7.27. El tabernáculo de David... repararé sus **r**, Hch. 15.16. Véase **Destrucción.**

RUMA, hb. **Alto:** Residencia de Pedaías, abuelo materno del rey Joacim, 2 R. 23.36.

RUMBO: Camino, dirección trazada. // Se apartan de la senda de su **r**, Job 6.18. Cada cual marchará por su camino, y no torcerá su **r**, Jl. 2.7. Vinimos con **r** directo a Samotracia, Hch. 16.11. Zarpamos y fuimos con **r** directo a Cos, Hch. 21.1. Pasaré entre vosotros **r** a España, Ro. 15.28.

RUMIAR: Lv. 11.3; Dt. 14.6. Volver a mascar, remoler los alimentos que vuelven del estómago a la boca.

RUMOR: Ruido producido por cosas que se dislocan, voces; noticia vaga. // No admitirás falso **r**, Ex. 23.1. Ni temáis a causa del **r** que se oirá por la tierra; en un año vendrá el **r**, y después en otro año **r**, Jer. 51.46. Habrá **r** sobre **r**, Ez. 7.26. Oiréis de guerras y **r** de guerras, Mt. 24.6.

RUT, El LIBRO DE: Las primeras palabras indican que este libro es un suplemento a los jueces. La última palabra nos hace entender que uno de sus objetivos es destacar la genealogía del Mesías. El libro de los Jueces es uno de los más tristes de la Biblia mientras que el libro de Rut es una de las más lindas historias y narra cómo Rut se volvió una bisabuela de David, uno de los progenitores del Mesías. De ese modo no sólo Rahab, la ramera, sino también Rut, la moabita, entraron en la genealogía de Cristo, Jos. 2.1; Mt. 1.5; Rt. 2.1. Véase Dt. 23.3. ¡Cuán grande es la gracia y el amor divino! **La paternidad literaria:** La tradición judía la atribuye a Samuel. **La clave**: Redentor, Rt. 4.14. Típicamente Rut representa la Iglesia, como la novia gentílica de Cristo, el Belemita que la puede rescatar. **La división: I.** Noemí va a Moab, con su marido y dos hijos; como viuda, vuelve con su nuera Rut, para Belén, Rt. 1. // **II.** Rut espiga en el campo de Booz; los dos se casan, Rt. 2 a 4.12. // **III.** Rut da a luz Obed; de la genealogía de David, Rt. 4.13-22. // Los eventos narrados en Rut encierran un periodo de diez años.

యోహాను సువార్త

1-వ అధ్యాయము

1 ఉపోద్ఘాతము 19 బాప్తిస్మమిచ్చు యోహాను సాక్ష్యము. 35. యోహాను శిష్యులు —యేసుశిష్యులు.

ఆదియందు వాక్యముండెను, వాక్యము దేవునియొద్ద ఉండెను, వాక్యము
దేవుడై యుండెను । 2 ఆయన ఆదియందు దేవునియొద్ద ఉండెను.
సమస్తమును ఆయన మూలముగా కలిగెను । 3 కలిగియున్నదేదియు ఆయన
లేకుండ కలుగలేదు. । 4 ఆయనలో జీవముండెను; ఆ జీవము మనుష్యులకు
వెలుగై యుండెను. । 5 ఆ వెలుగు చీకటిలో ప్రకాశించుచున్నది గాని చీకటి
దాని గ్రహింపకుండెను.

6 దేవునియొద్దనుండి పంపబడిన యొక మనుష్యుడుండెను; అతని పేరు
యోహాను. । 7 అతని మూలముగా అందరు విశ్వసించునట్లు అతడు ఆ వెలు
గును గూర్చి సాక్ష్యమిచ్చుటకు సాక్షిగా వచ్చెను. । 8 అతడు ఆ వెలుగై
యుండలేదు గాని ఆ వెలుగునుగూర్చి సాక్ష్యమిచ్చుటకు అతడు వచ్చెను. ।
9 నిజమైన వెలుగుండెను; అది లోకములోనికి వచ్చుచు ప్రతి మనుష్యుని
వెలిగించుచున్నది. । 10 ఆయన లోకములో ఉండెను; లోకమాయన మూల
ముగా కలిగెను గాని లోకమాయనను తెలిసికొనలేదు. । 11 ఆయన తన
స్వకీయులయొద్దకు వచ్చెను; ఆయన స్వకీయులు ఆయనను అంగీకరింపలేదు. ।
12 తన్ను ఎందరంగీకరించిరో వారికందరికి, అనగా తన నామమునందు విశ్వాస
ముంచినవారికి, దేవుని పిల్లలగుటకు ఆయన అధికారము అనుగ్రహించెను. ।
13 వారు దేవునివలన పుట్టినవారే గాని, రక్తమువలననైనను శరీరేచ్ఛవలననైనను
మానుష్యేచ్ఛవలననైనను పుట్టినవారు కారు. । 14 ఆ వాక్యము శరీరధారియై,
కృపాసత్య సంపూర్ణుడుగా మనమధ్య నివసించెను, తండ్రివలన అద్వితీయ
కుమారునికి[1] కలిగిన మహిమవలె మనము ఆయన మహిమను కనుగొంటిమి. ।

Juan 1.1-14, en telugo, una de las lenguas de la India.

"La serpiente era astuta, más que todos los animales" *(Gn. 3.1)*.

S

SAAF: 1. Un hijo de Jadhai, 1 Cr. 2.47. // Un hijo de Caleb, 1 Cr. 2.49.

SAALBIM, hb. **Zorros:** Una ciudad de Dan; uno de los tributarios de Salomón, Jue. 1.35; 1 R. 4.9.

SAALBONITA: Un habitante de Saalbim, 2 S. 23.32.

SAARAIM, hb. **Doble naciente:** 1. Una ciudad de la herencia de Judá, Jos. 15.36. // 2. Una ciudad de la tribu de Simeón, 1 Cr. 4.31.

SAASGAZ: Un eunuco de Asuero, Est. 2.14.

SÁBADO, JORNADA DE UN: La ley prohibía que alguien saliera de su lugar el séptimo día, Ex. 16.29. Los escribas fijaron el límite de 2 000 codos la distancia que se podría viajar el séptimo día, basándose en Jos. 3.4. Asumieron que la distancia entre el pueblo y el tabernáculo, en el campamento, era la misma de 2 000 codos y que había sido permitido al pueblo andar la distancia necesaria para asistir a los ritos en el tabernáculo el día séptimo. El monte de los Olivos dista de Jerusalén tanto como el camino de un día de reposo, Hch. 1.12. Pero no sabemos de qué punto del monte. Todo indica que la distancia del camino de un día de reposo fue de 1.200 a 1.480 metros.

SÁBANA: Piezas de tela usadas en las camas. // Lo envolvió en una **s**, Lc. 23.53; 24.12.

SABÁTICO, AÑO: Se celebraba, también, el año séptimo, el año sabático, eso es, el año de descanso. La tierra después de seis años de sementera descansaba. Ese año no había sementera ni cosechas. Lo que producía la tierra pertenecía a todos, Ex. 23.10,11; Lv. 25.1-7; Dt. 15.1; Neh. 10.31.

SABEOS: Un pueblo de Seba; descendiente de Seba, nieto de Cam y bisnieto de Noé, Gn. 10.7. Lugar también conocido como Sabá, estos pueblos eran notables por sus mercaderías, Is. 45.14; Jer. 6.20; Ez. 27.22. Llevaron los bueyes de Job, Job 1.15. Los sabeos eran gobernados por reyes sacerdotales, Salmo 72.10. Notable entre sus monarcas era la reina de Sabá. Véase mapa 1, D-4. Su visita a Salomón está narrada en 2 Cr. 9.1-12. Hizo el viaje de 2 000 Km con gran comitiva de camellos cargados de especias, de oro en abundancia y piedras preciosas. Cristo se refirió al largo y arduo viaje para oír la sabiduría de Salomón, Mt. 12.42. Al ver las deslumbrantes riquezas del rey de los hebreos, esa reina, acostumbrada a toda forma de esplendor, "se quedó como fuera de sí". Después de gozar de la hospitalidad, volvió a Arabia. Conforme la tradición, ella después, se volvió una esposa de Salomón y le dio un hijo, Menelik. La familia real de Abisinia afirma que es descendiente de Salomón y de la reina de Sabá.

SABER: Conocer, ser informado de; estar convencido de: prever, tener la certeza de (cosa futura). // Sé que mi Redentor vive, Job 19.25. Pero del día y la hora nadie sabe, Mt. 24.36. A la hora que no sabe, Mt. 24.50. Una cosa sé, que habiendo yo sido ciego, ahora veo, Jn. 9.25. Sabéis adónde voy, y sabéis el camino, Jn. 14.4. Sabemos que todos tenemos conocimiento. El conocimiento envanece, 1 Co. 8.1. Si alguno se imagina que sabe algo, 1 Co. 8.2. En esto sabemos que nosotros le conocemos, 1 Jn. 2.3. Sabemos... porque amamos, 1 Jn. 3.14. Para que sepáis que tenéis vida eterna, 1 Jn. 5.13. Si sabemos que él nos oye... sabemos que tenemos, 1 Jn. 5.15. Sabemos que somos de Dios, 1 Jn. 5.19. Véase **Conocer**.

SABIAMENTE: Con sabiduría; discretamente. // Había respondido **s**, Mr. 12.34. Andad **s** para con los de afuera, Col. 4.5. Vivid con ellas **s**, 1 P. 3.7.

SABIDURÍA DE JESÚS: Otro título de Eclesiástico, uno de los libros apócrifos.

SABIDURÍA DE SALOMÓN: Un libro apócrifo.

SABIDURÍA: La capacidad de juzgar correctamente y obrar prudentemente. // Dios la da: 1 R. 3.12; Proverbios 2.6; Dn. 2.20; Hch. 7.10; 2 P. 3.15. El valor de: Job 28.18; Pr. 3.13-18; 4.7-9. Se debe buscarla: Salmo 90.12; Ro. 16.19; Ef. 5.15; Stg. 3.13. Se recibe en respuesta a la oración: 2 Cr. 1.10; Proverbios 2.3; Stg. 1.5. La vanidad de la **s** terrena, Job 5.13; Jer. 8.9; Mt. 11.25; 1 Co. 2.6-8; Stg. 3.15. El principio de la sabiduría es el temor de Jehová, Proverbios 1.7. Pero la sabiduría es justificada por sus hijos, Mt. 11.19. Predicar el evangelio; no con sabiduría de palabras, 1 Co. 1.17. Dios ha enloquecido la sabiduría del mundo, 1 Co. 1.20. El mundo no conoció a Dios mediante la sabiduría, 1 Co. 1.21. No fui con excelencia de palabras o de sabiduría, 1 Co. 2.1. No con **s** humana, 2 Co. 1.12. La sabiduría que es de lo alto es primeramente pura, Stg. 3.17. Aquí hay **s**, Ap. 13.18. Véase **Conocimiento, Dones del Espíritu**.

SABIO: Que sabe mucho; erudito; hombre prudente. // Provéase ahora Faraón de un varón prudente y **s**, y póngalo sobre la tierra de Egipto, Gn. 41.33. Ante los ojos de los pueblos... Ciertamente pueblo **s** y entendido, Dt. 4.6. ¡Ojalá fueran **s**, que comprendieran esto! Dt. 32.29. He aquí que te he dado corazón **s** y entendido, 1 R. 3.12. Fue más **s** que todos los hombres, 1 R. 4.31. Oirá el **s**, y aumentará el saber, Proverbios 1.5. Da al **s**, y será más **s**, Proverbios 9.9. El que gana almas es **s**, Proverbios 11.30. El hijo **s** recibe el consejo del padre, Proverbios 13.1. ¿Has visto hombre **s** en su propia opinión? Proverbios 26.12. Escondiste estas cosas de los **s**, Mt. 11.25. A **s** y a no **s** soy deudor, Ro. 1.14. No seáis **s** en vuestra propia opinión, Ro. 12.16; Proverbios 3.7. Seáis **s** para el bien, e ingenuos para el mal, Ro. 16.19. Al único y **s** Dios, Ro. 16.27. ¿Dónde está el **s**?1 Co. 1.20. Lo insensato de Dios es más **s** que los hombres, 1 Co. 1.25. Lo necio del mundo escogió Dios, para avergonzar a los **s**, 1 Co. 1.27. Si alguno... se cree **s**... que llegue a ser **s**, 1 Co. 3.18. El prende a los **s** en la astucia de ellos, 1 Co. 3.19. El Señor conoce los pensamientos de los **s**, 1 Co. 3.20. No como necios sino como **s**, Ef. 5.15. Las Sagradas Escrituras... **s** para la salvación, 2 Ti. 3.15. ¿Quién es **s** y entendido entre vosotros? Stg. 3.13. Véase **Entendido**, **Erudito**. // **Sabios**, es decir, habilitados en la magia, adivinanza, etc., Gn. 41.8; Ex. 7.11; Est. 1.13; Dn. 2.27; 5.15. Véase **Magos**.

SABOR: Gusto; impresión producida en la lengua por las sustancias sabrosas. // Su sabor era como **s** de aceite nuevo, Nm. 11.8. Blanco, y su **s** como de hojuelas con miel, **Ex. 16.31.** La sal de la tierra... ¿con qué será salada? Mt. 5.13 Véase **Paladar**.

SABROSO: Que tiene buen sabor; apetitoso. // El pan comido en oculto es sabroso, Proverbios 9.17. Sabroso es al hombre el pan de mentira, Proverbios 20.17. Véase **Delicioso.**

SABTA: Un hijo de Cus y bisnieto de Noé, Gn. 10.7.

SABTECA: Un hijo de Cus y bisnieto de Noé, Gn. 10.7.

SACAR, hb. **Mercadería:** Padre de Ahíam, uno de los valientes del ejército de David, 1 Cr. 11.35.

SACAR: Quitar con violencia; extraer una cosa de otra; **poner algo o a alguien fuera del lugar o condición en que estaba. //** Sacó su espada... le quitó la oreja, Mt. 26.51. Corrió otra vez al pozo para sacar agua, y sacó para todos sus camellos, **Gn. 24.20.** Te saqué de la tierra de Egipto, de casa de servidumbre. **Ex. 20.2. Señor, no tienes con qué sacarla**, Jn. 4.11. Personas a quienes les sacaron los ojos, Jue. 16.21; 2 R. 25.7.

SACERDOCIO: Ministerio o función de sacerdote. // Por sacerdocio perpetuo, por sus generaciones, Ex. 40.15. Pero los levitas ninguna parte tienen entre vosotros, porque el sacerdocio de Jehová es la heredad de ellos, Jos. 18.7. Reciben el sacerdocio, tienen mandamiento, He. 7.5. Nada habló Moisés tocante al sacerdocio, He. 7.14. Tiene un sacerdocio inmutable, He. 7.24. Como casa espiritual y sacerdocio santo, 1 P. 2.5. Vosotros sois linaje escogido, real sacerdocio, 1 P. 2.9. // **El sacerdocio:** de Cristo, Ro. 8.34; He. 2.17; 1 Jn. 2.1; de Aarón, He. 3.; 5.; 7.; de Melquisedec, Gn. 14.18; Salmo 110.4; He. 5.6-10; 6.20; 7.1-28. // **Se exige santidad:** Lv. 22.2; Is. 52.11. // **Es un sacerdocio de laicos:** Ex. 19.5,6; Is. 61.1; 1 P. 2.5,9; Ap. 1.6; 5.10; 20.6.

SACERDOTE, lat. ***Sacerdos, sacerdotem*:** Sacrificador; el que tenía el poder de ofrecer víctimas a la divinidad. // Melquisedec... y sacerdote del Dios Altísimo, Gn. 14.18. Vosotros me seréis un reino de sacerdotes, Ex. 19.6. Me suscitaré un sacerdote fiel, 1 S. 2.35. Vestiré de salvación a sus sacerdotes, Salmo 132.16. Vosotros seréis llamados sacerdotes de Jehová, Is. 61.6. Ve, muéstrate al sacerdote, Mt. 8.4. Nos hizo reyes y sacerdotes para Dios, su Padre, Ap. 1.6. // **Los sacerdotes levíticos:** Ex. 28.1; Lv. 8. **Sus funciones:** Ex. 27.20,21; Lv. 6.12; 10.11; 24.8; Dt. 17.8-13. **Mal procedimiento de los sacerdotes:** 1 S. 2.12-17; Is. 56.9-12; Jer. 5.31; 10.21; 21.1,2; Ez. 34.1-10; Mal. 1.6-8; 2.1-10. **El vocablo "sacerdote" aplicado a los creyentes:** 1

P. 2.5,9; Ap. 1.6; 5.10; 20.6. // **Sacerdote de On:** Gn. 41.45. **Sacerdotes de Baal:** 1 S. 22.17,18; 1 R. 18.40; 2 R. 10.19; 11.18. // **La idea fundamental de sacerdote es** a de un mediador entre el hombre y Dios. El sacerdote se presenta entre el **hombre y Dios**, así como aparece el profeta entre **Dios y el hombre.** El sacerdocio atestaba la vida pecadora del hombre, la santidad de Dios; y por consecuencia la necesidad de ciertas condiciones, para que el pecador pudiese acercarse a la divinidad. El hombre debía de ir a Dios mediante un sacrificio, y estar cerca de Dios por la intercesión. // Aquellos que conocen a Jesucristo como Salvador tienen un conocimiento elementar del mismo Jesús como Redentor; pero los que lo conocen como Sacerdote son considerados poseedores de mayor conocimiento y experiencia. La redención es en gran parte negativa, implicando la liberación del pecado; sin embargo, el sacerdocio es enteramente positivo, envolviendo el acceso a Dios. Los cristianos hebreos (de la Epístola a los Hebreos) conocían a Cristo como Redentor, pero debían también conocerlo como Sacerdote, ofreciéndose entonces la oportunidad de un libre y corajoso acceso a Dios en todos los tiempos. El cristianismo es la "religión del acceso"; y ello se revela en la exhortación — "acercaos". // En Cristo todos los creyentes son considerados como sacerdotes; pero el ministro del Evangelio, distinto en verdad del laico, jamás se menciona como sacerdote en el Nuevo Testamento. Él es el presbítero o el anciano, palabras que tienen una idea enteramente diferente. Aun el sacerdocio, en la referencia a los creyentes, nunca está asociado con los cristianos individuales, sino que se tiene en vista su capacidad de corporación: "un sacerdocio santo". 1 P. 2.5. La verdad fundamental respeto al sacerdocio en el Nuevo Testamento es esta: el cristianismo es un sacerdocio, pero no tiene sacerdocio. Véase **Levita.**

SACIAR: Extinguir (el hambre o la sed), comiendo o bebiendo. // Con miel de la peña les saciaría, Salmo 81.16. De mañana sácianos de tu misericordia, Salmo 90.14. Lo saciaré de larga vida, Salmo 91.16. Mi pueblo será saciado de mi bien, Jer. 31.14. Coméis, y no os saciáis, Hag. 1.6. Deja primero que se sacien los hijos, Mr. 7.27. Véase **Satisfacer.**

SACO: Mandó José que llenaran sus **s** de trigo, Gn. 42.25. Recibe su jornal en **s** roto, Hag. 1.6. Tomaron **s** viejos sobre sus asnos, **Jos.** 9.4. Véase **Alforja, Bolsa.**

SACRAMENTO: Rito religioso. // Véase **Bautismo, Cena del Señor.**

SACRIFICADO: Ofrecido en sacrificio u holocausto. // No dejarán del animal **s** para la mañana, Nm. 9.12.

SACRIFICAR: Ofrecer en sacrificio. // Yo sacrifico para Jehová todo primogénito macho, Ex. 13.15. Sacrificará sobre ti a los sacerdotes, 1 R. 13.2. El sacerdote de Júpiter... quería ofrecer sacrificios, Hch. 14.13. A los demonios lo sacrifican, y no a Dios, 1 Co. 10.20. Esto fue sacrificado a los ídolos, 1 Co. 10.28. Véase **Inmolar.**

SACRIFICIO de seres humanos: En tiempos de gran calamidad, angustia y peligro, los padres sacrificaban a sus hijos como la mayor y más preciosa ofrenda posible. Ver Mi. 6.7. Esa costumbre fue adoptada de los cananeos, 2 R. 16.3; 23.10. Prohibido: Lv. 18.21; 20.2-5; Dt. 18.10. Los altos de Tofet, edificados especialmente para quemar a sus hijos en el fuego (Jer. 7.31; 32.35), fueron profanados por el buen rey Josías, para que nadie quemase a su hijo como sacrificio, 2 R. 23.10.

SACRIFICIO: Ofrenda solemne a la divinidad en víctimas o donativos. // Por él fue quitado el continuo sacrificio, Dn. 8.11. Hará cesar el sacrificio y la ofrenda, Dn. 9.27. Misericordia quiero, y no sacrificio, Os. 6.6; Mt. 9.13; 12.7. Se entregó a sí mismo por nosotros, ofrenda y sacrificio a Dios, Ef. 5.2. Olor fragante, sacrificio acepto, agradable a Dios, Fil. 4.18. Para que presente ofrendas y sacrificios por los pecados, He. 5.1. No tiene necesidad cada día... de ofrecer primero sacrificios por sus propios pecados, He. 7.27. Los mismos sacrificios... cada año, He. 10.1. Sacrificio y ofrenda no quisiste, He. 10.5. Un solo sacrificio por los pecados, He. 10.12. Ya no queda más sacrificio por los pecados, He. 10.26. Abel... más excelente sacrificio, He. 11.4. De tales sacrificios se agrada Dios, He. 13.16. Ofrecer sacrificios espirituales, 1 P. 2.5. // Sacrificios en abundancia, 1 Cr. 29.16; presentad sacrificios y alabanzas, 2 Cr. 29.31; anuales, 1 S. 1.21; a Baal, 2 R. 10.19; a los becerros, 1 R. 12.32; del cuerpo, Ro. 12.1; a los demonios, Dt. 32.17; grande, 2 R. 10.19; 1 Cr. 29.21; 2 Cr. 7.5; Neh. 12.43; Ez. 39.17; espirituales, Salmo 27.6; 51.19; 107.22; 119.108; 141.2; Ef. 5.2; Fil. 2.17; He. 13.15,16; 1 P. 2.5; inaceptables, Gn. 4.5; Proverbios 15.8; Jer. 6.20; Os. 8.13; Am. 5.21,22; Mal. 1.10; 2,13; de júbilo, Salmo 27.6; de los labios, Os. 14.2; de la pascua, Ex. 12.27; de alabanza, He. 13.15; de los impíos, Proverbios 15.8; de los necios, Ec. 5.1. Véase **Holocausto, Libación, Ofrenda.**

SACRILEGIO: Profanación. // ¿Cometes sacrilegio? Ro. 2.22.

SACRÍLEGO: Que profanó cosas sagradas. // Sin ser sacrílegos ni blasfemadores, Hch. 19.37.

SACUDIR: Agitar fuerte y repetidamente. // Sacúdete del polvo... Jerusalén, Is. 52.2. Sacudid el polvo de vuestros pies, Mt. 10.14.

SADOC, hb. **Recto:** 1. Uno de los principales sacerdotes, en el tiempo de David, 2 S. 8.17. Se juntó a David en Hebrón, 1 Cr. 12.28. En la revuelta de Absalón, permaneció fiel a David, 2 S. 15.24. Cuando Adonías usurpó el trono, se puso al lado de Salomón, 1 R. 1.8, 26. Salomón retiró del alto sacerdocio a Abiatar y le dio toda la autoridad a Sadoc, 1 R. 2.35. Sus descendientes fueron alabados por su fidelidad, Ez. 44.15, 16. // 2. El abuelo materno del rey Jotam, 2 R. 15.33. // 3. Hijo de Ahitob y antepasado de Esdras, Esd. 7.1, 2. // 4. Uno que trabajó en la reedificación de los muros de Jerusalén, Neh. 3.4. // 5. Otro que trabajó en la misma obra, Neh. 3.29.

SADRAC: El nombre babilonio dado a Ananías, uno de los tres príncipes judaicos, que fueron llevados cautivos a la corte de Nabucodonosor, Dn. 1.7. Con sus compañeros constituido sobre los negocios de la provincia de Babilonia, Dn. 2.49. Lanzado en el horno de fuego, Dn. 3.23.

SADUCEOS: Secta pequeña de sacerdotes ricos y de influencia, que antes de Cristo ganó el dominio sobre el sacerdocio. Los saduceos no eran propiamente una secta, ni un partido político tampoco una escuela de filosofía; pero tenían características de todos los tres. Eran racionalistas y mundanos con muy poco interés en la religión. Adversarios de los fariseos, repudiaban las tradiciones. Deseaban, sobretodo, gozo pacífico de su riqueza. La palabra saduceos se menciona sólo catorce veces, en Mateo, Marcos, Lucas y Hechos. Juan el Bautista los denunció, junto con los fariseos, como generación de víboras, Mt. 3.7. Se juntaron a los fariseos para pedir una señal del cielo, Mt. 16.1. Jesús los denunció, junto con los fariseos, Mt. 16.6,11,12. Preguntaron a Jesús acerca de la resurrección, Mt. 22.23. Jesús los hizo callar, Mt. 22.34. Prendieron a los apóstoles, Hch. 4.1; 5.17. Una parte del concilio era de saduceos, en la época de Pablo, otra de fariseos, Hch. 23.6,7,8. No creían en la resurrección, ni en ángeles, ni en espíritu, Mt. 22.23; Hch. 23.8.

SAETA: Flecha, dardo. // Tiraré tres **s**, 1 S. 20.20. **S** de salvación de Jehová, f, 2 R. 13.17. **S** aguda es el hombre que habla contra su prójimo falso testimonio, Pr. 25.18. Véase **Flecha, Dardo.**

SAF, hb. **Umbral:** Un gigante filisteo, a quien mató Sibecai, 2 S. 21.18. En 1 Cr. 20.4 tiene el nombre de Sipai.

SAFÁN, hb. **Tejón:** 1. Un jefe de Gad, 1 Cr. 5.12. // 2. Uno de los más fieles adherentes al rey Josías en su reforma, 2 R. 22.3-10. Era padre de Ahicam que amparó y protegió el profeta Jeremías, 2 R. 22.12; Jer. 26.24.

SAFAT, hb. **Él ha juzgado:** 1. Uno de los doce espías, de la tribu de Simeón, Nm. 13.5. // 2. El padre del profeta Eliseo, 1 R. 19.16. // 3. En el linaje real de Judá, 1 Cr. 3.22. // 4. Un Gadita, 1 Cr. 5.12. // 5. Un pastor de David, 1 Cr. 27.29.

SAFIR, hb. **Bella:** Una ciudad de Judá, Mi. 1.11.

SAFIRA, hb. **Hermosa:** La mujer de Ananías, Hch. 5.1.

SAFIRO: Piedra preciosa azul. // Debajo de los pies de Dios un embaldosado de zafiro, Ex. 24.10. Se encuentra entre las piedras, Job 28.6. Muy preciosa, Job 28.16. Hermosa, Lm. 4.7. Por encima del firmamento, como un zafiro, Ez. 1.26; 10.1. En la lista de las piedras preciosas del rey Tiro, Ez. 28.13. En la segunda orden de las doce piedras preciosas del pectoral del sumo sacerdote, y el segundo fundamento de la muralla de la nueva Jerusalén, Ex. 28.18; Ap. 21.19.

SAGAZMENTE: Que obra con agudeza de espíritu; hábilmente. // Obró **s**, y esparció a todos sus hijos por todas las tierras de Judá y de Benjamín, 2 Cr. 11.23. Y alabó el amo al mayordomo malo por haber hecho **s**, Lc. 16.8. Véase **Astuto.**

SAGE, hb. **Errante:** Padre de Jonatán, uno de los valientes de David, 1 Cr. 11.34.

SAGRADO: Dedicado a Dios. // El dado en cambio de él serán **s**, Lv. 27.10. Pan **s**, 1 S. 21.4. Trabajan en las cosas **s**, 1 Co. 9.13. Has sabido las **S** Escrituras, 2 Ti. 3.15. Véase **Santificado**, **Santo.**

SAHAZIMA, hb. **Lugares altos:** Una ciudad de la herencia de Isacar, entre el monte Tabor y el Jordán, Jos. 19.22.

SAJAR: Golpear, acuchillar, sangrar. // Se sajaban con cuchillos y con lancetas conforme a su costumbre, 1 R. 18.28. No os sajaréis, ni os raparéis a causa de muerto, Dt. 14.1. ¿Hasta cuándo te sajarás? Jer. 47.5.

SAL: Cloruro de sodio; gracia, finura de espíritu. // Se volvió estatua de sal, Gn. 19.26. Vosotros sois la sal de la tierra, Mt. 5.13. Buena es la sal, Lc. 14.34. Palabra siempre con gracia, sazonada con sal, Col. 4.6. Sal como condimento, Job 6.6; en las ofrendas, Mr. 9.49; purifica, Mt. 5.13; Pacto de, Nm. 18.19.

SAL: Nombre del valle, no identificado, donde David, al volver de herir a los sirios, mató a dieciocho mil hombres, 2 S. 8.13.

SAL: Una ciudad de Judá, Jos. 15.62. Véase mapa 2, C-6.

SALA, hb. **Lanzamiento:** Un descendiente de Noé, Gn. 10.24.

SALA: Compartimento, más o menos amplio, de un edificio. // Aod, entró en una sala de verano, Jue. 3.20.

SALADO: Que tiene mucha sal. // Fuente... agua **s**, Stg. 3.12. El Mar Salado (Mar Muerto), Gn. 14.3. Véase mapa 5, B-2.

SALAF, hb. **Fractura:** Padre de Hanún, uno de los que trabajaban en los muros de Jerusalén, Neh. 3.30.

SALAMINA: Una ciudad en la costa Oriental de Chipre, donde Pablo, en su primer viaje misionero, predicó en las sinagogas de los judíos, Hch. 13.5. Véase mapa 6, F-3.

SALAR: Condimentar con sal; impregnar de sal. // ¿Con qué será salada? Mt. 5.13. Serán salados con fuego, Mr. 9.49.

SALARIO: Retribución de servicio hecho a los días o a las horas. // Me ha cambiado el salario diez veces, Gn. 31.7. Pesaron por mi salario treinta piezas de plata, Zac. 11.12. Porque el obrero es digno de su salario, Lc. 10.7. Al que obra, no se le cuenta el salario como gracia, sino como deuda, Ro. 4.4. Recibiendo salario para serviros a vosotros, 2 Co. 11.8. Digno es el obrero de su salario, 1 Ti. 5.18. Véase **Paga, Sueldo.**

SALATIEL: 1. El hijo primogénito de Jeconías, 1 Cr. 3.17. // 2. El padre de Zorobabel, Esd. 3.2.

SALCA, hb. **Carretera:** Ciudad de Basán, cerca de Edrei, Dt. 3.10.

Salmista

SALEM, hb. **Paz:** Gn. 14.18; Sal. 76.2; He. 7.1,2. La ciudad de que Melquisedec era rey. Según la tradición judía, es la misma que Jerusalén. Pero, de acuerdo con los samaritanos, era una ciudad cerca de Siquem. Véase mapa 1, H-3.

SALEQUET, hb. **Echar fuera:** Una puerta occidental del templo de Salomón, 1 Cr. 26.16.

SALIDA: Acción o efecto de salir. // Jehová guardará tu salida, Salmo 121.8.

SALIM, Pacífico: Lugar cerca de Enón, donde había muchas aguas, Jn. 3.23. Véase mapa 4, B-2.

SALIR AL ENCUENTRO: Ponerse delante de. // Levántate, oh Jehová; sal a su encuentro, Sal. 17:13.

SALIR: Pasar (del interior para el exterior); partir. // ¿No salías, oh Dios, con nuestros ejércitos? Salmo 60.10; 108.11. ¿Qué salisteis a ver al desierto? Mt. 11.7. El espíritu inmundo sale del hombre, Mt. 12.43. Sal de tu tierra y de tu parentela, Hch. 7.3. Salid de en medio de ellos, y apartaos, 2 Co. 6.17. Salieron de nosotros, pero no eran de nosotros, 1 Jn. 2.19. En el templo de mi Dios, y nunca más saldrá de allí, Ap. 3.12.

SALISA, hb. **La tercera parte:** Un distrito de la región montañosa que Saúl atravesó en busca de las asnas de su padre, 1 S. 9.4.

SALIVA: Líquido alcalino segregado por las glándulas salivales y que actúa en la digestión de los alimentos; esputo. // Hasta que trague mi **s**, Job 7.19. Escupió en tierra, e hizo lodo con la saliva, Jn. 9.6.

SALMAI: Jefe de una familia que volvió del exilio, Esd. 2.46.

SALMANASAR: Fue el cuarto rey de Asiria con este nombre, que sucedió Tiglat-pileser, reinando desde 727 a 722 a.C. Por dos veces invadió el reino de Israel. La segunda vez llevó cautivo a Oseas, que se había revuelto en contra de su autoridad, 2 R. 17.3. Cercó Samaria, que resistió más de dos años, siendo al fin y al cabo tomado por Sargón, después de la muerte de Salmanasar, 2 R. 18.9.

SALMO, gr. **SALMOS:** Cántico de alabanza a Dios. // Cantadle, cantadle salmos, Sal. 105.2. Salmos, con himnos y cánticos espirituales, Ef. 5.19; Col. 3.16. El cántico de Moisés, Ex. 15; de Débora, Jue. 5; de Ana, 1 S. 2.1-10; de David, 2 S. 22 y 1 Cr. 16; de Israel, Is. 12.; 25.; de Judá, 26; de María, Lc. 1.46,56; de Zacarías, Lc. 1.67-79; de Simeón, Lc. 2.29-32; de la creación, Ap. 4.6-11; de la Redención, Ap. 5.8-14; de Moisés, y el Cordero, Ap. 15.2-4. **El Libro de los salmos** mencionado en el Nuevo Testamento: Lc. 20.42; 24.44; Hch. 1.20; 13.33,35. Véase **Salmos, El Libro Dos.**

SALMODIAS: Am. 5.23. Música con que se acompañan los salmos. Véase **Himno, Música.**

SALMÓN, hb. **Lugar de sombra:** El monte, donde Abimelec fue a buscar ramos para prender fuego a la torre de Siquem, Jue. 9.48, 49.

SALMÓN, hb. **Sombrío:** Uno de los valientes de David, 2 S. 23.28.

SALMÓN: El promontorio oriental de Creta, por donde Pablo pasó en su viaje a Roma, Hch. 27.7. Véase mapa 6, D-3.

SALMÓN: Un descendiente de Judá, 1 Cr. 2.11.

SALMOS, El Libro de los: El himnario nacional de Israel. En hebreo, **El Libro de Alabanzas.** En griego, **Psalmos**, es decir, "Poemas adaptados a la música". Es el primero y el más largo de los libros de Hagiógrafo, la tercera división de la Biblia hebrea. Los salmos de David: 3 a 9; 11 a 32; 34 a 41; 51 a 65; 68 a 70; 86, 101; 108 1 110; 122; 124; 132; 132; 133; 138 a 145. El "dulce cantor de Israel", 2 S. 23.1. Los salmos de **Salomón:** 72 e 127. Los salmos de **los hijos de Coré:** 42; 44 a 49; 84; 85; 87 e 88. Los hijos de Coré formaban una familia de sacerdotes y poetas en el tiempo de David. Los salmos de **Asaf:** 50; 73 1 83. Asaf era uno de los principales músicos de David. La familia de Asaf era encargada de la música de generación a generación. El salmo de **Etán**, ezraíta: 89. Los salmos, **"Mictam** (es decir, áureos) **de David":** 16; 56 a 60. El salmo de **Moisés:** 90. Los salmos de **aleluya** (hb, alabanza): 113 a 118. Cantados en la pascua. Los salmos **teocráticos**: 95 a 100. **Los cánticos graduales,** o de **romería:** 120 a 134. Cantados, probablemente, por los peregrinos subiendo a las fiestas anuales en Jerusalén. Los salmos de **aleluya:** 146 a 150. Los salmos **acrósticos:** 9,10,25,34,37,111,112,119 y 145. En el hebreo, la primera letra de cada línea, o de cada estrofa, en orden, sigue la orden del alfabeto hebreo. En el Salmo 119, cada estrofa tiene 8 líneas y cada línea empieza con la misma letra hebraica de su estrofa. Ése salmo tiene 176 versículos y en todos esos versículos, excepto en 3 de ellos, se menciona la Palabra de Dios. Se refieren a la Palabra de Dios como la Ley, Prescripciones, Caminos, Mandamientos, Preceptos, Juicios, Decretos, La Palabra, Testimonios. Los salmos **mesiánicos:** los himnos de la venida del Rey, del Mesías: 2, 8,16,22,45,72,89,110,118,132 y otros. **La paternidad literaria:** Se titulan los Salmos, **Los salmos de David,** porque él los escribió o los compiló la mayor parte para el uso en el culto público. A este himnario se añadieron cada vez más salmos, de generación en generación, hasta que Esdras lo completó en la forma que lo conocemos hoy. En los títulos se atribuyen 73 Salmos a David, 12 a Asaf, 11 a los hijos de Coré, 2 a Salomón, 1 a Moisés y 1 a Etán; 50 son anónimos. **La clave:** Adoración, Salmo 29.2. **Las divisiones:** En el hebreo y en el griego. **Los salmos** se hallan divididos en 5 libros: **Libro I:** Salmos 1 a 41. **Libro II:** Salmos 42 a 72. **Libro III:** Sal. 73 a 89. **Libro IV:** Sal. 90 a 106. **Libro V:** Sal. 107 a 150.

SALOMÉ, hb. **Perfecto:** 1. Una de las mujeres que observó la crucifixión, Mr. 15.40; 16.1. Era la mujer de Zebedeo y la madre de Jacobo y Juan, compare Mt. 27.56 con Mr. 15.40; 16.1. // 2. Una hija de Herodías, de acuerdo con algunos comentaristas, mencionada en Mt. 14.6.

SALOMÓN, hb. **Pacífico** (1 Cr. 22.9): El tercer Rey de Israel. Su historia narrada en 1 R. 1 a 11; 2 Cr. 1 a 9. Hijo de David y Betsabé, 2 S. 12.24. Nace en Jerusalén y Dios lo llama **Jedidías,** hb. **Amado de Jehová,** 2 S. 12.25. David lo apunta para ser rey, 1 R. 1.30. Se sienta en el trono de David, 1 R. 2.12. Se casa con una hija de Faraón, 1 R. 3.1. Pide y recibe de Dios sabiduría, 1 R. 3.9, 12. Juzga la causa de dos mujeres, 1 R. 3.16-28. Sus proverbios y cánticos, 1 R. 4.32. Hace pacto con Hiram, 1 R. 5. Edifica el templo, 1 R. 5 y 6; 2 Cr. 2. Inaugura el templo, 1 R. 8. Su visión en Gabaón, 1 R. 9.2. La reina de Sabá lo visita, 1 R. 10.1-13. Su renta anual de 666 talentos de oro, 1 R. 10.14. Su trono de marfil y oro purísimo, 1 R. 10.18-20. Posee 1400 carros y 12 000 jinetes, 1 R. 10.26. Ahías profetiza contra él, 1 R. 11.30-39. Su flota de Tarsis trae oro, plata, marfil, monos y pavos reales, 1 R. 10.22. Procura matar a Jeroboam, 1 R. 11.40. Reinó cuarenta años, 1 R. 11.42. Su muerte y sepultura, 1 R. 11.42; 2 Cr. 9.31. Escribió dos de los salmos, 72 e 127. Autor de tres libros de la Biblia: Proverbios, 1.1. Ec., 1.1. Cnt., 1.1. Cristo se refiere a su gloria; Mt. 6.29; a su fama, Mt. 12.42.

SALOMÓN, HISTÓRIA DE: 1 R. 11.41. Tal vez una historia basada en el registro oficial. Compare 1 R. 14.19; 15.23; 22.39.

SALPICADO: Saltar o esparcir sal o líquido en gotas menudas; (fig.) manchado con gotas. // Poniendo aparte todas las ovejas manchadas y salpicadas de color, Gn. 30.32.

SALPICAR: Esparcir líquido; manchar con gotas de. // Su sangre salpicó en la pared, y en los caballos, 2 R. 9.33. Su sangre salpicó mis vestidos, y manché todas mis ropas, Is. 63.3.

SALTAR: Dar brinco o brincos. //. Los hizo saltar como becerros, Salmo 29.6. Los montes saltaron como carneros, Salmo 114.4. Una fuente de agua que salte para vida eterna, Jn. 4.14. En el templo, saltando, Hch. 3.8. Él saltó, y anduvo, Hch. 14.10. Véase **Brincar.**

SALTEADOR: Bandido, ladrón de camino que ataca de improviso a los viajeros para robar. // Sube por otra parte, ése es ladrón y **s**, Jn. 10.1. Ladrones son y **s**, **Jn. 10.8.** Entra el ladrón, y el **s** despoja por fuera, **Os. 7.1.** Véase **Robador.**

SALTERIO: Salmo 33.2. Véase **Música.**

SALUD: Estado de aquél cuyas funciones no son perturbadas por enfermedad alguna. // Yo deseo... y que tengas salud, 3 Jn. 2. David le preguntó por la salud de Joab, y por la salud del pueblo, **2 S. 11.7.** El mal mensajero acarrea desgracia; mas el mensajero fiel acarrea salud, **Proverbios 13.17.** Por tanto, os ruego que comáis por vuestra salud, **Hch. 27.34.**

SALUDAR: Congratular. // Para saludarle y bendecirle, 1 Cr. 18.10.

SALUM, hb. **Retribución:** Es el nombre de, al menos 15 individuos del Antiguo Testamento. Algunos de los principales son: 1. El 15° rey de Israel. Mató a su predecesor, Zacarías, y reinó en su lugar, 2 R. 15.10. Después de reinar durante un mes, fue muerto por Manahem, 2 R. 15.14. // 2. El 17° rey de Judá e hijo de Josías, Jer. 22.11; 1 Cr. 3.15. Conocido también por el nombre de **Joacaz**, 2 Cr. 36.1. // 3. Levita, un portero del templo en el tiempo de David, 1 Cr. 9.17,19. // 4. Un sumo sacerdote y antepasado de Esdras, el escriba, 1 Cr. 6.12. // 5. Esposo de la profetisa Hulda, guarda de las vestiduras sagradas, 2 R. 22.14 y quizá tío del profeta Jeremías, Jer. 32.7; 35.4.

SALUTACIÓN: Acción o efecto de saludar; expresiones corteses. // Las salutaciones en las plazas, Mt. 23.7; Mr. 12.38; Lc. 11.43; 20.46. Pensaba qué salutación sería esta, Lc. 1.29. Yo, Pablo, os escribo esta salutación, 1 Co. 16.21; Col. 4.18. **Palabras de salutación:** señores míos, Gn. 19.18. Bendito de Jehová, Gn. 24.31. Ve en paz, Ex. 4.18. Paz sea contigo, Jue. 19.20; 1 S. 25.6. Jehová sea con vosotros, Rt. 2.4. Bendito seas tú de Jehová, 1 S. 15.13. Jehová te muestre amor permanente y fidelidad, 2 S. 15.20. Bendito el que viene en el nombre de Jehová, Salmo 118.26. ¡Salve! Mt. 26.49; 28.9. Paz sea a esta casa, Lc. 10.5. Paz a vosotros, Jn. 20.21. **Saludos personales:** Ro. 16.3-16. **Acciones que acompañaban a las salutaciones:** El ósculo, Gn. 33.4; 45.15; Lc. 7.45; 15.20; Hch. 20.37; 2 Co. 13.12. Postrarse, 1 R. 1.53; Est. 8.3. Arrodillarse, Hch. 10.25. Inclinarse, Gn. 23.7; 42.6; 1 S. 24.8. **Saludos epistolares:** Esd. 4.17; 5.7; Dn. 4.1; 6.25; Hch. 15.23; 1 Co. 16.21; Col. 4.18; Stg. 1.1; Jud. 2; Ap. 1.4. Ro. 16.22.

SALVACIÓN: Acción o efecto de salvar. // Tu salvación esperé, oh Jehová, Gn. 49.18. El Señor... ha sido mi **s**, Ex. 15.2. Proclamad de día en día su **s**, 1 Cr. 16.23. La **s** es de Jehová, Salmo 3.8. Le mostraré la **s** de Dios, Salmo 50.23. Tomaré la copa de la **s**, Salmo 116.13. Desfallece mi alma por tu **s**, Salmo 119.81,123. Lejos está de los impíos la **s**, Salmo 119.155. Hermoseará a los humildes con la **s**, Salmo 149.4. **S** puso Dios por muros y antemuro, Is. 26.1. Sé también nuestra **s**, Is. 33.2. Los confines de la tierra verán la **s** del Dios nuestro, Is. 52.10. Se vistió con yelmo de **s** en su cabeza, Is. 59.17. En Jehová nuestro Dios está la **s** de Israel, Jer. 3.23. La **s** es de Jehová, Jon. 2.9. El Sol de justicia... traerá **s**, Mal. 4.2. Han visto mis ojos tu **s**, Lc. 2.30. Hoy ha venido la **s** a esta casa, Lc. 19.9. Porque la **s** viene de los judíos, Jn. 4.22. En ningún otro hay **s**, Hch. 4.12. Es poder de Dios para **s**, Ro. 1.16. Ahora está más cerca de nosotros nuestra **s**, Ro. 13.11. En día de **s** te he socorrido, 2 Co. 6.2. Tomad el yelmo de la **s**, Ef. 6.17. Ocupaos en vuestra **s** con temor y temblor, Fil. 2.12. La esperanza de **s** como yelmo, 1 Ts. 5.8. Dios os haya escogido desde el principio para **s**, 2 Ts. 2.13. Para que ellos también obtengan la **s** que es en Cristo Jesús, 2 Ti. 2.10. Hacer sabio para la **s** por la fe, 2 Ti. 3.15. ¿...si descuidamos una **s** tan grande? He. 2.3. Al autor de la **s** de ellos, He. 2.10; 5.9. El arca para **s**, He. 11.7. Para alcanzar la **s** que está preparada, 1 P. 1.5. El fin de vuestra fe que es la **s** de vuestras almas, 1 P. 1.9. La paciencia de nuestro Señor es para **s**, 2 P. 3.15. Acerca de nuestra común **s**, Jud. 3. La **s** pertenece a nuestro Dios, Ap. 7.10. **S** y honra y gloria y poder son del Señor Dios nuestro, Ap. 19.1. La salvación es el fruto de la fe, 1 P. 1.9. La bienaventuranza del que publica **s**, Is. 52.7; Ro. 10.15. El evangelio es poder de Dios para **s** a todo aquel que cree, Ro. 1.16; 1 Co. 1.18,24; 2 Co. 10.4; 1 Ts. 1.5 La **s** comparada con una roca, Dt. 32.15; 2 S. 22.47; Salmo 95.1; con yelmo, Is. 59.17; Ef. 6.17; con un escudo, 2 S. 22.36; Salmo 18.2; con una copa, Salmo 116.13; con una antorcha, Is. 62.1; con vestiduras, 2 Cr. 6.41; Salmo 132.16; 149.4; Is. 61.10; con fuentes, Is. 12.3; con muros y antemuro, Is. 26.1; 60.18. Véase **Liberación, Redención.**

SALVADOR: Que, o aquél que salva. // Dio Jehová **s** a Israel, 2 R. 13.5. Nos levantó un poderoso **S,** Lc. 1.69**.** Él les enviará **s** y príncipe que los libre, Is. 19.20. No hay más Dios que yo; Dios justo y **S**, Is. 45.21. Un **S**, que es CRISTO el Señor Lc. 2.11. Sabemos que verdaderamente éste es el **S** del mundo, el Cristo, Jn. 4.42. Dios ha exaltado con su diestra por Príncipe y **S**, Hch. 5.31. Dios levantó a Jesús por **S** a Israel, Hch. 13.23. La iglesia, la cual es su cuerpo, y él es su **S**, Ef. 5.23. De donde también esperamos al **S**, al Señor Jesucristo, Fil. 3.20. Es el **S** de todos los hombres, 1 Ti. 4.10. Gracia... ha sido manifestada por la aparición de nuestro **S**

Jesucristo, 2 Ti. 1.10. Gracia... **s** a todos los hombres, Tit. 2.11. Nuestro gran Dios y **S** Jesucristo, Tit. 2.13. El Padre ha enviado al Hijo, el **S** del mundo, 1 Jn. 4.14. Al único y sabio Dios, nuestro **S**, Jud. 25. Véase **Cristo, Jesús, Mesías.**

SALVAJE: De las selvas, o propia de ellas. // Allí saltarán las cabras **s**, Is. 13.21. La cabra **s** gritará a su compañero, Is. 34.14.

SALVAR: Sacar, librar del peligro. // Dios salvará al humilde de ojos, Job 22.29. Jehová salva a su ungido, Salmo 20.6. Sálvame, oh Dios, porque las aguas…, Salmo 69.1. Salvará a los hijos del menesteroso, Salmo 72.4. Él los salvó por amor de su nombre, Salmo 106.8. El que en integridad camina será salvo, Proverbios 28.18. Dios mismo vendrá, y os salvará, Is. 35.4. Mirad a mí, y sed salvos, Is. 45.22. Soy el que hablo en justicia, grande para salvar, Is. 63.1. Sálvame, y seré salvo, Jer. 17.14. Él salvará a su pueblo de sus pecados, Mt. 1.21. Hasta el fin, éste será salvo, Mt. 10.22. Todo el que quiera salvar su vida, Mt. 16.25. El Hijo del Hombre ha venido para salvar, Mt. 18.11. ¿Quién, pues, podrá ser salvo? Mt. 19.25. Sálvate a ti mismo, desciende de la cruz, Mt. 27.40. ¿Son pocos los que se salvan? Lc. 13.23. Todo el que procure salvar su vida, la perderá, Lc. 17.33. Recíbela, tu fe te ha salvado, Lc. 18.42. Vino a buscar y a salvar, Lc. 19.10. Sino para que el mundo sea salvo por él, Jn. 3.17. ¿Padre, sálvame de esta hora? Jn. 12.27. Todo aquel que invocare el nombre del Señor, será salvo, Hch. 2.21. Sed salvos de esta perversa generación, Hch. 2.40. No hay otro nombre… en que podamos ser salvos, Hch. 4.12. ¿Qué debo hacer para ser salvo? Hch. 16.30. En esperanza fuimos salvos, Ro. 8.24. Israel será salvo, Ro. 11.26. Pero a los que se salvan, esto es, a nosotros, es poder de Dios, 1 Co. 1.18. Agradó a Dios salvar a los creyentes por la locura de la predicación, 1 Co. 1.21. Quizá harás salva a tu mujer, 1 Co. 7.16. Por gracia sois salvos por medio de la fe, Ef. 2.8. Cristo Jesús vino al mundo para salvar a los pecadores, 1 Ti. 1.15. Quiere que todos los hombres sean salvos, 1 Ti. 2.4. Nos salvó, no por obras de justicia que nosotros hubiéramos hecho, Tit. 3.5. Salvar perpetuamente a los que por él se acercan a Dios, He. 7.25. La cual puede salvar vuestras almas, Stg. 1.21. ¿Podrá la fe salvarle? Stg. 2.14. Juez, aquél que puede salvar, Stg. 4.12. La oración de fe salvará al enfermo, Stg. 5.15. Aquél... salvará de muerte un alma, y cubrirá…, Stg. 5.20. Ocho personas fueron salvas, 1 P. 3.20. Con dificultad el justo es salvo, 1 P. 4.18. A otros salvad, arrebatándolos del fuego, Jud. 23. Véase **Salvo.**

SALVE: Que designa saludo, y equivale a **Dios te,** u **os**, **salve.** Mt. 26.49; 28.9; Mr. 15.18; Lc. 1.28; Jn. 19.3.

SALVO: Libre de peligro, muerte, enfermedad, etc. // Mirad a mí, y sed salvos, todos los términos de la tierra, **Is. 45.22.** Y si aquellos días no fuesen acortados, nadie sería salvo, **Mt. 24.22.** Y si esto lo oyere el gobernador, nosotros le persuadiremos, y os pondremos a salvo, **Mt. 28.14.** Véase **Salvar.**

SAMA, hb. **Desolación:** 1. El tercer hijo de Isaí y hermano de David, 1 S. 17.13 2. Un descendiente de Esaú, Gn. 36.13. // 3. Un valiente de David, un harodita, 2 S. 23.25.

SAMAI, hb. **Devastado:** 1. Un hijo de Onam, 1 Cr. 2.28. // 2. Un hijo de Requem, 1 Cr. 2.44. // 3. Un hijo de Mered, 1 Cr. 4.17.

SAMAQUÍAS, hb. **Jehová sostiene:** Uno de los porteros de la familia de Coré, 1 Cr. 26.7.

SAMARIA, Torre del Vigía: 1. La provincia entre Judea y Galilea. Comprendía, primeramente, todo el territorio ocupado por las diez tribus rebeladas, 1 R. 18.2; 21.1; 2 R. 1.3. Visitada por Cristo, Lc. 17.11; Jn. 4.4. // 2. La ciudad de Samaria, capital de las diez tribus, era una plaza fuerte, semejante a la de Jerusalén. Fue edificada por Omri, rey de Israel, sobre el monte de Samaria, "nombre oriundo de Semer, dueño del monte", y 1 R. 16.24. Esta elevación, oblonga y cerca de 400 m más alta que el valle fertilísimo (Is. 28.1) al derredor, está situada a 50 Km al norte de Jerusalén. Siguió siendo capital de las diez tribus y el lugar de la sepultura de sus reyes, hasta el cautiverio, 1 R. 16.28,29; 20.43; 22.37. Desde el principio de esta ciudad era conocida por su idolatría, Acab edificó allí un templo a Baal, 1 R. 16.32. Fue sitiada dos veces por Ben-adad, rey de Siria, 1 R. 20; 2 R. 6.24. Salamaneser, rey de Asiria la conquistó y el reino de las diez tribus terminó, 2 R. 18.9,10. Alejandro Magno la tomó en el año 332 a.C. Después Herodes el Grande, la reconstruyó, la fortificó y le dio el nombre de Sebaste. El evangelista, Felipe, desempeñó un gran ministerio allí, Hch. 8. El lugar está ocupado, actualmente, por la villa de Sestye y las ruinas de dos templos. Según la tradición, Juan el Bautista fue encarcelado en esta ciudad y Eliseo y Abdías sepultados allí. Véase mapa 2, C-4; 4, B-1; 6, F-3.

SAMARITANO: Una secta antigua, y aún hoy existe, entre los judíos. Tuvo su origen de la manera siguiente: Propiamente **samaritano** quiere decir un habitante de la ciudad de Samaria, capital del reino de Israel, de las diez tribus. Pero se le llamaba samaritano a todo el pueblo de esta nación, 2 R. 17.29. Cuando las diez tribus fueron transportadas para el cautiverio de Asiria, millares de los pobres se quedaron en la tierra. Sargón **II**, rey de Asiria, trajo gente de Babilonia, de Cuta, de Ava, de Hamat y de Sefarvaim, para colonizar el país, 2 R. 17.24. Eso resultó en una raza mestiza, Esd. 4.2 con vv. 9,10. Así hubo gran conflicto entre este pueblo y los judíos ortodoxos, que tenían su capital en Jerusalén. Véase Neh. 6. Los samaritanos basaban su religión solamente en el Pentateuco, rechazando el resto del Antiguo Testamento. Observaban el sábado, las fiestas, la circuncisión. Sustentaban la creencia de que el monte Gerizim era el lugar donde Abraham fue para ofrecer Isaac en holocausto (Gn. 22), el lugar de la visión de Jacob (Gn. 31.13), donde enterraron los huesos de José (Jos. 24.32), y **El Monte de la bendición**, Dt. 11.29. Su templo, construido en ese monte, fue destruido en 128 a.C., pero nunca reconstruido. Esperaban la venida de un Mesías, para convertir a todas las naciones al samaritanismo. Jesús mandó que los doce no entraran en ciudad de samaritanos, Mt. 10.5. Jacobo y Juan querían permisión de Jesús para hacer descender fuego que consumiese cierta aldea de samaritanos, Lc. 9.52-55. La parábola del buen samaritano, Lc. 10.25-37. El leproso, de los diez curados, que volvió para agradecer, era samaritano, Lc. 17.16. Los judíos no se trataban con los samaritanos, Jn. 4.9. La conversión de la mujer samaritana, Jn. 4.1-42. Decían que Jesús era samaritano y que tenía demonio, Jn. 8.48. Muchos samaritanos creyeron en Jesús, Jn. 4.39-42; en la predicación de Felipe, Hch. 8.5-25.

SAMGAR: El tercer juez de Israel. A causa de la opresión de los filisteos, cesaron las caravanas y los viajeros se apartaban por senderos torcidos, Jue. 5.6. Hirió a 600 filisteos con una aguijada de bueyes, Jue. 3.31.

SAMGAR-NEBO: Uno de los príncipes del rey de Babilonia, que se asentaron en la puerta de en medio de Jerusalén, después de la tomada de la ciudad, Jer. 39.3.

SAMIR, hb. **Espino:** 1. Una ciudad de la herencia de Judá, Jos. 15.48. // 2. Un lugar en la región montañosa de Efraín, Jue. 10.1.

SAMLA, hb. **Vestimenta:** Un antiguo rey de Edom, que sucedió a Hadad, Gn. 36.36.

SAMOS, hb. **Altura sobre la costa:** Una isla cerca de la costa occidental de Asia Menor, un poco al sur de Efeso. Donde el navío tocó, en el tercer viaje misionero de Pablo, Hch. 20.15. Véase mapa 6, D-2.

SAMOTRACIA: Una pequeña isla situada a nordeste del mar Egeo, donde pasó el navío de Pablo, durante el primer viaje misionero, Hch. 16.11.

SAMSERAI: Un benjamita, 1 Cr. 8.26.

SAMÚA, hb. **Fama:** 1. Uno de los doce espías, de la tribu de Rubén, Nm. 13.4. // 2. Uno de los hijos de David, 2 S. 5.14. // 3. Un levita, Neh. 11.17. // 4. Un sacerdote, Neh. 12.18.

SAMUEL, EL PRIMERO Y EL SEGUNDO LIBRO DE: Formaban, primitivamente, un sólo libro. En la Septuaginta se consideraba los libros de Samuel y de los reyes como constituyendo una sola historia. Pasaron a ser titulados 1 Reyes, 2 Reyes, 3 Reyes y 4 Reyes. Así nuestro libro de 1 Samuel se llamaba 1 Reyes; 2 Samuel era 2 Reyes; a 1 Reyes fue dado el nombre de 3 Reyes; y a 2 Reyes, el de 4 Reyes. **La paternidad literaria:** Quizás los dos libros de Samuel son una compilación de varias fuentes incluso sus propios escritos, (1 S. 10.25), del profeta Natán, del vidente Gad, o Iddo (1 Cr. 29.29; 2 Cr. 9.29) y de la antología nacional conocida como el Libro de Jaser, 2 S. 1.18. Estos dos libros tienen el título de Samuel, no porque haya sido él el autor, sino porque él era el principal figura a la época de la transición del dominio de los jueces para el de los reyes. **La clave: Reino,** 1 S. 10.25; 16.1. La historia acerca de Samuel trata de la transición del gobierno dirigido por jueces para la dirección de reyes. El reino fue organizado con el reino de Saúl. Antes Israel era una teocracia; consistía de 12 estados, o 12 tribus, con una sola fuerza, la de la presencia de Dios, para unirlos. **Las divisiones: I.** La historia acerca de Samuel, 1 S. 1 a 7. // **II.** La historia acerca de Saúl, 1 S. 16 a 31. // **III.** De David: de la unción para rey hasta la muerte de Saúl, 1 S. 16 a 31. // **IV.** David aumenta, 2 S. 1 a 10. // **V.** David disminuye, 2 S. 11 a 20. // **VI.** David: los últimos años de su vida, 2 S. 12 a 24. Los eventos de 1 Samuel abarcan un período de ciento quince años; los de 2 Samuel, un período de treinta y ocho años.

SAMUEL, hb. **Oír de Dios**, el **Nombre de Dios:** Profeta (2 Cr. 35.18; Jer. 15.1), el último de los jueces (Hch. 13.20), el fundador de la monarquía, el eslabón entre la teocracia y la monarquía. Como juez, juzgaba en Betel, Gilgal y Mizpa, 1 S. 7.16. Como profeta fundó una escuela (un seminario) en Ramá, 1 S. 19.18,19. Como gobernador limpió a la nación de Baal y Astoret (1 S. 7.4) y abatió a los filisteos, 1 S. 7. Su nacimiento, 1 S. 1.1-20, Es consagrado al Señor, 1 S. 1.28. Ministra delante del Señor, 1 S. 2.18. Dios habla con él, 1 S. 3.1-14. Juzga a Israel después de la muerte de Elí, 1 S. 7 y 8. Unge a Saúl como rey, 1 S. 10.1. Reprende el pueblo, 1 S. 12.6-25. Reprueba a Saúl, 1 S. 13.13; 15.16-23. Despedaza a Agag, 1 S. 15.33. Unge a

David para substituir a Saúl, 1 S. 16. Ramá, el lugar de su nacimiento (1 S. 1.19,20) y de su residencia (1 S. 7.17), es el lugar de su sepultura, 1 S. 25.1. Una médium invoca su espíritu, 1 S. 28.12.

SANADO: A quien le ha sido restituida la salud. // Orad unos por otros, para que seáis sanados, Stg. 5.16. Por cuya herida fuisteis sanados, 1 P. 2.24. Y su criado fue sanado en aquella misma hora, Mt. 8.13. A los mancos sanados, a los cojos andar, Mt. 15.31. Había venido para oírle, y para ser sanados de sus enfermedades, Lc. 6.17. Viendo que tenía fe para ser sanado, **Hch. 14.9**.

SANAR: Dar, restituir salud a (quien está enfermo); curar. // Dios sanó a Abimelec, Gn. 20.17. Yo soy Jehová tu sanador, Ex. 15.26. Yo hiero, y yo sano, Dt. 32.39. Sanaré su tierra, 2 Cr. 7.14. Sanó al pueblo, 2 Cr. 30.20. Sana mi alma, Salmo 41.4. El que sana todas tus dolencias, Salmo 103.3. Envió su palabra, y los sanó, Salmo 107.20. El sana a los quebrantados de corazón, Salmo 147.3. Y él, poniendo las manos sobre cada uno de ellos, los sanaba. Lc. 4.40.

SANBALAT: Un horonita, aliado de Tobías y Gesem, grandes adversarios de los judíos, Neh. 2.19; 6.1.

SANDALIA: Chinela antigua. // ¡Cuán hermosos son tus pies en las **s**! Cnt. 7.1. Ni se le romperá la correa de sus **s**, Is. 5.27. Y hará que pasen por él con **s**, Is. 11.15. Y descalza las **s** de tus pies, Is. 20.2. Sino que calzasen **s**, y no vistiesen dos túnicas. Mr. 6.9. Le dijo el ángel. Cíñete, y átate las **s**, Hch. 12.8.Véase **Calzado.**

SÁNDALO: Madera traída de Ofir, por vía marítima, para hacer balaustres, arpas, salterio, etc., para el templo, 1 R. 10.11,12; según la tradición fue la famosa y preciosa madera de sándalo, buscada por su bello color, dureza, aroma, y fino aspecto. El árbol es frondoso, alcanzando una altura de ocho a diez metros.

SANEAR: Da condiciones de salubridad. // Sus pantanos y sus lagunas no se sanearán; quedarán para salinas, **Ez. 47.11.**

SANEDRÍN, CONSEJO O CONCILIO: Supremo tribunal de los antiguos judíos, hasta la destrucción de Jerusalén en 70 d.C. Consistía de 71 miembros, inclusive el presidente. No hay prueba de que tuvo su origen con la elección de los 70 ancianos en el tiempo de Moisés, Nm. 11.16, 17. Es más probable que inició en la época del rey Josafat, 2 Cr. 19.8. Se atribuye a Josefo la primera mención al Sanedrín; escribió de la división de Palestina en cinco **synedria** (57 a.C.). El concilio (sanedrín) juzgaba los casos criminosos o administrativos que decían respecto a una tribu o a una ciudad. Era especialmente un tribunal de apelación, Tenía la competencia de poder aplicar la pena capital. El sanedrín se reunía en una cámara imponente de piedra besana. Sus ilustres miembros se asentaban formando un semicírculo, con el acusado delante de ellos. La policía ejecutaba las órdenes de este tribunal, Mt. 26.47; Jn. 18.12. El sanedrín tiene la responsabilidad de la peor tragedia de toda la historia, Mt. 26.59; Mr. 14.55; 15.1; Lc. 22.66; Jn. 11.47. Sin embargo, debemos poner atención a que entre los miembros de este Concilio estaba Nicodemo, Jn. 3.1-21; 7.50-52; 19.39; y José de Arimatea, Jn. 19.38. Pedro, Juan y los otros apóstoles ante el mismo tribunal, Hch. 4.5; 6.15; 5.21,27,34. Esteban llevado al concilio, Hch. 6.12. Pablo, Hch. 20.30; 23.1,15; 24.20.

SANGRE: Líquido espeso que llena venas y arterias. // Prohibido comer carne con sangre, Gn. 9.4; Lv. 17.10-14; 1 S. 14.34; Hch. 15.29. La voz de la sangre de tu hermano clama a mí desde la tierra, Gn. 4.10,11. Porque la vida de la carne en la sangre está, Lv. 17.11,14. Prohibido derramar sangre de hombre, Gn. 9.6; Ex. 20.13; Dt. 21.1-9; Proverbios 6.16,17; Is. 59.3. Aguas se vuelven en **s**, Ex. 7.19; Ap. 8.8; 16.4; Sangre de animales, Lv. 4.5-7; He. 9.13, 9.22; 10.4. La **s** del pacto, Ex. 24.8; Mt. 26.28; He. 9.19,20; 10.29; 13.20. La **s** de Cristo, 1 Co. 10.16; He. 9.14; 1 Jn. 1.7. La **s** de la salvación y redención, Mt. 26.28; 1 Co. 11.25; Ef. 1.7; Col. 1.20; He. 9.12; 1 P. 1.2,19; Ap. 1.5. Tipo: Ex. 12.13; Lv. 1.4,5; He. 9.3-22. La **s** de ellos será preciosa ante sus ojos, Salmo 72.14. Carne ni **s**, Mt. 16.17; 1 Co. 15.50; Ef. 6.12. Yo he pecado entregando **s** inocente, Mt. 27.4. Su **s** sea sobre nosotros, y sobre nuestros hijos, Mt. 27.25. Gotas de **s** que caían hasta la tierra, Lc. 22.44. No son engendrados de **s**, Jn. 1.13. Acéldama, que quiere decir, Campo de **s**, Hch. 1.19. La cual él ganó por su propia **s**, Hch. 20.28. Propiciación por medio de la fe en su **s**, Ro. 3.25. Habéis sido hechos cercanos por la **s** de Cristo, Ef. 2.13. Santificar al pueblo mediante su propia **s**, He. 13.12. Aquél que vino mediante agua y **s**, 1 Jn. 5.6. Con tu **s** nos has redimido para Dios, Ap. 5.9. Han emblanquecido en la **s** del Cordero, Ap. 7.14. Ebria de la **s** de los santos, y de la **s** de los mártires de Jesús, Ap. 17.6.

SANGUIJUELA: Gusano anélido de agua dulce, empleado, otrora por la medicina para las sangrías locales. Usado en sentido figurado: "La sanguijuela tiene dos hijas que dicen: ¡Dame! ¡Dame!", Proverbios 30.15.

SANGUINARIO: Que se complace en derramar sangre. // El Señor abomina al **s**, Salmo 5.6. Los hombres sanguinarios aborrecen al perfecto, **Proverbios 29.10**.

SANIDAD DIVINA: Dios libra de la enfermedad y restablece la salud, Ex. 15.26. Quita de sus hijos toda la enfermedad, Ex. 23.25; Dt 7.15. Los que habitan al abrigo del Altísimo están seguros de la peste, del terror, de los accidentes, de las enfermedades, Sal. 91. Quita de su pueblo sus iniquidades y sana todas sus enfermedades, Sal. 103.3. Entre sus tribus no hubo un solo enfermo, Sal. 105.37. Envió su palabra, y los sanó, Sal. 107.20; Mt. 8.16. Ciertamente llevó él nuestras enfermedades, Is. 53.4. Extiendes tus manos para que se hagan sanidades, Hch. 4.30. No cura su pueblo cuando endurecen el corazón, cierran los ojos y no oyen, Hch. 28.27. Levantará el enfermo, Stg. 5.15. Todo se hizo en la cruz, ya sea la cura de nuestras enfermedades, como la salvación de nuestros pecados; por sus heridas fuimos sanados, 1 P. 2.24; Is 53.4, 5; Mt. 8.16, 17. // Curados: Abimelec, su mujer y sus siervas sanados en respuesta a la oración de Abraham, Gn. 20.17. María de la lepra, en respuesta a la oración de Moisés, Nm. 12.10-16. Los israelitas mordidos por las serpientes ardientes curados en respuesta a la oración de Moisés, Nm. 21.7. El rey Jeroboam, de la mano seca, sanado en respuesta a la oración del profeta de Judá, 1 R. 13.6. El hijo de la viuda de Sarepta, resucitado en respuesta a la oración de Elías, 1 R. 17.22. Naamán, de la lepra conforme a la palabra de Eliseo, 2 R. 5.14. Ezequías, en el lecho de muerte, curado en respuesta a su propia oración, 2 R. 20.5. David, debilitado hasta sentir sus huesos estremecidos, curado en respuesta a su propia oración, Sal. 6.2, 9. Jesús sanó: Toda suerte de enfermedades, Mt. 4.23, 24; 8.16 17; 15.30; 9.35; Mr. 3.10; un leproso, Mt. 8.1-4; el siervo de un centurión, Mt. 8.5-13; la suegra de Pedro, Mt. 8.14, 15; dos endemoniados, Mt. 8.28-34; un paralítico en Capernaum, Mt. 9.1-8; la mujer padeciendo de hemorragia, Mt. 9.19-22; La hija de Jairo, Mt. 9.23-25; dos ciegos, Mt. 9.27-30; el mudo endemoniado, Mt. 9.32, 33; el hombre de la mano seca, Mt. 12.10-13; el endemoniado ciego y mudo, Mt. 12.22; un joven poseso, Mt. 17.13-21; un endemoniado en Capernaum. Mr. 1.21-28; un sordo y tartamudo, Mr. 7.32-35; el ciego de Betsaida, Mr. 8.22-25; resucitó el hijo de la viuda de Naín, Lc. 7.11-17; la mujer encorvada, Lc. 13.11-13; un hidrópico, Lc. 14.2-4; los diez leprosos, Lc. 17.12-19; la oreja de Malco, Lc. 22.51; Jn. 18.10; el hijo de un funcionario del rey, Jn. 4.46-54; el paralítico de Betesda, Jn. 5.; el ciego de nacimiento, Jn. 9; resucitó a Lázaro. Jn. 11.; ciegos y cojos, la última vez en el templo, Mt. 21.14. Pedro sanó al cojo en la puerta del templo, Hch. 3.1-10; sanó a Eneas, el paralítico. Hch. 9.32-35; resucitó a Dorcas, Hch. 9.36-41. Los apóstoles sanaban a muchos, Hch. 5.12-16. Felipe sanó a muchos endemoniados, paralíticos y cojos, Hch. 8.6,7. Ananías sanó a Saulo, Hch. 9.17. Pablo sanó al hombre, paralítico desde su nacimiento, Hch. 14.8-10; el padre de Publio y los demás de la isla de Malta, Hch. 28.8. // El doble ministerio de Jesús: enseñaba y sanaba, Mt. 4.23; 9.35; Hch. 10.38. La última vez que enseñó en el templo sanó también ciegos y cojos, Mt. 21.14. Envió a los doce a predicar el reino y a sanar a los enfermos, Lc. 9.2. Hicieron sanidades por todas partes, Lc. 9.6. Envió a los setenta a anunciar el reino y a sanar a los enfermos, Lc. 10.9. Los demonios mismos se sujetaban a ellos, Lc. 10.17. Al despedirse de este mundo, envió a sus discípulos a predicar el evangelio y a curar enfermos, Mr. 16.15-18. Los discípulos tenían el mismo doble ministerio, Hch. 3.6, 7; 4.30; 5.12, 15, 16; 6.8; 8.6, 7; 9.17, 18; 9.34, 40; 19.11, 12; 28.8, 9; Ro. 15.19; 1 Co. 1.7; 12.28. Jesucristo. El mismo ayer, hoy y por los siglos, todavía se compadece de los enfermos, He. 4.15; 13.8. La cura del cuerpo es tanto una parte del evangelio como la salvación del alma, Is. 53.4; Mt. 8.17. // La cura se realiza por medio de: Oración, Gn. 20.17: Nm. 12.10-15; 21.7; 1 R. 13.6; 17.22; 2 R. 20.5; 2 Cr. 6.28, 29. ¿Está alguno entre vosotros afligido? Haga oración, Stg. 5.13. La oración de fe salvará al enfermo, Stg. 5.15. Confesaos vuestras ofensas unos a otros y orad unos por otros, Stg. 5.16. Por la imposición de manos, Mr. 5.23; 6.5; 8.23, 25; 16.18; Lc. 4.40; 13.13; Hch. 28.8. Unción con aceite, Mr. 6.13; Stg. 5.14. Paños o delantales, Hch. 19.12. Los enfermos llevados a las calles y a las plazas, sobre lechos y camas, Mr. 6.55, 56; Hch. 5.15. Llamando a los presbíteros, Stg. 5.14. Véase **Enfermedad.**

SANO: Que tiene salud; que ha sido sanado; verdadero; ortodoxo. // Quedaba **s** de cualquier enfermedad que tuviese, Jn. 5.4. Que sean **s** en la fe, Tit. 1.13. Prudentes, **s** en la fe, en el amor..., Tit. 2.2. Palabra **s** e irreprochable, Tit. 2.8. Nada hay **s** en mi carne, Salmo 38.3. Desde la planta del pie hasta la cabeza no hay en él cosa **s**, Is. 1.6. Le fue restaurada **s** como la otra, Mt. 12.13. Todos los que lo tocaron, quedaron **s**, Mt. 14.36. Cuanto se oponga a la **s** doctrina, 1 Ti. 1.10. No se conforma a las **s** palabras de nuestro Señor Jesucristo, 1 Ti. 6.3. Las **s** palabras que de mí oíste, 2 Ti. 1.13. **S** en la fe, Tit. 2.2.

SANSANA, hb. **Hoja de la Palmera:** Una ciudad de la herencia de Judá, Jos. 15.31.

SANSÓN, hb. **Pequeño sol:** El décimo tercero juez de Israel. // Hijo de Manoa, un danita, Jue. 13.2. Nazareo consagrado a Dios desde el vientre de su madre, Jue. 13.5. Se casó con una filistea de Timnat, Jue. 14.1. El enigma de Sansón, Jue. 14.12-14. Quemó las mieses de los filisteos, Jue. 15.5. Hirió mil filisteos con una quijada de asno, Jue. 15.15. Lleva las puertas de Gaza, Jue. 16.3. Es traicionado por Dalila, Jue. 16. Su muerte y sepultura, Jue. 16.30,31. Juzgó a Israel veinte años, Jue. 16.31. Uno de los héroes de la fe, He. 11.32.

SANTIAGO, EPÍSTOLA DE: La primera de las epístolas Católicas, es decir, generales, no dirigidas a una determinada iglesia. Son siete: Santiago, 1 y 2 Pedro, 1, 2 y 3 Juan y Judas. 2 y 3 Juan, con todo, fueron escritas a individuos. **El autor:** Santiago, 1.1. La tradición de la Iglesia primitiva identifica este Santiago como "el hermano del Señor". **La clave:** La fe que nos justifica es acompañada de obras— "**la fe sin obras está muerta**", 2.26. Santiago escribió a los creyentes judíos de la dispersión, Stg. 1.1. Compare Hch. 2.5-11. Escribió para prevenirlos de los pecados que los judíos tenían que resistir. El libro consiste de preceptos morales, ayuntados unos a los otros sin cualquier plano, adquiriendo el título de **"El Libro de Proverbios del cristiano". Las divisiones — I**. La prueba de la fe, 1.1 a 2.26. // **II**. La verdadera fe domina la lengua, 3.1-12. // **III**. La sabiduría de lo alto, 3.13 a 4.17. // **IV**. Riquezas mal adquiridas y mal empleadas, 5.1-6. // **V**. Pacientes hasta la venida del Señor, 5. 7-11. // **VI**. La oración de fe, 5. 12-20.

SANTIDAD: Calidad o estado de aquel o aquello que es santo. // ¿Quién como tú, magnífico en **s**, Ex. 15.11. **S** A JEHOVÁ, Ex. 28.36. En la hermosura de la **s**, 1 Cr. 16.29; Salmo 29.2; 96.9. En **s** y en justicia delante de él, Lc. 1.75. Perfeccionando la **s** en el temor de Dios, 2 Co. 7.1. Irreprensibles en **s** delante de Dios nuestro Padre, 1 Ts. 3.13. Para que participemos de su **s**, He. 12.10. **La santidad pertenece a Dios:** Is. 6.3; Ap. 15.4; **Pertenece a los creyentes:** Ro. 6.19; Ef. 1.4; Tit. 1.8; He. 3.1; 1 P. 1.15; 2.5; **Ordenada:** Ex. 19.22; Lv. 11.44; Dt. 7.6; Lc. 1.75; Ro. 12.1; 2 Co. 7.1; Col. 3.12; 1 Ts. 2.12; He. 12.14; Ap. 22.11. **Ejemplos de Santidad:** David, Salmo 86.2; Israel, Jer. 2.3; Juan el Bautista, Mr. 6.20; los profetas, Lc. 1.70; Pablo, 1 Ts. 2.10. Véase **Majestad.**

SANTIFICACIÓN: Acción o efecto de santificar. // Así ahora para **s** presentad vuestros miembros para servir a la justicia, Ro. 6.19. Tenéis por vuestro fruto la **s**, Ro. 6.22. Cristo Jesús, el cual nos ha sido hecho... **s** y redención, 1 Co. 1.30. La voluntad de Dios es vuestra **s**, 1 Ts. 4.3. No nos ha llamado Dios a inmundicia, sino a **s**, 1 Ts. 4.7. Dios nos ha escogido desde el principio para salvación, mediante la **s** por el Espíritu, 2 Ts. 2.13. Si permaneciere en fe, amor y **s**, con modestia, 1 Ti. 2.15. En **s** del Espíritu, 1 P. 1.2. **La santificación Consumada por Dios:** Ez. 37.28; 1 Ts. 5.23; Por Cristo: Jn. 17.19; 1 Co. 1.2,30; Ef. 5.26; He. 2.11; 13.12; **Por el Espíritu:** Ro. 15.16; 2 Ts. 2.13; 1 P. 1.2; **Por la verdad:** Jn. 17.17; 1 P. 1.22. **Dios quiere nuestra santificación**, Ro. 12.1; 1 Ts. 4.3. **Tipificada:** Ex. 13.2; 19.14; 40.9-15; Lv. 27.14-16. Véase **Justificación.**

SANTIFICAR: Volver sagrado, separar, consagrar, hacer santo. // Santificar el año cincuenta, Lv. 25.10; casa, 1 R. 9.3; 2 Cr. 7.16; comida, 1 Ti. 4.5; Cristo como Señor, 1 P. 3.15; Iglesia, Ef. 5.26; marido incrédulo, 1 Co. 7.14; nombre, Mt. 6.9; pueblo, Jos. 7.13; He. 13.12; ofrenda, Mt. 23.19; oro, Mt. 23.17; El día séptimo, Gn. 2.3; Ex. 20.8; Jer. 17.22; Ez. 20.20; sangre, santificado con, He. 10.29; los santificados, Hch. 20.32; 26.18; 1 Co. 1.2; 6.11; 7.14; He. 2.11; 10.10; santificaos, Lv. 20.7; Nm. 11.18; Jos. 3.5; santificarse, Ap. 22.11; El Señor santifica, Ex. 31.13; Lv. 20.7; Jn. 17.17; 1 Ts. 5.23; He. 2.11; 13.12; seré santificado, Lv. 22.32; instrumento santificado, 2 Ti. 2.21.

SANTÍSIMO: Muy santo. // Será un altar santísimo, Ex. 40.10; Ex. 30.10. Edificándoos sobre vuestra santísima fe, Jud. 20.

SANTO LUGAR: Había dos divisiones del tabernáculo, el Santo Lugar y el Lugar Santísimo, Ex. 26.33. Llamados el **primero y segundo tabernáculo,** He. 9.6,7. El Santo Lugar del tabernáculo medía 20 codos de largo, 10 de ancho y 10 de altura. El Santo Lugar del templo de Salomón era de 40 codos de largo y 20 de ancho, 1 R. 6.17.

SANTO: Sagrado; que vive en la ley divina; puro. // Campamento **s**, Dt. 23.14; ángeles, Job 5.1; camino, Is. 35.8; ciudad, Mt. 4.5; Ap. 21.2,10; diezmo, Lv. 27.32; morada, Is. 63.15; Iglesia, Ef. 5.27; ayuno, Jl. 1.14; 2.15; ley, Ro. 7.12; lugar, Jos. 5.15; Is. 57.15; Mt. 24.15; He. 9.8; decenas de millares, Jud. 14; monte, Salmo 48.2; 2 P. 1.18; nación, Ex. 19.6; 1 P. 2.9; pueblo, Dt. 7.6; primicias, Ro. 11.16; procedimiento, 2 P. 3.11; sacerdocio, 1 P. 2.5; sacrificio, Ro. 12.1; el **S**, Ap. 3.7; 6.10; 16.5; **S** de Israel, 2 R. 19.22; Salmo 89.18; Is. 37.23; **s**, **s**, **s**, Is. 6.3; Ap. 4.8. Tus **s**, 2 Cr. 6.41; Hch. 9.13. Los utensilios, Esd. 8.28; Sus **s**, Salmo 30.4; 116.15; Dn. 7.21; Cuerpos de **s**, Mt. 27.52; Llamados a ser **s**, Ro. 1.7; 1 Co. 1.2; 6.2; 16.1; Ef. 1.4; 2.19. Intercede por los **s**, Ro. 8.27; 15.25; Servido a los **s**, He. 6.10;

Jud. 3; Ap. 5.8; 13.7; 14.12; 17.6; seréis **s**, Lv. 11.44; Mediante el nombre de tu **s** Hijo Jesús, Hch. 4.30; tierra, Ex. 3.5; Llamamiento, 2 Ti. 1.9. Presentaros **s**... delante de él, Col. 1.22. Con todos sus **s**, 1 Ts. 3.13. Glorificado en sus **s**, 2 Ts. 1.10. Lavado los pies de los **s**, 1 Ti. 5.10. Sed también vosotros **s**, 1 P. 1.15. Sed **s**, porque yo soy **s**, 1 P. 1.16; Lv. 11.44.

SANTUARIO: Lugar consagrado. // Mi santuario tendréis en reverencia, Lv. 19.30. Una visión en el **s**, Lc. 1.22. Majestad en los cielos, ministro del santuario, He. 8.2. Aun el primer pacto... un santuario terrenal, He. 9.1. // El término, **santuario,** se refiere a un lugar consagrado a Dios, y se emplea respecto a la tierra de la Promisión, Ex. 15.17; Salmo 78.54; de Judá, Salmo 114.2, del tabernáculo, Ex. 25.8; 36.1; del Lugar Santo, Lv. 4.6; del templo, 1 Cr. 22.19; de la morada de Dios, Salmo 102.19; el cuerpo de Jesús, Jn. 2.19; el Dios Todopoderoso y el Cordero, Ap. 21.22. Véase **Altar, Templo.**

SAPIENCIALES, Los libros: Se llaman **sapienciales** eso es, de sabiduría, los cinco libros: **Job, Salmos, Proverbios, Eclesiastés** y **Cantares.** En la mayor parte, todos los cinco son de la época áurea de Israel, del tiempo de David y Salomón; mientras que los libros de los profetas son de la época de la decadencia de la nación. // Los libros sapienciales contienen la sabiduría de los hebreos. Se distingue de la filosofía de las naciones en el hecho de que el erudito hebreo no tenía que esforzarse para descubrir a Dios, a quien ya conocía. Así la sabiduría se volvió preeminentemente doctrina de la providencia, del trato de Dios para con los hombres.

SAQUEADOR: Que, o aquel que saquea. // Los entregó en manos de saqueadores, 2 R. 17.20. ¿Quién dio a Jacob en botín, y entregó a Israel a saqueadores? Is. 42.24. Porque saqueadores los saquearon, Nahúm 2.2.

SAQUEAR: Despojar violentamente. // Nos saquean para sí los que nos aborrecen, Salmo 44.10. Saqueó el campamento de los sirios, 2 R. 7.16. Saqueadores los saquearon, Nahúm 2.2. La casa de un hombre fuerte y saquear sus bienes... podrá saquear su casa, **Mr. 3.27.** No saquees su cámara, **Proverbios 24.15.** ¿Cómo puede... saquear sus bienes, si primero no le ata?, Mt. 12.29. Véase **Despojar.**

SAQUÍAS: Un descendiente de Benjamín, 1 Cr. 8.10.

SARA, hb. **Princesa:** Esposa de Abram, Gn. 11.29. Se casó en Ur de los caldeos, Gn. 11.28. Era estéril, Gn. 11.30. Presentada como hermana de Abram, Gn. 12.10-20; 20.1-18. Dio su esclava, Agar, a Abram para que tuviese hijos por medio de ella, y le nació Ismael, Gn. 16. Dios cambió su nombre, Sarai, para Sara, Gn. 17.15. Se rió de la promesa de dar a la luz un hijo, Gn. 18.12. Dio a la luz a Isaac, Gn. 21.2. Envidiosa de Ismael, Gn. 21.10. Murió en la edad de ciento veintisiete años y fue sepultada en la cueva de Macpela, Gn. 23.1,19. Mencionada en Ro. 4.19; 9.9. Ella es tipo de la Jerusalén de arriba, Gá. 4.22-31. Por la fe recibió poder para ser madre, He. 11.11. Llamó a Abraham, **señor**, 1 P. 3.6. Las mujeres cristianas, haciendo el bien se vuelven hijas de Sara, 1 P. 3.6.

SARAF, hb. **Ardiente:** Un descendiente de Judá, 1 Cr. 4.22.

SARAI: 1. La palabra quizás quiera decir **contenciosa**. Su nombre cambiado para Sara, Gn. 17.15. // 2. Uno de los que tenían mujer extranjera, Esd. 10.40.

SÁRDICA: Piedra preciosa del rey. // En la primera orden de las doce piedras preciosas del pectoral del sumo sacerdote, y el sexto de los doce fundamentos de la nueva Jerusalén, una hilera de una piedra sárdica, un topacio y un carbunclo, Ex. 28.17. En la lista de las piedras preciosas del rey de Tiro, Ez. 28.13. Ap. 21.20.

SARDIS: La antigua capital de Lidia, el imperio del célebre rico Creso. La ciudad situada en la falda de la montaña Tmolo, a la orilla del Pactolo, era famosa por sus riquezas y lujo. Conforme la tradición, Sardis fue la primera ciudad de esa región a recibir el evangelio, bajo la predicación del apóstol Juan, la primera a desviarse de la fe y una de las primeras a caer en ruinas. El lugar actualmente es una admirable aldea en medio de las ruinas de pasadas grandezas, poseyendo un *caravansarai,* útil a las caravanas que se dirigen de Persia a Esmirna. Fue la sede de una de las siete iglesias de Asia, Ap. 1.11. La carta a la iglesia en Sardis era la quinta en orden de las enviadas a las siete iglesias, Ap. 3.1-16. Véase mapa 6, E-2.

SAREPTA, hb. **Lugar de fundición:** Una ciudad fenicia, entre Tiro y Sidón. // Residencia temporaria de Elías, 1 R. 17.9. Enviado Elías, sino a una mujer viuda en Sarepta de Sidón, Lc. 4.26. Véase mapa 2, C-2; 3, A-1.

SARETÁN: El lugar donde fueron fundidos los vasos de bronce para el templo de Salomón, 1 R. 7.46.

SAREZER, hb. **Protege el rey:** 1. Un hijo de Senaquerib, rey de Persia, que con su hermano Adramelec, asesinaron a su padre, 2 R. 19.37. // 2. Un contemporáneo del profeta Zacarías, Cap.7.2.

SARGÓN: Rey de Asiria, Is. 20.1. Era un general asirio que usurpó el trono, cuando murió Salmanasar IV. Hay una alusión a ese emperador, aunque no se mencione, en 2 R. 17.6. Le sucedió su hijo Senaquerib.

SARID, hb. **Sobreviviente:** Un lugar de la herencia de Zabulón, Jos. 19.10. Véase mapa 4, B-1.

SARMACIA: Vasta región de Europa Oriental, ocupada por un antiguo pueblo nómada de Rusia meridional. Véase mapa 1, D-2.

SARMIENTO: Vid; brote de parra; división o subdivisión de un tallo. // En la vid tres sarmientos, Gn. 40.10. Con sus **s** los cedros de Dios, Sal. 80.10. ¿Qué es el **s** entre los árboles del bosque? Ez. 15.2. Tu plantarás plantas hermosas, plantarás **s** extraño, **Is. 17.10.** ¿Cómo, pues, te me has vuelto **s** de vid extraña? **Jer. 2.21.** Vuelve a pasar tu mano como vendimiador entre los **s**, **Jer. 6.9.**

SARNA: Lv. 21.20; Dt. 28.27. Una enfermedad contagiosa de la piel producida por el ácaro arador de la sarna produciendo intenso picor.

SARÓN, hb. **Planicie:** El territorio entre las montañas de Efraín y el mar Mediterráneo y entre el Carmelo al norte y Jope al sur. Véase mapa 2, B-4; 4, A-1. // Del ganado que pastaba en Sarón, 1 Cr. 27.29. La rosa de **S**, Cnt. 2.1. **S** se vuelve como un desierto, Is. 33.9. La hermosura del Carmelo y de **S**, Is. 35.2. Y será **S** para habitación de ovejas, Is. 6510. Éste es el Sarón a que se refiere el texto de Hch. 9.35.

SARSEQUIM: Uno de los príncipes del rey de Babilonia, que se asentaron a la puerta de en medio de Jerusalén, después de la tomada de la ciudad, Jer. 39.3.

SARTÉN: 1 Cr. 9.31; Ez. 4.3. Recipiente metálico que sirve para freír, tostar o guisar algo.

SARUHÉN: Una ciudad de la herencia de Simeón, Jos. 19.6. Véase mapa 2, B-6.

SARVIA, hb. **Separación:** Una hermana de David y madre de Abisai, Joab y Asael, 1 Cr. 2.16; 2 S. 16.10.

SASAC: Un benjamita, 1 Cr. 8.14.

SASAI, hb. **Pálido:** Uno de los que tenían mujer extranjera, Esd. 10.40.

SATANÁS, hb. **Adversario:** // Entre los cuales vino también **S**, Job 1.6. **S** estaba a su mano derecha para acusarle, Zac. 3.1. Si **S** echa fuera a **S**, Mt. 12.26. ¡Quítate de delante de mí **S**! Mt. 16.23. Yo veía a **S** caer del cielo como un rayo, Lc. 10.18. **S** había atado dieciocho años, Lc. 13.16. **S** os ha pedido para zarandearos como a trigo, Lc. 22.31. El Dios de paz aplastará en breve a **S** bajo vuestros pies, Ro. 16.20. Sea entregado a **S** para destrucción de la carne, 1 Co. 5.5. El mismo **S** se disfraza como ángel de luz, 2 Co. 11.14. Un aguijón en mi carne, un mensajero de **S** que me abofetee, 2 Co. 12.7. Inicuo cuyo advenimiento es por obra de **S**, 2 Ts. 2.9. Sinagoga de **S**, Ap. 2.9. **S** será suelto de su prisión, Ap. 20.7. Véase **Diablo.**

SATISFACCIÓN: 1. Alegría, placer, gusto. // ¿Dónde, pues, está esa satisfacción que experimentabais? **Gá. 4.15.** 2. **Razón, acción o modo con que se repara una ofensa o un daño.** // O ¿qué satisfacción debo daros para que bendigáis la heredad de Jehová? **2 S. 21.3.** Se consumará mi furor, saciaré en ellos mi enojo y tomaré satisfacción. **Ez. 5.13.** ¡Tomaré satisfacción de mis enemigos! **Is. 1.24.**

SATISFACER: Saciar; contentar; agradar. // Porque satisfaré al alma cansada, Jer. 31.25. **Que sus caricias te satisfagan en todo tiempo, Proverbios 5.19. El alma del sacerdote satisfaré con abundancia, Jer. 31.14.** Véase **Contentar, Saciar.**

SATISFECHO: Saciado; contento. // Estaré **s** cuando despierte a tu semejanza, Salmo 17.15. Así los ojos del hombre nunca están **s**, Proverbios 27.20. Verá el fruto de la aflicción de su alma, y quedará **s**, **Is. 53.11.** Véase **Contento.**

SÁTRAPA: Esd. 8.36; Est. 3.12; Dn. 3.2,3,27; 6.1. Gobernador de una provincia, entre los antiguos persas, llamada satrapía.

SAUCE: Género de árboles de varias especies que crecen por lo general a la orilla del agua o en terrenos frescos. Se usaban ramas de sauces y de otros árboles para hacer tiendas durante la fiesta de los tabernáculos, Lv. 23.40. El hipopótamo hallaba abrigo entre los sauces, Job 40.22. Los exiliados en Babilonia colgaban sus arpas en los sauces, Salmo 137.2. Crecen a la orilla de los torrentes de los sauces, Is. 15.7; 44.4; Ez. 17.5.

SAÚL Y LA MEDIUM DE EN-DOR, 1Samuel 28. Hay tres interpretaciones: 1) Samuel no fue llamado de la muerte, Saúl no habló con él. 2) Dios permitió un milagro, consintiendo que Saúl conversara con Samuel. Pero véase 1 Crónicas 10.13,14; Dios no consentiría que Saúl conversara con Samuel para después destruirlo por haberlo hecho. 3) Había nigromantes que podían invocar los muertos, Levítico 20.27. La médium de Endor no reconocía Saúl, pero cuando el espíritu malo le sobrevino, ella gritó: ¡Tú eres Saúl! Y, al día siguiente, Saúl murió y se fue al Hades pero Jesús murió y predicó a los espíritus encarcelados (1 Pedro 3.19). Él subió y llevó (Efesios 4.8) a los salvos para el recién-establecido paraíso (2 Corintios 12.2), donde nadie puede inquietarlos.

SAÚL, hb. **Pedido:** 1. Un rey de Edom, Gn. 36.37. // 2. Uno de los hijos de Simeón, Gn. 46.10. // 3. El primer rey de Israel. Hijo de Cis, 1 S. 9.1. Enviado a buscar las asnas de su padre, 1 S. 9.3. Se encontró con Samuel, que lo ungió rey, 1 S. 10.1. "¿También Saúl entre los profetas?" 1 S. 10.12. Electo rey en Mizpa, 1 S. 10.20-24. Libertó a Jabes de Nahas, amonita, 1 S. 11.11. Reprobado a causa del holocausto, 1 S. 13.8-15. Amenazó matar Jonatán, 1 S. 14.44. Su desobediencia y su rechazo, 1 S. 15. Mandó a Belén a llamar a David, 1 S. 16.22. Envidioso de David después de la muerte de Goliat, 1 S. 18.11. Eliminó los sacerdotes de Nob, 1 S. 22.18. David dos veces evitó matarlo, 1 S. 24.4; 26.11. Consultó a la médium de Endor, 1 S. 28.8. Su muerte en el monte Gilboa, 1 S. 31.6. Sus huesos transportados de Jabes a Zela, para la sepultura de su padre, Cis, 2 S. 21.14. // 4. Un antepasado de S., 1 Cr. 6.24.

SAULO: Véase **Pablo.**

SAVE-QUIRIATAIM, hb. **Planicie de Quiriataim:** Planicie próxima a Quiriataim, habitada por los emitas, Gn. 14.5.

SAVIA: Líquido nutritivo que circula en todas las partes de la planta. // Participante de la raíz y de la rica **s** del olivo, Ro. 11.17. **Se llenan de s los árboles de Jehová, los cedros del Líbano que él plantó, Sal. 104.16.**

SAZONAR: Condimentar los alimentos; poner algo en la sazón y madurez que debe tener. // Y sazonarás con sal toda ofrenda que presentes, Lv. 2.13. Mas si la sal se hace insípida, ¿con qué la sazonaréis? Mr. 9.50.

SEAL, hb. **Súplica:** Uno de los que tenían mujer extranjera, Esd. 10.29.

SEBA, hb. **Juramento:** 1. Un nieto de Abraham y Cetura, Gn. 25.3. // 2. Una ciudad de la herencia de Simeón, Jos. 19.2. // 3. El nombre original del pozo de Beerseba, Gn. 26.33. // 4. Hijo de Bicri, hombre de Benjamín. Le cortaron la cabeza, en la sedición que él levantó contra David, 2 S. 20.1-11. // 4. Seba era hijo de Joctán, hijo de Eber, Gn. 10.28. Se opina, por tanto, que Seba, era el nombre de una tribu árabe, y por lo tanto, de la descendencia de Sem. Siendo que Seba y Dedán eran de la descendencia de Cus (Gn. 10.7), se concluye que una parte de esas tribus emigraron para Etiopía, y al mismo tiempo, siendo de la descendencia de Abraham (Gn. 25.3) indica que algunas familias se quedaron en Siria. Lo cierto es que Seba era una tribu del sur de la Arabia, o de Joctán.

SEBAT: El undécimo mes del año, Zac. 1.7. Véase **Año.**

SEBER, hb. **Fractura:** Un hijo de Caleb, 1 Cr. 2.48.

SEBNA, hb. **Ternura:** Escriba de Ezequías, 2 R. 18.18-26,37.

SEBUEL, hb. **Prisionero de Dios:** 1. Hijo de Gersón, nieto de Moisés, y "oficial encargado de los tesoros", 1 Cr. 23.16; 26.24. // 2. Hijo de Hemán, el vidente del rey, 1 Cr. 25.4.

SECA: Marchitada por alguna disfunción. // Tenía una mano **s**, Mt. 12.10.

SECACA, hb. **Cerca:** Una ciudad de la herencia de Judá, Jos. 15.61.

SECANÍAS, hb. **Jehová habita:** Un descendiente de Zorobabel, 1 Cr. 3.21. Otros del mismo nombre, 1 Cr. 24.11; 2 Cr. 31.15; Esd. 8.3; 10.2; Neh. 3.29; 6.18; 12.3.

SECAR: Quitar la humedad a; agotar; estancar. // Las aguas se secaron, Gn. 8.13. La mano que había extendido contra el hombre de Dios, se le secó, 1 R. 13.4. Se secó mi corazón, Salmo 102.4. El espíritu triste seca los huesos, Proverbios 17.22. La hierba se seca, y la flor se marchita, Is. 40.7. La vid está seca... todos los árboles del campo se secaron, Jl. 1.12. Pero salido el sol, se quemó; y porque no tenía raíz, se secó, Mt. 13.6. Luego se secó la higuera, Mt. 21.19. Se secará... los echan en el fuego, y arden, Jn. 15.6. La hierba se seca, Stg. 1.11; 1 P. 1.24. Eufrates; y el agua de éste se secó, Ap. 16.12.

SECO, A: Sin humedad; enjuto, a. // Y volvió el mar en **s**, Ex. 14.21. Israel pasó en **s** por este Jordán, Jos. 4.22. Si el rocío estuviere en el vellón solamente, quedando seca toda la otra tierra, Jue. 6.37. Como raíz de tierra seca, Is. 53.2. El eunuco: He aquí yo soy árbol **s**, Is. 56.3. Huesos **s**, oíd palabra de Jehová, Ez. 37.4. ¿En el **s**, qué no se hará? Lc. 23.31. Véase **Enjuto.**

SECRETAMENTE: En secreto; a escondidas. // José... quiso dejarla **s**, Mt. 1.19. **Los hijos de Israel hicieron s cosas no rectas contra Jehová su Dios, 2 R. 17.9. José de Arimatea, que era discípulo de Jesús, pero s por miedo de los judíos, Jn. 19.38.**

SECRETO: Lo que no está divulgado; escondido. // El que anda en chismes descubre el **s**, Proverbios 11.13. No descubras el secreto a otro, Proverbios 25.9. Entonces el **s** fue revelado a Daniel en visión de noche, **Dn. 2.19.** Dios juzgará por Jesucristo los **s** de los hombres, Ro. 2.16. Y te declarara los **s** de la sabiduría, Job 11.6. ¿Descubrirás tú los **s** de Dios? Job 11.7. Y no se supo el **s** de su fuerza, **Jue. 16.9**. Herodes..., llamando en **s** a los magos, Mt. 2.7. Juró el rey Sedequías en **s** a Jeremías, Jer. 38.16. Rey, una palabra **s** tengo que decirte, Jue. 3.19. Ora a tu Padre que está en **s**; y tu Padre que ve en lo **s** te recompensará, Mt. 6.6. En lo **s** de tu presencia los esconderás, Salmo 31.20. Sea tu limosna en **s**, Mt. 6.4. Ora a tu Padre que está en **s**, Mt. 6.6. Véase **Misterio, Oculto.**

SECTA: Los que se separaron de una comunión principal. "La secta de los fariseos", Hch. 15.5. "La secta de los saduceos", Hch. 5.17. Los discípulos llamados la "Secta de los nazarenos", Hch. 24.5; "esta secta", Hch. 28.22. // Las principales sectas, partidos, grupos, etc. entre los judíos:

Principalmente religiosos:
1. Fariseos, Mateo 23.2.
2. Saduceos, Hechos 23.8.
3. Esenios,

Principalmente políticos:
4. Herodianos, Marcos 3.6.
5. Zelotes (Cananista), Mateo 10.4.
6. Sicarios, Hechos 21.38.

Grupos, etc.
7. Escribas, Hechos 6.12.
8. Intérpretes de la ley, Mateo 22.35.
9. Nazareos, Números 6.
10. Prosélitos, Hechos 2.10.
11. Publicanos. Mateo 5.46; Lucas 3.12
12. Samaritanos, Juan 4.9.
13. Concilio, Mateo 26.59.
14. Sinagoga, Juan 12.42.

SECÚ, hb. **Torre de vigía:** Un lugar entre Gabaa y Ramá, 1 S. 19.22.

SECUESTRADOR: El que arrebata del domicilio habitual, por violencia, a cualquier persona. El castigo era la muerte, Ex. 21.16. // Sodomitas, secuestradores de hombres, mentirosos, 1 Ti. 1.10. Véase **Hurto.**

SED: Sensación de la necesidad de beber. // Así que el pueblo tuvo allí **s**, y murmuró contra Moisés, Ex. 17.3. Enviare Jehová contra ti, con hambre y con **s** y con desnudez, Dt. 28.48. A fin de que con la embriaguez quite la **s**, Dt. 29.19. Te ruego me des de beber un poco de agua, pues tengo **s**, Jue. 4.19. Teniendo gran **s**, clamó luego a Jehová, Jue. 15.18. Mi alma tiene **s** de Dios, Salmo 42.2; 63.1. En mi **s** me dieron a beber vinagre, Salmo 69.21. Bienaventurados los que tienen hambre y **s** de justicia, Mt. 5.6. Tuve **s**, y me disteis de beber, Mt. 25.35. El que bebiere del agua que yo le daré, no tendrá **s** jamás, Jn. 4.14. El que en mí cree, no tendrá **s** jamás, Jn. 6.35. Si alguno tiene **s**, venga a mí y beba, Jn. 7.37. Tengo **s**, Jn. 19.28. Si tuviere **s**, dale de beber, Ro. 12.20. En hambre y **s**, en muchos ayunos, 2 Co. 11.27. Ya no tendrán hambre ni **s**, Ap. 7.16. Al que tuviere **s**, yo le daré gratuitamente…, Ap. 21.6. Y el que tiene **s**, venga, Ap. 22.17.

SEDA: Tejido hecho de la sustancia filamentosa producida por la larva vulgarmente llamada **gusano de seda.** // Est. 8.15 (Fig.); Ez. 16.10,13; Ap. 18.12. La seda era muy conocida en Palestina y en países circunvecinos, siendo importada del Oriente. Era muy cara, valiendo a veces su peso en oro.

SEDEQUÍAS, hb. **Jehová es mi justicia:** — 1. Un falso profeta, 1 R. 22.11. // 2. Otro falso profeta, Jer. 29.22. // 3. Uno de los príncipes delante de los cuales el rollo de Jeremías fue leído, Jer. 36.12. // 4. Uno de los que firmaron el pacto con Nehemías, Neh. 10.1. // 5. Nombre dado a Matanías por el rey de Babilonia. El último rey de Judá, 2 R. 24.17. Su mal reinado, 2 R. 24.18. A los hijos de él mataron a su propia vista, a él sacaron los ojos, lo ataron con dos cadenas de bronce y lo llevaron a Babilonia, 2 R. 25.7. Véase **Reyes.**

SEDEUR, hb. **Luz:** El padre de Elisur, jefe de Rubén, Nm. 1.5.

SEDICIÓN: Alzamiento colectivo y violento contra un poder establecido; sublevación, revuelta, motín. // Había sido echado en la cárcel por **s** en la ciudad, Lc. 23.19. Seamos acusados de **s** por esto de hoy, Hch. 19.40. Promotor de **s** entre los judíos, Hch. 24.5. Cuando oigáis de guerras y de **s**, no os alarméis, Lc. 21.9. Véase **Rebelión, Revuelta.**

SEDIENTO, A: Que tiene sed; o gran deseo de beber. // A todos los **s**: Venid a las aguas, Is. 55.1. Hambrientos y **s**, su alma desfallecía en ellos, Salmo 107.5. Como el agua fría al alma **s**, Proverbios 25.25. Le parece que bebe, pero cuando despierta, se halla cansado y **s**, Is. 29.8.Véase **Sequedal.**

SEDIMENTO: Residuo, zupia. // Sobre su **s** ha estado reposado, Jer. 48.11. Véase **Escoria, Excremento.**

SEDUCIÓN: Acción o efecto de hacer caer en error o culpa. Se dice particularmente de los medios empleados para seducir las mujeres. // Me sedujiste, oh Jehová, y fui seducido, Jer. 20.7. Con lisonjas seducirá a los violadores del pacto, Dn. 11:32. Maestra en hechizos, que seduce a las naciones con sus fornicaciones, Nahúm 3.4. Tienen los ojos llenos de adulterio, no se sacian de pecar, seducen a las almas inconstantes, 2 P. 2.14. Seducen con concupiscencias de la carne, 2 P. 2.18.

SEDUCIR: Engañar sutilmente; deshonrar, valiéndose de promesas, encantos o palabras amables. // Con lisonjas seducirá a los violadores del pacto, Dn. 11.32. De su propia concupiscencia es atraído y seducido, Stg. 1.14. Jezabel…que se dice profetisa, enseñe y seduzca a mis siervos, Ap. 2.20. Véase **Engañar.**

SEERA, hb. **Pariente:** Una hija de Efraín, que edificó dos ciudades, 1 Cr. 7.24.

SEFAR, hb. **Contaje:** Un lugar en Arabia, mencionado como uno de los límites de la tribu de Joctán, Gn. 10.30. Véase mapa 1, E-4.

SEFARVAIM, hb. **Siparas gemelas:** Una

ciudad de Asiria, de donde el rey asirio trajo muchos cautivos para repoblar las ciudades de Samaria, 2 R. 17.24.

SEFATÍAS, hb. **Jehová ha juzgado:** 1. El quinto hijo de David, 2 S. 3.4. // 2. Un benjamita, 1 Cr. 9.8. // 3. Uno de los valientes de David, 1 Cr. 12.5. 4. Un príncipe en el tiempo de David, 1 Cr. 27.16. // 5. Un hijo de Josafat, 2 Cr. 21.2. // 6. Uno de los que vinieron de Babilonia con Zorobabel, Esd. 2.4. // 7. Otro volvió de Babilonia, Esd. 2.57. // 8. Un descendiente de Fares, Neh. 11.4. // 9. Un príncipe de Judá, Jer. 38.1.

SEFELA, hb. **Tierras bajas:** Región que originalmente cayó por suerte a Dan a una gran parte más del territorio del oeste y del sudoeste de Judá. // 2 Cr. 9.27; 2 Cr. 1.15; 1 R. 10.27; Jer. 32.44; 33.13; 1 Cr. 27.28; 2 Cr. 28.18; Zac. 7.7; Abd. 1.19. La palabra es traducida **valle** en Dt. 1.7; Jos.12.8; **llanos,** en Jos. 9.1; 10.40; Jos. 11.16; Jos. 11.2; Jue. 1.9; **llanuras** en Jos. 15.33. (La palabra **Sefela** aparece también en 1 Macabeos, 12.38).

SEFO: Un descendiente de Seir, 1 Cr. 1.40.

SÉFORA, hb. **Pajarito:** La hija de Reuel o Jetro, el sacerdote de Madián. Se casó con Moisés y fue madre de Gersón y Eliezer, Ex. 2.21; 18.2-4.

SEFUFÁN: Un descendiente de Benjamín, 1 Cr. 8.5.

SEGADOR: Cosechero, Recolector. // Espigó en el campo en pos de los **s**, Rt. 2.3. Vino a su padre, que estaba con los **s** 2 R. 4.18. Véase **Obrero**.

SEGAR: Cortar, recoger. // Siegues la mies, Lv. 19.9. Con regocijo segarán, Sal. 126.5. Siegas donde no sembraste, Mt. 25.24. Cuervos, que ni siembran, ni siegan, Lc. 12.24. El que siembra escasamente, también segará escasamente, 2 Co 9.6. Eso también segará, Gá. 6.7. A su tiempo segaremos, Gá. 6.9. Clamores de los que habían segado, Stg. 5.4. Mete tu hoz, y siega, Ap. 14.15. Llegó la hora de segar, Ap. 14.15. La tierra fue segada, Ap. 14.16. Véase **Cosechar**.

"He aquí, el sembrador salió a sembrar" *(Mt. 13.3)*.

SEGUB, hb. **Exaltado:** 1. Hijo menor de Hiel, que reedificó Jericó en el reinado de Acabe, 1 R. 16.34. // 2. Hijo de Hezrom, 1 Cr. 2.21.

SEGUIR: Ir en pos de; acompañar; adherir a; tomar como modelo. // Si Jehová es Dios, seguidle, 1 R. 18.21. Maestro, te seguiré adondequiera que vayas, Mt. 8.19. Jesús le dijo: Sígueme, Mt. 8.22. Tome su cruz, y sígame, Mt. 16.24. Lo hemos dejado todo, y te hemos seguido, Mt. 19.27. Pedro le seguía de lejos, Mt. 26.58. El que me sigue no andará en tinieblas, Jn. 8.12. Mas al extraño no seguirán, Jn. 10.5. Mis ovejas oyen mi voz, y yo las conozco, y me siguen, Jn. 10.27. Seguid el amor, 1 Co. 14.1. Siguiendo la verdad en amor, Ef. 4.15. Sigue la justicia, 1 Ti. 6.11; 2 Ti. 2.22. Seguid la paz con todos, He. 12.14. Siguiendo fábulas artificiosas, 2 P. 1.16. Siguiendo el camino de Balaam, 2 P. 2.15. Son los que siguen al Cordero, Ap. 14.4. Sus obras con ellos siguen, Ap. 14.13. Véase **Perseguir.**

SEGÚN: Conforme, de acuerdo con. // La tristeza que es **s** Dios produce arrepentimiento para salvación, 2 Co. 7.10.

SEGUNDA MUERTE: El que venciere, no sufrirá daño de la segunda muerte, Ap. 2.11; 20.6,14; 21.8.

SEGUNDO, A: Inmediato al primero. // Ay, Ap. 11.14; bestia, Dn. 7.5; gracia, 2 Co. 1.15; mandamiento, Mt. 22.39; muerte, Ap. 2.11; 20.6,14; 21.8; cara, Ez. 10.14; sello, Ap. 6.3; ser viviente, Ap. 4.7; segunda señal, Jn. 4.54; copa, Ap. 16.3; trompeta, Ap. 8.8; velo, He. 9.3; vigilia, Lc. 12.38.

SEGUNDO: Un cristiano de Tesalónica que acompañó a Pablo en parte de su tercer viaje misionero, Hch. 20.4.

SEGURAMENTE: De modo seguro. // Los haré volver a este lugar, y los haré habitar **s**, **Jer. 32.37.** Y **s** os echará de aquí del todo, Ex. 11.1. Eliseo le dijo: Ve, dile: **S** sanarás. 2 R. 8.10. Y él respondió: Me dijo que **s** sanarás. 2 R. 8.14. **S** dirán ahora: No tenemos rey, porque no temimos a Jehová; Os. 10.3. Tantas clases de idiomas hay, **s**, en el mundo, 1 Co. 14.10.

SEGURIDAD: Certeza, confianza, afirmación, firmeza. // Mas en la multitud de consejeros hay **s**, Proverbios 11.14. Labor de la justicia, reposo y **s** para siempre, Is. 32.17. Cuando digan: Paz y **s**, 1 Ts. 5.3. Comeréis hasta saciaros, y habitaréis en ella con **s**, Lv. 25.19. Véase **Certeza.**

SEGURO: Libre del peligro o de recelos, firme. // En aquellos días... Jerusalén habitará **s**, Jer. 33.16. A mí no me es molesto el escribiros las mismas cosas, y para vosotros es **s**, Fil. 3.1. Os libró de mano de vuestros enemigos en derredor, y habitasteis **s**, 1 S. 12.11. Guardad... habitaréis en la tierra **s**, Lv. 25.18. Debajo de sus alas estarás **s**, Salmo 91.4. Tenemos como **s** y firme ancla del alma, He. 6.19. Véase **Firme.**

SEHARÍAS, hb. **Jehová brotó como el alba:** Un benjamita, 1 Cr. 8.26.

SEHÓN: Rey de los amorreos que atacó a los israelitas cuando éstos se aproximaban de la tierra de la Promisión, Nm. 21.21.

SEIR, hb. **Áspero** o **melenudo:** 1. Región montañosa de Edom, Gn. 32.3; 36.30. O monte Seir, Gn. 14.6. Dios dio Seir a Esaú, rival de las tribus de Jacob, Jos. 24.4. Véase mapa 5, D-1. Esaú habitó en el monte de Seir; Esaú es Edom, Gn. 36.8. Israel, en la jornada de Egipto para Canaán, pasó, por el camino de Seir, Dt. 1.2; 2.1; 2 Cr. 20.10. // 2. El monte Seir, en el término norte de la tribu de Judá, Jos. 15.10.

SELA, hb. **Elevación:** El hijo menor de Judá, Gn. 46.12.

SELAH: Palabra aislada, empleada 71 veces en los Salmos y en el salmo de Habacuc, cap. 3.3,9,13. De significado incierto, no se sabe si sirve de señal para una pausa, o de un cambio de piano para fuerte, o para una exclamación de los adoradores, como "amén o "aleluya". Véase **Higaion**.

SELA-HAMA-LECOT: Piedra de Escape, 1 S. 23.28.

SELEC, hb. **Fenda:** Uno de los valientes del ejército de David, 1 Cr. 11.39.

SELED: Un descendiente de Judá, 1 Cr. 2.30.

SELEF, hb. **Extracción:** Un descendiente de Noé, Gn. 10.26.

SELEMÍAS, hb. Jehová recompensa: Un portero en el templo, 1 Cr. 26.14. Otros del mismo nombre, Esd. 10.39; Neh. 3.30; 13.13; Jer. 37.3.

SELES, hb. **Trío:** Un descendiente de Aser, 1 Cr. 7.35.

SELEUCIA hb. **Concerniente a Seleuco:** El puerto marítimo de la ciudad de Antioquía, donde Bernabé y Saulo embarcaron, en su primer viaje misionero, Hch. 13.4. Véase mapa 6, F-2.

SELLAR: Aplicar un sello en; cerrar; volver válido. // Selladlo con el anillo del rey, Est. 8.8. Sella el libro, Dn. 12.4. Estas palabras están cerradas y selladas, Dn. 12.9. Sepulcro, sellando la piedra, Mt. 27.66. El cual también nos ha sellado, 2 Co. 1.22. Fuisteis sellados con el Espíritu Santo de la promesa, Ef. 1.13. Espíritu Santo de Dios, con el cual fuisteis sellados, Ef. 4.30. Por dentro y por fuera, sellado con siete sellos, Ap. 5.1 Hasta que hayamos sellado en sus frentes, Ap. 7.3. No selles las palabras de la profecía de este libro, Ap. 22.10.

SELLO: Marca, cuño, póliza para que un documento se vuelva auténtico. // ¿Qué prenda te daré? Ella respondió: Tu **s**, Gn. 38.18. Recibió la circuncisión como señal, como **s** de la justicia de la fe, Ro. 4.11. Porque el **s** de mi apostolado sois vosotros en el Señor, 1 Co. 9.2. El fundamento de Dios está firme, teniendo este **s**, 2 Ti. 2.19. Un libro escrito por dentro y por fuera, sellado con siete **s**, Ap. 5.1. El Cordero abre los **s**, Ap. 6.8. Tenía el **s** del Dios vivo, Ap. 7.2. Que no tuviesen el **s** de Dios en sus frentes, Ap. 9.4. Puso su **s** sobre él, Ap. 20.3.

SELOMI, hb. **Pacífico:** 1. La madre del israelita que fue apedreado por haber blasfemado el nombre del Señor, Lv. 24.11. 2. Un hombre de la tribu de Aser, escogido para repartir la tierra, Nm. 34.27.

SELOMOT: Un izharita, 1 Cr. 24.22.

SELSA: Ciudad en la frontera de Benjamín, cerca del sepulcro de Raquel, 1 S. 10.2.

SELUMIEL, hb. **Amigo de Dios:** Un jefe de la tribu de Simeón en el tiempo del Ex., Nm. 1.6.

SELVA: Lugar arbolado por la naturaleza. // En ella corretean todas las bestias de la **s**, Sal. 104.20. Por tanto, el león de la **s** los matará, Jer. 5.6. Mi heredad fue para mí como león en la **s**, Jer. 12.8. ¿Rugirá el león en la **s** sin haber presa? Am. 3.4. Como el león entre las bestias de la **s**, Mi. 5.8. Véase **Bosque.**

SEM, hb. **Roca:** El hijo primogénito de Noé, Gn. 5.32. Su posteridad habitó las mejores tierras de Asia.

SEMA, hb. **Rumbos:** 1. Una ciudad de la herencia de Judá, Jos. 15.26. // 2. Un descendiente de Rubén, 1 Cr. 5.8. // 3. Un morador de Ajalón, 1 Cr. 8.13. // 4. Uno que quedó a la derecha de Nehemías cuando leía la ley delante del pueblo, Neh. 8.4.

SEMAA, hb. **Fama:** Padre de Ahiezer y Joás, que vieron a David en Siclag, cuando éste huía de Saúl, 1 Cr. 12.3.

SEMAÍAS, hb. **Jehová ha oído:** Profeta enviado a protestar a Roboam en contra del intento de este rey de conquistar las diez tribus revoltosas, 2 Cr. 11.2.

SEMANA: Espacio de siete días, desde el domingo hasta el sábado. // La fiesta de las **s**, Ex. 34.22. Setenta **s** están determinadas, Dn. 9.24. Siete **s**; y sesenta y dos **s**, Dn. 9.25. Pacto con muchos por una **s**; a la mitad de la **s**, Dn. 9.27. Véase **Año, Día.**

SEMANAS, FIESTA DE LAS: Los judíos llaman a la fiesta del Pentecostés, la fiesta de las semanas, dado que se observaba siete semanas después de la pascua.

SEMARÍAS hb. **Jehová ha conservado:** 1. Uno de los que vinieron a David en Siclag, cuando fugitivo de Saúl, 1 Cr. 12.5. // 2. Un hijo de Roboam, 2 Cr. 11.19.

SEMBLANTE: Lo mismo que **rostro**. **Fig.** Aspecto. // Se ensañó Caín en gran manera, y decayó su **s**, Gn. 4.5. Dejaré mi triste **s**, y me esforzaré, Job 9.27. Era José de hermoso **s** y bella presencia, Gn. 39.6. Véase **Cara, Faz, Rostro.**

SEMBRAR: Echar o diseminar semillas de, para que germinen. // Sembró Isaac en aquella tierra, y cosechó aquel año ciento por uno, Gn. 26.12. Los que sembraron con lágrimas, con regocijo segarán, Salmo 126.5. Llorando mientras siembra, Salmo 126.6. Siembra las discordias, Proverbios 6.14. El que siembra justicia tendrá galardón firme, Proverbios 11.18. El que al viento observa, no sembrará, Ec. 11.4. Por la mañana siembra tu semilla, Ec. 11.6. No sembréis entre espinos, Jer. 4.3. Sembraron trigo, y segaron espinos, Jer. 12.13. Sembrarás, mas no segarás, Mi. 6.15. Sembráis mucho, y recogéis poco, Hag. 1.6. Las aves del cielo, que no siembran, Mt. 6.26. He aquí, el sembrador salió a sembrar, Mt. 13.3. ¿No sembraste buena semilla en tu campo? Mt. 13.27. Sabías que siego donde no sembré, Mt. 25.26. Os he enviado a **s** lo que vosotros no labrasteis, Jn. 4.38. Sembramos entre vosotros lo espiritual, 1 Co. 9.11. Se siembra en corrupción, 1 Co. 15.42. El que siembra escasamente... el que siembra generosamente, 2 Co. 9.6. El que da semilla al que siembra, 2 Co. 9.10. Todo lo que el hombre sembrare, Gá. 6.7. [Legenda]: "He aquí, el sembrador salió a sembrar", Mt. 13.3.

SEMEBER: Rey de Zeboim, Gn. 14.2.

SEMED, hb. **Destrucción:** Un benjamita, 1 Cr. 8.12.

SEMEI: Padre de Matatías, de la genealogía de Cristo, Lc. 3.26.

SEMEJANTE: Parecido. // ¿Quién será **s** a Jehová...? Salmo 89.6. ¿A qué, pues, haréis **s** a Dios...? Is. 40.18. Es **s** a la onda del mar, Stg. 1.6. Elías era hombre sujeto a pasiones **s** a las nuestras, Stg. 5.17. La ciudad era de oro puro, **s** al vidrio limpio, Ap. 21.18. Véase **Igual.**

SEMEJANZA: Conformidad física o moral entre las personas o entre las cosas. // El hombre conforme a nuestra **s**, Gn. 1.26; 5.1. Engendró un hijo a su **s**, Gn. 5.3. No te harás imagen, ni ninguna **s**, Ex. 20.4; Dt. 4.16,17,18, 25. Estaré satisfecho cuando despierte a tu **s**, Salmo 17.15. El carpintero... a **s** de hombre hermoso, Is. 44.13. Había en ellos **s** de hombre, Ez. 1.5. Plantados juntamente con él en la **s** de su muerte... en la de su resurrección, Ro. 6.5. Su Hijo en **s** de carne, Ro. 8.3. Hecho **s** a los hombres, Fil. 2.7. A **s** de Melquisedec, He. 7.15. Están hechos a la **s** de Dios, Stg. 3.9.

SEMENTERA: Época en la que se siembra. // Mientras la tierra permanezca, no cesarán la **s** y la siega, Gn. 8.22. La vendimia alcanzará a la **s**, Lv. 26.5. Multiplicará vuestra **s**, 2 Co. 9.10.

SEMER, hb. **Borra de vino:** 1. El dueño del monte que el rey Omri compró y sobre el cual edificó la ciudad de Samaria, 1 R. 16.24. // 2. Un levita de la familia de Merari, 1 Cr. 6.46.

SEMIDA, hb. **Fama de sabiduría:** Un descendiente de Manasés, 1 Cr. 7.19.

SEMILLA: Grano, o parte del fruto, propio para la reproducción. // Hierba que dé **s**, Gn. 1.11. Sembraréis en vano vuestra **s**, Lv. 26.16. No sembrarás tu viña con **s** diversas, Dt. 22.9. Por la mañana siembra tu **s**, Ec. 11.6. El que da **s** al que siembra, 2 Co. 9.10. **Parábolas acerca de semillas**, Mt. 13.; Lc. 8.5.

SEMITAS: El término no se encuentra en las Escrituras mas se refiere a los hijos de Sem, el hijo primogénito de Noé, Gn. 5.32; 6.10. Comprenden varios pueblos que hablan o hablaron el arameo, el sirio, el caldeo, el asirio, el hebreo, el árabe, el himyrita. Los semitas tienen piel trigueña, pelo negro y estatura elevada.

SEMPITERNO: Que no tuvo principio ni tendrá fin. // Su reino, reino sempiterno, Dn. 4.3. Cuyo dominio es sempiterno, Dn. 4.34.

SEMUEL: 1. Un simeonita designado para repartir la tierra, Nm. 34.20. // 2. Un nieto de Isacar, 1 Cr. 7.2.

SENAA, hb. **Espinoso:** Quizás una ciudad cerca de Jericó, Esd. 2.35.

SENAQUERIB, Hb. **El dios-luna (sin) ha multiplicado a sus hermanos**: El hijo y sucesor de Sargón, rey de Asiria, que subió al trono en 705 a.C. Era uno de los mayores estadistas del antiguo oriente. Durante el reinado de Ezequías invadió Judá, 2 R. 18.13-16. Un ángel del Señor salió por la noche y destruyó su ejército, 2 R. 19.35. Fue asesinado, en el año 681 a.C., por sus dos hijos Adramelec y Sarezer, mientras él adoraba en el templo de Nisroc, su dios, 2 R. 19.37. [LEGENDA:] Senaquerib en su trono.

SENAZAR, hb. **Ó dios-luna, valedme:** Un hijo de Jeconías y tío de Zorobabel, 1 Cr. 3.18.

SENCILLEZ: Ausencia de dificultad o complicación; ingenuidad, sinceridad. // Con Absalón... los cuales iban en su **s**, sin saber nada, 2 S. 15.11. Con **s** de mi corazón y con limpieza de mis manos he hecho esto, Gn. 20.5. Comían juntos con alegría y **s** de corazón, Hch. 2.46. El testimonio de nuestra conciencia, que con **s** y sinceridad de Dios, 2 Co. 1.12. Con **s** de vuestro corazón, como a Cristo, Ef. 6.5. Véase **Sinceridad, Sencillo, Simples.**

SENCILLO: Que obra sin doblez ni engaño; natural, espontáneo, no presuntuoso. // El testimonio de Jehová es fiel, que hace sabio al **s**, Salmo 19.7. Jehová guarda a los **s**, Salmo 116.6. Sed, pues, prudentes como serpientes, y **s** como palomas, Mt. 10.16. Véase **Simples**.

SENDA: Camino pequeño y estrecho. // ¿Quieres tú seguir la **s** antigua...? Job 22.15. Que dejan los caminos derechos, para andar por **s** tenebrosas, **Proverbios 2.13.** Y tus **s** en las muchas aguas, **Sal. 77.19.** Enséñame, oh Jehová, tu camino, y guíame por **s** de rectitud, **Sal. 27.11**. Vigiló todas mis **s**, Job 33.11. Haced **s** derechas para vuestros pies, **He. 12.13**. Así dijo Jehová: Paraos en los caminos, y mirad, y preguntad por las **s** antiguas, **Jer. 6.16. Véase Camino, Sendero.**

SENDERO: Lo mismo que senda. // Se apartaban por **s** torcidos, Jue. 5.6.Todo cuanto pasa por los **s** del mar, Sal. 8.8. Ni seguirán otra vez los **s** de la vida. Proverbios 2.19. Cercó mis caminos con piedra labrada, torció mis **s**. Lm. 3.9. Véase **Camino, senda**.

SENE, hb. **Huerto de espinos:** Peña del lado sur del desfiladero de Micmas, 1 S. 14.4, 5.

SENIR, hb. **Cuota de malla:** El nombre amorreo del monte Hermón, Dt. 3.9. Quizás se refiere en Cnt. 4.8, a toda la cordillera. Las hayas de Senir, Ez. 27.5.

SENO: La parte del cuerpo humano en la que existen las glándulas mamarias. Cada uno de los pechos de la mujer. El regazo. La sede de la concepción; el útero; amparo, abrigo, Parte interna de alguna cosa. // Tomará el hombre fuego en su seno..., Proverbios 6.27. Los corderos en su seno los llevará, Is. 40.11. Los senos que mamaste, Lc. 11.27. Al seno de Abraham Lc. 16.22. Está en el seno del Padre, Jn. 1.18. **Dos naciones hay en tu seno,** Gn. 25.23. **Le dijo además Jehová: Mete ahora tu mano en tu seno. Y él metió la mano en su seno; y cuando la sacó, he aquí que su mano estaba leprosa como la nieve. Ex. 4.6.** Durmiendo en su seno; y la tenía como a una hija, **2 S. 12.3.** Escondiendo en mi seno mi iniquidad, **Job 31.33. Véase Regazo, Pecho.**

SENSATO: Como a **s** os hablo, **1 Co. 10.15.** Véase **Prudente, Cuerdo, Serio.**

SENSUAL: Dado a los placeres de los sentidos. // Causan divisiones; los **s**, que no tienen al Espíritu, Jud. 19. Véase **Carnal.**

SENTAR: Sentarse, asegurar, determinar. // Y se sentaron a comer pan, Gn. 37.25. Ni en silla de escarnecedores se ha sentado, Sal. 1.1; Siéntate a mi diestra, Sal. 110.1; Mt. 22.44; Hch. 2.34; He. 1.13. De Babilonia, allí nos sentábamos, y aun llorábamos, Sal. 137.1. Tú has conocido mi sentarme, Sal. 139.2. Me senté... y allí permanecí siete días, Ez. 3.15. El juez se sentó, Dn. 7.10.

SENTENCIA: Ellos te enseñarán la **s** del juicio, Dt. 17.9. Esa será tu **s**, 1 R. 20.40. De lo que ella había hecho, y de la **s** contra ella, Est. 2.1. Donde pronunció **s** contra él, Jer. 52.9. Si no me mostráis el sueño, una sola **s** hay para vosotros, Dn. 2.9. Tuvimos en nosotros mismos sentencia de muerte, 2 Co. 1.9. Véase **Juicio.**

SENTENCIAR: Pronunciar sentencia. // Para soltar a los sentenciados a muerte, **Sal. 102.20.** Entonces Pilato sentenció que se hiciese lo que ellos pedían, **Lc. 23.24**. A nosotros los apóstoles como postreros, como a sentenciados a muerte, **1 Co. 4.9**.

SENTIDO: Cada una de las formas de recibir sensaciones, según los órganos de éstas, (hay cinco sentidos: la vista, el oído, el olfato, el gusto y el tacto): facultad de sentir; significación. // Pero no tenía voz ni **s**, **2 R. 4.31**. Enséñame buen **s** y sabiduría, **Sal. 119.66**. Temo que...vuestros **s** sean de alguna manera extraviados, **2 Co. 11.3.** Por el uso tienen los sentidos ejercitados en el discernimiento del bien y del mal, **He. 5.14.** Véase **Facultad, Mente.**

SENTIR: Percibir por cualquier órgano de los sentidos; experimentar (sensación física o moral). // Haya, pues, en vosotros este **s** que hubo también en Cristo Jesús, Fil. 2.5. Todos los que somos perfectos, esto mismo sintamos, Fil. 3.15. Completad mi gozo, sintiendo lo mismo, teniendo el mismo amor, unánimes, sintiendo una misma cosa, Fil. 2.2. Os dé entre vosotros un mismo **s** según Cristo Jesús, Ro. 15.5.

SENÚA: Un benjamita, que fue la segunda autoridad de Jerusalén después del retorno de Babilonia, Neh. 11.9.

SEÑAL: Indicio, marca, gesto combinado entre dos o más personas. // Circuncisión, Ro. 4.11; del apostolado, 2 Co. 12.12; aprobado con **s**, Hch. 2.22; arco por señal, Gn. 9.13; en Caín, Gn. 4.15; de los cielos, Jer. 10.2; descalzo por señal, Is. 20.3; falsos, Dt. 13.1-3; Mt. 24.24; 2 Ts. 2.9; Ap. 16.14; 19.20; Hijo del Hombre, Mt. 24.30; grande en el cielo, Ap. 12.1; grandes, Hch. 6.8; Ap. 13.13; de Jonás, Mt. 12.39; Lana, Jue. 6.37; lenguas, 1 Co. 14.22; lumbreras, Gn. 1.14; en las manos, Jn. 20.25; de Moisés, Ex.

3.12; notoria, Hch. 4.16; **s** pedido, Mt. 12.38; 1 Co. 1.22. Sábado, Ex. 31.13; sangre, Ex. 12.13; en el sol, Lc. 21.25; tiempos, Mt. 16.3; venida de Cristo, Mt. 24.3,15,30. El que le entregaba les había dado señal, Mr. 14.44. Véase **Maravilla, Milagro, Prodigio.**

SEÑALAR: Poner o marcar con una señal una cosa para distinguirla de otra; llamar la atención hacia una persona o cosa, designándola con la mano; indicar; determinar la persona, día, hora o lugar para algún fin; distinguirse o singularizarse. // Si alguno no obedece a lo que decimos por medio de esta carta, a ése señaladlo, y no os juntéis con él, 2 Ts. 3.14. **Y señalarás término al pueblo en derredor, Ex.19.12. Señalad tres varones de cada tribu, para que yo los envíe, Jos. 18.4. El cual les dio casa y les señaló alimentos, y aun les dio tierra. 1 R. 11.18. Mi amado es blanco y rubio, señalado entre diez mil, Cantares 5:10.** Y la heredad que Dios le señala por su palabra. **Job 20.29.** Y les señaló el rey ración para cada día, **Dn. 1.5.** // **Tiempo**, **Gn. 18.14; Ex. 34.18; Jos. 8.14; 1 S. 13.11; 20.35; 2 S. 20.5; 24.15; Neh. 2:6; 13:31; Est. 9.31; Sal. 75.2; Jer. 46.17; Dn. 11.29; Gl. 4.2. Ciudades, lugares**, Ex. 21.13; Nm. 35.11; Jos. 20.2; 20.7; 20.8; 20.9; 1 S. 21.2; 29.4; Is. 28.25. **Personas**, Jos. 18.4; Hch. 1.23. **Trabajadores**, 1 Cr. 22.2; 2 Cr. 2.18; Neh. 7.1; 7.3. **Camino,** Ez. 21.20. **Precio**, Lv. 27.23. **Día**, Sal. 81.3; Pr. 7.20; Hch. 12.21; 28.23. **Medida**, Ez. 45.6. **Véase Distinguir, Determinar, Fijar.**

SEÑOR: Esta palabra en cuanto impresa con mayúsculas, representa la palabra hebrea, YHVH, es decir, Jehová, el nombre más sagrado de Dios. Véase Gn. 2.4; 4.26; etc. se refiere, también, a Cristo, Lc. 2.11; Ro. 10.9; 2 Co. 4.5; etc. Los señores de los altos de Arnón (Nm. 21.28) eran tal vez dirigentes de los cultos idólatras. El Señor de la viña (Mt. 20.8; 21.40) era el propietario que podía arrendarla a otro. El Señor de la mies (Mt. 9.38) se refiere, quizás, al jefe de un grupo de obreros. La palabra es, también, tratamiento de siervos para con sus amos. Véase Mt. 10.24; Jn. 15.20; Ef. 6.5; Tit. 2.9. Véase **Dios, Cristo, Jehová, Jesús, Padre. Día de Jehová:** El día de Jehová en Am. 5.18-20; Sof. 1.14-18; 2 P. 3.10, se refiere la segunda venida de Cristo. Se opina generalmente, que la misma expresión en Ap. 1.10, se refiere al primer día de la semana, el día en que Jesús resucitó de la muerte (Jn. 20.1,19), ocho días después Él visitó los discípulos en Jerusalén (V.26) y el día en que se reunían para observar su cena, Hch. 20.7. **Oración del Señor:** Más apropiadamente la **oración dominical,** se encuentra en Mt. 6.9-15 y Lc. 11.2-4. **La oración sacerdotal de Cristo** aparece en Jn. 17. **Cena del Señor:** La historia de su institución se encuentra en Mt. 26.26-29; Mr. 14.22-25; Lc. 22-19,20; y 1 Co. 11.23-26. Se llama "el partimiento del pan" (Hch. 2.42; 20.7,11), "comunión" (1 Co. 10.16), "eucaristía", gr. Eucharistesas "dio gracias"; "la Cena del Señor". (1 Co. 11.20). Fue instituida la noche en que Jesús y sus discípulos se reunieron para comer la pascua, Mt. 26.19. Es una comunión del cuerpo y de la sangre de Cristo, Jn. 6.54; Hch. 2.42; 20.7, 11; 1 Co. 16; 11.23-26. Es una ordenación perpetua: "Haced esto en memoria de mí", 1 Co. 11.24. "Haced" quiere decir **practicad**. Desde que Cristo dijo eso el pueblo de Dios ha observado la cena, no anualmente, porque el Maestro dijo: Todas las veces que la bebiereis (la copa),... todas las veces que comiereis (el pan)..." 1 Co. 11.25, 26. La cena original fue observada en una sala, del piso superior de una residencia particular, por la noche, todos reclinados al derredor de una mesa, las mujeres excluidas, solamente los apóstoles presentes. No existe una secta actual que observe todas estas condiciones. Pero podemos guardar la cena con el mismo espíritu y el mismo propósito de los creyentes primitivos. El término "testamento", trae a la memoria hechos y promesas del Antiguo Testamento, especialmente el nuevo pacto, Jer. 31.31; He. 8.7-13. "En memoria de mí" (Lc. 22.19) quiere decir que la cena debe de ser, para nosotros, una recordación, y no una repetición, del sacrificio de Cristo. La copa es una recordación de la sangre de Cristo, sangre que nos limpia de todo pecado; el pan una recordación del cuerpo de Cristo. El motivo de que hay entre nosotros muchos débiles y enfermos (1 Co. 11.30), es porque, en la cena, no disciernen el cuerpo, v. 29. Cristo no sólo nos ha lavado en Su sangre, sino que llevó también nuestros dolores y nuestras enfermedades en Su cuerpo, Is. 53.4,5; 1 P. 2.24. La cena de Cristo es una de las ordenanzas más santas de su Iglesia. Pero sólo cuando se la observa en verdadera comunión con el Maestro. Si el propio Hijo de Dios no se atrevió a hacer el sacrificio del Calvario sin el Espíritu eterno (He. 9.14), tanto más debemos nosotros pedir y reconocer la presencia del mismo Espíritu, antes de comer el pan y beber la copa.

SEÑORA: Dama, doña. // El anciano a la señora elegida, 2 Jn. 1.

SEOL: Lugar remoto. El otro mundo. // El **s** está descubierto delante de él, Job 26.6. El **s** y el Abadón están delante de Jehová, Pr. 15.11. Porque el **s** adonde vas, Ec. 9.10. El **s** abajo se espantó de ti, Is. 14.9. De en medio del

s hablarán a él los fuertes, Ez. 32.21. Véase **Eternidad**, **Infierno**, **Muerte**.

SEORIM, hb. **Cebada:** Levita cuya familia hizo parte de la cuarta división de sacerdotes, 1 Cr. 24.8.

SEPARACIÓN: Acción o efecto de separar. // **S** entre la luz y las tinieblas, aguas y aguas, el día y la noche, Gn. 1.4,6,14. Aquel velo os hará **s** entre el lugar santo y el santísimo, Ex. 26.33. Para hacer **s** entre el santuario y el lugar profano, Ez. 42.20. De ambos pueblos hizo uno, derribando la pared intermedia de **s**, Ef. 2.14. Véase **División.**

SEPARADO: Aislado. // Inseparables en su vida, tampoco en su muerte fueron **s**, 2 S. 1.23. El pueblo de Israel y los sacerdotes y levitas no se han **s** de los pueblos de las tierras, Esd. 9.1. Porque **s** de mí nada podéis hacer, Jn. 15.5. Hermanos, **s** de vosotros por un poco de tiempo, 1 Ts. 2.17.

SEPARAR: Desunir; dividir. // No se han separado de los pueblos de las tierras, Esd. 9.1. Por tanto, lo que Dios juntó, no lo separe el hombre, Mt. 19.6. Tal desacuerdo entre ellos, que se separaron el uno del otro, Hch. 15.39. ¿Quién nos separará del amor de Cristo? Ro. 8.35. Anatema, separado de Cristo, por amor a mis hermanos, Ro. 9.3. Que la mujer no se separe del marido, 1 Co. 7.10. Véase **Apartar, Consagrar.**

SEPTUAGINTA: La versión de los Setenta, la versión griega del antiguo Testamento, preparada por un grupo de setenta y dos eruditos, en Alejandría, en el tercer siglo antes de Cristo. Era la Biblia en la época de Cristo y de los apóstoles.

SEPULCRO: Tumba. // En el **s** que cavé para mí en la tierra de Canaán, allí me sepultarás, Gn. 50.5. ¿No había **s** en Egipto…? Ex. 14.11. Dos endemoniados que salían de los **s**, Mt. 8.28. Sois semejantes a **s** blanqueados, Mt. 23.27. Porque edificáis los **s** de los profetas, Mt. 23.29. Se abrieron los **s** y muchos cuerpos, Mt. 27.52. Lo puso en su **s** nuevo… una gran piedra a la entrada del **s**, Mt. 27.60. Pero levantándose Pedro, corrió al **s**, Lc. 24.12. En el huerto un **s** nuevo, Jn. 19.41. **S** abierto es su garganta, Ro. 3.13; Salmo 5.9. Véase **Cueva.**

SEPULTAR: Enterrar. // Murió también el rico, y fue sepultado, Lc. 16.22. Somos sepultados juntamente con él, Ro. 6.4. Que fue sepultado, y que resucitó, 1 Co. 15.4. Sepultados con él en el bautismo, Col. 2.12. Véase **Enterrar.**

SEPULTURA: Cueva funeraria; sepulcro; acto de sepultar. // Ha hecho a fin de prepararme para la **s**, Mt. 26.12. Ninguno conoce el lugar de su **s** hasta hoy, Dt. 34.6. Para el día de mi **s** ha guardado esto, Jn. 12.7. Véase **Embalsamar**.

SEQUEDAD: Falta de humedad. // Se volvió mi verdor en **s** de verano, Salmo 32.4. Como arroyos de aguas en tierra de **s**, Is. 32.2. **S** sobre sus aguas, y se secarán, Jer. 50.38. Y ahora está plantada en el desierto, en tierra de **s** y de aridez, Ez. 19.13.

SEQUEDAL: Porque yo derramaré aguas sobre el **s**, Is. 44.3. El lugar seco se convertirá en estanque, y el **s** en manaderos de aguas, Is. 35.7. Corrieron por los **s** como un río, Sal. 105.41. Morará en los **s** en el desierto, Jer. 17.6. He aquí será la última de las naciones; desierto, sequedal y páramo, Jer. 50.12. Convertirá a Nínive en asolamiento y en **s** como un desierto. Sof. 2.13. Los manantiales de las aguas en **s**, Salmo 107.33. Véase **Sed, Sediento**.

SEQUÍA: Falta de lluvia; estiaje. // Con motivo de la **s**, Jer. 14.1. Y llamé la **s** sobre esta tierra, Hag. 1.11. Véase **Sequedad.**

SÉQUITO: Gente que acompaña. // Y habló a Coré y a todo su **s**, Nm. 16:5. Vino a Jerusalén con un **s** muy grande, 1 R. 10.2.

SER (s.m.): Ente. // **S** vivientes, Gn. 1.20,21,24; 2.19. Cuatro **s** vivientes, Ez. 1.5; Ap. 4.6; 19.4.

SER (v.): Estar; quedar; volverse: existir. // Yo soy el que soy, Ex. 3.14. Sed fuertes y valientes, Jos. 10.25. Esfuérzate y sé valiente, Jos.1.6. Antes que Abraham fuese, yo soy, Jn. 8.58. El amor sea sin fingimiento, Ro. 12.9. Lo que no es, para deshacer lo que es, 1 Co. 1.28. Por la gracia de Dios soy lo que soy, 1 Co. 15.10. Sé fiel hasta la muerte, Ap. 2.10.

SERA, hb. **Abundancia:** Una hija de Aser, Gn. 46.17.

SERAFÍN: Una clase de ángeles, solamente mencionada en la visión de Is., Is. 6.2-6. Los serafines de seis alas estaban por encima del Señor. Clamaban proclamando los atributos de la santidad de Dios. Alabaron la santidad y la gloria de Jehová de los ejércitos con tanto vigor que los quiciales de las puertas se estremecieron y el santo lugar se llenó de humo, mientras desempeñaban su ministerio de expiación. Véase **Ángel, Querubín.**

SERAÍAS, hb. **Soldado de Jehová:** 1. Secretario de David, 2 S. 8.17. // 2. Sumo sacerdote en el reinado de Sedequías, muerto por orden de Nabucodonosor, 1 Cr. 6.14; 2 R. 25.18,21. // 3. Hijo de Tanhumet, 2 R. 25.23. // 4. Hermano de Otoniel, 1 Cr. 4.13. // 5. Abuelo de Jehú, 1 Cr. 4.35. // 6. Un sacerdote que volvió con Zorobabel, Esd. 2.2. // 7. Un sacerdote, después del exilio, llamado "príncipe de la casa de Dios", Neh. 11.11,12. // 8. Hijo de Nerías. Jeremías lo envió a Babilonia con la sentencia escrita de aquella ciudad, Jer. 51.59.

SERED, hb. **Temor:** Un hijo de Zabulón, Gn. 46.14

SEREDA, hb. **Refrigerante:** Tierra natal de Jeroboam, 1 R. 11.26.

SERES, hb. **Raíz:** Un descendiente de Manasés, 1 Cr. 7.16.

SERIO: Grave, sensato, positivo. // Que los ancianos sean sobrios, serios, prudentes, sanos en la fe, en el amor, en la paciencia, Tit. 2.2. Véase **Sensato, Prudente.**

SERMÓN DE LA LLANURA: Véase **Sermón del monte.**

SERMÓN DEL MONTE: El título popular de la colección de enseñanzas de Cristo, registrados en Mt. 5 a 7 y en Lc. 12.22-59. Estos últimos se llaman, a veces el sermón de la llanura. Hay diversas razones para dudar que sea el mismo **Sermón del monte**. // 1. Se cree que se trata de un mismo sermón porque la mayor parte de las lecciones son las mismas. Pero no todas las lecciones son las mismas y no hay razón para pensar que el Señor no repitiese innumerables veces Sus preciosas enseñanzas. // 2. **El Sermón del monte** se dio antes de que escogiese a los doce: **El sermón de la llanura**, inmediatamente después. // 3. **El Sermón del monte** fue inmediatamente después del primer itinerario del Señor en Galilea; **El sermón de la llanura**, mucho tiempo después. // 4. En el **Sermón del monte** Jesús estaba sentado y alargó Su discurso. En el **sermón de la llanura** quedaba de pie y el discurso era mucho más abreviado. // 5. Jesús "subió a un monte" y predicó el **Sermón del monte,** Mt. 5.1. Pero para predicar **El sermón de la llanura**, "y descendió con ellos, y se detuvo en un lugar llano", Lc. 6.17. No hay fundamento para la opinión que el "lugar llano" (v. 17) era sobre el mismo monte donde profirió el famoso sermón de Mateo caps. 5 a 7.

SERPIENTE: Réptil sin patas. // La **s** era astuta, más que todos los animales del campo, Gn. 3.1. Satanás entró en la serpiente, como entró en Judas, Saúl y otros y, por medio de la astucia de ella, engañó a Eva, Lc. 22.3; 1 S. 16.14; 2 Co. 11.3. La serpiente maldecida, Gn. 3.14. La simiente de la mujer herirá la cabeza de la serpiente, Gn. 3.15. La vara de Moisés se vuelve en serpiente, Ex. 4.3. Se llamaban serpientes **ardientes** porque sus mordeduras causaban ardiente inflamación, Nm. 21.6. La serpiente de bronce, Nm. 21.4-9; 2 R. 18.4; Jn. 3.14,15; 1 Co. 10.9. La serpiente tiene ardiente ponzoña, Dt. 32.24. Uno de los terrores del desierto, Dt. 8.15; Is. 30.6. Se encuentra con la serpiente inesperadamente, Gn. 49.17; Ec. 10.8; Am. 5.19. Los impíos (Salmo 58.4), los perseguidores (Salmo 140.3), los enemigos (Jer. 8.17) comparados a las serpientes. La promesa al que permanece en el Señor: "Sobre el león y el áspid pisarás; hollarás al cachorro del león y al dragón", Salmo 91.13. Se puede encantar las serpientes, Salmo 58.5; Ec. 10.11; Jer. 8.17; Stg. 3.7. Los efectos del vino comparados a las mordeduras de las serpientes, Proverbios 23.32. Una de las señales que seguirán a los que creen, tomarán en las manos **s**, Mr. 16.18; Hch. 28.5. Satanás llamado serpiente, Gn. 3; Ap. 12.9; 20.2.

SERUG: Un hijo de Reu y descendiente de Sem, Gn. 11.20.

SERVICIO: Acción o efecto de servir. // Lo darás para el **s** del tabernáculo de reunión, Ex. 30.16. La ministración de este **s** no solamente suple lo que a los santos falta, 2 Co. 9.12. En libación sobre el sacrificio y **s** de vuestra fe, Fil. 2.17. Espíritus ministradores, enviados para **s** a favor de los que serán herederos de la salvación, He. 1.14.

SERVIDOR: Que, o aquél que sirve; criado. // El que quiera hacerse grande entre vosotros será vuestro **s**, Mt. 20.26. Moisés con Jos. su **s**, Ex. 24.13. Josué, **s** de Moisés, Jos. 1.1.

SERVIDUMBRE: Condición de siervo o esclavo. Estado de aquél que es siervo, esclavo. // Agrávese la **s** sobre ellos, Ex. 5.9. Los egipcios amargaron su vida con dura **s**, Ex. 1.14. Los hijos de Israel gemían a causa de la **s**, Ex. 2.23. Jehová nos sacó... de casa de **s**, Ex. 13.14. Saqué de la tierra de Egipto, de casa de **s**, Ex. 20.2. Ahora alivia algo de la dura **s**, 2 Cr. 10.4. La **s** de Israel en Egipto, Ex. 1.12; Hch. 7.6; en Babilonia, 2 R. 25; Neh. 1; Dn. 1; a los filisteos, Jue. 13.1; 15.11; 1 S. 13.19-22; 14.11. Espiritual, Jn. 8.34; Hch. 8.23; Ro. 6.16; 7.23; Gá. 4.3; 1 Ti. 3.7; 2 Ti. 2.26; He. 2.14, 15; 2 P. 2.19. Véase **Cautiverio, Esclavitud.**

SERVIR: Vivir o trabajar como siervo. // Pero yo y mi casa serviremos a Jehová, Jos. 24.15. Disminuye tú algo... y te serviremos, 1 R. 12.4. Millares de millares le servían, Dn. 7.10. Ninguno puede servir a dos señores, Mt. 6.24. El Hijo del Hombre no vino para ser servido, sino para **s**, Mr. 10.45. Mas yo estoy entre vosotros como el que sirve, Lc. 22.27. A fin de que no sirvamos más al pecado, Ro. 6.6. De modo que sirvamos bajo el régimen nuevo del Espíritu, Ro. 7.6. Fervientes en espíritu, sirviendo al Señor, Ro. 12.11. Que los que sirven al altar, 1 Co. 9.13. No sirviendo al ojo, Ef. 6.6. Sirviendo de buena voluntad, Ef. 6.7. Ha servido conmigo en el evangelio, Fil. 2.22. Sirven día y noche en su templo, Ap. 7.15. Sus siervos le servirán, Ap. 22.3. Véase **Ministrar.**

SESAI, hb. **Blanquecino:** Un gigante, hijo

de Anac, residente en Hebrón, expulso por Caleb, Nm. 13.22, 23; Jos. 15.14.

SESÁN: Un jerameelita, cuya hija se casó con su siervo egipcio, Jarha, 1 Cr. 2.34.

SESBASAR: El príncipe de Judá a quien Ciro entregó los utensilios sagrados que Nabucodonosor había sacado del templo en Jerusalén, Esd. 1.8. Ciro lo hizo gobernador y él inició la reedificación del templo, Esd. 5.14-15. Se considera que sea el mismo Zorobabel, siendo su nombre babilonio **Sesbasar**, tal como **Baltazar** era el nombre de Daniel. Sin embargo, es más probable que Sesbasar y Zorobabel no fuesen la misma persona siendo que Sesbasar era gobernador en el tiempo de Ciro y Zorobabel, en el tiempo de Darío.

SET, hb. **Designado:** 1. Un hijo que nació a Adán y Eva después de la muerte de Abel, Gn. 5.3. // 2. Una raza desconocida, "los hijos de Set", mencionada en Nm. 24.17.

SETAR: Uno de los siete príncipes persas que tenía entrada libre para ir a la presencia del rey, Est. 1.14.

SETAR-BOZNAI: Un funcionario al servicio de Darío, rey de Persia, que trató de impedir la reedificación del templo, Esd. 5.3.

SETENTA (La versión DE LOS): Véase **Septuaginta.**

SETENTA: Siete veces diez. Véase **Número.**

SETUR, hb. **Escondido:** Uno de los doce espías, de la tribu de Aser, Nm. 13.13.

SEVA, hb. **Vanidad:** 1. Un escriba en el reinado de David, 2 S. 20.25. // 2. Un hijo de Caleb, 1 Cr. 2.49.

SEVENE: Una ciudad en el límite de Egipto, quizás la moderna Asouan al pié de la primera cascada, Ez. 29.10.

SEVERAMENTE: Duramente. // Dijo el ángel de Jehová; maldecid **s** a sus moradores, Jue. 5.23.

SEVERIDAD: Acto severo, riguroso. // Mira, pues, la bondad y la **s** de Dios; la **s** ciertamente para con los que cayeron, Ro. 11.22.

SEVERO: Austero, vehemente, duro, áspero. // Y **s** serás para con el perverso. Sal. 18.26. Eres hombre **s**, que tomas lo que…, Lc. 19.21. Sabías que yo era hombre **s**, Lc. 19.22. Véase **Riguroso**.

SHEKINAH: Este término (de la raíz hb. Shkn, "habitar"), usado por los targumitas y rabíes, y adoptado por los cristianos, se refiere a la gloria visible de Dios "habitando" en medio de su pueblo. Se usa este vocablo para designar la presencia radiante de Dios, como vista en la columna de fuego, en el monte Sinaí, en el propiciatorio entre los querubines, en el tabernáculo, en el templo, etc. La palabra **Shekinah**, no se encuentra en la Biblia, pero hay alusiones en textos como Is. 60.2; Mt. 17.5; Lc. 2.9; Jn. 1.14; Ro. 9.4. Véase **Gloria, Nube, Teofanía**.

SHEOL: Véase **Infierno**.

SHIBOLET: Jue. 12.6. Véase **Sibolet**.

SHUR, hb. **Muralla:** Gn. 16.7; Ex. 15.22. El desierto entre Palestina y Egipto.

SÍ: Que designa afirmación. // Pero sea vuestro hablar: Sí, sí, Mt. 5.37. Respondiendo él, dijo: Sí, señor, voy. Y no fue, Mt. 21.30. Para que haya en mí Sí y No 2 Co. 1.17. Sino que vuestro sí sea sí, y vuestro no sea no, Stg. 5.12.

SIAHA: Jefe de una familia que volvió del exilio, Esd. 2.44.

SIBA: Un esclavo del rey Saúl, que, después de conseguir su libertad, fundó una familia constituida por quince hijos y veinte esclavos, 2 S. 9.2-11; 19.17. David ordenó que Siba, sus hijos y criados cultivasen las tierras de Mefi-boset, hijo de Saúl, 2 S. 9.9,10. Acusando falsamente a Mefi-boset de traición para con David, en la época de la revuelta de Absalón, alcanzó Siba mitad de la herencia, 2 S. 16.1-4; 16.17-29.

SIBECAI: Un valiente del ejército de David, 2 S. 21.18.

SIBIA, hb. **Gacela:** — 1. Un descendiente de Benjamín, 1 Cr. 8.9. // 2. La madre del rey Joás, 2 R. 12.1.

SIBOLET, SHIBOLET, Hb. **Río:** Jue. 12.5,6. La prueba hecha por los galaaditas a los efrateos, cuando huían y querían cruzar los vados del Jordán, después de su derrota, fue que pronunciaran la palabra hebrea **shibboleth**. Como estos tenían dificultad en pronunciar el hebreo **sh**, los galaaditas les decían que pronunciaran **shibboleth;** si se traicionaban, pronunciando **siboleth**, morían sin más ceremonia. La palabra quiere decir **río** o **inundación**.

SICAR: Una ciudad de Samaria, Jn. 4.5. Es la moderna aldea Ascar, un poco al norte del pozo de Jacob. Véase mapa 2, C-4; 4, B-2.

SICARIOS, SALTEADORES : Partido judaico que saqueaba villas y aterrorizaba la Judea durante los años de 50 a 70 d.C. No reconocían otra autoridad si no la divina. Implacables en su odio en contra de los romanos, se metían en medio a las multitudes asistiendo a las fiestas y aniquilaban a todos los que sospechaban darles apoyo a los romanos, matándolos con puñal que llevaban escondido en la túnica. Josefo cuenta que el primero que asesinaron así fue Jonatán, el sumo sacerdote. Después muchos fueron muertos diariamente. Lisias, engañándose, pensaba que Pablo era el egipcio que había levantado una sedición y conducido al desierto 4 mil sicarios, Hch. 21.38.

SICILIA: No se menciona en las Escrituras. Grande isla triangular del Mediterráneo, a suroeste de Italia. Es el lugar del célebre volcán Etna. Siracusa (Hch. 28.12) es una de sus ciudades principales. Véase mapa 6, A-2.

SICLAG: Una ciudad de la herencia de Judá, Jos. 15.31. Cedida a Simeón, Jos. 19.5. En las manos de los filisteos; David la habitó, 1 S. 27.6. Saqueada por los amalecitas, 1 S. 30. Ocupada después del cautiverio, Neh. 11.28. Véase mapa 2, B-6.

SICLO: Véase **Dinero, Pesos.**

SICÓMORO: Árbol, o arbusto, del mismo género de la higuera, cultivado en Palestina. De sus frutas, se hacían, y aun se hacen gaseosas, exprimiéndolas y endulzando el zumo con miel aromatizado con especias. No es la misma morera cultivada en Siria y en el Líbano, cuyas hojas servían para alimentar los gusanos de seda. En Lc. 17.6 se traduce sicómoro. Y en 2 S. 5.23, 24 y 1 Cr. 14.14, 15 se traduce balsameras.

SICRÓN, hb. **Embriaguez:** Ciudad de la frontera, al noroeste de Judá, Jos. 15.11.

SIDIM, hb. **Lados:** Un valle en la extremidad noroeste del Mar Muerto. El teatro del combate de los reyes en el que Lot fue llevado cautivo, Gn. 14.3.

SIDIM: Una ciudad de Neftalí, Jos. 19.35.

SIDÓN: 1. Un hijo de Canaán y nieto de Noé, Gn. 10.15. // 2. Una ciudad al norte de Tiro, en el Mediterráneo. El límite de los cananeos, Gn. 10.19. Aser no consiguió someterla, Jue. 1.31. Tiro llamada la "virgen hija de Sidón", Is. 23.12. Si en Tiro y en Sidón, Mt. 11.21. Herodes estaba enojado contra los de Tiro y de Sidón, Hch. 12.20. En un navío... llegamos a Sidón, Hch. 27.2,3. Véase mapa 1, H-2; 2, C-1; 6, F-3.

SIDONIOS: Los habitantes de Sidón, 1 R. 5.6. Oprimían a Israel, Jue. 10.12.

SIEGA: Cosecha. // La fiesta de la **s**, Ex. 23.16; 34.22. El Jordán suele desbordarse por todas sus orillas todo el tiempo de la **s**, Jos. 3.15. Llegaron... al comienzo de la **s** de la cebada, Rt. 1.22. ¿No es ahora la **s** del trigo? 1 S. 12.17. Recoge en el tiempo de la **s** su mantenimiento, Proverbios 6.8. El que duerme en el tiempo de la **s**, Proverbios 10.5. Pedirá, pues, en la **s**, y no hallará, Proverbios 20.4. Pasó la **s**, terminó el verano, Jer. 8.20. Véase **Cosecha, Mies**.

SIEMPRE: En todo tiempo; todo el tiempo pasado o futuro. // Su misericordia dura para **s**, Salmo 136.1-26. Reinará Jehová para **s**, Salmo 146.10. Las riquezas no duran para **s**, Proverbios 27.24. Regocijaos en el Señor **s**, Fil. 4.4. Así estaremos **s** con el Señor, 1 Ts. 4.17. Tú eres sacerdote para **s**, He. 7.17.

SIERRA: Instrumento cortante, cuya pieza principal es una lámina dentada de acero; // Los puso a trabajar con **s**, 2 S. 12.31. ¿Se ensoberbecerá la **s** contra el que la mueve? **Is. 10.15.** Cortadas y ajustadas con **s** según las medidas, **1 R. 7.9.**

SIERVA: Esclava. // Agar egipcia, **s** de Sara, Gn. 25.12. **S** de Lea... Zilpa, Gn. 29.24. **S** de Raquel... Bilha, Gn. 29.29. He aquí la **s** del Señor, Lc. 1.38. Porque ha mirado la bajeza de su **s**, Lc. 1.48. Sobre los siervos y sobre las **s** derramaré mi Espíritu, Hch. 2.18; Jl. 2.29. Véase **Criado, Esclava.**

SIERVO: Persona sierva que no tenía la libre disposición de su personalidad y bienes. // Canaán, **s** de **s** será a sus hermanos, Gn. 9.25. Creyeron a Jehová y a Moisés su **s**, Ex. 14.31. Porque mis **s** son los hijos de Israel; son **s** míos, Lv. 25.55. Pero a mi **s** Caleb, Nm. 14.24. Habla, Jehová, porque tu **s** oye, 1 S. 3.9. Por la mano de mi **s** David, 2 S. 3.18. Has considerado a mi **s** Job, Job 1.8. Descendencia de Abraham su **s**, Sal. 105.6. Alabad, **s** de Jehová, Sal. 113.1. Tu **s** soy yo: dame entendimiento, Sal. 119.125. El necio será **s** del sabio de corazón, Pr. 11.29. El que toma prestado es **s** del que presta, Proverbios 22.7. El **s** de Jehová, Is. 42. Daniel, **s** del Dios viviente, Dn. 6.20. Ni el **s** más que su señor, Mt. 10.24. He aquí mi **s**, a quien he escogido, Mt. 12.18. El que es el mayor de vosotros, sea vuestro **s**, Mt. 23.11. El **s** fiel y prudente, Mt. 24.45. Bien, buen **s** y fiel, Mt. 25.21. **S** inútiles somos, Lc. 17.10. No os llamaré **s**, porque el siervo no sabe lo que hace su seño, Jn. 15.15. De cierto sobre mis **s** y sobre mis siervas en aquellos días... derramaré, Hch. 2.18. Pablo, **s** de Jesucristo, Ro. 1.1. Vinisteis a ser **s** de la justicia, Ro. 6.18. Hechos **s** de Dios, Ro. 6.22. **S**, obedeced a vuestros amos terrenales, Ef. 6.5. Tomando forma de **s**, Fil. 2.7. Amos, haced lo que es justo y recto con vuestros **s**, Col. 4.1. Exhorta a los **s** a que se sujeten a sus amos, Tit. 2.9. Moisés, como **s**, He. 3.5. Santiago, **s** de Dios, Stg. 1.1. Como libres... como **s** de Dios, 1 P. 2.16. Simón Pedro, **s** y apóstol de Jesucristo, 2 P. 1.1. Judas, **s**, Jud. 1. Hasta... los **s** de nuestro Dios, Ap. 7.3. Sus **s** le servirán, Ap. 22.3. Véase **Criado, Esclavo, Jornalero, Servidor.**

SIETE: Seis más uno. Véase **Número.**

SIFI, hb. **Abundante:** Un príncipe de una familia simeonita, 1 Cr. 4.37.

SIFMOTE: Ciudad al sur de Judá, hacia donde David huyó de Saúl, 1 S. 30.28. Situación desconocida.

SIFRA, hb. **Esplendor:** Partera egipcia, Ex. 1.15.

SIFTÁN, hb. **Judicial:** Un príncipe eframeo, Nm. 34.24.

SIGLO: Espacio de cien años; largo tiempo; época. // Tu reino es reino de todos los **s**, Salmo 145.13. La cizaña... en el fin de este **s**, Mt. 13.40. Reciba cien veces... en el **s** venidero, Mr. 10.30. No os conforméis a este **s**, Ro. 12.2. No (sabiduría) de este **s**, ni de los príncipes de este **s**, que perecen, 1 Co. 2.6. Si alguno entre vosotros se cree sabio en este **s**, 1 Co. 3.18. No sólo en este **s**, Ef. 1.21, Para mostrar en los **s** venideros, Ef. 2.7. Tu trono, oh Dios, por el **s** del **s**, He. 1.8. Los poderes del **s** venidero, He. 6.5. Él reinará por los **s** de los **s**, Ap. 11.15.

SIGNIFICADO: Significación. // Cada uno con su propio **s**, Gn. 40.5. Cada sueño tenía su propio significado, Gn. 41.11. Y ninguno de ellos carece de **s**, 1 Co. 14.10. Véase **Sentido.**

SIGNIFICAR: Querer decir. // ¿Qué significan estas piedras? Jos. 4.6,21. Id, pues, y aprended lo que significa: Misericordia, Mt. 9.13; 12.7. Significa que la cosa es firme de parte de Dios, **Gn. 41.32.** Y sus discípulos le preguntaron, diciendo: ¿Qué significa esta parábola? Lc. 8.9. ¿Qué significa esto que dijo: Me buscaréis, y no me hallaréis, Jn. 7.36. Sobre lo que significaría la visión que había visto, Hch. 10.17.

SIGUIENTE: Que sigue. // El **s** día otra vez estaba Juan, Jn. 1.35. Una furiosa tempestad, al **s** día empezaron a alijar, **Hch. 27.18.** Al venir el alba del día **s**, Dios preparó un gusano, **Jon. 4.7.**

SIHORLIBNAT, hb. **Torrente de Libnat:** Una ciudad de la herencia de Aser, Jos. 19.26. Véase mapa 4, A-1.

SILA, hb. **Cesto:** Lugar ignorado en Jerusalén o cerca de esta ciudad, 2 R. 12.20.

SILAS: Un notable miembro de la primitiva Iglesia cristiana, y ciudadano romano, Hch. 15.22. Enviado por los apóstoles a Antioquía, juntamente con Pablo y Bernabé, Hch. 15.22, 27,34. Cooperador de Pablo en el segundo viaje misionero, Hch. 15.40; 16.19; 17.4; 1 Ts. 1.1; 2 Ts. 1.1. Preso, con Pablo, en Filipos, Hch. 16.19-40; se opina que el Silvano de 2 Co. 1.19; 1 Ts. 1.1. y 2 Ts. 1.1 es la misma persona, siendo **Silas** una contracción de **Silvano.**

SILBAR: 1. Producir un sonido agudo con la boca. // Silbará al que está en el extremo de la tierra Is. 5.26. Silbará Jehová a la mosca, Is. 7.18. Yo los llamaré con un silbido, y los reuniré, Zac. 10.8.

SILBO: Rumor suave, como del viraje en las ramas de los árboles. // Y tras el fuego un **s** apacible y delicado, 1 R. 19.12. Véase **Viento**.

SILEM, hb. **Retribución:** Un hijo de Neftalí, Gn. 46.24.

SILENCIO: Privación de hablar; interrupción de ruido. // No guardaré **s** sobre sus miembros, **Job 41.12**. Enmudecí con **s**, Salmo 39.2. Ni cuantos descienden al **s**, Salmo 115.17. Hecho gran **s**, habló en lengua hebrea, Hch. 21.40. Guardaron más **s**, Hch. 22.2. La mujer aprenda en **s**, con toda sujeción, 1 Ti. 2.11. Se hizo **s** en el cielo como por media hora, Ap. 8.1.

SILHI, hb. **Armado con dardo:** Abuelo materno del rey Josafat, 1 R. 22.42.

SILHIM, hb. **Arma de lanzamiento:** Una ciudad de la herencia de Judá, Jos. 15.32.

SILLA: Asiento con respaldo para una persona. // Sobre la **s**, Lv. 15.23. Las **s** de los que vendían palomas, Mt. 21.12. Las primeras **s** en las sinagogas, Mt. 23.6. Véase **Trono**.

SILO: Una ciudad al norte de Bet-el, Jue. 21.19. Donde los hijos de Israel, bajo el mando de Josué, armaron el tabernáculo de reunión, Jos. 18.1. Durante los primeros años de Samuel, el tabernáculo estaba allí, 1 S. 1.24. Donde vivía el profeta Ahías, 1 R. 14.2. Hay mención de Silo hasta el tiempo de Jeremías, Jer. 41.5. Véase mapa 2, C-4.

SILOÉ, hb. Enviado: El nombre del estanque en Jerusalén donde el ciego de nacimiento se lavó y recibió la vista, Jn. 9.11. El nombre, también, de la torre, ubicada cerca de allí, que se desmoronó y mató a dieciocho personas, Lc. 13.4. La otra mención de Siloé está en Is. 8.6; "Las aguas de Siloé, que corren mansamente". Tanto su nombre (enviado), como la frase "corren mansamente", parecen referirse al hecho de que el estanque era abastecido por un acueducto que traía las aguas de la Fuente de la Virgen, una naciente en el valle de Cedrón. En este caño, cavado en la roca, fue descubierta en 1880, una inscripción que describía cómo trabajaron los mineros, partiendo de las extremidades y encontrándose en el medio. Con todas las probabilidades, tanto el estanque como el conducto deben atribuirse a Ezequías, 2 R. 20.20. El estanque de Siloé es un reservatorio de 18 metros de largo por 6 de ancho y 6 de profundidad. El lado occidental se encuentra hoy casi destruido.

SILOH: Esta palabra se encuentra sólo una vez en la Biblia: "No será quitado el cetro de Judá, ni el legislador de entre sus pies, hasta que venga Siloh", Gn. 49.10. A través de los siglos, hay varias explicaciones de este pasaje, pero ninguna enteramente sin dificultad. Una de las primeras interpretaciones es que el vocablo Siloh se refiere al Mesías, sin embargo, hay varias objeciones, una de las más importantes es que no se encuentra cualquier referencia a tal título en el Antiguo Testamento tampoco en el Nuevo. Algunos prefieren la traducción, "hasta que venga a Silo". En este caso la alusión sería a la primacía de Judá en la guerra, Jue. 1.1,2; 20.18, la que seguirá siendo observada hasta la conquista completa de Canaán y el arca del pacto estar colocada solemnemente en Silo. Pero entre las objeciones, está el hecho de que Judá no tiene conexión con la ciudad de Silo. Una tercera versión, la de los Setenta, es: "hasta que venga aquello que es suyo". La palabra **shiloh** no se considera ni el nombre de una persona tampoco de un lugar. Esta referencia, no tan directa a la esperanza mesiánica, puede ser cierta. Por una cosa, tiene la aprobación de los Setenta. Hay aun otra versión, la de los padres antiguos: "hasta que venga aquél de quien él es".

SILONITA: Un habitante de Silo, 1 R. 11.29; Neh. 11.5.

SILSA, hb. **Trío:** Un descendiente de Aser, 1 Cr. 7.37.

SILVANO: 2 Co. 1.19; 1 Ts. 1.1; 2 Ts. 1.1; 1 P. 5.12. Véase **Silas.**

SILVESTRE: Campestre. // Y dio uvas **s**, Is. 5.2. Tú, siendo olivo **s**, Ro. 11.17. Por naturaleza es olivo **s**, Ro. 11.24.

SIMEA, hb. **Famoso, Afamado:** Un hermano de David, 1 Cr. 20.7, 2. Un hijo de David, 1 Cr. 3.5. // 3. Un levita, de la familia de Merari, 1 Cr. 6.30. // 4. Un levita, de la familia de Gersón, 1 Cr. 6.39. // 5. Un benjamita, 1 Cr. 8.32.

SIMEAT, hb. **Rumor:** Una mujer de Amón, cuyo hijo mató al rey Joás, 2 R. 12.21.

SIMEÓN, hb. **Famoso:** 1. Uno de los doce patriarcas, hijo de Jacob, Gn. 29.33. Con Leví, se venga de Dina, Gn. 34.25. Guardado como rehén por José, Gn. 42.24. Sus descendientes, Nm. 1.23; Jos. 19.1-9. Su herencia, Jos. 19.1. Véase mapa 2, B-7. En las profecías de Ezequiel, Ez. 48.24. Sellados 12 mil simeonitas, Ap. 7.7. // 2. Un viejo que profetizó sobre Cristo en su presentación en el templo, Lc. 2.29-35. // 3. Uno de los antepasados en el linaje de José, Lc. 3.30. // 4. Uno de los profetas y maestros en la iglesia en Antioquía, Hch. 13.1.

SIMÓN, forma abreviada de **Simeón:** 1. Simón Pedro, el apóstol, Mt. 4.18. // 2. Simón, padre de Judas Iscariote, que traicionó a Jesús, Jn. 6.71. // 3. Simón, hermano del Señor, Mt. 13.55. // 4. Simón, el fariseo que invitó a Jesús a cenar, Lc. 7.36. // 5. Simón, el leproso en Betania, Mt. 26.6. // 6. Simón, curtidor en Jope, Hch. 9.43. // 7. Simón, cireneo que llevó la cruz, Mt. 27.32. // 8. Simón cananista, uno de los doce apóstoles, Mt. 10.4. // 9. Simón, el mago, bautizado por Felipe, Hch. 8.9.

SIMPLES: Que no es doble o múltiple; sin ornato; ordinario; ingenuo. // Hace entender a los **s**, Salmo 119.130. Para dar sagacidad a los **s**, Proverbios 1.4. Entended, oh **s**, discreción, Proverbios 8.5.

SIMRAT, hb. **Vigilancia:** El último de los nueve de Simei, 1 Cr. 8.21.

SIMRI, hb. **Vigilante:** 1. Un hijo de Semaías de la tribu de Simeón, 1 Cr. 4.37. // 2. El padre de Jediael, uno de los valientes del ejército de David, 1 Cr. 11.45. // 3. Un merarita, 1 Cr. 26.10. // 4. Un levita, 2 Cr. 29.13.

SIMRIT: Una mujer de Moab, madre de uno de los asesinos de Joás, 2 Cr. 24.26.

SIMRÓN, hb. **Guardián:** 1. Un hijo de Isacar, Gn. 46.13. // 2. Una ciudad de la herencia de Zabulón, Jos. 19.15.

SIMRON-MERÓN: Una ciudad real de Canaán, conquistada por Josué, Jos. 12.20.

SIMSAI, hb. **Brillante:** Escribano que escribió al rey de Persia, haciendo objeciones a la reedificación de Jerusalén, Esd. 4.8.

SIMULACIÓN: Falsa apariencia. // En su **s** participaban también los otros judíos**,** Gá. 2.13.

SIMULADAMENTE: Fingidamente. // Ni he entrado con los que andan **s,** Sal. 26.4.

SIN LEVADURA: Sin levadura (pan). // Coció panes sin levadura, Gn. 19.3. La fiesta de los panes sin levadura, Dt. 16.8, 16; Mt. 26.17; Hch. 12.3; 20.6. Cocieron tortas sin levadura... pues no había leudado, Ex. 12.39. Con panes sin levadura, de sinceridad, 1 Co. 5.8. Véase **Levadura**, **Leudar**.

SIN, hb. **Pantano:** 1. El desierto de Sin, región no cultivable entre Elim y el Sinaí, cruzado por los israelitas, Ex. 16.1. Ahí le fue dado al pueblo el maná y las codornices. // 2. Una ciudad de Egipto, Ez. 30.15. No se podía invadir Egipto por el lado del nordeste sin tomar primero esta fortaleza.

SINAB: Rey de Adma; uno de los cinco reyes a quien Quedorlaomer atacó, Gn. 14.2.

SINAGOGA: Iglesia judaica. La palabra, que significa **asamblea**, o **congregación**, aparece más de sesenta veces en el Nuevo Testamento, pero en el Antiguo Testamento sólo en Salmo 74.8, en algunas versiones. Se originó, al que parece, entre los judíos exiliados de Babilonia, por la necesidad que sentían, lejos del templo, de orar e identificarse en común. Era necesario que hubiese por lo menos diez hombres para fundar una sinagoga. El orden del culto en las sinagogas se parecía a la descripción en Neh. 8.1-8 y Lc. 4.16-22; Hch. 13.15; 15.21. La sinagoga servía también como centro social, como el hogar espiritual del judío y el lugar de educar a sus hijos. Jesús enseñaba y oraba en las sinagogas, Mt. 12.9; Mr. 3.1; Lc. 6.6; 13.10; Jn. 6.59; 18.20; en toda Galilea, Mt. 4.23; Lc. 4.15; en todas las ciudades y poblados, Mt. 9.35; en Nazaret, Mt. 13.54; Lc. 4.16; en Capernaum, Mr. 1.21; de Judea, Lc. 4.44. Hipócritas oraban y daban limosnas en las sinagogas, Mt. 6.2,5. Lugar de juicio y de azotes, Mt. 10.17; 23.34; Mr. 13.9; Hch. 22.19; 26.11. Se buscaba las primeras sillas en las sinagogas, Mt. 23.6. El jefe de la sinagoga, Mr. 5.35; Lc. 8.41; 13.14. Principales de la sinagoga, Mr. 5.22; Hch. 18.8,17. Centurión edificó una sinagoga, Jn. 9.22; 12.42; 16.2. La sinagoga llamada de los Libertos, de los Cireneos, de los Alejandrinos, Hch. 6.9. Pablo predicaba, Hch. 9.20; 13.5; 14.1; 17.1; 18.4; 24.12. Apolos predicaba en las sinagogas, Hch. 18.26. La sinagoga de Satanás, Ap. 2.9; 3.9.

SINAÍ: 1. Península montañosa de Arabia (ver mapa 1, D-4), entre los golfos de Suez y de Akabah. El desierto de Sinaí donde Dios apareció a Moisés en las llamas de una zarza, Hch. 7.30. Donde los israelitas se quedaron acampados casi un año en frente del monte Sinaí, Ex. 19.1,2. Donde fue levantado el censo de toda la congregación de Israel, Nm. 1.1,2. // 2. El monte Sinaí. Donde Dios dio la ley, Ex. 19 a Nm. 10. Se llamaba, también, Horeb, Ex. 3.1. Donde Elías, huyendo de Jezabel, se escondió en una cueva, 1 R. 19.8,9. Contraste entre el monte Sinaí y el monte Sion "Jerusalén de arriba", Gá. 4.21-31; He. 12.18-29.

SINAR: El nombre antiguo del país, que después se llamó Babilonia, Gn. 10.10; 11.2; 14.1,9; Dn. 1.2; Zac. 5.11. Véase mapa 1, D-3.

SINCERAMENTE: De modo sincero. // Por contención, no **s**, pensando añadir aflicción a mis prisiones, Fil. 1.16. Que tan **s** se interese por vosotros, Fil. 2.20. Véase **Fingidamente**.

SINCERIDAD: Cualidad de lo que es sincero. // Porque en la boca de ellos no hay **s**, Salmo 5.9. Sino con panes sin levadura, de **s** y de verdad, 1 Co. 5.8. Que con sencillez y **s** de Dios, no con sabiduría humana, 2 Co. 1.12. Falsificando la palabra de Dios, sino que con **s**, como de parte de Dios, 2 Co. 2.17. Por medio de la diligencia de otros, también la **s** del amor vuestro, 2 Co. 8.8. Véase **Sencillez.**

SINCERO: Que se expresa sin artificio, sin intención de engañar, de disfrazar su procedimiento. // A fin de que seáis **s** e irreprensibles para el día de Cristo, Fil. 1.10. Acerquémonos con corazón **s**, en plena certidumbre de fe, He. 10.22. Véase **Leal, Sencillez.**

SINEO: Gn. 10.17. Una tribu de cananeos que, según S. Jerónimo, habitaba la ciudad de Sin, cuyas ruinas se encuentran en el monte Líbano. Véase mapa 1, H-1.

SINIM: Is. 49.12. Un país en el confuso oriente, que algunos dicen ser China, y otros, Persia.

SINÓPTICO: Que tiene forma de sinopsis; resumido. Los **sinópticos:** los Evangelios de Mateo, Marcos y Lucas. **El evangelio Según Juan** es obra de un teólogo, que presenta a Jesús como "el Cristo, el Hijo de Dios", mientras que los primeros tres Evangelios narran los eventos en la vida de Cristo, presentando grandes semejanzas en la narración de los hechos.

SÍNTIQUE, gr. **Afortunada:** Una mujer de la iglesia de Filipos y compañera de Evodia, Fil. 4.2. Pablo las exhortó para que sirviesen juntas harmoniosamente.

SION, hb. **Elevado:** Lo mismo que monte Hermón, Dt. 4.48. // 2. Una ciudad de la herencia de Isacar, Jos. 19.19.

SION: Una de las colinas de Jerusalén, muchas veces tomada como sinónimo de Jerusalén, 2 R. 19.21; Salmo 126.1; Is. 1.8; 10.24. Después que David tomó a Sion de los jebuseos, la volvió la ciudad de David, 2 S. 5.6, 7. Hacia allí hizo subir el arca de Dios y se quedó monte sagrado, 2 S. 6.12. Donde David construyó su casa, Neh. 12.37; allí fue enterrado, 1 R. 2.10. Allí Salomón construyó el templo, 2 S. 24.18; 2 Cr. 3.1. Sion es el monte santo, Salmo 2.6; donde habita el Señor, Salmo 9.11; 76.2; Is. 8.18. Los babilonios pidieron que los cautivos hebreos les cantasen algunos de los cánticos de Sion, Salmo 137.3. El cántico: La ciudad de Dios, Salmo 48. Los últimos días... de Sion saldrá la ley, Is. 2.2,3. Decid a la hija de Sion: He aquí, tu Rey viene a ti, Mt. 21.5; Jn. 12.15. He aquí pongo en Sion piedra de tropiezo y roca de caída, Ro. 9.33. Vendrá de Sion el Libertador, Ro. 11.26. Os habéis acercado al monte de Sion, a la ciudad del Dios vivo, Jerusalén la celestial, He. 12.22. He aquí, pongo en Sion la principal piedra del ángulo, 1 P. 2.6. He aquí el Cordero estaba en pie sobre el monte de Sion, Ap. 14.1. Véase **Jerusalén.**

SIOR, hb. **Pequeño:** Una ciudad en las montañas de Judá, Jos. 15.54.

SIQUEM, hb. **Hombro:** 1. Abraham, al llegar a Canaán armó la tienda junto a Siquem, Gn. 12.6. Allí edificó su primer altar en la tierra, Gn. 12.7. Una ciudad amuralladla, Gn. 34.20. El encino de Moré en Siquem, Gn. 12.6; 25.4. Siquem en la región montañosa de Efraín, Jos. 20.7. Josué reunió todas las tribus en Siquem, para despedirse de ellas, Jos. 24.1. Los huesos de José enterrados en Siquem,

Jos. 24.32. Abimelec destruyó la ciudad y la sembró de sal, Jue. 9.45. Las diez tribus, en Siquem, rechazaron a Roboam, 1 R. 12.1. Jeroboam, edificó Siquem y pasó a residir allí, 1 R. 12.25. Habitaban israelitas en Siquem después del cautiverio, Jer. 41.5. Mencionada por Esteban, Hch. 7.16. Véase mapa 1, H-3; 4, B-2. // 2. Hijo de Hamor, Gn. 33.19.

SIQUEM, hb. **Hombro:** Un descendiente de Manasés, 1 Cr. 7.19. // 2. Hch. 7.16. Una ciudad entre Ebal y Gerezim. Distaba 65 Km de Jerusalén, en el camino para Nazaret, Gn. 33.18.

SIQUEMITAS: Descendientes de Siquem, Nm. 26.31.

SIRA, hb. **Efervescencia:** Un pozo, un kilómetro distante de Hebrón, donde Abner fue muerto por Joab, 2 S. 3.26.

SIRAC, SABIDURÍA DE: Uno de los libros apócrifos. Lo mismo que Eclesiástico.

SIRACUSA: Una ciudad en la costa oriental de la Silicia, donde Pablo permaneció tres días en su viaje a Roma, Hch. 28.12. Véase mapa 6, A-2.

SIRIA: El Aram de Nm. 23.7. País al norte de Galilea, entre el Eufrates, Arabia y el Mediterráneo. Véase mapa 6, G-3. Es un país mayor y más fértil que Palestina. Su región montañosa es cruzada por el Líbano y por el Anti-Líbano. Es regada por los ríos Orontes, Farfar, Abana y Eufrates. Entre las ciudades famosas de Siria estaban Damasco, Antioquía, Seleucia, Palmira y Laodicea, Hch. 9.2; 11.19; 13.4; Ap. 3.14. La capital de la república de Siria actual, es Damasco — La capital de Siria será Damasco, Is. 7.8. Israel volvió a servir a los dioses de Siria, Jue. 10.6. Los sirios se volvieron siervos de David, 2 S. 8.6. Se Importaba de Egipto carros y caballos para Siria, 1 R. 10.29. Asa hizo alianza con Ben-adad, rey de Siria, 1 R. 15.18. Elías enviado a ungir Hazael rey sobre Siria, 1 R. 19.15. Naamán, el sirio, 2 R. 5.20; Lc. 4.27. El ejército de Siria herido de ceguera y llevado a Samaria, 2 R. 6.18-20. El Señor hizo oír ruidos de carros, en el campamento de los sirios, 2 R. 7.6. Rezín rey de Siria enviado contra Judá, 2 R. 15.37. El pueblo de Siria será llevado en cautiverio, Am. 1.5. La fama de Jesús se difundió por toda Siria, Mt. 4.24. Cirenio gobernador de Siria, Lc. 2.2. Los hermanos en Antioquía, Siria y Cilicia, Hch. 15.23,41. Pablo en las regiones de Siria, Hch. 18.18; 20.3; Gá. 1.21. Véase **Versiones de las Escrituras.**

SIRIO: Natural de Siria. // Los **s** huyeron, 2 S. 10.18; 1 R. 20.20. Porque los **s** van allí, 2 R. 6.9. Del oriente los **s**, y los filisteos del poniente, Is. 9.12.

SIRIÓN, hb. **Coraza:** El nombre, entre los sidonios, del monte Hermón, Dt. 3.9. Véase mapa 3, B-1.

SIROFENICIA: Mujer griega de origen sirofenicia, Mr. 7.26. Una mujer cananea, Mt. 15.22. Se trata de una mujer fenicia, habitando Siria, que así se distinguía de la de Cartago o de la de otras colonias del Mediterráneo. Los tres términos, **griega, sirofenicia** y **cananea**, muestran de un modo claro, cuán extraño era que ella recurriese a Jesús.

SIRTE: Hch. 27.17. Nombre de la costa africana entre Cartago y Cirene. Sus vientos, mareas y arenas movedizas infundían terror a los antiguos marineros. Véase mapa 6, B-4.

SIRVIENTES DEL TEMPLO: Servían en el templo, 1 Cr. 9.2. Tal vez esclavos cortadores de leña y sacadores de agua para la casa de Dios, como los madianitas y los gabaonitas, Nm. 31.30,47; Jos. 9.23,27. David dio a los sirvientes para el ministerio de los levitas, Esd. 8.20. Compare los que servían a Salomón para la construcción del templo, 1 R. 5.15; 9.20,21. Los sirvientes del templo eran numerosos, había 392 entre los primeros exiliados que volvieron a Jerusalén y 220 entre los que volvieron ochenta años después, Esd. 2.58; 8.20.

SIS, hb. **Una flor:** Una cuesta más arriba de En-gadi, por donde fueron los moabitas para pelear contra Josafat, 2 Cr. 20.16.

SISA: El padre de dos secretarios de Salomón, 1 R. 4.3.

SISAC: Rey de Egipto, 952 a 930 a.C. Acogió Jeroboam, cuando huyó de Salomón, 1 R. 11.40. Durante el reinado de Roboam invadió Judá, llevando los tesoros del templo, 1 R. 14.25. En el muro del sur del gran templo de Carnac, se puede ver una lista de las ciudades de Palestina, conquistadas por este Faraón.

SÍSARA, hb. **Orden de combate:** 1. Comandante del ejército de Jabín, rey de Canaán, Jue. 4.2. Cuando huía, derrotado por Débora y Barac, fue muerto por Jael, que le golpeó con una estaca en una de las sienes, mientras dormía, Jue. 5.17-22. // 2. Antepasado de una familia que volvió a Jerusalén, con Zorobabel, Esd. 2.53.

SISMAI: Un jerameelita, 1 Cr. 2.40.

SITIAR, SITIO: El ejército sitiado primeramente levanta trincheras alrededor de la ciudad, 2 R. 25.1; Is. 29.3; Ez. 4.2. Ésas servían no sólo como bases para las operaciones sino también para aislar la ciudad. Enseguida levanta uno o más montones en dirección a las murallas de la ciudad, 2 S. 20.15; Ez. 4.2. De la altura de los montes hay más facilidad; entonces los arqueros y los fundibularios tiran con mayor ventaja. Dios ordenó que sitiasen las ciudades que no hiciesen paz, sino guerra, Dt. 20.12. Ciudades sitiadas: Tebes, Jue. 9.50. Rabá, 2 S. 11.1. Abel-bet-maaca, 2 S. 20.15. Gibetón, 1 R. 15.27. Tirsa, 1 R. 16.17. Samaria, 1 R. 20.1; 2 R. 6.24. Sitió a Samaria, y estuvo sobre ella tres años, 2 R. 17.5; 18.9. Jerusalén, 2 R. 24.10; 25.1,2; Dn. 1.1.

"Y pondrá contra ti arietes, contra tus muros, y tus torres destruirá con hachas" *(Ez. 26.9)*.

SITIM, hb. **Acacias:** Lugar del último campamento de los hijos de Israel, antes del pasaje del Jordán. Fue durante el tiempo de este campamento que Balaam trató de maldecir a Israel, Nm. 25.1. Allí se realizó el segundo censo, Nm. 26. En Sitim Moisés designó a Josué para sustituirlo en la dirección del pueblo, Nm. 27.18. Desde allí Josué envió a los dos espías, Jos. 2. Véase mapa 2, D-5; 5, C-1.

SITIO: Operaciones militares alrededor de un lugar fortificado. // Para venir contra ti en el **s**, Dt. 20.19. El cerco simbólico de Jerusalén, Ez. 4.

SITNA, hb. **Lucha:** Pozo de Isaac, que los pastores de Gerar buscaban obtener, Gn. 26.21.

SITRAI: Un pastor de Sarón, encargado de guardar los rebaños de David, 1 Cr. 27.29.

SITRI, hb. **Oculto:** Un nieto de Coat, Ex. 6.22.

SITUACIÓN: Posición; condición de una persona con relación a sus aspiraciones intereses o pasiones. // Contentarme, cualquiera que sea mi **s**, Fil. 4.11. He conocido tu **s**, tu salida y tu entrada, 2 R. 19.27. Llegasteis a ser compañeros de los que estaban en una **s** semejante. He. 10.33.

SIVÁN: El mes tercero del año judío, Est. 8.9. Véase **Año.**

SO: Uno de los reyes de Egipto, quizás el **Shabaka** que fundó la dinastía de **Etiopía**. Oseas, que deseó librarse del yugo de Asiria, buscó con ese fin el auxilio y la alianza de So. La consecuencia de esta alianza fue desastrosa pues el rey de Asiria le detuvo, y le aprisionó en la casa de la cárcel y llevó Israel cautivo a Asiria, 2 R. 17.4-6.

SOA: El pueblo de Soa mencionado con los babilonios, los caldeos y los asirios, Ez. 23.23.

SOBA: Un pequeño reino de Siria, que se extendía al norte de Damasco y hacia el oriente de Hamat, hasta el Eufrates. Fue hostil a Saúl, a David y a Salomón; era la patria de uno de los valientes de David, 1 S. 14.47.

SOBAB, hb. **Restaurado:** 1. Uno de los hijos de David, 1 Cr. 3.5. // 2. Un descendiente de Caleb, 1 Cr. 2.18.

SOBAC: Jefe del ejército de Hadad-ezer, rey de Soba en Asiria, 2 S. 10.16.

SOBAI: Jefe de una familia que volvió del exilio, Esd. 2.42.

SOBAL, hb. **Transbordante:** 1. Un hijo de Seir, el horeo, Gn. 36.20. // 2. Un descendiente de Caleb, 1 Cr. 2.50. // 3. Un hijo de Judá, 1 Cr. 4.1.

SOBEC, hb. **Olvidado:** Uno de los que sellaron el pacto con Nehemías, Neh. 10.24.

SOBERANO: Autoridad suprema. // El bienaventurado y solo **S**, Rey de reyes, y Señor de señores, 1 Ti. 6.15. El primogénito de los muertos, y el **s** de los reyes de la tierra, Ap. 1.5. **S** Señor, tú eres el Dios que hiciste el cielo y la tierra, **Hch. 4.24.** Niegan a Dios el único **s**, y a nuestro Señor Jesucristo, **Jud. 1.4.** Véase **Supremo.**

SOBERBIA: Orgullo, vanagloria. // Preserva también a tu siervo de las **s**, Salmo 19.13. La **s** y la arrogancia, el mal camino, Proverbios 8.13. Cuando viene la **s**, viene también la deshonra, Proverbios 11.2. Ciertamente la **s** concebirá contienda, Proverbios 13.10. Antes del quebrantamiento es la **s**, Proverbios 16.18. Él puede humillar a los que andan con soberbia, Dn. 4.37. Del corazón... salen... la **s**, Mr. 7.21,22.

SOBERBIO: Orgulloso, altivo. // Da el pago a los **s**, Salmo 94.2. El día de Jehová de los ejércitos vendrá sobre todo **s** y altivo, Is. 2.12. Dios los entregó a... **s**, altivos, Ro. 1.28-30. Dios resiste a los **s**, Stg. 4.6; 1 P. 5.5. Véase **Arrogante, Orgulloso.**

SOBI, hb. **Conductor de esclavos:** Uno de los que llevó mantenimiento a David cuando éste huía de Absalón, 2 S. 17.27.

SOBORNAR: Dar dinero u otros valores a, para conseguir cosa opuesta a la justicia, al deber o a la moral. // Entonces sobornaron a unos... Hch. 6.11. Véase 1 R. 21.10,13; Mt. 26.59,60.

SOBORNO: Acto de corromper con dádivas. // Condenado: Ex. 23.8; Dt. 16.19; Job 15.34; Salmo 26.10; Proverbios 17.23. Ejemplos: Balac, Nm. 22.17. Dalila, Jue. 16.5. Los hijos de Samuel, 1 S. 8.3. 1 R. 13.7. Judas, Mt. 26.15. Los soldados, Mt. 28.12. Félix, Hch. 24.26.

SOBRA: Exceso en cualquier cosa; lo que sobra o queda de otras cosas; desperdicios o desechos. // Echaron para las ofrendas de Dios de lo que les s, Lc. 21.4; Mr. 12.44. Soberbia, pan de **s** y abundancia de ocio tuvieron ella y sus hijas, **Ez. 16.49.** Pisoteaba las **s** con sus pies, Dn. 7.7; Dn. **7.19.** Véase **Resto, Desecho.**

SOBRAR: Tener, haber en exceso. // Todos han echado de lo que les sobra, Mr. 12.44. Sacian a sus hijos, y aun sobra para sus pequeñuelos, Salmo 17.14. Véase **Restar.**

SOBRE: Encima o hacia arriba de. // El cual es **s** todos, Ef. 4.6.

SOBREABUNDAR: Existir en abundancia, en exceso. // Sobreabundó la gracia, Ro. 5.20. Y te hará Jehová **s** en bienes, en el fruto de tu vientre, Dt. 28.11. Derramaré sobre vosotros bendición hasta que sobreabunde, Mal. 3.10. Hizo **s** para con nosotros en toda sabiduría e inteligencia, **Ef. 1.8.**

SOBREEDIFICADO: Edificado con firmeza. // Arraigados y **s** en él, Col. 2.7.

SOBRELLEVAR: Soportar los trabajos o molestias y resignarse a ellos. // Aún tengo muchas cosas que deciros, pero ahora no las podéis **s**, Jn. 16.12.

SOBREMANERA: Con exceso. // El pecado llegase a ser **s** pecaminoso, Ro. 7.13.

SOBREPASAR: Tener ventaja, volverse superior. // Mas tú sobrepasas a todas, Pr. 31.29. De hombros arriba sobrepasaba a cualquiera del pueblo, 1 S. 9.2. Su estima sobrepasa largamente a la de las piedras preciosas, Proverbios 31.10. La sabiduría sobrepasa a la necedad, como la luz a las tinieblas, Ec. 2.13. Sobrepasaron los hechos del malo, Jer. 5.28. Vi una luz del cielo que sobrepasaba el resplandor del sol, Hch. 26.13. Y la paz de Dios, que sobrepasa todo entendimiento, Fil. 4.7. Véase **Exceder.**

SOBREPONER: Añadir. // Las cámaras laterales estaban sobrepuestas unas a otras, treinta en cada uno de los tres pisos, **Ez. 41.6.**

SOBRESALIR: Salir fuera de una línea dada; realzar; distinguirse. // En sus cuatro esquinas había repisas de fundición que sobresalían de los festones, 1 R. 7.30. La puerta de las Aguas al oriente, y la torre que sobresalía, Neh. 3.26. Enfrente de la gran torre que sobresale, hasta el muro de Ofel, Neh. 3.27.

SOBRESALTAR: Asustar, atemorizar. // Entonces se les sobresaltó el corazón, Gn. 42.28. Allí se sobresaltaron de pavor, Sal. 53.5. Todos se sobresaltarán en sus ánimos, Ez. 32.10.

SOBREVENIR: Ocurrir, acontecer, suceder inesperadamente. // ¿Por qué nos ha sobrevenido todo esto? Jue. 6.13. No os ha sobrevenido ninguna tentación que no sea humana, 1 Co. 10.13. Acerca de nuestra tribulación que nos sobrevino en Asia, 2 Co. 1.8. No podré, por no ver el mal que sobrevendrá a mi padre, **Gn. 44.34.** Amó la maldición, y ésta le sobrevino, **Sal. 109.17.** Véase **Acontecer, Ocurrir, Suceder.**

SOBREVIVIENTE: Persona que sobrevive. // El fruto de la tierra para grandeza y honra, a los **s** de Israel, Is. 4.2. A los **s** de la tierra, Is. 15.9. Los **s** serán pocos, pequeños y débiles, Is. 16.14. Y los **s** del número de los valientes flecheros, Is. 21.17. Juntaos todos los **s** de entre las naciones, Is. 45.20.

SOBREVIVIR: Seguir viviendo, siendo, existiendo, después de otra persona o de otra cosa. // Todo el tiempo de los ancianos que sobrevivieron a Josué, Jue. 2.7.

SOBRINO: Individuo con relación a los hermanos de sus padres. // Aristarco, mi compañero de prisiones, os saluda, y Marcos el **s** de Bernabé, Col. 4.10.

SOBRIO: Que se caracteriza por la exclusión de lujo, de los excesos ornamentales, etc. // Sino velemos y seamos **s**, 1 Ts. 5.6,8. El obispo sea... **s**, 1 Ti. 3.2. Pero tú sé **s** en todo, 2 Ti. 4.5. Amante de lo bueno, **s**, justo, santo, Tit. 1.8. Ceñid los lomos de vuestro entendimiento, sed **s**, 1 P. 1.13. Sed, pues, **s**, y velad en oración, 1 P. 4.7. Sed **s**, y velad, 1 P. 5.8.

SOCIEDAD: Conjunto de personas que conviven y se relacionan dentro de un mismo espacio y ámbito cultural. // Casi en todo mal he estado, en medio de la **s** y de la congregación, **Proverbios 5.14.**

SOCO, hb. **Espino:** 1. Una ciudad de la herencia de Judá, Jos. 15.35. Los filisteos acamparon entre Soco y Azeca, 1 S. 17.1. Véase mapa 5, B-1. // 2. Otra ciudad de la herencia de Judá, Jos. 15.48. Véase mapa 5, B-2.

SOCORRER: Defender, predecir, prestar socorro. // Diciendo: ¡Señor, socórreme! Mt. 15.25. En día de salvación te he socorrido, 2 Co. 6.2. Es poderoso para **s** a los que son tentados, He. 2.18. Jehová, apresúrate a socorrerme, **Sal. 40.13.** Véase **Ayudar, Amparar.**

SOCORRO: Auxilio, amparo, protección. // No vinieron al **s** de Jehová, al **s** de Jehová contra los fuertes, Jue. 5.23. Se reunieron los de Judá para pedir **s** a Jehová, 2 Cr. 20.4. Danos **s** contra el adversario, Salmo 108.12.

¿De dónde vendrá mi **s**? Salmo 121.1. Nuestro **s** está en el nombre de Jehová, Salmo 124.8. Determinaron enviar **s** a los hermanos, Hch. 11.29. Para alcanzar misericordia y hallar gracia para el oportuno **s**, He. 4.16. Véase **Ayuda, Amparo, Auxilio.**

SODI: Uno de los doce espías, Nm. 13.10.

SODOMA: La residencia de Lot, Gn. 13.12. Llegaron, pues, los dos ángeles a **S**, Gn. 19.1. Véase **Gomorra.**

SODOMÍA: El vicio de Sodoma, Gn. 19.5. Compare 2 P. 2.6-8. Condenada en la ley de Moisés, Dt. 23.17,18. Sodomitas, prostitutos culturales: I R. 1.24; 15.12; 22.46; 2 R. 23.7; Job 36.14. Prostitutos culturales, hombres y mujeres dedicados a la idolatría licenciosa. Ni los afeminados, ni los que se echan con varones, 1 Co. 6.9,10. Impuros, sodomitas, 1 Ti. 1.10.

SOFERET, hb. **Secretariado:** Nombre en la lista de los que volvieron de Babilonia con Zorobabel, Esd. 2.55.

SOFONÍAS LIBRO DE: El noveno de los profetas menores. **El autor:** Sofonías, Sof. 1.1. Profetizaba en la época del reinado del rey Josías, Sof. 1.1; antes de la caída de Nínive, Sof. 2.13. Parece uno de los pioneros en el avivamiento, en el reinado de Josías, narrado en 2 R. 22. Era contemporáneo de Jeremías. **La clave:** La noche de juicio sobre Israel y las naciones, seguida por el rayar del día de restauración de uno y la conversión de otro. **Las divisiones: I**. Se acerca la invasión de Nabucodonosor, símbolo del gran día de la ira del Señor, Sof. 1. // **II**. Las naciones vecinas serán castigadas, Sof. 2. // **III**. Jerusalén reprendida, su restauración futura, Sof. 3.

SOFONÍAS, hb. **Dios se escondió:** Profeta, de noble estirpe, Sof. 1.1. // Otros con el nombre **Sofonías:** 1) Jer. 21.1; 2 R. 25.18. // 2) 1 Cr. 6.36. // 3) Zac. 6.10,14.

SOHAM, hb. **Berilo:** Uno de los hijos de Merari, 1 Cr. 24.27.

SOJUZGAR: Dominar; someter con violencia. // Llenad la tierra, y sojuzgadla, Gn. 1.28. Sea el país sojuzgado delante de Jehová, Nm. 32.22. Luego que el país sea sojuzgado delante de vosotros..., Nm. 32.29. Para construir baluarte contra la ciudad que te hace la guerra, hasta sojuzgarla, Dt. 20.20. Porque también ellas serán sojuzgadas por muchas naciones y grandes reyes, Jer. 25.14. Véase **Someter, Subyugar.**

SOL: La gran "lumbrera", "para gobernar el día", de Gn. 1.16. // En ellos puso tabernáculo para el **s**, Salmo 19.4. Porque **s** y escudo es Jehová Dios, Salmo 84.11. El **s** no te fatigará de día, Salmo 121.6. Nada hay nuevo debajo del **s**, Ec. 1.9. El **s** se convertirá en tinieblas, Jl. 2.31; Mt. 24.29; Hch. 2.20; Ap. 6.12. Nacerá el **S** de justicia, Mal. 4.2. Hace salir su **s** sobre malos y buenos, Mt. 5.45. Los justos resplandecerán como el **s** en el reino, Mt. 13.43. Resplandeció su rostro como el **s**, Mt. 17.2. No se ponga el **s** sobre vuestro enojo, Ef. 4.26. Una mujer vestida del **s**, Ap. 12.1. La ciudad no tiene necesidad de **s**, Ap. 21.23. No sea que alces tus ojos al cielo, y viendo

La nueva villa industrial de Sodoma, en la costa sur del mar Muerto.

el **s**, Dt. 4.19; 2 R. 23.5; Job 31.26; Ez. 8.16. Josué mandó parar el **s**, Jos. 10.12-14; Isaías lo hizo retroceder diez grados, 2 R. 20.11; se oscureció en la crucifixión, Lc. 23.44. El sol como ilustración y símbolo, Salmo 84.11; Is. 30.26; 60.19,20; Jer. 15.9; Ap. 1.16; 12.1.

SOLAMENTE: Únicamente, exclusivamente. // No ruego **s** por éstos, Jn. 17.20. No **s** con respecto a él se escribió que le fue contada, Ro. 4.23.

SOLDADO: Hombre alistado en las hileras del ejército. // Tengo bajo mis órdenes **s**, Mt. 8.9. **S** le preguntaron, Lc. 3.14. Cuando los **s** hubieron crucificado a Jesús, Jn. 19.23. Llamó a... un devoto **s** de los que le asistían, Hch. 10.7. Pedro dormía entre dos **s**, Hch. 12.6. Como buen **s** de Jesucristo, 2 Ti. 2.3. Agradar a aquel que lo tomó por **s**, 2 Ti. 2.4. Véase **Guerrero.**

SOLEDAD: Lugar yermo. // Tentaron a Dios en la **s**, Salmo 106.14. Consolará todas sus **s**, y cambiará su desierto en paraíso, y su **s** en huerto de Jehová, Is. 51.3. Véase **Yermo, Desierto.**

SOLEMNE: Acompañado de actos y de formalidades, que dan una importancia considerable. // "Santificad un día **s** a...", 2 R. 10.20. Hicieron la fiesta **s** por siete días, y el octavo día fue de **s** asamblea, Neh. 8.18; Jl. 2.15.

SOLEMNIDAD: Cualidad de lo que es solemne. // Y en el día de vuestra alegría, y en vuestras **s**, Nm. 10.10. El octavo día tendréis **s**, Nm. 29.35.

SOLÍCITAMENTE: Con diligencia, cariño y atención. // Nos recibió y hospedó **s**, Hch. 28.7.

SOLICITAR: Pedir con instancia. // Y publiqué ayuno allí junto al río Ahava, para afligirnos delante de nuestro Dios, para **s**, Esd. 8.21. Véase **Pedir, Rogar.**

SOLÍCITO: Diligente y servicial; persona cariñosa y atenta con los demás. // He aquí tú has estado **s** por nosotros con todo este esmero, 2 R. 4.13. Entonces se volvían solícitos en busca suya, Sal. 78.34. ¿Has visto hombre **s** en su trabajo? Proverbios 22.29. Y Jehová, **s** por su tierra, perdonará a su pueblo, Jl. 2.18. Quien nos recibió y hospedó solícitamente tres días, Hch. 28.7. Pero estando también muy **s**, por su propia voluntad partió para ir a vosotros. 2 Co. 8.17. **S** en guardar la unidad del Espíritu, Ef. 4.3. De lo cual también estabais **s**, pero os faltaba la oportunidad, Fil. 4.10. Cuando estuvo en Roma, me buscó solícitamente y me halló, 2 Ti. 1.17.

SOLICITUD: Cuidado, diligencia. // Manifiesta nuestra **s** que tenemos por vosotros delante de Dios, 2 Co. 7.12. Puso en el corazón de Tito la misma **s** por vosotros, 2 Co. 8.16.

SÓLIDO: Íntegro, macizo, firme, duro. // Habéis llegado a ser tales que tenéis necesidad de leche, y0 no de alimento **s**, He. 5.12. Pero el alimento **s** es para los que han alcanzado madurez, He. 5.14.

SOLITARIO: Relativo al desierto; abandonado. // Velo, y soy como el pájaro **s** sobre el tejado, **Sal. 102.7.** Véase **Solo.**

SOLIVIANTAR: Inducir a una persona a adoptar una actitud rebelde u hostil. // Y soliviantaron al pueblo, a los ancianos y a los escribas; y arremetiendo, le arrebataron, y le trajeron al concilio, Hch. 6.12.

SÓLO: Apenas, únicamente. // No **s** de pan vivirá el hombre, Mt. 4.4. **S** el sumo sacerdote una vez al año, He. 9.7. **S** la muerte hará separación entre nosotras dos, **Rt. 1.17**.

SOLO: Desacompañado; consigo mismo. // Serán una sola carne, Gn. 2.24. ¡Ay del solo! Ec. 4.10. Cuando llegó la noche, estaba allí **s**, Mt. 14.23. Porque estoy **s** y afligido, Salmo 25.16. La barca estaba en medio del mar, y él **s** en tierra, Mr. 6.47.

SOLTAR: Desatar; volver libre. // Y soltará la avecilla viva en el campo, Lv. 14.7. En el día de la fiesta les soltaba un preso, cualquiera que pidiesen, Mr. 15.6. Le soltaré, pues, después de castigarle, Lc. 23.16. Y tenía necesidad de soltarles uno en cada fiesta, Lc. 23.17.

SOLTERO: Que todavía no se casó. // A los **s** y a las viudas, 1 Co. 7.8. El **s** tiene cuidado de las cosas del Señor, **1 Co. 7.32.**

SOMBRA: Espacio privado de luz o tornado menos claro por la interposición de un cuerpo. // ¿Avanzará la **s** diez grados, o retrocederá diez grados? 2 R. 20.9. Nuestros días sobre la tierra, cual **s** que no dura, 1 Cr. 29.15. Huye como la **s** y no permanece, Job 14.2. Escóndeme bajo la **s** de tus alas, Salmo 17.8. Aunque ande en valle de **s** de muerte, Salmo 23.4. Ciertamente como una **s** es el hombre, Salmo 39.6. Morará bajo la **s** del Omnipotente, Salmo 91.1. Mis días son como **s** que se va, Salmo 102.11; 109.23. Jehová es tu **s** a tu mano derecha, Salmo 121.5. La vida de su vanidad, los cuales él pasa como **s**, Ec. 6.12. Un abrigo para **s** contra el calor del día, Is. 4.6; 25.4. Sentó debajo de ella a la **s**, Jon. 4.5. A lo menos su **s** cayese sobre alguno de ellos, Hch. 5.15. Todo lo cual es **s** de lo que ha de venir, Col. 2.17. Sirven a lo que es figura y **s** de las cosas celestiales, He. 8.5. Teniendo la **s** de los bienes venideros, He. 10.1. En el cual no hay mudanza, ni **s** de variación, Stg. 1.17.

SOMER, Hb. **Vigilante:** 1. Padre de uno de los conspiradores que mataron el rey Joás,

2 R. 12.21. // 2. Un descendiente de Aser, 1 Cr. 7.32.

SOMETER: Subordinar la voluntad o el juicio a los de otra persona; sujetar a dominio o autoridad. // Someteos, pues, a Dios, Stg. 4.7. Por causa del Señor someteos a toda institución humana, 1 P. 2.13. Someteos unos a otros, Ef. 5.21. Sométase toda persona a las autoridades superiores, Ro. 13.1.

SONAR: Dar o producir sonido. // Cuando suene largamente la bocina, subirán al monte, Ex. 19.13. Con las trompetas del júbilo para que suenen contra vosotros, 2 Cr. 13.12. Ninguna obra de siervos haréis; os será día de sonar las trompetas, Nm. 29.1. A causa de los otros toques de trompeta que están para **s** los tres ángeles, Ap. 8.13.

SONIDO/SON: Aquello que impresiona el oído; ruido. // Al oír el son de la bocina, Dn. 3.5. Las cosas inanimadas que producen sonidos, como la flauta o la cítara, 1 Co. 14.7. Si la trompeta diere sonido incierto, 1 Co. 14.8. Que el sonido de una hoja que se mueva los perseguirá, Lv. 26.36. Oyendo Joab el sonido de la trompeta, 1 R. 1.41. Y su sonido era como el sonido de muchas aguas, Ez. 43.2.Véase **Bramido**, **Estruendo**, **Fragor**, **Ruido**.

SOÑADOR: Que o aquél que sueña. // He aquí viene el **s**, Gn. 37.19. Tal profeta o **s** de sueños ha de ser muerto, Dt. 13.5. No prestéis oído... a vuestros **s**, Jer. 27.9. Estos **s** mancillan la carne, Jud. 8.

SOÑAR: Dormir soñando; hacer castillos en el aire. // Seremos como los que sueñan, Salmo 126.1. Les sucederá como el que tiene hambre y sueña, Is. 29.8.

SOÑOLIENTO: Somnoliento; que tiene sueño o somnolencia, disposición para dormir. // Sus atalayas son... **s**, echados, aman el dormir, Is. 56.10.

SÓPATER: Hch. 20.4. Véase **Sosípater**.

SOPLAR: Dirigir el soplo sobre o hacia. // Sopló en su nariz aliento de vida, Gn. 2.7. Soplaste con tu viento; los cubrió el mar, Ex. 15.10. La hierba se seca, y la flor se marchita, porque el viento de Jehová sopló en ella, Is. 40.7. El viento sopla de donde quiere, y oyes su sonido, Jn. 3.8. Habiendo dicho esto, sopló, y les dijo, Jn. 20.22. Que no soplase viento alguno sobre la tierra, Ap. 7.1.

SOPLO: Corriente de aire; viento; viento que se produce impeliendo o agitando el aire con la ayuda de la boca. // Acuérdate que mi vida es un **s**, Job 7.7. El **s** del Omnipotente le hace que entienda, Job 32.8; 33.4.

SOPORTAR: Sostener, tolerar, aguantar. // Porque no me afrentó un enemigo, lo cual habría soportado, Salmo 55.12. ¿Y quién podrá **s** el tiempo de su venida? Mal. 3.2. Hemos soportado la carga y el calor del día, Mt. 20.12. Soportó con mucha paciencia los vasos de ira preparados para destrucción, Ro. 9.22. Los que somos fuertes debemos **s** las flaquezas de los débiles, Ro. 15.1. Padecemos persecución, y la soportamos, 1 Co. 4.12. Juntamente con la tentación la salida, para que podáis **s**, 1 Co. 10.13 Todo lo espera, todo lo soporta, 1 Co. 13.7. Soportándoos con paciencia los unos a los otros en amor, Ef. 4.2. Soportándoos unos a otros, y perdonándoos unos a otros, Col. 3.13. Bienaventurado el varón que soporta la tentación, Stg. 1.12. Si haciendo lo bueno sufrís, y lo soportáis, 1 P. 2.20.

SORDO: Que no oye o que no puede oír. // ¿O quién hizo al mudo y al **s**, Ex. 4.11. No maldecirás al **s**, Lv. 19.14. Como si fuera **s**, no oigo, Salmo 38.13. Son como el áspid **s** que cierra su oído, Salmo 58.4. **S** oyen, Mt. 11.5. Le trajeron un **s** y tartamudo, Mr. 7.32. Hace a los **s** oír, Mr. 7.37. Espíritu mudo y **s**, yo te mando, sal de él, Mr. 9.25.

SOREC, Hb. **Viña escogida:** Un valle en el que estaba la casa de Dalila, Jue. 16.4. Es posible que sea el moderno uádi Surak. Véase mapa 2, B-5.

SORPRENDENTEMENTE: Que sorprende o admira. // Ella ha descendido s, y no tiene quien la consuele, Lm. 1.9.

SORPRENDER: Pillar desprevenido; causar sorpresa. // No lo sorprenderá el enemigo, Salmo 89.22. Consultaron cómo sorprenderle en alguna palabra, Mt. 22.15. Si alguno fuere sorprendido en alguna falta, Gá. 6.1. Aquel día os sorprenda como ladrón, 1 Ts. 5.4.

SOSEGAR: Ablandar, calmar. // Cuando se levantan sus ondas, tú las sosiegas, Sal. 89.9. Véase **Tranquilidad**, **Reposo.**

SOSÍPATER, Hb. **Salvador de un padre:** Un pariente de Pablo, es decir, un judío (Ro. 9.3; 16.11), de quien él manda salutaciones para los hermanos en Roma, Ro. 16.21. Quizás, el mismo que Sópater, Hch. 20.4.

SOSPECHA: Creencia desfavorable, acompañada de desconfianza. // De las cuales nacen envidias, pleitos, blasfemias, malas sospechas, 1 Ti. 6.4.

SOSPECHAR: Juzgar, suponer o imaginar con ciertos datos más o menos seguros. // Ningún cargo presentaron de los que yo sospechaba, Hch. 25.18. A la medianoche los marineros sospecharon que estaban cerca de tierra, Hch. 27.27.

SOSTENER: Sustentar, proteger, defender. // Al huérfano y a la viuda sostiene, Sal. 146.9. Sostengáis a los débiles, 1 Ts. 5.14. Véase **Acudir**, **Ayudar**, **Socorrer**.

SÓSTENES, Hb. **Inquebrantable:** El principal de la sinagoga de Corinto, el que fue golpeado cuando Galión se recusó a aceptar las acusaciones de los judíos contra Pablo, Hch. 18.17. Se opina que el Sóstenes mencionado en 1 Co. 1.1 es el mismo, el cristiano después de los sucesos registrados en Hch. 18.17.

SOTAI, Hb. **Desviado:** Jefe de una familia que volvió del exilio, Esd. 2.55.

SÚA, Hb. **Depresión:** 1. Hermano de Quelub, 1 Cr. 4.11. // 2. Uno de los hijos de Abraham y Cetura, Gn. 25.2. // 3. Una hija de Heber, 1 Cr. 7.32. // 4. El padre de la mujer de Judá, Gn. 38.2.

SÚAL, Hb. **Zorro:** Un descendiente de Aser, 1 Cr. 7.36.

SUAVE: Agradable, apacible, dulce, blando, delicado. // No oleré la fragancia de vuestro **s** perfume, Lv. 26.31. Que le hace que su vida aborrezca el pan, y su alma la comida **s**, Job 33.20. En el decacordio y en el salterio, en tono **s** con el arpa, Sal. 92.3. Porque **s** y hermosa es la alabanza, Sal. 147.1. Panal de miel son los dichos **s**; Las palabras del chismoso son como bocados **s**, y penetran hasta las entrañas, Proverbios 18.8. Vomitarás la parte que comiste, y perderás tus **s** palabras, Proverbios 23.8. Las palabras del chismoso son como bocados **s**, y penetran hasta las entrañas, Proverbios 26.22. **S** ciertamente es la luz, y agradable a los ojos ver el sol, Ec. 11.7. Véase **Blando**, **Delicado.**

SUAVEMENTE: Harmoniosamente. // No mires al vino cuando rojea, cuando resplandece su color en la copa. Se entra **s**, Proverbios 23.31.

SUAVIDAD: Cualidad de lo que es suave. // Lo rindió con la **s** de sus muchas palabras, Proverbios 7.21. Panal de miel son los dichos suaves; **s** al alma y medicina para los huesos, Proverbios 16.24.

SUBAEL: Uno de los cantores en el templo, 1 Cr. 25.20.

SUBIR: Ir hacia arriba. // He aquí ángeles de Dios que subían y descendían por ella, Gn. 28.12. Venid, y subamos al monte de Jehová, Is. 2.3. Subió a un árbol sicómoro para verle, Lc. 19.4. Los ángeles de Dios que suben y descienden, Jn. 1.51. Nadie subió al cielo, sino el que descendió del cielo, Jn. 3.13. No me toques, porque aún no he subido a mi Padre, Jn. 20.17. ¿Quién subirá al cielo? Ro. 10.6. Por lo cual dice: Subiendo a lo alto, llevó cautiva la cautividad, Ef. 4.8. El humo de ella sube por los siglos de los siglos, Ap. 19.3. Véase **Trepar**.

SUBLEVAR: Amotinar. // He aquí que están sublevando la ciudad contra ti, Jue. 9.31. Absalón se subleva contra David, 2 S. 15.1. Sublevación de Seba, 2 S. 20.1.

SUBLIME: Excelso; muy alto; el más alto grado de perfección. // Porque así dijo el Alto y **S**, el que habita la eternidad, y cuyo nombre es el Santo, Is. 57.15. Hecho más **s** que los cielos, He. 7.26. Véase **Magnífico**.

SUBSISTIR: Existir en su sustancia; vivir; mantenerse. // Todas las cosas en él subsisten, Col. 1.17. Tú afirmaste la tierra, y subsiste, Sal. 119.90. Por tu ordenación subsisten todas las cosas hasta hoy, Sal. 119.91. Por tanto, Jehová el Señor dice así: No subsistirá, ni será, Is. 7.7. Por quien todas las cosas subsisten, He. 2.10. Que proviene del agua y por el agua subsiste, 2 P. 3.5. Véase **Permanecer**.

SUBYUGAR: Someter por la fuerza de las armas; dominar, vencer. // Así fue subyugado Moab aquel día bajo la mano de Israel; y reposó la tierra ochenta años, Jue. 3.30. Así fue subyugado Madián delante de los hijos de Israel, Jue. 8.28. Véase **Sujetar**, **Someter**.

SUCEDER: Venir después, acontecer. // Y sucederá que cuando haga venir nubes sobre la tierra, se dejará ver entonces mi arco en las nubes, **Gn. 9.14.** Y el **s** el sueño a Faraón dos veces, significa que la cosa es firme de parte de Dios, **Gn. 41.32**. Mas estas cosas sucedieron como ejemplos para nosotros, **1 Co. 10.6**. Véase **Acontecer**, **Realizar**, **Sobrevenir**.

SUCIEDAD: Inmundicia, porquería. // Porque toda mesa está llena de vómito y **s**, hasta no haber lugar limpio, Is. 28.8. Si bien todos nosotros somos como **s**, Is. 64.6. Se funda en ella su suciedad, y se consuma su herrumbre, Ez. 24.11.

SUCIO: Que no es limpio; inmundo. // Y yo pasé junto a ti, y te vi **s** en tus sangres, **Ez. 16.6.** Véase **Inmundo**.

SUCOT, hb. **Cabaña:** 1. Un lugar al oriente del Jordán, donde Jacob hizo cabañas para su ganado, Gn. 33.17. Cupo, después, a Gad, Jos. 13.27. Los hombres de Sucot castigados por Gedeón, porque rehusó dar pan a su ejército, Jue. 8.5-16. Los vasos para el servicio del templo, fundidos cerca de Sucot, 1 R. 7.46. Véase mapa 2. D-4, 4, B-2. // 2. El lugar del primer campamento de los israelitas después que salieron de Egipto y antes de que cruzaran el Mar Rojo, Ex. 12.37. Se opina que era estación para las caravanas que iban de Egipto hacia el norte.

SUCOT-BENOT, hb. **Cabañas de las hijas:** Nombre de dioses que los colonos de Babilonia trajeron a Samaria, 2 R. 17.30.

SUDARIO: Lienzo en que se envuelve un cadáver o con el que se tapa su rostro. // Su rostro estaba envuelto en un **s**, Jn. 11.44. El **s**, que había estado sobre su cabeza, Jn. 20.7.

Tropa de flecheros disciplinados

SUDOR: Líquido transparente y salado que sale a la superficie de la piel, por efecto del calor, y que se condensa en gotas. // Con el sudor de tu rostro comerás el pan, Gn. 3.19. Era su sudor como grandes gotas de sangre, Lc. 22.44.

SUEGRA: Madre del marido, en relación a la mujer, madre de la mujer, con relación al marido. // Maldito el que se acostare con su **s**, Dt. 27.23. Orfa besó a su **s**, mas Rut se quedó con ella, Rt. 1.14. Después le dijo su **s** Noemí, Rt. 3.1. La **s** de Simón estaba acostada con fiebre, Mr. 1.30. La **s** contra su nuera, y la nuera contra su **s**, Lc. 12.53.

SUEGRO: Padre del marido, con relación a la mujer; padre de la mujer, con relación al marido. // Oyó Jetro sacerdote de Madián, **s** de Moisés, Ex. 18.1; Nm. 10.29. Anás... **s** de Caifás, Jn. 18.13.

SUELDO: Paga de los soldados. // Tomó a **s** por cien talentos de plata, 2 Cr. 25.6. El que toma a **s** insensatos y vagabundos, **Proverbios 26.10.** Véase **Paga, Salario.**

SUELO: Superficie de la Tierra. // Entonces Moisés, apresurándose, bajó la cabeza hacia el **s** y adoró, **Ex. 34.8.** E inclinándose de nuevo hacia el **s**, siguió escribiendo en tierra, **Jn. 8.8.** Caí al **s**, y oí una voz que me decía: Saulo, Saulo, ¿por qué me persigues? **Hch. 22.7.** Se levantó, pues, del **s**, y se sentó sobre una cama, **1 S. 28.23.**

SUELTO: Que está libre; desprendido. // He aquí yo veo cuatro varones **s**, Dn. 3.25. Cuando los mil años se cumplan, Satanás será **s** de su prisión, **Ap. 20.7.**Véase **Libre.**

SUEÑO: 1. Conjunto de ideas e imágenes que se presentan al espíritu durante el sueño. // **Como un sueño**, Salmo 126.1; Is. 29.7,8; Jer. 23.28; Zac. 10.2. **El Señor habló a través de sueños**, Nm. 12.6; 1 S. 28.6; Job 33.15; Jl. 2.28. **Falsos profetas pretendían recibir revelaciones a través de sueños**, Dt. 13.1,5; Jer. 27.9; 29.8. Véase **Adivinación. La interpretación de Dios**, Gn. 40.8; 41.16; Dn. 2.18-23, 28-30. El sueño de Abimelec, Gn. 20.3-7; de Jacob, Gn. 28.12; 31.11; de Labán, Gn. 31.24; de José, Gn. 37.5-9; del copero y del panadero de Faraón, Gn. 40.5-19; de Faraón, 41.1-7; del madianita, Jue. 7.13-15; de Nabucodonosor, Dn. 2.1-31; 4.5-8; de Daniel, Dn. 7; de José, Mt. 2.13; de la mujer de Pilato, Mt. 27.19. 2. Reposo causado por el adormilarse de los sentidos. Deseo, necesidad de dormir. // Dios hizo caer **s** profundo sobre Adán, y mientras éste dormía, tomó una de sus costillas, Gn. 2.21. A la caída del sol sobrecogió el **s** a Abram, Gn. 15.12. Él estaba cargado de **s** y cansado, Jue. 4.21. No des **s** a tus ojos, Proverbios 6.4. No ames el **s**, para que no te empobrezcas, Proverbios 20.13. Dulce es el **s** del trabajador, Ec. 5.12. Dormirán **s** eterno y no despertarán, dice el Rey, Jer. 51.57. Se le fue el **s**, Dn. 6.18. Que es ya hora de levantarnos del **s**, Ro. 13.11. El **s** hará vestir vestidos rotos, Proverbios 23.21. Véase **Adormecer**, **Dormir**.

SUERTE: Parte que tocó en la repartición; destino; modo de decidir algo al acaso; clase, casta, cualidad. // Pero la tierra será repartida por **s**, Nm. 26.55. Echad **s** entre mí y Jonatán mi hijo, 1 S. 14.42. Sobre mi ropa echaron **s**, Salmo 22.18. La **s** se echa en el regazo, Proverbios 16.33. Echaron **s**, y la **s** cayó sobre Jonás, Jon. 1.7. Repartieron entre sí sus vestidos, echando **s**, Mt. 27.35. Les echaron **s**, y la **s** cayó sobre Matías, Hch. 1.26. No tienes tú parte ni **s** en este asunto, Hch. 8.21. Véase **Adivinación**.

SUFICIENTE: Que basta o es bastante; que satisface. // Para estas cosas, ¿quién es **s**? 2

Co. 2.16.

SUFRIDO: Paciente. Recibe con resignación un daño moral o físico. // Mejor es el **s** de espíritu que el altivo de espíritu, **Ec. 7.8.** Gozosos en la esperanza; **s** en la tribulación, **Ro. 12.12.** El amor es **s**, es benigno, **1 Co. 13.4.**

SUFRIMIENTO: Padecimiento, dolor, amargura. // El cual anunciaba de antemano los **s** de Cristo, **1 P. 1.11.** No sea tenido en poco delante de ti todo el **s** que ha alcanzado a nuestros reyes, **Neh. 9.32.** Si azote mata de repente, se ríe del **s** de los inocentes, **Job 9.23.** Véase **Aflicción, Dolor.**

SUFRIR: Soportar, tolerar, padecer. // Como un fuego ardiente metido en mis huesos; traté de sufrirlo, y no pude, Jer. 20.9. ¿Por qué no sufrís más bien el agravio? ¿Por qué no sufrís más bien el ser defraudados? 1 Co. 6.7. Todo lo sufre, todo lo cree, 1 Co. 13.7. Por quienes vuelvo a **s** dolores de parto, Gá. 4.19. Sufrirán pena de eterna perdición, 2 Ts. 1.9. El que venciere, no sufrirá daño de la segunda muerte, Ap. 2.11. Sufre penalidades como buen soldado de Jesucristo, 2 Ti. 2.3. En el sufrir las mismas aflicciones que nosotros también padecemos, 2 Co. 1.6.Véase **Padecer**.

SUICIDIO: Acción o efecto de matarse a sí mismo. // La ley contra el homicidio incluía, también, la ley contra el suicidio. En el nuevo pacto, véase 1 Co. 3.16,17. Nada menos que el remordimiento de los perdidos eternamente podría llevar una persona, entre el pueblo de Dios, a matarse, como se ve en el caso de Saúl y su escudero, 1 S. 31.4,5 y en el de Judas, Mt. 27.5. ¿Acaso se matará a sí mismo...? Jn. 8.22. El carcelero se iba a matar, Hch. 16.27.

SUJECIÓN: Adhesión espontánea de la voluntad de alguien al otro. // La mujer aprenda en silencio, con toda **s**, 1 Ti. 2.11. Que tenga a sus hijos en **s** con toda honestidad, **1 Ti. 3.4.**

SUJETAR: Reducir a la obediencia; dominar. // Nazaret; descendió con ellos, y volvió a Nazaret, y estaba sujeto a ellos, Lc. 2.51. Señor, aun los demonios se nos sujetan en tu nombre, Lc. 10.17. No estéis otra vez sujetos al yugo de esclavitud, Gá. 5.1. Las casadas estén sujetas a sus propios maridos, Ef. 5.22. Casadas, estad sujetas a vuestros maridos, Col. 3.18. Criados, estad sujetos con todo respeto a vuestros amos, 1 P. 2.18. Asimismo vosotras, mujeres, estad sujetas a vuestros maridos, 1 P. 3.1. Igualmente, jóvenes, estad sujetos a los ancianos; y todos, sumisos unos a otros, 1 P. 5.5. Puede también sujetar a sí mismo todas las cosas, Fil. 3.21. La creación fue sujetada a vanidad, Ro. 8.20. No se han sujetado a la justicia de Dios, Ro. 10.3. Recuérdales que se sujeten a los gobernantes y autoridades, Tit. 3.1. Véase **Subyugar**, **Someter.**

SUJETO: Dependiente, sometido, comprometido con la obediencia. // Los espíritus de los profetas están **s** a los profetas, 1 Co. 14.32. Como la iglesia está **s** a Cristo, Ef. 5.24. **S** a sus maridos, Tit. 2.5. Estaban durante toda la vida **s** a servidumbre, He. 2.15.

SUMA: Resultado de la adición. Resumen. // Tus pensamientos. ¡Cuán grande es la **s** de ellos! Salmo 139.17. Yo con una gran **s** adquirí esta ciudadanía, Hch. 22.28. La **s** de tu palabra es verdad, y eterno es todo juicio de tu justicia, **Sal. 119.160.** El sacerdote calculará con él la **s** de tu estimación hasta el año del jubileo, **Lv. 27.23.**

SUMERGIR: Introducir algo por completo en un medio líquido. Sácame del lodo, y no sea yo sumergido, **Sal. 69.14. Véase Ahogar**

SUMIR: Esconder, ocultar, desaparecer. // He aquí tribulación y tinieblas, oscuridad y angustia; y serán sumidos en las tinieblas, **Is. 8.22.**

SUMO SACERDOTE: El principal de los sacerdotes judíos. // Aarón y sus hijos fueron solemnemente separados para que ejercieran el encargo sacerdotal, Ex. 28.1; 40.12-15. Aarón ocupaba el primer lugar, siendo hereditaria esa preeminencia, Ex. 29.29,30. Este encargo era ejercido por toda la vida, pero Salomón expulsó Abiatar del alto lugar sacerdotal, a causa de su traición, 1 R. 2.27. A causa de la infidelidad de los hijos de Elí, el sumo sacerdocio pasó para los descendientes de Itamar, el segundo hijo de Aarón, 1 S. 2.35,36. Pero volvió para la familia de Eleazar, durante el reinado de Salomón, 1 R. 2.35. Después del cautiverio, el primer sumo sacerdote fue Jesúa, hijo de Josadac, Esd. 3.2. Había un tiempo en que el sumo sacerdote era sustituido cada año, lo que explica haber diversos al mismo tiempo. En el tiempo del Nuevo Testamento el sumo sacerdote era el principal dignatario civil y eclesiástico entre los judíos siendo presidente del sanedrín y jefe de las relaciones políticas con el gobierno romano. En la época de Cristo, Anás y Caifás eran sumo sacerdotes, Lc. 3.2. Véase **Levita, Sacerdote.**

SUNAMITA: Habitante de Sunem. // Abisag, 1 R. 1.3. La mujer cuyo hijo Eliseo resucitó de la muerte, 2 R. 4.8.

SUNEM, hb. **Lugar de reposo:** Una ciudad de la herencia de Isacar, Jos. 19.18. Donde Eliseo resucitó el hijo de la sunamita, 2 R. 4.8. Véase mapa 2, C-3; 4, B-1.

SUNI, hb. **Calmo:** Un hijo de Gad, Gn. 46.16.

SUPEREMINENTE: Sublime. // Cuál la **s** grandeza de su poder, Ef. 1.19.

SUPERIOR: Más elevado; de excelente calidad. // Sométase toda persona a las autoridades **s**, Ro. 13.1. Estimando cada uno a los demás como **s** a él mismo, Fil. 2.3. Hecho tanto **s** a los ángeles, He. 1.4. No temen decir mal de las potestades **s**, 2 P. 2.10; Jud. 8.

SUPIM: Un descendiente de Benjamín, 1 Cr. 7.12.

SÚPLICA: Oración instante y humilde. // No te escondas de mi **s**, Salmo 55.1 Amo a Jehová, pues ha oído mi voz y mis **s**, Salmo 116.1. Con toda oración y **s** en el Espíritu... **s** por todos los santos, Ef. 6.18. Espera en Dios, y es diligente en **s** y oraciones noche y día, 1 Ti. 5.5. Ofreciendo ruegos y **s** con gran clamor, He. 5.7. Véase **Oración, Pedido.**

SUPLICAR: Pedir con instancia y humildad. // Oraren y te rogaren y suplicaren en esta casa, 1 R. 8.33. Ante el rey a suplicarle y a interceder delante de él por su pueblo, Est. 4.8. Se quedó Amán para suplicarle a la reina Ester por su vida, Est. 7.7. Te acostarás, y no habrá quien te espante; y muchos suplicarán tu favor, Job 11.19. Llamé a mi siervo, y no respondió; de mi propia boca le suplicaba, Job 19.16. A ti, oh Jehová, clamaré, y al Señor suplicaré, Sal. 30.8. Te harán reverencia y te suplicarán diciendo, Is. 45.14. Sea así, oh Jehová, si no te he rogado por su bien, si no he suplicado ante ti en favor del enemigo..., Jer. 15.11. Más allá de los ríos de Etiopía me suplicarán, Sof. 3.10. Le suplicaba, diciendo: Señor, Mt. 18.26. Véase **Implorar**, **Orar**, **Pedir**, **Rogar**.

SUPLIR: Completar, remediar. // **Este servicio no solamente suple lo que a los santos falta**, 2 Co. 9.12. Lo suplieron los hermanos que vinieron, 2 Co. 11.9. Exponiendo su vida para suplir lo que faltaba en vuestro servicio por mí, Fil. 2.30. Mi Dios, pues, suplirá todo lo que os falta, Fil. 4.19.

SUPONER: Presumir; imaginar; traer a la idea. // Vosotros suponéis, puesto que es la hora tercera del día, **Hch. 2.15**.

SUPREMO: Que está por encima de todo. // Entonces el rey engrandeció a Daniel... y le hizo... jefe **s** de todos los sabios de Babilonia, **Dn. 2.48.** Prosigo a la meta, al premio del **s** llamamiento de Dios en Cristo Jesús, **Fil. 3.14**. Véase **Altísimo, Soberano.**

SUPURAR: Echar pus. // Hieden y supuran mis llagas, a causa de mi locura, **Sal. 38.5.**

SUR: Punto cardenal opuesto al Norte. // Pon tu rostro hacia el **s**, derrama tu palabra hacia la parte austral, Ez. 20.46. Se hará fuerte el rey del **s**, Dn. 11.5. La reina del **s** se levantará en el juicio con esta generación, Mt. 12.42. Cuando sopla el viento del **s**, Lc. 12.55.

SURCAR: Abrir regueras con el uso del arado. // Gente fuerte y conquistadora, cuya tierra es surcada por ríos, Is. 18.2.

SURCO: Reguera abierta por el arado en la tierra. // Si mi tierra clama contra mí, y lloran todos sus **s**, Job 31.38. ¿Atarás tú al búfalo con coyunda para el **s**? Job 39.10. Haces que se empapen sus **s**, haces descender sus canales, Sal. 65.10. Sobre mis espaldas araron los aradores; hicieron largos **s**, Sal. 129.3. Extendió hacia ella sus ramas, para ser regada por ella por los **s** de su plantío, Ez. 17.7. En los **s** de su verdor se secará, Ez. 17.10. Por tanto, el juicio florecerá como ajenjo en los **s** del campo, Os. 10.4. Y sus altares son como montones en los **s** del campo, Os. 12.11.

SURGIR: Aparecer elevándose. // Así ahora han surgido muchos anticristos, **1 Jn. 2.18**.

SUSA: Neh. 1.1; Est. 1.2; Dn. 8.2. Ciudad real y residencia de los soberanos de Persia (véase mapa 1, E-3), en la provincia de Elán, sobre el río Utai.

SUSCITAR: Hacer aparecer. // Mi cuñado no quiere **s** nombre en Israel a su hermano, Dt. 25.7. Y yo me suscitaré un sacerdote fiel, que haga conforme a mi corazón y a mi alma, 1 S. 2.35. Y Jehová suscitó un adversario a Salomón, 1 R. 11.14. El altivo de ánimo suscita contiendas, Proverbios 28.25. He aquí que yo suscitaré contra ti a tus amantes, Ez. 23.22.

SUSI, hb. **Caballero:** El padre de Gadi, uno de los doce espías, Nm. 13.11.

SUSPENDER: Levantar, colgar una cosa en algo o en el aire; detener. // Absalón quedó suspendido entre el cielo y la tierra, 2 S. 18.9. Y quedó suspendida hasta el año segundo del reinado de Darío, Esd. 4.24. Son suspendidos y balanceados, Job 28.4. Como la púrpura del rey suspendida en los corredores, Cnt. 7.5.

SUSPIRAR: Echar de menos; desear con vehemencia; expresar con tristeza. // Como el siervo suspira por la sombra, **Job 7.2.** Mi boca abrí y suspiré, porque deseaba tus mandamientos, **Sal.** 119.131.

SUSPIRO: Gemido, ay, lamento. // Pues antes que mi pan viene mi **s**, Job 3.24. Mi **s** no te es oculto**, Sal. 38.9.** Oíste mi voz; no escondas tu oído al clamor de mis **s**, **Lm. 3.56.**

SUSTENTAR: Tener o sostener por debajo; alimentar física o moralmente; sujetar para que no caiga; defender. // Te sustentó con maná, Dt. 8.3. Los sustentaste cuarenta años en el desierto, Neh. 9.21. Espíritu noble me sustente, Salmo 51.12. Quien sustenta todas las cosas con la palabra de su poder, He. 1.3. Sostuvisteis gran combate de padecimientos, He. 10.32. Donde es sustentada por un tiempo, Ap. 12.14. Echa sobre Jehová tu carga, y él te sustentará, Salmo 55.22. En sus manos te sostendrán, Mt. 4.6. ¿Y quién podrá sostenerse en pie? Ap. 6.17.

SUSTENTO: Alimento. // Quita de Jerusalén y de Judá al sustentador y al fuerte, todo **s** de pan y todo socorro de agua, Is. 3.1. De su pobreza echó todo el **s** que tenía, Lc. 21.4. Teniendo sustento y abrigo, estemos **s** con esto, 1 Ti. 6.8.

SUSURRAR: Voz baja. // Como la de un fantasma, y tu habla susurrará, Is. 29.4.

SUSURRO: Sonido confuso; ruido suave que se produce al hablar en voz baja. // Y cuán leve es el **s** que hemos oído de él, Job 26.14.

SUTELA: Un hijo de Efraín, 1 Cr. 7.20.

SUTILEZA: Agudeza, perspicacia. Dicho o argumento de alguien para confundir el otro o que lo confunde. // Nadie os engañe por medio de filosofías y huecas **s**, Col. 2.8.

SUYO: Lo que pertenece a la persona de quien se habla. // A lo **s** vino, y los **s** no le recibieron, Jn. 1.11. Porque todos buscan lo **s** propio, Fil. 2.21. Si alguno no provee para los **s**, 1 Ti. 5.8.

SUZANA, LA HISTORIA DE: Suplemento apócrifo al libro de Daniel.

TORRE DE BABEL. "Edifiquémonos una ciudad y una torre, cuya cúspide llegue al cielo" *(Gn. 11.4).*

T

TAANAC: Una ciudad real de los cananeos, cuyo rey Josué mató, Jos. 12.21. De la herencia de Manasés, 1 Cr. 7.29. Véase mapa 2, C-3; 4 B-1.

TAANAT-SILO, hb. **Cerca de Silo:** Ciudad Frontera de Efraín, entre Siquem y el Jordán, Jos. 16.6. Es el moderno pueblo de Tana. Véase mapa 4, B-2.

TABAOT, hb. **Anillos:** Jefe de una familia que volvió del exilio, Esd. 2.43.

TABAT, hb. **Famoso:** Lugar cerca de Abel-mehola y teatro de la huída de los madianitas, después del ataque de Gedeón, Jue. 7.22.

TABEEL: Dios es bueno: El padre del hombre que el rey de Israel y el rey de Damasco procuraban colocar en el trono de Judá, Is. 7.6.

TABERA, hb. **Ardiente:** Lugar de uno de los campamentos israelitas en el desierto, donde el fuego consumió los murmuradores, Nm. 11.3.

TABERNÁCULO DE REUNIÓN: Tienda adonde iba "cualquiera que buscaba a Jehová", Ex. 33.7. Allí Moisés se asentaba para juzgar el pueblo, Ex. 18.13. Se volvió, también, el lugar del sumo tribunal, y, sin duda, donde se guardaba el libro de los estatutos de Dios y de sus leyes", Ex. 18.16,21-26.

Tabernáculo

TABERNÁCULO, Tienda o **Pabellón:** La gloria de Jehová llenó el **t,** Ex. 40.34. No he habitado en casa alguna... estuve de tienda en tienda, y de **t** en **t,** 1 Cr. 17.5. ¿Quién habitará en tu **t**? Sal. 15.1. Yo habitaré en tu **t** para siempre, Sal. 61.4. Dejó, por tanto, el **t** de Silo, Sal. 78.60. Estará en medio de ellos mi **t**, Ezequiel 37.27. El **t** de Moloc, Hechos 7.43. Reedificaré el **t** de David, que está caído, Hechos 15.16. Nuestra morada terrestre, este **t**, 2 Co. 5.1. Verdadero **t** que levantó el Señor, He. 8.2. Por el más amplio y más perfecto **t**, He. 9.11. En el cielo el templo del **t** del testimonio, Ap. 15.5. He aquí el **t** de Dios con los hombres, Ap. 21.3. Véase **Templo, Santuario**. // Entre los israelitas el tabernáculo era el santuario portátil, donde se realizaba el culto público, durante su peregrinación en el desierto y hasta el reinado de Salomón. No solamente era el templo de Dios sino también Su habitación, el lugar marcado para encuentro con su pueblo. // La construcción del tabernáculo, Ex. 25. a 27.; 40.; su consagración, Lv. 8.10. Su custodia y mudanza, Nm. 1.50, 53; 3.;4.;9.18; 1 Cr. 6.48. Levantado por Moisés en el monte Sinaí, Ex. 40.18, 19, Compare Nm. 10. 11, 12; en Gilgal, Jos. 5.10, 11; en Nob, 1 S. 21.1-6; en Gabaón, 1 Cr. 21.29. // El tabernáculo del testimonio, Ex. 38.21; Hechos 7.44. // El cuerpo humano comparado a un tabernáculo del testimonio, Ex. 38.21; Hechos 7.44. // El cuerpo humano comparado a un tabernáculo, 2 Co. 5.1; 2 P. 1.13.

TABERNÁCULOS, FIESTA DE LOS: La última de las tres grandes fiestas anuales, a la que todos los del sexo masculino tenían que asistir, Dt. 16.16. Se le dio el nombre **de fiesta de los tabernáculos** porque el pueblo, durante los siete días de la fiesta, habitaba en tiendas de ramos, en memoria de su peregrinación en el desierto, Lv. 23.42, 43. Adquirió, también, el nombre **de la fiesta de la siega,** realizándose después de la cosecha del trigo y de

Monte Tabor, cerca de Nazaret, llamado, a veces, el monte de la Transfiguración.

la recogida de los frutos. Lv. 23.34-43; Neh. 8.16; Mt. 21.8; Jn. 7.2,14,37,38. Era una gran fiesta, de acciones de gracias a Dios, por la cosecha del año.

TABITA: Es una palabra aramea que significa **gacela**, en griego **Dorcas**, significando también, **gacela**, animal conocido por su belleza. Dorcas fue una discípula muy amada en Jope, levantada de los muertos por Pedro, Hechos 9.36-42.

TABLA: Lámina o placa de cualquier materia y de forma plana. // De piedra, Ex. 24.12; 32.19; 34.1; He. 9.4. De madera, Ex. 27.8. Del corazón, Pr. 3.3; Jeremías 17.1; 2 Co. 3.3. Se salvaron parte en tablas, parte en cosas de la nave, Hechos 27.44.

TABLILLA: Tabla pequeña y delgada. // Una **t**, escribió: Juan es su nombre, Lc. 1.63.

TABOR, hb. **Altura:** 1. Monte notable (Jeremías 46.18; Sal. 89.12), aislado y en forma de cúpula, que abruptamente se yergue de la llanura, con la altura de 560 metros. Dista 8 quilómetros al este de Nazaret y 19 quilómetros al oeste del mar de Galilea. Situado entre las tribus de Isacar y Zabulón, Jos. 19.22. Donde Barac y Débora reclutaron el ejército para vencer Sísara, Jue. 4.6,14. Véase mapa 2 C-3; 4, B-1. // 2. Una ciudad de la tribu de Zabulón, cedida a los hijos de Merari, 1 Cr. 6.77.

TABRIMÓN, hb. **Rimón** (el Dios de Siria) **es bueno:** El padre de Ben-adad, rey de Siria, 1 R. 15.18.

TACMONITA: Gentilicio del jefe de los valientes de David, Joseb-basebet, 2 S. 23.8.

TADEO: El sobrenombre de Lebeo, uno de los doce apóstoles, Mt. 10.3. Llamado también Judas hermano de Jacobo, Lc. 6.16.

TADMOR: Una ciudad 190 kilómetros a nordeste de Damasco, en un oasis rico de agua y de frutas, a medio camino entre el Eufrates y el Orontes. Fue edificada por Salomón, 2 Cr. 8.4. Estaba ubicada en posición ventajosa para su negocio con Babilonia. Hoy se llama Palmira. Sus ruinas son majestuosas.

TAFAT, hb. **Gota:** Una hija de Salomón que se casó con Abinadab, uno de los doce comisarios del rey, 1 R. 4.11.

TAFNES: Una ciudad importante del límite oriental del Bajo Egipto, llamada Tafnes en Jeremías 2.16. Hacia donde huyó Jeremías, Jeremías 43.7; 44.1. Mencionada también en Ez. 30.18.

TAHÁN, hb. **Inclinación:** 1. Jefe de una familia de la tribu de Efraín, Nm. 26.35. // 2. Un descendiente de Efraín, 1 Cr. 7.25.

TAHAS, hb. **Cerdo marino:** 1. Un hijo de Nacor, y por eso, sobrino de Abraham, Gn. 22.24.

TAHAT, hb. **Que está debajo:** 1. Un levita de la familia de Coat, 1 Cr. 6.24. // 3. Un lugar de los campamentos de Israel en el desierto, Nm. 33.26.

TAHPENES: Una reina egipcia, la mujer del Faraón que recibió Hadad, el edumeo, y le dio a su hermana en matrimonio, 1 R. 11.19,20.

TAL: Igual, semejante, exactamente lo mismo. // Nunca hemos visto tal cosa, Mr. 2.12.

TALADRAR: Horadar o perforar con un taladro o instrumento similar; provocar un dolor agudo o gran sufrimiento. // La noche taladra mis huesos, Job 30.17.

TÁLAMO: Cama de los recién casados o lecho conyugal. // Como esposo que sale de su **t**, Sal. 19.5. Salga de su cámara el novio, y de su **t** la novia, Jl. 2.16. Véase **Cámara**.

TALAR: 1. Cortar. // Mas el árbol que sepas que no lleva fruto, podrás destruirlo y talarlo, Dt. 20.20. Toda villa hermosa, y talaréis todo buen árbol, 2 R. 3.19. Y haré talar sus vides y sus higueras, Os. 2.12.

TALENTO: La parábola de los talentos, Mt. 25.14-28. Véase **Dinero** y **Pesos**.

TALITA CUMI: Mr. 5.41. Esta expresión aramaica, dirigida por Jesucristo a la hija de Jairo, quiere decir: ¡Hijita, levántate!" No hay fundamento para atribuir ningún significado sobrenatural al empleo de las palabras arameas en este milagro.

TALLAR: Esculpir, cincelar. // Talló en ellas querubines y palmas, 1 R. 6.35.

TALMAI, hb. **Surco:** 1. Un gigante, hijo de Anac, residente en Hebrón y expulsado por Caleb, Nm. 13.22,33; Jos. 15.14. // Rey de Gesur, padre de Maaca, que fue mujer de David, 2 S. 3.3; 13.37.

TALMÓN, hb. **Oprimido:** Uno de los que vinieron de Babilonia con Zorobabel, Esd. 2.42.

TALMUD, hb. **Erudición:** Una compilación de las tradiciones de los judíos. La parte primera apareció en 450 d.C., y la segunda, en 500 d.C.

TAMAÑO (adj.): Volumen, dimensión de una cosa. // Ambos querubines eran de un mismo **t** y de una misma hechura, 1 R. 6.25.

TAMAR, hb. **Palmera:** 1. Mujer sucesivamente de Er y de Onán. Después de enviudar, tuvo dos hijos gemelos, Fares y Zara, cuyo padre era el propio suegro, Gn. 38. Su nombre entró en la genealogía de Jesucristo, Mt. 1.3. // 2. Hija de David, la cual fue ultrajada por su hermano Amnón y vengada por su hermano Absalón, 2 S. 13. // 3. Una hija de Absalón, que heredó la belleza de su tía de mismo nombre, 2 S. 14.27. // 4. Una ciudad del desierto, 1 R. 9.18. Véase **Tadmor**. // 5. Un lugar en el extremo oriental de Palestina, Ez. 47.19.

TAMARISCO: Arbusto de casca astringente, de la familia das tamaricáceas, Gn. 21.33. Es más probable que el original se refiera a una especie de junípero enano y chocho que crece en las partes más estériles del desierto. // Jeremías 17.6. Arbusto solitario.

TAMBALEAR: Moverse una cosa a un lado y a otro. // Tambalead, y no de sidra, Is. 29.9.

TAMBORIL: Caja cilíndrica con las bases de piel tensa, en una de las cuales se toca con palillo. Al son de **t** y de cítara saltan, Job 21.12. En sus banquetes hay arpas, vihuelas, **t**, flautas y vino, Is. 5.12; Dn. 3.7, 10, 15. Véase **Música**.

TAMO: Pelusa que desprenden el lino, la lana o el algodón. // Sino como el **t** que arrebata el viento, Sal. 1.4.

TAMUZ: Una divinidad adorada en toda Babilonia, en Asiria, en Fenicia y en Palestina, Ez. 8.14. Dio su nombre al cuarto mes babilónico, que corresponde al mes de julio y al cuarto mes (junio-julio) de los judíos, después de la época de la Biblia. Véase **Año**.

TANHUMET, hb. **Consolación:** Padre de Seraías, un capitán que después de la caída de Jerusalén se sometió a Gedalías, 2 R. 25.23.

TAÑEDOR: El que tañe o toca cualquier instrumento. // Mientras el **t** tocaba, la mano de Jehová vino sobre Eliseo, 2 R. 3.15. Véase 1 S. 16.23.

TAÑER: Tocar (instrumentos de cuerdas o percusión). // Cantadle cántico nuevo; hacedlo bien, tañendo con júbilo, Sal. 33.3. Entonad canción, y tañed el pandero, el arpa deliciosa y el salterio, Sal. 81.2. Y cantores y tañedores en ella dirán: Todas mis fuentes están en ti, Sal. 87.7. Véase **Tocar**.

TAPAR: Cerrar, obstruir. // Pero no quisieron escuchar, antes volvieron la espalda, y taparon sus oídos para no oír, Zac. 7.11. Entonces ellos, dando grandes voces, se taparon los oídos, y arremetieron a una contra él, Hechos 7.57. A los cuales es preciso **t** la boca; que trastornan casas enteras, Tit. 1.11. Por fe conquistaron reinos, hicieron justicia, alcanzaron promesas, taparon bocas de leones, He. 11.33. 2 Cr. 32.3. Sal. 63.11. Pr. 21.13. Véase **Cerrar**.

TAPÚA, hb. **Fuente de la manzana:** La tierra de Tapua pertenecía a Manasés. Jos. 17.7. Con todo Tapúa era de los hijos de Efraín, Jos. 17.8.

TAPÚA, hb. **Manzana:** Una ciudad de la herencia de Judá, Jos. 15.34.

TARA: Lugar de un campamento israelita, Nm. 33.27.

TARALA, hb. **Tambalear:** Una ciudad de la herencia de Benjamín, Jos. 18.27.

TARDAR: Postergar. Hacerse esperar. // Moisés tardaba en descender del monte, Ex. 32.1. No tardes en pagarlo, Dt. 23.21. La visión... tardará aún por un tiempo, mas se apresura hacia el fin, y no mentirá; aunque tardare, espéralo, porque sin duda vendrá, no tardará, Hab. 2.3. Y tardándose el esposo…, Mt. 25.5. Mi señor tarda en venir, Lc. 12.45. El que ha de venir vendrá, y no tardará, He. 10.37. La condenación no se tarda, y su perdición no se duerme, 2 P. 2.3. Véase **Postergar**.

TARDE: Tiempo entre el mediodía y la noche. // Y fue la **t** y la mañana un día, Gn. 1.5. **T** y mañana y a mediodía oraré, Sal. 55.17. A la **t** es cortada, y se seca, Sal. 90.6. A la **t** del día, cuando ya oscurecía, Pr. 7.9. Sucederá que al caer la **t** habrá luz, Zac. 14.7. Quédate con nosotros, porque se hace **t** y el día ya ha declinado, Lc. 24.29. Véase **Noche**.

TARDÍO: Que viene tarde o fuera de época; remiso, retardado. Dt. 11.14; Jeremías 5.24; Os. 6.3; Jl. 2.23; Stg. 5.7.

TARDO: Que no es apresurado; lento, pausado. // Dios... **t** para la ira, y grande en misericordia, Neh. 9.17; Nah. 1.3. Por cuanto os habéis hecho **t** para oír, He. 5.11. Todo hombre sea pronto para oír, **t** para hablar, **t** para airarse, Stg. 1.19. ¡Oh insensatos, y **t** de corazón…! Lc. 24.25.

TARÉ: Un hijo de Nacor y padre de Abraham, Gn. 11.24. Era idólatra, Jos. 24.2.

TAREA, hb. **Habilidad:** 1. Un bisnieto de Jonatán y nieto de Mefi-boset, 1 Cr. 8.35. 2. Obra o porción de trabajo que se debe acabar en un determinado plazo. // Nos volvimos todos al muro, cada uno a su **t**, Neh. 4.15. **Ex. 5.8; 11-19**

TARGUM: Una traducción de las Escrituras del Antiguo Testamento para el arameo. Véase **Versiones**.

TARSIS: 1. Un hijo de Javán, Gn. 10.4. Tarsis (Jon. 1.3) era tal vez el lugar habitado por los descendientes de Tarsis. Véase mapa 1, A-3. // 2. Un bisnieto de Benjamín, 1 Cr. 7.10.

TARSO: La principal ciudad de Cilicia, en la parte oriental de Asia Menor. Tarso era la tierra natal y primera residencia de Pablo,

Hch. 9.11; 11.25; 21.39. Era famosa por ser un centro de educación bajo el gobierno de los primeros emperadores romanos, rivalizando su universidad con las de Atenas y de Alejandría. Véase mapa 6, F-2.

TARTAC: Un ídolo de los aveos que fueron enviados a las ciudades de Samaria después del traslado de las tribus para Asiria, 2 R. 17.31.

TARTAMUDO: Que habla con interferencias involuntario de la fluidez. // La lengua de los **t** hablará rápida y claramente, Is. 32.4. Trajeron un sordo y **t**, Mr. 7.32.

TARTÁN: 1. Uno de los tres sobre el gran ejército que Senaquerib, rey de Asiria, envió contra Jerusalén, 2 R. 18.17. // 2. El comandante-jefe del ejército asirio, enviado por Sargón contra Asdod, Is. 20.1. Se opina también que el nombre no es realmente un nombre propio, sino un título asirio con la significación de comandante en jefe, puesto inmediato al del rey.

TATNAI: Un funcionario al servicio de Darío, rey de Persia, que trató de impedir la reedificación del templo, Esd. 5.3.

TEA: Astilla o palo de madera impregnados en resina y que, encendidos, sirven para alumbrar o prender fuego. // Encendiendo las **t**, soltó las zorras en los sembrados de los filisteos, Jue. 15.5. Cántaros vacíos con **t** ardiendo dentro de los cántaros, Jue. 7.16

TEATRO: Hechos 19.31. Las ruinas de este inmenso auditorio tienen 66 hileras de asientos con lugares para 24 500 oyentes.

TEBA, hb. **Matanza:** Un hijo de Nacor y por eso sobrino de Abraham, Gn. 22.24.

TEBALÍAS, hb. **Jehová purificó:** Un portero de la línea de Merari, en el templo de David, 1 Cr. 26.11.

TEBES, hb. **Brillo, esplendor:** Una ciudad de Manasés conquistada por Abimelec, que encontró allí su muerte, en las manos de una cierta mujer que lanzó un pedazo de una rueda de molino sobre la cabeza de Abimelec, y le rompió el cráneo, Jue. 9.50-53; 2 S. 11.21. Véase mapa 2, C-4; 4, B-1.

TEBET: Est. 2.16. El décimo mes del año. Véase **Año**.

TECHAR: Cubrir una superficie con un techo. // Techó el cuerpo mayor del edificio, 2 Cr. 3.5.

TECHUMBRE: Techo de un edificio; estructura y elementos de cierre de los techos. // Por la pereza se cae la **t**, Ec. 10.18. Desde el suelo de la casa hasta las vigas de la **t**, 1 R. 6.15

TECOA: 1. Una ciudad ocho kilómetros al sur de Belén. Véase 2 S. 14.2; 2 Cr. 11.6; 20.20. Véase mapa 2, C-5; 5, B-1. // 2. Un hijo de Asur, 1 Cr. 2.24.

TEHINA, hb. **Súplica:** Un descendiente de Judá, 1 Cr. 4.12.

TEJADO: Parte superior de un edificio, cubierta comúnmente por tejas. // Por todas las casas sobre cuyos **t** ofrecieron incienso, Jeremías 19.13. Solamente que a estos varones no hagáis nada, pues que vinieron a la sombra de mi **t,** Gn. 19.8. Velo, y soy como el pájaro solitario sobre el **t,** Sal. 102.7. Serán como la hierba de los **t**, Que se seca antes que crezca, Sal. 129.6. Subieron encima de la casa, y por el **t** le bajaron con el lecho, poniéndole en medio, delante de Jesús, Lc. 5.19.

TEJEDOR: Aquél que teje paños o trabaja en telares. // El egipcio traía una lanza como un rodillo de **t**, 1 Cr. 11.23. Mis días fueron más veloces que la lanzadera del **t**, Job 7.6. Como **t** corté mi vida, Is. 38.12.

TEJER: Entrelazar regularmente los hilos de; hacer (telas); urdir, tramar. // Si tejieres siete guedejas de mi cabeza con la tela y las asegurares con la estaca, Jue. 16.13. Incuban huevos de áspides, y tejen telas de arañas, Is. 59.5. Sobre su cabeza una corona tejida de espinas, Mt. 27.29. Además derribó los lugares de prostitución idolátrica que estaban en la casa de Jehová, en los cuales tejían las mujeres tiendas para Asera, 2 R. 23.7.

TEJÓN: Mamífero omnívoro. Tiene 75 centímetros de largo y escava cubiles profundos. Su piel sirvió para cubrir exteriormente el tabernáculo, Ex. 25.5.

TEL AVIV: Ciudad de Israel, en la costa, junto a Jafa (Jope). Las dos ciudades tienen población de 315 mil. Véase **Israel**.

TELA: Tejido de algodón, de lino etc.; red das arañas. // Si tejieres siete guedejas de mi cabeza con la **t**, Jue. 16.13. Su confianza es **t** de araña, Job 8.14; Is. 59.5.

TEL-ABIB, hb. **Monte de trigo verde:** Ciudad de Babilonia, junto al río Quebar, Ez. 3.15.

TELAH, hb. **Fractura:** Un descendiente de Efraín, 1 Cr. 7.25

TELAIM, hb. **Corderito:** El punto de reunión de las fuerzas de Saúl, antes de atacar Amalec, 1 S. 15.4.

TELAR: Máquina para tejer. // Arrancó la estaca del **t** con la tela, Jue. 16.13, 14.

TELASAR, hb. **Monte de Asur:** Una ciudad de los hijos de Edén, que había sido conquistada y era habitada en el tiempo de Senaquerib por los asirios, 2 R. 19.12.

TELEM, hb. **Opresión:** 1. Una ciudad de la herencia de Judá, Jos. 15.24. // 2. Uno de los que tenían mujer extranjera, Esd. 10.24.

TEL-HARSA: Una ciudad o aldea de Babilonia, de donde volvieron judíos del exilio, Esd. 2.59.

TEL-MELA, hb. **Monte de Sal:** Una ciudad de Babilonia, de donde volvieron judíos del exilio, Esd. 2.59.

TEMA, hb. **Risa:** Jefe de una familia que volvió de los cautiverios, Esd. 2.53.

TEMÁN, hb. **Meridional:** 1. Un nieto de Esaú, y jefe de Edom, Gn. 36.11,15,42. // 2. Distrito y ciudad en la tierra de Edom, ocupados por los descendientes de Temán, nieto de Esaú, Jeremías 49.7; Ez. 25.13.

TEMANITA: Elifaz, uno de los tres amigos de Job, era de Temán, Job 2.11.

TEMBLAR: Tener miedo a/de; estremecer. // Elí... su corazón estaba temblando por causa del arca de Dios, 1 S. 4.13. Temblando con motivo de aquel asunto, y a causa de la lluvia, Esd. 10.9. La tierra fue conmovida, y tembló, 2 S. 22.8; Sal. 77.18. La tierra tembló, y las rocas se partieron, Mt. 27.51. De miedo de él los guardas temblaron, Mt. 28.4. La mujer vio que no había quedado oculta, vino temblando, y postrándose a sus pies, Lc. 8.47. Entonces la mujer, temiendo y temblando, Mr. 5.33. El lugar en que estaban congregados tembló, Hechos 4.31. Moisés, temblando, no se atrevía a mirar, Hch. 7.32. También los demonios creen, y tiemblan, Stg. 2.19. Carcelero... se precipitó adentro, y temblando, se postró a los pies de Pablo y de Silas, Hch. 16.29. Moisés dijo: Estoy espantado y temblando, He. 12.21.

TEMBLOR: Contracción rápida de la piel y de las fibras musculares superficiales, con sensación de frío; agitación convulsiva; temor // Y el **t** estremece mi carne, Job 21.6. Me sobrevino un espanto y un **t**, Job 4.14. Alegraos con **t**, Sal. 2.11. Les tomó allí **t**, Sal. 48.6. Temor y temblor, Jer. 30.5; 1 Co. 2.3; Ef. 6.5; Fil. 2.12.

El embudo de la muerte. El huracán es una tempestad causada por vientos opuestos que forman torbellinos. Es decir, vientos terribles que soplan girando. Parece que fue un huracán que mató a los hijos de Job, el "gran viento" azotando en forma de embudo "las cuatro esquinas de la casa, la cual cayó sobre los jóvenes".

TEMENI: Un descendiente de Judá, 1 Cr. 4.6.

TEMER: 1. Tener miedo a. // No temas, Abram; yo soy tu escudo, Gn. 15.1. Ya conozco que temes a Dios, Gn. 22.12. No temáis; estad firmes, y ved la salvación, Ex. 14.13. Con nosotros está Jehová; no los temáis, Nm. 14.9. Temiendo este nombre glorioso y temible: JEHOVÁ TU DIOS, Dt. 28.58. ¿Acaso teme Job a Dios de balde? Job 1.9. No temeré mal alguno, Sal. 23.4. Oíd todos los que teméis a Dios, Sal. 66.16. Afirma mi corazón para que tema tu nombre, Sal. 86.11. Los que teméis a Jehová, confiad en Jehová, Sal. 115.11. Jehová está conmigo; no temeré, Sal. 118.6. Teme a Jehová, y apártate del mal, Pr. 3.7. Para que delante de él teman los hombres, Ec. 3.14. Teme a Dios, y guarda sus mandamientos, Ec. 12.13. Esforzaos, no temáis, Is. 35.4. No temas, porque yo estoy contigo, Is. 41.10. En todo el dominio de mi reino todos teman y tiemblen ante la presencia del Dios de Daniel, Dn. 6.26. No temas recibir a María tu mujer, Mt. 1.20. No temáis a los que matan el cuerpo, Mt. 10.28. Si decimos, de los hombres, tememos al pueblo, Mt. 21.26. No temáis; porque he aquí os doy nuevas de gran gozo, Lc. 2.10. No temáis, manada pequeña, Lc. 12.32. ¿Ni aun temes tú a Dios, estando en la misma condenación? Lc. 23.40. Se agrada del que le teme y hace justicia, Hechos 10.35. No te ensoberbezcas, sino teme, Ro. 11.20. Temed a Dios, y dadle gloria, Ap. 14.7.

TEMERARIO: Que actúa con imprudencia; que se expone o expone a otras personas a riesgos innecesarios. // Te entregaré en mano de hombres **t**, artífices de destrucción, Ez. 21.31.

TEMERIDAD: Atrevimiento, audacia, imprudencia. // Lo hirió allí Dios por aquella **t**, 2 Sm, 6.7.

TEMEROSO DE DIOS: Que teme. // Temeroso de Dios: jefes, Ex. 18.21; Hananías, Neh. 7.2; Job, Job 1.1; Cornelio, Hechos 10.2.

TEMEROSO: Que siente temor o recelo. // Estarás **t** de noche y de día, y no tendrás seguridad de tu vida, Dt. 28.66. Mas Saúl estaba **t** de David, por cuanto Jehová estaba con él, 1 S. 18.12. Él, temblando y **t**, dijo: Señor, ¿qué quieres que yo haga? Hechos 9.6.

TEMIBLE: Que se puede o debe temer. // Dios **t** en la gran congregación de los santos, Sal. 89.7. **T** sobre todos los dioses, Sal. 96.4. Véase **Horrible, Terrible.**

TEMOR: Miedo, susto. // A Dios: Job 6.14; 9.34; Sal. 2.11; 19.19; Pr. 1.7; 8.13; 14.27; 15.33; Ordenado: Lv. 19.14; Dt. 4.10; 10.12; Jos. 4.24; 1 S. 12.14; Sal. 2.11; 103.11; 145.19; Pr. 3.7; 23.17; 24.21; Ec. 5.7; 8.12; Is. 8.13; Jer. 10.7; Mt. 10.28; Lc. 12.5; Ro. 11.20; Ef. 6.5; Col. 3.22; 1 P. 2.17; Ap. 14.7; 15.4. Las bendiciones que vienen por temer a Dios: Dt. 5.29; Sal. 15.5; 31.19; 33.18; 85.9; 111.5; 147.11; Pr. 10.27; 14.26; 22.4; Ec. 8.12; Mal. 4.2; Lc. 1.50; Ap. 11.18.

TEMPESTAD: Violenta agitación de la atmósfera. // Persíguelos así con tu **t,** Sal. 83.15. Hoy habrá **t**, porque tiene arreboles el cielo nublado, Mt. 16.3. No os habéis acercado a las tinieblas y a la **t**, He. 12.18. // Tempestades mencionadas en la Biblia: 1. La lluvia que duró cuarenta días y cuarenta noches en el tiempo del diluvio, Gn. 7.4. 2. La muy grave lluvia de piedras en Egipto, Ex. 9.18. 3. La gran lluvia después de la sequía de tres años y seis meses y el conflicto en el monte Carmelo, 1 R. 18.45. 4. El gran viento que mató a los hijos de Job, Job 1.19. 5. La gran tempestad en la historia de Jonás, Jon. 1.4. 6. La tempestad que Jesús calmó en el mar de Galilea, Mt. 8.24. 7. La tempestad durante el viaje de Pablo a Roma, Hechos 27.18. **T** poderosa le rodeará, Sal. 50.3. Cambia la **t** en sosiego, Sal. 107.29. Véase **Tormenta, Viento.**

TEMPESTUOSO: Violento; muy agitado. // Venía del norte un viento **t**, y una gran nube, Ez. 1.4.

TEMPLANZA: Cualidad o virtud de quien es moderado o de quien modera apetitos o pasiones, Gá. 5.22,23. Véase **Dominio propio.**

TEMPLECILLOS DE DIANA: Eran templos en miniatura o grutas conteniendo la imagen de la diosa, Hch. 19.24.

TEMPLO: Edificio público destinado al culto religioso. // Elí estaba sentado en una silla junto a un pilar del **t** de Jehová, 1 S. 1.9. El oyó mi voz desde su **t**, 2 S. 22.7. Adoraré hacia tu santo **t** en tu temor, Sal. 5.7. Jehová está en su santo **t**, Sal. 11.4; Hab. 2.20. Sus faldas llenaban el **t**, Is. 6.1. Diciendo: **T** de Jehová, **t** de Jehová, **t** de Jehová es este, Jeremías 7.4. Vendrá súbitamente a su **t** el Señor a quien vosotros buscáis, Mal. 3.1. El pináculo del **t**, Mt. 4.5. Que uno mayor que el **t** está aquí, Mt. 12.6. Jesús salió del **t** y se iba, se acercaron sus discípulos para mostrarle los edificios del **t**, Mt. 24.1. Movido por el Espíritu, vino al **t**, Lc. 2.27. Véase **Altar, Santuario, Tabernáculo**. // El vocablo **templo** significa un edificio público consagrado a la divinidad y al culto religioso. La torre de Babel (Gn. 11. 1-9) es la primera construcción mencionada en la Biblia que sirviese de templo. En Mesopotamia, donde vivía Abraham antes de salir en demanda de la tierra de Canaán, cada ciudad tenía su templo dedicado a una divinidad patrona. Véase Hechos 7.2 y Jos. 24.2. Las naciones de Canaán tenían igualmente, sus templos dedicados a sus dioses, 1 S. 5.5; 31.10. Había, también, templos suntuosos y famosos, como el de Carnac en Egipto, dedicado a Amón; o de Efeso, dedicado a Diana (Hechos 19.27); el panteón en Atenas dedicado a Minerva; el panteón en Roma, consagrado al culto de todos los dioses; el de Balbec, 80 Km lejos de Damasco, dedicado al culto del Sol. Sin embargo, la palabra **templo**, en las Escrituras, casi siempre se refiere al templo en Jerusalén. No hay edificio del mundo antiguo, que despierte más interés para el pueblo de Dios, que el templo. Era "Hermosa provincia, el gozo de toda la tierra", Sal. 48.2. Ubicado en el monte Moriah en Jerusalén, miraba hacia un punto del monte de los Olivos, donde nacía el sol. Los discípulos al contemplar el edificio desde este punto, exclamaron: "Maestro, mira qué piedras, y qué edificios" Mr. 13.1. Cantaban los adoradores, del Salmo del templo (84): "¡Cuán amables son tus moradas, oh Jehová de los ejércitos! Anhela mi alma y aun ardientemente desea los atrios de Jehová; Mi corazón y mi carne cantan al Dios vivo... Porque mejor es un día en tus atrios que mil fuera de ellos. Escogería antes estar a la puerta de la casa de mi Dios, que habitar en las moradas de maldad.". // El templo en Jerusalén era el símbolo de la presencia de Dios entre el pueblo, el punto de aproximación de una nación con Dios. Sin embargo, con todo este simbolismo, no se adoraba a Dios por cualquier forma visible o material. El templo era la sede religiosa, la capital, su influencia permeando y unificando toda la nación. // El tabernáculo servía, desde el éxodo de los israelitas de Egipto hasta el reinado de Salomón como un templo portátil. Es llamado templo en 1 S. 1.9; 3.3; 2 S. 22.7. Pero generalmente la palabra templo se refiere a los templos sucesivamente construidos en Jerusalén y dedicados a Jehová. // El templo de Salomón. Construido en el monte Moriah, 1 Cr. 21.28-30, con 1 Cr. 22.1; 2 Cr. 3.1. David anhelaba construir el templo, 2 S. 7.2, 3. Pero eso no le fue permitido, 2 S. 7.5-9. Revelado a David que Salomón lo edificase, 1 Cr. 22.6,7,11. Salomón lo construyó, 1 R. 6. Cuando lo edificaban, ni martillos ni hachas se oyeron en la casa, ni ningún otro instrumento de hierro, 1 R. 6.7. La planta general era la del tabernáculo, pero las medidas eran en doble y las ornamentaciones más ricas, 2 Cr. 3 y 4. Dedicado solemnemente a Dios, por Salomón, 1 R. 8.12-66. Lleno de la gloria de Dios, 2 Cr. 5.13,14. Saqueado por Sisac, rey de Egipto, 1 R. 14.25,26. Los estragos reparados por Joás, 2 R. 12.5,12. Purificado por Ezequías, 2 Cr. 29.3-35. Profanado por Manasés, 2 R. 21.4,7. Reparado por Josías, 2 R. 22.3-7. Los babilonios saquearon y redujeron a cenizas este templo, 2 R. 25.9,13-17. // El templo de Zorobabel, así se llama actualmente, porque fue construido por Zorobabel, con la ayuda de Zacarías y de Hageo. Construido en el sitio del primer templo, por los decretos de Ciro y de Darío para la reconstrucción, Esd. 6.3,12. Completado y dedicado, (516 a.C., veinte años después del regreso del cautiverio en Babilonia), Ez. 6.15-18. Una gran parte de los primitivos vasos del templo fue restaurada. Mas no había arca; se opina que ella desapareciera en la destrucción del primer templo. El Lugar Santísimo estaba vacío de todo visible, ocupado solamente por la presencia del Dios invisible. El templo de Zorobabel permaneció durante casi quinientos años, duró más tempo que el templo de Salomón, y más que el de Herodes. Dos siglos antes del nacimiento de Cristo, Antíoco Epífanes, con un ejército saqueó la ciudad de Jerusalén y el templo. Fueron suspensos los sacrificios diarios y el propio Templo dedicado a Júpiter Olimpo, cuya imagen fue levantada en el altar de los holocaustos. Sin embargo, Judas Macabeo dirigió una revuelta contra Antíoco, y fue bien sucedido. Su primer cuidado fue reparar y purificar el templo. Esta nueva dedicación del Santuario (165 a.C.) y el restablecimiento del culto fueron después siempre celebrados con una fiesta anual de ocho días, llamada la Fiesta de la dedicación, Jn. 10.22. En el año 67 a.C., Roma conquistó Jerusalén, profanó el templo y volvió el país tributario de los romanos. // **El templo de Herodes**, Herodes, el Grande, de tal modo ganó la afección de los romanos que fue constituido rey de Judea, en lugar de Antígono Macabeo. Con el fin de ganar popularidad entre sus nuevos súbditos, reedificó el templo, haciendo extraordinarios gastos. Es evidente que, en ciertos casos, fue este Templo más grandioso que el de Salomón. En el trigésimo-sexto año del reinado de Herodes, nació en Belén de Judá, el Salvador del mundo. Fue pues, el templo de Herodes que Jesús y sus discípulos conocieron. Véase Jn. 2.20. Cristo fue presentado en el templo, Lc. 2.22; Desde la niñez conocía el templo, Lc. 2.41,42; todos los días enseñaba en el templo, Mt. 26.55; Lc. 21.37; y sanaba, Mt. 21.14; expulsó a todos los que allí vendían y compraban, Mt. 21.12; profetizó su destrucción, Mt. 24.2. Los apóstoles enseñaban y sanaban en el templo, Hechos 3.1; 5.12-16; Pablo fue asaltado allí, Hechos 21.30. El suntuoso templo de Herodes, completado en 64 d.C. fue reducido a cenizas en 70 d.C., por los ejércitos del general Tito y sus tesoros llevados triunfalmente a Roma. Todavía se ve las piedras existentes de este templo, que tienen 5 metros de largo y más que un metro de ancho. Actualmente la mezquita de Omar ocupa este lugar. Fue construida, en el siglo VII, sobre la roca sagrada de Moriah, donde, según opinan muchos eruditos, se quemaban los animales en el altar de los holocaustos. Los mahometanos creen que el juicio final de Dios se realizará sobre esta Roca. // El templo de Ezequiel. La visión del Nuevo Templo, de Ezequiel, Ez. 40 a 48.

TEMPORAL: Temporario, por oposición a eterno. // Pues las cosas que se ven son **t**, 2 Co. 4.18. Los deleites **t** del pecado, He. 11.25. Véase **Tiempo.**

TEMPRANO: Que viene o sucede antes en el tiempo apropiado; que madura primero que otros (en hablándose de frutos). // Lluvia temprana: Jeremías 5.24; Jl. 2.23; Stg. 5.7. Fruta temprana, Is. 28.4; Os. 9.10.

Tienda

TENAZA: Instrumento semejante a una tijera con cabos largos, que sirve para agarrar hierro en brasa. // El carbón encendido... con unas **t**, Is. 6.6.

TENDEDERO: Lugar donde se enjugan ropas u otros objetos. // **T** de redes serás, Ez. 26.14.

TENDÓN: Extremidad de un muslo. // **T** que se contrajo, Gn. 32.32. Pondré tendones sobre vosotros, y haré subir sobre vosotros carne, Ez. 37.6.

TENEBROSO: Lleno o cubierto de tinieblas; terrible; criminoso; horrendo; difícil de comprender. // Porque los lugares **t**... de violencia, Sal. 74.20. Por causa de la pobreza y del hambre andaban solos; huían a la soledad, a lugar **t**, asolado y desierto, Job 30.3. Sea su camino **t** y resbaladizo, y el ángel de Jehová los persiga, Sal. 35.6. Véase **Oscuro.**

TENER EN MENOS: No demonstrar respeto. // No los **t**, 1 Ti. 6.2. Véase **Deshonra.**

TENER: Poseer. // Porque a cualquiera que tiene, se le dará, y tendrá más; pero al que no tiene, aun lo que tiene le será quitado, Mt. 13.12; 25.29. ¿O qué tienes que no hayas recibido? 1 Co. 4.7. El que tiene al Hijo, tiene la vida; el que no tiene al Hijo de Dios no tiene la vida, 1 Jn. 5.12.

TENTACIÓN: Inducción para el mal por sugerencias del diablo o de la sensualidad. // No nos metas en **t**, Mt. 6.13. Velad y orad, para que no entréis en **t**, Mt. 26.40. Orad que no entréis en **t**, Lc. 22.40. No os ha sobrevenido ninguna **t** que no sea humana, 1 Co. 10.13. Los que quieren enriquecerse caen en **t**, 1 Ti. 6.9. En el día de la **t** en el desierto, He. 3.8. // **La tentación de Adán,** Gn. 3.1-9, de Cristo, Mt. 4.1-11.

TENTADOR: Que solicita para el mal. // No sea que os hubiese tentado el **t**, 1 Ts. 3.5.

TENTAR: Buscar corromper (la fe. La fidelidad). // ¿Por qué tentáis a Jehová? Ex. 17.2 No tentaréis a Jehová vuestro Dios, Dt. 6.16; Mt. 4.7. Pero ellos tentaron y enojaron al Dios Altísimo, Sal. 78.56. Llevado… al desierto, para ser tentado por el diablo, Mt. 4.1. Vinieron los fariseos y los saduceos para tentarle... una señal, Mt. 16.1. ¿Por qué convinisteis en **t** al Espíritu del Señor? Hechos 5.9. ¿Por qué tentáis a Dios, poniendo sobre la cerviz de los discípulos...? Hechos 15.10. Para que no os tiente Satanás a causa de vuestra incontinencia, 1 Co. 7.5. No sea que tú también seas tentado, Gá. 6.1. Sino uno que fue tentado en todo según nuestra semejanza, He. 4.15. Cuando alguno es tentado, no diga que es tentado de parte de Dios; porque Dios no puede ser tentado por el mal, ni él tienta a nadie, Stg. 1.13. Véase **Probar.**

TEOCRACIA: Este vocablo, que no aparece en la Biblia, tuvo su origen, al que parece, con el historiador Josefo, cuando escribió: "Nuestro Legislador nos dio un gobierno que podemos denominar una teocracia, atribuyendo el poder y la autoridad a Dios". Que eso es la relación de Dios para con su pueblo se ve en Ex. 25.22; Jue. 8.23; 1 S. 12.12; 2 Cr. 13.8; 2 S. 7.1-17; Sal. 89.27; Dt. 17.14-20.

TEOFANÍA: El acto de Dios aparecer a los hombres. Él no aparecía en su propia persona (Jn. 1.18; 1 Ti. 6.16), sino en la persona del "ángel del Señor" (Gn. 16.7), del "Ángel" de su presencia (Ex. 32.34; 33.14), del "Ángel del Pacto" (Mal. 3.1), de Cristo. Las teofanías del Antiguo Testamento eran manifestaciones transitorias y localizaciones permanentes—apariciones ocasionales que se volvieron permanentes en la **Shekinah**, es decir, en la gloria del Señor, como visto en la columna de nube de fuego, en la espesa nube sobre el monte Sinaí y en la gloria del Señor que reposó sobre el monte Sinaí por seis días, Ex. 13.21,22; 19.16,18; 24.16,17. La gloria del Señor llenó tanto el tabernáculo como el templo y, al que parece, continuaba a manifestarse entre los querubines sobre el arca, Ex. 40.34,35; 1 R. 8.10,11. Y, por fin, el "Verbo fue hecho carne, y habitó entre nosotros (y vimos su gloria, gloria como del unigénito del Padre), lleno de gracia y de verdad", Jn. 1.14. Véase **Gloria, Shekinah.**

TEÓFILO, gr. **Amigo de Dios:** Un cristiano a quien Lucas dirigió su evangelio y los Hechos de los Apóstoles, Lc. 1.3; Hechos 1.1.

TEOLOGÍA: Ciencia de Dios y de las cosas divinas. // La teología abarca variadas ramas: 1. **La teología exegética** busca descubrir el verdadero significado de las Escrituras. // 2. **La teología histórica** trata de la historia del desarrollo de la interpretación doctrinaria, y envuelve el estudio de la historia de la iglesia. 3. **La teología dogmática** es el estudio de las verdades fundamentales de la fe como se nos presentan en los credos de la iglesia. // 4. **La teología bíblica** diseña el progreso de la verdad a través de los diversos libros de la Biblia, y describe la manera de cada escritor en presentar las doctrinas importantes. // 5. **La teología sistemática**. En este ramo de estudio las enseñanzas bíblicas concernientes a Dios y al hombre son agrupadas en tópicos.

TERAFÍN: Zac. 10.2. Véase **Adivinación.**

TERCERO: Que está inmediatamente después del segundo. // Proclamar que él era el tercer señor del reino, Dn. 5.29. // El tercer ay, Ap. 11.14. Cayó del tercer piso abajo, Hechos 20.9; cielo, 2 Co. 12.2; día, Mt. 16.21; Lc. 24.46; Hechos 10.40; 1 Co. 15.4; cimiento, Ap. 21.19; generación, Gn. 50.23; Ex. 30.5; hora, Mr. 15.25; Hechos 2.15; piso bajo, Gn. 6.16; reino, Dn. 2.39; cara, Ez. 10.14; sello, Ap. 6.5; ser viviente, Ap. 4.7; copa, Ap. 16.4; trompeta, Ap. 8.10; vigilia, Lc. 12.38.

TERCIO: Amanuense de Pablo, escribiendo por dictado la Epístola a los Romanos, Ro. 16.22.

TERES, hb. **Austero:** Uno de los guardias de la puerta que conspiraron para matar el rey Asuero; siendo la trama descubierta por Mardoqueo, Est. 2.21.

TERMINAR: Concluir, poner fin a. // He aquí, echo fuera demonios y hago curaciones hoy y mañana, y al tercer día termino mi obra, Lc. 13.32. Véase **Acabar, Cesar.**

TÉRMINOS: Límite, con relación al tempo y al espacio. // Sed salvos, todos los términos de la tierra, Is. 45.22.

TERNURA: Cariño. // Como la nodriza que cuida con **t** a sus propios hijos, 1 Ts. 2.7**.** De pura delicadeza y **t**, mirará con malos ojos al marido de su seno, Dt. 28.56**.** Yo Pablo os ruego por la mansedumbre y **t** de Cristo, 2 Co. 10.1.

TERRADO: Azotea; terraza de una casa. // ¿Qué tienes ahora, que con todos los tuyos has subido sobre los **t**? Is. 22.1. David... en el **t** de la casa real, 2 S. 11.2.

TERREMOTO: Los **t**, temblores de la tierra, los sismos son una de las consecuencias de la contracción progresiva de la corteza terrestre, bajo la influencia del resfriamiento. // Había terremotos sobrenaturales cuando el Señor descendía sobre el monte Sinaí, Ex. 19.18; cuando la tierra se hendió y tragó Coré, sus compañeros y a todos sus bienes, Nm. 16.31,32; en la victoria de Jonatán sobre los filisteos, 1 S. 4.15; cuando el Señor hablaba con Elías en una cueva en el monte Horeb, 1 R. 19.11; la tierra tiembla como un ebrio, Is. 24.19,20; del Señor viene el castigo con **t**, Is. 29.6; en la muerte de Cristo, Mt. 27.51; en su resurrección, Mt. 28.2; en la conversión del carcelero, Hechos 16.26. Profecía de Amós dos años antes del **t**, Am. 1.1. El **t** en los días de Uzías, Zac. 14.5. Habrá grandes **t**, Lc. 21.11. Abrió el sexto sello, y he aquí hubo un gran **t**, Ap. 6.12. Truenos, y voces, y relámpagos, y un **t**, Ap. 8.5. En aquella hora hubo un gran **t**, y la décima parte de la ciudad se derrumbó, Ap. 11.13. Un **t** tan grande, cual no lo hubo jamás, Ap. 16.18.

TERRENAL: Terrestre, mundano. // Os he dicho cosas **t**, y no creéis, Jn. 3.12. El que es de la tierra, es **t**, y cosas **t** habla, Jn. 3.31. Cual el **t**, tales también los **t**, 1 Co. 15.48. Que sólo piensan en lo **t**, Fil. 3.19. **T**, animal, diabólica, Stg. 3.15. Aun el primer pacto tenía ordenanzas de culto y un santuario **t**, He. 9.1. Véase **Terrestre.**

TERRESTRE: Que proviene de la tierra o nace en ella. // Porque sabemos que si nuestra morada **t**, este tabernáculo, se deshiciere, 2 Co. 5.1. En el cual había de todos los cuadrúpedos **t** y reptiles y aves del cielo, Hechos 10.12. Cuando fijé en él los ojos, consideré y vi cuadrúpedos **t**, y fieras, y reptiles, y aves del cielo, Hechos 11.6**.** Véase **Terrenal.**

TERRIBLE: Que infunde o causa terror. // El Señor... **T** en maravillosas hazañas, Ex. 15.11. Aquel grande y **t** desierto, Dt. 1.19. Haciendo cosas **t** cuales nunca esperábamos, Is. 64.3. La cuarta bestia, espantosa y **t**, Dn. 7.7. Porque grande es el día de Jehová, y muy **t**, Jl. 2.11. El día de Jehová, grande y **t**, Mal. 4.5. Véase **Horrible, Temible.** ¡Cuán **t** es este lugar! Gn. 28.17.

TERRITORIO: Extensión considerable de tierra. // Ensancharé tu **t**, Ex. 34.24. Cuando Jehová tu Dios ensanchare tu **t**, como él te ha dicho, Dt. 12.20. Véase **Tierra.**

TERRONES: Trozo de tierra agarrotado. // Los **t** del valle le serán dulces, Job 21.33. Quebrará sus **t** Jacob, Os. 10.11.

TERROR: Gran miedo. // El **t** de Dios estuvo sobre las ciudades, Gn. 35.5. Enviaré sobre vosotros **t**, extenuación y calentura, Lv. 26.16. **T** de sombra de muerte los toman, Job 24.17. **T** de muerte sobre mí han caído, Sal. 55.4. Se consumieron de **t**, Sal. 73.19. No temerás el **t** nocturno, Sal. 91.5. Yo enviaré mi **t** delante de ti, Ex. 23.27. Véase **Asombro, Espanto, Horror, Miedo, Pavor.**

TÉRTULO: Un abogado romano que los judíos llamaron para acusar a Pablo en Cesarea delante del procurador romano, Antonio Félix, Hechos 24.1.

TESALIA: Región de la antigua Grecia. Véase mapa 6, C-2.

TESALÓNICA, Conquista de la Tesalia. Es decir, de la antigua Grecia Capital de Macedonia, ubicada en la Vía Ignacia que unía Roma a toda la región al Norte del mar Egeo. // Pablo y Silas predicaban allí, Hechos 17.1. No examinaban las Escrituras, Hechos 17.11. Aristarco y Segundo de Tesalónica, Hechos 20.4; 27.2. Los filipenses envían ofrendas a Pablo en Tesalónica, Fil. 4.16. Pablo dirige dos epístolas a la iglesia en Tesalónica, 1 Ts. 1.1; 2 Ts. 1.1. Demas abandona Pablo, yéndose a Tesalónica, 2 Ti. 4.10. Durante algunos siglos después de Cristo, se la conoce como la "Ciudad Ortodoxa", siendo un gran centro del cristianismo Oriental. Se llama, actualmente, Salónica; ciudad importante de Grecia, ubicada en el golfo del mismo nombre. Véase mapa 6, C-1

TESALONICENSES, PRIMERA EPÍSTOLA DE PABLO A LOS: La primera, cronológicamente, de las epístolas de Pablo. Escrita desde Corinto, d.C. 52, no mucho después da su partida de Tesalónica, en su segundo viaje misionero. Las dos epístolas fueron dirigidas a la iglesia en Tesalónica en conjunción con Silvano (Silas) y Timoteo, 1 Ts. 1.1; 2 Ts. 1.1 Hechos 17.14. Tres misioneros llegaron a Tesalónica. Dos de ellos con sus cuerpos marcados, por los terribles azotes que sufrieron, habían salido de la mazmorra más segura en Filipos. Su aspecto revelaba su pobreza abyecta, su sufrimiento excesivo, su insignificancia terrenal. Pero ellos proclamaban el evangelio, "no sólo en palabra, sino sobre todo en poder, en el Espíritu Santo", 1 Ts. 1.5. Y en el corto espacio de tres semanas (Hechos 17.2) fundaron una iglesia que se volvió el modelo no sólo para los creyentes en Macedonia y en Acaya, sino por todas partes, 1 Ts. 1.6-9. **El autor:** El apóstol Pablo, 1.1. Obligado a salir de Tesalónica, por la violencia de los judíos, dejó la recién fundada iglesia sufriendo dificultades. En Atenas y sin poder volver a Tesalónica (1 Ts. 2.18) les envió Timoteo, 1 Ts. 3.1,2. Cuando Timoteo volvió para Pablo, en Corinto (Hechos 18.1-5; 1 Ts. 3.6), el apóstol escribió la primera epístola. **La clave: La segunda venida de Cristo.** Cada capítulo termina con ese asunto, 1.10; 2.19,20; 3.13; 4.13-18; 5.23. Uno de los motivos por el que los tesalonicenses se convirtieron fue el hecho de aguardar los cielos, el Hijo del verdadero Dios, 1 Ts. 1.9,10. **Las divisiones:** La esperanza de la venida del Señor. // **I**. Inspira los recién convertidos, cap. 1. // **II**. Estimula a los hermanos, cap. 2. // **III**. Purifica a los creyentes, 3.1 a 4.12. // **IV**. Conforta a los que lloran por aquellos que duermen en Cristo, 4.13-18. // **V**. Despierta a los creyentes somnolientos, cap.5.

TESALONICENSES, SEGUNDA EPÍSTOLA DE PABLO A LOS: La segunda, cronológicamente, de las epístolas de Pablo; y una continuación de la primera. **El autor:** El apóstol Pablo, 1.1. Escrita desde Corinto, no mucho después de la primera: Silas y Timoteo todavía están con él, 2 Ts. 1.1. **La clave: La segunda venida de Cristo.** El apóstol escribió la segunda epístola, no para contradecir lo que había escrito en la primera epístola, que el día del Señor estaba próximo, sino para corregir el engaño de que el día del Señor ya había llegado. Algunos creyeron, a causa de las graves persecuciones que sufrían, que la gran tribulación ya había empezado. **Las divisiones**: **I**. Saludo, 1.1,2. // **II.** Acciones de gracia por la fe manifiesta por los tesalonicenses, 1.3-12. // **III**. Instrucción sobre la venida del Señor y la naturaleza del hombre de pecado, 2.1-12. // **IV**. Exhortaciones a la firmeza en la fe y a la práctica, 2.13-3.16. // **V**. El saludo final y la bendición, 3.17,18.

TESORERÍA: Casa o lugar donde se guarda y administra el tesoro público. // El plano del pórtico del templo y sus casas, sus **t**, 1 Cr. 28.11. Debajo de la **t**, Jeremías 38.11.

TESORERO: Guarda del tesoro. // A que se reuniesen los... **t**, Dn. 3.2. Erasto, **t** de la ciudad, Ro. 16.23.

TESORO: Gran porción de dinero o de objetos preciosos. // El Dios de vuestro padre os dio el **t** en vuestros costales, Gn. 43.23. Te abrirá Jehová su buen **t**, Dt. 28.12. Toda la plata y el oro... entren en el **t** de Jehová, Jos. 6.19. El **t** del granizo, Job 38.22. Los **t** de maldad no serán de provecho, Pr. 10.2. Abriendo sus **t**, le ofrecieron presentes, Mt. 2.11. No os hagáis **t** en la tierra, Mt. 6.19. Donde esté vuestro **t**, allí estará también vuestro corazón, Mt. 6.21. El reino de los cielos es semejante a un **t** escondido en un campo, Mt. 13.44. Tendrás **t** en el cielo, Mt. 19.21. Del buen **t** de su corazón saca lo bueno, Lc. 6.45. Tenemos este **t** en vasos de barro, 2 Co. 4.7. En quien están escondidos todos los **t** de la sabiduría, Col. 2.3. Mayores riquezas el vituperio de Cristo que los **t** de los egipcios, He. 11.26. Habéis acumulado **t** para los días postreros, Stg. 5.3. Véase **Riqueza.**

TESTADOR: El que hace testamento. // Es necesario que intervenga muerte del **t**, He. 9.16. Pues no es válido entre tanto que el **t** vive, He. 9.17.

TESTAMENTO: Acto por el cual alguien dispone, para después de su muerte, de sus bienes. // Donde hay **t**, He. 9.16. El **t** con la muerte se confirma, He. 9.17.

TESTIFICAR: Asegurar, declarar, comprobar; dar testimonio. // Su moho testificará contra vosotros, y devorará del todo vuestras carnes como fuego, Stg. 5.3.Con otras muchas palabras testificaba y les exhortaba, Hechos 2.40. Lo que hemos visto, testificamos, Jn. 3.11. Testificando que ésta es la verdadera gracia de Dios, 1 P. 5.12. Testificando a los judíos que Jesús era el Cristo, Hechos 18.5. Nosotros hemos visto y testificamos que el Padre ha enviado al Hijo, 1 Jn. 4.14. Véase **Atestiguar, Testimonio, Testigo.**

TESTIGO: Aquél que presenció cualquier cosa. // Me seréis **t** en Jerusalén, Hechos 1.8. De lo cual todos nosotros somos **t**, Hechos 2.32. Esteban tu **t**, Hechos 22.20. Para ponerte por ministro y **t** de las cosas que has visto, Hechos 26.16. Somos hallados falsos **t** de Dios, 1 Co. 15.15. Teniendo en derredor nuestro tan grande nube de **t**, He. 12.1. Jesucristo el **t** fiel, Ap. 1.5. Daré a mis dos **t** que profeticen, Ap. 11.3. Testimonio se confirmaba por un objeto inanimado, como un montón de piedras, Gn. 31.46; por personas dignas de testificar, Gn. 23.10-18; por un término labrado, una escritura, Dt. 24.1; Jeremías 32.10. En la ley se requería el testimonio de dos o más testigos dignos de fe con el fin de se sustentar la afirmación de un hecho, Nm. 35.30. Véase Mt. 18.16; 2 Co. 13.1; 1 Ti. 5.19; He. 10.28. Falso testimonio, Ex. 20.16; Lv. 10.11; Dt. 5.20; Pr. 12.17; 21.28; Jeremías 7.9; Lc. 3.14; contra Cristo, Mt. 26.60; contra Esteban, Hechos 6.13.

TESTIMONIO: Declaración, deposición de uno o más testigos. // Para dar **t** del evangelio de la gracia de Dios, Hechos 20.24. Dando **t** su conciencia, Ro. 2.15; 9.1. Estas siete corderas... me sirvan de **t**, Gn. 21.30. Aarón lo puso delante del **T** para guardarlo, Ex. 16.34; 40.3. Dos tablas del **t**, Ex. 31.18. La tienda del **t**, Nm. 9 .15. Pues tus **t** son mis delicias, Sal. 119.24. Sacudid el polvo que está debajo de vuestros pies, para **t** a ellos, Mr. 6.11. Por la palabra de la mujer, que daba **t**, Jn. 4.39. El Espíritu... dará **t** acerca de mí, Jn. 15.26. Alcanzaron buen **t** los antiguos, He. 11.2,39. Tres son los que dan **t** en el cielo, 1 Jn. 5.7. Si recibimos el **t** de los hombres, mayor es el **t** de Dios, 1 Jn. 5.9. El **t** de Jesucristo, Ap. 1.2. Muertos por causa de la palabra de Dios y por el **t** que tenían, Ap. 6.9. Han vencido por medio de la sangre del Cordero y de la palabra del **t** de ellos, Ap. 12.11. El **t** de Jesús, Ap. 19.10. El **t** de Jesús es el espíritu de la profecía, Ap. 19.10. El que da **t** de estas cosas, Ap. 22.20. Las Escrituras... ellas son las que dan **t** de mí, Jn. 5.39. Siete varones de buen **t**, llenos del Espíritu Santo y de sabiduría, Hechos 6.3.

TETRARCA: Mt. 14.1; Lc. 3.1. El gobernador de la cuarta parte de un reinado o de una provincia.

TEUDAS: Quizás el nombre sea una contracción de **Teodoro**, el don de Dios. Mencionado en Hechos 5.36; un insurgente que apareció como líder de 400 hombres, buscando desencaminar el pueblo con sus falsas doctrinas. Josefo se refiere a un hombre con el mismo nombre, que se rebeló, pero ello fue diez años después de Gamaliel.

TÍA: La hermana de tu madre, Lv. 18.13.

TIARA: Ornato para la cabeza. // Les atarás las **t**, Ex. 29.9.

TIATIRA: Se conocía la rica ciudad de Tiatira como un centro comercial, en el fértil valle del río Lico. Quedaba en la carretera que, de Pérgamo va hacia Sardis. Era la ciudad de Lidia, La que, tal vez tratando de su oficio de vender púrpura (Hechos 16), oyó la predicación del apóstol Pablo y fue salva. No sabemos si fue ella quien llevó el evangelio a Tiatira; lo cierto es que el evangelio llegó hasta allí, y que había una próspera iglesia en la ciudad, Ap. 1.11. La carta a la iglesia en Tiatira era la cuarta en orden de las enviadas a las siete iglesias de Asia, Ap. 2.18-29. Véase mapa 6, D-2;.

TIBERIAS: Jn. 6.23. Una ciudad edificada por Herodes Antipas, que le dio el nombre en honra del emperador Tiberio. Todavía conserva vestigios de su antigua grandeza. Ubicada en la playa occidental del mar de Galilea, dio su nombre al mar, Jn. 6.1,23; 21.1. [LEGENDA:] Tiberias y el mar de Galilea

TIBERIO CÉSAR: El segundo emperador de Roma, gobernador desde el año 11 a 37 d.C. Herodes Antipas edificó la ciudad de Tiberias, dándole ese nombre en honor al emperador Tiberio. Este César se menciona en Mt. 22.17; Jn. 19.12. Juan el Bautista comenzó su ministerio en el décimo quinto año del reinado de Tiberio César, Lc. 3.1.

TIBHAT, hb. **Matanza:** Una ciudad que David tomó de Hadad-ezer, rey de Soba, 1 Cr. 18.8.

TIBIO: Poco caliente; templado. // Mas porque eres **t**, Ap. 3.16.

TIBNI: Un hijo de Ginat, candidato al trono de Israel, para suceder a Zimri. Fue derrotado y asesinado por Omri, 1 R. 16.22.

TICVA, hb. **Esperanza:** — 1. El suegro de la profetiza Hulda, 2 R. 22.14. // 2. El padre de Jahazías, Esd. 10.15.

TIDAL: Rey de Goim. Uno de los cuatro reyes aliados que invadieron Sodoma y Gomorra, cuando Lot fue llevado cautivo, Gn. 14.1.

TIEMPO: Periodo; época; estación u ocasión propia; estado atmosférico. // Bendeciré a Jehová en todo **t**, Sal. 34.1. Todo tiene su **t**, Ec. 3.1; 3.17. En **t** aceptable te oí, Is. 49.8. Buen **t**; porque el cielo tiene arreboles, Mt. 16.2. ¡Mas las señales de los **t** no podéis! Mt. 16.3. Los **t** de los gentiles, Lc. 21.24. ¿Tanto **t** hace que estoy con vosotros, y no me has conocido, Felipe? Jn. 14.9. ¿Restaurarás el reino a Israel en este **t**? Hechos 1.6. Les ha prefijado el orden de los **t**, Hechos 17.26. Conociendo el **t**, que es ya hora de levantarnos del sueño, Ro. 13.11. Que el **t** es corto, 1 Co. 7.29. En **t** aceptable te he oído, 2 Co. 6.2. Cuando vino el cumplimiento del **t**, Gá. 4.4. Guardáis los días, los meses, los **t** y los años, Gá. 4.10. En la dispensación del cumplimiento de los **t**, Ef. 1.10. Aprovechando bien el **t**, Ef. 5.16. Pero acerca de los **t** y de las ocasiones, 1 Ts. 5.1. En los postreros **t** algunos apostatarán de la fe, 1 Ti. 4.1. En los postreros días vendrán **t** peligrosos, 2 Ti. 3.1. Porque vendrá **t** cuando no sufrirán la sana doctrina, 2 Ti. 4.3. Se les dijo que descansasen todavía un poco de **t**, Ap. 6.11. Sabiendo que tiene poco tiempo, Ap. 12.12. Donde es sustentada por un **t**, y **t**, y la mitad de un **t**, Ap. 12.14; Dn. 7.25; 9.27; 12.7. Porque el **t** está cerca, Ap. 22.10; Mt. 26.18; Ap. 1.3. Debemos darle gran valor al tiempo, Sal. 39.4; 90.12; Is. 55.6; Lc. 19.42; Jn. 9.4; 12.35; Gá. 6.9; Ef. 5.16; Col. 4.5. Véase **Año, Día, Época, Hora, Mes.**

TIENDA: Carpa. // Jabal fue padre de los que habitan en **t**, Gn. 4.20. Abraham, Sara, Jacob y sus descendientes habitaban en tiendas, Gn. 12.8; 13.3; 18.6; 31.25,33; He. 11.9. Esta forma de habitación se ha conservado entre los árabes errantes desde los tiempos primitivos del antiguo Israel hasta nuestros días. Las tiendas eran originalmente hechas de pieles, y más tarde de lana o de piel de cabra. El oficio de Pablo, Aquila y Priscila era hacer tiendas, Hechos 18.3. // La **tienda** de la congregación o el Tabernáculo de reunión, Ex. 29.44; 33.7. ¡Cuán hermosas son tus tiendas, oh Jacob! Nm. 24.5. Ensancha el sitio de tu tienda, Is. 54.2. // Habitaban, durante la fiesta de los tabernáculos, en tiendas de rama como recuerdo del tiempo en que habitaban en tiendas cuando Dios los sacó de la tierra de Egipto, Lv. 23.42.

Tiberias y el mar de Galileia

TIENTAS, A: Guiándose con el tacto. // Andan a **t** como de noche, Job 5.14. Van a **t,** como en tinieblas, Job 12.25.

TIERNO: 1. Blando, flojo. // Porque nunca más te llamarán **t** y delicada, Is. 47.1. Su carne será más **t** que la del niño, Job 33.25**.** De la higuera aprended la parábola: Cuando ya su rama está tierna, Mt. 24.32**. //** 2. Amable, afectuoso y cariñoso. // ¿...los pequeñitos a su **t** cuidado? Lm. 2.20. Antes fuimos **t** entre vosotros, 1 Ts. 2.7**. //** 3. Inexperto, edad de la niñez. // Y Jacob le dijo: Mi señor sabe que los niños son **t**, Gn. 33.13**.** Es joven y **t** de edad, y la obra grande, 1 Cr. 29.1**.**

TIERRA: El planeta que habitamos; los habitantes de nuestro planeta. // La creación de la tierra, Gn. 1.1; Job 38.4-11; Sal. 104.5; Is. 48.13. La tierra corrompida, Gn. 6.11; Sal. 14.1-3; 53.1-3. La tierra llena de la misericordia del Señor, Sal. 33.5; 119.64. Llena de las riquezas, Sal. 104.24; llena de su gloria, Is. 6.3; Ez. 43.2. La tierra es del Señor, Ex. 9.29; Dt. 10.14, Job 41.11; Sal. 24.1; 89.11; 1 Co. 10.26; Ap. 4.11; el estrado de sus pies, Is. 66.1. La tierra perecerá, Sal. 102.25,26; Is. 51.6; 2 P. 3.7,10. La tierra hecha nueva, Is. 65.17; 2 P. 3.13; Ap. 21.1. Los santos heredarán la tierra, Sal. 25.13; Mt. 5.5.

TIESTO: Pedazo de cualquier vasija de barro. // Tomaba Job un **t** para rascarse con él, Job 2.8. Como un **t** se secó mi vigor, Sal. 22.15. Bien que fuisteis echados entre los **t**, Sal. 68.13. Como escoria de plata echada sobre el **t**, Pr. 26.23. Entre los pedazos no se halla **t** para traer fuego del hogar, Is. 30.14. El **t** con los **t** de la tierra, Is. 45.9.

TIFSA, hb. **Vado:** — 1. Una ciudad en el Eufrates, el límite del imperio de Salomón, 1 R. 4.24. // 2. Una ciudad de Efraín, herida por Manahem, 2 R. 15.16.

TIGLAT-PILESER: Un rey de Asiria, 745 a 727 a.C., cuyo nombre babilónico era Pul. Recibió tributo de Manahem, rey de Israel, 2 R. 16.7. Llevó los rubenitas, los gaditas y la media tribu de Manasés al cautiverio en Mesopotamia, 1 Cr. 5.26.

TIGRE: Río que nace en el Tauro armenio, baña Diarbebekir, Mosul, Bagdad, las ruinas de Nínive y se reúne al Eufrates. Tiene curso de 2 000 km. El tigre pasa por el centro del país moderno, Iraq. Uno de los cuatro ríos del Edén, Gn. 2.14. Donde un ángel apareció a Daniel, Dn. 10.4. Hidequel (A e B). Véase mapa 11, D-3.

TILDE: En Mt. 5.18, se refiere a un punto u otra señal muy pequeña, usada para distinguir una letra hebraica de otra.

TILÓN: Un descendiente de Judá, 1Cr 4.20.

TIMEO, hb. **Muy estimado:** El padre de Bartimeo, Mr. 10.46.

TIMNA o **TIMNAT**, hb. **Porción destinada:** 1. Una ciudad de la herencia de Judá, Jos. 15.57. // 2. Una ciudad entre Bet-semes y Ecrón, Jos. 15.10. Descendió Sansón a Timnat, Jue. 14.1. Véase mapa 2, B-5.

TIMNAT-SERA, hb. **Porción de sol:** Nombre de la herencia de Josué, el lugar donde fue sepultado, Jue. 2.9; Jos. 19.50. Véase mapa 2, C-4.

TIMÓN, gr. **Aquél que honra (a Dios):** 1. Uno de los siete escogidos para "servir a las mesas" en Jerusalén, Hechos 6.5. **2.** Aparato para dirigir una embarcación. // Largando también las amarras del **t**, Hch. 27.40. Gobernadas con un muy pequeño **t**, Stg. 3.4.

TIMONEL: Aquél que gobierna el timón de la nave. // Stg. 3.4. Véase **Piloto.**

TIMOTEO, PRIMERA EPÍSTOLA DE PABLO A: Las tres epístolas pastorales son, en orden cronológico: 1 Timoteo, Tito y 2 Timoteo. Se llaman pastorales porque no están dirigidas a una iglesia, sino a pastores, para instruirlos a fin de que gobiernen bien sus iglesias. En estas tres epístolas tenemos la más clara revelación del carácter, de la capacidad y de los deberes del ministro del evangelio. **El autor:** El apóstol Pablo, 1 Ti. 1.1. Escrita de Macedonia, d.C. 67, a Timoteo. **La clave:** La iglesia en Efeso era grande y amenazada por falsas doctrinas. Pablo dejó a Timoteo allí y después le escribió esta carta para animarlo e instruirlo en pastorear la iglesia, 1.3. **Las divisiones: I.** Advertencias sobre falsas doctrinas, Cap. 1. // **II**. Instrucciones acerca de los cultos, Cap. 2. // **III**. Sobre las cualidades de los obispos y de los diáconos, Cap. 3. // **IV**. Sobre un "buen ministro de Jesucristo", Cap. 4. // **V**. Los deberes de un "buen ministro de Jesucristo", Cap. 5 e 6.

TIMOTEO, que adora a Dios: Hijo de una judía creyente de padre griego, Hechos 16.1. Su abuela Loida, y su madre Eunice, creyentes fervorosas, 2 Ti. 1.5; 3.14,15. "Hijo amado" de Pablo, y su "cooperador en el evangelio", 1 Co. 4.17; 1 Ti. 1.2,18; 2 Ti. 1.2. Separado para la obra de evangelista, 1 Ti. 4.14; 2 Ti. 1.6; 4.5. Pablo lo circuncida por causa de los judíos, Hechos 16.3. Después de la separación entre Pablo y Bernabé en el segundo viaje misionero, Hechos 16.3. 17.14,15; Ro. 16.21. Cuando Pablo huyó de Berea, Timoteo y Silas permanecieron allí, Hechos 17.14. Llamado a Atenas (Hechos 17.15), encuentran a Pablo en Corinto, Hechos 18.1,5. Enviado a Macedonia, Hechos 19.22; a Corinto, 1 Co. 16.11. Con Pablo en el tercer viaje, Hechos 20.4. Con Pablo en la prisión en Roma, Col. 1.1; Fil. 1.1; Flm. 1. Puesto en libertad, He. 13.23. Junto con Pablo en la segunda epístola a los Corintios, 2 Co. 1.1. Junto con Pablo y Silas en las cartas a los tesalonicenses, 1 Ts. 1.1; 2 Ts. 1.1. Dos epístolas de Pablo dirigidas a Timoteo, 1 Ti. 1.2; 2 Ti. 1.2. Encargado de cuidar de la iglesia en Efeso, 1 Ti. 1.3. Conforme a la tradición fue el primer obispo de Efeso y murió allí martirizado, cuando Juan estaba exiliado en la isla de Patmos.

TIMOTEO, SEGUNDA EPÍSTOLA DE PABLO A: La última, en el orden cronológico, de las trece epístolas de Pablo — y la última de sus tres epístolas pastorales. **El autor:** El apóstol Pablo, 1.1. El "prisionero del Señor". 1.8,16; 2.9; 4.6. **La clave:** Esta carta fue escrita a su "amado hijo" (1.2) no mucho antes de su propio martirio (4.6-8) y contiene sus últimas palabras inspiradas por el Espíritu Santo, las cuales permanecen ahí para nosotros. Las palabras **"me abandonaron todos los que están en Asia"** (1.15), revelan algo de las profundidades de sus sufrimientos en la oscura cárcel, y dan grande énfasis a la amonestación: **"Sufre penalidades como buen soldado de Jesucristo",** 2.3. **Las divisiones: I**. Salutaciones y acciones de gracia, 1.1-5. // **II.** Exhortación en la expectativa de las tribulaciones que encaraban, 1.6. a 2.13. // **III**. Su obligación de corregir las falsas doctrinas y los falsos creyentes, 2.14-26. // **IV**. Predice un tiempo de decadencia moral, 3.1 a 4.5. // **V**. El apóstol se despide, 4.6-22.

TINAJA: Vasija grande de barro, mucho más ancha por el medio que por el fondo y por la boca. // La harina de la **t** no escaseará, 1 R. 17.14. Y la harina de la **t** no escaseó, 1 R. 17.16**.** Solamente un puñado de harina tengo en la **t**, y un poco de aceite en una vasija, 1 R. 17.12**.** Toda **t** se llenará de vino. Y ellos te dirán: ¿No sabemos que toda **t** se llenará de vino? Jer. 13.12**.** Y estaban allí seis **t** de piedra para agua, Jn. 2.6**.** Llenad estas **t** de agua, Jn. 2.7**.** Véase **Vasija, Cuenco.** Véase **Cántaro**.

TINIEBLAS: Privación o ausencia de la luz; oscuridad. // Para separar la luz de las **t**, Gn. 1.18; Is. 45.7. Para que haya **t** sobre la tierra de Egipto, Ex. 10.21. De la columna de nube, Ex. 14.20; Jos. 24.7. En la crucifixión, Mt. 27.45. Suplicio, Mt. 8.12; 2 P. 2.4; Jud. 6; 2 P. 2.17. **T** espirituales, Sal. 112.4; Pr. 4.19; Is. 5.20; Mt. 6.23; Jn. 3.19; Hechos 26.18; Ro. 2.19; Ef. 5.8,11; 1 Ts. 5.5; 1 P. 2.9. **T** de la mente, Job 37.19; Ec. 2.14; Is. 42.7; Jn. 1.5; 8.12; Ro. 13.12; 1 Co. 4.5; Ef. 5.8; 1 Jn. 1.5. La potestad de las **t**, Lc. 22.53; Ef. 6.12; Col. 1.13. A las **t** de afuera, Mt. 8.12; 22.13; 25.30.

TINTA: Líquido para escribir, Jeremías 36.18; 2 Co. 3.3; 2 Jn. 12; 3 Jn. 13.

TINTERO: Pequeño vaso, para contener tinta de escribir, Ez. 9.2,3,11.

TINTORERO: El que ejerce el arte de teñir paños. Es una de las artes más antiguas. Se menciona: Estofo azul, púrpura, carmesí, lino fino, pelo de cabras Ex. 25.4,5; vestida de lino fino, de púrpura y de escarlata, Ap. 18.16. Los lavadores teñían el tejido, al que parece, siendo necesario limpiarlo, primeramente de todas las sustancias oleosas y gomosas que se encuentran, naturalmente, en la fibra cruda. Véase 2 R. 18.17; Is. 7.3; 36.2; Mal. 3.2; Mr. 9.3.

TIÑA: Nombre de varias enfermedades cutáneas de la cabeza. // Cuando el sacerdote hubiere mirado la llaga de la **t**, Lv. 13.31.

TÍO: El hermano de tu padre, Lv. 18.14. Su **t** o el hijo de su **t** lo rescatará, Lv. 25.49. Jonatán **t** de David era consejero, 1 Cr. 27.32. Est., hija de su **t**, Est. 2.7.

TIPO: Símbolo, figura. Hecho o personaje del Antiguo Testamento considerado como símbolo de los hechos o personajes del Nuevo. Véase Ro. 5.14; 1 Co. 10.6,11; He. 1; etc.

TÍQUICO, hb. **Fortuito:** Un cristiano, compañero y cooperador del apóstol Pablo, Hechos 20.4; Ef. 6.21; Col. 4.7; 2 Ti. 4.12; Tit. 3.12. Acompañaba al apóstol Pablo en algunos de los más críticos momentos de su vida. Debe de haber sido un hombre de energía y simpatía.

TIRADOR: Persona que tira o dispara con destreza. // Habitó en el desierto, y fue **t** de arco, Gn. 21.20.

TIRANÍA: Gobierno injusto y cruel. // La tiranía de Saúl, 1 S. 22.11-19; de Roboam, 1 R. 12.3-11; de Nabucodonosor, Dn. 2.9-13; de Herodes el Grande, Mt. 2.16; de Herodes Agripa **I**, Hechos 12.1-4. Véase **Violencia.**

TIRANNO: El apóstol Pablo, durante dos años en Efeso, discursaba diariamente en la escuela de Tiranno, Hechos 19.9. Se supone que él era gentil y maestro en filosofía. Puede también haber sido un cristiano, o por lo menos inclinado para nuevas doctrinas.

TIRANO: Soberano injusto, cruel u opresor. // El botín será arrebatado al **t**, Is. 49.25. El rompe las cadenas de los **t**, Job 12.18. Al siervo de los **t**: Is. 49.7. ¿Será rescatado el cautivo de un **t**? Is. 49.24. Véase **Opresor.**

TIRAR: Arrojar, lanzar en dirección determinada; echar abajo. // Y yo tiraré tres saetas hacia aquel lado, 1 S. 20.20. Corre y busca las saetas que yo tirare, 1 S. 20.36. Pero los flecheros tiraron contra tus siervos desde el muro, 2 S. 11.24. Para **t** piedras con honda y saetas con arco, 1 Cr. 12.2. Hondas para **t** piedras, 2 Cr. 26.14. Y los flecheros tiraron contra el rey Josías, 2 Cr. 35.23. Con arco tirarán a los niños, Is. 13.18.

TIRAS: Un hijo de Jafet y nieto de Noé, Gn. 10.2. Véase mapa 1, C-3.

TIRHACA: El rey de Etiopía que avanzó contra Senaquerib, mientras este amenazaba destruir a Judá, Is. 37.9.

TIRHANA: Un hijo de Caleb, 1 Cr. 2.48.

TIRÍAS: Un descendiente de Judá, 1 Cr. 4.16.

TIRO: Antiguo puesto marítimo de la antigua Fenicia, en el Mediterráneo entre Beirut y monte Carmelo. // Hiram, rey de **T**, era un aliado de David y de Salomón, 2 S. 5.11. Los materiales para la construcción del templo vinieron de allí, 1 R. 5. La profecía contra Tiro, Is. 23; Ez. 26. Cristo predicó en las tierras de Tiro, donde fue bien recibido, Mr. 7. 24-31. Porque si en **T** y en Sidón se hubieran hecho los milagros…, Mt. 11.21. Pablo desembarcó y permaneció allí siete días, Hechos 21.3. La ciudad de Tiro fue fundada por los sidonios y era célebre por su comercio. Fue tomada por Nabucodonosor **II**, después de un cerco de trece años, y después, por Alejandro en 332, por los cruzados en 1123, a quien los mahometanos la conquistaron en 1291. Véase mapa 1, H-2; 2, C-2; 6, F-3.

TIRSA, hb. **Placer, Belleza:** 1. Una ciudad real de Canaán, conquistada por Josué, Jos. 12.24. Lugar de la residencia de algunos reyes de Israel: Jeroboam Baasa, Ela, Zimri y Omri, y de la sepultura de Baasa y Zimri, 1 R. 14.17; 15.21,33; 16.6-23. Afamada por su belleza, Cnt. 6.4. Véase mapa 2, C-4. // 2. La más nueva de las cinco hijas de Zelofehad, Jos. 17.3.

TISIS: Dt. 28.22; Is. 10.16. Tuberculosis pulmonar.

TISRI: El séptimo mes del año. Véase **Año.**

TITO, EPÍSTOLA DE PABLO A: Las epístolas pastorales (escritas a pastores), en el orden cronológico, son: 1 Timoteo, Tito y 2 Timoteo. La epístola a Tito se asemeja a la primera a Timoteo; Tito estaba en Creta y Timoteo en Efeso y las condiciones en los dos lugares eran semejantes. Además, la epístola a Tito fue escrita más o menos al mismo tiempo que la primera a Timoteo. // **El escritor:** Pablo, 1.1. // **La clave:** El apóstol le dejaba a Tito en la isla de Creta para organizar las iglesias y encaminarlas en la sana doctrina, 1.5. Como las epístolas a Timoteo, esta es una carta particular de un hombre de mucha práctica, gran autoridad y influencia, a un joven pastor, el cual, a pesar de talentoso y dedicado a Dios, vería el valor del consejo de un hombre como Pablo. // **Las divisiones: I.** Las cualidades y funciones de los presbíteros, Cap. 1. **II.** La obra pastoral de un verdadero presbítero. Caps. 2 e 3.

TITO, lat. **Loable:** Un evangelista. Se convirtió, quizás, con la predicación de Pablo, Tit. 1.4. Fiel compañero del apóstol, 2 Co. 8.23. Su nombre no aparece en Hechos, pero se repite muchas veces en las epístolas. Un delegado en el concilio en Jerusalén, Gá. 2.1; Hechos 15. No fue obligado a circuncidarse, Gá. 2.3. Enviado a Corinto, 2 Co. 2.13; 7.6; 8.16. Enviado a Creta, para organizar las iglesias, Tit. 1.5. Pablo escribe a Tito, 2 Tit. 1.1-4. La última mención de Tito, Tit. 4.10. Se dice que continuaba desempeñando el servicio de obispo en la isla de Creta hasta la edad avanzada.

TITUBEAR: Tambalearse. // He confiado asimismo en Jehová sin **t**, Sal. 26.1. Bramaron las naciones, titubearon los reinos, Sal. 46.6. Titubearon como ciegos en las calles, Lm. 4.14.

TÍTULO: Escribió también Pilato un **t**, que puso sobre la cruz, Jn. 19.19. // Los romanos pintaban, en una tabla llevada delante del prisionero, su nombre y el crimen del que era acusado. En la crucifixión, esa tabla fue fijada en la cima de la cruz. El título de Jesús Nazareno estaba escrito en hebreo, el vernáculo del pueblo; en latín, lengua oficial; en griego, el idioma universal de los pueblos en la región del Mediterráneo.

TIZÓN: Trozo de leña o de carbón encendido o medio quemado. // A causa de estos dos cabos de **t** que humean, Is. 7.4. Fuisteis como **t** escapado del fuego, Am. 4.11. ¿No es éste un **t** arrebatado del incendio? Zac. 3.2.

TOA, hb. **Bajo:** Un antepasado de Samuel, 1 Cr. 6.34. Llamado, también, Nahat y Tohu, 1 Cr. 6.26; 1 S. 1.1.

TOALLA: Paño propio para secar cualquier parte del cuerpo. // Tomando una toalla, se la ciñó, Jn. 13.4.

TOB, hb. **Bueno:** Una región al oriente del Jordán, donde Jefté se refugió, cuando fue expulsado de casa por sus medio-hermanos, Jue. 11.3. Véase mapa 2, D-3.

TOBADONÍAS: Uno de los levitas a quien el rey Josafat le mandó que enseñara la ley en las ciudades de Judá, 2 Cr. 17.8.

TOBÍAS, hb. **Jehová es Dios:** 1. Un amonita, aliado de Sanbalat y Gesem, grandes adversarios de los judíos, Neh. 2.19; 6.1. // 2. Un levita a quien el rey Josafat le mandó que enseñara la ley en las ciudades de Judá, 2 Cr. 17.8. // 3. Uno de los que vinieron de Babilonia, de quien Zacarías recibió oro y plata para las coronas destinadas a la cabeza de Josué, sumo sacerdote, Zac. 6.10,11.

TOBÍAS, hb. **Jehová es Dios:** Un libro apócrifo.

TOBILLO: Extremidad inferior, saliente y redondeada, de los huesos de la pierna en su articulación con el pie. Maléolo. // Aguas hasta los **t**, Ez. 47.3. Se le firmaron los pies y **t**, Hch. 3.7.

TOCAR: Poner la mano en: hacer sonar, sacar sonidos de. // No comeréis de él, ni le tocaréis, Gn. 3.3. Inmundo por haber tocado en algún muerto, Nm. 5.2. Cuando las tocaren, toda la congregación se reunirá, Nm. 10.3. Daréis siete vueltas a la ciudad, y los sacerdotes tocarán las bocinas, Jos. 6.4. Cuyos corazones Dios había tocado, 1 S. 10.26. Cuando llegó a tocar el muerto los huesos de Eliseo, revivió, 2 R. 13.21. No toquéis, dijo, a mis ungidos, 1 Cr. 16.22. Tocando con él sobre mi boca, Is. 6.7. Extendió Jehová su mano y tocó mi boca, Jeremías 1.9. El que os toca, toca a la niña de su ojo, Zac. 2.8. Jesús extendió la mano y le tocó, Mt. 8.3. Entonces les tocó los ojos, Mt. 9.29. Todos los que lo tocaron, quedaron sanos, Mt. 14.36. Jesús, compadecido, les tocó los ojos, Mt. 20.34. Presentaban niños para que los tocase, Mr. 10.13. Os tocamos flauta, y no bailasteis, Lc. 7.32. Y tocando su oreja, le sanó, Lc. 22.51. No toquéis lo inmundo, 2 Co. 6.17. Ni aun toques, Col. 2.21. El maligno no le toca, 1 Jn. 5.18. Véase **Tañer, Palpar.**

TODO: Completo, que no deja nada de fuera; cualquier cosa, considerada en su totalidad. // Fue tentado en **t** según nuestra semejanza, He. 4.15. Bienaventurados... con **t** el corazón le buscan, Sal. 119.2. El evangelio a toda criatura, Mr. 16.15. Para **t** los que creen en él, Ro. 3.22. Sabemos que toda la creación gime a una, Ro. 8.22. Ante mí se doblará toda rodilla, y toda lengua confesará a Dios, Ro. 14.11. Un poco de levadura leuda toda la masa, Gá. 5.9. Orando en **t** tiempo con toda oración y súplica... toda perseverancia... **t** los santos, Ef. 6.18. Echó **t** el sustento que tenía, Lc. 21.4. Para que Dios sea **t** en **t**, 1 Co. 15.28. **T** vuestro ser, espíritu, alma y cuerpo, 1 Ts. 5.23.

TODOPODEROSO: Omnipotente. // Yo soy el Dios **T**, Gn. 17.1; Ex. 6.3; Ap. 4.8; 11.17; 15.3; 16.7; 19.15; 21.22. En grande amargura me ha puesto el **T**, Rt. 1.20. La corrección del **T**, Job 5.17. ¿Llegarás tú a la perfección del **T**? Job 11.7. El **T** será tu defensa, Job 22.25. El es **T**, al cual no alcanzamos, Job 37.23. Me seréis hijos e hijas, dice el Señor **T**, 2 Co. 6.18.

TOFEL: Uno de los lugares donde se acamparon los israelitas en el desierto, Dt. 1.1. Véase mapa 2, D-7.

TOFET, hb. **Lugar de la llama:** En el valle de Hinom, tal vez en su junción con el valle del Cedrón. Donde el pueblo de Jerusalén, en los tiempos de Isaías y de Jeremías, sacrificaba sus hijos en holocausto a Moloc, Jer. 7.31; 2 R. 23.10. El rey Josías lo profanó, derribando sus altares y convirtiéndolo en un receptáculo para toda la inmundicia de Jerusalén, 2 R. 23.10. Jeremías profetizó que el nombre de Tofet sería cambiado para **Valle de la matanza;** Jer. 7.32; 19.6. Allí corrió la sangre de los romanos, de los persas, de los judíos, de los griegos, de los cruzados y de los mahometanos.

TOGARMA: Un hijo de Gomer y bisnieto de Noé, Gn. 10.3. Los de la casa de Togarma, Ez. 27.14; 38.6.

TOHU, hb. **Bajo:** // Un antepasado de Samuel, 1 S. 1.1. Llamado, también, Nahat y Toa, 1 Cr. 6.26; 1 Cr. 6.34.

TOI: Rey de Hamat que envió a su hijo al rey David, para saludarle y bendecirle, 1 Cr. 18.9.

TOLA, hb. **Verme:** 1. Primogénito de Isacar, Gn. 46.13. // 2. Uno de los jueces de Israel, Jue. 10.1.

TOLEMAIDA, Ciudad de Ptolomeo: Una ciudad de la costa del mar, entre el Carmelo y Tiro. Fue primitivamente llamada Aco (Jue. 1.31) y recibió el nombre de Tolemaida en los tiempos griegos y romanos. Pablo pasó por esta ciudad, cuando en su tercer viaje misionero se dirigía a su patria, Hch. 21.7. Se llama actualmente Acre. Véase mapa 3, A-2.

TOLERAR: Consentir tácitamente; soportar; permitir. // Pues toleráis si alguno os esclaviza, 2 Co. 11.20. Que toleras que esa mujer Jezabel, Ap. 2.20.

TOMAR: Apoderarse de; quitar. // El mismo tomó nuestras enfermedades, Mt. 8.17. El que no toma su cruz y sigue en pos de mí, Mt. 10.38. Tome su cruz, y sígame, Mt. 16.24. El uno será tomado, y el otro será dejado, Mt. 24.40. Para que ninguno tome tu corona, Ap. 3.11. Véase **Conquistar.**

TOMÁS. hb. **Gemelo:** Uno de los doce apóstoles, Mt. 10.3. Llamado Dídimo, Jn. 11.16. La lealtad para con su Maestro, y al mismo tiempo una cierta incredulidad, Jn. 11.16; 14.5; 20.25. Tomás respondió y le dijo: ¡Señor mío, y Dios mío! Jn. 20.28. Vio a Jesús en el mar de Tiberias, Jn. 21.2. Con los demás discípulos en el aposento alto, Hechos 1.13.

TONO: Grado de rebajamiento o elevación de la voz. // Quisiera estar con vosotros ahora mismo y cambiar de **t**, Gá. 4.20.

TOPACIO: Piedra preciosa, amarilla y transparente. // El **t** no se igualará a la sabiduría, Job 28.19. Una de las piedras preciosas en la lista del rey de Tiro, Ez. 28.13. En la primera orden de las doce piedras preciosas del pectoral del sumo sacerdote, y el noveno de los doce fundamentos de la muralla de la nueva Jerusalén, Ex. 28.17; Ap. 21.20.

TOPO: Nombre común de diversas especies de mamíferos insectívoros de unos 15 cm de longitud, que tiene ojos poco desarrollados y que viven en galerías subterráneas que excavan con sus fuertes uñas, Lv. 11.30 9 (camaleón); Is. 2.20. Pero no hay topos en la Tierra Santa. La palabra en el original quizás no signifique el camaleón, sino el **spalax typhlus**, especie de ratón. Se parece al topo, tiene ojos rudimentarios, y como el topo, excava en los suelos movedizos largas galerías. Es muy común en Palestina.

TOQUÉN, hb. **Medida:** Una ciudad de la herencia de Simeón, 1 Cr. 4.32.

TORA, hb. **Lanzar suerte, instrucción, ley**: 1. Los cinco libros de Moisés. El Pentateuco. // 2. Todo el cuerpo de la literatura religiosa del judaísmo. La lectura de la Tora en los cultos de los judíos, sigue un plan, por el cual se le todo su contenido en un período de tiempo determinado.

Torre en los muros de Hebrón

TORBELLINO: Masa de agua o de aire que gira rápidamente. // Elías subió al cielo en un **t**, 2 R. 2.11. Respondió Jehová a Job desde un **t**, Job 38.1. Serán... como el tamo que arrebata el **t**. Job 21.18. **T** lo arrebatará de noche, Job 27.20. Del sur viene el **t**, Job 37.9. La voz de tu trueno estaba en el **t**, Sal. 77.18. Dios mío, ponlos como **t**, Sal. 83.13. Atérralos con tu **t**, Sal. 83.15.

TORCER: Hacer girar sobre sí mismo o en espiral; corromper, pervertir, alterar. // Torcer el derecho, Dt. 24.17; Lm. 3.35; Escrituras, 2 P. 3.16; Puntos difíciles de entender, 2 P. 3.16 .

TORCIDO: Tuerto; no derecho. Apartarse del camino y conducta adecuados para el logro de un fin; interpretar mal, equivocar el sentido de algo. // Generación **t** y perversa, Dt. 32.5. Cuyas veredas son **t**, y **t** sus caminos, Pr. 2.15. No hay en ellas cosa perversa ni **t**, Pr. 8.8. **S**us veredas son **t**, **Is. 59.8**. Por eso sale **t** la justicia, Hab. 1.4. Lo **t** no se puede enderezar, Ec. 1.15. Iré delante de ti, y enderezaré los lugares **t**, Is. 45.2.

TORMENTA: Tempestad violenta. // Estos son fuentes sin agua, y nubes empujadas por la **t**, 2 P. 2.17. Véase **Tempestad.**

TORMENTO: Tortura, aflicción. // En el infierno, estando en **t**, Lc. 16.23. Su **t** era como **t** de escorpión cuando hiere al hombre, Ap. 9.5. El humo de su **t** sube por los siglos de los siglos, Ap. 14.11. Tanto dadle de **t** y llanto, Ap. 18.7. Pararán lejos por el temor de su **t**, Ap. 18.15. Véase **Aflicción, Castigo.**

TORO: El macho de la vaca. // Como el primogénito de su **t** es su gloria, Dt. 33.17. Los toros de los ricos pastos de Basán eran fuertes, Sal. 22.12. La sangre de toros no puede remover pecado, He. 9.13; 10.4.

TORPE: Rudo, tardo en comprender. // Porque soy tardo en el habla y **t** de lengua, Ex. 4.10. Tan **t** era yo, que no entendía, Sal. 73.22. Por **t** que sea, no se extraviará, Is. 35.8.

TORPEZA: Desvergüenza. // Y en los profetas de Jerusalén he visto **t**; cometían adulterios, y andaban en mentiras, Jer. 23.14.

TORRE: Especie de edificio muy elevado. // Torre: de Babel, Gn. 11.1-9; de Hamea, Neh. 3.1; de los Hornos, Neh. 3.11; fortificada, Jue. 9.51; Sal. 61.3; Pr. 18.10; de Hananel, Neh. 3.1; del rebaño, Mi. 4.8; de Siloé, Lc. 13.4; de Siquem, Jue. 9.46; de vigía, Is. 21.8; Hab. 2.1. Edificó una **t**, y la arrendó, Mt. 21.33. Queriendo edificar una **t**, Lc. 14.28. **TORRENTE:** Corriente de agua, muy rápida e impetuosa. // De azufre, Is. 30.33; de perversidad, 2 S. 22.5; Sal. 18.4; que desborda, Is. 66.12. Porque aguas serán cavadas en el desierto, y **t** en la soledad, Is. 35.6.

TORTA: Masa de harina, tal vez redonda y cocida. // Tortas sin levadura, Ex. 12.39; Lv. 2.4; Jue 6.19. **T** de pan de aceite, Ex. 29.23. Hazme... una pequeña **t**, 1 R. 17.13.

TÓRTOLA: Ave semejante a la paloma. // Mencionada por primera vez, Gn. 15.9. Servía para los holocaustos, Lv. 1.14; 5.7,11; 12.6; 14.22,30; Lc. 2.24. Ave migratoria, Jer. 8.7; Cnt. 2.11,12. Viene del sur para Palestina en grandes bandos, en el principio de la primavera, en marzo y desaparece a la entrada del tiempo frío. David se compara a sí mismo a una tórtola, quizás a causa, de su voz gimiente, Sal. 74.19.

TOSTADO: Producto de panificación desecado y tostado. // Trajeron camas... grano tostado... garbanzos **t**, 2 S. 17.28.

TOTALMENTE: Enteramente, del todo. // Quebrarás **t** sus estatuas, Ex. 23.24. Pronto pereceréis **t** de la tierra, Dt. 4.26. Hasta que la casa de Jehová fue acabada **t**, 2 Cr. 8.16. Quitará **t** los ídolos, Is. 2.18. Su campo fértil consumirá **t**, alma y cuerpo, Is. 10.18. Me apartará **t** Jehová de su pueblo, Is. 56.3.

TRABAJADOR: Que, o aquel que trabaja. // Dulce es el sueño del **t**, Ec. 5.12. Tendió su mano a la estaca, y su diestra al mazo de **t**, Jue. 5.26. Para los **t** tus siervos, 2 Cr. 2.10. Oprimís a todos vuestros **t**, Is. 58.3. Véase **Sembrador, Jornalero, Obrero.**

TRABAJAR: Esmerarse, aplicarse en la ejecución de. // Seis días trabajarás, Ex. 20.9. Os di la tierra por la cual nada trabajasteis, Jos. 24.13. El pueblo tuvo ánimo para **t**, Neh. 4.6. En vano trabajan los que la edifican, Sal. 127.1. Los lirios del campo no trabajan, Mt. 6.28. Mi Padre hasta ahora trabaja, y yo trabajo, Jn. 5.17. Trabajad, no por la comida que perece, Jn. 6.27. Trabajando así, se debe ayudar a los necesitados, Hechos 20.35. No tenemos derecho de no **t**, 1 Co. 9.6. He trabajado más que todos ellos, 1 Co. 15.10. Trabaje, haciendo con sus manos lo que es bueno, Ef. 4.28. **T** con vuestras manos, 1 Ts. 4.11. Si alguno no quiere **t**, tampoco coma, 2 Ts. 3.10. Debe **t** primero, 2 Ti. 2.6. Véase **Labor, Faena.**

TRABAJO: Servicio, esfuerzo. // Cuando comieres el **t** de tus manos, Sal. 128.2. ¿Qué provecho tiene el hombre de todo su **t**...? Ec. 1.3. Todo **t** y toda excelencia de obras despierta la envidia del hombre contra su prójimo, Ec. 4.4. Vuestro **t** en el Señor no es en vano, 1 Co. 15.58. En tumultos, en **t**, 2 Co. 6.5. No nos gloriamos desmedidamente en **t** ajenos, 2 Co. 10.15. En **t** más abundante, 2 Co. 11.23. En **t** y fatiga, 2 Co. 11.27. Resulta Dios no es injusto para olvidar vuestra obra y el **t** de amor que habéis mostrado hacia su nombre, He. 6.10. **Labor, Obra.**

TRACIA: Antigua región de Grecia. Situada en el extremo nordeste del país, colinda al norte con Bulgaria, al este con Turquía y ya, al oeste, con la Macedonia. Véase mapa 6, D-1.

TRACONITE, gr. **Lugar Pedregoso:** Una pequeña provincia romana gobernada, junto con la provincia de la Iturea, por el tetrarca Filipo, hermano de Herodes, Lc. 3.1.

TRADICIÓN: Noticia de hechos puramente históricos, de doctrinas religiosas, de sucesos de cualquier orden que nos es transmitida de edad en edad y que sin alguna prueba auténtica, se ha conservado pasando de boca a boca, siendo una de las bases de la historia y de la religión. // ¿Por qué tus discípulos quebrantan la tradición de los ancianos? Mt. 15.2. Así habéis invalidado el mandamiento de Dios por vuestra **t**, Mt. 15.6. Siendo mucho más celoso de las **t** de mis padres, Gá. 1.14.

TRADUCCIONES: Véase **Versiones.**

TRAER: Conducir o transportar hacia acá. // Traed todos los diezmos al alfolí, Mal. 3.10. No he venido para **t** paz a la tierra, Mt. 10.34. Para **t** abajo a Cristo, Ro. 10.6. Yo traigo en mi cuerpo las marcas del Señor Jesús, Gá. 6.17. También traerá Dios con Jesús a los que durmieron en él, 1 Ts. 4.14. Nada hemos traído a este mundo, 1 Ti. 6.7.

TRÁFICO: Comercio, negocio. // Tus riquezas, tus mercaderías, tu **t**, tus remeros, Ez. 27.27.

TRAGAR: Beber, engullir de un trago, sorber. // Los tragó a ellos, a sus casas, Nm. 16.32. Jehová tenía preparado un gran pez que tragase a Jonás, Jon. 1.17. Véase **Devorar, Engullir**.

TRAICIÓN: Acción o efecto de traicionar; deslealtad. // ¡**T**, Ocozías! 2 R. 9.23. Atalía, rasgando sus vestidos, clamó a voz en cuello: ¡**T**, **t**! 2 R. 11.14. // Ejemplos: la traición de Aod, Jue. 3.16-23; de Jael, Jue. 4.18-21, de Joab, 2 S. 20.9; del amigo íntimo de David, Sal. 41.9; de Ismael contra los judíos con Gedalías, Jer. 41.1; de Judas contra Cristo, Mt. 26.49. Manifestando vuestras traiciones, Ez. 21.24. Véase **Conspiración, Intriga, Rebeldía, Rebelión.**

TRAICIONAR: Engañar por traición; entregar. // Pero mis hermanos me traicionaron como un torrente, Job 6.15.

TRAIDOR: Que, o aquel que traiciona. Lo mismo que traicionero. // Judas Iscariote, que llegó a ser el **t**, Lc. 6.16. **T**, impetuosos, infatuados, 2 Ti. 3.4.

TRAJE: Vestido completo de una persona. // No vestirá la mujer **t** de hombre, ni el hombre vestirá ropa de mujer, Dt. 22.5. Y llevaba ella un vestido de diversos colores, **t** que vestían las hijas vírgenes de los reyes, 2 S. 13.18. **Véase Vestido, Vestidura.**

TRAMA: Conjunto de hilos que, cruzados y enlazados con los de la urdimbre, forman una tela; (fig.) Confabulación, intriga. // Pero el vestido, la urdimbre o la **t**, o cualquiera cosa de cuero que lavares, Lv. 13.58. Vestido de lana o de lino, o de urdimbre o de **t**, Lv. 13.59. Revocar las cartas que autorizan la **t** de Amán, Est. 8.5. **T** intrigas inicuas para enredar a los simples, Is. 32.7. Véase **Urdimbre**.

TRAMAR: Conspirar. // Los judíos tramaron un complot y se juramentaron bajo maldición, Hechos 23.12. Concibieron dolor, dieron a luz iniquidad, y en sus entrañas traman engaño, Job 15.35. Véase **Maquinar, Urdir**.

TRAMPA: Artificio para agarrar la caza; engaño. // Se afirmará la **t** contra él, Job 18.9. Una **t** le aguarda en la senda, Job 18.10. Guárdame de los lazos... y de las **t** de los que hacen iniquidad, Sal. 141.9. Pone lazos, pusieron **t** para cazar hombres, Jer. 5.26. Caerá preso en mi **t**, Ez. 12.13. Fue tomado en la **t** de ellas, Ez. 19.4. Sea vuelto su convite en **t** y en red, Ro. 11.9. Véase **Engaño, Red, Lazo**.

TRANQUILIDAD: Paz, sosiego. // Tal vez será eso una prolongación de tu **t**, Dn. 4.27. Mirad que esté con vosotros con **t**, 1 Co. 16.10. Procuréis tener **t**, y ocuparos en vuestros negocios, 1 Ts. 4.11. Véase **Paz**.

TRANQUILO: Quieto, calmo, sosegado. // Jehová peleará por vosotros, y vosotros estaréis tranquilos, Ex. 14.14. Lais, pueblo **t** y confiado, Jue. 18.27. **T** está, aunque todo un Jordán se estrelle contra su boca, Job 40.23. Mas el que me oyere, habitará confiadamente y vivirá **t**, sin temor del mal, Pr. 1.33. Jacob volverá, descansará y vivirá **t**, y no habrá quien le espante, Jer. 30.10. Yo Nabucodonosor estaba **t** en mi casa, Dn. 4.4. Castigaré a los hombres que reposan **t** como el vino asentado, Sof. 1.12.

TRANSFIGURACIÓN: Cambio de una figura en otra. Estado glorioso, en lo cual Cristo apareció a tres de sus discípulos, Mt. 17.2-8. Esto ocurrió, tal vez, no conforme la tradición, en el monte Tabor, en Galilea, pero, más probablemente en el monte Hermón, cerca de Cesarea de Filipo. Se opina que aconteció en la oscuridad de la noche; Jesús solía subir a un monte para orar por la noche, Mt. 14.23,24; Lc. 6.12; 21.37. Y los tres estaban rendidos de sueño, Lc. 9.32. La transfiguración, llamada también la **glorificación,** fue la manifestación visible de la gloria íntima de la persona de Jesús, acompañada por una voz del cielo. Fue una revelación y anticipación de su gloria, entonces vedada por la carne da su humillación. Entre los comentaristas, algunos piensan que la presencia de Moisés y de Elías indicaba el cumplimiento del Antiguo Testamento; la voz de Dios, la inauguración del nuevo pacto: "Este es mi Hijo amado, en quien tengo complacencia; a él oíd", Mt. 17.5. Que la transfiguración, revelando la verdadera gloria y poder de Jesús, confirmó la fe de los tres discípulos predilectos de Jesús y los preparó para la gran probación, que tenían que pasar en la crucifixión, se ve en 2 P. 1.16-19.

TRANSFIGURAR: Cambiar la figura, aspecto o carácter de. // Se transfiguró delante de ellos, Mt. 17.2. Véase **Transformar.**

TRANSFORMAR: Dar nueva forma a. // Transformaos por medio de la renovación de vuestro entendimiento, Ro. 12.2. No todos dormiremos; pero todos seremos transformados, 1 Co. 15.51. Somos transformados de gloria en gloria en la misma imagen, 2 Co. 3.18. El cual transformará el cuerpo de la humillación nuestra, Fil. 3.21.

TRANSGREDIR: No he transgredido tus mandamientos, Dt. 26.13. Véase **Pecar.**

TRANSGRESIÓN: Acto de transgredir (ir más allá de). Infracción. // Donde no hay ley, tampoco hay **t**, Ro. 4.15. La mujer, siendo engañada, incurrió en **t**, 1 Ti. 2.14. Toda **t** y desobediencia recibió justa retribución, He. 2.2. Véase **Culpa, Iniquidad, Rebelión, Pecado.**

TRANSGRESOR: El que comete transgresión. Infractor. // Entonces enseñaré a los **t** tus caminos, Sal. 51.13. Habiendo él llevado el pecado de muchos, y orado por los **t**, Is. 53.12. Con la letra de la ley y con la circuncisión eres **t** de la ley, Ro. 2.27. Ya te has hecho transgresor de la ley, Stg. 2.11. Véase **Pecador.**

TRANSITAR: Andar, pasar. Viajar. // Para que camine por sendas y no por camino transitado, Jer. 18.15.

TRANSMITIR: Hacer pasar de un punto o de un poseedor a otro. // Vuestra tradición que habéis transmitido, Mr. 7.13.

TRANSPARENTE: Que deja distinguir los objetos a través de su espesura. // **T** como vidrio, Ap. 21.21.

TRANSPORTAR: Llevar de un lugar a otro. // Los demás pueblos que el grande y glorioso Asnapar transportó, Esd. 4.10. Véase **Trasladar.**

TRANSTORNAR: Poner en desorden; hacer cambiar de opinión. // No saben quién los trastornó, Job 9.5. El Señor... el camino de los impíos trastorna, Sal. 146.9. Él trastorna las cosas de los prevaricadores, Pr. 22.12. Será como Sodoma y Gomorra, a las que trastornó Dios, Is. 13.19. Estos que trastornan el mundo entero también han venido acá, Hechos 17.6. Que trastornan casas enteras, Tit. 1.11.

TRAPO: Trozo de paño viejo o usado; harapo. // Todas nuestras justicias como trapo de inmundicia, Is. 64.6. Pon ahora esos **t** viejos y ropas raídas y andrajosas, bajo los sobacos, Jer. 38.12. Véase **Andrajoso.**

TRAS: Prep. Aplicada al espacio o al tiempo, después de, a continuación de; en busca o seguimiento de. // No mires **t** ti, ni pares en toda esta llanura, Gn. 19.17. Fue **t** Jacob camino de siete días, Gn. 31.23. He aquí también él viene **t** nosotros, Gn. 32.18. A todos los que iban **t** aquellas manadas, Gn. 32.19. He aquí tu siervo Jacob viene **t** nosotros, Gn. 32.20. Entonces José fue **t** de sus hermanos, Gn. 37.17.

TRASLADAR: Llevar o cambiar una persona o cosa de un lugar a otro. // Trasladando el reino de la casa de Saúl, 2 S. 3.10. Si tuviese toda la fe, de tal manera que trasladase los montes, 1 Co. 13.2. Nos ha trasladado al reino de su amado Hijo, Col. 1.13. Los malos serán trasladados al Seol, Sal. 9.17. Dios le trasladó a esta tierra, Hechos 7.4. Los cuales fueron trasladados a Siquem, y puestos en el sepulcro, Hechos 7.16. Que trasladase los montes, y no tengo amor, nada soy. 1 Co. 13.2.

TRASPASAR: Pasar más allá de; agujerear una cosa atravesándola de parte a parte; horadar. // No puedo **t** la palabra de Jehová mi Dios, Nm. 22.18. Una espada traspasará tu misma alma, Lc. 2.35. Mirarán al que traspasaron, Jn. 19.37. Fueron traspasados de muchos dolores, 1 Ti. 6.10. Los que le traspasaron y... harán lamentación por él, Ap. 1.7.

TRASPONER: Atravesar, franquear, cruzar, salvar. // Por la fe Enoc fue traspuesto para no ver muerte, y no fue hallado, porque lo traspuso Dios; y antes que fuese traspuesto, tuvo testimonio de haber agradado a Dios, He. 11.5.

TRASQUILADOR: Que, o el que trasquila. // Como oveja delante de sus trasquiladores, Is. 53.7; Hechos 8.32. Véase **Esquilador, Esquileo**.

TRASQUILAR: Cortar pelo, lana o cabello. // Tu suegro... a **t** sus ovejas, Gn. 38.13. Ni trasquilarás el primogénito de tus ovejas, Dt. 15.19. Labán había ido a **t** sus ovejas, Gn. 31.19. Véase **Esquilar.**

TRASTORNAR: Inquietar, alterar o perturbar a alguien; desordenar o trastocar; causar molestia. // Tienda... la trastornó de arriba abajo y la tienda cayó, Jue. 7.13. Han planeado **t** mis pasos. Sal. 140.4. Jehová... trastornó el campamento de los egipcios, Ex. 14.24. ¿No cesarás de **t** los caminos rectos del Señor? Hechos 13.10. Estos que trastornan el mundo entero también han venido acá, Hechos 17.6.

TRASVASAR: Pasar de una vasija para otra. // Yo le enviaré trasvasadores que le trasvasarán; y vaciarán sus vasijas, y romperán sus odres, Jer. 48.12.

TRATADO: Obra en la que se trata de un arte, de una ciencia, de cualquier materia particular. // En el primer **t**, Hechos 1.1.

TRATAR: Medicar; cuidar de. // Dios os trata como a hijos, He. 12.7. Para saber cómo le iba a Ester, y cómo la trataban, Est. 2.11. Nunca nos trataron mal, 1 S. 25.15. Que sea el justo tratado como el impío; nunca tal hagas, Gn. 18.25.

TRATO: Tratamiento; modo de ser o de proceder en las relaciones con otros. // Los hijos de este siglo son más sagaces en el **t**, Lc. 16.8. En humildad y en duro **t** del cuerpo, Col. 2.23.

TRAZAR: Representar o hacer por medio de trazos. // De su presencia fue enviada la mano que trazó esta escritura, Dn. 5.24. Me fueron trazadas por la mano de Jehová, 1 Cr. 28.19. El perverso designio que aquél trazó contra los judíos recayera sobre su cabeza, Est. 9.25. Trazando un límite para las plantas de mis pies, Job 13.27 Cuando trazaba el círculo sobre la faz del abismo, Pr. 8.27. Tú, hijo de hombre, traza dos caminos por donde venga la espada del rey de Babilonia, Ez. 21.19.

TREMENDO: Que hace tremer. // Tremendos hechos: Sal. 65.5; 66.2,5; 106.22. Porque será cosa **t** la que yo haré contigo, Ex. 34.10. Con **t** cosas nos responderás tú en justicia, Sal. 65.5.

TRENZA: Conjunto de hilos o de cabellos entrelazados. // Dos cordones de oro fino, los cuales harás en forma de **t**, Ex. 28.14. Harás también en el pectoral cordones de hechura de **t** de oro fino, Ex. 28.22. Había **t** a manera de red, 1 R. 7.17.

TREPAR: Subir a sitio escarpado o de difícil acceso. // Subió Jonatán trepando con sus manos y sus pies, y tras él su paje de armas, 1 S. 14.13. Véase **Subir.**

TRES TABERNAS: Un lugar a 40 kilómetros al sudeste de Roma, donde Pablo en su viaje a la ciudad imperial encontró a algunos cristianos, Hechos 28.15.

TRES: Que consta de dos más uno. Véase **Número.**

TRIBU: Aglomeración de familias o pueblos, bajo la autoridad de un jefe, que viven en la misma región y que provienen de un tronco común. // No ande la heredad rodando de una **t** a otra, Nm. 36.9. No hubo en sus **t** enfermo, Sal. 105.37. Allá subieron las **t**, las **t** de JAH, Sal. 122.4. Para juzgar a las doce **t** de Israel, Mt. 19.28. Entonces lamentarán todas las **t** de la tierra, Mt. 24.30. A las doce **t** que están en la dispersión, Stg. 1.1. De todas naciones y **t** y pueblos y lenguas... delante del trono, Ap. 7.9. // **Las tribus de Israel:** sus nombres, Gn. 35.23-26; con sus familias, Gn. 46.8-27; Ex. 1.2-5; 6.14-25; 1 Cr. 2; su orden de campamento y levantamiento de censo, Nm. 1.; 2.; 10.14; 26.; 2 S. 24.; bendecidas por Jacob, Gn. 49.; por Balaam, Nm. 23.; por Moisés, Dt. 23.33; territorio y ciudades de cada tribu, Jos. 13.7-33; 18.10-28; el número sellado de cada tribu, Ap. 7.4-8.

TRIBULACIÓN: Aflicción, adversidad moral. // Nuestro pronto auxilio en las **t**, Sal. 46.1. Habrá entonces gran **t**, Mt. 24.21. E inmediatamente después de la **t** de aquellos días, Mt. 24.29. Es necesario que a través de muchas **t** entremos en el reino de Dios, Hechos 14.22. Me esperan prisiones y **t**, Hechos 20.23. Nos gloriamos en las **t**, sabiendo que la **t** produce paciencia, Ro. 5.3. ¿Quién nos separará del amor de Cristo? ¿**T**, o angustia...? Ro. 8.35. Sufridos en la **t**; constantes en la oración, Ro. 12.12. El cual nos consuela en todas nuestras **t**, 2 Co. 1.4. Sobreabundo de gozo en todas nuestras **t**, 2 Co. 7.4. Que en grande prueba de **t**, 2 Co. 8.2. No desmayéis a causa de mis **t** por vosotros, Ef. 3.13. En participar conmigo en mi **t**, Fil. 4.14. Recibiendo la palabra en medio de gran **t**, 1 Ts. 1.6. Nadie se inquiete por estas **t**, 1 Ts. 3.3. Visitar a los huérfanos y a las viudas en sus **t**, Stg. 1.27. Copartícipe vuestro en la **t**, Ap. 1.9. Yo conozco tus obras, y tu **t**, Ap. 2.9. En gran **t** a los que con ella adulteran, Ap. 2.22. Estos son los que han salido de la gran **t**, Ap. 7.14. Véase **Aflicción**.

TRIBUNAL: Sede del magistrado, del juez. Jurisdicción de un magistrado o de varios, que juzgan juntamente. // Generalmente la palabra se refiere al tribunal del gobernador romano, como en Mt. 27.19; Mr. 13.9; Jn. 19.13. El **t** del emperador, Hechos 25.10; de Cristo, Ro. 14.10; 2 Co. 5.10. ¿No son ellos los mismos que os arrastran a los **t**? Stg. 2.6; Mt. 5.22; 10.17; Mr. 13.9; tribunales inferiores al sanedrín.

TRIBUTAR: Prestar, rendir, dedicar. // Tributad a Jehová... gloria y poder, 1 Cr. 16.28. Con los instrumentos que he hecho para **t** alabanzas, 1 Cr. 23.5. Dar gracias y **t** alabanzas a Jehová, 1 Cr. 23.30. ¿Acaso le hicimos nosotras tortas para tributarle culto? Jer. 44.19. Pues los que tributan este culto, He. 10.2.

TRIBUTO: Lo que un Estado paga a otro en señal de dependencia. Impuesto lanzado al pueblo por los gobiernos. // Apartarás para Jehová el **t** de los hombres de guerra, Nm. 31.28,39. Los hijos de Israel **t** a Eglón, Jue. 3.15. Los moabitas... le pagaban **t** a David, 2 S. 8.2. Los siros... le pagaban **t** a David, 2 S. 8.6. ¿Es lícito dar **t** a César, o no? Mt. 22.17. La moneda del **t**, Mt. 22.19. Prohíbe dar **t** a César, Lc. 23.2. Por esto pagáis también los **t**, Ro. 13.6. Pagad a todos lo que debéis: al que **t**, **t**, Ro. 13.7. Véase **Derecho, Impuesto.**

TRIFENA Y TRIFOSA, gr. **Delicado:** Mujeres que "trabajan en el Señor" en Roma y a las que Pablo les envió saludos, Ro. 16.12. Eran probablemente dos hermanas, y quizás fuesen miembros de la familia del emperador, visto que sus nombres aparecieron en un cementerio, usado para entierro de esas personas.

TRIGO: Género de gramíneas, que, produce el grano de que se hace el pan. // Cultivado en Mesopotamia, Gn. 30.14. Egipto afamado por la producción de trigo, Ex. 9.32; Hechos 27.6,38. Sería uno de los grandes recursos de la tierra de la Promisión, Dt. 8.8. Se volvió productor de trigo de primera calidad, Sal. 81.16; 147.14. Había variedades que producían cien granos en una sola espiga, Mt. 13.8. Las primicias dadas al Señor, Nm. 18.12; Esd. 6.8. En el tiempo de los jueces, Rut recogía trigo, Rt. 2.23; Gedeón sacudía el trigo en el lagar, Jue. 6.11. Los de Bet-semes segaban el trigo en el valle, 1 S. 6.13. En el tiempo de los reyes la producción aumentó grandemente. Salomón pagó a Hiram veinte mil coros de trigo, 2 Cr. 2.10. Los hijos de Amón pagaban tributo de diez mil coros de trigo, 2 Cr. 27.5. Artajerjes mandó que entregasen cien coros de trigo a Esdras, Esd. 7.22. Cien medidas de **t**, Lc. 16.7. Recogerá el **t** en su granero, Lc. 3.17. Satanás quería zarandear a Pedro como a trigo, Lc. 22.31. La cizaña, la plaga del trigo, Mt. 13.25. El grano de trigo en la tierra, Jn. 12.24; 1 Co. 15.37. Dos libras de trigo por un denario, Ap. 6.6. Mercadería de Babilonia, Ap. 18.13.

TRILLA: Separación del grano de la espiga. // Vuestra **t** alcanzará a la vendimia, Lv. 26.5. Oh pueblo mío, trillado y aventado, Is. 21.10.

TRILLAR: Separar el grano de la paja triturando la mies esparcida en la era (cereales), pisando. Pisar, calcar. // Yo trillaré vuestra carne con espinos y abrojos del desierto, Jue. 8.7. El eneldo no se trilla con trillo, Is. 28.27. Véase **Hollar**.

TRILLO: Utensilio propio para desgranar cereales. Pequeña cantidad de cereal era mallada con una vara, o mangual. Este consistía de dos palos unidos por una correa, siendo uno corto y grueso, y el otro largo y delgado. // Los **t** y los yugos de los bueyes para leña, 2 S. 24.22. Te he puesto por **t**, **t** nuevo, lleno de dientes, Is. 41.15. Porque trillaron a Galaad con **t** de hierro, Am. 1.3.

"Dios... te dé... abundancia de trigo" *(Gn. 27.28)*.

TRINIDAD: La unión de tres personas, el Padre, el Hijo y el Espíritu Santo, en una sola Divinidad. Las tres son distintas, iguales y, por consecuencia, coeternas y consustanciales en una sola e individual naturaleza. Cada una de esas personas es Dios y, sin embargo, sólo hay un Dios. El vocablo no se encuentra en las Escrituras. Pero véase Mt. 28.19; 1 Co. 12.4-6; 2 Co. 13.13; Ef. 2.18; 3.14-17; 4.4-6; 2 Ts. 2.13-15; He. 6.4,5; 1 Jn. 3.23,24; Ap. 1.4,5.

TRISTE: Que tiene resentimiento o aflicción. // ¿Por qué está **t** tu rostro? Neh. 2.2. El joven se fue **t**, Mt. 19.22. Mi alma está muy **t**, hasta la muerte, Mt. 26.38. Aunque vosotros estéis **t**, vuestra tristeza se convertirá en gozo, Jn. 16.20. Véase **Contristado.**

TRISTEZA: Falta de alegría. // El que engendra al insensato, para su **t** lo engendra, Pr. 17.21,25. Huirán la **t** y el gemido, Is. 35.10. Durmiendo a causa de la **t**, Lc. 22.45. Vuestra **t** se convertirá en gozo, Jn. 16.20. Tengo gran **t** y continuo dolor en mi corazón, Ro. 9.2. La **t** que es según Dios produce arrepentimiento para salvación, 2 Co. 7.10. Dé... no con **t**, ni por necesidad, 2 Co. 9.7. Para que yo no tuviese **t** sobre **t**, Fil. 2.27. Ninguna disciplina al presente parece ser causa de gozo, sino de **t**, He. 12.11. Vuestra risa se convierta en lloro, y vuestro gozo en **t**, Stg. 4.9. Véase **Amargura, Luto.**

TRIUNFAR: Alcanzar victoria. // Triunfando sobre ellos en la cruz, Col. 2.15. La misericordia triunfa sobre el juicio, Stg. 2.13.

TRIUNFO: Entrada solemne y pomposa, en Roma, de un general de los ejércitos romanos, que había alcanzado una gran victoria. Delante del cortejo marchaba todo el Senado. Luego iban las trompetas, coros que precedían una cola de coches cargados con los botines del enemigo. Enseguida marchaba un grupo de tocadores de flauta delante de un toro blanco, destinado al sacrificio; se veían después las armas, estandartes y otros trofeos tomados de los vencidos, los generales y los príncipes que habían quedado prisioneros, y, finalmente todos los cautivos cargados de hierros. Se seguía entonces los lictores, detrás de los cuales avanzaba el general victorioso, de pie, en un coche circular, tirado por cuatro caballos blancos. // Mas a Dios gracias, el cual nos lleva siempre en **t** en Cristo Jesús, 2 Co. 2.14. Escudo de tu socorro, y espada de tu **t**, Dt. 33.29. Allí repetirán los **t** de Jehová, los **t** de sus aldeas en Israel, Jue. 5.11. Jehová daba el **t** a David dondequiera que iba, 1 Cr. 18.13. Grandes **t** da a su rey, Sal. 18.50. **Véase Victoria.**

TROAS: Un puerto marítimo de Asia Menor, un poco al sur del lugar de la antigua Troia. Donde el apóstol Pablo tuvo la visión del hombre macedonio rogándole que pasase a Macedonia, Hechos 16.8. Donde el apóstol se tardó una semana y levantó de la muerte a Eutico, Hechos 20.5-12; 2 Co. 2.12. Allí, también, pasados muchos años, él dejó el capote, los libros y los pergaminos, 2 Ti. 4.13. Las grandes ruinas de Troas tienen hoy el nombre de Eski Stambul, en Turquía. Véase mapa 6, D-2.

TROCAR: Permuta, dar (una cosa por otra aceptada como equivalente). // Mi pueblo ha trocado su gloria por lo que no aprovecha, Jer. 2.11. No será cambiado ni trocado, Lv. 27.10. **Véase Cambiar, Cambio.**

TRÓFIMO, gr. **Hijo adoptivo:** Uno de los compañeros de Pablo en su tercer viaje misionero, Hechos 20.4. Los judíos pensaban que Pablo lo había metido en el templo, Hechos 21.29. Pablo lo dejó en Mileto enfermo, 2 Ti. 4.20.

TROGILIO: Hechos 20.15. Un promontorio de Asia Menor, enfrente de la isla de Samos. No es cierto que la palabra trogilio es una parte del texto original, pero lo cierto es que Pablo pasó por allí, cuando volvía a Jerusalén por motivo de su tercer viaje misionero. Véase mapa 6, D-2.

TROMPETA: Instrumento de soplo, especie de corneta sin regresos. // Una conmemoración al son de **t**, y una santa convocación, Lv. 23.24. Hazte dos **t** de plata, Nm. 10.2. Tocaron las **t**, y quebraron los cántaros, Jue. 7.19. En el lugar donde oyereis el sonido de la **t**, Neh. 4.20. Clamad con **t** y sonidos de bocina, Sal. 98.6. No hagas tocar **t** delante de ti, Mt. 6.2. Enviará sus ángeles con gran voz de **t**, Mt. 24.31. Si la **t** diere sonido incierto, 1 Co. 14.8. A la final **t**; porque se tocará la **t**, 1 Co. 15.52. Con voz de arcángel, y con **t** de Dios, 1 Ts. 4.16. Se les dieron siete **t**, Ap. 8.2.

TROMPETAS, FIESTA DE LAS: Fiesta anual observada "en el mes séptimo, al primero del mes", Lv. 23.23-25. Es decir, en la luna nueva, o año nuevo, del mes de tisri, en el calendario antiguo de los israelitas. Fue tiempo de descanso solemne y de santa convocación. No se tocaban las trompetas solamente durante el hecho de ofrecer los sacrificios; fue un día de "memorial, con sonido de trompetas". O como dice en Nm. 29.1-6, "día de sonar las trompetas". De ahí viene el nombre dado a la fiesta.

TRONAR: Retumbar el trueno; hablar con indignación o vehemencia. // Jehová tronó aquel día con gran estruendo, 1 S. 7.10; 2 S. 22.14; Job 37.5; Sal. 18.13. Véase **Bramar, Rugir.**

TRONCO: Parte del cuerpo humano excluida la cabeza y los miembros. Tallo fuerte y macizo de los árboles y arbustos. // Habiéndole quedado a Dagón el **t** solamente, 1 S. 5.4. Saldrá una vara del **t** de Isaí, Is. 11.1. Y su **t** fuere muerto en el polvo, Job 14.8. Véase **Cepa.**

TRONO: Asiento de ceremonia de los reyes, de los emperadores: poder soberano. // Jehová tiene en el cielo su **t**, Sal. 11.4. Tu **t**, oh Dios, es eterno y para siempre, Sal. 45.6. Junto a las estrellas de Dios, levantaré mi **t**, Is. 14.13. Cuando el Hijo del Hombre se siente en el **t** de su gloria... os sentaréis sobre doce **t**, Mt. 19.28. El Señor Dios le dará el **t** de David su padre, Lc. 1.32. Sean **t**, sean dominios, Col. 1.16. Acerquémonos... al **t** de la gracia, He. 4.16. A la diestra del **t** de la Majestad en los cielos, He. 8.1. 12.2. Le daré que se siente conmigo en mi **t**, Ap. 3.21. Vi un gran **t** blanco, Ap. 20.11. // La silla era considerada un símbolo de dignidad, en los países en que usualmente las personas se sentaban en el suelo o se reclinaban, 2 R. 4.10; Pr. 9.14. Cuando se quiere significar especialmente un trono real, la expresión generalmente es "el trono del reino", Dt. 17.18; 1 R. 1.46. Para subir hasta el trono de Salomón había seis escalones, 1 R. 10.19. Era una silla de brazos marquetada de figuras de marfil, y guarnecida de oro en los lugares en que el marfil no se veía.

TROPA: Multitud de personas reunidas; conjunto de soldados. // Una **t** viene por el camino de la encina de los adivinos, Jue. 9.37. Y le dijo David: ¿Me llevarás tú a esa **t**? 1 S. 30.15. Pero Jehová envió contra Joacim **t** de caldeos, **t** de sirios, **t** de moabitas y **t** de amonitas, 2 R. 24.2. Los puso entre los capitanes de la **t**, 1 Cr. 12.18. Aumentas conmigo tu furor como **t** de relevo, Job 10.17. Jehová de los ejércitos pasa revista a las **t** para la batalla, Is. 13.4. A todas sus **t**, esparciré a todos los vientos, y desenvainaré espada en pos de ellos, Ez. 12.14. Yo haré subir contra ellas **t**, las entregaré a turbación y a rapiña, Ez. 23.46. Rey de reyes, con caballos y carros y jinetes, y **t** y mucho pueblo, Ez. 26.7. Y se levantarán de su parte **t** que profanarán el santuario y la fortaleza, Dn. 11.31 Cuando suba al pueblo el que lo invadirá con sus **t**, Hab. 3.16. Yo acudiendo con la **t**, habiendo sabido que era ciudadano romano, Hechos 23.27. Véase **Ejército, Hueste, Legión, Milicia.**

TROPEZAR: Dar con pie involuntariamente; caer en error. // Los bueyes tropezaban, 2 S. 6.6. Mis enemigos... ellos tropezaron y cayeron, Sal. 27.2. Andarás por tu camino confiadamente... y tu pie no tropezará, Pr. 3.23. No saben en qué tropiezan, Pr. 4.19. Y cuando tropezare, no se alegre tu corazón, Pr. 24.17. Para que no tropieces con tu pie en piedra, Mt. 4.6. Cualquiera que haga **t** a alguno de estos pequeños que creen en mí, Mt. 18.6. El que anda de día, no tropieza, Jn. 11.9. Pues tropezaron en la piedra de tropiezo, Ro. 9.32. ¿Han tropezado los de Israel para que cayesen? Ro. 11.11. Nada en que tu hermano tropiece, Ro. 14.21. Porque tropiezan en la palabra, siendo desobedientes, 1 P. 2.8. Véase **Escandalizar.**

TROPIEZO: Cosa en que se tropieza; obstáculo. // Delante del ciego no pondrás **t**, Lv. 19.14. Quitad los **t** del camino de mi pueblo, Is. 57.14. Bienaventurado es el que no halle **t** en mí, Mt. 11.6. ¡Quítate de delante de mí, Satanás!; me eres **t**, Mt. 16.23. He aquí pongo en Sion piedra de **t** y roca de caída, Ro. 9.33. Más bien decidid no poner **t** u ocasión de caer al hermano, Ro. 14.13. No seáis **t**, 1 Co. 10.32. Piedra de **t**, y roca que hace caer, 1 P. 2.8. El que ama a su hermano... en él no hay **t**, 1 Jn. 2.10. Véase **Trampa, Celada, Escándalo, Lazo.**

TRUENO: Estampido o estruendo producido por descarga de electricidad atmosférica. // Es muy raro el trueno en Palestina durante los meses de abril a septiembre. El trueno indica la voz de Dios, Job 37.4; Sal. 18.13; 29.3; 104.7; Is. 30.30; Jn. 12.29; Su venganza, 1 S. 2.10; Ap. 8.5; 16.18; Hijos del trueno, Mr. 3.17. Los siete truenos, Ap. 10.3. Como la voz de grandes truenos, Ap. 19.6.

TRUHÁN: Pícaro; que hace bufonadas. // Como lisonjeros... y truhanes, Sal. 35.16.

TRUHANERÍA: Burla atrevida y de escarnio. // Ni **t**... que no convienen, Ef. 5.4.

TUBAL: Un hijo de Jafet y nieto de Noé, Gn. 10.2. // Tribu, descendiente de Tubal, Is. 66.19; Ez. 27.13. Véase mapa 1, D-3.

TUBAL-CAÍN, hb. **Producto de forjas:** Hijo de Lamec y Zila; artífice de todo instrumento cortante, de bronce y de hierro, Gn. 4.22.

TUBO: Canal más o menos cilíndrico por donde pasan o salen líquidos. // Siete **t** para las lámparas que están encima de él, Zac. 4.2.

TUÉTANO: Sustancia blanca contenida dentro de los huesos; hasta lo más íntimo o profundo, física o moralmente. // Sus vasijas estarán llenas de leche, y sus huesos serán regados de **t**, Job 21.24. Y Jehová de los ejércitos hará... banquete de vinos refinados, de gruesos **t** y de vinos purificados, Is. 25.6. La palabra de Dios penetra hasta partir el alma y el espíritu, las coyunturas y los **t**, He. 4.12.

TUMIM: Ex. 28.30; Neh. 7.65. Véase **Urim.**

TUMOR: Dt. 28.27. Prominencia circunscrita, desarrollada en cualquier parte del cuerpo. // Jehová te herirá con la úlcera de Egipto, con **t**, Dt. 28.27. El pueblo de Asdod herido de **t**, 1 S. 5.6; 6.4.

TUMULTO: Movimiento desordenado; motín. // En cárceles, en **t**, 2 Co. 6.5. Todo calzado que lleva el guerrero en el **t** de la batalla... serán quemados, Is. 9.5. A su voz se producen **t** de aguas en los cielos, Jer. 51.16. Día de **t**, y no de alegría, sobre los montes, Ez. 7.7. Morirá Moab con **t**, con estrépito y sonido de trompeta, Am. 2.2. **Véase Sonido.**

TÚNICA: Vestuario antiguo, largo y ajustado al cuerpo. // Israel le hizo a José una **t** talar de diversos colores, es decir, que daba hasta los talones, Gn. 37.3. La madre del niño Samuel le hacía una **t** pequeña, 1 S. 2.19. Al que quiera ponerte a pleito y quitarte la **t**, déjale también la capa, Mt. 5.40. Para el camino, ni de dos **t**, Mt. 10.10. El que tiene dos **t**, dé al que no tiene, Lc. 3.11. La **t** de Jesús, Jn. 19.23,24; Mt. 27.35; Sal. 22.18.

TURBACIÓN: Confusión, desconcierto. // Tiempo de curación, y he aquí **t**, Jer. 14.19 . Jehová te herirá con locura, ceguera y **t** de espíritu, Dt. 28.28.

TURBADO: Perturbado, inquieto. // Porque estaban **t** delante de él, Gn. 45.3. Vieron... cómo la multitud estaba **t**, 1 S. 14.16.

TURBANTE: Cobertura para la cabeza del hombre. // Sus calzas, sus **t** y sus vestidos, y fueron echados dentro del horno, Dn. 3.21.

TURBAR: Sorprender o aturdir a uno, de modo que no acierte a hablar o a proseguir lo que estaba haciendo; Inquietar. // Las imaginaciones y visiones de mi cabeza me turbaron, Dn. 4.5. No se turbe vuestro corazón, Jn. 14.1,27. ¿Por qué nos has turbado? Túrbete Jehová en este día, Jos. 7.25. Se turbaron y tuvieron gran miedo, 1 S. 17.11. Después de esto se turbó el corazón de David, 1 S. 24.5.

TURBIÓN: Aguacero con viento fuerte. // Es como **t** contra el muro, Is. 25.4.

TURBULENTO: Propenso a causar desorden. // Ciudad **t**, Is. 22.2 .

TURÍBULO: tb. Botafumeiro; Incensario de considerable tamaño que se cuelga del interior de una catedral o templo. Véase **Incensario**.

TURNO: Cada uno de los grupos de personas que se revezan en ciertos hechos. // Arregló Ezequías la distribución de los sacerdotes y de los levitas conforme a sus **t**, 2 Cr. 31.2.

TUTOR: Persona encargada de la tutela. // Sino que está bajo **t** y curadores hasta el tiempo señalado por el padre, Gá. 4.2. Véase **Ayo**.

TUYO: Que te pertenece. // Todas mis cosas son tuyas, Lc. 15.31. Todo lo mío es **t**, y lo **t** mío, Jn. 17.10.

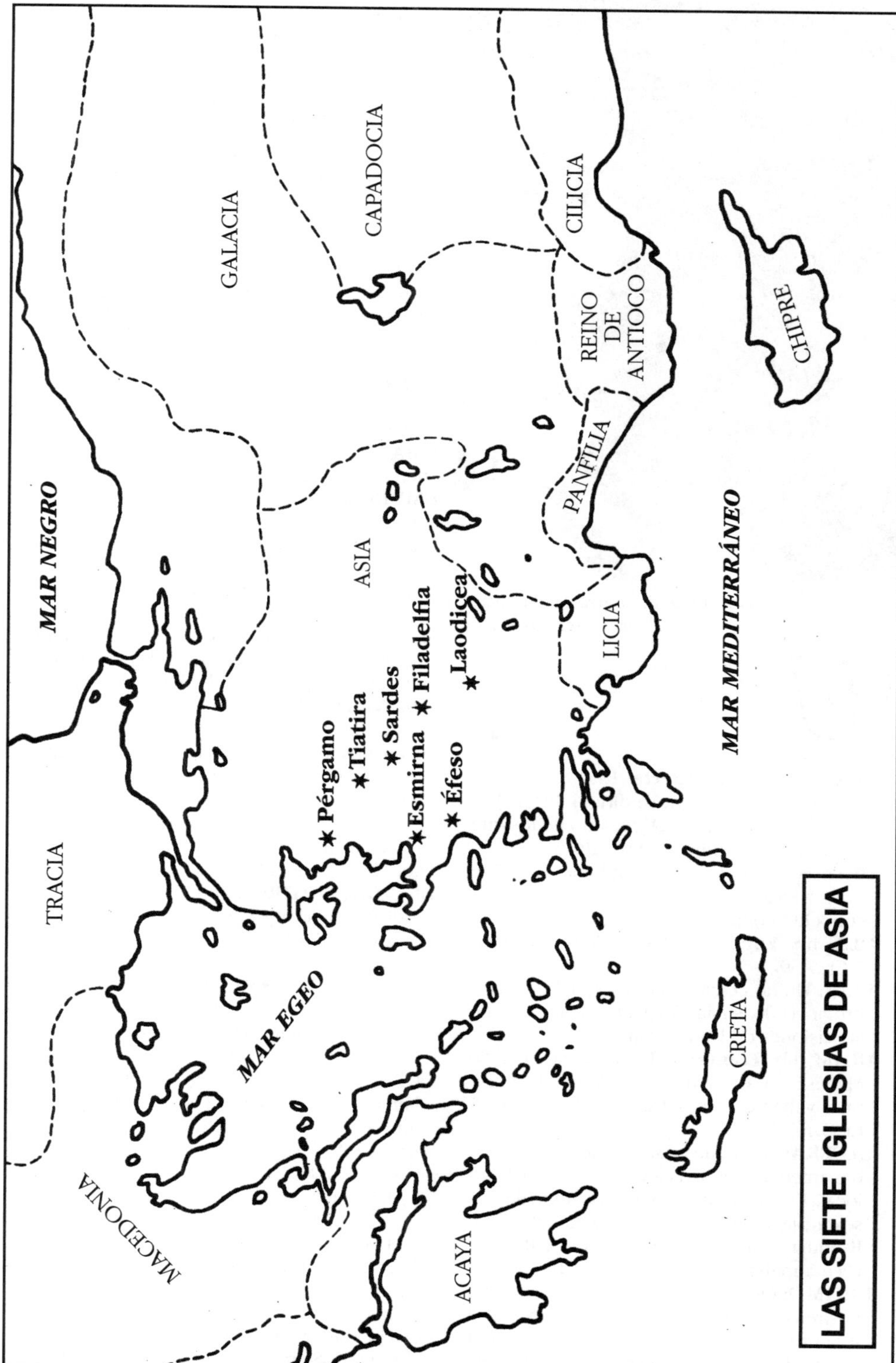

LAS SIETE IGLESIAS DE ASIA

"Esperaba que diese uvas, y dio uvas silvestres" *(Is. 5.2)*.

U

UCAL, hb. **Yo soy fuerte:** Uno de los dos hombres a quien Agur se dirigió, Pr. 30.1.

UEL, hb. **Voluntad de Dios:** Uno de los que tenían mujer extranjera, Esd. 10.34.

UFAZ: Jer. 10.9; Dn. 10.5. Un lugar donde se iba a buscar oro, quizás sea el mismo lugar conocido como Ofir. Véase **Ofir**.

ULA, hb. **Yugo:** Un descendiente de Aser, 1 Cr. 7.39.

ULAI: Un río cerca de Susa, capital de Elam, provincia de Persia. Fue teatro de algunas de las visiones de Daniel, Dn. 8.2.

ULAM, hb. **Frente:** 1. Un descendiente de Manasés, 1 Cr. 7.16. // 2. Padre de hombres valientes de la tribu de Benjamín, 1 Cr. 8.40.

ÚLCERA: Llaga que va supurando provocada o mantenida por una causa interna o defecto local. En los hombres y en los animales: la sexta plaga en Egipto, Ex. 9.9; Dt. 28.27,35. Ezequías curado de una úlcera, 2 R. 20.7. Úlcera maligna y pestilente, Ap. 16.2.

ÚLTIMO: Que es el más moderno o reciente, postrero. // Por esto conocemos que es el **ú** tiempo, 1 Jn. 2.18. Yo soy el primero y el **ú**, Ap. 1.17; Is. 41.4; 44.6. Leyó Esdras en el libro de la ley de Dios cada día, desde el primer día hasta el **ú**, Neh. 8.18. A fin de que seas para salvación hasta lo **ú** de la tierra, Hechos 13.47. Al **ú** de todos, como a un abortivo, me apareció a mí, 1 Co. 15.8. Quita lo primero, para establecer esto **ú**, He. 10.9. **Véase Postrero.**

ULTRAJAR: Ofender la dignidad de; injuriar gravemente a alguien; despreciar. // Pues habiendo antes padecido y sido ultrajados en Filipos, 1 Ts. 2.2. La persona que hiciere algo con soberbia... ultraja a Jehová, Nm. 15.30. Orad por los que os ultrajan y os persiguen, Mt. 5.44. No corráis con ellos en el mismo desenfreno de disolución, y os ultrajan, 1 P. 4.4.

ULTRAJE: Injuria, ofensa; insulto. // No temáis afrenta de hombre, ni desmayéis por sus **u**, Is. 51.7.

UMA, Hb. **Conjunción:** Una ciudad de la herencia de Aser, Jos. 19.30.

UMBRAL: Puerta, entrada, tranco. // Delante de la puerta de la casa, con las manos sobre el **u**, Jue. 19.27. Y entrando ella por el **u** de la casa, el niño murió, 1 R. 14.17. Así que cubrió la casa, sus vigas, sus **u**, sus paredes y sus puertas, con oro, 2 Cr. 3.7. Así eran las cámaras de la casa y los **u**, Ez. 41.26. He aquí aguas que salían de debajo del **u** de la casa hacia el oriente, Ez. 47.1. **Véase Poste.**

UNÁNIME: Que es del mismo ánimo o sentimiento que el otro. // Perseveraban **u** en oración y ruego, Hechos 1.14. Perseverando **u** cada día en el templo, Hechos 2.46. Alzaron **u** la voz a Dios, Hechos 4.24. Unánimes entre vosotros, Ro. 12.16. Y la gente, **u**, escuchaba atentamente las cosas que decía Felipe, Hechos 8.6.

UNCIÓN, UNGIR: La aplicación de aceite al cuerpo o a la cabeza era costumbre común, Dt. 28.40; Rt. 3.3; 2 S. 12.20; Dn. 10.3; Mi. 6.15. Ungir la cabeza con aceite o con ungüento era una prueba de consideración, Salmo 23.5; Mt. 26.7; Lc. 7.46; Jn. 11.2; 12.3. La unción oficial era conferida a los profetas, a los sacerdotes y a los reyes: al profeta Eliseo, 1 R. 19.16; llamados "ungidos", 1 Cr. 16.22; Salmo 105.15; a los sacerdotes, Ex. 40.15; Nm. 3.3; al sumo sacerdote, Ex. 29.29; Lv. 4.3; 16.32; al rey Saúl, 1 S. 9.16; al rey David, 1 S. 16.1; 2 S. 2.4; 5.3; al rey Salomón, 1 R. 1.34,39. Jacob ungió una columna en Bet-el, Gn. 31.13. El tabernáculo de reunión y el arca del testimonio, etc., fueron ungidos, Ex. 30.26-28. Se ungían los muertos, Mt. 26.12; Mr. 16.1. Los apóstoles y los presbíteros ungieron a los enfermos, Mr. 6.13; Stg. 5.14. El Libertador, es decir, el Cristo, el Mesías el ungido: Salmo 2.2; Dn. 9.25, 26; Jn. 1.41;

Hechos 9.22; ungido con el Espíritu Santo, Is. 61.1; Lc. 4.18; Jn. 1.32,33; Hechos 4.27; 10.38. Cristo fue ungido profeta, sacerdote y rey. Dios nos unge, 2 Co. 1.21; 1 Jn. 2.20, 27; He. 1.9; somos sacerdotes y reyes para con Dios. Cristo nos concede "colirio" para ungirnos los ojos, para que veamos, Ap. 3.18.

UNGIDO: A que se aplicó la ceremonia de la consagración. // Su **u**, 1 S. 16.6; 2 S. 22.51; Salmo 2.2; 20.6. El **u** de Jehová, 1 S. 24.6; 26.9,16; 2 S. 1.14; 19.21. A mis **u**, 1 Cr. 16.22; Salmo 105.15. Pon los ojos en el rostro de tu **u**, Salmo 84.9; 132.10.

UNGIR: Véase **Unción.**

UNGÜENTO: Designación antigua de ciertas drogas o esencias con que se perfumaba el cuerpo. // Como una olla de **u**, Job 41.31. Mejor es la buena fama que el buen **u**, Ec. 7.1. A más del olor de tus suaves ungüentos, Tu nombre es como **u** derramado, Cnt. 1.3; 4.10.

UNI, Hb. **Afligido:** 1. Un músico levita nombrado para servicios del tabernáculo, 1 Cr. 15.18. // 2. Otro levita que ayudaba en la música del templo, Neh. 12.9.

ÚNICAMENTE: Solamente, exclusivamente, precisamente. // Por su justicia librarían **ú** sus propias vidas, dice Jehová el Señor, Ez. 14.14. A quienes **ú** fue dada la tierra, Job 15.19. **Ú** a Hazor quemó Josué, Jos. 11.13. Porque **ú** Og rey de Basán había quedado del resto de los gigantes, Dt. 3.11. **Véase Sólo, Solamente.**

Unción

ÚNICO: Que es solo en su género o especie, que no tiene otro igual a sí. // ¿Eres tú el **ú** forastero en Jerusalén...? Lc. 24.18. Ella era sola, su hija **ú**, Jue. 11.34. Maestro, te ruego que veas a mi hijo, pues es el **u** que tengo, Lc. 9.38. Delicado y **ú** delante de mi madre, Pr. 4.3. Bendito Jehová Dios, el Dios de Israel, El **ú** que hace maravillas, Sal. 72.18. Ni había cabalgadura conmigo, excepto la **ú** en que yo cabalgaba, Neh. 2.12. Para que le seas un pueblo **ú** de entre todos los pueblos que están sobre la tierra, Dt. 14.2. No me rehusaste tu hijo, tu **ú**, **Gn. 22.12**. No buscáis la gloria que viene del Dios **ú**, Jn. 5.44. El **ú** Dios verdadero, y a Jesucristo, Jn. 17.3. Al **ú** y sabio Dios, Ro. 16.27. Son los **ú** de la circuncisión que me ayudan, Col. 4.11. Al **ú** y sabio Dios, sea honor y gloria por los siglos de los siglos, Amén. 1 Ti. 1.17. El **ú** que tiene inmortalidad, que habita en luz inaccesible, 1 Ti. 6.16. Niegan a Dios el **ú** soberano, y a nuestro Señor Jesucristo, Jud. 4. Al **ú** y sabio Dios, nuestro Salvador, sea gloria y majestad, imperio y potencia, ahora y por todos los siglos. Amén, Jud. 25.

UNIDAD: Acción colectiva, tendente a un único fin. // Solícitos en guardar la **u** del Espíritu, Ef. 4.3. Hasta que todos lleguemos a la **u** de la fe, Ef. 4.13. // **La bienaventuranza de la unidad:** Salmo 133.; Hechos 2.42. // **La unidad del Espíritu:** Ef. 4.3; Jn. 17.23; Fil. 1.27; 1 P. 3.8. // **Unidad en Cristo:** Jn. 17.11,21-23; Ro. 12.5; 1 Co. 6.15-17; Ef. 5.30. // **Unidad en oración:** Mt. 18.19; Ro. 15.13; 2 Co. 1.11.

UNIDO: Junto, ligado. // Estéis perfectamente **u** en una misma mente y en un mismo parecer, 1 Co. 1.10. Amigo hay más **u** que un hermano, Pr. 18.24. Sean consolados sus corazones, **u** en amor, Col. 2.2. Véase **Unidad.**

UNIGÉNITO: Único engendrado por sus padres. // Gloria como del **u** del Padre, Jn. 1.14. Ha dado a su Hijo **u**, Jn. 3.16. No cree en el el nombre del **u** Hijo de Dios, Jn. 3.18. Abraham para ofrecer su **u**, He. 11.17. Dios envió a su Hijo **u** al mundo, 1 Jn. 4.9.

UNIÓN: Concordia, armonía. // Y harás lazadas de azul en la orilla de la última cortina de la primera **u**; lo mismo harás en la orilla de la cortina de la segunda **u**, Ex. 26.4. Véase **Unidad.**

UNIR: Volver (se) uno sólo; ligar. // Se unirá a su mujer, y serán una sola carne, Gn. 2.24; Mt. 19.5; Ef. 5.31. Y se unirán muchas naciones a Jehová en aquel día, Zac. 2.11. El hombre que se une con una ramera, 1 Co. 6.16. El que se une al Señor, un espíritu es con él, 1 Co. 6.17. Mi tiempo se ha cumplido, para unirme a ella, Gn. 29.21. Dos espigas tendrá cada tabla, para unirlas una con otra, Ex. 26.17. Véase **Ligar.**

UNIVERSO: El conjunto de las cosas creadas; el conjunto de todos los planetas, cometas, satélites y soles existentes en el espacio. // Por la fe entendemos haber sido constituido el **u** por la palabra de Dios, He. 11.3. Véase **Mundo.**

UNO: El primero de todos los números enteros. // He aquí el pueblo es **u**, y todos éstos tienen un solo lenguaje, Gn. 11.6. **U** sola bendición, Gn. 27.38. Jehová nuestro Dios, Jehová **u** es, Dt. 6.4. **U** cosa he demandado a Jehová, Salmo 27.4. Mejores son dos que **u**, Ec. 4.9. Ni **u** jota ni una tilde pasará de la ley, Mt. 5.18. **U** cosa sé, que habiendo yo sido ciego, ahora veo, Jn. 9.25. Yo y el Padre **u** somos, Jn. 10.30. Para que sean **u**, así como nosotros, Jn. 17.11,21. Era de **u** corazón y un alma, Hechos 4.32. De **u** sangre ha hecho todo el linaje de los hombres, Hechos 17.26. Somos **u** cuerpo en Cristo, Ro. 12.5. Sólo hay **u** Dios... y **u** Señor, Jesucristo, 1 Co. 8.6. Porque todos vosotros sois **u** en Cristo Jesús, Gá. 3.28. Hay **u** cuerpo, y **u** Espíritu... **u** Señor, **u** fe, **u** bautismo, **u** Dios y Padre de todos, Ef. 4.4-6. Los dos serán **u** sola carne, Ef. 5.31. Porque esto lo hizo **u** vez para siempre, He. 7.27; 9.26; 10.10.

UNTAR: Extender una materia, generalmente grasa, sobre una superficie; friccionar con unto. // Hizo lodo con la saliva, y untó con el lodo los ojos del ciego, Jn. 9.6. Hojaldres sin levadura untadas con aceite, Ex. 29.2. Me untó los ojos, Jn. 9.11.

UÑA AROMÁTICA: Un ingrediente que entraba en la composición del incienso sagrado, Ex. 30.34.

UÑA: Lámina córnea, semitransparente que reviste la extremidad dorsal de los dedos; casco de paquidermos y rumiantes. // Sus **u** como las de las aves, Dn. 4.33. Haré... tus **u** de bronce, Mi. 4.13. Toma especias aromáticas, estacte y uña aromática y gálbano aromático e incienso puro, Ex. 30.34. Y todo animal de pezuñas, que tiene hendidura de dos uñas, Dt. 14.6. La meterás en tu casa; y ella rapará su cabeza, y cortará sus uñas, Dt. 21.12. Que tenía dientes de hierro y uñas de bronce, que devoraba y desmenuzaba, Dn. 7.19. **Véase Pezuña.**

UPARSIN: Daniel 5.25. Véase **Mene**.

UR DE LOS CALDEOS: La tierra de la que salieron Taré y Abram para ir a Harán, Gn. 11.28,31; 15.7; Neh. 9.7. La identificación, más generalmente aceptada, es que Ur era la actual Tell el-Muqayyar en el río Eufrates. Excavaciones recientes, de sus ruinas fornecieron muchas informaciones sobre la marcha de la civilización desde el inicio. La cultura de Ur anticipaba la de Egipto, de Asiria, de Fenicia y la de Grecia. Véase mapa 1, E-3.

UR: Uno de los valientes de David, 1 Cr. 11.35.

URBANO, hb. **Pulido:** Un cristiano en Roma a quien Pablo envió saludos, Ro. 16.9.

URDIMBRE: Lv. 13.48,49. Conjunto de los hilos, que se disponen paralelamente en la longitud del telar y por entre las cuales pasa después la trama o hilo. Véase **Trama.**

URDIR: Poner en orden (los hilos de la tela) para hacer el tejido; enredar, tramar. // Los cuales maquinan males en el corazón, cada día urden contiendas, Sal. 140.2. Véase **Maquinar, Proyectar, Tramar.**

URI, hb. **Ardiente:** 1. Un nieto de Caleb y padre de Bezaleel, Ex. 31.2; 1 Cr. 2.20. // 2. Padre de Geber, un ministro de Salomón, 1 R. 4.19. // 3. Un portero que se casara con mujer extranjera, Esd. 10.24.

URÍAS, hb. **Jehová es luz:** 1. Uno de los capitanes de David y marido de Betsabé, 2 S. 11.3-26; 12.9-15; Mt. 1.6. // 2. Un sacerdote, que edificó un altar idólatra para Acaz, según el modelo fornecido por este rey, 2 R. 16.10-16. // 3. Un sacerdote del tiempo de Neh., Neh. 3.4. // 4. Un sacerdote, que se colocó a la derecha de Esdras, cuando leía el libro de la ley, Neh. 8.4. // 5. Un profeta, Jer. 26.20.

URIEL, hb. **Dios es luz:** 1. Un jefe coatita designado para llevar el arca, desde la casa de Obed-Edom, 1 Cr. 15.5-11. // 2. Un gibeonita, padre de una de las mujeres de Roboam, 2 Cr. 13.2.

URIM Y TUMIM: Piedras u objetos que el sumo sacerdote empleaba para conocer la voluntad de Dios. Lo que sabemos con certeza sobre Urim y Tumim es lo que las Escrituras nos informan. Llevados en el pectoral del juicio, para que estuviesen sobre el corazón del sumo sacerdote, cuando entraba delante del Señor, Ex. 28.30; Lv. 8.8. Eleazar, el sacerdote, consultó, según el juicio de Urim, delante del Señor, Nm. 27.21. En **la bendición de Moisés**, el privilegio de poseer Tumim y Urim, dado a Leví, Dt. 33.8. El Señor no más le respondía a Saúl ni por sueños, ni por Urim, ni por profetas, 1 S. 28.6. En el regreso del cautiverio había falta de sacerdote con Urim y Tumim, Esd. 2.63; Neh. 7.65. Urim y Tumim eran llevados en el pectoral y el sacerdote podía usarlos de manera a conocer la suerte. Sin embargo, lo que es más probable, el sacerdote llevaba Urim y Tumim no para las manifestaciones exteriores, sino para recibir **luz y verdad** — como las palabras indican — una iluminación interior, a la manera de los profetas al recibir revelaciones.

URNA: Vasija, de forma variable, que servía a los antiguos para guardar las cenizas de los muertos, para recoger agua de las fuentes. En el arca del pacto se guardaba una urna de oro que contenía el maná, la vara de Aarón que reverdeció, y las tablas del pacto, He. 9.4. Es llamada una **vasija** en Ex. 16.33.

USAR: Hacer uso de. // Pero no hemos usado de este derecho, 1 Co. 9.12.

La Tumba Absalón. Cuando Absalón vivía levantó para sí una columna, que se encuentra en el valle del rey, (2 S. 18.18). Hoy en día no se conoce la ubicación exacta del lugar y la columna ya no existe. La llamada Tumba Absalón, fuera de la ciudad de jerusalén, es de algún modo una tumba con un estilo de arquitectura de una era mucho más reciente.

Redime tú, usando de mi derecho, Rt. 4.6. Y usa de misericordia para con su ungido, 2 S. 22.51. Y usaban de ambas manos para tirar piedras con honda y saetas con arco, 1 Cr. 12.2. Ni usaré con nadie de títulos lisonjeros, Job 32.21. Solamente que no uséis la libertad como ocasión para la carne, Gá. 5.13. Pero sabemos que la ley es buena, si uno la usa legítimamente, 1 Ti. 1.8. Obrero... que usa bien la palabra de verdad, 2 Ti. 2.15. Ya no bebas agua, sino usa de un poco de vino, 1 Ti. 5.23.

USO: Empleo frecuente de alguna cosa. // Cosas que todas se destruyen con el **u**, Col. 2.22. No hizo **u** de sus manos ninguno de los varones fuertes, Sal. 76.5. Aun sus mujeres cambiaron el **u** natural, Ro. 1.26. Unos son para **u** honrosos, y otros para **u** viles, 2 Ti. 2.20. Por el **u** tienen los sentidos ejercitados en el discernimiento del bien y del mal, He. 5.14.

USURA: Interés de un capital. Interés de dinero, que se ha prestado. Entre los israelitas préstamos comerciales eran casi desconocidos. Se debía prestar a sus hermanos sin interés, pero no al extranjero, Ex. 22.25; Dt. 23.20. Un buen israelita no prestaba su dinero con intereses, Salmo 15.5; Lv. 25.36; Ez. 18.17. El que era culpable de recibir interés caía en la pobreza, Pr. 28.8. Era común, a la época de Cristo, que se prestara con intereses. Véase Mt. 25.27; Lc. 19.23. Véase **Interés**.

USURERO: Que presta con intereses excesivos. Logrero, agiotista. // El pobre y el **u** se encuentran; Jehová alumbra los ojos de ambos, Pr. 29.13.

UTAI, hb. **Provechoso:** 1. Un descendiente de Judá, 1 Cr. 9.4. // 2. Uno de los que volvieron de Babilonia con Esdras, Esd. 8.14.

UTENSILIO: Cualquier instrumento de trabajo, de que se sirva artista o industrial. // De oro fino lo harás, con todos estos **u**, Ex. 25.39. Harás todos sus **u** de bronce, Ex. 27.3. Llevó Nabucodonosor a Babilonia de los **u** de la casa de Jehová, 2 Cr. 36.7. Purificaos los que lleváis los **u** de Jehová, Is. 52.11. No consentía que nadie atravesase el templo llevando **u** alguno, Mr. 11.16. Véase **Enseres**.

ÚTIL: Que puede tener algún uso. // Será instrumento para honra, santificado, **u** al Señor, 2 Ti. 2.21. Toda la Escritura es inspirada por Dios, y **u** para enseñar, 2 Ti. 3.16. Marcos... me es **u** para el ministerio, 2 Ti. 4.11. El cual en otro tiempo te fue inútil, pero ahora a ti y a mí nos es **u**, Flm. 11.

UVA: El fruto de la vid. // Un racimo de **u**, el cual trajeron dos en un palo, Nm. 13.23. En la viña de tu prójimo, podrás comer **u** hasta saciarte, Dt. 23.24. Los padres comieron las **u** agrias, Jer. 31.29. Como **u** en el desierto hallé a Israel, Os. 9.10. ¿Acaso se recogen **u** de los espinos? Mt. 7.16. Vendimia los racimos de la tierra, porque sus **u** están maduras, Ap. 14.18. Véase **Vid.**

UZ: 1. Un hijo de Aram y bisnieto de Noé, Gn. 10.23. // 2. Un hijo de Nacor y sobrino de Abraham, Gn. 22.21. // 3. Un hijo de Disán, descendiente de Seir, Gn. 36.28. // 4. La tierra natal de Job, Job 1.1. Véase mapa 1, D-4.

UZA, hb. **Fuerza:** 1. Fue muerto al extender la mano al arca de Dios, 2 S. 6. 3-8. // 2.

Jefe de una familia que volvió del exilio, Esd. 2.49. // 3. Manasés fue sepultado en el jardín de Uza, 2 R. 21.18. // 4. Un levita de la familia de Merari, 1 Cr. 6.29. // 5. Un benjamita, 1 Cr. 8.7.

UZAI, hb. **Robusto:** Padre de Palal, que ayudó a reconstruir el muro de Jerusalén, Neh. 3.25.

UZAL, hb. **Viandante:** Un descendiente de Noé, Gn. 10.27.

UZEN-SEERA: Una de las dos ciudades edificadas por Seera, hija de Efraín, 1 Cr. 7.24.

UZI, hb. **Mi fuerza:** 1. Un descendiente de Amram, 1 Cr. 6.5; Esd. 7.4. // 2. Un nieto de Isacar, 1 Cr. 7.2. // 3. Un benjamita, 1 Cr. 7.7. // 4. El padre de Ela, 1 Cr. 9.8. // 5. Hijo de Bani y superintendente de los levitas, Neh. 11.22. // 6. Un sacerdote en los días de Joacim, Neh. 12.19.

UZÍAS, hb. **Fuerza de Jehová:** 1. Un valiente de David, 1 Cr. 11.44. // 2. Un hijo de Amasías y rey de Judá, conocido también, por el nombre de Azarías, 2 R. 15.1-13. Su buen reinado de 52 dos años, 2 Cr. 26.3. Entró en el templo para quemar incienso y fue atacado de lepra, 2 Cr. 26.16. En sus días profetizaron Isaías, Oseas y Amós, Is. 1.1; Os. 1.1; Am. 1.1. El terremoto en los días de Uzías, Am. 1.1; Zac. 14.5. Véase **Reyes.**

UZIEL, hb. **Dios es mi fuerza:** 1. Un hijo do Coat, 1 Cr. 6.2. // 2. Un príncipe de una familia, simeonita, 1 Cr. 4.42. // 3. Cabeza de una familia benjamita, 1 Cr. 7.7. // 4. Uno de los cantores en el templo, 1 Cr. 25.4. // 5. Un levita, hijo de Jedutún, 2 Cr. 29.14. // 6. Un platero que trabajó en reparar los muros de Jerusalén, Neh. 3.8.

"Las riquezas de su gloria... con los vasos de misericordia" (Ro. 9.23).

V

VACA: Hembra del toro. // Las siete **v** gordas y las siete flacas, Gn. 41.1-36. Dios bendice la cría de las **v**, Dt. 7.13. Quesos de **v**, 2 S. 17.29. En los sacrificios, Lv. 3.1; Nm. 19.2; 1 S. 6.14; He. 9.13. La **v** y la osa pacerán juntas, Is. 11.7. Las **v** de los ricos pastos de Basán eran bien nutridas, Am. 4.1.

VACIAR: Volver vacío; agujerear. // ¿No me vaciaste como leche? Job 10.10. **Y** vació su cántaro en la pila, **Gn. 24.20.** Y aconteció que vaciando ellos sus sacos, **Gn. 42.35.** Y vació dos columnas de bronce, **1 R. 7.15.** Llevaban el arca, y la vaciaban, y la volvían a su lugar, **2 Cr. 24.11.** La tierra será enteramente vaciada, y completamente saqueada, **Is. 24.3.** Y vaciarán sus vasijas, y romperán sus odres, **Jer. 48.12.** Ha sido vaciado puro en el cáliz de su ira, **Ap. 14.10.**

VACÍO: Que no contiene nada o sólo contiene aire. // La tierra estaba desordenada y **v**, Gn. 1.2. Delante de Jehová con las manos **v**, Dt. 16.16. Pide... vasijas **v**, no pocas, 2 R. 4.3. Le enviaron con las manos **v**, Mr. 12.3. A los ricos envió **v**, Lc. 1.53. Mi palabra... no volverá a mí **v**, **Is. 55.11.**

VADO: Sitio de un curso de agua, donde se puede pasar sin nadar. // El **v** de Jaboc, Gn. 32.22; Los **v** de Arnón, Is. 16.2. El Jordán tenía 30 metros de ancho y profundidad de 2 a 4 metros. No había puentes y los pocos lugares que daban pasaje eran importantes. Se mencionan a menudo los vados del Jordán, Jos. 2.7; Jue. 3.28. Algunos de los que pasaron el Jordán: Jacob, Gn. 32.10; Gedeón, Jue. 8.4; los hijos de Amón, Jue. 10.9; Abner, 2 S. 2.29; David, 2Sm 10.17; 17.22; Absalón, 2 S. 17.24; Jesús, Mt. 19.1. Juan bautizaba en el río Jordán, Mt. 3.6, quizás en un vado cerca de Jericó.

VAGABUNDO: Errante; que vaguea. [Persona] que no tiene residencia ni trabajo fijo. // Abimelec alquiló hombres ociosos y **v**, que le siguieron, **Jue. 9.4.** Les hace andar perdidos, **v** y sin camino, **Sal. 107.40.** Anden sus hijos **v**, y mendiguen, **Sal. 109.10.** Mas el que sigue a los **v** es falto de entendimiento, **Pr. 12.11.** Es el que toma a sueldo insensatos y **v**, **Pr. 26.10.** Véase **Andrajoso**, **Errante.**

VAGAR: Andar errante y sin rumbo fijo; andar algo libre, suelto o sin el orden esperado; brujulear. // Os hace **v** como por un yermo sin camino, Job 12.24. Vaga alrededor tras el pan, Job 15.23. Mas los ojos del necio vagan hasta el extremo de la tierra, **Pr. 17.24.** Como el gorrión en su **v**, y como la golondrina en su vuelo, **Pr. 26.2.** Se deleitaron en **v**, y no dieron reposo a sus pies, **Jer. 14.10.** Tanto el profeta como el sacerdote anduvieron vagando en la tierra, y no entendieron, **Jer. 14.18.** Por lo cual el pueblo vaga como ovejas, y sufre porque no tiene pastor, **Zac. 10.2.** Siempre andan vagando en su corazón, **He. 3.10.**

VAINA: Funda de las armas de hoja afilada. // Mete tu espada en la **v**, Jn. 18.11.

VAIZATA, hb. **Fuerte como el viento:** El décimo hijo de Amán, que fue muerto con sus hermanos por los judíos, Est. 9.9.

VALENTÍA: Cualidad del que es valiente. // Como es el varón, tal es su **v**, Jue. 8.21. La diestra de Jehová hace **v**, Sal. 118.16. Tú, el que afirma los montes con su poder, ceñido de **v**, Sal. 65.6. Ni en su **v** se alabe el valiente, ni el rico se alabe en sus riquezas, Jer. 9.23. La carrera de ellos fue mala, y su **v** no es recta, Jer. 23.10.

VALER: Tener el valor de. // Mas tú ahora vales tanto como diez mil de nosotros, 2 S. 18.3. Más valéis vosotros que muchos pajarillos, Mt. 10.31. ¿Cuánto más vale un hombre que una oveja? Mt. 12.12.

VALEROSAMENTE: Con coraje. // Cómo en Damasco había hablado **v** en el nombre de Jesús, **Hechos 9.27.**

VALEROSO: Fuerte, activo, enérgico. // Jefté era esforzado y **v**; era hijo de una mujer ramera, Jue. 11.1. Naamán... era este hombre **v** en extremo, pero leproso, **2 R. 5.1**. Jefes de familias, hombres muy **v**, **1 Cr. 7.11.** Porque eran varones **v** y esforzados, **1 Cr. 26.6.** Hombres de guerra, **v** y escogidos... hombres escogidos, fuertes y **v**, **2 Cr. 13.3.** De Benjamín, Eliada, hombre muy **v**, **2 Cr. 17.17.** Véase **Fuerte.**

VALIENTE: Que tiene fuerza; intrépido; enérgico. // Estos fueron los **v**, Gn. 6.4. Jehová está contigo, varón esforzado y **v**, Jue. 6.12. ¡Cómo han caído los **v**! 2 S. 1.19. Los nombres de los **v** que tuvo David, 2 S. 23.8. Ni escapa el **v** por la mucha fuerza, Salmo 33.16. Con tal que me seas hombre **v**, 1 S. 18.17. Véase **Valeroso.**

VALLADO: Cerco hecho de ramos o de varas entretejidas. // Le quitaré su **v**, y será consumida, Is. 5.5. El cual plantó una viña, la cercó de **v**, Mt. 21.33.

VALLE: Llanura o depresión entre montes. // Traerán la becerra a un **v** escabroso, Dt. 21.4. Jehová es Dios de los montes, y no Dios de los **v**, 1 R. 20.28. Aunque ande en **v** de sombra de muerte, Salmo 23.4. Todo **v** sea alzado, Is. 40.4; Lc. 3.5. El **v** de Acor, Jos. 7.24; de los artífices, 1 Cr. 4.14; de la decisión, Jl. 3.14; de Ela; 1 S. 17.2; de las fuerzas de Gog, Ez. 39.11; de Gabaón, Is. 28.21; de Hebrón, Gn. 37.14; de Hinom, Jos. 15.8; de Jefte-el, Jos. 19.14; de Josafat, Jl. 3.2; de la matanza, Jer. 7.32; de los montes, Zac. 14.5; de huesos, Ez. 37.1; de Refaim, Jos. 15.8; del Rey, Gn. 14.17; de la sal, 2 S. 8.13; de Save, Gn. 14.17; de Sidim, Gn. 14.3; de Sucot, Salmo 60.6; de los que pasan, Ez. 39.11; de la visión, Is. 22.1; de Zeboim, 1 S. 13.18; de Sefata, 2 Cr. 14.10. Véase **Llanura, Llano**.

VALOR: Precio, mérito. // Circuncisión... no tienen **v** alguno contra los apetitos de la carne, Col. 2.23. Ella es de más **v** para ti que siete hijos, **Rt. 4.15**. O si mejor te pareciere, te pagaré su **v** en dinero. **1 R. 21.2**. Varón de Dios, te ruego que sea de **v** delante de tus ojos mi vida, **2 R. 1.13.** Hombres de gran **v**, **1 Cr. 7.7.** No conoce su valor el **v**, **Job 28.13.**

VALORAR: Señalar el precio de algo; reconocer, estimar el valor o mérito. // El sacerdote lo valorará, sea bueno o sea malo, **Lv. 27.12.** La valorará el sacerdote, sea buena o sea mala; según la valorare el sacerdote, así quedará, **Lv. 27.14.** Un homer de siembra de cebada se valorará en cincuenta siclos de plata, **Lv. 27.16.** Y todo lo que valorares será conforme al siclo del santuario, **Lv. 27.25.**

VANAGLORIA: Jactancia y presunción de los propios méritos o cualidades; ostentación; vanidad. // Nada hagáis por contienda o por **v**, Fil. 2.3. La **v** de la vida, no proviene del Padre, sino del mundo. 1 Jn. 2.16.

VANAGLORIAR: Volverse vanidoso; presumir o jactarse de los propios méritos o cualidades. // ¿Hasta cuándo... se vanagloriarán todos los que hacen iniquidad? Salmo 94.4.

VANAGLORIOSO: Vanidoso; jactancioso. // No nos hagamos **v**, Gá. 5.26. Porque habrá hombres... **v**, **2 Ti. 3.2.**

VANIDAD: Cualidad de ser vano. Inútil, sin solidez, sin duración. // Os anunciamos que de estas **v** os convirtáis al Dios vivo, Hechos 14.15. ¿Hasta cuándo... amaréis la **v**? Salmo 4.2. Ciertamente es completa **v** todo hombre que vive, Salmo 39.5. **V** de **v**, dijo el Predicador; **v** de **v**, todo es **v**, Ec. 1.2; 12.8. Todo ello es **v** y aflicción de espíritu, Ec. 1.14; 2.11. La creación fue sujetada a **v**, Ro. 8.20. No andéis... en la **v** de su mente, Ef. 4.17. Véase **Presunción, Orgullo**. // **La vanidad de cosas terrenales:** Salmo 90; Ec. 1; Salmo 39.5,11; Is. 40.17,23.

VANO: Hueco, vacío y falto de solidez; inútil, infructuoso. // El nombre de Jehová tu Dios en **v**, Ex. 20.7. Porque no os es cosa **v**; es vuestra vida, **Dt. 32.47.** ¿Proferirá el sabio **v** sabiduría? **Job 15.2.** No ha elevado su alma a cosas **v**, **Sal. 24.4.** Por eso Job abre su boca **v**, **Job 35.16**. Ciertamente en **v** se afana; **Sal. 39.6.** Pues en **v** me honran, **Mr. 7.7.** Los pueblos piensan cosas **v**, **Hechos 4.25.** Porque **v** es la ayuda de los hombres, Salmo 60.11. En **v** trabajan los que la edifican, Salmo 127.1. En **v** vela la guardia, Salmo 127.1. Engañosa es la gracia, y **v** la hermosura, Pr. 31.30. No me traigáis más **v** ofrenda, Is. 1.13. Orando, no uséis **v** repeticiones, Mt. 6.7. Pues en **v** me honran, Mt. 15.9. El Señor conoce los pensamientos de los sabios, que son **v**, 1 Co. 3.20. Sois salvos, si no creísteis en **v**, 1 Co. 15.2. Vuestro trabajo en el Señor no es en **v**, 1 Co. 15.58. No recibáis en **v** la gracia de Dios, 2 Co. 6.1. Para no correr o haber corrido en **v**, Gá. 2.2. Nadie os engañe con palabras **v**, Ef. 5.6. Gloriarme de que no he corrido en **v**, ni en **v** he trabajado, Fil. 2.16. La religión del tal es **v**, Stg. 1.26. Véase **inútil.** // **Los ídolos son vanos:** Dt. 32.21; 2 R. 17.15; Salmo 31.6; Is. 44.9; Jon. 2.8; Zac. 10.2; Hechos 14.15.

VAPOR: Forma gaseosa que toman los líquidos. // Al transformarse el **v** en lluvia, Job 36.27. El fuego y el granizo, la nieve y el **v**, Salmo 148.7, 8. Véase **Neblina, Llovizna, Niebla, Rocío.**

VAPSI: El padre de Nahbi, uno de los doce espías, Nm. 13.14.

VARA: Palo, báculo, viga, cayado. // De Aarón, Ex. 7.9-12; Nm. 17.3-10; de mando, Jue. 5.14; de corrección, Pr. 10.13; 13.24; 1 Co. 4.21; 2 Co. 11.25; de Dios, Salmo 23.4; Is. 10.5; de hierro, Salmo 2.9; Ap. 2.27; 12.5; de Jacob, Gn. 30.37; de Moisés, Ex. 4.2-4, 17,20; 7.20; 14.16; 17.9; Nm. 20.8-11. Pasar bajo la vara, Lv. 27.32; Ez. 20.37. Véase **Caña**.

VARAR: Poner en seco (el barco). // Acordaron varar, si pudiesen, la nave, Hch. 27.39.

VARIACIÓN: Acción o efecto de variar. // En el cual no hay mudanza, ni sombra de **v**, **Stg. 1.17.**

VARÓN: Individuo del sexo masculino. // Del **v** fue tomada, Gn. 2.23. Fueron **v** de renombre, Gn. 6.4. Dos **v** con vestiduras blancas, Hechos 1.10. Juzgará al mundo con justicia, por aquel **v** a quien designó, Hechos 17.31. La mujer procede del **v**, 1 Co. 11.8. Ella dio a luz un hijo **v** que regirá, Ap. 12.5.

VARONA: Hembra del varón. // Ésta será llamada **V**, Gn. 2.23. Véase **Mujer.**

VARONILMENTE: Esforzadamente, enérgicamente. // Portaos **v**, y esforzaos, 1 Co. 16.13; 1 S. 4.9. E Israel se portará **v**, **Nm. 24.18.**

VASIJA: Recipiente destinado a contener líquidos o alimentos. // **V** de miel, 1 R. 14.3. **V** de agua, 1 R. 19.6. **V** de barro, Jer. 19.1,10. Véase **Vaso**.

VASO: Cualquier objeto cóncavo que puede contener sólidos o líquidos. // He venido a ser como un **v** quebrado, Salmo 31.12. El alfarero... hacer un **v** para honra, Ro. 9.21. Dios... soportó... los **v** de ira, Ro. 9.22. Las riquezas de su gloria, las mostró para con los **v** de misericordia, Ro. 9.23. Este tesoro en **v** de barro, 2 Co. 4.7. Véase **Vasija, Cuenco**. // Los **vasos del templo:** 1 R. 7.40; profanados, Dn. 5.2-4; devueltos a Jerusalén, Esd. 1.7-11.

VÁSTAGO: Renuevo, rama tierna de un árbol o planta. Fig. Hijo – retoño**.** // Cuyos **v** se extienden sobre el muro, Gn. 49.22. Extendió sus **v** hasta el mar, Salmo 80.11. Saldrá una vara del tronco de Isaí, y un **v** retoñará de sus raíces, Is. 11.1. Dando fruto y echando **v** a causa de las muchas aguas, Ez. 19.10 Véase **Renuevo.**

VASTI, palabra persa, **La más excelente:** La reina que el rey Asuero (Jerjes) depuso, elevando enseguida a Ester a la alta posición de su esposa, Est. 1.9-19; 2.1-17. El hecho de Vasti rehusarse a comparecer al banquete, tenía que ser punido por un castigo bastante severo, para restablecer la supremacía del rey, que el hecho amenazaba destruir.

VECINO: Que vive cerca. // Cada uno pida a su **v** y cada una a su **v**, Ex. 11.2. Supieron que eran sus **v**, Jos. 9.16. Mejor es un **v** cerca que un hermano lejos, Pr. 27.10. Reúne a sus amigos y **v**, Lc. 15.6. Los **v** y los que antes lo habían visto, Jn. 9.8.

VEDAR: Impedir, prohibir. // Mas si su padre le vedare el día... por cuanto su padre se lo vedó, **Nm. 30.5.** Pero si cuando su marido lo oyó, le vedó, entonces el voto que ella hizo, **Nm. 30.8.** Y calló a ello y no le vedó, **Nm. 30.11.**

VEHEMENCIA: Apasionamiento, ímpetu; impulso rápido en el alma o en las pasiones. // Y David dijo con **v**, **2 S. 23.15**. Y estaban los principales sacerdotes y los escribas acusándole con gran **v**. **Lc. 23.10.** Porque con gran **v** refutaba públicamente a los judíos, **Hechos 18.28.**

VEHEMENTE: Impetuoso, violento, intenso. // Viento más **v** que este vendrá a mí, **Jer. 4.12.**

VEINTE: Diecinueve más uno. // Pero quizá se encuentren allí **v**, Gn. 18.31. Lo vendieron... por **v** piezas de plata, Gn. 37.28. Al hombre lo estimarás en **v** siclos, Lv. 27.5. Echaron la sonda y hallaron **v** brazas, Hechos 27.28.

VEJACIÓN: Acción o efecto de oprimir, afligir, atormentar; maltrato, humillación causada a otra persona. // Debajo de su lengua hay **v** y maldad, **Sal. 10.7**. Tú lo has visto; porque miras el trabajo y la **v**, **Sal. 10.14.**

VEJEZ: Edad avanzada. // Murió Abraham en buena **v**, Gn. 25.8. José... porque lo había tenido en su **v**, Gn. 37.3. Vendrás en la **v** a la sepultura, Job 5.26. No me deseches en el tiempo de la **v**, Salmo 71.9. Aun en la **v**...

no me desampares, Salmo 71.18. Aun en la **v** fructificarán, Salmo 92.14. La gloria de los jóvenes es su fuerza, y la hermosura de los ancianos es su **v**, **Pr. 20.29.** Y hasta la **v** yo mismo, y hasta las canas os soportaré yo, **Is. 46.4**. Ella también ha concebido hijo en su **v**, **Lc. 1.36.**

VELA: Pieza de lona o lienzo fuerte que, atada a las vergas, recibe el viento que impulsa la nave. // No afirmaron su mástil, ni entesaron la **v**, Is. 33.23. De lino fino bordado de Egipto era tu cortina, para que te sirviese de **v**, Ez. 27.7.

VELAR: Observar a una persona o cosa, atenderla cuidadosamente; vigilar. // Yo dormía, pero mi corazón velaba, Cnt. 5.2. ¿Así que no habéis podido **v** conmigo una hora? Mt. 26.40. En oración, velando en ella con acción de gracias, Col. 4.2. Pastores... velan por vuestras almas, He. 13.17. En vano vela la guardia, Salmo 127.1. Velad conmigo, Mt. 26.38. Velad y orad para que no entréis en tentación, Mt. 26.41. Mirad, velad y orad, Mr. 13.33. A todos lo digo: ¡Velad! Mr. 13.37. Velad, pues, orando en todo tiempo, Lc. 21.36. Por tanto, velad acordándoos..., Hechos 20.31. Súplica en el Espíritu, y velad en ello, Ef. 6.18. Bienaventurado el que vela y guarda sus ropas, Ap. 16.15. Véase **Vigilar.**

VELLÓN: Conjunto de la lana esquilada de un carnero u oveja. // Cien mil carneros con sus vellones, 2 R. 3.4.

VELLOSO: Que tiene mucho pelo. // Esaú... hombre **v**, Gn. 27.11.

VELO: Tejido con que se cubre cualquier cosa. Tejido transparente, con que las señoras cubren el rostro. Aquello que es comparable a un velo. // Ella entonces tomó el **v**, y se cubrió, Gn. 24.65. Se cubrió con un **v**, y se arrebozó, Gn. 38.14. El **v** entre el Lugar Santo y el Lugar Santísimo, Ex. 26.31; Lv. 16.2,15; Mt. 27.51; He. 9.3. Con la cabeza sin **v**, deshonra su propia cabeza, 1 Co. 11.5. Si la mujer no usa **v**, 1 Co. 11.6. Moisés ponía un **v** sobre su rostro, 2 Co. 3.13. Les queda el mismo **v** no descubierto, 2 Co. 3.14. El **v** está puesto sobre el corazón de ellos, 2 Co. 3.15. Ancla del alma, y que penetra hasta dentro del **v**, He. 6.19. Por el camino nuevo y vivo que él nos abrió a través del **v**, He. 10.20. Véase **Cortina.**

VELOZ: Ligero, ágil y rápido en el movimiento o el discurrir. // Mis días fueron más veloces que la lanzadera del tejedor, Job 7.6. Mis días han sido más ligeros que un correo, Job 9.25. Al leviatán serpiente **v**, **Is. 27.1**.

VELOZMENTE: Rápidamente. // **V** corre su palabra, **Sal. 147.15.** He aquí que vendrá pronto y **v**, **Is. 5.26.** Como ave acudirán **v** de Egipto, **Os. 11.11.**

VENCER: Derrotar, rendir al enemigo, competidor o adversario; rendir a uno fuerzas físicas o morales difíciles de resistir. // Cuando viene otro más fuerte que él y le vence, Lc. 11.22. No seas vencido de lo malo, sino vence con el bien el mal, Ro. 12.21. El que es vencido por alguno es hecho esclavo del que lo venció, 2 P. 2.19. Os escribo a vosotros, jóvenes, porque habéis vencido al maligno, 1 Jn. 2.13. Vosotros sois de Dios, y los habéis vencido, 1 Jn. 4.4. Todo lo que es nacido de Dios vence al mundo, 1 Jn. 5.4. La victoria que ha vencido al mundo,1 Jn. 5.4. La raíz de David, ha vencido, Ap. 5.5. Salió venciendo, y para vencer, Ap. 6.2. Han vencido por medio de la sangre del Cordero, Ap. 12.11. El Cordero los vencerá, Ap. 17.14. El que venciere heredará todas las cosas, Ap. 21.7.

VENDA: Banda, tira de gasa o tela usada para sujetar una zona del cuerpo o cubrir una herida o apósito. // Se disfrazó, poniéndose una **v** sobre los ojos, 1 R. 20.38. Y el que había muerto salió, atadas las manos y los pies con **v**, **Jn. 11.44.**

VENDAR: Cubrir o sujetar alguna parte del cuerpo con una venda. // Acercándose, vendó sus heridas, echándoles aceite y vino, **Lc. 10.34.** Venid y volvamos a Jehová; porque él... hirió, y nos vendará, **Os. 6.1.** No ha sido vendado poniéndole medicinas, **Ez. 30.21.** Predicar buenas nuevas a los abatidos, a **v** a los quebrantados de corazón, **Is. 61.1.** Vendándole los ojos, le golpeaban el rostro, Lc. 22.64.

VENDEDOR: Que, o aquel que vende. // Lidia, **v** de púrpura, Hechos 16.14.

VENDER: Cambiar por dinero; practicar por interés actos indignos. // Si se vendiere a ti tu hermano hebreo o hebrea, Dt. 15.12. Si su Roca no los hubiese vendido, Dt. 32.30. Ve y vende el aceite, y paga a tus acreedores, 2 R. 4.7. Compra la verdad, y no la vendas, Pr. 23.23. De balde fuisteis vendidos, Is. 52.3. Vendieron las niñas por vino para beber, Jl. 3.3. Va y vende todo lo que tiene, Mt. 13.44. Vendió todo lo que tenía, y la compró, Mt. 13.46. Ordenó su señor venderle, y a su mujer e hijos, Mt. 18.25. Vende lo que tienes, y dalo a los pobres, Mt. 19.21. Echó fuera a todos los que vendían y compraban en el templo, Mt. 21.12. En los días de Lot... vendían, Lc. 17.28. Vendían sus propiedades y sus bienes, Hechos 2.45. Los que poseían heredades o casas, las vendían, y traían el precio de lo vendido, Hechos 4.34. Como tenía una heredad, la vendió y trajo el precio, Hechos 4.37. Ananías... vendió una heredad, Hechos 5.1. Por envidia vendieron a José para Egipto, Hechos 7.9. De todo lo que se vende en la carnicería, comed, 1 Co. 10.25. Esaú... vendió su primogenitura, He. 12.16.

VENDIMIA: Cosecha de uvas. // Vuestra trilla alcanzará hasta la **v** y la **v** alcanzará hasta la siembra, Lv. 26.5. Véase **Siega, Cosecha.**

VENDIMIAR: Cosechar las uvas de. // Cuando vendimies tu viña, Dt. 24.21. Ni de las zarzas se vendimian uvas, Lc. 6.44. El ángel... vendimió la viña de la tierra, Ap. 14.19. Véase **Segar, Cosechar**.

VENENO: Sustancia que perturba o destruye las funciones vitales. // **V** de áspid hay debajo de sus labios, Salmo 140.3. ¿Por qué habéis vosotros convertido el juicio en **v**? Am. 6.12. **V** de áspides hay debajo de sus labios, Ro. 3.13. La lengua... llena de **v** mortal, Stg. 3.8. Véase **Ponzoña**.

VENERAR: Tratar con gran respeto. // Gamaliel... venerado de todo el pueblo, Hechos 5.34. La majestad de aquella a quien venera toda Asia, **Hechos 19.27.** A nuestros padres terrenales que nos disciplinaban, y los venerábamos, **He. 12.9.** Día de reposo... lo venerares, **Is. 58.13.**

VENERO: Manantial de agua; origen, principio de donde procede una cosa. Yacimiento de sustancias inorgánicas útiles, en la roca o en la tierra se distingue por la naturaleza o por el color. // Ciertamente la plata tiene sus **v**, Job 28.1.

VENGADOR DE LA SANGRE: Aquél que, por sus propias manos, castigaba al asesino de un pariente. // A cada hombre demandaré la vida de su prójimo, Gn. 9.5; Nm. 35.19. Seis ciudades de refugio del vengador de la sangre, Nm. 35.9-15; Dt. 19.6. El Señor es Dios celoso y vengador, Nahúm 1.2. Es ministro de Dios, vengador, Ro. 13.4. El Señor Jesús, tomando venganza, 2 Ts. 1.7,8. Mía es la venganza, yo pagaré, dice el Señor, Ro. 12.19. Si tu enemigo tiene hambre, dale de comer..., Ro. 12.20. Como ya os hemos dicho y testificado, el Señor es vengador de todo esto, 1 Ts. 4.6.

VENGADOR: El que venga o sirve para vengar. // El **v** de la sangre, Nm. 35.19; Jos. 20.5. El Señor es **v** de todo esto, 1 Ts. 4.6.

VENGANZA: Acción de punir una ofensa. // No te vengarás ni guardarás rencor, Lv. 19.18. Mía es la **v** y la retribución, Dt. 32.35; Ro. 12.19; He. 10.30. El día de **v** de Jehová, Is. 34.8 Tomó ropas de **v** por vestidura, Is. 59.17. El día de la **v** está en mi corazón, Is. 63.4. No os venguéis vosotros mismos, Ro. 12.19. ¿Hasta cuándo Señor, santo y verdadero, vas a tardar en juzgar y vengar nuestra sangre...? Ap. 6.10. Ha vengado la sangre de sus siervos, Ap. 19.2.

VENGAR: Infligir punición a alguien, para satisfacción personal de (una persona ofendida). // No te vengarás, Lv. 19.18. El Señor vengará la sangre, Dt. 32.43. El Dios que venga mis agravios, Salmo 18.47. No digas: Yo me vengaré, Pr. 20.22. Me vengaré de mis adversarios, Is. 1.24. No os venguéis vosotros mismos, Ro. 12.19. ¿Hasta cuándo Señor, santo y verdadero, no juzgas y vengas nuestra sangre...? Ap. 6.10. Ha vengado la sangre de sus siervos, Ap. 19.2.

VENGATIVO: Aquel a quien le gusta la venganza. // Para hacer callar al enemigo y al vengativo, Salmo 8.2.

VENIDA DE CRISTO, LA SEGUNDA: Pablo pasó solamente tres sábados en Tesalónica, pero el mensaje de la venida de Jesucristo resultó en la conversión de gran multitud y en la fundación de la iglesia allí, 1 Ts. 1.9,10; Hechos 17.1-4. El apóstol amaba la venida del Señor, 2 Ti. 4.8. // **1. Jesucristo mismo volverá a la tierra:** Dn. 7.13,14; Zac. 12.10; Jn. 14.3; Hechos 1.11; Ap. 22.20. // **2. El modo como volverá:** Habrá dos fases de la venida de Cristo. 1. El arrebatamiento, cuando venga Cristo en los aires para llevar a los Suyos que Lo aguardan. En aquella ocasión serán resucitados los cuerpos de los santos que murieron en Cristo. Todo esto será sin el conocimiento del mundo incrédulo y de los creyentes que no están vigilando y orando para escapar de las cosas que sobrevienen al mundo, Lc. 21.34-36. Aquellos que queden en el mundo entrarán en la gran tribulación, Ap. 7.14; Mt. 24.21; Dn. 12.1; Jer. 30.7. 2. Al terminar esta, ocurrirá la segunda fase de la venida de Cristo, el apocalipsis, la manifestación, cuando será visto por todos en la tierra, por cuanto se asentará en su trono, para reinar por mil años. A) **El arrepentimiento:** Mt. 24.37-39; 1 Co. 15.51,52; 1 Ts. 4.16,17. B) **El apocalipsis:** Mt. 24:30; Ap. 1.7. // 3. **Cuándo Cristo volverá:** Velad, pues, porque no sabéis el día ni la hora, Mt. 25.13. Pero del día y la hora nadie sabe, ni aun los ángeles de los cielos, sino solo mi Padre, Mt. 24:36. Como fue en los días de Noé, así también será en los días del Hijo del hombre. Comían, bebían, se casaban y se daban en casamiento, hasta el día en que entró Noé en el arca.... el día en que Lot salió de Sodoma, llovió del cielo fuego y azufre y los destruyó a todos. Así será el día en que el Hijo del hombre se manifieste, Lc. 17:26-30.

VENIDA: Llegada, aparición. Acto de venir. // Qué señal habrá de tu **v** y del fin del siglo, Mt. 24.3. Así será también la **v** del Hijo del hombre, Mt. 24.27,37,39. Cristo, en su **v**, 1 Co. 15.23. Nuestro Señor Jesucristo, en su **v**, 1 Ts. 2.19. En la **v** de nuestro Señor Jesucristo con todos sus santos, 1 Ts. 3.13. Irreprensible para la **v** de nuestro Señor Jesucristo, 1 Ts. 5.23. Con respecto a la **v** de nuestro Señor Jesucristo, 2 Ts. 2.1. También a todos los que aman su **v**, 2 Ti. 4.8. Tened paciencia hasta la **v** del Señor, Stg. 5.7. El poder y la **v** de nuestro Señor Jesucristo, 2 P. 1.16. Apresurándoos para la **v** del día de Dios, 2 P. 3.12. Dios... nos consoló con la **v** de Tito, 2 Co. 7.6.

VENIR: Transportarse de un lugar (hacia aquél en el que estamos). // ¡Venid, todos los sedientos, venid a las aguas! Is. 55.1. Venía uno como un hijo de hombre; vino hasta el Anciano de días, Dn. 7.13. Mira que tu rey vendrá a ti, justo y salvador, Zac. 9.9. Antes que venga el día de Jehová, Mal. 4.5. Venid en pos de mí, Mt. 4.19. Venga tu reino, Mt. 6.10. Digo al otro: "Ven", y viene, Mt. 8.9. Os digo que vendrán muchos del oriente y del occidente, Mt. 8.11. Venid a mí todos, Mt. 11.28. Si alguien quiere **v** en pos de mí, Mt. 16.24. Tu Rey viene a ti, Mt. 21.5. ¡Bendito el que viene en el nombre del Señor! Mt. 21.9; 23.39. Cuando vean al Hijo del hombre **v** sobre las nubes del cielo, Mt. 24.30; 26.64. Dejad a los niños **v** a mí, Mr. 10.14. Venid, que ya todo está preparado, Lc. 14.17. Pero cuando venga el Hijo del hombre, ¿hallará fe en la tierra? Lc. 18.8. El Hijo del hombre vino a buscar y a salvar lo que se había perdido, Lc. 19:10. A lo suyo vino, Jn. 1:11. Venid, y ved, Jn. 1.29. Todo lo que el Padre me da, vendrá a mí, y al que a mí viene, no lo echo fuera, Jn. 6.37. Nadie puede **v** a mí, si el Padre, que me envió, no lo atrae, Jn. 6.44. Nadie viene al Padre sino por mí, Jn. 14.6. La muerte del Señor anunciáis hasta que él venga, 1 Co. 11.26. El día del Señor viene como ladrón, 1 Ts. 5.2. Jesucristo vino al mundo para salvar a los pecadores, 1 Ti. 1.15. El que ha de **v** vendrá, y no tardará, He. 10.37. Pero el día del Señor vendrá como ladrón en la noche 2 P. 3.10. Vino el Señor con sus santas decenas de millares, Jud. 14. Vengo pronto, Ap. 3.11; 22.7, 12, 20. El Espíritu y la Esposa dicen: ¡Ven! El que oye, diga: ¡Ven! Y el que tiene sed, venga, Ap. 22.17. Ciertamente vengo en breve. Amén; ¡sí, ven, Señor Jesús! Ap. 22.20.

VENTA: Cesión de la propiedad de algo a cambio de un precio establecido; cantidad de cosas que se venden; posada establecida en un camino para hospedaje de los pasajeros. // El término de un año desde la **v**, **Lv. 25.29.** Ha de apreciarse el precio de su **v** conforme al número de los años, **Lv. 25.50.** El profeta hace una carta de venta, **Jer. 32.11; 32.12; 32.14; 32.16.**

VENTAJA: Interés, provecho. // ¿Qué **v** tiene, pues, el judío? Ro. 3.1. Para que Satanás no gane **v** alguna sobre nosotros, 2 Co. 2.11. ¿Qué **v** sacaré de ello? **Job 35.3.**

VENTANA: Abertura, que se hace en el muro para dar aire y luz. // Una **v** harás al arca, Gn. 6.16. Mical hija de Saúl miró desde una **v**, 2 S. 6.16. Si Jehová hiciese ahora **v** en el cielo, 2 R. 7.2. Porque mirando yo por la **v**, Pr. 7.6. Abiertas las **v** de su cámara, Dn. 6.10. Eutico, que estaba sentado en la **v**, Hch. 20.9. En un canasto por una **v**, 2 Co. 11.33.

VENTURA: Hacer o volver feliz. // Dijo Lea: Vino la ventura, y llamó su nombre Gad, Gn. 30.11.

VER: Conocer o percibir por el sentido de la vista; saber. // Tú eres Dios que ve, Gn. 16.13. En mi carne he de **v** a Dios, Job 19.26. Gustad, y ved que es bueno Jehová, Salmo 34.8. Venid, y ved las obras de Dios, Salmo 66.5. El pueblo asentado en tinieblas vio gran luz, Mt. 4.16. Los de limpio corazón... verán a Dios, Mt. 5.8. Los ciegos ven, Mt. 11.5. Porque han visto mis ojos tu salvación, Lc. 2.30. El que guarda mi palabra, nunca verá muerte, Jn. 8.51. Habiendo yo sido ciego, ahora veo, Jn. 9.25. Para que los que no ven, vean, y los que ven, sean cegados, Jn. 9.39. Señor, quisiéramos ver a Jesús, Jn. 12.21. El que me ve, ve al que me envió, Jn. 12.45. El mundo no me verá más; pero vosotros me veréis, Jn. 14.19. Viendo veréis, y no percibiréis, Hechos 28.26. La esperanza que se ve, no es esperanza, Ro. 8.24. Aquellos a quienes nunca les fue anunciado acerca de él, verán, Ro. 15.21. Cosas que ojo no vio, 1 Co. 2.9. Ahora vemos por espejo, 1 Co. 13.12. A quien ninguno de los hombres ha visto ni puede **v**, 1 Ti. 6.16. La santidad, sin la cual nadie verá al Señor, He. 12.14. Aunque ahora no lo veáis, 1 P. 1.8. Lo que hemos visto con nuestros ojos, 1 Jn. 1.1. Le veremos tal como él es, 1 Jn. 3.2. Nadie ha visto jamás a Dios, 1 Jn. 4.12. Todo ojo le verá, Ap. 1.7. Véase **Percibir, Mirar.**

VERANO: Tiempo caliente. // Estando él sentado solo en su sala de **v**, Jue. 3.20. El **v** y el invierno tú los formaste, Salmo 74.17. El que recoge en el **v** es hombre entendido, Pr. 10.5. No conviene la nieve en el **v**, Pr. 26.1. Terminó el **v**, Jer. 8.20. Sabéis que el **v** está cerca, Mt. 24.32. Véase **Estación.**

VERAZ: Que dice la verdad. // El labio **v** permanecerá para siempre, Pr. 12.19. Maestro, sabemos que eres hombre **v**, **Mr. 12.14.** Éste atestigua que Dios es **v**, **Jn. 3.33.** Bien sea Dios **v**, y todo hombre mentiroso, **Ro. 3.4.** Como engañadores, pero veraces, 2 Co. 6.8.

VERBO: Palabra. // Jesucristo llamado el Verbo, Jn. 1.1,14; 1 Jn. 1.1; Ap. 19.13.

VERDAD: Conformidad con la realidad. // Habla **v** en su corazón, Salmo 15.2. Encamíname en tu **v**, Salmo 25.5. Envía tu luz y tu **v**; éstas me guiarán, Salmo 43.3. He aquí, tú amas la **v** en lo íntimo, Salmo 51.6. La misericordia y la **v** se encontraron, Salmo 85.10. Escudo y adarga es su **v**, Salmo 91.4. Tu ley es la **v**, Salmo 119.142. Compra la **v**, y no la vendas, Pr. 23.23. Lleno de gracia y de **v**, Jn. 1.14. La gracia y la **v** vinieron por medio de Jesucristo, Jn. 1.17. En espíritu y en **v** es necesario que adoren, Jn. 4.24. Conoceréis la **v**, y la **v** os hará libres, Jn. 8.32. Yo soy el camino, y la **v**, Jn. 14.6. El Espíritu de **v**, Jn. 14.17; 15.26; 16.13. Santifícalos en tu **v**; tu palabra es **v**, Jn. 17.17. ¿Qué es la **v**? Jn. 18.38. Cambiaron la **v** de Dios por la mentira, Ro. 1.25. El juicio de Dios... es según **v**, Ro. 2.2. Con panes sin levadura, de sinceridad y de **v**, 1 Co. 5.8. Se goza de la **v**, 1 Co. 13.6. En palabra de **v**, en poder de Dios, 2 Co. 6.7. Nada podemos contra la **v**, sino por la **v**, 2 Co. 13.8. Siguiendo la **v** en amor, Ef. 4.15. Si en **v** le habéis oído... conforme a la **v** que está en Jesús, Ef. 4.21. En la justicia y santidad de la **v**, Ef. 4.24. Ceñidos vuestros lomos con la **v**, Ef. 6.14. Columna y baluarte de la **v**, 1 Ti. 3.15. Que usa bien la palabra de **v**, 2 Ti. 2.15. Dios les conceda que se arrepientan para conocer la **v**, 2 Ti. 2.25. Éstos resisten a la **v**, 2 Ti. 3.8. Apartarán de la **v**, 2 Ti. 4.4. Nos hizo nacer por la palabra de **v**, Stg. 1.18. Se ha extraviado de la **v**, Stg. 5.19. Por la obediencia a la **v**, 1 P. 1.22. Mentimos, y no practicamos la **v**, 1 Jn. 1.6. Nos engañamos a nosotros mismos, y la **v** no está en nosotros, 1 Jn. 1.8. Ninguna mentira procede de la **v**, 1 Jn. 2.21. Amemos... de hecho y en **v**, 1 Jn. 3.18. En esto conocemos el espíritu de **v**, 1 Jn. 4.6. Mis hijos andan en la **v**, 3 Jn. 4.

VERDADERAMENTE: Realmente. // Y decían el uno al otro: **V** hemos pecado contra nuestro hermano, **Gn. 42.21. V** yo he pecado contra Jehová el Dios de Israel, **Jos. 7.20. V** en vano he limpiado mi corazón, **Sal. 73.13. V** tú eres Dios que te encubres, Dios de Israel, que salvas, **Is. 45.15. V** eres Hijo de Dios, **Mt. 14.33. V** éste era Hijo de Dios, **Mt. 27.54.** Ha resucitado el Señor **v**, y ha aparecido a Simón, **Lc. 24.34.** Sabemos que **v** éste es el Salvador del mundo, el Cristo, **Jn. 4.42.** Este **v** es el profeta que había de venir al mundo, **Jn. 6.14.** Si vosotros permaneciereis en mi palabra, seréis **v** mis discípulos, **Jn. 8.31.** Así que, si el Hijo os libertare, seréis **v** libres, **Jn. 8.36.** Ahora entiendo **v** que el Señor ha enviado su ángel, **Hechos 12.11.**

VERDADERO: Que tiene verdad; que es conforme la verdad; en que hay verdad. // Mas Jehová es el Dios **v**, Jer. 10.10. Muchos días ha estado Israel sin **v** Dios, 2 Cr. 15.3. Porque todas sus obras son **v**, Dn. 4.37. ¿Quién os confiará lo **v**? Lc. 16.11. Los **v** adoradores, Jn. 4.23. El único Dios **v**, Jn. 17.3. Todo lo que es **v**, Fil. 4.8. Ministro... de aquel **v** tabernáculo, He. 8.2. Un mandamiento nuevo, que es **v** en él, 1 Jn. 2.8. Esto dice el Santo, el **v**, Ap. 3.7. Justos y **v** son tus caminos, Rey de los santos, Ap. 15.3. Tus juicios son **v** y justos, Ap. 16.7. El que lo montaba se llamaba Fiel y **V**, Ap. 19.11. Estas palabras son fieles y **v**, Ap. 21.5. Véase **Veraz**.

VERDE: Que todavía tiene savia (planta): que no está todavía maduro (fruto). // Toda planta **v** les será para comer, Gn. 1.30. Porque si en el árbol **v** hacen estas cosas, Lc. 23.31. Tomó luego Jacob varas **v** de álamo, **Gn. 30.37.** Les mandó que hiciesen recostar a todos por grupos sobre la hierba **v**, **Mr. 6.39.** Seré a él como la haya **v**; de mí será hallado tu fruto, **Os. 14.8.** Se les mandó que no dañasen a la hierba de la tierra, ni a cosa **v** alguna, **Ap. 9.4.**

VERDOR: Vigor, lozanía, fortaleza. // Aun en su **v**, y sin haber sido cortado, Job 8.12. Se volvió mi **v** en sequedades de verano, **Sal. 32.4.** Se marchitarán los retoños, todo **v** perecerá, **Is. 15.6.** En los surcos de su **v** se secará, **Ez. 17.10.**

VERDUGO: Victimario, ejecutor, castigador. // Le entregó a los **v**, Mt. 18.34. Los **v** de la ciudad han llegado, **Ez. 9.1.**

VEREDA: Camino estrecho; rumbo; dirección. // Y él enderezará tus veredas, Pr. 3.6. Mas la **v** de los rectos, como una calzada, **Pr. 15.19**. Sus **v** son torcidas, **Is. 59.8.** Nos enseñará en sus caminos, y andaremos por sus **v**, **Mi. 4.2.** No entres por la **v** de los impíos, **Pr. 4.14.** Sobre mis **v** puso tinieblas, **Job 19.8.** Ni estuvieron en sus **v**, **Job 24.13.** Véase **Camino, Senda.**

VERGONZOSO: Que causa vergüenza: indecoroso, indigno, obsceno. // Porque **v** es aun hablar de lo que ellos hacen en secreto, Ef. 5.12. Que la palabra de Jehová les es cosa **v**, no la aman, Jer. 6.10. Si le es **v** a la mujer cortarse el cabello o raparse, que se cubra, 1 Co. 11.6. Antes bien renunciamos a lo oculto y **v**, 2 Co. 4.2.

VERGÜENZA: Pudor; recelo de deshonra. // Para **v** entre sus enemigos, Ex. 32.25. Has elegido al hijo de Isaí para confusión tuya, y para confusión de la **v** de tu madre, 1 S. 20.30. Te olvidarás de la **v** de tu juventud, Is. 54.4. Otros para **v** y confusión perpetua, Dn. 12.2. Mendigar, me da **v**, Lc. 16.3. Porque algunos no conocen a Dios; para **v** vuestra lo digo, 1 Co. 15.34. Que no se descubra la **v** de tu desnudez, Ap. 3.18.

VERIFICAR: Probar la verdad de. // Serán verificadas vuestras palabras, y no moriréis, **Gn. 42.20.** Véase **Averiguar, Certificar, Reconocer.**

VERSADO: Ejercitado, práctico, instruido. // Sacerdote Esdras, escriba **v** en los mandamientos de Jehová, **Esd. 7.11.**

VERSIONES DE LAS ESCRITURAS: El texto bíblico está compuesto por las palabras originales de sus escritores. Las versiones, o traducciones son necesarias para el uso de las personas que ignoran los idiomas originales. He aquí algunas de las versiones principales. // 1. **La versión Samaritana**. El Pentateuco Samaritano fue escrito en un dialecto del mismo idioma hebreo, y con los caracteres del antiguo hebreo. Una revisión fue llevada para el reino de Israel a la época de la separación de las diez tribus. El Antiguo Pentateuco Samaritano no se debe confundir con la versión samaritana más moderna. // 2. **Las versiones griegas**: La Septuaginta es la traducción del Antiguo Testamento del hebreo, en 270 a.C., por los "Setenta", para la gran población de judíos en Alejandría, que hablaba griego. Cristo y sus discípulos se servían de esta versión. Las tres versiones griegas de menor importancia, de los libros canónicos del Antiguo Testamento, hechas después de la destrucción de Jerusalén en el año 70 d.C., son la de Aquila, la de Teodosio y la de Símaco. // 3. **Las versiones latinas**: La africana circulaba en el norte de África al fin del siglo II. Tertuliano, Cipriano y Agustín se servían de esta versión. La Ítala o Italiana fue una revisión de la Africana. La Vulgata, es decir, "la versión corriente," fue hecha por Jerónimo (331 a 420). // 4. **Las versiones siríacas**: La versión Peshitta procedió del original hebreo, se juzga, por los judíos cristianos, para el pueblo de Siria, en el tiempo de la Iglesia primitiva. El Nuevo Testamento de la versión Peshitta apareció en el segundo siglo. La versión de Pablo de Tela fue hecha del griego en el siglo VII. // 5. **Las versiones caldaicas**: Los Targumes son traducciones o paráfrasis del Antiguo Testamento, hechas para los judíos que volvieron del cautiverio de Babilonia y que ya no entendían el idioma de sus antepasados. El Tárgum de Onkelos, sobre el Pentateuco, fue reducido a la escrita en el segundo siglo d.C. El Tárgum de Jonatán Ben Uziel, sobre los profetas, en el siglo cuarto. Los Tárgumes sobre el Hagiógrafo datan quizás, del décimo siglo. // 6. **Las versiones cópticas o egipcias**: Son en dos dialectos: el Menfítico o Tchaico. Fueron hechas en el tercer o cuarto siglo. // 7. **La versión etíope**: El cristianismo entró en Etiopía, por los esfuerzos de dos esclavos, Frumentio y Edésio de Tiro, enviados al rey, en el siglo cuatro. Se atribuye la versión etíope a los primeros misioneros. // 8. **Las versiones árabes**: Fueron hechas por varios esclavos entre los siglos VII y XII. // 9. **La versión gótica**: Hecha de la Septuaginta por Ul-filas, un obispo de los Ostrogodos, cerca de 360 d.C. // 10. **La versión eslavónica**. Hecha por los hermanos Cirilo y Metodio, misionarios de Bulgaria y Moravia, en el siglo IX. // 11. **Las versiones armenias**: Las tres principales son las de Miesrob, en el siglo V, la Georgiana, en el siglo siguiente, y la de Zohrab, en 1805. // 12. **Las versiones en inglés**: La Biblia de Wycliffe apareció en 1382; de Tyndale en 1525; la de Coverdale (la primera versión impresa de la Biblia) en 1535; la de Reims y Douay en 1610; la versión Autorizada, en el reinado de Santiago I, en 1611; la versión Revista (de Inglaterra) en 1885; la versión Revista Americana en 1901; la versión Revista Clásica en 1952; la Nueva Biblia Inglesa en 1961. // 13. **Las versiones alemanas**: La primera traducción de la Biblia en alemán fue hecha de la Vulgata, en el siglo XIV. Tuvo una pequeña circulación. La traducción de Martín Lutero, hecha desde los idiomas originales, apareció en 1532. Esa traducción se volvió la base fundamental para la traducción de la Biblia en sueco (1541), en danés (1550), en islandés (1584), en holandés (1560) y en finlandés (1642). La versión de Wette apareció en 1839. // 14. **Las versiones en francés**: Existían antes de la Reforma muchas versiones de partes de las Escrituras. La primera Biblia en francés, traducida por Guiars de Moulins, fue impresa en París, en 1487. // 15. **Las versiones en portugués**: La primera traducción de una parte de las Escrituras en portugués fue hecha en 1495, por influencia de la reina Leonor, de Portugal. El primer Nuevo Testamento en portugués fue impreso en Amsterdam, en 1602. La traducción de la Biblia entera, por João Ferreira de Almeida, apareció en 1753. Un siglo después fue publicada la traducción de la Biblia entera por Antonio Pereira de Figueiredo. La versión Brasileña, de toda la Biblia, fue editada en 1917; el Nuevo Testamento de Humberto Rohden en 1935; toda la Biblia por Matos Soares en 1933; la traducción por João Ferreira de Almeida, Revisada y Actualizada, en 1958. // 16. **Las versiones en italiano**: La versión de Antonio Braccioli apareció en 1530; la de Giovanni en 1607. // 17. **Las versiones en español**: La de Casiodoro de Reyna fue hecha en 1569; la de Cipriano de Valera en 1602. // 18. **Las versiones chinas**: Entre los grandes traductores de la Biblia está Robert Morrison (1782-1834) en China. // 19. **Las versiones de India**: El misionero Guillermo Carey (1761-1834) tradujo las Sagradas Escrituras para más de treinta lenguas. Se calcula que él tradujo la Biblia para la tercera parte de los habitantes del mundo.

VERTER: Hacer desbordar; derramar. // Vertía en tierra, para no dar descendencia a su hermano, **Gn. 38.9.** Y vertieron libaciones a dioses ajenos, **Jer. 19.13.**

VESTIDO: Pieza de vestuario; lo mismo que ropa. // El **v** que llevabas puesto nunca envejeció, Dt. 8.4. Mostrando las túnicas y los **v** que Dorcas hacía cuando estaba con ellas, Hechos 9.39. Partieron entre sí mis **v**, Mt. 27.35. De brocado de oro es su **v**, Salmo 45.13. ¿No es la vida más que el alimento y el cuerpo más que el **v**? Mt. 6.25. Como un **v** los mudarás y serán mudados, Salmo 102.26. Véase **Ropa.**

VESTIDURA: Todo lo que se puede vestir. // Todos ellos se envejecerán como una **v**, He. 1.11. No han manchado sus **v** y andarán conmigo en **v** blancas, Ap. 3.4. Te aconsejo que compres de mí oro refinado en el fuego para que seas rico, y **v** blancas para vestirte, Ap. 3.18. Todos ellos como una **v** se envejecerán, como un vestido los mudarás y serán mudados, Salmo 102.26. Véase **Ropa.**

VESTIMENTA: Todo lo que se puede vestir. // Adán y Eva, en el principio, andaban desnudos, Gn. 3.7. Después cosieron hojas de higuera, Gn. 3.7. Entonces Dios les hizo túnicas de pieles, Gn. 3.21. Elías y Juan el Bautista se vestían de pelo, 2 R. 1.8; Mt. 3.4. La ropa áspera de profeta, Is. 20.2. Ángeles con vestiduras blancas resplandecientes, Hechos 1.10; Lc. 24.4. El lino finísimo son las acciones justas de los santos, Ap. 19.8. Los principales sacerdotes y las clases ricas usaban lino fino, Ex. 28.5; Pr. 31.22; Lc. 16.19. Los ricos se vestían, también, de seda, Ez. 16.10; Ap. 18.12. Y de rica escarlata, 2 S. 1.24. Trajes de lujo, Stg. 2.2. Ropas reales, Jue. 8.26; Est. 6.8; Hechos 12.21. ¿Quién es este que viene de Edom... con vestidos rojos? ¿Éste hermoso en su vestido? Is. 63.1 A los Escribas le gustaban las ropas largas, Lc. 20.46. Extendían los flecos de sus mantos, Mt. 23.5. Hijas de reyes se vestían de túnica larga de diversos colores, 2 S. 13.18. Ropas de luto, 2 S. 14.2. Se expresaba profunda tristeza, indignación, etc., rasgando los vestidos, Gn. 37.29, 34; 2 R. 5.7; 2 S. 13.31; Job 1.20; Est. 4.1; Mr. 14.63; Hechos 14.14. Tender la ropa por el camino era señal de lealtad y recepción alegre, 2 R. 9.13; Mt. 21.8. Necesario artículo de vestuario era aquél que se asemeja a nuestra camisa. Cuando alguien aparecía solamente con esa ropa, se decía que estaba desnudo, 1 S. 19.24; Is. 20.2; Juan 21.7; Stg. 2.15. La ropa exterior se utilizaba como ropa de cama, y por eso el creedor no podía conservar en su poder después del sol puesto, Ex. 22.26. Las mujeres de la casa hacían la ropa, Pr. 21.22; Hechos 9.39. La ley prohibía la mezcla de tejidos para hacer ropa de hombre y de mujer, Dt. 22.5. Las mujeres deben usar ropa decorosa, 1 Ti. 2.9. Véase **Ornamento, Sandalia, Túnica.**

VESTIR: Cubrir con ropa o traje. // El que venciere será vestido de vestiduras blancas, Ap. 3.5. Gran multitud... vestidos de ropas blancas y con palmas en sus manos, Ap. 7.9. Ni por... qué habéis de, Ap. 3.5, Mt. 6.25. Un hombre que no estaba vestido de boda, Mt. 22.11. Juan estaba vestido de pelo de camello, Mt. 3.4. No vestirá la mujer traje de hombre ni el hombre vestirá ropa de mujer, Dt. 22.5. Vestir de: blanco, Mr. 16.5; casco de bronce, 1 S. 17.5; coraza de justicia, Ef. 6.14; grana, Jer. 4.30; ropa doble, Pr. 31.21; lino fino, Pr. 31.22; Lc. 16.19; Ap. 19.8; majestad, Job 40.10; ropa teñida en sangre, Ap. 19.13; Nuevo hombre, Col. 3.10; cilicio, Ap. 11.3; piel y carne, Job 10.11; púrpura, Pr. 31.22; Mr. 15.17; Lc. 16.19; Ap. 17.4; sol, Ap. 12.1; rotos, Pr. 23.21; ropas reales, Hechos 12.21; vestiduras blancas, Ap. 3.18; 7.13. Ni aun Salomón... se vistió así como uno de ellos, Mt. 6.29. Dios viste así a la a hierba, Mt. 6.30. Estuve desnudo, y me cubristeis, Mt. 25.36.

VEZ: Turno. // Hasta setenta **v** siete, Mt. 18.22. Todas las **v** que comáis este pan y bebáis esta copa, 1 Co. 11.26. Está establecido para los hombres que mueran una sola **v**, He. 9.27. Cristo fue ofrecido una sola **v** para llevar los pecados de muchos; y aparecerá por segunda vez, He. 9.28.

VIAJE: Hecho de ir de uno a otro lugar, más o menos apartados. // El marido... se ha ido a un largo **v**, Pr. 7.19. Un amigo mío ha venido a mí de viaje, Lc. 11.6. Entonces

Jesús, cansado del **v**, se sentó junto al pozo, Juan 4.6. Véase **Jornada.**

VIANDA: Comida, especialmente carne y pescado. // Haré de ellos **v** para tu padre, Gn. 27.9.

VÍBORA: Reptil ofidio; serpiente muy venenosa, Job 20.16; Salmo 58.4; Mt. 3.7; Hechos 28.3; Ro. 3.13. Véase **Serpiente.** [LEGENDA:] "Una víbora, huyendo del calor, se le prendió en la mano", Hechos 28.3.

Vid

VIBRAR: Hacer un cuerpo pequeños y rápidos movimientos más o menos intensos; emocionarse, conmoverse. // Por tanto, mis entrañas vibrarán como arpa por Moab, **Isaías 16.11**.

VÍCTIMA: Individuo del género humano o animal irracional inmolado y ofrecido en holocausto a alguna divinidad. // Mató sus **v**, Pr. 9.2. Ellos matarán para el pueblo el holocausto y la **v**, **Ez. 44.11.** Haciendo **v** han bajado hasta lo profundo, **Os. 5.2.**

VICTORIA: Acción o efecto de vencer al enemigo en una batalla; triunfo. // Jehová dio la **v** a David por dondequiera que fue, 2 S. 8.6. Se convirtió aquel día la **v** en luto para todo el pueblo, 2 S. 19.2. Jehová es quien da la **v**, Pr. 21.31. En los muchos consejeros está la **v**, Pr. 24.6. ¿Dónde, sepulcro, tu **v**? 1 Co. 15.55. Gracias sean dadas a Dios, que nos da la **v** por medio de nuestro Señor Jesucristo, 1 Co. 15.57. Esta es la **v** que ha vencido al mundo, 1 Juan 5.4.

VICTORIOSO: Triunfante. // A recibirme, cuando yo regrese **v**... será de Jehová, **Jue. 11.31.**

VID: Nombre común de diversas plantas de la familia vitáceas, vivaces y trepadoras, con hojas palmeadas, flores de color verde y cuyo fruto es la uva; cepa, parra; la muy conocida **vitis vinífera,** arbusto sarmentoso que produce las uvas. Son numerosísimas las especies de vides. Largamente cultivada en Egipto, Gn. 40.9, 10; Salmo 78.47. Canaán tierra de trigo y cebada, de vides, higueras y granados, Dt. 8.8. En lenguaje figurado, toda la nación de Israel, una vid traída de Egipto, Salmo 80.8; Is. 5.7. Tierra de trigo y cebada, de vides, Dt. 8.8. Que cada uno coma de su **v** y de su higuera, 2 R. 18.31. Plantado de **v** escogidas, Is. 5.2. Te planté de **v** escogida, Jer. 2.21. Véase **Viña.**

VIDA: El estado de actividad de la sustancia organizada, común a los animales y a los vegetales; se dice particularmente de la existencia humana o duración ordinaria del hombre; modo de existir; existencia de más allá del sepulcro. // Pagarás **v** por **v**, Ex. 21.23. La sangre es la **v**, Dt. 12.23. Todo lo que el hombre tiene lo dará por su **v**, Job 2.4. El soplo del Omnipotente me dio **v**, Job 33.4. El hombre que desea **v**, Salmo 34.12. El que me halle, hallará la **v**, Pr. 8.35. El temor de Jehová lleva a la **v**, Pr. 19.23. Serán despertados... unos para **v** eterna, Dn. 12.2. No os afanéis por vuestra **v**, Mt. 6.25. Angosto el camino que lleva a la **v**, Mt. 7.14. El que halle su **v** la perderá; y el que pierda su **v** por causa de mí, la hallará, Mt. 10.39; Mt. 16.25. Mejor te es entrar en la **v** cojo o manco, Mt. 18.8. La **v** del hombre no consiste..., Lc. 12.15. Ha pasado de muerte a **v**, Juan 5.24. No tenéis **v** en vosotros, Juan 6.53. Yo he venido para que tengan **v**, Juan 10.10. Yo soy la resurrección y la **v**, Juan 11.25; 14.6. Tengáis **v** en su nombre, Juan 20.31. Arrepentimiento para **v**, Hechos 11.18. Seremos salvos por su **v**, Ro. 5.10. Reinarán en **v** por uno solo, Jesucristo, Ro. 5.17. Para que lo mortal sea absorbido por la **v**, 2 Co. 5.4. Vuestra **v** está escondida con Cristo en Dios, Col. 3.3. Pues ¿qué es vuestra **v**? Stg. 4.14. El que quiere amar la **v**, 1 P. 3.10. Hemos pasado de muerte a **v**, 1 Juan 3.14. Él puso su **v** por nosotros, 1 Juan 3.16. El que tiene al Hijo tiene la **v**, 1 Juan 5.12. Dios le dará **v**, 1 Juan 5.16. Menospreciaron sus **v** hasta la muerte, Ap. 12.11. // Aguas de vida, Ap. 7.17; 21.6; 22.1, 17. Olor de **v**, 2 Co. 2.16. Árbol de **v**, Gn. 2.9; Pr. 3.18; Ap. 2.7; 22.2. Senda de la **v**, Salmo 16.11; Pr. 6.23. Corona de **v**, Stg. 1.12. Días de la **v**, Salmo 90.10; Ec. 6.12. Aliento de **v**, Gn. 2.7; 7.22. Fuente de la **v**, Pr. 4.23; 14.27; 16.22. Libro de la **v**, Fil. 4.3; Ap. 3.5; 20.12. **V** nueva, Ro. 6.4. Gracia de la **v**, 1 P. 3.7. Palabras de **v**, Juan 6.68; Fil. 2.16. Pan de **v**, Juan 6.35. Promesa de la **v**, 2 Ti. 1.1. // **Vida eterna**, Mt. 19.29; 25.46; Lc. 18.30; Juan 3.16; 4.14; 5.24,39; 6.47; 10.28; 12.25; 17.3; Ro. 6.22,33; Gá. 6.8; 1 Juan 5.11. **V** indestructible, He. 7.16. **V** preciosa, Hechos 20.24. Vida quieta, 1 Ti. 2.2. // **La vida dada por Dios**, Gn. 2.7; Nm. 16.22; Salmo 36.6; 66.9; Ez. 37.10; Dn. 5.23; Hechos 17.25, 28; He. 12.9. // **La larga duración de la vida a quien prometida**, Ex. 20.12; Dt. 5.16, 33; 6.2; Salmo 91.16; Pr. 3.2; 9.11; 10.27; Ef. 6.3. // **La vanidad e incertidumbre de**

la vida, Job 9.25; 14.1; Sal. 73.19; 90.5, 9; Ec. 6.12; Stg. 4.14; 1 P. 1.24. **Como se debe pasar la vida**, Lc. 1.75; Ro. 14.8; Fil. 1.21; 1 P. 1.17. // **La vida es como:** el águila que se arroja sobre la presa, Job 9.26. Más ligera que un correo, Job 9.25. Hierba, 1 P. 1.24. Neblina, Stg. 4.14. Peregrinación, Gn. 47.9. Sombra, Job 14.2; Ec. 6.12. Sueño, Salmo 90.5. **Vida espiritual,** Ro. 6.4; 8; Gá. 2.20; Ef. 2.1; Col. 3.3. **Vida eterna se encuentra en Cristo**, Juan 3.15, 16, 36; 5.24; 6.27,47, 54; 10.28; 17.2,3; Ro. 2.7; 5.10; 6.23; 1 Juan 1.2; 5.11,20; Ap. 2.7; 21.6. **A quien la vida es prometida**, Jn. 3.16; 5.24; 1 Ti. 1.16. **El objetivo de nuestra esperanza**, Mt. 19.29; Lc. 18.30; Ro. 6.22; Gá. 6.8; Tit. 1.2; 1 Jn. 2.25; Jud. 21. **Como se alcanza la vida**, Mt. 19.16; Lc. 10.25; 18.18. **La vida es presente actual**, Jn. 3.15,36; 10.28; 11.25,26; Ro. 6.11,23; Ef. 2.6; 1 Ti. 6.12,19; 1 Jn. 5.11,13.

VIDENTE: Persona que tiene la facultad de visión sobrenatural. // Al hoy se llama profeta, entonces se le llamaba **v**, 1 S. 9.9. Gad, **v** de David, 2 S. 24.11. Dicen a los **v**: "No veáis", Is. 30.10. Véase **Profeta.**

VIDRIO: Cuerpo sólido transparente, duro y quebradizo, obtenido por la fusión de la arena con soda o potasa. // Plinio atribuye la invención del vidrio a los fenicios. Es cierto que se lo conocía antes del éxodo de los israelitas de Egipto. Se menciona vidrio cuatro veces en el Nuevo Testamento, Ap. 4.6; 15.2; 21.18; 21.21.

VIEJO: Que no es nuevo; estropeado por el uso. // ¿Cómo puede un hombre nacer siendo **v**? Juan 3.4. Cuando ya seas **v**, Juan 21.18. **VIEJO - saco, cueros,** Jos. 9.4; **vestido,** Mt. 9.16; hombre, Ro. 6.6; Col. 3.9; levadura, 1 Co. 5.7. **Viejo hombre:** Ro. 6.6; Ef. 4.22; Col. 3.9. El hombre natural, es decir, la naturaleza humana antes de la conversión y regeneración. Véase **Antiguo.**

VIENTO: Corriente de aire producida en la atmósfera por el encuentro de diferentes presiones en áreas distintas. // Del **v** borrascoso, de la tempestad, Salmo 55.8. Poderoso **v** que rompía los montes, y quebraba las peñas delante de Jehová; pero Jehová no estaba en el **v**, 1 R. 19.11. Un gran **v** vino del lado del desierto, Job 1.19. Al dar peso al **v**, Job 28.25. El que turba su casa heredará **v**, Pr. 11.29. ¿Quién encerró los **v** en sus puños? Pr. 30.4. El que al **v** observa, no sembrará, Ec. 11.4. Venía del norte un **v** tempestuoso, Ez. 1.4. Espíritu, ven de los cuatro **v**, Ez. 37.9. Porque sembraron **v**, y torbellino segarán, Os. 8.7. Efraín se apacienta de **v**, Os. 12.1. Soplaron **v**, Mt. 7.25. El **v** sopla de donde quiere, Juan 3.8. Un estruendo como de un **v** recio que soplaba, Hechos 2.2. Llevados por doquiera de todo **v** de doctrina, Ef. 4.14. // **Efectos maravillosos de viento**, Gn. 8.1, Ex. 15.10; Nm. 11.31; Jon. 1.4. // **Jesús reprendió a los vientos**, Mt. 8.26. Véase **Tempestad.**

VIENTRE: Cavidad abdominal; barriga; útero. // Tomó el puñal... y se lo metió por el **v**, Jue. 3.21. Desnudo salí del **v** de mi madre, Job 1.21. Tú me hiciste en el **v** de mi madre, Salmo 139.13. Jehová me llamó desde el **v**, Is. 49.1. Antes que te formase en el **v** te conocí, Jer. 1.5. Estuvo Jonás en el **v** del pez, Jon. 1.17; Mt. 12.40. Todo lo que entra en la boca va al **v**, Mt. 15.17. Bendito el fruto de tu **v**, Lc. 1.42. Sirven a sus propios **v**, Ro. 16.18. Cuyo dios es el **v**, Fil. 3.19.

VIGA: Gran tronco de árbol, empleado para sostener una construcción; enmaderado. // No echas de ver la **v** que está en tu propio ojo, Mt. 7.3. Así que cubrió la casa, sus **v**, **2 Cr. 3.7.** Las **v** de nuestra casa son de cedro, **Cnt. 1.17.**

VIGILANTE: Diligente, cauteloso; persona vigilante. // Vi en las visiones de mi cabeza... un **v** y santo descendía del cielo, Dn. 4.13. La sentencia es por decreto de los **v**, Dn. 4.17.

VIGILAR: Estar atento a; velar por. // Elí estaba... vigilando junto al camino, 1 S. 4.13. Sobre el alto vigila otro más alto, Ec. 5.8. Y vigilaron la casa para matarlo, Sal. 58.11. Véase **Guardar, Velar.**

VIGILIA: Estado de aquél que se conserva despierto por la noche. // Mil años... como una de las **v** de la noche, Salmo 90.4. Se anticiparon mis ojos a las **v** de la noche, Salmo 119.148. A la cuarta **v** de la noche, Mt. 14.25. Pastores velaban y guardaban las **v** de la noche sobre su rebaño, Lc. 2.8. Aunque venga a la segunda **v** o a la tercera **v**, Lc. 12.38. // Se dividía la noche en tres o cuatro vigilias: los centinelas de la guardia de la medianoche, Jue. 7.19; a la **v** de la mañana, Ex. 14.24; 1 S. 11.11; segunda y tercera **v**, Lc. 12.38. Los romanos tenían cuatro vigilias militares: el anochecer, la medianoche, el cantar del gallo (de la medianoche a las 3 horas de la mañana), y por la mañana. Véase Mr. 13.35; Mt. 14.25.

VIGOR: Fuerza, robustez. // Era Moisés de edad de ciento veinte años... ni perdió su **v**, Dt. 34.7. Los débiles se ciñen de **v**, 1 S. 2.4. Hombres de gran **v**, **Neh. 11.14.** No tienen congojas por su muerte, pues su **v** está entero, **Sal. 73.4.** Como un tiesto se secó mi **v**, **Sal. 22.15.** Véase **Esfuerzo.**

VIGOROSO: Lleno de vigor, de fuerza, de juventud. // Sus pasos **v** se acortan, **Job 18.7.** En la vejez... estarán **v** y verdes, Salmo 92.14.

Este fue **v** cazador delante de Jehová, **Gn. 10.9.** Es valiente y **v**, hombre de guerra, **1 S. 16.18.** Hombres valientes y **v**, flecheros diestros, **1 Cr. 8.40.** Los conejos, pueblo que no es **v**, **Pr. 30.26.** Y mandó a hombres muy **v** que tenía en su ejército, **Dn. 3.20.**

VIL: Bajo, despreciable; infame, villano. // Destruyeron todo lo que era **v** y despreciable, **1 S. 15.9**. Hijos de gente **v**, hombres sin nombre, **Job 30.8.** Si entresacares lo precioso de lo **v**, serás como mi boca, **Jer. 15.19.** Josué, que estaba cubierto de vestiduras **v**, permanecía en pie delante del ángel, **Zac. 3.3.** Y lo **v** del mundo y lo menospreciado escogió Dios, **1 Co. 1.28.** Véase **Maligno.**

VILEZA: Cualidad de vil, bajeza. // Como esposas a una mujer y a la madre de ella, comete vileza... **Lv. 20.14.** Por cuanto cometió una **v** en Israel al prostituirse en casa de su padre, **Dt. 22.21.** Esperaba juicio, y he aquí **v**, **Is. 5.7.**

VINAGRE: Producto de fermentación acética del vino, Nm. 6.3. Se usaba el vinagre de vino junto con la comida, Rt. 2.14. El vinagre es ácido que embota los dientes, y causa dolor en las heridas, Pr. 10.26; 25. 20. El nazareo no debía beber **vinagre de vino**, Nm. 6.3. Véase Lc. 1.15. El Salvador en la cruz aceptó el vinagre que le ofrecieron, Juan 19.28-30. Pero rehusó la estupefaciente mezcla de vino con hiel, Mt. 27.34.

VÍNCULO: Todo lo que ata, une o relaciona. // La unidad del Espíritu en el **v** de la paz, Ef. 4.3. Sobre todo, vestíos de amor, que es el **v** perfecto, Col. 3.14. Os haré entrar en los **v** del pacto, **Ez. 20.37.**

VINDICACIÓN: Punición legal; venganza. // Qué celo y qué **v**, 2 Co. 7.11. Traeré sobre vosotros espada vengadora, en **v** del pacto, **Lv. 26.25.** Para **v**, como para retribuir con ira a sus enemigos, **Is. 59.18.**

VINO: Líquido generalmente alcohólico, proveniente de la fermentación del zumo de las uvas. // Ni tú ni tus hijos debéis beber **v** ni sidra cuando entréis en el Tabernáculo de reunión, Lv. 10.9. La copa está en la mano de Jehová; el **v** está fermentado, Salmo 75.8. El **v** es escarnecedor, Pr. 20.1. Dad... **v** al de ánimo amargado, Pr. 31.6. No contaminarse... con el **v** que él bebía, Dn. 1.8. Ni echan **v** nuevo en odres viejos, Mt. 9.17. Comilón y bebedor de **v**, Lc. 7.34. Vendó sus heridas echándoles aceite y **v**, Lc. 10.34. Y faltó **v**, Juan 2.3. No sea dado al **v** ni amigo de peleas, 1 Ti. 3.3. Usa de un poco de **v**, 1 Ti. 5.23. Para darle el cáliz del **v** del ardor de su ira, Ap. 16.19. // **V,** por primera vez mencionado en, Gn. 9.21; En las ofrendas, Ex. 29.40; Nm. 15.5; prohibido por la ley del nazareato, Nm. 6.3; Jue. 13.14; prohibido entre los recabitas, Jer. 35.6; Cristo convirtió agua en vino, Juan 2.; el amor al vino, Pr. 21.17; Os. 4.11; Ef. 5.18; El uso de vino, Jue. 9.13; Salmo 104.15; Pr. 31.6; Ec. 10.19; 1 Ti. 5.23; advertencia contra el abuso del vino, Pr. 21.17; 23.20, 29-32; Os. 4.11; Ef. 5.18; 1 Ts. 5.7,8.

VIÑA: Terreno plantado de vides. // Comenzó Noé a labrar la tierra y plantó una **v**, Gn. 9.20. Cuando entres en la **v** de tu prójimo, podrás comer uvas hasta saciarte, Dt. 23.24. Acab a Nabot: Dame tu **v** para un huerto de legumbres, 1 R. 21.2. La parábola de los trabajadores en la viña, Mt. 20.1-16. Hijo, ve hoy a trabajar en mi **v**, Mt. 21.28. Hubo un hombre, padre de familia, el cual plantó una **v**, Mt. 21.33. La primera mención indica, tal vez, su primer hábitat, en la tierra de Ararat: Noé... plantó una **v**, Gn. 9.20. Las viñas de David, 1 Cr. 27.27; de Acab, 1 R. 21; de Uzías, 2 Cr. 26.10; de Hesbón, de Sibma, de Eleale, Is. 16.8,9,10; Jer. 48.32; de En-Gadi, Cnt. 1.14; de Samaria, Jer. 31.5; de Asiria, 2 R. 18.32; de Timnat, Jue. 14.5; de los filisteos, Jue. 15.5. El racimo de uvas del valle de alta calidad, Nm. 13.23. Pasas, 1 S. 25.18; 30.12; 1 Cr. 16.3. El tiempo de la vendimia, como de la siega de trigo, ocasiones de gran regocijo, Jue. 9.27, Is. 16.10; Jer. 25.30; 48.33. No debían rebuscar las viñas, Lv. 19.10. La vendimia del séptimo año dejada a los pobres, Ex. 23.11. La viña generalmente en una ladera, Is. 5.1; Jer. 31.5; Am. 9.13. Cercada de muro o de sebe para evitar el jabalí, la zorra y otros animales, Nm. 22.24; Salmo 80.13; Cnt. 2.15; Mt. 21.33. El viticultor vivía en cabaña o torre en la viña, Is. 1.8; 5.2; Mt. 21.33. Lagar para exprimir el jugo de las uvas, Is. 5.2; Mt. 21.33. La parábola de la viña, Is. 5.1-7; de los trabajadores en la viña, Mt. 20.1-16; de los dos hijos enviados a la viña, Mt. 21.28-32; de los labradores malvados en la viña, Mt. 21.33-41. ¿Quién planta una **v** y no come de su fruto? 1 Co. 9.7. Cada uno debajo de su parra y debajo de su higuera, expresión proverbial de paz y seguridad, 1 R. 4.25; Is. 36.16; Mi. 4.4; Zac. 3.10. El vino emblemático de las bendiciones del evangelio, Is. 55.1; de la sangre de Cristo, Mt. 26.27-29. Jesús, la vid verdadera, Juan 15.1. El hecho de pisotear uvas en el lagar, tipo de los juicios divinos, Is. 63.2; Lm. 1.15; Ap. 14.19, 20.

VIÑADOR: Que cultiva viñas. // Hijos de extraños... vuestros **v**, Is. 61.5. Dejó de los pobres del país... para que fueran **v** y labradores, **Jer. 52.16.** Y dijo al **v**: Ya hace tres años que vengo a buscar fruto..., **Lc. 13.7.**

VIÑEDO: Gran extensión de viñas. // Las uvas de tu **v** no vendimiarás, **Lv. 25.5.** Ni vendimiaréis sus **v**, **Lv. 25.11.**

VIOLADOR: El que viola o ha violado. // Con lisonjas seducirá a los **v** del pacto, Dn. 11.32.

VIOLAR: Infringir, transgredir, forzar. // Y violadas sus mujeres, Is. 13.16. Aquella persona será cortada de su pueblo; ha violado mi pacto, **Gn. 17.14.** No violarás el derecho del pobre en su pleito, **Ex. 23.6.** ¿Querrás también **v** a la reina en mi propia casa? **Est. 7.8.** Que no viola a la mujer de su prójimo, **Ez. 18.6.** El que viola la Ley de Moisés, **He. 10.28.** Véase **Pecar, Transgredir.**

VIOLENCIA: Fuerza que abusivamente se emplea contra el derecho. // Estaba la tierra llena de **v**, Gn. 6.11. Pero al malo y al que ama la **v,** su alma los aborrece, Salmo 11.5. Están llenos de habitaciones de **v**, Salmo 74.20. Su bebida, vino de **v,** Pr. 4.17. La boca de los malvados oculta **v**, Pr. 10.6. El jefe de la guardia con los alguaciles y los trajo sin **v**, Hechos 5.26. Véase **Tiranía.**

VIOLENTO: Que procede con ímpeto; brusco, muy fuerte o intenso; que se sirve de la fuerza en lugar de la razón. // Me libraste de hombre **v**, Salmo 18.48. Hombres **v** buscan mi vida, Salmo 54.3. El **v** se habrá acabado y el escarnecedor será exterminado, **Is. 29.20.** El reino de los cielos sufre violencia, y los **v** lo arrebatan, **Mt. 11.12.**

VIRGEN: Se dice de la mujer que todavía no ha tenido cópula carnal. // Busquen para el rey jóvenes **v** de buen parecer, Est. 2.2. Cayó la **v** de Israel, Am. 5.2. Una **v** concebirá, Mt. 1.23. Semejante a diez **v**, Mt. 25.1. A una **v** desposada, Lc. 1.27. Para presentaros como una **v** pura a Cristo, 2 Co. 11.2. Véase **Doncella, Muchacha.** // La virgen era, por determinación de la ley, propiedad de su padre, a quien se debía dar un dote cuando ella se casase, Ex. 22.16; véase Gn. 29.15-18. La honra de la virgen era protegida contra la maledicencia, pero su desvío de la virtud era severamente castigado, Dt. 22.13-21. El matrimonio de la virgen, 1 Co. 7.25-38. La palabra **virgen** se emplea respecto al hombre en Ap. 14.4, "castos". // La encarnación milagrosa de Jesús, Mt. 1.22, 23; Is. 7.14; Lc. 1.35; Juan 1.14; Gá. 4.4. Hay ejemplos en la naturaleza de la hembra reproducir su especie, sin haber sido fecundada por un macho, por ejemplo los rotíferos y las abejas. El nacimiento de Jesús, sin embargo, fue milagroso, Mt. 1.18; Lc. 1.35. Véase **Inmaculada Concepción.**

VIRGINIDAD: Estado o cualidad de persona virgen. // Las señales de su **v**, Dt. 22.15. Lloró su **v** por los montes, Jue. 11.38. Había vivido con su marido siete años desde su **v**, Lc. 2.36.

VIRTUD: Excelencia moral; honradez, rectitud. // Si hay **v** alguna, si algo digno de alabanza, en esto pensad, Fil. 4.8. Añadid a vuestra fe **v**; a la **v**, conocimiento, 2 P. 1.5.

VIRTUOSO: Casto, honesto. // Mi pueblo sabe que eres mujer **v**, Rt. 3.11. La mujer **v** es corona de su marido, **Pr. 12.4.** Mujer **v**, ¿quién la hallará? **Pr. 31.10.**

VISIBLE: Que se puede ver. // En él fueron creadas todas las cosas... **v** e invisibles, Col. 1.16.

VISIÓN: Le apareceré en visión, en sueños hablaré, Nm. 12.6. Profecía sobre el valle de la **v**, Is. 22.1. Ni les hablé; **v** mentirosa, Jer. 14.14. Hablan **v** de su propio corazón, Jer. 23.16. ¿No habéis visto **v** vana? Ez. 13.7. No digáis a nadie la **v**, Mt. 17.9. Volvieron diciendo que también habían visto **v** de ángeles, Lc. 24.23. No fui rebelde a la **v** celestial, Hechos 26.19. Véase **Sueño**. // **Visiones de**, Abraham, Gn. 12.7; Jacob, Gn. 28.10; Faraón, Gn. 41; Moisés, Ex. 33.11; 34.29-35; Balaam, Nm. 24.4; Micaías, 1 R. 22.19; Isaías, Is. 6.1-8; Jeremías, Jeremías 1.11-13; 24.1-8; Ezequiel, Ez. 1.4-28; 10.; 11.; 37.; 40.; Nabucodonosor, Dn. 4.; Belsasar, Dn. 5.5; Daniel, Dn. 7-12; Zacarías, Zac. 1; Esteban, Hechos 7.55; Pedro, Hechos 10.9-16; Cornelio, Hechos 10.3,30; Juan, Ap. 1.; 4-22.

VISITACIÓN: Acción o efecto de visitar. // Por cuanto no conociste el tiempo de tu **v**, Lc. 19.44. Glorifiquen a Dios en el día de la **v**, 1 P. 2.12.

VISITAR: Ir a ver por cortesía, deber, curiosidad o caridad. // Visitó Jehová a Sara, como había dicho, Gn. 21.1. Que visito la maldad de los padres sobre los hijos, Ex. 20.5. Visitas la tierra y la riegas, Salmo 65.9. Estuve... enfermo y me visitasteis, Mt. 25.36. Que ha visitado y redimido a su pueblo, Lc. 1.68. Nuestro Dios, con que nos visitó desde lo alto la aurora, Lc. 1.78. Dios ha visitado a su pueblo, Lc. 7.16. ¿Qué es el hombre... para que le visites? He. 2.6. La religión pura... **v** a los huérfanos y a las viudas en sus tribulaciones, Stg. 1.27.

VISTA: Sentido de la visión; acción o efecto de ver; los ojos. **A la vista:** Ante los ojos. // Árbol delicioso a la **v**, Gn. 2.9. Les tocó los ojos, y en seguida recibieron la **v** y lo siguieron, Mt. 20.34. **V** a los ciegos, Lc. 4.18. Señor, que reciba la **v**, Lc. 18.41. Para que recibas la **v**, Hechos 9.17.

VITUPERAR: Injuriar, afrontar. // Por la voz del que me vitupera y me deshonra, **Sal. 44.16.** Los insultos de los que te vituperaban cayeron sobre mí, **Sal. 69.9.** Véase **Reprender.**

VITUPERIO: Insulto, injuria. // Los **v** de los que te vituperaban cayeron sobre mí, **Ro.**

15.3. Ciertamente, con **v** y tribulaciones fuisteis hechos espectáculo, **He. 10.33.**

VIUDA: Mujer a quien murió el marido y que todavía y que todavía no volvió a casarse. // Digo, pues, a los solteros y a las **v**, que bueno les fuera quedarse como yo, 1 Co. 7.8. A ninguna **v** ni huérfano afligiréis, Ex. 22.22; Dt. 10.18; Zac. 7.10. Ahí le he dado orden a una mujer **v** que te sustente, 1 R. 17.9. Padre de huérfanos y defensor de **v**, Salmo 68.5. Porque devoráis las casas de las **v**, Mt. 23.14. Y vino una **v** pobre, Mr. 12.42. Era **v** hacía ochenta y cuatro años, Lc. 2.37. Hijo único de su madre, que era **v**, Lc. 7.12. Parábola de la viuda y el juez injusto, Lc. 18.1. Que las **v** de aquéllos eran desatendidas en la distribución diaria, Hechos 6.1. Honra a las **v** que en verdad lo son, 1 Ti. 5.3. Quiero, pues, que las **v** jóvenes se casen, 1 Ti. 5.14. Visitar a los huérfanos y a las **v** en sus tribulaciones, Stg. 1.27. No soy **v**, Ap. 18.7.

VIUDEZ: Estado de quien es viudo. // Te vendrán de repente, en un mismo día: orfandad y **v**, Is. 47.9. De la afrenta de tu **v** no tendrás más memoria, Is. 54.4.

VIVIENTE: Que, o el que vive. // Produzcan las aguas seres **v**, Gn. 1.20, 21, 24; 1 Co. 15.45. Alma **v**, Gn. 2.7. En la tierra de los **v**, Salmo 27.13; 116.9. Fue cortado de la tierra de los **v**, Is. 53.8. Cuatro seres **v**, Ez. 1.5; Ap. 4.6-9; 5.6,14; 6.1; 14.3; 15.7; 19.4.

VIVIFICAR: Dar vida o existencia a; reanimar; avivar; volver vívido. // Vivifícame, Salmo 119.25,37,40,50,88,107,149,154,156 ; 143.11. Para **v** el corazón de los quebrantados, Is. 57.15. Vivificará también vuestros cuerpos mortales, Ro. 8.11. En Cristo todos serán vivificados, 1 Co. 15.22. Porque la letra mata, pero el espíritu vivifica, 2 Co. 3.6. Vivificado en espíritu, 1 P. 3.18. Véase **Resucitar.**

VIVIR: Estar con vida. // Coma, y viva para siempre, Gn. 3.22. Para hacerte saber que no sólo de pan vivirá el hombre, sino de todo lo que sale de la boca de Jehová vivirá el hombre, Dt. 8.3; Mt. 4.4. Escoge, pues, la vida, para que vivas tú y tu descendencia, Dt. 30.19. Volverá a **v**, Job 14.14. Yo sé que mi Redentor vive, Job 19.25. Guarda mis mandamientos y vivirás, Pr. 4.4. Escuchad y vivirá vuestra alma, Is. 55.3. Si alguien come de este pan, vivirá para siempre, Juan 6.51. Aunque esté muerto, vivirá, Juan 11.25. Porque yo vivo, vosotros también viviréis, Juan 14.19. Porque en él vivimos, nos movemos y somos, Hechos 17.28. Mas el justo por la fe vivirá, Ro. 1.17; Gá. 3.11; He. 10.38; Hab. 2.4. Viviremos con él, Ro. 6.8. En cuanto vive, para Dios vive, Ro. 6.10. Si por el Espíritu... viviréis, Ro. 8.13. Ninguno de nosotros vive para sí, Ro. 14.7. A los que anuncian el evangelio, que vivan del evangelio, 1 Co. 9.14. Los que viven ya no vivan para sí, 2 Co. 5.15. Ya no vivo yo, mas vive Cristo en mí, Gá. 2.20. Si vivimos por el Espíritu, Gá. 5.25. Para mí el **v** es Cristo, Fil. 1.21. Si somos muertos con él, también viviremos con él, 2 Ti. 2.11. **V** piadosamente en Cristo Jesús, 2 Ti. 3.12. Vivamos en este siglo sobria, justa y piadosamente, Tit. 2.12. Vivamos a la justicia, 1 P. 2.24. Estuve muerto, pero vivo por los siglos de los siglos, amén, Ap. 1.18. Tienes nombre de que vives y estás muerto, Ap. 3.1. Vivieron y reinaron con Cristo mil años, Ap. 20.4. Véase **Andar, Habitar, Morar.**

VIVO: Que vive; animado, activo, intenso. // Descendieron **v** al seol, Nm. 16.33. Se puso entre los muertos y los **v**, Nm. 16.48. Pero vosotros... todos estáis **v** hoy, Dt. 4.4. Mi alma tiene sed de Dios, del Dios **v**, Salmo 42.2; Jeremías 10.10; Dn. 6.20; Hechos 14.15; 1 Ts. 1.9; 1 Ti. 4.10; He. 10.31. Agua **v**, Jeremías 2.13; Zac. 4.8; Juan 4.11; 7.38. Dios no es Dios de muertos, sino de **v**, Mt. 22.32. Yo soy el pan **v**, Juan 6.51. Se presentó **v** con muchas pruebas indubitables, Hechos 1.3. Pablo afirmaba que está **v**, Hechos 25.19. **V** para Dios en Cristo Jesús, Ro. 6.11. Vuestros cuerpos en sacrificio **v**, Ro. 12.1. Juzgará a los **v** y a los muertos, 2 Ti. 4.1; 1 P. 4.5. La palabra de Dios es **v**, He. 4.12. Camino nuevo y **v**, He. 10.20. Una esperanza **v**, 1 P. 1.3. Piedra **v**, 1 P. 2.4. Lanzados **v** dentro de un lago de fuego, Ap. 19.20.

VOCACIÓN: Llamamiento, elección. // Fuisteis también llamados en una misma esperanza de vuestra **v**, Ef. 4.4. Tanto más procurad hacer firme vuestra **v** y elección, 2 P. 1.10. Andéis como es digno de la **v** con que fuisteis llamados, **Ef. 4.1.** Considerad, pues, hermanos, vuestra **v**, **1 Co. 1.26.**

VOLAR: Sostenerse o moverse en el aire por medio de alas. // Aves que vuelen sobre la tierra, Gn. 1.20. Porque pronto pasan y volamos, Salmo 90.10. Se hacen alas como de águila, y vuelan al cielo, Pr. 23.5. Voló hacia mí uno de los serafines, Is. 6.6. ¿Quiénes son estos que vuelan como nubes? Is. 60.8. Gabriel... volando con presteza vino a mí, Dn. 9.21. El cuarto era semejante a un águila volando, Ap. 4.7. Figura de algún ave alada que vuele por el aire, Dt. 4.17. Como la arena del mar, aves que vuelan, Salmo 78.27.

VOLÁTIL: Mutable, voluble, inconstante. Animal que puede volar. // Todo animal, reptiles y volátiles, **Sal. 148.10.**

VOLCAR: Volver una cosa hacia un lado o totalmente, o de esta forma hacer que se caiga lo contenido en ella. // Jesús... volcó las mesas, Juan 2.15.

VOLTEAR: Dar vueltas a una persona o cosa; volver una cosa hasta ponerla al revés de como estaba. // Efraín es como torta no volteada, Os. 7.8.

VOLUNTAD: Deseo, designio, resolución, desvelo. // El hacer tu **v**, Dios mío, Salmo 40.8. Enséñame a hacer tu **v**, Salmo 143.10. Hágase tu **v**, Mt. 6.10. El que hace la **v** de mi Padre que está en los cielos, Mt. 7.21. Todo aquel que hace la **v** de mi Padre que está en los cielos, Mt. 12.50. No es la **v** de vuestro Padre, Mt. 18.14. ¿Cuál de los dos hizo la **v** de su padre? Mt. 21.31. No se haga mi **v**, sino la tuya, Lc. 22.42. Ni por **v** de carne, ni por **v** de varón, sino de Dios, Juan 1.13. Mi comida es que haga la **v** del que me envió, Juan 4.34. No busco mi **v**, sino la **v** del Padre, que me envió, Juan 5.30. No para hacer mi **v**, sino la **v** del que me envió, Juan 6.38. El que quiera hacer la **v** de Dios, conocerá si la doctrina es de Dios, Juan 7.17. Para que comprobéis cuál es la buena **v** de Dios, agradable y perfecta, Ro. 12.2. Si primero está la **v** dispuesta, 2 Co. 8.12. Haciendo la **v** de la carne y de los pensamientos, Ef. 2.3. De corazón haciendo la **v** de Dios, Ef. 6.6. La **v** de Dios es vuestra santificación, 1 Ts. 4.3. He aquí, vengo, Dios, para hacer tu **v**, He. 10.9. Los que padecen según la **v** de Dios, 1 P. 4.19. El que hace la **v** de Dios permanece para siempre, 1 Juan 2.17. Si pedimos alguna cosa conforme a su **v**, él nos oye, 1 Juan 5.14.

"Hizo volver la sombra por los grados que había descendido en el reloj de Acaz" *(2 R. 20.11). La clepsidra, reloj de agua, fue usada, también, por los antiguos.*

VOLUNTARIAMENTE: Espontáneamente. // Por haberse ofrecido **v** el pueblo, Jue. 5.2. **V** sacrificaré a ti, Salmo 54.6. Si pecáremos **v** después de haber recibido el conocimiento de la verdad, He. 10.26. Cuidando de ella, no por fuerza, sino **v**, 1 P. 5.2. Véase **Espontáneamente**.

VOLUNTARIO: En que no hay coerción; espontáneo. // Ofrenda voluntaria, Lv. 7.16; Dt. 16.10; 2 Cr. 35.8; Esd. 2.68; Am. 4.5. Estarán contigo en toda la obra; asimismo todos los **v**, **1 Cr. 28.21.** Te sean agradables los sacrificios **v** de mi boca, **Sal. 119.108.** Para que tu favor no fuese como de necesidad, sino **v**, **Flm. 1.14.** Véase **Espontáneo.**

VOLVER: Regresar (al punto de donde había partido). // Designemos un capitán y volvamos a Egipto, Nm. 14.4. Yo voy hacia él, pero él no volverá a mí, 2 S. 12.23. Antes que vaya para no **v**, Job 10.21. Antes que el polvo vuelva a la tierra, como era, y el espíritu vuelva a Dios que lo dio, Ec. 12.7. No vuelva atrás para tomar su capa, Mt. 24.18. No os dejaré huérfanos; volveré a vosotros, Juan 14.18. Vuelves al hombre hasta ser quebrantado, Salmo 90.3. He aquí, nos volvemos a los gentiles, Hechos 13.46. Volveos a mí, y yo me volveré a vosotros, Mal. 3.7. **Gn. 15.16.** Véase **Regresar.**

VOMITAR: Expeler por la boca (sustancias que ya estaban en el estómago). // La tierra vomitó sus moradores, Lv. 18.25. No sea que la tierra os vomite, Lv. 18.28. Devoró riquezas, pero las vomitará, Job 20.15. Vomitarás la parte que comiste, Pr. 23.8. No sea que harto de ella la vomites, Pr. 25.16. El cual vomitó a Jonás en tierra, Jon. 2.10. Te vomitaré de mi boca, Ap. 3.16.

VÓMITO: Lo vomitado. // Como perro que vuelve a su **v**, Pr. 26.11. Porque toda mesa está llena de **v** y suciedad, Is. 28.8. El perro vuelve a su **v**, 2 P. 2.22.

VOTO: Promesa solemne con la que nos obligamos con la divinidad. // E hizo Jacob **v**, Gn. 28.20. Paga tus **v** al Altísimo, Salmo 50.14. Sobre mí, Dios, están los **v** que te hice, Salmo 56.12. A ti se pagarán los **v**, Salmo 65.1. // **Las regulaciones acerca de votos:** Lv. 27.; Nm. 6.2; 3.; Dt. 23.21; Mal. 1.14. // **Las obligaciones en hacer un voto:** Jos. 9.18-20; 1 S. 14.24,37-39; Salmo 66.13,14; 76.11; 132.2-5. // **Ejemplos:** Jacob, Gn. 28.20; 31.13; los israelitas, Nm. 21.2; Jefté, Jue. 11.31-39; Ana, 1 S. 1.11; Pablo, Hechos 18.18; los cuatro hombres, en Jerusalén, Hechos 21.23. Véase **Promesa.**

VOZ: Sonido producido en la laringe. // La **v** de la sangre de tu hermano clama a mí, Gn. 4.10. Si escuchas atentamente la **v** de Jehová, Ex. 15.26. Y todo el pueblo respondió a una **v**, Ex. 24.3. En que Jehová haya obedecido a la **v** de un hombre, Jos. 10.14. Las **v** del llanto, Esd. 3.13. Truena Dios maravillosamente con su **v**, Job 37.5. La sabiduría alza su **v** en las plazas, Pr. 1.20. ¿Acaso no clama la Sabiduría y alza su **v** la inteligencia? Pr. 8.1. Después oí la **v** del Señor, Is. 6.8. La **v**

de gozo y la **v** de alegría, la **v** del esposo y la **v** de la esposa, Jeremías 7.34; 25.10; voz de gozo, Jeremías 16.9; de alegría, Jeremías 16.9; de desposado, Jeremías 25.10. **V** que clama en el desierto, Is. 40.3; Mt. 3.3. No gritará, ni alzará su **v**, Is. 42.2. Se goza grandemente de la **v** del esposo, Juan 3.29. Alzaron unánimes la **v** a Dios, Hechos 4.24. ¡**V** de un dios, y no de un hombre! Hechos 12.22. Con **v** de mando, con **v** de arcángel, 1 Ts. 4.16. Una muda bestia de carga, hablando con **v** de hombre, 2 P. 2.16. Oí detrás de mí una gran **v**, Ap. 1.10. Grandes **v** en el cielo, Ap. 11.15; 12.10. Oí una **v** del cielo... La **v** que oí era como de arpistas, Ap. 14.2. Llamó a gran **v** al que llevaba la hoz aguda, Ap. 14.18. Una gran **v**, como de una gran multitud en el cielo, Ap. 19.1. Y oí una gran **v** del cielo, Ap. 21.3. // **La voz de Dios:** En el Edén, Gn. 3.8. De en medio de la zarza, Ex. 3.4; De encima del propiciatorio, Nm. 7.89. De en medio del fuego, Dt. 4.33. Desde los cielos, 2 S. 22.14; Salmo 18.13; 68.33. Un silbo apacible y delicado, 1 R. 19.12. Por toda la tierra salió su **v**, Salmo 19.4. Si oís hoy su **v**, Salmo 95.7. No oyeron la **v** de Jehová, Salmo 106.25. ¡La **v** de mi amado!, Cnt. 2.8. Hazme oír tu voz, Cnt. 2.14. Porque tu **v** es dulce, Cnt. 2.14. La **v** de mi amado que llama, Cnt. 5.2. Isaías la oyó, Is. 6.8. Jehová hará oír su potente **v**, Is. 30.30. Escuchad la **v** de Jehová, Jer. 26.13. Dirigida a Nabucodonosor, Dn. 4.31. No obedecimos a la **v** de Jehová, Dn. 9.10. En el bautismo de Jesús, Mt. 3.17. En la transfiguración, Mt. 17.5. Los muertos oirán la **v** del Hijo de Dios, Juan 5.25. Nunca habéis oído su **v**, Juan 5.37. Las ovejas oyen su **v**, Juan 10.3,16,27. Antes de la pasión de Cristo, Juan 12.28,30. Todo aquel que es de la verdad, oye mi **v**, Juan 18.37. En la conversión de Saulo, Hechos 9.4. En la visión de Pedro, Hechos 10.13,15. Si oís hoy su **v**..., He. 3.7; 4.7. Su **v** como estruendo de muchas aguas, Ap. 1.15. Si alguno oye mi **v**, Ap. 3.20.

VUELTA: Circuito. // Subiendo por Adar daba **v** a Carca, **Jos. 15.3.** Me hizo dar la **v** por el camino exterior, **Ez. 47.2.**

VUESTRO: Que os pertenece; relativo a vosotros. // Todo lugar que pise la planta de **v** pie será **v**, Dt. 11.24. No es **v** la guerra, sino de Dios, 2 Cr. 20.15. **V** es el reino de Dios, Lc. 6.20. Todo es **v**, 1 Co. 3.21, 22.

VULGATA: La versión de la Biblia en latín, preparada por Jerónimo, cerca de 400 d.C. Fue revisada por Clemente VIII, en 1592.

VULGO: Clase inferior del pueblo. // Echó su cuerpo en los sepulcros del vulgo, Jer. 26.23. Sabiendo que eran hombres sin letras y del **v**, se maravillaban, **Hch. 4.13.** Comp. Mr. 12.37. Véase **Multitud**, **Populacho**.

إنجيل مرقس

الأصحاح الأول

١ بدء إنجيل يسوع المسيح ابن الله
٢ كما هو مكتوب في الأنبياء. ها أنا أرسل أمام
وجهك ملاكي الذي يهيئ طريقك قدامك. ٣ صوت
صارخ في البرية أعدوا طريق الرب اصنعوا سبله
مستقيمة ٭ ٤ كان يوحنا يعمد في البرية ويكرز
بمعمودية التوبة لمغفرة الخطايا ٭ ٥ وخرج إليه جميع
كورة اليهودية وأهل أورشليم واعتمدوا جميعهم منه
في نهر الأردن معترفين بخطاياهم ٭ ٦ وكان يوحنا

Principio del Evangelio de Marcos, en árabe.

Yunta de bueyes

Y

YA: Desde aquel momento. // No que lo haya alcanzado ya, Fil. 3.12. Porque **y** está en acción el misterio de la iniquidad, 2 Ts. 2.7. La resurrección **y** se efectuó, 2 Ti. 2.18.

YACER: Estar echada o tendida una persona; estar un cadáver en la sepultura. // Sus huesos, llenos aún de su juventud, yacerán con él en el polvo, Job 20.11. Entre los incircuncisos yacerás, con los muertos a espada, Ez. 31.18. Con su poderío fueron puestos con los muertos a espada; ellos yacerán con los incircuncisos, con los que descienden al sepulcro, Ez. 32.29. ¿Acaso eres más hermoso que los otros? ¡Pues desciende y yace en la fosa con los incircuncisos! Ez. 32.19.

YEGUA: Hembra del caballo. // A **y** de los carros del Faraón te he comparado, amiga mía, Cnt. 1.9.

YELMO: Parte de la armadura antigua que resguardaba la cabeza. // Todo el ejército escudos, lanzas, **y**, coseletes, arcos y hondas para tirar piedras, 2 Cr. 26.14. Se vistió como de una coraza, con **y** de salvación en su cabeza, Is. 59.17. ¡Cubríos con los **y**, limpiad las lanzas y poneos las corazas! Jeremías 46.4. Escudos, paveses y **y** pondrán contra ti por todos los lados, Ez. 23.24. Tomad el **y** de la salvación, y la espada del Espíritu, que es la palabra de Dios, Ef. 6.17.

YERMO: Despoblado; lugar sin habitantes. // En **y** de horrible soledad, Dt. 32.10. Hace vagar como por un **y** sin camino, Job 12.24. El **y** se gozará y florecerá, Is. 35.1.

YERNO: Designación del marido, con relación a los padres de su mujer. // Yerno de Lot, Gn. 19.14; del timnateo (Sansón), Jue. 15.6; del rey, 1 S. 18.18; 22.14; de la casa de Acab, 2 R. 8. 27; de Secanías, Neh. 6.18; de Sanbalat, Neh. 13.28.

YERRO: No acertar, fallar, equivocarse. // Nuestros **y** a la luz de tu rostro, Sal. 90.8.

YO SOY: Yo soy el que soy... me envió, Ex. 3.14. Según algunos exegetas, este término, Yo soy, quiere decir: "Existente por sí mismo". Pero otros, con más razón, opinan que el significado es "Yo seré el que seré", es decir, Seré todo lo que fuere necesario, según la ocasión.

YUGADA: Espacio de tierra de labor que puede arar una yunta en un día. // Cayeron como veinte hombres, y todo en el espacio de una media **y** de tierra, 1 S. 14.14. Y diez **y** de viña producirán un bato, Is. 5.10.

YUGO: Instrumento de madera al cual se uncen por el cuello las mulas, los bueyes, etc., y en el que va sujeta la lanza del carro o el timón del arado. // Quebraré su **y** de sobre ti, y romperé tus coyundas, Nahúm 1.13. Llevad mi **y** sobre vosotros y aprended de mí, Mt. 11.29. Porque mi **y** es fácil y ligera mi carga, Mt. 11.30. Sobre la cerviz de los discípulos un **y** que ni nuestros padres..., Hechos 15.10. No os unáis en **y** desigual con los incrédulos, 2 Co. 6.14. No estéis otra vez sujetos al **y** de esclavitud, Gá. 5.1. Todos los que están bajo el **y** de esclavitud, 1 Ti. 6.1. Entonces el profeta Hananías quitó el **y** del cuello del profeta Jeremías, y lo quebró, Jeremías 28.10. Tu padre agravó nuestro **y**... y del pesado **y** que nos impuso, 1 R. 12.4. En medio de ti el **y**, el dedo amenazador, Is. 58.9.

YUNQUE: Bigornia de herrero, con una sola punta. // Al que batía en el **y**, Is. 41.7.

YUNTA: Par de bueyes, mulas u otros animales que sirven en las labores del campo. // Araba con doce **y** delante de sí, 1 R. 19.19. Su hacienda era de siete mil ovejas, tres mil camellos, quinientas **y** de bueyes, quinientas asnas y muchísimos criados, Job 1.3. Jehová bendijo el postrer estado de Job más que el primero, porque tuvo catorce mil ovejas, seis mil camellos, mil **y** de bueyes y mil asnas, Job 42.12. Por medio de ti quebrantaré a labradores con sus **y**, Jeremías 51.23. He comprado cinco **y** de bueyes y voy a probarlos, Lc. 14.19.

"De todo animal limpio tomarás siete parejas, macho y su hembra; mas de los animales que no son limpios, una pareja, el macho y su hembra" *(Gn. 7.3)*.

Z

ZAANAIM, hb. **Partidas:** Un lugar en el límite sur de Neftalí, Jue. 4.11. Lo mismo que Alón-saananim, Jos. 19.33.

ZAANÁN, hb. **Lugar de las manadas:** Una ciudad al occidente de Judá, Mi. 1.11.

ZAAVÁN, hb. **Inquieto:** Nieto de Seir, el horeo, Gn. 36.27.

ZABAD, hb. **Donante: 1.** Uno de los valientes del ejército de David, 1 Cr. 11.41. // **2.** Un descendiente de Efraín, 1 Cr. 7.21. // **3.** Un cómplice de Jozabad en el asesinato del rey Joás, 2 Cr. 24.24-26. // **4.** Israelitas que tenían mujeres extranjeras, Esd. 10.27, 33, 43.

ZABAI, hb. **Zumbido:** Uno de los que tenían mujer extranjera, Esd. 10.28.

ZABDI, hb. **Don de Jehová:** Un nieto de Judá, y abuelo de Acán, Jos. 7.1. Otros del mismo nombre, 1 Cr. 8.19; 27.27; Neh. 11.17.

ZABDIEL, hb. **Don de Dios:** 1. Padre de Jasobeam, 1 Cr. 27.2. // 2. Un jefe sobre 128 valientes, Neh. 11.14.

ZABUD, hb. **Donado:** 1. Un hijo de Natán, secretario privado del rey Salomón, 1 R. 4.5. // 2. Uno de los que volvieron de Babilonia con Esdras, Esd. 8.14.

ZABULÓN, hb. **Morada:** — 1. El décimo hijo de Jacob y el sexto con su mujer Lea, Gn. 30.19,20. Descendió a Egipto con su padre, Ex. 1.3. Sus descendientes, Gn. 46.14; Nm. 1.30; 26.26; Bendecido por Jacob, Gn. 49.13. // 2. La tribu de Zabulón. El censo en el desierto, Nm. 1.31; 26.27. Bendecida por Moisés, Dt. 33.18,19. Su herencia, Jos. 19.10-16. Véase mapa 2, C-3. Convocada por Gedeón, en la guerra contra los madianitas, Jue. 6.35. Tomó parte en proclamar a David rey en Hebrón, 1 Cr. 12.33 - 40. Llevada cautiva junto con Neftalí, a Asiria, 2 R. 15.29. Las aldeas de Nazaret y Caná pertenecían a Zabulón. Jesús creció y una gran parte de Su ministerio se realizó dentro de los límites de esta tribu, Is. 9.1; Mt. 4.13, 15. Doce mil de la tribu de Zabulón sellados, Ap. 7.8.

ZACAI, hb. **Puro:** Uno de los que vinieron de Babilonia con Zorobabel, Esd. 2.9.

ZACARÍAS, EL LIBRO DE: El penúltimo de los doce profetas menores. Zacarías, así como Hageo, fue un profeta a los restantes que volvieron del exilio, después de los setenta años. **La paternidad literaria:** Zacarías nació tal vez en Babilonia, era hijo de Berequías y nieto de Iddo, Zacarías 1.1, 7; de la tribu sacerdotal, Neh. 12.4; vino de Babilonia, siendo aún joven, con Zorobabel y Josué; principió su misión de Profeta cerca de dos meses después de Hageo, Esd. 5.1; 6.14; siguió profetizándoles durante dos años, Zac. 7.1; en gran parte a su celo, junto con Hageo, se debe la reedificación del templo, Esd. 5.1; 6.14. **La clave:** La misión de Zacarías, como la de Hageo, era de despertar a los pocos que volvieron del cautiverio, para que completaran la reconstrucción del templo. **Las divisiones:** // I. Ocho visiones de esperanza. // **1.** Exhortación al arrepentimiento, 1.1-6. // **2.** Visión de los caballos; los batidores de Dios, que dan informaciones de las condiciones en la tierra, 1.7-17. // **3.** La visión de los cuatro cuernos y cuatro carpinteros: la destrucción de las naciones que oprimían a Israel, 1.18-21. // **4.** La visión de un hombre con cordel de medir, Jerusalén sería reconstruida sin muros, por causa de la numerosa multitud de habitantes, el Señor siendo un muro de fuego a su alrededor, 2. // **5.** Visión del sumo sacerdote trajeado de vestiduras sucias; la eliminación del pecado en el tiempo del Renuevo, 3. // **6.** Visión del candelabro entre dos olivos; por el Espíritu operando en Zorobabel y Josué (los dos olivos), el templo (el candelabro) sería reconstruido y la nación restaurada — no por fuerza humana, 4. // **7.** Visión del rollo volador; la maldición de Dios sobre los perversos, 5.1-4. // **8.** Visión de una mujer sentada dentro de un efa; otra representación de la eliminación del pecado, 5.5-11. // **9.** Visión de los cuatro carros: la celeridad y la plenitud de los juicios contra los que oprimieron Israel, 6.1-8. // **10.** La coronación del sumo sacerdote, Josué, simbolizando la coronación del Mesías como Rey y Sacerdote, 6.9-15. // II. Exhortación a la obediencia y a la santidad, Zac. 7 y 8. // III. Profecías de gloria a través de tribulación, Zac. 9-14.

ZACARÍAS, hb. **Jehová se acuerda:** 1. Uno de los doce profetas menores, Esd. 5.1; Zac. 1.1; 7.1. Véase **Zacarías, Libro de. //** 2. Hijo de Jeroboam, rey de Israel, 2 R. 15.8. // 3. Abuelo de Ezequías, rey de Judá, 2 R. 18.2. // 4. Hijo del sacerdote Joiada, 2 Cr. 24.20. Apedreado, 2 Cr. 24.21. // 5. Un profeta en el reinado de Uzías, 2 Cr. 26.5. // 6. Un cabeza de familia, Esd. 8.16. // 7. Padre de Juan el Bautista, Lc. 1.5. // 8. Hijo de Berequías, Mt. 23.35. // 9. Otros llamados Zacarías: 1 Cr. 5.7; 9.21; 9.37; 15.20; 24.25; 2 Cr. 17.7; 21.2; Neh. 8.4; 11.12; Is. 8.2. [LEGENDA:] El así llamado "Sepulcro de Zacarías"

ZACUR, hb. **Atento:** 1. Uno de los doce espías, Nm. 13.4. // 2. Un descendiente de Simeón, 1 Cr. 4.26. // 3. Un merarita, 1 Cr. 24.27. // 4. Uno que trabajó en la reedificación de los muros, Neh. 3.2.

ZAFNAT-PANEA, término egipcio. **Salvador del mundo:** El nombre dado por Faraón a José, Gn. 41.45.

ZAFÓN, hb. **El Norte:** Una ciudad de Gad, Jos. 13.27.

ZAHAM, hb. **Disgusto:** Uno de los hijos de Roboam, 2 Cr. 11.19.

ZAHERIR: Humillar, escarnecer, ultrajar. // Y él los ha zaherido, 1 S. 25.14.

ZAIR, hb. **Pequeño:** El lugar del campamento de Joram, en la expedición contra los edonitas, 2 R. 8.21.

ZALMONA, hb. **Sombrío:** Un lugar de los campamentos de Israel en el desierto, Nm. 33.41.

ZALMUNA, hb. **Abrigo negado:** Jue. 8.5. Véase **Zeba.**

ZAMBULLIR: Entrar en el agua a punto de cubrirse. // Se zambulló siete veces en el Jordán, 2 R. 5.14.

ZANJA: Excavación larga y estrecha que se hace en la tierra; surco producido por una corriente de agua; sirve también para conducir agua. // El agua corría alrededor del altar y también se había llenado de agua la **z**, 1 R. 18.32-38.

ZANOA, hb. **Agua sucia:** Una ciudad de la herencia de Judá, Jos. 15.56.

ZAPATOS: Calzado que no pasa del tobillo; destinado a cubrir solamente el pie. // Uno se quitaba el **z** y lo daba a su compañero, Rt. 4.7. Se pusieron **z** viejos y recosidos, **Jos. 9.5.** Los **z** que tenía en sus pies, **1 R. 2.5.** Vuestros turbantes estarán sobre vuestras cabezas, y vuestros **z** en vuestros pies, **Ez. 24.23.** Vendieron por dinero al justo, y al pobre por un par de **z**, **Am. 2.6.** Compraremos a los pobres por dinero y a los necesitados por un par de **z**, **Am. 8.6.** Véase **Calzado, Sandalia.**

ZAQUEO, hb. **Puro:** Hombre rico de Jericó, judío y colector de las rentas del gobierno romano. Fue más que curiosidad lo que lo llevó a subir a un sicómoro a fin de ver a Jesús. Se convirtió volviéndose discípulo, Lc. 19.1-10.

ZARA, ZERA, hb. **Crepúsculo:** 1. Un hijo de Judá, Gn. 46.12. Jefe de la familia de los zeraítas, Nm. 26.20. // 2. Edomitas: Gn. 36.13,33. // 3. Levitas: 1 Cr. 6.21,41. // 4. El etíope, 2 Cr. 14.9.

ZARANDEAR: Agitar, mover persona o cosa de lugar para otro. // Sea zarandeada entre todas las naciones, como se zarandea el grano, Am. 9.9. Hasta el cuello, para **z** a las naciones con criba de destrucción, Is. 30.28. He aquí Satanás os ha pedido para zarandearos como a trigo, Lc. 22.31.

ZARCILLO: Anillo metálico para sujetar o arrastrar cualquier cosa; arracada en forma de anillo. // Los **z** que estaban en sus orejas, Gn. 35.4; Ex. 32.2. Los **z** de su botín, Jue. 8.24.

ZARZA: Planta espinosa. // Se le apareció el Ángel de Jehová en una llama de fuego en medio de una **z**, Ex. 3.2; Dt. 33.16; Mr. 12.26; Lc. 20.37; Hechos 7.30. En lugar de la **z** crecerá ciprés, Is. 55.13. Véase **Arbusto, Espino.**

ZARZAL: Lugar donde crece la zarza. // El mejor de ellos... como **z,** Mi. 7.4.

ZATU: Uno de los que vinieron de Babilonia con Zorobabel, Esd. 2.8.

ZAZA, hb. **Abundancia:** Un jerameelita, 1 Cr. 2.33.

ZEBA y ZALMUNA: Dos reyes de los madianitas, muertos por Gedeón, Jue. 8.5.21; Salmo 83.11.

ZEBADÍAS, **Jehová dio:** — 1. Uno de los que vinieron a David en Siclag, cuando fugitivo de Saúl, 1 Cr. 12.7. // 2. Uno de los que volvieron con Esdras, Esd. 8.8. // 3. Uno que tenía mujer extranjera, Esd. 10.20. // 4. Un levita enviado a enseñar la ley en las ciudades de Judá, 2 Cr. 17.8. // 5. Un oficial del rey Josafat, 2 Cr. 19.11.

ZEBEDEO, la forma griega de **Zebadías:** Pescador de Galilea, padre de Jacobo y Juan, y marido de Salomé. La familia tenía bienes suficientes para tener criados a su servicio. Las relaciones entre Juan y el sumo sacerdote también nos sugiere su posición social, Mr. 1.19,20; Mt. 27.56; Mr. 15.40; Juan 18.15.

ZEBINA, hb. **Adquirido:** Uno de los que tenían mujer extranjera, después de la vuelta de Babilonia, Esd. 10.43.

ZEBOIM, hb. **Hienas:** — 1. Una de las ciudades de la llanura, que fue destruida con Sodoma y Gomorra, Gn. 10.19; 14.2; Dt. 29.23; Os. 11.8. // 2. Un valle en el territorio de Benjamín, cerca de Micmas, 1 S. 13.18.

ZEBUDA, hb. **Dotada:** La madre del rey Joacim, 2 R. 23.36.

ZEBUL, hb. **Habitación:** Nombrado gobernador de Siquem por Abimelec, durante su ausencia, Jue. 9.28.

ZEDAD: Una ciudad en la frontera septentrional de Palestina, Nm. 34.8.

ZEEB, hb. **Lobo:** Véase **Oreb.**

ZEFAT, hb. **Torre del Vigía:** Una ciudad de los cananeos, Jue. 1.17. Véase mapa 2, C-7.

ZEFATA, hb. **Torre del Vigía:** Un valle, cerca de Maresa, el lugar de la batalla de Maresa, 2 Cr. 14.10.

ZEFO, hb. **Vigía:** Un nieto de Esaú, y jefe de Edom, Gn. 36.11; 1 Cr. 1.36.

ZEFÓN, hb. **Vigilancia:** Un hijo de Gad y fundador de una familia tribal, Nm. 26.15.

ZELA, hb. **Riba:** Una ciudad de la herencia de Benjamín, Jos. 18.28. Lugar del sepulcro de la familia de Saúl, 2 S. 21.14.

ZELOFEHAD: Cabeza de una familia de la tribu de Manasés, Nm. 26.33. Murió sin herederos de sexo masculino, y fue promulgada una ley, para que herederos en tales condiciones, no pudiesen contraer matrimonios fuera de su propia tribu, Nm. 27.1-11; Jos. 17.3; 1 Cr. 7.15.

ZELOTES: Un grupo de patriotas anti-romanos, el cuarto grupo del judaísmo — en orden: los fariseos, los saduceos, los esenios y los zelotes. Querían retorno a la observación de las leyes de Moisés y la conquista de la independencia nacional a través de la expulsión de los romanos. **Zelote**, epíteto usado para distinguir entre los dos apóstolos que tenían nombre **Simón:** Simón Pedro, Simón Zelote, **Lc. 6.15**; **Hechos 1.13.** Mt. 10.4 (cananista - o ferviente, celoso).

ZEMARAIM, hb. **Dos cortes:** Una ciudad de la herencia de Benjamín, Jos. 18.22.

ZEMAREO: La tribu a la que se refiere en Gn. 10.18. Eran habitantes de Zemar, ciudad de Fenicia.

ZEMIRA, hb. **Melodía:** Un descendiente de Benjamín, 1 Cr. 7.8.

ZENÁN, hb. **Lugar de rebaños:** Una ciudad de la herencia de Judá, Jos. 15.37.

ZENAS: Un intérprete de la ley judía, Tit. 3.13. Antes de su conversión, era "doctor de la ley", Véase Lc. 7.30; 10.25.

ZEQUER: Un benjamita, 1 Cr. 8.31.

ZER, hb. **Pedernal:** Una ciudad fortificada de Neftalí, Jos. 19.35.

ZERAÍAS, hb. **El Señor resucitó:** Un antepasado de Esdras, el escriba, 1 Cr. 6.6; Esd. 7.4.

ZERAÍTAS: Descendientes de Zera, hijo de Judá, Nm. 26.13. Acán pertenecía a esta familia, Jos. 7.17.

ZERED: Un arroyo, junto al cual acamparon los israelitas, antes de que pasaran a la tierra de los amorreos, Nm. 21.12. Véase mapa 2, D-6.

ZERERA: Un territorio por el cual huyeron los madianitas, perseguidos por Gedeón, Jue. 7.22.

ZERES hb. **Oro:** La mujer de Amán, Est. 5.10.

ZERET, hb. **Brillo de la tarde:** Un descendiente de Judá, 1 Cr. 4.7.

ZERI: Uno de los cantores en el templo, 1 Cr. 25.3.

ZEROR, hb. **Manojo, Haz:** Un bisabuelo del rey Saúl, 1 S. 9.1.

ZERÚA, hb. **Leproso:** Madre del rey Jeroboam, 1 R. 11.26.

ZETÁN, hb. **Olivar:** 1. Un descendiente de Benjamín, 1 Cr. 7.10. // 2. Un levita, de la familia de Gersón, 1 Cr. 23.8.

ZETAR: Uno de los siete eunucos de Asuero, Est. 1.10.

ZÍA, hb. **Temor:** Un descendiente de Gad, 1 Cr. 5.13.

ZIBEÓN, hb. **Tinto:** Un heveo y padre de Aná, Gn. 36.2.

ZICRI, hb. **Famoso:** Guerrero valiente del ejército de Peka, 2 Cr. 28.7. Otras personas con este nombre se mencionan en Ex. 6.21; 1 Cr. 8.10; 26.25; 27.16; 2 Cr. 17.16; 23.1; Neh. 11.9; 12.17.

ZIF, hb. **Desierto:** La despoblada región al sur de Palestina, 1 S. 23.19. Véase mapa 2, C-5.

ZIF: — 1. Una ciudad al sur de Judá, Jos. 15.24. // 2. Una ciudad de la región montañosa de Judá, Jos. 15.55. David se detuvo en el desierto de Zif, 1 S. 23.15. // 3. Un nieto de Caleb, 1 Cr. 2.42. // 4. Un hijo de Jehalelel, 1 Cr. 4.16.

ZIF: 1 R. 6.1. El segundo mes del año. Véase **Año.**

ZIFA: Un descendiente de Judá, 1 Cr. 4.16.

ZIFIÓN: Un hijo de Gad, Gn. 46.16.

ZIFRÓN, hb. **Fragancia:** Un lugar en el límite septentrional en la Tierra Prometida, Nm. 34.9.

ZIHA, hb. **Sombrío:** Uno de los que vinieron de Babilonia con Zorobabel, Esd. 2.43.

ZILA, hb. **Sombra:** Una esposa de Lamec, Gn. 4.19.

ZILETAI: — 1. Un benjamita, 1 Cr. 8.20. // 2. Uno de los que se unieron a David en Siclag, 1 Cr. 12.20.

ZIMA, hb. **Artificio:** Un levita de la familia de Gersón, 1 Cr. 6.20.

ZIMRAM: Uno de los hijos de Abraham y Cetura, Gn. 25.2.

ZIMRI: — 1. Hijo de Salu, muerto con la madianita, Cozbi, por Finees, Nm. 25. // 2. Rey de Israel, 1 R. 16.10. Reinó apenas siete días, 1 R. 16.15. Véase **Reyes. //** 3. Hijo de Zetam, 1 Cr. 26. // 4. Un descendiente de Saúl, 1 Cr. 8.36.

ZIN, hb. **Palmera baja:** — 1. Una ciudad al extremo sur de Judea, Nm. 34.4. // 2. Un desierto al sur de Palestina, Nm. 34.3; Jos. 15.1. Véase mapa 2, C-7.

ZIPOR, hb. **Pajarillo:** El padre de Balac, Rey de los moabitas, Nm. 22.2.

ZIZA, hb. **Amor vehemente:** 1. Un príncipe de una familia simeonita, 1 Cr. 4.37. // 2. Padre de Adina, uno de los valientes del ejército de David, 1 Cr. 11.42.

ZIZA, hb. **Fertilidad:** Un hijo del rey Roboam, 2 Cr. 11.20.

ZOÁN: Una antiquísima ciudad del bajo Egipto y una de las principales residencias de los faraones. Fue edificada siete años antes de Hebrón, que ya existía en la época de Abraham, Nm13.22. La ciudad donde Moisés se encontró con Faraón, Salmo 78.12,43. Era todavía importante en el tiempo de los profetas Isaías y Ezequiel, Is. 19.11,13; Ez. 30.14. La ruinas del templo a Sete, el Baal egipcio en Zoán, testifican de su primitiva grandeza.

ZOAR, **ZOHAR**, hb. **Pequeño:** — 1. Una de las ciudades de la llanura, Gn. 13.10; 14.2. Ahorrada en la destrucción de Sodoma y Gomorra, Gn. 19.22. Mencionada por los profetas, Is. 15.5; Jeremías 48.34. // Véase mapa 2, D-5 2. Padre de Efrón el heteo, Gn. 23.8. // 3. Un hijo de Simeón, Gn. 46.10.

ZOBEBA, hb. **Movimiento blando:** Un descendiente de Judá, 1 Cr. 4.8.

ZOFA, hb. **Expansión:** Un descendiente de Aser, 1 Cr. 7.35.

ZOFAI: Un antepasado de Samuel, 1 Cr. 6.26.

ZOFAR, hb. **Aquel que trina:** Uno de los tres amigos de Job, Job 2.11.

ZOFIM, hb. **Vigilar:** Un lugar encima del monte Pisga, de donde Balaam por segunda vez observó el campamento de Israel, Nm. 23.14.

ZOHELET, hb. **Reptil:** Una piedra, junto a la fuente de Rogel, 1 R. 1.9.

ZOHET: Un descendiente de Judá, 1 Cr. 4.20.

ZOMZOMEOS: El nombre amonita de los refaítas, un pueblo grande, numeroso y alto, Dt. 2.20. **Raza** de gigantes, Dt. 2.20. Véase **Gigantes.** Véase mapa 1, H-3.

ZOOLOGÍA: La parte de la historia natural que estudia y describe los animales. // El siguiente es un listado sistemático de los animales de la Biblia, incluyendo representantes de las órdenes principales de mamíferos, aves, reptiles, etc.:

MAMÍFEROS:

Primates: Alouatta

Insectívoros: Erizo, topo (no se encuentra en Palestina).

Quirópteros: Murciélago

Carnívoros:

a) **Felinos:** Gato, león, leopardo

b) **Hiénidas:** Hiena

c) **Cánidos:** Can, chacal, zorro, lobo

d) **Mustélidos:** Tejón

e) **Úrsidos:** Oso

Ungulados:

a) **No rumiantes:** Caballo, hipopótamo, asno, mulo, cerdo

b) **Rumiantes**

(1) **Bóvidos:** Buey, cabra, gacela, gamo

(2) **Cérvidos:** Venado

(3) **Camélidos:** Camello

Proboscídeos: Elefante

Cetáceos: Ballena

Roedores: Liebre, erizo, ratón

AVES:

Pájaros: Golondrina, cuervo, gaviota, gorrión

Rapiña: Buitre, águila, águila marina, lechuza, halcón, gavilán, azor

Columbideos: Paloma, tórtola

Gallináceas (galliformes): Codorniz, gallo pavón, perdiz

Ciconiformes: Cigüeña, garza, grulla

Palmípedos (anseriformes): Cisne, cuervo marino, pelicano

Estrucioniformes: Avestruz

REPTILES:

Cocodrilianos: Cocodrilo

Quelonios: Galápago

Ofidios: Áspid, basilisco, culebra, serpiente, víbora

Lacertilios: Camaleón, lagartija, lagarto

RÁNIDOS: Rana

PECES: (En general)

MOLUSCOS: Caracol, limaza

INSECTOS:
Himenópteros: Abejas, hormiga, avispa
Lepidópteros: Polilla, pulgón
Sifonápteros: Pulga
Dípteros: Mosca
Ápteros: Piojo
ARÁCNIDOS: Araña, escorpión
CNIDARIOS: Coral
Véase **Animal, Ave, Insecto, Reptil.**

La zorra siria era enemiga inveterada de las viñas. "Las zorras pequeñas, que echan a perder las viñas" *(Cnt. 2.15).*

ZORA, hb. **Lugar de avispones:** Una ciudad de Judá, Jos. 15.33. Tierra y lugar de la sepultura de Manoa y de Sansón, Jue. 13.2; 16.31. Fortificada por el rey Roboam, 2 Cr. 11.10. Véase mapa 2, B-5.

ZOROBABEL, hb. **Nacido en Babilonia:** Hijo de Salatiel, Esd. 3.8. Nieto del rey cautivo, de Judá, Jeconías, 1 Cr. 3.19. Restauró el culto verdadero en Jerusalén, Esd. 3. Su grandiosa obra fue la reedificación del templo, llamado por los historiadores **El templo de Zorobabel.** Su nombre aparece en la genealogía de Cristo, Lc. 3.27.

ZORRO: Mamífero carnívoro del género perro, de cola larga y felpuda, de hocico largo y puntiagudo. Es notable por su astucia, Ez. 13.4; Lc. 13.32. Habita en guaridas y en las ruinas, Mt. 8.20; Lm. 5.18. Echan a perder las viñas, Cnt. 2.15. Tobías burlándose del muro de Jerusalén dijo: "si subiere una **z** lo derribará", Neh. 4.3. Algunos comentaristas creen que en Jue. 15.4 el término más apropiado sería **chacales**; zorras son solitarias pero chacales viven en bandas y era fácil agarrar 300 de una vez.

ZUAR, hb. **Pequeño:** El padre de Natanael, Nm. 1.8.

ZUF: — 1. Un antepasado de Samuel, 1 Cr. 6.35. // 2. Un territorio contiguo a Benjamín, 1 S. 9.5.

ZUR, hb. **Roca:** — 1. Cabeza de una familia madianita y padre de la mujer, Cozbi, muerta por Finees, Nm. 25.15. En la victoria sobre los madianitas, fue muerto junto con Balaam, hijo de Beor, Nm. 31.8. // 2. Un habitante de Gabaón, 1 Cr. 8.30.

ZURDO: Que usa la mano izquierda del mismo modo que las otras personas usan la derecha. // Aod hijo de Gera, benjamita, el cual era **z,** Jue. 3:15. De toda aquella gente había setecientos hombres escogidos, que eran **z,** Jue. 20.16.

ZURIEL, hb. **Mi roca es Jehová:** Un levita, jefe de los meraritas, Nm. 3.35.

ZURISADAI, hb. **Mi roca es el Todopoderoso:** El padre de Selumiel, un simeonita, Nm. 1.6.

ZURRÓN: Bolsa o saco de cuero, destinada especialmente a material de pastores. // Las puso en el saco pastoril, en el **z** que traía, 1 S. 17.40.

ZUZITAS: Raza aborigen destruida por Quedorlaomer, Gn. 14.5. Los mismos, tal vez, que los zomzomeos, Dt. 2.20. Véase **Gigantes.** Véase mapa 1, H-3.

הַבְּשׂוֹרָה אֲשֶׁר לְיוֹחָנָן

בְּרֵאשִׁית הָיָה הַדָּבָר וְהַדָּבָר הָיָה אֶת־הָאֱלֹהִים וְהוּא א
הַדָּבָר הָיָה אֱלֹהִים׃ הוּא הָיָה מֵרֹאשׁ אֶת־הָאֱלֹהִים׃ 2
כָּל־הַמַּעֲשִׂים נִהְיוּ עַל־יָדוֹ וְאֵין דָּבָר אֲשֶׁר נַעֲשָׂה 3
מִבַּלְעָדָיו׃ בּוֹ נִמְצָא חַיִּים וְהַחַיִּים הֵם אוֹר הָאָדָם׃ 4
וְהָאוֹר זֹרֵחַ בַּחֹשֶׁךְ וְהַחֹשֶׁךְ לֹא יְכִילֶנּוּ׃ אִישׁ הָיָה 5 6
בָּאָרֶץ יוֹחָנָן שְׁמוֹ אֲשֶׁר שְׁלָחוֹ אֱלֹהִים׃ הוּא בָא 7
לְעֵדוּת לְהָעִיד עַל־הָאוֹר לְמַעַן יַאֲמִינוּ כֻלָּם עַל־יָדוֹ׃
וְלֹא הוּא הָיָה הָאוֹר כִּי אִם־בָּא לְהָעִיד עַל־הָאוֹר 8
הַהוּא׃ הוּא אוֹר אֱמֶת אֲשֶׁר בָּא לָעוֹלָם לְהָאִיר לְכָל־ 9
אָדָם׃ הוּא הָיָה בָעוֹלָם וְהָעוֹלָם נִהְיָה עַל־יָדוֹ 10
וְהָעוֹלָם אֹתוֹ לֹא יָדָע׃ הוּא בָּא אֶל־עַמּוֹ שֶׁלּוֹ וְעַמּוֹ 11
שֶׁלּוֹ לֹא הֶחֱזִיקוּ־בוֹ׃ וְאֵלֶּה אֲשֶׁר הֶחֱזִיקוּ־בוֹ נָתַן־כֹּחַ 12
בְּיָדָם לִהְיוֹת בָּנִים לֵאלֹהִים הֲלֹא הֵם הַמַּאֲמִינִים בִּשְׁמוֹ׃
אֲשֶׁר לֻדָּתָם לֹא מִדָּם וְלֹא מִתַּאֲוַת בָּשָׂר וְלֹא מֵרוּחַ 13
גָּבֶר כִּי אִם־מֵאֱלֹהִים׃ וְהַדָּבָר לָבַשׁ בָּשָׂר וַיִּשְׁכֹּן 14
בְּתוֹכֵנוּ וְאֶת־כְּבוֹדוֹ רָאִינוּ כִּכְבוֹד בֵּן יָחִיד לְאָבִיו
מָלֵא חֶסֶד וֶאֱמֶת׃ וְיוֹחָנָן הֵעִיד עָלָיו וַיִּקְרָא לֵאמֹר 15
זֶה הוּא אֲשֶׁר אָמַרְתִּי עָלָיו כִּי הוּא בָא אַחֲרַי וְהִנֵּה
הוּא

Juan 1.1-15, en hebreo.

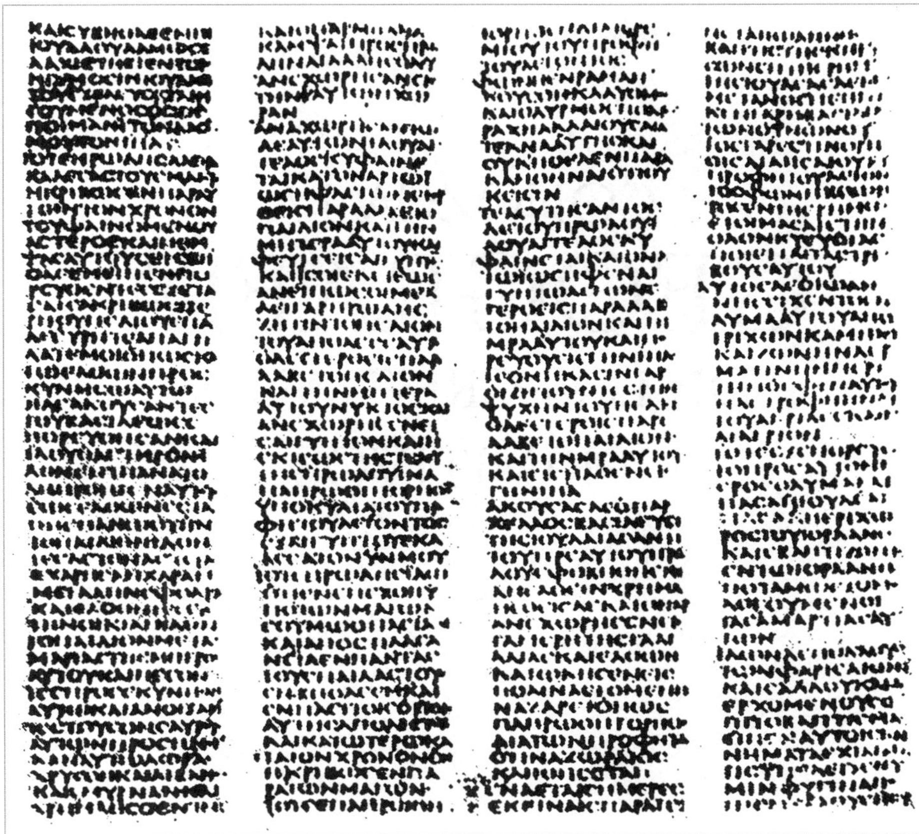

Facsímile del Codex Sinaiticus

CONOZCA LA GEOGRAFÍA DE LOS CRISTIANOS PRIMITIVOS

EJEMPLO DE CITAS DE LOS MAPAS:

Para encontrar la ciudad de ÉFESO en el mapa, busque la entrada "Éfeso", donde se encuentra la leyenda, "mapa 6, D-2". La letra "D" y el número "2" se encuentran a los bordes del mapa e indican el local de Éfeso en el mapa.

1

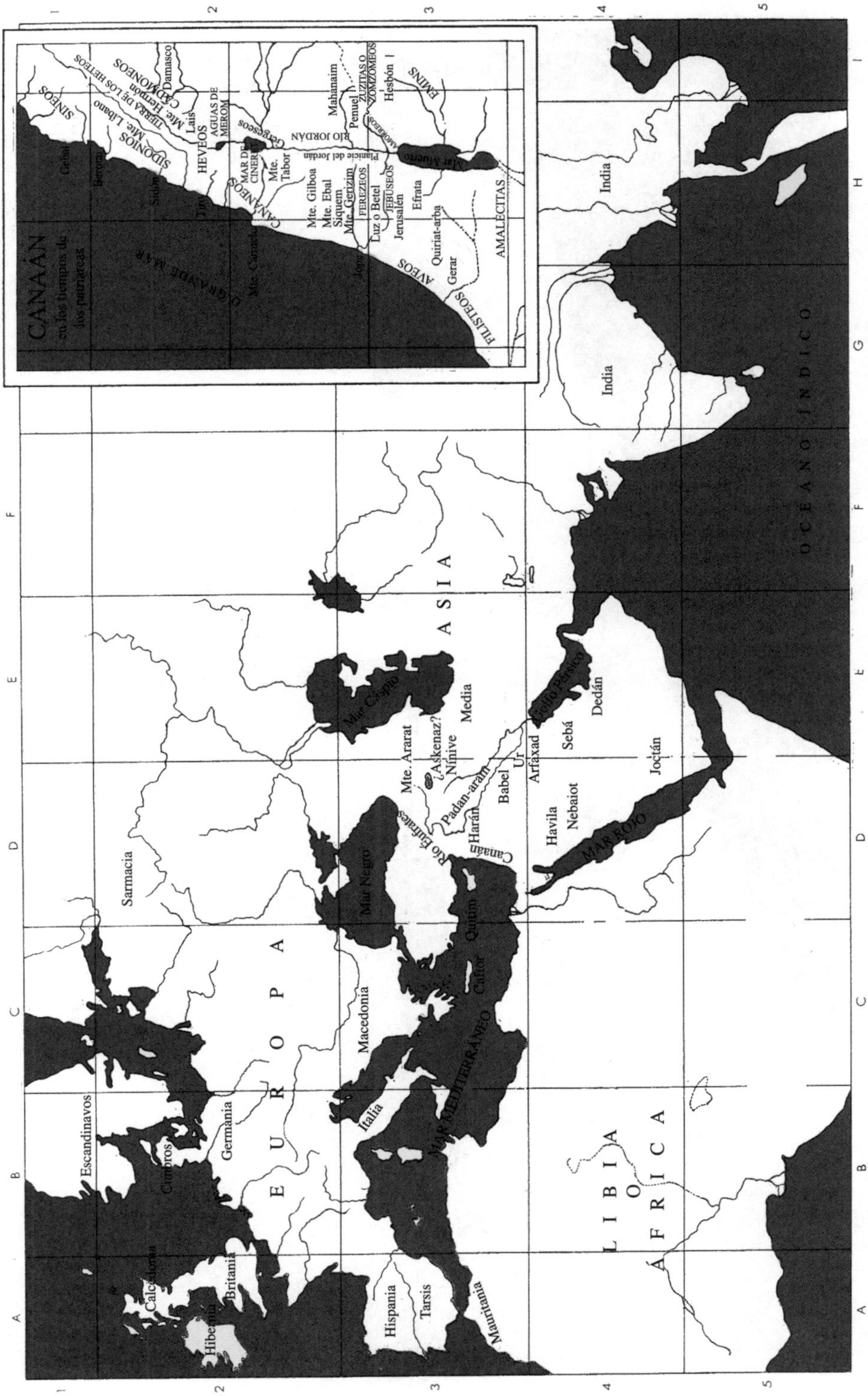
CANAÁN
en los tiempos de los patriarcas
GRANDE MAR
Gebal
Beyrut
SINEOS
SIDONIOS
Mte. Líbano
TIERRA DE LOS HETEOS
Mte. Hermón
CADMONEOS
Damasco
Sidón
Lais
HEVEOS
AGUAS DE MEROM
Tiro
Gergeseos
CANANEOS
MAR DE CINERET
Mte. Tabor
Mte. Carmelo
Mte. Gilboa
Mte. Ebal
Siquem
Mte. Gerizim
FEREZEOS
Luz o Betel
JEBUSEOS
Jerusalén
RÍO JORDÁN
Planicie del Jordán
Mahanaim
Penuel
ZUZITAS O ZOMZOMEOS
AMORREOS
Hesbón
EMINS
Mar Muerto
Efrata
Quiriat-arba
AVEOS
Gerar
FILISTEOS
AMALECITAS
Escandinavos
Caledonia
Hibernia
Britania
Cimbros
Germania
Sarmacia
E U R O P A
Macedonia
Italia
Hispania
Tarsis
Mauritania
MAR MEDITERRÁNEO
Caftor
Quitim
Mar Negro
Río Eufrates
Canaán
Harán
Padan-aram
Mte. Ararat
¿Askenaz?
Nínive
Media
Mar Caspio
A S I A
Babel
Ur
Arfaxad
Golfo Pérsico
Sebá
Dedán
Havila
Nebaiot
Joctán
MAR ROJO
L I B I A
O
Á F R I C A
India
O C É A N O   Í N D I C O

2

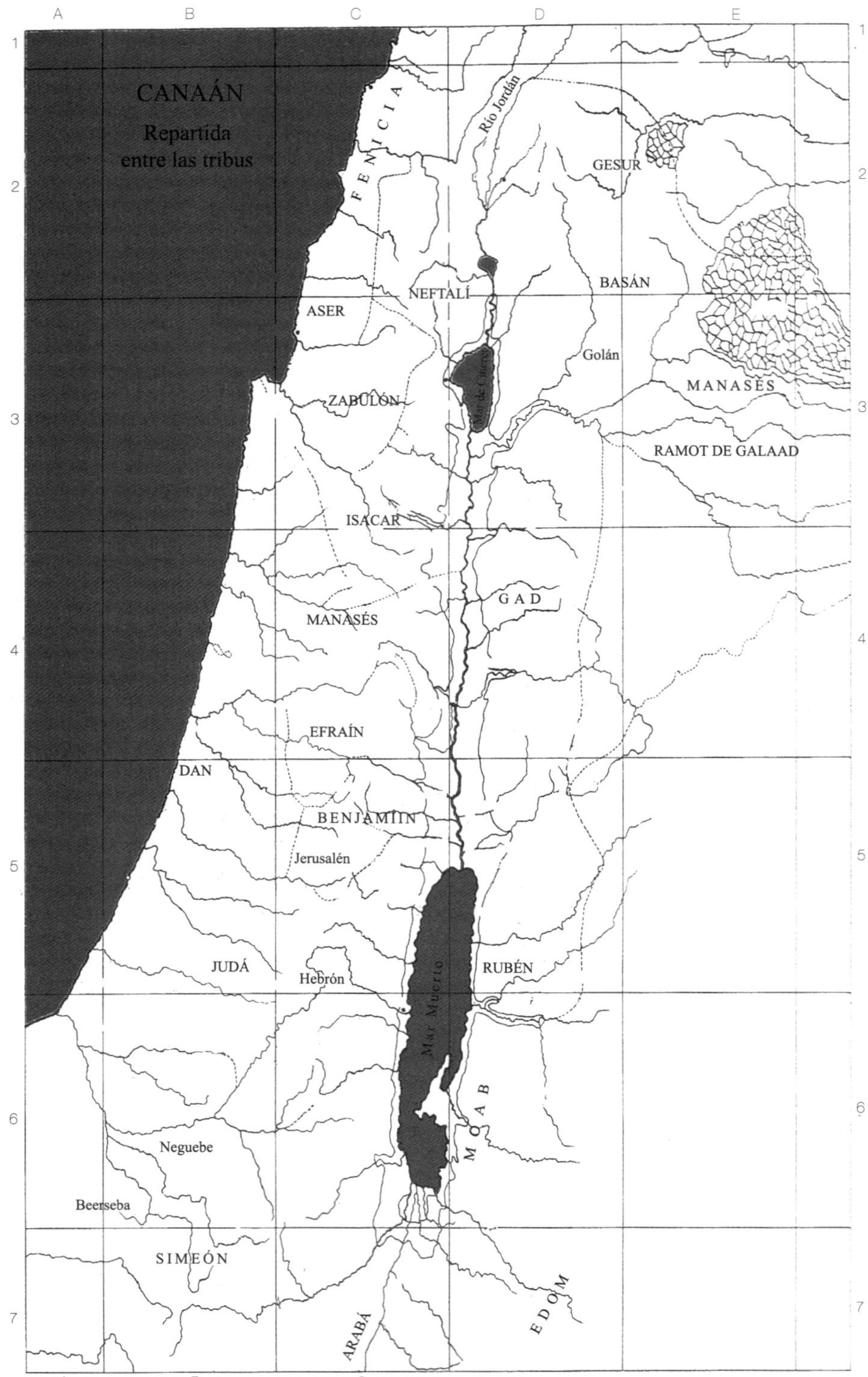
CANAÁN
Repartida entre las tribus
FENICIA
Río Jordán
GESUR
BASÁN
NEFTALÍ
ASER
Golán
Mar de Cineret
ZABULÓN
MANASÉS
RAMOT DE GALAAD
ISACAR
GAD
MANASÉS
EFRAÍN
DAN
BENJAMÍN
Jerusalén
JUDÁ
Hebrón
Mar Muerto
RUBÉN
MOAB
Neguebe
Beerseba
SIMEÓN
ARABÁ
EDOM

3

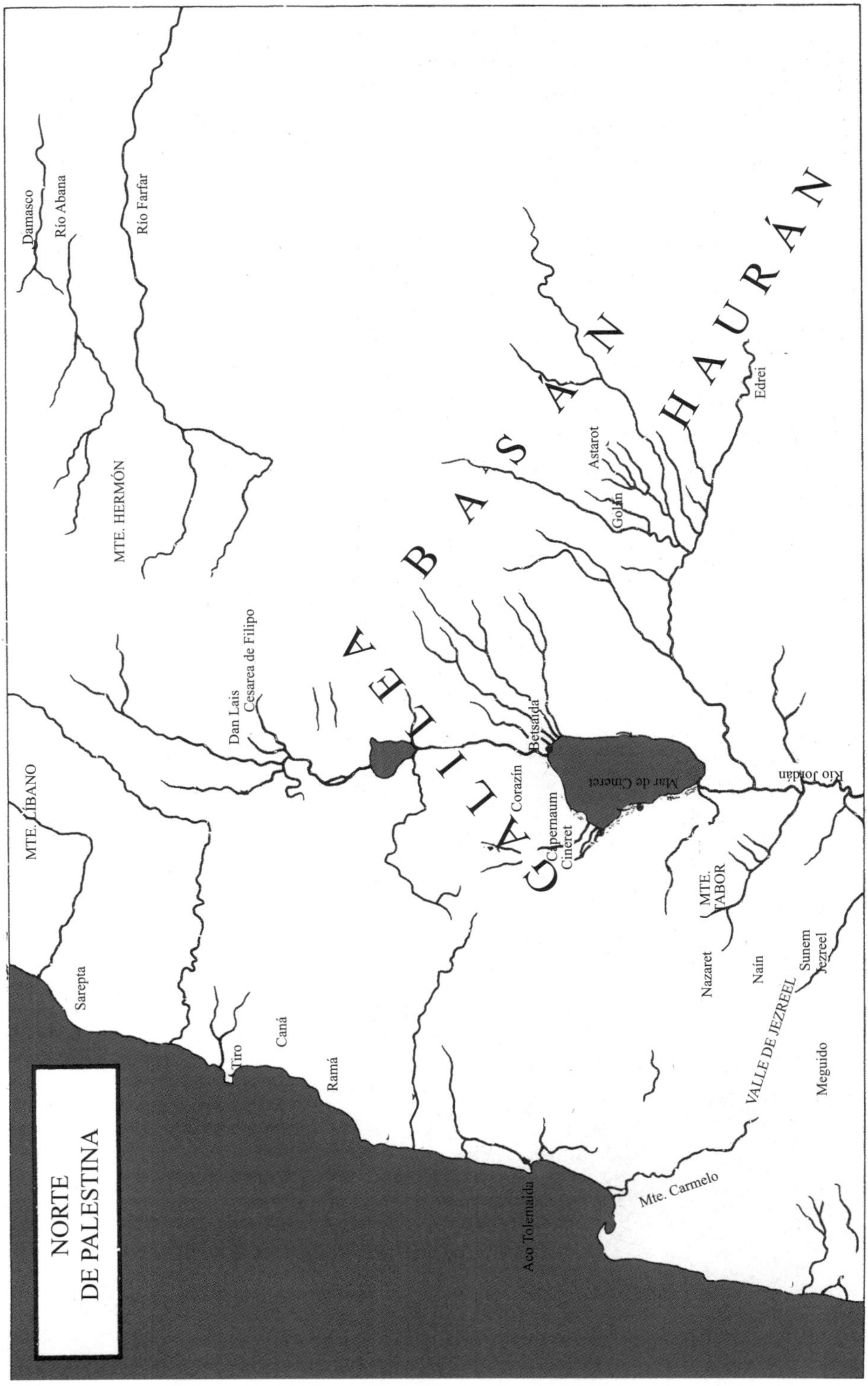
NORTE DE PALESTINA
Damasco
Río Abana
Río Farfar
MTE. HERMÓN
Cesarea de Filipo
Dan Laís
MTE. LÍBANO
Sarepta
Tiro
Caná
Ramá
Aco Tolenaida
Mte. Carmelo
GALILEA
BASÁN
HAURÁN
Astarot
Golán
Edrei
Betsaida
Corazín
Capernaum
Cineret
Mar de Cineret
Río Jordán
MTE. TABOR
Nazaret
Naín
Sunem
Jezreel
VALLE DE JEZREEL
Meguido

4

REGIÓN CENTRAL
DE PALESTINA
GALAAD
Gadara
Río Jaboc
AMÓN
Río Jordán
Nazaret
MTE. TABOR
MTE. GILBOA
SAMARIA
MTE. EBAL
MTE. GERIZIM
Jericó
Jerusalén
MTE. DE SEIR
VALLE DE JEZREEL
Samaria
LLANURA DE SARÓN
Cesarea
Racón
Jope

5

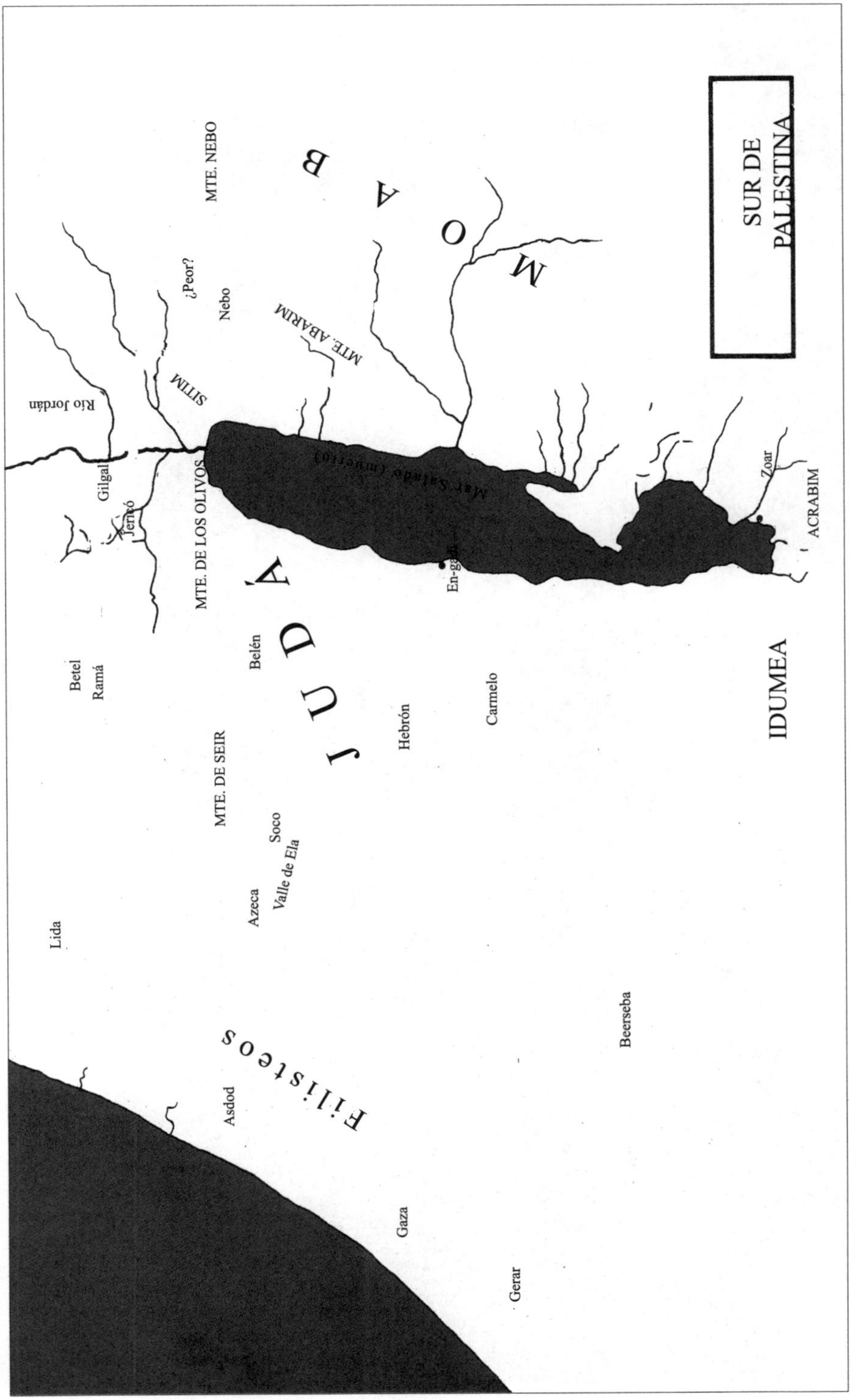
SUR DE PALESTINA
MOAB
MTE. NEBO
¿Peor?
Nebo
MTE. ABARIM
SITIM
Río Jordán
Gilgal
Jericó
MTE. DE LOS OLIVOS
Mar Salado (muerto)
En-gadi
Zoar
ACRABIM
JUDÁ
Betel
Ramá
Belén
Hebrón
Carmelo
IDUMEA
MTE. DE SEIR
Soco
Valle de Ela
Azeca
Lida
Filisteos
Asdod
Beerseba
Gaza
Gerar

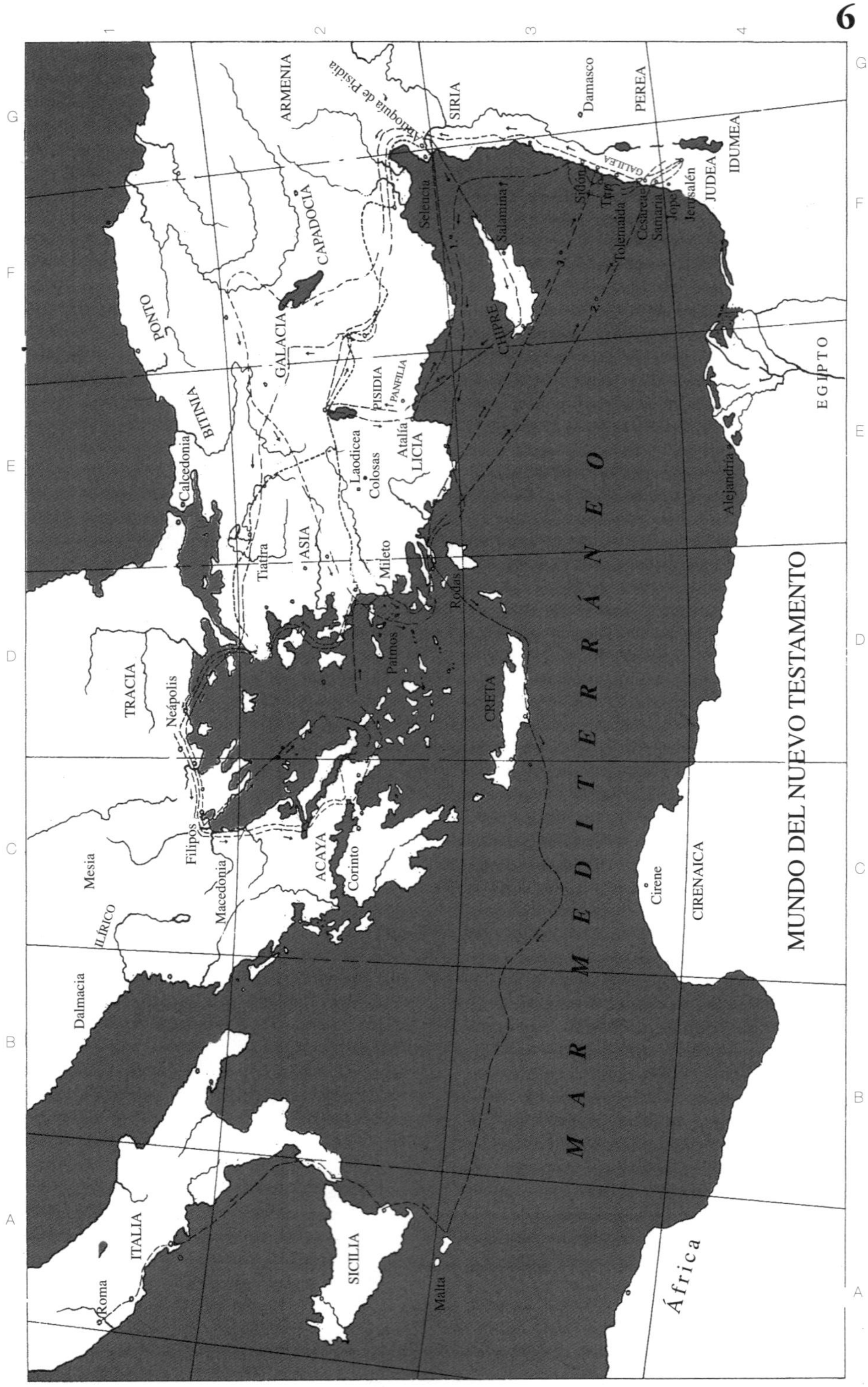
MUNDO DEL NUEVO TESTAMENTO
MAR MEDITERRÁNEO
Roma
ITALIA
SICILIA
Malta
Dalmacia
ILÍRICO
Mesia
Macedonia
Filipos
Neápolis
TRACIA
ACAYA
Corinto
CRETA
Patmos
Rodas
Mileto
ASIA
Tiatira
Calcedonia
BITINIA
PONTO
GALACIA
CAPADOCIA
ARMENIA
Antioquía de Pisidia
PISIDIA
PANFILIA
Laodicea
Colosas
Atalía
LICIA
CHIPRE
Salamina
Seleucia
SIRIA
Damasco
PEREA
GALILEA
Sidón
Tiro
Tolemaida
Cesárea
Samaria
Jope
Jerusalén
JUDEA
IDUMEA
EGIPTO
Alejandría
CIRENAICA
Cirene
África

BIBLIOGRAFÍA

A. R. Buckland, M.A, Dicionário Bíblico Universal, 1957.

Caldas Aulete, Dicionário Contemporâneo, Rio de Janeiro: Editora Delta S.A., 1964.

F. N. Peloubet, D. D., Peloubet's Bible Dictionary (Diccionario Bíblico Peloubet), Philadelphia: Universal Book y Bible House, 1925.

Henry H. Halley, Pocket Bible Handbook, ED. Henry H. Halley, Chicago: 1942.

J. D. Douglas, , F. F., Bruce, R. V. G. Tasker, J. I. Packer, D. J. Wiseman, New Bible Dictionary, Michigan: Wm. B. Eerdmans Publishing Co., 1962.

James Orr, John L. Nuelsen, Edgar Y. Mullins, Morris O. Evans, Melvi Grove Kyle, International Standard Bible Encyclopedia, Michigan: Wm. B. Eerdmans Publishing Co., 1939.

Jayme de Seguier, Dicionário Prático Ilustrado, Porto: Lello & Irmãos.

John D. Davis, Davis Dictionary of the Bible, Baker Book: Michigan, 1954.

Joseph Angus, História, Doutrina e Interpretação da Bíblia (Historia, Doctrina e Interpretación de La Biblia), Lisboa: Librería Evangélica.

Laudelino Freire, Grande e Novíssimo Dicionário, Rio de Janeiro: José Olympio, 1954.

Madeleine S. Miller y J. Lane Miller, Harper's Bible Dictionary, New York: Harper & Brothers, 1952.

William Smith, Dictionary of the Bible, Hartford: The S.S. Scranton Company, 1915.